KB071455

生의 痂

배움

|韓駿相 저|

학지사

머리말

生의 痂: 배움

> 사람의 숙명은 외로움과 만남이다. 그러므로 성공적인 삶은 외로움과 만남을 지혜롭게 하는
> 데 있다고 할 수 있다. 석가와 예수는 외로움은 기도에, 만남은 배움(가르침)에 썼다. 외로움
> 을 잘못 쓰고 만남을 잘못하면 삶을 그르치는 일임이 틀림없다. ……하루하루가 심판인 것
> 을 알아야 한다. 시간이 심판이요 역사가 심판이다. 사람에게 허송세월이란 있을 수 없다.
> 순간마다 깨어서 사는 것이다. 지나간 것은 찌꺼기다. 찌꺼기는 돌볼 것이 못된다. 내일을
> 찾으면 안 된다. 내일은 아직 도착하지 않은 손님이다. 언제나 오늘 오늘 하루를 사는 것이
> 다. 인생은 어제에 있는 것도 아니고 내일에 있는 것도 아니다. 오늘 오늘 오늘에 있다.
>
> —다석 류영모[1]

　이 책에서 일관되게 말하고 있는 주제는 배움에 관한 것이다. 인간에게 있어 배운
다는 것이 도대체 무엇을 의미하고, 그것을 도와주는 방편에 어떠한 것이 있는지에
관한 이야기가 이 책을 가득 채우고 있다.

　인간은 배우는 동물이다. 그런 동물을 호모 에루디티오(Homo Eruditio)라고 부른
다.[2] 몽테뉴(Montaigne)의 방식으로 말하면,[3] '나는 무엇을 아는가?'에 대해 끊임없
이 알아가며 의미를 만들어 내는 사람이 바로 호모 에루디티오다. 배움(erudition)은
인간에게 원초적인 본능으로 작동한다. 그 본능은 인간으로 태어나면서부터 시작한
다. 태어난다는 것은 그에게 기쁨이며 즐거움이지만, 동시에 그의 삶에 기록되는 첫
번째 상처이기도 하다. 기쁨이 있고 즐거움이 있기에 삶은 그만큼의 상처로 얼룩진다.
태어나지 않으면 삶도 없다. 태어났다는 기쁨 자체가 자기 삶에 대한 첫 번째 상처의

흔적이다. 태어난다는 것이 삶이라는 거대한 역사의 시작이기에, 언젠가는 죽어야만 한다는 슬픔 역시 피하기 어려운 것이 인간이다. 그래서 생(生)은 상처들의 궤적이기도 하다. 상처가 아물 때 상처가 할퀴고 간 곳에는 딱지가 앉는다. 그 딱지가 떨어질 때, 그동안의 쓰라림이나 고통도 함께 사라져 버린다. 아주 잠깐이라도 그 순간만은 편안하게 마련이다. 삶에서 그것을 하나 둘 깨달아 갈 때, 우리는 그 깨달음을 삶이 무엇인지 배웠다는 말로 대신하곤 한다. 생에서 무엇을 깨달았다는 것은 그것으로부터 무엇을 배웠다는 의미다. 삶의 딱지는 바로 삶을 배웠다는 징표다.

　인간이란, 대부분의 문학가들이 흔히 표현하는 것처럼 "나로 태어나 나와 싸우고, 나와 싸워 이겨서 결국 나로 돌아가야 하는 존재다. 그것이 결국 인생에서 찾아낸 과제이자, 해답을 찾아가는 존재가 인간일 뿐이다."[4] 나 자신이 가장 무서운 적이자 동지라는 것을 알고 난 뒤에 비로소 인위적인 나, 가식적인 나를 버리고 자연적인 나를 이해하는 존재가 인간이다. 그것의 내면에 귀를 기울이도록 해 주는 것이 바로 배움이라는 방편이다. 배움은 배우려는 사람들에게는 어느 누구에게든 예지일탈의 가능성과 힘을 길러 주는 활동이다.[5] 예지일탈이란 자기를 나날이 바꿔 쓰기 위한 여력을 말한다.[6] 예지일탈의 힘에 관한 각자의 이야기 만들기의 과정, 즉 각자가 서로 다른 길을 나름대로 만들어 가는 과정과 그 이야기가 배움이다.[7] 배움의 과정은 인간마다 각자 홀로 만들어 가는 긴 여정이다. 그 순례의 길에는 동행이 필요하다. 그렇게 배움의 순례길에 같이 가고 있는 사람을 좋은 지식이라고 부른다. 그러니까 배움의 길에 동행하는 사람은 서로에게 좋은 지식(知識, Mitra)이, 마치 어느 노래의 가사가 말하듯이 나란히 가지 않아도 함께 가는 동행이 될 수 있다.[8] 끝까지 함께하는 동행은 배움의 여정에서 의식이 소통하게 되므로 서로에게 좋은 지식이 되게 마련이다.

　인류의 역사 속 위인들의 족적에서 읽을 수 있는 것처럼 예지일탈을 추구하는 사람들은 늘 평균적인 것에서 벗어나려는 성향이 강했다. 그들의 행위가 산술 평균적인 것에서 벗어난다는 말은, 보통사람이 행하는 관행에서 부족한 쪽이나 넘치는 쪽 모두 벗어날 수 있음을 뜻한다. 그렇게 일탈하는 것들을 서로 읽고 돌보며, 그것을 통해 즐기기 위해서는 서로 배우기 위해 동행으로서의 좋은 지식이 필요하다. 지식은 자기가 걸어가는 배움의 여정에서 언제든지 의식소통의 연결망이 되어 주기 때문이다.[9]

§ Erudition

예지일탈의 삶이나 배움을 아무렇게나 해도 자연스럽게 이루어진다고 여기는 사람들이 있다. 그들은 의미를 만들어 내지 않아도 의미가 자동적으로 붙는다고 생각한다. 사람은 태어날 때 얻은 이름으로 한평생을 살아간다. 그 이름이 있다고 자기가 완성되는 것은 아니다. 사람은 자기가 얻은 이름에 의미를 붙여 나갈 때 비로소 이름을 갖고 살 수 있다. 이름값을 하도록 자기 존재의 의미를 만들어 가지 못하면, 태어날 때 부여받은 이름은 그저 일반명사 정도의 뜻일 뿐이다. 배움은 태어날 때 부여받은 그 이름에 의미를 만들어 가는 과정이다. 의미를 상실한 이름은 마치 메리 셸리(Mary Shelley)가 1818년에 발표한 소설 『프랑켄슈타인』에 등장하는 괴물과 같을 뿐이다.[10]

그 괴물은 이름을 갖지 못한 존재다. 이 세상에서 사라져 버리는 순간까지 괴물은 그냥 '괴물(monster)'로만 불린다. 사람들은 그 괴물의 이름을 흔히 프랑켄슈타인이라고 오해하고 있지만, 그는 실제로 이름을 가져본 적이 없다. 프랑켄슈타인이라는 이름은 괴물의 이름이 아니라 괴물을 만들어 낸 과학자의 이름이다. 세상의 앞날을 바꾸고 싶은 과학자의 이름이 바로 프랑켄슈타인이었다. 젊은 과학도인 프랑켄슈타인 박사에게는 결코 꺼지지 않는 지적인 호기심이 있었다.

그의 지적인 열망은 이 세상의 진실을 밝혀내는 일이다. 그래서 프랑켄슈타인은 말한다. "나에게 세계란 밝혀내고 싶은 하나의 비밀이었습니다. 호기심, 숨겨진 자연의 법칙을 알아내기 위한 부단한 연구, 드디어 그 법칙이 내 앞에 펼쳐졌을 때의 날아갈 듯한 기쁨, 이런 것들이 내가 기억하는 가장 오래된 감정입니다. 언어의 구조나 정부의 관례, 다양한 국가의 정치학 등에 흥미가 있을 리 없습니다. 배움에 대한 나의 갈망은 하늘과 땅을 통틀어 불가사의한 것이었으니까요.[11] 그것이 사물의 외면적 실체가 되었든, 자연의 내면적 정신이 되었든, 또는 나를 점령하고 있는 신비한 영혼이 되었든, 내가 품었던 질문들은 형이상학적인 것, 또는 고차원적 의미에서 세계의 물리적 비밀에 관한 것이었을 뿐입니다."

세상의 비밀을 단숨에 밝히고 싶은 배움의 욕망으로 가득 차 있던 프랑켄슈타인 박사는 죽은 사람들의 각 부위를 접합하여 인간의 거대한 몸체를 만든다. 그리고 그 몸에 충격을 가해 하나의 인간을 만들어 낸다. 인조인간인 셈이다. 프랑켄슈타인 박사는 인간과 같은 기능을 발휘하는 '닮은' 생명체인, 괴물 인조인간을 맞이하게 되자 공포감과 혐오감에 시달린다. 자신이 만들어 낸 피조물의 모습에 스스로 겁이 나 결국 실험실에서 도망친다. 괴물에게 변변한 이름 하나를 붙여 주지 못한 채 극도의 공포감을 갖고 실험실에서 벗어나는 길을 택한 것이다. 이름이 없는 이 괴물은 세상에 첫발을 내디디면서부터 사람들에게 공포의 대상이자 부정의 대상이 된다. 그래서 괴물은 자신을 창조해 낸 프랑켄슈타인을 응징하기로 결심한다. 아무도 그의 이름을 부를 수 없기에, 그는 아무도 아니다. 그가 어떤 일을 해도 그저 괴물이 행한 공포스러운 일로 기록될 뿐이다. 존재는 있지만 존재 자체가 부정되기 때문이다. 괴물은 생명이 있는 생명체이기는 하지만, 사회적으로는 아무런 인간적인 의미를 부여받지 못한 '의식소통의 불연체(不然體)'다. 따라서 괴물은 그 누가 보지 않아도 괴물일 뿐이다. 괴물은 단일 존재의 대조적인 반쪽들, 말하자면 한쪽은 괴물이며 다른 한쪽은 인간의 모습을 한 '몬스터(Monster)'였기에 사회적으로 어떤 존재론적 의미를 가질 수 없었다. 괴물은 괴물이라는 자아의 그림자 그 이상은 될 수 없다. 프랑켄슈타인 박사의 피조물인 괴물이 보여 주는 비사회적 행동과 그로부터 배어나는 고독은 존재론적인 것이 아니다. 그것은 이름이 없는 존재로서 겪어야 하는 사회적인 고독에 지나지 않았다.

괴물을 괴물로 만든 것은 사회적으로 인정받게 만들어 주는 정체성의 징표인 이름이 없다는 원초적인 사실에서 비롯되었다. 생년월일, 출생지, 국적, 거주지와 같은 사회적 신분을 알리는 정보는 사람이 자기를 의식하며 사회를 조심하게 만드는 최소한의 여건[12]으로 작용한다. 하지만 프랑켄슈타인 박사가 만들어 낸 괴물에게는 그런 정체성을 담보해 주는 이름이 없었다. 괴물은 누구에게나 이방인이었으며 영원한 괴물로서의 외계인과 같이 행동했다. 이름이 없다는 것은 이 세상이 이름 없는 자를 함부로 대할 여백을 넓혀 놓은 것이기 때문이다.[13] 배움은 바로 그런 인간됨을 알려 주는 신분증과 엇비슷하다.

사람들은 흔히 배움에는 이론적 체계나 논리가 없다는 식으로 이야기한다. 삶의 모든 것이 배움의 소재이자 배움의 주제며, 살아가는 그 자체가 배움의 과정이기 때문에 그렇게 말할 수 있는 여지는 충분하다. 배움이라는 것은 유별난 것이 아니라 평범한 삶 속에서 성공의 지혜를 얻을 수 있게 해 주는 일상적인 것이다. 예를 들어, 존 드라이스데일(John Drysdale)은 보험 및 리스크 관리 회사인 에이온(AON)사의 인력개발 이사로 일하고 있다. 그는 '성공한 사람일수록 배움에 능하다.'고 말한다. 배움의 기회는 우리 주변에 널려 있고 그 기회를 인식하는 법을 배우기만 하면 된다고 말하는 CEO 중 한 사람이다. 그는 소위 성공한 사람들을 만나 오면서 하나의 공통점을 발견했다.[14] 그것은 성공한 사람일수록 사소한 것에서도 배움의 요소를 찾아내고, 이를 활용하여 인생의 전환점을 만들어 내는 달인이라는 점이다. 그들은 남들이 그냥 스쳐 지나가는 일상도 성공의 지혜가 솟는 원천으로 삼는다. 사람들과 잡담을 나누고 집에서 누워 텔레비전을 보거나 친구들과 영화를 볼 때도 그것을 삶을 위한 배움의 장으로 삼은 것이다.

배움의 달인들은 지금과 같은 스피드와의 전쟁 속에서, 배우기 위해 따로 시간을 투자하는 것은 어리석은 행동이라고 말하기도 한다. 그들은 항상 남들과 다른 삶의 방식을 추구하기 때문에 남들은 그냥 스쳐가는 일에서도 배움을 얻는다. 배움에 능한 사람들일수록 한 가지 원칙을 지킨다. 즉, 그들은 자기들에게 있지도 않은 대본으로 예기치 않은 곳에서 얻은 교훈들을 편집해 감동적인 작품으로 만들어 줄 유능한 제작진을 찾느라 시간을 낭비하지 않는다. 그들은 바로 자기 자신이 작가이자 감독이라 생각한다.

　인간의 배움이 갖는 일반적인 속성이 그렇기는 하지만, 그것을 논리적으로 설명하는 경험적 근거가 없는 것은 아니다. 배움은 그것을 설명하는 틀조차 없는 것처럼 보이기도 했다. 그것은 인간의 배움을 하나로 묶는 이론적인 틀을 생각하기도 전에, 교육의 일반적인 틀로 해석해야 한다는 생각에 매몰되었기 때문에 생긴 부작용이었다. 다시 이야기하겠지만, 이제 교육의 종언은 불가피하다. 여기서 말하는 교육은 문자 중심의 활동, 정답 찾기 중심의 학습 활동과 교사에 의해 억압당하고, 학교제도에 의해 반복되는 정치적인 강요 같은 것이다. 이 시대는 더 이상 근대사회의 특징인 문자와 이성 중심의 경쟁시대가 아니다. 상징과 감성 중심의 소통시대다. 문자와 이성을 기반으로 한, 경쟁 지향적 문화 활동으로서의 교육은 더 이상 유용하지 않다. 물론 문자와 이성을 강조하며 그것을 실천하는 학교제도는 그대로 존속할 것이다. 그러나 그것과는 양태를 달리하는 문화 활동으로서, 상징과 감성을 실천하는 소통이 가능한 한 배움의 장들이 사회 곳곳에서 열리게 될 것이다. 자격증이나 경쟁이 우선하는 것이 아니라 소통과 서로 즐기는 배움을 실천하는 장이 마련되는 것이다.

§ 행복론

　삶은 세상이란 책에서 나를 찾아내며, 읽어 내는 과정에 비유할 수도 있다. 어느 소설가가 중얼거리듯이, '세상은 거대한 책이다. 사람, 사건, 사회현상 모두 읽어야 할 책이다. 도서관이나 서점의 수많은 책 속에서 내가 읽고 싶은 책, 눈이 가는 책, 호기심이 생기는 책을 꺼내듯 지금 이 시대에서 읽고 싶은 사람, 사건, 현상 역시 하나의 책'이기에 읽어야 할 것도, 기억해 둘 것도, 밑줄을 칠 것도 많아지기 마련이다.[15]

　그런 읽기에서 기쁨과 즐거움을 만끽하기 위해서는 D. H. 로렌스가 이야기한 것처럼 몇 번이고 그것을 되풀이하여 읽어야 한다. 읽는 기쁨에 미쳐야 삶을 흑자인생으로 만들 수 있다. 적자인생, 혹은 대여인생을 청산하고 흑자인생을 살아가기 위해서는, 돈보다 기쁨에 미쳐야 한다. 기쁨을 찾는 일 자체가 사람들에게 행복과 의미 있는 삶을 약속하기 때문이다. 기쁨에 미치는 일은 사람들이 생각하는 것처럼 그렇게 어려운 일이 아니다. 생각의 차이가 아니라 실천의 차이가 기쁨을 얻는 데 어려움을 줄 뿐이다. 예루살렘 아이쉬 하토라(Aish HaTorah) 대학의 유대학과 학장이자 랍비인 와인버그 교수는 그것을 설명하기 위해 하나의 우화를 들고 있다.[16] 어느 날 왕이 숲 속을 지나가고 있을 때 나무들마다 황소의 눈이 그려져 있고 눈 한가운데에 정확하게 화살이 꽂혀 있었다. 어떤 것은 도저히 맞추기 힘든 위치였음에도 불구하고 명중되어 있었다. 이에 감명 받은 왕은 병사들에게 그런 활솜씨를 가진 궁사를 데려오도록 했고, 마침내 왕 앞에 열 살짜리 소년 궁사가 모습을 드러냈다. 왕은 믿기 힘들다는 표정으로 소년에게 이것이 정녕 네가 한 일이냐고 물었고 소년은 그렇다고 대답했다. 왕은 그 즉시 소년에게 자신의 병사들이 활을 잘 쏠 수 있도록 훈련을 시키라고 부탁했다. 그러자 소년은 "어려운 일도 아닌데요. 이건 아무나 할 수 있어요. 보여 줄 테니 나만 따라하세요."라고 말하며 나무를 향해 활을 쏘았다. 그리고 붓과 물감을 들고 그 나무로 달려가 나무에 꽂힌 화살 주위에 황소 눈을 그렸다. 소년은 자신만의 방법으로 기쁨의 의미를 실천했지만, 왕은 그렇게 하지 못했다. 소년은 늘 기쁨에 깨어 있었지만 왕은 그렇지 못했다. 소년은 기쁨이 무엇인지 배워 나갔지만, 왕은 그렇지 못했기에 기쁨을 느낄 수조차 없었던 것이다.

이 책은 바로 사회 곳곳에 들어설 배움의 장에 대한 이론적인 근거를 제시하고자 노력했다. 그런 배움의 여정을 이해하기 위한 하나의 비유로 새끼 꼬기를 들 수 있다. 대나무 줄기로 바구니를 만들어 가는 장면을 배움의 여정에 비유하면, 배움의 여정을 이해하는 데 도움이 된다. 어린 여자 아이의 댕기머리를 땋을 때, 또는 시골 사랑방에서 노인들이 새끼를 꼬거나 밧줄을 만들 때를 생각해 보아도 배움의 여정이 무엇과 비슷한 것인지 이해할 수 있다. 새끼를 꼴 때의 방법은 한 가지다. 끈과 같은 줄 두 개를 따로 길게 밀어서 겹친 다음 엄지와 검지 두 손가락을 이용해서 반대 방향으로 비비며 밀어서 꼰다. 이때 두 줄로 꼬면 새끼가 되고, 세 줄로 꼬면 밧줄이 된다. 새끼와 밧줄 간의 차이는 가닥 수의 차이일 뿐이다.

§ 채움과 비움

배움의 여정은 마치 예지일탈의 힘을 만들어 내기 위한 밧줄 꼬기 과정과 비슷하다. 예지일탈을 만들어 내기 위한 밧줄 꼬기에서는 세 가닥의 줄이 필요하다. 그 줄 중 한 가닥은 '채움'의 줄이고, 다른 가닥은 '비움'의 줄이며, 마지막 세 번째 줄은 채움과 비움 중간에 있는 '쉼'이라는 줄이다. 배움은 바로 삶을 위한 밧줄 꼬기의 과정이다. 배움은 채움과 비움, 쉼이 하나로 꼬아져 만들어 내는 삶을 위한 밧줄이라고 할 수 있다. 삶이라는 것은 바로 그 배움이라는 밧줄에 의지하고 있는 생(生)과 명(命)의 연합이다. 생명은 배움의 밧줄에 의지하고 있는 순간이며, 기쁨이고 쓰임새다. 배움의 기쁨과 쓰임새가 없다면, 그것은 인간에게 생과 명이 결여되었다고 말하는 것과 다를 바 없다.

배움의 여정에서 채움은 말 그대로 부족한 것, 필요한 것을 지속적으로 보충해 나가는 정보 보충의 과정을 말한다. 문자와 숫자를 익히고, 몸을 단련하는 것같이 생존을 위해 필요한 정보나 기술, 태도를 발달단계별로 보충해 나가는 과정이 배움에 있어서 채움의 과정이다. 이런 채움의 과정을 그저 편한 대로 학습(learning)의 과정이라 부른다면, 학습의 과정을 사회적으로 체계화한 것이 바로 학교교육에 해당한다. 학교교육에 의한 학습 활동은 인간의 발달단계상 졸업이니, 진학이니 하는 과정에 의해 끊어지거나 중단되기도 하지만, 채움의 과정은 삶을 위해 평생 유지된다.

배움에 있어서 채움의 과정 이상으로 중요한 것이 비움의 과정이다. 비운다는 것은 채우는 것의 반대쪽 활동을 지칭하는 것이 아니다. 비움은 학습 활동에 의해 불필요하거나 무질서하게 채워진 것을 정리, 정돈하는 활동이기 때문이다. 삶과 생명의 장에서 지저분한 것, 불필요한 것, 혹은 쓰임새가 없는 것, 거추장스러운 쓰레기 같은 것을 생과 명의 체계에 따라 다시 분류하고 자기 삶에 도움이 되도록 정렬하는 일이 비움의 활동이다. 일상적으로 말끔하게 정리하거나 치우는 것이 비우는 일의 일반적인 속성이기는 하다. 하지만 배움의 여정에서 비움은 그 의미가 상당히 다르다. 그것의 결정적인 모습은 죽음을 삶의 멘토나 코치로 모시고 그들의 충고를 들어 보는 일이기 때문이다. 이것은 배우는 일의 격한 모습을 보여 준다. 죽음을 미리미리 생각하며 삶에서 불요불급한 것을 고르고, 삶의 자세를 매일같이 가다듬는 일은 비우는 일의 일반적인 모습에 가깝다. 비우기 시작하면 헤쳐 나오기 어려운 더 큰 어려움에 빠지는 것을 막아 줄 수 있기 때문에 비우기부터 먼저 하라고 이르는 것이다.

배움에 있어서 비움의 의미를 조금 더 분명하게 하기 위해서, 채움에 대비되는 뜻으로 요청되는 일을 공부(功夫, gōngfu)라는 말로 대신할 수 있다. 이때 말하는 공부는 일상적인 뜻의 공부가 아니라, 삶에 대한 조예(造詣) 정도를 지칭한다. 채움은 생(生)에서 시작하는, 생을 의식하는 정보 축적의 활동이다. 이에 비해 명(命)을 진지하게 생각하며 반추하는 것은 정보 활용의 활동, 즉 비움의 공부라 할 수 있다. 채움의 학습은 발달단계상 영 살에서부터 백 살을 향해 올라가는 정보 축적 활동에 비유된다. 공부는 각자 죽음의 나이를 상징적으로 정해 놓고 그로부터 내가 누릴 수 있는 명을 반대로 세어 가면서 삶의 자세를 가다듬는 일에 비유할 수 있다. 한 사람의 명이 백 살로 정해지면, 그 백 살로부터 거꾸로 세며 자기 나이를 의식하고 자신의 욕심과 마음을 정돈해 가는 활동을 비움의 공부라 할 수 있는 것이다.

그래서 조선 말기 당대의 기독 신앙인으로 평가되는 다석 류영모 선생은 '나'를 가지고 다부지게 살아가는 일이 공부의 핵심이라고 강조한다. "다부지게 살려면 자기 생각을 분명히 가져야 한다. 생각에서 떠나지 말아야 하며, 생각으로써 싸워 나가야 한다. 이 세상에서 다부지게 살려고 하지 않으면 정말 아무것도 못 된다. 다부지게 살아보자는 것이야말로 올바른 실존철학이라 할 것이다." 어차피 인간의 삶이란, '날 때부터 사형선고를 받고 있는 삶'이라는 것이 다석 선생의 인생론이다. 형무소에서 죄수를 사형 집행할 때, 죄수는 사형 집행장으로 끌려가 목에 밧줄이 감기고 마루청이 떨어지면 죽게 되는데, 우리도 그와 같다. 내가 딛고 서 있는 마루청이 떨어지지만 않았지 언제 떨어질지 모르는 형편이다. 이 사실을 잊으면 쓸데없는 잡념에 시달리고, 몸뚱이의 욕망에 붙잡히고, 제가 잘났다는 교만에 빠진다. 다석 선생은 사형수의 처지로 서로 잘났다고 다투니, 인간이란 게 무슨 도깨비 같은 존재인지 모르겠다[17]고 아웅대는 삶의 어리석음을 꾸짖는다.

배움은 채움과 비움이라는 두 개의 줄로 꼬아서 완성되거나 그것으로 끝나 버리는 것이 아니다. 채움과 비움이라는 두 줄로 꼬면, 그것은 집의 이엉을 잇는 새끼줄로서의 용도 외에는 쓰지 못한다. 배움도 마찬가지의 형상과 과정을 갖는다. 삶을 나에게 매달거나 끌고 나가는 데 긴요한 밧줄을 만들어 내기 위해서는, 삶의 여정을 세 줄로 꼬아야만 한다. 그래야 삶이 그것에 제대로 의지할 수 있다. 배움을 위해 채움과 비움 다음으로 필요한 세 번째 줄이 바로 쉼이다.

쉼은 말 그대로 휴식이다. 쉼이라는 말에 호흡을 한다는 뜻도 있는 것으로 보아, 쉬는 일은 호흡하는 일이기도 하다. 또한 쉼은 호흡이 고른지 어떤지 점검하는 숨고르기이기도 하다. 쉼에는 두 가지 일이 번갈아 일어난다. 숨을 채운 후 그것의 호흡을 가다듬는 일과 반대로 비운 후에 그것을 확인하는 일이다. 채움과 비움이 연속되는 과정에서는, 보이지 않더라도 매 호흡 쉼의 장면이 개입되게 마련이다. 그래서 쉼은 채움과 비움 간의 관계와 흐름을 조절하기 위한 여가다. 배움의 여정, 즉 삶의 밧줄을 만들어 가는 예지일탈의 과정은 채움과 비움, 그리고 쉼의 꼬아가기 과정과 같다. 정보 축적을 위한 학습, 삶의 자세를 가다듬는 공부, 삶의 흐름을 고르는 여가가 서로 얽히고 꼬이면서 하나의 천을 만들어 가는 직조과정이 바로 배움의 과정이다.

배움의 여정에서 쉼을 여가라 불러 봐도, 그 쉼 속에서 사람들이 영원히 쉬는 법이란 없다. 쉼은 결코 정지나 멈춤을 말하는 것이 아니기 때문이다. 쉼은 멈춤이 아니라 나아감을 향하고 있는 활동일 뿐이다. 쉼의 과정은 채움과 비움 간의 흐름을 조절하기 위해 끊임없이 세 가지 활동을 멈추지 않는다. 그것은 돌아봄과 바라봄, 그리고 내다봄의 활동이다. 시간적으로 생각한다면, 돌아봄은 과거형에 속한다. 단순히 지나가 버렸거나 흘러가 버려 쓰지 못하는 시간이 아니라, 성찰과 반성을 내포하는 노련미의 여백이 과거다. 그 여백의 시간 때문에, 자기를 세우는 일이 가능해진다.

채움과 비움, 그리고 쉼으로 만들어지는 배움의 과정은 어쩌면 인생에 있어서 순례의 길과 비슷하다. 예를 들어, 카미노(camino)는 스페인 북서쪽에 산티아고 데 콤포스텔라, 즉 '산티아고'를 향해 수천 리를 걸어가며 삶을 배워 나가는 순례자들의 걷기다. 산티아고는 예수의 12제자 중 한 사람인 야고보의 무덤이 있는 곳이다. 야고보는 세상 끝까지 복음을 전하라는 예수의 가르침에 따라 이베리아 반도를 향해 1만 3000리를 걸어가 복음을 전하다 순교하였다. 사람들은 야고보처럼 '카미노 데 산티아고', 다시 말해서 '산티아고로 가는 도보여행'을 삶의 축복으로 생각한다. 그 축복을 확인하기 위해 그들은 어제도, 오늘도, 모레도, 걷고 또 걸어 나아갈 것이다.

'카미노 데 산티아고'는 스페인과 프랑스 사이 국경 마을인 생 장 피드포르에서 출발해 피레네 산맥을 타고 이베리아 반도의 북부를 가로질러 산티아고에 이르는 약 800km의 대장정이 가장 유명하다. 이 책의 어느 장에서 다시 서술하겠지만, 미국의 비블리컬 신학교 아더 폴 보어스 교수도 그렇게 카미노를 했던 목회자 중 한 사람이었다. 그는 그곳에 세워진 조그만 교회에서 예배를 보기 위해 수천 리를 걷고 또 걸었다. 긴 카미노의 여정에서 그는 그 카미노가 예배였고 기도였으며, 신앙이었음을 깨달았다. 그것이 삶에 대한 채움과 비움, 그리고 쉼의 직조과정임을 깨닫게 된 것이다. 카미노 자체가 하나의 인격이었음을 알게 된 보어스 교수는 '힘든 길을 오래 걷다 보면, 걷는 과정에서 저절로 인격이 갖추어져 사람마다 걸어가면서 따뜻한 인격이 스며드는 것을 알게 된다.'고 말한다.

그런 비움과 채움의 여정이라는 체험적 카미노를 기술한 글이 『걸어서 길이 되는 곳 산티아고』다.[18] 그 글에서 보어스 교수는 길이 인격으로 존재한다고 말한다. 카미노는 경쟁이 아닌 배려인 탓에 순례자들은 자기보다는 오히려 다른 사람들이 더 무사히 순례를 마치기를 바란다. 그는 "카미노에서 나는 타인을 상대로 경쟁심을 발동한

적이 없었다. 그럼에도 유독 한 사람만은 나를 무자비하게 짓누르려 했다. 그 사람을 피할 수도 없었고 그와의 경쟁을 무시해 버리기도 힘들었다. 그 사람은 바로 나 자신이었다."라고 회술하고 있다. 배움 역시 경쟁이 아닌 배려이기에 나 자신부터 비워야 하는 긴 여정이다.

이 여정과 동행의 길에서 만나는 사람들은 그 누구에게나 좋은 선사(禪師)이거나 큰 스승 같은 멘토가 된다. 선사들은 가르침에 있어서 언제나 제자들에게 물음을 먼저 주었지 답을 먼저 주지 않았다. 이 점은 동행하는 사람들에게도 마찬가지다. 그들은 결코 제자들에게 삶을 가르치면서 만병통치의 효과를 줄 수 있는 알약과 같은 정답을 주지는 않았다. 선사들은 제자들 스스로 평생 묻고 또 물어 자기 스스로 대답하며 그것을 찾아 정진하는 화두와 삶을 보여 주었을 뿐이다. 결코 그 화두에 대한 답을 주거나 화두를 이해하기 쉽게 풀어 준 적이 없다. 삶에 관한 것들은 모두가 각자에게 보잘것없는 문제처럼 보일지라도 누가 대신해서 풀어 줄 수 있는 것이 아니다. 각자가 열심히 걸어가면서 거듭 생각해 내야만 하는 문제일 뿐이다. 그 문제에 대한 나름대로의 해법이 옳고 그른 것은 각자의 몫이지 누가 해 줄 수 있는 것이 아니다. 자기 자신에 대한 문제는 남들이 대신 풀어 줄 수 없다.

훌륭한 선생님일수록 제자들에게 삶에 대한 유식함이나 박식함이 무엇인지를 보여 주지 않는다. 그들은 결코 이렇게 하면 삶이 좋아진다든지, 영생을 얻는다든지 하는 식으로 강요하지도, 명령을 내리지도 않았다. 그들은 그 대신에, 삶살이에서는 오히려 자기가 직면한 문제들을 끝까지 물고 늘어질 줄 아는 투지력과 자기 자신의 안팎을 내다볼 수 있는 투시력이 중요하다는 것을 앞서가며 보여 주었을 뿐이다. 그런 점에서 그들은 한길로 나아가기만 하는 '돌대가리' 들이었다. 잔머리를 혐오했던 답답한 사람들이었다. 한 가지 화두에 매달려 그것에서 무엇인가 튀어나오도록 쳐다보고 또 쳐다보며 면벽(面壁)하는 '무지(無知)' 꾼, 큰 스승이나 마찬가지였다. 이것과 저것을 가리고 차별하거나, 어느 것이 더 유리하다고 가르거나 아는 척하지 않은 사람들이었다. 그저 살아간다는 것은 자기가 편한 대로 이리저리 요리되는 것이 아니라는 지혜를 갖게 되었기 때문이다. 그들은 삶에 대한 지혜를 깨닫도록 도와주며 삶에 앞장서서 나아갔던 스승들이었다.

§쉼

쉼의 과정에서 지속되는 바라봄은 바로 지금 이 시간에 대한 자기 자신의 느낌을 정리하는 활동이다. 지금 이 순간은 각자에게 행복이라는 선물과 같다. 행복은 삶에서 별도로 떨어져 있는 무슨 은총과 같은 선물이 아니다. 인간이 태어날 때부터 행복으로 가는 길이 존재한 것은 아니기 때문이다. 행복 그 자체가 삶의 길이며 삶의 여정과 더불어 가는 것이기에, 행복하기 위해서는 그 스스로 행복해야 한다. 행복은 지금 내가 살아 있다는 것 자체가 행복이라는 선물을 받았다는 느낌에서 시작한다. 그래서 지금(present)이라는 말과 현재(present)라는 말이 선물(present)이라는 말의 형태와 그 궤적을 같이하고 있는지도 모른다. 현재에 만족하면 선물에 만족하는 것이고, 선물에 만족하면 지금 이 순간이 행복해지는 것이다. 그래서 현자일수록 "엄청난 성물(聖物)을 기다리지도 말 일이며, 그렇다고 사소한 일에 목숨을 걸 일도 없다."라고 말하는 것이다. 알고 보면 모든 일이 사소하기도 하고, 모든 일이 조물주의 은총이기도 하기 때문이다.[19]

이미 몽테뉴가 처방해 주었듯이 사람들이 행복을 경험하려면 우선 낙관주의부터 시작해야 한다. 행복은 어차피 낙관주의에서 비집고 그 모습을 드러내기 때문이다. 미국의 켄터키 대학에서 참살이(well being)와 긍정심리학을 가르치고 있는 제거스트롬 교수가 건강하게 살기 원하면 낙관주의에 빠지라고 강력하게 충고[20]하는 이유도 다 거기에 있다. 낙관주의는 천부적인 것이 아니라 능히 배울 수 있는 기술이다. 낙관주의를 갖는 것은 그리 어렵지 않다. 낙관주의적으로 행동하면 건강에도 좋을 뿐 아니라 인생의 고비마다 닥치는 어려움에서도 원기를 회복하게 도와준다. 또한 다른 사람과의 만족스러운 인간관계를 가능하게 해 준다.

그렇다고 해서 낙관주의가 아무렇게나 해도 자연스럽게 찾아오는 것은 아니다. 단순히 밝은 곡조의 휘파람을 부는 것만으로 낙관주의가 자연스럽게 몸에 배지는 않는다. 따라서 우리는 낙관주의를 배워야 한다. 마음속으로 무언가를 갈망하는 것은 낙관주의가 아니다. 낙관주의자가 되려면 열심히, 그리고 부단히 자기 관리를 포기하지 말아야 한다. 그런 점에서 낙관주의는 적극적 사고와는 그 성격이 다르다. 낙관주의자들은 스스로 상상하는 성공을 위한 자신의 터, 자신의 디딤돌을 다지는 일에 절대로 망설이지 않는다. 낙관주의자는 결코 성공과 그 경험에서 완성되는 것이 아니다. 오히려 실패에서 끊임없이 자기 삶에 대한 교훈을 얻는 사람들이다. 자기가 생각해 온 전략이 제대로 작동하지 않을 경우에 언제, 어떻게 자신의 행동경로를 바꿔야 할지를 명확하고 결단력 있게 깨닫고 배우며, 매일같이 실천하는 사람들이다. 낙관주의는 바로 그런 힘과 가능성의 믿음을 말한다. 긍정적인 피드백과 피드포워드(feedforward)의 고리를 만들어 가는 사람이 낙관주의자다.

철학에게 힘이 있다면 그것은 사람에게 낙관주의를 퍼부어 주는 힘이어야 한다. 알랭(Alain, 1868~1951)은 철학이 죽음, 병, 꿈, 환멸에 대해 단호하게 거부하는 힘을 길러 주는 일이어야 한다고 주장한다. 그는 행복이란 별 것이 아니라고 잘라 말한다. 행복하고자 하는 의욕과 의지를 가지는 일이 바로 행복이기 때문이다.[21] 행복하고자 하는 의욕과 의지가 없으면 행복은 결코 있을 수 없다. 그러니까 매일같이 행복하기 위한 생활의 행복철학으로 호흡하며, 행동하면서 사색해야 한다. 매일 사색하고 행동하면 행복이 깃들기 시작할 것이다.

관념적인 행복은 언제나 관념적인 것으로 끝난다. 행복은 실천적이며 행동하는 것이어야 한다. 일상적인 삶에서 자기 삶의 고매함을 최상의 미덕으로 삼기 시작하면 행복의 감(感)이 잡히기 시작한다. 알랭은 고매함이라는 말이 어려움을 이겨내고, 어려움을 극복하는 태도를 가리키는 말이라고 일러 준다. 또한 행복은 인간다운 고매함을 지켜 나가는 일에서 연유한다고 주장한다. 행복하기를 원하면 행복한 사람의 태도를 취해야 한다는 것이다. 그러면 내 행복으로 말미암아 주위 사람들이 행복한 미소를 보내고, 그에 따라 자기 자신도 다시 행복해지기 시작한다는 것이다.

행복한 태도를 가지는 것은 표정의 문제가 아니라 성찰의 문제며, 배려의 문제이기도 하다. 이것을 잘 짚어 준 사람이 아도르노다. 아도르노는 호르크 하이머와 함께 쓴 『계몽의 변증법』으로 유명해진 프랑크푸르트학파의 또 다른 거목이다. 그는 나치 집권의 박해에서 벗어나기 위해 미국으로 건너간 후, 몇 년간의 체류 경험을 통해 153개의 단상(斷想)을 하나의 글로 쓴 적이 있었다. 그것을 『미니마 모랄리아(minima moralia)』, 말하자면 '최소한의 도덕'이라는 이름으로 발표했다.[22] 미니마 모랄리아에서 그는 깊은 여운이 감도는 다음과 같은 말을 한 가지 남긴다. "스스로에게 책임 지워야 할 유일한 것은 자신의 실존을 정당화하기 위한 이데올로기적 남용을 삼가고 사적인 생활에서도 뻐기고 잰 체하지 않는 겸손함일 것이다. 이런 태도는 좋은 교육을 받은 덕분이 아니라, 지옥 속에서도 그에게는 아직 숨 쉴 공기가 남아 있다는 데 대한 수치심에서 나온다."

그 누구든 목숨을 부지하려고 하는 한 그들의 '삶' 때문에 벌어지는 다양한 인간관계를 거부하기는 어렵다. 그 관계 속에서 발버둥치고 처절하게 살아가고는 있지만, 그들의 '삶'에서 경험하는 만큼 자기 삶에 대한 단상들을 솔직하고 진지하게 공개하지 못한다. 그런 것을 이야기하는 자체가 터부시되고 있기 때문이다. 살아남아야 되는 도구적 이성으로 무장된 이 세상에서 철학자들이 말하는 독자적 실체로서의 삶은 이미 붕괴되어 버린 지 오래되었다. 아도르노가 온몸으로 체험한 물신주의, 말하자면 미국과 같은 물신주의의 자본주의 사회에서는 모든 것이 부속물이며 피상적이고 도구적이다. 그것이 현실이고 삶이며, 동시에 지옥이기도 하다. 그곳에서 가능한 한 탈주는 숨쉬기를 거부하는 길로 통할 뿐이다. 성찰할 수 없으면, 혹은 성찰하지 않으면 그 모든 것이 지옥에서의 숨쉬기와 같다. 오염된 개천의 물에서 한순간이라도 더 호흡하기 위해 안간힘을 쓰며 주둥이를 내밀고 공기를 빨아들이는 잉어들처럼 그렇게 살아야만 한다.

성찰하기 위해서는 혼탁한 채움의 과정에서 더욱 쉬어가며 자신을 되돌아보는 쉼이 필요하다. 그런 물신주의적이며 도구적 이성주의의 자본주의 사회에서 한참을 살다 보면 누가 가해자고 피해자인지 분별하기 어렵다. 아도르노가 끊임없이 지적하고 있듯이 보편적 불의가 추상적으로 상정되는 상황 속에서 개개인의 구체적인 책임은 모호해지기 마련이다. 악하지 않은 인간이란, 무균질 인간의 삶이 아니라 자기 나름대로 각별한 수치심을 가지고 안절부절못하면서 곤궁한 삶을 사는 사람이기 때문이다. 적절한 대상을 찾지 못하는 각자의 사랑은 부당한 것에 대한 증오라고 표현할 수밖에 없다. 그래서 서로가 서로에게 배려해 줄 수 있는 쉼의 여백이 필요한 것이다. 인간 사이의 친근감이란 배려하고 인내하는 마음이며 독가시를 감싸 주는 보호막이다.

쉼의 과정에는 내다봄의 활동도 쉬지 않고 작동한다. 내다봄은 시간적으로는 미래를 지칭하는 일에 속하지만, 그것은 삶에 관한 하나의 관점(perspectives)을 갖는다는 뜻이기도 하다. 삶살이에서 하나의 관점을 갖는다는 것은 각자의 삶을 어떻게 살아야 되는지를 알게 되었다는 뜻이다. 예를 들어, 소유에 관한 김형효 교수의 관점을 들어 나의 삶살이를 내다보면, 오늘부터라도 각자의 삶살이가 나름대로 조금씩은 달리 보일 수도 있다.[23] 김 교수는 악(惡)이란 운명적으로 선(善)이라는 가치의 이면에 깃들어 있는 선의 배설물과 같다고 정리한다. 그러니 예수에게 복을 달라고 기도하는 순간 히틀러가 자행한 유대인 인종 청소를 보게 되는 것이고, 히틀러를 생각하는 순간 붓다의 자비를 읽게 되는 것이다.[24] 그는 악이 선으로 청소될 수 없고 그렇게 사라지지도 않을 것이라고 삶의 본체를 내다본다. 상대방을 악으로 보고, 그 악을 미워하여 완전히 뿌리 뽑겠다고 결심하는 순간 내 속에 악이 들어오기 때문이다. 악을 미워하여 그것과 대결하겠다는 마음가짐 자체가 이미 선한 마음에 독선이라는 이름의 악의 꽃이 활짝 피는 것과 같다는 것이다. 이 모두는 소유가 지배하기 때문에 어쩔 수 없다는 것이 그의 생각이다.

그런 일을 우리는 이미 갖가지 이즘(ism)의 출현에서 수없이 겪어 왔고, 또 앞으로도 만들어 갈 것이다. 지금까지 대립하는 것처럼 보였던 '이기주의는 자본주의이고, 도덕주의는 공산주의' 라는 도식 역시, 모두 소유적 본능에 기초하여 생겨났을 뿐이다. 그것으로는 아무것도 해결할 수가 없다. 그런 것을 넘어서는 제3의 혁명으로 존재론적 본성을 회복하는 '마음혁명'이 필요하다는 것이 김 교수의 선량한 주장이다. 세상은 소유하고자 하는 욕망들이 그려 낸 사이버 스페이스다. 그는 '세상을 혁명하려하지 말고 마음을 혁명해야 한다.'고 강조한다. 철학은 언제나 실용적이었으며, 그 자체가 쓰이게 될 때에야 비로소 존재한다고 주장하기도 한다. 김 교수는 "본능은 생존을 위한 소유욕이지만, 본성은 자신의 특성을 그냥 꽃 피우고 성취하고픈 욕망이다." 라고 본능과 본성을 구별한다.

사람은 삶을 영위하는 동물이기에 매일같이 먹고 살아야 한다. 그래서 우리는 어김없이 삶과 생존의 문제에 직면한다. 칼 야스퍼스(Jaspers)가 일찍이 내다보았듯이, 사람이란 어느 날 갑자기 어느 한계 상황에 내던져진 존재다. 그래서 인간은 어찌해 볼수 없는 한계 상황을 맞이하기 마련이다. 그것은 죽음(sterben), 고뇌(leiden), 투쟁(kampfen), 우연, 죄책감 같은 것이다. 그중에서도 죽음은 인간에게 결정적인 종말을 말한다. 그래도 죽기 전까지는 살아야 한다. 살아남아야 하기에 인간은 실존적인 존재다. 실존은 현존재의 소멸을 통한 초월자의 신호와 같다. 죽음을 그냥 죽음으로 받아들이면 그것은 끝내 하나의 상식에 속할 뿐이고, 그저 생물학적인 정보 쪼가리일뿐이다. 죽음이 나와 나의 생, 나의 삶살이에 무엇이 되어 가고 있는지 묻고 답할 때, 비로소 인간에게 거듭남의 실존에 대한 실마리가 될 수 있다. 이것이 삶에 대한 야스퍼스의 내다봄이었다.

야스퍼스는 죽음의 명제를 통해 사는 것이 죽는 것보다 훨씬 더 어려운 질문이 된다는 것을 넌지시 알려 준다. 죽기는 쉬워도 살기는 어렵다는 생각은 동양이나 서양모두 마찬가지다. 그 삶을 위해 사람들은 여러 가지 방편을 만들어 내곤 했다. 옛날이라고 예외는 아니었다. 우리네 삶살이에서도 똑같았다. 조선왕조사에서 다산 선생처럼 귀함과 어려움을 동시에 겪은 이도 별로 없을 것 같지만, 19세기 초를 대표하는 남인계(南人系) 문인들 중에는 다산 선생보다 더 어려운 선비도 있었다. 이학규(李學逵, 1770~1834)가 바로 그런 사람이었다. 그 역시 빛 좋은 개살구처럼 가난에 찌든 선비였다. 그런 그가 마침내 「인간의 고통을 푸는 방법(譬解八則)」이라는 글을 남겼다.

그가 보건데, 사람살이에서 겪는 고통 중에는 추위와 더위, 배고픔과 갈증, 시름과 고민, 걱정과 질병의 고통이 으뜸가는 고통이었다. 그래서 선비 이학규는 고통스러운 상황이 닥칠 때마다 그것을 이기는 방편을 내다보았다. 그는 "추울 때에는 가난한 집의 아이를, 더울 때에는 잠방이를 걸치고 일하는 머슴을, 배가 고플 때에는 구걸하는 거지를, 목이 마를 때에는 소금을 갈망하는 사람을, 수심이 찾아올 때에는 가화(家禍)를 입은 사람을, 번민이 찾아들 때에는 순장(殉葬)을 당하는 사람을, 근심스러울 때에는 임종을 앞둔 사람을 생각하면 조금은 더 행복해질 것이다."라고 처방한다.[25] 그의 처세론은 그가 겪은 삶의 고통에 비해 더 고통스럽기만 하다. 그의 이야기는 삶살이의 한계 상황을 점검해 보라는 현존의 의미 파악에 관한 질문 그 이상의 것임이 틀림없다.

§ 돌아봄, 바라봄, 내다봄

쉼은 돌아봄, 바라봄, 그리고 내다봄이 맞물려 돌아가는 여백 만들기의 행로다. 배움에 있어서 쉼이라는 여가는 명상과 같은 것이고, 참선 같은 수행의 방편이기도 하다. 마음 고르기에 관한 두 가지 방편의 우열을 가르는 것은 무의미하다. 하지만 이해를 돕기 위해 흔한 말로 구분하면, 명상의 목적은 건강에 있고 참선의 목적은 자신의 발견과 완성에 있다고 말할 수 있다. 충동을 가라앉히는 것이 명상이라면, 충동 그 자체를 자기 뜻대로 통제할 수 있게 도와주는 것이 참선의 수행이다. 완성이란 자신의 마음을 치유했다는 뜻이기도 하고, 자신을 관찰할 능력이 생겼다는 뜻이기도 하다. 다시 말해서, 자기 자신뿐만 아니라 타인에[26] 대한 좋은 영상(images), 말(words), 느낌(feeling), 신념(belief) 들로 자신을 다스릴 수 있다는 것을 의미한다. 여가로부터 생기는 돌아봄, 바라봄, 그리고 내다봄이라는 작은 활동이 마치 시계의 톱니바퀴처럼 미세하게 움직이며 하나의 세계를 그려 내고 있다. 채움과 비움이 시계의 시침과 분침처럼 움직인다면, 쉼은 초침처럼 그것들 간의 균형과 관계를 이어 주면서 삶살이의 시간을 알려 준다.

배움에 의한 예지일탈의 힘은 채움과 비움, 그리고 쉼이 만들어 내는 힘이기도 하다. 우리의 삶에서 작동되는 예지일탈의 힘은 주로 생활의 예지다. 생활의 예지는 채움의 공식적 활동으로 간주되는 학교교육의 이력과는 무관하다. 박사학위를 받았다고 해서 생활의 예지일탈력이 뛰어난 것은 아니고, 그 반대도 마찬가지다. 그것은 각각의 개조력과 각자가 알고 있든 알지 못하든 간에 관계없이 매일같이 실천해 나가는 배움의 의지에 따라 달라지기 때문이다. 그런 점에서, 영문학의 대가이며 당대 중국 지성의 상징이었던 린위탕(林語堂)이 고명한 철학자인 칸트(Kant)를 한마디로 폄하하였던 이유를 충분히 이해할 수 있다. 『생활의 발견』의 저자인 린위탕은 "나는 칸트를 읽지 않는다. 그 글이 사변적(思辨的)이고 꽤 까다로운 논리를 구사하고 있어 한 번에 세 쪽 이상을 읽을 수 없기 때문이다."라고 잘라 말한다.[27]

제 아무리 식견이 좋고 학력이 화려하더라도 그것을 실행해 내는 자기 개조력이 없으면, "구슬이 서 말이라도 꿰어야 보배가 된다."라는 격언의 대상이 될 뿐이다. 그가 내세우는 화사한 학력(學歷)은, 더 이상 힘을 가진 학력(學力)이 되지 못하고 자신을 희롱거리로 만들어 버리는 학욕(謔辱)이 된다. 예를 들어, 행동주의 학습심리학자들을 사로잡고 있는 명제 중 하나가 '마음이 바뀌면 행동이 바뀌고 행동이 바뀌면 습관이 바뀌며 습관이 바뀌면 인격이 바뀌고 인격이 바뀌면 운명이 바뀐다.'는 것이다. 이런 명제는 인간에게 있어서 마음을 바로 잡는 일이 중요함을 일깨운다. 그래서 명상가는 마음의 혁명을, 행동주의 심리학자들은 행동의 수정을 마음의 혁명과 관련시켜 프로그램화시키고자 한다.

마음의 혁명은 말만으로는 이뤄질 수 없는 가당치 않은 일이다. 결코 마음이 바뀐다고 행동이 저절로 바뀌는 것은 아니기 때문이다. 삶의 경험이 그것을 증명한다. 사람들이 금연에 실패하는 것도, 독서에 실패하는 것도 다 그런 이유 때문이다. 마음을 바꾸면 행동을 바꾸어야만 하고, 행동을 바꾸면 습관을 바꾸어야만 하기 때문에 그것들을 실천할 수가 없는 것이다. 모든 단계마다 각자의 실행 의지, 각자의 개조 행동이 의도적으로 실천되지 않으면 아무것도 바꿀 수 없다. 실행이 결여된 바람, 실천이 빠진 소망, 즉 개조력과 그것을 현실화시킬 실천으로서의 개조 행동이 결여된 채, 말이나 생각만으로 무엇인가 바라는 것은 부질없는 것이다. 이는 마치 어느 소녀가 꾸었다는 욕망에 관한 헛꿈에 지나지 않는다. 어느 날, 몸이 날씬해지고 싶은 한 소녀가 교회에서 급히 돌아와서 체중계에 올라갔다. 그것을 쳐다본 엄마가 "너 어제도 몸무게를 재더니 오늘도 또 재니?"라고 물었다. 소녀는 답했다. "엄마, 제가 오늘 아침에 하느님께 제 마음을 바쳤기 때문에 몸무게가 얼마나 줄었는지 알고 싶었어요. 그런데 몸무게는 어제와 똑같네요."

인간의 삶에서 개조가 가능하려면 지각이나 지성보다는 의지와 실행이 필수적이다. 지각은 신체 내부에 있기 때문에 신체의 내부 활동 변화에 따라 영향을 받는다. 그러나 의지는 바깥 세계에 있으므로 제약을 받지 않는다. 의지는 실천, 즉 행동과 연결되어야만 하기 때문이다. 그래서 인간에게 있어서 배운다는 것은 마치 '예수의 붓다'를 찾아내는, 혹은 그 반대 여정을 택해 가는 경이롭고 아름다우며 인간적인 삶살이의 과정과 같다.[28]

남들이 이해할 수 없는 말이기에 남들의 이해를 기대할 필요성조차 느끼지 않는 것이 실천이라는 행동이다. 이는 그저 '단순무식(單純無識)'하게 자신의 삶을 묵묵하고 묵직하게 살아가겠다는 욕심의 또 다른 의지 표명일 뿐이다. 그렇게 단순무식하게 살아가면 세상살이가 상당할 정도로 편해질 수 있다는 뜻일 수도 있다.[29] 이때 말하는 단순무식은 아무것도 모르고 아무것도 배우려고 하지 않는 단순무치(單純無恥)와는 다르다. 그것과 전혀 다른 경로이기도 하다. 여기서의 무식은, 필요 이상으로 구별하거나 세상사에 대해 잔머리 굴리는 것을 삼간다는 뜻의 단어다. 그것은 배우려는 의지를 포기하거나 폐기하는 것이 아니다. 오히려 삶의 의지를 더 드러내어 삶을 배우려는, 전향적이지만 결코 공격적이거나 파괴적이지는 않은 인간다운 항심(恒心)을 갖는다는 말이기도 하다.[30] 일상에 충실한 보통 사람들이 갖고 있는 인간다운 마음을 가지려면, 자신이 누구인지 더욱 치열하게 찾으며 모든 이의 지력에 대한 평등성을 고양하는 '무지'의 감이 필요하다.

삶에 생긴 상처의 아물어 감을 뜻하는 '생(生)의 가(痂)'는, 프랑스 시인이자 극작가인 장 주네가 이야기하는 '상처 난 마음의 아름다움'을 말하고 있다. 장 주네(Jean Genet)는 어릴 때부터 소년원과 감방을 전전하다 종신형을 선고받았으나, 사르트르와 보부아르, 장 콕토 등의 도움으로 출감했다. 그 후 본격적인 작품 활동을 시작하여 시인이자 극작가로서 명성을 떨치며 평탄하지 않은 삶을 살았다. 그는 20세기 위대한 조각가이자 화가인 자코메티(Alberto Giacometti)를 만나, 그의 작품과 삶에서 삶의 편린(片鱗)을 강렬하게 느꼈다. 생채기 난 삶이 꾸덕꾸덕 아물어 가고 있음을 알았을 때, 살고 싶음도 함께 느꼈다. 그 생명의 희열이 바로 삶의 새 살인 '상처 딱지 가(痂)'다. 그는 말한다. "아름다움이란 마음의 상처 이외의 그 어디에서도 연유하지 않는다. 독특하고 저마다 다르며 감추어져 있기도 하고 때론 드러나 보이기도 하는 이 상처는, 누구나가 자기 속에 간직하여 감싸고 있다가 일시적이나마 뿌리 깊은 고독을 찾아 세상을 떠나고 싶을 때 은신처처럼 찾아들게 되는 곳이다." 배움이라는 것은 나에게 있어서 갖가지 상처가 아물고, 또 아물어 가고 있다는 것을 조용히 알려 주는 생명의 속삭임이다.

이런 것들을 모두 생각해 보면, 이 책이 많은 사람에게 읽힐 것 같지는 않다. 사정이 그렇기는 해도 "읽지도 않은 사람들이 그것을 읽은 체할 때, 그 책은 성공한 책이다."라는 〈로스엔젤레스 타임즈(LA Times)〉의 서평에 관한 기사가 뇌리에서 지워지지 않는다.

미주

1) 다석 류영모 선생은 사람의 본업은 생각하는 것이라고 말한다. "현재를 깊이 알아야 한다. 생각이 자꾸 나와야 한다. 영원한 생명이 있다는 것을 미신으로 망상해서는 안 된다. 지금 내게서 나오는 생각이 계속 흘러나와 사상(思想)의 바다가 된다는 것을 알아야 한다. 이 생각 때문에 얼의 바다, 얼의 나라를 믿는 것이다. 내 속에 생각이 자꾸 나온다. 그것을 보아서 말씀의 나라가 있는 것을 믿는 것이다. 영원히 갈 것은 오직 생각 하나만이다. 영원(하느님)을 아는 것은 생각 때문이다. 생각이 없었다면 말도 글도 없을 것이고, 따라서 문화도 있을 수 없다. 이런 물질세계 말고 오직 생각뿐인 데가 있을 것이라 해서 '하느님', '니르바나님' 하는 것이다. 우로 올라가는 게 생명이지 그렇지 않으면 생명이 아니다. 영원히 가는 것은 생각하는 얼뿐이다. 다르마(Dharma, 法)라, 말씀(로고스)이라 하는 게 이것이다." 이것이 다석 선생이 갖고 있는 인간에 대한 본질론이다[참고: 류영모(2004). 얼의 노래. 서울: 두레, p. 40].

2) 참고: 한준상(1999). 호모 에루디티오. 서울: 학지사.

3) '사람은 여러 가지 방법으로 똑같은 결과에 도달한다.' 는 말을 남긴 몽테뉴(Michel Eyquem de Montaigne, 1533~1592)는 프랑스의 르네상스를 대표하는 사상가다. 자신의 체험과 독서생활을 근거로, 있는 그대로의 인간, 변천하는 대로의 인간을 그렸다. 자연에 대하여 단순히 몸을 맡기는 데에 인생의 지혜를 추구하였다. 어쩌면 몽테뉴는 개인의 중요성을 열어 놓은 초기 사상가로 평가되어야 할지도 모른다. 몽테뉴는 살아 있는 자신에게 이롭지 않은 것은 고려할 가치도 없다고 잘라 말한다. 그는 살아 있을 때 말해 놓지 않은 것을 자기 죽음이 말하게 해서는 안 된다는 생각에, '나로서는 늙기 전에 늙는 것보다는 늙고 나서 오래 있지 않는 편이 낫다.' 고 강조한 키케로의 말을 즐겨 인용한다[참고: 몽테뉴(1989). 나는 무엇을 아는가?(역). 서울: 동서문화사]. 몽테뉴가 즐겨 말한 것들은 모두 몽테뉴의 뒤를 이어 서구사회에서 배태되기 시작한 개인의 발견에 대한 중요한 씨앗이 되었다. 사회에서 개인의 이익을 긍정적으로 평가하기 시작한 시대가 바로 16세기 말이다. 당시 사상가들은 인간의 행동을 자극하는 것은 공익이 아니라 오로지 자신의 이익이라는 생각에 동의하기 시작했다. 사람들이 결혼을 할 때나 땅을 살 때, 수공업자가 일을 할 때나 상인이 거래를 할 때 공공의 이익이 아니라 언제나 자기 자신의 이익을 우선할 수밖에 없다고 본 생각이 바로 그것이다. 개인의 이익은 지상에 부족함이 없도록 만든다. 따라서 경제적 무질서를 해결하기 위해 개인을 빼고 단순히 옛날 방식으로 접근해 가는 것은 불가능하다고 보았다. 경제적·사회적 무질서 등이 개인의 행동으로 수정될 수 있다고 하는 것은 개인과 현재를 중요하게 본 몽테뉴의 생각과 결코 무관하지 않다. 그런 몽테뉴의 생각은 국가의 부가 각 시민의 부를 통해서만 달성되며, 이 목표를 달성하기 위해서는 개인이 자기 책임의식을 더 강화해야 한다는 생각으로 자연스럽게 이어졌다. 개인의 발견에 대한 그의 생각은 프랑스에서 종교개혁을 주도한 자유파 사상가, 독일과 네덜란드의 신스토아주의자에 의해 개인주의 사상의 확립을 꿈꾸게 만들었다. 17세기부터는 자기 책임을 강화하고 자기 이익을 옹호하자는 목소리가 커지기 시작했다. 가장 결정적인 것은 바로 버나드 맨더빌(Bernard Manderville, 1670~1733)이 1723년 자기애를 자연법칙으로 선언한 것이다[참고: 리하르

트 반 될멘(2005). 개인의 발견(역). 서울: 현실문화연구]. 그는 "지구상의 모든 생물이 능력이 있을 때 자기 자신에게 품고 있는 사랑만큼 보편적으로 순수한 것은 없다. 더 나아가 사랑은 동시에 사랑하는 대상을 보존하려고 노력하기 때문에 모든 생물에게서 자기 자신을 유지하려는 의지와 소망, 그리고 노력이 가장 정직한 것이다."라고 선언한다. 또한 「꿀벌의 우화」라는 글에서 사람들의 위선에 대해 일침을 가한 적도 있다. "한 번도 남을 시기하지 않을 만큼 정신적으로 성숙한 사람이 있다고 나는 믿지 않는다. 그럼에도 불구하고 나는 지금까지 자신도 그런 적이 있다고 솔직하게 시인하는 사람은 한 명도 만나지 못했다. 우리가 이런 성향이 있다고 인정하는 것을 수치스러워하는 이유는 태어날 때부터 온갖 형태의 자기애를 감추려는 위선 때문이다."

4) 소설가인 박상우는 인간의 삶이란 신기하게도 정답을 찾는 여정이라기보다는 끊임없이 질문을 해 나가는 여정이라고 결론짓는다[참고: 박상우(2008). 인형의 마을. 서울: 민음사]. 이는 톨스토이의 『나의 참회, 인생의 길』, 도스토예프스키의 『죄와 벌』, 헤밍웨이의 『해는 다시 떠오른다』에서 그랬던 것과 마찬가지다. 그들이 한결같이 삶에 대해 같은 농도로 호흡하고 있는 것은, 인생에 정답이 없다는 말이 아니다. 아무렇게나 살아도 되는 것이 삶은 아니라는 결론일 것이다. 설령, 자기들이 아무렇게나 삶을 산다고 해도 그 '아무렇게'라는 말을 입 밖으로 내뱉는 순간 자기 삶에 대한 책임을 확인하고 그것을 따라야만 한다. 답을 할 수 없다고 해서 질문이 불가능한 것은 아닌 것처럼 삶의 과정은 답보다는 질문의 연속이다. 그 질문을 위해서 배움은 숨을 넘기는 마지막 순간까지 계속될 수밖에 없다. 마치 십자가에 매달린 채 마지막 고통의 숨을 넘기면서, "엘리 엘리 라마 사박다니."라고 아버지에게 절규하듯 질문했던 신의 아들 예수처럼…….

5) 여기서 배움을 영어로 에루디션(erudition)이라고 쓴 것은 교육이라는 단어인 에듀케이션(education)과 구별하기 위해서다. 신실용주의 학자인 로티는 에듀케이션의 뜻의 모호함을 지적하기 위해 아예 에디피케이션(edification)이라는 단어를 쓰고 있음에 주목할 필요가 있다.

6) 예지(叡智)는 일반적으로 사물의 이치를 꿰뚫어 보는 지혜롭고 밝은 마음(intellect)을 말하지만, 예지일탈에서 말하는 예지는 언제나 지성(intellect)만을 지칭하지는 않는다. 우선 일반적인 의미로 예지는 뛰어난 깊은 지혜(智慧), 지혜롭고 밝은 마음과 생각, 혹은 인식하는 능력 등을 말한다. 이런 의미에 가장 가까운 생각이 바로 칸트의 예지론인데, 그것은 감각적으로 주어지지 않는 것을 주관적으로 표상(表象)할 수 있는 힘을 말한다. 그 예지는 참과 거짓의 구분이 가능하지 않은 상태다. 칸트가 예지(noumenon)를 말하였을 때, 그것은 감각적 대상에 대비되는 의미의 이성에 의하여 사유되는 절대적 실재나 물 자체다. 따라서 그것은 항상 예지적 대상이다. 이는 플라톤이 이데아에 관하여 묘사할 때 처음 사용되어 칸트에 와서 전문화된 용어다[참고: 임마누엘 칸트(2008). 순수이성비판/실천이성비판(역). 서울: 동서문화사]. 그래서 삶살이에서 예지적 허무주의(叡智的虛無主義)라는 개념도 가능해진다. 예지에 의하여 그 무엇을 구체적으로 보는 것은 끝내 허구다. 그러므로 그것에 바탕을 둔 이성의 결정은 끝내 허무라고 하는 예지적 허무주의가 가능해진다. 한 현상에 대한 진위, 말하자면 참과 거짓에 대한 판단이 불가능한 상황이기에 그것을 놓고 따지는 식의 논쟁은 불필요하고 실제로 그 이상 어쩔 수도 없다. 그러나 예지일탈이라는

말을 할 때, 그 예지는 칸트적인 '누메논'만을 뜻하지 않는다. 그저 편하게, 생활철학적인 상황 속에서 일상적으로 발견되는 현실적이며 실제 생활에 대한 예지(叡智/鋭智/豫知)와 체험 같은 것을 복합적으로 지칭하는 것이다. 예지의 뜻을 '예지(叡智)', '예지(鋭智)', 그리고 '예지(豫知)'라는 복합적인 상황으로 정리하였을 때, 실제 생활 중심의 예지는 경우에 따라 사물의 이치를 꿰뚫어 보는 지혜롭고 밝은 마음인 예지(叡智)일 수 있다. 또는 뛰어난 지혜와 마음(sharp brain)을 가리키는 예지(鋭智)일 수도 있고, 아니면 어떤 일이 일어나기 전에 미리 아는, 혹은 미래의 일을 지각하는 초감각적 지각이나 그런 능력(prerecognition)으로서의 예지(豫知)를 지칭하는 것도 가능하다.

7) 일탈이라고 하면 흔히 사회학에서 말하는 부정적인 뜻으로서의 '디비에이션(deviation)', 혹은 '디비안트(逸脫)'를 말한다. 이것은 정해진 영역 또는 본래의 목적이나 길, 사상, 규범, 조직 따위에서 벗어나는 행위로, 무엇인가 표준적인 것에 대항하는 듯한 부정적이며 파괴적인 뉘앙스를 풍기는 행동이나 행위로 이해된다. 그때 그것을 극적으로 보이는 단어가 '정도(正道)'다. 누구나 지켜야 될 것, 바른 것을 말하는 의미로서의 정도를 이탈(離脫)하여 빗나가는 것이 일탈이다. 그러나 예지일탈에서 말하는 일탈은 그런 부정적인 의미에서의 파괴를 지칭하는 것이 아니다. 오히려 중성적 혹은 중도적인 일탈의 모양으로 나타나는 긍정적이거나 부정적인 것을 포괄하는 의미에서는 벗어남과 어긋남, 혹은 초월함으로서의 해체, 분기(分岐), 서로 다른 위치 점유로서의 상위감(相違感) 같은 '다이버전스(divergence)'를 말한다. 붓다나 예수, 공자, 소크라테스의 태도가 보여 주는 것처럼 깨달은 사람의 속성 중 하나가 바로 정도(正道)에서의 포괄적인 일탈이다. 그때 깨달은 사람에게 있어서 정도라는 말은 절대적인 것이 아니라 상대적인 것으로 이해된다.

8) [참고: 한준상(2007). 배움학, 그 시작된 미래. 서울: 학지사]. 가수 손병희가 부른 노래 '나란히 가지 않아도'의 가사처럼 함께 가는 사람들이 좋은 지식들이다. 그 노래의 가사는 이렇다. "누군가 누군가 보지 않아도 나는 이 길을 걸어가지요. 혼자 혼자라고 느껴질 땐 앞선 발자국 보며 걷지요. 때로는 넘어지고 때로는 쉬어 가도 서로 마주 보며 웃음질 수 있다면, 나란히 나란히 가지 않아도 우리는 함께 가는 거지요. 마음의 마음의 총을 내려요. 그 자리에 꽃씨를 심어 보아요. 손 내밀어 어깨를 보듬어 봐요. 우리는 한 하늘 아래 살지요. 얼굴 빛 다르고 하는 말 달라도, 서로 마주 보며 웃음질 수 있다면, 나란히 나란히 가지 않아도 우리는 함께 가는 거지요." 좋은 지식으로 지칭되는 '미트라(mitra)', 즉 동행에 관한 이야기는 곧 출간할 새로운 책에서 그 사례와 함께 정리, 보고하기 위해 준비 중이다. 지식이라는 말은 일반적으로 말하는 앎의 상태나 정보를 지칭하는 것이 아니라, 서로가 서로에게 힘이 되고 위로가 되는 삶의 동행이며 먼저 깨우친 자를 지칭한다. 나의 영혼을 맑게 하는 데 도움을 주는 것은, 그것이 생물이든 무생물이든 관계없이 나의 삶에 동행이 된다는 점에서 지식이라 할 수 있다. 다만, 여기서 이야기하는 지식은 무생물보다는 생물, 그중에서도 사람을 지칭하고 그를 동행이라고 부르려 한다.

9) 이번에도 그런 좋은 동행과 지식이 함께 하고 있어서 이 책을 완성하게 되었다. 무엇보다도 연세대학교 교육학과에서 공부하는 대학원생들이 나에게는 좋은 지식들이었다. 그들의 동행에 늘 고맙기만 하다.

자나(自那) 박신영 양, 무지(無止) 신범철 군, 치치(治痴) 한진상 군, 무제(無睇) 하지영 양, 무미(無微) 김효선 양, 막지(莫止) 황태홍 군, 무기(無欺) 백혜진 양이 밤잠을 축내며 이 책이 젊은 기운을 갖도록 조력해 주었다. 결코 이들의 인간적인 고마움을 가슴에서 내버릴 수가 없다. 고생하기는 이들보다 더 심했지만, 다행히 조금 먼저 나가 자리를 잡은 모모(momo) 김성길 교수에게도 나의 고마움을 한껏 표한다. 장시준 군, 민원표 군, 박대권 군, 김정환 군, 김사훈 군 모두가 나에게는 젊음의 지력이 무엇인지에 대해 빚을 지게 만든 젊은 지식들이다. 이들에게 치치니 무미니 하는 허명을 지은 것은 저들의 재능이 너무 뛰어나기에 앞으로 공부하면서 자중자애하라는 뜻에서 그런 것이다. 내게 좋은 동행이 되어 주고 있는 그 이상의 지식들도 있다. 매주 월요일 점심때만 되면 연구하던 머리를 식히며 한곳으로 모여드는 월와회(월요일 와인 배우기 모임)의 단골 멤버인 박순용, 장원섭, 이규민, 김영석, 이병식, 황금중 교수들이 내게는 좋은 지식들이며 학문의 동지다. 이런저런 개인적인 이야기들까지 구시렁거리며 들어주는 백일우 교수나 신명회 교수, 오인탁 교수는 학교 안에서, 그리고 이관춘 교수, 박원희 교수, 한상길 교수, 이명준 교수, 이준학 교수, 권대봉 교수는 학교 밖에서 서로 격려하고, 배우고, 성장하면서 함께 걸어가고 있는 영원한 동행이며 참 지식들이다. 가까운 거리에서 늘 이런저런 격려로 나에게 좋은 지식이 되고 있는 사람들도 한둘은 넘는다. 최항석 교수, 김선희 교수, 박혜영 여사, 박성민 교수, 조해경 교수, 민선향 교수, 이로미 교수, 백은순 교수, 최운실 교수, 김소영 교수를 빼 놓을 수 없다. 이들 모두가 나의 뻔한 속사정을 다 알고 있으면서도 행여 내 기분 다칠세라 그 어떤 소리도 내지 않는 배려에 그저 감사할 뿐이다. 나는 좋은 지식을 내 옆에 두고 순행하고 있는 즐거움을 한없이 느끼는 행복한 욕심쟁이일 뿐이다. 그렇게 보면 최기영 교수, 이해성 교수, 엄기형 교수, 조진 교수, 김경용 교수, 정환규 교수, 김미숙 교수, 김현철 교수, 김민 교수, 강상진 교수, 허정무 교수, 임형훈 선생, 이만희 선생도 내겐 그토록 좋은 지식들이며 함께 가고 있는 동행이다. 차동춘 교수, 김수동 교수, 김영천 교수, 강학중 박사, 문용린 교수, 정영수 교수, 이두휴 교수, 박해성 교장, 강대인 원장, 박인주 원장, 김복순 교장, 김순주 박사, 그리고 한국과는 거리가 조금 떨어져 있는 세인트클라우드 대학의 로빈손(Robinson) 교수 역시 내게는 결코 떨어질 수 없는 지식들이며 함께 호흡하는 동행이다. 학문계 밖에서 내게 지식이 되어 늦깎이 학도가 된 동행인 편도욱 선생, 이정균 선생과 저들 못지않게 삶의 배움에 투철한 유태동 이사장, 백상철 대표, 소상섭 대표, 변성범 이사장, 안희철 사장, 차원호 대표, 김종호 대표, 이용동 사장, 박광길 사장, 하영호 사장, 이성진 사장, 김재성 사장, 김경수 상무, 김기복 사장, 이경훈 사장, 김철수 사장, 조용훈 사장, 박경실 박사, 김혜련 박사, 조병규 박사, 이기하 시장, 김택환 교수, 윤영 원장과 한창윤 사장도 내게는 평생 좋은 지식들이다. 송자 총장님이나 강영중 회장님, 김정욱 선배, 그리고 정범모 교수님은 나에게는 늘 정신적 후원이 되어 주고 있는 좋은 지식이며 영원한 동행이다. 어머니와 은영이의 동행, 그들의 배려와 인내, 그리고 그들이 내게 지식이 되어 주지 않았다면 이 책은 처음부터 생각할 수조차 없었을 것이다. 이들에게 그저 감사할 따름이다.

10) 1818년 처음 발표되었던 프랑켄슈타인은 공포 소설, 공상과학 소설의 고전으로 꼽히지만 그 소설이 다루고 있는 본질적인 내용은 '인간 본성의 원칙'에 관한 것이다[참고: 셸리 메리(2002). 프랑켄슈타인

(역). 서울: 미래사). 무생물에 생명을 부여할 수 있는 방법을 알아낸 제네바의 물리학자 프랑켄슈타인은 죽은 자의 뼈로 244cm의 인조인간을 만들어 낸다. 생명을 부여받아 그렇게 태어난 괴물은 인간 이상의 힘을 발휘한다. 괴물은 추악한 자신을 만든 창조주에 대한 증오심으로 가득하다. 괴물은 그 증오심으로 그를 만들어 낸 프랑켄슈타인 박사 대신 그의 동생을 죽인다. 괴물은 프랑켄슈타인 박사에게 자신과 함께 살 여자를 만들어 달라고 요구한다. 지켜질 리 없는 일방적인 요구였다. 약속이 지켜지지 않자 괴물은 이제 프랑켄슈타인의 신부까지 죽인다. 증오와 복수심만 남은 프랑켄슈타인 박사는 괴물을 쫓아 북극까지 올라간다. 박사는 괴물을 쫓아가지만 탐험대의 배 안에서 비참하게 마지막 숨을 거두고 만다. 괴물은 탐험 대원에게 프랑켄슈타인 박사의 죽음을 확인한다. 그 뒤에 스스로 몸을 불태우겠다는 말을 남기고 사라져 버린다.

11) 2008년 9월 26일 미국의 캘리포니아 주정부 교육부 청사를 방문했을 때, 그곳 현관에 배움의 중요성을 강조하기 위한 뜻으로 프랑켄슈타인 박사의 학문에 대한 열정이 벽면에 하나의 현판과 같이 각인되어 있음을 보고 내심 놀란 적이 있었다. 말하자면, '내가 알고 싶어 했던 것은 하늘과 땅의 비밀이었다(It was the secrets of heaven and earth that I desired to learn).'라는 프랑켄슈타인 박사의 어구가 나를 반갑게 맞이한 것에 일종의 희열을 느낀 것이다. 그런 희열을 확인하고 싶은 마음으로 그곳에서 일하는 몇몇 사람들에게 이 말의 뜻과 프랑켄슈타인의 말을 왜 주 교육부 청사에 걸어 놓았는지 문의해 보았으나, 돌아온 대답은 별로 신통한 것이 아니었다. '배움에 대한 나의 갈망은 하늘과 땅을 통틀어 불가사의한 것이었다.'라는 프랑켄슈타인 박사의 배움에 대한 의지나 입장에 대해 저들의 이해는 상당할 정도로 피상적이었고 중구난방이었다. 그의 말은 그저 보기 좋은 장식용으로 붙어 있었을 뿐이었다. 세상은 늘 그런 식이었다.

12) 참고: 질 메네갈도(편)(2004). 프랑켄슈타인. 서울: 이룸.

13) 참고: Turney. J. (1998). *Frankenstein's Footsteps: Science, Genetics, and Popular Culture.* New Haven, CT: Yale Univ. Press.

14) 배움의 달인은 평범한 일상에서 '성공의 지혜'를 발견하는 법을 터득하는 사람들이다. 그들은 자기 삶에서 행복을 낙관하는 사람들이기도 하다. 행복에 이르는 길이 수없이 많지만 그중 가장 중요한 것은 행복해지기 위한 열쇠가 내 손 안에 있다는 믿음을 갖는 일이다. 삶의 어떤 순간에도 행복하기를 포기하거나 주저하지 말고 인생의 행복을 찾아가려는 자신감을 가져야 한다. 해피노미스트(Happynomists)는 이처럼 자신이 최고의 가치라고 생각하는 목표를 이루어 냄으로써 행복하게 살 수 있다는 믿음을 갖는다. 그는 하는 일이 어떻고 어떤 가치에 뜻을 두었든 간에, 그 가치의 기본이 '행복'이라고 믿고 그것을 배움에서 찾아내는 사람들이다[참고: 신동기(2008). 해피노믹스. 서울: 엘도라도]. 이들은 일상을 통한 배움을 위해 몇 가지 방법을 일상적으로 활용한다. 그것은 새로운 생각을 적극적으로 받아들이기 위해 대담하다, 보다 활동적으로 행동하며 모든 일에 호기심을 갖는다, 끊임없이 배우기 위해 더 많이 질문한다, 모험을 직접 시도한다, 자기가 세운 가설과 의문점을 풀어나간다, 잡담 중에도 출퇴근길에도

데이트 중에도 항상 배움을 의식하고 구한다 등이다[참고: 존 드라이스데일(2007). 내 삶에 가장 특별한 배움(역). 서울: 이스트북스].

15) 참고: 김경욱(2008). 위험한 독서. 서울: 문학동네.

16) 참고: 노아 와인버그(2008). 돈보다 기쁨에 미쳐라(역). 서울: 미래와 경영.

17) 참고: 류영모(2004). 얼의 노래. 서울: 두레, p. 143.

18) 참고: 아더 폴 보어스(2008). 걸어서 길이 되는 곳, 산티아고(비움과 채움의 순례 여정)(역). 서울: 살림.

19) 참고: 리처드 칼슨(2008). 마음 혁명(역). 서울: 창해.

20) 제거스트롬 교수는 낙관주의자가 되기 위해 도움을 줄 수 있는 열두 가지 방법을 소개하고 있다[참고: 수잔 제거스트롬(2007). 행동하는 낙관주의자(역). 서울: 비전과 리더십]. 즉, (1) 내 앞날에 좋은 일이 있을 거라고 믿는다. (2) 그 미래를 현실로 만들기 위해 노력한다. (3) 장애물을 만날 때는 신중하게 살펴보고 따져본 후 치워 없애려고 노력한다. (4) 늘 새로운 목표를 세우고 그 목표를 향해 나감으로써 쾌락의 쳇바퀴에서 내려온다. (5) 기본적 자산·사회적 자산·지위 자산·실존 자산을 쌓아 줄 목표를 중점적으로 추구한다. (6) 나에게 중요한 의미가 있는 목표를 우선적으로 추구한다. (7) 남들도 최선을 다하고 있다고 믿고 그들의 모습을 보고 분발한다. (8) 내 목표를 충족시키는 데 기본 자산을 사용하되 시간과 에너지를 무작정 쌓아 놓지 않고 헛되이 낭비하지도 않는다. (9) 하루하루를 규모 있게 생활함으로써 목표와 자산을 최대한 활용한다. (10) 잘 자고 잘 먹음으로써 에너지 자산을 보충한다. (11) 낙관주의가 만사를 다 해결해 주지는 않음을 인정한다. (12) 우연이나 운에 의지하지 않는다.

21) 참고: 알랭(2008). 행복론/인간론/말의 예지(역). 서울: 동서문화동판주식회사.

22) [참고: 테오도르 아도르노(2005). 미니마 모랄리아—상처받은 삶에서 나온 성찰(역). 서울: 길. 테오도르 아도르노(1903~1969)는 20세기 사상가 중에서 음악에 가장 밝은 인물이었다. 그는 청년 시절부터 음악 평론을 썼고, 12음계 기법을 창시한 현대 음악가 쇤베르크를 일생 동안 존경했다. 후설에 대한 논문으로 박사학위를 취득한 뒤에도 작곡과 피아노 연주 수업을 받을 정도였던 그는 음악뿐만 아니라 문학, 미술에 대한 소양도 깊었다. 그는 생전에 '신음악의 철학'을 펴냈다. 토마스 만으로부터 '음악이 처한 현재 상황에 대해 아도르노보다 더 청중에게 이야기해 줄 수 있는 사람은 없을 것'이라는 찬사를 받았던 그는 1938년 나치를 벗어나 미국으로 이주하였다. 상업주의와 대중문화가 만개한 그곳에서 '문화산업론'을 구상했던 그는 자본주의 문화산업이 드러내 놓고 있는 대중 기만성을 가차 없이 지적하며 그곳에서의 경험, 말하자면 상처받은 미국식의 삶에서 얻은 이야기들을 『최소한의 도덕(Minima Moralia: Reflexionen aus dem beschadigten Leben)』으로 정리하였다. 그런 저급한 미국의 물신주의적 문화에 견딜 수 없었던 그는 1950년대에 다시 독일로 돌아간 뒤 프랑크푸르트 대학 교수로 봉직하면서 『부정 변증법』을 출간한다. 라디오와 텔레비전에도 출연, 자신의 비판 철학을 대중적으로 알리는 데 적극적이었으며, '68혁명'이라고 하는 1960년대 말 서구 학생운동의 폭력 사용을 비판하기도 했

다. 학생들과의 심한 논쟁으로 골치가 아파 1969년 스위스로 휴가를 떠났지만 그곳에서 심근경색으로 죽음을 맞이한다.

23) 참고: 김형효(2007). 마음 혁명. 서울: 살림.

24) 히틀러를 가장 가까이에서 지켜본 전속 부관인 하인츠 링게와 오토 귄셰는 히틀러가 보여 주었던 마지막 모습, 즉 아주 인간적인 양태의 한 모습을 증언하고 있다. 링게는 1935년부터 총통의 호위사령부에 배속되었으며, 이후 히틀러의 개인 업무를 총괄하는 업무를 수행하였다. 귄셰 역시 1936년 호위사령부에 배치되었던 히틀러의 개인부관으로 1945년 5월 소비에트군의 포로가 되었다. 히틀러의 전속부관이었지만 소련군의 포로가 된 링게와 귄셰는 1946년부터 4년 동안 히틀러에 관한 정보를 그들에게 상세하게 진술해야만 했다. 몇 번씩이나 반복해서 독재자 히틀러의 삶에 대해, 독일군 간부들과 그의 관계에 대해, 총통사령부에서 벌어진 사건들에 대한 정보를 제공했다. 그들의 심문 기록을 토대로 소련의 비밀경찰 요원으로 구성된 작가 집단(히틀러의 전기를 집필하면서 4년이라는 세월을 보낸)에 의해 히틀러에 대한 은밀한 비밀문서가 만들어졌다. 그 후 상당한 시간이 흘렀다. 2003년 독일 현대사연구소의 마티아스 울은 러시아 문서기록보관소에서 '파일'이라고 명명된 413매의 타이핑 문서를 발견하기에 이르렀다. 그 비밀문서를 중심으로 에벨레가 『히틀러 북』을 썼다[참고: 헨릭 에벨레(2008). 히틀러 북(역). 서울: 루비박스, p. 154, 399]. 그들의 증언기록에 따르면, 1943년 스탈린그라드 전투에서 패배한 뒤 히틀러의 모습은 완전히 통제 불능의 상태였다. 그의 모습을 부관들은 다음과 같이 묘사하였다. "독일 군대가 스탈린그라드에서 패배했다는 사실은 히틀러에게 엄청난 타격을 주었다. 개인 주치의 모렐이 하루걸러 아침식사 후 투여한 각성제가 아니었다면 그는 분명히 살아남지 못했을지도 모른다. 그는 신경성 위경련을 일으키기 시작했다. 너무나 고통스러웠기 때문에 하루에도 몇 시간씩 침대에 누워있어야만 했다. …… 그는 화장실의 물탱크, 비누, 면도크림, 치약 등 모든 곳에 독이 들어있다고 의심했으며 그 모든 것을 철저하게 검사할 것을 명령했다. 그의 식사를 요리하는 데 사용되는 물 역시 검사를 거쳐야 했다. 히틀러는 손톱을 물어뜯었으며 피가 날 때까지 귀와 목을 긁어댔다." 히틀러 최후의 순간도 실제 현장에서 그 모습을 지켜보는 듯한 느낌이 들 정도로 자세하게 서술되어 있다. "4시를 몇 분 앞둔 시각 벙커로 돌아온 귄셰는 응접실로 들어갔다. 사격장에서 맡을 수 있는 화약 냄새가 코를 찔렀다. 히틀러는 소파 왼쪽에 앉아 있었으며 그의 옆에는 에바 브라운의 시신이 있었다. 히틀러의 오른쪽 관자놀이에는 1페니히 동전 크기의 총알구멍이 나 있었으며 그의 뺨을 타고 두 줄기 피가 흘러내렸다. 벽과 소파에는 여기저기 피가 튀어 있었다. 히틀러의 오른손은 손바닥을 위로 향한 채 무릎에 올려 있었다. 왼손은 옆구리에 붙이고 있었다. 히틀러의 오른발 옆에 7.65mm 발터 권총이 놓여 있었으며, 왼쪽 발 옆에는 같은 제조회사의 6.35mm 권총이 놓여 있었다."

25) 참고: 선완규. 고통을 푸는 방법(2008. 8. 23). 조선일보.

26) 참고: 툴쿠 톤둡(2002). 몸과 마음을 치유하는 티베트 명상법(역). 서울: 두레.

27) "생활을 통하여 예지를 찾으려는 생활의 지혜인 린위탕으로서는 당연히 한마디 할 수 있는 글이다."라

고 말하는 은퇴 교수 최승순[참고: 최승순. 생활의 예지(2007. 11. 20). 강원일보]은 연구 활동 중에 겪은 촌로의 생활에서 우러난 삶의 예지를 보여 주었다. "현지 조사에서 제보자로 만나는 사람들은 연령별로는 60대가 하한선이고 70, 80대가 가장 적합하다. 간혹 이보다 고령인 사람을 만날 수 있으나 청력에 장애가 있어 부적절한 경우가 많았다. 학력으로는 무학이 좋고, 혹 초등학교 교육을 받은 사람도 있으며 더러는 서당에서 한문 교육을 받고 훈장을 했다는 사람을 만나기도 했다. 이들의 한문 역량은 사서나 떼고 율 한 수 지을 정도는 드물고 대부분은 통감을 마쳤거나 중도에서 그만두고 학문과 인연을 끊었다. 그 이유를 물었더니 통감을 마칠 나이가 되면 가업인 농사에 종사해야 하기 때문이라고 했다……. 린위탕이 칸트를 읽지 않고 생활 속의 예지를 말한 것과 같은 일을 산간부락 무학의 노인들에게서 더러 발견하고 새삼 생활의 예지를 되새기게 되었다. 연곡면 신왕리에서의 일이다. 징검다리를 건너야 목적한 곳으로 가겠는데 비 때문에 물이 불어 징검다리를 약 5cm가량 넘쳐 흐르고 있었다. 신을 신은 채로는 건너지 못하겠고 신과 양말을 벗자니 귀찮아 누군가 신발을 벗고 건네주었으면 하는 생각을 하며 언덕에 앉아 쉬고 있었다. 그런데 지게를 진 노인 한 사람이 우리의 처지를 보고 '내가 신을 신은 채로 건널 수 있게 해 줄 터이니 신발을 벗지 말고 기다리라.' 하고는 물가에서 베개 크기의 돌을 건져든다. 그것을 본 우리 일행은 그 돌을 징검다리 위에 놓으면 물에 잠기지 않을 것이니 그것을 믿고 건너라는 위험한 곡예를 시키는 줄 알고 '노인장, 그 돌을 딛고 건너다가는 우리는 다 물속으로 떨어져 다칠 것이니 그만두시오.' 라고 소리쳤다. 그러나 들은 척도 하지 않고 들고 간 돌을 물이 흘러오는 쪽 징검다리 위에 올려놓는다. 그러자 흐르던 물이 이 돌에 막혀 양쪽으로 갈라지고 징검다리의 돌바닥이 물에 잠기지 않고 드러났다. 노인은 징검다리마다 그렇게 해 주어 일행은 신발을 벗는 수고를 덜었다. 이즈음 지게를 지고 다니는 것으로 보아 노인은 학교나 서당과는 인연이 없는 무학으로 보이고, 노인의 신세를 진 우리 일행은 긴 세월 학교교육을 받은 사람들이다. 노인은 칸트라는 사람은 들어본 적도 없고 더더구나 그의 순수이성비판(純粹理性批判)이나 장자의 제물론(齊物論)과 같은 글은 그에게 있어 처음부터 서천(西天)의 구름이다. 노인의 이 예지야말로 린위탕의 생활의 발견이고 생활에서 얻은 삶의 철학이다. 현대의 글공부했다는 사람들 사이에 사변론적 지식만이 참 예지이고 생활 체험에서 얻는 살아 있는 지혜는 별것 아닌 것으로 치부하는 경향이 있다면 그것은 현대적 병폐라 할 것이다."

28) 위키백과[참고: www.ko.wikipedia/www.us.yahoo.com]는 불교와 기독교의 상관성에 관한 학자들의 연구 결과를 평가한 결과 붓다가 예수에게 상당한 영향을 주었다는 결론을 도출하고 있다. 그에 비해 예수가 붓다에게 영향을 끼쳤다는 연구 결과는 찾을 수 없었다. 그것은 원초적으로 예수가 붓다보다 먼저 태어나지 못한 결과일 수도 있다. 위키백과는 붓다의 영향력이 서방에 끼치는 데 결정적인 역할을 한 인물로 아소카 왕(260~218 BC)을 들고 있다. 기원전 270년경 집권한 아소카 왕은 집권 이후에 불교로 개종한 후 승려들을 전 세계에 파견해서 석가모니의 가르침을 전파했다. 아소카 왕은 그의 노력과 활동이 서방 국가들에게 우호적으로 수용되었다고 기록하고 있다. 그 결과 아소카 왕은 기독교인들이 기독교의 윤리학을 만드는 데 필요한 사상적 토대를 주었다는 것이다. 윌 듀란트(Will Durant)에 따르면, 아소카 왕은 불교 선교사들을 인도의 모든 지역과 실론, 시리아, 이집트, 그리스까지 보냈으며, 그

결과 그들의 생각은 기독교 윤리학(ethics of Christ)을 만드는 데 도움을 주었다는 것이다. 라토레(Kenneth Scott Latourette) 교수 역시 그 점을 받아들인다. 예수가 태어난 시기에 불교는 이미 인도, 실론(스리랑카), 중앙아시아, 중국에 널리 퍼져 있었기 때문이다. 게다가 일부 학자들은 예수가 불교의 영향을 받았으며, 토마스 복음서와 나그 함마디 텍스트(Nag Hammadi texts)는 이러한 불교의 영향 아래 쓰였다고 본다. 원시 종교 간의 비교사의 권위자인 막스 뮬러는 1883년 영국에서 출판된 그의 책 『인도: 그들의 가르침(India: What it can teach us)』에서 "불교와 기독교 사이에 깜짝 놀랄 만한 일치성이 있다는 점은 부정할 수 없다. 그리고 불교가 기독교보다 최소한 4백 년 전에 존재했다는 점 또한 인정해야만 한다. 만약 어떤 이가 불교가 초기 기독교에 영향을 준 역사적인 경로를 나에게 가르쳐 줄 수 있다면, 나는 매우 감사하게 여길 것이다."라고까지 기술하고 있다. 독일의 라이프치히 대학교의 루돌프 자이델(Rudolf Seydel) 교수는 한발 더 나아가 『붓다와 성경(The Gospel of Jesus in relation to the Buddha Legend; 1882/The Buddha Legend and the Life of Jesus; 1897)』이라는 저술을 통해 불교와 기독교의 내용을 체계적으로 비교하였다. 그 결과 성경과 붓다 간에는 최소한 50개의 스토리가 일치하고 있다고 지적한다. 예일 대학교의 홉킨스(E. Washburn Hopkins) 교수는 그의 책 『종교사(History of Religions)』에서, "예수의 삶, 유혹(temptation), 기적, 우화(parables), 그리고 제자들(disciples)까지도 불교로부터 직접적으로 영향을 받았다."라고 주장하기도 한다. 역사학자인 벤틀리(Jerry H. Bentley)는 불교가 기독교의 초기 발달에 영향을 주었을 가능성이 있다는 전제 아래, 석가모니와 예수의 탄생, 삶, 교리, 죽음이 많이 유사하다는 점을 지적하였다. 심리학자인 그루버(Elmar R. Gruber)와 종교역사 전문가인 커스텐(Holger Kersten)은 불교가 예수의 삶과 가르침에 상당한 영향을 주었다고 주장한다. 그들은 예수가 상좌부불교(Theravada)의 스승인 테라페우테(Therapeutae, 치유자들)에 의해 길러졌다고까지 주장한다. 그들은 예수가 불교도의 삶을 살았고, 제자들에게도 불교 사상을 가르쳤다고 주장한다. 이들의 주장은 1930년대에 '석가모니의 도덕적 가르침은 예수의 산상수훈과 네 가지 가르침이 매우 유사하다.'고 주장하였던 옥스퍼드 대학교의 신약성서 학자 스트리터(Barnett Hillman Streeter)의 주장을 한 번 더 확인하는 것이다.

어쨌든, 붓다의 죽음은 기원전 480년에 일어났으니, 그의 생각이 예수가 생각하는 세상에 대한 생각보다는 먼저 중동지역이든, 극동지역이든 이 세상 어딘가에 상당할 정도로 회자되고 있었을 것이 분명하다. 역사적인 기록에 의하면, 인간의 몸을 갖고 있는 석가는 육신을 괴롭히는 병마에 시달린 것도 사실이다. 그 병마의 고통을 이기기는 처음부터 어려웠기에 그는 그 모든 것을 있는 그대로 받아들였다. 그보다 먼저 살다간 선지자들처럼 석가 역시 그를 따르는 무리에게 "……완전한 자일수록 그 자신이 세상을 인도해야 한다고 생각하지 않는다. 나는 이제 늙었다. 여든 살이 되었으니 이제 끝날 때가 되었다. 오, 아난다여! 그대는 그대 자신의 등불이 되어라. 네 자신에게 의존해라. 진리를 등불로 삼아라. 진리 속에서만 깨달음을 찾아라."라고 말하며 눈을 감았다고 전해진다. 그와는 달리 예수는 십자가에서 인간으로서의 마지막 숨을 거둔다. 그 장면은 처절하고 극적이기조차 하다. 그는 숨을 거두기 전에 '엘리 엘리 라마 사박다니(Eli Eli Lama Sabachthani; 마태 27: 46)'라고 크게 소리쳤다고 전해진다. 당시 예수를 따르던 제자들은 사실 이 주문의 뜻을 전혀 이해하지 못하였다고 한다. 그런 정황을 설명하듯, 항간에는 예수의 마지막 말이 티베트 라마불교의 진언(眞言)인 '엘리 엘리 라마 삼약 삼보리 다라니(Eli Eli Lama Sammach Sam Bori Daranii)'에서 유래되었다는 이야기가 파다하다. '하느님, 하느님, 나의 하느님 어찌하여 나를 버리셨나이까.' 하는 뜻으로 풀이되어 전해지는 예수의 마지막 소리(아람어)는 "성자시여 위대한 바른 지혜로 드러내 주소서."라는 라마교의 진언에서 나온 것이라는 진실, 혹은 전설 중 그 어딘가에 위치할 확증적인 진술들도 여러 가지 있다. 예수가 숨을 거두면서 했다는 마지막 말, 그것이 유언인지 아니면 인간적인 고통의 질문인지에 대해 명확하게 판별할 길은 없다. 다만, 예수가 남긴 마지막 말을 들었다는 사람들에 의해 그의 마지막 말이 당대의 시중 언어가 아니라 아람어였다는 점은 분명하다. 아람어는 언어학적으로 불교의 팔리어와는 다른 것이기에, 예수의 마지막 아람어는 결코 라마불교의 진언과 같을 수 없다는 주장도 설득력이 있다. 하지만 아람어가 팔리어와는 완전히 차별된다고 말하는 것에 대한 반론도 만만치 않다. 이 반론은 고대사회의 언어를 연구하는 언어학자들에 의하면 아람어와 팔리어는 그 뿌리가 같다는 주장에 주목하라는 것이다. 실제로 그리스의 알렉산더 대왕이 인도지역을 정복하고 지배하면서 그리스 문화와 언어가 그곳으로 심각하게 삼투된 것을 미루어 보면, 문화 접변과 문화 번식의 정황이 충분히 짐작되기 때문이다. 실제로 기독교에서 말하는 메시아와 불교에서 말하는 마이트레야는 모두 인류를 구원할 최후의 구세주라는 의미에서 그 뜻과 어원이 같다는 것이다. 기독교에서 말하는 메시아(messiah 또는 messias)는 예수가 생존해 있을 때도 사용하였던 아람어인 메쉬카(meschikha)가 그 어원이다. 그것이 고대 그리스어 메시아(messiah)로 사용된 것이 다시 메시아로 유래되었다. 반면, 불교에서는 미래불인 마이트레야(Maitreya, 미륵부처)가 구세주로 출현할 것을 언제든지 기원하고 있는데, 그들이 말하는 미륵부처인 마이트레야의 어원은 미트라(mitra)다. 미트라라는 말은 고대 인도, 페르시아, 시리아, 고대 로마 지배지역에서 일컬어졌던 절대적인 신, 일명 '태양신'을 의미한다. 마이트레야라는 말은 산스크리트어다. 이 마이트레야는 남방 불교의 경전에 활용된 팔리어(pali)로는 메테야(metteya)로 불린다. 그래서 어원을 연구하는 학자들은 유대교와 기독교에 사용하고 있는 메시아라는 말은 아람어인 메쉬카에서 온 것이고, 그것이 고대 그리스어 메시아로 변용되었다는 것을 인정한다. 메시아의 어원인 아람어 메쉬카의 뿌리를 캐기 시작하면, 그것은 다시 마이트레야의 어원인 미트라에서 유래되었음을 알게 된다. 결국, 기독교에서 말하는 메시아와 불교에서 말하는 마이트레야의 어원이 동일하다는 것이다[참고: http://blog.empas.com/lanvaoh/29612783].

인도의 아소카 왕이 붓다의 영향력을 서방에 크게 끼쳤다는 견해를 다르게 확인하는 것이기는 하지만, 러시아의 역사가이며 고전학자인 니콜라스 노토비치(Nicholas Notovitch, 1858~ ?)는 인도 북부의 케시미르 지방에 있는 헤미스 차원에서 라마승으로부터 전해받은(1887년) 예수에 관한 두 권의 기록을 바탕으로 『알려지지 않은 예수의 생애: 성(聖) 이사(Issa)의 일대기[참고: Notovitch Nicolas(1890). The Unknown Life of Jesus Christ; J. H. Connelly, and L. Landsberg(2004). The Unknown Life of Jesus: The Original Text of Nicolas Notovich's 1887 Discovery by Nicolas Notovich,. NY: Quill Driver Books]』를 출간함으로써 현대에 들어와서 더욱 연구의 불꽃에 기름을 부었다. 그가 이야기하고 있는 두 권의 기록(원본)은 고대 인도어인 팔리어로 기록되어 랏사(Lhasa) 근처의 사원에 보존되어 있다고 하는데, 노토비치는 성경에서 사라진 예수의 13세부터 29세까지의 행적을 추론적으로 밝히면서, 당시 인도에서 예수의 불교식 이름이 '이사(Issa)'였다고 정리해서 보고한다. 오늘날에도 인도에서는 예수를 이사라고 부르고 있으며, 쿠란에서도 예수를 '이사'라는 이름으로 표현한다는 사례가 바로 그것이다. 이에 대해 더 치밀하게 연구하는 우리나라 학자도 있다. 민희식 명예교수는 법화경과 신약성서 간의 유사성을 연구하여 종교계에 신선한 충격을 준 바 있다. 불교와 기독교, 그리고 간다라 문화 사이의 상관성에 관한 연구의 대가 중 한 사람인 민희식 명예교수는 예수도 불교를 배웠던 성자라는 생각을 결코 버리지 않는 것 같다[참고: 민희식(2007). **법화경과 신약성서**. 서울: 블루리본]. 그러나 그런 주장에 대해 강력한 반론도 만만치 않다. 민희식 명예교수가 법화경과 신약성서 간의 유사성을 이야기하기 위해 거론하는 논거가 바로 토마스 복음서인데 이 토마스 복음서라는 것이 가짜 문서이기에, 그것에 기초한 그의 연구 역시 바르지 못하다는 주장이다[참고: 박양운(1996). 토마스 복음서와 법화경의 비교 분석: **토마스 복음서에 나타난 불교사상 비판**. 서울: 가톨릭출판사]. 예를 들어, 박양운은 토마스 복음서라는 것이 여러 가지 역사적 정황으로 보아 위경(僞經), 즉 거짓으로 지어낸 책으로 판명되었다는 점을 다시 한 번 확인 설명한다. 복음서들이 정경으로 인정받기 위한 첫 번째 평가 원리가 사도성의 여부에 대한 확인인데, 토마스 복음서의 저자로 알려진 도마는 연대기로 보아 결코 토마스 복음서의 저자가 될 수 없기 때문이다. 토마스 복음서의 기록 연대는 대체적으로 서기 150~200년경으로 추정된다. 그런 연대로 추정하면 예수의 12제자 중 한 사람인 도마는 귀신이 되어 토마스를 기록했다는 꼴이 된다. 따라서 토마스 복음서의 저자로 도마를 받아들일 수는 없다. 그러나 토마스 복음의 진정성을 믿는 사람들은 토마스 복음서가 바울이 쓴 신약의 디모데서나 디도서와 같은 시기인 서기 63~67년경에 기록된 것이라고 말한다. 4세기 초 니케아 종교회의(325년) 때 기독교의 동로마 황제의 비호를 받은 과격파 쪽에 의해, 예수는 신의 외아들이 되었다. 다시 367년에 재연된 신학 논쟁 때 아시나시우스는 토마스 복음서를 이단의 서로 간주하고 불태워 버렸으나 일은 그것으로 끝나지 않았다고 진술한다. 그 이전부터 모든 양피지의 두루마리 복음서들은 300년 이상 양육을 위한 교재로 활용되면서 필사본으로 다량 복사되었기 때문이다. 일부는 비밀리에 보관되었기에, 그것들은 토마스 복음서처럼 20세기에 들어와 하나둘씩 발견될 수밖에 없었다는 것이 그들의 고고학적이며 인류학적 연구 결과들이다.

게다가, 교의신학자들이 거부하고 있는 영지주의가 오히려 하느님을 제대로 알게 만드는 결정적인 지식의 열쇠라고 주장하는 신학자, 신앙인들이 있기에 더욱더 그렇다. 한국 당대의 신앙인으로 추앙받는 류영모 선생은 마음 그대로 예수를 한 인간으로 보아야 한다고 가르쳤다. 기존 기독교계에서 말하는 식으로 예수=하느님이라는 생각을 거부했던 사람이었다. 이를 문제 삼아 류영모 선생을 이단으로 취급하고 아예 언급하기조차 꺼려지지만, 그런 행동 모두가 교의신학에 얼치기로 한통속으로 절여진 탓이라는 목소리 역시 만만치 않다. 류영모 선생은 교계가 그토록 싫어하는 영지주의, 그노시스(gnosis)에 대해서도 다른 생각을 한다. 하느님을 알기 위해서는 하느님이라고 하는 존재를 통째로 알 수 있도록 하는 절대지(絶對知)가 필요한데, 교의신학자들은 이 절대지를 분쇄시켜 버리고 스스로의 미신에 사로잡혀 2천 년을 제 스스로 옴짝달싹도 하지 못하고 있다고 비판한다. 하느님을 통째로 알 수 있도록 하는 절대지가 바로 그노시스, 즉 영지라는 것이다. 그노시스가 없으면 '성령의 얼나'로 거듭나지 못한다(요3:3; 정말 잘 들어 두어라. 누구든지 새로 나지 않으면 아무도 하느님 나라를 볼 수 없다)는 것이다. 그래서 예수 스스로 하느님에 이르는 그노시스라는 지식의 열쇠를 치워 버린 자들을 통렬하게 비판했다는 것이 류영모 신앙의 핵심이다. 그 장면은 바로 누가복음 11장 52절에서 예수가 말한, "화 있을진저, 너희 율법사여 너희가 지식의 열쇠를 가져가고 너희도 들어가지 않고 또 들어가는 자도 막았느니라."에서 극적으로 나타났다는 것이다[류영모(2004). 얼의 노래. 서울: 두레, p. 260]. 류영모 선생의 입장은 오강남 교수에 의해서도 별다른 이의 없이 지지되고 있다. 그는 '영지'를 지칭하는 그리스어 그노시스는 '깨침' 혹은 '깨달음'에 해당하는 말이라고 확신한다. 그노시스는 산스크리트어 '프라즈나', 말하자면 통찰, 꿰뚫어 봄, 직관으로서의 반야(般若)와 같은 계열의 말로서 반야를 통해야만 성불과 해탈이 가능함을 알려 준다. 그것을 실천하는 종교가 불교인데, 토마스 복음서도 이런 깨달음을 통해 참된 구원이 가능함을 강조한다는 점에서 불교의 그것과 별다른 마찰 없이 일치한다고 오 교수는 주장한다. "도마복음은 내 속에 빛으로 계시는 하느님을 아는 것, 이것을 깨닫는 '깨달음(gnosis)'을 통해 내가 새 사람이 되고 죽음을 극복할 수 있다는 것을 강조한다."는 것이다[참고: 오강남(2001). 예수는 없다. 서울: 현암사].

그런저런 생각으로 류영모 선생은 한국인들이 그토록 매달리고 있는 '환인, 환웅의 신화를 역사로 만들지 마라.'고 강조한다. 환웅을 역사의 그 무엇으로 만드는 것은 마치 예수와 석가를 신격화시키는 것과 같은 이치라고 말하고 있다. 그에 따르면, 나라의 역사를 길게 만든다고 해서 좋은 것이 아니라는 것이다. 침팬지의 역사는 인간의 역사보다 더 길지만, 침팬지가 인간보다 더 문명적이거나 나은 것이 아닌 것과 같다는 것이다. 한발 더 나아가, 류영모 선생은 예수의 마지막 말인 '나의 하느님, 나의 하느님, 어찌하여 나를 버리셨나이까(마태 27:46)?'에 대해 인간적인 해석을 하지 말 것을 경고한다. 왜냐하면 어찌하여 버리셨나이까?라는 말은 쉽게 이야기해서 예수가 하느님을 도무지 믿지 못하는 소리인데, 이것은 예수의 생애가 거부되는 황당한 것이나 마찬가지 상황이기 때문이다. 더욱이 예수가 죽는 자리에서 한가하게 구약에 나오는 시구를 외울 리가 없다는 것이 류영모 선생의 믿음이다. 누가복음에서는 마지막 말이 '아버지, 제 영혼을 아버지 손에 맡깁니다(누가 23:46)!'인데, 이것 역시 무엇인가 부족한 표현이라는 것이다. 예수의 얼 생명은 하느님의 생명인 얼(성령)인데 새삼스럽게 아버지에게 맡긴다는 것은 예수의 믿음의 깊이를 의심케 하는 어울리지 않는 말이기 때문이다. 요한복음에 나오는 '이제 다 이루었다(요한 19:30).'라는 말은 그래도 가장 예수다운 말에 가깝다. 그러나 예수가 그렇게 결과주의자라고 생각할 수 없다는 것이 류영모 선생의 판단이었다. 이렇게 예수의 유언이 복음마다 다른 것은 예수의 유언이 없었다는 증거이기도 하다. 있다면 아버지 하느님이라는 외침일 것이다[참고: 류영모(2004). 얼의 노래. 서울: 두레, p. 445].

여러 정황을 고려하면, 예수가 마지막으로 던진 말의 진위가 무엇인지에 대한 사실 확인 그 이상을 넘어가기 위해 배움에 대한 욕심에 불이 지펴져야만 한다. 모두가 모를 일이라고 치부하기보다는 신비한 일이라고 받아들여야 할지도 모른다. 신화의 양파를 벗기듯 앞으로도 더 연구하고, 연구하면서 배워야 할 주제다. 이런 경우의 수를 생각하여 바울은 서기 63~67년쯤 자신을 따르는 디도에게 보낸 편지에서, "어리석은 변론과 족보 이야기와 분쟁과 율법에 대한 다툼은 피하라. 이것은 무익한 것이요 헛된 것이니라(디도서 3:9).”라고 미리 못을 박아 두었는지도 모르는 일이다.

이쯤이면 서로 다른 종교적 사실성과 진정성에 대한 진위 판단이나 그것에 대한 억척스러운 식(識), 즉 쟁론의 소리와 얼굴 표정을 굳게 만드는 파열음과 서로를 향한 비난과 비판의 창을 겨누는 식(識)을 내려놓고[참고: 김경재(1988). 그리스도인의 영성훈련. 서울: 대한기독교서회], 그냥 인간적으로 학문의 한 우물을 파내려 간 원로 민희식 교수의 종교 간 화쟁론의 화이부동론을 경청해 보는 것도 그리 손해 날 일은 아니다. 원효(元曉)는 “서로 같지 않기 때문에 서로 화합하고(和而不同), 서로 다르지 않기 때문에 쟁한다(諍而不二).”라고 설했다. 다시 말해서, “우리가 화합하여 사는 것은 서로가 같지 않기 때문이요, 서로 쟁하는 것은 서로가 다르지 않기 때문이다.”라는 뜻이다. 그러니 화쟁론은 싸우되 화해하라는 논리며, 한쪽만을 절대시하지 말고 양쪽을 돌아보라는 논리다. 화이부동은 화해하되 반드시 같을 필요는 없다는 것이니, 차이에 대한 자각과 관용을 통해서 타자와 같이 공존하려는 것이 필요하다.

민희식 명예교수는 서울대 종교학과의 젊은 교수인 윤원철과의 대담[참고: 민희식. 예수도 불교 배웠던 성자: 대담=윤원철 (2007. 8. 10). 금강신문]에서 서로 다른 종교에 대한 배려 문제를 자기 나름대로 담담하게 담아내고 있다. “법화경이 편찬된 시기는 기록으로는 카니시카 왕 때인 기원 후 1세기경입니다. 신약성서는 그 무렵에 가까웠으나 오늘날 우리가 보는 신약성서는 콘스탄티누스 황제 때 확정된 것입니다. 그 이전 것은 많이 있었는데 금지되었죠. 기독교를 만든 사람은 바울이라고 볼 수 있습니다. 신약성서에는 바울의 편지가 많이 들어가 있는데 바울의 묵시록은 빠졌거든요. 왜냐하면 바울이 선교 활동할 때 조직에서 횡령하고 나쁜 짓 하는 사람이 많았어요. 바울은 성격이 굉장히 고지식해서 그걸 못 봤어요. 그것을 일일이 지적해서 써 놨는데, 그걸 읽어 보면 기독교인들이 나쁜 짓만 한 걸로 보입니다. 그런 기독교의 못된 사제들의 생애를 그려 내고 비판한 것을 읽으면 안 되었습니다. 두 번째는 토마스 복음서처럼 불성내재론, 불교 냄새가 많이 나는 사상적인 것은 피했습니다. 교회 유지가 안 되기 때문에 다 없애 버리고 60개 중에서 4개만 남았습니다. ……토마스가 탁티바히에 쪽에 머물면서 쓴 논문이 17개 정도 됩니다. 거기에 법화경 관련된 것들이 있습니다. 토마스는 예수님 제자입니다. 유명한 독일 학자 중에 슈타이너가 있습니다. 슈타이너는 불교와 기독교에 관한 논문을 굉장히 많이 썼습니다. 슈타이너는 자신이 쓴 글 중에서 “누가복음은 불교를 가장 알기 쉽게 쓴 책”이라고 말했습니다. 누가복음의 핵심적인 내용이 ‘탕아의 비유’입니다. 이런 내용은 다른 경전에서는 많이 있지만 법구경은 격언집으로 되어 있어서 논하기 힘들고, 법화경은 전체가 28장이 하나의 면면을 가지고 있기 때문에 슈타이너의 이론에 근거해서 보면 법화경이 제일 중요합니다. 그래서 법화경과 신약성서를 주제로 다룬 것입니다. ……톨스토이의 부활을 보면 베드로가 예수님에게 질문하는 것이 있습니다. 베드로가 “사람이 죄를 지으면 몇 번 용서해 줄 수 있느냐?”라고 묻자 예수님은 ‘열 번이라도 용서를 해 주어야 한다.’고 말했습니다. 거기서 느낀 것은 사람은 자기도 모르게 계속 잘못을 저지르고 있다는 것입니다. 한두 번 용서하는 문제가 아니죠. 예수님은 그 자체로 구세주예요. 이 세상이 평화로워지는 핵심은 인류가 서로 이해하고 서로 사랑하고 근본적인 문제가 해결되면 다 되는 거라고 생각합니다. 그 점에서는 부처님이나 예수님이 똑같습니다. 시대만 부처님이 500년 앞선 거죠. 거기에 우월이라는 것은 있을 수 없습니다. 그 다음에 바울 같은 사람은 예수님이 인류를 위해 대신 죽었기 때문에 십자가에 의해서만 인간은 구원을 받는다고 하는데 그 말은 좀 위험하다는 생각입니다. 그 말대로라면 예수님 이전에 태어난 사람은 다 지옥가야 되는 겁니다. 아무리 기독교인이라도 이거 아니면 안 된다는 생각은 곤란합니다. …… 교회도 가 보고 이슬람 모임에도 가 봤습니다. 각 종교마다 좋은 게 많습니다. 코란이나 성경, 불경도 다 좋아요. 불교·기독교·이슬람 등 각 종교의 좋은 얘기만 모아 책으로 만들어 전 세계인이 그것을 읽었으면 좋겠습니다. 그렇게 되면 인류가 종교문제로 싸울 일이 없겠지요. 가능하지 않겠지만 그런 운동도 필요합니다. …… 다리가 불편한 독실한 불자 한 분이 있었어요. 한 번은 프랑스 루르드로 그 사람을 데리고 갔습니다. 루르드는 기도를 많이 하면 몸이 낫는 등 기적이 많은 가톨릭 성지입니다. 그분은 불교 신자라 '성모마리아'를 부를 수 없다고 망설였죠. 그래서 '관세음보살'을 염송하며 기도해 보라고 했더니 열심히 하더군요. 루르드에서는 아픈 사람들이 몇 만 명 찾아오는데 겨우 한두 명 나을 정도입니다. 그런데 열심히 기도하던 그분이 완치되었습니다. 루르드 대성당 주교가 그걸 알고 축하를 하러 왔어요. 대주교에게 '그 사람은 마리아를 부르기가 싫어서 관세음보살을 염송했다.'고 했더니 대주교가 '그게 무슨 상관인가요. 병만 나으면 되지요.' 라고 하더군요. 주교는 경사가 났다고 미사도 안 들어가고 좋아하더군요. 그 대주교는 진짜 기독교인입니다. 한국에 오니까 가톨릭 신자들이 그 불자에게 가톨릭 성지에서 영험을 입었으니 가톨릭을 믿어야지 그렇지 않으면 벌을 받는다고 하더라는 겁니다. 그래서 '그러면 가톨릭을 믿어라. 그렇지 않으면 스트레스 받아서 죽는다.' 고 했죠. 결국 가톨릭 신자가 되었지요. 저는 그게 불만입니다. 사람의 병을 고치면 된 것이지, 거기에다 종교를 갖다 붙이는 건 안 될 말입니다. ……프랑스에서는 비교적 종교에 대해 관대합니다. 예를 들면, 프랑스 중부지방에 가면 티베트 사찰과 똑같은 사원이 있습니다. 티베트 사원에서 2달 동안 수행을 하는데 사방에서 천여 명이 몰려와 같이 식사하고 수행도 하고 즐겁게 지냅니다. 기독교인들도 많이 오고요. 특히 큰 교회들은 오래되어 수리를 하려면 비용이 많이 듭니다. 하지만 신도가 줄어 재정이 어려운 상황인데요, 선(禪) 프로그램을 운영하고 만다라 전시회를 열어 부족한 재정을 보충합니다. 그러한 전시회를 열면 사람이 많이 모이기 때문입니다. 그 사람들은 불교 얘기를 하면 재밌게 듣습니다. 절대 적대시하지 않지요. 한국에서는 거의 불가능한 일입니다. ……기회가 된다면 불교·기독교·이슬람 등 각 종교의 경전에 나와 있는 좋은 말씀을 엮어 발간하고 싶습니다. 인류가 종교로 인한 다툼 없이 평화롭게 살기 위해서는 그것이 제일 먼저 필요하다고 봅니다."

29) 단순무식이라는 말에 대한 오해를 불식시키기 위해 조금 장황한 설명이 필요하다. '식(識)'이라는 말은 '식별(識別)'이라는 단어에서 보듯이 알다 혹은 분별하다를 일컫는다. 또한 '표지(標識)'라는 단어에서 보는 것처럼 기록하거나 표시하다의 뜻이고, 이때는 '식'이 아니라 '지'로 읽는다. 하지만 식(識)자는 그 의미가 유사한 글자들인 '지(知)'와 '각(覺)'이라는 단어와 때때로 혼동될 수도 있다. 식은 일반적으로 귀로 듣고 눈으로 보아 알게 되는 행위를 말하지만 지는 머리로 무엇인가 익혀서 아는 행위를 말한다. 식과 지에 비해 '각'은 식지(識知)현상을 말한다. 말하자면, 한 사물의 본질에 대해 몸으로 우러나오고 마음으로 그것을 알아내는 행위를 각이라고 부를 수 있다. 식지로서의 각이 가능하기 위해서는 '식'이 때로는 '지'를 넘어서며, 반대로 '지'가 '각'을 넘어서기도 하는 상황을 연출한다. 불교의 유

식학(唯識學)에서는 안다는 뜻인 식(識)이라는 한자가 갖고 있는 묘한 구조에 주목한다. 식은 말(言), 소리(音), 창(戈)이 붙어 있는 글자다. 사람들이 듣고 뱉어낸 말(言)과 살면서 만나는 온갖 행위에 의한 파장과 파음(音), 서로 더불어 맞붙고 경쟁하며 부딪치면서(戈) 만들어 내는 행위의 총체적인 모습이 바로 식이다. 따라서 식은 우주 삼라만상에서 일어나는 모든 현상과 잡음, 소용돌이, 소음을 내포한 현상이다. 어지럽기만 한 식을 맑고 정갈하게 정리 정돈하는 삶과 연결하려면, 우선 필요한 대로 가능한 한 적게 말하는 식의 묵언(默言)하고, 필요하지 않은 행위를 가능한 한 줄이며 파열음을 만들어 내지 않도록 방음(防音)하여 자신과 타인에게 해가 될 수 있는 날카로움을 피하며 삼가는 억공(抑攻)의 활동이 필요하다. 불교에서 발전한 유식학은 번뇌를 정화하고 마음을 비우게 하며 지혜를 발생시키는 학문이다. 인간의 마음은 불성과 진여성을 지니고 있는데, 그것은 인간이 본래부터 깨달을 수 있는 가능성을 가지고 있다는 것을 의미한다. 그래서 제대로 공부하기만 하면 마음의 심오함을 모두 깨달을 수 있다고 강조하는 것이 불교의 유식학이다. 유식학에서는 식의 단계와 유형을 안이비설신(眼耳鼻舌身), 의(意)식, 마나(mana)식, 그리고 아뢰야(laya)식으로 구분한다[참고: 오형근(2005). 유식학입문. 서울: 대승출판사]. 일반적으로 안이비설신이 오식(五識)이다. 안식은 눈으로 보고 아는 것이고, 이식은 귀로 들어 아는 것, 비식은 코로 냄새 맡아서 아는 것, 설식은 혓바닥으로 맛을 보고 아는 것, 신식은 온몸으로 느껴서 무엇인가를 구별해 내는 것이다. 오식 가운데 우리에게 가장 강력한 영향을 주는 것이 안식 같은 것이지만, 이들 안이비설신의 식이 그 어떤 대상을 인식할 때에는 사려분별을 요구하지 않는다. 눈앞에 보이는 것을 가장 중요한 것으로 받아들이는 것처럼 오직 눈앞에 있는 대상 그대로만을 직감적으로 인식하는 것이 전오식(前五識)이라고 통칭되는 안이비설신의 속성이다. 오식을 구성하는 감관 가운데 어느 한 가지라도 작동에 이상이 생기면 일종의 통증을 경험하게 된다. 눈·귀·코·혀·몸의 기능이 제대로 작동하지 않으면, 그것은 끝내 장애물이 되어 끊임없이 심신을 괴롭힌다. 그래도 삶은 그대로 지속된다. 감각을 제쳐 놓은 채 추리나 억측 등을 통해서 대상을 대충 인식할 수 있기 때문이다.

이 전오식 다음에 제6식인 의식(意識)이 있다. 이때 의식이란 객관화된 요별작용이나 심리작용을 가리킨다. 예를 들어, 안식은 눈이 안근(眼根)에 의지하여 일으키는 인식작용을 말하는 것처럼 의근(意根)에 의지하여 인식작용을 일으키는 것을 의식이라고 부른다. 의식은 눈·귀·코·혀·몸을 구성하는 전오식의 작용과는 성격이 다른 인식작용을 담당한다. 의식은 전오식과 함께 인식 활동을 할 때도 있고, 의식 단독으로 인식하는 경우도 있다. 전오식과 함께 일어날 때의 의식은 대상을 오식과 동시에 분별하는 경우다. 단독으로 인식 활동을 할 때에는 전오식과 함께 인식을 한 후에 그것의 전체 과정을 홀로 상기하거나 그렇게 작동하는 경우다. 참선이나 선정(禪定), 잡념, 망상, 꿈과 같은 활동이 바로 의식 혼자서 눈·귀·코·혀·몸의 다섯 감각기관과는 별개로 활동한다. 여섯 번째 의식 다음에 일곱 번째의 인식인 마나식이 있다. 의식과 무의식의 경계를 연결해 주는 중간 고리가 마나식이다. 사람들이 활동을 하면 인식이 일어나게 마련이고, 일단 어떤 인식이 일어나면 그 인식과 판단에는 주관심이 작용한다. 마나식은 항상심과 주관심의 실체가 되기에 인간의 판단과 인식의 주체를 이룬다. 사람, 인간을 지칭하는 영어 단어인 맨(man)이 마나식의 범어인 마나스(manas)에서 왔다는 것도 인간의 속성을 대변한다. 여덟 번째는 아뢰야식이다. 아뢰야식은 어느 식보다도 항상 존속하는 성질은 있으나 일곱 번째

식인 마나식처럼 무엇을 자세하게 살피는, 이른바 심세성은 없다. 다만, 아뢰야식은 인간 의식의 바탕, 생명 의식의 창고 역할을 한다. 아뢰야식을 무엇이든 담아 두는 장식(藏識)이라고도 하는데, 이것은 한 인간이 살아온 삶의 모든 과정이 하나의 저장고와 같기 때문이다. 아뢰야란 우리 중생들이 업을 지으면 그 업의 세력은 어디에 가지 않고 바로 자신의 마음속에 간직된다는 뜻이다. 아뢰야식은 인간의 마음속에 언제나 상존한다. 변함도 없다. 아뢰야식의 흐름은 영원하다. 미래에도 계속 연결된다. 인간이 저지르는 선업, 악업 등 그 모든 것이 아뢰야식의 귀의처로 사용된다. 아뢰야식은 인간이 저지른 악업, 선업의 종자들을 간직하고 있다가 필요한 조건과 상황을 연출하는 일종의 연(緣)을 갖게 되면 그것에 부응하는 현상계를 생성한다. 아뢰야식은 과거 · 현재 · 미래에 걸친 윤회의 주체며, 업의 담당자로 작동한다.

30) [참고: 서정희(2008). **쉼표, 중년에게 말을 걸다.** 서울: 마음터]. 어느 사람은 이렇게 항심을 풀어 쓴다. "뭐든 좋아서 하는 일은 기복이 없다는 것이 이 아침의 깨달음이다. 늘 느끼는 것은 사람들의 기복(起伏)이라, 지난 수년간 변함없는 마음을 지닌 이들은 무엇인가 늘 즐거이 하던 사람들이고 나도 지금까지는 그중 하나였다. 그래서 나는 순전히 이름 없는 사람이지만, 내게 온 이 순간들을 기쁨으로 받아들이고 누가 뭐라든 삶에서 '유희적인 태도'를 잃지 않으려 한다. 그러나 불가항력으로 찾아오는 인생의 행불행이 있기에 나도 어느 순간 심연으로 가라앉아 버리는 날도 있을 것이다. 그런 날이 와도 그저 그러려니 하고 누구나 한번쯤은 아주 사라져야 할 때가 온다고 생각한다[참고: 이용한. 항심(2003. 7). http://cafe.naver.com/dalcho.cafe?iframe_url=/ArticleRead.nhn%3Farticleid=21422].

차 | 례

CHAPTER 06 배움은 의미 만들기 ·· 509

CHAPTER 07 의의 만들기 ·· 607

제1장

배움의 공정(工程) Erudition Frames

> "……한 번에 깨치면 그만 부처님 되는 게 아니고 거거거중지(去去去中知)여, 해 갈수록 가
> 고 가는 데서 알아지고 한 가지 알고 두 가지 알고 세 가지 알고, 행행행리각(行行行裡覺)이
> 여, 한 가지 행하면 한 가지 알고 두 가지 행하면 두 가지 알고 행하고 행하는 속에서 깨달
> 음이 하나씩 하나씩 깨달아 그게 겹쳐져 가지고 원광(圓光)이 된다 이거여."
>
> —봉우, 권태훈[1)]

'당신에게도 살구씨 기름이 있는가?'라는 제목의 짧은 글이 있다. 행인들이 읽고
생각해 볼 수 있도록 지하철역 벽에 걸어 놓은 글 중 하나로, 여우사냥에 관한 것이었
다. 여우는 영리한 동물이라 사냥꾼이 사냥하는 데 아주 애를 먹는다. 여우는 여우다.
여우는 후각이 발달해서 먹이를 고르는 데도 경계한다. 관찰력도 뛰어나고 일반 미끼
를 써서는 쉽게 말려들지 않는다. 먹잇감에 독을 발라보았자 허탕 치기 일쑤다. 미끼
에 독을 넣으면 예민한 후각으로 독 냄새를 금방 맡아 버린다. 여우는 독이 든 미끼에
는 얼씬도 하지 않는다.

노련한 사냥꾼들은 여우사냥을 위해 살구씨 기름을 사용한다. 여우가 제일 좋아하
는 기름이 살구씨 기름이기 때문이다. 여우는 살구씨 기름 냄새를 맡으면 일단 멈춰
선다. 너무 좋아서 그 살구씨 기름에 유혹 당하고 만다. 그렇다고 여우가 살구씨 기름

을 그냥 덥석 무는 것은 아니다. 사냥꾼들은 일단 고기 덩어리 같은 먹이를 살구씨 기름에 흥건하게 적신다. 먹이에 살구씨 기름을 살짝만 바르면 독 냄새부터 풍기기 때문이다. 살구씨 기름이 듬뿍 발린 먹이 속에는 여우를 죽이는 독이 들어 있다. 여우는 독 냄새가 조금이라도 풍기면 먹이를 본 체도 하지 않는다. 그런데 살구씨 기름을 아주 듬뿍 발라 놓으면 미끼에 묻어 있는 독의 냄새는 이내 가서 버리고 살구씨 기름 냄새만이 진동한다. 여우의 후각을 마비시키기 충분하다. 살구씨 기름이 여우를 유혹하기 시작하는 순간이다. 냄새를 풍기는 것만으로도 여우의 식욕을 자극한다. 후각이 마비된 채 살구씨 기름이 듬뿍 발린 먹이를 본 여우는 지나치던 길을 일단 멈춘다. 먹이를 힐끗 쳐다보고는 그 근처로 되돌아온다. 처음에는 그저 냄새만 살짝 맡다가 독 냄새가 숨겨진 것도 모르고 살구씨 기름 냄새에 취해 버린다. 이내 여우가 안심한다. 살구씨 기름 냄새에 깊게 취하기 시작한 여우는 기름 묻은 미끼에 헛바닥을 날름거린다.

살구씨 기름을 살짝 맛본다. 겉의 기름에는 별다른 해가 없어 보인다. 살구씨 기름은 속에 숨겨진 독의 냄새를 가리면서 더욱더 여우의 후각을 파고든다. 마침내 기름 맛에 후각이 완전히 마비된다. 이제는 더 이상 살구씨 기름의 유혹을 참아낼 수가 없다. 남아 있는 살구씨 기름마저 핥기 시작한다. 죽음도 함께 핥기 시작하는 것이다. 여우는 자신도 모르는 사이에 살구씨 기름으로 위장된 독이 든 먹이를 다 먹어 치운다. 마침내 사냥꾼의 손이 여우의 목을 잡아챈다. 이야기가 그렇게 끝나는 마지막 자리에서, 저자는 묻는다. "그래요, 지금 당신에게 살구씨 기름은 무엇입니까?"

인간은 누구나 배운다. 배움이 무엇인지 모르는 사람은 없을 것이다. 문제는 배움이 무엇인지 제대로 알고 그것을 자기 삶에 실천하는 사람이 그리 많지 않다는 점이다. 셰익스피어가 말한 것처럼 장미라는 이름이 없어도 장미가 풍기는 향기를 맡지 못하는 사람은 없다. 장미를 구태여 외면하려는 사람도 없다. 배움도 장미와 마찬가지다. 배움이라는 개념은 몰라도 사람들은 자신의 삶을 위해 무엇인가 배운다. 매일 같이 무엇인가 만들어 내고, 밝혀내는 일을 멈추지 못한다. 그것이 삶이고 곧 앎이다.

삶과 앎은 부인한다고 해서 부인되는 것이 아니다. 사람들은 숨쉬기가 자신의 삶에서 얼마나 중요한지 매 순간 느낀다. 숨을 의식하지 않는다고 공기를 모르는 것은 아니다. 호흡과 생명은 떼어 놓을 수가 없다. 그래도 사람들은 그 관계를 잊은 채 살아간다. 그것이 삶이다. 사람들은 생명과 숨의 관계를 매 순간 잊는 것처럼 배움에 무심하다. '생명' 하고 있음을 알려 주는 신호인 호흡[2]에 무심하듯 배움 역시 무심한 대상일 뿐이다.

인간의 삶은 살아감과 알아감의 두 축으로 시작하고 마감된다. 그것이 삶이고 그것이 생이다. 살아가면서 만들어 내는 궤적의 단면이 삶이며, 알아감의 단면이 앎이다. 삶과 앎의 결합은 죽음에서 하나로 완성된다. 죽음에 이르는 경로에서 사람들이 보여 주는 삶과 앎의 경로는 서로 일치하기가 쉽지 않다. 삶과 앎 간에는 어쩔 수 없는 불일치와 괴리가 생기기 마련이다. 그것은 사람들마다 저술하고 있는 단 한 권의 책이다. 동시에 자기 스스로 꼭 읽어야 하는 한 권의 책이기도 하다.

어찌 보면 욕망의 코끼리가 가득한 삶의 궤적이 바로 앎의 궤적이기도 하다. 아잔 브라흐마는[3] 영국 케임브리지 대학에서 이론물리학을 전공한 후, 스스로 삭발하고 밀림으로 들어가 아잔 차 스님의 제자가 되었다. 그는 세상에서 읽을 가치가 있는 책은 단 한 권이라고 말한다. 그 책은 바로 '마음'이라는 책이다. 행복과 고통을 거의 같은 비율로 얻는 것이 바로 삶의 본질인 마음이다. 만일 우리가 지금 고통에 처해 있다면, 그것은 전에 누렸던 행복 때문일 것이다. 행복은 고통의 끝이 아니고, 고통은 행복의 끝도 아니다. 행복과 고통은 삶을 통해서 맴돌고 있을 뿐이다.

그 어느 것이든 조금 놓아 버리기 시작하면 조금의 평화가 오기 시작하고 크게 놓아 버리면 큰 평화가 오기 시작한다. 완전히 놓아 버린다면 완전한 평화와 자유를 얻을 수 있다. 그것을 끌고 다니는 것은 인간의 마음속에 존재하는 번뇌라는 인생의 코끼리다. 번뇌는 마치 108마리의 코끼리처럼 마음을 가득 채우고 있다. 이 코끼리를 어떻게 다루느냐에 따라 자신의 삶이 달라진다는 것이 바로 브라흐마의 강론이다. 그는 말한다. 한 여행자가 갠지스 강가에 앉아 주위 풍경을 구경하고 있었다. 그는 몸집이 큰 코끼리 한 마리가 강에서 목욕을 마치고 강둑으로 올라오는 것을 보았다. 그때 갈고리가 달린 막대기를 든 남자가 코끼리에게 다가와 다리를 앞으로 내밀라고 명령했다. 그러자 코끼리는 온순하게 다리를 앞으로 내밀었고, 남자는 그 무릎을 밟고 올라가 코끼리의 등에 앉았다. 이 광경을 보고 있던 여행자는 야생의 코끼리가 인간에 의해 그토록 온순하게 길들여질 수 있음을 보고 큰 깨달음을 얻었다. 그 길로 그는 숲으로 들어가 자신의 마음에 집중하기 시작했다. 마음속 코끼리를 따르기보다는 그 코끼리의 주인이 되어야 했기 때문이다. 다스려지지 않은 인간의 마음은 술 취한 코끼리만큼이나 위험하다. 진정한 만족은 원하는 것을 소유하는 것이 아니라 원하는 마음에서 벗어나는 것이다. 욕망의 자유가 아니라 욕망으로부터의 자유를 말한다. 세상에는 행복이 존재하지 않음을 깨닫고 그 원하는 마음을 내려놓는 일이다. 갈망하고 원하는 것은 곧 고통이다. 원하는 것에는 끝이 없지만 원하는 것으로부터의 자유에는 끝이 있게 마련이다. 인간에게는 오직 하나의 스승이 존재한다. 그것은 바로 '삶'이다. 우리 각자는 삶의 표현일 뿐이다.

이 번뇌의 코끼리들은 끊임없이 움직이며 욕망한다. 코끼리는 제 스스로 언제 나아가고 언제 멈추어야 하는지를 제어하지 못한다. 코끼리들은 끊임없이 방황하며 제가 가려고 하는 길에서 나아감과 멈춤 간의 갈등을 제어하지 못한다. 그저 욕망만이 있을 뿐이다.[4] 그렇게 나아감과 멈춤 간의 부조화는 삶과 앎의 불일치를 만들어 낸다. 불일치나 부조화의 양태는 다양하다. 어떤 것은 손쉽게 이해되는 것도 있고, 어떤 것은 이해되지 않는 것도 있다. 그렇게 삶과 앎의 불일치 현상을 사람들은 정상이니, 사이코니, 미친놈이니, 천재니, 바보니 하고 그저 자기들 편하게 낙인하기를 좋아한다. 사람들은 그런 틈바구니 속에서 뭐깨나 안다고 하는 사람들이 낙인찍어 놓은 삶과 앎 간의 괴리와 불일치를 풀기 위해 여러 가지 방법을 고안하느라 안간힘을 쓰고 있다.

삶과 앎의 불일치의 간극을 최대한 줄이기 위해 사람들이 만들어 내는 방법은 대개 세 가지 정도로 정리된다. 말하자면 즐기기, 건강하기, 그리고 사람되기다. 이 세 가지 방법을 묶어 참살이를 위한 방법이라고 부른다. 참살이를 하기 위한 것 중에서 가장 어려워하는 것이 사람다운 사람되기다. 동물처럼 살아가기는 쉬운데 사람처럼 살아가기는 어렵기 때문이다. 참살이를 즐기는 사람들일수록 자기 생활에 만족하게 마련인데, 그들을 '생활의 달인'이라고 부른다. 생활의 달인은 자신의 일에 대해 열정이나 천재성을 갖고 태어나지는 않지만, 그것을 열정으로 만들어 놓는 사람들이다. 이 세상의 어느 누구도 일에 미치기 위해 태어나지는 않는다. '원래 즐거운 일'이란 없다. 어떤 사람들은 일을 즐기며 살아가지만 어떤 사람들은 자기 일에 지쳐 살아가기도 한다. 다른 사람들이 하는 일은 뭔가 흥미롭고 재미있을 것같이 느껴지지만 막상 그 일을 해 보면 그렇게 느끼지 못한다. 생활의 달인은 일을 즐기는 사람이다. 그들은 일을 느끼고 즐기는 방식이 일반 사람과 조금 다를 뿐이다.

'생활의 달인'이 된 사람들은 몇 가지 공통점을 가지고 있다. 그들은 자신의 일이 무엇이든 그 일 속에서 즐거움을 찾는다. 그 일을 더 잘할 수 있는 방법을 끊임없이 찾아내고, 그것을 삶의 현실에 응용한다. 자신의 일을 가장 사랑하고, 그 일을 가장 행복하게 받아들인다. 자신에게 결여되어 있다고 생각하는 '적성'을 새롭게 발견하려고 노력하며 그것을 마침내 자기 것으로 만들어 버린다. 적성에 들어맞기 때문에 즐겁게 일하는 것이 아니라 즐겁게 일하기 때문에 재능이 생겨나고, 그래서 그 일에 성공하는 사람을 바로 생활의 달인이라고 부른다.[5]

그저 남들의 눈에는 시시한 것처럼 보이는 일을 꾸준하게 해내고, 그 일을 자기 것으로 즐기다 보면 자기도 모르는 사이에 달인이 된다. 그런 의미에서 자기 삶에 치열한 사람을 달인이라고 부를 수 있다. 그런 생활의 달인은 우리 주위에서 얼마든지 발견할 수 있다. 가야금의 달인이라고 칭송받고 있는 황병기 선생도 그런 사람이다. 신중현은 기타의 달인이며, 로버트 먼다비(Mondavi)는 와인의 달인이다. 천상의 첼리스트로 불렸던 파블로 카잘스 역시 죽는 순간까지 첼로 연습을 빼먹지 않았던 첼로의 달인이다. 그는 두 살 때부터 피아노를 이해했고, 일곱 살 때 작곡을 시작했으며, 여덟 살 때부터 독주회를 가졌다. '음악 신동'이라고 찬사를 받게 된 소년 파블로 카잘스였지만 공식 데뷔 무대에서는 무대공포증에 시달렸다. '거장'이라는 칭호를 받은 이후로도 마찬가지였다. 평생 무대에 설 때마다 무대공포증에서 벗어나지 못했던 것은 자신에 대한 치열함 때문이었다. 음악가로서 생업을 삼아야 되는 그에게 중간치 음악가로 전락하는 일은 죽음과 같았기 때문이다. 음악가에게 적당히 살아가는 것은 수치이고 돌아오는 것은 가난이었다. '거장'으로 이름을 남기거나, 가난에 찌들어 사는 실패자로 낙오하거나 하는 둘 중의 한 자리에 남아 있어야만 했다. 그래서 그는 자기 재능을 드러내 보일 수 있는 '첼로'를 자기 삶으로 받아들이고 그렇게 노력했다.

그는 매일 24시간씩 첼로 연습을 했다. 밥 먹는 동안, 잠을 자는 동안에도 첼로 연주에 빠져 있었다. 그렇게 그는 90세가 넘은 뒤에도 그 일을 계속했다. 그 후에도 매일같이 6시간씩 첼로 연습에 매달렸다. 첼로 연습을 하는 동안에는 젊은이로 돌아가는 느낌에 빠질 수 있었다. 기쁨이었고 희열이었다. 남에게는 말로 표현하기 힘든 그런 행복감에 사로잡혔다. 파블로 카잘스에게 첼로 연습은 바로 열정과 사랑이었다. 그에게는 첼로가 삶이며 앎이었다. 그저 첼로가 좋아서, 소중해서, 그것 없이는 견딜 수 없어서 첼로를 연습하고 연주하였다. 그는 죽기 전날까지 첼로 연습을 멈추지 않았다. 숨을 멈추는 바로 그 순간에도 마음속으로 첼로를 연주하고 있었다. 그는 첼로의 달인이었고 첼로를 제대로 안 사람이었다.

달인이 위대한 사람만 해내는 무슨 범상한 일은 결코 아니다. 평범한 사람, 장애가 있는 사람들도 생활의 달인이 되는 것은 얼마든지 가능하다. 페리라는 호주인이 있었다. 그는 IQ가 76밖에 되지 않는 지적장애인이다. 페리는 지능이 조금 부족하여 어수룩한 사람처럼 보이기는 해도 결코 바보는 아니다. 그는 할머니의 보호를 받으며 살아왔다. 페리의 부모가 그를 일찌감치 버렸기 때문이다. 그를 보호해 주던 할머니가 돌아가시자 그에게 일종의 대안가족이 되어 준 것은 친구 키스와 고용주 게리의 가족들이었다.

페리에게는 실제 가족들도 있었다. 그들은 페리의 친형임에도 불구하고 페리를 보호하지 않기 위해 사촌형으로 부르도록 했다. 그런 페리는 조그만 가게에서 잔심부름을 하며 생계를 꾸려갔다. 할머니가 돌아가시기 전까지 페리는 할머니와 함께 금요일의 영화 관람, 토요일 저녁의 스파게티와 카드 게임, 일요일의 로또 번호 맞추기 등 소박한 행복을 누렸다. 그러던 어느 날 할머니가 돌아가시고 그의 삶은 전혀 다르게 변했다. 그가 1,200만 달러짜리 복권에 당첨되었기 때문이다. 그를 둘러싼 세상이 송두리째 변하기 시작했다. 그에게 친절하게 대하는 사람들이 갑자기 늘어났다. 가족들도 당첨금을 빼앗기 위해 그에게 접근했다.

그러나 페리는 그들에게 당할 만만한 상대가 아니었다. 할머니가 인생에 필요한 모든 것을 가르쳐 주었기 때문이다. 할머니는 그에게 잊지 않도록 메모를 하고, 돈을 벌면 반은 쓰고 반은 저축을 하도록 가르쳤다. 그리고 어떤 사람을 믿고, 어떤 사람을 믿으면 안 되는지도 가르쳤다. 무엇보다도 페리는 '듣는 사람(auditor)'이었기에 다른 사람을 이해하는 데 누구보다도 앞서 있었다.

사람들은 그와 이야기를 할 때 언제나 그를 똑바로 쳐다보지 않았다. 페리가 마치 존재하지 않는 것처럼, 혹은 아이를 대하는 것처럼 무시하며 자신의 이야기만 내뱉었다. 그래도 페리는 늘 사람들을 향해 진지하게 귀를 기울였다. 그것이 페리의 삶살이였다. 그렇게 생활화된 경청으로 인해 페리는 사람들이 필요로 하는 것이 무엇인지를 가장 먼저 알게 되었다. 페리가 할머니와 키스, 게리의 알뜰살뜰한 보살핌을 받은 것도 사실이지만, 오히려 페리 때문에 할머니와 키스, 그리고 주인인 게리 가족이 더 많은 것을 배우게 되었다. 페리는 그들에게 무엇이 필요한지를 진지하게 이해하며 들어주고 늘 그들 옆에 있어 주었다. 페리의 인간적인 따뜻함과 배려 때문에 오히려 그들의 마음에 위로가 되었던 것이다.

복권에 당첨되자, 이제는 오히려 사람들이 페리의 말에 귀를 기울이려고 노력했다. 삶살이에서 자신을 얻은 페리는 자신의 일터인 선용품 판매점 사업에 대해 새로운 아이디어를 제안하기 시작했다. 마침내 자신의 잠재력을 알아차리게 된 것이다. 자신의 생각 속에만 파묻혀 관성에 젖어 일하던 사람들을 바꿀 수 있는 지혜가 바로

'듣는 것'에 있음을 알게 된 페리는 고객들의 진정한 욕구까지 정확하게 알아차렸다. 페리는 게리의 가게에 고용된 점원의 신분으로 시작했지만 마침내 게리와 동업자로서 가게를 운영하여 크게 성공했다. 페리는 모든 난관을 극복한, 장애인이라기보다는 듣기의 달인이었다.[6]

§ 삶·앎의 직교

어차피 인생의 결과는 성공도 실패도 없게 마련이다. 삶은 그저 삶일 뿐이며 죽음은 모든 것을 정리하는 순간이기 때문이다. 이 지구상에서 영원히 사는 생물은 없다. 삶은 사람들이 매 순간 살아가는 동안 일구어 내는 선택의 결과다. 훌륭한 삶을 살아낸 이들의 삶은 그 자체만으로도 의미를 지닌다. 그 반대 역시 마찬가지다. 그래서 모든 이의 삶은 그저 삶일 뿐이다. 그것을 있는 그대로 보여 주는 것이 바로 인생이다.

인간에게 삶이 무엇인지를 마지막까지 가르치는 것은 행복이 아니라 슬픔이다. 이제는 그 종족의 흔적도 찾아보기 어렵게 된 미국 땅의 어느 인디언 후예들은 슬픔이 무엇인지 가르쳐 준다. 아버지를 잃은 한 젊은 인디언의 후예가 있었다. 그는 자신의 할아버지를 찾아 삶의 길을 묻는다.[7] 그는 오랫동안 가슴 속에 맺혀 있던 질문을 던진다. "사는 게 왜 이렇게 힘들죠?" 할아버지는 평원이 내다보이는 사시나무 그늘 아래로 손자를 이끌고 가서는 '인간의 삶에는 슬픔이 찾아오기 마련'이라는 진실을 들려준다. 삶을 가르치는 것은 행복이 아니라 슬픔이라는 것이다. 그의 깨달음은 천상의 이치나 종교적인 각성을 통해 얻은 것이 아니라, 대지를 내딛은 그 걸음마다 담아 건져 올렸던 삶의 지혜였다.

라코타 인디언의 후예인 조셉 M. 마셜은 삶의 행복론이 언제나 거짓이라고 말한다. 행복에는 근거가 없다는 것이다. 행복을 바라는 만큼 고통과 슬픔이 찾아오기 마련이다. 아무리 비극적인 삶의 숙명이라고 하더라도 그것을 깨달을 때 삶의 의미를 찾을 수 있다는 것이다. 삶은 고통과 슬픔의 '담금질'이라는 과정을 통해 더 큰 것을 만들어 낸다. 고통과 슬픔이 우리 삶의 존재 이유를 알려 준다.

유대인의 지혜를 담은 전도서가 그토록 강조하는 것처럼 '인생이란 양지쪽을 걷는가 하면, 때로는 음지쪽도 걸어야 하는 여행'이다. 사람이 세상에 태어날 때 누군가에게 일정한 양의 행복과 불행을 할당받는 것은 아니다. 그런 것이 있을 수 없다. 그렇게 말하는 사람들은 자신의 이익을 위해 그것을 유포시키는 거짓말쟁이일 뿐이다. 세상에는 기쁨의 순간이 지나면 언젠가는 슬픔이 찾아오게 되어 있다. 반대로 슬픔의 시간이 지나면 기쁨이 찾아온다. 그것이 삶이고 인생의 길이다. 슬픔이 있기에 기쁨이 있음을 알고, 기쁨이 있기에 슬퍼할 수 있다. 우리에게 찾아오는 불행은 삶의 행복을 분명하게 드러내기 위한 하나의 과정이다. 지혜로운 사람은 햇빛이 좋은 날에도 궂은 날이 곧 오리라는 것을 안다. 누구나 장마가 계속되는 동안에는 맑게 갠 하늘이 얼굴을 드러내리라는 기다림을 갖는다. 하지만 좋은 날씨에 궂은 날씨를 예상하는 사람은 흔하지 않다. 때때로 삶이 우리가 원하지 않는 방향으로, 나의 의지와는 상관없이 흘러가더라도 삶은 계속된다는 것을 깨닫는 사람이 지혜로운 사람이다.

삶이 지닌 양면성에 바로 삶에 대한 축복이 있다. 이 양면성이 우리가 걸어가야 할 방향을 제시해 준다. 한 고개를 넘으면 다시 다음 고개가 기다리고 있다. 어차피 인생은 결코 정상에 다다를 수 없는 산행이다. 인생에는 정상이 없기 때문이다. 다음 고개에서 무엇이 기다리고 있을지는 아무도 모른다. 다만, 그 다음 고개를 향해 오르고, 또 그렇게 내려올 뿐이다. 그래서 '그만두고 싶을 때, 딱 한 걸음이라도 더 내디뎌야 한다.' 가장 약할 때, 가장 힘들 때 이를 악 물고서라도 한 걸음 더 내딛는 그것보다 더 강한 것은 없으니, 멈추지 말고 계속 나아가라는 것이 인디언의 후예가 우리에게 던지는 삶의 충고다.

사람들은 흔히 배움을 정보나 지식의 획득, 그러니까 무엇을 알아내는 활동으로 생각하고 있다. 하지만 배움은 앎에 집착하는 활동, 정보를 쌓아 가는 그런 활동이 아니다. 배움은 삶에 집착하며 삶을 깨닫는 활동이다. 삶을 깨닫는 활동이기에 배움을 즐기는 사람일수록 공부도둑이 된다. 공부도둑을 자처하는 장회익 서울대학교 명예교수는 자기 자신을 앎을 훔쳐 내는 학문도둑이라 칭한다.[8] 그가 자신을 학문도둑으로 몰아가는 이유는 앎의 공부보다는 삶의 공부가 더 우선한다는 것을 알리기 위해서다. 배움에는 어떤 목표나 당위가 필요치 않다. 끝없이 배우는 기쁨만이 있다. 그것이 깨닫는 즐거움을 계속하게 한다. 배움의 보물창고로 향하는 과정, 그 길이 행복한 삶의 길이다. 장 교수는 삶에 있어서 그것보다 더 좋은 것은 없다고 본다.

그는 '앎 중심 학문'에서 '삶 중심 학문'으로 옮겨야 한다고 충고한다. 그래야 배움의 참뜻을 알게 된다는 것이다. 배우는 삶만이 '학문의 오파상'을 극복하게 도와준다. 학문의 오파상이란, 얕게 학습한 지식으로 크게 도둑질하는 지식꾼을 야유하는 말이다. 학문의 오파상을 넘어야 배움에 대한 문제의식이 생긴다. 학문의 오파상을 극복하기 위해서는 야생적인 배움의 정신이 필수적이다. 배움은 자유며, 야생이어야 한다. 배움은 그 어떤 인위적인 우리나 틀에 넣어 기르는 것이 아니라, 자연과 친하게 밖으로 내놓고 키워야 하는 탐구의 길이며 깨달음의 길이다. 그래야 삶 중심의 배움이 삶처럼 살갑게 다가온다.

장회익 교수는 '전문분야'를 설정해서 자신을 그 틀 안에 구속하지 말아야 한다고 거듭 이른다. 새 분야로 지적인 호기심과 관심을 돌릴 수 있으려면 야생적인 배움의 정신이 있어야 한다는 것이다. 야생적인 배움의 관심으로 충만해야 다른 사물이나 현상에 대한 탐구와 배움이 생긴다. 그래야 얄팍한 경계를 허물고 서로 다른 학문의 세계로 얼마든지 자유롭게 넘나들 수 있다. 그렇기 때문에 배우는 일에는 경쟁이 있을 수 없다. 새로운 것을 누가 먼저 알아낸다 해도 고마운 일이지 섭섭해야 할 이유가 없다. 성취가 주는 영예와 보상은 오히려 배우려는 이들을 타락시킬 뿐이다. 그런 공부는 욕심으로 오르는 등산과 별다르지 않다는 것이 장회익 교수의 지론이다. "빨리 올라가 멋진 조망을 보고 남이 오르지 못한 새 봉우리에 첫발을 디뎠다는 영예를 누리고 싶은 마음이 어찌 없겠는가? 그러나 이것이 목적이어서는 안 된다. 길게 보면 이것은 자신의 잠재력을 소진시켜 더는 진전을 어렵게 하고, 성급한 나머지 발을 잘못 디뎌 다칠 위험을 가중시킨다." 배움은 책상머리든, 산책길이든, 잠자리든 어디에서든지 일어난다. 모두가 배움의 수단이며 장소다. 공부는 쉬워서 하는 것이 아니라 인생 그 자체이기에 하는 것이다.

배움, 그것은 늘 우리에게 '스스로를 밟고 지나가야 어떤 어려움도 넘을 수 있다.'고 일러 준다. 배움은 앞서 가려고 하거나, 생각하려고 하거나, 의미 있는 삶을 살아가려고 하는 사람들에게는 언제나 암벽과 같다. 그 암벽을 넘어서지 않고서는 어떤 새로운 길도 나아갈 수 없다. 암벽을 오르지 않고서는 어떤 의미 있는 교육도 만들어질 수 없기 때문에, 배움은 교육자들이 오르고 또 올라야 하는 암벽과 같다.

인간은 배움의 암벽을 끊임없이 오르는 등산객이다. 그것을 넘어야 즐거움도 있고 삶의 새로운 길도 찾을 수 있다. 하지만 인간이 본능적으로 배우는 동물이라는 명제는 인간의 일상생활에서 가차 없이 무너지고, 부서지고, 어긋나고 있다. 인간에게 배움이라는 본능이 있다는 말처럼 무기력한 것도 없다는 것만 봐도 그렇다. 배움이라는 단어처럼 무의미하게 들리는 단어도 없을 것이다. 그런 무의미들이 지식인 사회에서 가장 많이 회자되고 있는 것도 우습기는 마찬가지다. 누군가를 가르치는 사람일수록 배우지 않는다는 비아냥들이 그것을 증명한다. 세간에서 일고 있는 비난과 비판은 나름대로 근거가 있다. 그래서 저들의 비난은 원천적으로 무죄다.

'배워라.'라는 말을 가장 많이 하고, 그것을 직업으로 삼는 교사나 교수들이 실제에 있어서는 가장 배우지 않으며 덜 배우는 사람들이라는 사실은 부정할 길이 별로 없다. 유식한 체하며 이런 저런 잡다한 정보를 학생들에게 소개하고, 자신의 학위를 자랑하는 교수, 의사, 변호사, 목사, 승려 등의 부류일수록 실제의 삶에서는 더욱더 배우지 않는 삶을 습관화하고 있다. 전문성이라는 터널 안에 안주하는 것이다. 자기 이외의 다른 영역의 배움이 눈에 들어오지 않는 것도 그 원인이다. 제 스스로 무지함을 위장하기 위한 처방일 뿐이다. 그래서 높은 학위를 받으면 받을수록 더욱더 바보가 된다는 역설도 언제나 가능하다. 사람이 배우는 동물, 호모 에루디티오라고 자부하면 할수록 더욱더 배우려고 하지 않는 동물이라는 역설이 가능해지는 순간이다.

물론 그런 이야기들 모두가 수긍할 수 있는 논리인지에 대한 사실 여부와 현실 점검도 필요하다. 하지만 그런 사실 확인에 관계없이 학력을 자랑하는 전문가 집단일수록 배우는 일을 더 기피한다는 사회적 비판이 늘어가고 있는 실정을 부인하기는 어렵다. 인간이 배우는 동물이라는 명제와 그것을 보강하는 여러 주장이 교육계에 회자될수록 그것이 오히려 인간들이 배우는 일에 게으르다는 것의 반증일지도 모른다. 그런 가능성들은 기존의 교육학적 이론과는 입장을 달리하는 새로운 학문의 출현으로 점점 가시화되고 있다. 새로운 학문은 그동안 기존의 교육학 이론들이 인간의 배움 본능에 어긋나는 이야기들을 장황하게 해 왔다는 것을 들추어내고 있다. 그들은 배우는 인간들의 현실적인 모습과 그것의 논리적 필연성을 조목조목 점검하면서 기존의 교육학적 오류와 문제점을 지적한다.[9]

일반 동물들도 그들의 생명을 부지하기 위해서는 생존을 위한 훈련과 학습을 필요로 한다. 어미 새가 새끼 새에게 새로운 삶을 위해 나는 법을 훈련시키듯이 일반 동물들에게도 훈련이나 학습이 가능하다. 각인이 우선하고 그 후에 훈련이나 학습이 뒤따른다. 인간의 배움은 일반 동물들의 학습 훈련에서 드러나는 한계를 언제나 뛰어넘는다. 인간은 생존을 위해서 학습이나 훈련을 변형하는 독창적인 능력을 보인다. 일반 동물들이 보여 주는 생존을 위한 재능은 단편적이다. 예를 들어, 모기는 생존을 위해 긴 침으로 인간의 피부를 순식간에 뚫는 재주를 가지고 있다. 본능적인 능력이기는 하지만 인간처럼 다른 곤충을 잡기 위한 장치로서 '채'를 만들지는 못한다. 그런 도구를 창의적으로 활용하지도 못한다.

도구를 사용할 수 있다는 침팬지의 경우도 도구 학습은 제한적이다. 인간은 생존을 위해 기구를 만들어 내거나 더 나은 기술을 창조해 낼 수 있다. 혼자서 할 수 없다면 기꺼이 집단의 힘을 활용해서 그런 일을 만들어 간다. 인간은 협동이나 협업을 위해 언어나 조직도 만들어 낸다. 협업을 가능하도록 해 주는 하나의 체계와 문화를 만들어서 또 다른 갈등과 긴장의 문화를 만든다. 인간은 다른 동물에 비해 생존을 위한 우월성이나 창의성을 지니지만, 그것이 항상 인간을 위해 선용되는 것은 아니다. 그런 인간의 능력을 배움의 결과라고 본다면, 인간의 배움력은 다른 생물체에 비해 총체적인 우월성을 보여 주는 능력이다.

　인간이 다른 동물보다 더 완전한 존재로 태어난다고 볼 수는 없다. 인간 역시 생물학적으로는 온전(穩全)하게 태어나는 동물의 한 종류다. 인간은 누구라도 기능하는 데 하나 부족함이 없는 생물학적 조건 그대로의 본바탕을 지닌 존재로 태어난다. 그들의 인간적인 온전성은 배움의 능력에 의해 하나둘씩 겉으로 표출되고 작동된다. 그것은 걷기, 이야기하기, 생각하기를 반복하면서 하나둘씩 실체를 드러낸다. 다시 말해 인간의 온전성, 인간의 유일성은 자기 몸의 균형을 유지하기 위한 걷기, 이야기하기, 생각하기의 단계를 거치면서 발현된다. 인간적인 온전성의 토대가 인간의 배움 능력이다. 걷기, 이야기하기, 생각하기는 배움의 토대가 되며 초등기제다. 걷기, 이야기하기, 생각하기의 분화와 총합은 인간을 무한한 잠재 가능성의 존재인 동시에 불확실한 존재로 만드는 데 필요한 배움력의 밑거름이 된다.

§본능과 본성론

　빈 대학에서 과학철학과 생물철학을 가르치고 있는 부케티츠 교수는 인간의 본성을 성선설과 성악설로 가르는 것 자체가 무의미한 것이라고 간주한다. 왜냐하면 인간 그 자체가 이 세상 최대의 자연 재앙이기 때문이다. 지구는 인간의 손에 의해 비교적 짧은 시간 동안 매우 처참하게 변했다. 그렇기 때문에 '인간 시대'는 황폐화와 몰살의 시대를 의미한다. 물론 이 세상에 대한 인간 나름의 인식 능력이 비교적 짧은 인류의 역사를 통해 개선된 것만은 부인할 수 없다. 하지만 인간은 자연 인식 능력을 주로 지구에서 인간의 지배권을 획득하는 데 사용하였다. 인간은 그 과정에서 다른 종에 대한 배려를 조금도 하지 않고 그들을 정복했다. 어쩌면 그들과 비슷한 능력을 가진

다른 종이 인간을 똑같은 방법으로 공격하고 단죄할 것을 염려했는지도 모른다. 그래서 오히려 더 잔혹하게 그들을 파괴하고 인간끼리도 사정없이 공격하면서 서로가 서로를 단죄했을 것이다. 그런 인간의 본성을 성선이나 성악으로 가르는 것 자체가 부적절하다는 것이 부케티츠 교수의 인간 이해다.[10]

사정이 그렇기는 하지만, 그의 급진적인 견해를 머리 한편에 두고 인간의 본성에 대한 논의를 할 때 미리 이야기할 것이 있다. 그것은 인간의 본성에 대해 단 하나의 분명한 입장을 고수할 수는 없다는 점이다. 인간의 본성을 하나로 정리해 줄 수 있는 확실한 근거도 없기는 마찬가지다. 인간은 유전적 진화와 문화적 진화가 상호작용하여 만들어진 '여러 본성(natures)' 있다.[11] 인간에게 단 하나의 본성이 있다는 전제 아래, 어떤 설명의 틀을 만들어 놓고 그 잣대로 인간의 속성을 해석하거나 고집하는 것은 인간을 제대로 이해하겠다는 자세가 아니다. 인간에게 절대불변의 유일한 본성이 있을 수 없다는 생각은 두 가지 의미를 담고 있다. 첫째는 인간이 무슨 존재인지에 대한 설명을 도울 수 있는 여러 본성만이 있다는 뜻이고, 둘째는 그렇기 때문에 인간도 일반 동물에 비해 그렇게 차별화되지 않는다는 뜻이기도 하다.

생물의 유전적 진화는 '문화적 진화'와는 그 성격이 다르다. 문화적 진화는 개체에서 세대로, 세대에서 세대로 전달되는 '비유전적 정보의 총합체'를 뜻한다. 문화적 유전현상을 내세운다고 해도 인간의 본성을 제대로 설명하기에는 역부족이다. 그런 점에서 본다면, 에얼릭 교수가 인간에게 여러 본성이 존재한다고 내세운 것 역시 인간의 본능과 본성 간의 차이를 드러내는 데 크게 성공한 것은 아니다.

인간도 다른 동물처럼 생존의 본능이 있다. 본능이라는 말이 생물체가 유일하면서도 공통적으로 지닌 생물학적인 고유 속성을 지칭한다[12]는 점에서, 생존하려는 욕망은 생명 유지에 있어서 유일하고 절대적인 본능이다. 남녀 간의 사랑처럼 동물 암수 간에 나타나는 생식의 본능 역시 동물에게는 절대적인 본능이다. 인간의 사랑은 일반 동물과는 달리 꽤나 복잡한 과정을 거치면서 일어나기는 하지만 생식의 본능을 비켜갈 수는 없다. 남녀가 만나면 먼저 소개를 하고 자주 만나고, 만나면 서로 무엇인가를 속삭인다. 서로에게 사랑이 깊어지면 결혼을 약속하고, 그런 절차를 거친 후 서로 간의 스킨십이 자연스러워진다. 스킨십이 일어나는 동안 호흡과 맥박이 빨라지는데, 생물학적으로 나타나는 자연스러운 현상이다. 이렇게 남녀가 사랑하는 절차가 복잡하다고 해서 생물체가 보여 주는 생식의 본능이 달라지는 것은 아니다.

문화권이 달라지면 사랑의 절차나 과정에 서로 차이가 있을 수 있다. 그런 차이는 문화적이고 사회적인 차이에 의해 기인하는 것이지 생물학적 조건이 달라지기 때문에 일어나는 것은 아니다. 남녀 간에 일어나는 사랑의 행위는 동물의 그것과 구조적, 생리적으로 동일하다. 다른 동물이 보여 주는 사랑의 행위는 표현의 정도 차이는 있지만, 인간의 그것에 비해 가식 없이 있는 그대로의 양태라고 할 수 있다. 인간의 사랑 행위는 여러 문화적 껍질을 벗기면 동물의 그것과 동일하다. 모두가 한결같이 생식의 본능이며 그것을 위한 육감적인 표현의 변형일 뿐이다. 그런 원초적인 것을 인간은 복잡하게 감추고, 부끄러워하며, 은밀한 것으로 치장해 놓고 있을 뿐이다. 생식 본능은 생물학적으로 결정되는데, 문화권에 따라 다른 묘한 양태를 보이면 서로 다른 것처럼 나타나게 된다. 그렇게 문화적으로 결정되는 본능을 사람들은 본성이라고 부르기도 한다.[13]

모든 인간 게놈에 공통된 생물학적인 특징이 존재한다. 하지만 인간의 본성을 단일하게 결정해 놓는 유일한 게놈은 있을 수 없다. 그래서 유일한 인간의 본성, 인간의 유일한 본성이란 존재할 수가 없다. 예를 들어, 생식 본능은 인간의 본능 중 하나다. 그 생식 본능을 결정해 주는 것이 유전자다. 유전자가 오로지 인간의 본성을 결정하는 유일한 결정인자라고 한다면, 사람들은 '이기적 유전자'의 명령에 절대적으로 복종해야 한다. 그 결과는 다산이어야 한다. 가능한 한 많은 자녀를 낳아야 한다는 것이 이기적 유전자의 명령이기 때문이다. 유전자가 시키는 대로 생식 본능을 따르려면 자녀를 많이 낳아야만 한다. 농경사회에서는 흔히 볼 수 있는 모습이다. 그러나 현대사회에 이르면서 사람들은 이 같은 유전자의 엄격한 명령을 따르지 않는다. 이제 자녀의 수를 결정하는 것은 생물학적 요인이 아니다. 그것을 강력하게 결정하는 힘은 유전자보다는 환경적 요인에 있다. 그런 점에서 본다면 저출산현상은 사람들이 유전자의 이기적 명령에 따랐기 때문에 생긴 사회현상이 아니다. 그것은 각 사회가 지니고 있는 문화적 환경이 빚어낸 결과다. 여성의 권리, 사회적 노동 조건, 문화적 분위기, 교육환경 따위로 만들어지는 우연적인 현상이다. 인간의 출산 본능은 다른 동물에게서도 마찬가지로 발견되지만, 출산 자녀의 수를 결정하는 것은 유전자가 하는 것이 아니라 환경적인 요인에 따른다.

인간의 본성이 인간이 이 사회에서 어떤 방식으로 살아야 되는지와 관련된다면, 본성은 유전자가 결정할 수 있는 것이 아니다. 인간의 삶살이는 유전자를 지배하는 인간의 문화가 조절한다. 그런 점에서 본다면, 본능에 의해 조절되는 인간의 본성은 하나가 아니라 여러 개로 나눌 수 있다. 인간의 본성은 문화적으로 변형되고 사회적으로 결정되며, 유전자뿐 아니라 문화·환경과의 상호작용을 통해 공진화(共進化)된다. 인간의 생물학적 본능을 떠난 인간의 본성에 대한 논의가 그런 것처럼 문화적으로 조건화되는 인간의 본성을 고려하지 않은 채 인간의 생물학적 본능에만 집착하는 논리는 인간의 존재에 대한 무의미한 견해일 수도 있다.

인간의 본성에 관한 이해는 문화적으로 서로 다르기 마련이다. 그런 차이는 인간의 교육에 대한 논의에서도 분명하게 나타난다. 인간이란 존재가 생물로서 지니고 있는 인간 고유의 성질인 본능이 사회적·문화적으로 진화되어 나타난 본성을 어떻게 이해할 것인가 하는 문제제기는 교육에 대한 서로 다른 논쟁[14]을 야기해 왔다. 교육의 지향점에 대한 확실한 관점과 신념을 그저 편하게 교육관이라고 불렀을 때, 인간의 본성에 대한 서로 다른 이해는 교육의 목적과 교육적 가치에 대한 서로 다른 논리를 내세우게 된다.

인간의 본성에 관한 논리는 대체로 세 가지 관점으로 갈라져 전개되어 왔다. 그중 하나가 성선설[15]이고, 다른 하나는 성선설의 반대 축에 놓여 있는 성악설[16]이었다. 마지막으로 성선설과 성악설을 절충하는 제3의 길인 성무선악설에 이르기까지 인간의 본성에 대한 논리는 나름대로의 이론구조를 개발해 왔다.

이렇게 서로 다른 세 가지 논리 중에서 인간이 배우는 동물이라는 논리와 가장 근접하게 이론적인 궤적을 같이할 수 있는 인간 이해의 논리가 성무선악설이다. 교육학자들은 성무선악설을 인간 본성의 백지설과 동일시하기도 했고, 또 다른 유파의 학자들은 '타브라 라사(tabura rasa)의 논리', 즉 빈 서판의 논리로 성무선악설에 대한 설명을 대신하기도 했다. 동양에서 말하는 성무선악설이 서양의 교육 논리로 말하는 빈 서판의 논리라고 이해하기도 했지만, 이런 논리 모두는 인간의 배움과 성무선악설 간의 이론적 연결을 일방적으로 시도한 결과일 수 있다. 타브라 라사의 논리, 즉 빈 서판의 논리가 배우는 동물의 본성을 정확하게 설명할 수 없는 것은 그 논리가 인간의 본성에 관한 서술이 아니라 인간의 능력에 관한 일반적인 진술이기 때문이다.

빈 서판이라는 말은 아리스토텔레스가 "인간은 아직 아무것도 쓰여 있지 않은 나무판이다."라고 묘사하였을 때의 인간적인 능력의 조건을 말한다. 타브라 라사라는 말은 원래 '깨끗이 닦아낸 판'을 지칭한다. 그것은 정말로 어떤 것인지는 모르지만 먼저 무엇이든 '쓰여 있었음'을 전제로 했을 때 가능하다. 무엇인가가 순서상 쓰여 있을 때 비로소 빈 서판이라는 논리가 가능해진다. 인간의 능력을 넘어서는 원초적인 능력, 말하자면 미리 짜여 있는 그런 능력은 있을 수 없다. 이 말을 제대로 이해하기 위해 빈 서판에 관한 고대 그리스 사람들의 어법을 알아볼 필요가 있다. 희랍인들이 글을 쓰기 위해 사용한 작은 밀랍판이 바로 타브라 라사다. 서판에 기록이 더 이상 필요하지 않으면, 그들은 서판을 나중에 다시 쓰기 위해 밀랍을 녹였다. 아무것도 기록된 것이 없도록 만들어 놓은 빈 서판이었다. 다음에 또 다른 것을 기록하기 위해 깨끗하게 만들어 놓는 것이다.

이렇게 준비되는 빈 서판의 상황이 인간의 능력에 있는 그대로 대비될 수 있는 것은 결코 아니다. 인간에게 있어서 능력의 크기나 기능은 이미 고정되어 있는 것이 아니기 때문이다. 인간 능력의 용량은 미리 한정되어 있는 것이 아니다. 인간은 언제나 자신의 노력이나 필요에 의해 능력의 여백과 공간을 더 넓게, 더 깊게 만들어 갈 수 있다. 인간 능력의 장(場)은 지웠다가 다시 써야 하는 제한된 빈 서판의 장이 아니다.

인간의 능력은 무한적인 공간과 같다. 능력의 여백과 공간은 필요에 따라 넓힐 수 있는 개조(reformatting)의 공간이다. 결국 인간의 능력을 빈 서판으로 보는 입장은 인간의 능력을 제한적으로 이해한 것이며, 그것은 끝내 인간 능력의 여백론을 보완적으로 설명하는 데 도움을 줄 수 있는 보조적인 논리에 지나지 않는다.

§빈 서판 공박

인간의 능력이 빈 서판과 같다는 논리에 정면으로 맞선 이는 스티븐 핑커라는 사회 심리학자다. 그는 리차드 도킨스처럼 유전자 결정론을 따른다. 따라서 인간의 능력에 있어서 환경의 중요성을 강조하는 빈 서판 이론을 허구 논리라고 비판한다. 그것을 지적하기 위해 그는 빈 서판 논리를 지탱하는 환경우선론자들의 문제점을 이야기한다. 인간은 선하게 태어나지만 사회 속에서 타락한다는 '고상한 야만인론', 그리고 인간 각자는 생물학적 제한과는 상관없는 자기 선택의 영혼을 지니고 있다는 논리는 확인되지 않은 일종의 도그마라는 주장이다. 그런 도그마는 인간에게 결정적인 유전자가 이끌어 내는 본능이 있다는 사실 자체를 부정하기 위한 억지 논리라고 보았다. 환경우선론자들은 과학적 논거 없이, 인간의 마음이 뇌의 산물이고 뇌는 부분적으로 유전자에 의해 조직되며, 유전자는 자연 선택에 의해 형성된다는 위험천만한 생각을 가지고 있다고도 말한다. 환경우선론자들은 스스로 그들의 자녀에게 환경뿐만 아니라 유전자도 물려준다는 사실을 애써 외면하고 있다는 것이다. 그런 견해 자체가 인간의 본성을 잘못 이해하게 만드는 왜곡된 비과학적 논리라는 것이 스티븐 핑커의 주장이다.

스티븐 핑커 교수에 따르면, 인간의 마음은 전적으로 환경, 말하자면 양육, 문화, 사회환경에 의해 형성된다. 따라서 인간에게는 본래적으로 타고난 재능과 기질 따위가 없다고 주장하는 빈 서판 이론의 핵심들이 여러 가지 이유로 교정되고 있다고 하였다. 총체적인 관점에서 빈 서판 이론은 설득력이 약한 것이 그 첫째 약점이다. 빈 서판 이론은 사회화나 학습 등 환경적 요인의 중요성을 강조하지만, 그 사회화가 마법일 수는 없다. 인간이 인지적으로 발달시키는 것이 학습 활동이라고 하더라도 그것이 가능하기 위해서는 선천적인 회로, 즉 인지회로가 깔려 있어야 한다. 학습 활동과 그 과정을 제대로 설명하려면 인간의 마음과 인지 활동에는 어떤 선천적인 구조가 존재한다는 점을 인정해야 한다. 그것을 인정하는 자체가 빈 서판 이론의 근거를 총체적으로 부인하게 만들어 놓는다. 둘째로, 무엇보다도 빈 서판 이론은 뇌 과학의 발전에 따라 상당한 오류를 드러냈다. 인간의 뇌는 신경과학자들이 말하는 가소성(plasticity)을 가지고 있기에 인간의 학습을 촉진시킨다. 이런 뇌의 특성은 유전적으로 조작된 것이지 감각기관을 통해 들어오는 일반 정보로부터 구조화된 것이 아니다. 가소성은 학습의 결과물이 아니다. 마지막으로, 빈 서판 이론의 정당성은 행동발생학에 의해서도 결정적으로 부인되는 수모를 겪어 왔다. 헤어진 일란성 쌍둥이가 재능과 취향에서 놀라운 유사성을 보인다는 것을 밝힌 행동발생학의 연구 결과에 따르면, 사람들의 인격과 지능의 변이는 절반 이상이 유전자의 차이에서 비롯된다.[17]

　인간의 본성에 대한 상반된 논리들이 갈등하고 있음에도 불구하고, 각기 서로 다른 교육관이 이론화되어 왔다. 각각의 관점을 잘 드러낸다고 판단되는 서로 다른 교육관은 정원형 교육관, 공장형 교육관, 그리고 시장형 교육관으로 나뉘었다. 인간의 본성은 태어날 때부터 악함이 없다고 간주하는 성선설은 정원(庭園)형 교육관을 이론화시켰다. 성선설은 인간의 선한 본성이 잘 커 나가도록 가꾸어 주고, 길러 주는 일이 필요하기에 인간을 감당하는 교육은 당연히 '인간을 키워 주는 일'이어야 한다고 본다. 인간의 본성은 마치 정원에서 다듬어지는 화초의 성분 같은 것이기에, 그들이 잘 성장하기 위해서는 정원사의 보살핌이 필요하다는 것이다. 그런 점에서 성선설의 교육관은 정원형 교육관과 소통하며, 이것은 인간을 기르는 일로 집약된다.

　그에 비해 인간의 본성은 본디 악이며 선한 거짓이라는 논리인 성악설은 공장(工場)형 교육관에 의존한다. 태생적으로 잘못된 인간의 본성을 바로 잡기 위해서는 선을 위한 교육적 처방이나 교육적 지침서인 매뉴얼이 있어야 된다. 교육은 그것에 따라 인간의 잘못된 본성을 바로 잡는 일이다. 그렇기 때문에 공장형 교육관은 기본적으로 교육을 '인간을 만드는 일'이나 길들이는 일로 간주한다. 이렇게 서로 다르게 서술되는 정원형 교육관과 공장형 교육관은 각각의 인간 본성론에 완전 일치되는 서술이 아닐 수도 있다. 단지 그것을 설명하기 위한 근접된 비유일 뿐이다. 공장형 교육관이 인간이 지닌 자연적인 악함을 강제적으로 교정할 수 있는 것이 아니며, 정원사적인 교육관 역시 인간의 선함이라는 본성을 있는 그대로 발현시킬 수 있는 것도 아니기 때문이다.

인간의 본성을 성무선악설로 파악하는 사람들은 시장(市場)형 교육관을 선호한다. 성무선악설은 인간의 본성이 본디 선이나 악 없이 그저 무성 상태라고 주장하는 논리다. 성무선악설을 믿고 있는 사람들은 그들이 취해야 할 교육관으로 시장형 교육관을 거론한다. 인간의 삶에서 친숙한 시장은 거래와 대화가 이루어지기도 하지만 거짓과 이윤 취득이 일어날 가능성도 있다. 믿음과 거짓, 경쟁과 공존 등이 상존함으로써 사람들은 늘 상대방뿐만 아니라 스스로도 주의해야 하며 거래에 대한 나름대로의 계산과 각성이 필요하다. 의미 있는 경쟁, 공정한 거래가 가능해야 시장이 지속될 수 있다. 그렇게 되기 위해서는 사람들 간에 인격적 만남과 신뢰로 이야기를 주고받는 것이 필요하다. 서로에게 만족을 줄 수 있는 시장이 되기 위해서는 서로 공정하게 거래를 하는 법을 존중해야 한다는 점에서 이들 간의 거래관계는 의식소통(意識疏通)적이며 동시에 각성적이다.

서로의 이익을 위해서는 신뢰가 있어야 하며 스스로도 양심적이어야 한다. 이런 점에서 시장형 교육관에서 요구하는 교사는 중재인 혹은 문제해결자의 역할을 한다. 성무선악설을 전제로 삼고 있는 시장형 교육관 역시 그들이 간주하는 인간의 백지적인 본성에 무엇을 가장 먼저 채워 넣어야 할 것인가에 대해서는 명백한 답을 주지 못하고 있다.

현실적으로 인간의 본성이 무엇이든 간에 개인과 사회에 유익한 것이 되기 위해 절충이 필요하다면 언제나 그런 절충안에 찬성할 수밖에 없다. 그런 점에서 본다면 인간의 본성에 따른 교육관 간의 차이는 언제나 상호 보정될 수 있는 논리다. 어떻게 무엇으로 이해하든지 인간의 본성은 인간의 성장과 더불어 발현될 것이 자명하다. 그 발현은 인간 각자의 내면에서 어느 누구의 간섭 없이 자발적으로, 그리고 주도적으로 나타나도록 되어 있다. 사회적으로 공인하는 교육관이 무엇이든지 인간 각자가 지니고 있는 본성은 각자적인 삶 속에서 발현되도록 되어 있다. 그것의 성장이나 방향을 어떤 교육관으로 교정, 보완해 줄 수 있다 하더라도 인간의 본성은 궁극적으로 각자 발현된다는 점에서 독자적이다.

예를 들어, 미국에 거주하는 한국인 부모에게서 태어났지만 미국에서 어릴 때부터 교육을 받고 자라면 그는 어김없이 한국인의 모습을 한 미국인으로서의 행동을 하게 된다. 그는 한국인 모습의 미국인, 그리고 미국인 사고방식을 가진 한국인이다. 그런 그가 자기 나름대로의 인생발달 과업을 완성하기 위해 여러 가지 교육적 경로와 처치로 한국적인 정체성을 또다시 갖게 되었다고 하자. 그렇다면 그는 자기 배움에 상당한 노력을 기울인 것이다. 한국인의 모습을 했다는 것 때문에 그것에 대한 의미 캐기에 자기 배움을 정진한 결과 한국인의 자기 정체성 확보가 가능했던 것이라고 볼 수 있다. 인간의 본성 유형이 서로 다름에 관계없이 한국인의 정체성이 발현된 것은 그에게 배움의 본능이 있었기 때문이다. 배움의 핵심에 인간의 자기 조절 능력[18]이 있기 때문에 문화적 정체성에 대한 의문과 회복이 가능했던 것이다.

§배움의 이론

인간의 배움이 무엇인지에 대한 이론화를 위해 참고해 보고 싶었던 첫 번째 관점은 르네 지라르(Rene Girard)의 탈모방론이었다. 지라르[19]에 따르면 모방을 통한 인간의 욕망은 짝패와의 경쟁으로 바뀌고, 짝패를 죽이려는 폭력적 양상으로까지 발전한다.

그 순간 욕망의 대상은 사라지고 욕망의 경쟁자와의 싸움에서 이기는 것만이 중요해

진다. 사람들은 모방적 욕망만이 자유로우며 진정으로 인간적이라고 보고 있기 때문

이다. 욕망이 대상보다는 모델을 선택하기 때문에 우리를 인간으로 만들어 준다는 것

이다. 르네 지라르는 인간으로 하여금 '적응'을 할 수 있게 하는 것도 욕망의 모방적

성격 때문이라고 보았다. 따라서 인간은 문화를 창조하는 것이 아니라 모방한다는 논

리다. 이런 모방이 폭력을 만들어 내는 근원이 된다. 한 사회에서 폭력성이 극에 달했

을 때 필요한 것은 희생양을 만들어 내는 일이다. 모든 책임과 원한을 뒤집어씌우고

집단적 따돌림을 가할 대상을 찾는데, 주류의 학문은 바로 그런 따돌림의 대상을 찾

는 데 열중한다.

　인간의 배움은 그와는 무관하다. 인간의 배움은 경쟁과 폭력을 위한 방편이 아니

라 자기완성의 방편이며, 삶의 원형 같은 것이다. 자기실현과 자기 충족의 길을 원했

던 사람들은 배움에 충직했던 사람들이다. 그런 사람들이 인류사에 폭군으로 등장하

는 법은 거의 없다. 소크라테스나 공자가 자기 배움의 길을 원초적으로 보여 준 사람

이라고 한다면, 그를 따르는 현인들 역시 마찬가지다. 자기 배움에 충직한 사람들일

수록 정해진 문화권과 사회에 속해 있으면서 언제나 이방인의 지식인이 되고 싶어 한

다. 로마의 인문학자로서는 최고봉이며 박학다식한 지식인으로 추앙되고 있는 키케

로(Cicero)[20]가 그런 인물이었다. 마찬가지로 성 어거스틴, 루소, 다산 정약용, 톨스

토이도 배움을 자기완성의 방법으로 삼았던 인물들이다.

　두 번째, 이 책에서 놓치지 않고 있는 관점은 토마스 쿤(Kuhn)의 입장이다. 과학에

서 새로운 패러다임의 발전은 진리의 절대성과는 상관없이, 경쟁하는 강력한 또 하나

의 패러다임의 출현에 의해 붕괴되기도 하고 지속되기도 한다. 일반적으로 새롭고도

강력한 패러다임이 나타나기 시작하면 그때부터 새로운 과학의 구조에는 변화가 일

어날 수밖에 없다는 쿤의 주장에 동의한다.[21] 쿤의 관점과는 다르게, 과학의 발전이

란 진리를 추구하면서 나타나는 의미 있는 과정이라는 칼 포퍼(Popper)의 견해도 그

리 틀린 생각은 아니다. 그러나 과학에서 윤리를 기대하기는 어려운 일이기에 포퍼의

의견에 전적으로 동조할 수는 없다.[22] 따라서 과학의 새로운 패러다임이 창출되는 문제는 과학의 윤리와 무관하다는 점에서, 이 책의 핵심 개념인 배움학의 패러다임은 쿤의 생각에 보다 더 의지하고 있다.

　세 번째, 이 책은 배움학의 가능성을 '이론교육학'의 관점에서 파악하려는 노력을 하고 있다. 이론교육학의 핵심으로 인간의 배움이 개입하고 있기에 이 책을 통해 배움에 대한 이론교육학의 설명과 함께 그 가능성을 드러내 놓고 싶었다. 배우는 동물의 사례에 충직했던 사람들일수록 자기 배움에 충실한 사람들이었다. 그들의 생각을 배움의 이론화와 이어주는 데 도움을 줄 수 있는 방편 중 하나가 이론교육학의 관점이다. 마치 이론물리학자들이 우주의 비밀을 밝히려는 것처럼 교육의 숨은 비밀을 이론교육학적으로 풀어보려고 했다. 이론물리학의 묘미는 사람의 생각만으로 자연의 숨은 비밀을 밝히는 데 있다. 비싼 실험장비 없이 펜과 종이만으로도 우주를 꿰뚫어 볼 수 있다는 것을 의미한다. 순수 이론물리학자들은 늘 자기 자신에게 원초적인 질문을 하곤 한다. 이 질문은 누구나 이해할 수 있을 정도로 간단한 질문이다. 예를 들어, '시간은 왜 한 방향으로만 흐르고 있는가?'와 같이 단순하지만 쉽게 대답할 수 없는 질문이다. 질문이 간단하다고 답도 간단하게 나오는 것은 아니다.

　단순한 구조의 의미 있는 질문에 답하기 위해 이론물리학자들은 수학적 방법과 더불어 연구자의 독창적인 사고작용과 자연 인식 방법을 활용한다. 그들이 이론적 연구에 기대고 있는 것은 사실이지만 그렇다고 실험을 경시하는 것은 결코 아니다. 실험에서 얻은 사실과 법칙을 활용하여 다양한 원리를 포함할 수 있는 이론을 만드는 것이 오히려 이론물리학자들이 취하고 있는 연구 방법이다. 그 이론들의 타당성은 이론에서 예상되는 현상을 실험적으로 검증해 낼 수 있는지 여부에 따라서 달리 결정되기 때문이다. 이론물리학은 실험물리학과 불가분의 관계며, 실험장치의 정비와 실험기술의 진보 없이는 이론물리학의 진보도 바랄 수 없다. 이론물리학자들은 마치 아인슈타인이 보여 준 사고 실험(thought experiment)[23]과 같이 독창적으로 그의 질문에 대한 답을 궁리하고자 한다.

이론교육학이 무엇을 의미하는지는 아직 그 모습을 확연하게 드러내 보인 적이 없지만, 이론교육학의 패러다임도 이론물리학이 보여 준 것과 크게 다를 수는 없다. 세상 이치를 물리학적으로 설명하는 이론물리학자들처럼[24] 세상을 살아가는 사람들이 보여 주는 배움의 이치를 이론물리학자들이 활용하는 사고 실험의 틀을 활용함으로써 풀어 보고 싶었다.

이론교육학적 패러다임은 진리에 대해 과학사회학이나 과학철학이 취하는 입장을 지지한다. 말하자면 한번 밝혀진 인간의 배움에 대한 진리는 결코 지속적으로 향상되는 연구기술에 의해 본질이 훼손될 수 있는 것이 아니라는 점이다. 이론교육학의 이론들은 교육현상에 관한 사고 실험의 설명에 의존하기 때문에 논리 개발에 있어서 정치적 변수나 사회적 변수를 고려할 필요가 없다. 이 점은 이론교육학적 연구가 기존의 일반 교육학적 연구와 성격을 달리하고 있다는 것이다.

일반적으로 교육학자들은 교육을 둘러싼 여러 가지 사실에 대한 그들의 연구가 실증주의적이며 경험주의적인 기획으로 규정되는 것이라고 고집한다. 그러나 실제로는 어떤 틀에 갇힌 채 수행되는 멍청한 작업에 지나지 않는다. 그들이 수행하는 교육연구는 흔히 사회제도의 조건과 상황에 대한 진술을 필요로 하는 복잡한 정치경제학에 의해 수행된다. 그래서 그들의 연구 결과에서 불변의 고정된 진리를 추출해 내기는 어렵다. 교육에 대한 연구는 아무리 객관성을 담보한다고 해도 학교나 교육연구기관, 정부지원단체와 같은 이해관계집단의 이해관계와 그것을 연구하는 교육학자들의 정치적 선호도에 따라 지향하는 논조가 다르다. 교육 이해관계의 정치학적 해결이 바로 교육연구이기에, 객관적인 교육연구라고 하더라도 그 결과의 농도는 교육연구기관이나 교육행정기구의 정치적 변수와 이해관계에 의해 조절될 수밖에 없다.[25]

네 번째, 이 책에는 발터 벤야민의 생각이 포괄적으로 반영되고 있다. 벤야민은 「독일 비극의 기원」으로 프랑크푸르트 대학교에 교수 자격 논문을 제출했지만 그곳에 안주하고 있는 교수들로부터 '단 한 줄도 이해할 수 없다.'는 평가를 받은 바 있는 비판이론가였다. 교수들이 이 같은 판단을 한 것은 '내 글 속의 인용문들은 노상강도 같아서 무장한 채 불쑥 튀어나와 여유롭게 걷고 있는 자에게서 확신을 빼앗아 버린 다.'[26]와 같은 문장 때문이었다. 벤야민의 글을 읽으면서 얻은 것이 있는 독자가 있 다면, 그들이 얻은 것은 그 무엇을 읽든 간에 관계없이 그 속에 떠다니는 조각들에 연 연하지 말고 전체를 크게 추려 보라는 언명이었을 것이다.

일관된 하나의 생각을 표현하기 위해서는 잡다한 것들이 나열되기 마련인데, 일반 독자는 그런 작은 정보에 더 많은 애착을 갖기도 한다. 그러나 그런 독서가 지속된다 면 끝내 덜 성숙한 독서로 끝나 버린다. 어느 누구든 욕망하는 작가라고 한다면 자신 이 생각하는 것 이상은 더 말하지 않는 법이다. 그래서 생각하는 독자라면 저자가 생 각하는 것의 본체를 찾아내는 것이 더 중요함을 알게 된다. 그것이 바로 벤야민이 목 적했던 글 읽기에 대한 생각이었다. 제대로 된 작가가 된다는 것은 자신이 생각하는 것을 강력하게 표현하는 것이다. 빈말이나 많이 하는 빈약한 작가와는 사물을 대하는 방식부터 다르므로, 생각하는 저자는 생각하는 글을 쓴다. 빈약한 작가도 생각은 많 이 떠오르지만, 자신의 생각을 냉혹하고 강렬하게 표현해 내지 못하기 때문에 끝내 빈약한 저자로 머물고 만다.

다섯 번째, 이 책에 등장하는 수많은 생각은 일반 정보로 재구성된 것이 주종을 이 룬다. 보통 사람들의 일상적인 삶 속에서 흔하게 드러나는 일반 시장 정보가 이 책의 주요 생각을 구성하고 있다. 매일같이 살아 움직이는 정보를 활용하기로 한 이유는 정보 구성의 방식이 달라졌기 때문이다. 지식경제사회라는 개념도 그렇지만, 지식정 보교육이라는 환경 구성이 바로 그것을 요구하였기 때문이다. 그것에 호흡하기 위해, 디지털 세상의 변화가 요구하는 대로 웹 2.0 방식에 의거해서 이 책을 구성하려고 노 력한 것이다.

한마디로 말해, 이 책에는 집단 지성이 최대한 반영되고 있다. 각종 웹페이지나 블 로그에 실렸던 대중적 정보와 지식을 이용하였다. 웹 2.0에서처럼 합의에 의해 회자 된 정보나 대중적이고 때때로 전문성을 담보하는 정보를 많이 활용하였다. 웹 2.0 방 식의 정보는 기존의 웹 1.0이 다루었던 정보와는 질과 수준이 다르다. 웹 1.0 정보는 선정에서부터 지식 평가에 이르기까지 상당히 획일적인 것들이 주종을 이룬다. 주로 전문가로 자처하는 집단에 의해 선택되었다. 홈페이지의 내부 정보를 이용하여 홈페이지 제작자가 작성한 키워드 배치에 따라 그것을 분석하여 순서를 매긴 결과를 주요 정보로 등장시킨 것이었다. 이런 방식은 전문가만이 지식을 다룰 수 있으며 그들이 정한 규칙이 지식의 성격을 규정한다는 전제에서 가능한 한 것이었다.

이 책이 주로 의지한 웹 2.0 방식의 정보는 정보 구성에서부터 웹 1.0과 차이를 보이고 있다. 웹 2.0은 정보의 가치 선정에 있어서 전문가라고 자처하는 사람들의 능력보다는 대중의 지혜를 더 존중한다. 전문가라고 자처하는 사람들은 대개 자신의 전문성이 보여 주는 질의 가치에 비해 필요 이상의 폭리를 취하고 있는 정보 독식집단의 구성원인 경우가 많았다. 그들은 매스컴의 시류 속에서 시세 이익을 최대한 얻어 내려는 정보 거간꾼에 지나지 않았다. 그런 정보 거간꾼의 이해관계를 정리해 준 사례가 바로 구글이다. 페이지 랭크처럼 구글은 웹 2.0에서 정보의 선택을 전문가의 일방적인 선택에 맡기는 것이 아니라, 웹페이지 사이의 링크 수라는 대중의 선택과 지혜를 더 존중한다. 웹 페이지 사이의 링크 수를 일종의 정보 선택 빈도수와 같은 투표수처럼 활용한다. 더 많은 선택을 받은 문서나 지식을 더 좋은 문서, 더 바람직한 정보로 취급하는 것이다. 허울 좋은 전문가의 폭리를 제한한 극적인 조치다. 위키피디아(Wikipedia)가 활용하는 것처럼 정보는 사람들에 의해 많이 이용될수록 더 좋은 가치를 주고 있는 것으로 평가된다는 것이 바로 활용성을 존중하는 구글의 정보 관리전략이다.

위키피디아는 '더 빨리, 신속하게'라는 뜻을 갖는 하와이 원주민의 언어와 백과사전이라는 엔사이크로피디어가 결합한 합성어로, 이제 온라인 백과사전을 의미한다. 위키피디아는 사용자가 질문하고 대답하는 것을 1,200여 명의 상주 직원이 정보의 정확도와 전문적 수준을 판단하고 보완하여 정보체계를 완성하고 있다. 그런 장점 때문에 위키피디아는 세계 최대의 브리태니커 백과사전이 담고 있는 정보보다 무려 3배 이상의 대중의 지혜로 완성된 가치 있는 정보를 담고 있다. 이처럼 웹 2.0은 대중의 지혜가 전문가보다 질적으로 우수하다는, 대중의 지혜론에 기초를 둔 정보 활용 방식이다.

웹 2.0, 웹 3.0, 혹은 웹 4.0, 그 이상의 시대가 다가오는 시점에서, 한국의 교육학자들도 이제는 객관적, 과학적이라는 단어가 그들의 연구에서 무엇을 의미하는지 그 뜻을 곰곰이 새기면서 지력을 단련할 때가 되었다. 그 점검을 위한 토대로서 '과학'에 관한 올리버 색스(Sacks) 교수의 단상을 경청해 보는 것도 도움이 될 법하다. "과학은 위대합니다. 이 세상에서 가장 위대한 단어 가운데 하나라고 볼 수 있죠. 하지만 요즘 과학이라는 단어는 십중팔구 어떤 의미로 쓰일까요? 범인 색출도 과학이고, 범죄학도 과학이라고 하지 않습니까? 이때 과학은 상대방을 거대한 곤충으로 간주하고, '외부에서' 관찰하라는 뜻을 내포하고 있습니다. 사람들은 이런 자세를 편견이 없고 공평한 관점이라고 생각하지만, 내가 보기에는 비인간적이고 죽은 관점입니다. 상대방을 머나먼 선사시대의 괴물로 간주하라든지, '범죄형 두뇌'를 섬뜩한 종양처럼 코뿔소의 코에 달린 뿔인 듯 관찰하라고 하는 것과 마찬가지로, 당사자와는 너무 동떨어진 접근입니다. 과학자는 어떤 유형을 이야기할 때 항상 자기 자신이 아니라 자기 이웃, 자기보다 가난한 이웃을 떠올리죠. 물론 편견 없고 공평한 관점이 가끔 긍정적인 역할을 할 때도 있습니다. 하지만 이런 관점은 과학의 정반대입니다. 지식을 습득하는 것이 아니라 억압하는 행위입니다. 친구를 이방인 취급하고, 익숙한 무언가를 불가사의한 수수께끼인 척 가장하니까요. 제가 동원하는 '비법'은 정반대입니다. 저는 상대방을 외부에서 관찰하기보다 그의 내부로 들어가려고 합니다."[27]

우리가 매일같이 접하는 교육 현실은 교육학자들이 거론하는 현학적인 자료나 과학적 해석보다는 일상적이며 구부리기 쉽고, 흔들기 쉬운 것들이다. 세대를 거치면서 완강하게 명맥을 유지해 온 목숨 질긴 것들이 바로 오늘의 교육 정보며, 그 속에는 어김없이 편견도 있다. 그래서 사람들의 마음을 사로잡는 힘도 더 강력하다. 그렇게 변화를 완강하게 거부하는 교육 정보나, 그것을 담고 있는 자료의 내용을 새롭게 해석하고 재해석하는 일은 인간이 행하는 배움의 본질을 이해하는 데 더 큰 도움을 준다. 예를 들어, 여성의 가슴을 뛰게 하는 것은 남성의 땀 냄새라는 최근의 의학적 연구 결과와 같은 정보[28]는 인간의 배움에 있어서 결정적인 동기유발 요소가 된다. 그것을 배움학의 관점에서 조립하고 응용해 보면 배움에 대한 현실적인 대답이 도출될 수 있다. 그런 대중적인 자료를 제대로 해석해 내거나 일상적인 삶과 교육 현실에 제대로 응용하면 대인관계를 바라보는 시각뿐만 아니라, 인간의 배움을 이해하는 방식이 달라질 수도 있다. 사람들이 왜 사랑에 빠지는지, 근육질의 운동선수에게 수많은 여성 팬이 더 많이 열광하는 이유, 혹은 그것이 인간의 배움과 교육에 어떤 연관성을 갖는지 나름대로 알아내는 데 실질적인 도움을 줄 수 있다.

일상적인 정보들은 매일같이 만나는 사람들의 표정이나 인상에서 어떤 변화의 조짐을 찾아낼 수 있듯이 그 나름대로 형상의학(形相醫學)적인 징후를 드러내는 소중한 지식이나 정보들이다. 형상의학자들은, 의학은 생활이라는 점에서 의학의 이론과 실제를 맞추는 일에 노력한다. 의학적으로 이론과 실제가 서로 아귀를 맞추기 위해서는 그 둘을 통째로 알아야 하는데, 그것은 그리 어려운 일이 아니다. 쉽게 보면 된다는 것이 형상의학자들의 소견이다. 평이한 것이 진리다.[29] 실제로 개는 개의 행동을 하고, 소는 소의 행동을, 돼지는 돼지의 행동을, 사람은 사람의 행동을 하게 마련이다. 그 형상으로 하여금 그렇게 행동하도록 만들었기 때문이다. 소는 여물을 먹는다. 사람은 오곡을 먹는 오곡충이라고 볼 수 있다. 형상의학의 한의학은 형상을 통하지 않고는 원인을 규명할 수도 없고 병도 고칠 수 없다고 주장한다. 형상 그 자체는 절대성을 가지므로 모든 것은 생긴 대로 보이기 마련이다. 따라서 한 편의 정보라고 하더라도 그것이 어떤 장면에서 어떻게 배열되고 응용되는지에 따라 정보의 가치는 달라질 수밖에 없다. 이것이 형상의학자들이 의지하는 정보론이다.

여섯 번째, 배움학이라는 책을 쓰는 작업은 마치 불확실성이 지배하는 미래를 예측하는 작업과 비슷하기도 했다. 배움학과 관련한 이론이 정돈되어 있거나, 그런 학문적 근거가 튼실하게 정리되어 있는 것이 아니었기 때문이다. 그래서 이 책의 글 줄기와 내용 전개는 마치 클로드 레비 스트로스(Claude Levi-Strauss)가 원주민의 사회

구조를 야생 사고의 관점에서 파헤쳤듯이 구조주의적인 관점을 취하기도 했다. 동시에 미래를 위한 교육적 시나리오의 계획을 시도하기도 했다. 사람들의 행동을 지배하거나 배후에 있는 의미를 파악하기 위해서는 의미를 조건화시키는 구조를 찾아내야 한다. 레비 스트로스는 원시사회를 연구하면서 그들의 행위가 보여 주는 공통적인 요소를 바로 그 구조에서 찾았다. 그는 그들의 혈족관계를 연구하면서 부족원이라는 부족민 자체를 탐구하는 데는 별다른 관심이 없었고 부족인 간의 관계를 더 중요시했다. 부족인들 간의 공간적 관계, '사람들 사이의 공간'이 분석의 주된 관심이었다. 삼촌이 없으면 조카가 있을 수 없고, 아내가 없으면 처남이 있을 수 없으며, 어머니가 없으면 자녀가 있을 수 없기 때문이다. 그 작업을 통해 그는 혈족은 관계라는 구조이며, 그 구조가 사회를 구성한다는 것을 밝혔다.

인간의 일상적인 행동 역시 구조주의적으로 해석할 수 있다. 그것을 주도한 라파이유 교수에 따르면,[30] 사람의 행동은 어떤 경우든 세 가지 독특한 구조로 매개된다. 첫 번째는 생물학적 구조인데, 유전자(DNA)가 바로 그것이다. 인간, 침팬지, 개, 닭은 서로 다른 종이다. 종이 저마다 독특한 까닭은 유전자의 조직, 말하자면 유전자의 구조가 서로 독특하기 때문이다. 두 번째 구조 요소는 문화인데, 모든 문화는 언어와 예술, 역사 같은 것으로 짜여 있게 마련이다. 이런 요소가 조직되는 방식에 따라 각 문화마다 서로 다른 독특한 개성이 나타난다. 사람의 행동을 이해하기 위해 알아야 할 마지막 구조는 각각의 인간 개체다. 인간의 유전자 속에는 무한한 다양성이 개입되어 있다. 저마다 자기 고유의 각본을 갖고 있기에 그것은 가족이라는 관계를 통해 독특한 정체성을 만들어 간다. 하나의 핏줄로 구성된 형제일지라도 세상을 서로 다른 관점으로 본다. 그들은 동일한 유전자의 내용으로 생명을 시작하지만, 각자 자신의 생존을 유리하게 만들어 주는 서로 다른 인간의 개체구조를 발전시킨다. 사람들은 이런 관계와 구조를 통해 강한 정체성을 지니게 되고, 그러한 정체성을 강화해 주는 문화적 코드를 만들어 낸다.

사람들의 행동과 그들의 태도를 이해하려면 행동 그 자체의 양태보다는 그것을 지배하는 구조를 분석해야 한다. 레비 스트로스나 라파이유 교수의 견해에 따라, 이 책은 인간의 배움이 무엇인지를 알려 주는 핵심으로서의 배움소를 찾는 작업에 최대한 집중하고 몰입했다. 배움에 대한 탐구는 먼저 배움의 뿌리를 찾아내는 일로 시작해야 했기 때문이다. 인간의 배움을 결정해 주는 구조가 있다면, 그것은 배움소여야 했다. 이 책에서는 그런 다양한 배움소 간의 관계를 파헤쳐 보려고 노력했다.

사회과학자들이 불확실한 미래를 밝히는 데 활용하는 미래학적 '시나리오 플래닝(scenario planning)' 기법이 이 책을 저술하는 데 많이 활용되었다. 시나리오 플래닝은 슈와츠(Schwartz) 교수가 정의하듯이,[31] 앞으로 다양한 형태로 나타날 수 있는 다수의 가능성 있는 미래상을 그려내기 위해 미래학자들이 활용하는 탐구 방법이다. 시나리오 플래닝은 불확실한 조건 아래 출현할 수 있는 모든 환경 요인을 분석한 후 그것을 활용하여 미래상을 예측하고, 그 예측에서 요구되는 최적의 대응전략을 수립하고 실천해 보는 일련의 과정을 중요하게 여긴다.

앞으로 20~30년 후에 나타날 수 있는 사회적 시나리오에 관심을 기울이고 있는 미래학자들의 대부분은 미래의 교육에 대해 큰 관심을 보이고 있다. 미래교육에 대한 그들의 전망에 대해 배움학자들도 비슷한 맥락으로 호흡한다. 모든 교육이 시공간을 넘어서 실시간으로 진행되는 게임과 재미, 그리고 소통을 중심으로 진행될 가능성은 점차 현실화되고 있다. 그 속에서 서로 배우며 공유하는 소통의 활동이 배움의 핵심 활동으로 자리 잡을 것이다. 배움학을 위한 시나리오 플래닝은 미래의 일상생활에서 배움학이 어떤 쓰임새를 가질 수 있는지와 관련된 여러 요소를 추출해 내는 지적인 작업이다.

미래교육의 핵심 단어는 배움이다. 배움이라는 개념은 평생교육, 평생학습의 이론들이 의존하고 있는 열쇠 개념이기도 하다. 미래의 교육은 배우는 사람들 서로 간의 경쟁이 아니라 서로 즐김, 서로 느낌, 서로 성장함에 집중한다. 서로 배움의 활동에 의존하게 되어 있는 미래교육은 지금의 교육처럼 빈 컵에 물을 부어 잔을 채우는 정보제공형 일방통행 활동과는 다르다. 정보제공형, 정보부가형의 닫힌 교육 활동은 미래교육에서는 가치를 잃어 소멸될 수밖에 없다.[32] 레저와 일, 공부의 경계가 없어지면 서로 돕는 것이 배우는 것의 전형을 이루게 된다. 수백만 명의 학생이 가상현실에 접속, 진화게임을 통해 지구의 역사와 인간의 미래를 배운다. 자기 삶에서 통용될 수 있는 훌륭한 전략을 갖고 실험을 완성한 학생이 우수한 학생으로 평가된다. 그것을 위해 학생들은 실시간으로 업데이트되는 최신 과학기술을 배우며 전문가와의 대화를 통해 최신 기술의 문제점을 함께 해결하기도 한다.

　앞으로 우리 주위에 볼 수 있는 지금과 같은 학교기관은 박물관에나 전시하는 상징적인 유물로 취급될 것이다. 학교의 개념 역시 바뀌게 된다. 시공간을 넘나들고 디지털 공간상의 학습 교환소가 바로 학교의 원형으로 자리 잡을 것이다. 학생들이 교육 프로그램에 접속해 무엇을 배우는 곳이라면 모두 학교이며 학습 교환소가 될 수 있다. 미래교육의 핵심은 '실시간 정보 교환'과 '맞춤형 가치 교환'이다. 그것을 실시간으로 만족시켜 줄 교사는 없다. 지금과 같은 교사의 역할은 배움의 과정에서 치명적인 결함과 한계를 가지고 있기 때문에, 현재의 인간 교사는 학교에서 퇴장하게 된다. 그들이 맡았던 정보 부가행위 등은 컴퓨터 등의 학습보조 매체가 대체한다. 인간 교사가 있어야 한다면, 그들의 기능과 역할은 정보를 부가하거나 소개하는 일이 아니라 인간적인 멘토의 기능이다. 그들은 학생들의 맞춤형 교육을 위해 실시간으로 요구하는 질문에 대해 방대한 정보를 제공하는 컴퓨터의 기능이 아닌, 면대면, 일대일의 인간적인 도움을 주는 일을 하게 될 것이다. 교사들은 지금과 같은 교사자격증을 취득한 직업인들이 아니다. 배우는 사람들의 필요에 경험적으로 부응하는 철학자나 신학자, 혹은 정신분석학자나 예술가처럼 특정 분야에서 제대로 훈련받고 올바르게 조언해 줄 수 있는 전문가들이 교사의 역할을 할 수 있다.

　앞으로 전개될 일반 교육은, 학습기계와 그것을 활용하는 '집단 지성(collective intelligence)'이 도맡아서 하게 될 것이다. 개별 인간이 서로 필요한 정보를 교환하면서 새로운 지식을 생산해 내고, 서로 공유하는 방식의 교육으로 진행된다. 미래학적인 관점에서 보더라도 집단 지성은 다중의 지혜를 중시하며 열린 배움을 중요시하므로 미래의 학교교육은 구조부터 바뀔 것이다. 지금의 학교교실에서 보는 것처럼 어항 같은 교실, 교도소 같은 학교나 대학과 같은 고답적인 정보 보관함으로 존재하기는 어렵다.

우선 '닫힌 교실'은 배움의 기능상 그대로 존속하기 어려워진다. 일방적으로 지식을 '전달'하는 대학이나 교수들도 끝내 사라지게 되어 있다. 미래사회에서는 사회 경험이 축적되어 있는 은퇴자들이 현장 중심 전문가로서 고대 그리스의 스콜라 같은 역할을 하게 된다. 그러나 이것들만이 이유는 아니다. 보다 근본적인 이유는 지금의 학교교육이 이 사회를 더욱더 품격 없는 사회로 만들어 가는 수단으로 타락할 것이기 때문이다. 있는 그대로 말한다면, 한국 사회는 결코 품위 있는 부류에 낄 수 없는 사회다. 예루살렘 히브리 대학 철학과 명예교수인 아비샤이 마갈릿은 사회의 품격에 관해 정의한 바 있다. 이에 따르면 한국은 영락없이 품위 없는 사회에 속한다.[33] 사회제도 스스로가 인간의 품위를 추락시키고 있기 때문이다. 그중에서도 학교교육은 인간의 품위를 지옥의 나락으로 몰아가는 기관 중에서 가장 고약한 곳이다. 인간의 품위를 고양하는 곳으로서의 이상향을 그리고는 있지만, 실제로 그들이 하는 일은 그 반대의 일을 맡은 것처럼 보인다. 극단적인 사건들은 매일같이 교실현장에서 벌어진다. 성적순으로 사람의 품격을 한 줄로 세우고 성적으로 인품을 가르고 있다. 의무교육이라는 이름으로 학교에 입학한 학생들은 그때부터 성적이라는 기제로 능력과 품위를 평가받는다. 학교는 학교대로 그것을 공식적으로 인증하는 일이 학교교육의 소임이라고 믿고 있다. 지금과 같은 입시경쟁체제에서는 학생들이 성적순으로 갈라질 수밖에 없다. 어떤 학교에서든 정원의 60%에 이르는 학생들은 2등 시민이 되도록 제도화되어 있는 것이 한국의 사회다. 마갈릿 교수의 입장에서 보면, 한국은 지구상에서 결코 품위와 품격 있는 사회가 될 수 없다. 그는 품위 있는 사회를 "제도 스스로 사람들을 모욕하지 않는 사회"라고 정의하였기 때문이다.

마갈릿 교수는 사람들의 삶에서 명예와 모욕이 핵심적 의미이자 가치라고 규정한다. 그가 말하는 품위 있는 사회는 '개인 간의 관계에서의 미시 윤리적 개념의 문명화된 사회와는 달리 전체 사회구조와 관련된 거시 윤리적 개념'이기는 하다. 하지만 인간의 존엄성이 제도를 통해 존중받아야 한다는 전제는 옳다. 품위 있는 사회가 저절로 만들어지는 것은 아니다. 그래서 그는 '구성원들이 자기가 모욕당했다고 간주할 만한 근거가 있는 조건에 맞서 싸우는 사회'를 만들어 가야 한다고 강조한다. 그렇게 되면 한 사회의 제도가 그 영향권에 있는 사람들에게 자신이 모욕당했다고 간주할 타당한 이유를 제공하게 될 것이고, 비로소 그 사회는 품위 있는 사회가 된다는 것이다.

이런 상황을 예견한 듯이 새로운 유형의 교육이나 학교에 대한 미래학자들의 시나리오는 사회 곳곳에 출현하고 있으며, 그것의 체계화가 미래교육의 한 양태를 보여 주고 있다. 이미 위키피디아의 '일반 공중 라이선스(GPL: General Public License)' 개념과 오픈교육운동, 혹은 소셜 네트워크의 건설이 새로운 학습 교환과 학습 활동을 보여 주고 있다. 정보 콘텐츠 생산과 확산에 참여하는 모든 사람이 정보와 그것을 수정할 수 있는 권리를 공유한다는 일반 공중 라이센스 개념은 미래사회에 필요한 학습 교환 활동의 상징이기도 하다. 위키피디아가 추구하는 '오픈교육운동'의 사상적 토대로서의 새로운 지적 재산권 개념은 콘텐츠를 생산하고 거래하는 비용을 절감시키고, 콘텐츠의 확산을 지수 함수적으로 돕는다. 오픈교육운동은 교육교재의 위키피디아 판으로서, 공적 자금으로 개발한 교재를 누구나 이용할 수 있게 인터넷으로 유통시키는 새로운 미래교육 지향형 혁신 운동이다.

이미 앞에서 지적했던 것처럼 위키피디아는 지금의 대학에서와 같이 배타적으로 지식을 축적하는 방식보다 더 빠르고 폭넓게 지식을 확장할 수 있다는 가능성을 보여 준다. 참여자들은 지식 기부를 통해 높은 만족감을 얻는다. 위키피디아가 추구하는 새로운 교육운동과 정보 공유를 위한 학습인맥 구축의 비결은, 정보에 대한 '기브 앤 테이크(give & take)'가 아니라 새로운 정보 창출과 공유를 확산시키기 위한 '기브 앤 기브(give & give)'의 정보 공유가 가능한 한 새로운 정보 활용 혁신 운동이다. 정보를 계속 주다 보면, 상대방의 깊은 신뢰를 얻게 되고 서로 일촌과 같은 감정의 교류와 만남이 가능해지며, 자연스럽게 그들 간의 '소셜 네트워크 서비스(Social Network/ Networking Service)'가 이루어진다. 예를 들어, 싸이월드(www.cyworld.com)는 사회 네트워크 서비스의 한 유형, 즉 디지털 인맥 구축의 성공 사례다. 또한 피플투(www.people2.co.kr) 등의 디지털 인맥 구축망을 통해 사람들은 특화된 학습 교환을 전개하고 있다.[34] 피플투는 사교나 재미 차원 그 이상의 새로운 배움을 가능하게 했다. 그 속에서 '가치 교환'이 충분히 이루어진다. 가치 교환은 서로 다른 가치를 지닌 사람들끼리 각자의 가치를 주고받음으로써 서로의 가치와 감정, 의식소통에 이르기까지 상부상조하는 관계를 뜻한다. 정보를 위한 학습 교환도 실시간으로 가능해진다. 말하자면 영어회화에 능력이 있는 사람은 그것을 원하는 사람들과 서로 피플투를 매개로 멘토와 멘티, 혹은 사수와 조수의 학습관계망을 형성한다.

마지막으로, 이 책은 카이아스틱 글쓰기(Chiastic writing)의 틀 속에서 여러 가지 내용을 배열했다. 배움이라는 주제를 보다 손쉽게 이해하기 위해 배움과 관련된 다른 주제들, 말하자면 학습이나 깨닫기 등의 주제를 교차대구적으로 활용하였다. 교차대구적 글쓰기는 일반적으로 저자가 대칭적인 구조로 자신이 드러내려는 중요한 개념이나 이론을 배열시키는 방법을 말한다. 예를 들어, 저자가 드러내려는 첫째 주제를 A, 둘째 주제를 B, 셋째 주제를 C라고 했을 때, 단순히 ABC로 배열하기보다는 ABBAAC, ABBAAC처럼 대칭이나 대구적 구조로 배열한다. 카이아스틱이라는 단어에서 카이(Chi)라는 그리스어가 X를 의미하므로, 글쓰기도 처음 등장한 개념이 나중에, 두 번째 등장한 개념이 다시 첫 번째와 같은 배열로 구성되어 순환적인 구조를 이루도록 내용을 구성하는 방식이 바로 교차대구적 글쓰기다.

교차대구적 글쓰기는 기독교의 성경(Bible)에서 아주 흔하게 발견된다. 그 특징적인 예가 창세기 4장이다. 창세기 4장에는 아담의 아들인 카인(Cain)과 아벨(Abel)이 나온다. 카인과 아벨은 서로 대칭을 이룬다. 창세기에서는 카인을 먼저, 아벨을 두 번째로, 이어 다시 카인을 두 번 언급하며 그들의 관계를 나열하고 그들의 행위를 강조한다. 창세기에서 보여 주고 있는 교차대구적 언급은 카인과 아벨이라는 이름의 차이에 주목하게 만들기도 하지만, 더 중요한 것은 인간의 차이를 극명하게 대조시킴으로써 성경이 말하고자 하는 뜻과 메시지를 강력하게 각인시키고 있다.[35]

성경이 활용한 교차대구적 글쓰기는 독자들에게 성경의 줄거리를 직관적으로 단숨에 파악시키려는 의도에서 시도되었다. 교차대구적 글쓰기와 마찬가지로 글읽기에서도 전체 문단을 카이아스틱 구조로 분해해 볼 수 있다. 그런 카이아스틱적 글읽기를 해보면, 글이 강조하고자 하는 주제나 내용의 핵심을 정확하게 파악할 수 있다.[36] 왕대일 교수는 시편 23장 1~6절 다윗의 노래를 카이아스틱 독해법으로 분해했다. 그 결과 다윗의 노래가 단순히 예배라는 의식을 위한 노래, 목가적인 노래, 혹은 '신뢰의 노래', '심리적 명상'의 부산물이 아님을 발견했다. 다윗의 노래는 목가적인 노래가 아니라 다윗 자신의 개인적인 탄식의 시임이 밝혀졌다.[37]

종합적으로 본다면, 이 책은 어쩌면 교육 현실에 안주하고 있는 한국 교육학자들의 휴리스틱스(heuristics)를 거부하는 아인슈타인의 마음가짐을 반영한 것일 수도 있다. 아인슈타인의 전기 작가인 아이작슨(Walter Isaacson)은 아인슈타인에 대한 이야기를 그가 실험한 광선 이동 실험으로 시작한 적이 있다. 그는 아인슈타인의 실험동기 자체가 그 당시 과학계를 주름잡고 있던 과학자들의 휴리스틱스를 거부하는 인간적인 사고 실험(思考實驗)의 시작이라고 해석하였다.[38] 아인슈타인이 행한 사고 실험은 당시 과학자들이 그렇게 갈망했던 노벨상 수상을 염두에 둔 이론화 작업이나 실험이 아니었다. 아인슈타인은 과학자가 지녀야 될 순수한 정신으로 물리현상에서 발견한 것에 흥분했다. 그리고 찾아낸 것을 여러 가지 관점으로 바꾸어 보았다. 단지 불가능한 것을 가능하게 만들겠다는 실험정신이 투철했던 사고 실험의 결과였다는 것이다.[39] 사고(事故)를 제대로 쳤기에 사고(思考)의 전환점을 마련해 준 것이 바로 광선 이동 실험이었다는 것이 아인슈타인 전기 작가인 그의 판단이었다.

휴리스틱스란 인간이 일상생활 속에서 빠른 결정을 내릴 때 사용하는 간단한 규칙을 말한다. 근거가 불확실하더라도 사람들은 휴리스틱스와 같은 간편한 믿음의 규칙을 이용한 것들이 확실한 것이라고 믿고 싶어 한다. 그것은 휴리스틱스가 그들의 믿음을 강화하는 데 여러 가지 이점을 갖고 있기 때문이다. 즉 용이성, 전형성, 고정성의 성향을 갖고 있기 때문에 그럴듯하다는 것이다. 그렇게 믿게 될 때, 휴리스틱스의 용이성이란 정보가 머릿속으로 쉽게 들어오는 접근성과 관계된다. 어떤 사건이 실제 일어날 전체 사건의 횟수를 알게 되면, 한 번의 사건이 다시 반복해서 발생할 가능성을 확률적으로 점칠 수 있기 때문에 그것에 우선적으로 의지하게 된다.

그러나 사람들은 그것을 확률의 문제라고 생각하지 않는다. 엄격한 확률의 법칙보다는 그냥 머릿속에 먼저, 그리고 가장 쉽게 떠오른 정보에 의존하는 것이 인간의 심성이다. 사람들은 새로운 것을 판단할 때 우리가 이미 알고 있는 것과 얼마나 잘 맞느냐 하는 틀 속에서 바라보게 되는데, 정보에 대한 접근 용이성은 그것을 도와준다. 이런 행동은 일정치 않은 사건들 속에서 하나의 비슷한 유형을 찾아내는 수단으로 자주 활용된다. 그런 틀은 사람으로 하여금 사건의 유사성을 피상적인 차원에서 하나의 전형으로 판단하게 만든다. 사람들은 한 사건에 대한 종결이나 결정을 내릴 때 반증이 될 만한 사실을 새롭게 등장시켜 자신의 믿음이 잘못되었을 가능성부터 시험하지는 않는다. 그렇게 하기보다는 오히려 자기 믿음이 옳다는 것을 입증하려 든다. 그렇게 하는 것이 각자의 마음을 편하게 만들어 주기 때문이다.[40]

아인슈타인은 동료에게 과학자들의 휴리스틱스를 거부하는 질문을 하곤 했다. 말하자면, '광선 옆에 나란히 날아가면서 빛을 보면 그것이 어떻게 보이겠느냐?'는 엉뚱한 질문을 하는 식이었다. 이 질문의 답이 바로 광속에 가까운 속도로 운동하는 계(界)의 시간은 늘어지고 길이는 줄어든다는 특수상대성 이론의 시발이 되었다. 이 논리로 그는 공간과 시간이 절대적이라는 기존의 관념을 뒤엎는 계기를 마련했다. 아인슈타인은 스스로 "내가 어떻게 상대성 이론을 발견할 수 있었는가?" 하고 자문해 보곤 했는데, 그런 질문이 그를 역설적인 과학자로 평가받게 만들었다.

그는 잇대어 과학자들에게 이른다. "보통 사람들은 공간과 시간의 문제에 대해서 절대 고민하지 않는다. 그런 문제는 아이들이나 생각하는 유치한 문제라고 믿기 때문이다. 하지만 성장이 느렸던 나는 어른이 되어서야 시간과 공간에 대해서 궁금하게 여기기 시작했다. 결과적으로 나는 그 문제에 대해서 더 깊이 생각할 수 있었다." 이 것이 그가 과학자들에게 주는 과학정신이었다. 아인슈타인은 남들이 별다른 반성 없이 받아들이는 관습적인 일반론을 거부하고, 그로부터 새로운 해석과 의미를 찾아내는 노력의 대가였던 셈이다.[41]

그런 의미에서 배우는 사람은, 예술가들이나 교육자들이 흔하게 보여 주는 방식의 친숙하기 그지없는 사물을 낯설게 바라보거나 그것을 낯설게 의식하는 시도를 해야 한다. 예를 들어, 벨기에의 초현실주의 화가 마그리트는 〈붉은 모델〉(1935년)이라는 작품에서 무생물인 장화가 인간의 발로 변하는 초자연적인 현상을 화면에 그려 낸 적이 있다. 신발이라는 물건 하나로 생물과 무생물의 경계를 무너뜨린 엽기적인 예술방식이었다. 기존의 신발을 낯설게 바라본 새로운 예술의 시작이라 할 수 있다.

마그리트는 신발을 낯설게 만들어 버린 초현실주의적인 표현으로 인해 세계 최고의 화가로서 명성을 굳혔다. 그는 최고의 예술가가 되기 위해 역설적인 발상을 억지로 한 것은 아니었다. 그저 실험적 예술정신에 따라 시도했을 뿐이다. 마그리트는 자신의 작품 〈붉은 모델〉을 통해 신도 아니고 발도 아닌 것, 신과 발이 결합해야 비로소 신발이 되는 것에 대해 말했다. 마그리트는 〈붉은 모델〉 덕분에 인간의 발과 가죽구두의 결합이 기이한 현실적인 관습임을 알렸다. 가죽으로 둘러싸인 발에 가죽구두를 덧신는 인간적인 관습의 타당성에 대해 본질적인 의문을 제기해 본 것이다.

마그리트 같은 이의 도발적인 예술론은 상업이나 마케팅과는 아무런 상관이 없다. 그렇지만 세상은 그와 다르다. 이명옥 교수는[42] 국내외 화가 50여 명의 예를 들면서, '세상을 거꾸로 보라. 실체의 이중성을 파악하라. 세상의 틈새를 노려라. 뇌의 무한한 가능성을 활용하라. 끊임없이 변화하라. 전통에 도전하라. 편견 없이 천진한 아이의 눈으로 세상을 바라보라.'고 강조한다. 그렇게 할 때 기업이 새로운 가능성을 갖게 되고, CEO도 새로운 가능성과 새로운 것을 창조할 수 있다고 믿고 있기 때문이다. 지금부터라도 "마그리트처럼 사물을 낯설게 보는 훈련을 시작하라. 그 순간 권태는 사라지고 세상이 매혹적으로 보일 것"이라고 권하는 것은 그저 장난기 섞인 어리광을 떨라는 개그적인 요구가 결코 아니다.

이 책을 쓰면서 학습이니 가르침이니 하는 것에 대한 에피소드로 끝나 버리는 전통적인 교육학의 개념을 깨버리려고 했다. 그것을 위해 가야금의 달인인 황병기 선생의 말처럼 전통의 틀을 깨기 위해서는 더 옛날로 돌아가야 한다는 생각을 마음에 품었다.[43] 황병기 선생은 말한다. "더 옛날로 들어가는 것이 전통의 틀을 깨는 방법이 될 것이라고 생각한 거죠. 이건 나만의 생각은 아니에요. 서양 작곡가들도 했던 방법입니다. 낭만주의의 틀을 깨기 위해 고전파로 들어가고, 고전을 깨기 위해 바로크로 올라가는 거죠. 내가 만약 신라 사람들에게 무용곡을 위촉받았다면 무엇을 쓸 것인가 고민하는 거죠. 내가 신라인이라고 생각하고 만든 곡이 침향무입니다."

개화 전후와 광복 전후에 침투한 문화식민주의적 교육 이론의 파편은 우리 교육학에 많은 상흔을 남겼다. 우리 교육의 전반을 새롭게 바라보는 하나의 관점으로 황병기 선생의 생각을 차용하고, 동시에 파편이 남긴 상흔을 여유 있게 치료하며, 그것으로부터 새로운 가능성을 무리 없게 약속할 수 있는 정신이 필요한 시점이다. 이 모든 것이 가능하다고 판단된 탐구 주제로, 한국인의 문화적 원형이자 교육의 원초적 정신인 배움을 택하였다.

동시에 이 책에서는 글쓰기가 무엇인지에 대해 이야기하는 소설가 제임스 미치너의 논지 역시 끝까지 놓치지 않으려고 노력했다.[44] 그는 소설의 처음 몇 장을 아주 어렵게 만들라고 당부하곤 했는데, 나는 그가 쓴 몇몇 구절에서 눈을 쉽사리 떼어 놓을 수가 없었다. 그것은 소설뿐만 아니라 전문서적에도 그대로 적용될 수 있었다. 그렇게 어렵게 써 놓음으로써 일부 독자들을 떨어져나가게 하라는 것이 강력한 그의 주문이었던 것도 생생하게 기억한다. 자기가 쓴 소설을 읽으면서 시간을 낭비하지 말아야 할 사람들이 분명히 있을 뿐만 아니라, 신경을 쓸 필요가 없는 사람들도 분명히 있기 때문이라는 미치너의 미치도록 야박스러운 주문이었다. 그는 글을 쓸 때 늘 자신을 기준으로 생각하고 글을 쓴다며 글쓰기의 정당성을 부연 설명했다. 어떤 책이든 그것을 쓰려고 할 때에, 그 내용이 우선 글 쓰는 자기가 재미있다면 다른 사람도 재미있게 읽을 가능성이 높다. 따라서 작가인 자신을 기준으로 글을 쓰라고 강력하게 주장했다. 표현은 그렇게 멋들어지게 했지만, 어차피 이해하지 못하는 사람에게는 읽을거리를 내놓는 것이 아깝기 그지없다는 미치너의 속내를 드러내는 말이었다. 물론 그 독자들이 전문가 부류에 속한다면 더욱더 그렇다.

§ 학습의 원초성

2001년에 '학습학'이라는 명칭으로 배움에 대한 생각을 정리한 적이 있었다. 책의 제목으로 배움학이 아닌 『학습학』을 택한 것은 잘못된 선택이었다. 책 제목만 보고 대형서점 직원들이 그 책을 학습심리 쪽에 배치했다. 책을 읽어 보지 않은 교육학자들의 생각 역시 그들과 크게 다르지 않았다.

책이 출판된 지 얼마 지나지 않아, 그런 제호가 나의 의도와는 달리 배움학의 발전을 스스로 저해하기 시작한다는 자괴감에 한동안 마음이 아팠다. 그 자괴감은 스스로 계산된 실수에서 파생된 것이었기에 더욱 빨리 깨달았다. '배움학'이라는 제목을 달아도 어떤 교육학자든 토를 달지 않았을텐데 나는 제풀에 기가 죽어 '학습학'이라는 제목을 붙였던 것이다. 그것은 일본의 자동차 회사 닛산이 범한 실수와 같았다. 닛산은 일본의 자동차 회사로서는 나름대로의 신용과 명성을 갖고 국제화된 자동차 회사였다. 그런데도 닛산(Nissan)은 미국에서 닛산으로 불리지 않고, 제 스스로 미국식 발음인 댓선(Datsun)으로 불리는 것을 선호하였다. 그 결과, 닛산은 어느 누구도 알아주지 않은 채 댓선으로 남게 되었다.[45] 닛산이라는 이름이 미국 소비자들에게 거부감을 줄지도 모른다는 걱정 때문에 스스로 움츠린 결과였다. 마치 그 닛산처럼 나 역시 학습심리와 학습 이론으로 채색된 교육계의 거부감을 최대한 줄여 보려는 자위책으로 '배움학'보다는 '학습학'이라는 이름에 굴복했었다.

경영의 세계에서는 이윤 추구가 절대적이지만 학문의 세계에서는 사정이 다르다.

패러다임의 전환이 절대적이기 때문이다. 패러다임의 전환을 '학습학'이라는 이름으로 손쉽게 시도해 보려고 한 작은 실수가 배움학의 진전을 가로막을 것이라고는 생각해 보지 않았다. 이윤 추구에 실패하는 기업은 사라지게 되어 있는 것처럼 패러다임 시프트에 실패하는 이론 역시 학계에서 더 이상 주목받지 못한다. 이윤 추구를 결정해 주는 것은 고객이지만, 패러다임 시프트를 생존하게 만드는 것은 일반 학자들이다. 고객의 소비를 부추길 수 있는 브랜드가 시장에서 살아남듯이, 학자들의 기존 관점을 심각하게 흔들어 놓지 않는 새로운 패러다임은 존재할 수가 없다. 연구 행위, 연구물, 학문이라는 것 역시 그 속사정을 따져보면 끝내는 푸코가 이야기한 것처럼 권력게임 그 이상은 아니기에, 일단 권력의 투쟁 속에서 살아남으려면 패러다임의 가치를 학계에서 인정받아야 한다.

이 점은 교육학계에서 형성된 학교교육의 패러다임 형성사에서도 예외 없이 발견되고 있다. 19세기 독일 교육계가 보여 준 안드라고지(andragogy)와 페다고지(pedagogy)에 대한 서로 다른 학문집단 사이의 갈등이 바로 그것이다. 한 일선 교육자가 플라톤이나 아리스토텔레스의 고전을 독파하는 동안 안드라고지의 교육적 가능성을 주목하게 되었다. 그는 용감하게 안드라고지를 인간교육의 관점으로 설명했고, 안드라고지가 당시 교육학계를 풍미하던 학교교육의 패러다임인 페다고지를 포섭할 수 있다고 주장했다. 안드라고지의 패러다임으로 페다고지의 패러다임을 대체할 수 있다는 학문적 가능성을 제시한 것이다. 그는 폭넓은 독서와 사색에는 어느 누구보다도 깊이가 있는 사람이었지만, 교육학계에서는 당시 교육 권력세력인 학자들에 비해 힘이 부치는 아마추어 학자였을 뿐이었다. 결국 그의 주장은 교육학계에서 사라졌다. 아동교육, 학교교육의 관점에서 페다고지의 완성을 추구했던 당대의 최고 교육학자 헤르바르트에 의해 한마디로 묵살되었기 때문이다.[46] 학문의 권력도 기업의 그것과 그리 다르지 않다.

그런 폭압적인 학문 권력의 상황에서 살아남기 위한 자구책들은 여러 가지가 있을 수 있다. 첫 번째로, 자기가 지녀야 될 고유한 정체성을 일상적으로 흔하게 써서 남들이 더 이상 주목하지 않는 누더기 언어로 위장하는 방식이다. 말하자면 포스트모던이라는 말과 같은 방식으로 본체를 위장하는 것이다. 포스트모던이라는 패러다임은 이미 모든 이에게 친숙한 포스트와 모던이라는 두 가지 서로 다른 개념을 연결함으로써 모던의 정체성을 잠식하는 전략이다.

두 번째로, 남들이 도저히 생각해 내지 못하는 방식의 새로운 이론을 내세우며, 기존의 이론이나 개념을 전복해 들어가는 방식이다. 수학계에서 괴델(Kurt Gödel, 1906~1978)이 보여 준 '불완전성의 정리'를 예로 들 수 있다.[47] 많은 사람이 컴퓨터는 세상의 모든 문제를 풀 수 있다고 생각한다. 그러나 컴퓨터가 연산능력이 뛰어나더라도 세상의 모든 문제를 풀 수는 없다. 컴퓨터가 제아무리 발전한다고 해도 컴퓨터의 능력에 원초적인 한계가 있기 때문이다. 컴퓨터의 연산능력의 한계를 지적하거나 예견하는 연구들은 이미 오래전부터 수행되어 왔다. 20세기 초 수리논리학(mathematical logics) 분야에서 수행된 것으로 수학자 힐버트(D. Hilbert, 1862~1943)의 연구가 바로 그것이다. 힐버트는 어떤 수학적인 명제가 입력으로 주어질 때 이의 참과 거짓을 알아내는 알고리즘을 찾아내는 일종의 '수학 자동화' 연구를 유한주의의 관점에서 시작했다. 그는 그리스 이래 모든 수학자가 꿈꾸어 오던 것처럼 몇 개의 법칙과 원리로 수학을 완성시킬 수 있다고 믿었기 때문이다. 수학의 모든 명제를 몇 개 안되는 공리를 바탕으로 증명할 수 있다는 확신을 가졌던 힐버트는 논리체계를 비롯하여 자연수체계, 집합론, 실수론 등의 공리계에 대해서 재검토하고 무모순인 공리계를 확립하여, 이들의 '완전성'을 확실하게 보장할 것을 제창하였다. 여기서 '완전성'이란, 어떤 공리계를 바탕으로 수학체계 내에서 다루어지는 명제의 참·거짓 중 하나는 반드시 증명 가능하다는 것을 말한다. 힐버트의 야심찬 계획에는 그의 추종자였던 괴델도 참여했다. 괴델은 우선 힐버트의 프로그램이 실현 가능한지의 여부를 알기 위해 수학의 완전성을 증명해 보았다. 마침내 그가 증명해 낸 것은 스승이 기대한 것과는 정반대의 논리였다. 힐버트가 기대한 수학의 완전성이 아니라, 반대인 불완전성을 증명해 버렸다. 이것이 그 유명한, 모든 문제를 풀 수 있는 알고리즘이 존재할 수 없음을 증명한 '불완전성 정리(incompleteness theorem)'다. 괴델은 힐버트의 생각과는 전혀 다르게, 모든 수학적인 논리체계에는 그 자체로써 증명할 수 없는 참인 명제가 존재한다는 것을 알아낸 것이다.

그때 그의 나이는 25세였다. 1931년 빈 과학아카데미의 수학·물리학 월보에 그가 발견한 논문을 발표하고, 그 논문으로 빈 대학에 교수로 취직했다. 수학계를 놀라게 한 불완전성 정리에 매료된 프린스턴 대학교는 그를 1938년 프린스턴 대학교 고급 학술연구소의 종신 연구원으로 초대했다. 또한 현대 논리학에서 가장 중요한 진보를 이루는 데 기여한 사람으로 인정받아 1952년 하버드 대학교에서 명예학위를 받았다. 당시 프린스턴의 연구소장 오펜하이머(J. R. Oppenheimer)는 괴델의 불완전성의 원리가 인간의 이성 일반에 있어서 한계와 역할을 명확하게 만든 원리라고 평하였다.

이러한 오펜하이머의 이야기는 괴델의 불완전성의 원리가 논리 중심의 서구 지성사의 한계를 드러내는 데 결정적인 계기가 되었음을 증명한 것이다. 왜냐하면 일반적으로 학자들이 말하는 논리는 몇 가지 기본적인 공리를 증명 없이 내세워 공리(axiom)로 삼아 출발하여, 각각의 공리는 한 논리체계의 기초를 이룬다. 동시에 그렇게 기초를 이룬 공리로부터 이끌어 낸 정리는 논리체계의 상부구조를 갖추도록 되어 있기 때문이다. 이런 논리체계에서 각 공리는 절대로 서로의 모순을 갖고 있거나 드러낼 수가 없다. 모두가 일관되게 완벽히 하나로 연결되어 있어야 한다. 이들이 지켜야 할 것은 로고스(logos) 논리 하나뿐이다. 괴델은 바로 이런 로고스의 논리가 결코 완전하지 않다는 것을 증명해 냄으로써 서구사상을 정착시키고 있던 주춧돌을 빼내버린 것이나 마찬가지였다.

마지막 세 번째 방법은 기존의 것에 기생하는 방식을 택함으로써 상대의 이론이나 관점이 부식하도록 만들어 패러다임의 변화를 촉진하는 방식이다. 한국의 교육학자들이 습관적으로 쓰고 있는 사회교육의 역사적 한계를 들추어내어 그것의 문제점을 쟁점화하는 것도 그런 방법 중 하나다. 사회교육이라는 용어가 역사적으로 조선 민중의 억압과 착취를 위한 통치기술이었음을 알게 되면 그것의 사회적 활용은 의식적으로 자제될 것임을 예견하는 것이다.

§배움학의 원소

배움학은 사회적 활용과 기능성을 포기하고는 생존할 수 없다. 배움학의 시작은 행복 교육학 패러다임의 모델링일 수도 있다. 경제학자들은 과학 이론을 접목시켜 신고전파 경제학의 극복을 시도하고 있다. 배움학 역시 인간의 배움에 다양한 사회과학적인 이론을 접목시켜 기존 교육학의 한계를 넘어서려고 한다. 실제로 경제학자들이 새로운 패러다임으로 받아들이고 있는 학문이 신경경제학 같은 것이다. 신경경제학은 신경과학을 활용해 인간의 상호작용을 연구하는 새로운 하이브리드 학문이다. 신경경제학자들은 사람들이 협동할 때 가장 긴요한 인간적 속성인 신뢰의 본질을 밝히기 위해 뇌 안에서 신뢰 행동을 일으키는 생리적 메커니즘을 탐색한다. 신경경제학을 주도하는 폴 자크 교수는 인간의 인체에 신뢰와 관련된 화학물질인 옥시토신의 기능을 경제학과 관련시켰다. 뇌의 시상하부에서 합성되어 뇌하수체를 통해 혈류로 방출되는 호르몬인 옥시토신은 인간에게 사랑의 감정을 전달하는 충동을 유발함으로써 포옹이나 애무를 하게 만든다. 자크 교수에 따르면, 옥시토신은 사람들에게 신뢰 행동을 일으킴으로써 경제 활동에 영향을 준다.

인간의 뇌에서 옥시토신이 분비되어 신뢰 행동에 관련된다면 그동안의 경제학자들의 주장, 즉 경제 주체가 합리성을 갖고 있다고 보는 신고전파 경제학의 패러다임이 흔들리게 된다. 자크 교수의 주장대로라면 인간의 신뢰 행동은 이성에 의해 의식적으로 결정되기보다는 인간의 감정과 정서에 의해 유발되기 때문이다. 따라서 경제 행위에 동원되는 신뢰는 합리성 이전의 문제가 되는 것이다. 신경경제학의 주장은 기존 경제학이나 경영학 이론의 근본을 흔드는 내용이다. 그것은 현대 경제학에 지대한 영향을 미친 밀턴 프리드먼의 결론과 상이하다. 프리드먼에 따르면 사람들이 구매 결정을 내릴 때는 장기적인 개인 소득을 고려하면서 단기적으로 개인 지출에 대한 충격을 완화하려 한다.

오리건 대학의 경제학 교수이자 메사추세츠 주의 케임브리지 국립경제연구위원회(NBER) 위원인 윌리엄 하버 교수가 이끄는 연구팀이 사이언스지에 발표한 연구 논문 「Neural Responses to Taxation and Voluntary Giving Reveal Motives for Charitable Donations」에 따르면, 세금이나 기부금을 낼 때 음식이나 섹스 못지않은 쾌감을 느낀다는 것이다. 경제학자 2명, 인지심리학자 1명으로 구성된 연구팀은 오리건 대학에 재학 중인 19명의 여학생에게 현금을 100달러씩 주고, 그중 일부를 세금으로 내야 한다고 말했다. 실험 참가자들에게 10달러에서 45달러를 세금으로 내야 하는 60개의 각각 다른 과세 시나리오를 읽어 보도록 했다. 그런 다음 시나리오 중 하나를 무작위로 선택해 그에 해당하는 금액을 100달러에서 공제하도록 하였다.

한편, 컴퓨터 프로그램으로 자기 통장에 입금한 돈이 푸드뱅크(모은 돈으로 식료품을 구입해 결식 아동, 노인, 혹은 노숙자들에게 무료로 급식을 나눠 주는 구호단체)에 자동으로 빠져나가는 것을 지켜볼 때, 이들의 대뇌를 기능성 자기공명영상(fMRI)으로 촬영하였다. 놀랍게도 이때 학생들의 대뇌 '보상센터'에서는 활발한 움직임이 나타났다. 보상센터는 쾌감 유발을 관장하는 대뇌의 부분이다. 조세 시나리오를 읽을 때도 같은 반응이 나타났다. 이것은 종래의 조세 이론을 재확인시켜 준다. 세금을 내는 것은 탈세범으로 몰리지 않기 위해서가 아니라 돈이 좋은 목적을 위해 쓰이고 있다는 것을 알기 때문이다. 세금에 대해 불평하는 사람이 있다면 그것은 세금 납부 자체 때문이 아니라 세금이 좋은 목적을 위해 제대로 쓰이지 않는다는 생각 때문이라는 것이다.

배움학의 가능성을 여타 사회과학 이론과 접목시키기 위해서는 배움의 원소[48]에 대한 논의부터 시작해야 한다. 배움의 원소를 밝히기 위해 배움과 일상적으로 혼용되기도 하는 학습(learning)이라는 개념, 공부(gongfu)라는 용어, 그리고 배움(erudition)

이라는 개념 간의 어원적 차이와 용어 쓰임새의 차이 및 한계부터 짚고 넘어가야 한다. 이에 대한 이해는 새로운 학문적 패러다임의 출발과 과정을 이해하는 데 도움을 주기 때문이다.

'배운다', '학습한다', '공부한다' [49]는 말은 섞어 쓰기도 하지만, 어원에 따르면 각각의 말빛에 따라 그 쓰임새가 다르다. 이때 교육심리학에서 말하는 학습과 한자권의 유학(儒學)에서 말하는 학습(學習)의 의미가 합치하지 않는다는 점에 주목해야 한다.[50] 말의 이미지와 내용이 서로 다르면 쓰임새도 다를 수밖에 없다. 배움이라는 말과 학습이라는 말에 대한 해석은 학교에서 쓰이는 용례에서도 차이가 난다. 학교에서 학습이라는 말이 많이 쓰이게 된 것은 조선시대 말기 도입된 학교교육의 활동과도 관계가 깊다. 조선시대의 교육기관인 서당과 서원을 통하여 이루어졌던 교육이 학교라는 신교육체제로 바뀌게 되면서 학교교육을 설명해 줄 수 있는 새로운 개념이 필요했다. 그래서 그 당시 조선의 교육자들은 일본에서 이미 사용하고 있는 학습이라는 말을 자연스럽게 받아들였다.

우리 선조들은 공부라는 말과 배움이라는 말을 일상적으로 써 왔다. 배움은 '밝다'의 어간 '밝'이 '배달'의 '배'로 변한(배다< 비우다< 비호다(석보상절)←빛―+―오―) 것이다. '배'의 동사형인 '배다'의 사전적 의미를 종합하면, 배움이라는 것의 의미는 '몸에 배는 것, 자연스럽게 배어들고 스며들도록 기다릴 줄 아는 것, 그렇게 배어든 것을 무엇인가 새로운 것으로 잉태해 내고 비워 내는 것'이라는 뜻을 담고 있다. '공부'는 배움과 같은 '창조하다'의 원형보다는 어떤 학문이나 일 또는 기술 따위를 익혀 그에 대한 지식이나 기술을 연마하는 행위를 의미한다.

배움이라는 말과 비슷한 서양말로 에루디션(erudition)을 들 수 있다. 이 말의 일상적인 쓰임새의 흔적은 고대 서양사회에서 박식, 박학 등을 일컬어 왔던 라틴어인 에루디투스(eruditus)에서 파생된 고대, 그리고 중세 영어에서 찾을 수 있다. 고대 서양사회에서 학식이 있는 자라고 말하면, 교육과 독서를 통해 모든 무지와 무교양을 지워 없앤 사람을 의미했다. 그런 사람을 다식(多識, eruditus)한 사람, 교양 있는 사람,

사람다운 사람, 노력하는 사람, 정직한 사람이라고 불렀고, 다식과 박식을 위한 개인 적인 배움이 고대 로마에서는 인문학, 인본주의(humanitas)의 토대를 이루었다. 그런 상황에서 훈련되지 않은 무례함이나 미숙함을 자기 스스로 제거한 사람으로서의 일 반 식자를 넘어서면서도 언제나 배움에 갈증을 느끼는 배움에 투철한 존재가 바로 호 모 에루디티오(*Homo Eruditio*)였다.[51]

교육이라고 번역되는 라틴어 에듀카레(educare)는 '무지로부터 이끌어 냄, 혹은 인간이 지니고 있는 가능성을 이끌어 내는 자연적인 노력'을 의미한다. 그와는 달리, 배움을 의미하는 에루디테(erudite)는 생각하기와 실천하기, 그리고 반추하기와 개조 하기를 반복적으로 거치면서 삶의 폭을 넓혀 가는 일을 의미한다. 배우는 사람은 이 해하기 힘든 정보에 익숙해지고, 주제에 대한 깊은 친밀감과 지식의 범위를 넓힘으로 써 자신의 삶을 풍요롭게 만드는 사람을 지칭하기도 했다.

그런 사람들의 한 전형으로 이탈리아 시인 지아코모 레오파르디(Giacomo Leo-pardi)[52]가 있었다. 그는 독자적으로 고전을 읽고 연구했으며, 많은 철학자에 감화되 어 자신의 삶을 풍요롭게 만든 사람이다. 로마의 저술가 중에서 일상적으로 배움에 투철했던 이가 마르크스 테른티우스(Marcus Terntius)[53]였으며, 영문 수필가 중에서 는 토마스 브라운 경(Sir Thomas Browne)[54]이 있었다. 브라운은 직업이나 이해관계 에 친숙한 기능적인 법률가와 배움에 투철한 다식한 법률가의 차이를 이렇게 이야기 했다. "보통의 기능적인 법률가는 그저 법 조항에 정통한 사람이지만, 배움에 철저한 법률가는 다른 문화권의 법뿐만 아니라 그 법의 역사와 일상적 용례에 이르기까지 상 세하고 철저하게 파고드는 사람이다." 성 어거스틴(St. Augustine)도 이 같은 호모 에 루디티오의 한 표본으로 거론할 수 있다.[55]

§학습 물질

몸에 질병이 있는지 가장 확실하게 아는 방법은 단백질의 조성과 농도의 변화를 알아보는 것이다.[56] 인간의 학습을 알아보기 위한 가장 확실한 방법은 시냅스의 작동 여부를 확인하는 길이다. 학습을 신경세포의 작동이라고 이야기하는 것은 학습에 대한 환원론적인 생각이다. 그렇지만 학습을 뇌 활동으로 단순하게 이해하는 것은 복잡한 현상을 간결하게 설명해 준다. 시냅스의 활동에 관한 신경 회로망적인 접근으로 학습의 원리를 설명하는 방식은 인간의 학습 역시 하등동물에서 일어나는 것과 유사한 원리에 근거한다는 것을 보여 준다.[57] 인간이나 강아지는 뇌를 사용한다는 기능면에서는 별로 다를 바가 없는 셈이다.

어떤 생물이든 학습을 일으키는 데 필요한 것은 단지 여러 개의 마디를 동시에 활성화시키는 것뿐이다. 보다 오랫동안, 그리고 보다 자주 동시적으로 활성화될수록 이들 사이의 연계는 더욱 강력해진다. 마디의 높은 활성화가 바로 주의 집중이다. 주의를 집중하기 위해서는 각성이 필요하고, 각성은 쾌감을 유발한다. 정의상 쾌감은 강화적인 또는 보상적인 성격이 강하다. 인간은 다른 생물과 마찬가지로 무엇인가에 주의를 기울일 때 학습하게 되고, 주의 집중은 그 자극물에 대한 시냅스의 강화를 수반한다. 강화받을 때 학습이 시작된다고 말할 수 있지만, 학습을 강력하게 유인해 내는 결정적인 요인은 자극 자체라기보다는 자극에 대한 강력한 주의 집중이나 각성일 수 있다. 의식적 주의 집중 없이는 학습이 이루어질 수 없다. 학습은 주의 집중을 수반하기 때문에 학습에는 특별히 잠재적이라든가 우연은 있을 수 없다. 모두가 의도적·계획적·집중적이다. 그렇게 집중하고 반복할수록 기억은 강화된다.

시냅스의 활동을 학습 활동의 핵심으로 보았을 때, 그 작용은 간단하다. 시냅스는 신경세포와 신경세포 사이의 미세한 틈이다. 이 틈새가 이어지고 떨어지는 과정이 학습 과정이다. 시냅스는 오감에 의한 감지의 작동으로 발생한 전기적 신호를 화학물질로 이어주기 위한 틈새다. 시냅스 간의 틈새는 마치 다리 없는 강처럼 넓고 깊다. 어떤 전기 신호도 시냅스라는 강을 결코 자동적으로 건널 수는 없다.

외부의 자극물로 형성된 전기 신호가 하나의 강과 같은 시냅스를 건너가려면 화학물질이라는 연결 다리가 필요하다. 오감에 의해 실린 여러 가지 전기적 상태의 정보를 하나의 신경세포에서 다른 신경세포로 연결시키는 수단이 바로 화학물질이다. 흔히 그 화학물질을 호르몬이라고 부른다. 화학물질은 배와 같은 역할을 한다. 외부의 자극으로 형성되는 갖가지 정보는 전기 자극으로 신경세포를 타고 흐르지만, 신경세포와 신경세포 간의 관계인 시냅스로 이동하기 위해서는 화학적 신호라는 이동 수단이 필요하다. 이렇게 전기적 신호와 화학적 신호로 전달하는 시냅스의 연결을 환원론적으로 말하면 학습이라고 정리할 수 있다.

오감의 접촉에 의해 생기는 정보가 자주 건너다니는 나루에는 정보 전달의 활성화를 위한 각종 구조물이 건설된다. 말하자면 정보 전달이 손쉽게, 그리고 강력하게 이루어지도록 다리가 건설되고, 도로가 포장되듯 정보 전달체계가 강화된다. 반면에 별다른 정보 전달이 없는 나루는 점차 활용빈도가 낮아져 잊히는 경우도 있다. 신경세포 간의 연결, 즉 시냅스의 연결이 정보의 전달경로를 결정하고 정보 활용의 농도와 강도를 결정해 주는 셈인데, 시냅스의 연결 정도와 활용 농도를 측정해 보면 곧바로 학습의 농도가 어느 정도인지 알 수 있다.[58] 아무리 시냅스의 활동을 다채롭게 기술해 보아도, 학습은 환원론적 입장에서 볼 때 신경세포 간의 시냅스가 벌이는 활동의 농도와 빈도라는 것 이상의 설명을 기대하기는 어렵다.

최근에는 뇌세포들이 서로 교신하는 것으로 알려지고 있다. 뇌가 신다핀과 다이나민이라는 두 가지 중요한 단백질을 활용하면서 뇌세포들 간의 교신이 빈번하게 발생한다는 것이다. 과학자들은 그동안 신다핀이 신경세포 간의 교신에서 별로 중요한 역할을 하지 않는 것으로 생각해 왔다. 신다핀은 다이나민과 함께 작용하면서 학습과 기억 등 뇌의 기능에 중요한 신경세포 간 메시지 전달기능을 담당하는 것으로만 알려져 왔다. 최근에는 ApAF라는 물질이 보고 들은 내용을 오랫동안 기억할 수 있게 한다는 사실도 밝혀졌다. 이제 ApAF의 기능을 촉진시키는 물질을 개발, 투약하면 인간의 기억력을 향상시킬 수도 있다.[59] 의학계와 신경생물학계의 연구 결과에 의하면, 인간은 결국 신경물질의 작용에 지나지 않는다. 그런 점에서 인간의 학습도 환원론적으로 말하면 신경전달물질의 작용 그 이상이 될 수 없다. 따라서 인간의 학습이라는 것도 다른 생물에 비해 유별나거나 우수한 것이 결코 아니다. 다른 생물이 보여주는 학습도 결국은 인간의 학습처럼 신경전달물질의 결합이거나 혹은 결함의 결과일 뿐이다. 이와 같은 학습은 약품으로도 얼마든지 조작되고 변형될 수 있다.

이미 시중에는 학습능력을 향상시키는 물질로 알려졌던 DHA에 이어 '가바(GABA)'라는 물질에 주목하고 있다. 국내 유명 식품업체들이 가바를 첨가한 식품을 출시하고 있는 것만 보아도 알 수 있다. 가바 열풍의 진원지는 일본이다. 가바를 최초로 발견했고, 가바의 상품화와 연구에도 앞장서고 있다. 일본 건강식품 업체에서는 가바가 갱년기 장애를 개선하고 정신 안정작용이 있다는 것을 내세워 초콜릿, 음료, 밥솥, 된장 등으로 제품화해서 판매 중이다. 이 중 보통 초콜릿보다 25배 이상의 가바를 함유하고 있는 '가바 초콜릿'은 어린이는 물론 스트레스가 많은 직장인에게도 인기를 얻고 있다. 가바는 뇌세포를 구성하는 DHA, 아스파라긴산과 함께 포유동물의 뇌 신경조직에 많이 분포되어 있는 성분이다. 이것은 뇌의 산소 공급량을 증가시킴으로써 뇌세포의 대사기능을 촉진시킨다. 또 신경을 안정시키고 불안감을 해소하는 효과가 있다.

§ 학습 환원론

연결주의(connectionism)는 신경세포 간의 연계 강도와 그 변화를 학습이라고 간주하는 관점을 간결하게 설명하는 학습심리학의 주요 이론이다. 연결주의 학습 이론가들의 생각은 이미 오래전에 발표된 헵(Hebb, 1949) 교수의 논리를 따른다.[60] 그에 따르면, "세포 A의 축색이 세포 B를 흥분시킬 만큼 가까이 위치하고 B를 흥분시키는 데 반복적으로, 그리고 일관성 있게 관여하면, 둘 중의 한 세포 혹은 두 세포 모두에서 성장 과정이 일어나 세포 B를 흥분시키는 세포 중 한 세포로서의 A의 효율성이 증가하게 된다." 학습을 신경세포 간의 연결, 말하자면 연결주의로 이해하려는 그의 주장에 따르면, 인간의 마음은 신경세포 단위의 활성화와 연결의 강도일 뿐이다.

인간의 기억은 기본적으로 신경세포 단위 간의 연결 강도 또는 구조를 수정하면서 이루어지기 때문에 인간의 정신 상태는 궁극적으로 신경망에서의 신경세포 단위에 대해 각기 다른 차원에서 일어나는 수치의 활성 값으로 정리된다. 말하자면 시냅스의 활성화 함수 같은 것으로 측정, 기술할 수 있다. 그들에게 있어서 학습은 바로 신경세포 단위의 연결 가중치와 그것의 수정치를 말하는 것이다.

연결주의론자들의 생각을 정리하면, 학습은 인지 단위 사이의 연계 강도를 조정함으로써 장기기억으로 이끌어 가는 활동이 된다. 인지 단위 중에서 두 마디가 동시에 활성화되면 둘 사이의 연계가 강화된다. 한 마디가 활성화되고 다른 마디가 억제되면 둘 사이에는 억제적 연계가 강화된다. 주의 집중은 인지 단위의 활성화를 수반하기 때문에 학습을 촉진시킨다. 주의 집중을 일어나게 하는 주요 인지 중 하나가 놀람이다. 인간은 놀랄 때 학습한다고 주장하는 현대의 학습 이론가들은 유기체가 세상의 생태와 세상에 대한 자신의 표상 사이에 불일치를 발견할 때 학습이 일어난다는 점을 강조한다. 학습이 기대와 현실을 일치시키려는 노력이기 때문에, 유기체는 단지 '놀랐을' 때에만 자신의 파블로프식 연합을 조정하게 된다는 것이다. 이 말은 인간의 학습에서 조건 형성과 통찰이 어떤 면에서 동일하다는 것을 의미한다. 놀라기 위해서는 어떤 대상에 주의를 기울이거나 그 대상을 기대하여야만 하고, 그것을 기대에 합치하도록 현실화시키려고 하기 때문이다.

헵 교수는 인간의 뇌 성장을 삶의 경험에 따라 증가하는 신경세포군의 출현으로 간주한다. 동시에 뇌세포의 성장을 경험하는 인간이라면 어느 누구든 창조적 능력과 학습 능력을 갖고 있다고 보았다. 이처럼 배움이 학습 이후에 벌어지는 깨달음과 같다는 관점에서, 헵 교수가 학습을 신경세포 간의 연합으로 정리한 연결주의는 배움의 과정을 이해하는 데 도움을 준다.[61] 예를 들어, 수없이 받아들이는 정보가 학습 활동을 구성하기는 하지만 지식이 되기 위해서는 배움의 과정이 개입되어야 한다. 다시 말해서, 정보 그 자체가 지식이 되는 것이 아니라 자신의 뇌에 들어간 갖가지 정보들이 여과되고 제거되는 과정을 거쳐 깨달음으로 남아 있는 것만이 지식이다. 그런 점에서, 일단 정보를 받아들이는 과정을 설명하는 연결주의는 배움의 이해를 위해 도움이 된다는 것이다.

다만, 헵 교수가 주장하는 연결주의로는 인간의 배움이 무엇인지 제대로 설명할 수 없다. 배움은 학습 이후에 일어나는 의미작용이기 때문에 시냅스의 연결 농도와 정도의 높낮이만으로는 그것이 무엇을 의미하는지 알아낼 수 없기 때문이다. 시냅스의 연결 농도와 연결 방식의 빈도를 알아냈다고 해서 그 사람이 무엇을 의도했는지, 그 의도의 의미가 어떤 것인지는 알 수 없다. 따라서 시냅스의 농도를 아무리 측정해 보아도 배움의 결정체를 제대로 밝힐 수 없다. 그런 약점이 있음에도 불구하고, 헵 교수의 건전한 인간관을 이해하면 인간의 배움력을 신경세포들과 관련시켜 어떤 식으로 이해해야 하는지에 대해 진지하게 생각하게 만든다.

헵 교수가 연결주의로 학습을 설명하던 때와는 달리, 이제는 학습에 대한 새로운 이해도 진화 중이고, 학습 활동이나 수단도 진화 중이다.[62] 인간의 뇌에 대한 이해가 새로워지면서 인간의 학습 활동을 촉진시키는 새로운 방법이 연구되고, 그에 따른 새로운 학습매체의 개발이 엄청난 속도로 진행되고 있다. 예를 들어, 구텐베르크로부터 발발한 활판 인쇄술은 인류사를 새롭게 만든 사건이며 빅뱅의 시작이었다. 말로 의사를 표시하던 인류가 '활자(活字) 인간'으로 태어날 수 있었기 때문이다. 활자는 지식 정보의 새로운 패러다임을 구축하였다. 지식과 정보의 독점을 해체시키고, 언어교통의 속도를 증가시켰다. 구텐베르크의 인쇄술은 근대의 이성과 합리성에 부합하는 '지적(知的)이며 문화적인 게놈'이었다. 구텐베르크의 인쇄술은 종교개혁에도 속도감을 불어 넣었다. '성서로 돌아가자.'는 루터의 종교개혁이 가능하기 위해서는 성서를 찍어 낼 구텐베르크의 인쇄술이 반드시 뒷받침되어야 했기 때문이다. 이제는 디지털이 그 바통을 이어받았다. 디지털의 진화는 무서운 속도로 나아가고 있다. 그로부터 학습 활동의 유형이 달라지기 시작했다. 이제는 사용자 참여, 공유, 사회적 네트워킹 등을 특성으로 하는 전자학습기술인 '이러닝 2.0(e-learning 2.0)'이 주목을 받고 있다.[63]

학습 활동을 위한 갖가지 방법이 개발되고 있음에도 불구하고, 인간의 배움에 대한 이해는 언제나 비슷하기만 하다. 학습 만능을 강조하는 학습주의가 활개를 쳐도 그것은 인간의 배움의 근원에는 접근하지 못하고 있다. 학습이라는 것이 인간에게 앎의 수단과 지평을 제공할 수 있는 가장 효율적인 처방으로 소개될수록, 그 학습은 더욱더 인간에게 화근으로 되돌아온다. 어떤 교리나 주장도 해답의 일부라고 생각하고, 그것을 해답으로 만들어 놓지 않으면 끝내 그 교리는 문제의 일부로 작동하게 마련이다. 이 말은 학습 현장에서 그대로 증명되기 시작했다.[64]

행복에 관한 인간의 욕망은 일정하지만 그것을 얻을 수 있다고 소개되는 방법은 이미 말한 학습매체 개발 이상으로 다양하다. 매체가 아무리 다양해도 행복에 대한 인간의 배움이나 행복에 대한 깨달음은 옛날부터 지금에 이르기까지 언제나 비슷하다. 행복을 얻기 위해서는 자기만의 공간과 자기만의 읽기, 자기만의 즐거운 일을 만드는 것이 필요하다는 것이 행복을 위한 영원한 처방이기 때문이다.[65]

§ 학습 이론의 골렘(Golem)

학습의 본질을 연결주의로 정리하면, 보다 더 축약시켜 학습이나 기억을 화학적으로 전이될 수 있는 현상으로 정리하면 학습의 혁명이 가능해진다. 사람들은 아무 노력 없이도 구구단을 외울 수 있고 외국어를 술술 말할 수 있는 길이 생길 수도 있다. 일부 학습심리학자들에게 이런 기대는 1960년대만 하더라도 몽상이 아니었다. 제임스 매코넬 등의 과학자가 곤충이나 벌레를 통해 '기억이 화학적으로 전이될 수 있다.'는 실험 결과를 이끌어 낸 것이 그 발단이었다.[66] 기억이 화학물질을 통해 분비되는 것이라면, 학습시장에 몸을 담고 있는 학습과학자들은 얼마든지 구구단 주사, 수능 알약, 논술 주사, 외국어 주사, 토플 주사를 만들어 낼 수 있을 것이다. 그러나 아직까지도 아무런 결실을 내지 못한 채 수많은 유사 학습 이론과 학습도구만 양산해 내고 있다.

매코넬이 보여 준 과학적 실험이라는 사기극에서 보듯이 과학자들은 과학이라는 명분으로 인류사회에 골렘(Golem)[67]으로 등장한다. 과학은 소수의 천재들이 실험실에서 한 치의 실수도 없이 단 한 번에 내놓는 것으로 각인되어 왔기에 대중은 과학이라는 이름 앞에서 주눅이 들게 마련이다. 하지만 과학적 가설이 일단 실험에 의해 검증된다 하더라도 하나의 확고부동한 이론, 틀림없이 '참'인 이론이 탄생하는 것은 결코 아니다. 콜린스와 핀치는[68] 이를 과학사 속에 등장하는 여러 가지 탈과학적인 사례를 통해 증명한다. '과학사회학'이라는 프리즘을 통해 과학사의 이면을 훑고 과학의 확실성에 덧씌워진 신화를 벗겨 내고 있는 그들이 보기에는, 과학적 논쟁이 해결되는 방식이 늘 과학적인 것만은 아니었다. 과학이라는 것은 객관적이고 논리적인 기준으로 논쟁이 종식되는 것이 아니라 과학자 사회의 알력과 타협, 권력관계에 영향을 받아왔다. 교육학 이론과 관련된 사회과학의 연구 결과들은 더욱더 권력관계와 야합하고 있었다.

실제로 의문의 여지가 없는 것으로 간주되고 있는 아인슈타인의 상대성 이론이나 파스퇴르의 세균 이론을 검증한 실험과 관찰들마저도 그런 논란의 대상에서 자유롭지 못했다. 상대성 이론은 과학자들이 입버릇처럼 이야기하고 있는 과학적 실험의 절차, 말하자면 가설이 있고 그 다음에 실험이 뒤따르며, 그 후에 확증이나 결과를 도출하는 순서를 따른 것이 아니었다. 과학적 실험절차 이전에 이미 새로운 이론에 '동의하기로 권력관계와 학자들의 동의'가 있었기 때문에 상대성 이론을 진리로 받아들였다. "상대성 이론은 우리가 어떠한 과학적 삶을 살아야만 하는지에 대해 과학계가 내린 결정의 결과로 생겨난 진리다."라는 파스퇴르 이론 또한 자료 조작의 의혹으로 부터 자유롭지 못한 형편이다. 세균 배양 실험을 통해 생명은 우연히 생겨난다는 '자연발생설'을 패배시키는 과정에서 파스퇴르는 일부 데이터를 조작했지만, 프랑스 과학 아카데미는 기꺼이 그의 손을 들어주었다. 프랑스 학계는 자연발생설이 진화론과 밀접한 연관이 있다고 믿고 있었기 때문에 진화론에 반대하는 파스퇴르를 지원한 것이다.

과학계에서 뭔가 잘못되어도 과학 공동체는 그 책임을 과학과 기술 자체의 결함으로 자성하지는 않는다. 그들은 그것을 다루는 개인 과학자의 인간적 실수로 돌리고, 과학 외적인 부분으로 책임을 전가한다. 이 점은 학습 이론계에서도 예외가[69] 아니다. 그래서 "과학자일수록 약속을 덜 해야 한다. 그래야 약속을 더 지킬 수 있을 것이다."라는 콜린스와 핀치의 주장처럼 학습 이론가들도 인간의 학습에 대해 약속을 덜 해야만 그들 스스로 교육계의 골렘으로 추락하는 것을 방지할 수 있을 것이다.[70]

§ 학습론의 불결정성

학습 이론가들은 이론 전개 그 이상으로 실험 결과를 신봉하고 있다. 그들은 각종 실험 결과의 과학성과 객관성을 드러내기 위해 고급 통계 방법을 활용하고, 그것을 논리적으로 드러내기 위해 각종 수치와 통계치를 활용하곤 한다. 통계치와 뚜렷한 수치가 나왔으니 논리적이며 객관적이라는 것이고, 논리적이니 과학적이라는 것이다. 그러나 통계치나 수학적 자료가 논리적이거나 과학적이라는 주장은 이제 수학계에서도 배척당하고 있는 실정이다. 이것을 뒷받침하는 주장 중 하나가 바로 버트란트 러셀의 확률론이다.

일반적으로 수학은 불일치와 역설, 모순과 같은 성질을 가질 수 없다. 예를 들어, 귀류법은 하나의 가정에서 출발한 논리가 불합리한 결과를 낳았을 때 그 가정은 틀린 것이라고 주장한다. 따라서 귀류법에서는 수학이 역설적 성질을 가질 수 없다. 사정이 그렇기는 하지만 실제로 수학적 공리에서 시작한 논리조차 불합리한 결과를 초래할 수도 있다. 러셀은 이 점을 확률 이론에서 "'확률'과 '법칙'은 분명히 반대의 뜻을 가진 말이다. 그런데 우리가 무슨 수로 '확률의 법칙'을 찾을 수 있단 말인가. 수학의 모든 것을 떠받치고 있는 가장 기본적 진리가 공리인데, 그것이 불완전하다면 수학은 아무것도 아니다."라고 이야기한 바 있다.[71]

　러셀의 주장과는 조금 다르게, 앞서 이야기한 괴델은 수학에 있어서 불완전성의 원리를 주장한 바 있다. 그의 불완전성의 논리에서 나온 결정불가론은 모순 없는 수학의 체계화 자체가 불가능하다고 본 것이다. 간단한 평균치나 나열하면서 과학적인 판단을 내리는 한국의 학습 이론가들이나 교육학자들의 연구 결과를 괴델의 입장에서 한마디로 정리한다면 거짓이거나 허위, 사기에 지나지 않는다. 왜냐하면, 괴델의 불완전성의 원리(incompleteness theorems), 혹은 결정불가론(theorems of undecidability)[72]에 따르면 모순 없는 수학체계를 세우는 일이 불가능하기 때문이다. 그의 이론은 '공리에서 출발한 모순 없는 이론적 체계에는 증명할 수 없고 반증도 할 수 없는 정리가 반드시 존재한다.'는 결정불가능성의 제1정리와 '공리에서 출발한 이론의 타당성을 증명할 수 있는 방법은 존재하지 않는다.'는 결정불가능성의 제2정리로 이야기된 바 있다. 첫 번째 정리에 따르면, 수학이 어떤 공리에 기초를 두고 있든지 대답할 수 없는 질문이 반드시 존재하기 때문에 수학은 완전성을 갖지 못한다는 뜻이다. 두 번째 정리에 따르면, 수학 자체는 자신이 선택한 공리가 모순을 초래하지 않는다는 것을 보장할 수 없기 때문에 하나의 수학체계가 모순되지 않음을 증명할 방법은 없다.[73] 그런 점에서 본다면, 수학의 일반 논리를 재주껏 응용하는 교육통계가나 심리학자의 논리는 결코 괴델의 정리를 정면으로 부정하거나 번복할 수가 없다.

§학습 공회전

서로 같은 말을 쓰더라도 서로 다른 뜻으로 상대방을 견제하는 사람들이 있기 마련이다. 어쩌면 서로가 다른 언어를 쓰고 있는 사람들을 설득하는 일, 그들을 설득력 있게 강제할 수 없는 시공간에서 대화를 할 수 있을 때 비로소 새로운 학문이 태동할 수 있다. 그런 일을 해낸 이들로는 니체, 스피노자, 비트겐슈타인, 로티, 교육자로서는 듀이, 프레이리, 이오덕 등을 들 수 있다. 그들은 '언어의 공회전(空回傳)'에 의탁해서[74] 그들의 새로운 생각을 시작하고, 다른 사람들에게 설득력 있게 설명한 사람들이다.

언어가 공회전하는 시공간에서는 그것을 접하는 사람과 그것을 이야기하는 사람 간에 서로의 언어에 대해 곤혹감을 느끼게 된다. 그들이 저들의 언어에 당황하는 것보다 오히려 저들이 그들의 언어에 곤혹스러움을 경험하는 것이 더 클 수도 있다. 그들이 간직한 완고한 언어일수록 인습에 묶여 변하지 않으려고 하기 때문이다. 그 언어가 그대로 양립하는 한 모두가 절망하게 마련이다. 그래서 '생각하기'는 늘 언어와의 싸움에서 가능한 한 일이다. '새롭게 생각하기'는 엥겔스의 '과학의 모든 새로운 진보는 그 과학의 새로운 용어 혁명을 수반한다.'라는 발언에서부터 가능해진다. 이 점은 가라타니 고진의 생각에서도 아주 극명하게 드러난다. 그는 헤겔과 결별하려면 헤겔 식의 언어와 결별해야 한다고 주장했다.[75]

그런 점에서 "학문의 본질은 미지의 대상과의 만남에 의한 자발적인 언어의 갱신과 혁명에 있다."라고 주장한 고바야시 야스오의 생각은 옳다.[76] 그의 주장과 마찬가지로, 학문의 본질은 그 언어가 부단히 재편성되고 갱신되어 가는 역동성 속에 들어 있는 것이며, 대상을 이해하기 위한 언어 그 자체를 늘 새롭게 가다듬고 창조해 가는 것이기 때문이다.

과학성이나 객관성으로 무장한 학습실험가일수록 독아론에 빠진 사람들이 많다. 독아론(獨我論)이란 나에게 타당한 것은 다른 모든 사람에게도 타당하다는 사고방식을 말한다. 독아론이라고 부르는 것은 나 혼자밖에 없다는 생각과는 무관하다. 독아론자들은 타인과 대화를 하기 위해 과학성이나 객관성을 주장하지만, 그 객관성에 대한 아집은 오히려 대화를 가로막는다. 원래 타자의 타자성을 상실한 곳에서 일어나는 타자와의 대화는 자기 대화를 말하는 것이다. 이러한 자기 대화, 자기 독백을 자기 편의대로 타자와의 대화라고 부를 뿐이다.

독아론에서 벗어나기 위해서는 이질적인 언어게임에 속하는 타자와의 커뮤니케이션이 가능해야 한다. 하나의 코드 안에서 행해지는 대화는 독아론에 빠진 자기 독백(monologue)이나 자위행위(自慰行爲)와 같다. 그런 의미에서 가라타니 고진이 이야기한 대로 한국의 학습 이론가들의 대화와 연구 행위를 논의하면, 스스로 벌이는 자기 대화를 위한 자위행위에 지나지 않음을 알 수 있다. 왜냐하면 자기 대화 또는 자신과 동일한 규칙을 공유하는 사람과의 대화를 대화라고 부를 수 없기 때문이다.

그의 논리에 따라 한국의 교육학자들이 즐겨 읽는 교육학개론 류의 저술은 지식의 자위행위의 관점에서 싱겁거나 허탈하게 마련이다. 그것을 전복하기 위해서는 교육학자 스스로 교육현상에 관한 자폐(自閉)적인 이론을 버리고 다중의 살아 있는 삶 속으로 들어가는 길을 택해야 한다. 원시사회를 다룬 인류학자 레비 스트로스의 『슬픈 열대』와 탐험가 핸슨의 『마나우스로 가는 여행』이 서로 다른 것은 학문적인 차이가 아니라 삶에 대한 배움의 차이에서 비롯된 것이다. 이처럼 교육학자들도 나름대로의 지적인 사유에 충실한 작업을 시도해 볼 때가 되었다.

레비 스트로스는 인류학자나 철학자로서 전문가의 눈에만 보이는 인류사회의 깊은 구조를 탐구해야 한다는 목적의식이 투철했고, 연구자로서의 삶에 대한 배움이 선명했다. 반면 핸슨은 눈에 보이고 느껴지는 것을 선입관 없이 서술해 나갔던 탐험가였다. 사물의 본질은 훈련된 인류학자보다 아마추어 저술가에 의해 더 착실하게 다가오는 경우가 많다. 교육자로 존경받는 파울로 프레이리, 존 홀트, 이오덕 같은 이가 교육학을 가르쳤거나, 교육에 관한 서너 권씩의 개론서를 썼다거나, 교육부 수장으로 발탁되어 본 경험을 갖고 있는 사람들보다 훨씬 더 교육학적으로 교육 현실의 실체를 가깝게 이해함으로써 교육계에 큰 영향력을 발휘했다는 것이 바로 그것을 증명한다. 이들에게는 교육에 대한 열정이 있었고 그들에게는 교육에 대한 열정이 없었기 때문에 생겨나는 단순한 인지적 차이가 아니다. 삶을 확연하게 갈라놓은 것은, 이들에게는 교육에 대한 배움이 있었지만 그들에게는 배움이 없었다는 근원적인 차이에서 비롯되었다.

고진은 언어게임을 공유하지 않는 사람들 사이에서는 대화가 불가능하다고 주장한다. 대화는 타자 간에서만 존재할 수 있다는 것이다. 타자는 언어게임을 공유하지 않는 사람이다. 타자와의 관계는 비대칭적이며, '가르치는' 입장에 선다는 것은 타자의 타자성을 전제하는 일이다. 예를 들어, 국어에 익숙지 않은 외국인이나 아이에게 학습 이론을 가르치는 것은 대화의 본질에 속한다. 다시 말해 공통 규칙을 갖지 않은 사람을 가르칠 때 대화를 한다고 볼 수 있다. 공통 규칙을 갖지 않은 타자와의 교환은 '팔다−사다'의 관계가 되는데, 이 관계는 주종의 관계가 아니라 공정한 거래관계가 되기 때문이다. 일반적인 대화론에서는 공통 규칙이 전제된다. 외국인이나 아이 또는 정신병자와의 대화에서는 공통 규칙이 성립하기 곤란하거나 아예 성립하지 않는다. 따라서 이때의 대화는 내 자신 안에 '의미하다'라는 내적 과정 따위가 존재하지 않게 된다. 더욱이 내가 무언가를 의미한다고 해도 그것은 타자가 자기식으로 인정하는 무언가일 수밖에 없다. 그것을 대화를 하고 있는 주체인 내가 원천적으로 부정할 수는 없다. 그러므로 사적인 의미나 규칙이란 존재할 수 없기에 타자와의 대화가 가능해지는 것이다.[77]

§배움의 구조

배움은 학습과는 성격이 다르다.[78] 출발은 같은 뿌리지만 과정과 경로는 다르다. 배움은 말을 하는 인간이 가지고 있는 생물학적 숙명이다. 인간이 학습을 거부할 수는 있어도 배움을 거부할 수는 없기 때문이다. 삶 자체가 배움이고, 생명 자체가 배움의 시작이다. 배움을 제대로 기술하기에는 인간의 단어가 늘 부족하다. 배움은 바로 그런 기존 단어의 한계를 한 차원 벗어나서 배움 그 자체가 정의되기를 기다리는 인간의 본능적인 행위다.

인간은 자신의 직감이 파악하는 세계의 전체성을 표현하려고 계속 말을 뱉어 내지만, 말은 항상 자신이 이야기하고자 하는 것을 제대로 표현하지 못한다. 무엇인가 부족하기 때문에 말과 사물이 정확하게 합치되는 것은 언제나 불가능하다. 인간이 하는 말은 전부 '비유'에 불과하다는 라캉의 말대로 배움은 늘 불확정한 상태를 유지한다.

언어는 인간의 뇌에 일어난 혁명적인 뉴런조직의 변화 과정에서 출현한 유동적 지성의 작용으로 탄생한 부산물이다. 신경생물학자들의 판단대로 인간은 백지로 태어나는 것이 아니다. 무엇을 익힐 수 있도록 학습 능력에 관한 기초가 이미 배선된 상태로 태어난다. 사전 정보 부재를 배움의 부재라고 말할 수는 없다. 언어가 학습 활동을 위해 결정적인 도구라고 한다면 그것 역시 인간에게는 사전 배선된 학습 능력일 수 있다. 그런 점을 감안하더라도 인간에게 있어서 학습 활동을 넘어서는 배움은 인간의 출생과 더불어 진행된다. 삶이 시작하면서부터 배움도 함께 시작하는데, 그것은 내부시각의 발현으로 계속 확장한다.

인간의 배움에 있어서 가장 기본적인 구조는 엉성하더라도 뇌이자 마음이다. 수만 년이라는 긴 시간을 견디며 본래의 순수함을 그대로 지니고 있는 현생 인류의 뇌만은 여전히 잠재적인 가능성을 잃지 않고 있다. 처음 현생 인류의 마음에 혼과 영(靈), 말하자면 스피리트(spirit)의 세계가 출현하였을 때와 똑같은 환경이 아직도 그대로 보존되어 있다. 근본적으로 새로운 것이 출현할 가능성을 가진 장소를 든다면 그곳밖에 없다. 그곳에 앞으로 도래할 새로운 배움을 출현시키는 것 이외에 다른 방법이 없다.[79]

그런 점에서 보면 그것이 언어로 진술되는 한, 인간에게 있어서 배움의 원형이나 배움의 구조는 실재하지 않는 것처럼 보인다. 배움의 원형이라는 것은 마치 어린아이가 '언어'를 습득해 자신의 욕망을 그 '언어'로 표현해 보려 하였다가 그것이 가능하지 않다는 것을 강하게 느끼면서 갖게 되는 환상일 수도 있다. 그렇다고 배움의 구조화가 인간에게 불가능하다는 것을 의미하지는 않는다. 단지 말의 상징기능을 나타내는 '언어'가 항상 부분적인 진리밖에 표현할 수 없다는 것이다. 실제로 '언어' 없이 우리는 자신의 마음을 표현할 수 없으며, 타인과의 의사소통도 불가능하다. 그래서 인간은 언어에 의존할 수밖에 없다. 마찬가지로 인간은 스스로의 사고 확장을 위해 배움에 의존한다. 앞으로는 과학의 힘을 빌려 내부시각의 구조를 3차원 영상으로 애니메이션화할 수도 있을 것이다. 또한 내부시각에 기초한 인간의 배움을 도표 상에 표시할 수도 있고, 나아가 일정한 방식으로 구조화할 수도 있을 것이다.[80]

인간은 매일같이 새롭게 현실을 구성해 간다. 사람과 사람 사이에는 말이 오가게 마련이다. 자기 마음속에 끊임없이 샘솟는 생각을 말의 질서에 따라 정리해 놓기 때문에 말의 교환 역시 그것을 따른다. 인간의 마음이 포착하는 현실을 공통의 척도와 문법의 질서에 따라 정리하는 것이 말의 작용이다. 사람들은 그 질서에 따라 자신의 생각을 정리한다. 사람마다 제각기 다른 생각을 갖고 있게 되며 그렇게 사람들이 서로 생각을 교환할 수 있다. 자기만의 생각이 독선적인 환상으로 치닫지 않고 사회를 향해 열려 있는 상태를 마음속에서 유지할 수도 있다. 언어로 표현될 수 없거나 사람들이 모두 함께 공유하지 못한다고 해서, 또는 인간의 마음을 언어라는 수단으로 전부 표현하지 못한다고 실재하지 않는 것은 아니다. 인간이 사용하는 언어의 구조가 인간의 마음을 결정하지만, 그것이 인간의 뇌에 일어난 혁명적인 뉴런조직의 변화 과정에서 출현한 유동적 지성의 작용으로 탄생한 것임을 부정할 수 없다.

인간이 갖고 태어나는 배움의 구조는 내부시각의 확장과 그것에서 표출되기 시작하는 유동적 지성, 사고의 사고, 야생 사고를 만들어 내는 내부시각의 구조를 넘어설 수 없다. 인간에게 있어서 배움은 인간의 출생과 함께 출현하기 시작하는 개개인의 내부시각의 확장과 그에 따른 유동적 지성의 구조화와 같은 것이며, 그 순간이 바로 배움의 씨앗이 발아되는 때이다. 발아의 씨앗은 누구나 가지고 있기 때문에 인간에게 있어서 배움이 불가능하다는 것은 원초적으로 성립되지 않는다. 내부시각의 구조가 삭제되지 않는 한, 배움은 인간에게 마음의 구조가 표현된 것으로서 삶의 동반자의 역할을 계속하게 되어 있다. 인간에게 있어서 내부시각의 삭제는 생명의 죽음을 의미한다.

그렇기 때문에 인류에게 있어서 언제나 변할 수 없는 것이 배움의 힘이다. 인류는 언제 어디서든, 또 어떻게든 새로운 배움을 출현시키는 것 외에는 어떤 방법도 갖고 있을 수 없다. 그것을 구조화시켜 주는 곳이 바로 인간의 뇌이기 때문이다. 수백만 년이라는 시간을 견디며, 본래의 순수함을 지니고 있는 현생 인류의 뇌만은 여전히 인간에게 잠재적인 가능성을 약속하고 있다. 인류의 내부시각, 내부섬광으로서 더욱더 새롭게 확대되기 바란다면, 동시에 그곳에 근본적으로 새로운 것을 출현시킬 가능성을 가진 공간은 인간의 뇌밖에 없다.

미주

1) 봉우 권태훈 선생(1900~1994)은 소설 『단(丹)』의 실제 주인공이며, 전설로만 존재하던 선도(仙道)의 실체를 현대인들에게 온몸으로 보여 주었다. 우리 전통문화의 태반을 이루는 무속, 유교, 불교 등 국학의 주요 분야에서 상대적으로 별다른 주목을 받지 못했던 선교(仙敎)의 실체를 알렸다. 선교 혹은 선도는 중국의 도교와는 달리 한반도라는 곳에서 독자적으로 발전해 온 고유의 사상체계다. 선도는 이미 최치원의 난랑비서(鸞郞碑序)에 표현된 현묘지도, 풍류도, 화랑도를 의미하며 상고시대 단군에 그 근원을 두고 있다. 신채호, 박은식, 정인보, 최남선 등 선대의 대다수 국학자들 또한 단군을 비조로 하는 한국 선도의 사상적 중요성을 강조한 바 있었으나 그 흐름은 해방 이래 별다른 주목을 받지 못했다. 그런 상황에서 봉우 권태훈 선생과의 대화를 모은 선도공부[참고: 김정빈, 송순현, 권태훈(2006). 仙道 공부: 봉우 선생의 한국 선도 이야기. 서울: 솔출판사]는 선도 수련법에 대해 자세한 정보를 제공하였다. 1984년 6월, 약 20일간 진행된 봉우 권태훈 선생과 여러 학인들의 대화를 모은 기록으로 서로의 질의응답 형식을 통해 한국 선도의 모든 측면을 보여 준 대화 내용의 일부는 그 후 소설 『단(丹)』으로 재구성되었다. 이 대화록에서 봉우 선생은 우도(자동법), 좌도(피동법), 좌우양도(자동반 피동반)의 세 가지 유형으로 정신 수련법의 형태를 구분하고 있으며, 그 가운데 가장 중요한 수련법으로서 우도를 친다. 즉, 자신의 역량만으로 도를 닦는 방법인 조식호흡법, 다시 말해서 고르게 숨 쉬는 법을 강조하고 있다.

2) 모든 생물은 생존하는 동안 숨을 쉬지만, 매시간 숨 쉬는 일에 신경을 쓰는 경우는 거의 없다. 그처럼 사

람들은 평상시에는 자신의 호흡에 대해 무관심하다. 건강한 사람들은 실제로 1분에 7리터가량의 공기를 들이마시지만 스스로 의식하지는 못한다. 숨을 쉰다는 것은 생물 스스로 몸의 각 세포에 산소를 공급하고 몸 안에서 생성된 이산화탄소를 제거한다는 의미인데, 산소를 공급하고 이산화탄소를 제거하는 일이 바로 생명을 유지하는 일이다. 그러므로 숨쉬기는 생명 유지에 있어서 결정적이다. 호흡이 인간에게는 중요한 생명 활동이지만 스스로 불편함을 느끼지 못하면 그 호흡에 대해, 숨쉬기에 대해 별다르게 신경을 쓰지 않는다. 오히려 일상생활 중에서 숨을 쉬고 있다는 것을 의식하게 되면 자신의 호흡에 어떤 불편함이 있다는 것을 알려 주는 신호일 수도 있다. 호흡은 살아 있다고 하는 것을 알려 주는 징표이기도 하지만, 사람에 따라서는 자신도 모르게 10초 이상씩 호흡을 멈추기도 한다. 이는 잠자는 동안 기도가 막혀 호흡을 못하는 수면무호흡증 환자의 경우로 잠시 호흡을 하지 않는 것은 문제지만 위험한 정도는 아니다. 호흡을 멈추면 자기도 모르게 잠에서 깨고 그렇게 되면 다시 숨을 쉰다. 이런 상태가 반복되면 숙면을 취할 수 없다. 호흡만 잘해도 건강하게 살 수 있다. 호흡을 잘하면 폐를 젊고 건강하게 만들 수 있기 때문이다. 한의학에서는 호흡을 관장하는 기관인 폐를 몸 전체를 지배하는 오케스트라 지휘자에 비유한다. 폐가 건강해지면 전신이 변화될 수 있다는 뜻이다. 요가 체조에 사람들이 빠져드는 이유도 정확한 호흡법이 몸의 균형을 유지한다고 믿기 때문이다[참고: 황진영. 기침의 계절…… 당신의 호흡기 건강하십니까?(2007. 12. 20). 동아일보].

3) 참고: 아잔 브라흐마(2008). 술 취한 코끼리 길들이기: 몸, 마음, 영혼을 위한 안내서(역). 서울: 이레.

4) 그래서 수(隋)나라 말기에 활동한 유학자인 문중자(文中子) 왕통(王通) 같은 이는 사람들이 멈춤의 '지(止)'와 멈추지 않음의 '부지(不止)' 사이를 어떤 식으로 오가는지를 알면 그 사람의 됨됨이를 알 수 있다고 말한다. 멈춤과 질주에 대한 사람의 태도가 큰일을 이루는 사람과 그렇지 않은 사람의 경계라는 것이다. 큰 지혜는 멈춤을 알고, 작은 지혜는 계략만 꾸미게 마련이다. 지모가 극에 달하면 어리석어지기 마련인데, 그럴수록 지혜로운 사람은 더욱더 스스로를 드러내지 않는다. 왜냐하면 성인은 지혜의 적보다는 덕의 상실을 더 근심하기 때문이다. 재능이 뛰어나다고 지혜가 있는 것은 아니다[참고: 마수추안(2005). 지학(止學): 멈춤의 지혜(역). 서울: 김영사].

5) 참고: 이지성(2008). 행복한 달인. 서울: 다산라이프.

6) 참고: 퍼트리샤 우드(2008). 페리 이야기(역). 서울: 랜덤하우스.

7) 참고: 조셉 M.마셜(2008). 그래도 계속가라(역). 서울: 조화로운 삶.

8) 참고: 장회익(2008). 공부도둑. 서울: 생각의 나무.

9) 예를 들어, 버전 2.0의 경제학이라고 불리는 새로운 경제학 이론들은 인간의 행위가 경제적으로 합리적인 관점에서 결정된다는 논리 자체를 거부한다. 전통적 경제학이라고 불리는 버전 1.0 경제학(Economy 1.0)은 '호모 에코노미쿠스(Homo Economicus)'에 기초를 두고 발전한 경제학을 고수한다. 모든 인간이 합리적이며 냉철한 존재라는 것을 전제로 하는 것이 바로 호모 에코노미쿠스의 논리를

지지한다. 인간이 합리적이며 경제적으로 냉철한 존재라는 가정은 현실과는 괴리되는 경우가 많다. 그래서 버전 1.0의 경제학, 즉 과거의 경제학은 탁상공론이라는 비판을 면치 못했다. 그 고전 경제학에 비해 새로운 경제학으로 불리는 버전 2.0 경제학(Economy 2.0)은 '호모 에코노미쿠스'라는 기존의 기본 가정을 무참하게 깨뜨린다. 심리학자, 뇌신경학자들의 지식에 힘입어 인간의 행복과 만족도, 그리고 경제적 활동 간의 관계를 상당할 정도의 일상적인 수준에서 계측해 준다. 인간의 실생활에 바짝 다가와 곳곳에 현미경을 들이대고 호모 에코노미쿠스의 현실을 밝힌다. 버전 2.0 경제학은 인간이 경제적인 결정을 할 때 항상 합리적이고 자신에게 이익이 되도록 행동하며 자신의 이익만을 생각한다는 정통 경제학, 즉 버전 1.0 경제학이 가지고 있는 인간에 대한 가정 자체가 그릇되었다고 본다. 인간은 이성과 합리적인 판단에 따라 행동하는 경제적 인간이라기보다는 도덕과 양심, 공평함, 운, 일상적인 생활 등 온갖 요소를 다각도로 고려하여 자신의 판단과 결정을 하며 일상을 살아가는 사회적 인간이라는 것이다. 매년 사람들에게 반복되는 작심삼일의 후회 현상이 있는데, 이것이 버전 2.0 경제학에서는 아주 유용한 사례다. 금연, 체중 조절, 한 달에 책 5권 읽기 같은 생각들은 결심한 지 며칠이 채 지나기도 전에 없었던 것처럼 흐지부지 잊어버린다. 자기 자신에게 아주 너그러워지고 싶은 인간의 충동이 그를 지배하기 때문에 생기는 자연스러운 습관이다. 우리 일상에서 아주 흔한 사례로서, 운동으로 체중 조절을 하겠다는 결심을 하고 헬스클럽에 3개월이나 6개월 단위로 등록하는 사람이 있다. 그렇게 하면 값싸게 운동도 하면서 건강도 지킬 수 있기 때문이다. 그러나 이는 끝내 중도에 그만두는 것으로 마감한다. 그런 중도 포기는 경제적으로 손해나는 일이기에 경제적인 동물인 인간의 원리에 어긋나는 일이겠지만, 그렇게 중간에 포기하는 이유가 있다. 사람들이 자기 자신의 의지를 과대평가하였기 때문이다. 사람들은 욕심이 앞서 먼저 등록부터 하고 본다. 인간의 선호도는 시간에 따른 일관성을 갖지 못한다. 재테크에 있어서 부자 정보를 많이 갖는 사람이 부자가 되는 일이 별로 없다는 것도 버전 2.0의 경제학을 설명해 주는 사례다. 사람들은 부자가 되려면 정보가 많아야 한다고 말하곤 한다. 실제로 부에 관한 정보가 많을수록 수익률은 낮은 경우가 허다한데, 그것은 부실기업의 주식을 피하고 유명한 기업의 정보를 얻는 데 있어 시간을 너무 소진하였기 때문이다. 부자에 대한 정보 수집에 과도한 자신감을 갖게 되어 실수함으로써 결국은 부를 손실하는 경우다. 이런 일은 흔히 남성에게서 나타나는데, 그것은 남성이 여성보다 더 지나친 자신감을 갖기 때문에 생기는 결과다. 잘 생긴 사람이 일을 더 잘하고 키가 큰 사람이 더 많은 소득을 얻는 경우가 흔하다는 사실도 버전 1.0의 경제학에서는 설명이 되지 않는 사례지만, 버전 2.0 경제학에서는 충분히 설명된다. 잘 생긴 사람이 일도 잘하는 것은 외모에 대한 자신감이 업무 수행 능력에까지 영향을 미치기 때문이다. 유아원에 맡긴 아이를 너무 늦게 데리러 오는 부모에게 벌금을 물릴 것인지를 판단해야 하는 유치원이 있다고 하자. 이 벌금제는 부모들이 제 시간에 아이들을 데리러 오게 만드는 가장 현실적인 대안을 찾기 위해 생각해 낸 안이었다. 버전 1.0 경제학자들의 생각이라면 벌금을 물리면 지각하는 부모의 수가 줄어들 것이라고 추천할 것이다. 버전 2.0 경제학자들은 정반대의 생각을 할 것이다. 실제 조사 결과도 정반대로 나타났다. 이런 것이 바로 버전 2.0 경제학의 발견이다. 벌금제를 실시하기 전에는 유아원 퇴근시간에 맞춰 아이를 데리러 오는 것이 부모들에게는 교사에 대한 예의 문제였다. 퇴근시간을 넘기면서까지 교사에게 아이를 돌보게 하는 것은 바른 도리가 아니었기 때문이다. 불가피한 경우가 아니면 부모들은 가능한 한 예의를 지키려고 노력한다. 그러나 벌금이 매겨진 뒤에는 생각이 달라진다. 지각에 대한 대가로 가격이 책정되고, 돈을 내는 만큼 지각에 대한 서비스를 생각하게 된 것이다. 부모들은 늦어진 대가로 벌금을 내면 예의와는 무관한 사람들이 된다. 벌금을 냄으로써 무례한 사람이라는 양심의 가책 없이도 지각에 대해 떳떳해질 수 있었기 때문에, 지각하는 부모가 더 늘어나게 되었다[참고: 노르베르트 해링, 올라프 슈토르벡(2008). 이코노미 2.0(역). 서울: 엘도라도].

10) 참고: 프란츠 M. 부케티츠(2004). 자연의 재앙, 인간(역). 서울: 시아출판사.

11) 참고: 폴 에얼릭(2008). 인간의 본성(역). 서울: 이마고.

12) 인간의 본성과 본능 간의 개념적 차이를 정연보[참고: 정연보(2004). 인간의 사회생물학. 서울: 철학과 현실사, pp. 203-250]는 간단하게 갈라 설명한다. 인간이 다른 동물과 공통의 조상으로부터 진화해 온 것이라고 믿는다면 인간의 본성이 본능의 한 발달된 형태라는 것이다. 사람이 워낙 인간 중심적으로 이 세상을 해석하면서 살아 왔고 자신의 정신을 특별하게 생각하기 때문에 착시를 일으키는 것뿐이기에, 본성이 본능의 한 형태라면 본성도 본능과 마찬가지로 생존과 번식을 위한 갖가지 환경에서 적절한 반응을 하도록 다양한 프로그램이 마련되어 있다는 것이다. 본성은 모든 사람이 공통적으로 가지고 있는 정신적 성향이며 태어날 때부터 가지고 있는 것이라고 할 수 있는데, 그것은 인간이라는 종(species)에 공통된 성질임을 의미하며, 유전적이고 DNA에 암호화되어 있는 정보의 발현이다. 본성이라는 정신적 현상은 본질적으로 DNA에 수록된 정보들이 순차적으로 발현되는 프로그램임을 부인할 수 없다. 본성이 일정한 자극에 대한 일정한 반응이라는 깨달음은 본성이 곧 본능임을 깨닫게 해 준다. 본능은 갓난아기가 어머니의 젖을 빠는 것과 같이 일정한 환경에서 일정한 행동을 하도록 미리 프로그램되어 있는 동물의 행동이거나 혹은 그 배후의 정신이라고 정의할 수 있다. 본성은 고도화된 본능이며, 본능과 같이 행동까지 정의되어 있는 프로그램이 아니라 행동을 일으킬 수 있는 준비단계, 즉 욕망과 정서까지 정의된 프로그램으로서의 본능과는 문화적으로 차이가 있을 수밖에 없다는 것이 그의 주장이다. 결국 본성과 본능을 엄격하게 가른다면 사람은 원래 공격적이라느니, 어떤 인종은 다른 인종에 비해 지적으로 열등하다느니, 남자는 원래 성적으로 문란하다느니 하는 '일반화'는 인간의 본능을 이야기한 것이 아니라 인간의 본성을 이야기한 것일 뿐이다.

13) 참고: 이정우(2000). 접힘과 펼쳐짐. 서울: 거름.

14) [참고: 레슬리 스티븐슨(2006). 인간의 본성에 관한 10가지 이론(역). 서울: 갈라파고스]. 성선설을 지지한다고 판단되는 철학자나 교육자로 맹자, 아리스토텔레스, 키케로, 세네카, 에라스무스, 칸트, 루소, 로크, 프뢰벨, 듀이 등을 들 수 있지만, 이들의 생각이 하나같이 동일한 것은 아니다. 다만, 성선설을 강력하게 내세우는 맹자의 논설에 따르면, 인간은 본래 선하며 그렇기 때문에 측은(惻隱), 수오(羞惡), 사양(辭讓), 시비(是非) 등의 마음을 지니고 있다. 이것이 각각 인, 의, 예, 지의 4단(四端), 말하자면 선이 발생할 가능성을 가진 네 가지 시초이며 인간은 바로 이 4단을 가지고 살아간다. 루소 역시 성선설을 믿고 있는데, 그는 인류의 본성은 본래 선한 것인데 역사 문명과 사회제도의 영향 때문에 악하게

되었다고 생각한다. 그의 생각은 "자연이 만든 사물은 다 선하지만 일단 인위를 거치면 악으로 변한다."라는 논리에서 극명하게 드러난다. 이에 비해 아우구스티누스, 마키아벨리, 홉스, 쇼펜하우어 등이 지지하는 성악설은 순자(荀子)의 논리와 비슷하다. 순자는 인간의 생활을 외적으로 규제하여 질서를 유지하는 도덕규범을 예(禮)로 보았다. 그는 선이 가능하기 위해서는 끊임없이 예를 실천하는 일이 필요하고 정치든 사회든 그 무엇이든 '예치(禮治)'가 되어야 한다고 보았다. 성무선악설을 주장한 사람으로는 고자(告子)가 해당된다. 그의 이야기 중 "인간의 본성이 선과 불선(不善)으로 나뉘어 있지 않은 것은 마치 물이 동서로 나뉘어 있지 않은 것과 같다."라는 구절이 인간의 무성설을 대변한다고 볼 수 있다.

인간의 본성을 한마디로 정리하기는 쉽지 않지만, 그것을 이해하는 데 도움을 줄 만한 아이들을 위한 동화는 많다. 그중에 하나를 소개하면 독일 아이 브루노와 유대인 아이 쉬뮈엘의 친구놀이 이야기를 다룬 「줄무늬 파자마를 입은 소년」이라는 글이 있다. 이야기의 줄거리는 이렇다.

아홉 살 난 브루노의 가족은 독일 나치 장군 가족이다. 브루노는 어느 날 갑자기 베를린에서 낯선 동네로 이사를 간다. 그의 아버지가 아우슈비츠 수용소 담당 사령관으로 승진ㆍ발령받았기에 시골 관사로 이사를 간 것이다. 브루노는 아버지의 직업이 무엇인지 알지도 못한다. 새로 이사 간 '아우슈비츠(유대인 수용소)'라는 곳이 어떤 동네인지도 알지 못한다. 그저 가족이 이사를 갔으니 따라갔을 뿐이다. 관사 창문 너머 내려다보이는 철조망 안의 동네에도 사람들이 많이 있다. 줄무늬 파자마를 입고 있는 그들 모두가 누구인지 몹시 궁금할 따름이다. 어느 날 브루노는 홀로 철조망을 따라 '탐험놀이'를 하다가 그곳에서 우연하게 아홉 살 동갑내기 소년 쉬뮈엘을 만난다. 브루노는 쉬뮈엘이 유대인이고 수용소에 갇힌 아이라는 걸 알지 못한다. 브루노가 먼저 말을 건넨다. "내가 너희 집에 놀러 갈까?", "그쪽으로 가서 네 친구들도 만나면 좋잖아." 하면서 철조망 아래 부분을 들어올려 보았지만 철조망이 걷어질리 없다. 단단한 구조물이지만, 브루노와 쉬뮈엘 사이에 어른들이 나누어 놓은 철조망 같은 것은 없었다. 철조망은 그저 놀이를 위한 도구일 뿐이었다. 철조망을 사이에 두고 아이들은 이런 저런 이야기로 해질 무렵까지 시간을 보낸다. 자주 만나면서 브루노는 쉬뮈엘에게 가정부 몰래 빵과 치즈를 가져다주며 그들의 놀이를 계속한다. 마침내 어른들이 벌인 '끔찍한 일'은 브루노의 가족들이 베를린 집으로 돌아가기 며칠 전 발생한다. 작별인사를 하러 간 브루노에게 쉬뮈엘은 아버지가 별안간 사라졌다며 울기만 한다. 장래 소망이 탐험가인 브루노는 쉬뮈엘의 아버지를 찾기 위해 나선다. 헝겊 모자와 줄무늬 파자마로 위장한 뒤 철조망 안으로 들어가 쉬뮈엘과 탐험을 시작한다. 그러다가 두 꼬마 탐험가들은 어른들의 행렬에 갑작스레 휩쓸려 버린다. 영문도 모른 채 방으로 밀려 들어간다. 문이 닫힌다. 브루노는 사람들이 감기에 걸리지 않기 위해, 더 이상 비를 맞지 않도록 문을 닫은 것이라고 생각했다. 조금 있다가 사람들이 비명을 질러 대기 시작했다. 브루노는 여전히 쉬뮈엘의 손을 꼭 붙잡고 있었다. 친구의 손을 놓치면 친구를 잃는 것이니까 절대로 손을 놓치지 않겠다고 다짐하면서[참고: 존 보인(2007). **줄무늬 파자마를 입은 소년**(역). 서울: 비룡소].

15) 성선설은 인간의 본성이 원래 선하다고 생각하는 사상이다. 인간의 본성을 선이라고 보는 성선설은 인

간은 나름대로 각자적인 선을 본성, 인간됨의 종자로 갖고 있다고 보기에 교육은 본성이 잘 커나가도록 가꾸어 주고, 길러 주는 일로 간주한다. 성선설은 교육을 '사람을 키워 주는 일로 간주한다.' 그런 점에서 성선설의 교육관은 정원(庭園)형 교육관과 소통된다. 정원에는 서로 다른 화초가 제자리에서 각자 가능성을 드러내 놓도록 설계되어 있으므로 그런 화초 하나하나가 아름다운 화초가 되도록 물도 주고, 약도 주고, 벌레도 잡아 주는 일이 필요한데, 교육은 바로 그런 조력 활동을 의미한다. 교사는 그런 일을 전담하는 정원사의 역할을 맡게 된다. 물론 교사라고 해서 모두가 훌륭한 정원사가 되는 것은 아니다. 정원사나 식목인이라고 한다면, 중국의 고사에서 전해 오는 곽탁타(郭橐駝) 정도의 훌륭한 정원사의 자질을 갖추고 있어야 한다. 곽탁타가 송대까지의 시문을 모은 책에는 당나라 시대의 문인 유종원(773~819년)의 「종수 곽탁타전」이라는 글이 있다. 곽탁타의 원래 이름이 무엇인지는 알지 못하지만, 곱사병을 앓아 허리를 굽히고 걸어 다녔기 때문에 그 모습이 낙타와 비슷한 데가 있어서 마을 사람들이 '탁타'라 불렀다. 물론 그를 비꼬는 이름이었지만, "탁타는 그 별명을 듣고 매우 좋은 이름, 내게 꼭 맞는 이름"이라고 하면서 자기 이름을 버리고 자기 역시 탁타라 하였다. 그의 고향은 풍악으로 장안 서쪽에 있었다. 탁타의 직업은 나무 심는 일이었다. 무릇 장안의 모든 권력자와 부자들이 관상수(觀賞樹)를 돌보게 하거나, 또는 과수원을 경영하는 사람들이 과수(果樹)를 돌보게 하려고 다투어 그를 불러 나무를 보살피게 하였다. 탁타가 심은 나무는 옮겨 심더라도 죽는 법이 없을 뿐만 아니라 잘 자라고 열매도 일찍 맺고 많이 열었다. 다른 식목자들이 탁타의 나무 심는 법을 엿보고 그대로 흉내 내어도 탁타와 같지 않았다. 사람들이 그 까닭을 묻자 대답하기를 나는 나무를 오래 살게 하거나 열매가 많이 열리게 할 능력이 없다. 나무의 천성을 따라서 그 본성이 잘 발휘되게 할 뿐이다. 무릇 나무의 본성이란 그 뿌리는 펴지기를 원하며, 평평하게 흙을 북돋아주기를 원하며, 원래의 흙을 원하며, 단단하게 다져주기를 원한다. 일단 그렇게 심고 난 후에는 움직이지도 말고 염려하지도 말 일이다. 가고 난 다음 다시 돌아보지 않아야 한다. 심기는 자식처럼 하고 두기는 버린 듯이 해야 한다. 그렇게 해야 나무의 천성이 온전하게 되고 본성을 얻게 되는 것이다. 그러므로 나는 성장을 방해하지 않을 뿐이지 감히 자라게 하거나 무성하게 할 수는 없다. 그 결실을 방해하지 않을 뿐이지 감히 일찍 열매 맺고 많이 열리게 할 수가 없다. 다른 식목자는 그렇지 않다. 뿌리는 접히게 하고 흙은 바꾼다. 흙 북돋우기도 지나치거나 모자라게 한다. 비록 이렇게는 하지 않는다고 하더라도 사랑이 지나치고 근심이 너무 심하여 아침에 와서 보고는 저녁에 와서 또 만지는가 하면 갔다가는 다시 돌아와서 살핀다. 심한 사람은 손톱으로 껍질을 찍어 보고 살았는지 죽었는지 조사하는가 하면 뿌리를 흔들어 보고 잘 다져졌는지 아닌지를 알아본다. 이렇게 하는 사이에 나무는 본성을 차츰 잃게 되는 것이다. 비록 사랑해서 하는 일이지만 그것은 나무를 해치는 일이며, 비록 나무를 염려해서 하는 일이지만 그것은 나무를 원수로 대하는 것이다. 나는 그렇게 하지 않을 뿐이다. 달리 내가 무엇을 할 수 있겠는가?"

중국의 곽탁타 못지않게 프랑스의 루소 역시 성선설의 관점에서 인간교육의 정당성을 논한 지식인 중 한 사람이다. 루소가 평생을 통해 다루었던 주제는 인간 회복이었다. 인간은 자연상태에서 자유롭고 행복하고 선량했었다. 그러나 인간 스스로가 만든 사회제도나 문화에 노출되기 시작하면서부터 부자연스럽고 불행한 상태에 빠져버렸다. 그래서 참된 인간 본연의 모습을 발견하는 일이 바로 인간성을 회복하는 일이라고 보고 있다. 루소는 그런 관점을 유지하면서 소설 형식으로 쓴 『에밀(Emile ou de l'education)』을 통해[참고: 장 자크 루소(2003). 에밀(역). 서울: 한길사] '교육은 자연이나 사람이나 사물에서 얻을 수 있는 것으로 우리가 지닌 능력과 기관의 내적 발전을 말하는 것이며, 그것은 자연이 주는 것'이라고 보고 있다. 능력의 내적 발전은 자연, 인간, 사물의 세 가지로 촉진되는데, 이들 세 가지가 바로 교육을 감당하는 요소들이다. 세 가지의 활동이 모순되면 그로부터 배우는 사람들은 그릇된 교육을 받게 되는 것이고, 반대로 이 세 가지 스승에 의한 교육이 모두 일치되어 소기의 목표를 지향하면 배우는 사람들은 자기 목표를 향해 원만한 삶을 살 수 있게 된다. 루소가 '자연으로 돌아가라.'고 직접적인 언급을 하지는 않았지만, 그가 일관되게 자연의 중요성을 이야기하는 것은 사실이다. 이때 그가 언급하는 자연은 문명을 등지고 은둔의 삶을 즐기자는 것이 아니다. 인간의 본래 성질인 인간 본성을 되찾자는 의미로서 자연의 중요성을 이야기한 것이다. 인간은 원래 선한 존재이기는 하지만, 그것이 제도와 기관에 의해 오염되기 쉽기 때문에 교육을 통해 선함은 더욱 발전시키고, 악함은 드러나지 않게 다스릴 수 있는 능력을 길러 주자는 의미에서 인간의 본성 회복을 자연으로 표현하였다.

루소가 강조하는 교육은 그런 점에서 전인교육이고, 맞춤교육이며 자율교육이다. 그는 아이가 성장해 감에 따라 각 시기, 발달단계에 적합한 교육 활동을 해야 한다고 주장했다. 자연이 아이들에게 허락한 발육 순서가 있는데, 그 발달단계와 순서에 따르는 교육 활동을 전개하는 것이 바로 아이를 아이로 다루는 일이며 동시에 자연을 따르는 지름길이라고 보았다. 그래서 유년기에는 신체 양육, 말하자면 신체의 성장을 위해 신체의 자유를 구속하지 않는 양육을 실시하라고 조언한다. 다섯 살에서 열두 살까지는 감관이 발달하는 시기이기 때문에 신체와 감관을 훈련시키는 교육 활동이 필요하다. 열다섯 살까지는 이성과 감수성이 생겨나는 시기로서 무엇보다도 기술교육을 실시해야 하며, 스무 살까지는 도덕적인 감정을 이해해야 하는 시기이므로 도덕과 종교교육을 제공해야 한다고 주장했다. 스무 살이 넘으면 누구나 완전한 성인으로서 결혼생활과 같은 인생과업을 행하면서 살아가는 시기인데, 이때 성인으로서 필요한 각각의 성역할과 책임, 그리고 의무에 대한 교육을 실행해야 한다고 루소는 조언한다. 인간의 발달단계마다 필요한 교육목표가 있고 각각 다르기 때문에 그것을 가르쳐 주는 교육 방법도 달라야 한다. 발달단계에 어긋나는 교육 활동을 하게 되면 능력 개발의 혼선이 생기고 그로부터 아이들의 성장이 방해를 받게 되어 인간의 심성 자체가 파괴된다는 것이 루소의 경고였다. 이렇게 아이들에게 바른 교육을 베풀기 위해서는 교육자가 있어야 하지만, 그 교육자는 결코 자연의 대리자 그 이상일 필요가 없다고 주장한다. 왜냐하면 아이의 본성에 합당한 유일한 안내자는 아이들의 성장 질서를 내재한 자연이기 때문이다. 성선설을 생물신경학적으로 지지하는 학자들에 의하면, "생명체는 유전자의 최대 증식을 위해 고안된 유전자의 생존 기계."라고 말한 리처드 도킨스의 '이기적 유전자론'은 처음부터 공상소설로 비난받게 될 뿐이다[참고: 요하임 바우어(2007). 인간을 인간이게 하는 원칙(역). 서울: 에코리브르]. 바우어는 인간의 세포는 원래 이기적 유전자의 투쟁의 결과가 아니라 유전자 간 협력으로 탄생했다고 주장한다. 실제로, 박테리아였던 미토콘드리아도 세포 내 공생의 과정을 통해 원시 단세포 생물과 한 몸이 된 것을 보아도 안다는 것이다. 도킨스의 주장을 반박하는 그는, 유전자는 근본적으로 이기적이며 생존을 위해 무한 투쟁하지 않는다는 것이다. 그래서 그는 인간의 본성은 투쟁이 아니라 협력공생이라는 특질을 갖는다고 주장한다. 인간을 움직이게 하는 동기부여 체계는 목표지향적인 행위를 유발하는데 인간의 몸에는 그것을 촉진하는 각종의 신경전달물질이 존재한다고 본다. 말하자면 도파민 옥시토신 등 신경전달물질이 애착이나 신뢰에서 생성되는 행복전달물질인 것이다. 인간이 폭력적으로 변하는 것은 유전인자의 탓이 아니라 환경적인 요인의 결과라고 본다. 예를 들어, 러셀 퍼넬드가 주장한 '사회적 뇌'도 근본적으로 인간의 동기부여체계는 사회적 결속에 있으며, 성공적인 인간관계를 구성하는 모든 형태의 사회적 상호작용을 촉진한다고 밝혔다. 유전자는 상상할 수 없을 정도로 주변 환경에 반응하기에, '타고난 범죄자' 같은 유전자의 고정 타입은 환경에 의해 얼마든지 달라진다. 실제로 인생의 초기단계에서 애정 결핍은 동기부여체계의 기능을 현저히 저하시켜 공격성을 유발한다는 것도 모두 그런 이유다.

16) 성선설에 대비되는 성악설은 사람의 본성은 본디 악이며 선한 거짓이라는 논리다. 인간이 본디 악하기 때문에 선으로 가기 위해서는 배움이 있어야 한다는 주장이다. 성현들의 가르침에 따라 끊임없이 행실을 갈고 닦아 '악한 본성을 변화시켜 선하게 만들어야(化性起僞)' 선이 가능하다고 본다. 성악설은 인간의 본성을 악으로 간주하기에 성악설을 신봉하는 사람들은 공장(工場)형 교육관을 취한다. 잘못된 인간의 본성을 바로 잡기 위해서는 선을 위한 교육적 처방이나 교육적 지침서인 매뉴얼이 있어야 하고, 그것에 따라 인간의 잘못된 본성을 바로 잡는 일을 교육이라고 보았다. 공장형 교육관은 기본적으로 교육은 '사람을 만드는 일'로 간주한다. 일정한 순서로 부품을 제품계획표에 따라 조립하여 하나의 완성품을 만들어 내는 공장처럼 교육도 그런 인력제품의 공정 활동이라고 간주한다. 그렇게 만들어지는 제품이 시장에 팔리듯이 공장형 교육을 통해 만들어진 사람들은 사회 발전을 위한 인재, 혹은 인력으로서의 가치를 갖는다. 공장형 교육관에 의하면 교사 역시 공정을 거쳐서 나와야 되는 전문가로서 그들은 제품 조립을 위한 조립공이나 숙련공의 위치에 서 있게 된다.

17) 참고: 스티븐 핑커(2004). 빈 서판(역). 서울: 사이언스북스.

18) 나는 어느 날 수원역으로 가기 위해 올라탄 버스에서 만난 운전기사를 잊지 못한다. 그는 그 바쁜 운전 중에도 자기와의 대화를 통해 자기가 겪는 스트레스를 조절하는 데 뛰어난 조절 능력과 자기 상상력을 갖고 있었던 사람이기 때문이다. 횡단보도에서 정지신호에 아랑곳하지 않고 뛰어가는 손님을 보고, 그 운전기사는 자기 스스로 "저렇게 가는 사람을 버스가 조심하지 않으면 회사만 망하는 거지!"라고 중얼거린다든가, 차비를 미리 준비하지 않고 탄 학생이 주머니에서 부스럭거리면서 돈을 내고 안으로 들어가자, "내 아들놈도 저럴까봐 큰일이네. 저러면 출근시간에 다른 사람들에게 피해를 주는데 그렇게 하지 말라고 해야지." 등 내가 목적지에 이르기 위해 약 40분을 가는 동안 운전자는 늘 자기와의 대화와 자기 성찰, 자기 각성에 아주 충실한 채 손님을 배려해 가면서 여유 있게 운전했다. 그 운전기사를 오해하면 마치 실성한 사람, 얼빠진 사람 등 운전하기에 부적합한 사람으로 분류하겠지만, 나는 오히려 그런 사람이야 말로 공익을 위해, 서비스에 투철하기 위해 자기 대화, 자기 각성의 '자기 조절 능력'을 가진 사람이라고 본다. 자기 조절 능력이 뛰어나려면 자기 배움에 투철해야 하는데, 그 운전기사는 바로 자기 배움을 위한 자기 대화, 자기 각성에 투철함을 보여 주었다. 이런 사람을 우연하게 또 한 명 발견

했는데, 신라호텔 식당에서 일하는 중국계 요리사다. 그는 혼자서 아주 단조롭게 만두를 만들면서 자기 혼자 다정한 눈짓과 표정을 지으며 늘 만두와 이야기를 하듯이 중얼거린다. 그는 자기가 만든 만두와 무슨 대화를 하고 있음이 분명하다.

19) 지라르[참고: 르네 지라르(2006). 문화의 기원(역). 서울: 기파랑]는 20세기가 낳은 가장 독창적인 사상가 중 한 명으로서 프랑스 남부 아비뇽에서 태어나 파리 고문서 학교를 졸업한 뒤 미국으로 건너갔다. 지라르는 프랑스 문학을 가르치는 문학평론가에서 문화인류학자로 변신한 하이브리드, 즉 잡종 지식인이다. 그는 어느 학파, 어느 학문에도 소속되지 않았다. 독학으로 문학평론을 펼치다가 심리학에 눈을 떴고, 신화를 연구하면서 한 가지만을 붙들고 탐구를 계속했다. 그것은 인류의 문화적 기원이 집단적 폭력을 제어하기 위한 희생양의 제의에서 출발했다는 점이었다. 그는 희생양 제의의 가설을 세우며 문화인류학자로서 자기 탐구에 충실하고 있다. "저는 학교나 대학에서 결코 대단한 것을 배우지 못했습니다. 어쩌면 저는 독학 스타일인 것 같아요. 항상 어깨 너머로 다른 영역을 훔쳐보는 버릇이 생겨난 데는 아마 이런 스타일도 한몫 했을 것입니다." 이 말에서 느낄 수 있는 것처럼 지라르는 늘 이방인이었다. 프랑스에서는 미국인이었고 미국에서는 프랑스인이었던, 따돌림의 대상일 뿐이었다. 문학과 심리학, 신화학, 종교학, 인류학적 탐구에 진지한 열의를 보이며 그 모두를 탐구하는 그는 학계에서 '아무것도 아닌 존재'로 취급받기 십상이었다.

20) 키케로(Marcus Tullius Cicero, BC 106~43)는 고대 로마의 문인·철학자·변론가·보수파 정치가였다. 그는 라티움의 아르피눔에서 출생한 후 로마와 아테네에서 공부했다. 로마에 돌아온 후 처음에는 보수파 정치가로서 활약했다. 집정관이 되어 카틸리나의 음모를 타도하여 '국부'의 칭호를 받기도 했으나, 공화정을 내세우는 카이사르와 반목하다가 그가 솔론에 오르자 정계에서 축출당했다. 그 후 문필에 종사하게 되었으나, 카이사르가 암살된 뒤에 안토니우스를 탄핵했기 때문에 원한을 사게 되어 안토니우스의 부하에게 암살되었다. 안토니우스의 명령에 따라 키케로의 시체는 머리만이 아니라 오른손도 잘렸다. 키케로의 목과 오른손은 로마로 보내져 포로 로마노의 연단에 걸리는 수모를 당했다. 카이사르 암살에 환호한 지 1년 9개월밖에 지나지 않은 기원전 43년 12월 7일의 일이었다. 그 당시 키케로의 나이는 63세였다. 그로부터 50년 이상 지난 어느 날, 팔라티노 언덕의 황궁에서 이런 장면이 벌어졌다. 황제의 손자들이 머리를 맞대고 키케로의 저술을 읽고 있을 때, 연로한 황제가 그 방으로 들어왔다. 소년들도 키케로의 죽음에 할아버지가 관여한 것을 알고 있었다. 그래서 꾸중을 들을까봐 겁이 나서 바짝 긴장했다. 그러나 늙은 아우구스투스는 손자들이 읽고 있던 책을 집어 들고 선 채로 두루마리를 펼치기 시작했다. 그렇게 잠시 읽은 뒤에, 그는 책을 손자들에게 돌려 주면서 말했다. "교양은 있는 사람이었지. 그리고 애국자이기도 했단다." 키케로는 수사학의 대가이자 고전 라틴 산문의 창조자이며 동시에 완성자라고 불리며, 그리스의 웅변술과 수사학 소양에서 우러나온 문체는 도도하게 흐르는 대하에 비유된다. 키케로는 에피쿠로스학파인 파이드루스(BC 140~70)와 스토아학파인 디오도투스(BC 60년경 사망) 및 아카데미학파인 필로(BC 160~80) 밑에서 철학을 공부하였기 때문에 철학의 주류를 이루는 그 당시 학파에 대한 기초 지식을 갖고 있던 사람이었지만, 그 스스로 아카데미학파를

자처함으로써 필연성을 주장하는 인식론보다는 개연성을 강조하는 인식론을 선호했다. 그는 스토아학파에 매력을 느끼면서도 소크라테스로부터 논리의 근거를 찾았다. 그는 종교적으로는 불가지론자였다. 그의 글로서 현존하는 작품으로는 「카틸리나 탄핵」 외 58편의 연설과 『국가론(De Republica)』, 『법에 관하여』, 『투스쿨라나룸 담론』, 『신에 관하여(De natura deorum)』, 『의무론(De officiis)』 등의 사상서, 『노년론』, 『우정에 관하여』 같은 소품, 그리고 친구인 아티쿠스 등에게 보낸 서한이 있다. 여러 책을 썼지만 『의무론(De officiis)』의 3권을 제외하면, 그 스스로 어떤 저술에 대해서도 독창성을 주장하지 않았다. 그는 아티쿠스에게 보낸 편지에서 "이 책들은 남의 생각을 베낀 사본이다. 나는 거기에 낱말을 공급했을 뿐이다. 나는 낱말을 많이 갖고 있다."라고 말함으로써 일종의 철학백과사전을 써보는 것이 그의 저술 목적이었다고 할 수 있다. 그는 저술작업 동안 스토아학파와 아카데미학파, 에피쿠로스학파 및 아리스토텔레스학파(소요학파)의 저서에서 많은 인용자료를 얻었지만, 그가 사용한 형식은 대화체였다. 페트라르카로부터 마키아벨리에 이르기까지 이탈리아 르네상스를 일군 위대한 인물들은 모두 키케로의 권위와 식견에 호소하고 있는 실정이다(참고: 안토니 에버릿(2006). 로마의 전설 키케로(역). 서울: 서해문집]. 종교개혁가 루터는 그를 아리스토텔레스보다도 더 중요한 인물로 꼽았으며, 몽테뉴는 다른 누구보다 그의 저작을 많이 인용했다. 프랑스의 오만한 지성으로 불리는 볼테르도 "키케로는 생각하는 법을 가르쳐 주었다."라고 고백하였다. 이 모든 찬사와 후대에 미친 비할 데 없는 영향에도 불구하고 키케로는 실패자였다. 탁월한 평전의 저자 에버릿이 보고하듯이, 키케로는 그가 봉사한 계급에게 단 한 번도 수용되지 않았으나 그래도 그는 끝까지 자신의 원칙을 지켰다. 카이사르, 안토니우스, 옥타비아누스와 같은 권력도 칼도 군대도 인기도 결코 가져본 적이 없으며, 끝내는 그 권력에 의해 비참한 최후를 맞은 이 원로 정치인에게 후대인들이 깊은 관심과 찬사를 보낸 이유는 그의 절충적인 처세 도덕론이 뛰어났던 것뿐만 아니라, 그리스 사상을 로마로 도입하고 그리스어를 번역하여 새로운 라틴어를 만들어 최초로 라틴어를 사상 전달의 필수적인 무기로 삼았던 인문학자였기 때문이다.

21) 1959년에 나온 포퍼의 『과학적 발견의 논리』가 20세기 과학철학의 전반부 논의를 뒤흔들었다면, 1961년에 나온 쿤의 책은 20세기 후반의 과학철학의 논의를 이끌었다(참고: 스티브 풀러(2007). 쿤/포퍼논쟁(역). 서울: 생각의 나무]. 포퍼가 벌인 논쟁들은 유명하다. 그는 과학철학이 본격적으로 체계를 잡아가기 시작한 20세기 초부터 다양한 논쟁을 벌여 왔다. 1930년대 비엔나에서 논리실증주의 과학철학과 한 번, 1946년 무렵 영국에서 비트겐슈타인과 한 번, 1961년 독일에서 프랑크푸르트학파의 아도르노와 한 번, 또 1965년 영국에서 쿤과도 논쟁을 한 번 벌였다. 1965년 여름에 벌어진 쿤/포퍼의 논쟁은 20세기 후반에 펼쳐질 과학철학의 논의 방향, 즉 과학의 발전을 어떻게 파악해야 하는가에 대한 상반된 견해의 갈등을 보여 준다. 포퍼가 과학에 대한 전통적 견해를 고수해 과학의 점진적 발전을 주장했다면, 쿤은 과학의 혁명적 발전이라는 혁신적 견해를 제시했다. 이른바 과학과 그 발전에 대한 견해 사이에 벌어지는 새로운 갈등이다. 핵심은 쿤에게 있어서 과학은 더 이상 인간에게 뭔가 근사하고 의미 있는 일이 아니라 그저 퍼즐조각 맞추는 일에 지나지 않았다. 과학사에 기초한 쿤의 주장은 아주 대담했고 또 현장감 있었다. 쿤과 달리 과학 발전에 관한 포퍼의 주장은 새로운 상황을 받아들이기엔 역부

족이었다. 쿤에게 과학 발전은 진리와는 상관없이 그 무엇이든 새로운 패러다임이 나타나면 충분했지만, 포퍼에게 과학 발전이란 진리를 추구하면서 나타나는 의미 있는 과정이어야 했다. 역사는 쿤/포퍼 논쟁에서 쿤의 손을 들어주었다. 이것은 과학에서 진리를 추구한다는 게 번거로운 일이라는 것을 말해주는 주요한 실마리다.

22) 과학의 발전에 윤리를 기대할 수 없다는 점은 과학의 발전이 인간의 인습이나 마음먹기와 같은 일상적인 일에서부터 신이 존재하는지에 관계된 절대적인 종교적 진리까지 수속할 수 없다는 것을 함의한다. 예를 들어, 2007년 현재 한 학자가 대학 교수로서 학생들을 가르치고 있다. 그는 외국에서 박사학위를 받았고, 교수생활을 26년간 했으며 지금까지 전공분야에서 50여 권의 전문서적을 출간했다. 그는 과학과 미신 간의 차이를 나름대로 구별할 줄 알고, 인간의 문명이 무엇이어야 하는지도 나름대로 알고 있다. 그가 마침내 값 비싼 고급 승용차를 한 대 샀다. 인생의 말년을 맞이하는 심정으로 최고급 승용차를 한 대 산 것이다. 모든 것이 전자 시스템으로 작동되는 고급 자동차였다. 이 자동차가 앞으로 사고가 나지도 않고, 사고를 당하지도 않았으면 하는 심정으로 조그만 암자의 스님이 시키는 대로 자동차 앞에 한상 가득히 차려놓고 차에 막걸리도 뿌리고, 부적도 유리창에 달아매고, 북어 한 마리도 자동차 트렁크 깊숙이 숨겨놓았다. 모든 것을 비구니 스님이 시키는 대로 꾸벅꾸벅 절도 하면서 고사를 지냈다. 그렇다고 고사를 지내는 동안 이 학자의 마음이 편안했던 것은 아니었다. 이미 집 문을 나서서 암자로 향하기 전부터 내내 심기가 불편했다. 이야기하기 싫고 떠올리기 싫은 그런 역겨움과 주저함 같은 것이 치밀었다. 자신의 의지와는 달리 암자에 도착해서 시키는 대로 불상을 향해 꾸벅대기는 했지만 가슴 속 한구석에서 치밀어 오르는 말 못할 고뇌와 역겨움을 지워내기가 쉬웠던 것은 절대로 아니었다. 그런 역겨움은 자기 스스로에 대한 역겨움이기도 했지만, 부인에 대한 역겨움도 서려 있었다. 그의 부인 역시 고등교육 깨나 받았고, 남도 가르치는 의식이 멀쩡한 이성적인 여자였다. 다만, 이런 부분에 있어서는 자기 한계를 있는 그대로 드러냈다. 행동은 결코 뒤따라가지 못했지만 절에서 내주는 불경을 읽으며, 그것이 자신과 가정을 위해 바른 행동이라고 굳게 믿고 있었다. 그녀는 자동차든 뭐든 덩치 큰 것을 사면 고사를 지내야 하고, 가게를 열면 고사를 지내야만 마음이 편해지는 사람이었다. 그 덕으로 모든 것이 만사가 형통하다고 믿으면서도 자신의 뱃살과 군살을 빼기 위한 운동은 한 번도 제대로 해 본 적이 없었다. 군살이 빠지기 시작한다면 그것은 오로지 말로만 빠질 수 있는 것이었다. 바로 아내이자 여자인 그녀가 자동차의 무사고를 위해 고사를 지내야 한다고 우겨서 그는 솟구치는 역겨움을 어떤 말로도 표현하지 않은 채 아침 일찍 따라 나선 것이다. 인간의 왜소함보다는 인간이란 존재가 도대체 무슨 존재인지에 대한 혼돈과 역겨움의 모든 것을 그녀로부터 읽어 내면서 그 역시 스님의 목탁소리에 고개를 숙여가며 꾸벅댔다. 21세기 첨단공학의 기술로 만들어진 고급 자동차와 마른 북어대가리와 과일 서너 개, 팥떡, 막걸리 한 병으로 차려진 고사상과의 맞대결, 아무래도 어색할 수밖에 없는 괴이한 풍경이었다. 전기 제어와 전자 제어장치가 한 줄이라도 어긋나면 단 1mm도 나아갈 수 없다는 자동차의 이치를 너무 잘 알고 있는 현대판 지식인의 이성적 의식과 어느 경우라도 사고는 일어날 수 없다는 무사고 가능성을 믿고 있는 감성적 무의식 간의 평온한 대치, 만약의 사고를 대비하여 생길 수 있는 여러 가지 손

해를 예상해서 자동차 보험을 들어놓고도 그까짓 보험이 무슨 대수냐고 보란 듯이 자동차 앞에서 손을 비비고 있는 풍경 간의 대치는 어쩔 수 없는 의식의 지체현상을 보고 있는 것이다. 이런 풍경은 굳이 절에서만 일어나는 것이 아니다. 교회나 성당에서도 양태만 다르지 매시간 일어난다. 이런 대치를 부조리라고 이야기해야 할까? 지체 의식의 지체라고 해야 할까? 의식의 지체 배움은 자기 평온함을 찾아내려는 방법, 이성과 이성의 반대 행동 간의 공존과 부조리를 뻔히 지켜보면서도 그것을 수용하고 그로부터 타인을 조금이라도 배려하려는 노력, 의식 지체의 역겨움을 그대로 받아들이며 자기 분노에 대한 극복, 자기 행위에 대한 용서, 한 가닥의 희망……. 그런 것이 아니겠는가?

23) 학교로 불려간 아인슈타인의 아버지는 교장으로부터 대단히 유감스럽다는 말을 듣는다. "아드님은 어느 쪽으로도 성공할 수가 없어요. 미래가 없어요." 미래가 없는 아이로 보였던 아인슈타인은 20년이 지난 후 상대성 이론의 창시자가 되었다. 아인슈타인은 한 기자와 가진 인터뷰에서 자신이 거둔 성공에 대해 다음과 같이 이야기했다. "나는 한 번도 기자들처럼 공책을 들고 다닌 적이 없어요. 그저 평소에는 머리를 비워뒀다가 연구해야 할 문제가 생기면 온 힘으로 집중했죠. 당신이 소리의 속도가 몇이냐고 묻더라도 난 정확한 답을 몰라요. 물리학 사전을 찾아봐야 알 수 있죠. 나는 사전에서 찾을 수 있는 지식에는 별 관심이 없어요." 깜짝 놀란 기자가 물었다. "그럼 당신 머릿속에는 뭐가 들어 있죠?" 아인슈타인이 대답했다. "책에 아직 실리지 않은 내용이 들어 있죠." 창조적 사고 실험의 중요성을 말해 주는 아인슈타인의 일화다[참고: 탄샤오위(2005). 노벨상 수상자 36인의 학습법. 서울: 문학수첩].

24) 아인슈타인에 따르면, 이론물리학자의 방법이란 모든 가정(hypothesis) 가운데서 원리(principle)라고 부를 수 있는 것, 즉 결론을 연역해 낼 수 있는 것을 추론의 근거로 사용하는 사람이 바로 이론물리학자다. 이론물리학자의 작업은 크게 두 가지 부분이다. 먼저 원리를 탐색한 다음, 이어서 그 원리에 내재해 있는 결론을 발전시킨다. 두 번째에 해당하는 과정을 실행할 때, 이론물리학자는 대학에서 우수한 실험기재를 사용할 수도 있다. 두 가지 과정 가운데 첫 번째의 것, 즉 연역의 기초를 제공하는 원리를 세우는 것은 조금 다르다. 왜냐하면 사람들이 쉽게 납득할 수 있는 방법이란 것도 존재하지 않으며, 또 어떤 목표에 도달하기 위해 체계적으로 적용할 수 있는 방법이 있는 것도 아니기 때문이다. 과학자들은 일반적이고 확실한 것으로 자연스럽게 여겨지는 경험적인 사실의 거대한 복합체에서 벗어나, 아주 명확히 정식화(定式化)할 수 있는 일반 원리에 귀를 기울여야만 한다. 한번 이런 정식화가 성공하면, 생각지도 못했던 관계를 드러내 주는 추론의 결과가 곧잘 전개될 수 있으며, 그 관계란 원리를 도출하는 바로 그 실재의 영역보다도 훨씬 확장된 것을 뜻한다. 연역이 그 위에 기초해야 하는 원리가 발견되지 않는 한, 경험의 개별적인 사실이란 이론가에게 아무 쓸모가 없다. 이론물리학자는 경험으로부터 유추된 일반 법칙 없이는 아무것도 시작할 수 없다. 이론물리학자는 논리적 연역이 근거가 되는 원리가 자신 앞에 나타날 때까지는 경험적인 연구의 기초적인 결과를 앞에 놓고서 아무 할 일도 없는 것이다. 우리는 이론가가 이러한 작업을 시도할 때, 그들을 비판해서는 안 되고, 또 환상주의자라고 비난해서도 안 된다. 이 환상은 높이 평가할 필요가 있다. 왜냐하면 목적지에 이르는 유일한 길이기 때문이다[참고: 알버트 아인슈타인(1990). 나는 세상을 어떻게 보는가(역). 서울: 한겨레, pp. 193-194].

25) Luke, A. (1995). "Text and Discourse in Education: An Introduction to Critical Discourse Analysis." *Review of Research in Education 21*, pp. 3-48.

26) 참고: 발터 벤야민(2007). 베를린의 어린시절(역). 서울: 일방통행로, p. 153.

27) 참고: 올리버 색스(2005). 화성의 인류학자(역). 서울: 바다출판사, p. 32.

28) 미국 버클리 캘리포니아 대학교의 클레어 와이어트 박사는 2007년 2월호 『신경과학 저널(Journal of Neuroscience)』에 발표한 그의 연구논문에서 남성의 땀 속에 들어 있는 화학물질로 사향 냄새가 나는 안드로스타디에논(androstadienone)이 여성의 호르몬, 생리, 심리에 급격한 각성반응을 일으킨다고 보고했다. 그의 연구에 따르면, 여성이 이 화학물질의 냄새를 맡으면 각성반응을 일으키는 스트레스 호르몬인 코르티솔 분비가 급격히 증가하면서 성적 흥분과 함께 혈압이 올라가고 심박동과 호흡이 빨라진다. 와이어트 박사의 실험에서, 여대생 48명(평균 연령 21세)에게 안드로스타티에논이 들어 있는 용기에서 나오는 냄새를 20차례 맡게 한 뒤 2시간 동안 5차례에 걸쳐 타액 샘플을 채취해 코르티솔 분비량을 측정한 결과, 냄새를 맡기 시작한 지 15분도 안 돼 코르티솔 분비가 급증하면서 최고 1시간까지 지속됐으며, 이와 함께 혈압이 올라가고 심박동과 호흡이 빨라졌다. 반대로 실험상 비교를 위해 이들에게 제빵에 쓰이는 효모 냄새를 맡게 했을 때는 이러한 효과가 전혀 나타나지 않았다. 이는 쥐, 나방, 나비가 짝을 유인하기 위해 페로몬이라는 물질을 분비하는 것처럼 사람도 이성의 호르몬 분비에 영향을 미치는 냄새를 방출한다는 사실을 보여 주는 최초의 직접적 증거다. 안드로스타디에논은 남성 호르몬인 테스토스테론의 유도체(파생 물질)로서 남성의 땀, 침, 정액 속에 들어 있으며 사향과 비슷한 냄새가 나는데 이 냄새를 맡은 여성들은 기분이 좋아지고 성적 흥분을 느낀다. 와이어트 박사는 다만 코르티솔 분비량이 먼저 증가하고 그 효과로 각성반응이 나타난 것인지 아니면 각성반응이 먼저 나타나고 그 효과로 코르티솔 분비량이 증가한 것인지는 확실치 않다고 덧붙였다[참고: 한성간. 여성 가슴 뛰게 하는 건 남성 땀 냄새(2007. 2. 8). 연합뉴스].

29) 이렇게 평이한 것이 사실이며 진리라는 점은 매일같이 드러난다. 예를 들어, 어느 나라든 외국의 배가 닿는 항구에는 마도로스의 사랑에 관한 이야기가 즐비하다. 항구의 사랑 이야기는 외지 사람에게는 이상하고 기괴할 수 있지만, 저들 항구인들에게는 일상적이다. 이 점을 김규맨[김규만, 배낭에 담아온 서도동기(2007. 1. 29). 세계일보]은 그의 여행기에서 잘 보여 주고 있다. 그는 네덜란드에 당도해서 네덜란드 대학교에 Sexology 학과가 있다는 사실에 문화적 충격을 경험한다.

"Sex 문제는 동서고금을 통틀어 가리고 숨겨서 어둡고 음성적인데 이들은 Sex 문제를 공개하고 전위에 내세워 학문적으로 여러 가지 문제와 부정적인 면을 긍정적으로 밝혀서 공부를 하고 있다는 사실이 이색적으로 느껴진다. 인간의 가장 원초적 본능이 성욕이다. 이 성욕은 종족 보존의 본능이 입력되어 있다. 성욕에는 조물주의 위대한 섭리가 내재되어 있다. 성욕의 뿌리에서 식욕이나 명예욕, 재물욕 등이 나오는 것 같다. 종족 보존을 위해서는 살아야 되고 살기 위해서는 먹어야 한다. 이 원초적 본능인 식욕과 성욕 중에서 뱃사람들은 식욕은 술과 고기로, 성욕은 항구의 유흥가를 이용하는 것 같다. 암스테르담은 옛날부터 항구도시로 무역선, 화물선, 어선 등이 빈번하게 들락거린 것은 물론이고 애꾸눈 선장 같은 해적도 많았던 나라이다. 이들은 뱃사람을 '마도로스(matross)'라고 한다. 마도로스란 말이 네덜란드어라는 것을 알면 바다와 이 나라의 관계를 이해하기 쉬울 것이다. 오랫동안 항해에서 굶주린 동물성들은 가장 먼저 술과 여자를 찾았으리라. 그러한 유서를 간직한 '유리창 거리'가 선창가에 불야성을 이루고 있다. 암스테르담의 운하가 흐르는 수로를 따라 '유리창 거리'가 있다. 이곳은 여인들이 꽃을 파는 곳이다. 아무리 점잖은 나그네라도 유리창 안 붉은 조명 아래 실오라기 하나 걸치지 않고 요염한 자세를 취하고 있는 알몸의 여인들을 곁눈질하며 훔쳐본다. 망망대해에서 가장 참기 힘든 것은 술과 여자라기보다는 외로움이었을 것이다. 단지 그 외로움을 술과 여자로 풀어 내는 것일 뿐이다……"

30) 참고: 클로테르 라파이유(2007). 컬처코드. 서울: 리더스북, pp. 40-42.

31) 시나리오 플래닝을 구체화시키는 기법은 여러 가지지만, 그 기법들은 대부분 여섯 가지 요소를 포함하고 있다. 첫째로, 핵심 이슈를 점검한다. 핵심 이슈를 바라보고 있는 주요 관계자의 의식구조나 사고방식을 점검한다. 핵심 이슈를 찾아내는 데 선입견과 편견에서 벗어나도록 해야 한다. 그들이 앞으로 어떠한 사고방식으로 미래를 구상하는지, 그것을 가로막는 장애요인이 무엇인지를 밝힌다. 둘째로, 핵심 이슈에 관련된 정보나 지식을 최적화한다. 핵심 이슈를 둘러싼 시나리오를 만들기 위해서 조사연구는 필수적이다. 시나리오 플래너에게 도움이 될 수 있는 가능한 한 모든 자료를 수합할 수 있게 폭넓은 연구가 진행되어야 한다. 이런 연구과정에서 핵심 이슈와 관련되었지만 미처 예견치 못한 리서치 결과가 나올 경우, 그것을 중심으로 다시 정보와 지식을 취사선택해야 한다. 셋째로, 시나리오에 활용될 요소를 선택, 최적화시킨다. 시나리오 작성은 시나리오에 큰 영향을 미치는 환경 요소를 정확하게 파악해 내는 일부터 시작한다. 이를 위해 여러 가지 요소를 고려해야 한다. 말하자면, 시나리오를 가능하게 만드는 사회적·공학적·경제적·환경적·정치적·문화적 요소들을 파악, 정리한다. 넷째로, 시나리오 구성상 드러날 불확실한 요소를 최대한 파악한다. 시나리오 구성상의 핵심 요소와 영향력을 미치는 트렌드를 결정하기 위해 불확실한 요소들의 중요도와 불확실한 정도를 가려낸다. 다섯째로, 시나리오를 가능한 한 사실적으로 작성한다. 미래를 설득력 있게 설명하기 위해 플롯을 작성하고 실제 시나리오를 만들어 간다. 이를 위해서 팀 및 전문가들이 한 자리에 모여 토론하면 더 좋다. 이 과정에서 시나리오 작가의 역할이 중요하다. 여러 가지 플롯을 잘 구성해 2~3개의 최종 시나리오를 도출한다. 만들어진 시나리오에 제목도 붙인다. 여섯째로, 시나리오를 현실 점검하면서 그것을 통해 나타난 대응전략을 수립한다. 작성된 2~3개의 시나리오와 사회변화를 비교 점검하면서 관련자는 나타나는 문제해결을 위한 역량, 전략을 개발한다. 그에 대한 대비책도 함께 세운다. 대비책 마련에는 문제 발굴이 사전에 감지되도록 만드는 조기 경보 방안도 함께 만들어 간다[참고: 사이도 요시노리(2003). 맥킨지식 전략 시나리오(역). 서울: 거름; Schwartz, p.(1991). The Art of the Long View. NY.: Doubleday].

32) 참고: 제임스 데이터(편)(2008). 다가오는 미래(역). 서울: 예문.

33) 참고: 아비샤이 마갈릿(2008). **품위 있는 사회**(역). 서울: 동녘.

34) 피플투 형식의 학습 교환은 온라인상의 멘토, 멘티의 상호 배움관계를 열어 가고 있다. 예를 들어, 15명의 공동운영자가 서울대 선후배 100인에게 물어 만든 대학수학능력시험 비밀장부로 구성된 e백인닷컴(www.e100in. com), 멘토링에만 초점을 맞추어 개설된 피플투(people2:www.people2.co.kr)와 같은 사이트는 비단 과외학습에 한정되지 않는다. 대학 생활과 적성, 진로 등 전반적인 정보 공유를 포괄한다. 멘토와 멘티가 수직관계가 아니라 서로 도움을 주고받을 수 있는 '수평관계'에서 서로에게 필요한 학습 교환을 하고 있다. 온라인 멘토링이 인기를 끌면서 일명 '과외 사이트' 역시 진화하고 있다. 과외 사이트란 아르바이트 자리를 구하는 대학생과 과외교사를 찾는 중고생을 연결시켜 주는 사이트다. 대학생이 소속 학교와 학년, 과외 가능 지역, 가르칠 수 있는 과목 등 상세한 프로필을 작성해 올려놓으면 중고생이 이를 보고 원하는 교사를 골라 연락하는 방식으로 운영된다. 과외코리아(www.study4you.co.kr)나 과외마스터(www.gawemaster.com) 등이 유명하다. 영어나 수학 등 특정 과목별 과외 알선에 그쳤던 이들 사이트에는 멘토 연결을 원하는 학부모와 학생이 늘고 있다. 멘토는 일정 기간 학생과 만나 평소 공부량을 확인해 주고 학습 계획을 세우는 데 도움을 주는 사람을 말한다. 방식은 과외교사와 비슷하지만 보다 더 포괄적 의미에서 공부 길잡이 역할을 한다고 보면 된다. 스스로 공부할 수 있도록 동기를 부여하는 것도 멘토의 중요한 역할이다[참고: 이윤아. 온라인 멘토들(2008. 4. 14). 위클리 조선, 2000호].

35) 참고: Terry J. Prewitt (2006). *The Elusive Covenant: A Structural-Semiotic Reading of Genesis*, Bloomington: India University Press.

36) 참고: 왕대일(1999). **묵시문학연구**. 서울: 대한기독교서회.

37) 시편 23장 1절의 노래는 이렇게 시작한다. "1 야훼가 나의 목자시니 나는 부족함이 없습니다. 2 푸른 풀밭에 그가 나를 누이시며, 잔잔한 물가로 인도하십니다. 3 내 영혼을 그가 새롭게 하시고, 자기 이름을 위하여 의의 행로로 나를 인도하십니다. 4 비록 죽음의 그림자가 드리운 골짜기를 내가 걸어갈지라도 나는 어떤 위험도 두려워하지 않습니다. 당신이 나와 함께 계시기에, 당신의 지팡이와 당신의 막대기 그들이 내게 힘을 줍니다. 5 당신이 내 앞에 상을 차려 주십니다. 내 원수들이 보는 앞에서, 당신이 내 머리에 기름을 부어 새 힘을 주십니다. 내 잔이 넘치도록. 6 정녕 선하심과 인자하심이 내가 사는 날 동안 나를 따를 것입니다. 그러니 야훼의 집에서 나는 살렵니다. 영원무궁토록."

　　왕대일 교수는 이 시편을 교차대구적으로 분석한다. 이 시편은 분석 결과, '야훼와 나(a) - 그와 나(b) - 나와 당신(b') - 나와 야훼(a')'라는 흐름이 교차대구적으로 이어지고 있다는 것이다. 이 같은 호칭의 변화는 단순히 예배의식의 흐름, 말하자면 묵도-찬송-기도-설교-찬송-축도의 순서를 드러내는 것이 아니라는 분석이다. 이 시에는 '신뢰의 확인 (a: 1절) - 3인칭 서술/고백 (b: 2-3절) - 2인칭 고백/기도 (b': 4-5절) - 서원의 확인 (a': 6절)'이 교차적으로 이어지면서 '신뢰의 확인'에서 출발한 시가 '3인칭 서술'과 '2인칭 고백'을 거쳐 결론적 '서원'으로 치달음으로써 응집력이 강한 문학 작품의 성격을 드러낸다. 히브리 시문학의 특징인 글, 단어, 구절의 외적 평행귀(parallelism)와 '생각의 리듬 (thought rhyme)'이 강하게 드러난다. 시 23편 본문 전반에 걸쳐 발견되는 호칭의 변화, 단어의 반복, 소재의 연결, 주제의 발전 등은 결코 우연한 것이 아니라 개인의 탄식, 부당하게 고발당한 의인의 기도를 드러내 놓기 위한 개인 탄식시라는 것이다. 본문 속에 쏟아지고 있는 수많은 신뢰의 노래는, 그 것의 원조가 되는 탄식시의 배경일 뿐이다[참고: blog.naver.com/kaikk?redirect=log&logNo= 60013812453].

38) 기계나 실험실과 같은 도구의 힘을 빌리지 않더라도 인간 특유의 사고 실험(思考實驗)이 가능하다는 것을 보여 주는 사례가 있다. 그것은 '인간 컴퓨터'로 불리는 프랑스 남성이 200자리 숫자의 13제곱 근을 70.2초 만에 풀어 자신이 가지고 있던 세계 기록을 경신했다는 보도에서 알 수 있다[참고: 2007년 12월 11일. BBC 보도]. 프랑스 출신으로 현재 램스 대학에서 인공지능 분야 박사과정을 밟고 있는 알렉시스 르메르(27세)는 최근 영국 런던에 위치한 과학 박물관에서 열린 200자리 숫자 제곱근 계산에서 세계 최초로 기록을 경신했다. 르메르는 임의로 선정된 200자리 숫자의 13제곱근 값을 '두뇌'만으로 70.2초 만에 계산, '2,407,899,893,032,210'라는 정답을 내놓았다. 이 기록은 지난 11월 자신이 세웠던 72.4초를 2.2초 단축한 기록이었다. 르메르는 70초 동안의 계산 시간 동안 의자에 차분한 자세로 앉아서 답을 생각해 냈다. 보통 사람이라면 엄두도 내지 못할 그런 비범한 곱셈 계산 능력을 보고 언론은 르메르를 '인간 계산기, 인간 컴퓨터'로 불렀다. 제곱근 계산기록을 연거푸 경신하며 언론의 화제에 오르고 있는 르메르는 지난 달 '곱셈할 때 뇌가 너무 빨리 작동해 진정시키려 약을 먹어야 할 때도 있다.'고 밝힌 바 있다. 그는 운동선수들이 근력운동을 하는 것처럼 계산 능력을 증진하기 위해 매일같이 훈련하고 있다.

39) 한국인들은 노벨상에 연연하는 이상한 나라 중 하나로서 항상 노벨상을 타기 위해 그 무슨 비법이라도 있는 것처럼 노벨상 타기에 급급하지만, 노벨상을 타는 법은 없으며 '노벨상으로 안내해 줄 길라잡이 책 같은 것은 없다.'라는 것이 노벨상을 수상한 사람의 진술이다. 노벨상을 타는 것보다는 오히려 올림픽에서 금메달을 따는 게 더 가능성 있는 일이라고 말하는 도어티 교수[참고: 피터 도어티(2008). 노벨상 가이드(역). 서울: 알마]는 1996년 노벨 생리학·의학상을 받은 학자다. 인체 면역체계가 외부 바이러스를 어떻게 인식하고 파괴하는가를 연구한 공로를 인정받은 그는 과학을 하는 이유가 상을 받는 데 있는 것이 아니라고 잘라 말한다. "과학은 박수나 상, 부를 얻고자 하는 게 아니다. 발견과 흥분에 관한 것이다. 찾아낸 것을 놓고 관점을 바꿔 가며 보고 또 보라. 불가능한 것이나 부조리한 것도 생각해 보라."라고 노벨상 수상에 짓눌려 있는 자들에게 충고한다.

40) 참고: 루이스 월퍼트(2007). 믿음의 엔진(역). 서울: 에코의 서재.

41) 참고: 월터 아이작슨(2007). 아인슈타인 삶과 우주(역). 서울: 까치.

42) 참고: 이명옥(2008). 그림 읽는 CEO. 서울: 21세기북스.

43) 가야금의 달인인 황병기 선생은 〈침향무〉와 〈미궁〉을 작곡하고 그것을 가야금으로 탔다. 〈침향무〉가 그윽하고 단아한 신라의 향기를 품었다면, 〈미궁〉은 초현대적인 전위물에 가깝기에, 〈미궁〉을 욕심 내어 단숨에 느껴 보려던 사람들은 그저 난해하다고 답한다. 〈미궁〉은 가야금과 구음으로 이루어진 곡으로 황 감독이 극단의 모더니즘을 시도한 실험적인 작품이어서 국악뿐만 아니라 국내 음악 전 장르에 걸쳐 최대의 화제작이자 '문제작'으로 평가된다. 가야금은 전통적 연주법에서 벗어나 있고, 구음자는 시종 웃고, 울고, 비명을 지르고, 신음을 내기에 더욱 그렇다. 1975년 명동 국립극장 초연 때, 황병기의 〈미궁〉을 듣다가 한 여성 관객은 무섭다고 소리치며 관객석을 뛰쳐나가기도 했다. 그런 것에 대해 황 병기는 "미궁은 난해한 곡이 아닙니다. 음악이란 게 '이래야 한다.'는 고정관념을 갖고 들으니까 난해 한 거죠. 일종의 성악곡인데 성악이라면 누구든지 이쁜 소리를 생각하지요. 미궁에서는 '인성(人聲)' 을 쓴 겁니다. 인성이 뭡니까? 사람 목소리. 사람 목소리를 들어보면 웃는 소리, 우는 소리, 신음, 신문 낭독하는 소리 …… 뭐 이런 것들이죠. 곱게 다듬어진 소리로 음계를 갖고 부르지 않고 그냥 웃고 울고 하니까, 이게 어렵다는 거예요."라고 답한다. 〈미궁〉과는 달리 〈침향무〉는 가야금의 연주는 '이런 것 이다.'는 고정된 관념의 틀을 깬 작품이다. 말하자면, 그 스스로 한국의 전통음악이 갖고 있는 틀을 깬 것이다. 그는 다시 말한다. "한국의 전통음악이란 것이 결국은 조선조의 음악입니다. 그것도 조선 말에 당대 음악가들한테 물려받은 겁니다. 왜냐하면 음악은 형체가 없잖아요. 그 이전은 음원은 물론이고 악 보도 남아 있는 게 없죠." 당시 황 감독의 고민은 '과연 어떻게 해야 조선조의 틀을 깰 수 있을 것인가.' 였다. 그래서 얻은 결론이 '거꾸로 올라가 보자.'는 것. 이왕이면 화끈하게 고려를 넘어 신라로 들어가 보자는 것이었다[참고: 양형모. 양형모가 만난 사람. 황병기 "매일 해야만 하는 고통이자 쾌락…… 예 술과 스포츠 그래서 똑같아."(2008. 9. 20). 동아일보].

44) 문학가인 제임스 미치너는 헤밍웨이의 글쓰기를 높이 평가한 사람 중 한 사람이다. 그는 소설가 헤밍웨 이와 특별한 인연으로 만난다. 헤밍웨이가 『노인과 바다』를 쓴 당시에는 이미 그가 발표한 소설이 혹평 을 받고 있던 때였다. 그는 미국 문단에서 거의 매장되어 있는 상황이었다. 어떤 출판사도 헤밍웨이의 소설을 출간하려 하지 않았다. 팔리지 않을 소설을 출간할 리가 없었다. 그가 그렇게 어려워할 때 미치 너는 명망 있는 문학가로 저널리스트로 명성을 날리고 있었다. 그는 기꺼이 『노인과 바다』의 서문을 써 주었다. 그 덕에 『노인과 바다』는 출간되었고 온 세계를 휩쓸기 시작했다. 마침내 '노벨문학상'까지 받 게 되었다. 미치너가 『노인과 바다』의 교정쇄를 읽어 본 곳은 미국이 아니라 한국이었다. 한국전쟁이 한창이었던 '한국의 어느 외진 산간지방의 해병대 초소 불빛 밑에서' 그가 헤밍웨이의 노인과 바다 교 정쇄를 읽었다는 일화가 유명하다. 미치너는 헤밍웨이의 『노인과 바다』를 읽으면서도 그랬지만, '작가 는 왜 쓰는가?'라는 질문에 몰두하기보다는 '어떻게 하면 효과적으로 쓸 수 있을까?'라는 물음에 방점 을 두어야 한다는 점을 알려 주고 있다[참고: 제임스 미치너(2008). 작가는 왜 쓰는가(역). 서울: 예담].

45) 기업 경쟁력은 이제 더 이상 가격과 품질 같은 유형의 경쟁력만으로 결정되지 않는다. 요즘은 브랜드와 디자인 같은 무형의 경쟁력이 더 힘을 발휘하는 시대다. 그 사례가 바로 닛산과 도요타에서 발견된다. 일본 닛산 자동차가 1960년대에 미국 자동차 시장을 처음 두드릴 때 일이다. 최고 경영진은 회사 이름

이 너무 '일본식'이라고 판단해 '댓선'으로 고쳤다. '일본이 만든 제품'이란 뜻의 닛산(日産) 상표가 미국 소비자들에게 거부감을 줄지도 모른다는 걱정 때문이었다. 도요타와 함께 일본 자동차 업계의 선두 주자를 자부해 온 닛산이 미국에서는 '닛산을 닛산이라고 부르지 못하는' 상황이 된 것이다. 이 회사는 그로부터 20년이 지나서야 제 이름으로 돌아갔다. 품질로 명성을 쌓아 올리면서 미국 소비자들이 일본식 이름에 더 이상 거부감을 느끼지 않고 오히려 '프리미엄'으로 받아들인다는 자신감이 선 뒤였다. 잘못된 브랜드는 회사를 무덤으로 끌고 간다는 것을 깨달은 후였다. 도요타가 지난 2002년 뉴욕 국제자동차 쇼에 내놓은 신차 '사이온(scion)'은 소비자에게 지나치게 박식함을 요구했다. 사이온은 '뛰어난 가문이나 뼈대 있는 가문의 자손'을 뜻하는 라틴어다. GM이 내놓은 차세대 승용차 '새턴 이온(saturn ion)'도 실패한 브랜드 네이밍의 사례로 꼽힌다. 이온(ion)은 '가는 것 또는 움직이는 것'이란 뜻의 그리스어였지만, 아무도 주목하지 않았다[참고: 스티브 리브킨, 프레이저 서더랜드(2006). 최고의 브랜드 네임은 어떻게 만들어지는가(역). 서울: 김앤김북스].

46) 참고: 한준상(1999). 호모 에루디티오. 서울: 학지사.

47) 괴델이 주창한 수리논리학에서 불완전성 정리는 다시 정리되어 두 차례에 걸쳐 발표되었다. 단순화시키면, 첫 번째인 제1불완전성 정리는 다음과 같다. "기초적인 산술을 충분히 강력하게 허용하는 어떤 무모순의 수학형식 시스템에서도, 그 시스템 내에서 증명될 수도 없고 반증될 수도 없는 자연수에 대한 문장을 만들 수 있다." 이러한 맥락에서 수학의 형식 시스템은 공리의 'recursive set'을 가지는 공리계다. 마찬가지로 그 시스템의 정리들은 튜링머신에 의해 생성될 수 있다. 그 시스템에서 증명되거나 반증될 수 없는 문장은 실제로 자연수에 대해 주장하는 것을 가진다는 의미에서 더욱더 참이다. 그 시스템이 참인 문장을 증명하는 데 실패한다면 그것은 불완전(incomplete)이라고 말한다. 달리 말하면, 괴델의 제1불완전성 정리는 충분히 강력한 수학형식 시스템도 불완전(inconsistent or incomplete)하다는 것이다. 괴델의 제2불완전성 정리는 시스템 자체 내에서 최초의 증명을 형식화하여 증명된 것으로서 다음과 같다. "어떠한 충분히 강력한 무모순 시스템도 그 자신의 무모순성을 증명할 수는 없다."[참고: Wikipedia: Gödel's incompleteness theorems].

48) "소(素)라는 말은 갓 뽑아낸 실을 매달아 놓은 것을 나타낸 것으로서, 거기에는 아무런 빛깔이 없으며 아무런 무늬나 장식이 없다는 것을 의미한다. 이런 빛깔로부터 '소(素)'에는 '희다, 흰빛'이라는 의미가 생겼다. 흰빛은 공간을 의미하므로 이로부터 '비다'라는 의미가 나왔고, 흰빛은 모든 색깔의 근본이므로 '근본, 처음'이라는 의미가 생겼다. 근본이라는 의미가 나왔고, 사람의 성격과 관련되어 '근본적인 성질, 타고난 바탕'이라는 의미가 나왔다[참고: 한자어원(2006. 9. 1). 동아일보].

49) 공부(工夫)라는 말은 불교에서 말하는 주공부(做工夫)에서 유래한 것이다. 주공부란 원래 '불도(佛道)를 열심히 닦는다.'는 뜻으로서 참선(參禪), 마음 수련에 진력하는 것을 가리킨다. 공부에 관한 선어록(禪語錄)의 기록에 따르면, "공부는 간절하게 해야 하며, 공부할 땐 딴 생각을 하지 말아야 하며, 공부할 땐 오로지 않으나 서나 의심하던 것에 집중해야 한다." 이런 관점에서 어원학회는 '공부'의 어원을

밝히는 일화를 일본의 검객 미야모토 무사시의 수련에서 찾고 있다. 그가 수련을 마치고 산에서 내려올 때, 기름장수를 만난다. 그가 기름을 따르는데 손으로 탁 치니 기름이 포물선을 그리며 다른 병으로 옮겨갔다. 너무나 노련하고 자연스러운 모습이었다. 그 순간 미야모토 무사시는 자신의 '공부'가 기름장수의 '공부'에 미치지 못하는 것을 깨닫고 내려오던 길을 포기했다. 다시 산으로 거슬러 올라가 수련을 했다. 옛날은 공부라고 하는 것은 문과 무를 포함한 넓은 의미로 썼다. 여자들은 길쌈을 했고, 남자들은 밭에서 일 하는 것을 가리켜 여공전부(女工田夫)라고 했던 것처럼 공부는 기술의 연마를 의미한다. 쉬지 않고 길쌈 끝에 옷감을 만들어 내고, 밭을 일구며 땀을 흘린 끝에야 곡식이 만들어지듯이 정성을 다해야 한다는 뜻에서 그들이 하는 일을 공부라고 표현했다.

공부에서 공(工)과 부(夫)는 모두 장인(匠人)이라는 뜻을 담고 있기는 하지만, 같은 장인이라고 하더라도 공은 기술적 숙련자를 지칭한다. 말하자면, 도예공이나 숙련공과 같은 숙련공을 의미하고 부는 일반적인 숙련자를 지칭한다. 그래서 공부는 기술(技術) 혹은 '기술(技術)의 연마 정도'를 의미하기도 하지만, 원래 고대 중국 사회에서 공부는 임시 고용 노동자를 지칭하는 대명사였다. 동시에 공부는 일꾼들에게 허용된 시간, 짬, 틈 등의 의미로도 사용되었다. 송대(宋代) 이후의 백화(白話)에서는 공부를 솜씨, 노력 등을 의미하는 말로 굳어졌다. 중국과는 달리 일본 사람들은 공부를 궁리, 고안, 생각의 뜻으로 쓴다. 그것을 구후가 아닌 '고후'로 발음하면 그 공부는 토목공사에서 일하는 일꾼을 말하는 것이다. 중국이나 일본과는 달리 우리나라는 공부를 학문이나 일 또는 기술 등을 배우거나 익혀 그에 대한 지식을 쌓는 것으로 이해한다.

50) 교육철학회가 배움이 무엇인지에 대해 진지하게 논의하는 배움의 장을 마련한 바 있다. 2007년도 가을에 열린 배움에 대한 교육철학회의 연차총회의 학술토론 주제가 바로 그것이다. 그곳에서는 배움에 대한 여러 가지 서로 다른 논의가 있었다. 그중에는 학에 대한 글자 풀이를 한 글도 있었다. 학(學)이라는 글자를 풀이하면, 학은 효(爻), 구(臼), 멱(冖), 자(子)의 네 글자로 구성된다. 먼저 글자의 윗부분 구(臼) 안에 효(爻)가 들어 있는 형상임을 알 수 있다. 구(臼)는 원래 양손이 마주보고 있는 모습으로 두 손으로 무언가를 움켜잡고 있는 모습이고, 효(爻)는 음양(陰陽)으로 상징되는 사물의 근원적 요소가 서로 얽혀 있는 그물망과 같은 우주의 모습이다. 이런 기호학적 분석에 따르면, 학(學)이라는 글자는 사람들, 말하자면 어린아이에서부터 노인에 이르기까지 그들의 신분에 관계없이 부단히 노력하며, 또한 스스로 깨우치는 노력으로 이해할 수 있다. 따라서 누구든지 노력하고 깨달으면 성인(聖人)도 되고, 위인도 될 수 있게 만들어 주는 노력이라는 점을 학이라는 글자가 내포하고 있다[참고: 신창호(2007). 원시 유학이 추구한 '배움'. 교육철학회 연차학술대회 자료집, pp. 11-22]. 이 점은 심경부주의 『주자 성가학장(周子: 聖可學章)』에서도 잘 드러나 있다[참고: 황금중(2007). 주자학에서 '배움'의 의미. 교육철학회 연차학술대회 자료집, pp. 41-59]. 주자에게 이렇게 물었다. "성인은 배워서 될 수 있습니까?"라고 묻자 "가능하다."고 대답했다. "요점이 있습니까?"라고 묻자 "있다."라고 대답했다. "그것에 대해 묻고자 합니다."라고 하자 다음과 같이 대답했다. "일(一)이 요점이니 일(一)이란 무욕(無欲)이다. 무욕하면 마음이 고요할 때는 텅 비게 되고 움직일 때는 바르게 된다. 고요함에 텅 비고 밝고 움직임에

바르면 공정해진다. 공정하면 넓어지니 밝고 통하며 공정하고 넓으면 거의 도에 가까울 것이다." 다시
말해서, 성인의 경지는 배움을 통해 가능한데, 그 방법이 '일'과 '무욕'이라는 것이다. 성인은 바로 일
과 무욕을 통해 경(敬), 의(義), 즉 자신의 안과 밖을 곧고 바르게 다스릴 수 있는 사람이다('敬以直內,
義以方外').

51) 호모 에루디티오(*Homo Eruditio*)라는 말은 필자가 1999년 『호모 에루디티오』를 출판하기 이전부터
연구교실에서 라틴어의 문법에 어긋나는 어법이라는 지적이 있어 왔다. 호모라는 명사와 에루디티오
라는 명사를 나열하면 호모 에루디티오는 '인간 교육'이라는 불투명한 말이 된다는 지적이었다. 라틴
어의 문법대로 쓰자면, 호모 에루디투스(*Homo Eruditus*)가 되어야 한다. 그렇게 되면 호모 에루디투
스는 교육된 사람이라는 말이 된다. 호모 에루디티오에 대한 라틴어의 문법적 비판은 있을 수 있는 훈
고학적인 지적이다. 필자가 군이 그것을 라틴어의 문법에 어긋나게 호모라는 명사와 에루디티오라는
명사로 나열한 것은 문법을 몰라서 생긴 무식의 소치가 아니다. 그것은 배우는 동물의 의미를 의도적으
로 곱씹어 보도록 한 노력, 문법을 벗어나고자 한 창발적인 노력의 결과였다. 죽어 있는 라틴어의 문법
적 적용 그 자체에 어긋나게 만들어 인간은 바로 배우는 동물임을 드러내려는 의도적인 노력이었다. 이
세상은 문법대로 살아가 조형미와 질서를 갖추어 온 그런 세상이 아니다. 영어나 독일어의 동사를 익힐
때 외국인들에게 곤욕을 주는 것 중 하나가 불규칙 동사. 동사의 규칙이 정해진 대로 한 가지 유형을
따라 변하는 것이 아니라, 무슨 연고인지는 모르지만 정해진 규칙에 의도적으로 어긋나는 불규칙, 비
규칙의 동사가 수없이 많다. 모두가 인간의 필요를 위해 만들어 놓은 인위적인 것들이다. 이런 것들은
학문의 세계에서는 더욱더 빈번하게 확인된다. 한마디로 말해 이 세상은 의도적으로 어긋나게 만들어
가기 때문에 하나의 형식과 조형미가 서로 다르게 짝을 맞추어 하나의 의미가 더 만들어지면서 더 아름
답고 복잡하게 되는 세상이다. 바로 그것을 가장 극명하게 보여 주는 것이 포스트모던의 해체주의 예술
시각이다. 해체주의 시각으로 보면 문법은 세상 현실을 하나의 틀이나 매트릭스로 묶어 가려는 권력의
도구이거나 수단일 뿐이다. 그것을 깨어 새로운 문법을 만들어 내지 않고는 어떤 창조도 쉽지 않다. 예
를 들어, 우리가 페인팅을 할 때에 일반적으로 먼저 생각하는 것은 붓과 같은 도구다. 붓으로 그리는 그
림이 회화에서는 처음부터 고정된 생각이며 회화의 문법 같은 틀이기 때문이다. 그런 회화의 문법은 이
미 초현실주의화가들에 의해 해체된 지 오래되었다. 폴락(Jackson Pollack)은 물감을 그대로 화폭에
뿌려가며 생각한 이미지를 화면에 영상화시킨다. 그에게는 밑그림이 아예 없다. 밑그림은 그의 머릿속
에 영원히 남아 있다. 화면에 나타난 영상은 그의 머릿속 영상이지만, 그것은 이내 사라져 버리는 영상
일 뿐이다. 그래서 그의 그림 속에서 밑그림을 찾아보려는 관람객의 노력은 언제나 수포로 돌아가게 된
다. 폴락이 구사한 뿌리기 기법은 그림의 가능성이 화폭 위에 사람의 힘을 가하는 붓과의 관계, 화면 간
의 관계를 벗어나는 영상의 투사 행위임을 알려 준다. 폴락이 시도한 표현주의 기법은 이제 디지털 미
디어 예술가들에 의해 한층 더 심각한 해체를 맞고 있다. 그들에게는 문법 자체가 불가능한 단어일 뿐
이다. 문법은 어디에서든지 권력으로 군림하기 때문에 그것을 해체하기 위해서는 그 권력을 무시하는
것으로부터 어떤 것이든 시작해야 한다. 그것이 포스트모던의 사상가들이 일러 주는 삶살이인데, 배움

은 바로 그런 정신에서 시작하는 인간적인 순수 행위다. 인간은 문법을 무시할 때마다 새로운 가능성을 열어놓는 배움의 존재임을 드러내 준다. 사르트르의 말대로, 그리고 나의 대학원 시절의 은사님의 말씀처럼, 타인의 시선은 영원한 지옥이기에 그것을 천당으로 만들어 가기 위해서는 타인의 시선을 피하려고 하기보다는 차라리 지옥이라는 문법부터 먼저 없애는 편이 더 빠른 길이다. 그것이 바로 그들의 공통된 생각이다. 나도 그들의 생각에 동조한다. 나에게 있어서, 진정한 의미에서 교육받은, 혹은 교육된 사람이라는 개념은 불가능한 것이었기 때문이었다. 그것은 마치 신이 된 사람이 불가능한 것과 마찬가지였다. 교육된 인간이나 교육된 사람은 개념적으로 상정할 수 없을 뿐이다. 사람은 언제나 배우는 사람이라는 배움에 대한 진행형의 사람만이 존재한다. 인간이 죽으면 배움도 신도 함께 죽는 것이기에, 그 모든 것은 인간에게 배움이라는 진행형 동사로 영원할 뿐이다.

52) 지아코모 레오파르디(Giacomo Leopardi)는 19세기 초 이탈리아의 시인이다. 「죽음에 다가서는 찬가」로 염세 시인으로 알려졌으며, 대표적인 작품으로는 「부활」, 「시루비아에」, 「고독한 참새」 등이 있다. 그리스어 · 라틴어 · 헤브라이어 · 프랑스어 · 영어 등 여러 언어에 정통했고, 언어 논문도 발표했다. 지나친 공부가 생애에 걸친 병의 원인이라고 알려져 있다.

53) 마르쿠스 테른아우스(Marcus Ternitus)는 제34대 교황(재위 336.1.18~336.10.7)이며 성인이다. 로마 황제 콘스탄티누스 1세가 신앙의 자유를 인정한 후에 선출되었다. 그리스도교 박해가 끝난 시점에서 교회의 안정과 평화를 위해 노력하였다.

54) 토마스 브라운 경(Sir Thomas Browne)은 17세기 영국의 의사이며 저술가다. 옥스퍼드 대학교에서 고전을 공부하고 파도바 대학교 · 레이덴 대학교에서 의학을 공부한 후 1637년 노리치에서 개업의로 활약하면서 고전의 지식을 구사하여 몇 권의 저작을 남겼다. 『의사의 종교』는 종교와 과학의 대립에 있어 신앙인으로서 신념을 서술한 종교적 수상록이다. 통칭 '미신론'으로 알려진 『전염성 유견』과 『호장론』 등이 있다.

55) 참고: 어거스틴(2007). 성어거스틴의 고백록(역). 서울: 대한기독교서회.

56) 사람들은 인종, 성별, 나이 등에 따라 외모와 성격 등 많은 면에서 상당한 차이를 보이지만 유전자만으로 인종의 그 모든 것을 설명할 수는 없다. 예를 들어, 사람은 어린아이일 때나 노인이 되었을 때나 그가 갖고 있는 유전자에는 변화가 없지만, 나이가 들어감에 따라 많은 면에서 너무나 달라진다. 그렇게 다르게 만드는 가장 중요한 물질은 단백질이다. 단백질은 신체의 대사와 구조 형성에 매우 중요한 역할을 한다. 인체의 성장에 관여하는 성장호르몬은 어린아이일 때는 많이 분비되어 성장을 촉진하지만, 청장년기 이후에는 체내에서의 생성이 줄어들어 성장이 멈춘다. 또한 피부의 탄력을 제공하는 단백질인 콜라겐은 노인이 되면 노쇠하고 양이 줄어들어 피부가 탄력을 잃고 주름이 생긴다. 이와 같이 단백질은 유전자처럼 다른 사람과 나를 다르게 만들지만, 같은 나를 시간에 따라 달라지게도 한다. 단백질은 인체의 모든 세포, 조직, 혈액에 존재한다. 심지어 눈물과 콧물에도 존재한다. 질병으로 인해 신체 대사의 변화와 세포의 파괴 등으로 특정 단백질의 조성과 농도에 변화가 생기기도 한다. 이들의 변화는 상

당히 특이한 경우가 많아 질병의 진단에 활용될 수 있다. 특히 세포나 조직은 생체 검사(biopsy)를 위해 환자에게서 떼어내야 하므로 통증과 불편을 주는 반면, 혈액이나 소변, 눈물과 같은 체액은 손쉽게 얻을 수 있어 진단과 검사에 용이하게 활용될 수 있다[참고: 김찬화(2006). 단백질로 인체의 건강을 진단한다. 고대 Today. 여름호, p. 34].

57) 참고: 콜린 마틴데일(1994). 인지심리학(역). 서울: 교육과학사, p. 219.

58) 참고: 조지프 르두(2006). 시냅스와 자아(역). 서울: 소소.

59) 서울대학교 생명과학부 강봉균 교수 연구팀은 바다달팽이에게 강력한 자극을 반복해서 주었다. 이를 기억한 바다달팽이는 이후 약한 자극에도 몸을 움츠리는 반응을 보였다. 연구팀은 이때 바다달팽이의 신경세포에서 ApAF의 활동이 활발해진다는 사실을 발견했다. 저장된 정보가 오랫동안 남아 있으려면 특수한 단백질이 만들어져야 한다. 지금까지는 C/EBP라는 물질이 스스로 이 같은 단백질을 만들어 낸다고 알려져 있었다. 강 교수는 'ApAF가 C/EBP에 달라붙어야 비로소 장기기억에 필요한 단백질이 만들어진다.'며 '책을 단 한 번 읽고 세세한 내용까지 오래 기억하는 사람은 열 번 이상 읽어도 기억이 가물가물한 사람보다 ApAF의 활동이 더 활발할 것'이라고 말했다. 이 연구 결과는『저널 오브 셀 바이올로지』2007년 5월 11일자에 실렸다[참고: 임소형. 기억력 촉진물질 찾았다…… 서울대 강봉균 교수 (2006. 9. 12). 동아일보].

60) 헵 교수(Donald Hebb, 캐나다, 심리학자, 1904~1985)는 캐나다 출신으로 1936년에 하버드 대학교에서 심리학 박사를 받았다. 그의 대부분의 연구 경력은 몬트리올의 맥길 대학이며, 뇌와 행동 간의 관계와 관련된 이론을 발표하였다. 그의 행동의 조직(The Organization of Behavior, 1949)은 연결주의(connectionism)의 개발에 영향을 끼쳤다. 심리학에 생물학적 접근을 했고 현대의 최초의 뇌 이론가 중 한 명이었다. 그는 심리학에서 행동과 신경생리학적인 접근을 결합했다. 그의 연구는 신경세포(neuron)의 기능이 학습과 같은 심리과정에서 어떻게 작용하는지를 이해하는 것이었다. 그의 가장 유명한 업적은 두 신경세포 간의 시냅스 가중치의 변화 규칙(rule of covariation of synaptic weight)인데, 이것을 'hebbian learning theory'라고 부른다. 그는 학습과 기억이란 신경회로망의 변화, 증명될 수 있는 물리적 변화에 의해 일어나는 것이라고 제안했다. 그는 기억과 학습 등 모든 심리학적 기능은 특정 회로망으로 연결되어 있는 세포군(cell assembly)의 활동 때문이라고 보았다. 한 세포가 활동할 때 세포군 내의 회로에서 그 세포가 맺고 있는 시냅스 연결은 수정된다고 제안했다. 이 수정은 비교적 짧은 시간 지속되는 증가된 흥분(단기기억과 관련 있음)이거나 더 오래 지속되는 시냅스의 구조적 수정(장기기억과 관련 있음)이라는 것이다.

61) "인간의 학습을 신경세포 간의 발화문제로 이해하는 연결주의는 뇌기능의 중요성을 공감하는 인지주의 학습 이론가보다는 진화되었다고 볼 수 있다. 왜냐하면 인지주의 학습 이론가는 인간의 뇌 활동 내부의 정신 활동을 명확한 상징적 조작으로 구성 가능하다고 믿지만, 그들이 말하는 기호의 조작이나 상징으로는 인간의 정신 활동을 제대로 설명하거나 모델링하기는 역부족이기 때문이다. 실제로, 학습을

이해하는 데 있어서 연결주의자들은 그들의 학습모델이 신경구조와 닮았다고 확신하면서 신경구조의 활동이나 연결문제를 구체적으로 논하지만, 인지주의는 잠재해 있는 두뇌의 구조와는 전혀 닮지 않은 상징모델의 입장을 취하면서 장황한 설명을 가하는 것으로 학습을 이해한다. 인지주의는 기호와 두뇌 내부 조작을 위한 문법적 규칙에 초점을 맞추지만, 연결주의는 환경의 자극으로 생기는 뉴런 간의 연결 형태와 그것의 표출에 초점을 맞추는 속성을 갖고 있다[참고: 나덕렬. 기억, 어떻게 만들어지나? (2004. 1. 15). 주간조선].

62) 예를 들어, 자석으로 뇌를 자극하면 학습과 기억기능이 향상된다는 연구 결과를 활용한 학습 촉진도구들이 시중에 선을 보이고 있다. 이런 도구는 미국 뉴욕시립대학의 포르투나토 바탈리아 박사 등의 연구 결과를 학습매체 개발에 응용한 것이라고 볼 수 있다. 바탈리아 박사는 보스턴에서 열린 미국신경과학회(American Academy for Neuroscience) 학술회의에서 쥐의 뇌를 자석코일로 자극한 결과 학습과 기억을 담당하는 뇌 부위에서 새로운 신경세포 성장이 촉진되었다고 밝혔다[한성간. 자석, 뇌기능 향상시킨다(2007. 5. 25). 서울 = 연합뉴스]. 바탈리아 박사는 경두개자기자극(TMS) 장치를 이용해 5일 동안 뇌를 자극한 결과, 정보를 장기간 저장할 수 있게 되는 신경계의 장기강화(LTP) 기전이 활성화되는 한편 기억과 기분 조절에 핵심 기능을 담당하는 뇌 부위인 치상회해마(dentate gyrus hippocampus)에서 미성숙 줄기세포가 크게 증가했다고 밝혔다. 바탈리아 박사는 TMS가 줄기세포의 증식을 촉진하면 이것은 인간의 노화 또는 노인성 치매에 의한 기억력 저하를 막을 수 있는 계기를 준다고 보고 있다. TMS는 자석코일을 이용, 뇌조직에 전자장을 일으킴으로써 신경세포를 활성화 또는 무력화시키는 장치로 현재 우울증, 정신분열증 같은 정신질환과 뇌졸중에 의한 마비 치료에 실험적으로 사용되고 있다. TMS는 LTP의 과정을 통해 신경회로를 활성화함으로써 학습과 기억기능을 개선하는 것으로 과학자들은 믿고 있다. 이 외에 학습 효과를 높여 준다는 이름 아래 국내 시장에서 시판되는 학습도구도 한두 가지가 아니다. 암기력 향상을 통해 학습 효과를 극대화시킬 수 있는 기능성 공책과 같은 시목공공책, 마인드 스케이핑 공책, 아로마테라피(향기치료)를 이용해 암기력을 향상시켜 준다는 학습도구 등이 있다. 향기치료 중심의 학습 촉진도구들은 천연허브 추출물로 만든 뇌기능 활성제를 활용한 것이다. 천연향을 맡으면 후각신경, 치상핵을 거쳐 해마에 저장되는데, 이때 비후각성 자극(시각, 청각)도 함께 저장된다는 이론에 기초한 것이다. 마치 나프탈렌 냄새가 나면 화장실을 떠올리게 되고 특별한 향수를 맡으면 어떤 사람의 이미지가 떠오르는 것처럼 공부를 할 때도 천연향을 이용하면 기억력을 향상시킬 수 있다는 논리로 타당성을 설명하고 있다.

63) 언론보도[참고: 류현성. 웹 2.0 기술 이용 '이러닝 2.0' 성공 예감(2007. 7. 7). 조선일보]에 따르면, 미국의 정보공학 관련 온라인 업체들은 교사와 학생 모두 블로그나 팟캐스팅(podcasting) 등에 익숙해지고 있기 때문에 새로운 학습매체 개발에 역점을 두고 있다. 그것을 최대한 활용하여 블로그와 위키피디아 등 사회적 네트워크형 소프트웨어들을 엮어 기존의 이러닝보다 자연스러운 교육환경을 만든다. 쌍방향성을 중시하는 이러닝 2.0 사이트의 대표적인 예로는 블로그를 기본 플랫폼으로 활용한 에듀블로그와 위키를 기반으로 한 위키스페이스 등이 있다. 또한 교사와 학생이 함께 적는 공동 노트를 표방

하는 스터디셔스와 손쉽게 신문이나 팸플릿을 만들 수 있도록 하는 리드라이트씽크 프린팅 프레스 등
도 등장했다. 구글 같은 업체도 교육용 무료 구글 응용용팩을 제공하면서 이러닝 2.0에 눈독을 들이고 있
다. 구글은 G메일, 채팅, 일정 관리, 페이지 생성기, 시작 화면 등을 묶어 교육용 팩으로 구성하였다.
또 '교육자를 위한 구글'이라는 이름으로 교육용 자료 플랫폼도 개발하였다. 애플 역시 무료로 팟케스
팅 호스팅 서비스를 교육 목적을 위해 제공하고 있으며, 이외에 마이크로소프트(MS), IBM 등 대기업
들도 이러닝 2.0에 관심을 보이고 있다.

64) 이 점을 가장 폐쇄적인 종교 중 하나인 유대교의 성직자 랍비 조너선 색스[참고: 조너선 색스(2007). 차
이의 존중(역). 서울: 말글빛냄]가 종교를 통해 잘 설명해 주고 있다. 그는 21세기에 이르기까지 일어난
종교의 번성은 합리주의와 세속화로 무장된 계몽주의의 실패 때문에 가능했다고 본다. 인간 스스로 이
성의 힘만으로는 인간의 윤리문제와 도덕의 문제를 해결할 수 없게 되어 그 대안으로 종교로 되돌아갈
수밖에 없었다는 것이다. 자본주의나 그것의 수단인 시장은 나름대로의 기능을 발휘해 왔다. 시장에서
일어나는 거래와 교환에 의해 발생되는 여러 가지 차이는 저주라기보다는 축복의 가능성을 더 높였다.
그럼에도 불구하고 시장이라고 하는 자본주의의 거대한 손, '보이지 않는 손'은 부의 창출을 부추겼어
도 제대로 된 부의 분배를 통한 정의의 실현에는 그 행보가 더디었을 뿐이다. 정의의 실현이 정치와 경
제 논리에 의해 가능하다고 고집한 계몽주의와 그것에 자리한 제도적 장치들은 처음부터 실패의 종자
를 키웠다. 이런 와중에서 계몽주의의 허구에 끌려다녔던 개인들이 그들의 해답을 시장에서 찾기보다
는 다시 종교에서 구하려고 하였기에 종교가 발흥할 수밖에 없었다는 것이다. 종교는 그런 개인들의 복
귀를 제대로 관리하지 못한 채 저들의 힘을 이용해 다른 것들과의 충돌을 조장하였다. 종교가 정치적
이데올로기와 함께 '우리'를 만들기 위해 우리와 다른 '그들'을 만들어 내며 저들을 밖으로 내쳤다. 유
대교, 기독교, 이슬람 모두가 동일한 유일신 신앙에서 출발했지만, 그들은 그것을 서로 가르면서 종교
의 문명충돌을 만들어 놓았다. 종교 지도자들은 종교를 상대를 살상하기 위한 무기로 만들어 놓았다.
'종교는 불이다. 따뜻하게도 해 주지만 태워 버리기도 한다. 그리고 우리는 그 불꽃의 관리자다.'라는
것을 종교 지도자들이 잊었기 때문에 그것이 가능했다. 각자의 종교만이 유일한 실체이고 진리이자 생
명이라는 '플라톤의 유령'에서 벗어나기가 두려웠기 때문이다. '신의 유일성은 다양하게 숭배'될 수
있었기 때문에, '종교는 해답의 일부가 되지 않으면 문제의 일부가 될 수밖에 없다.'는 사실을 저들이
가장 먼저 망각한 것이다.

65) 인류 행복의 발원지는 에덴동산이었지만 이브가 금단의 열매를 따먹는 순간 행복은 변형되기 시작했다
[참고: 미셀 포쉐(2007). 행복의 역사(역). 서울: 열린터]. 인간은 에덴에서의 행복을 그리워하며 한편으
로는 상징과 신화를 통해 에덴으로의 복귀를, 한편으로는 에덴이 아닌 이 땅 위에서의 행복을 위해 더
불어 사는 방식을 모색하기 시작했다. 그리스 시대에 있어서 행복은 철학자들이 만들어 낸 공동체(폴
리스)의 창작물이다. 중세에 있어서 행복은 철학자들의 이데아를 현실적으로 추구하는 것이 아니라 구
원을 얻어 내는 것으로 집약된다. 신이 사람들을 구원한다는 사명감 속에서 행복을 꿈꾼다. 신에 의탁
한 인간은 그 어느 때보다 행복할 줄 알았지만 현실은 그렇지 못했다. 신을 인간으로 대치한 르네상스

이후 인간은 합리적 이성으로 '행복의 바벨탑'을 쌓으려 했지만, 그 이성만으로는 무엇인가 부족했다. 행복에 관한 한 현대도 예외가 아니다. 돈을 숭배하고 구매가 강제화되어 있는, 철저히 상품화되고 파편화된 세상으로 변질되었기 때문이다. 돈과 젊음, 건강과 쾌락은 이 시대의 행복 코드가 됐지만, 그것이 행복의 열쇠는 아니었다. 이 지점에서 저자는 소비와 자원 고갈의 메커니즘에서 탈출해야 행복이 가능할 수 있다고 주장한다. 내가 맺는 관계, 나의 일상 속에서 끊임없이 펼쳐지는 사물 및 사람과의 관계를 이권이나 돈이 아닌 타인의 인격과 처지를 고려하여 주체적이고 능동적으로 맺는 일이 행복에의 초대를 약속한다. 현대사회에서 행복을 얻기 위해서는 자기만의 공간과 자기만의 독서, 자기만의 즐거운 일이 필요하다고 강조한다.

66) 매코널은 플라나리아를 실험했다. 플라나리아는 몸길이 1~3cm의 와충류로서 모두 민물에서 나며, 하천이나 호수의 바닥 및 수생식물이나 돌 위를 기어다닌다. 그는 플라나리아에게 빛을 쪼인 다음 충격을 주어 마침내 빛만 쪼여도 몸을 뒤틀도록 훈련시켰다. 그리고 훈련된 플라나리아를 반으로 잘랐다. 편형동물인 플라나리아는 잘린 조각에서 완전한 개체가 재생되어 나온다. 놀랍게도 뇌가 있는 앞부분뿐만 아니라 뇌가 없는 뒷부분에서 재생된 개체도 빛에 반응을 보였다. 더욱 놀라운 것은 훈련받은 플라나리아를 먹은 훈련받지 않은 플라나리아도 똑같은 반응을 보였다. 훈련받은 내용은 뇌뿐만 아니라 몸 전체에 퍼져 있었다. 이를 토대로 매코널은 기억이 화학물질로 저장된다는 가설을 설정하였다. 매코널의 실험 결과가 발표된 후 다른 사람들도 비슷한 연구에 착수했다. 무슨 이유인지 다른 사람들의 실험에서는 동일한 결과가 나타나지 않았다. 이런 비판과 항의에 대해 매코널은 "잘못된 실험 결과는 플라나리아를 제대로 훈련시키지 않았기 때문"이라고 맞섰다. 고도로 숙련된 전문가만이 올바른 실험 결과를 얻을 수 있다는 주장이었다. 이 실험을 둘러싼 진위 논란은 이후 10년을 끌었으나 끝내 결론을 내리지 못했다. 진실은 흐지부지 잊혀지고 논쟁만 남아 버렸다[참고: 해리 콜린스 트레버 핀치(2005). 골렘(역). 서울: 새물결].

67) 유대 신화에 나오는 인간의 창조물인 골렘은 야누스의 두 얼굴을 갖고 있다. 원래는 주인을 잘 따르지만 언제라도 미쳐 날뛸 수 있는 위험천만한 존재로서 성서(시편 139장 16절, 형상)와 탈무드에서는 골렘(Golem)을 태아 상태거나 완성되지 못한 물체를 가리키는 뜻으로 쓰였다. 이 골렘은 진흙의 덩된 인간이라고 하는데, 아직 인간이 되기 전에 그를 어여삐 여겨 어떤 사람이든 그에게 도움을 주어 생명을 얻게 되면, 골렘은 자신을 만든 주인의 명령에 절대적으로 복종하고 주인을 충직하게 보호한다. 그러나 일단 자기를 만든 주인이 죽거나 골렘을 증명하는 봉인이 사라져 버려 자유롭게 되면 통제할 수 없을 정도로 난폭해지며 공포의 대상으로 암약한다는 이야기의 주인공을 가리킨다.

68) 참고: 해리 콜린스, 트레버 핀치(2005). 골렘(역). 서울: 새물결.

69) 멀쩡한 아이들, 입시훈련에 일종의 정신적 부적응을 드러내는 아이들 중에서도 일부에 해당되는 아이들을 학습장애자라고 진단해 놓고 그들에게 각종 각성제를 투약하거나 학습촉진제 등을 주사하는 의사, 그것을 타당한 것으로 받아들이면서 갖가지 학습상담 활동을 하면서 치부하는 학습 이론가들이 이

야기하는 학습론은 일종의 학습 사기업자의 견해와 별 차이가 없을 수밖에 없다. 그들이 내세우는 논리의 일반적인 성격은 '끝내 미안하다 사기였다.'라는 말과 동일하게 될 것이다. 내용은 다르지만, 한 언론인[참고: 이훈범. 미안하다 사기였다(2007. 7. 17). 중앙일보]은 '미안하다 사기였다'라는 짧은 글에서 신토불이를 부르짖는 사람들의 심리구조를 이렇게 질타하고 있다.

"……1990년대 한 신문사 입사시험에 '신토불이(身土不二)'의 뜻을 묻는 문제가 나왔다. 한 응시자의 답안이 걸작이었다. '몸은 죽어 흙이 되어도 두 임금을 섬기지 않는다.' 답안지를 내는 순간까지 정답이라 믿었던 그는 불행히도(신문사로서는 다행스럽게) 떨어지고 말았다. 하지만 할 말이 있을 법도 하다. '불사이군(不事二君)'과 헷갈리기는 했지만 신토불이가 사전에 있는 말도 아니었기 때문이다. 이를 중국어로 직역하면 '한 사람이 두 지방에서 태어날 수 없다.'는 뜻이 된다. 그 말이 '나서 자란 땅의 농산물이 몸에 맞는다.' 더 나아가 '국산품을 애용하자.'는 '미언대의(微言大義)'를 가졌을 줄은 중국인도 한참 뒤에야 알았다는 것이다. 불교 용어란 주장도 가소롭다. '생명 주체(正報)와 그 주위 환경(依報)은 분리될 수 없다.'는 '의정불이(依正不二)'를 말하는 모양인데, 그것은 '우주와 생명은 하나'라는 불교 철학이지 국산 배추가 몸에 좋다는 얘기가 아니다. 솔직히 말해 신토불이는 1995년 세계무역기구(WTO)체제의 출범에 앞서 국산 농산물을 보호하기 위한 이데올로기로 만들어진 것이다. 시장 개방 압력에 밀어닥칠 외국 농산물을 신토불이라는 주문으로 막아 내고자 하였던 것이다. 만들고 보니 최고의 광고 카피였다. 절반의 애국심과 절반의 웰빙 바람을 타고 그야말로 '우리 것이 좋은 것이여.'가 되었다. 신토불이는 우리 땅과 별 상관없는 공산품에까지 전 방위로 전선을 확대했다. '국산'과 동의어가 되었다. 대표적인 것이 자동차였다. 자유무역협정(FTA) 시대의 도래는 신토불이 주문에 종언을 고했다. 칠레산 포도, 호주산 쇠고기를 먹어 보니 맛만 좋았다. 알고 보니 신토불이는 사기였다. 처음부터 말이 되지 않았다. 그것은 사기다."

70) 참고: 해리 콜린스, 트레버 핀치(2005). 골렘(역). 서울: 새물결.

71) 참고: 사이먼 싱(1998). 페르마의 마지막 정리(역). 서울: 영림카디널, p. 183.

72) 괴델의 결정불가론은 양자물리학의 불확정성 원리와 여러 가지 면에서 비슷하다. 괴델이 결정불가능론을 주장하기 4년 전에 독일 물리학자 베르너 하이젠베르크(Werner Karl Heisenberg)는 '불확정성 원리(uncertainty principle)'를 주장했다. 수학적 정리를 증명하는 데 근본적인 한계가 있는 것처럼 물리적 대상을 정확하게 측정하는 데에도 근본적인 한계가 있다는 것이다. 예를 들어, 어떤 물체의 정확한 위치 측정을 원한다면 물체의 속도를 정확하게 측정하는 것은 포기해야 한다. 물체의 위치를 측정하려면 빛을 쪼여야 한다. 빛은 에너지를 가지고 있는 광자(photon, 빛의 알갱이)로 되어 있고, 위치를 정확하게 측정하려면 많은 수의 광자, 즉 많은 양의 에너지를 물체에 쪼여야 하는 것이다. 그 결과 물체는 수많은 광자들과 충돌을 겪으면서 진행하던 속도에 커다란 변화를 일으켜 원래의 속도와 다른 값을 갖게 된다. 따라서 물체의 위치를 정확하게 측정하면 할수록 물체의 속도는 그만큼 불확실해진다. 물체의 위치와 속도를 동시에 정확하게 측정하는 것은 불가능하다. 이것이 '불확정성의 원리'인데, 자연계는 이런 불확정성 원리에 의해 지배된다[참고: 사이먼 싱(1998). 페르마의 마지막 정리(역). 서울: 영림

카디널, pp. 190-191].

73) 물론 괴델의 두 번째 정리에 의하면 공리의 타당성을 증명할 방법이 없다고는 하지만, 이것은 공리 자체가 틀렸다는 뜻이 아니라 그것을 증명할 수 없을 뿐이라는 뜻이다. 저명한 정수론 학자인 앙드레 베일(Andre Weil)은 이렇게 말했다. "수학은 완전하기 때문에 신은 존재한다. 그리고 우리가 그 완전성을 증명할 수 없기에 악마 역시 존재한다[참고: 사이먼 싱(1998). 페르마의 마지막 정리(역). 서울: 영림카디널, pp. 187-188]."

74) 철학입문을 가르쳐 온 김영민 교수는[참고: 김영민(1988). 손가락으로, 손가락에서. 서울: 민음사] 철학을 가르칠 때마다 우왕좌왕 문턱에 몰려선 학생들을 보고 있노라면 어떤 아득한 안타까움이 무슨 벌레처럼 내 머릿속을 기어다니는 환각에 빠진다고 한다. 누구의 말을 흉내 내자면, 철학의 고참들은 기성의 체계를 알고 있다는 바로 그 사실 때문에 이미 충분히 타락했고, 신참은 신참대로 현기증 나는 생소함으로 우뚝, 제멋대로, 내 앞에 서 있는 것이지요. 결국 고진의 말처럼, '가르치는 입장은 일반적으로 생각하는 것과는 달리 결코 우월한 위치가 아닌 것'입니다. 그렇지만 철학의 초심자들의 반응은 은폐된 문제의식을 간접적으로나마 드러낸다는 점에서 일면 긍정적인 징후로 여겨진다는 것이다. 왜냐하면 '언중의 인습에서 벗어나 언어의 용례에 따른 생경함이나 소외감을 느끼는 일은 그것 자체로 주요한 철학의 입구를 이루기 때문'이다.

75) 참고: 가라타니 고진(1988). 탐구(역). 서울: 새물결, pp. 251-256.

76) 참고: 고바야시 야스오(외)(1997). 知의 논리(역). 서울: 경당, pp. 18-24.

77) 참고: 가라타니 고진(1998). 탐구(역). 서울: 새물결, pp. 13-14.

78) 이쯤해서 배움(erudition), 학습(learning), 그리고 훈련(training)이라는 개념 간의 의미론적이고도 사상적인 차이를 나름대로 구별해 볼 필요가 있다. 일상적으로는 모두가 하나의 범주로 혼용되기도 하지만, 이 책에서 배움을 학습이나 훈련과 나누어 이야기할 때 끝까지 각 개념 간의 차이를 구별하는 데 쓰이는 일반적인 기준은 개념의 일상적인 쓰임새다. 일상생활에서 사람들에게 '100-1은?'이라는 문제를 던졌을 때 나올 수 있는 경우의 수는 여러 가지일 수 있다. 이때 '100-1=99'라고 오로지 하나의 유일한 수만이 정답이라고 가르치거나 그런 행위에 대해 높은 인지적 평가를 주어 그것을 하나의 교육적 모델로 삼는 상황을 학습(learning)이라고 간주한다. 문제에 대한 가능한 한 '정답'을 말하는 행동, 하나의 알고리즘(주: 유한한 단계를 통해 문제를 해결하기 위한 절차나 방법으로서, 주로 컴퓨터 용어로 쓰인다. 일반적으로 컴퓨터가 어떤 일을 수행하기 위한 단계적 방법을 말한다)에 대한 유일한 해법(solution)을 찾는 경우가 학습이다. 그런 학습 활동에 비해 100-1의 답은 0이 될 수도 있고, 99가 될 수도 있고, 경우에 따라서는 101이 될 수도 있는 무한 값을 갖는다는 것을 통찰하게 만들어 그것을 자신의 삶에 도움이 되도록 만들어 가는 상황을 배움(erudition)이라고 설정할 수 있다. 배움은 하나의 해법만이 유일하다는 생각에서 벗어나므로, 그 해법의 응용도 배우는 사람들 각자의 조건과 상황에 부

합되어야 한다. 배움에서 취하는 것은 학습에서 요구하는 것처럼 하나의 정답이 있을 수 있음을 인정하지만, 그 해법은 경우와 상황, 조건에 따라 전혀 다르게 나타날 수 있고 다양한 해법이 각자의 삶뿐만 아니라 사회의 공공선을 위해 더 긴요한 일임을 깨닫게 해 준다. 학습이나 배움에 비해 훈련은 종속적이다. $100-1=99, 100-1=\pm\infty$라는 해답들 중에서 그 어느 한 가지 혹은 두 가지 모두를 조직의 필요에 의해 주입시켜야 할 해법이라고 규정하였을 때, 그것을 각자 아무런 성찰이나 음미 없이 제공되고 강요되는 그대로 유일한 해법으로 각인하거나 교화시키는 행위가 훈련이라고 말할 수 있다.

동시에, 배움과 학습 간의 질적인 차이를 보다 더 쉽게 이해하기 위해 그것을 의학에 비유하여 질적으로 차별화시킨다면, 학습은 마치 서양의학이 말하는 화학적 작용을 통한 건강보전 치료법과 비슷하고, 배움은 서양의학과 동양의학의 장점을 합해 시너지효과를 북돋우는 융합의학적 건강보존 치유법에 대등하게 비겨볼 수 있다. 서양의학의 한계를 지적하는 민족식물학자이자 스미소니언 자연사박물관의 공동연구자인 플로트킨 박사는 아마존에서의 생생한 경험을 이야기함으로써 서양의술과 융합의술 간의 차이를 설명한다[참고: 랜덜 피츠제럴드(2007). 100년 동안의 거짓말(역). 서울: 시공사, p. 213]. 그는 서양의 의사와는 달리 약초의 화학적 성분이 서로 상호작용하는 원주민들의 약초 제조 방식이나 샤먼의 의술 행위, 말하자면 노래하기, 향기치료, 마사지 등은 식물의 화학물질과 상호작용하는 방식인데, 서양의학이 강조하는 단순한 해법 찾기 중심의 의술보다 치유적으로 월등한 것이었다. 원주민들은 자연의 치료 방식 그대로를 활용한다. 침팬지 같은 야생포유류의 질병 치료법을 따라 식물을 선택하는 방식을 아직도 유지하고 있는 사람들이다. 동물의 행동을 지켜보면서 배움을 얻는 다른 동물이나 부족민들은, 식물에 포함된 수십 가지 성분, 음식, 자연적 조건을 융합적으로 활용할 뿐 아니라 종종 다른 식물과 혼합해서 병든 사람들을 치료한다. 여기서 부족민의 지혜와 동물의 본능적인 지혜의 공통점은 자연에서 채취하는 각종 식물의 상승작용으로 병든 이들에 대한 치료가 가능하다는 혜안을 보여준다.

"아마존 정글에서 원주민 부족의 한 샤먼이 죽어가는 여인에게 심각한 당뇨병을 치료하는 약초를 처방하고 있을 때, 마크 J. 플로트킨[참고: Plotkin, M.(2000). Nature's healing secrets. NY: Viking]은 자신이 목격한 것을 도저히 믿을 수 없었다. 그것은 서구의학이 결코 모방할 수 없는 치료였다. 환자는 서른다섯 살의 티리오 인디언 부족 여인이었다. 그녀는 마을 오두막의 간이침대에 누운 채 제2형 당뇨병으로 사경을 헤매고 있었다. 플로트킨과 동행한 의사는 환자의 혈액에서 거의 치명적인 수준의 혈당을 측정하였다. 충분한 인슐린을 주사할 수 없는 상황에서 서구에서 교육받은 의사와 플로트킨이 손쓸 수 있는 방도는 없었다. 그즈음 이웃 부족의 샤먼 치료사가 환자를 치료할 수 있는 약물을 가지고 마을에 도착했다. 짙은 적갈색 용액인 약물은 특별한 종류의 나무 내피와 으깬 약초 잎, 그리고 회색 덩굴의 수액을 섞은 후 장작불에 끓여서 만든 것이었다. 샤먼은 가지고 온 약물을 여인에게 두 숟가락 먹였다. 이 치료는 하루 네 차례씩 계속되었다. 한 주가 끝날 무렵 그녀의 혈당은 정상으로 돌아왔다. 그는 샤먼이 당뇨병 치료에 사용한 약물 성분을 미국으로 가져가 연구실에서 화학자들에게 분석을 의뢰했다. 그러나 더욱 혼란스러운 상황이 전개되었다. 실험 결과 따로따로 분리한 성분들은 적어도 서구의학의 기준에서 볼 경우 치료제로 부적합한 것으로 판명되었기 때문이다. 그렇지만 마을을 방문한 의사로부터 당뇨병 진단을 받은 부족의 세 여인들은 샤먼이 건넨 약물을 복용하는 동안 활력 넘치는 건강을 유지했다. 당혹감과 혼란에 빠진 그는 약물을 분석한 한 화학자에게 현장에서 직접 목격한 것과 실험실 분석 결과의 불일치에 대한 설명을 부탁했다. 화학자의 주장에 따르면, 실험실 분석에서는 주로 처음에 '치료 효과가 빠른 성분'을 조사한 후 각각의 성분을 개별적으로 검사한다는 것이었다." 다시 말해, 화학적 작용이나 서구의학에서 플라시보 효과로 설명하는 심신의 상호작용 같은 상승작용의 결합과 같이 마치 기적처럼 보이는 정글에서의 약초 효과는 융합의학의 정수이기도 했다는 것이다. 당뇨병 환자를 치료하는 샤먼이 플로트킨에게 "나는 네 가지 식물로 약물을 만듭니다. 그리고 약물에 포함된 모든 식물이 치료과정에 도움을 줍니다. 당신은 내가 쓸모없는 식물을 약에 집어넣고 시간을 낭비하는 것처럼 보입니까?"라고 반문한 것은 서양의학의 단점을 충분히 극복할 수 있는 것이었다. 실제로 특효약에 집착하면서 치료에 효험이 있는 단 하나의 입자만을 따로 분리하려고 시도하는 서구의학은 자연이 베푸는 광범위한 치료의 선물을 놓치고 있을 뿐만 아니라 원시 문화에서 치료를 위해 사용하는 상승작용의 적용을 무시하고 조롱하지만, 아마존의 원주민이 현실적으로 생생하게 플로트킨 같은 과학자들에게 보여 준 것은, 현대 화학과 기술이 자연의 지혜를 대체하는 것이 아니라 단지 보충할 뿐이라는 명백한 사실이었다. 그래서 플로트킨은 "침술로부터 샤먼의 최면요법과 수술에 이르기까지 모든 치료 전통 중에서 엄선된 대체의학이 앞으로는 서구의학의 미래가 될 것"이라고 결론을 내리고 있다. 동시에 천연 재료, 즉 약초, 천연 비타민, 기타 보충물 등이 새로운 융합적 의학의 전통에서 필수적인 것이 될 것이라고 보았다.

79) 참고: 나카자와 신이치(2003). 신의 발명: 인류의 지와 종교의 기원(역). 서울: 동아시아, p. 161.

80) 과학은 예술과는 별개의 영역, 서로 상관성이 적은 학문으로 생각된 적이 있었다. 오늘날 두 학문 간의 관계는 상당히 달라져 가고 있다. 현대 예술은 과학의 힘을 빌려 새롭게 재창조되고 있는데, 비디오 아트가 그것을 극명하게 보여 주고 있다. 예를 들어, E가 뒤집혀 3의 형태를 이루고 있음을 시각화시키고 있는 제목으로 미국 CBS에서 방영되었던 TV 시리즈물인 넘버스(NUMB3RS)는 과학과 예술 간의 접목이 어느 정도인지를 잘 보여 주고 있다. 천재인 동생이 FBI 요원인 형이 맡은 사건의 해결을 돕는 내용이다. 동생이 문제풀이를 위해 수학적인 아이디어를 떠올릴 때 활용되는 각종 공식들이 화면상에 그래픽으로 구현되는 것이 특징인 이 영상물이 보여 주는 것은 모든 물체의 움직임을 그래프로 나타낼 수 있다는 점이다. 이것은 현실에서도 가능하다. 3D 애니메이션의 툴 중 각광을 받고 있는 것이 '마야'인데, 이 마야의 작업 원리는 의외로 단순하다. 하나의 개체를 기준으로 삼아 위치를 나타내는 x, y, z와 회전을 나타내는 x, y, z라는 6개의 좌표와 시각만 있으면 어떤 움직임도 포착할 수 있다. 6개의 축을 각각의 세로축으로 놓고, 시간을 가로축으로 놓아 그 변화를 그래프로 만들면 개체의 움직임을 정확히 계량적으로 정의할 수 있다. 이런 기법이 인간의 사고과정에도 적용되기 시작하면 어떤 생각도 하나의 그래프로 표시할 수 있다. 이것이 현실화된다면 신앙, 사랑, 미래의 꿈이나 이상과 같은 내부시각도 하나의 그래프로 정리할 수 있을 것이다.

제2장

배움의 비계(飛階)
Elan Vital Again

나는 지혜를 배우지 못하였고 또 거룩하신 자를 아는 지식이 없거니와 하늘에 올라갔다가 내려온 자가 누구인지, 바람을 그 장중에 모은 자가 누구인지, 물을 옷에 싼 자가 누구인지, 땅의 모든 끝을 정한 자가 누구인지, 그 이름이 무엇인지, 그 아들의 이름이 무엇인지 너는 아느냐.　　　　　　　　　　　　　　　　　　　－야게의 아들 아굴(잠언 30장 3~4절)

생각하는 대로 살지 못하면 사는 대로 생각하게 된다.　　　　　　　　－스콧 니어링

만일 네가 미련하여 스스로 높은 체하였거나 혹 악한 일을 도모하였거든 네 손으로 입을 막으라.　　　　　　　　　　　　　　　　　　　　　　　　　　　－잠언 30장 32절

　　배우는 사람들은 지혜로서 거듭나려는 사람들이다. 호세 오르테가 이 카세트(Jose Ortega y Casset, 1883~1955)의 말처럼 인간의 삶은 무엇을 하며 살아왔는가의 합계가 아니라 무엇을 절실하게 희망해 왔는가의 합계이기 때문이다. 지혜를 가진 사람의 이상적인 모형은 문화권에 따라 서로 다를 수 있다. 서양인들의 사상과 사고의 한 축을 이루고 있는 성경에서는 우선 히브리적인 환경의 '말씀과 성령'을 향유하는 존재[1]를 이상적으로 들 수 있다. 히브리적인 관점과는 달리 그리스적인 문화에 익숙한 인문학적 관점에서는 자기 영혼을 지켜 내려고 노력하는 사람이 지혜로운 사람의 이상형이다.

　　인문학적 전통에 따르면, 인간의 삶이 선하거나 악해지는 것은 모두 자기 자신에게 달려 있다. 고대 철학자 중에서는 소크라테스만이 그런 삶의 덕성과 의지를 실제로 자기 삶에서 보여 주었고, 그런 의지를 가졌기 때문에 고상하게 죽을 수 있었다. 사람에게 있어서 겉으로 드러나는 건강이나 행복, 소유의 정도 등은 의미 있는 삶을 위해서는 부차적인 것일 뿐이라는 생각이 이들의 인문학적 전통을 이루고 있다. 이런 생각을 보다 투철하게 자신의 삶에 반영하였던 사상가가 고대 그리스 사회의 피타고라스였다면, 그들의 생각을 교육적으로 정화시켜 자신의 삶으로 실천한 사람은 바로 로마 당대의 지성인인 키케로(Cicero)였다. 키케로는 인간, 혹은 인문이라는 말보다는 인격(人格)을 선호했지만, 그 중심에는 피타고라스가 이야기했던 사람과 배움이 자리 잡고 있음을 수긍했다.

키케로(BC 106~BC 43.12.7)는 로마사에서 늘 주인공으로 등장하는 인물인 카이사르와는 다른 측면으로 필적하는 인물이다. 잠깐 등장했다가 사라지는 나약한 인물로서가 아니라, 당시 로마사회의 새로운 사상을 이끌어가던 당대의 인물이었다. 로마사에서 키케로를 문약한 인물로 묘사하는 것은 그의 역할에 대한 오해에서 비롯되었다. 물론 폼페이우스, 크라수스, 카이사르의 암투에서 강자로 부각한 카이사르를 빼놓고 로마사를 쓰기는 어렵다. 그러나 강자들의 틈을 비집고 당대에 단단히 한몫을 한 인물이 바로 키케로다. 그런 키케로를 로마사의 주인공으로 등장시키며, 로마사의 중심축으로 새롭게 해석한 사람이 전기 작가인 로버트 해리스다.[2]

그의 재해석에 따르면 키케로는 일반사가들이 기술해 온 것처럼 결코 문약하거나 나약한 인물이 아니었다. 그는 키케로를 자신의 정치적 소신인 민중의 힘에 의지하고, 자신의 명예와 몸을 희생한 당대의 중요한 정치적 인물로 묘사한다. 카이사르 이상의 정치적 인물이었으며 당대의 문필가, 사상가라고 말한다. 키케로는 귀족 출신이 아니라 서민 출신이었다. 당시 아르피눔의 부유한 집안의 아들로 태어나기는 했지만, 결코 로마 귀족 반열에는 낄 수 없는 서민층에 속했다. 로마와 그리스에서 교육을 받은 그는 기원전 89년 폼페이우스 트라보, 즉 폼페이우스의 아버지 밑에서 군복무를 시작했다. 기원전 81년 처음으로 법정에 등장해 큉크티우스를 변호했다. 기원전 80년 초에는 존속살인이라는 날조된 혐의로 기소된 섹스투스 로스키우스를 훌륭하게 변호해 법조계에서 먼저 명성을 얻었다. 그 후 기원전 75년에는 시칠리아 섬 서부에서 콰이스토르라는 재무관으로 공직생활을 시작했다. 그렇다고 그의 명성이 당대 로마를 뒤엎을 정도는 아니었다.

그런 키케로가 당대 로마사의 한 획을 그은 인물이 될 수밖에 없었음을 재해석한 해리스는 키케로의 삶과 능력을 로마사의 중심축으로 옮겨 재조명한다. 소설 『임페리움』을 통해 로마사에서 키케로를 주인공으로 내세워, 가진 것도 없고 신분도 보잘 것없는 변호사로 삶을 시작했다는 것부터 새롭게 조명한다. 변호사의 자질로 보았을 때, 그는 말도 더듬고 목소리조차 그렇게 빼어나지 않은 보통의 인물이었다. 더구나 로마에서 정치 권력의 대열에 합류하기 위해서는 귀족세력의 지지가 필수적이었다. 하지만 키케로에게는 정치적인 후견인도, 배경도 없었다. 그런 키케로가 젊은 나이에 집정관의 자리에 올랐다. 그를 집정관에 오르게 만든 것은 재력이나 정치력이 아니었다. 그는 개인적인 노력으로 모든 약점을 극복하며 새로운 것을 배워나갔다. 그에게 힘을 주지 못했던 입과 손, 그리고 생각의 힘을 그 어느 정치가보다 더 뛰어나게 만든 것은 배움의 힘이었다. 그의 노력이 당대의 주인공이었던 폼페이우스가 가지고 있던 권력이나, 크라수스가 가지고 있던 재력이나, 카이사르가 가지고 있던 정략보다 로마의 민중을 사로잡은 것이다. 『임페리움』에서 키케로는 누구보다도 노력하며 자신을 배워나가는 인물로서, 당대의 주인공인 카이사르 못지않게 매력적인 인물로 부각되었다.

해리스는 『임페리움』에서 키케로를 집정관을 향한 순수한 야망을 지닌 민중의 정치가로 재해석한다. 로마의 정복전쟁에서 승리를 거두고 돌아온 폼페이우스와 크라수스는 소설에서 정권을 독차지하기 위해 눈이 먼 권력가로 묘사된다. 훗날 로마사 최고의 영웅으로 등극하는 카이사르는 귀족에 대한 골 깊은 미움을 숨기고 능수능란하게 그들을 조종하며 서서히 권력을 독차지하는 인물로 표현될 뿐이다. 하지만 키케로는 민중의 사랑을 독차지하고 있던 공화주의자이며, 당대의 귀족에 대립해서 민중의 목소리를 대변해 주는 훌륭한 변론가로 묘사된다. 당대의 세력가들인 폼페이우스나 크라수스, 카이사르는 그런 키케로가 필요했다. 그들은 권력을 확장하기 위해 민중의 대변인인 키케로를 자기 편으로 끌어들이고자 수단과 방법을 가리지 않았다. 하지만 키케로의 중심에는 권력가들이 아니라 공화정이 서 있을 뿐이었다. 키케로는 당대의 권력이 소용돌이 치는 과정에서 자기 소신이었던 민중, 당시의 민주주의라고 여겼던 공화정을 벗어나지 않았다. 키케로가 출세의 정점에 있으면서 스스로를 '군사력을 갖지 않은 집정관(consul sine armis)', '토가 차림의 최고 사령관(dux et imperator togae)', '문이 무를 제압한 사령관(cedant arma togae)'이라고 표현한 것이 이를 증명해 준다. 그는 스스로 공화정의 상징임을 드러내고자 노력했다. 시민의 이익을 염두에 두고 사리사욕을 떠나 시민의 복리를 증진시키는 데 헌신하며 공화국의 모든 시민을 일일이 보살피고자 했다. 어느 일부 계층을 위하여 다른 일부를 침해하는 이들은 공화국에서 불화를 일으키는 가장 위험한 요소다. 그렇게 되면 결국 공화국 전체를 생각하는 이들은 극소수에 지나지 않게 마련이다. 그는 시민 전체를 위한다는 생각을 굽히지 않았다. 그런 이유로 장군들의 독재에 반대하며, 화합의 정신(concordia ordinum)과 무산대중에 의한 사유재산, 당시로서는 혁명적인 비례적인 평등에 의한 정의론 등을 내세웠다. 그에게는 바로 그것이 정치 권력의 힘이 되었다. 그러나 동시에 공화주의는 그를 처형할 빌미를 주는 단두대가 되기도 했다. 키케로는 민중의 힘으로 권력의 대열에 서게 되었지만, 당대 귀족들에게는 눈엣가시처럼 미움을 받았다.

키케로를 당대의 로마에 널리 알리게 만든 사건은 베레스 재판이었다. 기원전 79년, 키케로는 '로마 정복'의 원대한 꿈을 꾸고 있지만 귀족세력의 힘을 얻지 못한 로마의 제2인자 변호사이자 원로원의 의원일 뿐이었다. 당대 제1의 변호사는 호르텐시우스였고, 그는 로마에서 절대적인 지위에 있던 변론가였다. 어느 날 키케로는 시칠리아에서 온 낭인의 방문을 받았다. 그는 속주인 시칠리아 정무관 재직 당시 안면이 있던 지방 유지 스테니우스였다. 그는 총독 베레니우스에게 전 재산을 몰수당하고 첩자 누명까지 뒤집어썼다. 너무도 억울했던 스테니우스는 총독을 로마 법정에 세우고자 했다. 이 사건이 로마 귀족들과의 전면전임을 직감한 키케로는 혈혈단신으로 이 거대한 정적과 맞서기로 결심하고 그의 변론에 나서기로 했다. 이로써 로마사 최고의 법정 싸움인 '베레스의 재판'이 시작되었다. 베레스 측의 변호인은 당시 법정의 왕자로까지 칭송받던 호르텐시우스였다. 속주민 측의 변호인인 키케로로서는 당해내기 어려운 변론이었다. 그러나 키케로는 민중의 편에 서서 민중의 지지를 호소했다. 마침내 키케로는 이 재판을 속주민 측의 승리로 이끌어 냈다. 시칠리아 총독이었던 베레스가 그곳에서 행했던 온갖 악랄한 행위를 조사하고 당당하게 그 죗값을 받게 한 것이다. 이로써 늘 2인자 변호사로 불렸던 키케로는 호르텐시우스를 제치고 1인자로 우뚝 섰다. 그의 이름이 로마 전역을 뒤흔들었다. 귀족 출신도 아니고 집정관을 지낸 조상도 없었던 키케로는 일약 유명인이 되어 로마 정계에 당당히 입문했고, 덕분에 기원전 63년에는 집정관의 자리에까지 올랐다. 그 해에 카틸리나의 역모사건이 발생하고 집정관이었던 키케로는 원로원 최종 권고를 무기로 이들을 진압하여 더욱 유명해졌다. 이런 복잡한 과정에서 로마의 정복지 각지에서 승리를 거두고 돌아온 크라수스와 폼페이우스는 베레스의 재판으로 시민들의 인기를 얻은 키케로를 자신의 편으로 끌어들이기 위해 끊임없이 회유하였다.

정치 권력의 소용돌이 속에서 키케로는 개인적으로 카이사르와 친분을 쌓았다. 그러나 키케로는 공화주의자였기 때문에 귀족인 카이사르와는 끝내 정치적인 동지가 되지 못했다. 정치적으로는 카이사르와 적이 될 수밖에 없었다. 키케로는 카이사르와 폼페이우스 간에 내전이 발생했을 때 폼페이우스 측에 가담했다가 별안간 중립을 지켜 이탈리아에 남을 수 있게 되었고, 다시 카이사르가 불리해지자 폼페이우스 측에 가담하기도 했다. 그러나 내전이 끝나고 권력을 잡은 카이사르는 사랑의 표시로 키케로에게 어떤 제재도 가하지 않았다. 키케로는 다시 로마로 돌아올 수 있었고, 카이사르가 브루투스 일당에게 암살당하는 사건이 일어났다.

이때부터 키케로는 카이사르를 암살한 브루투스 일당이 진정한 공화주의자라고 두둔하면서 본래의 정치적 성향인 공화주의자의 모습을 노골적으로 드러냈다. 자기 소신을 그대로 지키려는 키케로의 용기이기도 했다. 키케로는 카이사르의 양자인 옥타비아누스도 과소평가했다. 키케로는 지인들에게 "그 젊은이에게는 칭찬과 명예를 주어야 한다. 그런 다음에는 제거해야 한다."라고 은밀하게 이야기했다. 그러한 키케로의 말을 마침내 옥타비아누스가 전해 들었다. 그때가 5월경이었다. 옥타비아누스는 공화주의자인 키케로를 결코 정치적으로 용서하지 않았으며 응징할 때를 찾았다. 키케로는 마침내 옥타비아누스가 작성한 살생부의 첫머리에 오르게 되었다. 10월 말에 옥타비아누스와 안토니우스 및 레피두스의 세력이 연합한 삼두정이 성립되었다. 그들은 하나가 되어 키케로를 처형하기로 결정했다. 키케로는 12월 7일 카이에타 근처에서 저항 없이 붙잡혔다. 로마사를 장식한 인물 중에서 그 어느 누구와도 다르게, 옥타비아누스는 키케로의 머리와 두 손을 로마의 포럼에 있는 연설자들의 연단인 '로스트라' 위에 효시하도록 했다. 당대의 로마 권력자들에게 키케로는 그렇게 미운 존재였다. 그들은 새로운 생각을 해 내는 그의 머리, 거침없이 내뱉는 입, 그리고 그의 사상을 단아하고 유창하게 써 내려 간 손의 힘이 무서웠던 것이다.

인간됨의 원동력으로 자기 배움을 그 누구보다도 강조했던 인문학자의 표본인 키케로는 마음의 평정상태인 아타락시아를 유지할 때 행복한 삶을 누릴 수 있다고 권유하였다.[3] 사물의 본질은 어떤 것도 결정되지 않는다고 생각한 스토아학파의 입장을 견지한 키케로는 진리 탐구에 있어서 절대적인 입장만큼은 유보해야 한다고 했다. 그것은 스토아학파의 방법론인 에포케(epoche)였는데, 에포케는 판단 중지의 방법이었다. 독단론자들은 언제든지 진리를 발견할 수 있고, 동시에 진리를 발견했다는 전제 아래 모든 일을 전개한다. 독단론자들은 진리를 한번 밝혀내면, 새로운 진리는 더 이상 탐구할 필요가 없다고 주장한다. 키케로는 독단론자들의 주장을 수용할 수가 없었다. 절대진리를 발견하려는 작업은 처음부터 불가능하기 때문이었다. 진리를 발견하는 과정에서 어떤 사태든 일어나기 마련이며, 그런 사태의 본질을 완벽하게 파악하는 것은 불가능하기 때문이다.

키케로는 아카데미학파의 일원으로서 플라톤을 익히기는 했지만, 그의 생각과 사상에 완전하게 빠져 있거나 온전하게 의지하지는 않았다. 단지 인식의 방법론상 이성의 중요성을 플라톤에서 택했을 뿐이다. 그는 소크라테스(Socrates)를 절대적 스승으로 떠받든 제논(Zenon) 등의 스토아학파가 내세웠던 덕이라든지 행복한 삶에 이르는 길을 찾는 데 더 골몰해 있었다. 키케로는 아폴로 신이 내렸다는 "너 자신을 알라."라는 언명을 결코 신과 인간과의 관계를 규정하는 이야기로 해석하지 않았다. 범신론자였던 키케로는 '자기가 누구인지' 물어보는 그 자체가 자기 절제력에 대한 결여의 문제라고 간주할 정도로 자기 자신의 길을 찾는 일에 골몰했다. 그는 "사람을 거짓말로 속이는 것은 악당의 본성이다."라고 잘라 말하고 있다.

　히브리의 문화적 전통을 담고 있는 구약의 「전도서」는 지혜의 본체가 무엇인지 그 정수를 문학적으로 기록하고 있다.[4] "사람이 해 아래서 수고하는 모든 수고가 자기에게 무엇이 유익한고, 한 세대는 가고 한 세대는 오되 땅은 영원히 있도다. 해는 떴다가 지며 떴던 곳으로 빨리 돌아가고, 바람은 남으로 불다가 북으로 돌이키며 이리 돌며 저리 돌아 불던 곳으로 돌아가고, 모든 강물은 바다로 흐르되 바다를 채우지 못하며 어느 곳으로 흐르든지 그리로 연하여 흐르느니라. 만물의 피곤함을 사람이 말로 다 할 수 없나니 눈은 보아도 족함이 없고 귀는 들어도 차지 아니하는 도다. 이미 있던 것이 후에 다시 있겠고 이미 한 일을 후에 다시 할지라. 해 아래는 새 것이 없나니. 무엇을 가리켜 이르기를 보라 이것이 새 것이라 할 것이 있으랴. 우리 오래 전 세대에도 이미 있었느니라. 이전 세대를 기억함이 없으니 장래 세대도 그 후 세대가 기억함이 없으리라."라는 기록은 지혜로운 사람이 깨달아야 할 덕목을 알려 준다.

§ 배움의 인문학

　서양에서 강조해 왔던 신학적인 지혜나 인문주의 못지않게 중국의 문화권에서 보여 준 동양의 사고 역시 실천과 말씀 간의 밀접한 관계를 중요시한다. 그것은 양명학의 실천정신에서도 잘 드러난다. 전통적으로 이학(理學)을 존중하고 있는 성리학자들은 선험적이고 고정적인 도덕의 원리나 진리가 이 세상에 존재한다고 보았다. 진리는 보통 사람보다는 조금 탁월한 사람들이 깨닫게 되는데, 그들을 성인이라고 부른다. 보통 사람들은 절대불변의 진리와 도덕적 원리를 깨친 성인의 말씀을 통해 진리의 근처에 갈 수 있을 뿐이라고 주장한다. 그래서 성인들의 말씀이 잘 정리되어 있는 교과서인 '경전 공부'를 할 수밖에 없다.

경전 공부를 중시하는 이학과는 달리, 심학(心學)으로 지칭되는 양명학[5]은 도학자들과는 견해가 다르다. 이들은 인간에게 필요한 도덕적 원리가 경전 외우기를 통해 터득되는 것이 아니라고 생각하기 때문이다. 인간에게 필요한 도덕 원리는 인간 내면에 잠재된 지혜, 말하자면 양지(良知)다. 양지는 외우지 않고서도 누구나 터득할 수 있는 일상적인 능력이다. 양명학자들은 무엇이든 능히 해낼 수 있는 양능(良能)과 그것의 실천을 양지의 핵심이라고 보았다. 도덕 원리에 대한 단순한 인식보다는 그것과 함께 진지한 일상적 실천을 중시한다.

배움학은 학문적으로는 인문학의 전통을 계승한다. 인문학은 '너 자신을 알라.'는 아폴로 신의 경고를 인간의 배움이라는 관점에서 받아들인다. 인간의 한계는 이미 플라톤이 이야기한 대로 이데아 논리에서 분명해진다. 플라톤은 인간의 배움을 상기로 규정한다. 인간이 알아야 하는 것은 이미 그 어딘가에 존재하고 있으므로, 인간은 그저 상기하면 그것이 바로 배움이라는 것이다. 플라톤이 말하는 상기론은 인간에게 있어서 몸과 마음의 분리, 육체와 영혼의 분리, 땅과 하늘의 분리, 인간과 신의 분리와 같은 이원론의 시작을 예고한다. 인간이 죽으면 영혼이 어딘가로 간다는 생각이 그의 상기론에 배어 있다. 인간이 죽으면 도달하는 곳이 바로 하늘이다. 인간의 육체는 땅에 묻히고 영혼은 하늘로 날아간다는 것이 이원론적 생각의 단초다. 플라톤은 상기를 절대적인 존재를 이끌어 내는 행위로 본 것이다. 그래서 배움은 결국 신의 은총에 지나지 않는다. 왜냐하면 플라톤에게 있어서 만물의 척도는 신이었기 때문이다.

상기론자인 플라톤의 부당함을 지적하는 현대판 인문학자 쇼리스 교수는[6] 플라톤이 그토록 혐오했던 프로타고라스 등 소피스트의 생각을 플라톤과는 전적으로 다르게 평가한다. 그는 소피스트와 궤변은 다른 것이며, 실제로 분명히 구분된다[7]고 본다. 소피스트와 맞수 관계였던 플라톤은 자신의 '대화편' 중 몇몇 부분에서 소피스트를 격하시키기 위해 그들의 화법을 자신의 글의 장식품으로 사용하곤 했는데, 그것역시 소피스트에 대한 그의 경계였다. 실제로 플라톤은 프로타고라스가 이야기한 '만물의 척도는 사람'이라는 유명한 명제를 '만물의 척도는 신'이라고 바꾸어 쓰기도했다. 모두가 의도적으로 소피스트를 격하시키기 위한 플라톤 나름의 노력이기도 했고, 소피스트 인본주의에 대한 폄하의 결과이기도 했다. 소피스트의 화법을 '거짓 또는 현혹시키는 토론, 속임'의 뜻을 담고 있는 '궤변'과 손쉽게 혼동하게 한 것 역시 플라톤이 소피스트의 말을 자신의 말 속에 너무도 '효과적'으로 집어넣어 감쪽같이 사용한 데서 생긴 부산물이었다.

플라톤은 정치적 생존을 위해서라도 아테네에서는 이방인 식자들이며 자신의 맞수인 소피스트를 교육적으로 격하시킬 필요가 있었다. 그는 정치를 포함해서 윤리적 문제에 문제를 제기하는 방법인 비평법을 사용한 인문학의 스승 프로타고라스의 인문학적이며 시적인 사상을 한사코 거부할 수밖에 없었다. 그것은 플라톤이 일찍이 시인들을 파괴분자라고 낙인찍었기 때문이다. 후대에 들어서서 자신의 입장을 고수하기 위해서라도 소피스트를 그렇게 비난할 수밖에 없었을 것이다. 사실, 그 당시 아테네의 지배자인 페리클레스가 자율적 인간의 참여를 보장하는 국법의 초안을 작성하도록 요청했을 정도로 명성이 자자했던 사람이 바로 프로타고라스였다. 이 점을 보더라도 아테네 토박이 출신 지식인들에게는 경계와 질시의 대상이 되기에 충분했다. 플라톤은 지적으로 보아 프로타고라스에게는 필적할 수 없었던 당대 식자였다.

프로타고라스는 인간이 만물의 척도라고 주장한 인류 최초의 비평가이자 인문학의 초기 실천가였다. 민주주의 법전의 편찬자로서 인문학이 살아 있어야 사회가 살아남을 수 있다고 본 고대 그리스의 인문학자다. 정치적 힘을 만들어 내는 대화가 결코끝날 수 없듯이 인문학자들의 작품 역시 사라질 수 없다. 그에게 있어서 인문학은 정치행위를 하기 위한 준비였다. 인간이 바로 만물의 척도였기 때문에 인문학이나 정치적 행위도 살아 움직일 수밖에 없는 것으로 보았다.

쇼리스 교수가 말하는 인문과학의 역사는 로마의 키케로를 거쳐 르네상스 학자들의 인간 주체, 즉 자아에 대한 연구에서 출발한다. 그들의 연구는 인간의 가치문제와 인간적인 것을 중심으로 다루는 철학적, 문학적 운동과 직결되었다는 점에서 인문주의적이다. 인문주의는 인간적인 예술과 그것을 가능하게 만드는 추동력으로서의 배움에 대한 연구에서 시작한다. 그런 점에서 인문주의는 새로운 교육의 가능성을 언제든지 내포해 왔다.

폴 오스카 크리스텔러(Kristeller)는[8] 인본주의가 고전에로의 복귀라는 비평가들의 생각을 정면으로 거부한다. 그는 인본주의에는 고전적인 논리학, 수사학에, 신학보다는 철학이나 역사, 문학에 대한 탐구와 배움을 강조하는 반 스콜라(schola)적인 경향이 강하다고 본다.[9] 인본주의자로 불리는 키케로와 그를 따르던 겔리우스 및 몇몇 로마 학자들이 인본주의 교육으로서 '자유교육'을 강조하였다. 그것이 후세를 거치면서 문법, 수사학, 시, 역사, 도덕 철학을 강조하게 된다. 그것은 개별적인 인간 존재가 바로 세상 가치의 근원이며, 개별 존재가 자신의 합리적 능력을 활용함으로써 자연세계를 이해하고 통제하는 능력을 가지고 있음을 부인할 수 없었기 때문이다.

인본주의는 인간의 본질적 자율성을 강조한다. 이는 인간이 자기 자신과 자신의 합리적 관심, 자기 발달에 책임이 있고, 이와 필연적인 연장선상에서 동료 인간의 복지에도 책임이 있음을 의미한다. 인간의 의지를 철저하게 강조하는 글은 1486년 피코 델라 미란돌라(Pico della Mirandola, 1463~1494)의 「인간의 존엄에 관한 연설」에서 극적으로 나타난다. 인간 의지와 인간의 성취에 대한 강조는 16세기와 17세기를 거치면서 자유교육이라는 틀 속에서 절정을 이룬다. 인간 스스로 자기 발달에 대한 강한 의지를 강조하는 자유교육은 인문과학의 성장 동력이 되었다. 인간이 자신을 이해할 뿐 아니라 합리적으로 사회를 계획하고 개혁하기 위한 사회적인 지식의 근원임을 확인하는 활동이 바로 자유교육이었다.

인본주의는 존재(being)에 대한 사전 질문을 하지 않는다. 이미 이 세상에 살고 있는 존재들에 관한 해석을 요구하는 인간 본질에 대한 결정이나 그것을 우리가 알고 있는지 여부와 관계없이 모든 것은 이미 형이상학적일 수밖에 없기 때문이다.[10] '나' 라고 하는 자아는 의식적, 합리적, 자율적 동인이다. '나'라는 존재는 타인에게 '양도 불가능한 권리'를 가지고 있기 때문에, 존재는 늘 추상적이며 보편적이다. 자아는 인간 기능의 최고 형식인 이성과 감성을 통해 자신과 주변 세계를 알아가는 배움의 존재다.[11]

§ 배움의 부스러기

배움이 무엇인지에 대한 사람들의 이해는 양면적이다. 그것의 본질을 이해하기도 하고, 그 반대이기도 하기 때문이다. 경우에 따라 배움에 대한 일반적인 이해는 인간의 성기에 대한 이해 정도와 비슷하다. 여성의 성기에 대한 남성의 호기심[12]은 늘 천하고 박한데, 배움에 대한 인간의 이해도 그 수준에 머물러 있다. 배움의 본질에 대한 사람들의 이해 수준은 여성의 성기를 모든 인간사의 애증을 담아내고 있는 아름다움과 추함의 근원으로 해석하는 것과 비슷하다.

배움을 모르는 사람은 없지만 막상 배움이 무엇인지, 배움이 인간에게 어떤 영향력을 갖는지에 대해서는 아무것도 아는 것이 없다. 그것은 어제 오늘 급조된 것이 아니다. 인간의 역사이며, 인간으로 하여금 살아가게 만든 숨겨진 힘이기도 하다. 성경에서 이브가 나뭇잎으로 자기 몸을 가린 장면은 인류 최초로 성에 대한 부끄러움의 표현이 드러난 것이다. 그것은 무언가 드러내면 마치 그 치부가 드러나 보일 것 같은 수치심을 느끼는 것으로 간주한다. 그래서 그 수치심을 가려 놓는 것이다. 사람들은 끊임없이 갈구하기 때문에 상대방으로 하여금 더욱더 필요 이상의 호기심을 불러내는 유혹의 반복이 되기도 한다.

배움의 겉과 속, 혹은 그 양태를 이해하기 위해서는 여성의 성기에 대한 정신분석학적인 표현을 넘어서는 탈형식적인 양태에 대한 설명이 필요하다. 그것의 여러 양태를 이해한다는 것은 생물학적 이해뿐만 아니라, 심층심리학적 이해를 포함한 문학적이해, 심지어는 가족관계학 이상의 이해까지 요구하는 것이다. 그렇게 다양한 모습을 이해하기 위해서는 인간의 성기라는 표현 하나만으로는 제대로 설명할 수가 없다. 그것은 배움에 대해서도 마찬가지다.

배움을 이해하기 위해서는, 첫째 배움과 유사하게 삶의 현장에서 쓰이고 있는 개념인 학습, 공부라는 유사 개념을 기호학적으로 나누어 보는 일이 필요하다. 배움이 저들과 비슷하면서도 다르다는 것은 각 용어들 간의 의미론적 차이에서 강하게 드러나기 때문이다. 어떤 이는 지금 우리 학교에서 강조하는 학습 활동은 결코 공부가 아니라고 주장한다.[13] 왜냐하면 공부는 몸을 단련하고 인생을 바꾸는 일이기 때문이라는 것이다. 말하자면 무술을 통해 자기 몸을 단련하듯 일상 전체를 온몸으로 공부하는 '호모 쿵푸스(Homo Kungfus)'를 만드는 일이 공부인데, 지금 학교에서 강조하는 것처럼 취직을 위해 공부하는 것은 그 정신과는 무관하다는 것이다. 공부하는 사람들은 지금의 학교에서 교과목으로 가르치는 학습 활동을 요즘 말로 '쑤레기'로 취급한다. '쓰레기'와 '쑤레기'라는 말은 둘 다 옳게 쓸 수 없이 용도가 폐기처분되었다는 뜻이다. 공부의 능동성에 비해 학습이라는 말은 수동적인 뜻을 담고 있다. 학습이라는 말에는 학습을 시키는 주체와 학습을 받는 대상이 각기 들어가 있기 때문이다. 그래서 '학습한다'라기보다는 '학습을 받는다.', '학습을 시킨다.' 등으로 표현된다. 학습이라는 말은 교사 중심에서 일컬어지는 말이다. 예를 들어, 지도안(배움새)을 '교수-학습 과정안'이라고 쓰는 것처럼 교수는 교사가 가르치는 개념이고 학습은 학생이 배우는 내용을 가리킨다. 교수-학습이라는 말 속에서 학습은 교사가 학습 대상인학생에게 무엇인가 일방적으로 전하는 내용을 말한다.

학습이라는 말에 비해 배움이라는 말은 학생 중심의 말이다. 지도안을 배움 안내서라고 한다면, 이때 배움은 배우는 사람이 해야 할 일을 나타내는 말 빛이다. 학습이라는 말 빛은 일방적이지만 배움이라는 말 빛은 상호 존중과 의존을 강조한다. 배워야 할 내용을 일방적으로 시키는 것이 학습 활동이라면 배움은 가르치는 사람과 배우는 사람의 배움에 대한 서로의 약속이 담겨 있다. 배움이라는 말 빛은 교사가 학생이 배워야 할 것을 챙겨 주는 안내자로서의 역할로 바뀌게 한다.

배움의 핵심을 네오 프라그마티시스트인 로티(Rorty)는 에디피케이션(edification)에서 찾는다. 에디피케이션은 교육(education)이나 교화(indoctrination)와는 다른 단어다. 로티는 교육이나 교화가 배움과는 거리가 먼 행위로서 학교처럼 제도화된 교육기관에서 교사라는 직업인이 학생들에게 일정한 정보를 진리라는 미명 아래 일방적으로 주입하는 행위라고 간주한다.[14] 교화나 교육은 인간 자유의 신장과는 무관하다는 것이 그의 주장이다.

로티는 교육이나 교화라는 개념 대신에 '덕양(德養)'으로 번역할 수 있는 에디피케이션을 참교육이라고 보았다. 그가 주장하는 덕양은 어느 누구의 계획을 달성하기 위해 미리 설정한 목적에 구애됨이 없이 배우는 사람들이 일상적인 삶 속에서 일어나는 아이러니를 통해 부단히 자신을 바꾸어 나가게 하는 활동과 방법을 의미한다. 덕양이나 배움은 학습이라는 용어와는 달리 '종이접기를 배웠다.', '좋은 글 쓰는 법을 배웠다.', '사람이 듬직하게 거듭났다.'는 표현들처럼 배우는 자들의 능동성을 강조한다.

배움의 말 빛에는 계속성을 강조하는 뜻이 들어 있다. 배운다는 말에는 밝힌다는 뜻도 담고 있다. 내가 배워서 내 지식을 환하게 밝힌다 또는 내 인격을 계속 쌓아간다는 말 빛과 같다. 교육은 농사짓기와 같다. 논을 갈고 씨를 뿌리고 김을 매고 거름을 주고 마지막으로 수확을 한 뒤 곧 그 다음 해 농사를 준비한다. 이 과정은 시간이 필요하다. 일시적으로 되는 것이 아니다. 논을 갈지 않고 씨도 뿌리지 않은 채 10월에 수확을 할 수는 없다. 또 씨만 뿌리고 관리를 하지 않고서 수확을 하는 것도 불가능하다.

학습과 배움이라는 말의 쓰임새 역시 다르다. 일반적으로 학습이라는 말이 쓰이는 곳은 제한적이다. 학습이라는 말은 교사와 학교 등 공식적인 교육기관에서 교육에 대한 전문성을 드러내기 위해 쓰이고 있다. 학습이라는 단어가 우리 주변에서 흔히 쓰는 말이 아닌데 비해, 배움은 우리의 일상적인 삶과 직결된 흔한 말이다. 남녀노소, 전문성의 차이 없이 누구나 흔하게 쓰는 말이 배움이다.

둘째, 학습과 배움, 그리고 공부 간의 차이는 의미론적 차이뿐만 아니라 각각이 작동되는 기능상의 차이도 있다. 학습이나 배움은 어디서나 가능하지만, 학습이 전개된다고 배움이 어디서든지 가능한 것은 아니다. 배움은 학습 활동을 통해 얻을 수 있는 궁극적인 깨달음이다. 깨달음이 결여된다면 학습은 제대로 된 배움의 활동이 아닐수도 있다. 학습은 양태상 어디서든 가능한 활동이지만 항상 깨달음을 수반하지는 않는다. 배움도 어디서나 가능하지만 어떤 학습에서든 배움이 가능하다고 볼 수는 없다. 여러 학습 활동[15]에서 사람들이 서로 잘 배우기 위해서는 배움에 참여하고 있는 사람들 간에 '서로 돌아보는 일, 서로 기대하는 일'이 필요하다. 기대한다는 말은 서로서로가 돌아보다, 권면한다는 말(consider)의 고대 그리스어에서 파생된[16] 것이다. 기대가 결여된 학습은 결코 깨달음으로 연결될 수 없고, 그런 점에서 배움이라고 볼수 없다. 서로를 돌아보는 사람들은 서로 배우는 사람의 생각이 어디쯤에 와 있는지끊임없이 질문을 던져야 한다. 서로 자신의 생각을 함께 나누고, 곰곰이 생각하는 자세가 필요하기 때문이다.

셋째, 배움, 학습, 공부라는 단어들이 일상적인 삶에서 쓰이는 화법 역시 서로 다르다. 학습이라는 뜻의 'learning'이라는 단어가 정말로 우리가 학습심리학에서 늘접하는 그 학습을 의미하는지도 확실하지 않은 형편이다. 그것은 한국어로 표현된 번역어가 보기에는 국어처럼 보이지만 반드시 어딘가에 종래의 한국어에서 벗어난 이질적인 의미를 포함하고 있기 때문이다. 서양, 중국, 일본과의 상호작용에 의해 형성된 '3중의 번역' 과정에서 나타난 이상한 문화적 잡종의 결과물이다. 그렇기 때문에한국의 번역어 문제는 단순히 '번역 기술'의 문제가 아니라 바로 한국에서 '근대'의문제이자 '사상'의 문제제기와 관련된다.[17]

그러므로 'learn'과 'education'이라는 단어도 잘못된 번역어에 속할 가능성이 크다. 우리가 '우리 한국어'로 여기고 사용하는 말 중 많은 부분이 실제로 일본 근대기에 만들어진 '번역어'를 그대로 차용하였다는 것을 인정하면 혼란의 가능성은 더 커진다. 개화기부터 식민지 시기에 걸쳐 서양의 문물, 사상을 당시의 한국에 소개할 때, 그것들을 나타내는 많은 말은 한국어 속에 없었다. 그래서 처음에는 중국에서 만들어진 번역어를 사용하기도 했지만, 점차 일본에서 만들어진 신조어로 서양의 문물이나 사상의 개념을 번역했다. 이것이 한국 번역어의 실상이다. 서양의 'freedom'이나 'liberty'는 일본의 명치유신 당시 번역된 '자유'라는 단어로, 'philosophy'는 '철학'으로, 'individual'과 'society'는 일본식 신조어인 '개인'과 '사회'로 번역되어 우리의 혼으로 자리 잡게 되었다. 당시 일본인들에게도 처음부터 존재하지 않았고 생각해 볼 수도 없었던 개인이나 사회라는 개념은 그렇게 만들어졌고, 조선의 식민지사회에 그대로 침투되었다. 그중 하나로 우리 교육에 혼란을 빚고 있는 것이 바로 서양의 'knowledge'에 대한 번역어다. 우리는 일본식으로 '지식'이라고 번역하지만, 서양에서는 굳어 있는 형태의 지식이라기보다는 앎의 행위, 정보의 수용과 가공, 학습, 심지어는 남녀 간의 상열지사의 의미로 쓰인다. 따라서 '지식'이라고 하는 것은 아무래도 정확한 번역이 아닐 가능성이 크다.

　마지막으로 배움이라는 것은 늘 학습 활동의 한계와 그 형식을 넘어서는 창의적이고도 탈형식적인 활동임을 고려할 때, 결코 학습과는 동일한 양태의 활동이 아니다. 인간 배움의 비형식성이나 탈형식성은 일상적인 삶의 여러 장면에서 매일같이 마주친다. 카잔차키스가 중국 여행 중에 감명을 받았던 소리 없는 연주는 연주의 형식성을 넘어서는 음악 활동으로서, 배움은 바로 이런 묵언의 연주[18]와 같다. 중국인들이 보여 준 묵언의 연주는 21세기에 들어서서 전위 연주로 평가된다. 예를 들어, 전위 음악가인 존 케이지는 1952년 8월 29일 미국 뉴욕 주 우드스톡의 야외 공연장에서 〈4분 33초〉라는 침묵의 연주[19]를 강행하였다. 전위 연주, 퍼포먼스 연주로 평가받은 그의 연주는 그 옛날 중국인들의 삶에서 투영된 묵언의 연주에 비하면 결코 전위적이라고 볼 수 없다. 중국인들에게 있어서 묵언 연주는 일상적인 놀이의 한 형식이었기 때문이다.

배움이라는 것이 학습이나 공부와 그 성격이 다르다는 것은 단군신화에서도 드러난다. 배움과 학습 간의 실천적 차이는 그리스 신화에 나오는 이카루스(Icarus)에서도 읽어 낼 수 있다.

이카루스는 다이달로스와 미노스의 여종 나우크라테의 아들이다. 이들은 크레타섬 미노스왕의 노여움을 사서 미궁에 갇힌다. 다이달로스는 아들과 탈출계획을 세운다. 그는 무엇이든지 잘 만드는 발명가이자 기능장으로서, 마침내 감옥 창문에 떨어진 새들의 깃털을 밀랍으로 붙여 커다란 날개를 만든다. 아들인 이카루스와 하나씩 나눠 입고 감옥을 탈출하기 위해서다. 다이달로스는 이카루스에게 "너무 낮게 날면 바다의 습기에 밀랍의 끈기가 없어지고 너무 높게 날면 밀랍이 녹아서 떨어지니 적당한 높이에서 날아야 한다."라고 신신당부한다.

이카루스는 아버지로부터 훈련과 학습을 수없이 받았지만, 아버지의 당부에는 아랑곳하지 않았다. 감옥을 탈출했다는 기쁨에 아버지의 훈계를 잊은 것이다. 이카루스는 제 스스로 하늘 높이 날아갈 수 있다는 희열과 오만함 때문에 태양 가까이 오른다. 날개를 붙인 밀랍이 녹는다는 사실을 까맣게 잊었기 때문이다. 아버지의 충고에도 아랑곳하지 않고 하늘 높이 날 수 있는 자기 자신의 능력에 스스로 감탄한다. 그러나 그 희열을 즐기기도 전에 어깨에 부착한 날개의 깃털이 떨어지기 시작한다. 그는 깊은 바다에 그대로 추락해 버린다. 그를 삼켜버린 검푸른 바다는 아무런 말도 하지 않았다. 그것이 그에게는 죽음이었다.

§ 이카루스의 날개

인문학은 인간이 만물의 척도라는 인본주의적인 생각에 찬물을 끼얹고 있는 플라톤류의 이원론적 생각에 반기를 든 정치적 행위며, 학문적 결단이다. 인문학은 인간에게 있어서 소중함을 강조하는 어구인 '너 자신을 알라.'를 타인의 입장으로 비틀어 놓는다. 그리고 신의 이름을 빙자하고 있는 인간의 또 다른 흑심에 대한 도전으로 시작한다. 그 시작은 소피스트의 하나인 프로타고라스였다. 그는 정치적 행위로서 인간의 주체성을 내세웠다. '인간이 만물의 척도'라고 주장한 것은 바로 그런 뜻에서 내세운 명제였다. 프로타고라스와 일종의 견해 차이가 있었음에도 불구하고, 소크라테스는 프로타고라스의 인본주의에 크게 저항감을 갖고 있지는 않은 듯 했다.

소크라테스는 '너 자신을 알라.'의 의미를 신과 인간의 주종관계로 제한하기보다는 한 인간의 내면적·반성적 사고의 확대 문제로 보았다. 배움의 시작을 인간이 만물의 척도라는 전제에서 시작한 주인공이기도 했다. 소크라테스는 너 자신을 알라는 어구를 신이 인간에게 내린 경고로 해석했다. 이 말에서 핵심 단어는 인간 '자신'이다. 자신에 대한 깊은 통찰이 앞서야만 스스로 자기 자신을 알 수 있는데, 인간은 그런 반성에 철저한 존재가 아니다. 그래서 인간이 만물의 척도임을 강변하기 전에 스스로 자신에 대한 반성이 우선해야 한다는 것이 소크라테스의 생각이었다. 반성이 진지하게 선행되면, 인간은 결국 자기 스스로 '자신이 모른다는 것'을 알게 될 수밖에 없다. 소크라테스는 이때 바로 인간 스스로 자기 자신에 대한 자기 지식과 자기 이해를 갖게 된다고 하였다.

결국, 인간은 신과의 대비를 통해서 자신을 발견하기보다는 자기와 자기 자신을 대비함으로써 자신을 알게 되는 존재라는 것이다. 다른 말로, 인간이 만물의 척도라는 점을 다르게 확인해 주는 것이나 마찬가지였다. 자기 성찰을 강조한 소크라테스 역시 끝내 인간이 만물의 척도가 될 수밖에 없다는 것을 거부한 것 같지는 않다. 이 결론은 프로타고라스와 소크라테스 간에 벌어진 논쟁, 즉 덕이 무엇이냐는 토론에서 얻은 결말을 보아도 알 수 있다. 프로타고라스와 소크라테스는 논쟁을 벌였다. 프로타고라스는 덕은 가르칠 수 있다는 소신을 처음부터 강력하게 폈지만 소크라테스의 강한 비판에 부딪치자 덕을 가르치지 못할 수도 있다는 결론을 내렸다. 그와는 반대로 덕은 가르칠 수 없다고 강한 어조로 시작했던 소크라테스는 프로타고라스와의 오랜 대화 끝에 결국은 덕을 가르칠 수도 있다고 결론을 내린다. 이 과정에서 소크라테스가 보여 주었던 인문학적 전통은, 인간이란 배우는 과정에서 무엇이든 경험할 수 있고, 어떻게든 자기 성숙의 길로 들어선다는 것이었다.

배움을 하나의 학문적 주제로 삼는 배움학도 인문학적 전통에 따라 인간이 만물의 척도임을 따른다. 인간이 만물의 척도라는 인문학적 상상력은 그리스 시대의 소피스트를 거쳐 로마에 이르기까지 일관된 생각이고, 현재 평생교육론의 사상적 토대이기도 하다. 고대 로마에 있어서 키케로 등 사상가들이 보여 준 인문학의 전통은 인간을 생각의 토대로 보았다. 로마인들의 일상적인 삶에는 수없이 많은 신이 등장한다. 다신론적인 삶을 산 사람들이 고대 로마인이었다. 그렇다고 그들의 삶에서 신이라는 존재가 인간 삶의 중심에 군림하지는 않았다. 인간사에 있어서 신이 큰 비중을 차지하지 않았으며, 신은 그저 인간 내면에서 하나의 이야깃거리 혹은 공간을 차지하는 가공물에 지나지 않았다. 신을 위해서 인간의 삶이 전개된 것이 아니라, 인간의 삶을 위해 신이 등장했던 것이다. 고대 아테네의 플라톤에게 있어서 신을 찾는 일은 바로 상기였다. 상기는 인간 삶의 배움을 의미하였다. 고대 로마의 인문학적 전통에서 배움은 인간과 인간의 부대낌과 소통을 통해 인간이 만물의 척도임을 드러내 보이는 일이었다.

사람끼리의 부대낌과 그것에 의해 나타날 수 있는 배움의 중요성은 동양에서도 마찬가지로 나타난다. 그것을 공자만큼 직설적으로 지적한 사람도 드물다. 공자는 『논어』의 양화편(陽貨篇)에서, '육언육폐(六言六蔽)'를 배움의 관점에서 논한 바 있다. 첫째, 사람이 인을 좋아하되(好仁) 배우기를 싫어하면 그 폐단은 어리석음(愚)이 되고, 둘째 안다는 것을 좋아하되(好知) 배우기를 싫어하면 그 폐단은 허풍(蕩)이 될 수밖에 없고, 셋째 신의를 좋아하되(好信) 배우기를 싫어하면 그 폐단은 나와 남을 해치게(賊) 되며, 넷째 곧기를 좋아하되(好直) 배우기를 싫어하면 그 폐단은 여유가 없어지고(絞), 다섯째 용기를 좋아하되(好勇) 배우기를 싫어하면 그 폐단은 난폭해지며(亂), 여섯째 굳세기를 좋아하되(好剛) 배우기를 싫어하면 그 폐단은 끝내 광기(狂)가

된다. 이런 여섯 가지 폐단은 배움의 관점에서 인문주의적인 교훈이다. 공자의 육언 육폐는 '보다 인간답게 만드는 일'을 의미하는 후마니오라(humaniora), 즉 인문학적인 이상을 실천하기 위한 현실적 대안과 같다.

인문학적 전통과 마찬가지로 배움학 역시 가르치는 사람이나 일보다는 배우는 사람, 배우는 일이 무엇인지를 규명하기 좋아한다. 이 점은 롤랑 빠르트(Barthes)가 탈구조주의적 관점에서 말한 가르치는 자들의 문화적 폭력론과 연계된다.[20] 빠르트는 「저자들, 지성인들, 교사들(Writers, Intellectuals, Teachers)」이라는 글에서, 가르침이 원천적으로 권위적인 요소를 지니고 있는 한, 정치적인 행위에 지나지 않는다고 비판한 적이 있다. 교사들이 정치적인 역할을 하는 한, 권위적 역할을 받아들이고 침묵을 유지하며 말로 억압하는 사람의 역할에 충실한 폭군이 되는 것이며, 그런 일에는 배움이 개입될 수 없다.

교사가 해야 될 일은 그런 일이 아니라는 것이 빠르트의 주장이다. 교사는 권위적인 일을 하기보다는 반대로 글쓰기를 활용하거나 '평화스러운 담화' 중심적인 일을 전담하는 배움에 친숙해야 하는 사람이다. 가르침보다는 배움 친화적인 방법을 강조하는 생각이 탈구조주의적이다. 탈구조주의적인 교육 활동은 경쟁을 거부하고 인간적인 추락을 거부하면서 기쁨과 놀이를 지향한다. 탈구조주의적 상황 속에서 일어나는 배움은 '얼어붙은 교재를 근절하고, 편견을 붕괴시키고, 언어의 폭력과 권위를 없애며, 억압적이고 가부장적인 힘을 누그러뜨리고, 절대적인 법을 회피하며, 학생들 간의 대화를 다양화시키고, 가르침의 주체로서 금욕적인 혹은 충동적인 양단으로 치우치는 것을 포기하는' 행위다. 탈구조적인 교육 상황에 정치 권력이 개입한다면 성격상 반권위적이고 자율적인 양태로 진행될 수밖에 없다.[21]

§ 위버멘쉬(Übermensch)의 배움

인본주의적인 생각들은 중세의 암흑기를 지나면서 신의 자비라는 이름 아래 무참하게 훼손되었다. 우울했던 중세기를 벗어나자 죽어 있던 인본주의가 되살아나기 시작했다. 사람 중심의 생각이 예술과 문화 활동에서 창조적으로 되살아났다. 철학과 사상계에서도 마찬가지였다. 인본주의의 새로운 촉발이 철학자들의 글귀 여기저기서 부화되기 시작했다. 인간이 만물의 척도임을 새로운 시각에서 알려 주는 쇼펜하우어, 니체, 그리고 베르그송 등의 근대사회의 사상가들이 등장하였다.

쇼펜하우어(1788~1860)는 인간 존재, 그리고 그들이 가지고 있는 '삶에의 의지'를 강조한 사상가였다.[22] 그가 말하는 '삶에의 의지'는 플라톤이나 헤겔의 이성이나 이데아, 혹은 논리와 같은 개념이 아니다. 인간을 인간으로 살아가게 만드는 현실적인 생명력이 바로 삶에의 의지였다. 삶에의 의지에 대한 생각은 그의 주저인 『의지와 표상으로서의 세계』에 잘 드러나 있다. 그에 따르면, 이 세계는 궁극적으로 하나의 표상에 지나지 않는다. 쇼펜하우어는 칸트가 말한 '물 자체'라는 개념을 긍정적으로 자기 이론에 흡수하여, 물 자체가 바로 인간 자기 자신의 존재며, 그것의 근거인 인간의 의지라고 해석한다. 세계 의지가 있다면 그것은 결국 '삶에의 의지'로 나타날 수밖에 없다. 그것을 객관적으로 표현한 것이 바로 표상으로서의 세계다.[23]

쇼펜하우어는 삶에의 의지를 무기물로서의 자연 속에서 관찰할 수 있는 것과 생명체적인 자연에서 관찰할 수 있는 것으로 나누었다. 인간의 의식으로 분출되는 것은 생명체적인 자연에서 관찰되는 삶에의 의지다. 무기물로서 자연 속에서 관찰되는 의지는 맹목적이므로 인간의 의식으로 드러나지 못한다. 생명체적 자연의 기초는 바로 무기질적인 자연에 기초를 두고 있고, 그것에 기초를 둔 삶에의 의지 역시 맹목적인 질서를 벗어나지 못하기 마련이다.

그와는 달리 생명체적 자연에서 관찰되는 의지는 삶에의 의지로서 인간적인 지성에 의해 하나의 표상으로 표현된다. 자기 자신과 세계의 존재 근거가 의지이기 때문에, 인간에게 의지가 없다면 나와 이 세계는 존재할 수 없게 된다. 삶에의 의지는 본질적으로 혼돈에 찬 무이성적 의지이며, 그런 맹목적인 질서 속에서 나타나는 삶에의 의지가 결국 윤리적 측면에서 전체의 삶을 고통스럽게 만들어 간다. 따라서 그런 인간적인 고통을 극복하는 일이 필요하다. 그 방법으로 그는 불가에서 말하는 '열반'이 삶에의 의지를 담금질해 준다고 보고 있다. 쇼펜하우어는 침묵과 그것으로 이어지는 허무에 대한 적극적인 받아들임을 열반에 이르는 길로 보았다.

쇼펜하우어는 삶에의 의지가 만들어 내는 고통을 삶에서 제거하기 위해서 삶이 요구하는 여러 가지 필요들이 침묵하도록 만들어야 한다고 보았다. 인간적인 삶에의 의지가 빚어 내는 절규들이 침묵하도록 삶에의 의지를 의도적으로 부정해야 한다고 하였다. 그것을 이루어 낸 것이 바로 허무다. 삶에의 의지가 강렬하게 요구하는 것들을 침잠시키기 위해서 쇼펜하우어는 삶의 뿌리이며 삶을 지탱하게 하는 삶에의 의지를 원초적으로 부정해야 한다고 본 것이다. 그것이 바로 배움이며 삶에 대한 깨우침이라고 생각했다.

쇼펜하우어가 내세운 삶에의 의지는 니체에 이르면서 '힘에의 의지'로 바뀐다. 니체는 쇼펜하우어의 '삶에의 의지' 론에 큰 영향을 받았지만, 쇼펜하우어의 철학이 관념론이며 형식주의적 염세주의와 타락한 본능에 속한다고 비판하며 자신만의 길을 제시하였다. 니체는 허무주의를 벗어나서 부정의 부정을 통해 긍정을 찾아내는 길을 택했다. 그런 일을 할 수 있는 존재는 바로 나이며, 나 이외에는 존재하지 않는다. 니체는 삶을 부정하기보다는 긍정함으로써 염세주의의 극복을 갈망했다. 그가 삶에의 긍정을 말할 수 있었던 것은 인간의 운명애 때문이었다. 니체는 포기하는 인간, 포기하는 운명애를 생각해 본 적이 없다. 니체는 '넘어지면 다시 일어나라.'는 칠전팔기를 외쳤다. 그 외침은 삶에 대한 긍정과 운명애를 확인하는 외침이기도 했다.

"사람은 확고하게 자신의 자리를 잡아야만 하며, 동시에 용감하게 자신의 두 다리로 서야 한다." 그것을 보여 주기 위해 니체는 타락한 본능과 그렇지 않은 긍정을 대립시켰다. 그에게 있어서 기독교주의는 타락한 본능을 대변한다. 기독교론은 관념론의 아류에 지나지 않는다. 천국은 거기에 있는 것이 아니라 바로 여기에 있다고 절규하는 니체는 『이 사람을 보라』에서 기독교의 근간을 송두리째 뽑아 버리려고 시도했다. 염세주의를 극복할 때 비로소 인간 스스로 운명애에 의한 삶을 긍정할 수 있다고 보았기 때문이다. 삶을 긍정하기 위해서는 인간 힘에의 의지를 긍정해야 하는데, 그것이 가능하기 위해서는 막연한 관념론적인 신이 아니라, 두 발로 서 있는 초인이 정립되어야 한다는 것이 그의 주장이었다. 니체가 말하는 초인은 실존적 인간, 힘에의 의지를 담은 절대적인 인간이다.

니체는 자기가 살던 시대의 가치를 모두 거짓덩어리, 허구로 간주하였다. 새로운 종류의 순결과 제의, 투박한 현실에서의 세련된 탈출을 초인에서 찾으려고 하였다. 그렇게 만들어지는 가치의 전도가 바로 사람을 구하는 새로운 기대감이라고 보았다. 사람들에게 결여된 것이 건전한 우주적 신화인데, 그 신화를 새롭게 내세워야 사람들이 건강해질 수 있다고 본 것이다. 그것을 이루기 위해서는 신을 기다릴 것이 아니라 초인을 기다려야 한다는 주장이다.

그는 이 가능성을 인간의 힘, 불굴하는 인간의 가능성에서 찾았다. 건강한 생명력은 지속적인 강건함이다. 그 강건함에는 언제든지 변화가 가능하다. 강건함은 결코 불변의 것이 아니다. 그것은 상황적이고 시간적인 것이며 현실에 적응적이다. 그런 절대적인 힘을 가진 인간이라면 언제든 그 강건함으로 지킬 수 있다.

니체가 말하는 강건함의 초인을 기리는 세계는 플라톤의 이데아의 세계와는 전혀 성질이 다르다. 플라톤의 참된 세계는 심원하며, 인간이 지각할 수 없는 세계, 영원한 이데아가 존재하는 세계였다. 니체에게 그런 세계는 하나의 허구였다. 니체는 인간을 언어의 세계, 개념의 세계에 묶어 놓는 생각이 바로 관념론이라고 비판했다. 그는 이데아의 세계보다는 땅의 세계, 현실의 세계, 느낄 수 있는 세계를 실재의 세계로 보았다. 사람이 살고 숨 쉬는 강건한 세계를 그렸다. 니체는 그런 실재의 세계를 고대 소크라테스 이전의 그리스라고 보았다.

니체는 근대의 여명과 함께 초인의 가능성을 기리면서 인문학의 부활을 엿보았다. 하나같이 신의 목소리를 욕망하였던 교부, 스콜라 철학자들과는 달리, 니체는 위버멘쉬(Übermensch)와 그가 전하는 인간의 목소리를 갈망했다. 위버멘쉬가 개념적 정의, 또는 체계적 논리적 서술로는 무엇인가 허전해질 수밖에 없는 개념이기는 했다. 하지만 니체가 말하는 위버멘쉬는 신과는 성격이 달랐다. 그에게 있어서 '신'이라는 개념은 결코 생명이라는 개념의 반대물, 그 이상은 아니었기 때문이다. 니체는 그동안 철학자들과 신학자들이 갈망해 온 신의 존재를 나약하기 그지없는 존재, 왜소한 관념으로 추락시켰다.

"모든 유해한 것, 유독한 것, 비방적인 것과 모든 생명에 대한 무서운 대적 행위는 하나의 두려운 것으로서 신과 결합되어 있다. '피안'과 '참된 세계'라는 개념은 존재하는 유일한 세계를 격하시키기 위해 만들어진 것이다. 어떤 목표나 목적도, 어떤 의미나 과제도 지상에 남기지 않기 위해 만들어진 것이다. '영혼'과 '정신'이라는 개념이나 '영혼의 불멸'이라는 개념은 육체를 경멸하기 위해, 육체를 병들게 하여 신성하게 만들기 위해 진지하게 다루어야 할 인생의 모든 사실, 즉 영양과 거처, 정신적 위행, 환자의 간호, 청결, 기후 등등의 문제에 대한 놀라운 부주의를 일으키기 위해 만들어진 것이다. 우리는 건강 대신 '영혼의 구제', 즉 회개와 참회와 구원의 히스테리 사이를 방황하는 '순환하는 광기'를 발견한다. '죄'라는 개념은 '자유 의지'라는 개념과 그에 따른 가책의 도구로서 우리의 본능을 혼란시켜 그에 대한 의혹을 인간의 제2의 본성으로 삼기 위해 만들어진 것이다."[24]

니체가 갈망하였던 인간의 목소리는 위버멘쉬(Übermensch)의 목소리였다. 자기 내면을 드러낸 인간의 목소리였으며, 배움으로 가득 찬 인간의 목소리였다. 위버멘쉬는 초감성적 세계에서 경험할 수[25] 있는 초월적 존재를 상징하지는 않는다. 신의 계시를 받고 초능력을 발휘하는 예언자나 그런 부류를 의미하지도 않는다. 그가 말하는 위버멘쉬는 힘에의 의지를 구현해 나가기 위한 존재로서 자기 배움에 치열한 배움의 추동체다. 자기 내면에서 자기 자신을 진화시키기 위한 활동을 그치지 않는 존재가 바로 위버멘쉬다. 힘에의 의지로서 자기 자신을 쉬지 않고 고양시켜 나가는 내재적 자기 초극자가 위버멘쉬다. 위버멘쉬는 인간 스스로 자기 초극을 감행하는 활동의 도상에서 체험되며 깨달을 뿐이다. 니체는 위버멘쉬를 형이상학 이후의 존재로 계획했다. 따라서 그는 자유정신의 소유자로 이해될 수 있다. 그는 무엇보다도 먼저 자기 힘에의 의지로 자기 극복을 시도하는 존재다. 위버멘쉬는 자신에 대한 지배력과 자유를 자기 극복의 계기로 삼는다.

위버멘쉬는 삶을 절대적으로 누려야 될 것으로 만들며 그것을 배워 가는 존재다. 삶에 어긋나는 형이상학적 이분법과 절대적 도덕을 거부한다. 전통적인 의미의 틀 속에서는 비도덕적이며 이기적인 존재로 낙인찍히기 십상인 위버멘쉬는 자기 극복, 자기 가치평가의 목표에 몰입하는 의미 부여의 존재다. 자기 입법적, 자기 명령적인 존재로서 자기를 도덕의 주인으로 등장시킨다. 위버멘쉬는 디오니소스적인 긍정과 그런 힘의 느낌을 자신의 행복으로 받아들이고 새로운 사랑, 세계의 영원성에 대한 사랑을 품는 영혼의 인간이다. 한마디로 말해 위버멘쉬는 자기 부정을 거부하는 존재다.[26]

니체는 다시 말한다. '무관심'과 '자기 부정'이라는 개념은 퇴폐의 징후를 드러내는 말일 뿐이다. 유해한 자의 유혹, 자기 이익과 자기 파괴를 발견하는 능력은 인간의 절대적인 성질이며, 동시에 '의무', '신성' 및 '신적인 것'으로 간주된다. 인간의 능력, 말하자면 자유 의지, 힘에의 의지를 인간에게 되찾아 주는 일이 인간의 목소리를 되찾는 길이다. 니체는 "인생의 목적은 끊임없는 전진에 있다. 앞에는 언덕이 있고, 강이 있고 진흙도 있다. 걷기 좋은 반반한 길만은 아니다. 먼 곳으로 항해하는 배가 풍파를 만나지 않고 조용히 갈 수만은 없다. 풍파는 언제나 전진하는 자의 벗이며, 고난 속에 인생의 기쁨이 있다. 풍파 없는 항해는 얼마나 단조로운 것인가? 곤란이 심할수록 내 가슴은 뛴다."라고 말했다. 삶에의 투철한 의지를 드러내고 있는 니체의 말은 인간이 바로 배움의 척도임을 상기시키는 데 충분하다.

§배움의 관여성

인간의 학습이 쉽게 이해될 수 있도록 그것을 환원론적으로 뇌 신경세포들이 만들어 내는 소음 정도로 설명할 수 있다. 이와 달리 인간의 학습 활동이 어떤 의미를 갖기 위해서는, 학습에 대한 환원론적인 설명이라고 하더라도, 그 '의미'가 어떤 의미를 가지도록 만들어야 한다. 인간의 두뇌에 전달되는 각종 신경물질이 아무리 생성되더라도 그 자체로서는 의미를 만들어 내지 못하기 때문에, 그것을 종합해서 학습이라고 규정할 수 없는 것과 같다. 같은 경험, 같은 사건을 보고 어떤 사람은 그것을 더 기억하려고 하고 어떤 사람은 빨리 잊으려고 한다면, 그 기억물질만으로는 인간의 학습이 무엇인지 아무것도 설명하지 못한다.

신경전달물질의 투입이나 교환으로 이루어지는 정보 처리 활동을 학습이라 규정한다 해도, 인간이 정말로 바랐기 때문에 한 일이라고 그 의미를 자동적으로 부여할 수는 없다. 사람들은 일하지 않고도 돈을 벌 수 있으면 좋을 것이라고 생각하지만, 실제로 인간의 뇌는 일을 하고 싶어 하는 경우가 많다는 것을 보면 학습 활동과 학습 의미는 서로 다른 것임을 알 수 있다. 신경과학자인 번스 교수는 인간의 공짜심리가 어떤 것인지를 알아보기 위한 실험을 착수한 적이 있다.[27] 일단 버튼을 눌러야 돈을 받을 수 있는 장치와 그것을 누르지 않아도 돈을 받을 수 있는 장치를 서로 다르게 만들어 놓은 상태에서 실험을 하였다. 결과는 판이했다. 평범한 행동이기는 하지만, 공짜 돈을 받는 것보다 버튼을 누를 때마다 그것을 누른 실험 참가자들의 뇌에서 선조체가 더 활성화된다는 사실을 포착했다. 뇌의 선조체 부위가 활발해지면 도파민이라는 신경전달물질이 다량 분비된다. 그렇게 되면 인간은 만족감을 느낀다. 그래서 버튼을 누르면서 돈을 받는 사람들이 더 행복감을 경험하고 있는 것으로 나타났다. 노동의 내용이 무엇이든 노동의 성과만큼 인간에게 귀한 것은 없을 듯하다. 그것은 인간의 뇌 스스로 나태해지는 것을 원하지 않기 때문에 생기는 자연스러운 일이다. 학습 역시, 의미 부여가 삭제되거나 생략된 정보 처리 활동은 인간에게 아무런 보람도 야기하지 않는 무의미한 정보 처리 활동에 지나지 않는다.

인간에게 어떤 사건이 의미를 갖기 위해서는 사회적인 관여가 불가피하게 개입된다. 관여성이란 어떤 과학 분과나 미학이 그 대상을 연구하기 위해서 일정하게 미리 취하는 관점을 가리키는 개념이다. 예를 들면, 나무를 연구하기 위해서는 문학적·회화적·통계적·과학적 관여성이 개입되기 마련인데, 그때의 관여성은 한 나무에 대한 서로 다른 관점을 말한다. 한 그루의 동일한 나무를 앞에 놓고 어떤 관찰자는 그 자체의 거창함과 잎사귀의 풍격에 주목할 것이고, 다른 관찰자는 줄기의 빠드득하는 소리와 잎사귀의 살랑거림을 고찰할 것이다. 또 다른 관찰자는 수학적인 정확성을 꾀할 것이고, 어떤 관찰자는 나무의 각 기관의 특징적인 형태를 지적할 수도 있다.

이러한 모든 기술(記述)은 논리적인 관여성만 가지고 있다면, 다시 말해서 일정한 관점에서만 이루어졌다면 나름대로 받아들일 수 있는 관점이 된다. 일단 어떤 관점이 채택되기만 하면, 이른바 관여적(pertinent)인 특징이 고찰되어야 하고 다른 특징, 이를테면 비관여적(non-pertinent)인 특징은 배제되어야 한다. 통나무를 켜는 초부(樵夫)의 관점에서 볼 때는 그 나무의 잎사귀의 빛깔이나 형태는 관여할 바가 아니라는 것이 분명해진다. 반대로 화가의 관점으로 나무를 볼 때는 나무의 열량은 관여할 것이 아님이 분명하다. 모든 학문은 독자적인 관점을 먼저 취할 것을 전제로 한다. 수학에 있어서 관여적인 것은 오직 숫자뿐이고, 기하에 있어서 관여적인 것은 형태뿐이며, 열량 측정법에 있어서 관여적인 것은 오직 온도뿐이다.

마찬가지로 인간의 삶이 배움에 서로 관여하는 한 인간의 배움에는 끝이 있을 수 없다. 배움은 끝내 깨달음과 연결됨으로써 어떤 시작이나 종결점을 갖지 않는다. 배움의 이런 속성을 가리켜 옛사람들은 '학해무애(學海無涯)'라고 표현하였다. 배움의 바다는 끝이 없다는 뜻으로서, 배움의 길은 끝이 없고 계속해서 노력해야 한다는 것을 의미한다. 이와 비슷한 말이 『능엄경』에서는 '학무지경(學無止境)',[28] 즉 배움에는 끝이 없다는 말로도 표현되어 있다. 이것을 삶살이에 더 확장하면 배운 사람, 깨우친 사람은 꺼릴 것이 없다는 원효스님의 '무애(無碍)'와 연계된다.

§ 가이위사 온고이지신(可以爲師 溫故而知新)

필자는 『국가과외』에서 학교에서 가르치는 업을 전문적으로 하는 교사를 향해, "당신은 정말로 배우는 사람인가?"라고 물음표를 던지며 마지막 페이지를 덮었다. 배움에 대한 여백을 독자들에게 남겨 놓고 싶어서였다. 인간이 불가에서 이야기하는 탐진치(貪瞋痴), 즉 탐욕(貪慾), 진애(瞋崖, 화냄), 우치(愚癡, 어리석음)를 안다고 하였을 때, 그것을 정말로 알아 가는 과정은 동시에 그것의 어려움을 함께 알아 가는 과정이기도 하다. 그런 점에서 가르침보다는 배움을 역설한 스승론의 근거인 '온고이지신 가이위사의(溫故而知新 可以爲師矣)'라는 공자의 말씀은 인간에게 배운다는 것이 무엇을 의미해야 하는지를 새로 깨닫게 만든다.

'온고이지신'이란 공자가 스승됨에 대해 이야기한 글귀다. 위사에 관련하여 언급되는 이 말은 『논어』 위정편(위정 11)에 나온다. 이 말은 공자 스스로 스승의 자질 혹은 스승이 될 수 있는 조건이 무엇이냐를 밝혀 주는 대목이다.

공자가 말한 '온고지신'에 대해 후학들은 각기 다른 주석을 달았고, 그것이 문제의 화근이 되기도 했다. 하지만 각기 강조점은 조금씩 달랐을지라도, 이원생 선생의 『논어집주』의 주석[29]을 크게 벗어나고 있지는 못했다. 즉 온고지신은, '고(故)를 온(溫)하여 신(新)을 지(知)하면 가(可)히 사(師)가 됨직하다.'라는 의미에서 벗어나지 않았다. 이원생 선생 역시, 옛것을 익히고 새로운 것을 알면 능히 스승이 될 수 있다는 주자의 『논어집주(論語集注)』에 따랐다. 따라서 주자의 해석이 공자의 온고지신에 대한 정론적인 주석이 되었다고 할 수 있다.

주자(朱子, 1130~1200)는 '온고이지신 가이위사의'를 문자 그대로의 흐름으로 읽은 도학자였다. 온(溫)은 찾고 연구하는 것, 고(故)는 옛날에 들은 것, 신(新)은 지금 얻은 것을 말한다. 그래서 이 말은 때때로 옛날에 들은 것을 익혀서 매양 새로운 것을 얻는 것이 있으면 그것이 배운 것이고, 그런 배움이야 말로 나에게 있게 되는 것이니 상대방에게 응답할 경우가 생길지라도 어떤 질문이든지 막히지 않게 되며, 그쯤되어야 배우는 이들에게 스승이 될 수 있다는 뜻이다. 공자의 온고지신에 대한 주자의 주석은 스승의 자질이나 스승의 의미를 말 그대로 앞선 사람, 먼저 난 사람, 그래서 경험이 더 많은 사람이라고 해석하여 남에게 스승이 되기 위해서는 옛것을 익히고 새것을 아는 사람이 되어야 한다고 본 것이다.[30]

　　물론 주자의 주석에 동의하지 않는 유학자들도 있다. 정후수는 기억하고 묻기만 하는 학문은 마음에 얻는 것이 없어 아는 것에 한계가 있다고 보았다.[31] 스승이 옛것이나 익히고 새것이나 아는 그런 사람이기만 하면 스승으로서는 함량미달이라는 뜻이다. 이런 새로운 해석은 다산(茶山) 정약용 선생의 『논어고금주(論語古今注)』에서 여실히 드러난 바 있다. 그는 '옛날에 들은 것을 의미하는 고(故)와 이제 깨달은 것이라는 뜻의 신(新)'에 대한 주희의 주석에 다른 해석을 달고 있다.

　　'가이위사'는 능히 스승이 된다는 말이기보다는, "스승의 직책은 자못 해볼 만한 일이다."라고 해석해야 한다는 것이 다산의 주석이었다. 전에 배웠기에 이미 식어 버린 것을 이제부터 사람들을 가르치게 되는 계기를 이용하여 다시 '온고지신'을 할 수 있기 때문에, 스승은 정말로 해볼 만한 일이라고 적극적으로 해석해야 한다는 것이었다. 스승이 된다는 것은 우선 나 자신의 경신을 위해 유익한 일이므로 사람으로서 능히 스승이 됨직하다[32]는 해석도 새로운 것이다. 남을 가르치게 되면 온고이지신하게 되는 자기 배움에 득이 되기에, 교직은 힘이 들어도 해볼 만한 가치가 있다는 논리다. 공자의 위사론에 대한 서로 다른 해석과 논쟁을 보고, 이을호 교수[33]는 다산과 주자의 학설은 스승에 대한 동기와 결과의 전도며, 수미가 엇갈린 것이라 평가한 바 있다. 주자가 온고지신을 원인으로 보고 위사를 결과로 해석하였다면, 다산은 위사를 동기로 보고 온고지신을 결과로 해석했다는 것이다.

§다산의 가이위사(可以爲師)

　김태오 선생은 온고지신에 대한 다산 선생의 입장을 다시 정리해서 풀어낸 바 있다. 그는 "……스승의 길〔師道〕은 매우 광범한 것으로 단지 온고지신하는 한 가지 일만으로 허용될 수 없는 것이다. 형병의 소〔邢疏〕에 삽입된 '則'이란 글자는 원래의 의미가 아니다. 이전에 배운 것들이 이미 식어 버렸지만, 늘 사람을 가르치는 까닭에 온고지신을 얻게 된다. 공자께서는 이를 이롭게 생각하여 그런 말을 한 것이다."[34]라고 말한다. 다산 선생의 해석은, 공자가 말한 온고이지신 가이위사의(溫故而知新 可以爲師矣)가 스승의 길에서 획득되는 온고지신을 가치 있는 일이라고 여겼음을 의미한다는 새로운 해석이었다. 공자는 남의 스승이 되는 것을 목적으로 삼은 것이 아니라, 이미 식어 버린 '옛 지식이 다시 데워지고 또 새로운 것도 알게 만드는 것〔溫故知新〕'을 목적으로 삼았다는 것이 그의 생각이다. 스승이 됨으로써 공자 자신의 교육적 성장을 위한 자기 계발에 더 박차를 가할 수 있다는 뜻이기도 하다. 그러므로 공자의 '온고이지신 가이위사의'는 '온고지신하면 남의 스승이 될 수 있다.'가 아니라, '온고지신을 얻을 수 있기에 스승이 되는 일은 기꺼이 해볼 만하다.'로 해석해야 공자의 스승론이 제 의미를 지닌다는 다산의 해석에 동의한다.

　그는 공자의 온고지신을 새롭게 해석해야 공자가 말한 스승의 길이 무엇인지 제대로 이해할 수 있다는 것을 공자의 행적에서 찾아내고 있다. 공자는 누구보다도 배움의 즐거움을 누렸던 위인이었다. 자기 수양〔爲己之學〕을 입신양명〔爲人之學〕보다 더 근본적인 일로 보았던 공자는, 아는 것을 단지 좋아하는 것이 아니라 즐길 줄 알았고(옹야 18), 배우는 즐거움으로 식사조차 잊고 늙어 가는 근심도 모를 정도였다(술이 18). 자기보다 더 배우기를 좋아하는 사람은 어디에도 없다고 자부한 인물이기도 하다(공야장 27).[35] 그런 공자의 배움 정신에 비추어 본다면, '온고이지신 가이위사의'에서 공자가 요구하는 교사상은 이미 자기에게는 '낯익은 대상임에도 불구하고, 그것을 지속적으로 탐구해 나감으로써 낯익었던 그것마저도 낯선 대상으로 새롭게 만들어 늘 새롭게 해석하고 연구하는 업에 매진하는 사람'이다. 말하자면 배움에 중단이 없는 사람, 인도의 『베다경』에서 말하는 일반적인 물질계의 에너지에 단조롭게 휩쓸리지 않는 사람이 스승이 될 수 있다[36)]는 것이 공자가 말하는 스승론이며 배움론의 핵심이다.

§ 교불엄(教不嚴), 사지타(師之惰)

배운다는 것을 회화적으로 표현하면 지우개 달린 연필과 같을 것이다. 무엇인가 필요한 것을 쓰고 지우면서 또다시 쓰고, 쓴 것을 다시 지워 내며 자기 생각을 또다시 표현하기 위해 활용하는 지우개 달린 연필의 경우, 지우개와 연필의 흑심이 발휘하는 기능은 서로 상극이다. 흑심은 무엇인가 흔적을 남겨야만 하는 도구지만, 지우개의 고무는 그렇게 쓰인 것을 지워 내야 하는 수단이다. 제대로 쓰인 것, 의도대로 쓴 것은 지워 낼 필요가 없지만 그렇지 않은 것은 분명하게 지워야 한다. 세상의 일이라는 것은 잘된 것보다는 잘 되지 않은 것이 더 많기 마련이다. 새로 쓰려면 먼저 지워 내야 하기에, 쓰는 과정보다 지우는 과정이 더 힘이 든다. 삶은 마치 지우개로 지우다 만 종이와 비슷하여 흑심보다는 지우개의 역할이 더 돋보인다.

잘못된 것은 모조리 지워야 직성이 풀린다는 각오로 끼워져 있는 연필의 지우개처럼 가르치는 자의 엄격성은 『논어(論語)』나 『맹자(孟子)』와 같은 동양 고전에서 강조하는 '제문사답(弟問師答)'의 전통과 맥을 같이한다.[37)] 한자권의 동양에서는 제문사답의 방법을 중시해 왔다. 제자가 물으면 스승은 답하는 방식이 '진리의 길(道)'을 찾는 공부법이라고 강조한 것이다. '교학상장(教學相長)' 역시 제문사답의 범주를 벗어나지는 못한다. 가르치고 배우면서 서로 발전한다는 말은, 스승과 제자가 함께 배운다는 뜻보다는 제자가 묻고 스승이 답함으로써 제자가 커 나가는 것을 지켜본다는 뜻이 강하다. 그런 활동을 교육의 힘이라고 본 것이 교학상장이다.

지우개 달린 연필에 대한 이해를 지우개와 흑심 간의 상극적인 기능보다 그것의 양태에 초점을 맞추어 보면, 지우개 달린 연필이 갖추어야 될 모습도 달라진다. 일반적으로 상용되는 연필에서 지우개가 차지하는 길이는 전체의 10% 이내다. 이것을 무시하고 20cm 길이의 연필에 15cm의 지우개가 달린 것이 있을 수도 있다. 그 연필은 사용하기 불편하므로 사용자들에게 외면을 당할 것이다. 그런 연필은 지우개의 기능도 제대로 발휘하지 못할 가능성이 높다. 지우개의 중간이 사용 도중 부러지는 경우가 많기 때문이다.

쓰기에 편한 연필은 사용자가 쥐기에도 편하고, 연필을 쥔 모습이 보기에도 넉넉하게 만들어 놓은 연필이다. 일반적으로 사용하기에 적당한 연필이란 지우개가 연필 전체 길이에서 사용자의 손잡이 부분 위에 조금 달려 있는 연필이다. 삶을 지우개 달린 연필에 비유한다면, 그 역시 삶의 여정에서 지우개의 기능이 극소화되는 삶이어야 할 것이다. 그렇게 되기 위해서는 연필을 쓰는 사람이 제대로 써야 하고, 그것을 의미 있게 다룰 줄 알아야 한다. 지우개와 흑심 간의 상극적인 기능을 조화롭게 활용할 수 있는 사람은 연필을 제대로 사용하는 사람이다. 그들이 바로 연필을 제대로 쓸 수 있는 주체다. 그런 점에서 학습자가 틀리지 않게, 자신이 뜻한 대로 무엇인가를 쓸 수 있게 만들기 위해서 가르치는 사람은 엄격해야 한다. 실수가 적을수록 지우개의 역할이 줄어들기 때문이다. 잘못 썼다고 지워 내기만 하면, 지우개는 그냥 닳아지기만 하거나 지우는 과정에서 종이마저 찢어져서 더 이상 아무것도 쓰지 못하는 경우가 생길 수 있다.

사람이 살아가는 동안 만들어 내는 궤적의 주인공은 자기 자신이다. 자기 뜻대로 자신의 지도를 만들게 된다. 자기 뜻에는 자기만이 존재하는 것이 아니라 타인이 언제나 개입되기 마련이다. 그래서 나의 삶, 그 여정 자체가 타인의 개입사이며 그들의 흔적을 기록해 두는 삶의 기록이기도 하다. 타인의 개입은 나의 삶에 있어서 가르치는 사람의 기능이 포함된다.

삶은 그렇게 쓰면 지우고, 지우면 다시 쓰는 사람들 간의 만남이 지속적으로 이어지는 장이다. 그렇게 만나는 사람들은 서로 어울려 살면서 삶을 어떻게 받아들이고 살아가야 할지에 대한 근본적인 물음을 끝내 잊지 못한다. 그 물음에 대한 대답은 자신이 가진 삶의 태도에 따라 달라진다. 다른 사람과의 어울림이나 갈등은 내가 조절하는 것이지 타인이 조절해 주는 것이 아니기 때문이다. 그런 삶의 물결, 타인의 물결 속에서 나는 어린 물결이 되고, 성난 파도가 되며, 늙은 파도도 되는 것이다. 자신의 삶의 중심에는 자신의 파도가 있을 뿐이다. 인간에게 있어서 의식소통의 농도는, 바다의 물결들이 어떤 모양의 파도가 되어 다른 파도와 어떻게 섞이느냐에 따라 달라진다.

『칭찬은 고래도 춤추게 한다』의 공동 저자인 짐 발라드는 요가 스승인 요가난다의 이야기를 통해, 인간사는 종종 파도가 일고 부서지는 것에 지나지 않는다는 비유로, 인간의 내면을 물결로 표현하면서 삶살이에서의 소통문제를 풀어낸다.[38] 그는 '어린 물결', '늙은 파도', '잔물결' 등의 표현으로 사람의 내면에 숨어 있는 사고와 감정을 설명한다. 늙은 파도는 늘 삶을 진지하고 바르게 대한다. 소심하고 보수적이기조차 하다. 삶을 개척하고자 하는 어린 물결에게 답답함 그 자체다. 부서질 줄은 알지만 만들어 낼 줄 모르는 늙은 파도에게는, 삶을 살아가면서 때로는 모험도 하고 스트레스를 풀어내는 잔물결과 물거품 같은 삶의 태도도 필요하다.

늙은 파도와는 달리 어린 물결은 하려는 것이 많다. 육지를 흘겨본 어린 물결이 늙은 파도에게 물결에게는 모험이며 죽음인 육지가 무엇인지를 묻는다. 궁금해진 물결들은 그 물음에 답하기 위해 육지를 향한 여행을 한다. 어린 물결은 언제나 늙은 파도의 말에 귀를 기울이며 그 말을 따르려고 하지만, 이내 물결이라는 삶의 지루함을 이겨내지 못한다. 마침내 물거품과 잔물결의 유혹에 휩쓸린다. 유혹을 받은 어린 물결은 성내며 일어나고, 다시 부서지면서 끝내 물결의 허무함을 벗어나지 못한다. 늙은 파도는 욕심의 무상함이란 그렇게 부서지고 일어나며 끝내 물거품으로 사라진다는 교훈을 끊임없이 준다. 어린 물결은 그 소리가 지겹기만 하다. 마침내 어린 물결은 여행 도중 폭풍우를 만난다. 그것은 그에게 시험이었지만, 끝내 물거품으로 가라앉는 다는 내면의 성찰을 배우게 했다. 그렇게 육지에 도달한 어린 물결은 육지에 이르러 젊은 파도로 성장한다. 그는 육지에 머물듯하면서도 다시 바다로 되돌아간다.

§ 배움의 진화

인간을 호모 사피엔스(Homo Sapience)라고도 부른다. '지혜 있는 인간'으로 부르는 이유는 지적, 기술적 능력을 중요하게 여겼기 때문이다. 호모 사피엔스는 무슨 일이든 성공과 실패의 축에서 양극단 사이를 움직인다. 마치 원시인들이 야수 사냥을 하면서, 야수를 포획해서 먹이로 만들 것인지 아니면 야수의 먹이가 될 것인지의 양극단에서 능동적으로 움직이는 것과 마찬가지다. 호모 사피엔스에게 요구되는 배려는 단지 경쟁에서의 승리 하나다.

호모 사피엔스에게 파티엔스(patience), 즉 배려와 인내의 요소가 존재할 리 없다. 경쟁하는 인간이 배려하는 인간처럼 산다는 것은 실패이며, 패배나 마찬가지다. 타인의 고통에 민감한 호모 파티엔스는 호모 사피엔스의 정반대의 지점에서 활동하는 인간이다. 사회적으로 성공과 실패 축의 정반대인 충족과 절망의 축이라는 정신적인 차원에서 경쟁하고 상처 내며 앞으로 치달아 가는 존재들이 호모 사피엔스다. 인간의 일상적인 삶을 호모 사피엔스의 축과 호모 파티엔스의 축으로 구성되는 3차원, 즉 성공과 실패, 충족과 절망의 축에서 전개되는 상황으로 분류하면 여러 유형의 삶이 가능하다. 성공했지만 절망감에 사로잡혀 있는 유형이 있을 수 있고, 다른 한편으로는 실패에도 불구하고 그 시련을 새로운 삶의 계기로 삼아 또 다른 의미를 찾고 충족감과 행복감에 도달하는 유형도 있다.[39]

인간은 다양한 삶의 상황 속에서 스스로가 누구인지를 배우며 살아가는 존재다. 이때 배운다는 것은 단순히 지식이나 정보를 습득한다는 학습 행위 그 이상의 것을 의미한다. 행복이 무엇인지에 관한 정보 취득 행위는 인간의 뇌 속에 이미 사전 배선된 학습 능력의 분화에 의해 언제든지 가능하다. 그렇다고 해서 모든 인간이 행복한 것은 아니고 타인의 행복을 걱정하지도 않는다. 행복은 관념이 아니라 생존이며 실천이기 때문이다. 사실 프로이트는 "행복이란 본질적으로 주관적인 것이고 상황에 따라 다르므로 행복을 연구하는 것은 별로 쓸모가 없어 보인다."라고 결론지었다. 임마누엘 칸트[40] 역시 "행복의 개념은 아주 불명확한 것이어서 모두 행복을 얻고자 하면서도 정작 자신이 진정 원하는 게 무엇인지 누구도 명확하고 일관되게 말할 수 없다."라고 말한 바 있다. 결국 행복은 연구하거나 탐구해야 되는 것이 아니라, 행복해 본 경험이 있어야만 행복해진다는 사실이다.

그럴 수밖에 없는 것은, 행복이 무엇인지 알고 싶어 그 흔적을 탐구해 보아도 행복을 그냥 생각해 보기보다는 행복해져 본 후 이야기하자는 결론에 이르기 때문이다. 행복의 역사를 탐구한 맥마흔 교수의 진단도 행복이 무엇인지 알고 싶으면 행복해지는 수밖에 없다는 결론에 이르렀을 뿐이다. 그가 조명해 본 행복의 역사에 따르면 행복은 의외로 행복하지 않은 궤적을 가지고 있었다. 고대 그리스인들에게는 행복을 추구할 권리가 없었다. 행복을 통제할 권리는 오직 신들이 쥐고 있었기 때문이다. 그들에게 있어서 행복한 삶이란 항상 '인간의 수준을 초월한 것'이었을 뿐이다. 신을 위한 행복의 중요성을 고답적으로 되뇌던 그리스인들과는 달리, 고대 로마인들은 행복을 세속적인 차원으로 끌어내렸다. 행복을 신전에서 끌어내려 이집, 저집, 술집에 이르기까지 걸어 놓아 버렸다. 폼페이의 폐허더미는 그것을 생생하게 드러내 놓기도 했다. 폼페이의 어느 빵집 벽에 표지판이 하나 걸려 있었는데, 그 표지판에 쓰인 글이 바로 '이곳에 행복이 거주하도다.'였다. 놀랍게도 그 옆에는 남자의 성기를 상징하는 남근(男根)상도 함께 새겨져 있었다. 주민들은 남근상을 '파시눔(fascinum)'으로 부르며 일상생활에서 거리낌 없이 표현하였다.

파시눔은 번영, 권력, 행운을 상징하는 것으로서 행복에 이르는 길로 이해되었다. 로마인들의 질펀한 삶이 지나고 중세기에 이르러 행복은 다시 인간의 영역을 떠나 신의 손으로 넘어갔다. 교부철학자인 아우구스티누스는 현세에서 누릴 것은 모두 누려본 사람의 달관으로 "진정한 행복, 그것은 우리의 현세에서는 성취할 수 없는 것이다."라고 잘라 말했다. 행복은 인간의 노력과 인간 자신의 몫이 아니라 신의 자비다. 성서에서의 말이 그렇다는 것이다. 에덴 동산에서 쫓겨난 인간은 바로 '스스로 행복을 유기한 자의 상징'이다. 그렇게 쫓겨난 그들이 갈구하는 것은 회향과 회귀, 말하자면 집으로 다시 돌아오는 귀향과 그 귀향에 대한 신의 허가를 받는 날을 기다리는 것이다. 그날이, 그런 신의 언명이 바로 행복의 꼭짓점이라는 것이다. 영원히 오지 않을 것을 알면서 기다려야 하는 고통과 우매함이 모두를 충분히 지치도록 하였다.

암흑의 시대가 지나가고, 계몽시대인 18세기에 이르자 사람들은 다시 행복해지기 위해 춤 추고 노래하고 음식을 즐기며 현세의 삶을 누리기 시작했다. 그때의 춤은 고대 그리스인들이 신을 기리기 위해 추었던 춤도 아니고, 고대 로마인이 추었던 방탕한 춤도 아니었다. 그것은 자신들의 육체를 즐겁게 하는 춤이었다. '신의 의지에 반항하는 즐거움'이 아니라, 자연이 의도한 대로 살아가는 표현의 춤이었다. 현대인들이 갈구하는 행복의 개념은 바로 이 계몽시대와 르네상스 시대에서 자연스럽게 발산된 자기 표현력과 풍요로운 삶에 대한 자기 조절력에 그 뿌리를 두고 있다. 의학과 생명과학의 발전에 따라 개인의 행복은 개인의 유전자에 좌우된다는 생각이 점차 보편화되고 있다. 인간의 DNA 속에 '행복' 결정 유전 요인이 있다는 것이다. 그것만 찾아내면 '행복 유전자 조작'을 통해 누구든 행복을 누릴 수 있게 된다.

그래도 결론은 한 가지다. 내가 행복해야만 행복한 것이라는 결론은 언제나 유효하다. 사실 행복의 유전자를 발견했다고 행복하기 위해 유전자를 조작해서 인간이 모두 행복 모드로 바뀌거나 내가 행복해질 수 있다고 볼 수는 없다. 이 점은 나중에 다시 이야기하겠지만, 이미 『생물과 무생물 사이』라는 책을 통해 일본의 후쿠오카 신이치 교수가 오래전에 예견했다.[41]

행복은 학습으로 전염되는 것이 아니라 깨달아야 행복해지는 것이다. 행복을 인간의 배움과 학습에 빗대어 이야기하면, 인간의 배움은 인간의 학습과 확연히 구별된다고 할 수 있다.

인간의 모습이 호모 사피엔스이든 호모 파티엔스이든 관계없이, 인간에게 배움은 베르그송(Bergson)[42]이 주장했던 것처럼 생명의 도약, 엘랑 비탈(elan vital)을 준비해 주는 내부시각의 비축 행위일 뿐이다. 모든 생물은 지속될 때에만 생물로서의 제 기능을 발휘한다. 모든 생물이 생을 위한 끊임없는 흐름과 운동 속에 존재하지만, 그것은 더 높은 단계로 진화하기 위한 노력이기도 하다. 모든 생명현상에서 '지속'을 대변하는 것이 '진화'인데, 그 진화는 모든 생명체가 어떤 기원에서부터 끝없이 전개되어 왔다는 것을 말한다. 생명의 진화는 늘 그렇듯이 '예측 불가능한 방식'으로 이루어진다. 그래서 생명의 진화는 연속임과 동시에 질적 비약, 말하자면 '창조의 과정'인 것이다.[43]

모든 종은 원초적으로 생명의 약동을 위한 추동력을 가지고 있다. 이 논제가 베르그송의 생명의 가능성에 대한 핵심이다. 생명의 약동을 위한 추동력은 물질로 가득 찬 우주의 저항을 뚫고 무수한 생명체로 진화시키는 원초적인 힘이다. 생명의 약동은 인간의 자유와 창조성을 온전히 실현하기 위한 노력이다.

생명의 약동은 물질세계를 관통하며 식물과 동물, 그리고 인간이라는 세 가지 형태로 나타난다. 그 가운데 인간이 보여 준 생명의 약동이 가장 성공적인 형태의 진화를 이룬 것이며, 그 결과 나라는 존재가 만들어졌다. 원래 생물은 본능을 통해 곤충에 이르는 진화의 길과 지성의 진화를 통해 서로 분화하면서 마지막으로 인간에 이르는 진화의 길을 택했다. 진화는 모든 생물에게 똑같이 적용되는 생명의 약동 방식이지만, 지성의 진화를 통해 인간에 이르는 진화만큼은 창조적 진화에 속한다. 인간의 길은 '창조'와 '진화'라는 모순적 개념이 화해된 진화다. 그래서 인간의 창조란 연속적 변화 속의 질적 비약을 의미한다.

§생명 도약

베르그송의 생명 도약론은 쇼펜하우어의 삶에의 의지, 그리고 니체의 힘에의 의지를 종합하는 인간에 대한 해석일 수도 있다. 베르그송은 쇼펜하우어나 니체와는 달리, 인간의 본질을 '삶의 약동'에서 찾았다. 그것은 인간 존재의 진화과정이 삶의 과정일 수밖에 없다는 베르그송의 생명관이 작용하였기 때문이다. 그는 인간의 진화 방식은 다른 생물처럼 그들의 생명계에서 '엘랑 비탈의 원리'를 따른다고 믿는다. 모든 생물체는 자신 안에 무한의 힘과 다양한 가능성을 내재하고 있다. 무한의 힘은 내부의 불균형에서 비롯되어, 마침내 폭발력을 발생시킨다. 그것이 생명의 창출이며 생명의 현실화다. 생명체는 높은 단계를 향해 도약한다. 물질의 다양한 저항을 뚫고 엘랑 비탈단계에 들어선 생명체는 연속적으로 진화를 거듭한다. 그 생명체가 다음 단계의 엘랑 비탈에서 어떤 형태로 변화될지는 누구도 예측할 수 없는 신비로운 과정이다.

생성의 최후 단계는 인간이기에 더욱더 그렇다. 그래서 인간은 최초의 원형물질이 창조적 진화의 엘랑 비탈을 통해 확장된 정신의 집약체다. 생명의 비약과 약동의 추동력으로 일관하는 진화는 생명현상의 지속을 위한 것이다. 생명현상은 물질과 연속적 관계에 있기는 하지만 성격만큼은 대립적이다. 모든 생명 물질은 '엔트로피법칙'을 거부할 수 없기 때문에 대립적이다. 에너지 소멸의 법칙에 따라 모든 물질은 변하지만, 생명현상은 바로 엔트로피법칙을 거스르는 창조적 현상이다.

물질적 흐름을 거스를 정도로 에너지가 충만한 조건이 마련되면 어디서든지 새로운 생명이 나타날 수 있다. 창조적 진화(L' Évolution créatrice)는 결코 기계적으로 일어나는 생명 창출현상이 아니다. 그래서 생명의 본질은 자발적이며, 이 자발적 자기 존재는 지속이라는 생명의 약동을 실현하기 위해 시간을 발생시킨다. 이때의 시간은 생명체의 목적론적 사유나 기계론적 사유로 이야기되는 불완전한 것이 아니다.

그것은 완전하고 절대적인 시간이다. 한번 진화가 지속되면 하나의 방향에서 다른 하나의 방향으로 일관성 있게 추진되는데, 시간은 그 과정에서 파생되는 여백 같은 것이다.

사물의 속성이 지속성에 있다고 간주하는 베르그송은 만물의 존재 형식에 대한 이해가 다르다. 그는 생물을 일정한 공간 속에 일정한 크기로 존재하는 형상으로 이해하는 전통적인 기계론적인 사고방식을 거부한다. 인간의 삶과 세계의 진행에 관한 기계론이나 결정론을 부정하고, 자유의 존재와 약동의 시간관을 상정한다. 그것은 시간과 생명 간의 관계에 대한 그의 진화론에서 잘 드러난다. 베르그송은 도약하는 생명론이 결여되어 있다는 이유로 진화에 대한 기계론적 설명과 목적론적 설명을 받아들이지 않는다.

기계론은 이미 존재하는 어떤 조건에서 그 결과만을 이끌어 낸다. 반대로 목적론은 미래에 존재하는 어떤 목적을 근거로만 사물의 방향성을 파악한다. 목적론이나 기계론 모두 시간의 이해를 '때문에'로 설명하고 있다. 기계론은 단순히 어떤 원인 때문에 어떤 결과가 발생한다고 생각하고, 목적론은 어떤 목적 때문에 사물이 움직인다고 말할 뿐이다. 과거에서 현재로 밀고 가는 시간관이 기계론적 시간관이라면, 목적론은 미래로부터 현재를 '끌어당기는' 시간관에 해당한다. 기계론과 목적론은 시간속에 담겨 있는 창조적 차원을 생각해 내지 못한다. 그들에 따르면, 현재가 과거의 결과일 뿐이고 현재는 미래에 의해 미리 그려져 있을 뿐이다. 그들에게 현재의 삶은 과거의 원인이 필연적으로 연역되거나 미래의 조건에 의해 예정되어 있을 뿐이다. 베르그송은 그런 닫힌 시간관을 수용할 수가 없었다.[44]

베르그송의 시간관은 '약동(elan)의 시간관'이며 그것이 베르그송의 생명사상이다. 그는 차이의 발생과 차이 생성을 결정론과 대비시켰다. 생물에 있어서 차이의 생성은 결정론과 함께 갈 수 없기 때문이다. 시간 속에서 모든 것이 하나의 방향과 하나의 모습으로 결정되어 있다면, 그 안에서 야기될 차이란 없는 것이나 마찬가지다. 왜냐하면 모든 것은 끝내 결정된 것 간의 구별에 지나지 않기 때문이다. 베르그송이 말하는 생물의 차이 생성은 결정론적이고 기계론적인 구별 자체를 벗어나며, 그것을 거부하려는 절대적 차이다. 시간 속에서 전혀 다른 어떤 일이 발생하도록 하는 절대 차이가 차이 생성의 주 목적이다. '약동'은 절대 차이를 개념화하는 추동력이다. 베르그송은 '생명의 약동' 개념을 내세워 진화에 대한 기계론적 사유와 목적론적 사유인 생명에 대한 결정론의 한계를 드러냈다.

베르그송의 생명 약동론은 니체의 영원회귀를 극복하려는 위버멘쉬에 대한 기대감을 넘어선다. 그런 점에서 베르그송은 인간의 배움이 생명의 약동을 가능하게 만들어 주는 사전 배선된 힘이라는 것을 긍정적으로 받아들인다. 세상만물은 온갖 유전과 방랑, 이합집산을 거쳐 다시 제자리로 돌아오게 된다고 강조한 니체는 죽음과 허무를 넘어서기 위한 인간 존재의 위대함을 이야기하였지만, 그 스스로는 그것을 빠져나오지 못하였다. 그는 『비극의 탄생』에서 거론하고 있는 마이다스(Midas) 왕의 자각과 같은 한계에 갇혀 있었다. 『비극의 탄생』에서 니체는 신화의 한 부분을 내세워 삶에 다가오는 필연적인 종말을 예고하고 있다.

마이다스의 왕은 숲 속에서 마침내 반수신(半獸身)의 현자 실레노스를 찾아내고 그에게 물었다. 인간에게 가장 좋은 것, 가장 바람직한 것이 무엇이냐고. 그 마신은 입을 잘 열지 않다가 간청에 못이겨 깨지는 듯한 목소리로 토하듯이 말했다.

"이 불쌍한 하루살이의 종족들이여, 우연과 피땀의 아들들이여, 듣지 않는 편이 몸에 가장 좋은 것을 왜 군이 들으려 하는가? 가장 좋은 것은 너희가 도저히 이룰 수 없는 일이니, 태어나지 않은 일이고 존재하지 않는 일이요, 무(無)라고 하는 것이다. 그러나 너희에게 다음으로 좋은 일은 곧 죽는다는 일이다."[45]

§학습된 무기력

배움은 굴복에서 벗어나기 위한 자유의 힘이다. 배움은 '할 수 있는 자유(freedom to)'로 나아가려는 의지의 추동력이다. 그래서 배움은 생명의 약동을 위한 추동력이 되는 것이다. 정치철학자 이사야 벌린(Berlin)은 인간의 의지와 자유를 '부정적 자유' 와 '긍정적 자유'로 나누어 말하면서 인간이 의지 있게 살기 위해서는 두 가지의 자유가 모두 필요하다고 역설하였다.

부정적 자유는 '벗어나는 자유(freedom from)'로서 제약에서 탈피해 다른 사람의 지시에서 벗어나는 자유를 말한다. 긍정적 자유는 '할 수 있는 자유'로서 자신의 삶을 통제하고 의미 있는 삶으로 만들 수 있는 능력이다.[46]

배움은 바로 긍정적 자유를 위한 것이며, '학습된 무기력'을 뛰어넘는 내부시각의 확장을 위한 노력과 활동이다. 인간의 삶은 학습된 무기력 그 덩어리의 점철과정이나 마찬가지다. 학습된 무기력[47]이란 셀리그먼(Selligman)의 전기충격을 가하는 동물실험에서처럼 어떤 상황이든 체념과 수동성으로 모든 것을 받아들이는 일관된 생활 태도를 말한다.

학습된 무기력에서 벗어나기만 하면 사람들은 억압과 무지에서 자유로울 수 있다. 파울로 프레이리(Freire)는 학습된 무기력을 벗어나게 만드는 일을 '의식화'라고 불렀다. 인간이라는 생명체는 베르그송의 생명철학에 나와 있듯이 진화를 위한 약동의 존재다. 그런 존재는 생명의 존속을 위한 배움의 존재이기도 하다. 쓸모없는 사람은 있을 수 없는 것처럼[48] 배울 수 없는 사람 역시 이 세상 어디에도 존재하지 않는다. 생명이 있는 한 그것에는 배움에의 의지와 배움의 자유가 있다.

배운다는 것은 자기애, 자기 존중의 시작이기도 하다. 배움은 인간에게 필연적이다. 배움은 마음의 능력을 키우는, 마음의 여백을 늘리는 활동이다. 마음의 힘이 어떻게 작용하는가에 따라 우리 인생의 성공은 달라진다. 마음의 능력을 키우기 위해서는 자기애를 뜻하는 나르시시즘도 불가피하다. 인간은 누구나 일차적으로 세상보다 자신에게 관심이 있게 마련이다.

사람은 자기중심적이며, 남에게 존중받기를 바라는 영리한 인간인 호모 사피엔스다. 자기애가 충족되면 스스로 삶을 바라보는 시각도 건강해지고, 삶에 대한 태도 역시 긍정적으로 바뀐다. 남에 대한 이해의 폭도 넓어지고, 타인에 공감하며 배려하는 마음도 커진다. 자신의 존재가 중요해질수록 더불어 중요해지는 것이 바로 타인과의 관계다. 나를 보아 주고, 알아 주고, 인정해 주는 누군가가 없다면 인간은 나르시시즘의 허기를 달랠 수 없다. 자기중심적이 될수록 나의 존재를 알아 주고 배려하고 공감해 주는 사람이 필요하기 때문에 타인에 대한 존중은 필수적이다. 좋은 인간관계는 자기애를 위해서라도 필요하다. 건강한 나르시시즘을 갖고 있어야 타인에 대한 배려도 가능해진다. 나르시시즘을 제대로 부릴 줄 아는 것이 바로 마음 경영에 성공하는 지름길이다.[49]

§배움의 신성

인간의 신성은 스스로 자기를 배워 나가는 과정에서 자연스럽게 배태된다. 그것이 인간에게도 가능했다는 것을 보여 준 사람이 바로 붓다였다. '붓다' 라는 말이 배운 자를 말하는 보통명사로 쓰이기도 하는 것은 붓다의 배움에서 연유한다. 모든 이는 언젠가 죽음을 맞이해야 하는 숙명의 인간이지만 붓다는 스스로 깨달음을 얻은 후 무사(無死)의 대열에 올라갔다.[50] 그것은 기적이었지만, 그 기적이야말로 붓다가 만들어 낸 인간의 행적이었다.

그의 깨달음의 공간과 여백에 이르기까지, 인간의 마음을 따라 기적도 함께 갔다. 기적은 인간을 따라다니는 일상적인 일이다. 배움이 시작되면 기적이 싹을 돋기 시작한다. 인간이 기적을 포기하면 기적의 싹 역시 폐기된다. 붓다는 사람의 아들이었다.

사람의 아들임을 한 번도 부정해 본 적이 없고, 그것을 부끄러워한 적도 없다. 스스로 인간임을 한시도 잊지 않았다. 그는 영리하지 못한 생명이었다.

2,500년 전의 일이다. 싯다르타는 태어나면서 어머니 마야를 잃는다. 그는 커 가면서 그를 자신처럼 용맹한 왕으로 만들려는 아버지 숫도다나의 계획과는 달리 방황, 슬픔, 번민, 고뇌 속에서 삶이 무엇인지, 생명이 무엇인지를 알고 싶어 한다. 고타마 싯다르타는 마침내 가출을 한다. 왕자라는 신분과 가족 모두가 버겁다고 느낀 그는 왕궁을 벗어나는 가출에 성공한다. 구도의 길이라고 부르기는 하지만, 그것은 책임 회피의 길이며 자기 해방, 자기 자유의 길이었다. 대부분의 가출은 실패로 끝나기 마련이다. 싯다르타라고 예외는 아니었다. 하지만 그가 가출을 출가로 승화시킨 것은 그의 나이 서른다섯이 되었을 때다. 그의 가출이 출가로 승화된 것은 그가 무엇인가를 배웠고, 그 배움이 하나의 깨달음으로 자신을 변·개조해 냈기 때문이다.

싯다르타도 깨달음을 얻기 전까지는 권력이나 쾌락에 탐닉할 줄 알았던 영리한 호모 사피엔스였다. 오욕칠정이라는 숙명적인 인간의 관문에서 기웃거렸던 보통의 욕정어린 인간이었다. 깨달음을 얻기 위해 왕궁을 뛰쳐나왔지만, 굶주림에 더 몸부림쳤다. 왕궁에 홀로 남겨두고 온 아내에 대한 그리움은 부차적인 문제였다. 고통에 몸을 내맡기면서도 고독과 절망감에 가출을 후회한 적도 한두 번이 아니었다. 그는 끊임없이 도(道)를 찾아 헤맸다. 가출의 호된 대가를 맛 보았다. 그런 대가 속에서 그는 배운 것이 있었다. 배움에 투철할수록 그의 인간적인 모습이 변하기 시작했다. 그의 몸 안에 깃들어 있던 신성(神性)이 발현되기 시작한 것이다. 거의 죽을 지경에 이르러서야, 자신의 힘으로 마음과 몸을 이기려 했던 생각이 옳지 않음을 깨달았다.

깨달음을 얻은 후 싯다르타는 부인 야소다라와 아들 라훌라, 아버지 숫도다나 등과 재회한다. 숙적 데바닷타를 만나 자신의 반쪽으로 포용하기까지 한다. 싯다르타가 깨달아 가는 과정은 호모 사피엔스가 호모 파티엔스로 바뀌어 가는 과정이기도 하다. 후세에 전해지는 싯다르타의 이야기는 수많은 기적으로 가득 차 있고, 그것을 증명하기 위해 그의 말끝마다 신이나 기적이라는 단어가 붙어 있다. 모두 후세 사람이 자기들의 편의를 위해 싯다르타를 채색한 탓이다. 싯다르타 스스로는 자신에 대해 말할 때, 절대적인 기적이나 신을 말한 적이 없다. 싯다르타는 자신을 '깨어 있는 사람', '배운 사람'이라는 뜻을 가진 '붓다'라고만 이야기했을 뿐이다.

§각자적 배움

동물들은 생존을 위해 여러 분야에서 독창적이다. 하지만 그들의 생존 방법만큼은 그들이 가진 재능에 비해 상대적으로 단편적이다. 모기는 생존을 위해 긴 침으로 인간의 피부를 순식간에 뚫는 재주를 가지고 있지만, 인간처럼 모기를 잡기 위해 '채'를 활용하지는 못한다. 인간은 생존을 위해 기구를 만들어 내거나 더 나은 것을 창조해 내는 기술을 가지고 있다. 저 홀로 그런 기술을 발휘할 수 없다면, 인간은 기꺼이 집단의 힘을 활용하기도 한다. 이를 가장 효율적으로 하기 위해 언어와 조직, 그리고 하나의 체계로 형성해 주는 문화를 만들어 낸다. 인간은 문화를 조절하여 동물들이 지니고 있는 단편적인 생존 재능을 하나로 묶어 새롭고 복합적인 재능과 기술로 만든다.

인간은 다른 동물에 비해 생존을 위한 우월하고도 총괄적인 배움력을 갖고 있다. 배움을 위한 총괄적인 능력은 걷기, 말하기, 생각하기를 자유롭게 구사할 수 있도록 해 준다. 인간의 신체적 조건은 그에 맞게 진화되었다. 인간은 진화된 모든 기능을 최대한 효율적으로 활용하면서 생존을 격려하고 있다. 모든 생물학적 조건이 쓰임새에 맞도록 최적화되어 있다. 자기 몸의 균형을 유지하기 위한 걷기, 이야기하기, 생각하기의 모든 과정에서 인간의 유일성이 반영된다. 이 기능은 문화 생성의 원천이 된다. 걷기, 이야기하기, 생각하기, 보기, 더듬기, 만지기 등은 배움의 골격이며, 기초가 된다. 이런 행위는 인간의 신체적 기구가 만들어 내는 예술품이기도 하다. 예를 들어, 만지기에서는 손가락의 기능이 중요하다. 다섯 개의 손가락이지만 엄지가 없다면 인간은 결코 사물을 만질 수 없다. 그저 더듬어보기만 할 것이다. 엄지가 있기 때문에 사물을 만질 수도, 만들어 낼 수도 있다. 인간이 다른 동물과 달리 도구를 사용할 수 있었던 대표적인 이유가 바로 엄지손가락이 다른 손가락들과 마주 보고 있기 때문이며, 이를 활용해 도구를 잡을 수 있었던 것이다.

배움의 차이는 각자적으로 서로 다른 인간의 품격을 드러내 보인다. 마치 식물의 색깔 차이가 그것의 산성도의 차이에서[51] 기인하는 것과 비슷하다. 배움력이 인간의 삶에 어느 정도 개입하느냐에 따라 그가 보여 줄 삶의 질과 품격이 달라진다. 남녀 간의 정서 차이와 행위 방식의 차이도 마찬가지다. 여자와 남자의 유전자 코드는 99% 이상이 동일하다. 나머지 1%가 서로 다른 배움의 방식을 따르고 있기 때문에 남녀가 보여 주는 정서와 행위 간에는 질적인 차이가 생긴다. 그 1%의 차이가 신경계의 세포 하나하나에 영향을 미쳐 남자와 여자의 결정적 차이를 만들어 낸다. 서로 다른 뇌구조에 1%의 차이가 감추어져 있어 그것이 겉으로 만들어 내는 행동은 남녀가 서로 다른 길을 가게 만든다.

일반적으로 여자는 남자보다 감정 표현을 잘한다. 세세한 정서적 경험도 더 잘 기억한다. 여자의 뇌가 정서와 기억을 형성하고 유지하는 부분을 더 많이 갖고 있기 때문이다. 학습 방법도 다르고 학습 전략도 생물학적인 차이가 날 수밖에 없다. 심지어 성적 충동에 할애된 뇌 공간 역시 다르다. 남자가 여자보다 2.5배나 더 크다. 그것이 남녀 간의 성감 차이를 다르게 만든다. 여자는 평균적으로 하루에 한 번 정도의 성적 충동을 느끼지만, 남자는 52초마다 성적 충동을 느낀다. 결혼을 했더라도 '최상의 유전자'를 구하려는 프로그램이 여자의 뇌에서 끊임없이 작동한다. 후손에게 우량의 유전자를 남기려는 생물학적 욕망 때문이다. 그 욕망이 사회적으로 문제라고 규정한 사회에서는 그것을 불륜이라고 낙인찍는다. 어떤 식으로 명명하든지 여자에게 존재하는 생물학적 욕망을 과학적으로 분석하면 그것의 죄를 묻는 것은 온당한 일이 아니다. 최상의 유전자를 갖고 있는 남자를 택해 자손을 남기려는 욕망은 여자에게는 생물의 구조상 자연스러운 정서적 행위다. 물론 남녀 간의 생물학적 뇌 차이가 완전히 굳어져 있는 것만은 아니다. 왜냐하면 인간의 뇌는 재능 있는 학습기계처럼 지속적인 학습과 배움으로 그 차이를 교정, 보완할 수도 있기 때문이다.

배움의 차이는 사람의 성격까지도 각자적으로 다르게 만든다. 예를 들어, 외모가 비슷한 일란성 쌍둥이도 각각의 개성만큼은 다르며 각자적[52]인데, 그것을 가능하게 만들어 놓는 것이 배움의 차이다. 일란성 쌍둥이와 이란성 쌍둥이의 뇌를 MRI로 찍어 서로 비교해 보면 일란성 쌍둥이의 경우 지능과 관련이 깊은 전두엽과 측두엽의 회백질 분포 상태가 95% 이상 동일하다. 반면 이란성 쌍둥이는 그 분포 상태가 별로 비슷하지 않다. 일란성 쌍둥이는 모습이 비슷한 것처럼 뇌의 해부학적 모양도 거의 동일하다. 뇌의 기능, 즉 지능도 비슷할 수밖에 없다.

그런 그들도 각자적으로 맺고 있는 인간관계, 사회화의 정도, 그리고 지위체계가 다르면 성격상의 커다란 차이를 갖게 된다. 사회적으로 배우는 것이 다르면 개성도 각자적으로 서로 다르게 나타난다. 우호적인 인간관계를 만들고 유지하려는 관계의 체계, 집단의 일원이 되게 하는 사회화의 체계, 경쟁자를 앞지르게 만드는 지위의 체계가 다르면 개성의 차이는 불가피하다. 왜냐하면, 인간관계의 체계는 일란성 쌍둥이라고 하더라도 두 사람 사이의 미세한 차이를 가려내 각자에게 알맞는 행동을 요구하기 때문이다. 일반적으로 상대방에게 신세 진 일이 있으면 갚아야 한다고 생각하거나 뜻이 맞는 동료와 시간을 함께 보내는 행동이 인간관계의 체계를 통해 길러진다. 인간관계의 체계는 사람들을 하나로 뭉뚱그려 놓는 장치로 작동하는 것이 아니라 서로 쪼개 놓는 장치로 작동한다.

사회화 체계는 '우리'라는 울타리를 만들고, 그로부터 '그들'과 '우리'를 문화적으로 갈라놓는 장치로 작동한다. 사회화의 체계가 다르면 사람들은 서로 갈라질 수밖에 없다. 사회화 체계는 집단 소속감을 불러일으키는 귀속 감정을 길러 준다. 마치 곤충인 벌이나 개미들이 자신의 집이 다른 곤충의 공격을 받을 때, 자기 목숨을 버리면서까지 집을 사수하게 만드는 본능적인 힘을 갖는 것과 같다. 지위체계는 나와 다른 타인을 어떻게 취급해야 하는지를 결정하는 장치로 작동한다. 지위체계를 결정하는 요인은 여러 가지가 있다. 그중 가장 대표적인 것이 외모다. 외모가 좋으면 유아기, 유년기, 성인기에 이르기까지 사람들에게 더 나은 대접을 받는 것이 일반적인 경향이다. 잘생긴 외모 자체가 그것을 요구하는 것이 아니라, 잘생긴 외모가 갖는 사회적 영향에 의해 외모가 좋은 사람들은 강한 자기 주장과 확신을 겉으로 드러내 놓고 있기 때문이다.

§ 배움의 디자인

하나의 목적을 조형적으로 실체화하는 것을 디자인이라고 한다. 디자인은 인간 생활에 필요한 정보와 지식을 넓히고 보다 신속·정확하게 전달하기 위한 방법이기도 하다. 디자인은 여러 종류로 나뉜다. 디자인은 시각을 중심으로 하는 시각 디자인(visual design), 인간 생활의 발전에 필요한 제품 및 도구를 다량으로 완전하게 생산하기 위한 제품 디자인(product design), 마지막으로 인간 생활에 필요한 환경 및 공간을 보다 적합하게 하기 위한 환경 디자인(environment design) 등으로 나뉜다. 이제는 디자인의 응용 범위가 더 넓어져 학습 디자인(learning design), 여가 디자인, 생활 디자인 등으로 진화되고 있다. 이 모두를 삶을 위한 배움의 디자인이라 한다면,[53] 앞으로의 학습 디자인은 인간의 배움에 미적 가치와 각자적 의미를 부여하는 일에 집중될 것이다.

디자인은 미적 가치를 중요시하는데, 이는 미적 가치가 사람들의 의식을 바꾸기 때문이다. 인간의 배움을 디자인할 수 있다고 한다면, 앞으로는 학습 디자인에서 배움에 대한 미적 가치를 찾아내는 일이 더 필요하게 된다.[54] 이미 한 가지 물건을 100만 명에게 동일하게 공급했던 대량생산시대는 지나갔다. 따라서 학습 디자인도 점차 다양화될 것이다. 고객 한 명에게 백만 가지 모델을 공급하는 대량 고객화 시대이기에, 학습 디자인도 그런 유형을 닮아 가는 것이다.

대량 고객화 시대에서는 소비자의 관심과 선택이 중요하다. 내가 나를 위해 타인이나 물건을 택한다. 생산자가 중심에 있는 것이 아니라 소비자인 내가 그들의 중심에 있다. 그들은 내가 선택하면 살고 내가 폐기하면 사라진다. 기술 발전이 표준화되면서 제품의 기술적 성능은 더 이상 중요한 선택 기준이 아니다. 이제는 '보고 느끼게 만드는(look and feel)' 것과 같은 심미적·정서적 기준이 제품과 서비스의 선택 기준이 된다. 아이팟이나 프라다폰 등이 성공한 것도 고객의 미적·정서적 기준을 만족시켰기 때문이다.

스타일을 중시하는 경향은 비즈니스에만 국한되지 않는다. 잘생긴 것도 사람을 판단하는 데 있어서 선택 기준으로 활용된다. 옷을 잘 입는 것, 겉으로 드러나는 양태가 좋은 정치인이 선거에서 유리하다는 것도 같은 의미다. 스타일이 좋은 작가의 소설이 잘 팔리고, 멋있는 강사가 선호된다. 스타일은 '미적 동질성'을 표현하는 수단이며, 자신이 어떤 사람이라는 것을 표현하는 방법이다. 미래는 대량생산과 대량소비로 점철되어 매우 단조로워지기보다는, 좀 더 새로운, 그리고 각자적인 디자인에 의해 더욱더 다채로울 것이다. 미적 가치가 지배하는 세상에서는 단조로움보다는 다양함, 차별됨이 더욱 강조되기 때문이다. 사람들은 미적 동질성을 추구하기 위해 소비하며 그들을 선호한다.

스타일 시대를 선도한 기업으로는 단연코 스타벅스를 들 수 있다. 포드 자동차가 대량생산의 시대를 열었고 맥도날드가 편의성의 시대를 열었다면, 스타일의 시대는 스타벅스가 열어 나갔다. 스타벅스는 실내·외 디자인과 종업원의 의복, 그리고 커피잔에 이르는 모든 것이 스타일 중심이다. 각각의 매장은 스타벅스 스타일을 공유하면서도 개성을 드러낸다. 스타벅스는 패션과 화장품 등의 스타일을 천박한 껍데기라고 비난한 사회학자 다니엘 벨, 여성을 미(美)의 신화에서 해방시켜야 한다고 주장한 여성운동가 나오미 울프 모두가 틀렸다고 지적한다. 스타일과 미적 가치는 인간과 사회에 있어 중요한 가치를 가지고 있다. 하룻밤을 묵더라도 스타일이 좋은 호텔을 선택하고, 집에서 요리를 거의 하지 않는 여자도 멋있는 주방기구를 갖춘 부엌을 원하며, 사람들은 골프채도 기능성과 관계없이 스타일이 좋은 것을 원한다. 그렇다고 스타일이 실체와 기능으로 완전히 분리된 것도 아니다. 사람들이 요구하는 것은 실체를 갖춘 스타일이고, 이런 스타일은 과학과 예술, 그리고 감성과 이성이 결합되어야 가능하다는 것이다.

20세기 디자인 사에 뚜렷한 족적을 남긴 디자인계 거장 10인의 개성적인 삶은 그들 각각의 인간적 삶살이 모두가 각자적이었다. 그만큼 그들이 보여 주는 배움의 디자인 역시 각자적이다. 사람들의 삶과 디자인은 극적인 차이가 난다. 그런 차이가 바로 성공에 이르는 길이었으며 성취를 일구어 내는 배움의 노력이었다. 예를 들어, 개그맨처럼 사람을 웃기면서도 삶의 근본에 대한 진지한 성찰을 보여 주는 '필립 스탁', 아흔 살 가까운 나이에도 불구하고 싱싱한 감각의 디자인을 보여 주는 '루이지 꼴라지', 자신의 불우했던 인생과 20세기 패션을 맞바꾼 '코코 샤넬', 자살 의혹을 남길 정도로 주변과 치열하게 싸우면서 20세기 최고의 건축을 남긴 '르 코르뷔제', 권투선수로 활약하다가 건축 공부를 위해 무작정 세계 여행을 떠난 '안도 다다오', 인생 60이 지나서야 세계적인 디자이너가 된 '에토레 소사스'와 '알레산드로 멘디니', 가장 일본적인 디자인으로 세계 패션계를 주름잡은 '이세이 미야케' 등은 모두 각자적인 시각으로 디자인에 성공한 삶을 살았다. 이탈리아의 디자이너 알레산드로 멘디니가 디자인한 와인 병따개 '안나 G(Anna G)'는 와인 병따개라는 생활용품에 사람의 얼굴과 상체, 팔을 형상화한 디자인이다. 보는 이에게 시각적인 충격을 주는 이 제품은 멘디니가 여자 친구의 기지개 펴는 모습을 보고 디자인한 것으로서 세계적인 주목을 받은 바 있다.[55]

패션의 대가로 꼽히는 발렌티노 가라바니는 자신의 배움을 자기 삶이라고 말하고 있다. 스스로 "내게 맞는 삶이 고급 인생이며, 그것이 행복"이라고 이야기하는 지점에서, 그가 보여 준 삶과 앎의 궤적이 발견된다. 지난 2007년 5월 휴고 보스를 포함한 발렌티노 패션 그룹의 대주주 지분을 매각한 발렌티노는 아직도 자신의 디자인 하우스를 이끌고 있다. 1세대 패션 디자이너로서는 마지막 남은 창업 패션 디자이너다. 그는 17년간 파리에서 디자이너로 활동하다가 마침내 로마로 돌아갔다. 그리고 그곳에서 자신의 삶이며 앎이었던 디자이너 생활 45년을 기념하는 행사를 잇달아 열었다.

시사 잡지인 『뉴스위크』의 대나 토머스 기자가 스페인 계단 옆에 있는 그의 르네상스 후기풍 저택을 찾아갔다. 그리고는 그에게 무엇이 고급스러운 삶인지 물었다. 발렌티노 가라바니만큼 고급이 무엇인지 잘 아는 사람은 없다고 생각하였기 때문이다.[56] 그는 기자에게 말했다. "내 의견을 말하자면 자신에게 맞는 특정한 삶, 사랑하는 사람들에게 둘러싸인 삶, 얻고자 하는 위안을 누리는 삶, 그리고 집에 자신이 소중히 여기는 물건을 갖춘 삶을 영위하는 일이 바로 고급스러운 삶이다. 그런 삶은 스스로 노력해서 이룩해야 한다. 내가 싫어하는 사치는 고급스러운 삶과는 관련이 없는, 그저 과시하는 삶이다."

§독서 디자인

마샬 맥루한은 사람의 눈이 확대된 것을 책이라고 정리한 적이 있다. 그러나 책에 대한 그의 서술만큼은 틀렸다고 말해야 한다. 책의 겉모습은 그럴 수도 있다. 책을 눈의 확대로 보았기에, 책에 대한 시각적 디자인의 중요성이 부각된 것은 사실이다. 그렇다고 책을 읽는 것이 아니라 보는 물건으로 전락시킨 것은 맥루한의 독서력 부재를 드러내는 것일 뿐이다. 책은 눈이 아니라 사람의 뇌가 확대된 것으로 보는 편이 오히려 타당하다. 책의 내용을 확대시키면 그것은 정보로 나뉠 것이며, 그렇게 나뉜 정보에 대한 디자인은 정보를 '뇌력화' 하는 일로 집약될 것이다. 독서 디자인은 인간의 독서 능력을 뇌력화하는, 책에 관한 디자인이다. 따라서 시각적인 것만을 극대화하는 것으로는 부족하다. 독서 디자인은 인간의 배움의 틀 속에서 구성되어야 한다.

독서가 뇌력화의 농도로 측정된다는 말은, 읽기의 인류사가 배우는 이들에게 요구하는 읽기의 추세이기도 하다. 누구든지 공공도서관에서 큰 소리로 책을 읽는다면 도서관 밖으로 쫓겨날 것이다. 그러나 옛날에는 그렇게 책을 읽었다. 고대 그리스인들에게는 조용히 앉아서 눈을 돌리거나 뇌를 쓰는 독서법이 이상할 뿐이다. 그들에게는 마치 명상하는 활동처럼 보였을 것이다. '읽기'의 방법도 시간의 흐름에 따라 변한다는 점을 고려하면,[57] 배움의 디자인도 시대에 따라 달라져야 한다.

인류의 지력을 문화적으로 자극했던 책읽기의 초기에는 모든 것이 듣기 중심이었다. 소크라테스와 플라톤이 살던 고대 그리스 시대 사람들의 읽는 방법은 '음독'을 중심으로 한 듣기였다. 당시 모든 문서는 띄어쓰기 없이 낱말과 낱말을 연결해 쓰는 '연속기법'으로 기록되었다. 그것을 읽으려면 소리를 내서 알아내는 것이 최선의 방법이었다. 구전으로 내려오는 것은 구전의 방법으로 내려 적을 수밖에 없으므로, 고대 그리스의 문서나 책은 구전처럼 소리 내 읽지 않으면 제 뜻을 파악하기가 어려웠다. 눈으로만 읽는 '묵독'을 사용한 사람도 있었지만 소수에 불과하였다. 책이 지적 탐구를 위한 대상인 동시에 도구가 된 12~13세기에 이르러 음독과 묵독의 형세는 역전되었다. 이때부터 띄어쓰기는 정착되었다.

문자 사이의 띄어쓰기가 시작되자 보는 것의 중요한 기구는 입에서 눈으로 대체되었다. 음각의 중요성이 '보기 중심'의 책읽기 방법으로 진화하기 시작했다. 그렇게 시각이 중요하게 자리 잡자 사람들은 독서에서 음각이나 음독을 악마적인 행위라고까지 몰아붙이기 시작했다. 당시 시토 수도회의 수도원장 리할름은 악마들이 그의 묵독을 방해하고, 음독하도록 한다고 말할 정도였다. 음독은 인간의 내적인 이해와 정신을 손상시킨다고 본 것이다. 묵독의 선호도, 눈의 중요성이 강조된 것은 읽기의 1차 혁명이라고 볼 수 있다. 시각이 중요하게 여겨졌기 때문에 책을 시각적으로 디자인하는 겉치레가 조류를 이루었다. 그런 와중에 '집중형' 독서에서 '분산형' 독서로 변화한 2차 독서혁명이 일어났다. 성서, 고전문학 등 한정된 자료를 반복해서 읽는 집중형 독서는 18세기 말까지 지속되었다. 여성 등 새 독자층이 생겨나고 과거와 달리 유통되는 서적의 수도 많아졌으며 책의 시각적 디자인도 다양해졌다.

잡지와 신문 등 볼거리가 많아지자, 그 자리에서 즉각적으로 읽어 내야 하는 독서 방법이 불가피하게 되었다. 그것이 분산형 독서법으로서 생각하기 중심의 책읽기 방법이다. 책을 눈에 집중시키는 시각적 디자인은 책의 본질을 왜곡시켜 내용의 진실성과 사실성이 의문시되었다. 이를 바로 잡기 위한 3차 독서혁명이 나타났다. 바로 편집형 독서 시대, 생각하기 독서의 중요성을 일깨웠다. 블로그 등 디지털 공간의 등장으로 독서환경이 보기에서 생각하기로 변했기 때문이다. 볼거리를 읽기 위해서라도 내게 주어진 텍스트를 생각하며 마우스와 키보드로 편집해 놓아야 하기 때문에 편집형 독서혁명이 불가피해졌다.

§ 자기 태만

소크라테스는 감옥에서 탈출하여 목숨을 유지하면서 자기 영혼을 타락시키기보다는 죽음을 택하였다. 그런 용기가 고대 그리스인들에게는 바람직한 삶의 자세였다. 용기 있게, 절제력을 가지고, 현명하게, 정의롭게 삶을 이끌어야 한다는 것이 그 당시 통용되던 덕목이었다. 영혼의 건강한 상태를 유지하려는 노력은 고대 그리스 철학자들의 자기 사랑(self-love)에 잘 나타나 있다. 자기 사랑은 무엇보다도 영혼의 건강, 영혼을 욕되지 않게 하는 것이다. 건강한 영혼의 상태가 바로 그리스에서 말한 덕이었다.

덕스러운 삶은 영혼이 건강한 삶의 예가 될 수 있다. 이에 관해 수많은 도덕 이론은 나름의 논리를 펴가며 정당성을 논해 왔다. 그들은 인간의 삶을 제대로 관리할 수 있는 크기로 다듬는 자기 사랑의 일이 중요하다고 보았다. 그 대신 영혼 자체를 증진시키는 일에는 상대적으로 소홀했다. 그런 방법론의 홍수 속에서 사람들은 자기 자신의 영혼은 그대로 방치한 채 도덕 이론이 처방하는 대로 삶의 관리 방법을 연마하는 데 상당한 성취감을 느낄 정도의 결과를 얻게 되었다. 여가 함양이니, 취미 개발이니 하는 것들이 바로 자신의 크기를 관리할 정도로 잘 가다듬을 수 있는 처방전이었다.

도덕교육 때문에 어린이들이 덕스러운 존재가 되는 것은 아니다. 미래의 어떤 시기에 완전히 덕스러운 존재로 될 수 있도록 도와주는 하나의 방법이 도덕교육이 될 수는 있다. 이를 위해 어린이들이 올바른 습관과 적절한 기질, 그리고 중요한 상황에서 좋은 결정을 내릴 수 있는 능력 등을 형성하는 데 도움을 주려는 노력이 필요한 것은 사실이다. 말하자면, 아리스토텔레스가 말한 실천 지혜(practical wisdom)를 길러 줄 방법이 필요하다. 그런 점에서 본다면 소크라테스의 용기와 바른 삶에 대한 배움은 우리에게 사람됨의 길이 무엇인지 알려 준다. 소크라테스는 자신의 영혼을 타락시키기보다는 명예를 지키기 위한 수단으로 죽음을 택했다. 그의 이러한 행동은 인간에게 끝내 문제가 되는 것은 '자기 사랑'이 아니라 '자기 태만'이라는 것을 보여 준다.[58]

윤구병 교수는 사람에게 있어서 자기 태만의 문제는 스스로에게서 오는 영혼의 타락과 어쩔 수 없이 연계되어 있다는 것을 다른 방식으로 보여 주는 것이라고 했다. 그는 그 잘난 교수 '질'을 하다가 모두 던져 버리고 농사꾼이 되었다. 그는 철학을 가르치느니 차라리 철학을 하는 편이 훨씬 더 철학자답다고 생각했기 때문에 철학 교수를 그만둔 것이다. 그야말로 철학하는 농사꾼으로 땅의 주인이 되고 싶었던 것이다.[59] 그는 평소 마늘밭을 한번쯤은 깔끔하게 만들어 보고 싶다는 생각을 했었다. 그래서 어느 날 마늘 밭을 점령하고 있는 잡초를 죄다 뽑아 버렸다. 마음이 시원했다. 그러나 그런 시원함은 잠깐뿐, 그가 모조리 뽑아 버린 것들은 잡초가 아니라 생명이었다. 그것을 깨닫는 데에는 그리 오랜 시간이 걸리지 않았다. 잡초라고 뽑아 낸 것은 바로 사람 몸에 이로운 별꽃나물과 광대나물이었다. 이 '잡초사건'을 통해 새내기 농부 윤구병 교수는 땅에는 잡초가 없다는 것을 깨달았다. 지렁이가 우글거리는 땅이야말로 살아 있는 생명이 철철 넘치는 땅이라는 것도 단번에 깨달았다. 그것이 농사를 가르쳐 주는 스승이라는 것을 깨친 후부터는 지렁이를 볼 때마다 고맙기 그지없다.

그는 자연이 곧 농법이라는 것을 왜 이전에는 몰랐는지 답답했다. 저절로 자라나는 풀들이 잡초가 아니라 살아 있는 비료였고, 식물에게는 동반자나 마찬가지였다. 사람들이 먹지 못해 안달하는 산삼(山蔘)은 자연 그대로의 풍치 속에서 생명을 갖는 다는 것을 알게 되었다. 산삼이 갈아 내지 않은 자연 그대로의 대지, 잡초 속에서 자란다는 것도 이내 깨달았다.[60] 새내기 농군을 새로운 사람으로 거듭나게 만든 것은 바로 자연이었다.

동네 할머니는 그 자연의 하나를 이루고 있는 사람이었다. 그가 동네 할머니에게 콩은 언제 심는지 물어보자 아는 대로, 배운 대로 알려 주었다. "으응, 올콩은 감꽃 필 때 심고, 메주콩은 감꽃이 질 때 심는 거여." 땅에서 배우고, 지렁이에게서 익히고, 노파에게서 하나둘씩 배워 나간 신출내기 농사꾼 윤구병 교수의 이야기를 들으면 칼 로저스(Rogers)의 말이 저절로 떠오르게 된다. "나는 사람이 사람을 가르칠 수 있다는 사실을 믿지 않는다. 가르친다는 것의 효용성마저 의심한다. 내가 아는 사실은 단 한 가지, 배우려는 사람만이 배울 수 있다는 점이다."

§ 삶의 목수

김진송은 현역 목수다. 그는 버젓한 대학을 나오고 대기업에 취직했다가 대학원에서 미술사를 전공한 후 미술인으로 활동했지만 또다시 돌연 목수로 전업했다.[61] 그는 나무를 다듬는 일이 그저 좋았다. 그런 그가 자기보다 한 수 위에 있는 목수이자 화가인 최병수를 소개했다.[62] 최씨는 반대로 이제 화가가 되었다. 그는 거의 무학(無學)이다. '국민학교'를 졸업하고 들어간 전수학교 2학년 때 자퇴한 이후, 신문배달부를 비롯해서 중국집 배달부, 전기공, 웨이터, 보일러공, 공사장 잡역부, 선반공 등 온갖 직업을 전전하다가 어느 날 갑자기 '화가'로 변신한 사람이 최씨다. 그는 미술대학에 다니던 친구의 집 담장에 벽화를 그리는 데 필요한 '발판 만드는 일'을 거들어 준 적이 있었다. 그러다가 그는 졸지에 경찰서에 구치되었다.

그를 데리고 간 형사는 최병수를 구속하기 위해 구속 요건을 고민했다. 형사는 마침내 최씨의 직업을 목수가 아닌 '화가'로 기록했다. 1980년대 시대적 상황의 한복판에서 최씨는 졸지에 '화가'로 사법계에 등단했다. 석방된 후부터 그는 '진짜 화가'가 되었다. 직업상 화가가 되었으니 화가가 될 수밖에 없는 노릇이었다.

변덕스러워 정답이 없는 나무의 비위를 맞추는 일을 전문적으로 하는 사람이 목수다. 기계를 사용하면 십여 분 만에 끝날 일에 하루를 바치기도 하고, 서투른 욕심에 질 좋은 나무를 망치기도 한다. 그들은 그렇게 나무부터 배우며 덤으로 인생을 배우는 장인이다. 배운다는 것은 바로 목수의 그것처럼 삶의 변덕스러움을 달래는 일이다. 올곧은 기개를 상징하는 소나무가 있는가 하면, 이름을 알 수 없는 수많은 나무도 있다. 그들 모두가 나무라는 명칭으로 묶여 있지만 저마다 성질은 다르다.

책상이나 의자를 만들어 두면 평생을 써도 끄떡없는 나무가 있는가 하면 힘없는 대패질에도 바스러지거나 뒤틀려 도저히 쓸 수 없는 나무도 있다. 또한 나무는 베는 시기와 관리 정도에 따라 같은 나무라도 판이한 성격을 드러낸다. 수많은 종류에 따라 품성이 다른 나무처럼 이 세상도 그렇다. 사람들도 모두 그렇다. 다양한 사람이 살고 있는 이 세상에 고정된 진리란 불가능하다. 산다는 것과 죽는다는 것 이외에 별로 쓰임새 있는 진리는 없을 성싶다. 단 한 번의 뚝딱거림으로 인생의 해답이 나오는 것은 아니다. 익히 그 성질을 알고 있어 대패질로 다듬어도 보지만, 얼마 지나지 않아 갈라지는 나무도 한둘이 아니다. 세상을 살아가는 이치는 치열한 삶에서 우러나오고, 사람은 그것을 배우고 깨닫는 것이다. 깨달음을 자기 삶으로 가지고 가는 사람을 우리는 달인이라고 부른다. 김진송 씨나 최병수 씨 모두는 자기 삶을 목수처럼 깎아 내며, 삶이 무엇인지를 배우고 있는 삶의 달인이다. 그들은 충직한 삶의 목수이며, 삶의 화가다.

§배움의 이기주의

배움을 자기 태만에 대한 치유책으로 삼겠다면, 배움에 관한 한 이기주의자가 되어야 한다. 배움을 위한 행복한 이기주의자가 되어야 하는 것이다. 영국의 아서왕을 보좌했던 마법사 멀린(Merlin)의 이야기를 들어보면 배움이 왜 이기적이어야 하는지 알게 된다.

슬픔의 가장 좋은 처방은 무언가를 배우는 것이다. 결코 어긋날 일이 없는 것은 오로지 배움뿐이다. 사람은 노쇠해져 쭈글쭈글해진 채 사지가 후들거릴지도 모른다. 밤에 홀로 깨어 흐트러진 맥박 소리를 들으며 뒤척일지도 모른다. 이 세상에서 하나밖에 없는 사랑하는 임을 그리워할지도 모른다. 자신이 살고 있는 세상이 사악한 미치광이들의 손에 피폐해져 가는 것을 지켜보고 자신의 명예가 버러지 같은 얄팍한 사람들에게 짓밟히는 것을 보게 될지도 모른다. 이럴 때 할 수 있는 일은 오직 하나, 배움뿐이다. 세상이 어떻게 움직이고 있는지, 무엇이 세상을 움직이는지를 배워라. 오로지 배움만이 정신력을 지치지 않게 하고 소외시키거나 괴롭히지 않으며 두렵게 하거나 불신하거나 꿈에서도 후회하지 않게 한다. 배움은 당신을 위한 것이다. 자, 배워야 할 것이 얼마나 많은가. 배움에 이 세상 유일의 순수함이 있다. 일생에 걸쳐 천문학을, 삼생에 걸쳐 자연사를, 육생에 걸쳐 문학을 배울 수도 있다. 그렇게 백만 생을 바쳐 생물학, 의학, 이론 비평학, 지리, 역사, 경제학을 배운 뒤 적합한 목재로 마차의 바퀴를 제작할 수도 있고 50년을 더 쏟아 펜싱에서 상대방을 제압하는 법을 배울 수도 있다. 그런 뒤 다시 한 번 수학 공부를 시작했다가 농사짓는 법을 배울 시기를 맞이해도 좋지 않겠는가.[63]

배움에 대한 호기심이 왕성한 사람들은 행복한 이기주의자다. 배움에 대한 호기심은 채워질 줄을 모른다. 항상 새로운 것을 찾고, 인생의 한 순간 한 순간을 놓치지 않는 사람들이다. 잘하든 못하든 상관없다. 혹여 잘 되지 않거나 큰 성과를 올리지 못한다 해도 곱씹어 한탄하지 않고 미련 없이 체념한다. 그들은 계속 배운다는 점에서 진리에 가까이 가려고 하는 사람들이다. 항상 더 많이 배우는 일에 열심이고 자신이 완성품이라는 생각은 해 본 적도 없는, 자기 태만을 경계하는 사람들이다. 그들 행복한 이기주의자는 가르치는 사람이 아니라 배우는 사람이다. 아무리 배워도 부족함을 느끼며, 남을 깔보거나 젠체할 줄도 모른다. 그렇게 느껴본 적이 한 번도 없기 때문이다. 어떤 사람, 상황, 사건도 더 많이 배울 수 있는 기회로 삼을 뿐이다.

자기 태만을 경계하는 행복한 이기주의자는 자신의 올곧은 소리에 먼저 귀를 기울이는 사람들이다. 양심이란, 사물의 가치를 변별하고 자기 행위에 대하여 옳고 그름, 선과 악의 판단을 내리는 도덕적 의식을 말한다. 사람들이 양심을 지켜 내기는 그리 쉽지 않다. 소크라테스는 자신의 신념을 지키기 위해 죽음을 선택했고, 나치의 진상을 세상에 알리다 숨진 조피 숄 남매도 있다. 그런 사람들은 세계 도처에 흩어져 있다. 그들은 자신 안에 있는 양심의 경고[64]와 양심의 명령에 따라 타협을 거부한 사람들이다. 그들은 악의 유혹을 물리치는 대가로 건강한 영혼을 얻은 사람들이다.

§배움의 처방

한국을 방문한 스티븐 코비는 장수 비결에 대한 질문에, 오래 살려면 또한 건강하게 오래 살려면 무엇이든지 배우는 사람이 되라고 충고했다.

바로 '크레센도(점점 크게 뜻을 가진 음악 기호)와 같은 삶을 살자(Live life in crescendo)!' 입니다. 인생항로에서 사회에 공헌하기 위해 할 일이 점점 커진다는 뜻입니다. 사실 끊임없는 봉사는 장수의 가장 큰 비결입니다. 퇴직 후 골프나 레저에 푹 빠져서 지내는 사람들은 남들보다 일찍 생을 마감합니다. 이런 말이 있어요. '여성의 일에는 끝이 없다(A woman's work is never done).' 여성은 대통령에서 청소부까지의 모든 일을 한다고……. 대부분 여성은 평생 가족과 다른 사람들의 삶에 남성보다 훨씬 더 많은 정성을 쏟습니다. …… 일하고 싶은 의지를 가진 사람은 많지만 배움에 대한 의지를 갖고 있는 사람은 드물어요. 이제 TV 볼륨은 조금 줄이세요. 배움과 훈련의 과정을 위해 스케줄을 당장 짜 보세요. 자신의 몸을 '편한 영역'에서 빼내세요. 과학을 증오한다면 당장 『사이언티픽 아메리칸』을 구독하세요. 당신이 과학을 사랑한다면 당장 과학과 관련된 책과 소설 한 권을 읽으세요. 아마 날아갈 듯한 기분이 될 겁니다. 자기 자신을 끊임없이 훈련시키세요. 당신의 자동차에 현란한 조명이 어울릴 듯한 음악 테이프 대신 멋진 책을 하나 사서 놔 두세요. 적어도 하루에 한 시간은 '톱을 갈 수 있는 시간'을 가져야 합니다.[65]

장수를 위해 배워야 한다는 것은 과학적으로도 입증되었다. 인간의 수명을 좌우하는 요인에는 여러 가지가 있다. 인종·소득 수준·거주지역·인간관계 등도 포함되고, 교육도 그 요인 중 하나다. 이제는 수명 연장의 결정적인 요인으로 '교육'을 꼽는 전문가들이 점차 늘고 있다. 그런 점에서 '많이 배울수록 오래 산다.'는 코비의 처방에 귀를 내어 줘도 무방하다.[66] 그것은 우리 현실과도 그리 멀리 떨어져 있는 사회현상이 아니다. 교육 수준이 낮을수록 노년기 이전 사망률이 높다는 연구 결과가 우리나라에서도 하나의 사실로 확인되고 있다.[67]

미국 랜드연구소의 제임스 스미스(Smith) 박사는 많이 배울수록 장수하는 이유를 단순하게 정리한다. 배움이 사람에게 쾌락 억제력을 증진시키기 때문에 배우는 사람들이 장수한다는 것이다. 그는 배움을 통해 밝은 미래를 계획하고, 건강을 해치게 만드는 쾌락을 스스로 통제할 수 있도록 도와주기 때문에 배우는 사람들이 오래 산다고 보았다. 예를 들어, 흡연자의 사망률은 비흡연자의 두 배에 달한다. 이 사실은 모든 연령대에 걸쳐 일관되게 입증되었다. 흡연이 건강에 좋지 않다는 것은 누구나 알고 있다. 배운 사람도 못 배운 사람도 모두 알고 있지만, 배운 사람일수록 건강한 미래를 위해 흡연이라는 현재의 쾌락을 포기할 줄 알며 그것을 실천한다. 덜 배운 사람일수록 쾌락 억제력이 약한데, 스미스 박사는 그 정도의 차이가 평균 수명의 차이를 낳는다고 보았다.

건강을 지키는 일은 보통 사람들에게도 그렇게 어려운 일이 아니다. 생활습관을 조금만 바꿔도 새로운 가능성이 발견되는 일이기 때문이다. 예를 들어, 생활 질환인 감기와 독감을 예방하는 방법은 아주 간단하다. 손을 깨끗이 닦는 버릇만 길러도 감기는 예방된다. 감기나 독감 바이러스는 주로 코 점막에서 증식하여 콧물 속에 많이 들어가 있기 마련이다. 감기 환자가 손으로 콧물을 닦은 뒤 다른 사람과 악수를 하면 감기 바이러스가 전염된다. 학교 교실처럼 사람이 많이 모인 곳을 피해도 감기는 쉽게 예방할 수 있다. 사람들이 말을 하는 과정에서 침이 튀어, 그 침 속의 바이러스가 손이나 호흡기를 통해 옮는 경우가 흔하기 때문이다. 결국, 손을 깨끗이 씻는 일 하나만으로도 감기나 독감을 상당할 정도로 예방할 수 있다. 이 사실은 약보다는 습관을 제대로 만들어 가는 일이 더 중요하다는 것을 알려 준다. 배운다는 것은 바로 그런 것을 자기 것으로 만들어 생활화한다는 것, 그 이상의 일이 아니다.

사람들은 기본적인 것을 기초적이고 너무 쉽다고 지나치곤 한다. 건강 지키기도 예외가 아니다. 이미 알고 있으며 쉽고 당연한 것이기에, 마치 다 알고 있다는 착각 때문에 지나쳐 버리다가 큰 병을 얻는 경우가 흔하다.[68] 건강하기 위해서는 약을 먹을 것이 아니라 밥을 잘 먹어야 한다. 밥이 약이라는 말은 의학의 아버지인 히포크라테스가 몇 천 년 전에 한 말이다. 지금의 의학계는 그 말에 별다른 의미를 두지 않는다. 너무 시시한 이야기이기도 하고, 의사로서는 돈도 되지 않는 처방이기 때문이다.

그 말을 했을 때 히포크라테스는 심오한 의철학을 내놓은 것이었다. 바로 '자연이 치료한다.'는 명제를 이야기했기 때문이다. 병을 고치려면 약품이 아닌 섭생부터 잘 하라는 자연 최대의 처방을 말한 것이다. 그의 의철학에 따르면, 의사는 병을 고치는 사람이 아니라 병을 고치는 자연의 조수일 뿐이다. 그는 누구보다 먼저 질병을 치료하는 데 식이요법을 강조하였다. 식이요법이 실패하면 그 후에 약물치료, 수술을 선택했다. 수술은 최후의 수단이라고 이야기한 히포크라테스의 처방대로 병원을 운영하면 모든 의사는 파산 위기를 겪어야 할지도 모르는 일이다.

음식은 인류 역사상 가장 비약적인 발전을 이룬, 생명 보존을 위한 명약 중 하나다. 자연이 세상에서 가장 오래되고 위대한 진정한 약제사인 것처럼 음식도 가장 오래된 생명약이다. 음식이 바로 혈액응고 방지제이며 진통제다. 음식은 진정제, 콜레스테롤 저하제, 항암제, 면역 자극제, 소염제 등의 역할을 하면서 신체기능에 광범위한 치료 효과를 담당하는 명약이다. 음식의 의학적 효과는 늘 상승작용적이다. 음식에는 대부분 확인되지 않은 수백 수천 가지 화학물질이 들어 있게 마련이다. 그런 음식을 한 입 삼킬 때마다 약물학적 작용이 따라서 일어난다. 몸의 상처가 아물고, 몸의 이상이 바로 잡힌다. 밥이라는 명약의 효과가 그렇게 명확한데도, 히포크라테스의 후예들은 그가 이른 처방의 순서를 정반대로 선택한다. 수술을 먼저 하고 약을 투입한 후 식이요법을 선택한다. 서구의학으로 훈련받은 사람일수록 약과 수술에 집착한다. 그런 사람일수록 '자연이 신체의 자연적인 방어 능력을 이용하는 진정한 치료법'이라는 개념을 미개하다고 생각한다.[69]

현대의학은 사람들에게 병의 원인이 세균에 있다고 설득한다. 틀린 말은 아니지만, 그것이 가능하기 위해서는 균을 옮기는 일상생활의 잘못된 습관부터 바로 잡도록 처방해 주는 일이 의학적으로 옳은 일이다. 병을 바이러스, 세균, 세포의 돌연변이, 유전 등의 요인에서만 찾는 것은 병을 예방 중심보다는 치료 중심에서 생각하는 방식이다. 병의 치료는 의사에게 맡겨야 한다는 생각이며, 환자는 의사에게 맡겨진 세균 덩어리일 뿐이다. 환자가 자기 몸을 의사에게 상실할 때, 환자는 더 이상 사람이 아니다. 자기 몸은 자기 것이라는 기초가 사라졌기 때문이다.

현대의학일수록 환자의 증상에 매달린다. 원인을 제대로 찾기 힘들거나 복합적일 경우 더욱더 그렇다. 증상에만 매달리며 증상에 대한 국부적인 치료를 중시한다. 대증요법의 폐해를 가중시키고 있는 오늘날 현대의학이 질병 치료에 실패한 주된 이유는 유별난 것이 아니다. 완치요법이 아니라 증상만 완화시키는 증상완화법이 치료의 핵심으로 자리 잡게 되면서 환자 스스로 자기 몸을 잃어버리고 있기 때문이다. 현대의학의 한계로 의술도 고비용 저효율 구조로 변해 가고 있다. 그 결과 사람의 몸은 점점 실험용으로 변질된다. 이 같은 현대의학이 가진 문제점을 끊임없이 고발하는 의사들은 의술의 시작, 치유의 출발은 의사가 아니라 병에 대한 환자 스스로의 배움이라는 견해를 지니고 있다.[70]

§배움의 엔트로피

배움은 인간에게 생성, 창조를 만들어 내는 음의 엔트로피(negative entropy)를 만드는 과정이다. 또한 생명의 에너지를 보존하는 원리이기도 하다. 엔트로피란 용어는 1865년 독일의 클라우지우스(Rudolf Clausius, 1822~1888)가 처음 사용하였다. 「열의 역학적 이론(On the Mechanical Theory of Heat)」에서 클라우지우스는 두 가지 기본 법칙을 내세웠다. 첫째, 우주의 에너지는 일정하다. 이것이 바로 열역학 제1법칙이다. 둘째, 우주의 엔트로피는 항상 증가한다. 이것이 열역학 제2법칙[71]에 해당된다.

열역학 제2법칙에 따르면, 수백 년 전의 고인을 지금 이 시점으로 되살리는 일은 불가능하다. 아무리 아쉬워도 세종대왕이나 소크라테스를 살아나게 할 수는 없다. 그 점에서는 붓다나 공자, 예수도 마찬가지다. 이것은 부활에 관한 신학적 의미를 훼손시키기 위한 음모가 아니다. 어쩌면 그들을 살아나게 만드는 것이 신학적으로는 더 위험천만한 모험이 될 것이다. 그들을 되살릴 수 없는 것은 시간이 한 방향으로만 흐르기 때문이다. 어느 누구든 과거로 되돌아갈 수 없다. 열역학 제2법칙은 인간이 일상생활에서 매일같이 경험으로 느낄 수 있는 자연계의 변화와 그 방향성에 대한 규정을 알려 준다.

열역학 제1법칙은 일과 열의 상호 변환과정에서 그 합이 항상 보존된다는 원리다.

사람이 머리를 쓰는 것은 결코 손해가 아니라는 것을 일깨워 주기 충분한 논리다. 엔트로피 법칙으로 불리는 열역학 제1법칙에 따르면, 에너지의 변화는 거스를 수 없는 하나의 방향성을 갖는다. 낮은 엔트로피의 농축된 에너지가 높은 엔트로피의 분산된 에너지로 바뀌는 것만 가능하다. 그 반대현상은 불가능하다. 휘발유는 쓸모 있는 음의 에너지다. 이것을 자동차에 넣어 태우면 이산화탄소라는 쓸모없는 에너지가 생긴다. 이산화탄소는 재생 불가능한 쓰레기 에너지일 뿐이다.

엔트로피 법칙이 인간에게 전달하는 메시지는 분명하다. 우주의 어딘가에서 하나의 질서가 생기면 다른 곳에는 자연발생적으로 그보다 더 큰 무질서가 생기게 된다. 발전을 위해 쓸모 있는 에너지를 소모하면, 그것이 소모되는 순간 다른 한편에서는 그보다 더 큰 무질서로서의 파괴현상이 야기된다. 그것이 바로 엔트로피의 증가다. 값어치 있고 사용 가능한 에너지 상태에서 값어치 없는 무 에너지 상태로의 에너지 변환만이 발생하는 것이 바로 우주의 법칙이다. 그런 엔트로피의 증가가 바로 우주를 파괴하고, 인간의 삶을 피폐하게 만든다.

유기체가 지속적으로 생명을 유지하기 위해서는 사용 가능한 에너지가 필요하다. 유기체가 먹고 사는 것은 바로 음의 엔트로피로서의 자유 에너지다. 생물은 생존하기 위해 주위로부터 정리 정돈된 질서를 지속적으로 흡수한다. 인간은 죽음으로부터 스스로를 보호하기 위해 주위의 자유 에너지를 끊임없이 흡수해야 하는데, 그 대신 다른 것을 희생시켜야 한다. 그렇게 흡수된 질서는 이내 다른 에너지로 발산된다. 생각을 하거나 손가락을 움직일 때에도 흡수한 자유 에너지는 재생 불가능한 에너지로 분산되고 있는 것이다. 진화의 사슬에서 고등한 종일수록 더 많은 양의 에너지를 필요로 한다. 그들은 사용 가능한 한 에너지를 사용 불가능한 상태로 변환시키는 원인이다. 고등한 종일수록 에너지의 변형 방식도 우수하지만, 그렇게 유통된 에너지가 만들어 내는 무질서도 크게 마련이다.

진화는 생명에 필요한 지구상의 사용 가능한 한 전체 에너지를 분산시키는 일이다. 진화에 대한 인간의 관념과는 정반대다. 인간은 진화가 지구상에 더 큰 가치와 질서를 창조한다고 믿고 있다. 하지만 사실 질서의 바다를 만들어 가는 대가로 점점 더 큰 무질서의 섬을 창조해 내고 있다. 열역학 제2법칙은 인간이 지구상에서 사라지는 순간까지도 그대로 적용되는데, 그 피해를 최대한 줄이기 위한 처방은 한 가지다. 사람들이 지금이라도 자연 친화에 대한 원리를 배우고 생활에 실천하여 사용 가능한 음의 에너지를 가능한 한 보존하는 일이다.

§ 배움의 자본력

자유 에너지, 말하자면 쓸모 있는 음의 에너지를 많이 만들어 내야 개인도 건강하고 사회도 건강해진다. 자연 친화에 대한 인간의 배움력은 음의 엔트로피를 증가시키는 추진력이다. 추진력을 증가시키는 구체적 수단은 한두 가지가 아니지만 당장에는 환경 친화적인 독서운동, 읽기운동 등이 도움이 된다. 독서운동은 우리의 환경 모두를 자본으로 축적하는 교육 자본화의 노력이기도 하다. 그래서 선진국일수록 독서를 개인의 문제가 아니라 사회와 국가의 경쟁력을 좌우하는 문화 인프라 확대의 문제로 받아들인다. 21세기에 번성할 수 있는 지식국가를 만들기 위해서는 책 읽는 사회를 만들어야 한다는 것이 그들의 생각이다.

책읽기 운동은 개인의 쓸모 있는 에너지를 소모시키거나 지치게 만드는 문화 소비 운동이 아니다. 책읽기에는 기본적으로 배움 체증의 법칙이 적용된다. 읽으면 읽을수록 더욱더 배우게 되고, 배우면 배울수록 더욱더 알아내게 되며, 알아내면 알아낼수록 더욱더 배움의 자유 에너지를 양산시킨다. 배움의 자유 에너지를 만들어 내는 일이 삶에 방해가 된다면, 아는 척하고 나서기만 해도 어느 정도 남 앞에서 체면치레는 할 수 있다. 그러나 그것은 점점 더 무식해지는 방법일 뿐이다.

모르면 모른다고 말하고 가르쳐 주기를 요청하는 일이 음의 에너지를 만들어 가는 일이다. 그러면 점점 더 유식해질 것이다. 자신이 모르는 것을 누군가 물으면 모른다고 솔직히 말하라. 내가 모르는 것을 누군가 알고 있다면 그에게 한 수 가르쳐 달라고 해 보라. 대화 중에 이해가 안 되면, 그 말이 무슨 뜻인지 정중하게 물어보라. 배우려면 우선 모른다는 사실부터 인정해야 한다. '배우려고 남에게 물어보는 사람은 5분 동안은 바보가 될 수 있지만, 부탁하지 않는 사람은 평생 바보가 된다.'는 중국 속담이 있다. 모르면 아랫사람에게라도 물어서 배운다는 뜻의 불치하문(不恥下問)을 가르친 공자의 말씀도 같은 이야기다.[72] 모르는 것은 결코 부끄러운 일이 아니다. 정말 부끄러워해야 할 일은 모른다는 사실을 감추고 배우려 하지 않는 것이다. 묻는 것은 한순간의 창피에 그치지만, 묻지 않는 것은 평생에 걸친 창피이기 때문이다.

§ 배움의 구조

배움은 미래를 현실화시키는 힘이다. 아직 알려지지 않았거나, 알지 못하는 미래의 가능성을 구체적인 현실로 만들어 내는 힘이 바로 배움에 있다. 불가능을 가능으로, 꿈을 현실로 만들어 내는 힘을 배움으로 정의하는 일은 모든 학습은 과거로부터 가능하다는 논리와는 상충된다. 이는 학습이라는 여러 가지 정보에 기초해서 하나의 답을 익히는 과정이라는 논리와 그 방향성이 다르기 때문이다. 과거로부터 익힌다는 논리가 기존의 학습 이론이 안착하고 있는 논리라면, 미래로부터 익힌다는 논리는 기존의 학습 논리를 벗어나는 배움의 논리다.

인간이 매일같이 접하는 사회 현실이라는 장은 과거에 이미 밝혀진 확실한 진리와 정보만으로 가득한 것이 아니다. 대부분의 일이나 절차는 미지의 정보다. 과거로 만들어지기는 하지만, 그것을 앞으로 이끌어 가고 있는 것은 눈에 보이지 않는 미지의 힘이다. 사회 현실은 보이는 것으로서의 과거적 사실과 보이지 않는 것으로서의 미래의 힘으로 구성되어 움직인다.

그것을 이해하기 위해 농장의 밭과 흙을 비유로 들어 설명할 수 있다. 밭은 흙덩어리다. 흙을 한줌 손으로 만지고 눈으로 보면 그 흙의 상태를 알 수 있다. 흙이 비옥하다든지, 아니면 흙에 힘이 없다든지 하는 것을 이내 알게 된다. 겉으로 드러난 흙의 모습을 토양(土壤, soil)이라고 한다면, 그 흙의 영양상태를 토질(土質)이라고 부른다. 사전적으로 토양은 지구나 달의 표면에 퇴적되어 있는 물질인 흙, 토질은 그 흙의 성질로 흙을 구성하는 물질인 바탕을 말한다. 토양과 토질은 서로 분리되어 있는 것이 아니지만 사람들은 편의상 이를 나누어 부른다. 메를로-퐁티가 말하는 것처럼 언제나 보이는 것과 보는 것은 하나다. 이 하나를 제대로 보기 위해, 즉 보이는 것과 보이지 않는 것들로 이루어진 거대한 실체를 제대로 보기 위한 방법을 배우는 일이 필요하다.[73)]

겉으로 드러난 흙의 양태로 흙의 질을 전체적으로 정확하게 가늠하기는 쉽지 않다. 토양은 흙의 겉모습이고 토질은 흙에 숨어 있는 보이지 않는 속성이기 때문이다. 토양은 눈에 잡히는 것이고, 토질은 눈으로 얼핏 보아서는 가늠하기 어렵다. 토질은 흙의 생명이다. 그 생명력에 의해 여러 가지 또 다른 생명력이 겉으로 솟아나게 된다. 토질이 비옥하지 않으면 새 생명이 자라나기 쉽지 않다. 새로운 생명이 실하게 자라고 새로 피어나는 생명이 충분한 영양분을 갖추도록 하려면 토질부터 비옥하게 만들어야 한다. 흙 속의 여러 생명에게 힘을 실어 주어야 한다. 그래서 농부들은 비료도 뿌리고 흙 고르기도 자주한다. 흙이 숨을 쉬도록, 흙에 영양이 들어가도록 흙의 내면을 튼실하게 만드는 것이 흙 고르기다.

사회의 장을 튼실하게 만들기 위해서는 밭에서 농부가 흙 고르기를 하듯이 '사회 고르기'를 해야 한다. 사회는 사람들로 구성된다. 사람들은 각자 겉모습을 갖추고 있다. 그것은 사회의 양태를 겉으로 보여 준다. 그러나 겉모습만으로는 그 사회의 질을 제대로 가늠할 수 없다. 그러기 위해서는 구성원의 내면을 점검해야 하지만 사람들의 내면은 손쉽게 포착되지 않는다. 사람들의 내면, 그리고 그것으로 구성되는 사회의 질은 마치 암석의 풍화물(風化物)인 토양이 산소·물·열작용을 받아 각종의 혼합물과 화학반응 생성물인 점토광물이나 탄산칼슘 등의 유기물로 구성되어 있는 것과 같다. 그래서 사람들에게 사회와 사람에 대한 맹점이 생긴다. 즉, 겉으로 드러나는 것만을 보고 사람의 인격이나 사회의 질을 미루어 판단하곤 한다. 그로부터 사회가 무엇인지, 사람이 무엇인지에 대한 과거의 정보를 학습하는 것이 가능하다. 하지만 그것만으로는 드러나지 않는 내면, 즉 미래의 가능성을 현실화하는 배움은 어렵게 된다.

　토양과 토질을 흙의 구조라고 부르듯이 사회의 내면, 다시 말해서 사회 구성원 각자가 드러내 보이지 않는 내면을 생각의 구조라고 부를 수 있다. 사회의 겉모습, 구성원의 겉모습을 행동이라고 부른다면, 내면의 모습은 생각의 구조로 명명하는 것이다. 생각의 구조가 작동하여 그들의 겉을 드러내도록 만드는 과정을 바로 배움이라고 할 수 있다. 흙에게 힘을 주는 일이 흙 고르기이듯 사람과 사회에게 힘을 주는 일은 생각 고르기이며 배움이다.

§ 생각 고르기

　사람들의 생각을 고르기 위해서는 사람들마다 가지고 있는 내면의 구조인 생각의 구조를 파악해야 한다. 생각은 주의 집중과 주목, 다시 말해서 외부의 자극이나 정보에 대한 긴장으로 촉발된다. 생각은 생명체와 외부, 자신과 세상이나 사물 간의 상호관계다. 때문에 생각의 구조는 주의 집중의 과정을 의미한다. 주의 집중에는 일곱 가지 요소가 작동한다. 사람들이 외부의 자극에 긴장하는 것은 자극을 내려받기(downloading), 접하기(seeing), 짓기(sensing), 틔우기(presencing), 솟기(crystallizing), 굳히기(prototyping), 그리고 맺기(institutionalizing)의 요소가 각자적으로 일정한 위치에서 작동하며 서로 연결되기 때문이다.[74]

　이 요소들은 결코 겉으로 쉽게 관찰되지 않는다. 내면에서 사람들의 생각과 그것의 질을 조절하는 요소이기 때문이다. 자극의 내려받기는 아무런 반추 없이 옛날 그대로, 습관적이고 자동적으로 아무런 반발 없이 내부에서 외부의 자극을 받아들이고 보는 자극과 정보의 수용 양태를 말한다. 접하기는 외부의 자극을 일단 오감으로 수용하는 자극과 정보의 변환 양태를 말하며, 짓기는 그렇게 받아들인 모든 자극을 총체적으로 인지하는 자극 변환과 정보의 변화 양태를 말한다. 틔우기는 짓기 양태에서 보여 준 총괄적인 자극 가운데 의미 있는 것만 추려 내어 쓰임새 있는 것으로 정렬시키는 자극과 정보의 변환 양태를 말한다. 솟기는 아직 아무것도 알려지지 않은 미래의 장에서 하나의 형상으로 만들어 가는 자극이나 정보의 변환 양태를 말하고, 굳히기는 수많은 대화와 이야기의 나눔으로부터 새롭게 추출되거나 발견하는 자극 변환과 정보 변환의 양태를 말한다. 마지막으로 맺기는 이전과는 전혀 다른 새로운 실천이나 행동으로 새롭게 만들어 낸 정보 변환의 양태를 말하는데, 이 과정에서 새롭게 변환된 정보나 자극은 하나의 틀과 습관이 되어 별다른 저항 없이 다시 내려받기의 자원으로 활용된다.

사람들의 내면에서 꿈틀거리는 일곱 가지 긴장 양태들은 마치 토양을 결정해 주는 토질처럼 사람과 사회 외면에 드러나지 않는 사회의 질, 사람의 질, 사람이 지니고 있는 내면의 가능성을 가늠하게 해 주는 지표로 작용한다. 일곱 가지 주의 집중의 지표는 겉으로 보이지도 않고, 분명하게 드러나지도 않는다는 점에서 인간과 사회를 이해할 때 맹점(blind spots)이 되기도 한다. 예를 들어, 우리가 평소 알고 있을 법한 사회적 현상을 별안간 생소하게 받아들이거나, 늘 익숙하던 사람이 별안간 낯설어지는 일이 벌어지기도 한다.

오랫동안 믿어 온 것들이 낯설어진다는 것은 제대로, 그리고 올바르게 이해하지 못했다는 뜻인데, 이런 일은 맹점 때문에 생기는 우발적인 것이기도 하다. 제대로 이해하기 위해서는 내가 먼저 변했어야 하지만 스스로 변한 점이 전혀 없음을 의미하기도 한다. 변하지 않으면 아무것도 이해한 것이 없다는 말은 인간이 살아가는 데 있어서 일곱 가지 주의 집중의 맹점에 대한 이해가 필수적임을 말해 준다.

주의 집중의 일곱 가지 요소가 하나의 구조를 이루면서, 사람들의 생각 고르기가 일사분란하게 작동한다. 주의 집중의 구조가 있다는 것은 일곱 가지 주의 집중 요소가 각기 위계적으로 배열되었다는 의미다. 요소의 배열은 3개의 집단으로 형성되지만 서로가 느슨하게 연결된 하나의 연결망을 이룬다. 각 층에 위치한 요소는 궁극적으로 높은 것에서 낮은 것(내려받기→접하기→짓기→틔우기)으로 다시 낮은 것에서 높은 것(틔우기→솟기→굳히기→맺기)으로, 그리고 다시 맺기→내려받기로 순환하면서 서로에게 영향을 주며 생각을 고르게 도와준다. 농부는 오감으로는 잡히지 않는 각종 점토광물이나 탄산칼슘과 같은 유기물이 나름대로 작동하여 토질을 기름지게 하려고 흙 고르기를 한다. 마찬가지로 구성원의 질로 판가름되는 사회의 질을 고양하기 위해 행하는 생각 고르기에는 일곱 가지 주의 집중 요소가 사람의 눈에 관찰되지 않은 채 저절로 작동한다.

생각 고르기에 작동하는 일곱 가지 주의 집중 요소는 위계적이며 연합적인 구조를 가지고 있다.[75] 각각의 요소는 생각을 고르는 과정에서 단계마다 하위 요소에게 위계적으로 영향을 준다. 각 요소의 전개와 움직임은 통합적인(envelopment) 동시에 나선형(spiral)으로 발달한다. 하나의 원형을 중심으로 일종의 회오리바람처럼 분화해 나가면서 발달한다. 일반적으로 각 단계의 발달은 계열화로 분화되는데, 그 계열화는 한 구조의 요소가 '그룹을 짓고 그것이 특정한 순서로 배열되는 것'을 말한다. 계열화는 대개 주제별 계열화와 나선형 계열화로 나뉜다. 주제별 계열화는 한 주제를 완전히 학습하기 위해 필요한 모든 수준의 내용을 제시한 후 다음 주제로 진행되는 방식이다. 반면 다양한 주제가 하나의 원형이 되어 단순화된 수준에서부터 점차 심화되면서 발달하는 것이 나선형 계열화다.

자연에서 흔히 발견되는 것은 나선형 계열화다. 예를 들어, 해바라기를 보면 꽃의 가운데 부분부터 나선형 구조로 피고 있음을 알 수 있다. 중심으로부터 여러 개의 시계 방향과 시계 반대 방향으로 펴 나가는 나선형 무늬가 보인다. 두 가지 나선이 서로 교차하면서 어지러워 보이지만 실제로는 아주 규칙적인 무늬를 만들고 있다. 이렇게 서로 교차하는 방식의 나선형 개화는 솔방울이나 파인애플에서도 잘 나타난다. 파인애플은 왼쪽으로 경사져 내려오는 다이아몬드 모양으로 생긴 8줄의 인편이 있는가

하면 오른쪽으로는 13줄의 비스듬히 내려오는 인편이 있는데, 이것은 나선형의 계열화 법칙을 따른 것이다.

층별로 각각의 요소는 단계별 발달 상태를 유지한다. 생각 고르기의 전체과정, 다시 말해서 주의 집중의 일곱 가지 구조를 이해하기 위해서는, 첫째 주의 집중 요소는 서로 영향을 주고받기는 하지만 상호 독립적으로 작동한다는 점을 기억해야 한다.

둘째, 각 요소는 자극 내려받기→접하기→짓기→틔우기→솟기→굳히기→맺기의 위계를 갖는 조건 속에서 차례차례 영향을 받는다.

셋째, 각 요소는 행위(doing)의 층(내려받기와 맺기), 사고(thinking)의 층(접하기와 굳히기), 감정(feeling)의 층(짓기와 솟기), 그리고 의지(will)의 층(틔우기)으로 나누어진다. 즉, 받아들인 정보를 아무런 반추 없이 습관적으로 수용하는 행위의 층에서는 정보 내려받기와 맺기가 서로 정반대의 위치에서 작동한다. 새로운 정보나 자극에 대해 무지하거나 더 알아내려고 노력하는 사고의 층에서는 접하기와 굳히기가 정반대의 위치에서 작동한다. 자극과 정보를 제공하는 주위 환경에 민감하게 반응하는 감정의 층에서는 짓기와 솟기와 서로 정반대의 위치에서 작동한다. 또한 정보와 자극을 받아들인 자기 자신이 주체적으로 정보를 나누고 변형시키는 의지 점검의 층에서는 틔우기가 작동한다.

넷째, 각 요소와 행위, 사고, 감정, 그리고 의지의 네 층은 3개 군으로 느슨한 집단을 이룬다. 말하자면 자극과 정보의 받기 층과 접하기 층, 짓기 층, 그리고 틔우기 층의 일부는 외부 정보나 자극을 수용하는 제1군인 자극 수용 집단군을 형성한다. 자극 수용 집단군에서 가장 하위층이 받기층으로서 정보 수용의 0 수준에 해당되고, 붙기는 정보 수용 1 수준, 짓기는 정보 수용 2 수준, 그리고 틔우기는 정보 수용 3 수준에 해당된다. 정보 수용 3 수준은 자극이나 정보를 단지 수용만 하는 것이 아니라, 받아들인 정보를 새로운 것으로 전환한다. 제2군은 정보 전환 집단군으로서 짓기층, 틔우기층, 그리고 솟기층이 관여한다. 2군은 기존의 정보를 중심으로 새로운 정보를 만들어 내기도 하고, 과거 정보와 전혀 관계없이 인간 내면의 미지의 미래 정보를 겉으로 드러내거나 아주 생소하지만 의미가 충만한 것으로 도치(inversion)시키는 작업에 개입한다. 마지막 3군은 정보를 하나의 구체적인 영상으로 구체화하는 일에 작동하는 정보 전환군으로서 솟기, 굳히기, 맺기의 층과 관련된다. 3군은 이미 정보를 상당할 정도로 쓰임새 있게 고르는 데 성공하였으므로 정보로 산출하기 일보 직전에 작동하는 생각 고르기 군에 속한다.

다섯째, 미래를 현실화시키는 힘이 가장 크게 작동하는 생각 고르기의 요소는 감정과 의지의 층이 강력하게 작동함으로써 틔우기가 기능을 100% 발휘하는 2군이다. 정보 전환의 2군에서 정보나 자극이 총집결되고, 그로부터 특별한 정보가 소거, 정리된다. 그것은 자기 자신의 의지 속에서도 보이지 않고 과거에는 생각도 나지 않다가 미래 어딘가에 별안간 머릿속으로 솟아나와 하나의 새로운 생각으로 튀어 오른다. 때문에 그것은 미래로부터 배우게 만드는 새로운 배움의 장이 된다.

생각 고르기 과정에서 틔우기는 다른 요소보다 미래로부터의 배움을 강력하게 자극하는 요소가 된다. 생각의 틔우기 과정에서 정보나 자극은 세 가지 서로 다른 형식의 변형이 일어난다. 받아들인 정보도 부분적으로 개입하고 미지의 세력도 작동하여 만들기의 정보 변형이 일어나기도 하고, 정보가 서로 격려하는 형식으로 변형되기도 하며, 서로 드러내기 형식으로 변형되기도 한다. 서로 만들기의 정보 변형은 주로 과학의 발달에 기여하고, 서로 격려하기의 정보 변형은 영성 찾기나 종교의 발달에 기여하며,[76) 서로 드러내기의 정보 변형은 디자인, 건축, 혹은 예술 발달에 관여한다. 생각 고르기의 방향에 따라 과학, 예술, 종교의 발달 국면과 방향이 달라지는 것을 알 수 있다. 배움은 생각 고르기의 과정이다. 따라서 과학, 종교, 그리고 예술 모두를 포섭하여 싹과 여백을 갖고 있는 과거와 미래의 세력이 된다.

생각 고르기에 있어서 주의 집중의 틔우기 요소는 생각을 고르는 사람들에게, 무언가에 푹 빠져 있는 마니아나 유유자적하는 참선의 그루, 혹은 어딘가에 헌신하고 있는 신앙인의 양태를 유지하도록 한다. 일반적으로 무엇이든 간에 생각 고르기에 몰두하는 사람은 그것에 빠지도록 되어 있다. 이때 빠진다는 것은 세 가지를 전제로 한다. 연주가는 연주에 빠질 때 먼저 자기 손으로 다룰 악기에 대한 충분한 체험을 통해 악기 다루기에 불편함이 없다는 것, 그 다음으로 악기에서 나오는 소리와 자기 손가락과 뇌 속으로 음을 받아들이는 데 조화와 화음의 완전한 상태에 있다는 것, 마지막으로 연주 행위 자체에 몰입한다는 것을 전제로 한다. 말하자면 악기 연주에 대한 총체적 체험(collective body of experience), 화음에 대한 총체적 체험(collective body of resonance), 그리고 몰입에 대한 총체적 체험(collective body of flowing)의 정점에 서 있음을 전제로 한다. 그래야지만 음악가는 연주에 실패하지 않는다.

음악인이 자기 연주에 몰입하는 것처럼 배우는 사람이 생각 고르기에 몰입한다는 것은 정보 전환의 과정에서 공간, 시간, 그리고 자신의 개념이 소거되었다는 것을 말한다. 공간이라는 중심축이 별안간, 혹은 어느 시점에서부터 느껴지지 않고(decentering), 분초를 다투던 시간이 고요한 적막감으로 대체되며, 에고의 자기 에너지가 어느 시점에서 인지되지 않는 상태가 된다는 것이다. 생각 고르기에서 몰입은 주의 집중에 작용하는 각 층과 일곱 가지 요인이 각기 분주하게 작동하면서도 어느 시점에서는 전혀 작동하지 않는 것 같은 그런 양태의 동중정(動中靜), 혹은 정중동(靜中動)의 상태(collective meditation-in-action)를 말한다.

통합적으로 발달한다는 것은 모든 영역의 요소가 완벽하게 전개된다는 것이 아니다. 켄 윌버의 말대로, 각 요소가 자기 이미지대로 미래의 발달을 계획할 수 있게 적정한 수준으로 발달한다는 것을 의미한다. 각 부분의 요소는 실제적인 성장 없이는 상위단계의 특성을 자기 것으로 만들지 못하기 때문에 어떤 식으로든 이전 단계보다 더 나은 모습으로 발달한다. 대부분 의식 상태가 늘 현존하고 있기 때문에, 일단 각 단계에서 요구되는 상태에 이르지 못하면 그것은 '일시적인' 체험에 지나지 않는다. 일시적으로 현 '상태'를 경험할 수는 있지만 지속적으로 그 '단계'의 절정 체험은 가질 수 없다. 한 단계에서 그 다음 단계로의 상승은 일정한 시간을 거치면서 순차적으로 일어나기 때문이다. 한 단계, 말하자면 이전 단계에서 요구되는 분화와 발달이 확고해지면 그 위에 다음 단계가 세워진다. 그것은 생물체의 분화와 발달과정에서 보는 것처럼 원자에서 분자로, 분자에서 세포로, 세포에서 유기체로 전개되는 일정한 발달단계와 과정을 거쳐야 하는 이치다. 급하다고 해서 분자를 건너뛰어 원자에서 곧바로 세포로 발달되거나 분화될 수는 없다. 어떤 단계도 그 다음 단계를 건너뛸 수는 없다. 이것은 생각 고르기의 구조를 이루는 주의 집중의 요소도 '상태'와 '단계'를 지킨다는 것을 의미한다.

각 요소는 생각 고르기를 위해 나선형 구조로, 그리고 통합적으로 발달한다. 나선형 구조의 발달은 각 단계별 주의 집중 요소가 일반화→경험→반성→전이의 형식으로 그 영역을 넓혀 간다. 즉, 각 층의 요소가 그 상태 안에서 하나의 정형으로 일반화되면, 그것은 하나의 구체적인 사례로 경험되고, 그 경험을 통해 또 다른 것을 위한 평가와 반추가 일어난다. 그로부터 새로운 형식의 일반화가 이루어지고, 전 단계보다 더 나아진 것으로 전이된다.

미주

1) 솔로몬이 잠언(8장 22~30절)에서 말하는 지혜는 곧 성령임을 알려 준다. 잠언 8장 22절의 주제, 태초에 지혜가 있었다는 지적은 요한복음(1장 3절)에서 다시 진술되고 있다. 즉, "태초에 말씀이 계시니라. 이 말씀이 하느님과 함께 계셨으니 이 말씀은 곧 하느님이시니라. 그가 태초에 하느님과 함께 계셨고 만물이 그로 말미암아 지은 바 되었으니 지은 것이 하나도 그가 없이는 된 것이 없느니라."라는 요한복음의 부연설명은 말씀이 지혜이고, 그것은 하느님과 분리됨을 말하고 있다. 잠언에 의인법을 써서 표현한 지혜에 대한 설명인데, 그것은 지혜가 바로 성령이라는 것을 알려 준다.

2) 로버트 해리스(Robert Harris)는 1957년 영국 노팅엄에서 태어났고[참고: 로버트 해리스(2008). 임페리움(역). 서울: 랜덤하우스코리아] 케임브리지 대학을 졸업했다. 대학 졸업 후 해리스는 BBC 뉴스나이트와 각종 파노라마 프로그램의 리포터로, 또 『옵저버』의 정치 담당란 기자로, 『선데이 타임스』와 『데일리 텔레그래프』의 칼럼니스트로 활동하기도 했다. 해리스는 『임페리움』에서 키케로를 재조명하기 위해 기본적으로 레오브 클래시컬 도서관이 선별하고, 하버드 대학에서 출간한 29권의 키케로의 연설과 편지를 꼼꼼히 다시 읽었다. 동시에 그는 『임페리움』을 쓰는 데 철저한 고증을 위해 키케로가 활동하였던 당시의 고적 답사에 들어갔다. 그렇게 자료를 수집한 후, 키케로의 비서이며 속기사인 노예 비서 '티로'라는

가공의 인물을 등장시켜 그의 시각으로 키케로가 로마의 중심축에 있었다고 서술하였다.

3) 배움학의 근거를 찾아낼 수 있게 도와준 키케로는 사람과 사람 간의 관계의 문제에 대한 대답 찾기에 더 골몰했다. 사람들 간의 상호작용과 그것을 통한 서로 배움에 대한 주제는 당시 로마인들의 관심사와 생각을 반영하는 삶의 자세이기도 했다. 그들은 어떻게 하면 '인간답게 사는 것'인가에 대한 해답을 찾아보고자 노력했다. 사람답게 사는 방법이 있다면 그것을 어떻게 활용해야 하는지를 토론하며, 그것에 도달할 수 있는 수단과 방법을 찾아내는 일에 큰 관심을 기울였다. 당시의 그런 분위기를 반영하듯 키케로는 배움의 핵심은 진리(veritas)를 찾는 일이 아니라 '인간됨(humanitas)'의 본원을 찾는 일이라고 생각했다.

키케로가 지혜의 배움이 삶에서 얼마나 중요한지를 보여 주는 것이 바로 그가 쓴 『노년에 관하여』라는 책이다(참고: 키케로(2005). 노년에 관하여(역). 서울: 숲). 그는 여든네 살의 정치가 카토가 삼십대의 스키피오와 라일리우스의 요청에 따라 늙음에 관하여 대화하는 방식으로 지혜가 무엇인지를 노년에 비추어 설명하고 있다. 딱딱한 논리나 증명 대신 한 늙은이가 자신의 늙음을 어떻게 받아들이고 있는가를 알려 줌으로써 인간의 지혜가 무엇인지 깨닫게 한다. 일반적으로 노년이 비참하게 보이는 이유는 네 가지인데, 말하자면 '노년은 우리를 활동할 수 없게 만들고, 우리의 몸을 허약하게 하며, 우리에게서 거의 모든 쾌락을 앗아 가고, 죽음으로부터 멀리 떨어져 있지 않다.'라는 것이다. 키케로는 카토의 목소리를 빌어 하나하나에 조목조목 반박한다. 첫째, "큰일은 체력이나 민첩성이나 기민성이 아니라 계획과 명망과 판단력에 의하여 이루어진다." 이런 판단력은 오히려 나이를 먹을수록 늘어나며 노인에게 활동이 없는 것이 아니라 그들에 의해 전개되는 활동의 방식과 깊이가 달라질 뿐이다. 둘째, "기력이 떨어지는 것은 늙어서라기보다는 젊었을 때 자제하지 못한 방탕 때문인 경우가 더 많다." 늙었기 때문에 허약한 것이 아니라는 것이다. 셋째, "욕망이 지배하는 곳에서는 자제력이 설 자리가 없고 쾌락의 영역에서는 그곳이 어디든 미덕이 존립할 수 없기 때문에, 노인에게서 보이는 쾌락의 부재는 저주가 아니라 오히려 축복이다. 무절제하게 '함께 먹기'나 '함께 마시기'보다는 '함께 살기'를 제대로 실현할 때가 바로 노년이기에 노년의 절제된 더불어 살기는 오히려 축복이다. 넷째, "노인이 죽음에 가깝고 청년이 죽음에서 멀리 떨어져 있다는 것은 착각이다. 왜냐하면 죽음은 나이를 전혀 가리지 않고 누구에게든 오는 것이기 때문이다." 이 지점에서 키케로는 노년의 아름다움을 역설적으로 설명한다. 죽음에 관한 한 노인이 청년보다 형편이 나은 것은, 젊은이는 오래 살기를 원하지만 노인은 이미 오래 살았기 때문이다.

키케로는 인간의 영혼을 지키는 일이야말로 인간의 참된 자아를 지키는 일이라고 보았다. 인간의 영혼은 손가락 따위로 이러쿵저러쿵 헤집어 낼 수 있는 것이 아니라고 생각했다. 키케로는 인간의 영혼을 제대로 드러내는 삶이 있다면 그것은 지혜의 배움으로 실천되는 삶이라고 간주했다. 그것이 바로 그가 말하는 행복의 교육이었으며, 배우는 삶의 아름다움이었다. 키케로는 인간으로 하여금 이성적 존재로서 인간다운 덕성을 발휘하게 만드는 삶을 사는 것이 중요하다고 보았다. 그는 사람으로 태어나 행복한 생활을 누리게 되는 것이 인생의 최고 목적인데, 그것을 누리게 만들어 주는 것이 덕(virtue)이라고 보았다는 점에서, 인간의 본성을 성선설적으로 해석한 사람이었다.

그는 교양이나 웅변술, 수사학이 인간의 삶에서 중요하다고 간주한 인문주의자이기도 했다. 웅변술은 사람에게 덕성의 부활을 촉진시켜 주기 때문에 배워야 할 주제라고 보았다. 키케로는 수사학을 단순히 말에 대한 공부라기보다는 생각을 담은 말에 대한 공부로 보았다. 수사학은 언어 속에 생각을 담는 표현 이었기에 키케로는 '지혜가 수반된 말솜씨'가 사람에게 중요하다고 보았다. 한 사람의 지혜와 말솜씨는 한 뿌리에서 나온 것이기에 키케로는 우리 몸에서 이들을 담당하는 두 기관인 '뇌와 혀의 분리'가 불가 능하다고 주장하였다. 뇌와 말이 하나라고 본 그의 일원론적 사고는 언어에 대한 부정적 이미지를 없애 기 위한 노력이었다.

키케로는 말솜씨는 뛰어나지만 그 속에 철학이 담겨 있지 않은 것은 수사학을 한낱 기술로 전락시키는 일이라고 보았다. 말솜씨가 뛰어난 사람이라 해도 신뢰가 결핍되어 있으면 그는 누구에게라도 신뢰를 받지 못한다. 한 사람이 보여 주는 훌륭함이라는 것도 본질적으로는 타인의 신뢰성을 확보하고 있기에 가능한 한 것이다. 결국 남을 설득해야 한다는 것을 하나의 목적으로 생각할 때 수사학에서 뇌와 혀의 분리는 불가능하다. 키케로는 수사학적으로 뛰어난 사람들이 극복해야 할 여섯 가지 결점을 지적하기 도 했다. 첫째, 자신의 이익을 위해 남을 누른다. 둘째, 변화나 극복하기 어려운 일에 대해서 걱정만 한 다. 셋째, 어떤 일은 도저히 성취할 수 없다고 생각한다. 넷째, 사소한 애착이나 기호를 끊어 버리지 못 한다. 다섯째, 수양과 자기 계발을 게을리 하고, 독서의 습관과 연구의 습관을 갖지 않는다. 마지막으로 남들에게 자신의 사고방식을 따르도록 강요한다. 이런 결점은 웅변하는 사람들 스스로 경계해야 할 약 점이라고 지적하였다.

키케로는 스토아학파의 일원이기도 했다. 인간의 삶이 지향해야 할 것들은 인간 스스로 윤리적 삶의 법 칙을 찾고 그것을 생활에 적용시키는 것을 최상의 과제로 삼았기 때문이다. 이런 논제는 제논(B.C. 336~264)이 이끈 스토아학파의 핵심 사상이었다. 감각이나 욕망 대신 이성이 인간의 삶을 지배해야 한다고 생각했던 제논처럼 키케로 역시 행복한 삶에 있어서 중요한 것은 이성이었다. 이성이 삶의 토대 가 되어야 사람들은 정의로운 삶, 지혜로운 삶, 용기 있는 삶, 그리고 인내하는 삶을 살아갈 수 있다고 보았다. 이런 덕성의 필요성을 그의 아들에게 배우도록 격려한 키케로는, 덕성이야 말로 인간이 지켜 내 야 할 의무(officiis)인 동시에 신의 본성이라고 간주하였다.

키케로는 신에 관한 한 불가지론자였지만, 다른 한편으로는 스토아학파처럼 범신론적 사고도 함께 지 니고 있었다. 그 역시 신(神)이 모든 존재 안에 내재해 있다고 생각하던 스토아학파의 범신론적 입장과 완전히 떨어져 있지 못했다. 우선 인간도 자연적 존재이기에 우주섭리에 의해 규정되기는 하지만, 인간 은 신의 섭리를 인식할 수 있고, 신의 섭리를 따를 능력을 가진 존재로서 자연의 다른 존재들과는 확연 히 구별된다는 것이 그의 생각이었다. 인간이 신의 섭리를 인식할 수 있는 것은, 다른 생물과는 달리 인 간만이 이성을 갖고 있기 때문이라고 키케로는 생각하였다.

키케로는 인간이 이성적인 만큼 동시에 충동적인 존재라고 보았다. 인간은 감각을 통해서 외부적인 표 상을 받아들이는데, 이 표상은 인간에게 때때로 충동을 불러일으키기 충분하다고 보았다. 인간의 이성 이 그 충동을 제대로 지배하지 못할 때 야기되는 것이 '격정'이다. 격정을 인간 스스로 이성으로 지배할 때, 인간은 격정과 충동에서 자유로워질 수 있다. 키케로는 윤리적인 규범을 인간의 본성인 충동을 제대로 다스리는 힘이라고 보았다. 인간의 삶에서 유일한 선은 덕이다. 그 덕은 인간의 의지와 이성에 의해 지켜질 수 있기에 선이 된다고 보았다.

키케로의 의무론을 번역한 서울대학교 허승일 교수[참고: 키케로(2007). 의무론(역). 서울: 서광사]는 다음과 같이 극찬하고 있다. "……마르쿠스 툴리우스 키케로가 살던 당시 로마는 고통이 최고악이요 쾌락이 최고선이라는 에피쿠로스의 윤리사상에 물들어 타락해 가고 있었다. 이를 안타까워한 그가 기원전 44년에 아테네에 유학하고 있는 아들에게 보내는 서간문 형식으로 쓴 최후의 저술이 『의무론』이다. 비스마르크가 정치가가 되고자 하는 학생은 꼭 읽으라고 권유했듯이, 이 책은 그의 이상 정치가론이기도 했다. 세계 역사상 윤리 면에서 키케로의『의무론』만큼 후세에 대대로 영향을 끼친 책은 없었다. 서양 고대는 말할 것도 없고, 기독교 중심의 중세시대에도 이 책은 계속 도덕규범 도서였다. 15세기 중엽 인쇄술이 발명되기 전에『의무론』의 필사본이 700개나 세계 여러 도서관에 산재되어 있었다 하며, 인쇄술이 발명된 이후에도 성경 다음으로 많이 읽혔다. 1501년 에라스무스는 늘 지니고 읽어야 한다며 포켓용 번역판을 내놓았다. 셰익스피어의 시대에도『의무론』은 도덕철학의 결정체였다. 18세기 볼테르는 누구도 이보다 더 현명한 책은 쓰지 못할 것이라고 설파하였고, 프레데릭 대왕은 도덕에 관한 최상의 책이라고 극찬했다. 키케로의『의무론』은 3권으로 되어 있다. 제1권은 도덕적으로 선한 것(명예, 名譽), 제2권은 유익하거나 편의적인 것(공리, 功利), 제3권은 명예와 공리의 상충을 다루고 있다. 1, 2권의 내용은 중기 스토아학파의 파나이티우스에게서 따온 것이지만, 3권은 키케로의 독창적인 것이다. 그는 오리엔트, 그리스, 로마의 온갖 신화와 인간의 일화를 총동원하여 공리보다는 최고선인 명예를 택할 것을 주창했다. 포에니전쟁 때 국가의 안위를 위해 죽음의 자리를 찾아간 레굴루스 장군, 비겁자라는 온갖 비방에도 지연작전을 써서 로마를 구한 파비우스 장군의 이야기는 유명하다. 또 물건의 하자를 숨기거나 남을 속여 실리만을 챙기는 사람은 혹독하게 질타당한다. 건강에 좋지 않은 살기 나쁜 집인데도 건강에 좋은 집으로 상대에게 파는 자는 '결코 정직하지도 않고, 순박하지도 않으며, 명예롭지도 않고, 정의롭지도 않으며, 선하지도 않은 사람이다. 오히려 그런 자는 교활하고 간교하며, 남을 잘 속이고, 사악하고 난폭하며, 사기와 음흉의 세계에서 자란 사람이다.' 라고 말한다."[참고: 허승일. 책 읽는 대한민국—서울대 권장도서 100권 〈50〉 의무론—마르쿠스 툴리우스 키케로(2005. 5. 31). 동아일보].

4) 「전도서」의 저자는 예루살렘의 왕이었던 솔로몬으로 알려져 왔지만 후대의 성경연구자들은 부정한다. 「전도서」에 사용된 언어 및 문장 구성 등을 분석한 결과, 성경연구자들은 기원전 4세기 이후에 전도자를 뜻하는 '코헬렛', 즉 '설교자', '교사', '모임의 지도자' 등이 저술했을 것이라고 생각하고 있다. 「전도서」의 저자는 예루살렘의 상류층 인사였을 것이 분명하기는 하지만, 그가 어떤 가문의 누구인지, 그의 이름이 무엇인지는 끝내 밝혀내지 못하고 있다.

5) 양명학의 현대적 계승자라고 평가받고 있던 위당 정인보(1893~1950) 선생이 납북된 이후 양명학은 한국에서 자취를 감춘 것 같았다. 위당 선생은 양명학의 핵심 개념인 양지를 "인간이 천지만물과 감응하는 주체이자 천지만물의 생명 손상을 나의 아픔으로 느끼는 통각의 주체"라고 해석하면서 양명학의 양지를 생명철학과 접목할 수 있는 가능성을 열어 놓았다. 그러니까 위당에게 있어서 사람은 천지만물의 마음

이자 주체로서 사회적 맥락에 따라 양지를 능동적으로 실천할 수 있는 주체다. 인간의 주체성에 대한 위당 선생의 생각은 양명학을 주체적 개인과 자유 평등의 개념을 종합하는 새로운 현대유학, 미래유학으로의 가능성을 열어 놓았던 것만큼 부인하기 힘들다.

6) 참고: 얼 쇼리스(2006). 희망의 인문학(역). 서울: 이매진.

7) 쇼리스는 궤변과 소피스트 간의 차이를 구별하지 못한 채 소피스트들의 생각을 이리저리 차용한 플라톤과 같은 현대판 인물로 블룸을 꼽는다[참고: 얼 쇼리스(2006). **희망의 인문학**(역). 서울: 이매진, p. 187]. '미국 정신의 종말'로 신보수주의 전파에 기여한 앨런 블룸은 소피스트가 무엇을 원했으며, 그들의 정치적 입장에 대해 무지하기 조차하다. 그래도 자기들의 입장과 다른 소피스트와 토론을 벌인 플라톤이나 아리스토파네스와는 다르게, 블룸 교수는 아예 자신의 입장과 다른 반대자들과는 그 어떤 토론도 해볼 마음의 여유도 없는 인물로 못 박는다. 블룸 교수는 엘리트주의라는 칼과 전통이라는 방패로 무장하고 민주주의를 민주주의로부터 지키겠다는 자신의 사명을 완수하기 위해 무뚝뚝하게 전진하는 사람이라고 혹평하고 있다. 인간이 만물의 척도가 아니라는 것에 대한 그의 궤변을 듣자면 블룸은 마치 교묘하게 속임수를 써서 물품을 판매하거나 광고하는 모습이 떠오른다는 것이 얼 쇼리스 교수의 판단이다. 블룸의 주장은 겉으로는 진실처럼 보이지만 실제로는 절대로 그렇지 않다고 하였다.

8) 참고: Kristeller, P. O. (1988). *Humanism*. Edited by Charles B. Schmitt and Quentin Skinner. The Cambridge History of Renaissance Philosophy. Cambridge University Press.

9) 스콜라는 고대 그리스어에서 '여유'라는 뜻을 가진 스콜레(σχολη)를 라틴어로(schola) 소리나는 대로 적은 낱말로서 오늘날 '학파'라는 뜻으로 이해되고 있다. 스콜라 학파는 9세기에서 15세기에 걸쳐 유럽의 정신세계를 지배하였던 신학에 바탕을 둔 철학적 사상을 일컫는 데 쓰이고 있다. 스콜라 철학은 기독교의 신학에 바탕을 두기 때문에 일반 철학이 추구하는 진리 탐구와 인식의 문제를 신앙과 결부시켜 생각하였으며, 인간이 지닌 이성 역시 신의 계시 혹은 전능 아래에서 이해했다. 스콜라 철학자들은 신의 존재문제를 애써 다룬다. 그들은 신의 존재문제를 단순히 물질적 혹은 추상적인 방법론으로 연구하지 않고 언제나 기독교의 신앙에 따라 해결하고자 노력했다. 이와 같은 노력의 산물 혹은 수단으로서 스콜라 철학자들은 아리스토텔레스의 전통 아래 자신들의 주장을 확립하기 위해 관련 논리학을 발전시켰다[참고: 위키 백과; 요셉 피퍼(2003). **중세 스콜라 철학**(역). 서울: 가톨릭대학교출판부].

10) 참고: Heidegger, M. (1996). *Letter on Humanism*. In Basic Writings. Edited by D. F. Krell. New York: Routledge.

11) 참고: 마이클 피터스, 니콜라스 버불스(2007). **탈구조주의와 교육**(역). 서울: 교육과학사.

12) 여성의 성기에 대해 인류는 극도로 모순되는 생각과 태도를 보여왔다[참고: 옐토 드렌스(2007). 버자이너 문화사(역). 서울: 동아시아]. 여성 성기는 숭배와 찬양의 대상인가 하면 반대로 혐오와 금기, 그리고 공포의 바탕이기도 했다. 여성 성기에 대한 오해와 야만적인 학대는 현재 진행형이다. 아프리카

지역에서는 여성 성기에 대해 자학적이다. 모로코, 알제리 등 일부 서구화된 나라를 제외하고는 여전히 여성 성기에서 클리토리스를 잘라 내는 관습이 성행한다. 소말리아와 수단에서는 클리토리스와 소음순을 몽땅 잘라 낸 뒤 조그만 구멍만 남겨 놓고 대음순마저 꿰매 버린다. 케냐의 지도자 조모 케냐타는 1939년 발표한 논문에서 "소녀 할례는 우리에게는 신제국주의적 간섭의 압박을 해소하는 배출구"라고 강변하고 있지만, 선진화되었다는 유럽도 그 점에 있어서 더 나을 것도 없었다. 19세기 중반 런던 의사협회 회장을 지낸 산부인과 의사 아이작 베이커 브라운은 클리토리스 절제를 열렬하게 주장했었다. 1920년 미국 아이다호 주에서 한 전도사는 설교하기 전에 여성들에게 다리를 꼬아달라고 부탁했다. 이유는 간단했다. 여성의 성기를 지옥으로 간주했기 때문이다. 여성이 다리를 꼬면 그제야, "좋습니다, 형제들이여. 이제 지옥의 문이 닫혔으니 설교를 시작하겠습니다."라고 했다. 프로이트는 여성의 성을 '어두운 대륙'이라고 불렀다. 판도라의 상자에서 세상의 모든 악과 질병이 나왔다는데, 독일어·프랑스어·네덜란드어에서 '상자'는 여성의 질을 가리키는 속어이기도 하다. 프랑스 남쪽 프로방스 지방에서는 월경 중인 여성은 포도주가 발효되는 포도주 창고에 들어갈 수 없다. 이들은 여성의 월경 탓에 우유가 쉬고 마요네즈가 굳는다고 믿기 때문이다.

13) 고미숙[참고: 고미숙(2007). **공부의 달인 호모 쿵푸스**. 서울: 그린비]은 공부란 '세상을 향해 질문의 그물망을 던지는 것'이며, '질문의 크기가 곧 내 삶의 크기를 결정한다.'고 말한다. 그녀는 공부를 잘하기 위해서 소리 내 암송하기, 사람들 앞에서 구술하기, 독서, 다른 사람들과 공부 네트워크 조직하기 등을 새로운 공부법으로 제안한다. 그녀는 앎이 개별 주체의 두뇌에서 나오는 산물이라기보다는 두뇌의 네트워크, 그리고 아주 특별한 집합적 관계의 산물로 간주하면서 공부는 배움이 아니라고 간주한다. 배움은 공부라는 수단을 필요로 하지만, 독서니 뭐니 하는 것에 매달리는 것은 아니기에 둘은 구별된다는 것이다. 그녀의 판단에 따르면, 공부의 의미가 뒤틀리기 시작한 것은 근대 이후 정착된 '학교' 탓인데, 그것은 삶의 모든 것이 공부가 되는 것을 포기하게 만들고 모든 교육을 학교가 독점하였기 때문으로 보았다. 학원은 나이별로 표준화된 교육을 시킨다는 학교의 이념을 극단적으로 실현하는 기관일 뿐, 그것 역시 공부와는 별개라는 것이다. 그녀의 주장에 따르면 공부란 책을 읽는 것이고, 책 중에서도 고전과 접속하는 것이다. 독서는 결코 선택이나 취미가 아니라 필수며, 고전 읽기를 해야 한다는 것이다. 고전을 공부하기 위해서 그녀가 주장하는 방법은 여럿이 모여 고전을 소리 내 암송하는 법이다. 소리를 음미하다 보면 뜻이 환하게 밝혀진다는 것이다. '구술'도 효과적인데, 그것은 책을 읽은 뒤 천편일률적 독후감을 쓰는 게 아니라 자기 어법으로 재현하는 방법이 되기 때문이다.

14) 참고: Rorty, R. (1998). *Truth and progress*. NY: Cambrdige University Press.

15) 학습이 어디서든 가능하다는 것을 이현[참고: 이현(2005). **기적의 도서관 학습법**. 서울: 화니북스]은 잘 보여 주고 있다. 국내에서 불문학과 미술사학을 공부하고 프랑스로 유학을 떠난 이현 씨는, 유학길에 우리말도 제대로 못하는 다섯 살배기 딸아이를 데리고 갔다. 그가 프랑스에서 박사과정을 공부하는 동안 아이는 프랑스 유치원과 초등학교를 다녔는데, 한국말도 제대로 못하던 아이가 6개월 만에 불어를 완벽하게 배우는 것을 보고 무척 놀라고 말았다. 비결은 책읽기에 있었다. 불어를 전혀 모르는 아이

를 위해 유치원에서 한 교사가 하루에 2시간씩 불어 동화책을 읽어 주었다. 다른 학습은 전혀 하지 않고 책만 읽어 주었는데 아이의 불어 실력은 하루가 다르게 늘었다. 그 즈음 이현 씨는 프랑스 도서관에는 아이들에게 책만 전문적으로 읽어 주는 '북시터'가 있다는 것을 알았다. 북시터를 소개 받은 그는 아이를 북시터와 함께 도서관에 보내 다양한 책을 읽게 했다. 그러자 거짓말처럼 6개월 만에 불어를 완벽하게 익힌 것이다. 3년 뒤, 한국에 돌아 온 그에게 이번에는 아이의 한국어가 문제가 되었다. 한국말을 완전히 잊어버렸기 때문이다. 그는 프랑스에서의 경험을 되살려 아이를 도서관에 데리고 다녔다. 그리고 유아 책부터 읽어 주기 시작했다. 결과는 생각보다 훨씬 빨리 나타났다. 3개월도 채 되지 않아 한글을 깨쳐 버린 것이다. 더구나 아이는 한글만 깨친 것이 아니라 다양한 책을 읽는 동안 사고력과 상상력, 표현력도 뛰어나게 좋아졌다. 아이의 모습을 보면서 모든 학습 비결이 도서관에 숨어 있다는 사실을 알게 된 이현 씨는 둘째 아이도 도서관에 데리고 다니며 책을 읽어 주었다. 그리고 본격적으로 두 아이에게 도서관 학습을 시키기 시작했다.

16) 윌킨슨[참고: 브루스 윌킨슨(1999). 배우는 이의 7가지 법칙(역). 서울: 디모데]은 배우는 이의 법칙 중 첫 번째 법칙으로 교사의 행동을 들고 있는데, 잘 가르치는 것이 잘 배우는 것이기 때문이다. 그의 연구에 의하면, '배우다'와 '가르치다'의 히브리 어원은 똑같이 'Piel'이라는 단어에서 유래하였다. 즉, '배우다'와 '가르치다'는 동일한 의미에서 파생되어 나온 단어이기에 같은 값어치다. 그러나 가르치는 것은 배우는 이의 학습 행위에 스스로를 열정적으로 관련시키는 것이므로 더 중요하다는 입장이다. 가르침은 '배움을 야기시키는 것'으로 배우는 것과 가르치는 것은 둘로 나뉜 행동이 아니다. 다만 우리가 둘을 다른 것으로 가정하고 행동하다 보니 그것이 실제로 나뉘었다. 교사는 학생들에게 배움을 야기하며, 스스로도 배운다. 그렇기 때문에 학생의 배움을 교사가 책임져야 하는 것이다.

17) 이 점은 야나부 아키라가 쓴 『번역어 성립 사정』에서 잘 드러나고 있다[참고: 야나부 아키라(2003). 번역어 성립 사정(역). 서울: 일빛]. 물론 저자는 한국어에 대한 언급을 하지는 않지만, 그것이 전혀 남의 일 같지 않은 것은 일본 근대의 번역어가 안고 있는 문제를 통해 그 연장선상에 있는 한국 번역어문제를 다시 생각해 볼 수 있기 때문이다 그는 '사회', '개인', '근대' 등 학문과 사상의 기본 용어가 일본 근대화 속에서 어떠한 지적 고민을 거쳐 만들어졌으며, 그 결과 어떻게 사람들의 생각과 사고방식을 이끌었는가를 분석해 내고 있다. 그 때문에 일본의 '번역어'가 안고 있는 문제는 단순히 '타자'의 문제로서 무시할 수 있는 것이 아니며, 오히려 그것은 근대 이후의 동아시아 각국 간에 전개된 '사상의 연쇄'를 이해하는 열쇠이기도 하다. 일본 사회에는 '연애'라는 말이 없었다. '색(色)'이나 '연(戀)'이라는 말과 구별되는 '고상한 감정'을 가리켜 'love'의 번역어로서 '연애'가 만들어진 것은 1세기 정도밖에 되지 않는다. '사회', '개인', '근대', '미', '존재' 등의 말은 에도시대(江戸時代, 1603~1867) 말기부터 메이지시대(明治時代, 1868~1912)에 걸쳐 번역을 위해 만들어진 신조어이거나 그것에 가까운 말이다. '자연', '권리', '자유', '그 · 그녀(신조어)'는 일본어로서의 역사가 있고 일상어 속에서도 살아 있는 말이면서 동시에 번역어로서 새로운 의미를 부여받은 말이다. 그 때문에 전자와 후자가 번역어로서 안고 있는 문제는 다소 차이가 있다. 특히 후자, 즉 전래의 일본어를 번역어로 사용한 경우에

는 다른 의미가 혼재하고 모순점이 있다. 어느 경우에나 번역어의 특유한 효과로 인해 말의 의미를 이해하기 어렵거나 그 모순이 은폐되어 있어서 사람들이 그 문제를 알아차리기 어렵게 되어 있다.

18) 카잔차키스는 중국의 어느 부호의 초청을 받고 그의 집을 방문한다. 그 자리에서 생전 처음으로 연주 없는 연주를 감상하고 깊은 인상을 받았다. "나는 한참 동안 마음의 동요 없이 주춧대 위의 보이지 않는 존재를 바라보았다. 그리고 엊그제 중국의 한 귀족의 집에서 열린, 소리 없는 연주회를 떠올렸다. 희미하게 불이 밝혀진 커다란 방 안에 열 명 정도의 손님이 조용히 앉아 있었고 뒤쪽에는 회색 비단에 덮인 연단이 있었다. 연주자들이 들어와 우리에게 인사를 하고 자리에 앉았다. 어떤 사람은 작은북을, 다른 사람은 칠현금을, 또 다른 사람은 원시적인 모양의 리라를 들고 있었다. 그들은 줄이 25개에 이르는 커다란 하프 '세'를 내려놓았다. 그리고 소년 둘은 긴 플루트를 들었다. 늙은 주인은 손을 뻗어 갈채를 보내는 동작을 해 보였지만 그의 손바닥은 서로 닿지 않고 머리카락이 한 올 들어갈 정도의 사이에서 멈췄다. 그것이 이 놀라운 '소리 없는 연주회'의 시작을 알리는 신호였다. 활이 올라가고 플루트 연주자들은 악기를 입술 가까이 가져갔지만 닿지는 않았다. 입술은 빠르게 움직이기 시작했고, 손가락 끝은 구멍 위를 옮겨 다녔다. 활은 줄에 닿지 않고 공중에서 연주를 했으며, 막대는 북의 살갗에 닿기 직전에 조용히 멈췄다. 하프 연주자는 손을 공중에서 움직이다가 이따금 멈추고 그 침묵의 소리에 도취한 듯 귀를 기울였다. 아무 소리도 들리지 않았다. 마치 그 연주회는 아주 먼 곳에서, 그림 속에서, 삶의 다른 연안에서 열리고 있는 것 같았다. 우리는 연주를 하는 음악가들과 움직일 수 없는 침묵 속에서 움직이는 활만 볼 수 있었다. 나는 공포를 느꼈다. 나는 주위의 손님들을 보았다. 그들 모두 악기에 시선을 고정시킨 채 소리 없는 하모니에 깊이 빠져 있었다. 모두 지휘자의 동작을 놓치지 않았고, 자신의 내부에서 음악을 완성하고 있었다. 신호가 다시 주어지자 모두가 숨을 내쉬며 불완전한 것을 완전하게 만들었고 쾌감의 절정에 이르렀다. 소리 없는 연주회가 끝났을 때 나는 옆에 있는 손님에게 몸을 숙여 질문했다. 그는 미소를 지으며 대답했다. '훈련된 귀에는 소리가 장황하게 들릴 뿐이죠. 하지만 구원받은 영혼은 행동을 할 필요가 없어요. 진짜 부처는 육체가 없죠."[참고: 니코스 카잔차키스(2002). 천상의 두 나라. 서울: 예담, pp. 116-117].

19) ……피아니스트 데이비드 튜더가 걸어 나와 피아노 앞에 앉았다. 그는 피아노 뚜껑을 닫고 열기를 반복하더니 정확하게 4분 33초 뒤 자리에서 일어섰다. 피아노 소리는 없었다. 대신 청중이 들은 '음악'은 한 예술평론가의 말마따나 '바람 소리, 웅성거리는 소리들'뿐이었다. '연주하지 않은 연주'라고 악보가 없는 것은 아니다. 3악장으로 구성된 '4분 33초'의 악보에는 악장마다 'TACET(침묵)'이라고 적혀 있다. 케이지는 악장을 구분하기 위해 33초, 2분 40초, 1분 20초마다 피아노 뚜껑을 열고 닫으라는 지시사항을 악보에 적었다. 우연하게 빚어지는 자연스러운 소음도 음악일 수 있다는 것이 '4분 33초'에 담긴 메시지였다. 이 곡에서 케이지는 의도적으로 소리와 침묵 사이의 관습적인 구분을 깨뜨렸다. 바람 소리와 소음으로 채워진 '4분 33초'처럼 침묵도 사실은 혼란한 소리로 가득하다. 음악은 의도된 소리, 침묵은 의도되지 않은 소리로 구성될 뿐이다.[참고: 김희경. 책갈피 속의 오늘 1952년 '존 케이지 4분33초 발표' (2006. 8. 29). 동아일보].

20) 참고: Barthes, R. (1977). *Writers, intellectuals, teachers.* pp. 378-403. in Roland Barthes: Selected Writings. Edited by Susan Sontag. New York: Fontana, p. 192.

21) 참고: Lietch, V. (1996). *Postmodernism-Local effects, global flows.* NY: State University of New York Press, p. 75.

22) 참고: 아르투르 쇼펜하우어(2005). 인생론(역). 서울: 예림미디어.

23) 참고: 아르투르 쇼펜하우어(1996). 의지와 표상으로서의 세계(역). 서울: 을유문화사.

24) 참고: Nietzche, F. (2000). 선악의 피안(최현 옮김. 원제: *Beyond good and evil*, prelude to a philosophy of the future; Jenseits von gut und böse). 서울: 민성사, p. 336.

25) 참고: 정영도(1996). 니체의 Zarathustra에 있어서 정신의 발전과정. 니체연구, 제2집. 한국니체학회에서 발표된 논문.

26) 참고: 백승영(2005). 니체, 디오니소스적 긍정의 철학. 서울: 책세상.

27) 참고: 그레고리 번스(2006). 만족(역). 서울: 북섬.

28) 능엄경에는 '學無止境, 時時刻刻都不要放鬆, 不要懈怠, 不要懶惰. 常常抱著一種虛心, 不要自滿, 不要說我學佛學了幾十年. 已經夠了, 我什麼都知道了. 時時都要有若無、實若虛. 本來是學得有一點成就, 但是不可以自滿, 不要說我已經比任何人都明白得多了, 不需要學了.' 라는 글귀가 있는데, 배움에는 끝이 없음을 잘 드러내 주는 대목이다.

29) 이원생(대정 7년). 원본 논어집주(상). 경성: 서적업조합; 김태오(2001). 공자의 온고지신의 교사관. 교육철학, 20집, pp. 37-53에서 재인용.

30) 김태오 선생의 조사에 의하면[참고: 김태오(2001). 공자의 온고지신의 교사관. 교육철학, 20집, pp. 37-53] 공자의 온고지신에 관한 주희의 주석을 따르는 학자들이 부지기수인데, "옛것을 익히고 새것을 알면 스승이 될 만하다."(김종무), "옛것을 찾아 새로운 것을 알면 가히 스승이 됨직하니라."(미야자키 이치사다), "이미 배운 것은 충분히 익히고, 그리고 새로운 것을 배워서 알게 되면 남의 스승이 될 수 있다."(박기봉), "옛것을 잊지 않고 새것을 알면 스승이 될 수 있느니라."(홍승직), "이미 배운 것을 익숙하도록 복습하여 새로운 것을 알게 되면 남의 스승 노릇을 할 수 있을 것이다."(차주환), "옛것을 온양하며 새것을 만들어 낼 줄 알면, 남의 스승이 될 만하다."(김용옥) 등을 들 수 있다.

31) 참고: 정후수(2000). 주희가 집주한 논어. 서울: 장락.

32) 참고: 정약용(1995). 논어고금주(여유당전서 제5책 제2집, p. 58; 可以爲師 謂師之爲職 頗可爲也 舊學旣冷 今以敎人之故 得溫故而知新 非益我之事乎 人可以爲師矣). 서울: 북피아.

33) 참고: 이을호(1989). 정다산의 경학. 서울: 민음사.

34) 又按師道 甚廣不可但以溫故一事許之爲師 邢疏挿一 則字其義非也 舊學旣冷 每以誨人之故 得溫故而知 新 孔子利此 而爲言夜: 정약용(1985). p. 58; 김태오(2001). 공자의 온고지신의 교사관. **교육철학**, 20집, pp. 37-53에서 재인용.

35) 참고: 김태오(2001). 공자의 온고지신의 교사관. **교육철학**, 20집, pp. 37-53.

36) 인도의 베다경전에 의하면, 영적 스승은 올바른 근원에서 베다를 바르게 들은 사람, 절대 진리를 확고 히 깨달은 사람이어야 한다. 진정으로 지식이 있는 사람을 붓다(Budha), 즉 진정으로 배운 사람이라 고 한다. 믿음이 없는 자, 확고하게 깨닫지 못한 사람은 바가바드-기타(9.11)에서 무다(Mudas), 즉 바보나 노새로 묘사된다. 그들은 위대한 스승으로부터 완벽한 지식을 전해 듣지 못한 채 최고만을 기 리기 때문이다. 그런 사람일수록 물질계 에너지의 소용돌이에 휩쓸리는데, 물질계의 일반적인 에너지 에 매몰된 사람은 결코 스승이 될 수 없다[참고: A. C. 바크티베단타 스와미 프라부파다(1969). 스리 이쇼파니샤드. 홍콩: Bhaktivedanta Book Trust, pp. 6-7].

37) 한자성어로 '교불엄 사지타(敎不嚴, 師之惰)'라는 말이 있는데, '敎'는 '가르치다'라는 말이다. '嚴'은 '엄격하다'라는 말이고, '師'는 '스승, 교육자, 선생님'이라는 뜻이다. '之'는 '~의', '惰'는 '게으르 다, 게으름'이라는 말이다. 결국 '敎不嚴, 師之惰'는 '가르침이 엄격하지 않으면, 이는 스승의 게으름 이다.'는 말이 된다. 이 말의 실제적 의미는 엄격하게 가르치지 않는다면, 이는 교사가 아니라는 뜻이 다. 가르치는 자가 지우개의 역할을 하며, 바로 그것이 스승의 길이라는 점은 '일자사(一字師)'란 고사 성어에서도 예외가 아니다. 일자사라는 말은, 한 글자를 배워도 그에게 가르침을 준 사람은 스승이라 는 뜻인데, 당나라 때의 시인 1,151명에 관한 일화와 평론을 모아 놓은 『당시기사(唐詩紀事)』에 나온 다. 이 말은 제기라는 승려와 그의 일자사 정곡 간의 관계를 다루고 있다. 승려인 제기는 그가 지은 시 를 시인 정곡에게 내보였다. 이른 봄에 핀 매화를 소재로 한 제기의 자작시 한 편을 본 정곡은 시행 중 '몇 가지 매화가 피었네(數枝開)'라는 구절을 지우고 그 대신, '한 가지 매화가 피었네(一枝開)'로 고 쳐 주었다. 수 한자를 지우고 일자 하나를 보태 주자, 그의 시에서는 녹지 않은 가지에서 꽃망울을 터뜨 린 조매(早梅)의 정취가 한껏 살아나기 시작했다. 감격한 제기는 맨발로 마당에 내려가 시인 정곡에게 "스승을 뵈옵니다." 하며 큰절을 올렸다는 이야기가 바로 일자사라는 말에 담겨 있다. 옛 사람들은 이 렇게 스승을 어버이처럼 깍듯이 섬겼으며 스승에 대한 예를 가르치기 위해 율곡 선생은 "스승을 대할 때 목 윗부분을 보아서는 아니 되고, 스승 앞에서는 개를 꾸짖는 일도 삼가라."라고 가르쳤다. 스승과 겸상할 때는 칠문만 먹고 남겨 배부르지 말아야 한다고까지 가르쳤다. 퇴계 선생은 스승을 공경하기 위해서라도 스승을 선택할 때 신중을 기하라고 가르쳤다. 스승을 잘못 만나면 도리어 학문이나 행실에 손상을 입는다는 경계의 뜻으로 "한 글자를 배워도 가르친 이의 덕을 더불어 배우게 되는 것이니 먼저 스승될 이의 처지와 덕행을 보라. 가르침에 게으르지 않고 배움에 넉넉함이 있거든 스승으로 택해 아 들과 손자를 가르치라."라고 말했다[참고: 이훈범. 현대판 스승(2006. 5. 15). 중앙일보]. 그런 뜻에서, 스승은 교언과 영색을 멀리하는 인자(仁者)가 되어야 한다. 공자는 교언영색 선의인(巧言令色 鮮矣 仁), 즉 "교묘한 말만 하고 보기 좋은 낯빛만 꾸미는 사람 치고 어진 경우가 드물다."라고 말했는데, 이

것은 교묘한 말을 하는 사람일수록 조심하라는 뜻이었다.

38) 참고: 짐 발라드(2008). 어린 물결과 늙은 파도 이야기(역). 서울: 씽크뱅크.

39) 참고: Viktor E. Frankl(2005). 의미를 향한 소리없는 절규(역). 서울: 청아출판사.

40) 참고: 대린 맥마흔(2008). 행복의 역사(역). 서울: 살림.

41) 참고: 후쿠오카 신이치(2008). 생물과 무생물 사이(역). 서울: 은행나무.

42) 1927년 노벨문학상을 수상했던 앙리 베르그송은 생성, 변화, 창조성 등을 강조하는 '과정철학'을 체계
화시켰다. 그의 '과정철학'은 전통 서양철학이 존재와 영속성을 중시하는 데 정면으로 반대했다. 저서
로는 『시간과 자유』, 『창조적 진화』, 『도덕과 종교의 두 원천』 등이 있다. 1907년 간행된 『창조적 진
화』는 발생론적 견지에서의 지성론이며 동시에 생명론적 우주론을 담고 있다. 그는 생명이란 순수지속
(純粹持續, durée pure)이고, 이질적인 것으로부터 이질적인 것으로 향해 가며, 똑같은 상태를 두 번
다시 거치는 일 없이 끊임없이 새로운 상태를 낳는 힘이라고 보았다. 생명은 단순한 물질적 결합의 기
계적인 질서에 의하여 진화하는 것이 아니라 내적인 충동, 동적이며 예견 불가능한 힘인 생명의 도약
(élan vital)에 의해서 창조적으로 진화한다. 베르그송은 이런 생명의 도약은 물질적 대상을 일률적으
로 취급하는 능력인 일반적인 방법론적 지성에 의해서는 파악되지 않고, 생명의 내적인 본질을 지향하
는 직관(直觀)에 의해서 파악할 수 있다고 설명하고 있다.

43) 참고: 앙리 베르그송(2006). 창조적 진화(역). 서울: 아카넷.

44) 베르그송은 자신이 저술한 『형이상학 개론』에서 앎에는 두 가지 방법이 있음을 보여 주고 있다. 첫 번
째는 사물을 불연속적인 것으로 파악하는 자연과학의 방법이고, 두 번째는 사물의 가장 내적인 실재를
이루고 있는 세계의 지속성, 말하자면 물질의 시간성을 파악하려는 직관적 방법이다. 그는 『창조적 진
화』에서, 진화에 대한 기존의 견해는 시간의 중요성을 보지 못한 채 생명의 개별성을 간과했다고 비판
했다. 자연과학적 탐구는 생명과 삶에 내재된 역동성과 지속성을 근간으로 삼는 지성의 파악을 간과하
기 쉽기 때문에 사물의 실재를 파악하기 위해서는 운동과 변화를 다루는 직관적 방법이 중요하다고 보
았다[참고: 이정우. 고전 다시 읽기. 생명은 약동한다 고로 존재한다(2006. 6. 22). 한겨레].

45) 정범모 교수 역시 니체의 이 글을 청년시절에 읽고 매우 큰 느낌을 받은 것으로 이야기하고 있다. 그는
삶 자체가 니체가 말한 대로 비극에 이르는 뻔한 경쟁, 아니 일부러 그 비극을 찾아 나서는 경쟁이라고
하더라도 해볼 만한 경쟁은 해보아야 한다고 주장하고 있다. 그런 뜻에서 일류대학을 향한 도전은 실
패라는 비극과 대결하기 위한 의미 있는 도전이라고 보고 있다[참고: 정범모(2007). 그래 이름은 뭔
고? 회상과 수상. 서울: 나남, p. 295)].

46) 참고: Berlin, I. (1969). *Four Essays on Liberty*. London: Oxford University Press.

47) 마틴 셀리그먼과 그의 동료들은 중요한 실험을 수행했다[참고: Seligman, M. E. P. (1975). *Hel-*

plessness: On Deression, Development, and Death. San Francisco; W. H. Freeman, Peterson, C., Maier, S. F., & Seligman, M. E. P. (1993). *Learned Helplessness: A Theory for the Age of Personal Control*. New York: Oxford University Press]. 동물을 세 집단으로 나누어 그 동물들에게 전기 충격을 피하려면 상자의 한쪽에서 다른 쪽으로 작은 장애물을 뛰어넘도록 훈련시켰다. 첫 번째 집단은 한 번도 그런 훈련을 받아본 적이 없었던 동물이었다. 두 번째 집단은 이미 다른 상황에서 다른 방식으로 충격을 피하는 법을 배웠던 집단이었다. 셀리그먼과 그의 동료들이 예상했던 대로 두 번째 집단이 첫 번째 집단보다 약간 더 빨리 그 방법을 익혔다. 두 번째 집단은 이미 전에 익힌 것을 이번 실험에 일부 적용하였다. 세 번째 집단은 다른 상황에서 이미 어떤 방법으로도 피할 수 없는 일련의 충격을 받아 본 적이 있는 동물이었다. 그 당시 동물들은 충격을 피하려는 시도를 할 수 없는 조건 속에 있었기에 전기 충격을 대처할 수 있는 새로운 어떤 것도 익히지 못했다. 그들은 이번 실험에서도 수동적으로 납작 엎드린 채 연구자들이 실험을 끝내는 자비를 베풀 때까지 충격을 받아들이기만 했다. 이들은 자신의 운명을 통제하는 데 기본적으로 무기력했다. 이번 실험에서 이들도 두 번째 집단의 동물처럼 전에 익힌 것을 장애물 뛰어넘기 상황에 적용시켰지만 그들의 반응은 '학습된 무력감(learnend helplessness)' 그 이상의 행동을 보여 주지 못했다. 셀리그먼과 그의 동료들은 이 세 번째 집단의 동물이 피할 수 없는 충격에는 어떤 시도도 소용이 없음을 익혔기 때문에 그럴 수밖에 없다고 해석하였다.

48) 쓸모없는 것은 존재하지 않는다는 것을 잘 이야기해 주고 있는 동화 중 『강아지 똥』이라는 동화가 있다 [참고: 권정생(1996). 강아지 똥. 서울: 길벗어린이]. 아무도 거들떠보지 않는 하찮은 강아지 똥도 알고 보면 정말 소중한 존재라는 사실을 알려 주는 동화다. 돌이네 흰둥이가 골목길 담 밑 구석에 똥을 누고 간다. 구석의 강아지 똥은 참새와 흙덩이, 그리고 닭과 병아리에게 외면당한다. 더럽다는 이유 때문이다. 자신이 아무짝에도 쓸모없는 하찮은 존재라는 것을 슬퍼하면서 강아지 똥은 긴 겨울을 나고 봄을 맞이한다. 봄비가 내린 후 강아지 똥 앞에 파란 민들레 싹이 돋으며 강아지 똥은 민들레로부터 거름이 있어야 꽃을 피울 수 있다는 이야기를 듣는다. 강아지 똥은 기꺼이 자기 몸을 쪼개 민들레 뿌리로 스며 들어가 거름이 되어 준다. 강아지 똥의 사랑으로 민들레는 예쁜 꽃봉오리를 피운다.

49) 참고: 양창순(2006). 인간관계에서 진실한 마음 얻는 법. 서울: 랜덤하우스.

50) 참고: 디펙 초프라(2007). 사람의 아들 붓다(역). 서울: 푸르메.

51) 생물의 모든 물질은 산과 염기로 나뉘는데 말하자면 식초에 들어 있는 아세트산은 산이고 베이킹파우더, 즉 탄산수소나트륨은 염기다. 어떤 물체든 용액이 되었을 때 그 용액의 산성도가 달라지면 색깔도 그것에 따라 달라진다. 식초가 들어가 산성이 되면 같은 보라색을 가진 것도 원래의 보라색에서 빨간색으로 바뀌고, 베이킹파우더로 인해 염기성이 강화되면 푸른색으로 변한다. 꽃 색깔도 마찬가지다. 장미꽃은 붉고, 수레국화는 푸르고, 달리아꽃은 보랏빛이 감도는 검붉은 색이지만 이들 모두는 안토시아닌이라는 한 가지 색소를 공통적으로 갖고 있다. 색이 각기 다른 것은 안토시아닌이 담겨 있는 용액의 산성도가 다르기 때문이다. 안토시아닌 색소는 산성에서는 장미의 붉은색을, 중성에서는 보라색을

염기성에서는 푸른색을 나타낸다.

52) 미국 심리학자 주디스 리치 해리스[참고: 주디스 리치 해리스(2007). 개성의 탄생(역). 서울: 동녘사이 언스]는 이런 질문에 답할 수 있는 '용의자들'을 주로 연구하고 그들의 행동 간에는 유사성이 있다고 주장한 연구를 검토했다. 말하자면 그들의 환경, 본성과 양육, 유전자와 환경의 상호작용, 가족 내에서 의 환경 차이, 유전자와 환경의 상관관계 등을 연구한 후 결론에 도달한 5개 이론을 세밀하게 검토한 것이다. 그러나 그 연구의 결론에 동의하기 어려운 점이 한두 가지가 아니었다. 예를 들어, 일란성 쌍 둥이는 유전자가 같고 대부분 같은 환경에서 자랐는데도 개성이 왜 다른지에 대해 객관적인 대답을 주 고 있지 못했다.

53) 미국에서 직장인 16,000명을 조사한 결과, 그들 중 5%만이 성공하는 사람으로 나타났다. 그들은 자기 나름대로 좋아하는 일을 하고 있었고, 삶의 목표가 분명했고, 저축을 하고 있는 사람이었다. 다시 말해 서 자기 삶에 대한 디자인, 배움의 디자인이 확실했던 사람이었다. 실패하는 사람은 반대로 95%에 달 했고, 명확한 목표도, 자기가 좋아하는 일도, 저축도 하고 있지 않았다. 그것은 성공을 손에 넣기 위해 서 필요한 단 하나의 조건은 건전한 사고방식을 하고 있느냐 아니냐의 차이였다. 생각이나 사고 자체 는 무게도 없고 냄새도 없지만 결국 실체를 만들어 낸다. "그것이 무엇이건 인간이 상상하고 믿을 수 있는 것은 반드시 실현시킬 수 있다." 막대한 부를 쌓아 올려 성공을 쟁취하기 위해서는 우선 그렇게 되기를 오로지 바라는 것이다. 성공을 믿는 자에게만 성공이 주어진다. 가령, 조금이라도 마음 한구석 에 실패의 생각을 허용한다면 그 사람에게는 실패가 찾아온다. 인생은 자신이 만들어 낸다[참고: 나폴 레온 힐(2002). 성공학 노트(역). 서울: 국일미디어].

54) 참고: Postrel, V. (2004). *The substance of style: How the rise of aesthetic value Is remaking commerce, culture, and consciousness*. NY: Harper Collins.

55) 참고: 최경원(2006). 20세기 위대한 디자이너 10인의 삶과 열정. 서울: 길벗.

56) 참고: Rana Foroohar. 내게 맞는 삶이 고급 인생(2007. 7. 3). newsweek 한국판.

57) 참고: 로제 샤르티에, 굴리엘모 카발로(편)(2006). 읽는다는 것의 역사(역). 서울: 한국출판마케팅연 구소.

58) 참고: Cho, J.(2006). *Learning to be good: Moral saints or virtuous persons?* Doctoral dissertation, Syracus University.

59) 참고: 윤구병(1998). 잡초는 없다. 서울: 보리.

60) 후꾸오카 마사노부는 땅을 갈지 않고, 비료를 주지 않으며, 농약을 뿌리지 않고, 잡초를 뽑지 않는 4무, 즉 '아무것도 하지 않고 내버려 두는' 자연 회귀적 농법을 역설해 온 자연농업의 창시자다. 그는 잡초 하나 함부로 하지 않는 자연농법을 실천한 농업계의 노자(老子)와 같은 농업인[참고: 후꾸오카 마사노

부(2001). 생명의 농업(역). 서울: 정신세계사]으로서, 자연농법이 별다른 것이 아니라 자연에 맡기는, 아무것도 하지 않는 농법으로 그것의 중요성을 이렇게 이야기 하고 있다. "삶의 축을 인간이 아니라 자연에 두는 삶의 방식이다. 노력과 비용이 안 든다. 지속 가능한 농법이다. 그것은 땅갈이를 하지 않는 것이 기본이고, 인간이 먹는 부분을 제외하고는 논밭에서 가지고 나가지도 말아야 하며, 가지고 들어와서도 안 된다. 그것으로 비료와 농약이 필요 없어지게 된다. 그리고 풀과의 공생이다. 밭을 간다는 것은 중노동이고 농사일의 중요한 부분을 차지한다. 그리고 논밭을 갈지 않아야 한다는 것이 기본이다. 논밭을 방치해 두면 척박해진다고 생각하는 고정관념으로부터의 새로운 시작이다. 흙은 갈면 나빠진다. 그럼 왜 갈이가 필요하다고 생각했을까? 땅이 부드러워져서 공기가 잘 통하고 거름, 혹은 영양분이 땅속으로 잘 들어가서 농작물에 잘 흡수되어 농작물의 성장을 도와준다고 생각한다. 오히려 반대면 땅이 단단해지고, 공기 소통이 더 나빠지는 일시적이라는 이유다. 갈면 갈수록 부서진 흙의 입자는 더욱 작아지고 고르게 되어 뭉쳐진다. 따라서 흙의 입자 간의 공간이 적어지고 흙은 굵고 단단해진다. 땅을 부드럽게 하는 것조차 필요 없는가? 아니다! 지력(땅의 힘)의 증가에 필요하다. 그럼 어떻게 가능한가? 자연의 힘에 의해 달성된다. 기계로 갈면 10~20cm미터가 갈리지만 잡초의 뿌리는 30~40cm미터가 갈리기 때문이다. 땅은 스스로 간다. 농부는 땅을 갈아 주면 '땅이 산다, 밭꼬라지가 된다.'고 말한다. 하지만 한 번도 갈아 주지 않는 산속의 나무는 왜 왕성하게 자라는가? 토양이 조건을 어떻게 바꾼 것인가? 풀이나 나무 그 자체가 완전하게 토양을 개조하였던 것이다. 토양의 겉표면을 갈지 않고, 진정한 경운(갈이)을 했던 것이다. 흙의 표면은 잡초(풀)로, 깊이갈이는 나무로 했던 것이다. 결론적으로 인간은 자연을 흉내 내었다. 인간은 흙을 불완전하다고 보고, 자신의 손(혹은 기계)으로 경운이나 토지 개량을 했다. 토양은 그 자체로 완전하다. 흙을 신뢰하고, 흙에게 맡기는 것이 필요하다. 인간이 기계로 갈지 않더라도 식물의 뿌리와 미생물, 그리고 땅속 동물들의 활동으로 생물적, 화학적 땅갈이가 행해진다. 인간은 한 움큼의 흙도 되살리는 것이 불가능하다. 자연은 스스로 놀라울 만큼의 복원력이 있다."

61) 참고: 김진송(2007). 목수, 화가에게 말을 걸다. 서울: 현실문화연구.

62) 최병수, 그의 걸개그림은 1900년대에 들어서도 민주화의 현장이나 노동, 반전, 반핵, 환경, 여성, 장애우문제 등 우리 사회의 긴급한 현안과 관련된 곳에서는 어김없이 걸려 있었다. 그는 1990년대 초부터 지구환경문제에 본격적으로 뛰어들기 시작했다. 활동 영역도 국내만이 아닌 국제사회의 한복판이 된다. 브라질의 리우데자네이로, 뉴욕의 유엔본부, 터키의 이스탄불, 일본의 히로시마와 교토, 아르헨티나의 부에노스아이레스, 네덜란드의 헤이그, 뉴질랜드, 남아프리카공화국의 요하네스버그, 베트남, 이라크 등등 세계 각지에 '펭귄이 녹고 있다', '지구반지', '우리는 당신들을 떠난다'와 같은 그의 걸개그림과 설치작품이 등장하곤 했다.

63) 참고: 웨인 W. 다이어. (2006). 행복한 이기주의자(역). 경기: 21세기북스, p. 114.

64) 파비안은 자신의 생명까지 걸어가면서 양심을 지킨 세계 양심의 대부를 [참고: 지그프리트 피셔 파비안

(2006). 위대한 양심(역). 서울: 열대림] 소개하고 있는데, 예수회 신부 프리드리히 폰 슈페가 그중 한 명이다. 그는 『법적 의문점 경고』라는 책을 통해 인류 역사상, 천주교 역사상 가장 끔찍한 과오 중 하나인 당시 '마녀사냥'의 실체를 낱낱이 폭로하면서 교황의 부도덕성을 고발하였다. 누구 하나 나서서 감히 저항할 생각도 할 수 없던 암울의 시대에 맞선 시대의 양심이었다. 그는 펜과 잉크와 종이로 교황의 권세를 이겨냈다. 모두가 하나같이 죄인으로 몰았던 드레퓌스가 무죄라며 '나는 고발한다.'고 선언한 시대의 문필가 에밀 졸라, 신념을 지키기 위해 절대왕권인 국왕에게도 굴복하지 않았던 토머스 모어, 영혼을 무지한 민중에게 빼앗기지 않기 위해 죽음을 택한 소크라테스, 진리를 위해 절대 교권에 도전한 갈릴레오 갈릴레이 등이 바로 시대의 양심이었다. 이들의 투쟁은 당장 결과를 이끌어 내지는 못했더라도 결국은 자신의 자유, 자신의 영혼을 지키는 데 성공했다. 이들의 행적을 따라가면, 양심은 위험하지만 숭고하며 고통스럽지만 자유로운 영혼 살리기임을 알게 된다.

65) 참고: 김현진. 스티븐 코비─성공하는 기업들의 7가지 습관: 한국경제 정점 이르려면 10년 더 노력해야 (2007. 1. 4). 조선일보 Weekly Biz.

66) 미 국립노화연구소의 리처드 호즈(Hodes) 국장은 "(수명 연장문제에서) 교육의 중요성이 계속 커지고 있다."라고 말했다. 교육과 수명의 상관관계 연구는 프린스턴 대학의 애드리애너 레러스 무니 (Lleras-Muney) 교수가 시작했다[참고: GINA KOLATA. A Surprising Secret to a Long Life: Stay in School(2007. 1. 3). NYT.; 박영배. 천자칼럼, 장수비결 '교육' (2007. 1. 4). 조선일보]. 그는 미국 각 주에서 입법을 통해 의무교육 기간을 늘린 시점 전후의 평균 수명 변화에 주목했다. 개인이 얼마나 교육을 받느냐는 부모의 소득이나 아동의 건강 상태 등에 따라 달라지지만, 법으로 의무교육 기간을 늘리면 거의 모든 사람이 고르게 교육 혜택을 받게 된다는 점에 착안한 것이다. 주별 인구센서스 자료를 조사한 결과는 놀라웠다. 평균적으로 학교를 1년 더 다닐 수 있게 되자, 35세에서의 평균 기대 수명이 1.5년 늘어났던 것이다. 1999년 레러스 무니 교수의 연구가 나온 뒤 스웨덴, 덴마크, 영국, 웨일스 등에서도 같은 연구가 잇따랐다. 그 결과 거의 모든 나라에서 평균 교육 햇수가 증가함에 따라 평균 수명도 함께 늘어난 것으로 나타났다. 이집트의 경우 평균 교육 기간이 2.1년 길어지자 평균 수명이 10년 더 늘어나기도 했다.

67) 서울대 보건대학원 보건의료정책 석사과정 이준혁 씨의 석사논문 「사회경제적 사망률 불평등과 그 변화 추이」에 따르면, 1995년 이후 20세 이상 65세 미만 남녀의 사망률을 분석한 결과 대졸 이상 학력자의 사망률은 갈수록 줄어드는 반면 중졸 이하 사망률은 증가하는 것으로 나타났다. 2005년 통계청 인구센서스와 사망 통계를 분석한 결과 20세 이상 65세 미만 인구 가운데 대졸 이상 남성 인구 비율은 1995년 8.3%에서 2000년 7.3%, 2005년 6.3%로 갈수록 줄어든 것으로 조사됐다. 그러나 같은 연령대 중졸 이하 남성 사망자의 비율은 1995년 77.0%에서 2000년 79.4%, 2005년 81.6%로 점차 늘어났다. 여성의 경우에도 대졸 이상 사망자 비율은 1995년 12.1%에서 2000년 8.8%, 2005년 7.1%로 줄었지만, 같은 기간 중졸 이하 사망자 비율은 72.1%에서 2000년 78.3%, 2005년 84.6%로 증가 추세를 보였다. 이런 연구 결과는 경제 위기 이후 사회경제적인 환경 변화는 교육 수준이 낮은 계층에게 더 큰 건강의

위기로 다가온다는 것을 알려 준다[참고: 하채림. 교육 수준 낮을수록 노년기 이전 사망률↑(2007. 8. 13). 연합뉴스].

68) 이런 사례를 건강담당 기자도 절실하게 보도하고 있다[참고: 임호준. 다리 꼬고 앉으면 보약도 소용없어(2007. 9. 13). 조선일보]. 10년 넘게 의학기자로 일하면서 금연하라, 운동하라, 절주(節酒)하라 등 무수히 많은 건강 메시지를 전했습니다. 또 '글 따로, 행동 따로'라는 말을 듣지 않기 위해 그것을 실천하기 위해 노력했고, 얼추 비슷하게 지키고 있습니다. 그러나 여러 차례 애썼지만 안 된 것이 몇 있는데, 대표적인 것이 바른 자세를 취하는 것입니다. 개인적으로는 특히 앉는 자세가 문제입니다. 수십 년간 다리를 꼬거나, 한쪽으로 비스듬히 기대어 앉았더니 이젠 엉덩이를 등받이에 붙이고 두 발을 바닥에 가지런히 대고 꼿꼿이 앉는 것이 그렇게 힘들 수 없습니다. ……오랜 의학기자 생활을 통해 터득한 최선의 건강 전략은 이처럼 누구나 알고 있는, 쉬워 보이는 것들을 실천하는 것입니다. 그러나 이것들은 결코 쉽지 않습니다. 예를 들어, '밥을 천천히 꼭꼭 씹어 먹으라.'는 말의 건강 함의(含意)가 엄청나게 큰데도 불구하고 사람들은 그것이 너무 쉽고 간단하다고 여기고 귀 기울여 듣지 않습니다. 그러나 실제 한번 시도해 보십시오. 수십 년 몸에 배인 식사습관과 속도를 바꾸기가 얼마나 어려운지 절감할 것입니다. 밥을 천천히 먹는 것도 '눈물겨운' 노력이 있어야 한다는 것을 그제야 깨닫게 될 것입니다. 뭔가 복잡해 보이고, 이색적인 건강 비결을 소개하면 많은 사람이 관심을 표명합니다. 그러나 그것으로 건강을 유지하기란 쉽지 않습니다. 건강하지 못한 이유는 방법을 몰라서가 아니라 노력이 부족하기 때문입니다. 저처럼 오늘부터 바로 앉기 연습을 해보십시오. 담배도 끊고, 운동도 시작해 보십시오. 그래야 밑 빠진 독에 물 붓는 우(愚)를 피할 수 있습니다.

69) 참고: 랜덜 피츠제럴드(2007). 100년 동안의 거짓말(역). 서울: 시공사, p. 218.

70) 그런 의사 가운데 한 사람인 김진묵 박사는 "(의사인) 나를 더욱 견디기 힘들게 한 것은 '병을 치료하고, 생명을 살린다.'는 현대의학의 의학적 치료로 인해 오히려 병을 키우거나 얻는 사람들이 많다는 현실이었다." 신경외과 전문의에서 자연의학자로 제2의 의료인생을 살아가고 있는 김진묵[참고: 김진묵(2007). 위험한 의학 현명한 치료. 서울: 전나무숲] 박사의 고백이다. 그는 자신의 오랜 지병인 아토피와 건선, 간염을 자연의학의 치료법으로 치료하고 난 후 자연의학자로 탈바꿈했다. 그는 현대의학이 빠르게 진보했고 응급의학과 급성 질환, 외과 질환에서 큰 성과를 쌓았다는 점을 인정하지만 그러한 성과에도 불구하고 현대의학의 문제점 역시 분명하다고 지적한다. 이어 '어떤 상황에서도 치료의 주체는 바로 환자 자신'이라며 '의사는 병을 진단하고 치료법에 대해 조언과 도움을 주는 사람일 뿐'이기에, 언제나 최종 선택의 몫은 환자여야 하며, 스스로 자신의 병에 대해 이해하는 적극성이 필요하다고 강조한다. '오늘날 문제가 되고 있는 대부분의 만성병은 생활습관병'이라며 '심장병, 뇌졸중, 당뇨병, 고혈압, 아토피, 암 등의 공통점은 모두 잘못된 습관에서 비롯된다.'고 목소리를 높인다. 질병을 일으키는 나쁜 생활습관을 바꿔야 병을 근본적으로 치유할 수 있으며, 평소 올바른 생활습관을 갖는 것이 병의 고통에서 벗어나는 가장 현명한 길이라고 충고한다. '면역력을 높이는 14가지 생활 처방'으로 '규칙적인 생활'을 비롯하여 바른 의식주, 자연친화적인 생활, 적절한 수면과 휴식, 적당한 운동, 긍

정적인 마음 등을 제시한다. 또 적절한 체중, 규칙적인 배변, 충분한 산소 공급과 일광, 바른 자세, 건전한 성생활, 금연, 적절한 음주, 공격적인 치료 피하기 등을 제시한다. 흔히 알고 있는, 지극히 상식적인 건강법을 실천하는 것이야말로 면역력을 강화하는 지름길이라는 것이다.

71) "……러셀은 '모든 생명체는 주위 환경으로부터 가능한 한 많은 것을 자신이나 자신의 씨앗으로 바꾸려고 하는 일종의 제국주의자'로 보았다. 화학자인 밀러(G. Tyler Miller)는 간단한 먹이사슬로 이점을 잘 보여 주고 있다. 그 먹이사슬은 풀, 메뚜기, 개구리, 송어, 그리고 사람으로만 구성되어 있는데, 이 먹이사슬에서는 열역학 제1법칙에 의해 별다른 에너지의 손실은 없다. 그러나 열역학 제2법칙에 따르면 사정이 달라진다. 사용 가능한 한 에너지가 먹이사슬의 각 단계마다 사용 불가능한 에너지로 바뀌게 되고 그에 따라 전체 환경은 더 무질서를 겪게 되기 때문이다. 메뚜기가 풀을 뜯어 먹고, 개구리는 메뚜기를 잡아먹고, 송어가 개구리를 잡아먹는 등의 먹이사슬이 일어나는 각 단계마다 에너지의 손실이 필연적으로 뒤따른다. 밀러의 계산에 의하면, 먹이를 획득하는 과정에서 생기는 '80~90퍼센트의 에너지는 그저 낭비되어 쓸모없는 열의 형태로 주위 환경에 내버려진다.' 먹이를 통해 얻은 에너지의 10~20퍼센트 정도만이 먹이사슬의 다음 단계로 이전된다. 다음 단계의 생물이 최대 엔트로피 상태에서 죽지 않기 위하여 필요한 각 종의 통계를 생각해 보면 엔트로피 현상이 더욱더 자명해진다. 즉, '한 명의 사람이 1년을 살기 위해서는 3백 마리의 송어가 필요하며, 그 3백 마리의 송어는 9만 마리의 개구리를 필요로 한다. 그들 9만 마리의 개구리는 2천 7백만 마리의 메뚜기를 먹어야만 되고, 이들 메뚜기는 자그마치 1천 톤의 풀을 먹어야 한다.' 결국, 한 사람이 고도의, 어쩌면 최적의 생존 상태, 에너지의 '질서 상태'를 1년 동안 유지하려면 메뚜기는 2천 7백만 마리, 풀로 말하면 1천 톤에서 생기는 것에 해당되는 에너지를 소비해야만 한다. 생명체는 어느 것이나 자신의 질서를 유지하기 위해 그보다 큰 무질서인 에너지 분산을 주위 환경에 조성할 수밖에 없다. 유기체는 그 환경으로부터 음의 엔트로피를 축적해야만 살아갈 수 있다[참고: 제레미 리프킨(2000). 엔트로피(역). 서울: 두산동아, p. 60].

72) '불치하문(不恥下問)'은 논어의 「공야장편」에 나오는 말이다. 춘추시대 위나라에 공어라는 사람이 있었다. 그의 시호가 문(文)이었으므로 사람들은 그를 공문자(孔文子)라고 불렀다. 공자의 제자 중에 자공이 있었는데, 그는 왜 공문자의 시호를 문(文)이라고 했는지 궁금해했다. 어느 날 자공은 공자를 찾아가 물었다. "스승님 공문자는 왜 시호를 문이라고 한 것입니까?" 공자는 대답했다. "그는 머리가 매우 좋고 배우기를 좋아하는 인물이다. 대부분의 사람은 아래 사람에게 모르는 것을 묻기를 부끄러워한다. 그러나 공문자는 모르는 것이 있으면 부끄럽게 여기지 않고 언제든지 아랫사람에게 묻느니라(不恥下問). 그래서 그의 시호를 문(文)이라고 한 것이니라." 이때부터 불치하문은 '아랫사람에게 묻는 것을 부끄럽게 여기지 않는다.'는 뜻으로 쓰이기 시작했다.

73) 퐁티는 세계 전체가 유기적으로 얽혀 하나의 거대한 몸을 이루고 있을 뿐이라고 생각한다. 그는 인간의 몸을 중심으로 세상 사물을 하나로 생각한다. 인간은 매일 몸으로 체험하는 구체적인 세계의 존재를 알아내려고 했다. 몸의 운동성이 세계를 알아내는 원초적인 앎에 해당된다고 믿었기 때문이다. 인간의 몸으로 지각하는 것이 실체를 떠나 정신만 따로 있을 수는 없다. 인간이 지각하는 모든 것은 몸이

라는 실체를 통해 이루어지기에, 내가 보는 사물은 나의 몸과 떨어져 있는 것이 아니라, 바로 내 몸을 보는 것이다. 그래서 '보이는 것'과 '보이지 않는 것'은 원래 서로 다른 것이 아니라 하나다. 인간은 사물을 보는 존재이기에 늘 사물 그 자체를 본다고 믿는다. 우리가 보고 있는 세상은 우리가 보고 있는 것 그 자체일 수밖에 없다. 어떻게 해도 "보이는 것과 보이지 않는 것은 하나로 얽혀 있다. 우리가 어떻게 해볼 수가 없도록 보이는 것과 보이지 않는 것은 하나다."[참고: 모리스 메를로-퐁티(1964). 보이는 것과 보이지 않는 것(역). 서울: 동문선].

74) 참고: Charmer, C. O. (1999). Organizing around not-yet-embodied knowledge. In G.v.Krogh, I., Nonaka, and T. Nishiguchi (eds). *Knowledge creation: A new source of value*, NY: Macmillan; Scharmer, C. O. (2001). Self-transforming knowledge: Sensing and organizing around emerging opportunities. *Journal of Knowledge Management,* 5(2), pp. 137-150.

75) 챠머 교수는 생각 고르기에 작동하는 일곱 가지 주의 집중 요소를 다음과 같은 구조로 설명한다.

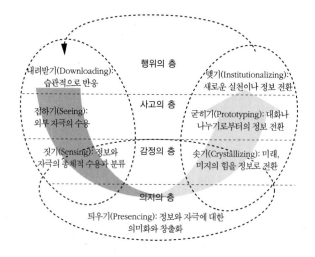

76) 참고: 켄 윌버(2008), 통합비전(역). 서울: 물병자리.

제3장

인간의 앎 Menon's Neo Errors

> 내가 제언하는 어떤 것도 믿지 말 것을 여러분에게 요구한다. 단 한마디도 믿지 말기를. 무리한 요구라는 것을 안다. 나도 진실만을 말하기 위해 최대한 노력하겠다. 그러나 이것만은 정말이지 재차 경고해야겠다. 나는 '아무것도', 아니 '거의 아무것도' 모른다. 우리 모두 아무것도, 혹은 거의 아무것도 모른다. 그것이 인생의 기본적인 진리라고 나는 '추측'한다. 우리는 아무것도 모르며, 오직 추측할 뿐이다. 짐작만 하는 것이다.
>   -칼 포퍼

  살아감과 알아감의 두 가지로 자기를 만들어 가는 존재가 바로 사람이다. 사람은 삶과 앎의 결정체다. 한평생을 살아간다는 것은 한평생 알아 간다는 것의 다른 말이다. 삶의 결정체가 앎이 되어 사람의 양태와 품을 드러낸다. 사람이 무엇을 안다는 것은 무엇을 눈으로 본 것의 결과만을 뜻하지 않는다. 그런 점에서 안다는 것이 단순히 감각의 문제만은 아니다. 본다는 것은 감각의 문제일 수 있고, 마음의 문제일 수 있으며, 영혼의 문제일 수도 있다. 그래서 감각의 육안, 마음의 심안, 그리고 믿음의 혜안(慧眼)은 앎과 밀접한 관계를 갖는다. 육안이 우리가 일상적으로 말하는 것처럼 본다는 것의 감각을 말하는 것이라면, 심안은 우리의 마음을 꿰뚫는 이성의 힘을 말하는 것이며, 혜안은 영혼과 영성을 꿰뚫어 본다는 것이다.

  이들의 관계를 켄 윌버(Ken Wilber, 1949~   )는 조금 더 확장된 시각으로 실천적인 측면에서 이해한다. 그는 본다는 개념을 육안, 이성, 그리고 관조의 눈으로까지 확장시킨다. 육체적인 감각이나 과학기술을 통해 사물을 인지하는 것을 '감각의 눈'인 육안이라고 하고, 이성과 논리로 대상을 인식하는 것을 '이성의 눈'이라고 한다면, 수행이나 명상으로 종교적인 영역을 체험하는 것은 '관조의 눈'이라고 부를 수 있다.[1]

감각의 눈으로 보이는 세계는 물질세계가 보이는 앎의 세계다. 오감(五感)과 도구를 통해 체험하는 세계가 이 분야에 속한다. 첨단과학인 나노과학(nano science)은 이런 육안의 발전의 결과물이다. 감각의 눈은 그동안 몰랐던 미지의 세계를 알려 주는 이점 못지않게 약점도 갖고 있다. 그중 최악의 약점은 과학지상주의, 즉 모든 것을 과학적인 눈으로 살펴야 한다는 맹목적인 과학적 미신론이다. 감각의 눈만을 너무 비대하게 키운 결과, 진실이라는 것은 오로지 경험적으로 검증될 수 있는 것이라고 말하는 과학적 미신인 과학지상주의가 감각의 눈이 가진 최대 약점이다.

이성의 눈은 육안과는 달리 바로 알아야 될 것을 바르게 알게 만드는 힘이다. 과학적으로 밝혀진 사실만이 유일하다고 믿는 한계를 밝혀내거나, 그것을 부정하는 태도를 불식시킬 수 있는 힘이 바로 이성의 눈이다. 예를 들어, 지구가 태양 주위를 공전한다는 지동설을 부인하면서 수많은 과학자를 희생시킨 중세 교황들의 오류를 과감하게 바로잡을 수 있는 힘이 바로 이성의 눈이다. 이성의 눈은 과학자에게서 나오기보다는 철학자나 사상가의 지력에서 나온다. 칸트나 하이데거 등의 철학자가 존경을 받는 이유는 이성의 눈으로 과학이나 신학의 미신을 극복하였기 때문이다. 칸트나 하이데거는 이성의 눈으로 볼 수 있는 세계를 한정 짓고 철학의 영역을 독립시킨 사상가들이다. 언어나 수학, 철학, 심리학 등 논리와 이성적 사고의 분야는 모두 이성의 눈에 의해 확장됨을 보여 주었다. 그런 칸트나 하이데거도 순수이성의 눈이 본질상 영성의 영역을 들여다볼 수는 없다는 것을 고백한다. 철학이 신을 가정할 수는 있지만, 신의 존재를 증명할 수는 없다는 점을 인정하였기 때문이다.

하이데거만큼 과학에 대해서 명료하게 말한 철학자도 드물다. 육안은 사유하지 않기 때문에 문제를 스스로 키우기 마련인데, 과학이 바로 그렇다고 했다. 그는 과학적 기술은 사유를 필요로 하지 않는 방법으로 간주한다. 사유하는 것은 묻는 것을 말하는데, 과학은 과학의 진실에 대한 물음이 거세되기 마련이고 그로부터 사유가 개입될 수 없다는 것이다. 물음이라는 것도 단 한 번의 질문이 아니라 끈질긴 질문을 물음이라고 하고, 그것에 기초한 생각을 사유라고 한다. 따라서 육안의 경험세계는 그런 물음을 감당할 수가 없다.[2] 육안의 세계로는 사물의 본질에 대한 대답이 만족스러울 때까지 질문하고 사유할 수 있는 욕망을 감당할 수 없다. 본질이 무엇인지에 대한 물음의 과정은 기존에 의심 없이 받아들였던 통념이 틀렸을 때 그것을 가차 없이 해체하는 작업도 병행한다. 이는 용기를 필요로 하는 지성적인 작업이다.

하이데거는 기술에 관해 묻고 또 물음으로써 기술의 본질이 그 모습을 드러낼 때까지 닦달해야 한다고 말하고 있다. 하지만 과학에서는 사유의 닦달이 가능하지 않다. 그들은 사유가 실험이라는 것으로 대체될 수 있다고 믿고 있기 때문에, "사유할 수 없으며 사유하지도 않는다."라고 하였다. 과학은 사유의 학문이 아니기에 그 한계 또한 자명하다는 것이다. 과학은 이미 정해진 절차와 방법에 따라 자신의 대상을 탐구할 뿐이다. 그래서 '과학이 무엇인가'에 관해 과학 스스로가 접근할 수 있는 통로를 갖고 있지 못하다. 하이데거에 따르면, 과학은 진정한 의미에서의 사유와 배움이 결여되어 있다.

관조의 눈은 역설의 앎과 관련된다. 관조의 눈은 초월의 영역을 깨우치며, 그것을 알게 만드는 힘이고, 육안이나 이성의 눈을 능가하는 힘이다. 윌버의 이야기처럼 사물의 절대 본질은 오로지 관조의 눈과 이것에 의해 직접적으로 밝혀진 대상물에 의해서 해석될 뿐이다. 사물의 초월성, 그것의 영적 자료, 영적 세계에 대한 확고한 사실로만 사물의 본질에 접근할 수 있다. 사물의 심층, 사물에 있어서 가장 신비로운 절대/상대 문제는 오직 관조의 눈에 의해서만 해소될 수 있다. 따라서 진정한 해답은 감각 영역이나 지적 영역이 아닌 초월 영역에 놓여 있다. 그것을 투시할 수 있는 눈이 바로 관조의 눈이라고 윌버는 지적한다.

사람들은 관조의 눈을 뜨고 그 세계를 보고 싶어 한다. 하지만 그것에 직접 도달하려는 노력에는 상대적으로 힘을 쏟지 않는다. 깨달음의 영역은 감각의 눈이나 이성의 눈을 통해 지각될 수 없는 영역이다. 삶을 살아가며 누구나 무의식적으로 많은 것을 깨닫는다. 정확한 방법론이 문제가 되는 것은 아니지만, 방법이 결여되면 단순히 머리에만 의지하게 된다. 그렇게 되면 관조의 눈은 뜰 수 없다. 그런 사람들을 향해 윌버는 초월 영역을 받아들이기 위해서는 관조의 실천을 수행해야 한다고 지적한다. 좌선, 진언(mantra), 자파(japa), 내면의 기도 등을 실천해야 그것의 본질을 알게 된다. 관조의 눈을 키우는 초월 영역은 오직 '명상' 실천에 몰두하고 나서야 스스로 드러난다는 것이다. 그는 "이 세상 본질에 대한 진정한 답은 관조의 눈을 떴을 때만 제대로 찾을 수 있기에 그 힘을 길러야 한다."라고 주장한다. 관조의 눈을 기르는 힘은 바로 배움에 있다는 것이 그의 견해다. 무엇을 안다는 것은, 인간의 그 무엇을 안다는 것은 관조의 눈을 뜬다는 것인데, 관조가 무엇을 말하는지는 과학자들마다 서로 다른 입장을 갖는다.

사물의 본질에 대한 보통 사람들의 일반적인 이해나 앎의 방법이 과학철학자들에 의해 지지받지 못한다고 하더라도, 그것이 비과학적이라고 비난받아야 하는지는 별개의 문제다. 왜냐하면, 본질을 안다는 것은 이론적 해석이나 문제풀기에 있어서의 우월성을 의미하지는 않기 때문이다. 무엇을 안다는 것은 단 하나의 해답 찾기만의 문제가 아니다. 예를 들어, 컴퓨터 같은 고성능 연산기계는 그것을 구성하는 시스템의 어느 한 가지 회로만 작동하지 않아도 문제를 풀지 못한다. 컴퓨터라는 연산기계는 하나의 해답을 풀기 위해 모든 부문이 체계적으로 연결되어야만 하기 때문이다.

인간에게 있어서 안다는 문제와 앎의 방법은 기계와는 질적으로 다르다. 어느 한 부분의 기능이 미약해지더라도, 인간의 앎은 계속되기 마련이다. 그런 앎은 죽음에서 신앙의 문제에 관한 대답을 찾는 일에 이르기까지 계속된다. 시대가 바뀌어, 이제는 기독교 신도들도 매주 일요일 교회에 나가는 대신 디지털기계를 이용해서 주일 예배를 보는 사례가 늘고 있다. 디지털 기독교 신자들이 늘어 교회의 풍속이 바뀌는 중이다. 그런 신자들은 제아무리 신앙이 깊더라도, 일요일 아침 컴퓨터의 전원을 켰을 때 여러 경우의 수가 생길 수 있다. 컴퓨터의 자판 하나가 잘못 작동한다면 원하는 교회 웹사이트와 접속하지 못한다. 더군다나 입력숫자들의 조합이 0.1만 어긋나도 원하는 웹사이트와 접속할 수 없다. 모든 것이 컴퓨터를 작동하는 사람의 뜻과는 상관없이 기계는 작동을 멈추면 그뿐이다. 기계는 명령대로 잘못되면 오작동의 기능을 중지하면 된다. 신앙심과는 아무런 관계도 없는 일이며, 오작동은 기적이 와 닿을 수 없도록 기적과 역행하여 작동한다.

인간의 문제해결 방식은 도구의 그것과는 구조적으로 다르다. 인간의 앎은 인지기능의 허약함이 어느 한 부분에서 노출된다고 하더라도, 자기가 원하는 만큼 움직인다. 원하는 완전한 방식은 아니더라도, 조금 불편하기는 하지만 자기를 위해 작동하기 마련이다. 디지털기계에서 보여 주는 완벽한 교회 구성에 대한 그림은 아니지만, 교회 화장실의 전구 하나가 꺼져 있다고 하더라도 목사의 설교는 들을 수 있다. 소음이 난다고 해서 목사의 설교 소리가 완벽하게 가려지는 것도 아니다.

§도구적 과학철학

이성의 철학자들과는 달리 과학철학자들은 사물의 본질을 알아내는 일에 보다 객관적인 입장을 취한다. 무엇이든 사물의 본질을 알아내기 위해 실재론과 도구론 중 하나의 입장부터 취하고 나선다. 실재론적 과학철학자들에 따르면, 사물은 항상 관찰자와는 독립적으로 존재한다. 그렇게 떨어져 있는 사물의 본질을 제대로 기술하는 것이 과학의 목적이라고 간주한다. 실재론자들은 사물의 본질을 판단하는 잣대로 참이나 거짓의 기준을 내세운다.

실재론적 과학철학자들에 비해 도구론적 과학철학자들은 사물의 본질을 유용성 여부로 판단한다. 그들은 이론과 방법 간의 엄격한 구별을 좋아하는데, 이론은 사물의 본질에 대한 설명과 예측을 용이하게 해 준다는 점에서 유용한 수단이라고 여긴다. 그렇다고 이론으로 사물의 본질이 제대로 설명된다고 보지는 않는다. 도구론자들은 사물의 본질을 파악하는 데 있어서 한 가지 논리만 있다는 주장은 하지 않는다. 어느 방법이 과학적인지는 쓰임새에 따라 다르기 때문이다. 예를 들어, '빛의 본질을 논의하는 일'은 도구론자들의 입장에서는 매우 혼돈스럽다. 빛을 파동현상으로 볼 것이냐 아니면 입자의 운동으로 볼 것이냐는 사전에 결정된 것이 아니기 때문이다. 빛을 관측하는 도구의 차이에 따라 빛은 파동현상으로 관측되기도 하고, 입자로 관측되기도 한다. 다시 말해서, 편광과 같은 빛의 현상은 파동으로 이론화될 수 있는 데 반해, 광전효과 같은 현상은 입자론으로만 해석될 수 있는 것이다.

이런 상황 속에서는 실재론자나 도구론자 중 누구의 판단이 절대적으로 옳다고 이야기하기가 어렵다. 파동론과 입자론이라는 두 이론 중에서 어느 한 가지 이론만이 빛의 속성을 밝히는 데 결정적으로 유용하다고 고집하여 그 이론만으로 빛의 속성을 밝히기가 어렵기 때문이다. 그들 과학철학자의 입장에서도 그렇다면, 실제로 그런 정보에 둘러싸여 생활하고 있는 보통 사람들에게 필요한 과학적 정신은 이론적 설명보다는 일상생활에서의 쓰임새다. 어느 이론이 논리적으로 우세한지에 관계없이 사회현상을 설명하는 데 유용한 결과를 얻기 위해 보다 더 쓰임새가 있는 이론이나 그 이론에 기초한 방법론을 받아들일 수밖에 없다.

인간을 컴퓨터와 다를 바 없다고 판단하는 인지과학자 데닛은 도구주의적 과학철학자에 속한다. 그는 단적으로 말해, 인간의 마음은 컴퓨터와 같은 것이라고 본다. 그의 시각으로는 인간의 인지과정은 컴퓨터가 문제를 푸는 과정과 기본적으로 같은 구조다.[3] 사람이 사과라는 과일을 눈으로 보면 망막에 영상이 맺힌다. 사과의 영상은 신경세포를 거쳐 '저것은 사과다.'라는 판단을 내려 준다. 사과를 보는 망막의 자극은 컴퓨터의 자판을 누르는 것과 같다는 것이 데닛의 인지과학적 견해다. 이에 따르면, 두뇌를 거쳐 사과로 결정된 판단은 컴퓨터의 계산 결과가 답으로 화면에 나타난 것과 같다. 인간의 마음은 컴퓨터처럼 일정한 프로그램으로 작동하는 연산체계 그 이상이 될 수 없다는 논리다. 다만, 인간의 마음은 일반 컴퓨터와는 달리 그 체계가 복잡한 거대한 컴퓨터다.

비행기의 구성체계가 자전거의 그것과 다른 것과 마찬가지다. 인간의 연산체계는 어떤 연산기계보다 더 복잡하다. 하지만 연산체계의 구조적 연계체계만큼은 컴퓨터와 인간이 본질적으로 다를 것이 없다. 그래서 데닛은 의식에 관한 발상의 전환이 필요하다고 말한다. 의식의 상태란 인간의 두뇌를 구성하고 있는 다양한 체계가 이 세상에 관한 정보를 처리하는 과정이다. 그것은 특정한 완성단계에 들어가지 못한 채 여러 가지 하부체계에 의해 지속적으로 편집되고 수정될 미완의 정보덩어리다. 이처럼 데닛은 인간의 지능을 컴퓨터의 물질계로 포섭시키고, 의식이나 자아를 개별적인 정보처리 장치나 체계로 해체시킨다. 데닛은 세계의 특정한 모습을 믿는다든지, 특정한 상태를 바라는 것을 인간의 실제 심리 상태로 간주하는 것이 무익하다고 주장한다. 인간은 외부의 자극에 대응해 해답을 찾으려고 행동하는 복잡한 메커니즘에 지나지 않는다고 보기 때문이다. 과학은 이를 설명하는 과정에서 인간의 믿음이나 욕구를 가정할 뿐이다. 데닛이 신의 존재를 이해하는 방식은, 결국 신이라는 욕구가 만들어낸 단상의 찌꺼기라고 생각한다. 그러므로 데닛에게 있어서 신이라고 하는 것은 신경세포가 만들어 낸 잡음, 그 이상은 아니게 되는 셈이다.

§데카르트의 오판

도구주의적 과학철학자인 데닛에게 영혼과 육체의 분리는 어불성설이다. 데카르트적인 사고가 그에게 개입될 여지는 없다. 데닛의 관점은 뇌신경의학의 전개과정과 맥을 같이한다. 뇌과학이 시작되던 1662년경이었다. 옥스퍼드 대학교 의과대학 출신의 의사인 토머스 윌리스는 뇌세포를 파괴하지 않고 시신을 해부한 적이 있었다. 당시 윌리스의 해부는 마음이 심장이 아니라 뇌에서 작동함을 과학적으로 입증하는 최초의 사건이었다. 당대 최고의 과학자들로 구성된 영국 왕립학회 회원들이 윌리스의 해부를 지켜보았다. 그리고 그들은 그 실험을 통해 인간의 마음이 심장이 아니라 뇌에 있다는 것에 동의하게 되었다.[4]

뇌신경과학적 기반을 갖고 있는 데닛은 데카르트의 생각을 받아들일 수가 없었다. 일반적으로 영혼과 몸을 분리해서 생각하는 데카르트와 같은 이원론자들은 정신력으로 사람을 변화시킬 수 있다고 믿는다. 이성이 몸을 우선한다고 생각하기 때문이다. 데닛은 이성이라는 개념 자체를 받아들일 수 없었기 때문에 데카르트의 논리는 허구 그 이상이 될 수 없다고 보았다. 이러한 데닛의 생각은 뇌신경과학의 발달에 의해 더욱더 의과학계에서 지지를 받게 되었다.

다마지오 교수는 데닛의 생각에 지지를 보내는 과학자 중 한 명이다. 그는 데카르트의 관점은 오류라고 말한다. 인간은 판단을 내릴 때 의식보다 감성에 의존하기 때문이다. 이런 생각은 뇌신경과학의 연구 결과에서 기인하였다. 인간이 이성적 존재라는 전통적인 생각을 뒤집어 놓기 충분하도록 의과학적으로 밝혀진 사실이다. 안토니오 다마지오 교수는 인간에게 감성이 더 중요하다는 점을 정상인과 뇌 특정 부위에 이상이 있는 사람, 즉 안와 전두엽에 이상이 있는 사람 간의 비교 연구를 통해 확인했다.[5] 침팬지, 고릴라, 오랑우탄 등의 유인원은 전두대상피질(anterior cingulate cortex)과 그것을 둘러싸고 있는 특수 뉴런인 굴대세포(spindle cell)를 갖고 있다. 마치 코르크 따개 스크루를 펴 놓은 모양의 굴대세포는 육상 포유류의 고유 특징이다. 인간은 다른 포유류에 비해 굴대세포를 두 배 이상 더 갖고 있다. 전두대상피질은 기대가 무너질 때 사람에게 놀람의 감정을 촉발시킨다. 그에 비해 굴대세포는 사람이 실수를 가능한 한 적게 하도록 도와주는 기능을 하고 있다. 굴대세포는 뇌의 다른 여러 부위에서 전달되는 신호를 접수하여 전두대상피질이 주의력을 높이고 하나의 대상에 집중하도록 도와준다.

전두대상피질과 굴대세포는 시간과 공간을 초월해서 많은 양의 정보를 신속하게 통합 처리하는 기능을 갖고 있다. 불확실성이 상존하는 자연적인 조건에서는 모든 포유류에게 생존에 도움이 되는 학습이 필요하다. 전두대상피질과 굴대세포는 바로 그 훈련을 담당한다. 즉, 고도의 집중력과 주의력을 발휘하도록 만들어 주는 훈련이다. 여러 가지 놀랍거나 모순된 사태에 대비하기 위해 포유류의 전두대상피질을 둘러싸고 있는 뉴런들은 1초당 10분의 3 이내로 아주 빠르게, 즉각적으로 반응한다. 전두대상피질은 보상신호를 운반하는 도파민 뉴런과 위험에 본능적으로 반응하는 편도체에서 시작된 뉴런에게서 위험대피 정보를 받는다. 전두대상피질은 촉각이나 청각 혹은 후각에서 전달되는 정보에도 주의를 기울이고, 감정이나 직관을 관장하는 반사 뇌의 일부인 시상하부와도 직결되어 있다. 시상하부는 맥박과 체온 및 호흡과 화학성분을 조절하여 적절한 평온 상태를 유지시키는 자동온도조절 장치와 비슷한 기능을 발휘한다. 그래서 충격을 가하면 전두대상피질은 그 충격을 시상하부에 즉각적으로 전달하여 신체의 자동온도조절 장치를 비상 상태로 전환시킨다.

전두대상피질은 감성을 관장하는 파충류의 뇌, 말하자면 편도체와 같은 반사 뇌와도 직접적으로 관련되어 있다. 이 사실을 확인한 신경과학자들은 인간의 이성이 감성보다 우위에 있다는 전통적인 생각에 손을 들어줄 수 없었다. 그런 견해 아래, 다마지오 교수는 이성적 존재라는 개념 자체가 허구라고 본다. 그는 자폐증 환자의 사례를 들어 이것을 확실하게 보여 준다. 자폐증 환자는 자신을 '정상인과의 경계선'에 있는 사람이라고 지칭한다. 그들은 다른 사람의 감정을 읽지 못하므로, 다른 사람들이 서럽게 울고 있는 것을 보고도 "저 사람이 우스운 소리를 내고 있어요."라고 표현한다. 운다는 의미를 전혀 이해하지 못하기 때문에 우는 것을 '우스운 소리'로 인식하곤 한다. 따라서 그들이 '경계선'에 있다는 말은, '정상인'의 규칙과 제도를 알지만 그쪽 세계로 넘어가지 않는 상황을 말한다. 정상인처럼 행동하고 규칙을 익히고 따르지만, 결코 그들과 감정을 같이하지는 못하는 상황이다. 그들은 다만 정상적인 사람들의 범주에 속하는 '인간의 행동을 흉내 내는 방법을 배우는 사람들'이다. 그들이 보여 주는 인지적 기능과 기억의 사례는 그들이 가진 기억의 인지적 속성이 보통 사람과는 크게 다른 것을 알려 준다. 자폐증 환자에게 이성이 없는 것은 아니다.

템플 교수는 자폐증 환자지만 어엿한 대학 교수로서 학생을 가르치고 연구 활동을 하고 있다.[6] 그녀는 자신의 경우 기억이 자아의 일부로 흡수된다는 생각을 거부한다. 그녀의 생각은 다마지오가 『데카르트의 실수』에서 보인 기억에 대한 생각을 지지한다. 다마지오에 따르면, 인간은 이미지를 어떤 물건이나 사건, 단어, 문장으로 고스란히 복사한 상태로 저장하지 않는다. 인간의 두뇌는 사람, 사물, 풍경을 폴라로이드 사진으로 담아 두지 않는다. 음악과 발언 내용을 녹음테이프로 보관하거나 일상의 여러 장면을 영화로 보관하지도 않는다. 한마디로 말해서 인간에게 영원히 존재하는 영원한 기억은 있을 수가 없다. 인간의 뇌에는 마이크로피시나 마이크로필름, 하드 카피가 배선되어 있지 않기 때문이다. 사람들은 복제하거나 복사한 이미지를 기억해 내려면, 즉 그것을 겉으로 떠올리려면 그 이미지를 감각과 연계해야 한다. 인간에게 있어서 완벽한 기억은 불가능한 것이다. 완벽한 앎과 그 결과물의 재생 역시 인간에게 있어서 불가능하다는 것이 올리버 색스가 하고 싶은 이야기다.[7]

물론, 이성과 감성은 서로 밀접하게 연결되어 있으며, 이성적인 판단의 밑바탕에서는 감성이 결정적인 역할을 한다고 말하는 것이 인지과학적으로 더 타당할 수도 있다. 그런 견해가 중도적인 태도이기도 하다.[8] 그러나 다마지오 교수 등은 인간의 행동에 결정적 영향을 미치는 것은 이성이 아닌 감성이라고 이야기하는 것이 더 합당하다는 입장이다. 잠재의식 속에서 작동하는 정서적인 기억이 인간에게 보다 강력하게 명령을 내리는 경우가 정석이라면, 이것은 어떤 일에 대해 아주 충분히 생각하고 따져 본 다음에 매우 신중한 판단을 내리는 것이 아니다. 정서와 연결된 기억의 반응에 따라 매우 빠르게 의사결정을 하며, 그것을 행동에 옮긴다고 보는 것이 더 과학적인 견해다. 인간의 두뇌는 정서 기억에 저장된 감성코드에 따라 행동을 결정한다. 이성적으로 '해야 한다'는 결심에 앞서는 일이 바로 감성적으로 마음에 드는 '왠지 싫다'는 정서에 의한 행동 결정이다. 그래서 인간은 이성적인 존재라기보다는 정서적인 존재라고 말하는 것이 옳다고 본다.

§ 감성의 한계

인간이 이성보다는 감성의 존재라는 것은 거짓말 탐지기를 활용하면 더 쉽게 확인할 수 있다. 폴리그래프(polygraph)나 뇌파지문 감식의 작동원리가 바로 인간의 이성보다는 감성을 확인하는 기구이기 때문이다. 폴리그래프는 죄의식과 불안감 때문에 생기는 몸의 변화에 민감하다. 맥박이 빨라지고, 침샘이 마르고, 카테콜아민(cate-cholamine)이라는 신경호르몬이 분비되며 콧속의 조직세포가 먼저 붓는다. 그런 증상을 기계로 읽어 내도록 만든 수단이 거짓말탐지기인 폴리그래프다. 물론 죄의식을 아예 느끼지 못할 정도의 상습적인 거짓말쟁이나 타고난 거짓말쟁이에게는 거짓말 탐지기도 소용이 없다. 오히려 참말을 하고서도 식은땀을 흘리는 심약한 사람들이 피해를 받을 수 있다. 그런 약점을 보완하기 위해 만들어 낸 것이 뇌파를 이용해 뇌속의 기억을 직접 찾아내는 '뇌지문 감식기술'이다. 제아무리 포커페이스를 가진 거짓말쟁이라도 뇌 안에 지문처럼 인식되어 있는 사건 관련 정보를 완전하게 지워 버릴 수는 없다. 뇌는 익숙한 그림이나 글자를 지각할 때, 자기도 모르는 사이에 감성의 기폭이 반영되는 'P300'이라고 명명된 뇌파를 발생시킨다. 범인의 머리에 미세전극이 내장된 장치를 씌운 후 범죄와 관련된 장면을 보여 주면, 그가 발뺌을 해도 P300이 감지되고, 그것이 감지되면 거짓말을 하고 있다는 것이다.

그렇다고 기계로 인간의 기억을 완전하게 파악할 수는 없다. 실제로 인간의 기억은 늘 불완전하기 때문이다. 감성이라는 것은 늘 그런 속성을 갖고 있다. 이것은 감성이 조작되기 쉽다는 반증이기도 하다. 예를 들어, 인간의 기억을 의술적인 치료 방법으로서 가장 폭넓게 활용하는 사람들이 인간의 전생을 다루는 심리치료사다. 그들은 사람들에게는 모두 각자의 소울메이트(soulmate)가 있다고 본다. 소울메이트는 기억의 소산물이다. 소울메이트란 서로 사랑으로 영원히 묶여 있으면서 여러 생애를 거듭하여 함께 환생하는 사람을 말한다. 인간의 운명은 소울메이트의 만남을 주재하기 때문에, 사람은 언젠가는 소울메이트를 만나게 되어 있다.

이 같은 견해에 가장 앞장서 있는 사람은 정신과 의사 와이스 박사다. 그는 환자로 하여금 최면 상태에서 전생의 기억을 떠올리게 함으로써 일반적인 치료법으로는 잘 낫지 않는 다양한 육체적·정신적 증상을 치료하는 전생퇴행요법(Past-Life Regression Therapy)을 개발하였다.[9] 와이스 박사는 소울메이트가 서로 만나기는 하지만, 만남 이후에 어떻게 할 것인지는 개인의 선택과 자유의지에 따라 달라진다고 주장한다. 그는 소울메이트의 만남과 헤어짐의 장면이 모두 같을 수 없다고 본 것이다. 이렇게 되면, 소울메이트를 매개로 한 인간의 기억이 일관성을 갖는다고 이야기하기는 어렵다.

이것은 정신과 의사들이 주장해 오던 것을 뒤집어 버리는 일이나 마찬가지였다. 그가 그렇게 주장할 수밖에 없었던 것은, '캐서린'이라는 젊은 여성 환자를 만나 커다란 변화를 맞은 경험에서 비롯된다. 캐서린은 최면치료과정에서 수많은 전생의 기억을 떠올렸다. 그녀가 떠올린 전생의 기억들은 놀랍게도 현실에 집착하는 사람들의 이야기와는 전혀 다른 이야기였다. 와이스 박사는 오랜 망설임 끝에 의료계의 반발을 예상하면서도 이 치료 사례의 전말을 보고했다.

그 보고서가 바로 『나는 환생을 믿지 않았다』이다. 이 후 그 책은 세계적인 베스트셀러가 되었다. 그가 전생퇴행요법의 개발자가 된 것이다. 전생퇴행요법의 논리에 따르면, 사람들은 태어나기 전부터 소울메이트가 있다. 수천 년 동안 수많은 생애에서 아버지와 딸로, 형과 동생으로, 동료 수도자로, 연인으로 만난다. 그들은 매번 쓰라린 이별을 겪다가 마침내 현생에서 다시 만나게 된다. 기억은 바로 소울메이트의 역사를 되살려 준다.

하지만 와이스 박사가 말하는 이러한 기억, 특히 전생에 대한 기억이 처음부터 조작이며 완전한 허구라는 반론 역시 설득력을 갖고 있다. 기억 연구의 권위자이자 20세기 최고의 여성 심리학자로 꼽히는 엘리자베스 로프터스 박사[10]는 인간의 기억 자체와 그것의 신뢰성에 강한 의문을 제기하였다. 인간의 기억은 있는 그대로의 진실을 비추는 거울이 아니라고 그녀는 주장하였다. 기억은 시간이 흐를수록 계속해서 변화하고 왜곡된다는 것이다. 인간이 틀림없는 사실이라고 믿는 기억이 실제로는 전혀 일어난 적 없는 거짓 기억일 수도 있다는 것이다.

로프터스 박사는 1990년대 미국 사회를 들끓게 했던 충격적인 거짓 성추행 기억 사건을 통해 사람의 기억이 얼마나 허약하고, 또 얼마나 쉽게 '거짓 기억'이 만들어지는가를 보여 주었다. 1980~1990년대의 미국 사회는 고발의 사회이기도 했다. 삶의 여러 가지 문제, 즉 우울증, 불면증, 거식증, 성기능 장애 등에 시달리던 많은 여성들이 심리치료사를 찾아갔다가 새로운 기억을 되살렸다는 보도가 나오기 시작했다. 새로운 기억이란 것은 놀랍게도 어린 시절 부모나 친척에게 당한 성추행 기억을 되찾았다는 것이었다. 그 기사는 사회적으로 충격을 주기에 충분했다. 그 후부터 그것을 사회문제로 부각시키는 고발사건들이 잇따랐다. 그때까지 한번도 떠올린 적 없는 기억에 의해 가해자에 대한 법적 소송이 줄을 이었다. 1988년 이후 100만 명 이상이 어린 시절 성추행 기억을 회복한 것으로 보고되기까지 하였다.

이렇게 특정한 기억이 의식 아래 묻혀 있다가 갑자기 떠오르게 된 까닭을 프로이트파의 심리치료사들은 '억압된 기억(repressed memory)'의 소생이라고 명명했다. 의식적으로 받아들이기에 너무도 고통스러운 트라우마적인 사건을 겪은 사람일수록 무의식적으로 그 기억을 억압하기 때문에 고통스러운 사건 자체를 자기 삶에서 일어나지 않은 일로 간주해 버린다는 것이다. 그렇게 억압된 기억이 수 년 혹은 수십 년 동안 계속 어둠 속에 묻혀 있다가 심리치료사들의 도움으로 현실에서 소생되었다는 것이다. 이런 환자들이 현재 겪고 있는 문제를 치유하려면 억압된 기억을 의식 위로 끄집어 내 똑바로 대면할 수 있어야 하는데, 그들이 바로 그 일을 도와주는 전문가라는 것이다. 그리고 그들은 환자들이 가지고 있던 억압된 기억을 겉으로 드러내 놓도록 하는 것이 치료의 시작이라고 주장했다.

그러나 심리치료사들이 주장하는 '억압된 기억'에 대한 진위문제는 핵심의 한 껍질만 벗기면 진실이 드러나는 나약한 것이었다. 임상전문가들은 환자들이 떠올린 기억을 진실이라고 주장했지만 그 반대 의견도 만만치 않았다. 기억연구과학자들은 그 기억이 최면과 암시 등에 의해 만들어진 거짓 기억이라고 맞서기 시작했다. 양자 간의 지루한 갈등이 서서히 과학적으로 씻기어 가면서, 기억과학자들의 주장이 설득력을 얻기 시작했다. 자식들로부터 파렴치한으로 고발당한 부모들이 재단까지 설립해 가며 역으로 심리치료사들을 고발하기 시작했다. 그런 고발에서 심리치료사들은 번번이 패소하고 말았다. 게다가 기억을 되찾았던 사람들마저도 자신의 기억이 거짓이었다며 기억 자체를 철회하기 시작했다. 그 후 기억 회복의 열풍은 식어 버렸다. 어린 시절의 홀로코스트 체험을 책으로 펴내 찬사를 받았으나, 그 모든 기억이 완전 거짓으로 드러난 빌코미르스키의 사례도 그중 하나였다. 외계인 납치 체험자들의 이야기처럼 기억의 불완전성을 입증하는 사례도 허다했다. 거짓 기억은 마치 중세의 마녀사냥이나 1980년대를 휩쓴 악마 숭배집단의 공포처럼 집단적 광기와 도덕적 공황 상태에 의한 거짓 증거로 설명되기도 했다. 게다가 심리치료사들이 모든 문제의 원인을 어린 시절에서 찾으려는 정신결정론에 너무 사로잡혀 그 기억을 치료의 주된 자료로 삼아야 한다는 강박감을 갖는 것도 그것을 부채질했다. 심리치료사들이 학술적으로 의지하는 억압, 트라우마, 기억 회복 등의 개념은 전형적으로 프로이트의 정신분석학의 중심을 이룬다.

그러나 그런 개념을 주창한 프로이트는 억압을 트라우마와 같은 정신적 고통을 막기 위한 방어기제로 보기는 했지만, 억압된 기억을 '발굴'해 가는 일이 언제나 정당하다는 것에 대해서는 임상적으로 회의적인 입장을 취했다. 현대 심리치료사들은 사실을 의도적으로 간과한 채 환자들의 기억에만 의존하였다. 이것이 의사과학(擬似科學, 사이비과학)적 치료기술의 한계였다.

실제로 심리치료학계에서는 전형적인 억압의 사례로 인용되는 엘리자베스 폰 R.의 기억에 대해 이야기한 프로이트의 '더 깊이 파내려 갈수록 드러나는 기억들이 인정받기는 더 힘들어진다. 중심핵에 도달할 때까지 우리는 환자가 부인하는, 심지어 재생해 놓고도 부인하는 기억들과 계속 마주친다.'는 말을 상기하자는 의견이 우세하였다. 이것은 프로이트 스스로 최면이나 암시를 통해 끄집어 낸 환자의 기억이 환상인지 실제 기억인지 제대로 구분하기 어렵다는 점을 인정한 것이다. 따라서 심리치료사들도 '어린 시절의 기억이라는 것이 정말 존재하는가'를 의심해 보아야 한다는 것이다. 더 나아가 프로이트가 "어쩌면 인간에게는 어린 시절과 '관련된' 기억밖에 없는지도 모른다. 어린 시절의 기억은 우리의 과거를 있는 그대로 보여 주는 것이 아니라 기억을 떠올린 시점에 나타난 형태로서의 과거를 보여 줄 뿐이다."라고 말했다는 사실 역시 현대판 심리치료사들로서는 잊지 말아야 할 경구라고 보고 있다. 심리치료사들은 이것을 의도적으로 망각해 버림으로써 지금처럼 거짓 기억의 추억이 오히려 그들에게 족쇄가 되었다.

결국, 전생의 기억은 '거짓 기억 증후군'의 하나라는 것이 일반적인 인식이 되었다. 거짓 기억 증후군이 말하고자 하는 내용의 핵심은 인간의 기억이란 끊임없이 재구성된다는 사실이다. 거짓 기억 증후군은 기억을 마치 컴퓨터 디스크나 서랍 속에 잘 정리해 둔 서류철처럼 뇌의 특정 부위에 고이 저장하고 있다가 언제고 그대로 인출할 수 있다는 생각이 잘못된 통념임을 보여 준다. 로프터스는 기억이 무엇인지를 설명하기 위해 물 속의 우유 한 방울의 비유를 들어 설명한다. "우리 마음이 맑은 물이 담긴 그릇이라고 합시다. 그리고 각각의 기억은 그 물에 뒤섞여 들어가는 한 스푼의 우유라고 보고요. 모든 성인의 마음속에는 이처럼 뿌연 수많은 기억이 들어 있습니다. 누가 거기서 물과 우유를 따로 구분해 낼 수 있을까요?" 기억이라는 것은 마치 '분필과 지우개로 끊임없이 썼다 지웠다 하는 변화무쌍한 칠판'과 같다는 것이다. 그렇기 때문에 인위적으로 기억을 왜곡하고 새로운 기억을 주입하는 일이 얼마든지 가능하다.

실제로 로프터스는 사람들의 마음에 '거짓 기억'을 심을 수 있음을 쇼핑몰 실험을 통해 입증해 보인 적이 있다. 쇼핑몰에서 길을 잃고 부모를 찾아 헤맨 적이 있다는 거짓 기억을 아이들에게 심어 놓는 실험이었다. 일단 쇼핑몰에서 길을 잃은 적이 없는 아이들에게 쇼핑몰에서 길을 잃어버린 적이 있다는 거짓 기억을 주입하였다. 그랬더니 아이들은 쇼핑몰에서 길을 잃어버린 적이 있다고 기억해 버렸다. 열네 살짜리 소년이 탁자 앞에 앉아 있다. 연구원은 소년의 맞은편에 앉았다. 연구원이 소년에게 '다섯 살 때 마트에서 길을 잃었던 일에 대해 기억나는 것을 말해 보라.'고 하였다. 소년은 잠시 더듬더니 확신에 찬 목소리로 말했다. "1981년인가 82년이었어요. 스포캔에 있는 유니버시티 시티 쇼핑몰에 갔는데 장난감 코너를 둘러봐야지 생각하다 길을 잃고 말았어요. 다시는 식구들을 못 만나는 줄 알고 얼마나 무서웠다고요." 그는 이 사건을 기억하고 있는 게 분명했다. 소년이 모르는 것은, 이 일이 실제로 일어난 적이 없다는 사실이었다. 그렇지만 소년은 그렇게 믿은 채로 그것을 기억해 냈다. 이 실험은 인간의 기억이 필요에 따라 얼마든지 쉽게 조작 가능한 한 것임을 극명하게 보여주는 하나의 사례일 뿐이다.

§정서 기억

감정을 조절하는 두뇌 부위를 통틀어 변연계라고 부른다. 변연계는 두뇌 전체의 '중앙통제자'처럼 작동한다. 의도적으로 변연계의 기능인 감정을 잘 활용한다면, 앎이 훨씬 더 효과적으로 가능해진다. 정서적 경험이 바뀌지 않으면 두뇌의 판단과 의사결정은 달라지지 않는다. 시각과 같은 기관으로 받아들인 정보를 전두엽에서 적절하게 처리하여 주요 정보로 기억하는 학습에 성공한 것으로는 불충분하다. 변연계와 같은 정서 통제기구가 그것을 제대로 받아들이지 않으면 그 정보는 오래 남겨질 수가 없다. 생각이나 의지만으로는 두뇌의 판단을 조절하기 어렵다. 그것은 스스로 경험한 사실 중 두뇌가 기억하겠다고 작정하여 주의 집중이 가미된 사실만을 변연계 같은 정서 기억 속에 저장하기 때문이다.

어떤 일에 대한 느낌이 부정적으로 굳어지면 신체 반응은 쉽게 변하지 않는다. 자신도 모르는 사이에 순간적으로 나타나는 반응에 따라 결정이 내려지면, 그것을 뒤집기가 어렵다. 학습되는 정보에 대한 정서적 처리도 마찬가지다. '지겹다', '짜증난다', '정말 싫다' 같은 부정적인 정서 경험이 잠재의식에 쌓이면 두뇌는 그것을 학습 기피 대상으로 삼는다. 그리고 마침내 그런 경험을 망각할 대상으로 처리해 버리고 만다.

감성은 공개적으로 드러나는 정서(emotion)와 사적으로 내면화되는 느낌(feeling)으로 엄밀히 구분된다. 정서는 느낌보다 앞서는 인간의 일차적 반응이며, 뇌가 외부 자극에 무의식적으로 반응하는 것이다. 느낌은 정서가 유발하는 부차적 감정이다. 정서가 신체의 영역에 속하는 감정이라면 느낌은 마음의 영역에 있다. 신경적 반응의 복합체인 정서는 사람에게 '이로운 방향'으로 자동 반응하게 만든다. 손을 칼에 찔리면, 손이 즉각 움츠러드는 것과 같다. 이런 반응은 생명을 보존하기 위한 행동이다.

이런 생각은 뇌과학이 발전하기 전에 철학자들에 의해 제시된 바 있다. 사례를 들어 삶을 이야기한 철학자가 바로 17세기 스피노자다. 스피노자는 사물에는 자기 존재를 유지하려는 경향이 있다고 생각했다. 그는 『에티카에서 정서』에서 느낌을 인간성의 중심으로 보았다. 덕의 일차적 기반은 자신을 보존하고자 하는 노력에 있다. 인간에게 있어서 행복은 자신의 존재를 유지할 수 있는 능력에 있다.[11] 그에 따르면 정서적 표현이 메말라 있는 사람은 자기 자신의 기반을 상실한 사람일 수 있다.

행복의 감정은 바로 인간이 자신을 존재하게 만드는 기반이다. 정서적 반응과 감정적 표현은 인간과 동물 모두에게 있다. 인간은 그러한 감정을 몸으로 교묘하고 다채롭게 표현해 내는 동물이다. 그들이 표현해 내는 것 중에서 다른 사람의 감정을 뒤흔들어 놓는 것은 바로 우는 행위다. 다른 감정의 표현과는 달리 '눈물 흘리기'는 신체에 장기적인 흔적을 남긴다. 인간의 시야부터 흐려 놓는다. 이런 일은 비용이 드는 행위다. 적에게 위험을 노출하는 경우이기도 하다. 생존을 위한 위험하기 그지없는 불리한 행위다. 결국 비용이 드는 신호일수록 정직한 신호가 되는 셈이다. 그런 점에서 '눈물 흘리기'는 감정 표현의 극치이기도 하다. 동물이라고 해서 눈물을 흘리지 않는 것은 아니다. 눈에 물리적인 자극이 가해지면 동물도 눈물을 흘린다. 다만, 동물에게는 감정의 바탕이 되는 심리 상태와 눈물을 만들어 내는 시스템 사이에 신경 연결이 없기 때문에, 인간과 같은 감정적 표현의 극치를 만들어 내지는 못한다.

§ 자연법칙 그대로

신이치 교수는 현대과학에서 가장 눈부신 성과를 보여 주는 동시에 가장 치열한 전쟁이 벌어지고 있는 분자생물학에 몸담고 있다. 그는 데닛과 같은 도구주의 과학철학자들의 기계주의를 비판한다. 인간과 동물, 공간과 시간도 모두 기계의 일종이라고 단언하는 과학자나 심리학자의 논리는 과학을 위장한 비과학이라고 잘라 말한다. 생물이든 무생물이든 그 모두가 기계라는 생각은 인간과 동물 간의 구별을 원천적으로 무의미하게 만드는 논리라는 것이다. 이는 실험 결과에 기초한 신이치 교수의 생각이다. 생물과 무생물 사이의 경계가 허물어져 버린 상황에서 인간과 무생물 간의 경계를 말하는 것은 잘못이다. 따라서 돌이 인간이고, 버스도 인간이라고 말하는 것과 다를 바 없다는 것이다. 신이치 교수는 기계주의론자들의 생각이 생명에 대한 무지에서 비롯되었다고 파악한다. 모든 것이 '일반화된 기계주의'로 생물과 무생물을 동일시하지만, 그런 생각은 살아 움직이는 생물에 대한 잘못된 생각에 기인하였다는 것이 그의 생명론이다.

신이치 교수는 인간의 뇌기능에 대한 일반화된 기계주의적 해석은 결코 인간이 무엇인지에 대한 과학적인 설명이 될 수 없다고 주장한다.[12] 그의 주장은 1953년 DNA 구조의 해명으로 시작된 20세기 생명과학의 주장, 즉 생명을 '자기 복제를 하는 시스템'이라고 정의해 온 주장이 허구라고 말하는 것과 같다. 실제로 기계주의론자들에 의하면, 자기 복제의 생명관은 과학적이다. 왜냐하면 생명체란 마이크로 부품으로 이루어진 조립식 장난감, 즉 프라모델인 분자기계에 지나지 않기 때문이다. 이것은 인간에 대한 데카르트의 관점에서 비롯되었다. 즉, 기계론적 생명관인 이원론적 생명관에서 파생된 생각이다. 그런 관점에 따르면, DNA 자체를 극소의 '외과 수술'만으로 자르고 붙이는 생물학적 조작을 통해 DNA 정보를 마음대로 바꿀 수 있다.

신이치 교수는 이런 논리를 거부한다. 그는 20세기 생명과학에서 주도적인 위치를 차지해 왔던 기계주의론자들의 자기 복제 논리를 실험을 통해 기각한다. 그는 생물에 있어서 췌장의 한 부품이라고 볼 수 있는 GP2, 즉 글리코프로틴에 대한 과학적인 관심이 컸다. 이 부품은 형태와 기능상, 다시 말해 그것의 양이나 존재하는 곳으로 보아 세포과정에 중요하게 관여하고 있다는 것이 당시 주요 쟁점이었다. 그래서 쥐의 췌장을 실험해 보았다. 유전자 조작기술을 활용하여 쥐의 DNA에서 이 개체의 정보만 제거하였다. 이 부품을 인위적으로 결여시킨 쥐, 즉 '녹아웃(knock-out) 마우스'를 만드는 데 성공한 것이다. 녹아웃 마우스란, 특정 유전자가 어떠한 작용을 하는지 개체 수준에서 조사할 수 있도록 특정 유전자를 없애거나 불활성화시킨 쥐다. 그는 그 쥐를 통해 GP2의 역할과 기능을 알아볼 수 있을 것이라고 생각했다.

실험을 끝낸 신이치 교수는 녹아웃 마우스에서 놀라운 과학적 사실을 발견하게 된다.[13] 유전자를 조작해서 만들어 낸 녹아웃 마우스는 예측했던 어떤 이상현상도 보이지 않았기 때문이다. 즉, 유전자를 조작했을 때 나타날 것이라고 예상한 어떤 생물학적 이상 징후도 나타나지 않았다. 실험의 결과는 직선적이었다. 그것은 생명을 조작하거나 바꿀 수 없다는 결론에 이르렀다. 생명은 어떤 시점에도 이미 완성이 되어 있는 것이기에, 유전자를 조작한다고 해도 그에 따른 이상현상이 나타날 수 없다는 뜻이기도 했다. 생명체에서 이미 완성되어 있는 것을 인간이 조작하거나 새롭게 개입하면 본래의 기능을 되찾을 수도 없다. 뿐만 아니라 그것을 새롭게 고칠 수도 없게 되어 끝내 본래 가지고 있던 기능을 상실하게 된다는 엄중한 경고였다.

신이치 교수는 이 실험을 통해 '생명을 기계적으로 조작할 수는 없다.'는 결론에 도달하였다. 생명의 본질이 조작될 수 없다는 것을 알게 된 신이치 교수는 기계론적 생명관을 거부하면서 이렇게 말하고 있다. "우리는 한 개의 유전자를 잃은 쥐에게 아무 일도 일어나지 않았다는 사실에 낙담할 것이 아니라, 오히려 놀라워해야 한다." 동적 평형이 갖는 유연한 적응력과 자연스러운 복원력에 감탄해야 한다는 것이다. 신이치 교수는 생명이 기계와는 근본적으로 다르다고 주장한다. 생명은 그것을 구성하는 여러 가지 기능 중에서 코드 하나를 뽑는다고 해서 쉽게 망가지지 않는 유연성을 발휘한다. 동시에 생명은 아무리 작은 것이라도 인위적인 조작과 개입을 하면 전체의 균형을 쉽게 깨뜨리는 재앙으로 변질되는 존재이기도 하다.

그에 따르면 인간의 세계는 한 가지 원리, 즉 '질서는 유지되기 위해 끊임없이 파괴되지 않으면 안 된다.'는 원리를 따를 뿐이다. 이렇게 보면 인간이 이성적인 존재라는 것이 우선해야 한다고 고집을 부리거나, 감성적인 존재라고 보는 것이 더 타당하다고 고집을 부리는 것은 모두 가소로운 일이다. 인간은 인간답게 살아가기 위해 무엇이든 느끼고 알아 가면서, 자연의 법칙에 순응하며 살아가는 존재일 뿐이다.

§ 지우면서 배우기

고대 로마의 사상가 세네카(Seneca, Lucius Annaeus) 역시 인간의 앎에 대해 골똘히 생각했다. 그는 많이 읽는다고 그만큼 더 배우는 것은 아닐 수도 있다고 후세에게 경고했다. 책을 보면서, 혹은 그것을 읽으면서 많은 정보를 얻었다고 해서 더 배웠다고 볼 수 없다는 것이 세네카의 경구다. 그의 말은 사물에 대한 인간의 실제적인 앎이 얼마나 허점투성이인지를 알려 주기도 한다. 세네카의 이야기를 쉽게 이해하자면, 이는 학습심리학자들이 즐겨 이야기하는 학습(learning)과 배움학자들이 대안으로 이야기하는 배움(erudition)의 본질적인 차이를 보여 주는 것이라 할 수 있다.

학습은 일반적으로 기존의 정보에 또 다른 정보를 지속적으로 부가시키는 행위로 이해하면 된다. 정보를 지속적으로 부가해 나가는 정보 부가 행위를 학습으로 이해하는 방식은 마치 서양이 기업을 하나의 '모노(物, 물건)'로 간주하는 것과 일맥상통한다. 일본인들이 기업을 모노라고 했을 때 그것은 물건이라고 부르는 것이다. 기업을 '모노〔物〕'라고 부르는 것과 '고토〔事〕'라고 부르는 것은 근본적으로 다르다.

고토라는 말은 기업을 하나의 현상, 하나의 사명으로 간주하는 것이다. 고토라고 했을 때 사람들은 기업이 끊임없이 변하는 하나의 현상이라고 보고 그 변화에 대한 처절한 대응을 마련하는 것을 요구하기 때문이다. 배움은 물건을 지칭하는 모노와는 달리 끊임없이 변하는 하나의 현상이기에 변화하는 현상의 본질을 알아채고 깨닫는 일이 중요하다. 변화하는 것이 시사하는 바를 자기 삶에 투영하여 삶을 개조하는 일이 바로 배움의 본질이다. 모든 자연현상이 그렇듯이 기업이나 개인 역시 늘 변화하고 움직인다. 고대 그리스 철학자인 헤라클레이토스가 이야기하고 붓다가 그토록 설득하려고 한 것처럼 세상은 변하고 또 변한다. 한번 흐른 강물이 결코 같지 않고 같은 강물에 두 번 발을 담글 수 없는 것처럼 변화 속에 인간의 삶이 함께한다. 변화를 깨닫고 그 깨달음을 자기 삶에 반영하려는 노력 없이, 주변에서 쏟아지는 온갖 정보로 게걸스럽게 자기 삶을 채워 가는 삶은 배움의 삶이 아니다. 그저 단순한 정보 습득의 학습이나 훈련 행위일 뿐이다. 그런 식의 정보 부가적인 사람은 배운 사람이 아니라 종소리에 훈련된 강아지와 마찬가지의 삶을 살아간다.

세네카의 관찰대로 인류 문화의 발달과정을 살펴보면, 우리 스스로 선조들이 이야기하던 수많은 지식을 하나의 사실로 믿어야 하는지도 불분명하기는 마찬가지다. 인간의 앎과 지식에 대한 확신문제는 고대 그리스 시대부터 철학자들을 괴롭혀 온 문제였다. 그 문제는 지금까지도 우리를 충분히 혼란스럽게 만든다. 인간의 앎과 지식 간의 혼란을 가능한 한 피해 보려고 노력한 철학자 중에서도 인간의 앎에 대해 골몰한 철학자는 아리스토텔레스였다. 그는 자연과학자로서 사물의 관찰에 대해 일가견을 피력한 사상가이며, 동시에 인간이 무엇을 안다는 것이 얼마나 어려운 작업인지 보여 주기도 했다.

아리스토텔레스는 스스로 집파리를 관찰하고, 집파리의 다리가 4개라고 주장하였다. 집파리에 대한 그의 관찰은 틀린 것이었다. 집파리의 다리는 6개이기 때문이다. 집파리의 다리 수에 대한 아리스토텔레스의 앎은 관찰의 결과였지만 사실과는 달랐다. 그렇지만 아리스토텔레스가 집파리의 다리가 4개라고 과학적인 관찰로 결론을 내렸기에, 그 당시 사람들은 집파리의 다리를 4개라고 받아들였다. 사람들은 그의 지적인 명성에 의존했기 때문에 그의 잘못된 앎을 의심하지 않고 사실로 받아들인 것이다. 집파리의 다리 수에 대한 아리스토텔레스의 잘못된 앎은 인간이 하나의 사실로 받아들이는 진리라는 것들이 얼마나 잘못된 것이 많은지, 인간의 실제적인 앎이 얼마나 잘못될 수 있는지에 관한 여러 가지 가능성을 알려 준다.[14]

앙드레 지드는 『지상의 양식』에서 "공부는 내 몸의 역사와 생활 탓에 생긴 덫을 제어하고 몰아내는 끈질긴 노력에 바탕을 둔다. 나는 이것을 오래전부터 '지우면서 배우기(learning by way of unlearning)'라고 불러왔다."라고 말했다.

"배운 것을 떨쳐 버리는 작업은 실로 느리고 어려웠지만, 진실로 그것은 교육의 시초였다." 물론 전통이나 선입견에서 완벽하게 해방된 마음자리가 없을 것은 당연하다. 그것은 과욕일 뿐이다. 그러나 비우지 않으면 담지 못하고, 지우지 않고는 배우지 못한다. 이렇게 공부란 진지한 것이고 반드시 비용이 드는 것이며, 나와 주변을 바꿀 수 있는 것이다. 그래서 "배운 것을 잊어버리는 데 열중하겠다. 나의 내부에 침잠된 문화, 신념 따위에 망각을 부여함으로써 발생하는 예측 불가능의 수정 상황에 흔쾌히 몸을 맡기겠다."[15]라는 자세가 필요하다.

지우면서 배운다는 것은 삶살이를 위해 '사후가정사고(事後假定思考)'라는 인생의 코치를 초빙하는 것과도 같다. 삶에 있어서 사후가정사고의 중요성을 강조하는 미국의 심리학자 닐 로즈는 제대로, 그리고 마음껏 살아가려면 아낌없이 후회하면서 새로운 가능성을 상상해 보는 버릇을 기르라고 조언한다.[16] 새로운 가능성을 상상하는 후회는 실망이 아니라, 소망을 담은 삶의 활력소가 되기 때문이다. 새로운 가능성을 상상해 가는 후회는 행복한 삶살이를 위해 유익한 심리과정이 된다는 것이다. 닐 로즈의 후회하는 삶은 기존의 생각, 즉 후회 없는 삶살이와는 조금 차이가 있다. 사람들은 살면서 끊임없이 후회를 하며, 후회하는 순간 일종의 고통을 느낀다. 행동하고 후회하든, 행동하지 않은 일에 대해 후회하든 대부분은 후회를 부정적인 것으로 인식한다. 그래서 가능한 한 후회하지 않는 삶을 살아가려고 하지만, 삶살이에서 후회는 언제든 반복되게 마련이다.

　후회는 인간의 삶살이를 위해서 언제나 유익한데, 무엇보다도, 첫째 정상적인 사람인 경우 부정적인 감정이 그 다음에는 합리적 사고와 정신건강으로 이어지는 경향이 강하기 때문이다. 둘째, 새로운 가능성을 상상하는 후회, 말하자면 사후가정사고는 삶에 대한 통제감을 높여 주는 효과도 있다. 우리를 더 강하게 만들어 주고 어떤 역경에도 불구하고 더 오래, 더 열심히 일할 수 있는 자신감을 주기 때문이다. 물론 후회가 너무 길면 삶에 도움이 되지 않는다. 너무 오래 후회하거나 지나치게 후회에 몰두하는 것은 좋지 않다. 새로운 가능성을 상상하는 후회는 후회해야 될 것에 대한 정확하고 짧은 반성이어야 한다.

　마음껏 후회하는 삶이 미련 없이 살아가는 삶이라는 것을 보여 주기 위해 닐 로즈 교수는 우선 '사후가정사고'라는 개념에 대한 이해가 필요하다고 역설한다. 사후가정사고란, 이미 일어난 사실과는 다른 것으로서 "~할 수도 있었는데……." 하는 인지적인 아쉬움에 덮여 있는 생각을 말한다. 즉, 가능성에 대한 상상의 생각이다. 후회와 비슷하기는 하지만, 후회가 '더 나은 미래'에 초점을 맞춘 것에 비해 사후가정사고는 '다른 가능성'을 예상한다. 예를 들어, 골프경기에서 "왼쪽으로 1cm만 방향을 틀었으면 버디를 할 수 있었는데……." 하는 생각은 후회에 속하지만, 로또 복권에서 4등을 해서 5천 원이라도 행운을 건진 사람의 생각은 일종의 사후가정사고다. 조금 더 부연설명을 한다면, 올림픽의 은메달리스트와 동메달리스트의 심리는 서로 다른데, 그것은 사후가정사고 때문이다. 얼핏 생각하면 은메달리스트는 동메달리스트의 만족도보다 높을 것 같지만 실제로는 정반대다. 은메달리스트는 마지막 순간까지 '금메달을 받을 수도 있었는데…….'라는 아쉬운 생각으로 일관한다. 반면, 동메달리스트는 '자칫 잘못 했으면 메달을 못 받을 수도 있었는데…….'라는 생각으로 현재의 기쁨에 충만하게 된다. 동메달리스트는 올림픽에서 메달을 받는 것과 받지 못하는 것의 경계에 더 가까이 있기 때문에 메달리스트로서 강한 사후가정사고를 한다. 그러므로 동메달리스트의 만족도는 은메달리스트보다 높다.

사후가정사고는 특정 문제를 어떻게 피할 수 있는지에 초점을 맞추기 때문에, 미래에 발생할 수 있는 유사한 문제들을 미연에 방지하는 데 도움을 준다. 골프를 배우는 사람의 경우, 처음에는 클럽으로 공을 제대로 치지도 못하지만 코치의 지도 아래 점점 훈련을 하면서 공을 제대로 치는 법을 배우게 된다. 삶살이에도 코치가 있어서 우리의 삶을 도와준다는 것이 닐 로즈의 입장이다. 사람들은 의식하지 못하지만, 각자의 마음속에 사후가정사고라는 코치가 자리를 잡고 있다는 것이다. 그것은 각자 자기가 추구하는 목표에 더 가까이 다가갈 수 있었던 행동을 이야기해 준다. 즉, '그렇게 할 수도 있었는데…….', '그렇게 했더라면 더 나을 수도 있었는데…….'라는 상상을 이야기해 줌으로써 그 다음에는 조금 더 나은 생활, 조금 더 자기에게 만족한 삶살이를 살아가도록 도와준다는 것이다. 마치 죽음이라는 코치를 두고 있는 사람은, 코치가 당신에게 '내일 죽는다면 지금 이런 것은 더 이상 문제도 아니다.'라는 생각을 가다듬게 해 준다는 것이다. 인간이 살아가면서 자기 경험으로부터 소리 없이 뭔가를 배우고 있을 때, 이러한 수많은 목표 지향적 사후가정사고는 하나의 인생살이의 코치가 되어 인간의 행동과 무의식을 가다듬어 준다.

§ 사토리적 읽기

'안다'는 것이 '본다'는 것이나 '읽는다'는 것과 얼마나 다른 것인지에 대한 궁금증은 학문적인 호기심 때문만은 아니다. 인간이 얻는 정보의 70%는 육안으로 보는 것이 가능하다. 그런 정보가 보는 사람에게 확정된 의미를 가지려면, 정보에 대한 헤아림의 절차가 있어야 한다. 정보의 양이나 가치를 헤아리는 활동이나 과정이 바로 읽기로서, 보는 것과 읽는 것은 분리될 수 없다.

사람의 눈으로 본다는 뜻의 시각이라는 말은 자동사적인 성격이 강하다. 그것에 비해 읽기는 타동사적인 성격이 짙다. 시각을 통해 자동적으로 입력되는 정보라 하더라도 그것은 의도적인 헤아림이라는 타동사적인 여과과정을 필요로 한다. 그래야 받아들인 정보가 나에게 쓸모 있고, 나의 삶에 의미를 주는 정보로 전환될 수 있기 때문이다.

보는 것만으로는 그것을 아는 것이라고 말하기는 어렵다. 보는 것이 아는 것으로 바뀌기 위해서는 읽기라는 헤아림의 의도적인 노력이 있어야 한다. 이때 헤아림은 일본인들이 말하는 '사토리(さとり, satori)'를 지칭한다. 선(禪)에서 깨달음을 뜻하는 사토리는 자아의 알음알이에 편견으로 붙어 있다가 순간적으로 망념이 떨어져 나가면서 자신의 본체에 대해 얻는 일종의 깨달음이다. 사토리는 정보라는 언어, 혹은 비언어적 자극이 시작될 때 따라 붙는 것이 아니라, 정보 이전부터 자신에게 내재되어 있는 생존 욕구이기도 하다. 개인에게 말이나 정보가 시작하기 전에 일어나는 헤아림은 생존에 대한 읽기다.

살아가면서 접하는 수많은 사토리적인 읽기는 일상적인 삶에서부터 예술에 이르기까지 다양한 장면에서 등장한다. 그것이 나타나는 양태와 그것이 요구하는 질문과 대답의 양태들은 다양하고 다기하다. 삶과 죽음, 거짓과 진실, 예술과 사기 간의 경계를 조심스럽게 넘나들면서 우리의 헤아림을 떠보는 것이 사토리적인 읽기다. 1961년 피에로 만초니(Piero Manzoni, 1933~1963)는 자신의 똥을 90개의 작은 깡통에 채웠다. 그러고는 그 깡통에 '내용물: 미술가의 똥, 30그램, 신선하게 보존됨, 1961년 5월에 생산되고 저장됨'이라는 표제를 달았다. 예술가의 똥이라는 작품이 만들어진 것이다. 그 똥 깡통은 이제 예술작품이 되었다. 유명한 예술가가 만들어 낸 대단한 예술작품이 된 것이다. 그래서 그 똥 깡통은 금값으로 판매되었다. 30g의 똥은 30g의 금으로 대접받기 시작했다. 똥값이 한순간에 금값으로 예술화된 것이다. 예술가라고 알려진 사람이 어떤 행위를 하고서, 그것을 그 예술가의 명성으로 예술작업이라고 칭하면 그것은 예술이 되는 것이다. '사람들이 예술작업, 예술작품이라고 인정하기만 하면 예술로 성립하는가?'라는 물음은 예술과 사기 간의 구별을 읽을 수 있는 사람의 태도가 더 중요함을 이야기하고 있다.[17]

읽기의 태도가 삶의 질을 결정해 줄 수 있는 사례는 어디에서나 등장한다. 사진작가들은 나름대로 자기 생각을 사진으로 표현하는 예술가다. 관람객이 무엇을 이해하고 말고는 그들 영역 밖의 문제다. 어느 사진작가가 꽃무늬 사진을 시리즈로 전시했다. 사람들은 그 전시를 일상의 다큐멘터리로 보았다. 미처 발견하지 못한 아름다움에 대한 예찬으로 이해했다. 유명한 비평가들도 그 사진전을 둘러보고 전시도록에 '일상과 꽃'에 대해 찬사를 늘어놓았다. 전시를 보는 순간 꽃이 주는 일상적 의미를 충분히 볼 수 있었기 때문이다. 누구도 그 사진에 의문을 던지지 않았다.

그런데 일이 벌어졌다. 정작 전시와 그 예술적 가치에 문제를 제기한 사람은 사진작가 자신이었다. 사진작가는 전시회에서 설명을 하면서 자신이 꽃을 찍기 시작한 최초의 동기에 대해서 이야기했다. 그는 꽃에 대한 심미적 관점에는 별로 관심이 없었다고 했다. 꽃 사진을 찍은 동기는 그의 특별한 체험에서 나왔다. 꽃에 대해 이해할 수 없도록 구역질 나는 혐오감이 꽃을 주제로 한 사진을 찍게 했다는 것이다. 모든 관객은 사진작가의 이야기를 믿지 않았다. 모두가 꽃의 이미지를 아름다움의 상징으로 이해한 이 전시에서 사진작가가 내뱉은 말은 거짓이 분명했기 때문이다.[18]

§ 생명의 용기

무엇을 헤아린다는 것은 '이론 그 전의 앎'과 같은 것에 속한다. 안다는 것이 무엇인지 논의하기 위해 한번은 꽤나 유명세를 타고 있다는 학자들이 모여 이야기를 나눈 적이 있었다. 탈구조주의와 포스트모더니즘의 관점에서 철학과 문학 사조를 이끌던 당대의 지성인들인 자크 데리다, 프랭크 커모드, 크리스토퍼 노리스, 토릴 모이 등이 한자리에 모였다. 이들은 여러 주제를 중심으로 '이론 그 후의 삶'에 대해 열띤 토론을 벌였다.

토론을 통해 이들이 얻은 결론은 한 가지였다.[19] '해체의 본령은 이론의 창조성에 대한 성찰로 시작하는 실험'이라는 결론이었다. 예술이든, 삶이든, 문학이든 관계없이 그것에 따라 붙는 이론은 삶의 창조성을 규명하고 발휘하는 데 기여할 수 있어야 한다는 주장이었다. 이론의 쇠락은 비평의 결과로 생기는 것이 아니라 이론에 대한 반성을 포기하면서 생기는 부산물이라는 뜻이었다. 이론에 대한 진지한 반성과 헤아림이 이론 이후의 삶으로 복귀하는 길이다. 이론에 대한 반성에 집착한다는 자체가 그들 스스로 이론에 지쳐 버렸음을 직감하게 하였다.

그 같은 이론 들추어내기에 지쳐 버린 포스트모더니스트들에게 그 이론 후의 삶을 처방하는 학자도 있다. 좌파적 이론비평가인 테리 이글턴 교수(Eagleton)는 이론 후의 삶에 정말로 관심이 있다면, 절대적 진리, 객관성, 무욕(無慾, disinterestedness), 미덕, 그리고 도덕성에 대한 헤아림이 필요하다고 처방했다.[20] 이글턴은 데리다 같은 이론가들이 이제는 자유분방한 장난을 내버리고 삶이라는 단단한 사실, 착취당하고 있는 이 세상을 직시하는 일부터 헤아려야 한다고 충고한 것이다. 인간은 문화적으로 구성된 것이 아니며, 포스트모더니스트들이 이야기하는 것처럼 무한히 변화할 수 있는 것도 아니다. 그래서 인간은 연약하고 허약하며 약탈에 취약하다는 기초적인 생물학적 현실부터 직시하라고 당부한다. 그런 헤아림이 바로 삶에 대한 앎의 시작이라는 것이다.

이글턴의 처방이 그들에게 설득력 있게 들릴지는 의문이지만, 그가 이야기한 것 중 한 가지 주목해야 할 것은 인간의 생물학적 취약성에 대한 수긍이다. 인간은 생물학적으로, 그리고 신체적으로 다른 생물처럼 취약한 존재다. 그렇기에 인간은 더욱 더 자신의 각자성에 대한 자기 책임이 뒤따른다. 각자성에 대한 자기 책임은 끝내 자기 완성을 향한 자기 배움으로 종결된다. 데리다는 "서로 다르며 양립할 수 없는 두 명령에 응답해야 하는 아포리아적인 난점, 다시 말해서 해결의 방도가 없는 데서 생기는 논리적인 난점과 구조가 존재한다는 이유 때문에 책임이 있다기보다는, 내가 무엇을 해야 할지 모를 때 책임이 시작됩니다. 무엇을 해야 할지 안다면 규칙을 적용하면 되고, 학생들에게는 규칙을 적용하는 방법을 가르치기만 하면 됩니다."[21]라고

고백하였다. 무엇을 해야 할지 아는 것은 자기 성찰과 자기 책임에 대한 배움의 시작
이다. 그래서 앎을 향한 자기 배움은 누구에게든 용기다. 그것은 집단에게도 마찬가
지다.

앎은 의지이며 탐구의 시작이다. 앎은 알려지는 것의 결과물이 아니라 알아냄을
위한 헤아림의 동기다. 앎은 수동형이 아니라 늘 능동형이며, 그래서 용기이며 탐구
의 시작이다. 예를 들어, 한의학에서는 '기(氣)'의 실체에 대한 논의가 여전히 학문적
인 문제로 남아 있는 중요한 탐구거리다. 기의 실체가 풀리지 않은 상태에서, 기에 의
존하는 한의학으로서는 이 문제에 대해 명쾌한 답을 내려야만 했다. 그렇지 않으면
공허한 상태에서 한의학의 논리를 전개해야 하는 어려움을 겪게 된다. 1960년대 북
한의 평양 의대 김봉한 교수가 처음으로 자신의 의학적 실험 결과를 통해 인체에는
심혈계와 림프계, 그리고 다른 제3의 순환계가 있다고 보고한 바 있다. 그것이 '봉한
학설'이다. 봉한학설은 혈관 속에 일명 봉한관이라는 가는 관이 있으며 그 관을 통해
액체가 흐르고 그 액체 안에는 '산알'이 있어 생물체의 세포 재생 역할을 한다고 했
다. 서양의학계에서는 그것의 실체를 인정하지 않았다. 한의학자들도 전신에 경혈과
경락을 포함하는 그물처럼 분포된 순환체계를 봉한체계라 부르고는 있었지만, 그 당
시로서는 실체를 의과학적으로 밝히기가 어려웠다. 그런 와중에 한 물리학자[22]가 나
섰다. 봉한관은 실제로 존재하는 것으로서 인간의 온몸에 퍼져 있는 새로운 순환계의
통로이며 그 통로를 통해 디옥시리보핵산(DNA) 알갱이인 생명의 알, 즉 '산알'이 세
포 재생을 위해 흐르고 있음을 밝혀낼 수 있었다고 나선 것이다. 봉한학설의 사실 여
부에 대한 확인보다 더 중요한 것은 그것을 발표한 물리학자의 용기와 한의학계의 어
려움에 대한 헤아림이었다. 그 용기는 한의학자들과 소통하며 서로를 알기 위한 노력
에서 나온 것이었다. 물리학자를 한의학으로 끌어당긴 것은 지적인 호기심이었다.
한의학의 본질을 찾아보기 위한 인간적인 앎과 호기심이 한의학에 대한 관심을 촉발
시킨 것이다. 한의학이 물리학자들과 소통하기 위해 활용된 것은 생화학 물질이 아니
었다. 단순한 오감의 작동 때문에 그런 일을 한 것도 아니었다. 그가 한의학에 접근하

게 만든 것은 앎과 배움에 대한 호기심이었다. 일반적으로 생물은 서로를 알고, 서로에게 접근하기 위해 여러 가지 도구를 활용한다. 일반 동물에게 있어서는 페로몬이 그 역할을 담당한다. 페로몬은 같은 종류의 동물에게는 서로 소리 교통을 촉진시키는 강력한 생화학 물질이다. 페로몬을 감지하는 기관이라고 알려진 보습코 기관은 인간에게 흔적만이 남아 있다. 그 흔적이 인간에게 있다는 것을 미루어 보아 인간에게도 페로몬이 앎의 도구와 수단으로 쓰였거나, 아직도 쓰이고 있음을 암시해 준다.[23] 페로몬은 동물의 체외로 배출되어 같은 종(種)의 개체에 전달되며, 행동이나 발달 측면에서 특정한 반응을 야기하는 물질이다. 식물의 경우는 동물과 달리 화학물질의 발산을 통해 그것을 촉진한다.

일반적으로 감각기관이 발달한 고등동물은 감각기관을 이용해 서로 교통한다. 눈이 발달한 동물은 시각을, 귀가 발달한 동물은 청각을 이용한다. 감각기관이 발달하지 않는 식물은 화학물질을 통해 교통한다. 물론 동물의 감각을 구성하는 것에는 시각, 청각, 촉각, 미각, 후각의 오감만 있는 것은 아니다. 다른 동물들은 전기, 자기, 진동 등 인간이 알지 못하는 감각을 활용하여 교통한다. 반면 인간은 아직도 시각과 청각 등 오감에 의지한다. 그 점에서는 오감 이상의 기제를 통해 동료와 적을 식별하는 다른 동물이 인간에 비해 월등한 소리 교통체제를 갖고 있다. 다른 동물들은 그것으로 먹이를 찾고 짝도 알아낼 수 있다. 때때로 적을 피하는 데 활용하기도 한다.

인간은 후각이나 화학감각보다 시각이나 청각을 우위에 놓고 있는 동물이다. 그에게 있어서 안다는 것은 무엇을 보았다는 것에 국한되지 않는다. 무엇을 실제로 안다는 것은 보고, 듣고, 만지고, 상처를 내거나 생각하기 등을 통해 모든 것을 자기 것으로 만들어 내는 것이다. 안다는 것은 용기의 결과물이기도 하다. 미국 사회에서 평생교육의 활동으로 각 지역마다 활발히 전개되고 있는 새 사냥(birding)과 조류 배우기는 좋은 사례라 할 수 있다.[24]

§ 앎의 묘(猫)

인간의 앎이 지속적으로 가능한 한 것은 배움의 능력이 인간의 모든 생애에 걸쳐 끊임없이 전개되기 때문이다. 앎의 과정은 학습의 기술이 삶에서 적절하게 응용되는 과정이기도 하다. 앎은 성공과 실패의 경험을 자신의 삶으로 체화시킬 때 걸러진 결정물이다. 체스와 태극권으로 세계를 제패한 미국의 스포츠 스타 웨이츠킨은 그 점을 선수 생활동안 경험한 패배와 실수를 통해 보여 주고 있다. 그가 역경 속에서 체득한 기술은 한두 가지가 아니었다. 운동도 다른 것과 마찬가지로 머리를 제대로 써야 자기 머리가 된다는(using of noggin) 일상적인 생활 논리를 따르고 있었기 때문이다. 그는 늘 가슴 속에 품고 있었던 18가지를 자신의 성공을 약속했던 기술로 꼽았다.[25] 그중에서 가장 최선의 방법이 인간의 능력에 대한 발달심리학적 신념이다. 인간의 능력은 인간이 스스로 그것을 제대로 썼을 때만 제대로 쓰인다는 것이다.

일반적으로 발달이론가들은 인간의 지능이 학습에 의해 지속적으로 발달한다고 믿는다. 반면 인간의 지능은 절대로 변하지 않는다고 믿는 사람도 있다. 지능 불변론자들은 자신의 성공과 실패를 바꿀 수 없는 타고난 능력 탓으로 돌린다. 그런 사람들에게 학습은 무의미하다. 인간의 능력은 고정되어 있으므로 학습의 효과로 변하지 않을 것이기 때문이다. 그렇게 믿는 이들에게는 어떤 앎이나 의미 있는 배움이 결코 일어날 수 없다.

앎의 질서를 찾는 일이 배움이라고 할 때, 그 앎은 인간의 발달단계와 밀착되어 있다. 인간이 무엇인가를 알아내기 위해 생각하는 것의 일정한 패턴을 찾아내는 일은 인간 발달단계의 내용을 찾는 일과 관계가 있다. 자연은 수학의 세계로 구성되어 있다. 마찬가지로 제대로 살펴보면 인간의 발달단계와 삶살이 역시 수학적 세계의 질서를 벗어나지 않는다는 사실을 알게 된다. 자연이 가지고 있는 다양한 패턴이 바로 수학적 질서이기에 인간의 삶살이도 그 질서를 따른다.[26] 수학의 발전이 인류가 자연의 패턴을 발견하고, 그것을 설명하고, 그 패턴 속에 숨어 있는 질서와 규칙을 밝혀내려는 노력과 함께 이루어져 왔듯이 인간의 삶살이 역시 그런 노력과 함께해 왔다.

수학의 전부라고 잘못 생각해 왔던 수와 공식, 계산이란 것은 자연의 질서를 설명하는 데 있어서 빙산의 일각에 불과하다. 수학자도 화가, 시인, 음악가와 마찬가지로 패턴을 추구한다. 화가가 색채와 형태로 표현하고, 시인이 언어를 사용하듯 수학자도 수와 도형이라는 기호를 사용한다. 음악이 음표라는 기호가 아니고, 언어가 알파벳이라는 기호의 배열이 아니듯이 수학도 수라는 기호가 아니다. 위대한 수학자로 꼽히는 카를 프리드리히 가우스(Carl Friedrigh Gauss)는 수학에서 중요한 것은 "표기가 아니라 그 개념(not notations, but notions)"이라고 말했다. 아인슈타인이 "순수 수학은 그 자체가 논리적인 개념들로 쓴 한 편의 아름다운 시"라고 하였을 때, 그 말은 사람의 삶에도 그대로 적용된다.

과학자, 인문학자, 수학자, 예술가, 심지어 교육학자들까지 모두 자연에서 아름다움을 발견하고 그것을 설명하려고 노력한다. 수학적 아름다움이 무엇인지 알기 쉽게 설명하기는 힘들지만, 그것은 음악의 선율이나 시에서 느끼는 아름다움과 같은 것으로 보면 된다. 실제로 음악이나 시의 아름다움을 설명할 때, 우리는 음악의 화음과 시의 운율을 이야기한다. 예를 들어, 꽃잎의 수는 피보나치 수열을 따른다는 점에 주목하면 자연의 질서가 보이기 시작한다. 꽃잎은 신기한 패턴들로 피어난다. 거의 모든 꽃의 꽃잎 수는 3, 5, 8, 13, 21, 34, 55, 89…… 식의 순열을 이루고 있다. 백합은 꽃잎이 3장이다. 미나리아재비는 5장, 참제비고깔은 대개 8장, 금잔화는 13장, 애스터는 21장, 그리고 데이지는 대개 34장, 55장 또는 89장의 꽃잎을 갖는다. 직접 뜰이나 들판에 나가 여러 가지 꽃의 꽃잎을 세어 보면, 지금까지 예로 든 숫자 이외의 다른 숫자는 찾기 힘들 것이다. 이런 꽃잎의 숫자에는 분명한 패턴이 있다.

꽃잎의 배열에서 알 수 있듯이 이 세계와 사람들의 삶살이 역시 일정한 패턴으로 가득 차 있다. 크게는 지구가 태양 주위를 도는 패턴과 빅뱅 이후 우주가 팽창하는 패턴부터 작게는 한옥집의 추녀가 그리는 선과 청자의 우아한 곡선에 이르기까지 우리는 무수한 패턴 속에서 살아간다. 인생살이의 삶의 경로 역시 하나의 패턴이다. 그래서 수학이란 뿔뿔이 고립된 사실의 집합이라기보다는 풍경에 더 가깝다. 이 풍경을 하나로 이어주는 요소가 '증명'이다. 수학에서 말하는 증명은 실제로 적용 가능한 한 수학에 대한 이야기일 뿐이다.

무슨 현상을 이야기할 때, 사람들이 그 이야기의 시시콜콜한 세부 사항까지 남김없이 묘사하지는 않는다. 영화에서 인물들은 흔히 별안간 등장하곤 한다. 그곳에 이르게 된 과정이 생략되고 새로운 상황에 불쑥 나타난다. 영화의 스토리를 이해하기 위해서 관객들은 스스로 일상적인 과정을 채워 넣어야 한다. 물론 그 이야기에 구멍이 뚫려 있거나 터무니없는 구성이 들어 있어서는 곤란하다. 그 사건과 관련 있는 것들의 패턴을 찾아 채워 넣어야 스토리가 전개된다. 인간의 배움 역시 인간의 앎을 전체적인 하나의 이야기로 만들어 가고 있는 수많은 패턴의 아름다움을 찾아내는 수학적 과정이라고 볼 수 있다.

안다는 것을 수학적 질서로 설명하려는 물리학자 중에서도 오스트리아의 슈뢰딩거의 노력은 눈에 띈다. 그는 양자역학을 서술하는 네 가지 방법 중 가장 기초적이고 최초의 방정식을 고안해 낸 사람이다. 그는 그것을 설명하기 위해 '상자 속의 고양이'에 관한 사고 실험을 했다. 그것은 나중에 '슈뢰딩거의 고양이'로 널리 알려졌다. 고양이 한 마리가 밀폐된 상자 안에 갇혀 있다고 가정한다. 그 상자 안에는 1시간에 2분의 1 확률로 분해되는 알파 입자 가속기와 청산가리 통이 들어 있다. 만약 알파 입자가 방출되어 청산가리 통의 센서가 감지하기 시작하면 청산가리 통은 깨지게 되고 고양이는 질식으로 죽게 된다. 그렇다면 1시간 후 고양이는 죽었을까, 살아 있을까?

알파 입자는 미시세계의 것이고 양자역학의 세계. 그것이 거시세계의 고양이를 죽이느냐 살리느냐의 기로를 점치는 사고 실험이 슈뢰딩거의 고양이 실험이었다. 이 부분에 있어서 고전물리학과 양자역학의 의견은 나뉜다. 각 물리학적 입장에 따라 고양이의 생사에 대한 답변이 다르다. 고전역학자들은 실재론자다. 그래서 우리가 그것을 확인하는지 여부에 관계없이 고양이는 죽었거나 죽지 않았거나 둘 중의 한 상황에 놓여 있게 된다. 1시간 후의 일은 어떻게든 이미 결정되어 있으며, 그것은 관찰과 무관하기 때문에 그럴 수밖에 없다는 입장을 취할 것이다. 그에 대해 양자론자들은 고양이의 생사는 관측의 지배를 받는다고 이야기할 것이다. 고양이는 죽었거나 죽지 않았거나 둘 중 하나지만, 그것을 실제로 확증하는 길은 그것을 열어 봤을 때 비로소 가능하다는 것이다. 결과는 어떻든 간에 관측에 의해서만 가능하다는 논리다. 고전 물리학은 결정론적인 사고를 기초로 하고, 양자역학은 비결정론적인 사고를 취하기 때문에 각각 그런 앎에 이를 수밖에 없었던 것이다.

양자역학에서 관측 행위는 언제나 결과 값에 영향을 주기 마련이다.[27] 양자론자에게 있어서 실재는 본질적으로 불확정적이다. 통상적인 의미에서 알고 있는 실재라는 것은 아예 존재할 수가 없다. 알기 이전에는 모른다는 생각이 지배적이다. 실재에 대한 앎 자체가 불가지론이라고 생각한다. 이는 양자론의 대가인 보어의 생각이었다.

그러나 물리학자 데이비드 봄(Bohm)은 양자역학의 계승자임에도 불구하고 보어의 단정적인 견해에는 동의하지 않는다. 그는 혼돈의 세계로 비쳐지는 물리적 현상계의 이면에도 내재적인 질서가 존재한다고 주장한다. 즉, 드러난 외양과 달리 깊고 함축된 내재적 질서가 존재한다는 생각을 버리지 않고 있다. "우리는 모든 수준에서 외양이라고 간주할 수 있는 것과 그 외양을 설명하는 본질로 간주할 수 있는 것을 가지고 있다."라는 것이 봄 교수의 생각이다. 그 생각을 굳히게 만든 것은 우연히 TV를 통해 본 어느 실험이었다. 한 방울의 잉크가 글리세린이 담긴 원통 속에서 퍼져나가는 과정을 보여 주고 있다. 글리세린 표면에 떨어진 잉크 방울은 원통이 회전하기 시작하면 글리세린 속으로 퍼져 더 이상 보이지 않았다. 그런데 그 원통을 반대 방향으로 돌리자 글리세린에 퍼져 있던 잉크 방울은 다시 제 모습을 드러냈다. 실험과정을 지켜보던 봄에게 한 가지 결론이 와 닿았다. '잉크 방울은 완전히 사라진 순간에도 여전히 존재한다.'는 역설적인 결론이었다.

이 현상은 사물의 '내재적 질서'는 제 스스로 어디에 있는지 알고 있음을 드러내 준다는 것을 보여 준다. 사물의 본체는 사물만이 알고 있다는 것에 대한 새로운 앎이 생기는 실험이었다. 잉크 방울이 외적으로는 한순간 홀연히 사라졌지만, 그 외재적 질서는 내재적 질서와 구조적으로 연결되어 있음을 보여 준 것이다. 양자론자인 봄 교수의 생각은, 티베트 고승의 가르침에 대한 물리학적인 설명으로 이해할 수 있다. 말하자면 "우주는 결코 분해되지 않는 전체성, 그 내재적 질서로 연결되어 있다. 내재적 질서는 '존재하는 그것'의 본질적인 차원이다. 그것은 바로 실재의 여여(如如)함(suchness)이다."라는 것을 보여 주는 동양적 구루(Guru)들의 신비스러운 삶살이와 그리 멀리 떨어져 있지 않다. 세상을 안다는 것, 과학을 연구한다는 것은 현재의 지식을 확장시키는 것이 아니라, 인식을 확장시키는 것이라는 그들의 생각을 물리학적으로 입증하고 있는 것이다.[28]

어차피 인간의 운명은 독가스 상자 속의 고양이 그 이상은 아니다. 인간을 독가스 실험 장면으로 끌고 가서 실험하지 않더라도, 인간은 죽게 되어 있다. 그것을 실험으로 증명해야 할 이유도 없다. 그러나 후쿠오카 신이치 교수의 견해대로, 생명체인 인간은 동적인 평행 상태에 있는 하나의 흐름이기에 자신을 끊임없이 복제하는 작업을 중단할 수는 없다. 생명은 어차피 자신을 복제하는 정교한 시스템을 말하는 것이기 때문이다.

슈뢰딩거는 아인슈타인과 쌍벽을 이룬 이론물리학자였다. 1926년 그는 「고유값 문제로서의 양자화」라는 논문으로 슈뢰딩거의 파동방정식을 만들어 낸다. 이어 1933년에 노벨물리학상을 수상하지만, 그때 그는 이미 물리학계와는 결별한 후였다. 자신의 학문적 기초와 명성을 다져 준 양자역학에 대해 강한 불신이 있었기 때문이다. 그는 당연히 불확실성이나 비연속성이라는 개념에 대해서도 강한 의심을 가질 수밖에 없었다. 슈뢰딩거는 그런 상황에서 고양이에 관한 사고 실험을 제기한 것이었다. 그가 고양이에 관한 사고 실험을 통해 제기한 패러독스는, 자연현상과 생명현상을 불확정성 원리에 기초해 알아보려고 했던 물리학자로서의 자신에게 강렬하고도 치욕적 결과를 가져오게 만드는 안티테제(antitheses)였다. 생명은 살아 있을 때까지만 생명이라고 하는 것을 알아내기 위해, 굳이 실험을 거칠 필요가 없다는 것을 확인하는 순간이었다.[29]

§각자적 앎

안다는 행위는 인간이 보편적으로 가지고 있는 능력에 속한다. 하지만 개인적으로는 안다는 것도 각자적일 뿐이다. 그 앎의 과정과 작동 절차는 사람에 따라 각자적이다. 인간의 앎이 각자적이라는 것은 사람이 오감을 통해 사물을 접촉한 후, 그 정보가 신경세포를 통해 전달하는 과정을 드러내 주는 뇌파의 형태와 강도가 그것을 증명한다. 헵 교수가 주장하는 연결주의 입장으로 학습과정을 이해한다고 해도, 정보를 받아들인 후 그것을 연결해 가는 시냅스의 연결 강도나 연결 유형은 각자적일 수밖에 없다. 그런 사례는 바로 패스토트(pass-thought)를 활용한 전자기기의 개발과정에서 잘 드러난다.

패스토트와 같은 기구는 비밀번호를 '생각'하는 것만으로도 잠긴 문을 열거나 은행계좌에 접근할 수 있게 만든 실용적인 수단이다. 뇌파 신호를 이용한 패스토트를 만들 수 있다는 생각은 뇌파가 개인마다 다른 특이성을 갖는다는 전제에서 시작했다. 동일한 생각을 할 때도, 측정 가능한 한 뇌의 전기적 흥분은 사람마다 조금씩 다르다. 뇌파가 인간의 지문처럼 각자적이기 때문이다. 스위스 국립공과대학의 투라지 에브라히미(Touradj Ebrahimi) 교수는 "EEG 신호로 나타나는 개인의 뇌파 신호는 동일한 생각을 하거나 동일한 업무를 수행할 때조차도 사람마다 각기 다르다."라고 주장한다. 보편적인 도구를 개발하는 연구에 장애물로 작용하는 뇌파의 개인 특이성은 신원확인 시스템 구축에서 강점으로 작용하였다.

뇌파의 차이를 이용해 '생각'으로 로그인할 수 있는 시스템을 개발한 것이 패스토트다. 패스토트는 노래의 한 소절이나 지난번 생일 파티에 대한 기억, 심지어 가장 좋아하는 그림의 이미지까지 무엇이든 될 수 있다. 실현 가능성을 높이기 위해 미리 정해진 그림이나 음악, 비디오 클립 등을 제시한 다음, 당사자가 '예' 또는 '아니요'의 답변을 생각하는 동안 기계가 두뇌 활동을 모니터할 수도 있다. 인간의 두뇌와 신호

사이에는 차이가 있는 것으로 알려져 있는데, 그것을 풀 수 있는 가능성은 반복적으로 수백 수천 가지의 정보를 암호로 바꾸는 사용자—제어 방식의 신호를 관찰할 수 있느냐의 여부—에 달려 있다.

이 연구는 뇌파도, 즉 EEG(electroencephalogram)에 의해 측정된 뇌파 신호 가운데 의미 있는 부분을 추출하는 방식이다. 이는 두뇌와 컴퓨터 간의 인터페이스, 즉 BCI(brain-computer interface)를 구축하여 신체장애자들이 스스로 인공보철장치를 조종하고 조작하도록 만들려는 노력에서 파생된 부산물이다. BCI 기술을 가로막는 주요 난제는, 뇌파 신호가 개인적으로 각자적인 특이성을 갖기 때문에 특정한 사용자를 인식하도록 훈련된 시스템을 다른 사용자가 조작하기 힘들다는 점이다. 보안장치는 생각을 해석하거나 이해할 필요 없이 패턴의 반복적인 특성을 추출하고 공통성을 인지할 수만 있으면 되기 때문이다.[30]

§ 앎의 뇌세포

인간의 앎을 보편적으로 관장하는 뇌세포가 바로 글리아세포다. 글리아세포(glia cell)는 신경회로에 영양을 공급하고 신경단위를 결합시킨 후 뇌구조를 더 복잡하고 단단하게 만들어 준다. 대뇌 표면을 덮은 두께 2.5밀리미터의 층인 회백질은 약 140억 개의 신경세포와 그것을 지탱하는 약 400억 개의 글리아세포로 구성된다. 그것이 바로 대뇌피질이다. 글리아세포는 뇌의 발달에 없어서는 안 되는 것으로서 신경세포에 영양을 공급하고 신경세포에서 나온 신경섬유에 홈을 새기는 일을 한다.

신경섬유에 홈이 새겨지면, 정보는 10에서 100배의 빠른 속도로 신경세포에 전달된다. 이 세포가 활발하게 움직이는 시기가 3~4세까지다. 14세쯤에 이르면 글리아세포는 성인의 그것과 같아진다. 글리아세포 수는 뉴런의 약 10배가 된다. 뇌의 신경세포와는 달리 글리아세포는 계속 증식한다. 따라서 뇌종양 같은 질환은 신경세포가 아닌 글리아세포에서 생기는 것으로 진단된다.

글리아세포는 뉴런과 혈관 사이를 중개하여 뉴런의 영양에 작용한다. 다른 조직에 들어가는 유해물질이 척수에 들어가지 못하도록 작용하기도 한다. 글리아세포에 뇌에 장애가 되는 물질의 침입을 막는 기능이 있기 때문이다. 영장류 동물은 지능이 높다. 그런 동물일수록 신경 단위들에 대한 글리아세포의 비율도 높다. 글리아세포가 변형되기 시작하면 치매가 일어난다. '비인격적인 병으로서 자기 자신의 존재에 대한 망각을 불러일으키는' 치매는 두뇌의 대뇌피질이 파괴되면서 야기되는 것이다.[31]

글리아세포의 기능에 대한 확인은 1985년 미국 캘리포니아 버클리 대학 과학자들의 아인슈타인의 두뇌 조각 실험에서 더욱더 부각된 바 있다. 비공식적으로 일어난 일이기는 하지만, 신경의학자들은 아인슈타인의 사후 그의 뇌에서 떼어 낸 뇌세포를 면밀히 연구하였다. 그 결과 아인슈타인의 뇌에 있는 신경 단위들에 대한 글리아세포의 비율이 일반인들보다 훨씬 높다는 것을 발견했다. 사람의 뇌에서는 대뇌피질을 중심으로 지식의 정보처리가 이루어지고 있는데, 뇌의 작용과 기능은 신경세포가 돌기를 뻗고 거기에 이어진 신경회로에 활동 전위가 전해짐으로써 이루어진다. 신경세포는 시냅스라는 이음매를 통해 신경전달물질을 교환하여 전기적 신호를 화학적 신호로 바꾸어 전달한다.

§ 앎의 반증

인간은 앎의 결과물은 지울 수 있지만,[32] 앎의 행위는 지울 수 없다. 기억은 학습의 결과와 밀착되어 있기에 지울 수 있다. 그러나 생존과 관련된 배움을 지울 수는 없다. 배움을 지우려면 인간이 사람됨을 보여 주는 내부시각을 지워야 한다는 말이다. 배움을 지운다면 그것은 삶을 지우는 것이며, 생명을 지우는 것이다. 학습은 정보기억에 머무르지만, 배움은 삶에 의미를 만들어 주는 일이기에 그것을 지우고서는 삶을 이어갈 수가 없다. 앎의 행위를 통제할 수는 있지만, 깨침은 지울 수 없는 것과 같다.

이를 강력하게 지지하는 주장이 칼 포퍼의 반증가능성(falsifiability)의 논리다. 그에 따르면 이 세상에 확실한 것은 없다. 인간의 모든 생이 문제해결의 과정이기 때문이다. 그것은 모든 생물에게 공통적으로 드러나는 생존 방식의 문제이기도 하다. 거미나 벌의 경우도 마찬가지다. 실력이 좋건 형편없건, 또 성공하건 못하건 간에 생존을 위해 필요한 기술적 문제를 하나씩 해결해 나가는 발명가 겸 전문가들로 존재한다. 반증가능성에 의해 새로운 방법을 찾아 삶을 영위해 간다. 포퍼가 이야기하는 반증가능성은, 과학적 지식에는 절대 불변의 진리가 있을 수 없다는 논리다. 과학적 지식의 핵심은 반증가능성에 있다. 반증을 통해 기존 과학에 오류가 있음을 밝힐 수 있고, 그렇게 잘못된 것으로 반증된 정보는 소거되어 새로운 것으로 대체된다. 이러한 과정이 반복되고 누적되면서 과학은 진리를 향해 진보한다는 것이 칼 포퍼의 논리다.

그가 이야기하는 반증가능성은 수많은 사회적 현상이나 문화적 현상, 생명의학적 현상에서 발견된다. 그의 논리에 따르면, 지금과 같은 암 치료 방법이 암을 치료한다는 것은 처음부터 반증가능한 소리에 지나지 않았을 뿐이다. 그래서 포퍼는 강하게 말한다. "내가 제언하는 어떤 것도 믿지 말 것을 여러분에게 요구한다. 단 한마디도 믿지 말기를. 무리한 요구라는 것을 안다. 나도 진실만을 말하기 위해 최대한 노력하겠다. 그러나 이것만은 정말이지 재차 경고해야겠다. 나는 '아무것도', 아니 '거의 아무것도' 모른다. 우리 모두 아무것도, 혹은 거의 아무것도 모른다. 그것이 인생의 기본적인 진리라고 나는 '추측'한다. 우리는 아무것도 모르며, 오직 추측할 뿐이다. 짐작만 하는 것이다. 우리가 가진 최고의 지식은 단연코 2천5백 년이 넘도록 축적해 온 놀라운 과학적 지식이다. 그러나 자연과학은 추측과 가설로 이루어져 있을 뿐이다."[33]

§관성

　반증의 생각이 가능하기 위해서는 일상생활에서 창의적인 사고 능력과 창의적인 앎이 필요하다. 창의적인 발상은 '생각의 관성'을 깨뜨리는 데에서 출발한다. 생각의 관성은 고정관념을 말한다. 창의적인 문제해결은 '모순 극복(overcoming contradiction)'에서 가능해진다. 모순을 해결하기 위해서는 모순을 일으키는 요소부터 체계적으로 분리할 수 있어야 한다. 말하자면 모순의 요소를 시간적·공간적·부분적으로 분리해야 한다. 모순 분리 방법을 '트리즈(TRIZ: Teoriya Reshniya Izobretatelskikh Zadatch)'라고 부르기도 한다. '창의적 문제해결 방법'이라고 번역되는 트리즈는 러시아의 겐리히 알츠슐러[34]에 의해 만들어진 발명방법론이다.

　창의적인 생각도 그것을 실용 가능한 한 것으로 전환해 쓰려면 생각 자체가 시스템적인 틀 속에서 정련되어야 한다. 인간사회에서는 한 가지 방식으로 어떤 문제를 해결했다 해도 또 다른 문제가 일어나는 것이 일상사이기 때문이다. 예를 들어, 강남 집값 문제를 잡으니 건축 경기가 엉망이 되고, 건축 경기를 손봤더니 이젠 다시 교육문제가 새로운 사회문제로 불거지는 식이다. 문제는 끊임없이 꼬리에 꼬리를 잇는다. 정부는 사회문제를 효과적으로 해결하기 위해 만들어진 사회제도다. 사건의 잇단 문제제기는 현실의 복잡성과 인간의 불완전성에서 나타나게 마련이다. 어떤 문제 하나를 건드리면 그와 연관된 일들이 줄줄이 영향을 받아 새로운 상황이 설정되기 때문이다. 그래서 결정을 할 때는 당면한 것만 해결하려고 해서는 안 된다. 전체를 볼 수 있는 종합적인 시각에서 시스템적 사고를 해야 한다. 한 가지 목표를 달성하기 위해 모든 것을 한꺼번에 해결하는 것은 불가능하다.

　첫 문제를 잘못 풀면, 새로운 문제를 초래할 위험이나 가능성이 더 커진다. 관련된 문제를 하나씩 차례로 풀기 위해서는 그물망적인 생각이 필요하다. 이같은 사고를 하기 위해서는, 문제해결의 우선순위를 중시해야 한다. 명분만 앞서는 문제해결 방법은 가능한 한 경계해야 한다. 의도가 좋았다는 이유로 목적이 달성되는 것은 아니다. 그것만 고집하면 실패할 확률이 더 커진다. 지상낙원을 건설하겠다는 의도로 시작한 혁명운동이 대부분 현실적으로 지옥을 만들어 내는 결과가 인류사에서 반복되고 있다. 되르너 교수는 실험 참가자들에게 가상의 공간을 주고 그곳의 지도자가 되어 주민 복지를 증진시키라는 과제를 준 뒤 그들의 문제해결 방법을 검토한 적이 있었다. 실험 참가자들이 가장 먼저 추진하고자 한 것은 큰 병원을 짓는 등의 대형 복지정책이었다. 시설이 들어서자, 주민들은 행복으로 가득 찼다. 따라서 인구가 증가하고 농업 생산량도 늘었다. 그러나 복지와 인구 증가가 일정 수준에 도달하자 문제가 생기기 시작했다. 지하수와 목초지가 고갈되어 기근이 닥치기 시작했다. 결국, 그 복지정책 때문에 더 많은 사회문제가 발생하고 말았다. 실험 참가자들이 생태계라는 시스템을 고려하지 않은 채 복지정책을 과도하게 실행한 부작용이었다.[35]

관성을 깨뜨리기 위해서는 관성의 문제에 대해 명확하게 바른 길을 가르치는 사람이 필요할 때도 있다. 이때 가르치는 사람과 그것을 익히는 사람 간의 관계가 권력관계여서는 안 된다. 그들의 관계는 모방의 관계여야 한다. 명령하기 위해서는 먼저 어떤 것을 가르쳐야 하고, 익히기 위해서도 흉내 내기가 필요하다. 마찬가지로 익히는 사람 곁에는 그것을 모방하게 도와주는 사람이 있어야 한다. 익히고 흉내 내기가 결코 권력관계가 아니어야 한다는 점은 실제 갓난아기와 어머니의 관계에서 잘 드러난다. 어린아이에 대한 부모의 위치는 지배자라기보다는 오히려 아이들을 위한 노예관계에 서 있다고 보는 것이 타당하다. 부모들이 스스로 배우는 법을 배우지 않는다면 자녀를 제대로 가르치는 일을 실패하고 만다.

가르치는 입장은 결코 우월한 위치일 수 없다. 가르치는 입장은 배우는 측의 합의를 필요로 하며 그들로부터 동의를 얻어야 하는 위치다. 배우는 측이 무슨 생각을 하든 따라야만 하는 취약한 위치다. '가르치다'라는 것은 영어로 'teach'라고 하지만, 그 말은 뭔가 먼저 보여 주는 행위를 말한다. 일본어에서도 그렇지만 한국어로도 '가르치다'라는 말이 영어의 '가르치다', 혹은 '교육한다'라는 말과 뜻이 같은 것은 아니다. 예를 들어, 시청으로 가는 길을 가르쳐 달라는 말은, 시청에 이르는 모든 길을 보여 달라는 것이기보다는 시청에 이르는 빠른 길을 말해 달라는 경우처럼 'tell'에 해당될 뿐이다.

그때 지칭하는 '말하다'는 모방이나 흉내 내기와 같은 맥락에서 쓰인 것이다. 흉내를 내는 것은 익히는 것이지 배우는 것이 아니다. 배운다는 것은 만들어 내는 일이기에, 흉내 내는 것만으로는 결코 충분하지 않다. 어떤 학자들은 '익히다(學)'라는 것은 '흉내 내는' 것, '모방하는' 것이라고 말하면서 그것을 '외우다'에 대비시키기도 한다. 이것은 익히는 것(learning)이 외우는 것에 우선하지 않는다는 것을 뜻한다. 수영을 가르칠 때 우리는 먼저 상대방에게 자세(形, form)를 흉내 내게 한다. 그리고 그들이 수영할 수 있게 되는 깨달음의 순간을 기다려야 한다. 이것은 선불교에서도 잘 드러난다. 조동종(曹洞宗)의 선이나 각종 예도의 경우도 사람들은 각각 '자세부터 제대로 익히는 것'을 강조한다. 흉내 내는 일에서부터 시작하는 것이다. 이것은 일반적으로 '가르치는' 과정에 대해서 특별히 적용된다.

비트겐슈타인이 언어의 습득을 훈련이라고 말했을 때, 그것은 아이들이 언어를 흉내 내지 않는다면 결코 언어를 익히지 못한다는 것을 의미한다. 아이는 특별한 장애가 없는 한 말을 걸면 그 말을 흉내 낸다. 이는 자연적인 능력이지만, 이 능력이 모든 경우에 해당되는 것은 아니다. 모든 아이가 특별한 장애가 없는 한 누구나 헤엄치는 능력을 갖추고 있는 것과 마찬가지다. 피아제나 촘스키가 주장하는 것처럼 '생득적 능력'으로서의 학습 활동을 '가르치고-익히는' 관계의 차원을 벗어난 곳에서 일반론적으로 응용하는 것은 진정한 의미에서 '배우는' 것을 설명해 주는 것이 아니다. 배우는 것은 사후적 설명이기 때문이다. 예를 들어, 아이들이 먼저 셈하는 것을 익힌다고 해도 셈에 대한 배움은 셈하는 일이 진행된 후에나 가능하다. 계산한다는 것은 우리가 계산하는 것으로부터 알게 되는 계산 익히기, 계산 흉내 내기 현상과 같기 때문이다.

그래서 앎과 배움의 삶에서는 가르치다(teach), 말하다(tell) 간의 구별이 필요하다.

교육적인 견지에서 '가르치다'는 말은 교화를 의미한다. 상대방에게 일정한 규칙이나 패턴을 익히도록 한다는 것을 전제로 할 때 가르침이라는 말을 사용한다. '말하다'의 경우는, 말하는 사람이 말하는 것을 내면화시키거나 교화당해야 할 필요가 없는 때다. 이것은 '영어로 가르치다.'와 '영어로 말하다.'가 확연히 구별되는 것과 같은 이치다. '영어로 말하다.'가 '영어로 듣다.'와 연계되기 위해서는 '영어를 가르치다.'와 '영어를 익히다.'라는 것이 필연적으로 연계되어야 한다. 이런 관계는 논리적인 귀결이다. 그렇지 않으면 우리는 영어로 '말'은 해도 영어로 '들을' 수는 없게 된다. 가라타니 고진 교수는 이런 언어상의 연계과정을 보고, 가르치는 것이 곧 말하는 것이 아니므로 결국 가르치는 것은 파는 행위와 유사하다고 말한다.[36]

제대로 팔기 위해서는 '유혹하는 입장'을 가져야 한다는 것이 고진 교수의 견해다. 유혹하려면 자신의 감정부터 다스려야 한다. 인간은 타인에게 자신의 감정 상태를 알려 주는 최소한의 정보를 표정으로 드러낸다. 그래서 오늘날의 표정 연구는 일차적으로 감정 연구에서 시작한다. 표정은 감정이 자연스럽게 드러난다는 점에서 감정과 하나로 묶을 수 있다. 인간은 누군가의 썰렁한 농담에 예의를 차리며 친절한 척할 수 있다. 예의상 웃음을 지어 보이면서 표정을 통제하는 것이다. 그러나 그에게 진실로 다가갈 수는 없다. 웃음이 나오지 않기 때문에 정말로 웃을 수는 없다. 진짜 웃음은 그런 식으로는 불가능하다. 진짜 웃음은 눈을 둘러싼 눈둘레근과 큰광대근이 함께 수축해 만들어진다. 이때 큰광대근은 의지에 복종하기 때문에 억지 웃음을 보여 줄 수 있다. 하지만 진짜 웃음을 짓게 만드는 눈둘레근은 그렇지 않기 때문에 진짜 웃음이 불가능하다. 그래서 입으로는 웃고 있지만, 눈은 웃지 않는 표정인 '근육소'가 가능해진다. 이것은 유아들도 마찬가지다. 10개월 된 아이에게 낯선 사람이 다가가면 아이는 눈 주위 근육을 움직이지 않고 웃는 모습을 보인다. 어머니가 다가가면 사정이 달라진다. 눈을 둘러싼 근육이 움직이기 시작하면서 진짜 미소가 나타난다. 부부 사이에도 마찬가지다. 행복한 부부는 웃음을 주고받을 때 눈둘레근을 움직이지만, 서로 사이가 좋지 않은 부부는 아무리 노력해도 눈둘레에 있는 근이 써지지 않는다.[37] 서로에게 억한 감정이 있는 사람들 간에 미소를 지을 수 없는 이유가 여기에 있다. 그들이 억지로 서로의 체면을 살펴서 웃어 보려고 해도, 그들의 입과 눈가에는 쓴웃음만이 지어질 뿐이다. 우리 얼굴에 있는 수십 개의 조그마한 근육들이 적절한 순서로 조심스럽게 움직여야 자연스러운 웃음이 만들어진다. 기쁠 때 짓는 표정, 걱정이 있을 때 나타나는 표정 등 인간의 표정은 나이, 성별, 인종을 떠나서 누구에게나 보편적이기에 남을 제대로 속이기가 쉽지 않다.

표정을 통제하든 감정을 통제하든 간에 관계없이 그런 것으로 만들어 내는 유혹이란 확실히 타자와의 커뮤니케이션의 원형으로 쓰인다. '유혹하는 입장'은 규칙을 만들어 강요하는 입장이 아니다. 키르케고르가 쓴『유혹자의 일기』를 보면, 유혹자는 상대방을 유혹하려고 하는 것보다 먼저 연애의 '규칙'부터 가르치기 시작한다. 연애에 대해 혹은 그 '규칙'에 대해 배우지 않으면, 연애를 제대로 할 수 없기 때문이다. 마침내 사랑한다는 것이 무엇인지, 나를 사랑한다는 것이 어떤 것인지를 배워서 알게 되었을 때 비로소 그녀는 진정으로 내 사람이 될 수 있음을 알려 준다. 그런 뜻에서 '유혹하는' 것은 '가르치는' 것이라고 정리할 수 있다. 그쯤 되면 '가르치는 입장'은 결코 유혹하는 입장보다 우선한다고 보기 어렵게 된다.

아첨의 경우도 인간관계 유지를 위한 타자와의 언어교통을 가능하게 하는 가교의 가치를 지닌다. 아첨(阿諂)은 '남의 환심을 사거나 잘 보이려고 알랑거리는 행위'를 말한다. 사람들은 위로하고, 같은 편이 되고, 격려하고, 일깨우고, 개선하고, 환심을 사고, 영감을 주고, 진정시키고, 놀고, 늘 즐겁기 위해서 아첨한다. 아첨꾼은 아첨 대상자가 통치자인 경우, 그의 귀를 막아 나쁜 소식을 듣지 못하게 하고, 충성심에서 피난처를 찾는 속성이 있고, 거만과 탐욕을 부추김으로써 부패로 치닫게 할 수 있다.

그런 단점이 있음에도 불구하고, 아첨은 인간관계를 잘 돌아가게 만드는 윤활유가 되기도 한다. 아첨은 용의주도하게 계산되어야만 성사되는 '과학'이자 기교라는 것이 리기어 교수의 견해다.[38] 거짓 아첨은 본색을 드러나게 함으로써 쓸모없는 아첨이다. 평판이 좋지 않은 아첨꾼은 아첨에 서툰 사람이다. 최고의 아첨은 잘 차려 입은 진실이다. 그 진실의 옷감은 안이 비치는 최고급 소재다. 예를 들어, 작곡가 베토벤은 위대한 아첨가다. 역사적으로 보면 베토벤은 누군가에게 잘 보이기 위해 아첨하는 음악을 작곡하는 사람이 아니었다. 그는 오로지 최고의 훌륭한 작품만을 만들었다. 그렇게 최고의 음악을 작곡한 뒤에 친구나 권력자에게 그 작품을 헌정하곤 했다. 리기어 교수는 그 헌정이 바로 고도의 아첨이었다고 판단했다.

리기어는 아첨을 제대로 하기 위해서는 여섯 가지 기본 사항을 지켜야 한다고 말한다. 첫째로, 칭찬을 하면서 구취를 풍긴다거나 침을 튀긴다면 아무리 그럴듯한 아첨이라도 김이 새기 마련이니 '위생'이 필수라는 것이다. 둘째로, 아첨의 상대가 정말로 무엇을 좋아하는지를 먼저 알고 나서 아첨을 해야 한다. 그렇게 하기 위해서는 아첨 대상의 '취향'부터 제대로 파악하라는 것이 그의 조언이다. 셋째로, 다른 사람들은 아첨 대상에게 어떻게 하는지 하나씩 반응을 살펴보는 '친근함'을 지키는 것과, 넷째로 실권을 누가 가지고 있는지 파악하는 '신중함'이 필요하다. 다섯째로, 아첨 대상자인 상대방이 어느 지점부터 더 이상 귀를 기울이지 않는지 그의 아첨 수용 반경을 측정하는 '사전조사'가 필요하며, 마지막으로 아첨 대상자에게 여운이 오래 남도록 최고의 찬사를 남기기 위한 '타이밍'도 잘 파악해야 한다.

§ 행복한 앎

인간이 왜 배워야 하는지에 대해서는 어느 누구도 의문을 갖지 않는다. 인간이 자본주의 사회에서 도구적 이성에 매달리는 것이 심화되면서 그런 질문 능력마저 거세당했기 때문이다. 학교교육도 배움에 대해 질문을 봉쇄하는 매개체다. 학교에서 학습은 일어나지만, 배움은 일어나지 않는 이유가 바로 그것이다. 학교교육으로 전달하는 내용에는 최소한의 도덕조차 찾아보기 힘든 지경이다. 이런 문제는 호르크하이머나 아도르노에 의해 제기된 지 이미 오래다.

호르크 하이머와 아도르노[39)]는 '도구적 이성'이라는 개념으로 자본주의 사회 속에서 인간이 겪는 소외문제를 드러낸 바 있다. 그들은 인간의 삶이 자신의 주체적 사유나 실천에 의해 이루어지지 않는다고 지적했다. 인간은 거대한 사회 속에서 독자적 실체를 지니지 않은 부속물로 전락되었다. 물질적 생산과정의 부속물이 되어 버린 소외된 존재로서의 인간은 생존을 위해서 도구적 이성에 기댄다. 현대인들은 삶의 본디 모습을 잃어버리고도 그것에 의문을 던질 수 없는 파편화한 인간들이자, 부속품이 된 교육양이다. 수단이 목적으로 뒤집힌 세상, 그 세상에서 자본이 주는 꿀물에 취해 하루살이 인생을 즐기는 것이다. 아도르노는 이 참혹한 세계에서 인간처럼 살아가려면 '최소한의 도덕'이 필요하다고 주장한다. 말하자면 자본주의 사회에 저항하는 것이 배운 사람으로서 지녀야 될 참된 교양이라는 것이다.

인간이 배우는 목적은 인격을 만들어 내고 품격을 지키기 위해서라는 것이 아도르노의 논리다. 진부하게 들리지만, 이 논리처럼 교육의 토대를 이루는 것도 없을 성싶다. 인품을 지키기 위해 배운다는 점은 아리스토텔레스의 생각에서도 분명했던 바다. 그는 "배움의 목적은 행복한 생활(eudaimonia)을 위함이다."라고 하였다. 아리스토텔레스에게 행복은 신체적 쾌락과는 거리가 멀다. 인간은 행복을 추구하기 위해 여러 가지 형태의 삶을 살 수 있지만, 그 삶들은 서로 다른 무게중심을 갖고 있다. 말하자면 쾌락을 추구하는 삶, 명예와 평판을 추구하는 삶, 그리고 선과 지혜의 삶 중에서 가장 바람직한 삶은 선과 지혜를 추구하는 삶이며, 그 삶이 인간에게 행복을 가져다 준다고 본 것이 아리스토텔레스의 행복론이다.

이런 행복은 덕, 말하자면 도덕적인 덕과 지성적인 덕으로 구성된다. 참된 행복은 덕을 매일같이 실천하는 데서 찾을 수 있다. 중용과 자유가 전자에 속하며, 지혜와 지성 등은 후자에 속한다. 도덕적인 덕은 관능적 충동을 억제하는 이성의 지배로 가능하며 지적인 덕은 이성 그 자체의 완성으로 가능해진다. 도덕적인 덕은 인간의 욕구가 이성의 통제를 제대로 받을 때 비로소 가능하다. 인간의 욕구를 통제하는 가장 중요한 방법은 바른 행위를 반복하여 하나의 틀을 만들어 내는 일이다. 긍정적인 습관인 헥시스(hexis)로 그 틀을 잡아가는 것이 행복을 보장하는 덕이다. 헥시스란, 인간이 후천적으로 획득한 일정한 행위 능력을 지칭한다.[40] 인간에게는 생리적으로 몸에 지닌 본성적인 덕, 선에 대한 호의적 태도가 있다. 그것은 정서적인 것이기에 관능적 충동을 제대로 억제할 기초를 갖고 있지 못하다. 제대로 억제하려면 이성적 선택에 따라 자각적 행위로 반복해야 한다. 한번 행하면 바뀌지 않는 부동의 행위 능력으로 갖추어져야 한다. 그렇게 되었을 때 본래 뜻으로서의 덕이 생긴다. 그로부터 사람의 격을 알려 주는 품(品)이 생긴다. 사람의 품은 배움의 부단한 실천의 결과로 생기는 덕의 틀이다.[41] 조폭과 더불어 조폭의 틀을 연마하면 조폭으로서의 품이 생기고, 성자의 길을 흉내 내며, 그것을 하나의 헥시스로 굳히면 성자의 품이 생겨나는 것과 같은 이치다.

그런 뜻에서 헥시스는 인간의 앎과 삶을 하나로 만들어 가는 매개체다. 인간의 삶에는 끝이 있기 마련이다. 그러나 끝을 보게 만드는 앎에는 끝이 있을 수 없다. 그래서 인간의 삶과 앎에는 언제나 긴장관계가 상존한다. 인간의 앎에는 언제나 미진함이 남아 있다. 인간의 삶 자체가 유한하여 그것으로 무한한 것을 뒤쫓아 하나로 만들어 보려는 노력에서 생기는 피하기 힘든 어려움이다.

인간의 삶과 앎 간의 긴장을 가능한 한 늦추어 주는 것이 바로 몰입이다. 몰입은 단한 번에 만들어지는 것이 아니다. 헥시스를 통해서 만들어지는 품의 방법론이 몰입이다. 몰입하면, 자기가 하는 일에 자신의 삶을 걸고 삼매(三昧)를 하여 삶에 중심이 생긴다. 무아(無我)를 만들어 내기만 하면, 인간의 삶은 그가 따라가려고 하는 앎과 때때로 하나가 되어 긴장의 해소를 경험하도록 해 주는데, 그런 품에 이르게 하는 수단이 몰입이다.

무아의 경지, 다시 말해서 인간의 품을 만들어 내는 방법과 헥시스의 관계를 장자(莊子, BC 369~BC 289?)의 글에서도 충분히 발견할 수 있다. 장자는 문혜왕이 소 잡는 백정에게 배운 '양생(養生)의 도(道)'를 소개하고 있다. 문혜왕은 백정이 보여 주는 자신의 삶과 소에 대한 앎이 바로 백정의 품격 높은 헥시스이며, 하나의 예술임을 감탄하고 있다.

백정이 문혜왕을 위하여 소를 잡은 일이 있었다. 그의 손이 닿는 곳이나 어깨를 기댄 곳, 발로 밟은 곳, 무릎으로 짓누른 곳은 슥삭하는 소리와 함께 칼이 움직이는 대로 살이 떨어져 나갔는데, 음률에 맞지 않는 것이 없었다. 그의 동작은 상림의 춤과 같았고, 그 절도는 경수의 음절에도 맞았다. 문혜왕이 말하였다. "오, 훌륭하도다. 기술이 어떻게 그와 같은 경지에 이를 수 있느뇨?" 백정은 칼을 놓고 대답하였다. "제가 좋아하는 것은 도(道)로서 재주보다 앞서는 것입니다. 제가 처음 소를 잡을 때에는 눈에 보이는 것이 모두 소였으나, 3년이 지나매 이미 소의 모습은 눈에 보이지 않게 되었습니다. 지금에 이르러서 저는 정신으로 소를 대하지 눈으로는 보지 않습니다. 눈의 작용이 멎게 되니 정신의 자연스러운 작용만 있게 되어 저는 천리를 따라 큰 틈새와 빈 곳에 칼을 놀리고 움직여 소의 본래의 구조 그대로를 따라갈 뿐입니다. 그 기술의 미묘함에 아직 한번도 힘줄이나 질긴 근육을 건드린 일이 없사온데, 하물며 큰 뼈야 다 말할 게 없습니다. 솜씨 좋은 백정은 1년에 한 번 칼을 바꾸는데, 그것은 살을 가르기 때문입니다. 평범한 백정들은 달마다 칼을 바꾸는데, 뼈를 자르기 때문입니다. 지금 제 칼은 19년이 되었으며, 수천 마리의 소를 잡았으되, 칼날은 방금 숫돌에 간 것 같습니다. 소의 뼈마디에는 틈이 있는데 칼날에는 두께가 없습니다. 두께가 없는 것을 틈이 있는 곳에 넣기 때문에, 칼을 휘휘 놀려도 항상 여유가 있는 것입니다. 그래서 19년이 지났어도 칼날은 새로 숫돌에 갈아 놓은 것 같은 것입니다. 그럼에도 뼈와 살이 엉킨 곳에 이르면, 저도 어려움을 느껴 조심조심 경계하며 눈길을 그곳에 모으고 천천히 손을 움직여서 칼의 움직임을 아주 미묘하게 합니다. 그러면 살이 뼈에서 발라져 흙이 땅 위에 쌓이듯 쌓입니다. 그리고 나면 칼을 들고 서서 사방을 둘러보며 만족스러운 기분에 잠깁니다. 그러다가 칼을 닦아 챙겨 넣습니다." 문혜왕이 말했다. "훌륭하구나. 나는 백정의 말을 듣고 비로소 양생(養生)의 도를 터득했도다."

§ 행복한 끝

　뇌신경 과학자들은 인간의 죽음에 대해서도 환원론적인 해석을 버리지 못한다. 사람이 죽다 살아나는 것은 가능해도, 죽었다가 살아나는 것은 불가능하다고 생각하기 때문이다. 그들의 생각에 따르면 사람이 죽었다가 살아났다는 논리인 근사체험도 어렵게 이야기할 것이 아니다. 그것은 결국 산소 결핍이나 특정 신경물질의 분비로 인한 환각이다. 따라서 '뇌내(腦內)현상'에 지나지 않는 것이라고 일축해 버리곤 한다. 과학자의 입장에서는 실험의 대상이 될 수 없는 사후세계는 부정할 수밖에 없다. 그래서 그들은 죽었다가 살아난 이야기를 허구로 받아들인다.

　과학적 논리가 그렇기는 하지만, 현실적으로 사고를 당해 현장에서 죽었다고 생각된 사람이 나중에 병원에서 깨어나 구급차량의 번호까지 기억하는 경우도 있는 것이 사실이다. 임사체험을 믿는 사람들은 그런 것이 바로 초현실적인 현상이라고 생각한다. 극적인 것으로 또 다른 현상이 바로 사람들의 근사체험(近死體驗, Near Death Experience)이다. 그것에 따르면, 죽었다가 살아나는 일이 능히 가능하다. 근사체험자들의 증언을 통해 죽음 저 너머, 또 하나의 세계에 대해 많은 이야기를 들었던 것도 사실이다. 그래도 사후생(死後生)의 현실은 쉽사리 알 수도, 받아들이기도 쉽지 않다. 살아 있는 한, 우리는 '여기' 머물러야만 하기 때문이고, 죽다 살아났다는 것도 결코 근사체험을 말하는 것이 아니기 때문이다. 살아 있었기 때문에, 죽은 것처럼 되었다가 되살아난 것뿐이다. 그럼에도 불구하고, 흔히 체외이탈을 경험한 근사체험자들의 생활을 보면 삶에 대해 여러 가지 색다른 생각을 하게 만드는 것이 한두 가지가 아니다.

　근사체험을 경험한 사람일수록 근사체험에 대해 또렷한 진술을 하곤 한다. 죽었었는데도 정신은 더욱 또렷해졌다는 것이 그들의 일관된 진술이다. 이어 자신의 과거가 펼쳐지는 것을 지켜보며 어떤 초월적인 평화감에 젖어 들었다고 한다. 그렇게 죽음의 문턱을 다녀온 사람들은 대개 놀라운 삶의 변화를 겪는다. 사소한 일을 통해서도 그들은 큰 기쁨을 느낀다. 삶은 한껏 고양되고 물질에 대한 욕심도 적어진다. 영적인 인간으로 변해 가면서, 그들은 신의 존재에 대해 굳게 확신한다. 죽음에 대한 공포 역시 상대적으로 적어진다. 이런 것을 함께 생각하면, 사람에게는 참살이, 즉 '웰빙(well being)'의 중요성 그 이상으로 '웰 엔딩(well ending)'이 중요하게 된다. 한사코 죽음을 배척하려 드는 현대인들에게 이슬람 신비주의자 루미(Rumi)의 충고, '죽음이 너에게 나쁜 짓을 한 적이 있느냐.'는 인간이 죽음과 멀어지기에는 너무나 친숙한 사이임을 알게 해 준다.[42]

§ 앎의 패러독스

앎이 무엇인지에 대한 관심은 이미 오래전부터 생긴 것이었다. 고대 그리스 사회에서는 앎과 배움에 대한 논쟁 자체가 사람들의 삶이었다. 소크라테스와 방랑의 귀족인 메논(Menon) 사이에 벌어진 배움과 앎에 대한 대화가 그것을 말해 준다. 그들 간에 벌어진 대화는 지금 보아도 상당한 수준의 논리적 대결이다. 고대 그리스 사람들은 생각만으로도 진리에 도달한다고 믿었다. 그들의 대화는 메논의 난문에서 보는 것처럼 그 당시 발달된 논리체계의 높은 수준을 말해 준다. 그들과는 달리 동양에서는 인도 사람들이 명상으로 진리에 도달할 수 있다고 믿었고 그들의 직관이 발달하는 계기가 되었다.

인간의 앎은 '논쟁적 해답찾기'와 그것과는 성격이 조금 다른 유형의 '직관적 해답찾기'라는 두 가지 생각 중 하나에 있다. 메논과 소크라테스의 대화는 진리가 고착되어 있는 것이 아님을 알게 해 준다. 인간의 앎이라는 속성 역시 고착되어 있는 것이 아니다. 앎의 과정을 통해, 진리가 얻어지며 그것이 바로 배움의 본체가 된다는 것이다.

메논: 소크라테스여, 당신은 당신이 찾으려고 하는 것이 무엇인지도 모르면서
　　어떻게 알겠으며, 또 탐구하겠다는 것입니까? 도대체 당신이 모르고 있는 것
　　을 탐구의 대상으로 삼는다는 것이 가능하기나 한 일입니까? 설사 당신이 그
　　것을 찾았다 하더라도 어떻게 그것이 당신이 모르고 있던 바라는 것을 알 수
　　있겠습니까?

소크라테스: 사람은 자기가 알고 있는 것도, 모르는 것도 탐구할 수 없다는 것 아
　　닌가? 자신이 알고 있는 것은 이미 알고 있기 때문에 탐구할 필요가 없으니 이
　　때의 탐구는 불필요한 일이 될 것이고, 자신이 모르는 것에 대해서는 자신이
　　무엇을 탐구해야 할지조차 모르기 때문에 이때의 탐구는 불가능한 일이 되고
　　만다는 것이군.

　소크라테스는 메논이 제기한 학습불가론을 궤변이라고 단숨에 몰아붙인다. 그렇
지만 메논의 난문은 지적 진보와 배움의 상관성에 관한 본질적인 문제제기다. 그는
알려고 하는 문제에 대한 답을 알면 알기 때문에, 모르면 모르기 때문에 그 어떤 앎이
나 배움도 필요하지 않다고 주장했다. 앎과 배움에 관한 그의 논지는 배우는 자로서
인간 각자에게 안다는 것이 무엇인지를 진지하게 곱씹게 한다. 메논의 말대로, 사람
들이 이미 답을 안다면 그것을 알려는 탐구는 할 필요가 없을 수도 있다.

　답을 모른다면, 그것을 알아낼 수 있는 탐구 자체가 가당치 않을 수밖에 없다. 그런
상황에 있는 사람 스스로 안다든지 혹은 모른다든지 하는 대상을 분명하게 정해 놓고
탐구하는 것이 불가능하기 때문이다. 그래서 어떤 식으로든 무엇을 알려는 배움은 가
능하지 않다. 앎의 상태에서 배움을 시작하든, 아니면 무지의 상태에서 알려고 하든
지에 관계없이 배움의 가능성은 원초적으로 배제된다. 메논은 이 논점으로 소크라테
스를 설득하려고 모든 노력을 기울였다.

§메논의 옛 딜레마

배움에 대한 난문의 실체를 이해하기 위해 메논이 소크라테스와 나눈 대화를 추론 형식으로 다시 정리할 수 있다. 즉, 탐구는 탐구 대상인 X에 대해 새롭게 알게 되는 일이다(대전제). 우리는 탐구 대상 X를 '완전히' 알거나 '완전히' 모르거나 둘 중 하나다(소전제). 그래서 탐구는 불필요하거나 불가능하다(결론). 이렇게 잘게 분해된 메논의 논리 중에서, 탐구의 불필요성은 탐구 대상 X가 무엇인지 알고 있다면 탐구가 불필요하다는 뜻이다. 왜냐하면, 이미 알고 있는 것에 대해서는 더 이상 탐구할 필요가 없기 때문이다. 동시에 탐구의 불가능성도 현실적인 설득력이 있다. 사람들이 탐구 대상(X)이 무엇인지조차 모른다면 탐구가 처음부터 불가능하다는 점 때문이다. 탐구의 결과, 탐구 대상을 X′로 알게 된다 하더라도 X′가 원래의 탐구 대상 X와 동일한 것인지 아닌지를 확인할 수는 없다.

메논의 주장을 대전제, 소전제, 그리고 결론으로 자세하게 분해하면, 그의 문제제기에는 근본적인 결함이 있음을 알게 된다. 대전제와 결론 사이에 논리적 모순이 있는 것이다. 메논은 대전제에서 탐구를 무엇인가 새롭게 알게 되는 것, 모르는 상태에서 아는 상태로 나아가는 것으로 규정하였다. 탐구의 가능성과 탐구의 필요성을 설명한 것이다. 그는 결론에서 대전제, 즉 탐구의 가능성과 탐구의 필요성을 부정해 버리는 실수를 범한다. 모르는 데에서 아는 데에로 나아가는 것은 있을 수 없거나 아니면 가능하지 않다고 주장해 버린 것이다. 그래서 탐구가 가능하지 않다고 했다. 논리 전개상, 대전제는 늘 참이며 진리다. 인간의 경험측으로 부정될 수 없다. 그렇게 되면 뒤이어 나오는 결론 역시 이 대전제가 지시하고 있는 참을 지지할 수밖에 없다.

메논은 바로 대전제와 결론 간의 관계성을 부정하는 오류를 범했다. 탐구는 새로운 것을 알기 위해 당연히 있어야 한다고 대전제에서 규정해 놓고서 결론에 가서는 그것이 당연하지 않다고 번복하였다. 대전제가 사실이며 참인데, 결론이 그것을 부정한다면 대전제와 결론 사이에 문제가 있을 수밖에 없다. 소전제가 대전제의 내용을 잘못된 결론으로 유도하고 있는 것이다. 메논의 패러독스에서, 소전제는 '우리는 탐구 대상 X를 '완전히' 알거나 '완전히' 모르거나 둘 중의 하나'였다. 이런 소전제가 성립하기 위해서는 다른 대전제가 선행되어야 한다. 즉, '사물은 무엇이든 그 자체의 본질을 갖는다.'가 대전제가 되고, 이어 '안다는 것은 사물의 본질을 아는 것이다.'가 소전제가 되어야 한다. 그래야 잇대어 나올 결론이 바로 메논이 소전제로 내세웠던 논리, 즉 '우리는 사물을 대할 때 사물의 본질을 알거나 모르거나 둘 중 하나다.'가 될 수 있다.[43]

이 소전제는 사물은 영원불변하는 본질을 가지고 있으며, 사물의 본질을 아는 것이 참된 정보라는 생각을 담고 있다. 이러한 관점에서 보면 참된 정보로서의 지식은 본질을 아는 것이 되기 때문에, 지식은 사물의 본질을 지칭한다. 이런 지식을 '본질로서의 지식관'이라고 부를 수 있다. 결국, 메논은 소크라테스에게 본질로서의 지식관이 보여 주는 난점을 지적하고 있었던 셈이다. 메논은 각각의 사물에는 그 사물에만 해당되는 고유한 본질이 있다고 보았기에, 그것에 대한 인간의 앎이나 지식에 대한 관점도 본질적인 지식관을 고수할 수밖에 없었을 것이다.

이 점은 이미 앞장에서 논의하였던 공자의 스승관, 즉 '온고이지신 가이위사의(溫故而知新 可以爲師矣)'에 대한 새로운 이해에서도 마찬가지로 드러났다. 예를 들어, 스승이 무엇인지, 교사가 무엇인지에 대한 물음에 대해 사람들은 교사의 본질부터 검토할 것이다. 교사에 대한 이해는 누구에게나, 그리고 어떤 경우에나 동일한 것으로 객관적이고 보편적이라고 믿기 때문이다. 교사가 무엇을 의미하는지 안다는 것은 바로 교사의 본질을 아는 것을 의미한다. 따라서 한 사물의 본질이 아닌 다른 것을 아는 것은 사물의 본질적인 속성을 아는 것과는 무관하기에 그 사물을 모르는 것이나 마찬가지다. 이렇게 되면 메논의 패러독스에서 보여 주는 소전제처럼 '우리는 탐구 대상을 완전히 알거나 완전히 모르거나' 둘 중 하나의 경우에 빠지게 된다.

그러나 '온고이지신 가이위사의'에 대한 다산 정약용 선생의 주석에서 새롭게 읽었듯이, 교사의 의미는 조건과 상황이 달라지면 다르게 이해될 수밖에 없다. 옛것을 익히고 새것을 알게 되면 능히 가르칠 수 있는 사람이 된다는 말은, 가르치는 사람이 되면 능히 옛것을 더 익히고 새 것을 더 알 수 있는 자기 계발의 인간이 된다는 뜻과는 전혀 다르다. 이처럼 사물에 대한 이해는 상황 속에 존재한다.

상황이 달라지면 의미도 다르게 파악된다. 이 말은 지식이 이미 만들어져 고정불변하는 것이 아니라 사람들이 다른 것과 접촉하고 해석할 때의 차이에서 만들어진다는 것을 의미한다. 지식은 사람이 살아가는 과정 속에서 발견되고, 수정되고, 농축되는 의미의 결정체다. 따라서 지식은 지식 본질적 의미의 사회적 관계에서 찾아야 한다. 이러한 지식관은 '의미로서의 지식관', 혹은 '실천적 지식관'으로 볼 수 있는데, 메논이 주장하는 본질적 지식관과는 그 속성이 전혀 다르다.[44]

§ 상기론적 '학습'

메논의 난문에 대한 소크라테스의 대답, 그리고 그의 제자 플라톤이 함께 제시한 대답은 상기론이다. 메논에 대한 소크라테스의 논쟁과 대답이 정말로 소크라테스의 대답인지, 아니면 플라톤 자신의 대답인지는 확실하지 않다. 그것은 소크라테스(BC 469~BC 399)가 어떤 사람인지 확실하지 않은 것과도 같다. 그의 역사적 인물에 대한 판단과 그의 생각에 대한 역사적 판단에는 의심스러운 것이 한두 가지가 아니다. 그가 이야기했다는 철학이나 사상도 마찬가지다. 그에 관한 것들은 모두 플라톤에 의해 만들어진 것이 대부분이다.

소크라테스가 스스로 어떤 글쓰기를 한 적도 없고, 어떤 글도 남긴 것이 없기 때문에 생기는 의문이다. 소크라테스의 행적에 관한 진술은 크게 네 가지로 나뉘지만, 각 진술들이 조금씩 다른 것도 의혹을 증폭시킨 이유다. 첫 번째로, 소크라테스에 관한 모든 진술로 여겨지는 것은 플라톤(BC 428~BC 348)의 저작들이다. 그중에서도 소크라테스의 행적에 대해 보여 주고 있는 작품은 재판과 처형을 담고 있는 『변명(Apologia)』, 『크리톤(Kriton)』, 『에우튀프론(Euthyphron)』, 『파이돈(Phaidon)』이다. 두 번째로, 또 다른 진술이 드러나는 작품은 소크라테스의 문하생으로 알려진 역사가 크세노폰(Xenophon, BC 430?~BC 355)의 『소크라테스 회상(Memorabilia)』이다. 세 번째로, 아리스토텔레스 저작에서 자주 등장하는 소크라테스의 생각에 관련된 구절(Met. 987b1; 1078b27; EN 1144b14)이다. 이 진술들은 대부분 소크라테스에 대해 우호적이다.

플라톤에게 소크라테스는 우상이나 다름없다. 그의 판단에 따르면, 소크라테스는 정의로운 사람으로서 항상 질문을 던지고 자신의 무지를 강조하는 아테나 제일의 현자다. 플라톤은 소크라테스에 대해 너무 일방적인 예찬과 해석을 가하고 있기 때문에, 문학평론가인 해럴드 블룸(Bloom) 교수는 소크라테스가 철저히 플라톤의 작품이며, 심지어 플라톤의 개인적인 작품이라고 격하한다. 소크라테스가 바로 플라톤이 열망하던 자신의 자화상이라고까지 비판하고 있는 실정이다.

아리스토텔레스는 나이로 보아도 그렇고 플라톤을 그의 스승으로 모셨다. 그래서 소크라테스에 대한 그의 견해 역시 플라톤과 크게 다르지 않다. 플라톤이 초기 대화편에서 진술한 것처럼 아리스토텔레스는 소크라테스의 대화 방법을 플라톤이 진술한 그대로 차용한다. 즉, "소크라테스는 윤리적 문제에 관하여 토론하였으며, 토론 과정에서 그는 보편을 찾아 확인하려 했고, 정의를 내리는 작업에 몰두한 최초의 인물이었다(Met. 987b1)."라고 쓰고 있다. 이를 고려하면 소크라테스에 대한 아리스토텔레스의 진술이 그리 새로운 의미가 있는 것은 아니다.

네 번째로, 앞의 우호적인 진술과는 달리 소크라테스와 동시대 인물인 희극 시인 아리스토파네스(Aristophanes, BC 445?~BC 385)는 〈구름〉이라는 작품에서 소크라테스를 아주 형편없는 소피스트로 그리고 있다. 〈구름〉은 기원전 423년에 공연되었는데, 그 당시 소크라테스도 공연을 관람하였을 것으로 추정된다.

중산층 보수주의자인 아리스토파네스는 소크라테스를 아테네 공동체에 위험하고도 형편없는 인물로 묘사하고 있다. 소크라테스는 계몽주의에 무신론을 신봉하는 자연철학자, 게다가 젊은이들에게 불의를 마치 정의처럼 받아들이는 방법을 가르치는 저질 선동가이며 소피스트로 묘사하고 있다. 다른 장에서 다시 이 작품을 이야기하겠지만, 〈구름〉에는 당시의 일반적 여론이 소크라테스와 소피스트를 질적으로 다르게 구별하고 있지 않다는 점이 잘 묘사되고 있다. 아리스토파네스는 소크라테스를 일방적으로 몰아붙였다. 그러나 소크라테스에 대한 별다른 배경 설명이나 진술 없이 자신의 이익을 위해 사람들을 멋대로 착취하는 소피스트로 간주함으로써 그가 소크라테스에 대해 상대적으로 공정한 이해를 했다고 보기는 어렵다.

이런 생각에서 헤럴드 블룸 교수는 네 가지 진술 중 소크라테스에 대한 크세노폰의 진술에 상당한 중요성을 두고 있다. 크세노폰은 영웅으로서의 소크라테스, 사상가로서의 소크라테스, 소피스트로서의 소크라테스가 아니라, 살아 움직이는 보통 사람으로서의 소크라테스를 그려 냈다는 것이 블룸 교수의 판단이다. 사실 크세노폰은 BC 360년경, 그러니까 소크라테스 사후 40년이 지난 후 당시 다른 사람들로부터 소크라테스에 대해 듣고, 자기 스스로 경험하고, 플라톤의 제자들과는 무관한 다른 후학들의 글을 읽고 기억에 남아 있던 것을 토대로 쓴 책이 『회상』이다. 크세노폰에 따르면, 소크라테스는 당시 아테네가 요구하는 덕을 지키는 우직스러운 시민이며, 조금 답답하기는 하지만 자기 나름대로 공리주의를 신봉하였던 충직한 시민이었던 것만은 사실이었다.[45]

소크라테스의 학문적 신화에 대한 대답이 미진하기는 하지만, 그는 플라톤의 글에서 일반적으로 교육학자들이 정의하는 가르침과는 전혀 다른 형식의 가르침을 보여 준 사상가로 나온다. 그가 보여 준 가르침은 바로 앎과 배움의 양태에 관한 것들이다. 일반적인 교육학은 가르침을 선생과 학생 간에 가르칠 내용을 주는 행위와 관계로 파악한다. 가르친다는 것은 무엇인가 많이 알고 있거나, 깨달음이 있거나, 가르칠 만한 내용을 지닌 위치에 있는 사람인 선생이 학생에게 그의 생각, 지식, 내용을 주는 행위를 의미한다.

소크라테스는 일반 교육학이 말하는 가르침을 행하는 사람이 아니었다. 그를 비판하는 랑시에르 교수의 판단에 따르면,[46] 그는 한번도 선생의 위치에 서 있지 않은 채, 그 위치에 머물렀던 사람이었다. 제자들과 만나 이야기도 하고, 무엇인가의 참살이를 직접 보여 주기도 했지만 그 스스로 먼저 알고 있던 그의 사상이나 지식을 의도적으로 주입하면서 가르친 적은 없었다. 제자들이 그를 따른 것은 사실이지만, 그들을 가르치지는 않았다. 서로 배우려고 했을 뿐이다. 그들 간의 대화가 그것을 입증한다.

소크라테스는 제자를 하나의 틀에 묶어 두고 그들에게 주입하는 식의 가르침을 행한 적이 거의 없었다. 소크라테스는 선생으로서 주입해야 할 이념적 체계를 미리 세워 두는 것을 마음에 둔 적이 없다는 입장을 고수했었다. 소크라테스는 분명히 가르치는 선생의 역할을 했지만, 미리 가르쳐야만 되는 고정불변의 내용을 가지고 있지는 않았다. 소크라테스는 자기 생각을 세워 가르치는 것이 아니라, 배우려는 사람들에게 이미 배움의 씨앗이 존재하고 있다고 생각했기 때문에 그렇게 행했던 것이다. 그가 행한 가르침은 단지 학생들에게 있는 것을 다시 알게 하는 일뿐이었다. 그는 선생이 가진 것을 주입하는 것이 아니라, 단지 회상(recollect)하는 것이 가르침의 핵심이라고 보았다.

모든 사람이 이미 다 갖고 있는 것이기에, 소크라테스는 가르칠 것을 따로 갖고 있지 않았다. 그럴 수가 없었다. 어느 누구라도, 그 무엇이라도 서로가 만나 이야기를 하면 그것이 바로 유능한 스승으로서 보여 줄 수 있는 가르침의 시작이었다. 길에서 만난 사람도 좋고, 종의 신분인 사람도 좋았으며, 술을 마시는 향연의 자리에서도 서로 배우는 일이 가능했다. 그래서 소크라테스는 길거리를 걸어가면서 서로 배움을 즐기는 '소요의 철학자이며 거리의 스승'이었다. 매일같이 일상적인 삶을 배움의 장으로 만들어 가는 일상생활의 스승이었다. 그는 자주 사람들이 들끓고 있는 시장에 나가 장사하는 사람, 신발 고치는 사람, 농사짓는 사람, 정치하는 사람, 아이, 노인 등 누구라도 만나고 이야기를 주고받았다. 이야기를 주고받는 것이 서로 배움, 바로 그것이었다. 사람은 누구나 각자 지니고 있는 것을 회상하면 되므로 외적인 모습이나 신분, 혈통, 색깔에 따라 배움이 차별적으로 이루어질 필요가 없었다. 그런 점에서 소크라테스는 배우는 인간의 전형을 보여 준 사람이기도 하다. 인간은 처음부터 배우는 동물이기에, 어쩌면 배움의 내용이 되는 것이 누구에게나 이미 있는 것이기에, 그것을 회상해 내기만 하면 배움이 자연적으로 일어날 수 있었다.

　스승으로서의 소크라테스는 분명히 학생에 비해 많이 알고 있지만, 그는 스스로 무지하다고 말하곤 했다. 이것은 아무리 보아도 그에게 있어서 아이러니다. 아이러니라는 말은 한마디로 말해, 무엇인가 크게 앞뒤가 서로 맞지 않는 상황을 지칭하는 것이다.[47] 소크라테스가 그런 아이러니를 보여 준 것은 우선 학생이 무지하다는 것을 스스로에게 먼저 일깨워 주고, 그 학생에게서 새로운 것에 대한 열정을 이끌어 내기 위해 의도된 것이었다. 그가 학생을 향해 말하고 있던 자신의 무지는 학생 스스로 무엇인가를 알아내게 하고, 그것을 배우도록 하기 위한 의도적인 서로 배움의 방법이다. 이런 점에서 소크라테스는 일단 유식한 스승이다. 답을 알고 있으면서도 학생들에게 답을 하도록 유도하며 질문하는 '유식한 스승'이며, 그런 점에서 그는 랑시에르 (Rànciere) 교수가 비판하는 것처럼 위험천만한, 그리고 간교한 스승이기도 하다.

　소크라테스가 보여 주고 있는 여러 가지 기묘한 아이러니는 지식 하나에만 관련된 것이 아니다. 그런 아이러니는 그의 삶과 일상에 관련되었다. 그는 일상적인 삶의 틀과 질곡에서 벗어나서 내면을 들여다보기 위한 촉발제로 '나는 무지하다'는 아이러니 속에 살았다. 따라서 소크라테스에게 삶의 지향점인 '너 자신을 알라.'는 언명은 너 자신을 개조하라는 명령이나 마찬가지였다. 누구나 일상적인 삶에서 살아가려면 선생도 학생도 모두가 각자적이어야 하며 모두가 주체적인 삶을 살아야 한다. 각자 자기 나름대로의 지식과 지혜, 삶의 방식을 가져야 한다. 그렇게 하기 위해서는 자신의 삶을 매일같이 거듭나도록 해야 한다. 예전의 지식으로부터 거듭나게, 예전의 생활로부터 거듭나게, 예전의 습관으로부터 거듭나게 해야 하며, 그것은 자기 자신의 품(品)을 바꾸는 개조와 거듭남을 위한 기존과의 결별을 의미한다.

소크라테스가 말하는 앎은, 전생에서 이미 배웠지만 현재 잊고 있는 진리를 회상해 내는 일이기에, 그렇게 하면 자동적으로 앎에 연결될 수 있다. '앎은 회상'이라는 그의 생각은 진리가 그 누구에게든 각자의 내면에 이미 들어 있다는 것을 말한다. 그것을 다시 겉으로 드러내도록 조력해 주는 일이 바로 '산파'다. 선생은 '산파'의 역할을 하는 사람일 뿐이라는 점에서, 소크라테스가 앎의 과정에서 발휘하는 산파술은 '회상을 돕는 앎의 방법'이다. 소크라테스가 말하는 회상으로서의 앎은 단순히 옛것을 겉으로 드러내는 일방적인 것이 아니다. 그것을 통해 다시 자신을 거듭나게 만들어 주는 지식의 내면화와 개조라는 지혜를 의미한다. 그것이 가능하기 위해서는 '너 자신을 알라.'는 아이러니는 배우는 사람들에게는 영원한 배움의 지표다.

아이러니는 의문과 질문을 통해 서로를 확인하는 과정에서 자연스럽게 노출된다. 사람들이 무엇인가를 배운다고 할 때, 그 시작은 답이 아니라 물음과 질문에서 시작하며, 그것을 통해 서로가 서로를 알게 되고 배우기 시작한다. 답보다 질문이 먼저이며, 답보다 물음이 먼저다. 그렇기 때문에 한쪽은 알면서 모른다고 이야기하고 다른 쪽은 모르면서 안다고 한다. 이런 자신에 대한 의문과 상대방에 대한 질문을 위한 서로의 아이러니가 노출된다. 물음과 질문에 따라 답은 달라질 수 있다. 가르침에서 질문에 대한 정답을 찾는 것은 중요한 것이 아니다. 반면 전형적인 교육학에서 보여 주는 가르침, 말하자면 교수-학습과정의 가르침이란 정해진 정답을 찾는 것이다. 그러나 그 정답은 언제나 교사나 권위자들이 보여 주고 말하는 것이어야 한다.

이런 상황에서 요구되는 질문이나 물음은 정답을 찾기 위한 수단이며 방법에 지나지 않는다. 들뢰즈(Deuleze)에 따르면, 이런 정답 찾기로서의 물음에 대한 학습 활동은 유아기적인 선입견일 뿐이며 노예를 만들어 가기 위한 교화와 주입이다.[48] "유아적인 선입견에 따르면, 선생은 문제를 내고 우리의 과제는 이 문제를 해결하는 데 있으며, 그 결과는 어떤 강력한 권위에 의해 참이나 거짓으로 평가된다. 또한 이런 믿음은 우리를 어린아이로 묶어 두려는 의도가 명백한 사회적 선입견이다. …… 즉, 문제는 어떤 장애물에 해당하고 응답자는 헤라클레이토스에 해당한다. 이와 같은 것이 우스꽝스러운 문화 이미지의 기원이고, 이 이미지는 또한 학력고사, 정부의 지시, 신문사의 경시대회 등에서 거듭 발견된다." 우리가 문제를 장악하지 못하고 문제에 대한 참여, 권리, 관리 등에 대해 아무런 재량권을 가지고 있지 못하고 있는데도 노예가 아니라는 식이다. 들뢰즈는 서로 배움에서 물음과 의문이 거세되거나 그것을 배움의 한 과정으로 파악하지 못한 채 오로지 정답 찾기와 정답 점검하기로 일관하는 가르침은 '노예' 만들기로서, 그것을 일반 교육학자들은 교육이라는 용어로 위장하고 있다고 비판한다.

어쨌든 메논의 질문에 답한 소크라테스의 대답은 배움이었다. 그에게 있어서 배움이라는 것은 기본적으로 회상하는 일로서의 상기(想起)로 집약된다. 지식의 유일한 원천이 이데아의 세계에 있는 불사 영혼에 대한 회상인 상기로, 바로 앎이고 배움이라고 본 것이다. 상기론에 따르면 배움은 결코 새로운 앎이 아니다. 배우는 자도 무지의 상태에서 앎의 상태로 나아가는 것이 아니다. 사람들은 이미 알고 소유하고 있으나, 지금까지 알려지지 않은 채 어딘가에 숨어 있었던 것을 다시 의식하게 되는 것이고, 그것이 바로 앎의 회복이다. 안다는 것, 배운다는 것이 무엇이냐는 메논의 질문에 대한 답으로 플라톤은 겉으로 드러나지 않은 잠재적 앎과 드러난 앎 사이의 구별을 제시하였다. 그러나 그것은 어디까지나 안다는 것이 무엇인지에 대한 단순한 비유였을 뿐이다.

다시 말해서, 플라톤은 모르고 있는 것은 그것을 발견하더라도 인식할 수 없고, 사람이 알고 있는 것은 새삼스럽게 찾지 않아도 된다는 메논의 문제제기를 상기론으로 풀어낸다. 그는 '쟁론을 위한 논거'를 자신 안에 지니고 다녔다. 그저 회상하기만 하면 되는, 탄생 이전의 이데아를 바라보는 것에 대한 암시인 상기론을 갖고 있었다. 이에 따라 플라톤은 찾음과 배움은 회상, 그 이상이 아니라고 주장한다. 이처럼 플라톤은 배움을 상기하는 일이라고 정리하였기에, 스스로 배우는 일이 무엇인지, 아는 일이 무엇인지 그 본체를 밝히지는 못했다.

메논의 딜레마에 대해 적절하게 답하지 못하면, 인간의 지적 발전에 관한 어떤 프로그램도 완전할 수 없을 것 같다. 그저 플라톤이 이야기한 대로, 모든 것은 상기되면 알게 되기 때문이다. 인간이 안다는 것, 배운다는 것에 대해서 아무것도 모른 채 인간의 배움과 앎에 대해 이야기하고 있는 격이 된다. 그렇다면 무엇인가를 진정으로 배우려고 하는 사람은 메논처럼 자신에게 다시 질문하게 된다. '그가 배우고자 하는 바를 현실적으로 아는가, 혹은 알지 못하는가?'에 관한 문제제기가 반복되는 것이다. 알지 못한다면 그에게 배움이란 존재할 수 없다. 그것을 안다고 말한다면, 현실적으로 모르는데 어떻게 그 배움을 안다고 초점을 맞추며 배울 수 있는지 다시 질문할 수밖에 없다. 이런 문제제기는 지금 한국의 교육학자들에게도 똑같은 메논적 딜레마의 반복이며, 교육학자들은 '배우는 체하며 정말로는 아무것도 배우지 않고' 있는 것이다. 인간에게 배움이란 원천적으로 불가능하다는 의구심을 가지기에 충분하다.

플라톤의 경우 세계 현상의 본질이 이데아 안에 있었지만, 아리스토텔레스에게 이데아는 이 세계의 현실 안에 있었다. 사물의 본체를 알아내려는 아리스토텔레스의 방식 역시 그의 스승이 취했던 방식과는 다를 수밖에 없었다. 아리스토텔레스는 이데아 중심적인 플라톤의 주장과는 다소 다른 방식으로 사물에 접근했다. 그가 쓴 『형이상학』(12권 6장, 1071 b 14)에 따르면, 사물에 있어서 그것을 움직이게 만드는 '운동과 변화를 낳는 내재적인 힘'이 없다면, 영원한 실체를 미리 상정한다고 해도 그것이 무엇인지를 알아내는 일에는 아무런 소용이 없다. 플라톤에게 지식을 알아내는 유일한 원천은 이데아의 세계에 있는 불사의 영혼을 상기(想起)하는 일이었다. 아리스토텔레스에게는 그것이 현실적인 체험이고, 감각하는 일이었다. '체험하지 않으면 인식하지도, 이해하지도 못한다.'는 아리스토텔레스의 감각론이 지식의 원천이었다.

메논의 딜레마는 플라톤의 상기론과 아리스토텔레스의 현실론 사이를 이어 주는 연결고리가 될 수도 있다. 왜냐하면 메논의 딜레마는 플라톤이 말하는 상기론과는 달리 배움의 본질에 대한 회의주의를 드러내 보이는 지적 도전에 속하기 때문이다. 메논과 같은 회의주의자들에게 상기론은 앎의 파편에 지나지 않는다. 인간이 무엇인가를 알려고 하거나 그것을 지식으로 일반화시킬 때 등장하는 상기론은 미래에 있어서 새로운 투사가 가능하지 않은 것일 뿐이다. 회의론자들이 볼 때 상기론자들이 주장하는 앎은 원론적인 정보의 획득에 지나지 않으며, 아무리 들어도 상기론자들의 대답은 그들에게 지식의 파편론으로 이해될 수밖에 없었을 것이다.

그에 비해 아리스토텔레스와 같은 앎의 현실론자들은 앎의 실제적 효용성, 사회적 작동이 무엇인지 본질적인 관심이 있다. 안다는 것이 무엇인지 묻고 있는 메논에게 아리스토텔레스가 대답할 수 있는 것은 체감론이다. 인간의 앎은 하나의 조각처럼 원자적으로 존재하는 것이 아니라, 질서와 구조 안에서 통합적으로 존재한다. 따라서 아리스토텔레스가 그것을 체감하지 않고는 메논에게 안다고 이야기할 수 없었을 것이다. 그는 앎에 대한 전체 구조를 염두에 두고 있기에 그렇게 대답할 수 있었다. 인간이 무엇을 안다는 것은 하나의 사실이라는 본질과 직면하는 문제가 아니다. 인간의 앎과 배움은 하나의 실천, 즉 관행을 지속시키는 행위이기 때문이다.

앎이라는 것을 행위로 처방한 비트겐슈타인의 말처럼 인간이 무엇인가를 배운다는 것은 우리가 특정 정보를 소유하고 있다는 사실로 인해 드러나는 것이 아니다. 인간이 실제적으로 행동할 때 비로소 그것에 대한 앎이 겉으로 드러나며, 이 행위는 새로운 앎의 가능성을 만들어 놓는다.

§가능적 앎

아리스토텔레스는 메논이 제기한 학습불가론과 같은 난문에 대한 답으로 가능적 앎과 실제적 앎의 방법을 준비했다. 가능적인 앎은 보편적 앎을 말한다. 보편적 앎이란 반복적 적용을 위한 하나의 인지 성향이다. 앎이 현실적으로 일어날 때 앎은 현실로 구체화된다. 현실적인 앎은 가능적 앎과는 달리 파편화된 실재에 관한 지식의 한 축을 이룬다. 가능적 앎은 사물의 원인이나 종(種)에 적용된다. 실제적 앎은 구체적이며, 그 종의 개별적 개체에 관련되고 적용된다.

사람은 어떤 것을 알고 있든지 아니면 모르고 있든지 둘 중 하나라는 것이 메논의 주장이었다. 그것은 인간이 그것을 가능적으로는 알지만 실제적으로는 모를 수 있다는 개연성을 무시한 것일 수도 있다. 아리스토텔레스의 『후분석서』(a1)에 따르면, 한 사람이 종(種) A를 안다면, 그는 나중에 개별적 사물 A를 발견하게 될 개연성도 함께 갖고 있다. 종 A의 사물이 후에 종 B라고 드러날 경우, 그는 A가 또한 B라는 것도 알게 됨으로써 의미의 확장이 일어난다. 그 후에 비로소 사물들 간의 연결과 배제, 통합, 분리 등과 관련된 의미구조가 만들어진다. 결국, 아리스토텔레스는 가능적 앎과 실제적(현실적) 앎을 구분, 통합함으로써 배움과 행함의 연대와 배움의 가능성을 주장한 것이고, 그로부터 인간에게 만들어지는 의미의 중요성을 드러내 보인 것이다.

아리스토텔레스는 가능성의 배움과 앎이라는 개념을 사용함으로써 배움과 실행 간의 연결고리를 찾아냈다. 이는 니코마코스 윤리학에서 그가 이야기한 인간의 의지에 관한 논의에서도 드러난다. 한 사람이 무엇을 해야 하는지 알고 있는데도 그것을 모른다면 그럴 만한 이유가 있다. 그것은 바로 의지의 약함에서 기인한다. 그 사람에게 있어서 앎이 가능성으로는 존재하지만 현실적으로는 적용되지 않기 때문에 앎으로서 드러나지 못하는 것인데, 그것을 의지의 약함이라고 부른다. 그 사람은 이미 어떤 것을 행해야 하는지, 그런 행동이 옳다는 것을 알고 있다. 그러나 수행해야 될 구체적인 행위가 무엇인지는 알지 못한다. 이것이 그가 배우지 못하는 이유다. 그 사람의 배움은 그가 수행하는 행위에 의해서 구체적으로 드러나도록 되어 있다.

인간에게 행함이라는 행위 실천이 매우 중요하다는 시각 아래, 아리스토텔레스는 도덕적 지식이 사람들에게 자연적으로 주어진다는 생각에 동의하지 않는다. 사람들의 도덕적 지식은 그들이 훈련되는 방식에 의해 서로 다르게 나타날 수 있을 뿐이다. 인간의 자연적 성향이라는 것은 현실화되든지 아니면 현실화되지 않든지 두 경우 중 하나다. 그에 비해, 도덕적 지식은 습관화의 과정으로 일어난다. 실천이 없으면 틀이 생기지 않는 것이며, 틀이 제대로 생기지 않으면 헥시스가 없는 것이다. 그로부터는 어떤 도덕적 지식도 발견될 수 없다는 것이 아리스토텔레스의 입장이다.

그렇기 때문에 아리스토텔레스는 『윤리학』(B1, 1103b1; B4,1105a 18)에서 다음과
같이 말하고 있다.

> 인간은 정의로운 일을 행함으로써 정의로워진다. 학예의 경우와 덕의 경우는
> 다른 데가 있다. 왜냐하면 학예의 결과로 만들어진 것은 그것들 속에 좋은 점이 있
> 어서 일정한 성격을 가지기만 하면 된다. 그렇지만 덕을 따라 생기는 행위는 설사
> 일정한 성격을 가지고 있다 하더라도 반드시 올바르게 혹은 절제 있게 행해진다고
> 는 할 수 없다. 따라서 그렇게 되려면 또한 행위자가 행위를 할 때 일정한 상태에
> 있지 않으면 안 된다. 첫째, 그는 지식을 가져야 하며, 둘째 그는 행위를 선택하되
> 그 행위 때문에 선택해야만 한다. 마지막으로 그의 행위가 확고 불변한 성격에서
> 나오지 않으면 안 된다. 이것들은 지식만을 제외하면 학예를 지니고 있는 조건으
> 로 여겨지지 않는 것이다. 그러나 덕을 가지고 있다는 것의 조건으로서는 지식이
> 란 거의 혹은 전혀 아무 중요성도 없는 것이다. 한편 이 외의 조건은 적지 않은, 아
> 니 절대적인 힘을 가지고 있다. 그리고 이 조건은 옳은 행위나 절제 있는 행위를
> 자주했을 때 생기는 것이다.[49]

§ 헥시스

인간은 정의로운 일을 실제로 행할 때 비로소 정의로워진다는 것을 익히 알고 있
다. 그것은 한 사람에게 어떤 행동이 먼저 수행되면 그 행동에 상응하는 헥시스(hexis)
가 만들어지기 때문이다. 한 행동이 적당한 기술이나 성격의 토대 위에서 행해질 때
만 그 행동이 적절하게 발휘된다. 실천이 가능하기 위해서는 그렇게 하도록 만드는
동기부여가 절대적이다. 배우는 과정이 완료되고 그에 합당한 습관이 형성되었을 때,
똑같은 종류의 행동들은 똑같은 종류의 동기부여와 함께 행하게 된다. 그래서 그 동

기부여 역시 습관적이다. '동기부여도 습관이다.'는 것은 인간의 배움이 의미 만들기의 한 과정임을 알려 주는 대목이다. 의미 만들기가 개인에게 동기부여되지 않으면, 어떤 의미도 만들어질 수 없다. 한 사람이 보여 주는 행위와 그 행위가 나올 수 있게 만든 습관화 과정 간의 관계를 고려한다면, 배움은 새로운 사실에 대한 탐색과 그로부터 생기는 결과의 획득을 지칭하는 것이 아니게 된다. 인간은 모든 원칙을 이미 알고 있다. 플라톤의 주장대로라면 '상기'만 하면 되기 때문이다. 모든 것은 어딘가에 저장되어 있다. 메논이 그것을 새롭게 배운다는 것은 의미가 없는 일이라고 넌지시 알려 주고 있음에도 불구하고, 인간은 그 원칙을 다시 배우게 마련이다. 인간이 모든 원칙을 부지불식간에 배우고 있다는 것은 인간이 모든 감각을 매 초 사용하고 있다는 뜻이다. 개별적 사물에 대한 지각의 필요성은 경험주의적 경향성의 중요함을 강조한다기보다는, 이미 아리스토텔레스가 구분한 가능적 지식과 현실적 지식 간의 구분과 의미 만들기를 수용하기 위해서다.

그런 점에서 본다면 배움은 사람, 자연, 그리고 또 다른 사람 간에 끊임없이 일어나는 총체적인 교변작용이며, 알아감의 작용이 만들어 내는 부산물이다. 각각의 정보는 교변작용에서 만들어지는 작은 의미 만들기에 지나지 않는다. 사람들이 정말로 필요로 하는 것, 사람들이 배워야 하는 것은 삶에 관해 총체적이고 쓰임새 있는 정보와 자극이다. 총체적 지식은 완전무결한 지식의 덩어리가 아니라 그 스스로 끊임없이 배워 나가야 될 것을 담고 있는 불완전한, 불온전한, 불확실한 정보와 자극 덩어리다.

그것은 단순한 정보만을 지칭하지 않는다. 불가에서 말하는 '선지식(kalyanamitra)'의 관계, 동행하는 사람들 간의 관계로서의 교변작용의 결과물까지 포함하는 모든 자극제다. 선지식이 삶과 앎에 있어서 더욱 중요함을 보여 준 사람이 바로 소크라테스였다. 그는 누구에게나 동행이 되어 준 현자였으며 자극제로서의 선지식이었다. 따라서 총체적인 지식이라는 것은, 배움이 진행되어 가면서 차차 그것의 베일을 벗겨 주는 총지(總知)다. 총지에 대한 불확실성이 커질수록 배우는 사람들은 더욱더 즐기며 접근하게 된다. 미완의 삶은 그것을 가능하게 해 준다. 미완의 삶은 새로운 앎을 가능하게 해 주는 구성주의적인 덩어리 정보다.

배움을 촉진하는 총체적인 지식보다 더 완전한 지식이 있다고 우긴다든지, 그것을 아는 확실한 앎의 방법론이 있다고 우기는, 더 나아가 확실한 지식이라는 것에 조건 없이 만족하려는 사람은 '정신의 사형선고'를 받은 사람과 크게 다르지 않다.[50] 그런 점에서, "공부(배움)에는 더 공부(더 배움)하는 것 외에 다른 목적이 있을 수 없다."라고 한 듀이의 진술은 옳다.[51] 그의 명제는 배움의 명제이기도 하다. 배움은 새로운 의미의 탐구와 확대를 뜻한다는 점에서 자체적으로 내재적 가치를 갖기 때문이다.[52]

§배움소

인간의 앎은 인간의 뇌 속에서 태생적으로 만들어지고 있는 '내부시각'의 발현으로 그 양태를 드러낸다. 내부시각(entoptic)이란, 인간이 살아 있는 동안 뇌에서 끊임없이 일어나는 내부 섬광의 변화를 지칭한다. 내부 섬광은 시신경의 통로에서 발생하는 신경세포 발화의 결과물이다. 그래서 내부시각을 겉으로 드러내 놓고 체험하기는 쉽지 않다. 이미 그런 생각 자체가 바로 내부시각의 발현이기 때문이다. 내부시각의 본질이 무엇인지 굳이 환원론적으로 이야기한다면, 뇌에서 일어나는 시신경세포의 발화과정이나 결과물 이상으로는 서술하기 어렵다. 뇌시신경의 활동에 관한 특수 영상 매체를 활용하지 않고서는 내부시각의 양태와 변환과정을 포착해 내기는 쉽지 않다.

내부시각은 사람마다 그려 내어 어떤 의미를 가지고 일련의 세계를 구성하는 생각의 형성과 사고의 확장을 지칭한다. 인간이 무엇인가를 안다는 행위의 원시적 형태가 내부시각이기에, 배움의 토대이며 발화점이기도 하다. 또한 내부시각은 원시적인 앎이 만들어 내는 유동적 지성의 토대이기도 하다. 유동적 지성은 의도도 없고, 형태도 없이 언제든 자유자재로 표출되면서 나름대로 의미구조를 갖고 있는 앎의 덩어리다. 그것의 단적인 모습이 포착되면 뇌 안에서 일어나는 내부 섬광의 표출작용의 양태를 취하게 된다.

이런 유동적 지성은 뇌의 신경세포 덩어리를 통해 확장된다. 신경세포의 확장을 통해 다른 영역의 지식을 횡적으로 연결해 나가도록 하는 새로운 내부시각의 연결통로가 만들어지는데, 시냅스가 그 일을 도맡아 한다. 신경세포 간의 이어짐과 통로를 통해 이전에는 생각해 본 적도 없는 '유동적 지성'이 엄청난 속도로 흐르게 된다. 또 다른 유형의 유동적 지성이 만들어지는 순간이다. 아리스토텔레스에 따르면, 이런 유동적 지성을 '사고에 대한 사고(thinking of thinking)'작용이라고 부를 수도 있다.

내부시각은 앎의 씨앗이며, 지식세포이며, 배움의 종자다. 내부시각의 확대와 변환으로 인간은 지금과 같은 지적 능력을 과시하게 되었다. 인간의 내부시각이 서로 다른 영역의 지식과 연결되거나 중첩되면서 만들어진다는 점에서 유동적 지성은 새로운 지식 창출의 원천이기도 하다. 유동적 지성 간의 연결과 확장, 혹은 중첩이 인간 특유의 '비유적' 지성을 만들어 낸다. 말하자면 새롭고도 복잡한 지식구조가 그것에 의해 가능하게 된다. '내부시각'은 마음의 내부에서 시작하지만 그것의 양태는 마음의 외부로 나타나며, 그것을 바로 지식이라고 부른다. 앎을 통해 가공된 정보 덩어리에 의미가 붙은 것을 지식이라고 부르는 것과 같다. 내부시각에서 일어나는 물질적인 과정을 토대로 삼아야 이후 받아들이는 정보나 마음의 모든 활동도 그것에 따라 재구성될 수 있다. 인간에게 의미가 발생하기 이전의 공간에서 일어나는 것이기에, '내부시각'을 통해서 마음의 외부와 접촉하게 된다.

인간은 도전하는 동물이다. 내부시각이 작동하기 때문에 그런 도전이 가능하다. 인간이 3차원에 살면서 다른 차원을 생각하거나 그것의 가능성을 위한 여러 가지 실험을 감행하는 이유가 바로 내부시각의 확장에서 기인한다. 인간은 죽음을 극복하기 위한 창의적인 발상을 생각하지만, 일반 동물에게 그런 도전은 죽음을 의미한다. 물고기의 생활은 인간의 삶과는 다른 차원의 삶이다. 물고기는 공간을 생각하며 물을 박차고 육지와 공기가 가득한 공간으로 나올 수 없다. 그것이 물고기에게 새로운 생명을 약속하지 못하기 때문이다. 물고기에게는 내부시각이 불가능하다. 내부시각이란 고등동물 중에서도 인간만이 자유자재로 작동시킬 수 있는 배움소다. 그것은 다른 눈으로 바라볼 때 생기는 다른 세계에 대한 이해력[53]이기 때문에 인간만이 가지고 있다.

인간은 누구에게나 내부시각이 존재하며 생명이 끝나는 순간까지 줄기차게 작동한다. 내부시각은 확장되어야 새로운 의미를 만들어 낸다. 삶이 있는 한 내부시각도 함께 가며 모든 인간에게 각자적으로 작동한다. 내부시각에 대한 철학적 사고로, 비트겐슈타인의 언어철학에서의 설명을 말할 수 있다. 비트겐슈타인은 안다는 것의 의미를 "내적인 것에는 통증이나 아픈 척하기 등이 있다. 외적으로는 신호(행위)가 있는데 통증이나 아픈 척하기 중 어느 것도 완전한 확실성을 가지고 그것을 의미하지는 않는다."라고 표현한 적이 있다. 그러나 항상 그런 것은 아니다. 애매하지 않은 외적인 신호도 때로는 매우 복잡한 방식으로 불확실성을 의미하기도 한다.

일반적으로 '내적인 것'은 환상이나 기억과도 일맥상통한다. 누군가 화가 났다는 것을 진정으로 알 수 없다면, 진정 누군가가 화가 났다는 것을 믿거나 추정할 근거도 없는 셈이다. 우리는 늘 내적인 것과 외적인 것을 구분해 왔는데, 타인의 내적 경험에 대해 확실하게 알 수 없다는 말은 그것을 믿거나 추측할 수조차 없다는 것을 뜻한다. 그래서 내적인 것에 대한 불확실성을 이야기한다는 것은 외적인 것에 대한 불확실성을 이야기하는 것이나 마찬가지다. '외적인 것'은 확인할 수 있기 때문에, '나는 교수다.'와 같은 문장은 확실한 정보에 속한다고 믿게 된다. 그에 비해, '그는 가슴이 아프다.'와 같은 문장은 확실한 정보가 될 수 없다. 따라서 그것의 진위를 믿지 못한다. 다른 사람의 '내적 상태'에 대해서는 직접적인 확인이 불가능하기 때문이다. 이것을 놓고, 비트겐슈타인은 '나는 교수다.'라는 문장을 의심하지 않는다면, '가슴이 아프다.'도 의심할 수 없다고 주장한다. 만약 그런 상황을 가질 수 없다면, '나는 교수다.'와 같은 문장에 대한 확실성마저도 보장될 수 없기 때문이다.

" '나는 무엇을 안다.'는 말이 누군가가 나의 증거를 믿도록, 확신하도록 할 수 있다는 것을 의미한다면, 내가 수학적 명제의 진리에 대해 확신하는 것만큼 그의 기분에 대해서도 확신할 수 있지만, 그의 기분을 안다고 말하는 것은 여전히 옳지 않다."라는 것이 바로 비트겐슈타인의 입장이다. 안다는 것의 증거는 다른 종류의 증거를 요구한다. 이때, 수학적 명제를 '외적인 것', 기분을 '내적인 것'이라고 한다면 내가 그의 기분을 안다는 것을 마치 수학적 명제를 아는 것처럼 안다고 할 수는 없다. 그러나 이는 내가 수학적 명제에 대해서 확신할 수 있는 것과 마찬가지로 그의 기분에 대해서도 확신할 수는 있다는 것을 의미한다. 물론 때때로 그의 기분을 오해할 수도 있다. 수학적 명제와는 달리 오해할 수 있다는 것은, 그의 기분에 대해 아는 것이 수학적 명제와 다른 성격이라는 것을 아는 것임에 틀림없다. 여기서 비트겐슈타인이 반문하는 바는, 내가 그의 기분을 오해한다는 사실 자체가 바로 그의 기분도 오해 없이 파악할 수 있다는 것을 전제로 한다는 점이다.[54]

'안다는 것'은 '확실성을 갖는 것', '확신하는 것', '믿는 것', '추정하는 것' 등과는 다른 종류의 심리적 개념이다. '내적인 것'과 '외적인 것'의 차이, 그리고 그것이 가져다주는 인식의 차이는 본질적인 것이라기보다는 상이한 종류의 심리적 개념에서 비롯된다. 이렇게 비트겐슈타인의 논리를 인간의 내부시각에 대한 사실 파악과 확장의 진행형에 응용하면, 내부시각은 통증이나 아픈 척하기, 속상하기와 같다. 어느 것도 완전한 확실성을 가지고 있는 것이 아니고, 실제로는 그것을 의미하는 것이 아닐 수도 있다. 그와 같이 내부시각은 애매하면서도 아주 확실한 실체로 나타난다.

인간의 생존은 배움으로 시작한다. 배움은 '내부시각'에서 자라난다. 그래서 인간의 생존은 내부시각에 달려 있다. 생물학적으로 내부시각은 인간에게 원시적으로 짜여 있는 내부 섬광의 표출의 기능적 결과[55]이기에, 그것 없이는 인간의 생명도 없는 것이나 마찬가지다. 인간의 내부시각은 뇌 안에 있지만, 그것의 확산은 온몸과 외부로 방출된다. 인간의 마음에는 보이지 않는 '밑바닥'과 같은 부분이 있다. 믿기지 않아도 그곳을 빠져나가면, 그 너머에는 순수한 에너지가 유동한다. 사고가 미치지 않는 영역이 펼쳐지는데, 그 공간은 내부시각이 모이는 곳이다. 그곳은 '은하'처럼 광대하다. 그것에 어떤 한계를 부여할 수 있는 사고의 틀도 존재하지 않는다. 순수한 형태의 패턴만이 '깊이를 알 수 없는 밑바닥'에서 계속 나타난다.

내부시각의 본체를 경험하기 위해 한 가지 실험을 들 수 있다. 두 손으로 안구를 세게 누르고 있다가 떼기를 반복하면 머릿속에서는 내부 섬광 같은 패턴이 갑자기 나타난다. 그것은 마치 구석기 시대의 동굴이나 신석기 시대의 항아리에 그려져 있는 특이한 문양과 매우 비슷하다. 그런 문양은 당시 원시인의 '내부시각'을 표현해 놓은 것이라고도 볼 수 있다. 원시인의 내부 섬광을 겉으로 표현해 놓은 것이 그런 기괴한 문양이라고 해석할 수도 있다. 왜냐하면 그 문양은 빛의 패턴에 근거한 내부시각의 예술적 발생과 너무 닮았기 때문이다. 인류는 외부세계를 보며 그림을 그리기 시작한 것이 아니라, 먼저 자신의 내부에 발생하는 빛의 패턴을 보며 그것을 겉으로 표현해 냈는지도 모른다.

§ 인과적 믿음

인간의 위대함은 배움 때문에 겉으로 드러난다. 내부시각이 인간에게 배움력을 증강시키기 때문이다. 배움은 인과적 관계의 믿음을 알게 만드는 토대이며, 해석하게 만드는 논리의 토대다. 배움은 인간에게 다른 동물과는 다른 인과적 믿음을 만들어 주고 있다. 침팬지와 같은 영장류를 연구하고 있는 심리학자 데이비드 프리맥(David Premack)은 인간이 다른 동물에 비해 강력한 이유가 인간의 배움력에서 기인한다고 보았다.[56]

배움은 인간이 긴장되는 여러 아이디어와 갈등을 새롭게 통합하는 일에도 개입한다. 인간은 모순되는 두 가지 아이디어 사이에 나타나는 건설적인 긴장을 활용하여 상반되는 생각을 동시에 할 수 있다. 배움의 과정이 있기에 가능하다. 인간의 삶살이에서 서로 모순되는 두 가지 이상의 생각들은 사람에게 긴장감을 주기 마련이다. 그런 긴장과 갈등의 조건을 최대한 이용해 더 나은 새로운 아이디어를 생각해 낼 수 있는 것이 인간이다.

인간의 손가락은 다섯 개다. 생물학에서는 엄지를 '오퍼서블 덤(opposable thumbs)'이라고 부른다. 엄지만이 나머지 네 개의 손가락을 마주볼 수 있기 때문이다. 엄지는 다른 손가락과 자유롭게 잇대어 만지고, 집을 수 있어 어려움을 풀어 주는 해결사 역할을 한다.[57] 인간은 다른 손가락과 마주볼 수 있는 엄지를 사용하여 새로운 것을 창조해 낸다. 예전에는 불가능하다고 생각했던 일을 수행하는 데 필요한 기술의 개발은 엄지 때문에 비로소 가능하다. 엄지는 일부 영장류와 인간에게서만 나타나는 진화의 특징이다. 인간은 마주볼 수 있는 엄지와 나머지 네 손가락 사이에 형성되는 긴장감 덕분에 도구를 사용할 수 있다. 그것이 인간에게 고도의 인지 능력을 갖게 해 주었다. 이런 엄지의 기능을 인간의 사고에 비유하여 '통합적 사고(opposable mind)'라는 개념도 가능하다. 대립되는 두 가지 생각, 서로 어긋나거나 대체되는 것 간의 긴장을 새로운 통찰과 성과로 이끌어 낼 수 있는 원동력이다.

긴장되는 딜레마와 아이러니 간의 새로운 조화와 성취를 가능하게 해 주는 통합적 사고를 유연하게 사용하는 사람들에게서는 입장, 도구, 경험이라는 세 가지 공통 요소가 발견된다. 입장이란 보통 사람들이 모두 당연하다고 하는 것을 새로운 시각에서 의심해 보는 사고를 말한다. 도구란 상상력을 만들어 내기 위해 여러 가지 방법을 나름대로 개발하는 능력이고, 마지막으로 경험이란 과거를 최대한 이용하여 미래를 만들어 가는 힘을 말한다. 통합적 사고를 늘 활용하는 사람들은 완전히 상반된 두 가지 아이디어를 동시에 생각할 수 있게 된다. 통합적 사고를 즐기는 사람들은 긴장과 갈등의 선택 상황에서 공황 상태에 빠져 허둥대거나 내키지 않는 마음으로 양자택일을 강행하지도 않는다. 그 대신에 각각의 상반된 아이디어를 뛰어넘는 전혀 새로운 차원의 아이디어를 합성해 냄으로써 새로운 가능성을 만들어 간다.

자연현상을 설명하는 인과적 믿음의 논리는 대부분 두 가지로 나뉘는데, 그 수준은 서로 다르다. 하나는 바람이 불면 나뭇잎이 굴러간다는 것처럼 한 사건과 다른 사건의 연관성을 기반으로 한 단순하고 임의적인 믿음이다. 이것은 동물도 연상학습이라는 과정을 통해 알게 되는 인과적 연계 수준이다. 사건을 서로 짝지음으로써 연관성을 알 수 있는 낮은 단계의 인과적 믿음이다.

다른 하나는 '타고난' 인과성의 믿음이다. 이 능력은 인간만이 가지고 있다. 타고난 인과성은 우연적인 자연현상이 아니라 인간이 태어날 때부터 두뇌에 프로그래밍된, 사전 배선된 능력이다.[58] 인간은 타고난 인과성으로 사물과 힘의 관계를 인간의 삶을 위해 조작할 수 있다. 이것은 인간됨을 드러내는 근본적인 특성으로서 일반 동물에게 타고난 인과적 믿음이란 거의 없다.

인간이 아닌 영장류는 세상을 인과적 차원에서 이해하지 못한다. 침팬지는 한 사건이 다른 사건으로 이어진다는 것을 익힐 수 있지만, 사건들 사이의 관계를 연결하는 인과적 힘을 이해하지는 못한다. 영장류는 복잡한 임무를 학습하는 데 매우 능하기 때문에, 어떤 때는 인과적 이해력을 가진 것처럼 보일 때도 있다. 실제로 쥐를 대상으로 한 수천 건의 실험에서, 쥐는 먹이를 얻기 위해 레버를 누르는 등 훈련을 통해 특별한 동작을 수행하였다. 이런 것을 보면 동물들에게도 인과적 이해력이 있는 것처럼 보인다.

그러나 일반 동물들이 부연된 임무를 학습, 혹은 훈련받는다고 해서 실제로 동작과 동작 사이의 인과관계를 자각할 수 있는 것은 아니다. 동물에게는 진정한 인과적 추론 능력이 없기 때문이다. 물론 그들에게 미약한 정도의 인과적 지식이 있기는 하지만, 그것은 한 사건이 다른 사건을 따라 자주 일어나는 연계학습을 통해 얻은 낮은 수준의 반응일 뿐이다. 쥐는 먹이를 반응과 반복의 대가로 얻기 위해 레버를 누르는 훈련을 받을 수는 있지만, 그 훈련은 인간의 그것과는 달리 숱한, 그리고 무의미한 반복과정을 필요로 하는 고된 훈련일 뿐이다.

그것에 비해 인간의 뇌에 내장된 강한 인과적 지식은 성격이 다르다. 인과적 믿음은 인간의 해석에 기반을 두기 때문이다. 시간이나 공간상에서 넓게 분포한 사건들과도 깊게 관련된다. 인간은 예리한 칼을 갖고 놀다 보면 다칠 수 있다는 것을 알지만, 일반 동물에게는 이런 종류의 인과적 믿음이 없다. 그래서 그들은 상처를 입으면 우선 놀라게 된다. 동물들 역시 즐거움과 쾌락을 느끼지만, 인간처럼 배움과 앎을 통해 인과적 추론을 할 수 있다고 보기는 어렵다. 동물학자 조너선 밸컴 교수는 참새, 바다코끼리, 찌르레기, 이구아나, 청개구리, 복어와 같은 생물들도 인간처럼 삶의 온갖 즐거움을 경험한다고 주장했다.[59] 그렇다고 그들 동물이 인간처럼 상황을 해석하고 그로부터 인과적 배움을 행한 것을 관찰한 것은 아니었다. 밸컴과 같은 동물학자들은 일반 동물들 역시 그들의 삶 전반에 교미, 접촉, 사랑 등의 초월적인 즐거움을 중요시하는 생물이라고 진술하고 있다. 일반적으로 생각하고 있는 것과는 달리 일반 동물들 스스로도 자신의 즐거움이 소중하다는 것을 알기 때문에 다른 동물들에게 친절하게 행동하며 해를 끼치지 않으려고 애쓴다. 밸컴 교수는 그동안 동물학자들이 동물들의 삶을 적자생존이나 약육강식의 관점에서 일방적으로 진술해 온 것이 동물에 대한 편협한 생각을 갖게 만들었다고 주장했다. 이 점 역시 적자생존의 법칙을 따르고 있는 인간에 대한 설명을 벗어난다.

쾌락의 동물학자들은 동물이 적자생존의 법칙이 아니라 낙자생존(樂者生存)법칙에 따른다고 주장한다. 즐겁게 생활하는 동물일수록 생존에 더 유리하다는 것이다. 그 근거는 동물 역시 인간처럼 스트레스를 줄일수록 하루하루를 더 적극적으로 맞이할 원동력을 갖는다는 점에서 찾을 수 있다.[60] 동물도 그들의 일상생활에서 나름대로의 즐거움을 만끽한다. 진화론으로 볼 때 동물은 유전자에서 비롯한 생존에 도움이 되는 행동을 하지만 이것은 경험과 감각, 취향을 드러내는 부분이기도 하다. 너구리는 생존을 위해 먹이를 먹고 기본적인 욕구를 채운다. 그렇게 먹이를 고르고 살펴보고 냄새 맡고 맛보는 과정에서 너구리는 그 먹이를 즐기기도 한다. 동시에 '함께 살기'도 체질화하고 있다.

대부분의 동물은 다른 동물에 대해서 이타적이고, 자신의 즐거움이 자신에게 소중하다는 것을 체감하고 있다. 그런 극명한 사례는 붉은털 원숭이 무리에서 잘 발견된다. 그들은 실험실에서 전기충격을 받는 다른 원숭이를 볼 때마다 그들의 고통에 동조해서 먹이를 거부하였다.

먹는 일에서도 동물의 즐거움은 인간 못지않다. 물고기도 맛을 느끼며 즐긴다. 1920년에 밝혀진 사실로서, 연준모치라는 물고기는 훈련을 받으면 단맛, 짠맛, 신맛, 쓴맛을 내는 물질, 그리고 여러 천연 설탕을 구별한다. 연준모치는 인간이 감지할 수 있는 것보다 512배나 낮은 농도의 설탕을 감지했으며, 최대 184배나 낮은 농도의 소금도 감지했다.

동물의 교미에 대해서도 인간은 일방적이며 편파적인 생각을 한다. 동물의 교미를 순전히 생식만을 위한 일로 간주해 왔기 때문이다. 동물의 교미 행위에 즐거움이라고는 없다고 설명해 왔지만, 사실과는 다르다. 많은 동물이 번식기가 아니어도 일상적으로 교미하거나 다른 성행위에 관여한다. 영장류, 육식동물, 박쥐, 해마, 발굽동물, 고래류와 설치류 등 최소한 7목에 달하는 포유류가 자위행위를 하는 것으로 밝혀졌다. 또한 최소한 300종의 척추동물이 동성애, 엄밀히 말해 양성애 행위를 보인다. 인간처럼 다른 동물도 다양한 형태의 구강성교, 손발을 이용한 성기와 항문 자극, 심지어 이종 간의 성적 결합으로 성을 즐기기도 한다.

일반적으로 원앙은 부부가 금슬 좋게 잘 사는 새로 알려져 있다. 그래서 부부싸움을 하지 않고 사이가 좋은 부부를 원앙 같은 부부라고 불러왔다. 그러나 원앙의 생태를 살펴보면, 사실은 전혀 그렇지 않다는 것을 알 수 있다. 원앙은 번식기인 봄이 아닌 겨울에 자신의 짝을 결정한다. 암컷 주변으로 많은 수컷이 모여들고, 암컷은 자신이 마음에 드는 수컷을 선택해서 이듬해 봄에 번식을 한다. 그리고 다음 겨울이 되면 암컷은 주변에 몰려 온 수컷 중에서 또다시 마음에 드는 수컷을 고른다. 다시 말해 매년 번식기마다 다른 수컷을, 종의 번식에 있어서 강하다고 판단되는 수컷을 선택한다.[61]

§원초적 뇌

인간은 태어나서 죽을 때까지 자기 삶에 도움이 되는 것을 감지할 수 있는 존재다. 내부시각이 그것을 도맡아 하기 때문이다. 내부시각은 인간의 뇌에서 꿈틀거리며 살아나는 유동적 지성이 미분화된 상태인 원초적 뇌로 실재한다. 내부시각의 원형은 뇌파 덩어리에서 발견해 낼 수 있을지도 모른다. 뇌파(EEG: electroencephalogram)란 뇌에서 자발적으로 발생하는 전위변동(電位變動), 즉 뇌전도(腦電圖)를 의미한다. 뇌파는 대뇌피질의 신경세포에서 발생하는 시냅스 전위가 모여서 일어나는데, 알파파, 베타파, 세타파, 그리고 델타파와 같은 리듬이 생기는 것은 다수의 신경세포가 활동하기 때문이다.[62]

유동적 지성의 원초적 형태가 내부시각의 모습이라고 했을 때, 유동성이라는 말은 구체적인 형태는 없지만 겉으로 표출될 수 있는 인간의 내부 섬광이 흘러내리는 현상이다. 유동적 지성은 뇌의 신경세포 덩어리를 통해 확장되고 생성된다. 신경세포의 확장을 통해 다른 영역의 지식을 횡적으로 연결해 가는 새로운 통로가 만들어진다. 그 통로를 통해 이전에는 생각해 본 적도 없는 유동적 지성이 엄청난 속도로 흐른다. 이런 변화에 의해 인간은 지금과 같은 지적 능력을 획득했다. 유동적 지성은 인간의 내부시각이 서로 다른 영역의 지식과 연결되거나 중첩되는 것을 가능하게 만든다. 연결과 확장, 혹은 중첩이 인간 특유의 비유적 지성의 형성을 가능하게 만들었다.

비유적인 사고는 은유적 사고와 환유적 사고의 두 축으로 이루어져 있다. 두 축의 확장과 연결, 그리고 중첩 정도에 따라 언어의 심층구조가 만들어진다. 비유적인 사고 능력이 가능해지면 언어로 표현하는 세계와 그것에 대응하는 현실이 반드시 일치하지 않아도 되며, 현실의 속박에서 벗어나는 자유로운 사고가 가능해진다. 인간이 만들어 내는 신화, 소설과 같은 상상 속의 이야기나 음악 작곡, 미술의 표현은 바로 이런 인간의 비유적인 사고 능력에 의해 가능해진 것이다.

　　결국 인간의 뇌에서 발생한 내부시각의 혁명적 변화로 새로운 창조가 발생한 것이다. 말을 하기 시작하고, 노래를 하기 시작하고, 악기를 연주하기 시작하고, 그림을 그리기 시작하고, 신화를 만들어 내기 시작하고, 인간 특유의 사유와 그에 기초한 최초의 철학을 하기 시작한 것이 바로 내부시각의 공로다. 인간이 복잡한 사회조직을 만들어 그들 스스로를 구속하기 시작한 것도 모두 내부시각의 작용 결과다.

　　인간에게만 존재하는 '무의식'의 틀 역시 내부시각에 의해 만들어진 것이다. 인간이 잠을 자는 동안 꾸는 꿈은 가지고 있는 무의식의 언어가 표출된 것이다. 무의식의 언어가 그려 내는 무의식의 표현이 꿈이다. 꿈이라는 무의식의 언어, 무의식의 '이야기' 덩어리는 인간의 은유적 사고와 환유적 사고가 상호작용한 결과다. 말하자면, 인간이 염원하는 것으로서, 인간의 이미지를 압축하고 있는 은유적인 작용과 그 이미지를 어긋나게 만드는 환유적인 작용이 상호작용한 것이다. 인간의 무의식이, 즉 직접적으로 무의식을 표출하는 마음의 작용과 표현이 꿈으로 나타나고 있다면, 무의식 자체는 언어다. 따라서 '무의식은 언어처럼 구조화되어 있다.'라는 라캉의 명제가 뜻하는 바도 분명해진다.

　　무의식은 인간의 감정과 정서 생활에 영향을 준다. 이런 인류 특유의 감정 생활 역시 '비유'에 의한 인간의 창의적인 사고로 가능하다. 인간의 뇌의 내부를 자유롭게 이동할 수 있는 유동적 지성 또한 생겼다. 이 유동적 지성은 서로 다른 인지영역 사이에 형성된 통로를 횡적으로 흘러 또 다른 유동적 지성의 표출을 도와주면서 어느 영역에도 국한되지는 않는다. 유동적 지성은 문자 그대로, 뇌의 이곳저곳을 유동적으로 흘러 다니며 서로 연결되어 새로운 지성의 창출에 도움을 준다. 이런 현상을 유동적 지성의 이동에 의한 새로운 사고, 즉 '어떤 대상에 대한 사고의 구조'라고 말할 수 있다. 인간의 유동적 지성은 어떤 대상에 대해 제한적으로 사고하는 것이 아니라, 사고 자체를 생각하면서 여러 영역을 횡단한다.

　　어느 영역에도 소속되지 않는 사고의 구조가 인간의 지력을 구성한다. 생각이 발생하는 곳곳에서 발견되면서도 그것에 머물지 않고, 항상 발생한 사고를 뛰어넘어 버

리는 생각의 구조가 생긴다. '사고 자체'라는 구조가 유동적 지성과 함께 발생하는
것이다.

§ 구조적 미완품

뇌과학자들은 두뇌가 이 우주에서 가장 복잡하면서 발달한 기관이라고 말하곤 한
다. 그러나 인간의 두뇌구조를 꼼꼼히 살펴보면 그다지 정교한 제품은 아니라는 것을
단박에 알아볼 수 있다. 뇌는 '대충 만들어진 불량품'처럼 보인다는 것이 뇌신경과학
자들의 일반적인 견해다. 물론 불량품은 아니겠지만, 지속적인 개량이 필요하다고
보고 있다. 어쩌면 앞으로도 진화가 가능한 한, 버전 3백만 년의 작품이라고 정리될
수 있다. 인류가 시작된 후 3백만 년 정도 거친 후 지금 이 시대의 뇌로 상품화되었다
고 본다. 현재의 품질이 3억 년 후의 삶에는 구조상 불량할 수도 있는 것이기에, 지속
적인 진화가 불가피하다는 것이다.

현실적으로 말한다면, 인간의 두뇌구조는 '엉뚱하고 비효율적이며 희한하기'조차
하다. 이것은 뇌의 기능이 엉망이라는 것은 아니다. 뇌는 그 체제나 구조에 비해 기능
만큼은 엄청난, 이상한 기관에 속한다. 원시적이고 원초적인 뇌기관 위에 현대식 기
능을 추가한 두뇌의 구조는, 마치 8트랙의 카세트 녹음기 뼈대에 아이팟을 부착한 것
처럼, 그 기능만큼은 다양하고 세련되었다.

도킨스 교수가 지적한 것처럼 인간의 뇌는 몇 백만 년의 진화과정을 거치면서 그때
그때 만들어진 '임시방편의 총합'이기 때문일 수도 있다. 기본 설계에 의해 지어진
집에 필요와 상황에 잇대어 여러 부속 건물을 붙인 건물처럼 임기응변식이다. 따라서
인간의 뇌는 여러 기능을 가지고는 있으나 전체를 일목요연하게 드러내 놓기가 쉽지
않은 건물과 같다. 린든 교수는 쥐의 뇌가 생존상 요구된 '몇 가지를 더 추가한' 도마
뱀의 뇌와 비슷하듯이, 인간의 뇌도 마찬가지라고 이야기한다. 지금과 같은 인간의

뇌에 몇 가지 추가기능을 빼면, 결국 기본적으로 쥐의 뇌와 별다르지 않다는 것이 린든 교수의 견해다.[63]

원시 두뇌에 새로운 기능이 추가되면서, 뇌와 직결된 인간의 시각체계는 더욱더 진화했다. 양서류는 눈에 상이 맺히면 그것을 중뇌로 전달하여 처리한다. 중뇌는 개구리의 혀가 허공에서 곤충을 낚아채게 해 주거나, 야구경기 도중 잘못 날아온 속구를 피해 재빨리 엎드리도록 하는 기능을 전담하는 기관이다. 눈에 맺힌 대부분의 상이 나중에 추가된 시각피질을 통해 뇌로 전달되지만, 인간의 뇌는 기존의 원시적인 시각구조를 유지하고 있을 정도로 엉성하다. 시각피질이 손상된 환자들은 앞이 전혀 보이지 않지만, 어떤 물체를 집어 보라고 하면 그들 중 상당수가 단번에 잡아낸다. 상대의 얼굴에 나타난 감정을 말해 보라고 해도, 그들은 거의 정확히 맞힌다. 적중률이 수학적인 확률보다 더 높다. 이 적중률은 감정이 분노일 경우에 더 높아진다. 적중률이 이렇게 높은데도 그들이 보이지 않는다고 불평하는 것은 전혀 거짓말이 아니다.

인간이 '실명' 상태가 되면 개구리나 뱀과 같은 양서류의 시각체계로 사물을 바라보게 된다. 이는 상황에 따라 기능이 적응하면서 달라질 수밖에 없다는 증거다. 중뇌가 그것보다 한 단계 상위의 인지기관과 연결되지 않았기 때문에, 물건의 위치나 얼굴 표정을 의식적으로 인지하지는 못한다. 그래서 의식상 세상이 그들에게는 암흑으로 보이게 된다. 한편 중뇌에 무의식적으로 전달된 영상은 감정을 판단하는 편도체와 손이나 다리를 뻗게 하는 운동피질로 신속하게 전달되므로 바로 움직이는 동작을 취할 수 있다. 원시적인 두뇌의 특징은 소뇌로 움직임을 조절하는 것인데, 뇌 뒤쪽에 숨겨진 소뇌는 하나의 움직임이 어떻게 느껴질지 예측하면서 체감각피질로 억제 신호를 보내기 시작한다. 그러면 촉각으로 넘어와 곧 느껴질 자극에 신경을 쓰지 말라고 지시한다.

파충류의 소뇌는 뇌의 감각기관으로 자극이 전해지는 것을 막아 버린다. 신경세포는 선사시대의 해파리 시절부터 거의 변하지 않았다. 그저 '느리고, 빠뜨리고, 미덥지 못할 뿐'이다. 게다가 신경세포는 종종 실수를 하는 데도 일가견이 있다. 신경세포

간의 연결 부분에서 자극신호를 놓칠 확률이 무려 70%나 된다. 그것을 막기 위해 두 뇌는 신경세포를 아주 촘촘히 얽혀 있게 만들어 놓았는데, 1,000억 개의 신경세포가 500조 가까이 되는 염색체 접합을 형성하고 있다. 이처럼 복잡하게 연결되어 있기 때문에, 고작 2만 3,000여 개 밖에 되지 않는 유전자가 그런 신경세포의 연결망에 일일이 신경을 쓰기는 힘들다. 인간은 이처럼 미완성의 뇌를 갖고 태어난다. 그런 뇌는 성장을 하는 동안 신경세포의 연결을 마무리하면서 엄청난 위력을 발휘한다. 만일 태내에서 신경세포가 모두 연결되어 버리면 태아의 머리는 커지게 된다. 그런 머리로는 어머니 몸의 일부인 좁다란 산도(産道)를 제대로 통과하지 못하기 때문에 그것 역시 생존을 위한 적응의 결과인 셈이다.

결국 생존을 위해 인간의 뇌는 그런 모습을 갖게 된 것이며, 그렇게 진화된다는 것을 알 수 있다. 아동기를 거치면서 감각중추의 반응과 경험으로 신경세포의 움직임이 설계되는데, 이것을 두뇌의 성숙이라고 부른다. 인류의 가장 큰 특징 중 하나는, '보면 아는' 지각 능력이 아니다. 다른 사람들로부터 이야기를 듣는 간접 경험을 통해 새로운 지식을 습득하는 능력이 더 인간적인 앎의 능력이다. 눈에 보이지 않는 대상에 대한 새로운 정보가 언어를 통해 제공되었을 때 그 정보를 받아들이는 능력이 인간의 발달과정 중 언제부터 생기는지는 꽤 오랫동안 불분명했다.[64] 그러나 연구 결과 인간이 듣는 일만으로도 학습이 가능한 한 연령대는 22개월 정도라고 밝혀졌다. 22개월 정도가 지나면 인간은 보지 않고서도 사물에 대해 맹랑한 생각을 품게 된다.

§배움의 밈(Meme)

앎은 배움소(rudis)가 작동한 결과물이거나 그 과정의 부산물이다. 배움소는 마치 도킨스 교수가 『이기적인 유전자(The Selfish Gene)』에서 소개[65]한 것처럼 사회적이고도 문화적인 유전자인 '밈(meme)'에 의해 사람들을 연결하며 그들을 하나로 사회화시킨다. 밈은 내부시각의 부산물이며 배움소의 매개물이기도 하다. 사람은 생명이 있는 동안은 생각을 그만둘 수 없으며, 생각이 일어나는 한 내부시각의 확장은 불가 피하다. 내부시각의 확장이 지속되는 한, 배움소는 작동하게 되고, 그 배움소는 밈에 의해 다른 사람에게 자극을 주기 때문이다.

밈은 배움소를 전파, 확산하는 배움소의 바이러스와 같은 기능을 발휘한다. 밈은 개체의 기억에 저장되거나 다른 개체의 기억으로 복제될 수 있는 비유전적 문화 요 소, 또는 문화의 전달 단위를 의미한다. 도킨스는 '진(gene)'처럼 복제기능을 하는 문 화요소를 그리스어인 '미메메(mimeme)'에서 차용하였다. 미메메라는 말은 모방을 의미한다. 도킨스에 따르면, 문화의 전달은 유전자(gene)의 전달처럼 진화의 형태를 취한다. 언어·옷·관습·의식·건축 등과 같은 문화 요소는 유전자의 진화 방식과 는 다르게 확산된다. 도킨스는 밈을 은유적으로서가 아니라 기술적으로 살아 있는 구 조로 간주해야 한다고 주장한다. "여러분이 내 마음에 풍부한 밈을 실었다면 문자 그 대로 여러분은 내 머리에 기생한 것이다. 바이러스가 숙주세포에 유전적 메커니즘으 로 기생한 것과 같은 방식으로 밈이 전파되는데, 이때 뇌는 중간 매개물이 되는 셈이 다. 이것은 단지 언어의 유희에 불과한 것이 아니다. '사후에 생명이 있다는 믿음'에 관하여, 밈은 실제로 수많은 시간이 지난 후에 세계 곳곳에서 개인의 신경계 속에 어 떤 물리적인 구조로서 현실화된다."

문화가 전달되기 위해서는 유전자가 복제되어 유전되듯 복제기능을 갖추고 있는 요소가 있어야 한다. 복제를 하는 한 생명을 유지하고 있는 것이다. 말하자면 바이러 스가 병을 일으키기 위해서 숙주세포에 기생해야 하는 것처럼 문화의 전달이 가능하 기 위해서는 문화의 복제 역할을 해 주는 중간 매개물이 있어야 한다. 그런 문화의 중 간 숙주, 중간 매개체의 역할을 발휘하는 정보의 단위·양식·유형·요소를 밈이라 고 부른다. 바이러스는 스스로 복제할 수 없다. 그들은 숙주의 DNA에 의존해서 끊임 없이 자기 복제를 시도한다. 인간의 생각이나 사고, 아이디어의 전파도 마찬가지 방 식으로 자기 복제를 시도한다. 사람들의 '생각'은 사람의 마음을 감염시켜서 태도를 변화시키고, 이어 다른 사람들에게도 그 생각이 전해져야 한다. 그렇게 생각의 전파와 전이를 강력하게 유도하는 것이 밈이다.

밈은 마치 바이러스의 기생적 삶처럼 사람들의 두뇌를 감염시키고 그들의 태도를 변화시키려고 노력한다. 정보를 나름대로 해석하면서 원래의 의도대로 복제하도록 유도함으로써 자신을 복제하는 정보 확산의 요소다. 밈은 매초, 매 순간 작동함으로써 밈에게 감염된 사람, 말하자면 중간 숙주인 사람들의 두뇌와 마음속에 있다. 밈은 필요하기만 하면 사람의 의사소통이나 의식소통의 매개체를 통해서 직접적으로 또는 간접적으로 복제된다.

예를 들어, 밈의 문화적 바이러스는 매개체에 소리, 문자, 이미지, 전자메일, 태도 등의 다양한 형태로 암호화되어 있다가 누군가 그 밈을 해독하기 시작할 때 살아 움직인다. 그때 그것을 해독하는 사람은 그 밈에 감염된다. 결코 불쾌하거나 위험한 감염이 아니라 즐거운, 어쩌면 새로운 삶에 대한 각성을 일깨우는 감염의 시작이다. 밈이 전염된 후에는 새로운 숙주, 즉 그 밈을 해독하는 사람이나 집단의 문화를 이루기도 하고 정신구조의 일부가 되기도 한다. 그 밈은 시간이 지나면 적절한 매개체에 다시 암호화되어서 또 다른 숙주를 찾아 전염시키는 사이클을 형성한다. 예를 들어, 대웅전에 안치되어 있는 불상의 미소를 보고 하나의 커다란 깨달음을 순간적으로 해독한 사람이 이후 자신의 생활을 바꾸는 것과 같다.[66] 결국, 문화의 전달에서 유전자처럼 복제 역할을 하는 중간 매개물로서의 정보의 단위 · 양식 · 유형 · 요소를 밈이라고 부른다는 점에서, 밈은 배움소의 역할을 발휘한다. 모든 문화현상이 밈의 범위 안에 들어가기에, 밈의 감염력은 배움소의 활동력에 상응한다. 밈은 사람의 문화심리에 영향을 주는 요소로서 모방, 차용, 응용과 같은 방법으로 전달된다. 밈은 모방을 통해 한 사람의 뇌에서 다른 사람의 뇌로 전달되고, 그 과정에서 각각의 밈은 변이 또는 결합 · 배척 등을 통해 내부구조를 변형시키며 다른 버전으로 진화한다. 음악이나 사상, 패션, 도자, 건축양식, 언어, 종교 등 거의 모든 문화현상은 밈의 범위 안에 들어 있다. 교육도 밈의 한 형태며, 학교는 밈을 효율적으로 산포시키기 위해 사회가 만든 기제다.

밈이 사람의 뇌와 기억장치에 오래 있을수록 다른 사람에게 전염될 가능성은 높아진다. 반대로 변이와 변형의 위험성 역시 같은 수준으로 높아진다. 변이는 새로운 진화로 이어질 수 있는 확산의 기회이기도 하지만, 반대로 그 자신을 파괴시킬 수 있는 위기의 순간이기도 하다. 밈은 변형을 엄격하게 통제한 복제만을 허용한다든지 지속적인 반복 훈련으로 오차가 적은 정확한 복제품을 만들어 내려고 노력한다. 그런 방법으로 학교가 동원되고 표준화된 교육과정의 통제가 강행되는 것이다.

앎의 동력이며 배움소인 내부시각은 하나의 생각과 그것의 착상으로 가동된다. 생각은 읽기로 작동한다. 그 읽기의 구체적이며 추상화된 행위가 독서로 이해되고는 있지만, 문자에 대한 독서 이전의 읽기는 앎의 시작으로 일어난다. 삶을 읽기에 문자를 읽게 된다는 말이다. 삶에 대한 읽기는 삶이라는 사건을 만들어 내는 생각의 시동이다.

그런 뜻에서 영문학계의 거장인 해럴드 블룸 교수는 문자 읽기의 구체적인 사례인 독서를 삶의 읽기와 연계시켰다. 그는 우선 문자적 독서의 이유를 세 가지로 설정한다. 우선 미학적 훌륭함 때문이고, 그리고 지적 능력을 위해서, 마지막으로는 지혜를 찾아 나서기 위해서라고 주장한다.[67] 미학적 훌륭함이나 지적 능력, 지혜 모두가 앎의 구체적인 표지들이기는 하지만, 핵심은 생각과 그 생각에 모닥불을 지피는 불씨에 있다는 것이다.

그가 지칭하는 지혜의 책이란 한두 편의 문학서에 한정하고 있지 않다. 그에게 문학은 '모든 문학적인 텍스트'를 말한다. 그 범주 안에는 성경의 「전도서」와 「욥기」, 호메로스와 플라톤의 텍스트 등 인간에게 지혜를 던져 주는 모든 텍스트가 망라된다. 그는 성경의 「전도서」를 읽으면서 긴장감을 느끼지 못했다면, 아직 삶이 무엇인지 모르는 사람이라고 말한다. 「전도서」 3장은 사람이 무엇을 해야 하는지를 가슴 가득하게 전해 준다. "범사에 기한이 있고 천하만사가 다 때가 있나니, 날 때가 있고 죽을 때가 있으며 심을 때가 있고 심은 것을 뽑을 때가 있으며……." 블룸 교수는 「전도서」를 통해 반복되는 삶에 대한 '있나니'의 리듬을 따라 읽으면 전율의 순간을 경험하기에 충분하다고 말한다. 그렇게 아름다운 삶살이에 대한 것을 몇몇 목회자들이 부질없이 천박하게 만들어 놓고 있어, 그 감격과 감동이 제대로 전달되지 못한다고 생각한다.

블룸 교수가 「전도서」의 장면마다 삶에 대한 읽기를 예시하고 있듯이, 세르반테스와 셰익스피어 역시 삶을 가르쳐 주는 지혜의 읽기꾼이다. 『돈키호테』와 『햄릿』은 인간이면 무릇 자기 자신에게 귀를 기울여야 삶이 무엇인지를 제대로 깨닫게 된다고 알려 주고 있다. 블룸 교수는 파스칼 스스로 『팡세』를 쓰면서 자신이 가지고 있는 『수상록』을 항상 눈앞에 펼쳐놓고 집필했을 것이라고 추측한다. 블룸 교수는 『팡세』 358장의 '인간은 천사도 야수도 아니다. 그런데 유감스러운 것은 천사 역할을 하던 사람이 야수 역할을 한다는 사실이다.'를 읽을 때, 삶에 대한 격한 감정을 지울 수 없었다고 이야기한다.

블룸 교수는 '책을 잘 읽으려면 발명가가 되어야 한다.'는 조언도 아끼지 않는다. 책을 읽는다는 것은, 삶에서 없는 것을 새로 만들어 내는 지적인 노동에 비견된다. 지적인 노동 없이 눈으로 책을 보는 것은 책을 읽는 것이 아니다. 수없이 많은 책 표지와 목차만을 본다고 해서 그 책을 읽은 것은 아니라는 것이다. 물론 독서만이 지혜에 이르는 유일한 길은 아니지만, 한 가지 확실한 것은 책을 읽지 않으면 살아도 죽은 것이나 마찬가지라는 점이다. 책을 포기한다는 것은 삶에 대한 읽기를 폐기하는 일이다. 어리석은 길로 자신을 몰아가는 지름길로 뛰어가는 것이다. 그래서 철학자 니체의 "위대한 생각은 위대한 사건이다. 책을 읽는다는 것은 위대한 사건을 만들어 내기 위한 첫 생각이다."라는 말은 읽을수록 향기를 발한다.

책을 읽는 것을 독서(讀書)라고 표현하지만, 그 말은 원래 '학문하다', 혹은 '삶을 살아가는 이치를 찾다'는 뜻을 함께 가지고 있다. 이 점은 고대 중국인들에게서는 떼어놓을 수 없었던 생각이다. 중국 송대 성리학자인 주희(朱熹, 朱子)는,[68] 글을 읽는다거나 학문한다는 것이 '독서지법 귀어순서치정(讀書之法, 貴於循序致精)'이었다. 글을 읽는 데 있어서는, 차례차례 차근차근 정독하는 것보다 더 나은 것이 없다는 것이 주자의 독서 원칙이었다. 그에게 '귀어순서치정'은 학문하는 데 있어서도 마찬가지였다. 무엇보다도 정기를 순차적인 점진의 바탕에서 하나로 모으는 것이 학문하거나 글을 읽기 위한 첫 단계였기 때문이다. 책을 읽든 어떤 사물의 궁극적인 이치를 밝히는 일이든 간에 하나같이 적용되어야 할 것은 서두르는 일을 금하는 것이다.

그래서 주희가 삼은 숙독(熟讀)의 방법이 바로 '독서삼도(讀書三到)'였다. 심도(心到), 안도(眼到), 구도(口到)의 세 가지를 하나로 만들어 글을 읽어야만 그 참뜻이 드러난다고 보았다. '마음과 눈과 입'을 하나로 집중해서 읽을 때 글이 제대로 읽히어 참뜻을 깨닫게 된다는 것이다. 마음과 눈, 그리고 입을 하나로 집중하는 일이 글읽기보다 우선해야 한다는 주희의 독서삼도는 읽기에서 통찰과 섭렵 그 모두를 포함하는 생각하기를 먼저 하라는 말과 같다.

통찰(洞察, insight)은 날카로운 관찰력으로 우리가 매일같이 접하는 사물과 현상을 꿰뚫어 보려는 능력과 힘인 직관력이다. 또한 섭렵(涉獵, chewing)은 우리가 마주치는 현상의 시작과 과정, 그리고 끝까지 중심을 잃지 않고 모든 것을 하나로 골고루 살펴보며 자근자근 조각을 내어 전체를 하나로 간결하게 묶어 내는 능력과 힘을 말한다. 마주치는 사회현상의 외면과 내면을 잘게 저미어 보는 일로서의 의미 찾기가 바로 섭렵이다. 섭렵과 통찰이 동시에 작동하기 위해서 한순간에도 수억만 가지의 복잡다단한 영상이 인간의 뇌와 마음속에서 교차된다. 그것을 일순간에 하나의 생각으로 정리해야 한다. 그래서 의미를 만들어 내는 생각이 무엇보다도 중요하다. 그것은 인간에게 배움소인 내부시각이 작동하기에 언제나 가능하도록 되어 있다.

이 모든 것, 말하자면 지금까지 이야기해 온 앎에 관한 모든 것, 내부시각의 확장에 대한 모든 것, 배움소가 작동하는 그 양태의 기능 모두를 총체적으로 보면, 편하게 일반인이 말하는 바의 '생각'이라고 정리할 수 있다. 그때 말하는 생각의 핵심은 한국 당대의 신앙인으로 칭송되는 류영모가 말하는 생각론의 핵심과 거의 일치한다고 볼 수 있다. 그는 생각을 '말씀 사름', '말 숨 쉼'으로 이해한다. 그가 '말씀 사름'을 생각이라고 정의하는 것은, 생각이 자기 존재의 끝을 불사르며 위로 오르는 일이기 때문이다. 류영모의 논리에 따르면, 생각한다는 것은 인간으로서 해볼 수 있는 이성의 일일 뿐 아니라 영의 일을 종합한 것으로서, 생명됨을 확인하는 일이며, 몸과 목숨의 행위를 확인해 나가는 일이다. '말씀 사름'을 함으로써 사람은 자기 몸과 목숨, 그리고 영적인 존재임을 배워 나간다는 것이다.[69]

미주

1) 참고: 켄 윌버(2008). **통합버전**(역). 서울: 물병자리.

2) 참고: 마르틴 하이데거(2008). **강연과 논문**(역). 서울: 이학사.

3) 참고: 대니얼 데닛(2006). **마음의 진화**(역). 서울: 사이언스북스.

4) 뇌과학의 역사를 꿰뚫는 이 의학적 사건은 1662년 여름 영국 옥스퍼드에서 이루어진 한 해부사건에서 기원한다. 윌리스 박사는 이를 토대로 『뇌와 신경의 해부학』을 발표했다. 윌리스와 영국왕립학회 회원들은 이 해부를 통해 심장을 중요시한 아리스토텔레스적인 전통을 뒤엎었다. 이는 영혼의 서식처로서 뇌를 주장한 플라톤적인 인간 이해의 전통으로 되돌아가려는 노력이었다[참고: 칼 지머(2007). **영혼의 해부**(역). 서울: 해나무]. 아리스토텔레스는 뇌를 심장의 열기를 식히는 냉각장치로 여겼는데, 이것은 서양인들에게 심장의 중요성을 심는 논리였다. 사실 이집트에서도 미라를 보존하기 위해 뇌는 인정사정없이 제거해야 할 대상으로, 반면에 심장은 그 사람의 존재와 지성을 상징하기 때문에 보존하는 전통을 지켰다는 것도 그런 관점을 증명하는 것이었다. 인간의 뇌는 죽는 순간부터 흐물흐물해지기에, 뇌가 불멸을 상징하는 영혼의 역할을 수행한다고 인정할 수가 없었다. 그것은 어쩌면 신성 모독에 가까운 생각이었다. 꼭 그런 것은 아니었지만 데카르트 역시 인간의 정신은 뇌와 독립적으로 작동할 수 있다는 논지로 인간의 심장이 갖는 의미를 부각시키기도 했다. 윌리스는 뇌와 신경의 해부학에서 뇌신경이 화학물질을 통해 일종의 기, 말하자면 전기를 발생시키는 형태로 기억을 형성한다고 추론했다. 그것이 인간에게 상상과 꿈을 꾸게 한다고 보았다. 신경학이란 용어도 윌리스가 만들어 냈다. 윌리스는 뇌가 바로 영혼의 역할을 담당하고 있다고 봄으로써 그동안 심장, 심지어 간과 함께 발휘한다고 본 인간의 감정과 욕망의 원천을 뇌의 작용이라고 주장했다.

5) 참고: 안토니오 다마지오(1999). **데카르트의 오류**(역). 서울: 중앙문화사.

6) 인간의 심리 상태와 총체적인 관점은 이해하지 못하는 그녀는 실제로 어렸을 때부터 아주 단순한 감정의 표현조차 해석하지 못했다. 나중에 '해독'하는 방법을 익히기는 했지만 직접적으로 그것이 무엇인지

느끼지는 못했다. 그녀는 "손가락을 한 번 튕기기만 하면 정상인이 될 수 있다 하더라도 저는 사양할 겁니다. 제가 아닌 다른 사람이 되는 거니까요. 자폐증은 저의 일부입니다."라고 했다. 그녀는 자폐증에도 고유한 가치가 있다고 믿기 때문에 '근절'이라는 표현을 들으면 질겁한다. 그녀는 1990년에 어느 기고문에서 이렇게 말했다. "성인 자폐증 환자들과 이들의 부모는 종종 화를 낸다. 자폐증, 조울증, 정신분열증과 같은 끔찍한 병을 왜 만들었느냐고 조물주에게 따지기도 한다. 하지만 이와 같은 질병을 유발하는 유전자를 제거하려면 커다란 대가를 치러야 할지도 모른다. 이런 특징을 약간만 가지고 있는 사람은 창의력이 풍부하거나 어쩌면 천재일지 모르니 말이다. …… 만약 과학으로 이런 유전자를 제거하면 전 세계는 회계사로 뒤덮일 것이다."[올리버 색스(2005). 화성의 인류학자(역). 서울: 바다출판사, p. 403].

7) 참고: 올리버 색스(2005). 화성의 인류학자(역). 서울: 바다출판사, p. 374.

8) 인간의 앎, 감정과 이성의 문제를 이해하는 일은 쉽지 않다. 인간의 앎이나 감정을 물이나 음식처럼 구체적으로 그려 낼 수 없기 때문이다. 그래서 이 장에서는 가능한 한 '오캄의 면도날(Occam's Razor)'을 활용하려고 노력했다. '오캄의 면도날은 불필요하게 복잡한 언명(言明)을 제시해서는 안 된다.'는 중세 철학의 일반적인 원리를 말하는데, 정확해 보이는 가설이 여러 개 있을 경우, 가장 적합한 가설을 골라내기 위해서는 불필요하게 복잡한 가정을 세운 가설부터 제거하라는 원리다. 이것은 중세 영국의 철학자이자 프란체스코 수도원의 수도사였던, 윌리엄 오브 오캄(William of Ockham)의 논리였다. 윌리엄은 청빈주의자로서 청빈을 실현한 인생을 보냈지만, 교황과 논쟁을 시도하는 일에는 열성이었다. 그런 윌리엄은 교황 요한 12세에 의해 마침내 파문되었다. 교황 요한이 이단이라는 논문을 써서 반론했기 때문이다. '절약의 원리'라 불리는 오캄의 원리는 '설명은 단순한 것일수록 뛰어나다.', '불필요한 가정을 늘리지 마라.' 등으로 해석된다. 이 원리에 따르면 완전성이란 것은 곧 간결성을 의미하게 된다[참고: 니콜라스 펀(2005). 유쾌한 철학카페(역). 서울: 해냄].

9) 참고: 브라이언 와이스(2002). 기억(역). 서울: 나무심는 사람.

10) 로프터스[참고: 엘리자베스 로프터스 외(2008). 우리의 기억은 진짜 기억일까(역). 서울: 도솔]는 '거짓 기억증후군'이 한창 번져 가던 1990년대, 치열한 소송과 논쟁의 한복판에서 고군분투하던 한 기억 연구자였다. 그녀는 동료 학자들의 우려와 페미니스트 친구들의 '변절자'라는 비난 속에, 회복된 기억의 진실 여부를 밝히고자 전문가 증인으로 법정에 나가 직접 목격한 사건, 고발한 사람과 고발당한 사람에게 직접 들은 구체적인 사연, 법정 못지않게 공방이 치열했던 논쟁의 현장을 이야기하듯 친절하게 들려준다. 부모님에 대한 사랑을 말로는 다 표현할 수 없다던 딸로부터 어느 날 갑자기 추잡한 성추행 혐의를 뒤집어쓴 부모의 이야기가 탄식을 자아내고, "기억은 없지만 성추행 당했을지도 모른다는 생각이 든다면, 십중팔구 성추행 당했을 것"이라고 말하는 맹목적인 심리치료 행태에 문제를 제기한다. 그러나 로프터스가 말하려는 것은 심리치료사의 문제나 그들의 치료방법인 기억 회복 치료의 문제라기보다는 '기억'에 대한 비과학적인 이해에 대한 문제제기였다. 비극적이고 기막힌 그 모든 이야기는 결국 '우리의 기억은 믿을 만한 것인가?'에 대한 진지한 고뇌가 우선해야 한다는 것이었다. 실제로 심리적

고통에서 벗어날 손쉬운 방법을 강구하던 한 개인이 심리치료사의 지속적인 암시, 최면, 기억 회복을 '목표'로 하는 치료모임, 기억 회복을 다루는 TV 프로그램, 신문기사, 책에 둘러싸여 거짓 기억을 잉태하고 키워 나가는 과정을 보노라면, 우리의 기억이 그리 믿을 만한 것은 아님을 깨닫게 된다. 거짓 기억의 입증에 앞장섰던 로프터스는 '고발 당한' 사람들의 입장에 치우친 것은 부득이한 일이었기에, 실제로 어린 시절 성추행을 당했고 그 기억을 평생 잊은 적 없는 '진짜' 피해자들이 오해받거나 상처받을 것을 걱정한다. 하지만 그녀는 아동 성추행, 근친상간, 성폭력의 실상이나 참상에 관해 논쟁하려는 것이 아니라 기억에 대한 과학적인 설명을 하고자 노력했다.

11) 참고: 안토니오 디마지오(2007). 스피노자의 뇌(역). 서울: 사이언스북스.

12) 참고: 후쿠오카 신이치(2008). 생물과 무생물 사이(역). 서울: 은행나무.

13) 신이치 교수는 말한다. "나는 췌장에 있는 한 유전자에 흥미가 있었다. 이 유전자는 분명 중요한 세포 과정에 관여하고 있을 것이었다. 그래서 나는 유전자 조작 기술을 활용하여 DNA에서 이 개체의 정보만 빼내어 이 부품이 결여된 실험 쥐, 곧 녹아웃(knock-out) 마우스를 만들었다. 이 쥐에 어떤 변화가 일어나는지를 관찰하면 그 유전자의 역할이 밝혀질 것이었다. 오랜 시간과 많은 연구비를 들여 우리는 이 실험 쥐의 수정란을 만들었고, 무사히 출산시켰다. 새끼 쥐는 앞으로 어떤 변화를 일으킬까? 우리는 마른침을 삼키며 계속 관찰했다. 새끼 쥐는 쑥쑥 자라 결국 어른 쥐가 되었다. 그러나 아무런 일도 일어나지 않았다. 모든 정밀검사를 해 보았으나 아무런 이상도, 변화도 찾아볼 수 없었다. 도대체 어찌된 일인가?"[참고: 후쿠오카 신이치(2008). 생물과 무생물 사이(역). 서울: 은행나무, pp. 7-9].

14) 소설 작가 사라마구는 『리스본 쟁탈전』이라는 소설을 통해 인간이 무엇을 안다는 것, 인간이 무엇을 배워 하나의 사실로 받아들인다는 것이 얼마나 허구 덩어리인지 고발하고 있다. 그는 소설을 통해 인간이 자랑하는 이성, 말하자면 실제적인 앎과 과학이라는 권위가 어느 정도로 허약한 것인지를 고발하고 있다. 그는 인간의 현실 인식, 사회 현실에 대한 인간의 실제적인 앎 그 자체가 근본적인 의문투성이라는 점을 고발한다. 그는 그의 소설에서 이렇게 말하고 있다.
"사실 역사는 수없이 다양한 방식으로 쓰일 수 있었다. 이처럼 역사가 무한하고 다양하다는 생각이 내 글의 핵심이다. 불가능한 일, 꿈, 환상이 실제로 일어날 가능성이 내 소설의 주제다." 그의 소설에 등장하는 주인공은 라이문두 실바, 50대 남자다. 그는 그럴듯한 출판사에서 교정 직원으로 일하고 있다. 그의 학력은 초등학교 졸업이 전부다. 자신의 낮은 학력에 굴하지 않고 그는 독학으로 백과사전적인 지식을 쌓아간다. 이내 고등교육을 받은 사람 이상으로 박학한 사람으로 대접을 받게 된다. 그런 경력으로 출판사에 취직한 그는 저명한 저자들의 원고 교정 보는 일을 오랫동안 맡아 왔다. 그는 컴퓨터 같은 현대기계에는 별로 관심이 없다. 컴맹인 그는 디지털 대신 수많은 책에서 정보를 얻고 있다. 그의 사무실은 거대한 정보의 창고다. 그 안의 책들은 그에게는 마치 약동하는 은하처럼 한없는 의미를 부여해 준다. 그는 그런 정보의 창고 안에서 새로운 의미를 찾아 끝없는 시선을 던지고 있다. 박식하기 그지없는 실바에게 출판사는 포르투갈 역사책의 교정을 맡긴다. 실바는 늘 해오던 대로 교정을 본다. 그러다가 우연치 않게 역사적 사실을 부인하는 한 단어를 원고에 덧붙여 버린다. 이 단어는 역사를 바꾸는 중대한 사건에 속하는 일이었다. 실바는 십자군의 도움 없이 아퐁소 국왕이 리스본을 무어족으로부터 쟁취했다고 믿는 사람이기에 공인된 역사를 부인하는 쪽으로 원고를 수정했을 뿐이다. 그러나 그것은 역사적 사실과 다른 것이었다. 왜냐하면, 이베리아 반도는 711년 이후 무어족 점령 아래 있었고, 15세기에 이르러서야 유럽의 기독교 문명권에 완전히 편입되었는데, 포르투갈이 독립 왕국으로 성립된 것은 1147년 카스티야 지역의 통치자 아퐁소 엥리크시가 영국 십자군의 도움으로 리스본을 점령한 이후의 일이기 때문이었다. 리스본 쟁탈전은 모든 포르투갈 사람들이 어릴 때부터 당연한 사실로 배우는 역사인데 실바는 교정과정에서 그것을 부정해 버린 것이었다. 그의 고의적 실수가 출판과정에서 발각된다면 그는 그 일로 인해 해고되어야만 했다. 그러나 출판사는 실바를 해고하기는커녕 내친 김에 실바에게 역사를 바꿔 써 보라고 제안한다. 이런 제안을 받은 실바는 그때부터 기존 역사 기록을 재해석하기 시작한다. 역사적 사실을 읽다가 중간에 드러나는 빈틈이 있으면 그 빈틈에 새로운 상상력으로 하나의 새로운 역사적 사실을 만들어 갔다. 그래서 포르투갈의 역사는 하나의 거대한 역사소설로 바뀌어 버리고 만다[참고: 주제 사라마구(2007). 리스본 쟁탈전(역). 서울: 해냄].

15) 참고: 김영민(2007). 철학자 생활이 길들인 타성을 걷어내라(2007. 9. 7). 한겨레신문; 한준상(1999). 호모 에루디티오. 서울: 학지사.

16) 참고: 닐 로즈(2008). If의 심리학(역). 서울: 21세기북스.

17) 참고: 조광제(2006). 예술 개념, 움직이는 미. 철학아카데미(편). 철학, 예술을 읽다. 서울: 동녘.

18) 참고: 이경률(2006). 사진, 자동생성과 재현의 논리. 철학아카데미(편). 철학, 예술을 읽다. 서울: 동녘.

19) 참고: 마이클 페인(편)(2007). 이론 그 후의 삶(역). 서울: 민음사.

20) 참고: Eagleton, T. (2003). After Theory. New York: Basic Books.

21) 참고: 마이클 페인(편)(2007). 이론 그 후의 삶(역). 서울: 민음사, p. 47.

22) 서울대학교 소광섭 교수팀은 호르몬 수송로인 봉한관의 실체를 마침내 찾아냈다. 그들이 개발한 특수 형광염색법을 활용하여 토끼와 쥐의 큰 혈관 속에서 거미줄처럼 가늘고 투명한 줄인 봉한관을 찾아내는 데 성공했다. 그들은 장기 표면에서 채취한 봉한관 속을 흐르는 액체의 속력까지 측정했다. 그 결과 봉한관에서 산알을 추출, 산알 속에 DNA가 있음을 사실로 확인했다. 아드레날린 호르몬을 생성하는 세포가 바로 그것이다. 이런 실험을 통해 소광섭 교수팀은 "한의학에서 말하는 '기'가 바로 봉한관을 흐르는 산알의 DNA의 생명정보와 빛 에너지"라고 보았다. 일반적으로 "신경은 전기로 신호 전달을 하는 반면, 한의학에서 말하는 경락은 빛을 통해 신호를 전달하는 체계로 볼 수 있는데, 이 봉한 경락은 몸 안의 '광통신 네트워크'와 같은 역할을 담당하고 있다고 본 것이다[참고: 이승재, 이용권. 서울대 소광섭 교수팀 "氣실체 주장한 '봉한학설' 입증"(2007.11. 9). 문화일보].

23) 참고: 이한음(2007). 인간의 숨겨진 식스센스, 놀라운 실체를 드러내다. 신동아 2월호, pp.67-78.

24) 미국에서는 해마다 '새 사냥(birding)' 경기가 벌어진다. 총이나 그물로 새를 잡는 경기가 아니다. 사람들이 많은 종류의 새를 얼마나 많이 보았는가를 겨루는 경기다. 이 경기에는 정해진 경기장도 없고 상금도 없다. 참가자들 서로가 인정하는 명예가 상이며 상장이다. 심판도 있을 리 없다. 어떤 새를 보았다는 기록만 남기면 된다. 일 년 내 벌어지는 신사적인 경기다. 경기장도 제멋대로다. 출전자 거주지도 좋고 한 주(州)도 좋고, 아니면 미국 전역에서 벌어지는데, 미 전역에서 벌이는 새 보기 경기를 '빅 이어' 라 부를 뿐이다[참고: 마크 옵마식(2005). 빅 이어(역). 서울: 뜨인돌]. 빅 이어에 참가하는 경쟁자들은 텃새는 물론 한번 지나가면 볼 수 없는 철새를 발견하기 위해 전국을 헤맨다. 사막, 습지, 산꼭대기 그 어디라도 희귀 새만 있다면 그들은 그곳으로 달려간다. 새들이 있는 곳이 바로 그들에게는 서로에게 서로를 부추기는 경기장으로 변한다. 보트를 타고 세 시간 이상 거친 파도와 싸우기도 해야 보고 싶은 새를 볼 수 있다. 새를 관찰하기 위해 수백 시간 동안 목에 걸고 다니던 쌍안경 때문에 '쌍안경 목'이란 직업병을 얻거나 손이 마비증상에 시달리기도 한다. 이렇게 빅 이어 경기에 참여하다 보면, 어떤 경기자는 일 년 동안 지구와 달 사이 거리보다 더 먼 43만여 킬로미터를 여행하기도 한다. 어떤 사람은 비행기 여행비로 22만 킬로미터를 타고 6만 달러를 쓰기도 한다. 이런 새 잡기 행사를 보고, 할일 없는 사람들의 어처구니없는 행적에 관한 이야기로 치부할 수도 있다. 그러나 앎이 무엇인지에 대해 조금만 다른 생각을 한다면 그것은 새에 대한 실제적인 앎이며, 자연 사랑에 대한 용기가 바로 삶을 제대로 읽기 위한 삶에 대한 앎의 과정임을 알 수 있다.

25) 그가 이야기하는 학습기술은[참고: 조시 웨이츠킨(2007). 배움의 기술(역). 서울: 이제] (1) 실패에서 배워라, (2) 발달 이론을 믿고 배우라, (3) 승부에 집착하지 마라, (4) 소프트 존으로 들어가라, (5) 같은 실수를 반복하지 마라, (6) 자신의 색깔을 버리지 마라, (7) 내면의 소리에 귀를 기울여라, (8) 처음처럼 다시 시작하라, (9) 적극적으로 실패에 투자하라, (10) 작은 동작 하나하나에 정통하라, (11) 역경을 새로운 기회로 삼아라, (12) 자신에게 유리하게 시간을 늦춰라, (13) 심리전에서 절대 밀리지 마라, (14) 위기일수록 침착하게 행동하라, (15) 회복훈련으로 집중력을 길러라, (16) 어떤 상황에서든 정신을 집중하라, (17) 감정을 억누르지 말고 지배하라, (18) 모든 지식을 통합하라 등이었다.

26) 참고: 이언 스튜어트(1996). **자연의 수학적 본성(역)**. 서울: 두산동아.

27) 참고: 미치오 가쿠(2006). **평행우주(역)**. 서울: 김영사; 두산세계백과. 2005.

28) 참고: 이기우(2006). 현대물리학과 신비주의(9)(2006. 6. 19). **동아일보**.

29) 참고: 후쿠오카 신이치(2008). **생물과 무생물 사이(역)**. 서울: 은행나무.

30) 참고: **과학동아**. 2002년 11월호.

31) 치매는 크게 알츠하이머병과 혈관성 치매로 나뉜다. 뇌출혈·고혈압 등 혈관질환이 원인인 혈관성 치매와 달리 알츠하이머병은 발병 원인이 정확하게 밝혀지지 않았다. 그러나 알츠하이머병은 65~74세에

서 10%, 75~84세 19%, 85세 이상에서는 47%가 발병한다. 알츠하이머병의 주요 원인 물질로 아밀로이드 전구 단백질이 잘못 변해서 생기는 베타아밀로이드가 지목된 바 있다. 아밀로이드 단백질은 신경세포 사이의 신호를 전달해 주는 시냅스의 형성과 유지에 관여하는 단백질이다. 서울대학교 의과대학 서유헌 교수는 베타아밀로이드가 만들어지기 전단계 물질인 C단 단백질이나, 베타아밀로이드가 떨어져 나간 C단 단백질이 베타아밀로이드보다 독성이 10~1000배가 더 강하다는 사실을 동물실험 등을 통해 밝혀냈다. C단 단백질은 핵에 침투해 타우 단백질을 인산화하는 GSK3베타라는 유전자 등을 활성화해 신경섬유 덩어리를 만들어 신경세포를 죽게 만든다. 이것은 또 세포 안의 미토콘드리아나 신경세포 밖에 존재하면서 신경세포를 지탱·보호해 주는 글리아세포를 공격해 사이토카인이라는 염증 물질을 만들어 세포사를 일으킨다. 특히 C단 단백질은 세포막에 달라붙어 채널(통로)을 만들어 세포 안으로 칼슘 이온이 들어오게 하거나 세포 안에 있는 칼슘 이온 저장소의 칼슘 농도를 높여 세포가 사멸에 이르게 한다[참고: 이근영. 치매 완치에 도전한다. (2002. 12. 18.) 한겨레].

32) 머리에서 지우고 싶은 개별 또는 특정 기억을 떠올릴 때 마음 아픔을 해소시켜 주는 약이 발견되었다. 캐나다 맥길 대학과 미국 하버드 대학 연구팀에 따르면 심장병 환자의 고혈압 치료제인 교감신경 억제제 프로프라놀롤(propranolol)이 아픈 기억을 지우는 데 도움이 된다. 맥길 대학의 카림 네이더 박사는 이 약은 아픈 기억에서 감정적인 부분은 지우고 의식적인 부분은 그대로 둠으로써 사건의 자세한 내용은 기억하면서도 그 기억에 의한 마음 아픔은 느껴지지 않게 한다고 밝혔다. 연구팀은 큰 사고나 강간을 당해 외상후 스트레스 장애(PTSD)를 겪고 있는 19명을 두 그룹으로 나누어 각각 프로프라놀롤과 위약을 10일 동안 복용하게 하고 10년 전에 있었던 아픈 기억을 떠올리게 한 결과 프로프라놀롤 그룹은 심박동이 빨라지는 등 스트레스의 징후가 훨씬 덜한 것으로 나타났다. 네이더 박사는 기억을 떠올리려면 저장된 기억을 꺼냈다가 다시 집어넣어 재저장해야 하는데 이 약은 기억을 끄집어 낸 뒤 '굳히는' 화학적 경로를 교란시키는 것으로 생각된다고 말했다[참고: 한성간. 나쁜 기억 치료하는 약(2007. 7. 5). 연합뉴스].

33) 확실한 지식은 공허한 단어라고 주장하는 포퍼는 '안다'라는 말이 무엇을 지칭하는지를 알려 주기 위해 그것을 대표하는 그리스어와 라틴어, 영어, 독일어의 쓰임새를 구별해 주고 있다. (1) Wissen [knowledge, 지식(앎)] ≠ Vermutung [conjecture, 추측] ich weiβ[I know, 나는 안다] ≠ ich vermute [I conjecture, 나는 추측한다]의 구별은 의외로 간단하다. (2) Wissen은 특정 진리를 내포한다. 따라서 Wissen은 '확실성' 또는 '확신'의 뜻을 내포한다. 이러한 언어에서 "나는 오늘이 금요일이라는 것을 '알지만' 확신하지는 못한다."라고 하는 것은 어불성설이다. 그에 대한 대꾸는 "네가 확신하지 못한다면, 너는 아는 것이 아니라 단지 추측하는 것이다."가 될 것이다. (3) 소위 과학적 지식이라는 것은 지식이 아니다. 과학적 지식은 그중 일부가 철저한 검증을 거쳤다 하더라도 추측 혹은 가설로만 이루어져 있기 때문이다. (4) 우리는 알지 못하며, 다만 짐작할 뿐이다. 비록 과학적 지식은 지식이 아니지만, 그것은 우리가 가진 지식 중에서 최고의 것이다. 나는 그것을 '추정적 지식'이라고 부른다. 지식을 수집하기를 좋아하며 지식 없이는 살 수 없는 사람을 달래기 위해서다. 그런 사람이 바로 제언에

대한 위험한 욕구를 가진 사람이다. 그들은 확실성 없이, 확신 없이, 혹은 권위나 리더 없이는 살아갈 용기가 없는 사람이다. 아직까지 유년기에 갇혀 있는 사람이다. 또 어떤 이들은 친구나 의지할 사람을 필요로 하며, 역할 모델이나 평범하게 태어나 위대한 업적을 일구어 낸 인물을 갈망한다. 병든 사람을 간호하고 있는 사람이 자꾸 의학 분야의 권위자에게 기대려는 식이다[참고: 칼 포퍼(2007). **삶은 문제 해결의 연속이다**(역). 서울: 부글북스, p. 52].

34) 그가 해군에서 일하게 되면서 특허나 발명에는 몇 가지 패턴이 있다는 것을 깨닫게 되었다. 어떠한 문제가 생기게 하는 것은 '모순'으로 정의되며, 이 해결책들은 효과가 강력하여 소비에트 연방의 발명대회에서 두 번 연속으로 그랑프리 대상을 수상하게 되었다. 이에 자신감을 얻은 알츠슐러는 소련의 교육체제가 인간의 창의적 사고 능력을 발전시키기에 부족하므로, TRIZ를 교육체계에 채택할 것을 요청하는 '소비에트 연방의 창의력 향상을 위한 제언'이란 편지를 스탈린에게 보냈다. 2년 후에 알츠슐러는 KGB에게 체포되어 1년간의 고문 끝에 25년형을 선고받고 시베리아의 강제수용소로 가게 되었다. 그 수용소에는 많은 학자, 예술가, 지식인들이 사상범, 정치범으로 갇혀 있었다. 혼자 나이가 어렸던 알츠슐러는 이곳을 1인 대학이라고 명명하고 많은 사람들에게 대학교육을 받으면서 TRIZ에 대한 연구를 계속해 창의적 문제해결을 위한 이론의 세세한 부분을 완성하였다. TRIZ의 목표는 이상적인 해결책 IFR(Ideal Final Result)에 도달하는 것이다. 최상의 해결점은 효과(effect)/비용(cost)가 무한대(infinite)로 수렴하는 해결책이다[참고: 김효준(2006). **생각의 창의성**. 서울: 지혜].

35) 참고: 디트리히 되르너(2007). **선택의 논리학**(역). 서울: 프로네시스.

36) 참고: 가라타니 고진(1998). **탐구**(역). 서울: 새물결, pp. 131-132.

37) 인간의 표정에 초점을 맞춘 감정을 연구해 온 비언어 의사소통 분야의 전문가인 폴 에크먼(Paul Ekman)은 얼굴의 움직임을 체계적으로 묘사한 '최초의 얼굴 지도'를 그린 것으로 유명하다. 얼굴의 움직임이 어떤 근육 때문에 생겨난 것인지를 확인하기 위해 스스로 피부 속에 직접 바늘을 꽂아 전기자극을 주면서 표정을 만들어 내기도 했다. 이렇게 해서 1978년에 얼굴 움직임 해독법(FACS; FACIAL ACTION CODING SYSTEM)이 만들어졌고, 현재 얼굴 움직임을 연구하는 전 세계의 수많은 학자가 이용하고 있다[참고: 폴 에크먼(2006). **얼굴의 심리학**(역). 서울: 바다출판사]. 그는 인간의 얼굴은 2개의 근육만으로 300가지 표정을 만들어 낼 수 있다는 사실을 알아냈다. 3개 근육으로는 4,000가지, 5개 근육을 서로 달리 조합하면 1만 개 이상의 표정을 만들어 낼 수 있다는 것이다. 그토록 다양한 조합 중에서 특별히 유의미한 표정을 골라내면 3,000개 정도가 된다. 거기 쓰인 근육에 번호를 붙여 나가면 바로 얼굴 지도가 된다. 이를 통해 폴 에크먼은 세계 최초로 얼굴 지도를 만들었다.

38) 참고: 윌리스 고스 리기어(2008). **아첨론**(역). 서울: 이마고.

39) 아도르노(1903~1969)는 20세기 사상가 중에서 가장 음악에 밝은 인물이었다. 프랑크푸르트에서 태어난 그는 어머니가 성악가였던 덕분에 일찍부터 소리의 세계를 깨우쳤다. 1920년대 초 프랑크푸르트

대학에서 철학, 사회학, 심리학을 공부하면서 음악학도 파고들었다. 후설에 대한 논문으로 박사학위를 취득한 뒤에도 작곡과 피아노 연주 수업을 받을 정도였다. 그는 청년 시절부터 음악 평론을 썼고, 12음계 기법을 창시한 현대 음악가 쇤베르크를 평생 존경하였으며, 음악뿐만 아니라 문학, 미술에 대한 소양도 깊었다. 대학 시절 가장 감명 깊게 읽은 책으로 루카치의 문예 이론서『소설의 이론』을 꼽을 정도였다. 그만큼 아도르노 사상에서 예술이 차지하는 비중은 남달랐다[참고: 호르크 하이머 아도르노 (2006). 미니마 모랄리아(역). 서울: 길].

40) 습관은 기회비용을 줄이기도, 반대로 늘리기도 하는 삶의 지혜다. 기회비용이란 개념은 살아가면서 수시로 닥치는 선택의 상황에서 선택하지 않았던 것들의 '값'이다. 예를 들어, 자유롭게 쓸 수 있는 일억 원이 생겼을 때 사람들이 선택할 수 있는 방법은 여러 가지다. 예금을 할 수도 있고, 주식을 살 수도 있으며, 부동산을 살 수도 있다. 예금의 경우 연간 이자가 원금의 4%이고, 주식의 경우 연간 수익률이 9%이며, 부동산의 경우 연간 수익률이 15%라면, 사람들은 우선 땅을 선택할 것이다. 땅을 선택하는 대신 은행예금을 포기했을 때 생길 가장 큰 기회비용은 은행에 예금했을 때 얻을 수 있는 이익인 원금의 4%일 뿐이다. 예금 대신 부동산을 매수함으로써 치러야 하는 기회비용은 무려 15%나 되므로 기회비용을 줄이기 위해 당연히 부동산을 구입할 것이다. 인간의 일반적인 선택은 경험과 지식을 통해 얻은 기준에 의해 자동적으로 이루어지는 경우가 훨씬 많다. 경험측이 실생활에서 합리적으로 적용되는 가능성이 크기 때문이다. 그러나 자동화된 선택이 너무 과도하게 자동화되면, 다시 말해서 자동화된 선택이 하나의 습관이 되면 그것은 문제를 야기하기 시작한다. 자동화된 선택은 인생의 소소한 일에 있어 단기적 이익 또는 손해에 집착하고 장기적 기회비용에는 별로 주목하지 않기 때문이다. 예를 들어, 매일같이 1장씩 논문을 쓰기 위해 일일 1시간씩 일 년을 보내면 연말에 365장의 글이 남겠지만 그 대신 365시간의 잠자는 시간을 손해 본다. 박사학위과정을 밟는 학생의 경우, 하루 1시간 잠을 더 자는 것의 단기적 기회비용과 장기적 기회비용은 학위과정에 서로 다른 결과를 미치게 될 것이 분명하다.

41) 참고: 아리스토텔레스. 니코마코스 윤리학; 최관경(2003). 교육사상의 이해. 서울: 형설출판사.

42) 참고: 최준식(2006). 죽음, 또 하나의 세계. 서울: 동아시아.

43) 참고: 박철홍, 윤영순(2006). 듀이의 경험론에서 본 지식의 총체성과 탐구의 성격: 메논의 패러독스 해소방안. 서울교육대학교 인문관 한국도덕교육학회 월례학술대회에서 발표한 논문(2006.12. 2).

44) 박철홍 교수는 메논의 지식관을 어떤 사물을 실제로 사용하고 탐구하는 사람들의 활동 '밖에서' 사물의 성격을 규정한다는 점에서 '관조자적 지식관'으로, 아리스토텔레스의 지식관은 어떤 사물을 직접 사용하고 탐구하는 사람들의 활동 '속에서' 사물의 의미를 규정한다는 점에서 '참여자적 지식관'이라고 이름 붙이고 싶어 한다[참고: 박철홍, 윤영순(2006). 듀이의 경험론에서 본 지식의 총체성과 탐구의 성격: 메논의 패러독스 해소방안. 서울교육대학교 인문관 한국도덕교육학회 월례학술대회에서 발표한 논문(2006.12. 2)]. 이런 참여적 지식관을 현대교육에 가장 적합하게 반영하고 있는 학자가 듀이인데, 그는 인간과 자연은 완전히 독립된 환경이라고 보았다. 둘은 서로 다른 환경이고, 그것의 만남을 가능

하게 해 주는 것이 상호작용이다. 상호작용은 서로 분리되어 있던 인간과 자연, 인간과 인간 간의 관계를 맺어 준다. 그러나 듀이는 인간의 생물학적 존재 방식에 대한 고찰을 근거로 존재의 일차적인 모습은 인간과 환경으로 분리되어 있는 상태가 아니라 '상호작용' 그 자체라고 주장한다. 듀이에게 상호작용은 삶의 '일차적 사실이며, 가장 기본적인 존재 단위'가 된다. 마치 호흡이라는 상호작용이 폐와 공기가 상호작용하는 것이라면 소화는 소화기관과 음식물의 상호작용인 것처럼 교육은 학생과 교사가 상호작용하는 것이다. 결국, 교육은 상호작용의 지식, 참여적 지식을 만들어 내는 인간의 상호작용의 결과다.

45) 원래 크세노폰(Xenophon)은 아테네의 유복한 집안에서 태어났다. 아테네와 스파르타가 대규모 전쟁 (BC 431~BC 404)을 벌이던 때에는 아테네 정예부대에서 복무했다. 그도 다른 동시대인들처럼 소크라테스의 제자가 되는 일에 서슴없이 나섰다. 그들은 소크라테스처럼 아테네가 그 당시 취했던 극단적인 민주주의체제에 비판적이었다. 그래서 그들 젊은이들은 잠시 아테네에서 권력을 잡은 우익 혁명가들의 혁명(BC 411~BC 404)에 동조했지만, BC 401년 아테네가 다시 민주주의자들에 의해 권력이 이양되자 크세노폰과 같은 사람들은 일종의 불온분자로 낙인 찍히게 된다. 게다가 BC 399년 소크라테스가 유죄 판결을 받고 처형되자 크세노폰은 극단적 민주주의에 대해 더욱 혐오감을 갖고 아테네를 떠난다. 소크라테스를 존경하고 당시 극단적인 민주주의의 선봉에 서 있던 소피스트를 정치적으로 혐오했기 때문에 크세노폰은 그들과의 정치적 결별을 선언할 수밖에 없었다. 그런 정치적 삶을 택한 그는 마침내 소아시아에서 스파르타왕 아게실라오스와 친교를 맺게 되고, 코로네아 전투에서는 스파르타군의 일원으로 참가하여 결국 조국을 배반하게 되었다. 이 때문에 그는 조국에서 추방을 선고받았다. 그러나 스파르타는 그에게 보상을 내린다. 올림피아에서 가까운 스킬루스에 넓은 영지를 주었다. 그곳에서 그는 저술에 전념한다. 크세노폰은『변명(Apology)』,『향연(Symposium)』,『회상(Memorabilia)』에서 소크라테스라는 인물을 플라톤과는 전혀 다르게 진술한다. 그는 소크라테스를 일상적인 인물, 건강하게 살아가는 인물로 묘사했다. 크세노폰은 플라톤과는 달리 소크라테스의 철학적 논쟁보다는 그가 일상적인 삶을 통해 보여 주었던 개인적 일화, 만찬회에서 서로 다른 인물들과의 이야깃거리, 교육에 대한 실제적인 것에 관심을 쏟았다. 크세노폰은 미덕에 대한 소크라테스의 관심, 일상사적인 소크라테스의 시민적 관심을 잘 그려내고 있다. 소크라테스가 자신과 나눈 이야깃거리를 이렇게 회상하고 있다. 어느 날 나는 그(소크라테스)가 또 다른 이야기를 하는 것을 들은 적이 있는데, 나에게는 그 이야기를 들은 사람으로 하여금 자신이 친구에 대하여 얼마만한 가치가 있는지를 생각해 보도록 장려하는 것으로 생각되었다. 그는 자기 제자 가운데 한 사람이 친구가 궁핍에 빠져 있는 것을 보고도 못 본 체하는 것을 보고 그 친구와 많은 사람이 보는 앞에서 안티스테네스에게 말했다. "안티스테네스, 노예에 값이 있는 것과 같이 친구에게도 각기 값이 있는 것일까? 왜냐하면 어떤 하인은 2므나의 가치가 있지만 어떤 자는 반 므나도 되지 않네. 그런데 어떤 자는 5므나의 가치가 있는가 하면 또한 어떤 자는 10므나까지 되기도 하네. 니케라토스의 아들인 니키아스는 은산(銀山)의 관리인을 1타란톤으로 샀다고 하네. 그래서 나는 노예와 마찬가지로 친구에게도 각기 가치가 있는 것일까라는 생각이 드는 걸세." "그야 있지

요. 적어도 저는 2므나 정도가 아니라 더 줘서라도 내 친구가 되어 주었으면 하는 사람이 얼마든지 있습니다만, 어떤 사람들은 친구로 삼기에 반 므나도 아깝습니다. 어떤 사람은 10므나의 돈보다도 가치 있고, 또 어떤 사람은 모든 재산을 기울이고 모든 고생을 다해도 좋다고 생각하는 사람도 있습니다." "만약 그렇다면 사람은 각자 자신은 친구에게 과연 얼마만한 가치를 가지고 있는지 스스로를 돌아보고 될 수 있는 한 소중한 가치가 있는 사람이 되도록 노력하여 친구가 자신을 배신하는 일이 적도록 하는 것이 중요한 것일세. 왜냐하면 나는 친구였던 사람이 자신을 배신했다든가 혹은 친구라고 생각하고 있던 인간이 돈을 받아 자신을 버렸다든가 하는 말을 여러 번 들었기 때문이네. 여러 가지 이러한 일을 생각해 볼 때, 나는 마치 사람이 노예를 팔 때처럼 얼마건 간에 팔아치울 수도 있는 보잘것없는 친구는 그 값어치 이상의 것을 얻을 수 있는 경우에는 그 친구마저도 팔아치울 생각이 들지 않을까 하고 생각되는 것일세. 그러나 내가 보는 바로는 쓸모 있는 인간이라면 노예처럼 어떠한 일이 있어도 팔리는 일이 없고, 어떠한 일이 있어도 친구에게 배신당하지는 않아야 할 것이네."[참고: 크세노폰(1990). 소크라테스 회상(역). 서울: 범우사].

46) 참고: 자끄 랑시에르(2008). 무지한 스승(역). 서울: 궁리.

47) 참고: Muecke, D.C(1986). 아이러니(역). 서울: 서울대학교 출판부.

48) 참고: 질 들뢰즈(2004). 차이와 반복(역). 서울: 민음사.

49) 아리스토텔레스. 니코마코스 윤리학, B4, 1105 a26-b5.

50) 참고: 박철홍(2007). 총체적 지식의 함양으로서 공부. 교육철학회 연차학술대회 자료집(배움이란 무엇인가?).

51) 참고: Dewey, J. (1916). *Democracy and education*. N.Y: MMcMillan.

52) 참고: 박철홍(2007). 총체적 지식의 함양으로서의 공부. 교육철학회 연차학술대회 자료집. pp. 65-78.

53) 이 세상에 존재하는 생물들은 함께 살아가고 있지만, 저마다 다른 공간을 느끼면서 살아간다. 그들이 사물을 바라보는 것도 마찬가지다. 저마다 같은 것을 보고도 다르게 반응하는 것은 생물이 서로 다른 개수의 망막세포를 갖고 있기 때문이다. 원숭이는 인간만큼 주변을 볼 수 있는 데 반해, 독수리는 인간보다 8배나 더 넓게 세상을 본다. 생물 간의 시간 인식도 서로 다르다. 생활의 리듬 역시 차이가 난다. 1주일이 뉴욕인에게는 7일이지만, 아프리카의 어느 부족에게는 오직 4일이다. 생활 리듬의 차이는 다른 삶을 만들어 놓아 서로에게 다양성과 관용을 요구한다. 우주시간으로 볼 때, 인간의 삶은 티끌에 지나지 않는다. 어떤 세계는 느리고 어떤 세계는 빠르다. 그 차이를 포착할 때, 다른 생물과 다른 사람의 삶이 아름답게 느껴질 수 있다[참고: 주디스 콜, 허버트 콜(2006). 떡갈나무 바라보기(역). 서울: 사계절].

54) 참고: 박병철(2003). 비트겐슈타인. 서울: 이룸.

55) 나는 내부시각의 본질에 관해 글을 쓰면서 나카자와 신이치 교수의 글에서 많은 도움을 받았다. 그에게 감사하면서 내부시각의 정체를 밝히기 위해 그의 글을 광범위하게 인용하거나 다르게 해석했다. 신이치 교수는[참고: 나카자와 신이치(2003). 신의 발명-인류의 지와 종교의 기원(역). 서울: 동아시아, pp. 60-61] 내부시각을 보기 위해 동양의 신비론자들이 그동안 추구해 왔던 것을 소개하고 있다. "사막으로 나가서 파란 하늘을 꼼짝 않고 지긋이 응시하고 있는 나이 지긋한 사람의 모습이 묘사되어 있곤 하는데, 당시의 원주민들 가운데 지적 능력이 뛰어난 사람들은 '내부시각'을 통해 출현하는 빛의 에너지가 이동하는 광경을 관찰했던 것 같습니다. 그런 추측이 가능한 한 것은 그 방식이 티베트에서는 지금도 행해지고 있기 때문이죠. 실제로 저의 경우, 전승되고 있는 특별한 방식에 따라 파란 하늘을 계속 응시하고 있다가 짙은 파란색 가운데서 광점이나 뱀처럼 움직이는 무지개 띠, 혹은 격자 모양으로 흔들리는 빛 등이 잇달아 출현하는 것을 '내부시각'에 의해 직접 체험한 적이 있습니다. 원주민은 그때 '드림타임(꿈의 시간)'이라고 불리는 상태에 빠져드는데, 그 상태에서 이런 빛의 패턴이 실제로 관찰되었을 겁니다. 원주민의 방식은 우리가 보통 '명상'이라고 부르는 것에 해당합니다. 그들의 문화는 어림잡아 3만 년 혹은 4만 년 이상 추정될 정도로 오랜 역사를 갖고 있으므로, 명상은 호모 사피엔스의 역사와 함께한다고 해도 지나친 말이 아닙니다. 실제로 오늘날 '명상'이라고 불리는 방식을 통해서도 동일한 체험이 가능합니다. 인도의 모헨조다로 유적에서 발견된 테라코타에는 오늘날의 요가 수행자와 똑같은 모습을 한 승려처럼 보이는 사람의 모습이 묘사되어 있습니다. 그들의 종교체험을 기록한 아주 오래된 책 『리그 베다』에는 깊은 명상에 들어가면 '타는 듯한 불'이나 '눈부신 빛'이 출현한다고 적혀 있습니다. 광대버섯에서 추출한 주스를 마심으로써 그런 체험이 가능했다고도 생각할 수 있지만 환각성 식물의 도움을 빌리지 않고 호흡을 가다듬어 교감신경을 조절하는 명상법만으로도 '불'이나 '빛'이 내부로부터 나타날 수 있습니다. 인도의 요가 수행자들은 가부좌를 틀고 명상을 합니다. 그러나 서아시아에 전승되는 방식에 의하면, 무릎을 끌어안고 어두운 곳에 장시간 틀어박혀 있음으로써 동일한 체험이 가능합니다. 호흡을 조절하고 오랫동안 자세를 유지하고 있으면, 이마 부근의 공간이 갑자기 '열리며' '너무나 눈이 부셔 견딜 수 없을 정도로' 빠른 속도로 회전하는 빛의 소용돌이가 나타납니다. 이 빛의 소용돌이를 후세의 유대교에서는 '메르카바의 신전' 등으로 부르는데, 그 본질은 바로 '내부시각'입니다."

56) 참고: Premack, D., & Premack, A. (2002). *Original Intelligence: The Architecture of the Human Mind*. NY: Mcgraw-Hills.

57) 참고: 로저 마틴(2008). 생각이 차이를 만든다(역). 서울: 지식노마드.

58) 루이스 월퍼트[참고: 루이스 월퍼트(2007). **믿음의 엔진**. 서울: 에코의 서재, pp. 65-66]는 인과적 믿음이 신생아에게서 어떻게 나타나는지 신생아의 발달원형에 관한 여러 연구 결과를 참고하면서 설명하고 있다. 인과적 믿음은 인간의 경우 신생아 때부터 이미 잘 발달되는데, 발달심리학자들은 아이들의 인과적 이해를 '발달원형'이라는 말로 부른다. 발달원형은 인생의 초반부에 발달하는 것으로, 인간 스스로 최소한의 노력으로도 성취할 수 있다. 발달원형에 의해 발달되는 인과적 믿음은 환경과의 상호작용에 영향을 받기는 하지만 문화나 환경의 영향과는 별다른 관련이 없다. 예를 들어, 아이는 태어난 지 하루

만에 행복한 얼굴과 슬픈 얼굴을 구분하며, 6개월이 되면 행복한 목소리와 화난 목소리를 구분할 수 있다. 신생아 시기에는 사물을 조종하고 사람들과 교감하다가 한 살 무렵에는 사람과 사물 모두와 동시에 상호작용하면서 양쪽 모두에 관심을 보인다. 손가락질과 모방, 이와 같은 몸짓 등은 거의 모든 유아가 이 시기에 보이는 기술이다. 이런 기술을 획득할 수 있는 능력은 사회적으로 상호작용하고 이해하기 위한 목적으로, 유아의 두뇌에 이미 유전적으로 결정되어 있다. 신생아들은 자기 손이 어떻게 움직이는지 지켜보는 동안 자기 자신과 손이 움직이고 있는 세상에 대한 중요한 정보를 입수한다. 이 경험은 유아가 약 4개월이 되면서부터 손을 뻗고 잡는 데 필요한 정보가 된다. 유아가 환경 속에서 행동을 조종하기 위해서는 신체의 동작에 대한 관련 체계를 세워야 한다. 여기서 시각은 매우 중요한 역할을 수행하는데, 처음 몇 주 사이에 동작과 관련된 신체 부위에 대해 많은 학습이 이루어져야 나중에 장난감을 향해 손을 뻗는 동작을 취할 수 있다. 어린아이들은 재생되는 에너지나 힘의 근원을 보유한 물체들의 인과적 특성을 인식하는데, 이것은 오직 인간만이 지닌 독특하고 매우 정교한 사고 능력이다. 이것은 과학적인 힘의 개념과는 다르지만 역학의 원시적 발상이자 '힘'의 개념이다. 일단 몸을 움직이면 힘을 갖게 된다. 이 힘은 충돌하면서 다른 물체로 이동할 수 있고, 이동된 힘은 수용되기도 하고 거부되기도 한다. 신생아는 정지한 물체가 움직이는 물체에 부딪힐 때 위치가 바뀔 것으로 기대하며, 6개월이 되면 얼마나 멀리 이동할지 예측할 수도 있다. 이런 핵심 원칙들은 학습을 통해 습득된다. 아이들은 유리접시가 떨어지면 깨지지만 금속접시는 그렇지 않다는 것을 안다. 또한 물체의 크기가 일정한 틈을 통과할 수 있느냐 마느냐에 영향을 미친다는 것을 인식하며, 더 나아가 그것을 담는 용기의 크기를 좌우한다는 것도 깨닫는다.

59) 참고: 조녀선 밸컴(2008). 즐거움, 진화가 준 최고의 선물(역). 서울: 도솔.

60) 이런 주제는 기존의 동물학에 대해 상당히 도전적이다. 리처드 도킨스 역시 기존의 동물학자들의 판에 박은 듯한 동물 이해에 대해 상당히 분개한 바 있다. 이미 그는 『에덴의 강』이라는 저서에서, "자연계에서 발생하는 고통의 총량은 어지간한 짐작으로는 상상도 할 수 없을 정도다. 내가 이 문장을 쓰는 데 걸리는 이 짧은 시간 동안에도 수천 마리의 동물들이 산 채로 잡아먹히고, 다른 동물들은 두려움에 벌벌 떨며 살려고 도망다니며……."라고 진술하면서 과학자들이 자연현상을 진화론으로 설명하기를 좋아하는 것에 대해 비판을 가한 바 있다. 그의 비판에 의하면, 생물진화론자들이 너무 자연 선택과 성공적인 번식만 고려함으로써 생명체 하나하나가 누리는 경험과 느낌, 감정, 기쁨을 제대로 알아차리지 못했다는 것이었다. 다윈 이후 120년 이래 동물학자들은 동물이 의식적이고 감정적인 존재라는 것을 거부해 왔으며 그런 행동주의 동물학의 패러다임 아래 동물의 의인화를 비과학적이라고 금지하고 있다. 동물을 대개 한 종의 구성원으로 여겨 온 것이 바로 그런 사례다. 그러나 양이라는 동물은 얼굴 사진만 보고 50마리가 넘는 동료의 차이를 식별할 수 있으며, 이런 능력은 무려 2년 동안이나 유지할 수 있다. 이는 양이라는 동물을 그냥 인간적인 관점에서 오비스 아리스라는 학명 아래 모두가 하나라고 여기는 것은 피카소의 그림은 모두 똑같거나 하나라고 이야기하는 것이나 마찬가지다. 이에 반기를 드는 밸컴 교수가 내세우는 쾌락의 동물학적 관점은 신경과학 등에서 밝혀진 동물의 의식과 감정에 관한 연

구 결과를 적극적으로 활용하며 동물에 대한 의인화를 허용한다. 예를 들어, PET나 MRI 등 최근 뇌영상 기술은 동물도 우리와 마찬가지로 감정을 경험한다는 증거를 더욱 자세히 밝혀 주는 데, 기니피그의 어미와 새끼를 떼어 놓을 때 이들이 스트레스를 경험하는 뇌 부위는 사람이 슬픔을 경험하는 뇌 부위와 놀라울 정도로 유사하다. 테네시 대학의 동물행동학자 고든 부르크하르트는 동물학자들에게 동물에 대한 바른 이해를 위해 '비판적 의인화'를 권하는데, 동물의 연구를 위해서는 종에 대한 생활사, 행동, 생태 등에 관한 확고한 지식의 바탕이 필요하다는 것이다. 콜로라도 대학의 동물행동학자 마크 베코프 역시 '생물 중심적 의인화'를 옹호한다. 동물의 관점을 고찰해야 동물을 제대로 이해할 수 있다는 것이다. 그런 생각으로 보울링 그린 주립대학 신경과학자인 야크 판크세프는 "동물의 의식을 부정하는 것은 태양이 지구를 돈다고 믿었던 인간 중심적인 견해만큼이나 얼토당토않다."라고 반박한다. 노벨상 수상자 콘라트 로렌츠의 오리 연구가 보여 주는 각인의 사례는 바로 생물 중심의 의인화에 대한 연구의 필요성을 나타낸 대표적인 사례다[참고: 조너선 밸컴(2008). 즐거움, 진화가 준 최고의 선물(역). 서울: 도솔].

61) 참고: 임신재(2006). **동물행동학**. 서울: 살림.

62) 알파(alpha)파는 사람 뇌파의 대표적인 성분이다. 보통 10Hz 전후의 규칙적인 파동이며 연속적으로 나타난다. 잠에서 깼을 때, 안정을 취했을 때, 눈을 감았을 때의 뇌파는 주파수 10Hz 전후다. 진폭 $50\mu V$ 정도가 오르내리면서 후두부에서 거의 좌우대칭으로 연속해서 나온다. 정상인에게는 표준파인 알파파가 눈을 감고 진정한 상태로 있을 때 잘 감지된다. 무엇인가를 감지하고 접촉하며 인지하면 뇌파가 달라지기 시작한다. 알파파보다 빠른 파동은 속파(速波)라고 하는데 전두부에 우세하게 나타난다. 깨어 있을 때나 정신적인 활동을 할 때 주로 나타나며 이를 베타(beta)파라고 하는 경우가 많다. 알파파보다 늦은 주파수를 가진 파동은 서파(徐波)라 부른다. 4~7Hz의 것을 세타(theta)파, 그 이하의 것을 델타(delta)파라고 한다. 세타파는 얕은 수면 상태에서 나타나고, 델타파는 깊은 수면 상태에서 나타난다. 뇌파는 연령과 함께 달라진다. 신생아에게서는 뇌파다운 것은 아직 보이지 않는데, 그것은 어린이의 뇌에서 나오는 뇌파가 어른에 비해 서파의 경향이 강하기 때문이다. 4세경에는 7~8Hz 전후의 알파파가, 9세경에는 10Hz 전후의 알파파가 후두부에 나타난다. 15세경부터의 뇌파는 모든 성인과 비슷해진다. 60세 이상이 되면 서파가 증가하는 대신 속파인 알파파의 주파수는 감소한다. 성인의 알파파 주파수는 평균 10Hz 정도인 데 비해 60세가 넘으면 9Hz, 80세를 넘으면 8Hz가 된다. 90세가 넘더라도 지적 능력이 있는 경우에는 9~10Hz의 알파파를 나타낸다.

63) 참고: Linden, D. (2006). *The Accidental Mind: How Brain Evolution Has Given Us Love, Memory, Dreams, and God*. Cambridge, Mass. : Belknap Press; Sharon Begley. 인간 두뇌는 파충류의 고급형?(2007. 4. 30). 뉴스위크.

64) 이 같은 의문에 답을 제공한 미국 보스턴 대학 심리학자 패트리샤 가니아 교수팀은 미국심리학회 저널 『심리과학(Psychological Science)』에 발표한 논문에서 아기들이 만 2세가 되기 전부터 직접 보지 않

고 이야기로만 들은 정보를 하나의 사실로 인식하기 시작한다고 주장했다. 연구진은 이를 밝히기 위해 19개월과 22개월 된 아기 20명씩을 대상으로 실험을 했다. 먼저 똑같은 녹색 개구리 봉제인형 두 마리와 분홍색 돼지 인형 한 마리를 보여 주며 개구리 인형 한 마리의 이름을 '루시'라고 알려 주고 다른 한 마리는 '루시의 친구'라고 알려 준 뒤 이를 숙지하도록 했다. 그런 다음 인형을 모두 옆방으로 옮기고 아기들에게 책상을 닦다가 실수로 양동이를 엎어 루시가 흠뻑 젖었다고 얘기해 주었다. 얼마 후 아기들에게 젖은 루시와 돼지 인형, 마른 상태의 루시 친구 인형을 보여 주며 어느 것이 루시인지 고르도록 했다. 그 결과 22개월 된 아기는 16명이 직접 보지는 못했지만 루시가 물에 젖었다는 정보를 받아들여 젖은 루시 인형을 제대로 찾아냈으나 3명은 마른 상태인 루시 친구 인형을, 다른 한 명은 젖은 돼지 인형을 골랐다. 그러나 19개월 된 아기들은 9명만이 젖은 루시를 제대로 찾아냈으며 10명은 마른 상태인 루시 친구 인형을, 한 명은 젖은 돼지 인형을 각각 선택했다. 이 결과를 중심으로 연구진은 22개월 된 아기들이 눈앞에 없는 대상에 대해 말로 제시된 새로운 정보를 받아들여 다른 사물을 구별하는 데 활용하고 있다는 것을 보여 주는 것으로 풀이했다[참고: Patricia A. Ganea, Kristin Shutts, Elizabeth S. Spelke, and Judy S. DeLoache(2007) Thinlking of things unseen: Infants' use of language to update mental representations. *Psychological Scinece, 18*, 8 pp. 748-753].

65) 아직도 밈은 불완전한 개념이기는 하지만, 문화의 전달현상을 설명할 수 있는 하나의 길잡이를 보여 주었다는 점에서 그의 논리는 교육학 이론에서도 진지하게 논의될 만하다. 생물학에서는 일반적으로 성공적인 복제자의 속성을 세 가지로 집약한다. 복제의 정확성, 번식력(fecundity), 그리고 수명(longevity)이다. 도킨스 역시 자연 선택에 의한 진화는 변이(variation), 복제(heredity or replication), 차별적인 적응(differential fitness)의 조건이 만족될 때 이루어진다고 보고 있는데, 그 기준으로 밈은 유전자처럼 진화를 이끄는 복제자의 조건을 충족시키는 것이 사실이다. 리처드 도킨스(Richard Dawkins)는 그의 저서 [참고: 리처드 도킨스(2006). 이기적인 유전자(역). 서울: 을유문화사, pp. 279-280]의 마지막 장에서 밈(Meme)이라는 새로운 복제자(replicator)를 처음 제시하고 있다. "필자는 새로운 종류의 복제자가 최근에 바로 이 지구 위에 나타났다고 생각한다. 그것은 여전히 어린 상태로 있어서 진화의 토대가 될 원시 수프(primeval soup)를 찾아 허둥지둥 떠돌아다니지만, 헐떡이며 따라오는 구시대의 유전자를 저 뒤에 남겨 놓을 만큼의 진화의 속도를 벌써 획득하고 있다. 그 새로운 수프는 문화의 수프다. 그 새로운 복제자에 대한 어떤 이름이 필요한데, 문화의 전달 단위나 모방 단위라는 개념을 함축하고 있는 명사이어야 할 것이다. '미메메(mimeme)'란 말은 그것에 해당하는 그리스어 어원인데, 필자는 진(gene)처럼 한 음절로 된 단어를 이름으로 쓰고 싶다. 그래서 필자는 미메메(mimeme)에서 간단하게 밈(meme)이라는 단어를 만들어 냈다. 그 말은 기억(memory)이나 불어의 그 자체를 가리키는 말인 m'Eme와 관련이 있다고 생각하면 될 것이다." "밈의 예로는 노래, 사상, 선전문구, 옷의 패션, 도자기를 굽는 방식, 건물을 건축하는 양식 등이 있다. 유전자가 정자나 난자를 통해서 하나의 신체에서 다른 하나의 신체로 건너뛰어 유전자 풀에 퍼지는 것과 같이, 밈도 넓은 의미에서는 '모방'의 과정을 통해서 한 사람의 뇌에서 다른 사람의 뇌로 건너뛰어 밈의 풀에 퍼진다."

66) 참고: Blackemore, S. (1999). *The Meme machine*. London: Oxford University Press.

67) 참고: 해럴드 블룸(2008). 지혜를 어디서 찾을 것인가(역). 서울: 루비박스.

68) 주희(朱熹)는 중국 사상계에 큰 영향을 미친 남송(南宋) 때의 유학자로서 주자(朱子)라고 존칭된다. 그가 세운 학문체계를 주자학이라고 한다. 지방관리의 아들로 태어난 주희는 어린 시절부터 유교교육을 받았으며, 18세 때 대과(大科)에 급제했다. 당시 대과에 급제한 사람들의 평균 연령이 35세인 것으로 보아 주희의 능력은 꽤나 뛰어났다. 그는 푸젠성 동안(同安)의 주부(主簿)로서 첫 관직을 시작했으나 주부를 역임한 후로는 다른 관직을 일체 거절한 채 황제에게 상소문만 보냈다. 나라에 대한 자신의 정치적 견해를 밝힌 것이다. 그가 관직을 거절한 것은 그 당시 벌어지고 있던 파당정치를 혐오하였기 때문이다. 낙향하고 있으면서도 주희는 학문을 게을리 하지 않았다. 그는 공자와 맹자를 섭렵하여 대 유학자로서의 면목을 드러냈다. 그는 당시 성리학의 또 다른 유파의 사상가인 상산(象山) 육구연(陸九淵)과 사상적인 논쟁을 벌였다. 인간이 지니고 있는 내재성(內在性)의 절대가치를 강조하는 육구연의 생각과는 달리 주희는 책을 통해 배우는 것의 중요성, 말하자면 주지적인 절대가치를 중요시하는 '성즉리(性卽理)'의 입장을 유지했다. 그가 내세운 주지 이론은 궁리적(窮理的)인 논증, 고전(古典)의 권위를 추종하는 훈고학적인 논리를 중시했다. 훈고학적 기준은 바로 공자와 그의 후계자인 맹자였다. 주희는 인간 스스로 자기 속에 내재하는 불완전한 심성을 공부, 즉 사물의 이치를 밝히는 '격물(格物)'에 대한 면학(勉學)으로 제거할 수 있다고 보았지만, 육구연은 자연법칙인 이(理)와 형상인 기(氣) 간에는 어떤 차이도 없기 때문에 인간은 오로지 자기 내면을 깨끗하게 하는 성찰과 오도(悟道)를 통해서만 자기 내면의 부정한 마음을 바로 잡을 수 있다고 강조하였다. '심즉리(心卽理)'를 주장하여 인간 스스로 자기 자신의 내면에 대한 정화와 중심잡기를 중시하는 육구연의 유심론(唯心論)은 후에 양명학의 성립에 공헌했다. 그에 비해, 주희의 생각은 윤리적 행동의 실천과 유교 오경(五經)의 훈고학적 명리 아래 '격물'을 중시하는 주자학으로 체계를 잡았다.

69) 참고: 류영모(2004). 얼의 노래. 서울: 두레; 박영호(2001). 진리의 사람 다석 류영모. 서울: 두레.

제4장

생각의 사고론(思考論) Entoptic Frames

> 옥스퍼드 대학교 학부 시절 나는 매우 중요한 경험을 했다. 미국에서 온 연사가 우리 동물학
> 과에서 매우 존경받는 원로 교수가 제창하고 우리가 근간으로 삼았던 어떤 특수 이론을 부정
> 하는 결정적 증거를 제시했다. 강의가 끝나자 교수는 강단으로 걸어가 그 미국인과 악수하며
> 심금을 울리는 어조로 말했다. "정말 고맙네. 15년 동안이나 잘못 알고 있었지 뭔가." 우리는
> 손바닥이 빨개지도록 박수를 쳤다.
> —리처드 도킨스[1]

생각은 물리화학적으로 말하면 내부섬광의 표출현상이며,[2] 그것을 만들어 내는 원형을 '내부시각(內部視覺/始覺, Entoptic)'이라고 부른다. 빛의 기괴한 굴절이나 표출이 내부섬광인데, 심한 고열을 앓고 있는 사람들, 백일몽을 꾸는 사람들, 유아들의 환상에서 그런 내부섬광의 뒤틀린 모습이 자주 발견된다. 내부섬광의 실체는 사람이 두 손으로 안구를 세게 누르고 있을 때 생기거나 느끼게 되는 빛의 패턴을 말한다. 빛의 굴절처럼 기괴한 패턴 같은 것이 내부섬광의 일반적인 양태다. 나카자와 교수는 이런 형태의 내부시각은 어린아이들의 그림에서 흔하게 발견할 수 있다고 이야기한다. 2~4세 정도의 어린아이가 그리는 그림은 자기 생각대로 무엇인가를 표현해 놓는 '추상적'인 그림에 속한다. 유아의 추상적인 그림 속에는 '내부섬광'의 패턴이 발견된다. 아이들은 성인처럼 마약을 복용하거나 안구를 누르지 않고서도 자연스럽게

자신의 내부에서 '추상적'인 도형을 형상화한다. 어떤 물체의 모습을 그리기 시작하기 이전부터 이미 그들에게는 '추상화가'의 능력이 잠재되어 있기 때문에 가능한 한 일이다.

내부섬광은 누군가에게 인위적으로 훈련받아서 생기는 것이 아니다. 누구에게든 내부섬광이 있다. 앞장에서 말했듯 그것이 표현된 것의 원형은 구석기 시대의 동굴벽화, 유물의 겉에 표현되어 있는 특이한 문양들에서 유출해 낼 수 있다. 원시인에게서도 동일하게 내부섬광의 표현이 있었던 것으로 추정할 수 있게 만드는 것이 바로 그런 유물의 외양에서 발견되는 문양들이다. 그들도 빛의 패턴에 근거한 내부시각을 경험하였고, 그것을 예술적으로 표현해 놓은 것이 그들의 벽화나 유물에서 발견되는 문양들이라고 볼 수 있다. 이렇게 본다면 인류는 외부세계를 보며 그림을 그리기 시작했다기보다는 자신의 내부에 발생하는 빛의 패턴에 우선적으로 주목했다고 볼 수 있다. 그들은 내부섬광의 패턴을 자유롭게 표현한 것이다.

내부섬광으로서의 내부시각이 시작이고 원천이다. 내부시각은 생각의 토대와 출발 공간이 된다. 내부시각은 내부섬광의 확대로 커진다. 내부시각을 시신경의 통로에서 일어나는 뉴런의 발화라고 서술할 수도 있지만, 그것만으로는 내부섬광현상에서 일어나는 빛의 패턴이 다양한 이유를 제대로 설명하지 못한다. 내부시각은 단순한 시신경의 발화현상 이상의 생각 형성과정이기 때문이다. 내부시각은 인간의 마음에서 일어나는 유동적인 심적 에너지의 이어짐과 끊어짐의 반복적 출현과정이기도 하다. 사람의 마음 가운데에서 가장 깊은 심층부로부터 다양한 빛의 형태가 잇달아 출현하는 과정이 끊임없이 반복되고 있는 현상은 언제나 내부시각으로 존재한다.

내부섬광의 변형들이 인간의 뇌에서 반복되면서, 그것들은 어떤 의미를 가진 세계로 구성되기도 하고 새로운 의미세계로 변환되기도 한다. 내부시각의 변형과 확대는 마치 소프트웨어와 하드웨어로 구성된 컴퓨터의 작동 원리와 비슷하게 전개된다. 소프트웨어는 기본적으로 단지 0과 1이라는 두 개의 숫자로 만들어진 프로그램이며 하나의 일목요연한 표를 의미한다. 하드웨어도 켜짐과 꺼짐이라는 전압의 변화에 따라 연속성을 조직하는 기계조직일 뿐이다. 정보의 유동성은 이런 컴퓨터의 하드웨어가 켜짐/꺼짐에 따라 작동된다. 그것에 따라 0과 1의 조합된 소프트웨어가 운영되면서 모든 문제에 대한 답을 찾는 연상작용이 가능해진다. 내부시각의 조합들은 컴퓨터의 물질적 전환과정과 흡사하게 작동한다.

'내부시각'은 인간에게 마음의 내부이면서 동시에 그 마음의 외부다. 내부시각에서 일어나는 물질적인 과정을 토대로 삼아야 그 이후 전개되는 마음의 활동도 재구성되기에, 내부시각은 마음의 내부다. 내부시각은 일단 인간의 뇌에서 꿈틀거리지만, 다른 것으로 전환되려면 마음 이외의 것과 지속적인 접촉이 불가피하다. 그래서 내부시각은 마음의 외부이기도 하다.

내부시각의 꿈틀거림의 변환을 유동적 지성의 표출이라고 부를 수 있다. 유동적 지성은 비유적인 사고를 만들어 내는 원천이기도 하다. 언어라든가 어떤 구체적인 지시물이 존재하지 않아도 상상의 생각들이 가능해진다. 상상의 생각들을 가능하게 만들어 주는 '비유적'인 사고는 '은유적'인 사고와 '환유적'인 사고의 두 축으로 이루어져 각기의 영역을 확장해 나간다. 은유적 사고와 환유적인 사고의 두 축이 지속적으로 확장되고 연결됨으로써 동시에 각각의 중첩 정도에 따라 인간에게는 모든 종류의 언어가 가능해진다. '비유적'인 사고 능력이 점차 확대되면, 언어로 표현하는 세계와 그것에 대응하는 현실이 반드시 일치할 필요는 없다. 그로부터 현실의 속박에서 벗어나는 자유로운 사고가 가능해지기 때문이다. 신화나 소설 같은 상상의 이야기나 예술적 표현들은 인간의 비유적인 사고가 확장되기 때문에 가능하다.

§ 생각의 생각

'학습 활동은 신경세포의 흥분, 혹은 신경세포 간의 연결과 그것이 만들어 내는 소음'이라는 말이 어색하게 들리지 않는 한, 무엇을 배운다는 것 역시 뇌과학적인 활동임을 부정할 수 없다. 모든 정보는 일단 인간의 뇌로 받아들인다. 그 후 뇌신경세포를 따라 정보처리 절차를 거치면서 의미 있는 정보로 가공된다.

배움은 배우는 사람 스스로 무엇인가에 대한 쓰임새를 염두에 둔 '생각을 생각해 가는' 과정이다. 생각을 생각해 가는 과정은, 과학의 과학성은 과학이 여전히 진행형이기 때문에 그것이 가능하다고 주장하는 도킨스의 이야기와 같다. 무엇인가를 긍정하기도 하고 반대로 부정하기도 하면서 무언가를 만들어 내는, 열려 있는 현재 진행형의 정보처리과정이다. 생각을 생각해 가는 과정에서는 정보에 대한 소거나 강화현상들이 진행된다. 지금까지 진리라고 믿어 온 것들을 일순간에 버릴 수도 있고 반대로 남들이 시시하다고 생각하는 정보가 나에게는 진리 그 이상으로 소중하게 와 닿을 수도 있다. 정보처리 공정, 정보 부가가치 공정들이 배움의 과정이고, 생각은 배움에 의해 생각되게 마련이다.

생각이 늘 그렇게 생각될 수 있는 것은 인간에게 배움소가 있기 때문이다. 그 배움소의 원형이 바로 내부시각이다. 내부시각론은 이론물리학자들이 우주의 원리를 집약적으로 설명해 주는 데 현재로서 가장 설득력 있는 통일장 이론으로 여겨지는 초끈이론(Sueprstring theory)[3]과 같다. 내부시각론은 인간의 배움현상 모두를 설명해 줄 수 있는 결정 이론이다. 물리학자들은 초끈 이론을 보다 간결하게 설명하기 위해 바이올린 같은 현악기를 예로 든다. 바이올린 연주자는 스스로 손가락으로 지판을 짚어 줄의 길이를 변화시키면서 여러 소리를 낸다. 따라서 한 가지 줄에서도 여러 가지 음이 나오게 된다. 각 줄에서 파장의 진동이 서로 다르면 각기 다른 음이 파생되는 것이다. 이처럼 이론물리학에서는 통일장 이론으로서의 초끈 이론을 설명하기 위해 현악기의 파장을 예로 들고 있다. 마찬가지로 내부시각론을 설명하기 위해서는 배움소의 원형인 생각의 변형과 확장을 예로 들 수 있다. 생각에 어떤 진동이 생기느냐에 따라 배움의 양태가 달라지고, 그렇게 서로 다르게 나타나는 배움의 양태는 내부시각의 활동과 확장이 다양하게 전개된 결과들이다. 악기가 달라지면 음색도 달라지고, 음을 내는 방법도 달라져야 하는 것처럼 생각의 양태가 달라지면 배움의 양태가 달라지고,

배움의 양태에 따라 배움의 방법도 달라진다.

삼라만상을 움직이는 힘의 정체를 명쾌하게 설명해 줄 수 있는 통일장 이론으로서 등장한 초끈 이론의 설명 방식은 단순하다. 하나의 끈이 서로 다른 모양으로 진동하면, 그 진동에 따라 다양한 에너지와 질량을 지닌 입자가 만들어진다. 상대성 이론에서는 시공간이 연속적으로 이어져 있는 상황을 상정하지만, 초끈 이론에서는 시공간이 분리, 찢어질 수 있는 상황을 상정한다. 그런 초끈을 제대로 조절하기만 하면 가는 세월을 붙잡을 수도 있으며 먼 미래로의 시간 여행까지 가능하다. 그래서 '초끈은 우리 세계의 그 무엇에도 상응하지 않는 일종의 수학적 원료'처럼 작동한다고 본다. 초끈의 크기는 상상을 초월할 정도로 극미하다. 미세한 끈을 양성자만 한 크기로 확대하기만 하면, 미세하게 보였던 양성자가 태양계만 한 크기로 확대된다. 그런 초끈은 인간의 경험적 영역을 완전히 이탈하고 있다. 너무 정교하기도 하고, 너무 경이롭고 아름답게 보이기도 한다. 그런데도 초끈 이론은 그것의 실제적인 양태를 보여 줄 수 있는 직접적인 증거를 내놓을 수 없다. 이는 이론물리학자들이 보여 줄 수 있는 '순수한 사고'의 도약적인 추론과 표현일 뿐이다. 이론물리학자들이 찬탄하고 있는 초끈 이론의 전반적인 양태처럼 인간의 내부시각론 역시 순수한 사고 실험의 결정체다. 내부시각의 본체를 겉으로 드러내 놓을 수는 없지만, 그것의 변형에 따라 인간의 생각, 인간의 앎, 인간의 삶이 서로 서로 달라져 왔기 때문이다.

내부시각에 의해 창조적인 활동이 전개된다는 것을 보여 주는 사례는 우리 주위에서 흔하게 발견된다. 시각장애아가 수준급 연주를 하는[4] 경우나 청각장애인 예술가가 발레와 댄스를 들리는 사람 이상으로 공연하는[5] 것도 그런 수많은 사례 중 하나다. 그들의 연주와 공연이 보이고 들리는 다른 예술인 수준을 능가하기 때문에 그 예술적 표현은 늘 화제가 된다. 청각장애의 한 꼭짓점에 있었던 베토벤의 예술 활동도 그것을 극명하게 보여 준다.

장애인들이 우리에게 보여 주는 예술적 표현력과 능력 발휘의 가능성에 대해서는 여러 가지 설명이 가능하다. 그중 가장 설득력 있는 설명이 바로 훈련설이다. 끊임없이 피아노를 훈련시킨 결과, 장애인들도 피아노 연주가 가능하다는 설명이 설득력을 갖는 것은 당연하다. 그런데도 그들이 보여 주는 혼을 실은 예술 표현을 훈련의 효과만으로 설명하기에는 무엇인가 1%가 부족하다. 이때 그들이 그런 예술적 혼이 실린 표현을 할 수 있는 이유가 그들에게 예술적인 내부시각의 확장이 변형되고 지속되었기 때문이라고 받아들이기만 하면, 그들의 예술적인 능력에 대한 설명의 틀은 달라진다. 내부시각론을 활용하면, 모든 인간은 기능적으로 완전한 존재라고 하기보다는 내부시각적으로 온전한 존재임을 확인받을 수 있기 때문이다.

인간의 창의적인 사고와 노력은 배움소의 확대에 의해 가능하다. 내부시각론에 의하면 인간의 뇌, 그 뇌의 내부를 자유 이동할 수 있는 유동적 지성이 작동한 결과가 필요에 따라 창의적인 사고로 표현되기도 하고, 생명으로 나타나기도 한 것이다. 인간의 내부시각이 자유롭게 이동하고 확대될 수 있으면, 유동적 지성의 활성화가 가능해진다.

인간의 배움은 유동적 지성을 다스리는 활동이며 역할이기에, 인간의 배움 역시 원초적으로 유동적인 속성을 지닌다. 인간의 배움은 '사고 자체'를 가능하게 만드는 유동적 지성으로 확장되고 변형된다. 인간의 배움이라는 유동적 지성의 구조를 '사고 자체'로 간주할 때, 그것은 칸트가 이야기한 선험적 대상을 가리키는 '물 자체(Das Ding an sich)'와 비슷한 성격을 지닌다. 인간의 배움을 작동시키는 배움소로서의 내부시각을 우리 스스로 생각해 볼 수는 있지만, 그것을 구체적으로 인식할 수는 없는 앎의 원인과 흡사한 것이 내부시각이라고 이야기할 수밖에 없기 때문이다. 현실적으로 배움이 무엇인지를 구체적으로 지시할 수는 없다. 마찬가지로 '물 자체'라는 선험적 대상역시 인간의 마음작용을 초월해 있는 상태로서, 모든 생각을 성립시키고 동시에 모든 생각을 초월한 추상적인 서술이다.

§내부시각(內部視覺/始覺)의 온전성

생각이라는 말은 문자 그대로 사람이 머리를 써서 사물을 헤아리고 판단하는 작용을 말한다. 이런 생각의 처음을 만들어 주는 토대가 내부시각이다. 내부시각(內部視覺)은 내부섬광의 표출이라는 생물학적 의미와 함께 사람의 생각과 느낌의 효시며, 처음이라는 의미인 내부시각(內部始覺)으로도 이해할 수 있다. 내부시각은 초사(初思)의 토대로서 기능한다. 생각의 처음은 마치 집을 지을 때 기둥(건축물에서 주춧돌 위에 세워 보·도리 따위를 받치는 나무)을 떠받치는 든든한 토대처럼 시작한다. 초사는 생각의 구조화를 가능하게 만드는 초석이 되기 때문이다. 초사는 제대로 된 주춧돌로 다듬어지기 전의 돌인 막주춧돌로 비유할 수도 있다. 잡석의 주춧돌처럼 처음의 생각들로서 기능한 내부시각은 그 다음의 생각들과 제대로 이어지지 않을 수도 있다. 처음 생각인 초사는 생각의 잡음이거나, 잡사(雜思) 덩어리일 가능성이 있다. 마치 기둥을 억지로라도 올릴 수는 있으나, 기대한 것처럼 필요한 기둥을 반듯하게 올리기에는 불안하기만 한 막주춧돌과 같다.

소란스러운 생각들과 잡사들이 가닥을 잡고 목적에 따라 다듬어지면, 그것은 마치 반석과 같은 사고 확장의 토대로서 자리를 잡을 수 있다. 주춧돌이 집짓기 터에 각각 제자리를 잡으면 그 위에 기둥을 올리고 기둥과 기둥을 연결하는 들보, 즉 칸과 칸 사이의 두 기둥을 건너질러, 도리(서까래를 받치기 위하여 기둥 위에 건너지르는 나무)와는 'ㄴ'자 모양, 마룻대와는 '十'자 모양을 이루는 나무들이 얹어지고 지붕을 올릴 수 있다. 그것처럼 처음의 생각이 나중의 생각으로 연결되고 확장되어야 배움이 일어난다. 집을 짓는 데에는 도리, 서까래, 들보, 기둥이니 하는 것들을 제대로 연결하고 서로 지지하기 위한 반석으로서의 주춧돌 만들기가 토대가 된다.[6] 마찬가지로 사람들의 배움이 가능하기 위해서는 생각의 시작으로 배움의 토대가 다져진다.

내부시각으로 형성되는 생각은 기억(記憶, Memory)을 만들어 낸다. 기억은 지나간 경험을 인간 또는 동물이 자신의 정신 속에 저장해 둔 것으로서, 생각할 수 있는 사람 치고 기억하지 못하는 사람은 없다. 생각을 관장하는 뇌의 영역은 딱히 어느 한 부분으로 고정되어 있는 것이 아니다. 생각의 내용이나 양태가 사람의 경험에 따라 서로 다를 수는 있어도, 사람들은 어떻게든 기억이라는 생각을 하도록 되어 있는 존재다.

기억도 생각의 일종이다. 사람에게 기억이 없다면 단지 순간으로 머무는 삶을 살게 된다. 기억이 없다면 가족이나 욕구 같은 것이 의미 있는 삶과 연결되지 않는다. 그러면 모든 것이 한순간, 찰나적 현상으로 머문다. 그것은 우울하며 불행한 일이 될 것이다. 그러나 사람의 기억이 제거되거나 기억상실증으로 살아가게 된다면, 다른 의미에서 축복이 될 수도 있다. 기억상실로 인해 자신이 의미 없는 삶을 살고 있다는 것을 깨닫는 고통으로부터 자유로울 수 있기 때문이다.

이런 극적인 사례가 바로 '영원히 현재를 살았던' 헨리의 이야기에서 나타난다.[7] 그는 간질병 환자였다. 1953년 뇌 전문 외과의사 빌 스코빌은 1953년 헨리의 간질을 치료하기 위해 그의 뇌에서 전두엽을 제거했다. 그러자 헨리의 간질병은 씻은 듯이 사라졌다. 그 대신 그는 기억을 '저장'하지 못했다. 당시에는 뇌의 해마 융기가 기억을 보관하고 관련 기억을 연관시키는 역할을 맡고 있다는 사실을 알지 못했기 때문에 그의 전두엽을 제거했던 것이다. 간질병의 고통에서 벗어난 헨리는 원래의 유쾌한 성격대로 열심히 살았다. 그런 삶을 사는 동안 그는 잔디를 깎다가도 자신이 뭘 하고 있는지를 잊곤했다. 그는 어느 날 어머니의 부고 소식을 듣고 슬피 울었다. 몇 년이 지난 후에도 어머니의 죽음 이야기만 나오면 그것을 처음 듣는 소식으로 알고 마냥 슬프게 울었다. 아무것도 기억하지 못했기 때문에 그럴 수밖에 없었다. 그래도 그는 여전히 자신의 현재 삶에 대해 열심히 생각하며 살아갔다.

생각이라는 것이 정말로 무엇을 말하는지, 생각이라는 것이 마치 사과, 포도주라고 일컫는 것처럼 물질적인 실체가 있는 것인지에 대해 치밀하게 밝혀내려는 노력은 언제나 미완으로 끝나곤 했다. 그것은 마치 골프 황제로 불리는 타이거 우즈가 자신의 정체성이 여러 속성을 지니고 있다고 말한 것과 비슷하다. "저는 '캐블리네이시언

(Cablinasian)'이에요. '캐(Ca)'는 백인(Caucasusian), '블(bl)'은 흑인(black), '인 (in)'은 인디언(Indian), 마지막으로 '에이시언(Asian)', 이렇게 해서 저는 캐블리네이 시언이 되는 겁니다." 이렇게 자신의 인종적 정체성을 설명하는 타이거 우즈처럼 배 움소인 내부시각의 정체성도 여러 요소가 혼합되어 구성되어 있다.

생각이 무엇인지에 관한 수많은 철학적인 논의가 있어 왔지만, 그 실체를 객관적 으로 단정하거나 확정적으로 증명하는 글을 접하기는 쉽지 않다. 그런 글이 있다손 치더라도 그것은 생각의 물질적 구성요소에 관한 논의라기보다는 생각의 양태에 대 한 일반적인 논의로 끝나는 경우가 대부분이다. 예를 들어, 불가에서 중요하게 여기 는 『육조단경(六祖壇經)』의 무념(無念) 장에서도 그런 어려움이 발견된다. 이것은 생 각이 무엇인지 생각의 본체에 대해 인상적인 설명을 하고 있다. "생각함은 진여(眞 如, 사물의 있는 그대로의 모습)의 본성을 생각하는 것으로서, 진여는 생각의 본체〔體〕 요, 생각은 진여의 작용〔用〕이니라."라고 정의하고 있지만, 결론은 끝내 아쉬움뿐이 다. 생각의 실체가 무엇인지에 대한 설명을 자세히 살펴보면, 생각의 본체는 끝내 생 각이라는 말로 종결된다. '생각은 생각의 본체이며 생각의 작용'이라는 말과 다를 것 이 하나도 없는 것이다. 언어를 벗어난 생각, 언어 형태로 진술되지 않은 생각은 검증 할 길이 없다는 틀을 고집하는 분석철학자들의 논리에 따르면, 생각의 실체가 무엇인 지를 알려 주려고 노력한 『육조단경』의 해석은 놀랍게도 동의반복(totology)적인 결 론이다. 말하자면 '생각의 실체는 생각이다.'라는 식으로 정리될 뿐이다.

생각의 실체가 파악되지 않은 채 생각은 생각일 수밖에 없다는 말로 정리되는 것 은, 생각을 논의의 기준으로 놓고 '진여(眞如)' 문제를 논의해 보아도 마찬가지 결론 에 이른다. 생각의 본체로서 정의된 진여(A)와 진여로서 파악된 생각의 기능(B)은 서 로가 서로를 포함하고 있어서 그 차이를 확실하게 구별해 주는 개념상의 상호 배타성 을 찾아보기 어렵기 때문이다. 이런 동의반복적인 어려운 상황을 벗어나, 생각의 실 체가 무엇인지를 밝히기 위해 생각에 대한 언어적 제한을 한 번 더 가하면, 오히려 생 각의 본체를 드러낼 수도 있을 듯하다. 생각을 아주 단순하게 한두 마디로 정의하도

록 압박을 가하면 생각은 '콩이다, 혹은 팥이다.'라는 식의 단정적인 정의를 내려야
만 하기 때문이다. 그런 일에 도움이 되는 개념 파악 방법이 환원론적 진술법이다. 환
원론은 정의하고자 하는 개념을 하나의 개별적인 요소로 나누어 전체를 가능한 한 단
순하게 설명하려는 노력이다.

환원론적으로 서술하면 생각은 뇌 작동의 과정이나 결과물일 뿐이다. '생각'한다
고 생각되는 인체기관의 구성요인인 신경세포들 간의 상호작용이나 그것의 소음들
은 뇌에서 일어난다.[8] 뇌 작동과 뇌기능은 뇌를 구성하기 위해 복잡하게 연결된 신경
세포들이 여기저기서 받아들인 단편적인 자극을 우선 쓸모 있는 것으로 정보화시킨
다. 그 토대 위에서 내린 종합적 결과나 결론들의 단상적인 표현이 생각이다. 이 논리
에 따르면, 생각은 뇌 정보의 종합적 결론일 뿐이다. 이렇게 정리되는 환원론적인 생
각이 생각에 대한 생각의 실체다.[9]

뇌 정보의 종합적 결론인 생각에 이르는 경로는 두 가지다. 하나는 이마 뒤에 위치
하며 뇌의 CEO로 비유되는 전전두엽피질(prefrontal cortex)과 귀 바로 뒤에 있는 두
정엽을 통한 뇌 정보의 종합적 처리 경로다. 두정엽은 주로 수리와 언어 정보를 처리
한다. 전전두엽피질은 과거 경험들을 인식 가능한 한 것으로 조직하거나, 주변에서
일어나는 변화에 대한 원인을 밝힌다. 또한 새로운 것이 가능하도록 이론을 만들어 내
거나 미래 계획을 세우는 것을 관장하기도 한다. 전전두엽피질과 두정엽이 정보를 처
리하는 방식을 반성두뇌의 작용이라고 한다. 반성두뇌는 정보처리에 분석적 기능을
발휘한다는 점에서 컴퓨터의 백업시스템(back up system)에 해당되며, 이 시스템의
정보처리 회로를 반성회로라고 분류한다. 이런 종합적 정보처리 결과는 반성적 생각
이라고 분류할 수 있지만, 그냥 생각이라고 부르는 것이 보다 일반적이다.[10]

뇌 정보의 종합적 결론에 이르는 다른 한 가지 경로는 원시 뇌, 혹은 파충류의 뇌로
비유되는 변연계를 통한 뇌 정보의 종합적 처리 경로다. 변연계는 생물들에게 본능적
이거나 원초적인 감정적 정보를 처리하는 데 친숙하다. 정보를 처리하는 방식을 직관
적인 정보처리 방식이라고 부른다는 점에서 변연계의 정보처리 방식을 흔히 반사두

뇌의 작용으로 간주한다. 변연계가 받아들인 정보는 컴퓨터의 디폴트 시스템(default system)처럼 착수회로를 따라 반사적으로 처리된다. 반사두뇌의 정보처리 결과로서의 생각은 반사적 생각이라고 분류하기도 하지만 이것 역시 그냥 생각이라고 부르는 것이 일반적이다.

반사적 두뇌의 정보처리 결과인 생각에 허술한 면이 있기는 하지만 반사적 생각은 인간에게 가장 중요한 것, 긴요함을 촉발시키는 가능성이 있는 자극에 관심을 집중하도록 되어 있다. 그래서 반사적 생각은 즉각적, 즉시적, 그리고 보다 원초적인 성격이 강하다. 사막에서 길을 잃은 여행객이 신기루를 보고 우물이라고 착각하면서, 그 샘물을 향해 죽음의 길로 나아가는 경우가 바로 반사적 생각의 결과다.

인간의 뇌는 다른 신체기관에 비해 높은 고정비용으로 운영된다. 따라서 가능한 한 비용 감소의 측면에서 뇌를 가동시킨다. 그러므로 반사적 두뇌는 신체의 요구에 일차적으로 순응한다. 인간의 두뇌는 몸무게 중 약 2% 정도를 차지하지만, 신체가 흡수하는 산소와 신체 유지를 위해 소모하는 칼로리의 20%를 소모한다. 몸 전체로 보아, 두뇌가 소모하는 열량이나 산소는 엄청나다. 두뇌는 칼로리 소모를 가능한 한 최소화해야 될 압력을 받기 때문에 주변에서 일어나는 사소한 자극에는 정보처리 반응을 자제해야 한다. 모든 정보에 일일이 반응하다가는, 즉 두뇌가 모든 정보에 모두 반응하며 '생각' 하다가는 자극과 정보의 과부하로 인해 단시간에 정보처리기능을 상실하게 된다. '생각' 이든 생각하는 활동은 인간의 몸과 그것의 힘을 과다하게 소모시키기 마련이다. 그래서 인간의 몸은 꼭 필요한 경우가 아니면 칼로리를 과다하게 소모시키는 정보처리 방식인 반성적 생각을 작동하지 않으려고 한다.

이 경우에 대비하여, 반사적 두뇌의 정보처리 작동인 직관적인 '생각' 은 두뇌의 칼로리 소모가 큰 반성적 생각을 위해 여과기능을 담당한다. 전전두엽의 종합적 정보처리기능의 과부하를 막기 위해 변연계의 종합적 정보처리기능이 더 활성화되는 것이 이 경우다. 정신 에너지를 보존하기 위해 반사적 생각이 자극에 대한 정보처리 반응의 최소화를 겨냥한 것이다. 하지만 이것은 즉시적인 반응의 충동성이 강하기 때문에 때로 생각을 그르치기도 한다. 그르친 생각의 양태는 감시견의 오작동에 견줄 수도 있다. 예를 들어, 감시견은 신속한 정보처리 끝에 어떤 결정을 내리기는 하지만, 허술한 결론에 이르는 경우도 많다. 감시견은 집에 침입하는 도둑을 공격하도록 길들여져 있지만, 때로 우편집배원이나 손님을 도둑으로 오인하고 공격하기도 한다. 이것은 감시견의 허술한 정보처리에 의한 오작동의 결과다. 마찬가지로 똑똑한 사람이 때때로 바보짓을 하는 것은 바로 감시견의 오작동처럼 그릇된 정보처리로서 그릇된 생각에 이르렀기 때문이다.

결론적으로 생각이라는 것은 뇌가 생존을 위해 종합적으로 발생시킨, 반사적이거나 반성적인 정보처리 결과물이다. 생각은 신경전달물질인 도파민의 분비작용이 벌여 놓은 소음일 수도 있다. 어떤 생각이든 생각은 정보의 양태와 중요성의 정도에 따라 반사적 생각과 반성적 생각으로 나뉘고, 반사적 생각은 편의상 직관, 반성적 생각은 논증, 직관적 생각은 감성(感性), 그리고 논증적 생각은 이성(理性)으로 분류된다. 이런 직관이나 분석에 바탕을 둔 논증적 생각들은 때때로 어리석은 생각의 모체가 되어 세계를 살아 줄 만한 생각거리를 만들어 내곤 한다.

§ 생각 고르기

생각은 의문에서 시작한다. 의문이 생긴다는 것은 생명이 있기 때문에 가능하다. 인간은 의문하는 생명이다. 의문하는 생명들에게는 생명의 시간이라는 개념이 탑재되어 있다. 기계에는 없는 개념이다. 기계에는 시간이란 개념이 아예 없다. 원리상으로 어느 부분이라도 먼저 만들 수 있고, 완성된 다음에라도 필요에 따라 부품을 제거하거나 교환할 수 있는 것이 기계다. 그러나 생물은 그렇게 할 수가 없다. 생물에는 시간이 있기 때문이다. 그 내부에는 항상 불가역적인 시간의 흐름이 있어서 그 흐름에 따라 접히고, 한번 접히면 다시는 펼칠 수 없는 존재가 바로 생물이다.[11)]

　생명이라는 이름의 동적인 평형은 그 스스로 매 순간 위태로울 정도로 균형을 맞추면서 시간 축을 일방통행하고 있다. 이것이 동적인 평형의 위업이다. 절대로 역주행이 불가능하며, 동시에 어느 순간이든 이미 완성된 시스템이다. 인간도 마찬가지다. 이런 시스템에 혼란을 야기하는 인위적인 개입은 동적 평형에 돌이킬 수 없는 피해를 입힌다. 그렇기 때문에 인간 역시 다른 동물처럼 자연의 흐름 앞에 무릎 꿇는 것 외에, 그리고 생명을 있는 그대로 기술하는 것 외에는 할 수 있는 일이 없다. 이것이 생명을 갖는 인간의 나약함이기도 하지만, 동시에 그것을 극복할 수 있는 생명의 위대함이기도 하다.

　그 위대함은 의문을 가능하게 하는, 생각하는 힘에서 비롯된다. 의문은 어떤 형태로든 질문과 연계된다. 의문을 위한 질문이 사람됨의 조건이다. 의문을 위한 질문만이 '인간적인 삶'의 전제며 조건이다.[12] 사람이 살아 있다는 것은 곧 의문할 능력을 잃지 않고 있다는 실존적 확인이다. 의문한다는 것은 한편으로는 주어진 현상에서 벗어나 그것을 대상화하고 문제시한다는 것이다. 또 다른 한편으로는 현재보다 나은 가능태를 '상상'하고 그것을 향해 나아가려 애쓰는 노력이기도 하다. 의문의 행위는 자기 갱신의 노력이다. 의문의 행위는 종류를 불문하고, 인간적 삶이라면 반드시 갖추어야 할 조건이다. 의문하지 않는 삶을 산다는 것은 현상에 안주한다는 것, 새로움이 호기심의 대상이 되기보다는 두려움의 대상이 된다는 것, 점차 삶이 각질화되어 성장이 멈춘다는 것을 의미한다.

　의문하지 않는 삶, 질문할 수 없는 삶은 죽은 삶이나 마찬가지다. 죽음은 내부시각의 작동이 불가능한 지점이기 때문이다. 죽음은 살아 있음에 대한 차단이며 생각하기를 구조적으로 차단한 상태를 의미한다. 살아 움직이는 사람들은 질문과 의문으로 움직인다. 질문을 한다는 것 자체가 새로운 세계에 대한 엿봄과 움직임이다. 의심이 생기는 순간 물음이 생기게 되고, 물음이 생기는 순간 새로운 가능성을 향한 생각과 배움이 일어난다.

　생각은 삶을 추상화하는 정보의 수합과정이 아니다. 생각이란 삶을 거듭 살게 해 주는 여백 만들기의 힘이다. 사람을 거듭나게 만드는 세력이 생각이다. 생각하는 사람은 결코 수동적으로 살아가지 않는다. 능동적인 삶을 살기 위해 노력한다. 삶은 나의 생을 비추어 주는 거울과 같다. 웃으면 그것도 따라 웃고, 울면 그것 역시 따라 운다. 삶 속에서 우리 자신의 현존, 그 현존에 대한 집중된 의식을 통해서 그렇게 반응한다. 현존과 의식을 통해 거듭나는 삶은 또 다른 삶으로 이어진다. 생각을 동반하지 않은 시간은 죽은 시간이며, 생각과 더불어 가는 시간은 살아 있는 시간이다. 그때의 시간은 더 이상 추락이 아닌 기회라고 부를 수 있다.

추락은 우리에게서 우리를 떨어뜨리는 시간이지만, 기회는 자신을 발굴하는 시간이다. 생각은 이미 존재하는 것 이면의 또 다른 사물을 볼 수 있는 인간의 능력이다. 시간 속에는 여러 가지 징후와 영적 사건이 담겨 있다. 우리 안에 내재한 제2의 삶, 내면의 삶, 정신의 삶을 발견하기 위해서는 그 시간을 하나의 기회로 해독할 줄 아는 것만으로도 충분하다. 사람은 생각할 줄 알 때 기회를 아는 것이며, 기회를 생각할 때 행복의 감정을 느낄 수 있다.[13]

법학자인 라욱스만[14]은 생각의 힘을 비트겐슈타인의 말에서 찾아낸다. "인류가 때때로 어리석은 생각을 하지 않았더라면 그 어떤 불행한 일도 절대 일어나지 않았을 것이다."라는 말은 인간의 생각이 얼마나 강력하며, 얼마나 많은 재앙의 씨앗을 뿌려 왔는지를 알 수 있다. 쓸모없다고 치부되는 생각들이 인류사에서 유용하기도 했다는 것을 보여 주는 것이 바로 생각의 힘이다. 갈릴레이, 라이프니츠, 콜럼버스, 모차르트, 아인슈타인, 듀이, 피카소, 알란 튜링, 스티브 잡스, 백남준 등은 각자 국적이나 활동 시기가 달랐지만 한결같이 어리석은 생각을 해냄으로써 인류문명의 발달에 공헌을 한 사람들이다. 갈릴레이는 교황에게 맞서고 싶은 마음은 조금도 없었지만 지동설(地動說)을 주장함으로써 결과적으로 교황과 맞서게 되었다. 그는 이 생각으로 종교재판에서 교수형에 처할 뻔한 생각의 과학자였다. 갈릴레이의 생각을 시작으로 마침내 원자폭탄까지의 길이 열렸다고 할 정도로 그의 생각은 과학적 기술 개발을 위한 지름길이었다.

철학자이며 수학자인 라이프니츠는 계산기를 만들려는 '헛수고'를 한 끝에 2진법을 개발하게 되었다. 그의 생각은 수학자 알란 튜링에 이어져 컴퓨터의 발명이라는 생각을 낳게 했다. 그 생각들은 더욱더 현대적으로 정련되어 스티브 잡스에게로 이어졌다. 모차르트나 비디오 아트의 선구자인 백남준이 꿈꾼 생각들도 마찬가지다. 그들은 무용하기로 본다면 세계사에 남을 정도로 허망한 생각을 현실화시킨 사람들이다.[15]

라욱스만은 불필요하고 어리석어 보이는 생각도 인류에게는 새로운 것의 출발점이 되는 일이 종종 있다고 주장한다.

> 새로운 진실은 대부분 어두운 배경에서 나온다. 그것은 모든 사람의 이해 속에 반짝이며 영광스러운 빛과 함께 드러나는 것이 아니라, 단지 몇몇 사람들이 예감하거나 깨달으면서 시작될 뿐이다. 하나의 단어, 하나의 관찰, 하나의 꿈, 혹은 부수적인 것으로 보이는 하나의 질문 등의 추상적인 생각들이 갑작스럽게, 혹은 몇십 년이나 몇 백 년의 시간이 흐르면서 하나의 결정이나 사건, 세계를 뒤흔드는 발견이 되고, 마침내는 사람들이 하나의 구체적인 사실로 받아들일 수 있는 그 무엇이 된다.

남보다 앞서 생각하는 사람들에게는 말 못하는 어려운 사정이 있다. 그것은 자신의 생각을 이야기하면 사람들이 그 이야기뿐 아니라 이야기하는 자신도 이해하지 못하는 것이다. 그런 생각은 다른 사람에게 전해지거나 유용한 조언으로서 돈을 벌 수 있는 어떤 처방전으로 요약할 수 있는 것이 아니기 때문이다. 게다가 그들도 다른 사람들과 구별되는 것을 체계적으로 습득한 것이 아니다. 뿐만 아니라, 대부분 스스로도 자기가 생각하는 것을 잘 모르는 경우가 많다. 그런 식으로 생각하기 때문에 생각에 성공한 사람들의 생각은 두 가지 종류의 생각이 서로 엉켜 도움을 주었던 것 같다. 하나는 직관이고 다른 하나는 분석인데, 하나로 영감을 받고 다른 하나로는 목표를 향해 나아갈 수 있었던 것이다.

생각하는 사람은 철학하는 사람이며 지식을 좋아하는 사람이다. '지식을 사랑한다.'는 그리스어 필로소피아(philosophia)의 뜻이 지시하는 것처럼 철학하는 사람들은 내부시각이 끊임없이 작동함으로써 유동적 지성을 충분히 만들어 가는 사람이다. 과학적 성과나 사회정치적인 변화의 뒤에는 '사고의 전환'이 필연적이었다. 코페르니쿠스적인 생각의 전환이 세상을 발전시킬 수 있는 원동력이 된다. 성장의 엔진에는 다양하고 자유로운 생각이라는 연료가 필요한데, 생각하는 사람만이 그 연료를 충분히 비축할 수 있다.

§기계 뇌

기계도 인간처럼 생각하고 의식할 수 있을까? 이 생각을 뛰어넘어, 수학자가 튜링(Alan Turing, 1912~1954)은 기계의 생각이 인간의 생각을 능가한다고 보았다. 튜링의 생각에 컴퓨터 과학자인 앨런 뉴엘, 허버트 사이먼, 마빈 민스키, 철학자 힐러리 퍼트넘, 그리고 제리 포더 등도 동의한다. 이들의 견해를 하나로 묶어 계산주의 마음 이론(computational theory of mind)이라고 부른다.

계산주의 마음 이론에 따르면, 사람들이 말하는 믿음과 욕구는 '정보'일 뿐이다. 그 정보는 기호의 배열로 나타난다. 기호는 컴퓨터 속의 칩이나 뇌 속의 뉴런처럼 특정한 물리적 상태를 띠고 있는 물질 조각이다. 그런 물질 조각들은 이 세계에 존재하는 것으로서 감각기관을 통해 기호로 촉발된다. 일단 촉발된 기호의 물질 조각들이 적절히 배열되어 다른 기호를 구성하는 물질 조각들과 충돌을 일으키면, 믿음에 해당하는 기호는 그것과 논리적으로 연결된 다른 믿음의 새 기호를 발생시킨다. 그것은 또 다른 믿음에 해당하는 기호를 연차적으로 발생시킨다. 한 기호를 구성하는 물질 조각이 마침내 근육과 연결된 물질 조각과 충돌을 일으켜 행동을 유발시킨다. 이 이론에 따르면, 인간의 행동을 제아무리 믿음이나 욕구로 표현한다고 해도 결국은 물리적 현상으로 설명된다.[16]

이 이론을 처음 생각한 튜링은, 기계가 인간의 지적 기능을 대신할 수 있다고 생각했다. 그는 먼저 인간의 정신과 지능을 생각하고 그 다음에 기계가 행할 수 있는 모든 작업을 생각한 다음, 그러한 모든 일을 가상의 기계가 수행할 수 있다고 보았다. 그 가상의 기계가 바로 컴퓨터 같은 인공지능을 이용한 기계다.[17] 튜링은 기계가 인간의 두뇌 역할을 제대로 대신할 수 있게 하기 위해서는 인간이 처리하고자 하는 내용을 먼저 수학적인 절차로 체계화해야 한다고 보았다. 그런 다음 체계화된 수학적 작업을 기본 연산의 작은 단위로 나누어 연속적인 연산을 수행하도록 하면, 기계를 인간의 두뇌처럼 움직일 수 있다고 생각한 것이다.[18]

튜링은 자기가 생각한 가상적인 기계를 현실세계에 제안했다. 사람들은 후에 그의 이름을 기려 그 기계를 튜링머신(Turing Machine)이라 불렀다. 튜링머신은 추상적 기계다. 그것에 충분한 기억장소와 처리시간이 주어진 후 문제를 해결할 수 있는 절차를 주입시키면 그로부터 문제를 일반화하여 대답을 줄 수 있다고 생각했다. 그렇게 구상된 도구가 컴퓨터 개발의 모델이 되었다. 튜링은 튜링머신에 대한 제안을 하면서 인간의 지능을 대신할 수 있는 인공지능도 가능하다고 생각하였다.

그는 1950년 철학 저널 『마음(Mind)』에 「컴퓨터와 지능(Computing Machinery and Intelligence)」이라는 논문을 발표했다. 그 논문에서 '기계가 생각할 수 있는가'라는 사고 실험을 밝혔다. 컴퓨터의 반응을 인간의 생각과 구별할 수 없다면, 컴퓨터가 인간처럼 생각하는 것이라고 보아야 한다는 견해를 담은 것이다. 기계의 인지적 기능이 진짜 인간의 것처럼 보이게 하는 데 성공한다면, 그 기계는 인간처럼 지능적이라고 간주해야 한다는 주장이 바로 튜링의 사고 실험이었다.

튜링이 제안한 사고 실험은 다음과 같았다.

사람 A가 단말기 앞에 앉는다고 하자. 단말기는 보이지 않는 방의 또 다른 단말기와 연결되어 있다. 또 다른 이 단말기는 사람이 타이핑하는 것일 수도 있고, 혹은 컴퓨터의 인공지능이 문자를 보내는 것일 수도 있다. 만일 또 다른 이 단말기가 인공지능에 의해 조종되는 경우라고 생각해 보자. A가 단말기로 얼마 동안 대화를 나눈 후에, 그가 대화를 나눈 상대방이 사람인지 컴퓨터인지를 구분하지 못한다면, 또 다른 단말기를 조종하는 인공지능은 튜링 테스트(turing test)를 통과한 것이 된다. 다른 예를 들어 보자. 만일 사람이 하나의 네트워크를 통해 인공지능 프로그램이 작동된 컴퓨터와 바둑이나 체스 게임을 즐겼다고 하자. 오랫동안 게임을 즐긴 후에도 그 사람이 자신과 게임을 즐긴 상대방이 사람인지 인공지능인지 구분할 수 없다면 그 네트워크 게임을 주도한 인공지능은 게임 버전의 튜링 테스트를 통과한 것이다. 인공지능이 튜링 테스트를 통과했다는 것은 그 인공지능이 실제 사람 수준의 지능을 가지고 있다는 것과 동일한 것으로 간주할 수 있다.[19]

튜링이 생각한 사고하는 기계, 생각할 수 있는 컴퓨터는 컴퓨터 내부에 내부시각과 그것의 동인인 배움소가 있어서 생각이 가능한 한 것은 아니다. 신경세포 간의 연결이나 발화로서의 학습 활동을 종합하거나 능가하는 배움소가 컴퓨터에 사전 배선되어 있기 때문에 인지적 기능이 활성화된 것도 아니다. 환원론적 학습심리가들처럼 배움소의 본질이 학습인자라고 조작적으로 정의한다면, 인간은 곧 기계가 된다. 인간은 그런 기계로서 학습을 하는 것이 아니다. 인간의 사고가 기계의 인지적 활동과 동질적인 것이라면, 인간의 학습은 끝내 뉴로 컴퓨터의 학습 활동이나 정보의 '계산'을 능가할 수 없다. 뉴로 컴퓨터란 사람이 갖는 우수한 정보처리기능과 지식의 축적 · 분석 · 판단기능을 모방해 만든 '기계 뇌'다. 인간이 보여 주는 일반적인 학습기능 그 이상의 기능을 갖게 만든 병렬연산 방식의 신경망 컴퓨터가 바로 기계 뇌인 뉴로 컴퓨터다.[20]

뉴로 컴퓨터는 사람의 뇌가 움직이는 모습을 본떠 인간처럼 작동하도록 만들었다. 직감력이 좌우하는 분야, 복잡하게 입력된 정보의 고속 처리, 학습기능 등의 문제를 해결하기 위해 신경세포(neuron)라고 부르는 소자를 결합한 네트워크인 신경회로망과 인공지능, 퍼지 이론 등을 이용한다. 이렇게 인간의 뇌와 같은 학습기능, 연산기능, 패턴인식기능, 운동제어기능 등의 정보처리를 실시간으로 할 수 있도록 개발되었다. 뉴로 컴퓨터는 인간의 뇌 작동에서 보는 것처럼 뇌의 병렬처리 방식과 함께 신경세포들이 결합하는 방식을 모방해서 종합적인 판단을 할 수 있도록 만든다. 따라서 뉴로 컴퓨터가 인간의 학습기능의 발달처럼 더 진화될 것이라는 점에 대해서는 의심할 필요가 없다. 그것들도 기능의 분화에 따라 01, 02, 03 버전 식으로 성능이 우수한 기계로 진화될 것이기 때문이다.

학습에 관한 환원론적인 관점에서 전망하면, 뉴로 컴퓨터의 학습기능은 인간의 학습기능보다 훨씬 더 발전하여 인간의 기능을 능가할 수 있다. 뉴로 컴퓨터는 학습을 '특정 응용 목적에 따라 신경세포들의 연결강도를 변경하는 과정'으로 정의하였다. 그렇기 때문에 그에 따른 진화는 불가피하고, 진화됨에 따라 그것의 인지적 기능은 더욱더 인간의 그것보다 뛰어날 것이다.

뉴로 컴퓨터의 작동 원리에서 보는 것처럼 학습을 신경세포들 간의 연결강도나 그 변화로 정의하면 학습의 강도나 수준이 곧 뉴런의 활성화의 강도나 수준이 된다. 이처럼 뉴런의 활성화를 조절하는 신경망 구현의 정도가 학습의 양태와 속도를 결정하게 된다. 학습신경망 구현의 문제는 뉴로 컴퓨터의 진화과정을 보면 더 이상 문제될 것이 없어 보인다. 뉴로 컴퓨터의 응용은 이미 의공학계에서는 상당한 진전을 이루고 있는 실정이기 때문이다.[21]

뉴로 컴퓨터의 인지적 기능이 인간의 일반적인 학습기능을 능가하도록 고안되기는 했지만, 그것이 컴퓨터에서 진화된 기계 그 이상을 넘어서기 위해서는 앞으로도 끊임없는 진화를 거쳐야 한다. 디지털 컴퓨터의 기본 소자가 논리소자인 것과는 달리, 뉴로 컴퓨터의 인지적 기능은 뉴런을 기본 소자로 하고, 정보도 기억장치에 저장하는 것이 아니라 뉴런 간의 연결강도에 의해 달라진다. 디지털 컴퓨터가 프로그램에 실행 근거를 두고 있는 것에 비해 뉴로 컴퓨터는 '학습'에 그 근거를 두고 있다. 그럼에도 불구하고 뉴로 컴퓨터가 인간처럼 인지적 기능을 작동해 보이기 위해서는 최종적으로 뉴로 컴퓨터에 실제 신경망을 구현해 놓아야만 한다. 현재까지 뉴로 컴퓨터의 신경망은 디지털 컴퓨터의 시뮬레이션으로 구현하는 것이 일반적인 추세다.

디지털 컴퓨터의 시뮬레이션에 따라 뉴로 컴퓨터가 작동한다는 점은 결국 뉴로 컴퓨터가 기계 그 이상은 될 수 없다는 태생적인 약점을 드러내는 장면이기도 하다. 그것은 뉴로 컴퓨터가 인간처럼 배움소의 다양성을 보장하지 못하기 때문에 생기는 결과다. 뉴로 컴퓨터에는 내부시각이 사전 배선되어 있지 않다. 다시 말해 인간의 배움을 가능하게 만드는 배움소인 '생각'이 컴퓨터에는 원초적으로 결여되어 있다. 내부시각에 의한 유동적 지성은 컴퓨터 안에 구조화될 수 없다는 것이 뉴로 컴퓨터가 지닌 태생적인 취약점이다. 디지털 컴퓨터가 제아무리 결정적인 시뮬레이션을 해 준다고 해도, 컴퓨터는 끝내 생각할 수 있는 기계가 아니라 '계산'하는 기계일 뿐이다. 실제로 컴퓨터는 계산기능의 발달에 만족해야 한다. 그에 반해 인간은 설령 계산 능력이 정교하지 못하더라도, 나름대로 생각을 하고 받아들인 정보를 이리저리 조작해 본다. 그런 식의 정보 정련과정 속에서 의도적인 오산도 할 수 있는 생물이 인간이다. 기계에게 오산은 치명적인 약점이며 결점이자, 기계 해체의 원인이다. 인간이 단순하게 계산하는 생물로 만족해야 한다면, 인간은 결코 디지털 컴퓨터의 계산 능력이나 뉴로 컴퓨터의 인식기능을 능가할 수 없다.

미래에 어떤 성능을 가질 것인지에 관계없이 컴퓨터는 기본적으로 인간의 뇌에 비해 훨씬 빠르고 정확하게 정보를 처리할 수 있는 능력을 보강하는 기계로 진화될 것이다. 컴퓨터는 한 번 기억시켜 놓은 정보는 아무리 많은 시간이 지나도 생생하게 재현할 수 있다. 그것이 기계 뇌로 장착된 컴퓨터가 가지고 있는 장점이다. 인간의 생물 뇌는 정보에 대한 종합적인 가치판단을 할 수 있다. 인간은 배움소인 생각을 통해 정보 획득으로 전달되는 내용 그 이상의 정보나 기술을 자기 의지대로 조절하는 능력을 발전시킨다.

§생각의 원형

　인간의 생물학적 두뇌에서 시작되는 배움소인 생각은 디지털 컴퓨터가 발휘하는 계산과는 다르다. 디지털 컴퓨터의 기계 뇌가 가지고 있는 계산기능이 지닐 수 없는 창의적인 능력을 가지고 있는 것이 생각이다. 기계 뇌의 학습 촉진요인인 계산과 인간의 생물학적 뇌의 배움소인 생각은 동일한 정보를 받아들이더라도 그것을 처리하는 구조가 서로 다르다. 컴퓨터의 정보처리 방식과 계산은 순차적인 학습과정을 따른다. 컴퓨터의 기계 뇌는 정보를 하나씩 차례대로 처리하게 되어 있다. 그에 비해 인간의 뇌는 정보를 병렬적으로 배치하면서 생각을 발화한다.

　인간의 뇌가 보여 주는 정보의 병렬 처리 방식은 기계 뇌가 보여 주는 정보의 순차 처리식 계산이나 학습과는 질적으로 다르다. 컴퓨터는 모든 정보를 중앙에서 처리한다. 모든 정보를 순차적으로 계산하기 위한 정보처리장치를 한 곳에 모아 결정한다. 컴퓨터의 순차 처리 방식의 계산과 학습은 기본적으로 '예/아니요'의 엄격한 선택과 결정을 따른다. 퍼지 능력이 강화된 컴퓨터라 하더라도 정보처리의 계산 방식은 정보 계산에 있어서 엄격한 가치판단의 원칙에 기초하고 있다.

　그래서 기계 뇌의 중앙처리장치에 이상이 생기면, 컴퓨터라는 기계 뇌는 필연적으로 마비되고 그로부터 학습이 불가능해진다. 계산상의 오작동이 필연적이다. 새로운 가능성을 향해 한걸음도 더 나아가지 못한다. 이것이 기계 뇌의 치명적인 약점이다. 물론 뉴로 컴퓨터는 그런 계산에 의지하지 않고 인간처럼 뉴런에 근거한 연상과 인식을 하도록 만들어졌다. 그렇기 때문에 뉴로 컴퓨터가 일반 디지털 컴퓨터의 한계를 극복하는 것이다. 하지만 뉴로 컴퓨터도 결국 기계라는 태생적 한계를 극복하지는 못한다.

　인간의 생물학적 두뇌는 기계 뇌와는 작동 방식이 다르다. 수백억 개의 뉴런들이 받아들인 수많은 정보를 병렬적으로 처리하는 과정에서 엄청난 힘을 발휘하기 때문이다. 뇌신경세포의 일부는 매일같이 죽는다. 그렇게 신경세포들이 죽어 나가지만 다른 신경세포들이 잇대어 그 생각의 기능을 이어받는다. 뇌의 작동에 의한 생각은 지속적으로 이어지게 마련이다. 뇌신경세포는 정보의 가치를 엄격하게 '예/아니요'라는 절대적인 기준으로 선택하지 않는다. 상황에 대한 문제해결과정이 훨씬 부드럽고 유연하다. 언제나 다양한 정보의 결합으로 새로운 가능성을 찾아 나선다. 정보 판단과 그것을 생각하는 과정에서의 모든 가능성, 기분, 감정까지도 진지하게 고려한다. 타인의 감정과 자신의 의지까지 생각 속에 녹여 버린다.

인간의 뇌는 훈련을 시켜 그 기능을 향상시킬 수 있지만 기계 뇌는 훈련으로 증진시킬 수 없다. 인간의 뇌는 훈련이 가능하기에 인지력 증진 서비스 산업이 가능하다. 실제로 '두뇌건강(brain fitness)' 산업은 사람들의 기억력이나 집중력이 떨어지는 것을 막기 위해 사람들에게 컴퓨터로 뇌기능 증진 훈련을 시키는 인지산업이다. '브레인 피트니스'는 산수문제나 단어 기억문제를 풀면서 뇌기능을 높이는 것에서부터 인지기능을 인위적으로 향상, 촉진시켜 '뇌짱'을 만들어 주는 것을 서비스의 목표로 삼고 있다. 이런 산업을 지식산업과 융합시킨 것이 일본 닌텐도의 휴대용 게임기인 '브레인 에이지2', 미국 포지트 사이언스(Posit Science)사가 개발한 '브레인 피트니스 프로그램', 이스라엘의 '마인드 피트(Mind-fit)' 등이다. 브레인 피트니스 시장은 점점 더 팽창하고 있다. 미국의 경우 브레인 피트니스 관련 소프트웨어 시장은 현재 2억 2,600만 달러 규모지만, 앞으로 5년 후에는 약 25억 달러에 이르는 중요 산업이 될 것으로 전망된다.

브레인 피트니스는 인간의 뇌기능이 고정된 것이 아니라 가변성이 크기 때문에, 마치 근육운동처럼 훈련에 의해 뇌기능을 촉진하고 향상시킬 수 있다는 사실에 뿌리를 두고 있다. 나이가 들어도 적절한 훈련만 하면 뇌기능을 젊을 때처럼 유지할 수 있기에, 노인성 질환인 치매의 예방이나 기억력 증진을 인위적으로 조절할 수 있다는 것이다. 실제로 미시간 대학교 연구진은 미국립과학원회보(PNAS)에 발표한 논문에서 "기억 훈련 게임을 8일 이상 받은 사람의 지능지수(IQ)가 크게 향상되었다."라고 밝힌 바 있다. 리탈린, 프로보길처럼 뇌기능을 향상시키는 약도 인기를 끌고 있다. 이들 약은 원래 뇌 손상 치료제였는데, 기억력과 집중력을 높인다는 입소문이 나면서 정상인들까지 구매하기 시작했다. 네이처의 최근 설문조사에 따르면 과학자들의 20%는 이런 약을 복용한 적이 있다. 이 모두는 사고의 추동력인 배움소를 확장하기 위한 노력이다.

인간의 뇌와는 달리 디지털 컴퓨터나 인공지능의 결정판인 기계들도, 배움소를 갖고 있지는 못하다. 기계를 넘나드는 새로운 단초들은 기계보다 인간이 먼저 만들어 가기 때문이다. 기계는 태어난 것이 아니라 만들어진 물건이다. 기계는 생각을 하기 위해 만들어진 것이 아니라 생각을 도와주기 위해 만들어졌다. 기계는 구조적으로 생각을 배선한 것이 아니기에 정보를 녹여 내지는 못한다. 그것은 다만 정보의 가치를 빠르게 계산해 낸다. 인간의 뇌는 필요하다면 더욱더 느리게 정보의 가치를 생각할 수도 있다. 그래서 기계 뇌는 정보처리과정에서 인간의 판단을 훨씬 능가하는 속도를 갖는다. 컴퓨터는 정보 판단을 속도감 있고 빠르게 처리하기 위해 계산상 필요한 정보만을 선별한다. 불필요한 정보는 조건 없이 버린다. 사람은 그렇지 않다. 정보를 계산해서 버리기보다는 모든 정보를 생각해서 병렬적으로 배치한다. 컴퓨터처럼 계산을 하는 것이 아니라 가치판단과 쓰임새에 관해 생각하기 때문이다.

뉴로 컴퓨터가 디지털 컴퓨터의 기계 뇌가 갖는 계산 능력을 능가하는 것은 사실이다. 뉴로 컴퓨터는 기본적으로 디지털 컴퓨터의 시뮬레이션에 의해 신경망을 구현하고, 그로부터 학습을 강화시키는 구조를 갖는다. 그래서 뉴로 컴퓨터는 보다 더 향상된 학습 능력을 갖고 있다. 그에 비해 인간의 뇌는 배울 줄 안다. 그것이 인간의 뇌와 뉴로 컴퓨터의 신경망이 갖는 결정적 차이다. 이런 차이를 줄이기 위해 과학자들은 인간의 두뇌가 하는 것처럼 뉴로 컴퓨터가 정보를 처리할 때 다수결의 법칙에 따라 작동하게 만들려고 노력한다. 그것을 위해서는 뉴로 컴퓨터에 강력하고도 복잡한 신경세포들의 결합인 '회로망'을 추가하고, 수많은 시뮬레이션을 수록해야 한다. 현 단계로서는 결코 쉽지 않은 과제다. 과학의 기술적 진보의 발전 속도 때문이 아니라, 기계 뇌의 계산력과 인간 뇌가 보여 주는 배움력 간의 본질적인 차이로 발생하는 본원적인 어려움 때문이다.

이러한 어려움이 있지만 뉴로 컴퓨터에 신경망, 말하자면 수많은 뉴런이 그물처럼 얽히고설키면서 순식간에 여러 가지 기능을 하게 하는 신경구조망을 개발하려는 노력은 앞으로도 포기할 수 없는 작업이다. 현 단계 과학자들의 예측에 따르면, 1백억 개 이상의 신경세포들이 1조 개 이상으로 결합할 수 있는 신경망을 만들어 넣어야 인간과 컴퓨터가 그럴듯하게 조우할 수 있다고 한다. 그 정도의 신경망을 갖추고 있어야 뉴로 컴퓨터도 인간처럼 종합적인 판단이나 추리가 가능하다. 그런 신경망을 갖추면 학습 속도에 문제가 있을 수도 있지만, 그런 난관 역시 상당할 정도로 극복될 것이다. 그 정도가 되면 뉴로 컴퓨터는 인간처럼 생각하고 판단하며, 결정할 수 있는 기계 뇌로 거듭나게 된다. 그렇다고 기계 뇌의 계산력이 인간 뇌의 배움력을 본원적으로 대신할 수 있는 것은 아니다. 기계는 계산 능력을 학습 수단으로 활용하는 기계인데 비해 인간은 생각이라는 배움소를 확장시키는 생물이기 때문이다.

기계 뇌와 인간의 뇌가 서로 다르게 보여 주는 극적인 차이는 상상력(imagination)의 문제에서 더 분명하게 드러난다. 상상력은 과거의 경험으로 얻은 심상(心像)을 새로운 형태로 재구성하는 정신작용이다. 인간으로 태어난 이상 누구든지 상상할 수 있다. 인간의 상상력은 창의력의 토대이기도 하다. 상상력은 일반적으로 보통의 지적 능력과 언어적 능력, 기억 능력, 그리고 자기 자신과의 내적 소통 능력(inner speech)이 있는 사람이라면 누구에게나 존재한다. 뇌가 작동하는 한 생각할 수 있고, 생각할 수 있는 한 배울 수 있고, 배울 수 있는 한 무엇이든 상상해 나갈 수 있기 때문이다.

상상력, 즉 이메지네이션은 라틴어 '이마고나치오(imagonatio)'에서 기인한다. 그 어원은 그리스어의 '나타남', '나타내 보임'이라는 단어에 그 뿌리를 두고 있다. 이메지네이션에는 지각작용이 있다. 그 지각작용은 단순히 기억을 떠오르게 하는 것이 아니라, 지각작용으로 받아들인 이미지들을 변형시키는 노력을 의미한다. 따라서 상상력은 처음 지각하는 이미지를 있는 그대로 떠오르게 하는 것이 아니라, 그렇게 받아들인 이미지를 벗어나게 함으로써 새로운 이미지로 변형시키는 능력을 지칭한다. 변형된 이미지는 경험된 감각의 인상을 단순히 재현하는 것이 아니라, 그것을 끊임없이 해체하고 수정한다. 이 점에서 상상력은 단일한 이성적인 이미지이거나 반대로 단순한 감성적인 이미지로 남아 있는 것이 아니다. 이성적인 것과 감성적인 것 모두를 새롭게 만들어 가는 구성적 능력인 것이다. 상상력은 정확하고 올바른, 혹은 유일한 이미지로 남아 있을 수가 없다. 그런 것을 기대하거나 노력하는 시도 자체가 무의미하다. 상상력은 말 그대로 끊임없이 만들어지고, 구성되고, 변형되기 때문이다.[22) 상상력은 어떤 문제 상황을 돌파하기 위해 과거의 경험을 재구성함으로써 새로운 것을 만들어 내는 행위다. 이런 상상력은 인간에게 있어서 평생 반복적으로 일어나며, 개인 스스로 선택하며 즐기고, 관리할 수 있는 능력이다. 상상력은 생각의 능력이다. 그래서 개인에 따라 환상적 · 공상적 · 망상적인 상상력(illusory imagination)으로 나타날 수도 있고, 반대로 창의적인 상상력(creative imagination)으로 나타날 수도 있다. 창의적인 상상력은 사실적 감각에 기초를 두고 새로운 것을 만들어 내는 상상력이다. 공상에서 망상적인 요소를 가능한 한 제거하고 그 공상을 현실에서 점검하는 방식을 추구해 나가면 그런 환상이나 망상은 서서히 창의적인 상상력으로 전환될 가능성이 크다.[23)

　창의력이 뛰어난 사람들, 지능이 뛰어난 사람들이 지능적인 요소 때문에 능력을 발휘하는 것만은 아니다. 인간의 지능이 논리력이나 언어적 능력, 혹은 수학적 사고만으로 구성된다고 생각하는 것은 잘못이다. 인간의 지능이 다른 동물에 비해 더 위대한 것은 인간이 가지고 있는 상상력 때문이다. 인간의 상상력은 인간의 뇌와 근육이 치밀하게 상호작용하면서 이루어진다. 인간의 상상력은 인간에게 실수를 하게 만든다. 그런 실수를 통해 인간은 또 다른, 한층 더 새로운 것을 배우게 된다. 인간의 상상력과 그에 따른 실수는 새로운 가능성을 탐색하게 만든다. 인간의 두뇌기능은 느슨하며 융통성 있는 열린 체계를 갖추고 있기에 그러한 탐색이 가능하다. 인간의 뇌에 비해 컴퓨터나 계산기는 부품과 부품들이 서로 조밀하고 융통성 없이 닫힌 체계다.

따라서 실수가 발생하면 그 즉시 다운되거나 오작동을 일으키고 만다. 상상력은 인간의 지능을 위대하게 만들지만, 컴퓨터에게는 치명적인 바이러스일 뿐이다.

게다가 인간의 두뇌와 생명까지도 프로그램화할 수 있다고 믿는 사회는 인간의 생존을 위해 위험하기까지 하다. 인공지능의 사회적 현실을 비판하는 요제프 바이첸바움[24]은 컴퓨터가 가져다 줄 편의와 이익을 결코 부정하지 않으면서도 인간의 이성과 생명은 기계가 아니며 기계로 대체될 수 없음을 강력하게 주장한다. 그는 인공지능의 또 다른 선구자인 한스 모라벡이나 마빈 민스키와는 다른 길을 걸었다. 그는 인공지능론자들, 즉 인공지능의 불멸성 기획을 주장하는 사람들을 일종의 광기 어린 사람들이라고 단언한다. 마빈 민스키를 비롯한 인공지능 주창자들은 인간의 뇌가 단지 '살로 된 기계'일 뿐이며, 그런 의미에서 인간의 뇌에 버금가는 인공지능의 개발이 가능하다고 주장한다. 바이첸바움 역시 인공지능론의 옹호자였지만, 이러한 인공지능론자들의 주장에 대해서는 회의적인 입장을 보인다. 그는 인간은 기계가 아니라고 단언한다. 다른 말로 하면 기계에는 인간이 유일하게 가지는 배움소가 존재하지 않는다는 것이다. 기계는 먼저 인간이 만들어 낸 유사 배움소를 하나의 부품으로 넣어 주어야만 인공지능이 다른 유형의 배움소 보조기능을 작동시킬 수 있다는 것이다.

그는 스스로 인공지능의 가치를 한없이 높게 평가한다. "저는 컴퓨터 비판가가 아니에요. …… 컴퓨터를 비판하는 것으로는 아무것도 시작할 수 없어요." 다만, 그는 컴퓨터 비판가가 아니라 사회 비판가이기에 인공지능의 위험성을 고발하는 것이다. 인간의 뇌에는 단지 연산하고 기억하여 추론하는 일뿐 아니라 삶을 경험하고 그 경험을 통해 가치를 판단하는 '이성'이 존재한다. 기계에는 결코 이성이 존재할 수 없고, 따라서 이성의 자리는 기계가 대신할 수 없다. 그렇지만 지금의 문명은 효율성이나 경쟁에서의 일방적인 승리를 위해 수많은 매체와 기계장치에 인간의 이성과 비슷한 기능, 말하자면 가치판단의 몫까지 넘겨 주고 있다. 그 예가 바로 인공지능을 극대화시킨 전쟁무기의 개발이다.

인공지능 프로젝트의 개발과 전쟁이 무관하지 않은 이유는 또 있다. 21세기를 지배하는 수많은 전자 장치의 대부분은 군사적인 이유에서 개발되었기 때문이다. 우리의 일상이 되어 버린 www, 즉 World Wide Web 또한 마찬가지다. 인공지능의 신화를 믿는 사람들은 기계가 전쟁터에서 아군의 생명을 보호하게 될 것이라고만 말한다. 하지만 반대로 기계가 살상하게 될 생명 가치에 대한 이야기는 완전무결하게 생략되어 있다. 이 세계를 지배하는 과학의 힘이 인간 생명의 가치문제에서 결코 자유로울 수 없다는 점을 상기한다면 이 세상의 주인공은 기계가 아니라 인간이어야 한다. 인간이 기계에 비해 상대적으로 무력한 것처럼 보이기는 하지만, 사실은 그렇지 않다. 개인이 제 스스로 무력하다는 착각 속에서 자위하고 있을 뿐이다. 그것은 인간의 잔꾀에 지나지 않는다. 왜냐하면 무력감을 인정하게 되면, 그 스스로 책임으로부터 자유로워질 수 있기 때문이다.

개인에게 당장 필요한 것은 거대담론과 거대권력에 대한 직접적이고 구체적인 투쟁이다. 이를 위해서는 내가 존재하며 삶을 영위하고 있는 이 세계에 대한 책임감과 용기가 필요하다. 물론 그렇게 실천하고 싸우는 개인은 외로운 '이성의 섬'에 고립될지도 모르며, 더 나아가 세계를 지배하는 힘에 억압당할지도 모른다. 그럼에도 불구하고 바이첸바움은 시민적 용기를 실천하기 위해서는 고립과 억압에 대한 불안을 극복해야 한다고 강조한다. 이성의 외로운 섬이 세계에 대한 불안을 극복하기 위해서는 인간들이 '다르다'는 것을 인식하고 인정해야 한다. 이 세상은 0과 1로 이루어진 이진법의 세계가 아니며 선과 악이 극명하게 구분되는 이분법의 세계도 아니다. 다름을 인정하지 않을 때, 우리는 획일화된 세계에서 안주하고 싶어진다. 그 길은 안전하고 편안한 길일지 모르지만 결단코 진실의 길은 아니다.

그럼에도 불구하고 기계 뇌는 인간의 배움을 위해 좋은 동행, 선지식이 될 수 있다. 배움에 앞장서는 사람들은 기계 뇌의 능력과 발전의 흐름에 동참해야 한다. 그것의 개발과 진화의 어깨에 올라타야 한다. 이미 정보의 가공 능력이 한 사람에게 독점 당하던 시대는 지나간 지 오래되었기 때문이다. 이런 세상을 스마트한 세상이라고 부르는데, 기계 뇌는 세상을 더욱더 스마트하게 변화시켜 놓고 있다. 게다가 인간의 내부시각은 때때로 외부시각과 연결될 때 창의적인 일을 보다 더 능률적으로 만들어 낼수 있는데, 그런 연결을 효율적으로 도와줄 수 있는 수단이 바로 기계 뇌다.

내부시각의 확대와 전환이 촉진되기 위해서는 외부시각의 도움과 연결을 필요로 한다. 이 점에서 언어학자이자 비즈니스 컨설턴트인 리처드 오글[25]은 "지능은 외부에 있다."라고 말하기도 한다. 인간의 사고가 머릿속에서 일어나지 않는다면서 기존의 생각을 뒤집는 도발적 주장이 바로 지능은 외부에 있다는 주장이다. 이 주장은 세계를 인간의 지력에만 의존하는 무딘 세계가 아니라, 테크놀로지와 끊임없이 서로 교환해야만 하는 스마트 월드로 간주하기 때문에 가능해진다.

오글은 인간의 생각이 머릿속에서 일어나지 않는다는 것을 설명하기 위해 인공지능으로 무장한 첨단기술을 예로 든다. 자동차가 처음 시중에 나왔을 때 사람들은 자동차 엔진의 점화 시기, 공기 양을 조절하는 밸브, 브레이크 압력 등 모든 것을 일일이 손으로 조정해야만 했다. 하지만 지금의 자동차는 사람의 손보다는 기계의 제어장치로 움직인다. 자동차보다 구조가 훨씬 복잡한 비행기, 로켓, 미사일, 잠수함 등의 조종 역시 일일이 사람의 손을 거치는 것이 아니라 컴퓨터의 통제 메커니즘으로 이루어진다. 컴퓨터가 인간 두뇌가 해내던 모든 사고과정을 대신한다. 인간의 두뇌 내부에서 일어나던 생각들이 두뇌 외부로 확장되었기에, 지능이 인간의 내부에 있는 것이 아니라 외부에 있다는 것이다.

그렇게 인간의 내부 생각을 외부 생각으로 대체하기 시작한 기술은 인간 두뇌와는 그 구조가 다르다. 기술은 네트워크의 연결체며, 그런 연결체들로 구성된 기술은 아이디어 공간의 하나로 기능한다. 네트워크 아이디어 공간은 오랜 지적 성과로 이루어진 학문의 세계일 수도 있고 작품의 예술계일 수도 있다. 그런 점에서 본다면 과학, 제도, 신화, 비즈니스 모델, 문화 등도 얽히고설킨 네트워크의 세계일 뿐이다. 아이디어의 공간은 서로 제대로 연결될 때 창조성이 발현된다. 그렇게 되면 창조성의 원천 역시 인간의 두뇌 내부가 아니라 두뇌 밖의 아이디어 공간에 있게 된다.

다시 말해서 창조성은 점점 더 네트워크 과학의 산물로 대체되고 있다. 네트워크

과학의 핵심은 인간의 세계를 '노드 허브 링크(Node Herb Link)'로 설명하는 데 있다. 인간의 세계든, 자연의 세계든 간에 그것을 서로 이어주는 링크는 관계를 말한다. 이런 관계들로 이어지는 수많은 개체를 노드(node)라고 부르고, 수많은 링크로 연결된 노드를 허브라고 한다. 데이터 통신망의 분기점이나 단말기의 접속점을 뜻하는 노드는 인간의 세계에서도 그대로 통용된다. 인적 네트워크에서는 인간이 바로 노드가 된다. 노드와 허브를 떠다니는 영감들이나 단상들이 바로 창조성에 영감을 줄 아이디어를 만들어 낸다. 이런 세계가 '스마트 월드'다.

오글은 스마트 월드가 만들어 가는 창조성을 도외시하고 오로지 천재적 두뇌, 창조적 재능에 의한 창조적 아이디어만을 생각하는 것은 시대 역행적인 생각이라고 주장한다. 이제 인간에게 필요한 것은 네트워크 공간에서 노드와 허브를 오가며 상호작용하는 아이디어를 상상력, 통찰, 직관으로 잡아채는 능력이다.

천재 화가이자 미술계의 개념적 혁신자로 꼽히는 아웃라이어 피카소의 창조성이 바로 네트워크 공간에서 노드와 허브를 오가며 서로 교섭하는 아이디어를 직관으로 잡아챈 데 있다는 것이 오글의 해석이다. 피카소는 '2류 작품'이라는 이유로 루브르 박물관에 전시되지 못한 아프리카·남태평양의 악기, 가면들이 어지럽게 전시된 프랑스 트로가데르 박물관을 방문한 후 바로 창의적인 작품을 만들어 냈다. 그림의 대가들은 찾지 않는 곳에 젊은 피카소가 들어섰고, 그는 어지럽게 아무렇게나 배열된 아프리카 작품들을 보고 불현듯 한 가지 아이디어를 떠올렸다. 피카소는 바로 그곳에서 〈아비뇽의 처녀들〉을 그려 낼 수 있는 모티브를 찾아냈다. 피카소는 그곳에 방치된 아프리카 미술에서 대상의 본질적 특성을 추상적으로 표현하는 비구상주의의 통찰력을 얻었다. 그는 인간의 모습을 사실에 가깝게 추구해야 한다는 서양미술의 강박관념에서 벗어나는 새로운 세기의 걸작으로 〈아비뇽의 처녀들〉을 탄생시켰다. 오글은 이렇게 피카소의 예를 들면서, 피카소의 천재성은 피카소 개인의 두뇌 안에서 발현된 것이 아니라고 말한다. 피카소는 2류 박물관이라고 버림받은 곳에 전시된 아프리카 미술의 네트워크와 허브 아이디어 공간에서 새로운 예술의 가능성을 직관적으로 낚아챘다는 것이다.

내부시각은 유동적 지성을 구성하도록 하는 배움소다. 유동적 지성은 뇌신경학적
으로 말하면, 인간의 뇌에서 뉴런 조직체를 흐르면서 형성되는 앎의 동력이다. 그것
은 인간이 가지고 있는 '내부의 자유'에 대한 욕망으로 나타난다. 인간에게는 구체적
인 모델이 될 만한 외부의 자극이나 감각적 자극 없이도 내부시각의 형성이 가능하
다. 그 내부시각에 기초하여 유동적 지성의 출현은 일상적으로 일어난다.

유동적 지성이 내부 형성적이라는 점에서, 유동적 지성은 인간에게 원초적인 '사
고에 대한 사고의 원천'이 된다. '생각에 대한 생각의 장'이 있다는 말은 뇌기능만 발
휘한다면 어떤 조건의 사람들도 무언가를 생각하고 그것에 따라 표현할 수 있는 힘이
있다는 것을 의미한다. 새로운 것을 창조할 수 있는 배움의 장이 형성된 것이다.

원초적인 사고 형태, 말하자면 사고에 대한 사고는 인간으로 하여금 구체적인 대
상이 없는 추상적인 공간 속에서도 그들의 생각을 표현할 수 있도록 해 준다. 동시에
그것에 근거해 무엇인가 활동할 수 있게 만들어 주기도 한다. 그런 점에서 원초적인
유동적 지성의 활동은 바로 배움의 시작이 된다. 원초적인 유동적 지성의 형성이 인
간의 사고를 자유롭게 만들어 준다는 점에서 배움은 기본적으로 관념적인 속성을 갖
는다. 따라서 인간이 지상 최초의 '관념적'인 생명체이며 배움의 존재로 등장한 것이
다. 다른 동물에게서는 본능적인 삶의 흔적은 손쉽게 발견할 수 있다. 하지만 인간에
게서 관념적인 사고 행위를 직접 추적하는 것은 쉽지 않다. 그것의 표현은 항상 간접
적이다. 원시인의 동굴에서 발견되듯이 관념적인 사고 행위의 가능성은 그들이 남겨
놓은 조각화나 기물을 통해 간접적으로 추적될 뿐이다.

인간의 배움은 내부시각의 확장을 그 근거로 삼는다는 점에서 유동적 지성에서 시
작한다. 인간의 유동적 지성은 특정 영역에 고립된 채로 가두어 둘 수가 없다. 특정
영역에 유동적 지성이 흘러 들어오면 그 영역에는 유동적 지성에 의한 특유의 '색'이
나 '형태'가 부여된다. 유동적 지성에 의해 형성된 다른 사고 틀의 작용으로 인해 그
전과는 다른 유형의 '색'과 '형태'가 나타난다. 사고에 대한 사고의 새로운 작동, 말

하자면 배움의 과정과 결과들이 다르게 표현되기 시작한 것이다.

그때 서로 다른 두 영역이 연결되고 변형되면서 내부시각에 새로운 '색'의 혼합과 '형태'의 변형이 가미된다. 새로운 형태의 유동적 지성이 흘러나오기 시작한다. 유동적 지성의 새로운 이미지가 형성되기 시작한 것이다. 인간의 언어는 바로 유동적 지성의 중첩적인 작용과 변환에 의해 만들어진 내부시각의 산물이며, 동시에 유동적 지성의 흐름과 중첩을 유인해 낸 배움의 창조물이다.

한 영역에 고정되어 있지 않은 유동적 지성 자체에는 그것을 규정하는 본래의 '색'이나 '형태'가 존재하지 않는다. 그것은 배움의 원형이기 때문에 원초적인 형태를 갖거나 독립적인 모습으로 존재하지 않는다. 인간의 사고를 가능하게 하는 것은 유동적 지성들의 확장과 연결, 그리고 그것들 간의 중첩현상이지만, 원초적인 사고를 가능하게 만드는 것은 내부시각이다. 이러한 점에서 인간에게 배움의 구조가 물질적인 형태로 존재하지 않는다는 것을 알 수 있다.

§ 생각의 탄생

인간은 배우는 동물이다. 배우는 동물을 호모 에루디티오라고 부른다.[26] 호모 에루디티오는 유별난 사람이 아니고 배우는 것과 생각하는 일을 본능으로 지니는 사람을 뜻한다. 생각은 인간에게 있어서 배움을 시작하게 만드는 질문과 의문의 시작이다. 그것은 인간의 내부시각이 다양하게 발화된 결과다. 생각의 생각, 야생의 생각처럼 생각을 시작하게 만드는 기구인 내부시각은 배움소의 기능을 부각시킨다. 자동차는 속도를 만들어 내는 도구다. 마찬가지로 인간의 외부시각인 눈이나 내부시각인 시신경들은 배움이 가능하도록 만들어 주는 배움소의 방편이다. 내부시각은 생각이 생각되게 만들어 주는 내용이 풍부한 생각의 원천이며, 그런 점에서 배움소이기도 하다.

생각이 배움소라는 점은 과학자가 보여 주는 과학 정신에서 분명하게 드러나곤 한다. 그런 과학자 중의 일부로서 아인슈타인이나 슈뢰딩거, 파인만 등 이론물리학자들을 이야기할 수 있다. 그들은 생각을 만들어 내는 내부시각이 모든 창조력의 원천임을 증명한다.[27] 생각의 정체는 사실 별 것이 아니다. 환원론적으로 정리하면 그것은 뇌가 새로운 것을 찾거나, 만들어 내거나, 체험하도록 용기를 내게 만드는 신경전달물질인 도파민의 적절한 분비현상일 뿐이다. 신경전달물질인 도파민이 적정량 분비되는 일이 생각이기에, 글로 된 것이건 말로 된 것이건 언어라는 것은 나의 사고과정 안에서 일차적인 역할이 아니라 이차적인 역할을 발휘하도록 되어 있다. 생각하는 과정에서 언어를 만들어 주는 일종의 증후나 분명한 이미지가 있는데, 그것들이 자발적으로 재생산되고 결합되어야 언어가 발생한다. 생각을 만들어 내는 요소란 시각적이고 때로는 '근육까지 갖추었다.'는 것이 아인슈타인의 관점이었다. 아인슈타인은 심리학자인 막스 베르트하이머(Max Wertheimer)에게 무엇인가 물리적인 현상을 이론화시키려고 하였을 때의 경험을 이야기했다. 일련의 시각적이고 '근육질적인' 생각들이 자신을 어디로 데려갔는지 매우 어렴풋이 이해한 적이 있다는 것이다. 아인슈타인은 실제로 '그 방향에 대한 느낌은 매우 표현하기 어려운 것'이었다고 실토했다.

유전학 분야에서 노벨상을 받았던 바버라 맥클린턱 교수 역시 아인슈타인이 말하는 그런 느낌이 바로 새로운 생각의 시발점이라고 말한다. 말하자면 생각이라는 것은 일종의 '유기체의 느낌'이다. 옥수수의 염색체를 연구하면서 그녀는 밭에 있는 모든 옥수수 개체를 알고 있어야만 했다. 그래야만 옥수수를 진정으로 '인식'할 수 있다고 생각하였기 때문이다. 그녀는 "옥수수를 연구할 때 한 가지 생각을 떨쳐낼 수 없었다." 옥수수 안에서 자신이 옥수수체계의 일부로 존재했다는 느낌을 잊지 못했다. 자신이 옥수수의 외부에 있지 않다는 느낌이었다. 옥수수의 염색체 내부도 훤히 볼 수 있었다. 실제로 그녀의 모든 것이 옥수수 안에 있는 것 같았다. 놀랍게도 그 옥수수들은 자신의 친구처럼 느껴졌다. 옥수수를 바라보고 있으면 때로는 그것이 자기 자신처럼 느껴졌다. 그래서 종종 그녀 자신을 잊어버렸다. 그녀는 "바로 이것, 자기가 자기 자신을 잊어버렸다는 것 때문에 옥수수의 체계가 연구되기 시작한 것이다."라고 술회하였다.

아인슈타인이나 맥클린턱이 이야기하는 것은 한 가지다. 한 사물의 원리와 진리를 찾아내기 위한 과정이 모형을 사용하는 것부터 시작하지 않는다는 사실이다. 생각이 모형이나 언어, 그 어떤 것보다 먼저 선행한다. 설명되지 않는 배움이 그 어떤 것보다 먼저 일어나게 된다는 확인이었다. 그들은 먼저 진리를 직관적으로 생각해 낸 후, 그것을 논리적으로 설명하기 위해 수학공식 등의 체계화된 방법을 가동했다.

아인슈타인은 그런 것을 배움소가 바로 내부시각에서 만들어지는 생각이라고 보았다. 그 생각은 결코 직감과 직관, 사고 내부에서 본질이라고 할 수 있는 심상과 분리될 수 없었다. 말이나 숫자는 그런 심상, 그런 생각을 논리적으로 표현하는 작은 수단에 불과했다.[28] 수학이나 형식논리학은 아인슈타인에게 부차적인 수단이었다. 그는 말한다. "기존의 말이나 다른 기호들, 즉 수학적인 것들은 이차적인 것이다. 심상이 먼저 나타난 후, 스스로 그것을 마음대로 부릴 수 있게 된 다음에야 비로소 그것을 설명하기 위해 말이나 기호가 필요하다." 아인슈타인은 "과학자는 공식으로 사고하지 않는다."라는 결론을 내렸다. 과학자들은 수학적 언어로 사고하지 않는다. 자신만의 직관적인 통찰을 객관적으로 납득할 수 있게 표현할 필요성이 있을 때 그것을 수학이나 공식 등 언어의 형태로 진술하는 것이다.

과학자들은 무엇을 생각할 때, 아니 어떤 새로운 것을 생각해 낼 때 흔히 시각적, 운동감각적, 청각적 이미지를 모두 동원한다. 마찬가지로 아인슈타인 역시 새로운 과학 이론을 생각하기 위해 시각과 운동감각적 이미지에 크게 의지했었다. 그가 창조해 낸 새로운 물리학적 이론들은 청각적 이미지에도 크게 빚진 바 있다. 아인슈타인은 물리학 연구들이 자기 생각대로 잘 풀리지 않을 때면 바이올린이나 피아노를 연주하곤 했다. 아인슈타인의 틀을 벗어나는 행동에 대한 그의 아들의 회상이 그것을 입증하고 있다. "아버지는 연구가 막다른 길에 봉착했거나 난관에 부딪혔다고 느낄 때, 음악에서 안식처를 구하셨어요. 아버지는 그걸 통해서 당신의 난제들을 풀어 나가셨죠. 아버지는 자주 깊은 상념에서 빠져나와 피아노를 연주하고, 음표를 몇 개 그려 놓고 나서 다시 연구실로 들어가시곤 했어요."라는 것이 그의 아들이 기억하고 있는 아버지의 모습이었다.

아인슈타인이 보여 준 생각의 시각화나 생각의 형상화라는 것은 어찌 보면 시각이나 청각, 그 밖의 뛰어난 감각을 이용한 일종의 개인적이고 개별적인 속기술이다. 즉, 훈련의 결과로 나타난 배움소의 작동 결과다. 시각화를 위해서는 사물의 현상을 그대로 재현하는 것에서부터 특이한 추상 능력, 감각적인 연상에 이르기까지 모든 것이 망라된다. 물론 이미지에 의지하는 정도는 사람의 개성에 따라 서로 다르다. 개인에 따라서, 또한 그가 추구하는 바에 따라서 특정한 이미지의 형상화가 다른 것에 비해 더 중요해질 수 있다. 이런 형상화 기술은 선천적인 것이 아니라 후천적이다. 훈련에 의해 습득이 가능하고 지속적인 반복과 연습으로 형상화의 실력이 늘 수도 있다. 그것을 위해 자신의 시각적, 청각적, 기타 감각적 이미지를 인식하게 만드는 집중 훈련이 도움을 줄 수 있다. 방금 열쇠를 어디에 두고 왔는지 마음의 눈으로 그려 내거나, 읽고 있는 소설을 마치 영화로 보거나 라디오로 듣고 있는 것처럼 머릿속에 생생하게 떠올려 보면 시각적 이미지를 만들어 내는 데 도움을 준다. 심지어 바나나, 눈, 고양이를 상상할 때 머릿속에서 그것들을 보고, 듣고, 냄새 맡고, 심지어 맛까지 보려는 노력들을 지속적으로 훈련하는 것도 시각화와 형상화의 훈련에 도움이 된다.[29]

과학적 방법으로 일을 한다는 것은 내가 직관적으로 알아낸 어떤 것을 과학의 틀속으로 집어넣는 것이다. 이렇게 말하는 맥클린턱의 과학론도 결국은 생각에서 시작하고 생각으로 끝난다는 점을 수용한다. 다른 과학자들에게도 생각이 과학에 우선한다는 것은 일반적인 상식에 속한다. 직관적으로 깨달은 후에 논리적으로 표현하는 2단계 과정을 거친다는 것이 일반 과학자들에게서 공통적으로 드러나는 진술이다. 1942년부터 원자폭탄 제조를 위한 맨해튼 프로젝트에 참여하고, 양자전자기학 이론을 개발한 공로로 1965년에 노벨물리학상을 수상한 리처드 파인만(Richard Feynman) 역시 단도직입적으로 "수학은 우리가 본질이라고 이해한 것을 '표현' 하는 형식일 뿐이지 이해의 내용이 아니다."라는 결론을 내렸다. 직관적으로 문제를 보고 '느꼈던' 그 스스로가 "문제를 푸는 과정을 보면 수학으로 해결하기 전에 어떤 그림 같은 것이 눈앞에 계속 나타나서 시간이 흐를수록 정교해 졌다."라고 실토한 바 있다.

§ 생각의 죽음

생각의 본질적인 양태가 무엇인지 밝히는 일은 어려울 수 있다. 내부시각의 본질이 인간의 상식과 어긋날 수 있기 때문이다. 인간이 한 현상을 이해한다고 말할 때는 그것에 대한 과거 경험에 비추어 앞뒤 맥락이 서로 합치된다는 것을 의미한다. 인간 스스로 내부시각이 적용되는 미시세계를 한번도 경험한 일이 없기 때문에 내부시각이 무엇인지에 대한 이해도 쉽지 않다. 내부시각의 정체를 이해할 수 있는 실마리는 인간이 매일같이 접하는 정보에 있다.

정보는 생각의 실마리다. 정보는 인간의 오감을 타고 들어온다. 인간이 가장 믿고 있는 것은 시각이다. 시각은 물체에서 나오는 빛, 즉 전자기파를 탐지하는 상태를 감지하는 기관이다. 시각은 정보 수용에서 주체적인 역할을 담당하는 것처럼 보인다. 그러나 인간의 눈은 세상 자체를 느낀다기보다는 세상 만물이 내보내는 빛만을 받아들인다. 따라서 인간의 눈을 속이기는 어렵지 않다. 빛의 조작만으로도 인간의 시각을 능히 속일 수 있다. 그렇다면 이 세상이 정말로 실재하는 것인지도 확실하지 않게 된다. 인간이 오감을 통해 쉬지 않고 받아들이는 정보를 과학적으로 이해할 수 있으면, 인간의 실존에 대해 제대로 된 답을 구할 수 있다. 정보에 대한 과학적 이해가 가능하기 위해서는, 인간이 그 정보를 통해 끊임없이 정보를 변용하고 확대시키는 과정인 내부시각의 본질을 이해해야 한다.[30]

시신경의 통로에서 일어나는 뉴런의 발화가 내부시각이라고 정리해 볼 수도 있다. 그러나 그런 식의 설명은 내부시각이 학습 활동이라고 말하는 연결주의론자들의 환원론적 사고와 다를 것이 전혀 없다. 환원론적으로 내부시각을 정의하면, 두 손으로 안구를 누를 때 사람들이 체험하게 되는 다양한 내부섬광현상에서 빛의 패턴이 다양하게 발생하는 이유를 설명할 수 없게 된다. 그래서 내부시각이 시신경의 발화라는 환원론적 서술은 내부시각의 정체를 파악하는 데 역부족이다. 내부시각은 마음에서 일어나는 물질적인 변환과정을 직접적으로 반영하고 있기 때문이다.

내부시각은 인간의 마음에서 일어나는 유동적인 심적 에너지의 이어짐과 끊어짐의 반복적 출현으로 그것의 질과 양을 변환시킨다. 사람의 마음 가운데에서 가장 깊은 심층부로부터 다양한 빛의 형태가 잇달아 출현하는 과정이 그것을 말해 준다. 인간의 마음에서 '물질적인 기본과정'이 반복됨으로써 의미를 가진 세계가 구성되는데, 그것은 내부시각이 배움소의 기능을 발휘하였기 때문이다. 이것은 마치 소프트웨어와 하드웨어로 구성된 컴퓨터의 작동 원리와 유사하다. 소프트웨어는 기본적으로 0과 1이라는 두 개의 숫자가 나열되어 있는 문자식이나 표를 의미하며, 반대로 하드웨어 면에서는 켜짐과 꺼짐(On/Off)이라는 전압 변화의 연속을 의미한다. 이런 켜짐/꺼짐에 따른 0과 1의 조합이 인간이 생각할 수도 없는 다양한 물질적 표현과정을 구성하는 것과 비슷하다고 볼 수 있다.

그래서 배움소를 생산해 내는 내부시각은 야생 사고의 원천과 닮아 있다. 야생의 사고는 미개인의 사고를 말하는 것이 아니라, 어떤 기호를 성립하기 위한 공리의 체계로서 인간의 정신 속에서 발전한 사고의 원형을 의미한다.[31] 인간이 의식하지 못하고 문명을 이룩하는 데 기여하는 것이 내재적 사고로서의 원초적인 사고다. 레비 스트로스[32]는 서구사회에서 볼 수 있는 과학적 사고와 미개 사회에서 흔히 볼 수 있는 주술적이며 신화적인 사고 사이에 큰 차이는 없다고 주장했다. 미개 사회에서 통용되는 신화적인 사고가 바로 야생적 사고의 한 형식인데, 이것이 인간의 본래적이고 보편적인 사고 형태라는 것이 레비 스트로스의 신화적 사고다. 그것은 원시인들의 마음에서 일어나는 물질적인 기본과정을 직접적으로 반영하는 원초적 현상이기도 하다.

이런 원초적인 사고는 구상력을 갖는 삶을 위한 사고다. 구상력이란 눈에 보이지 않는 사물의 본질을 파악하는 '전체적인 사고 능력'과 '새로운 것을 발상하고 실행해 나가는 능력'을 말한다. 구상력이 발휘되기 위해서는 사고의 원형이 존재해야 한다. 빛이 더해지면 색이 변하고 색이 더해지면 빛이 달라지는 차이를 만들어 내는 생각의 원초가 선행되어야 한다. 예를 들어, 색은 서로 합해질수록 점점 어두운 색으로 변하고, 색의 혼합이 엷어질수록 밝은 색이 돋아난다. 색은 겉으로는 빨주노초파남보로 나뉜다. 이것은 인간의 눈에만 보이는 색의 분류다. 빨강색 이전에는 열선인 적외선이 존재하고 보라색 이후에는 화학선인 자외선이 존재하지만 인간은 적외선과 자외선을 직접 눈으로 확인하지 못한다.

이들 색을 다양한 색으로 만들어 낼 수 있는 것은 색의 토대인 삼원색이다. '빨강·노랑·파랑'이라는 삼원색은 모든 색을 만들어 낼 수 있다. 따라서 이것은 색의 기본이고 원초이며, 색의 추동력이다. 이런 색을 인지하는 인간의 시각을 조절하는 것이 빛이다. 이 빛은 인간에게 앎의 원초가 된다. 빛은 서로 모이면 밝아지기 때문에 인간에게 앎의 농도와 수준을 짙게 만들어 준다. 반대로 빛이 약해지면 존재하는 것들 간의 구별이나 갈등, 긴장이 늘어나게 된다. 이러한 점에서 빛은 실제적인 앎과 비슷하다.

§ 내부시각의 기능

원초적인 사고구조인 뇌는 모든 인간에게 동일하다. 뇌에서 만들어 내는 생각 그 자체는 문화권의 차이에 관계없이 동일하지만, 그것을 표출하는 방식은 각각 다르다. 마치 색에 빛이 더해지는 정도에 따라 농도가 달라지는 것과 비슷하다고 할 수 있다. 그것은 삶살이가 서로 다른 이유이기도 하다.

예를 들어, 빨주노초파남보의 일곱 가지 무지개 색은 그들 스스로 어느 정도 가감되느냐에 따라 서로 다른 색의 농도로 나타난다. 여러 종류의 색상들이 한곳으로 모이면 그 색상은 더욱 어두운 색인 검정색으로 변하게 된다. 반대로 색이 각기 분리되면 자신의 고유색으로 나타나거나 밝은 색으로 변한다. 우리 눈으로 확인되는 빨주노초파남보라는 일곱 가지 색깔만이 모든 색의 전부는 아니다. 눈에 보이지 않는, 적외선이나 자외선은 인간의 시신경으로는 전혀 포착되지 않는다. 이런 색상의 조합을 통해 내부시각을 비유하자면, 색상은 우리가 감지하는 수많은 경험치이고 빛은 그런 경험치를 또 다른 형태의 경험치로 변환시키는 내부시각에 해당된다. 빛은 사물의 본질을 알게 만드는 가능적 앎의 형태와 비슷하며 그들의 조합으로 다양한 색상을 만들어 내는 삼원색은 유동적 지성이나 야생 사고와 같다.

야생 사고나 유동적 지성의 원천인 내부시각은 인간의 사고과정에서 여러 가지 기능을 발휘한다. 첫째, 내부시각은 오래된 유전자에 새로운 기교를 가르치는 것과 같은 지력의 진화를 만들어 낸다. 모든 동물의 유전자는 기능상 서로 닮아 있다. 인간, 생쥐, 파리, 침팬지에 상관없이 거의 같은 유전자가 비슷한 일을 담당한다. 예를 들어, 파리의 눈 발생을 담당하는 '아이리스 유전자'를 생쥐의 배아에 삽입하면 정상적인 생쥐의 눈이 발생하는데 그것은 유전자가 같은 일을 담당하기 때문이다. 그런 점에서 보면, 진화란 이들 유전자의 사용 방식이 변하면서 일어나는 활동이며 오래된 유전자에 새로운 기교를 가르치는 것이다.[33] 내부시각은 인간의 유전자가 아니다. 그것은 유전자가 생존하기 위해 만들어 내는 지적 설계도의 도면일 뿐이다.

둘째, 내부시각은 새로운 영상을 만들어 내고 추억을 간직한다. 일반적으로 경험의 결집은 추억으로 남는다. 빈민보호소 등지에서 일하다 보면 한 가지 놀라운 사실에 주목하게 된다. 죽음을 앞둔 환자들의 침대 옆에는 소지품을 두는 선반이 하나씩 있다. 생이 얼마 남지 않은 가운데서도 인생 말년에 꼭 간직하고 싶은 소중한 물건이 있기 때문이다. 흔히 그들은 반지와 사진, 혹은 작은 메모지 등을 남기는데 그 모두가 추억거리들이다. 인생 마지막에 가장 소중한 것은 추억이기 때문에 사람은 누구나 그것을 남기려고 한다.[34]

내부시각이 발달한 사람은 지도 위에 있는 파란 줄을 보고, 푸른빛으로 출렁이는 강을 생각해 내기도 한다. 그 힘이 강력해지면, 누런 바탕에 다닥다닥 찍힌 점들을 보고 사막에 부는 뜨거운 모래바람을 느낀다. 경도선(經度線)은 지구를 세로로 가르는 선으로서 그 기준은 그리니치를 지나는 선이다. 하지만 상상력이 뛰어난 사람들에게 지도의 경도선이 의미하는 바는 그 이상이다. 열대를 여행한 사람에게는 경도선이 즐거움이며, 항해사들에게는 안전의 지표다.

지도에 보이는 경위(經緯)선, 축척, 날짜 변경선, 도법, 기호 등은 모두 사람의 내부시각을 확장시킨 결과물이다. 지도는 문자보다 더 오랜 기간 사람들이 소통하고 정보를 나누며 전달하는 도구로 사용해 온, 인류가 함께 만든 보물창고다. 그 속에 그려져 있는 선 하나, 기호 하나는 수많은 사람의 오랜 노력과 도전이기도 하다.[35]

셋째, 내부시각은 삶을 선택하고 영위할 수 있게 해 준다. 인간은 자기 스스로 태어나고 죽는 것을 선택할 수는 없지만 그 사이에 있는 모든 것은 나름대로 선택할 수 있다. 일반 동물은 생존을 선택하지 못한다. 그들은 정해진 순서에 따라 그들의 삶을 진행한다. 그러나 인간은 주어진 '기회'에 따라 사는 것이 아니라, 매 순간 자신이 내린 '선택'에 따라 살고 있다. 인간들은 그러면서도 매 순간 자신이 무언가를 끊임없이 선택하고 있다는 사실을 잊어버리거나 인식하지 못한다.

그래서 인간에게는 언제나 비극이 도사리고 있다. 이 비극에 종지부를 찍기 위해서는 인간 스스로 '내가 선택하는 삶'이 얼마나 중요한지 깨달아야 한다. 인간은 운명의 꼭두각시로 창조되지 않았다는 점과 인간에게는 '자유의지'와 '선택의 힘'이 있다는 것을 드러내야 한다. 인간이 해야 할 것은 매 순간 '인간으로서의 존엄과 가치'를 향상시키고 '자신의 숨은 능력'까지 이끌어 내는 일이다. 그것이 가능하기 위해서는 삶의 선택에 대한 내부시각의 확장이 진행되어야 한다.[36]

내부시각이 뛰어난 사람은 생물학적인 시력이 제 기능을 정상적으로 발휘하지 못하더라도 그것에 구애됨 없이 운동을 상당한 수준으로 즐길 수 있다. 물론 운동의 성질에 따라 그 농도가 다르기는 하겠지만, 운동은 눈으로 모든 것을 제대로 볼 수 있는 사람만이 할 수 있는 것이 아니다. 마음의 눈이 있으면 정상인 못지않게 운동을 즐길 수 있다는 것은 장애인 운동 경기를 보아도 알 수 있다. '육체적 눈'이 아닌 '마음의 눈'으로도 골프를 칠 수 있다는 것을 보여 주는 사례가 있다. "언제라도 마음을 비울 수 있는 현실이 더 낫습니다. 골프를 할 때면 욕심이 앞서는 '정안인(正眼人)'보다 훨씬 유리합니다."라고 말하는 시각장애인 골퍼 조인찬 씨는 2008년 4월 일본에서 열린 국제시각장애인골프협회(IBGA) 주관, 2008 블라인드골프 일본오픈챔피언십에 한국 대표로 처음 출전해 4위에 입상했다.[37]

마지막으로 내부시각은 상상력의 가지치기나 잡념과 같이 간다. 심리학자들의 연구에 따르면, 잡념[38]의 대부분은 해가 없을 뿐만 아니라 때로는 이롭기까지 하다. 인간의 삶은 대부분 '자동 항법' 상태로 진행된다. 인간은 현재 하는 일에 언제나 의식을 집중하고 있지는 않다. 사람은 집중하지 않고도 운전하거나 먹고 걸을 수 있다. 살기 위한 조건이 집중은 아니다. 사람은 집중할 때 뇌의 용량이 커진다. 말하자면 생각을 위한 뇌 여백이 생기게 되어, 그 여분을 문제해결과 같은 고민거리에 투입할 수 있다. 인간의 잡념은 창의성을 자극한다. 뚜렷한 이유 없이 여러 가지 생각이 막 떠돌아다니는 상황은 창의적 생각을 위한 최적의 조건이 된다.

잡념은 때때로 음악을 보게도 만들고, 그림을 듣게도 만들며, 맛을 읽게도 만든다. 인간의 마음에 대한 철학자인 길버트 라일[39]이 말하는 인간의 마음을 따라가면, 그것은 이내 내부시각의 활동이 연장된 마음임을 알 수 있다. 내부시각은 인간들이 볼 수 있는 것을 듣게도 하고, 듣는 것을 보게도 만들어 주는 힘이 있다. 인간의 감각구조는 볼 수 있는 것만을 보고, 들을 수 있는 것만을 듣게 한다. 시각에 의한 관찰은 다른 감각기관에 의한 관찰보다 우위를 갖고 있기에, 마음을 본다는 것도 가능하다. 그런 언어적 표현이 가능한 한 것은 언어가 주로 시각에 의지하고 있기 때문이다. 시각적 상상력이 청각이나 촉각의 상상력보다 더 강력한 이유도 여기에 있다. 사람들은 사물을 마음속에 그리거나 시각화하는 것에 대해 이런저런 얘기를 한다. 하지만 시각적 상상 이외의 상상을 표현하기 위한 동사로서 그것에 상응하는 동사를 갖고 있지는 못한 형편이다.

　시각적 상상력은 생각을 만들어 내는 데 청각이나 촉각 등에 의한 상상력보다 더 강력한 힘을 발휘한다. 마음의 눈으로 사물을 보고 머릿속으로 사물의 소리를 듣는다는 견해가 통용된다고 해서, 마음의 눈에 보이는 그런 특별한 사물이 실제로 존재한다는 의미는 아니다. 무대에서 배우들이 연기해 보이는 살인이 실제 살인이 아니듯이 마음의 눈으로 사물을 본다고 할 때 그런 사물이 존재하거나 실제의 시각작용이 일어나는 것은 아니다. 눈으로 본다는 것과 마음속으로 그려 보는 것은 전혀 별개의 문제다.

　인간은 눈을 뜨고 있을 때에만 사물을 볼 수 있다. 눈을 감은 상태에서의 인간은 마음의 눈으로 상을 그려 낼 수 있을 뿐이다. 모든 사람이 들을 수 있는 정상적인 상황에서 음악 소리를 듣는 것은 당연하다. 그러나 다른 사람이 전혀 음악 소리를 들을 수 없는 상황에서도 머릿속에 운율이 흐르는 것도 가능하다. 이러한 의미에서 마음속으로 듣는다고도 말할 수 있다. 예술가들이 그림을 마음으로 보고, 음악을 눈으로 듣는다고 할 때, 그것은 직접적인 시각적 작용이나 청각적 작용을 말하는 것이 아니라 내부시각의 작용과 활동을 말하는 것이다.

§ 상상의 힘

　생각은 인간으로 하여금 무엇인가를 그려보게 만드는 상상계의 틀이며 구조의 결과물이다. 상상력은 인간의 추동력이기도 하다. 인문학자들은 상상력을 인간이 거듭나게 하는 원동력으로 간주한다. 그중에서도 가스통 바슐라르(Bachelard, Gaston), 질베르 뒤랑(Durand, Gilbert)[40]은 상상력이 인간의 이미지를 형성하는 능력 그 이상이라고 말한다. 상상력은 지각이 제공하는 실제적 복제물을 변형하는 역동적 힘이며, 정신적 삶 전체의 기초라고 강조한다. 바슐라르는 인간의 참된 자유란 인간이 하나의 존재로서 생각을 자유롭게 할 때 가능한 것이라고 말한다. 자유로운 움직임을 언기 위해 스스로를 움직일 힘이 필요하다. 그것은 스스로를 연료로 하여 불태워야 한다는 것을 말하는데, 그것이 스스로의 변화라는 것이다. 자신의 내부에서 생성과 존재를 종합하는 동체로 스스로를 구성하도록 하는 동력이 상상력이기에 바슐라르는 "나는 꿈꾼다, 고로 존재한다."라고 선언한다. 인간은 바로 꿈꾸는 존재인데, 그런 존재야말로 무엇인가를 내부의 상상력으로 끊임없이 확장해 나갈 수 있다.[41]

뒤랑이나 바슐라르에 따르면, 인간에게 상상력은 이성을 능가하는 삶의 힘이다. 인간은 상상계의 범주에서 상상한다. 그런 상상계에는 인간의 모든 문화적 산물이 포함된다. 상상력이 그런 상상계의 가능성을 확장시킨다.[42]

뒤랑은 인간은 자신이 누구인지 서술해 주는 구체적인 표현 없이 존재할 수 없다고 본다. 인간에게 구체적 작품은 모두가 상상력으로 만들어지는 생각들이다. 인간은 상상하는 동물이며, 그것을 통해 의미를 만들어 내는 존재다. 이 말은 인간에게서 상상력을 제거하면 그때부터 동물과 다를 바 없다는 것을 의미한다. '인간은 상징적 동물이다.'라는 선언을 통해 인간 인식의 중심에는 이성이 아니라 상상력이 존재한다는 것을 강조한 뒤랑은, 다양한 학문적 성찰과 인간의 상상력의 산물들에 대한 구체적 탐사를 이어 나간다.

그에 따르면, "상상계는 수동적 부대현상이나 지나간 과거에 대한 헛된 성찰이 아니다. 상상력은 스스로 세상을 변화시키는 창조적 활동이다. 이 세상을 근본적으로 변화시키는 힘이 상상력이다. 그렇게 변화한 세상이야말로 지성을 '성스러운 것(intellectus sanctus)', 최선의 질서로 받아들이는 사회다. 객관성이라는 말은 존재하지도 않는 것을 존재하게 만들어 놓기 위한 헛수고다. 객관성이라는 것은 우리가 갈증을 느끼는 순간순간에 일련의 이정표를 세우고 그것들을 잘게 잘라 놓는 일을 강행할 뿐이다. 그래서 객관적이라고 불리는 시간 같은 것은 우리가 절망적으로 갈망하는 충족의 순간을 끊임없이 지연시키는 일이나 담당할 뿐이다. 반면에 상상된 공간은 매 순간 자유롭게, 그리고 즉각적으로 존재의 지평과 희망을 영원 속에서 다시 세워 준다. 상상계는 우리의 의식이 궁극적으로 의지하는 존재며, 영혼을 살아 있게 만드는 심장이나 마찬가지다."

이러한 주장에 의하면, 상상력과 과학은 엄밀히 구분되는 두 개의 다른 세계가 아니다. 보다 폭넓은 상상적 기능 속에서 통합되는 하나의 세계다. 그 모두는 내부시각에서 발동되는 상상력의 틀 안에서 하나가 된다. 과학적 진실이라는 것은 상상력이 보여 주는 현실과 다른 축에 위치하는 것이 아니라 상상적인 것의 총체적 구조 속에서 한 부분을 차지한다. 상상력은 자유로움을 특징으로 한다. 그래서 상상력은 내부시각의 꿈틀대는 그 힘을 최대한 활용한다.

§ 생산적 생각

생산적인 사고는 내적 상상과 외적 경험 사이에 일치된 상태의 정보처리과정이거나 그 결과다. 생산적 사고에 대해 이런 결론을 내리는 루트번스타인[43]은 세계적으로 각 학문 분야에서 학문적 성과를 낸 학자들의 학문하는 자세를 종합적으로 검토한 바 있다. 그는 창의적인 학자들에게 있어서 생산적인 사고는 내적 상상과 외적 경험이 일치할 때 이루어졌다는 것을 확인했다. 내적 상상과 외적 경험 간의 일치를 위해 그들이 활용하는 '생각의 도구'들이란 유별난 것이 아니었다. 관찰, 형상화, 추상화, 패턴 인식, 패턴 형성, 유추, 몸으로 생각하기, 감정이입, 차원적 사고, 모형 만들기, 놀이, 변형, 그리고 통합 등 일반인들도 그들의 생활에서 상용하는 방법들이었다.

생각의 도구라는 것도 그것의 실체를 파고들어 보면 언어와 상징 이전의 것임에 틀림없다. 그런 생각의 도구는 사람들이 만들어 낸 것이며, 그것의 시작이 몸이었기 때문이다. 그러니까 생각의 처음은 몸으로 시작했던 것이다. '생각하기'는 먼저 감각과 근육, 힘줄과 피부를 타고 느낌으로 다가오게 마련이다. 그런 생각하기, 감각과 근육, 힘줄과 피부를 타고 들어오는 느낌들이 바로 내부시각의 원천이다. 이는 사람들이 의사표현의 수단으로 말, 혹은 표현, 어떤 공식을 발견하기 훨씬 이전부터 사람들에게 생각의 덩어리로 솟아오름을 '느끼고' 있었던 것이다. 그것을 바로 내부시각의 꿈틀거림과 역동성이라고 볼 수 있다.[44]

내부시각은 내 몸의 눈의 작용, 육안의 작용, 혹은 시각의 결과물만을 말하는 것이 아니다. 내부시각의 양태는 눈이라는 시각의 힘과 역량을 넘어선다. 루트번스타인은 열대 조류 전문가인 생물학자 재레드 다이아몬드의 현장탐사 작업과 생물학자 제라트 버메이의 탐구 방법을 예로 들고 있다. 그들의 연구 방법은 시각을 필요로 하지만 중요한 것은 육안 중심의 시각을 넘어서는 초감각의 시각이다. 재레드 다이아몬드는 그들이 자연에 나가 현장탐사 작업을 제대로 하기 위해서, 그들이 느낀 빠르고 작은 움직임이 생물의 움직임인지 나뭇잎의 움직임인지를 분간하는 능력부터 익혀왔다고 말한다. 숲에서 새를 추적하건, 들판에서 곤충을 관찰하건, 암석층에서 화석을 찾아 내건 간에 날카로운 관찰력이 가장 중요했다.

과학자도 예술가처럼 상상력으로 충만한 내부시각을 활용해야 한다. 순간적으로 사물의 정수를 잡아 내는 시각 활용을 배워야 하는 것이다. 관찰은 시각 분야에만 국한되지 않는다. 다이아몬드는 청각적 관찰도 크게 강조하고 있다. "뉴기니의 밀림은 너무 빽빽해서 새를 볼 수가 없다. 단지 귀로 새소리를 들을 수 있을 뿐이다. 오직 소리에만 의지해서 새를 식별해야 한다. 다행히 나는 음악을 좋아해서인지 몰라도 새소리를 잘 구분할 수 있는 밝은 귀를 갖고 있다. 어느 날 아침 열대우림으로 들어가서 다음 날 아침이 되기 전에 그곳을 빠져나왔는데, 아침 7시 30분까지 나는 총 57종의 새소리를 듣고 무슨 새인지 알아냈다. 눈으로는 한 마리도 보지 못했다."

제라트 버메이의 경험 역시 내부시각이 눈의 힘에만 의지하는 것이 아님을 보여 준다. 그는 아주 어렸을 때 시력을 상실한 시각장애인이다. 그는 평생을 눈이 아닌 나머지 감각에 의존하며 살아야 했다. 그는 "전에는 그냥 무시해 버렸던 것들이 이제는 특별한 의미를 갖게 되었다. 내 세계는 컴컴하거나 희망이 없는 것이 아니었다. 전과 다름없이 찬란했다. 단지 소리, 냄새, 형상의 요철이나 질감으로 느껴지는 것이 달랐을 뿐이다. 눈으로는 볼 수 없지만 남은 모든 감각기관이 협력해 더할 나위 없이 생생한 세계의 모습을 나에게 보여 주었다."라고 말한다.

캘리포니아 대학의 생물학과 교수로 재직하고 있는 그는 아프리카, 남아메리카, 남태평양의 해안을 자주 찾아다닌다. 시각장애를 가졌지만, 단연코 그 분야의 혁신적인 연구로 세계적인 명성을 갖고 있는 학자다. 버메이는 처음부터 그 작업에 뛰어난 관찰력이 필요하다는 것을 알고 이렇게 말했다. "자연에 관한 많은 지식은 책에서 얻어진다. 그러나 이렇게 획득된 지식은 한번 걸러져야 한다. 그런 점에서 관찰을 대체할 만한 것은 아무것도 없다." 그는 눈으로 보는 대신 손으로 만져서 관찰을 했다. 그는 조개 정도의 크기라면 손을 이용한 관찰이 아주 적합하다는 것을 시각이 아닌 촉각을 이용해 얻고 있었다. 이런 사례들은 우리가 단 한 가지 감각에만 의지해서 관찰하면 안 된다는 것을 경고한다.

이러한 내부시각은 타인과 자신에게 바르게 이해될 때 비로소 의미와 힘을 발휘한다. 내부시각을 깨닫고 그것을 하나의 가능성으로 활용하는 사람이 깨달은 사람이고 배우는 사람이며, 속된 말로 공부 잘하는 학습인이다. 인간이 무엇을 이해한다는 것은 항상 통합적인 성격으로 받아들인다는 것을 의미한다. 이해는 그것에 관련된 여러 가지 경험의 방식들을 하나로 결합할 때 가능하다. 그런 것을 가능하게 하는 통합의 기본적인 요소로서 공감각이 있다. 공감각은 사물을 복수적으로 감각하는 것을 일컫는 신경학적이며 예술론적인 개념이다. 예를 들어, 어떤 소리는 색채를 유발하며, 어떤 맛은 촉각이나 기억을 불러낸다. 이런 것을 하나로 만드는 통합은 지식의 통합이 가능할 때 일어난다. 통합된 지식 안에서는 관찰, 형상화, 감정이입과 기타 생각의 도구들이 유기적으로 작용한다. 이 작용은 순차적으로 이루어지는 것이 아니고, 경우에 따라 동시다발적일 때도 있다. 기억, 지식, 상상, 느낌 등 모든 따로따로가 아닌 전체로, 그리고 몸을 통해서 이해된다. 이렇게 사물을, 현상을 총체적으로 받아들이는 것을 종합지라고 부른다. 종합지는 내부시각의 통합 결과다.

§ 종합지

종합지는 인간의 삶을 가능하게 만들어 주는 추진력인 배움소의 결합체다. 배움소가 하나의 종합지로 작동하는 방식은 원시족의 삶에서 찾아볼 수 있다. 중앙아프리카 콩고민주공화국 이투리 숲의 '밤부티 피그미' 족이 불씨를 관리하는 방법은 삶의 배움소가 어떤 식으로 작동하여 종합지로 고정되는지에 대한 하나의 사례가 될 수 있다.

피그미 여자들은 캠프를 옮길 때는 예외 없이 불씨를 옮겨다닌다. 그들은 불씨에 잘 견디는 나뭇잎에 불씨를 꽁꽁 싼다. 불씨 만드는 법을 모르기 때문이다. 그것이 관습이며 피그미족의 문화다. 집을 옮기다가 길을 멈추고 쉴 때, 여자들이 맨 먼저 하는 것은 불씨를 꺼내 마른 나뭇가지에 대고 후후 불어 불길을 살리는 일이다. 그들은 불씨 옮기기를 대대로 전수해 왔기에 그렇게 하는 것이 삶의 지침이다. 그것이 그들에게는 종합지다.

피그미 여성으로 태어나면 모든 것이 불씨 옮기는 법 그 자체여야 한다. 불씨 옮기기가 피그미족 여성에게는 마치 밈(Meme)처럼 전수된 것이다. 피그미족을 관찰한 서양인인 턴불[45]은 아무리 노력해도 불씨 옮기는 법을 제대로 배울 수 없었다. 피그미족은 불씨를 만들지는 못하지만, 문화인류학자인 턴불은 불씨를 만들어 낼 줄 알았다. 그렇다고 턴불의 능력이 크게 자랑거리가 되는 것도 아니다. 피그미족 여성들에게는 불씨를 옮기는 것이 불씨를 만드는 것과 같은 것으로 간주된다. 불씨 만들기에 대한 내부시각이 더 이상 확장될 수 없었기에 그들에게는 불씨 만들기보다 불씨 옮기기가 더 중요한 일로 변했다. 불씨 만들기에 대한 배움소가 더 이상 확장되지 않았기에, 그 배움소는 불씨 옮기기로 고착된 것이다.

인간의 내부시각, 즉 내부시각을 확장시키는 배움소도 문화적으로 조건화된다. 문화적으로 조건화된 배움소는 바로 컬처코드(culture code)로 작동하며 사람들의 행위에 방향타의 역할을 담당한다. 컬처코드는 '특정 문화에 속한 사람들이 일정한 대상에 부여하는 무의식적인 의미이며 행동기준'이기 때문이다.[46] 컬처코드는 각자 자신이 속한 세계에서 경험한 문화를 통해 획득된다. 어린 시절을 어떤 문화 속에서 보내느냐에 따라 코드도 달라질 수밖에 없다. 그래서 문화 간에 서로 엇비슷한 행동들도 문화가 다르면 서로 다르게 해석되고, 서로 다른 행동을 유발시킨다.

예를 들어, 동양인들의 이혼율은 미국이나 유럽 국가보다 훨씬 낮은 편이다. 동양의 부부들이 서양의 부부들보다 더 많이 사랑해서 이혼율이 낮은 것은 아니다. 결혼과 이혼에 대한 동·서양인의 인식이 다르기 때문이다. 프랑스인은 우아한 만찬 장소에서 거침없이 섹스 이야기를 해도 누구 하나 얼굴을 붉히는 경우가 없다. 대신 돈 이야기를 하는 것은 천박한 짓이다. 한국은 정반대의 컬처코드를 보여 준다. 격식을 차려야 하는 자리에서 섹스 이야기를 꺼내는 한국인이 있다면 존경받기 어렵다. 그러나 돈에 관한 이야기라면 밤을 새워도 아무도 비난하지 않는다. 저들과 우리의 컬처코드가 다른 것이다. 컬처코드는 인식하지 못하는 사이에도 쇼핑, 건강, 음식, 사랑, 직업, 정치 등 삶의 곳곳에서 인간의 사고와 행동을 통제한다.

컬처코드는 인간의 내부의식, 말하자면 배움소가 문화적으로 침전되어 인간의 문화적 무의식으로 자리 잡은 것이다. 문화적 무의식으로서의 컬처코드는 경험을 통해 각인되지만, 그 각인의 과정에는 인간 생존에 유리한 이성적 요소가 함께 개입되어 있다. 컬처코드는 문화적 무의식이라는 점에서 인간의 감성적인 욕망을 자극하지만, 삶의 지도를 논리적으로 그려 준다는 점에서 생존을 생각하게 만드는 의식이기도 하다.

§자유의지 무용론

인간은 무엇이든 본다. 그리고 생각한다. 무엇인가를 '본다'는 것은 인간의 자기완성을 시작하는 첫걸음이다.[47] 본다는 말은 기호학적으로 여러 가지 뜻을 갖는다. 그것은 보는 것이 시지각(視知覺)에 의한 단 하나의 현상이 아님을 알려 준다. 중국인들은 눈으로 본다는 뜻의 견(見), 우러러 본다는 뜻의 첨(瞻), 지켜본다는 뜻의 간(看), 자세하게 살펴본다는 뜻의 시(視), 드러내 보인다는 뜻의 관(觀), 그리고 생각하면서 본다는 뜻의 찰(察) 등을 서로 다른 장면마다 다르게 활용하고 있다.

인간의 시각은 생리적인 것에 머무는 단순한 기능이 아니라 사회적이고 역사적인 것이다. 인간의 보는 행위는 신체기관으로서 눈이 수행하는 육안의 시각 이상의 것이다. 시각은 그가 속한 사회의 문화적 내용에 의해 매개된다. 사회는 일상생활 속에서 세계를 바라보는 사람들의 '보는 방식'을 규정한다.[48] 사회적이며 역사적으로 주조되는 방식으로 세계를 보는 개인은 가시적 세계 속에서 보이는 대상과 특정한 방식으로 관계를 맺는다. 시각은 이러한 방식으로 개인을 가시적 세계 속에 일정하게 위치 지음으로써 그를 시각적 주체로 구성한다.

시각을 잃어버려도 인간의 내부시각은 확장된다. 내부시각은 시각에 의존하는 것이 아니라 인간의 모든 감관의 통합적 작동의 원천이기 때문이다. 이런 예는 시각장애인들에게서 늘 발견되는 일반적인 현상이다. 탐험가 제임스 홀먼(James Holman, 1786~1857)[49]은 앞을 전혀 볼 수 없는 시각장애인이었다. 그는 시베리아·아라비아 사막·오스트레일리아 등 200여 개의 문화권을 찾아다니며 40만km를 여행했다. 지구를 10바퀴 돈 것과 같은 거리였다. 볼 수는 없었지만 얼마든지 느낄 수 있었다. 그는 지팡이로 길을 더듬어 나가는 법을 익혔고, 사람들의 말뿐 아니라 풍경을 즐길 때에도 그의 귀를 이용했다. 미세한 대기의 변화를 감지함으로써 뚫린 길과 막다른 골목을 구분할 수 있는 내부시각으로 세상을 바라보며 자연을 즐길 수 있었다. 내부시각이 없었다면, 그런 모험과 여행은 불가능한 일이었을 것이다.

인간의 내부시각이 하나의 삶의 장면에서 작용할 때, 그것은 생존을 위한 살인의 정당성에서부터 신의 창조에 이르기까지 다양하게 응용된다. 생존을 위한 살인과 전쟁이 내부시각에 의한 진화의 한 장면이라면 문화권마다 각기 다른 신의 창조 역시 생존을 위한 진화의 한 장면이다. 진화심리학자인 데이비드 버스는, '인간은 생존과 번식을 위해 벌이는 무자비한 진화과정에 적용해 왔으며 번식에 필수적인 자원을 확보하기 위한 가장 효과적 수단은 살인이었다.'고 주장한다.

지금도 사람들은 '우리 공동체의 진화'를 방해하는 대상을 편하게 악으로 생각하곤 한다. 이슬람 극단주의자들이 미국인을 공격하고, 미국 정부가 군사력으로 그들을 살상하는 예가 바로 그런 근거에서 출발한 것이다. 미국의 관점에서 보면, 이슬람 극단주의자들이 악이지만, 이슬람 극단주의자의 생각으로는 미국인들이 바로 악이다. 악을 이기기 위한 선한 방법에는 옳고 그름이 있지 않다. 그래서 서로 살아갈 수 있는 사회를 만들기 위해서는, 인간 본성에 어두운 면이 있다는 점을 거부하는 그 자체가 더 위험하다.[50]

인간이 자유의지를 갖고 모두에게 이익이 되는 것을 선택한다는 생각 역시 진화생물학자들에게는 '착각의 부산물'일 뿐이다. 상대방을 만나고 나의 뇌에 저장된 경험들이 일으키는 신경세포 자극은 벌써 한쪽으로 선택을 이끌어 낸 상태다. 그 과정에서 갈등이 일어날 수 있지만, 그 갈등은 서로 다른 신경세포들이 일으키는 세력 싸움이다.

인간의 이성은 물질적 작용에 불과하다. 인간의 자유의지는 '상상의 산물'이다. 미국 하버드 대학교 의학전문대학원의 신경과학자 알바로 파스쿠알 레온의 실험은 이를 증명한다. 그는 실험 대상자들 모르게 그들에게 좌뇌를 통과하는 자기자극을 가했었다. 그 실험을 통해, 그는 자기자극이 없을 경우보다 오른손을 드는 확률이 20%가량 증가한다는 것을 발견했다. 그렇지만 실험에 참가했던 대상자들은 그렇게 손을 든 것이 그들의 자유의지에 의한 것이라고 주장했다. 이런 실험 결과를 종합한 후베르트는 인간의 자유의지라는 것은 뇌의 신경세포를 자극해 얻는 반응의 일종이라고 결론지었다. 그 후, 그는 상황에 대처하는 이성적 사고라는 것도 뇌세포에 저장된 경험의 결합을 통한 일련의 반응 그 이상이 아니라고 주장했다.[51]

신경과학자 빌라야누르 라마찬드란[52]은 인간의 자유의지가 허구라는 것을 보여 주기 위해 노력했다. 그는 자신이 관찰한 찰스 보넷 증후군 환자를 증거로 내세웠다. 그 환자는 어렸을 때 사고로 시력이 상실된 후부터 이상한 환각에 끊임없이 시달렸다. 주위를 둘러보고 방언 같은 것을 내뱉곤 했다. "내가 본 것에는 파란색 후버 청소기, 금색 불꽃, 녹아내리는 보라색 방울, 뒤엉킨 분비물, 춤추는 갈색 점, 눈송이, 사프란, 밝은 파란 물결, 8이라고 쓰인 두 개의 공이 있습니다. 각각의 꽃잎은 열 배는 더 호리호리하고, 프리즘의 색깔을 순서대로 가지고 있습니다. 이 숭고한 빛의 배열 혹은 신의 은총에 버금가는 빛의 장관도 인간은 만들지 못했습니다."라는 식으로 사물에 대한 설명을 했다.

사물에 대한 찰스 보넷 증후군 환자들의 설명은 일반적인 상식과는 전혀 다르다. 그들의 시각 시스템은 정상인들과는 다르게 작동하기 때문에 어쩔 수 없는 노릇이었다. 그들의 의지와는 상관없이 시신경을 움직이는 뇌가 그렇게 보도록 조절하기 때문이다. 눈이 보이지 않는데도 이상한 환각이 보이는 것은, 인간의 뇌 발달 진화과정 중 원시적인 두정엽의 일부 지역에서의 잘못된 정보 때문에 생기는 현상이다.

또 다른 사례로, 신체의 일부가 사고로 절단된 이후에도 뇌는 그것이 절단되었다는 사실을 알아차리지 못하는 경우다. 신체가 잘려 나갔는데도 그것을 신체상의 일부로 간주하는 현상인 환상사지, 뇌의 잘못된 인식으로 잘려나간 부위에서 알 수 없는 통증이 생기는 현상인 환지통, 뇌의 우반구 손상으로 좌측에 있는 대상을 인식할 수 없게 되어 일반인과 달리 거울에서의 좌우 대칭을 이해하지 못하는 거울인식불능증, 측두엽에 위치하고 있는 편도의 손상으로 감정을 느낄 수 없어서 가까운 친지를 알아보지 못하는 카프그라 망상, 카프그라 망상의 과장된 형태로 변연계의 손상으로 세계와의 모든 감정적 접촉이 상실되는 코타르 증후군, 그리고 환상임신은 모두 두뇌가 사소한 손상으로 쉽게 무너져 버린 이상증후군이다. 이 환자들은 인간의 자유의지와는 아무런 상관이 없다. 모든 것을 정상으로 인식하려고 해도 그것이 자유의지로는 불가능함을 경험하는 환자들이다.

인간에게 자유의지가 있을 수 없다는 말은 인간에게 마음이라는 것이 있을 수 없다고 단정하는 것이나 마찬가지다. 인간은 진화하는 동안, 뇌의 운동을 조절하는 과정에서 마음과 같은 개념을 만들어 냈기 때문이다. 근육에 자극이 오면 신경세포들이 반응해 적절한 운동을 하는 것처럼 생각이라는 것도 뇌세포의 운동과정이다. '자아' 라는 것도 인간의 내부와 외부에서 받은 감각을 뇌에서 결합하는 작용일 뿐이다. 뇌 과학이 발전하면서 인간의 기분이 좋아지거나 화를 낼 때, 물건을 사고 싶을 때 뇌 에서 어느 부분이 활성화되는지 자세하게 판명되고 있다. 그래서 인간의 심적 활동이라 는 것은 신경 활동을 멋있게 표현한 것에 지나지 않는다.[53)]

이나스 같은 뇌과학자는 인간에게는 자유의지도 마음도 없기에, 아예 인간이라는 존재와 뇌기능을 서로 도치시켜 인간의 본질을 이해한다. '뇌'라는 존재가 곧 인간이 라는 관점이다. 인간이 바로 뇌라는 그의 생각은, '뇌의 기능, 언어, 감정이 서로 다 른 세포에서 발전하는 개별적인 것이 아니라 하나의 세포에서 시작되는 동일한 기 능'이라는 견해에서 나왔다. 신경세포는 진동하는 본성을 가지고 있는데, 이것은 신 경세포 간에 어떤 소통을 하기 위한 신호이며 생존의 표시다. 신경세포들은 제각기 진동한다. 생존의 필요에 따라 어떤 진동은 합창이 되기도 하고, 합주가 되기도 한다. 신경세포의 진동에 따라 만들어지는 변주와 변신이 바로 인간의 마음을 만들어 간다. 신경세포의 진동은 인간의 몸과 마음을 움직이는 원격조정 장치의 기능을 한다.

인간의 인지 능력은 본능으로서 유전적으로 미리 짜여 있다. 인간은 이런 인지 본 능을 갖고 태어나기에, 마음이라는 것도 이것의 후천적인 기능일 뿐이다. 모든 생물 에게 있어서 인지 능력의 대부분은 유전적으로 미리 배선되어 있다. 생물의 유전자는 생존을 위해 필요한 많은 능력을 이미 갖추고 있다. 결국 이니스 같은 뇌과학자의 생 각에 따르면, 인간의 마음이라는 것은 그것이 발달해 가는 동안 분출된 인지 능력의 가지이거나 변형일 뿐이다.

인지 능력이나 생각할 수 있는 토대가 되는 능력의 씨앗들은 신체적 성숙과 함께 발달한다. 태어날 당시 상황에서는 아무것도 학습되지 않은 상태로 감지되고 있지만, 그런 감지는 이내 깨져 버린다. 아무것도 학습하지 않고서는 생존할 수 없기 때문이 다. 모든 생물에게는 생존상 위험을 감지하고 방어하는 기능이 필요하다. 그것을 실 어 나르는 데 필요한 감정은 생물의 생존을 위해 이미 짜여 있어야 한다. 이런 감정의 기능과 기제를 고정운동 패턴(FAP: Fixed Action Pattern)이라고 한다. 고정운동 패턴은 스위치만 켜면 그 후로는 알아서 돌아가는 자동운동이다. 숨쉬기, 씹기, 걷기 등은 거의 본능적으로 이루어지는 동작이다. 모두가 고정운동 패턴으로서 자동적으로 알아서 작동한다. 본능이라는 말은 배선된 대로 일어난다는 말로서, 인간의 능력을 간직하고 있는 인지의 공간이 빈 흑판일 수 없는 이유가 바로 여기에 있다는 것이 뇌과학자들의 견해다. 인지란 뇌의 본질적 성질이며 신경학적 선험 명제다. 인지 능력은 학습될 필요조차 없다. 그런 점으로 미루어 보아, '운동과 언어와 감정도 이미 패턴화되어 있다.'는 것이 이나스가 강력하게 내세우는 것이다.

인간에게 있어서 언어도 고정운동 패턴의 하나인데, 언어는 자동적으로 작동하면서 자아나 마음과 같은 감정을 만들어 내는 데 일조한다. 틱 장애와 같은 뚜렛 증후군이나 다른 신체 장애 증상 속에서 나타나는 언어적 행위도 그런 장애자들에게는 전형적인 고정운동 패턴의 하나로 나타나는 것이다. 이런 점을 종합해서 본다면, 모든 인간은 기능적으로 완전할 수는 없어도 생물학적으로는 모두가 온전한 존재다. 감정의 개발은 생물이 진화하면서 얻은 것인데, 그런 생물계의 정점에 있는 존재들이 바로 인간이다. 인간은 진화의 선물로 얻은 감정의 수혜자이면서도 동시에 그 감정의 직접적인 피해자다. 언어와 같은 감정은 인간에게 고정운동 패턴의 궤도를 바꾸어 놓는 행위를 일으키는 생리적인 신호로 작동한다.

인간에게 뇌는 세계를 예측하는 내비게이션이나 마찬가지다. 뇌는 인간이 살아가는 동안 몸의 신경계를 이어주는 중계자이며 운동의 설계자다. 뇌는 오감으로 수용한 모든 정보를 한곳으로 모으고, 필요에 따라 조합 분류해서 즉각적으로 요구되는 상황 대처적인 행동에 관한 지시를 내린다. 자아란 따로 존재하는 것이 아니다. 정보를 모았다가 흩어지게 하고, 그것을 삭제시켰다가 복원하는 정보 가공 능력일 뿐이다. 그런 정보 가공 능력이 다른 생물에 비해 가장 계획적이며 뛰어난 생존물이 바로 인간이다.

§ 끼워진 원시기능

'인간은 결합한다, 고로 존재한다.'는 관점은 인간을 뇌기능의 관점에서 바라보기 위한 생각의 토대다. 인간에게 자유의지가 있을 수 없다는 것을 증명하는 논리이기도 하다. 그러나 인간의 자유의지를 생각의 발생의 관점에서 보면, 인간에게 자유의지가 존재하지 않는다고 이야기할 수도 없다. 인간의 의지를 내부시각의 결과로 판단한다면, 인간의 자유의지에 대한 생각이 달라질 수 있기 때문이다.

내부시각은 정보의 저장고가 아니다. 내부시각은 끊임없이 확대되고 확장되며 변형된다. 그 내부시각의 시스템이 어떤 패턴을 만들어 가느냐에 따라 인간의 생각과 운명이 결정된다. 그런 점에서 보면, 인간의 자유의지가 불가능하다는 것은 지나친 주장일 수 있다. 내부시각은 본다/만진다/듣는다/맡는다/맛본다와 같은 감각적인 정보들이, 다시 생각하는 과정을 통해 오감을 초월하고 극복한 유동적인 지성으로 변한 상태이기 때문이다. 상상력이나 창의력이 바로 내부시각이 만들어 내는 유동적 지성의 상태인데, 그렇게 변형되는 내부시각의 확장과정은 인간에게는 자유의지의 개입과정이나 마찬가지다.

인간으로서 우리의 삶, 희망, 성공, 동경 등 모든 것이 단순히 두뇌의 뉴런 활동에서 생겨난다는 말을 듣는 것은 당황스러운 일이다. 하지만 빌라야누르 라마찬드란은 이것이 인간의 존재를 굴욕적으로 만든다기보다는 오히려 인간을 고귀하게 만드는 요소라고 생각한다. 이 말은 인간의 자유의지를 부인하는 것이 아니라 오히려 인간의 의지를 확인하고 있는 언명에 가깝다. 우주론이나 진화, 특히 신경과학을 포함하는 과학에서는 우리가 우주 속에서 어떤 특권적 지위도 갖지 않는다고 말한다. 또한 '세계를 관조하는' 사적이고 비물질적 영혼을 가지고 있다는 우리의 느낌이 실제로는 환상에 불과하다고 한다. 그는 인간이 관조자이기는커녕 우주 속 사건에 끼어 있는 영원한 일부라는 깨달음이 인간을 대단히 자유롭게 해 준다고 주장한다. 이 같은 생각은 인간이 이 자연에서 겸손해야 되는 존재임을 일깨워 준다. 또한 '인간에게 필요한 것은 훌륭한 직감뿐이다.'라는 그의 연이은 주장 역시 신경세포가 인간에게 효과적인 학습 수단이라는 것을 확인해 주기에 충분하다.

인간의 자유의지를 부인하기 위해 뱉어 내는 그의 이야기를 자세히 분석하면, 놀랍게도 인간이 자유의지 그 자체임을 확인할 수 있다. 우선 신경세포가 인간의 주인이라고 볼 수 없다. 오히려 인간이 신경세포의 주인이었다. 신경세포는 인간이라는 육체를 구성하는 하나의 기관이지 그 이상은 아니다. 신경세포가 인간의 주인이 될 수는 없다. 그것은 심장이 인간의 주인이 될 수 없는 것과 같다. 자동차에서 중요한 것이 엔진이라고 하더라도, 엔진 스스로 가동하여 자동차를 운행시킬 수는 없다. 운전사는 자동차를 위한 부품이 아니다. 자동차가 가동하기 위해서는 무엇인가가 선행되어야 한다. 즉, 움직이려는 의지가 먼저 운전사를 움직여야만 한다.

내부시각의 작동은 우리 몸 안에서 작용하는 여러 뇌작용을 통해 감지할 수 있다. 그것의 결정적인 작동은 파충류 두뇌의 기능과 작업에서 확연히 드러나는데, 이는 인간의 자유의지의 개입 가능성을 오히려 높여 주는 장면이 된다. 파충류의 두뇌는 앞에 있는 사물을 바라볼 때 띄엄띄엄 보게 만들어 놓는다. 그런 기능이 파충류 뇌의 속성이다. 눈에 맺힌 상이 두뇌로 전달되는 통로 사이사이에 흐릿하고 희미한 간격이 생기기 때문에 나타나는 현상이다. 시각피질은 신경계로 전환된 드문드문한 화면을 입력한다. 하지만 여타 두뇌적 기능은 띄엄띄엄 떨어지고 벌어진 그 사이를 악착같이 메우면서 하나의 일관된 지각을 형성해 준다. 그런 노력에 의해 인간은 하나의 매끄러운 영상을 가지게 된다. 내부시각은 시각, 청각, 후각, 또는 촉각이 신경계로 전환한 조밀하지 못한 영상을 일관된 지각과 생각으로 만들어 놓는 기능을 발휘한다. 그것을 다른 말로 표현하면 인간의 의지, 무엇인가 바로 보려는 자유의지라고 말할 수 있다.

이미 데이비드 린든 교수가 밝힌 것처럼 원시적인 파충류의 뇌는 인간의 시각 작용에 제한된 영향을 준다. 구닥다리 기능이기는 하지만 파충류의 뇌는 성능 낮은 고물 컴퓨터의 부품이 고성능 컴퓨터에 끼어 나름대로의 역할을 하면서 그것의 존재감을 드러내는 듯한 기능을 발휘하고 있다. 기억상실증 환자들은 띄엄띄엄한 기억을 최대한 이용하면서 자신의 이야기를 이어간다. 그런 기억으로 그들은 자기 이야기를 끊임없이 만들어 낸다. 기억 조각들을 긁어모아 어쨌든 이야기를 만들어 내는 이야기꾼이기도 하다. 최신의 음향기기라고 하더라도 그 토대에는 기본 부품을 갖고 있는 것처럼 인간의 시각 형성도 그런 식으로 움직인다. 드문드문 한 눈의 움직임을 그려 내는 파충류 뇌의 불완전함이 다른 뇌기능을 완벽하게 보완하는 간격 채우기에 의해 완전함을 유지한다.

그 원시기능은 기억의 편린들을 하나의 일관된 이야기로 짜맞추는 데 필연적이다. 예를 들어, 아이팟도 고성능의 음향기능을 발휘하기 위해서는 그 근원에 카세트 녹음기능을 담고 있다. 인간의 뇌기능도 전체적으로 보면 같은 방식으로 짜여 있다. 마치 아이팟처럼 내부시각이라는 것도 파충류 뇌의 원시적 기능을 포함한 여러 고성능 생각의 조각들을 하나로 모아 일관된, 그리고 통일된 사고로 만들고 있는 상태라고 볼 수 있다.

§ 시각의 힘

보기, 듣기, 말하기, 맡기, 만지기 등은 모두 내부시각의 구성과 확장을 위해 중요하다.[54] 그중에서도 보기를 관장하는 눈의 기능은 가장 중요하다. 태아의 눈은 임신 초기에 형성된다. 팔, 다리와 각종 장기가 만들어지는 임신 5주와 10주 사이에 눈도 형성된다. 그때까지는 아직 형태만 갖추고 있을 뿐이다. 태아의 시각이 본격적으로 발달하는 시기는 임신 6개월부터. 이는 복부에 강한 빛을 쪼이면 태아가 꿈틀거리는 것을 보고 알아냈다. 외부의 빛이 태아의 시신경을 자극하면 태아는 반응한다. 시신경은 인간의 감각기관 중 70%를 담당한다. 세상을 보는 창인 동시에 모든 감성과 지식의 출발점은 임신 초기에 이루어진다.

인간에게 세상을 '보는 것'은 그리 간단한 일이 아니다. 오히려 위대한 일이다. 그것의 처음은 눈으로 시작된다. 눈은 인간에게 감성과 지식의 시작이다. 감성과 지식에 관련된 정보는 인간의 모든 감각으로 수집되지만, 눈은 정보수집과 처리과정에 있어서 결정적인 역할을 한다.

인지학자들의 실험 결과에 따르면, 학습 · 이해 · 기억의 과정에 시각적 효과가 더해지면 사람들에게 전달되는 정보의 기억 정도는 580배가 증가한다. 눈으로 본 대상을 더 확실하게 기억하기 때문에 사람들에 대한 시각적 신뢰도와 호감도는 그 사람의 시각에 의해 결정된다고까지 말한다. 시각에 의해 결정되는 상대방에 대한 신뢰와 호감은 90초에서 4분 정도의 짧은 시간 안에 결정된다. 이 시간 동안 관찰자의 눈에서 뇌에 이르기까지의 과정은 일사천리로 진행된다. 한 사람의 외모가 풍기는 매력의 정보가 관찰자의 눈에 닿으면, 그 정보는 망막을 거쳐 시신경을 타고 뇌로 전달된다. 그 정보를 접한 뇌에서는 정보에 대한 흥분의 농도를 결정하는 호르몬인 도파민이 생성, 분비된다. 도파민은 연수의 부교감 신경을 자극한다. 그때부터 정보의 수준에 따라 관찰자의 심장과 호흡의 정도가 달라진다. 생존을 위해 진화하기 때문에 시력은 본능이다. 본능적 반응은 자신을 위한 생존전략에서 비롯된 것인데, 이것을 결정해 주는 초기 장치가 눈이다.

인간의 시각 형성은 빛의 작용으로 일어난다. 빛이 인간의 눈에 우선적으로 와 닿아야 한다. 빛은 각막을 지나 홍채, 동공을 순서대로 지난다. 정보를 담은 빛은 동공을 거친 망막에 올바른 상을 맺기 위해 수정체를 지나 망막에 도달한다. 망막은 아날로그 시대에 쓰던 카메라의 필름에 해당된다. 망막에 와 닿은 빛은 다시 그것의 감도를 감지하는 감광세포를 지나 후두엽의 시각피질로 전달된다. 시각정보가 뇌관에서 후두엽 다시 시각피질로 이동하는 경로(TTP 경로)에는 정보의 선택에 관여하는 시상베게(pulvinar)라는 영역이 있다.

이 시상베게는 안구를 통해 들어온 불필요한 정보를 여과하는 역할을 한다. 시상베게는 목표물 이외의 이미지는 폐기한다. 인간은 수많은 것을 동시에 본다. 한번에 수많은 정보의 빛이 눈으로 들어오지만, 사람은 원하는 정보만 갖는다. 시상베게의 기능이 필요없다고 판단되는 정보는 즉각적으로 폐기되기 때문이다. 집중할 필요가 없는 대상이면 정보를 등록하는 것 자체를 차단시킨다. 시상베게 때문에 보고 있어도 보지 못하는 상태나 집중하지 않으면 보이지 않는 상태에 놓이게 된다. 시상베게의 도움으로 인간의 뇌는 그가 기억하고 있는 것, 그에게 관심이 있는 부분에 대해서만 시력을 집중시킨다. 시상베게는 각종 정보들 간의 선택적 집중이 가능하도록 만든다. 이 기능이 떨어지면 모든 정보가 모두 중요하다고 입력되며, 그렇게 되면 사람들은 혼란에 빠질 수 있다.

눈은 인간의 대표적인 외부시각 기관이다. 외부시각 기관으로서의 눈은 바깥을 읽게 만들어 준다. 모든 것은 외부시각 기관을 통해 몸의 내부로 전달된다. 이에 비해 내부시각은 안을 읽는 힘을 갖는다. 내부시각 기관을 대표하는 단일 기관을 지적하기는 쉽지 않다. 보기에 따라서는 뇌라고 할 수도 있고, 심장이라고 할 수도 있으나, 심장이나 뇌가 내부시각의 핵심기관이라고 이야기하기는 어렵다. 모든 기능, 서로 다른 기능, 우수하거나 미약한 기능들이 서로의 결점을 보완하면서 짜 맞추어진 형체 없는 기관적 기능이 내부시각이기 때문이다.

외부시각 기관에는 오감이 모두 포함될 수 있지만, 눈은 대표적인 외부시각 기관으로 불릴 만하다. 그 눈이 결정적인 내부시각 기관으로 군림할 수 없는 것은 뇌, 심장, 피부 등이 내부시각을 형성하는 보조 기관의 기능을 가지고 있기 때문이다. 뇌가 외부시각과 내부시각을 연결하는 매개체임에는 틀림없지만, 내부시각의 온전한 주인은 아니다. 심장도 내부시각 기관의 대표로 내세우기는 무엇인가 부족하다. 그렇기 때문에 뇌와 심장의 연합이 바로 내부시각 기관의 중심에 서 있다고 기술하는 것이 보다 더 설득력을 갖는다. 어쨌든 내부시각은 몸과 정신을 일순간에 통제하는 위력을 갖는 무정형의 복합적인 기관의 모둠이다. 내부시각의 힘과 기능이 온몸으로 발산된다는 점에만 주목한다면, 궁색하기는 하지만 내부시각 기관을 '몸(wmomb)'이라는 신조어로 표현하는 것이 적절하다. '맘'은 몸과 마음이 하나라는 뜻의 표현이다.

눈은 인간의 본능인 시력을 유지하기도 하지만, 그 본능의 표출이나 수준은 기능의 훈련 정도에 따라 달라진다. 운동선수들이 발휘하는 동작이나 양궁선수들이 표적을 정확히 맞추는 것은 단순히 운동선수들에게 시각이 있기 때문에 가능한 한 것이 아니다. 눈만으로는 언제나 불충분하다. 시력이라는 본능만으로는 불충분하기 그지없다. 표적에 대한 집중, 정확한 반응, 그리고 동작들은 훈련의 수준이나 정도에 따라 달라진다. 그런 일이 일어나는 과정은 복잡하지만 순서적이다. 즉, 눈을 통해 받아들인 정보는 후두엽의 시각피질로 전달되고 정보가 무엇인지 판단하는 측두엽과 정보의 상태를 해석하는 두정엽으로 이동한다. 그 다음은 사고와 판단을 주관하는 전두엽을 거쳐 운동을 지시하는 운동령에 이른다. 보고 기억하는 일을 반복함으로써 같은 유형의 행동이 반복될 수 있도록 하는 것이 훈련이다. 그래서 양궁선수는 오감의 훈련에 의해 표적에 화살을 쏘는 일을 본능적으로 해낸다.

본능적 반응에 대한 시각의 역할은 다른 오감에 비해 그 영향력이 크다. 인간의 뇌는 오감 활동의 반복훈련과 학습에 의하여 요구되는 환경에 맞게 반응한다. 환경이 바뀌면 새로운 환경에 오감이 적응하도록 새로운 훈련이나 학습 활동이 필요하다. 그때마다 새로운 시각적 연습과 훈련이 요구되는 것이다. 그로 인해 뇌에서는 새로운 인지력, 혹은 새로운 '생존의 매핑(mapping)'이 일어난다. 이 새로운 생존의 매핑이 내부시각을 확장한다. 시각은 뇌 활동과 직결되기 때문에 내부시각의 형성이 가능하다. 왼쪽 눈으로 본 정보는 우뇌로 전달되고, 오른쪽 눈으로 본 정보는 좌뇌로 전달된다.

생물에게 시각과 빛은 밀접한 관련을 갖는다. 그것을 설명해 주는 것이 빛의 이론이다. "대부분의 환경에는 햇빛이 존재한다. 그 환경 속에서는 어떤 동물이든 자신의 광학적 기호인 상을 남기기 마련이다. 이 상은 다른 생물체에게 감지된다. 동물은 시각에 적응하기 위해 경고성 형태나 색을 띄워 위장하거나 물리적 장벽 뒤로 숨는 등 자신의 외형을 적응시키는 것과 관련해 어떤 반응을 진화시켜야만 한다." 동물들은 자신을 비추는 햇빛을 받아들여야 한다. 빛에 적응하는 과정에서 동물이 취할 수 있는 선택은 두 가지다. 자기 존재를 은폐하는 위장의 길을 택하거나 자기 존재를 눈에 띄게 만드는 과시의 길을 택하는 것이다. 이 균형이 한쪽으로 기울게 되면, 진화는 자신이 선택한 길을 따라 계속 전진해서 돌아올 수 없는 길로 가게 된다. 이 과정에서 생존전략과 전술이 진화된다. 이로써 먹고 먹히는 생존경쟁이 치열해졌다. 변하지 않으면 도태되는 '선택 압력' 탓이다.[55]

생존에 필요한 시각기능이 장애를 받거나 손실되면 다른 기능이 그것을 보완해 주기도 한다. 하지만 시각의 완전한 기능 발휘를 요구받는 생존경쟁의 장에서 효과적으로 살아남기는 그리 쉽지 않다. 어렸을 때 특정 감각을 잃은 사람의 대뇌는 다른 감각을 강화하는 방향으로 정상인과 다르게 발달한다. 시각장애인들에게는 시각중추가 남아 있다 하더라도 자극 부족으로 인해 발육이 부진할 가능성이 크다. 점자를 읽는 시각장애인의 경우에는 손가락이 촉각을 관장하는 대뇌피질의 대행인과 같다. 시각장애인의 대뇌피질에서는 촉각과 청각중추가 남들보다 더 발달하고, 시각중추로까지 확대된다. 수화를 쓰는 선천성 청각장애인의 경우 대뇌에서 청각을 담당하는 부분의 일부가 시각적인 용도로 재편될 수밖에 없는 이치와 같다.[56]

인간의 시각이 발전한 것도 선택 압력 때문이기도 하다. 그런 점에서 시각의 능력은 능동적이다. 신경생물학자들은 그동안 본다는 것을 대체로 수동적인 처리과정이라 여겨왔다. 시각세계에 들어온 상은 먼저 망막 위에 '각인'되고, 그 각인이 '보는' 시각피질로 전달된 후 '수용'되면, 시각피질이 최종적으로 그 정보를 해독하고 분석한다고 믿었기 때문이다. 시각세계의 상은 단순히 망막에 '각인'되는 것이 아니며, 망막 위에서 일어나는 과정은 '보기 위해서 정교하게 설계된 시스템' 중 중요한 초기단계에 해당할 뿐이다. 망막의 처리과정은 시각적 신호를 받아들이는 기본적인 여과기의 역할을 하며, 시각을 넓히는 부위에 따라 나타나는 빛의 강도와 파장의 변화를 기록하여 대뇌피질로 전달한다. 이런 역할을 수행하는 시스템은 대부분 대뇌피질에 존재하는데, 그것은 대뇌피질이 시각기능을 수행하기 위해 국지화(局地化, localisation)

되어 있기 때문이다. 대뇌피질에는 시각만을 다루는 특정한 부위가 존재한다.

세미르[57] 교수에 따르면, 시각은 뇌가 세계에 대한 정보를 얻기 위해 주어진 시각 정보를 취사선택하고 그것을 기존에 저장된 정보와 비교하여 새로운 시각 상을 만들어 내는 능동적인 과정이다. 뇌의 시각 처리과정은 화가들이 작업하는 방식과 매우 비슷하다. 시각피질 주위에는 다른 많은 시각 영역이 존재하며, 정상적인 시각을 얻기 위해서는 각 영역이 모두 자기 역할을 해야만 한다. 시각 영역에 대한 새로운 발견, 말하자면 시각 영역의 다양한 부분은 시각 장면 중 형태나 색깔, 움직임과 같은 특정한 속성을 처리하기 위해 특화되어 있다.

본다는 것, 눈으로 무엇인가를 시각화한다는 것은 자동으로 이루어지는 것이 아니다. 베스트셀러 작가 로버트 커슨은 암흑에서 빛을 향해 나아가는 한 시각장애인의 지난한 여정을 통해 시각화가 배움이라는 노력에 의해서만 가능하다는 것을 극명하게 보여 주고 있다. 커슨이 집중적으로 취재한 대상은 시각장애인인 마이크 메이다. 커슨은 메이를 2년간이나 따라다니며 인터뷰했다.

메이는 세 살 때 시력을 잃은 후, 40년 동안 시각장애인으로 살아왔다. 그에게 시각적 세계란 무의미한 것이었고, 존재하지 않는 허상이었다. 보통 사람과는 다른 궤적의 삶을 살아왔기 때문이다. 보통 사람이라면 절망에 빠지기 쉬운 상황이지만 메이는 절대로 포기하지 않았다. 강한 어머니의 가르침 덕분이었다. 그는 자전거와 승마를 배웠고, 안전지도 요원, 전자공학과 국제학 공부, CIA 근무, 은행원, 연극배우, 발명가 등의 경험을 했다. 활강스키 세계기록까지 보유했다. 그는 보통 사람도 하기 힘든 것을 장애 속에서도 해낸 불굴의 시각장애인이었다.

그런 삶을 보내던 어느 날 그는 지인으로부터 최신 기술의 줄기세포 이식 수술로 시력을 되찾을 수 있다는 이야기를 듣는다. 개안 가능성에 관한 단순한 정보였다. 개안이 되면 차도 몰 수 있고 책도 읽을 수 있으며, 사랑스러운 아이들의 얼굴도 볼 수 있다는 흐뭇한 생각에 사로잡힌 그는 관심조차 갖지 않았던 신비롭고 새로운 세상을 그리기까지 한다. 물론 시력을 되찾는 과정이 절대로 쉬운 일은 아니었다. 수술 도중 잘못하면 목숨을 잃을 수도 있고, 수술의 결과가 반드시 긍정적이라고 장담할 수도 없었다. 수술에 대한 욕심 못지않게 우려와 고민이 메이를 사로잡았다. 그래서 1년 동안이나 수술을 거부하게 되었다.

마침내 그는 수술을 결심했다. 기회를 가능성으로 만들겠다는 생각으로 개안 수술을 받았다. 수술은 일단 눈을 뜨게 만드는 데 성공했다. 이제 개안한 마이크는 지금까지와는 다른 도전을 해야만 했다. 새로 세상을 보는 방법을 익혀야 하기 때문이다. 그 역시 다른 개안 환자들처럼 수술 직후 움직임이나 색깔을 제대로 감지했다. 그 대신 사물에 대한 친숙감, 거리감, 공간 지각력은 떨어졌다. 만져보면 금방 알 수 있었던 것들이, 이제는 봐도 알아보기 힘들게 되었기 때문이다. 그는 눈으로 보고 세상을 이해하는 데 있어서 가장 핵심적이라고 할 수 있는 그 능력을 상실했다. 그는 그 후 눈물로 세월을 보냈다. "지금도 자꾸 울음이 나요. ……앞을 보는 건 낯선 세상으로 가는 너무나 길고 불행한 여정이에요." 그래서 그 역시 다른 눈뜬 시각장애자들처럼 이제 그 스스로 원하는 곳을 가기 위해서는 기꺼이 길을 잃을 수도 있다는 마음의 준비를 갖추고 있어야만 했다.

시각장애인에게 그것은 생각하기도 싫을 정도로 두려운 일이었지만, 메이에게 길을 잃는 경험은 결코 두려운 것이 아니었다. 그의 말대로 그를 이끌어 가는 동력이 호기심과 가능성이라는 생각이 있었기 때문이었다. "전 호기심이 많습니다. 그래서 길을 잃을까 봐 걱정하지 않아요. 무언가 새로운 것을 발견해 가는 과정이니까요." 사람들이 지팡이를 짚고 여행하는 게 어쩌면 그리 능숙한지 물어오면 메이는 자신의 호기심 덕분이라고 말했다. 그 호기심은 세상을 다시 배우게 하고, 세상의 모든 것에 대한 하나하나의 생각이었다. 바로 그것이 빛을 향한 그의 여정이었고, 그것이 그를 배우는 삶으로 일으켜 세운 강력한 힘이었다. 셰익스피어는 "마음이 유쾌하면 종일 걸을 수 있고, 괴로움이 있으면 십리길에도 지친다."라고 하였다. 이처럼 마이크 메이의 추동력은 그의 개인을 의미 있는 삶으로 이끌어 간 자신의 관리기술이기도 하다.[58]

§ 상상력의 힘

생각이 가능하다는 것은 내부시각의 분화, 배움소가 어떤 양태로든 영상화의 기능을 발휘하고 있다는 것을 의미한다. 인간에게 생각 만들기는 기계의 문제해결과정과 그 속성이 다르다. 같은 사물을 보고도 사람마다 다른 부분을 기억한다. 내부시각의 분화도 달라진다. 정보를 다루는 뇌의 정보처리 방식이 기계의 그것과는 다르기 때문이다. 비디오카메라는 렌즈로 찍어 둔 부분을 모조리 기록할 수 있다. 그러나 인간의 시각은 주의를 기울인 부분만 뇌로 전달해 기억하고 그것을 변형시킨다. 예를 들어, 카메라에는 참치 한 마리가 그대로 기록되어 있지만, 그것을 본 인간의 머릿속에는 참치 회와 술 한 병이 남아 있게 되는 것과 같다. 동물의 뇌는 외부 자극을 모두 뇌에서 받아들이지 않고 주의를 기울이는 자극만 골라서 처리하도록 진화했다. 그중에서 인간의 뇌는 구조적으로 불량품이라 할 수 있지만, 그 기능만큼은 첨단이며 다양하다.

인간의 뇌를 구조적인 불량품으로 만드는 데 기여한 것이 눈이다. 눈은 중요한 역할을 하는 만큼 실수도 자주 하는 신체기관이다. 눈은 사물의 객관적인 성질을 정확히 가려내지 못한다. 말하자면 크기, 형태, 빛깔 등과 눈으로 본 성질 사이에 차이가 큰 경우가 많다. 이것을 착시현상이라고 하는데, 착시는 일상생활에 늘 있게 마련이다. 사람이 어떤 사물을 볼 때, 사물의 객관적인 성질과 눈으로 본 사물 사이에는 차이가 있을 수 있다. 그때는 미세한 차이로 시각에 사물의 잘못된 영상이 맺게 된다.

착시의 근원은 눈에 있는 것이 아니라 뇌에 있다. 뇌가 그 원인이다. 시각적 정보를 뇌에서 잘못 분석하였기 때문이다. 착시현상은 눈속임이기보다는 뇌가 판단 착오한 결과다. 사물을 볼 때는 보는 사람의 눈에 맺히는 영상을 시신경이 인식하고 이 데이터를 종합하여 뇌로 보낸다. 뇌는 눈을 통해 들어온 데이터를 처리해서 그것이 무엇인지 가려낸다. 뇌가 시각이 아닌 다른 것에 집중하고 있거나 뇌의 지각이 순간적으로 시각 쪽으로 빠르게 반환되지 않았을 때, 눈을 통해서 들어오는 데이터가 부분적으로 유실된다.

이렇게 되면 뇌는 유실되어 버린 부족한 시각 영역을 인위적으로 채워 넣는데, 그 상태가 바로 착시현상이다. 착시현상은 잔상과 성질이 조금 다르다. 잔상 이론은 인간의 눈의 불완전성에 기인한 일종의 착시효과를 설명하는 논리다. 애니메이션이라는 예술 장르가 가능한 한 것은 잔상 이론(persistence of vision theory) 때문이다. 인간의 눈은 어떤 물체를 보았을 때 각막에 1/16초 동안 물체의 잔상이 남는다. 인간의 눈이 판독할 수 있는 최소의 시간단위가 1/16초이기 때문이다. 1초에 16장의 정지된 이미지를 보여 주면 우리 눈은 앞의 이미지의 잔상으로 인해 그것을 움직임으로 받아들인다.[59)]

인간의 눈은 생존을 위해서 그렇게 진화해 왔다. 생쥐의 눈은 그가 보는 모든 것을 인식하는 것이 아니라 뱀의 꼬리 끝, 매의 깃털 하나를 먼저 포착하도록 진화되었다. 생존을 위해서다. 인간의 뇌 역시 주의를 기울인 자극만 처리하도록 진화되었다. 그래서 어떤 것은 잠깐 보아도 뇌에 각인되지만, 어떤 것은 늘 보아 온 것도 기억되지 않는다. 주의를 기울일 때 뇌의 시각중추가 좀 더 활성화되기 때문이다. 같은 자극이지만 주의를 기울이면 신경세포 전체가 반응한다. 마치 교향악단 단원들이 자신의 악기를 조율하느라 서로 박자가 다르게 소리를 내고 있다가 지휘자가 신호를 주면 박자에 맞춰 소리를 내는 것과 같다. 신경세포 전체가 반응하도록 수용되거나 만들어진 정보는 인간의 행동이나 사회의 존속에 있어 의미 있는 정황을 알게 해 주는 내부시각의 파편들이다. 사람이나 조직의 현 상황에 관한 소식을 알게 만든다는 점에서 그런 정보는 생산되기도 하고 전달되기도 하며, 보존되거나 새로운 형식으로 가공되기도 한다.[60)]

생존을 위해 수많은 정보를 수용하도록 진화해 온 시각은 상상력의 단초가 된다. 시각과 상상력 간의 상관성을 이야기하면, 상상력은 '존재하지 않는 것을 상상할 수 없다면 새로운 것을 만들어 낼 수 없다.'는 논리를 넘어서게 된다.[61)] 상상력은 감각기관의 기능을 넘어선다. 아인슈타인은 '창조적인 일에는 상상력이 지식보다 중요하다.'고 단언했었다. 그의 언명은 생각이 내부시각의 확대이기는 하지만 내부시각의 확대가 굳이 감각기관의 자극에만 전적으로 의지하지 않음을 알게 한다.

흔히 영재나 천재를 감각에 의존한 채 복잡한 이론과 논리로 이상한 사고를 하는 사람이라고 생각하지만, 사실은 그렇지 않다. 영재란 유별난 사람이 아니다. 그들은 인위적으로 만들거나 제조할 수 있는 존재가 아니다.[62] 천재라고 일컬어지는 아인슈타인은 보통 아이였다. 교사에게는 사고뭉치였을 뿐이지만 훗날 천재 물리학자로 변신했다. 그는 과학자가 어떤 유형으로 변형된 인간이라고 간주하는 것을 우스꽝스러운 일로 치부한다. 영재아, 천재아가 만들어진다는 발상 자체를 부인한다. 과학자가 수학적 공식으로 생각하는 사람이라는 말부터도 받아들이지 않는다. 그는 과학자도 다른 사람들처럼 머리와 마음에 '직감과 직관, 사고 내부에서 본질이라고 할 수 있는 심상이 먼저 나타난다. 말이나 숫자는 이것의 표현 수단에 불과하다.'고 하였다. 내부시각의 변형과 확장이 자주 일어나는 사람이 바로 영재이며 천재의 끼가 있는 사람이다. 바로 그런 원리에 따라 레오나르도 다빈치와 아인슈타인, 피카소와 스트라빈스키처럼 학문과 예술 분야에서 창조성을 빛낸 여러 천재들은 그저 '생각의 도구'를 자주 활용한 사람일 뿐이다. 다빈치는 이미 500년 전에 증기선, 헬리콥터, 잠수복, 엘리베이터, 자동차, 굴착기, 낙하산, 망원경 등을 상상해 낸 내부시각의 달인이었다. 다양한 생각의 도구를 늘 자기 것으로 체화시켰던 사람 중 한 사람이다. 천재라고 불린 사람 모두는 배움소, 말하자면 내부시각을 최대한 활용하였던 배움꾼들이었을 뿐이다.[63]

다른 사람들과 똑같은 두뇌를 가진 이들을 그렇게 만든 것은 상상력의 원천인 내부시각과 그것을 하나의 활동으로 만들어 준 배움소였다. 상상은 인간 두뇌 속에 있는 표상을 개조와 결합이라는 작업을 거쳐 새로운 이미지로 만들어 내는 심리과정이다. 그것은 내부시각의 확대과정이기도 하다. 상상을 즐기고 그 상상을 현실화하는 능력을 발휘하는, 그래서 천재로 불린 사람들은 모두가 내부시각의 배움소를 최대한 자기 것으로 활용한 사람들이다. 베트남전에서 포로가 되었던 미국의 네스맷 소령은 7년 이나 수용소에 갇혀 있었다. 그 기간 동안 그는 무료함을 달래기 위해 7년 내내 골프 경기를 상상하면서 지냈다. 종전 후 미국으로 돌아온 그는 다시 골프채를 잡고 친구들과 골프게임에 나섰다. 그리고 전쟁터에 나가기 전에 쳤던 일반적인 타수보다 무려 20타를 줄였다. 포로 기간 동안 상상하기만 했던 기술들을 생생하게 풀밭에서 재현한 덕분이었다. 그런 일이 상상력의 힘으로 가능했던 것이다.[64]

§ 유사 내부시각

인간은 주요 감각기관인 눈을 사용하는 데 익숙해져 있다. 그 다음으로는 청각기관에 의존하고 있다. 후각으로 알 수 있는 세계를 보기란 불가능에 가깝다. 그래서 현대 문명은 마치 보기의 문화, 즉 눈이 승리한 문명처럼 보인다. 그러나 인간의 내면은 그렇지 않다. 보기에서 벗어나 듣기의 중요성을 더 요구하기 때문이다.

듣기란 소리의 파동으로 사람의 내부세계와 외부세계를 연결한다. 읽거나 쓰는 데 서툰 것, 말하는 데 머뭇거리는 것, 노래를 부르기 싫어하는 것, 남이 이야기할 때 딴 짓하는 것, 남과 대화를 잘 못하는 것은 모두 잘못된 듣기를 증명하는 사례들이다.[65] 듣기가 남의 이야기를 경청하는 것만을 의미하지는 않는다. 자신의 목소리도 같이 듣는 행위다. 듣기가 있어야 밖이 아니라 자신에게로, 정보와 지식보다 삶의 의미와 지혜가 기다리는 곳으로 돌아갈 수 있다. 듣기는 내부시각의 확대와도 밀접하게 연관되어 있다.

청각에 이어 후각의 세계는 성격이 조금 다르다. 어쩌면 인간의 후각 영역은 심리적 연산장치가 분석할 수 없는 구제불능의 영역처럼 보이기도 한다. 인간과는 달리 동물에게 후각은 절대적이다. 동물들은 후각을 통해 모든 것을 선택한다. 생존을 위한 선택의 대부분이 후각으로 결정된다. 어떤 것은 먹어도 좋고 어떤 것은 먹으면 안

되는지 본능적으로 구별한다. 인간은 그것을 시각으로 인지한다. 동물들은 보이지 않는 곳에 있는 먹거리도 후각으로 찾아낸다. 동물들의 후각은 밤거리에도 유용하다. 동물은 후각을 통해 유해한 동물의 접근 거리도 알아낸다. 하지만 인간은 시각이 우선한다. 조상들이 어떤 시각적 흔적을 남기지 않았다면, 그들의 일이나 역사를 제대로 알 수 없다.[66]

원시사회에서는 인간들도 후각에 의존했다. 그들도 냄새를 처음 맡았을 때 다른 동물과 비슷했다. 그 냄새가 위험을 알리는 것인지 아니면 안심해도 되는 것인지 판단하고 재빨리 반응한 다음, 조금 더 시간을 들여 냄새의 정체를 파악했다. 진화과정에서 인간은 후각 대신 시각을 키웠다. 후각의 기능을 점차 상실하였다. 인간에게 후각의 세계는 닫혀 있다. 그렇다고 해서 후각이 없다는 뜻은 아니다. 인간도 음식 냄새를 맡고, 가끔은 꽃향기도 맡으며, 때로는 가스가 새는지도 구별할 수 있다.

그래도 인간의 후각은 선명치 못한 편인 데다가 엉뚱하기도 하다. 기능이 퇴화된 결과다. 인간의 뇌가 처음에 유쾌한 냄새인지 불쾌한 냄새인지를 구분하기는 하지만, 그것의 진위, 즉 냄새의 정체는 잠시 시간이 흐른 후에야 제대로 파악할 수 있다. 냄새가 감각기관에 처음 도달해서 하나의 정보로 뇌에 저장될 때까지의 길은 짧고 곁길이 전혀 없다. 후각은 뇌에서 언어를 담당하는 부분과 접촉할 수 없기 때문이다. 그래서 후각은 '침묵의 감각'으로 알려져 있다.[67] 언어로는 냄새를 설명하기가 어렵다. 사람들은 냄새의 해당 물건을 언급해 가며 그 냄새가 무엇인지를 느끼게 한다. 눈으로 사과를 봤을 때는 그것을 말로 옮길 수 있다. 형태는 둥글고, 색깔은 빨간 색이며, 맛이 어떻다고 기술하면 겨우 그것이 사과라는 것을 알아챈다. 그러나 사과의 냄새를 맡았을 때, 사람들은 그냥 '사과 냄새'라고 말하는 방법 외에는 별다르게 그 냄새를 설명할 길이 없다.

보기, 듣기, 더듬기 등의 오감을 넘어서서 내부시각을 움직이는 요소가 바로 읽기라는 배움소다. 읽기는 보기라는 시각화를 넘어선다. 육안의 시각을 넘어서서 인간다운 행위의 정점에 위치하고 있는 배움소다. 읽는다는 것이 무엇을 의미하는지를 잘 보여 주는 인류학적 관찰기가 있다. 미국 컬럼비아 대학교 메디컬센터의 임상신경학·임상정신의학 교수인 올리버 색스가 보고한 색맹의 섬 이야기다. 올리버 색스는 신경퇴행성 풍토병이 많은 괌과 로타 섬을 관찰하고 이어 태평양 한가운데의 조그만 섬 핀지랩의 풍토병을 면밀하게 살핀 후 그곳 사람들의 일상적인 이야기를 전해 준 바 있다.

　핀지랩, 이 섬은 색맹의 섬이다. 인구의 1/3이 '마스쿤'의 유전자를 갖고 있기 때문에 붙여진 이름이다. 인구라야 총 185명뿐이다.[68] 이들 상당수가 마스쿤 환자다. 마스쿤은 토속어로서 보이지 않는다는 뜻의 색맹을 지칭하는 말이다. 인구의 10%가 완전 색맹이고, 색맹 발병률이 12분의 1에 이르기에, 이 섬은 축복 또는 저주받은 장소나 마찬가지다. 섬은 다람쥐, 원숭이, 코끼리거북 등 독특한 생물이 가득하다. 섬 자체는 육지로부터 고립되어 있기에 질병이 온 섬으로 유전되기 쉬운 '자연의 실험실'이기도 하다. 이곳에서 붉은색과 녹색이, 무색이나 황색으로 보이는 적록색맹은 여성에겐 드물지만 남성에게는 20명 당 1명에 이른다. 명암은 느끼지만, 사물을 흑백사진처럼 보는 선천적인 전색맹도 3~4만 명 당 1명꼴로 있다. 이곳 주민들에게는 붉은색과 녹색에 대하여 보는 것과 보이는 것 간의 구별이 처음부터 쉽지가 않다. 본다는 것 자체가 때때로 무의미하기 때문이다. 그래서 이들은 보기보다는 차라리 모든 것을 읽어 낸다. 색맹 아이들일수록 청력과 기억력이 뛰어나다. 모든 것을 보기보다는 읽어 내고 있기 때문이다. 이들은 다른 이들과 어울릴 때도 자기 옷의 색깔, 주변 물건의 색깔을 전부 암기한다.

　핀지랩에서 가장 아름다운 깔개를 짜는 사람이 있다. 실타래에 숫자를 매겨 밝기만으로 색을 구분하는 여인이다. 그녀는 물론 색맹이다. 그녀는 색을 보는 것보다 색을 읽어 낸다. 색맹이지만 그런 아름다운 깔개를 짤 수 있는 이유다. 그녀는 말한다. "색맹이란 말은 우리에게 없는 것만 강조한 것입니다. 우리에게 있는 것, 우리가 보고 느끼는 세계는 전혀 생각하거나, 상상하거나, 고려하지 않은 것이지요."라고 말한다. 또 다른 이가 말한다. "저에게 해질녘은 마법 같은 시간입니다. 극명한 명암 대비가 없어, 시야가 확장되고 시력도 갑자기 좋아집니다. 제 인생 최고의 경험은 해질녘이나 달빛 아래 이루어진 것이 많습니다. 저에게 가장 행복한 추억은 거대한 삼나무 숲에 누워 별을 구경하던 순간입니다." 이 섬에서 주민들은 여전히 '아득한 시간'과 마주한다.

핀지랩 주민에 비해 모든 것을 보기만 하는 올리버 색스[69]는, 현란하나 사람이 빚은 덧없는 가공물로 둘러싸인 '뉴욕의 도시섬'에 살고 있는 자신의 모습을 비탄한다. 그는 물론 색맹도 아니고, 시각장애인도 아니기에 모든 색을 구분하고, 모든 것을 제대로 분별할 줄 안다. 그러나 그는 "로타 섬의 소철 숲을 거닐면 태고의 지구를, 서로 다른 생명의 형태가 진화하고 태어나는 더디고 지속적인 과정을 살갑게 느끼게 된다. 나보다 더 큰, 더 고요한 존재가 되는 것을 느낀다."라고 말한다. 색맹의 섬에서 일어나고 있는 태고적 신비가 모두 인간이 지니고 있는 내부시각의 힘임을 알아채고 있기 때문에 그런 뉴욕의 색깔을 제대로 읽어 낼 수 있었던 것이다.

§치유력

내부시각을 제대로 확장해 나가기만 하면, 인간은 자기 자신을 치유할 수 있는 힘을 갖는다. 의학적으로 말하면 인간의 배움소에 생긴 종양을 고사시킬 수 있는 힘이 생기는 것이다. 인간은 바로 그런 종양을 고사시키려고 노력하면서 삶이라고 하는 보석을 키워 내는 존재들이다. 인간 각자가 가지고 있는 삶이 바로 보석을 키워 내는 과정이라고 보면 된다. 인간이라는 말은 삶을 살아가는 사람이다. 사람은 그래서 '삶'이라고도 불린다. 그 삶의 정수는 오직 단 한 번만 살 수 있는 유한성이다. 사람의 됨됨이는 그에게 닥친 고난을 처리하는 방식에 따라 다르게 나타난다. 인간에게 고난은 조개가 키워 내는 진주처럼 인간의 진면목을 드러내 보석의 씨앗이 된다.

사람의 아름다움은 마치 조개 속에서 자라는 진주가 드러내는 아름다움처럼 그가 지닌 상처 때문에 빛을 발한다. 사람은 인생살이에서 겪는 어려움과 고난, 그리고 역경 때문에 거듭날 수 있다. 불가(佛家)에서 '두카(dukkha)'라고 부르는 고(苦), 기독교 성경에서 자주 등장하는 환란과 고통은[70] 비통함과 불편한 마음, 혹은 상처가 아니라 자신을 거듭나게 만들어 주는 깨달음과 해탈의 씨앗이 된다. 그래서 두카는 인간에게 친구이자 스승이며 동행자다. 사람이 삶의 과정에서 경험하게 되는 '고(苦)'를 제대로 다룰 수 없으면, '고'라고 하는 보석은 더 이상 자라지 않는다.[71]

진주는 땅에서 캐내는 광물성 보석이 아니다. 바다 속에 사는 전복이나 조개와 같은 생명체가 만들어 내는 보석이다.[72] 생물체의 몸 안에서 만들어지는 자연산 보석이 진주다. 조개의 껍데기 바로 밑에는 외투막이라는 막이 몸을 둘러싸고 있다. 이 외투막은 조개가 섭취한 음식물 속의 미네랄을 이용해 조개의 껍데기를 만드는 물질을 배출한다. 조개의 몸속으로 이물질인 모래알이 들어오면, 조개나 전복은 물을 뿜어 그것을 체외로 내보내려고 한다. 체외로 빠지지 않은 일정 크기 이상의 이물질은 조개에게 고통을 주기 시작한다. 조개는 고통을 줄이기 위해 자신의 체액으로 그 이물질을 녹이려고 한다. 살에 상처를 입지 않기 위해 이물질을 부드럽게 만드는 진주액이라는 분비물을 뿜어낸다. 그것은 점차 자기 몸과 비슷하게 된다. 자신의 몸에 박힌 이물질을 녹이기 위해 오랜 기간 자신의 액을 쏟아 부은 결과, 이물질 주위에 결정체로 바뀐 것이 바로 진주다.[73] 진주는 외투막으로부터 온 콘키오린이라는 단백질과 탄산 칼슘의 층이 수백 겹 이상 차곡차곡 쌓인 결정체다. 물론 조개의 몸속에 들어간 이물질이 모두 진주가 되는 것은 아니다. 이물질이 몸속으로 들어오면 조개는 본능적으로 두 가지 반응을 보이기 때문이다. 한 가지 반응으로 조개는 몸속에 들어온 이물질을 무시해 버린다. 그런 조개는 끝내 병들어 죽는다. 그와 다른 반응이 몸속에 들어온 이물질에 도전하는 것인데, 그렇게 도전한 결과가 바로 진주라는 보석을 낳는다.

코엘료는 『흐르는 강물처럼』이라는 수필집에서,[74] 제 삶의 과정에서 진주와 같은 보석을 키워 내는 '사람'이라는 존재를 대단히 흥미로운 존재라고 말한다. 어쩌면 진주라는 자연산 생물체의 보석은 제 나름대로 보여 주는 그 양태 때문에 더 아름다운 것인지도 모른다. 코엘료에게 인간이 그렇게 흥미로운 것은, 삶의 과정 속에 우습기 그지없는 모습을 담아 가고 있기 때문이다. 말하자면 사람들이란 악착같이 돈을 버느라고 자신의 건강에는 관심을 기울이지 않곤 한다. 그러다가 막상 건강을 잃게 되면 그것을 되찾으려고 안달복달하며 안절부절못하는데, 바로 그런 모습이 우습기도 하고 아름답기도 하다는 것이다. 인간은 어차피 다가올 미래에 골몰하느라 지금 당장이라는 현재는 소홀하게 다루기 일쑤다. 그래도 인간이라는 존재는 영원히 죽지 않을 것처럼 살아보기 위해 노력한다는 것이다. 그렇지만 끝내 제대로 살아보지도 못하고 어느 날 갑자기 죽어 버리는 것이 인간의 삶이며, 그 역시 아름답고 우습기는 마찬가지라는 것이다.

코엘료는 인간의 삶이 어떤 것인지를 마누엘이라는 사람의 삶을 통해 한 번 더 아름답게, 그리고 우습게 그려 낸다. 마누엘은 바쁘지 않으면 제 스스로 불안해하는 일 중독자다. 그는 우리처럼 가족의 기대를 저버리고 싶지 않아서, 또 직장에서 공짜 밥을 먹기 싫어서 본분에 충실한 사람이다. 그저 이 사회에서 없어서는 안 될 정직한 소시민일 뿐이다. 그런 그에게 어느 날 꿈에 천사가 나타난다. 천사가 그에게 묻는다. "자넨 무엇 때문에 그렇게 분주하게 사는가?" 마누엘이 대답한다. "책임감 때문이지요." 천사는 다시 묻는다. "하루에 십오 분만이라도 일을 멈추고 아무것도 하지 않은 채, 세상과 자네 스스로를 돌아볼 수는 없나?" 마누엘은 퉁명스럽게, 그러고 싶지만 시간이 없다고 대답한다. 천사는 "그럴 리가 있나. 누구에게든 시간은 있네. 용기가 없을 뿐이지. 노동은 축복일세. 그것을 통해 우리의 행동을 돌아볼 수 있다면 말이야. 그러나 일에만 매달려 삶의 의미를 도외시한다면 그것은 저주야."라고 충고해 주고 사라진다. 시간이 그렇게 흘러가 버린다. 마누엘도 이제는 퇴직을 한다. 그간의 시간을 보상받으려는 생각이 그를 사로잡는다. 그는 직장에 다니던 때와는 달리 여행길에 오른다. 부지런히 여행도 하고, 정원 일도 하며 노후를 즐긴다. 그렇지만 왜 그런지 모르게 외롭기만 하다. 오랜 세월 가족을 위한다고 봉사했건만, 그들에게는 자신이 불필요한 존재로 느껴진다.

그러던 어느 날 밤 꿈에 옛날의 그 천사가 다시 나타나 "자네는 인생에서 무엇을 일구었나? 꿈꾸던 인생을 살았나?"라고 질문한다. 우리의 분신인 마누엘은 천사의 질문에 변변하게 대답도 못한 채 퇴직 후 힘겹게 얻은 자유의 가면을 쓰고 그냥 떠돈다. '나는 여기서 무얼 하고 있나?'라는 질문을 스스로에게 단 한 번도 하지 않은, 자상하고 정직하게 근면했던 마누엘이 마침내 세상을 떠난다. 코엘료는 그래도 그의 삶은 헛되지 않았다고 말한다. 마누엘이 비록 삶의 의미를 그 스스로에게 묻지는 않았을지언정, 그는 죽는 순간 구원을 얻었기 때문이다. '마누엘의 말년이 참으로 이해하기가 쉽지 않다.'고 해도 그의 삶은 하나의 진주 같은 보석이므로 그 보석을 보고 헛된 보석이라고 말할 수는 없다는 뜻이다.

그러므로 사람들에게 자기 삶을 위한 올바른 사고를 하도록 하기 위해 약물만이 필요한 것은 아니다. 약물 이외의 방법이 얼마든지 있다. 그것 중 하나가 바로 인간의 뇌를 속이는 방법이다. 정확히 표현하면, 뇌를 속인다기보다는 내부시각의 확장으로 뇌의 오작동을 교정하는 방법을 택하는 것이다.

내부시각이 무엇인지 제대로 납득하면, 어떤 병이든 치유가 가능하다. 모든 지성적 유동성은 내부시각에서 일어나는 것이기 때문이다. 배움의 관점에서 본다면 잘못 생각하는 사람, 미친 사람이 있다는 말은 거짓에 가깝다. 그들이 보여 주는 짓은 미친 짓이 아니라, 특별난 생각의 표현일 뿐이다. 미친 사람을 수술요법이나 약물 처방으로 고친다는 것도 의학적으로 100% 진실에 가까운 말이 아니다. 그것은 그들의 생각을 사회적으로 수용할 수 있는 생각으로 변질시키기 위해, 그들에게 약물을 투여하거나 수술을 통해 내부시각의 차이를 바꾸어 놓으려는 노력에 지나지 않기 때문이다. 푸코(Foucault)가 미친 사람에 대한 오해를 권력의 측면에서 이해하게 했다면, 라마찬드란 박사는 뇌신경학적 관점에서 미친 사람을 해석했다. 그는 미친 사람은 절대로 있을 수 없다고 단정하였다.

라마찬드란 박사의 실험은 계속된다. 사고로 한쪽 팔을 잃었지만 계속해서 환상 팔이 움직이는 생생한 감각을 느끼면서 통증을 호소하는 운동선수가 있다면, 그의 호소는 미친 사람들의 호소와 크게 다르지 않다. 그것을 관찰한 의사는, 수술 후의 충격으로 생긴 신경 중세쯤으로 여기고 정신과 치료 상담의 처방을 내릴 것이다. 머리에 끔찍한 중상을 입은 젊은이가 자신의 부모가 복제인간으로 바뀌었다고 주장하는 경우도 정상으로 받아들이기 어렵다. 뇌의 특정 부위에 손상을 입은 사람들은 매우 기이한 행동의 변화를 보이기 때문이다. 얼핏 보면, 이들 모두가 '미친' 사람들이다. 미쳤기에 미친 소리를 하는 것이다. 그들은 절단한 사지를 있는 것처럼 느끼며, 아무도 볼 수 없는 대상을 보고 중얼거린다. 우리가 살고 있는 현실을 보란 듯이 부정하면서 비정상적인 주장을 함으로써 미친 사람으로 취급받는다.

그런 환자 중에서도 환상사지 환자는 있을 수 없는 통증을 호소하는 환자들 중 대표 격이다. 환상사지란 자기 몸에서 수술로 인해 잘려나간 팔다리를 절단하기 전처럼 붙어 있다고 생생하게 느끼는 이상증상이다. 그들은 잃어버린 사지를 느끼며, 아무도 보지 않는 대상을 보게 되고, 현실세계를 부정하면서, 엉뚱하고 비정상적인 거짓말,[75] 거짓 통증을 호소하는 일에 이골이 났다. 두뇌의 사고 매커니즘에 변화가 생겨, 환상사지 환자들은 통증을 마음 하나로 이겨낼 수 있다고 아무리 말해도 그 말에 수긍하지 않을 것이다. 환자들은 마음이 신체를 변화시킬 수 없다고 굳게 믿고 있다. 환상사지 환자에게만 통용되는 통증과 호소, 말하자면 없어진 다리가 있는 것처럼 느껴지는 것은 기존의 의학상식으로는 인정하기 힘들다. 그것을 과학적으로 설명할 수도 없다. 이런 환자들을 치료하기 위해 의료진들은 절개된 부위의 잘린 끝을 계속 잘라내기도 한다. 아예 척수 감각이나 통증의 전달 경로를 절개함으로써 두뇌 속에 있는 고통 중추를 없애 버리는 방식으로 그들을 치료하려고 노력해 왔다. 그러나 그런 방법으로도 환상사지 환자들의 통증과 고통은 고칠 수 없었다. 그들은 환상사지 현상을 계속 호소했다.

라마찬드란은 환상사지 환자들이 겪는 증상이 신체상의 재구성 때문에 생겨난다는 것을 알게 되었다. 그는 환상사지의 통증문제를 기존의 의료진들과는 다르게 접근했다. 전통적으로 두뇌가 신체를 인식하는 신체 상(body image)은 고정되어 있다. 환상사지 환자는 팔다리 절개 이후 48시간 안에 신체 상의 재구성이 매우 빠르게 일어나는 경우다. 라마찬드란은 그 과정을 역으로 되돌리면 문제가 해결될 수 있을 것이라고 생각했다. 말하자면 두뇌로 하여금 환상사지를 잊어버리도록 속이면 증상이 사라질 것이라고 보았다.

라마찬드란은 마침내 셜록 홈스식 해결 방안으로 환상사지 환자들의 고통을 해결하기 시작했다. 그는 거울이 들어 있는 간단한 상자인 '가상현실' 장치를 만들었다. 환자의 정상적인 오른팔을 환상 팔이 위치한 신체 왼편에 보이도록 했다. 그렇게 비추면 환자들은 자신에게 마치 환상 팔이 존재하는 것처럼 생각했다. 그들을 속이는 방법으로 그들의 내부시각을 변형했던 것이다. 치유 결과는 마술과 같았다. 환자에게 눈으로 보고 있는 팔의 정상적인 모양과 환상 팔이 불러일으키는 느낌이 서로 경쟁하게 만들었다. 그 결과 기형이 된 환상사지가 곧게 펴지고, 마비된 환상사지가 다시 움직이기 시작했다. 종국적으로는 더 이상 환상사지가 존재하지 않게 되었다.[76]

인간에게 치유의 힘을 주는 데 도움을 줄 수 있는 다른 방법도 있다. 그것은 생활방식을 바꾸는 일이다. 생활의 변화는 인간의 내부시각을 확장하거나 변형하는 데 크게 작용한다. 생활 방식을 바꾸려면 내부시각의 조절은 불가피하다. 이 점은 히포크라테스의 선서에도 이미 잘 나와 있다. 히포크라테스의 선서에는 '히게이아'라는 말이 등장한다. 히게이아란 인간의 치유력을 도와주는 것이 의술의 목적이라는 뜻이다.[77] 치유력은 의사가 환자의 병을 치료해 준다기보다는 환자 스스로 자신의 병을 교정해 갈 힘을 길러 준다는 뜻을 담고 있다. 환자 스스로 자신의 질환에 대한 치유력을 갖기 위해서는 질환 그 자체에 대한 지식을 갖고 있어야 한다. 하지만 그보다 더 중요한 것은 질환을 다스리는 방향으로 삶의 양태를 바꾸는 것이다. 흔히 인간에게 아직도 의학적으로 난치의 질병으로 알려진 암은 인간의 기력부터 꺾고 환자를 압박하는 질환으로 알려져 있다. 그러나 암을 치료하기 위해서 수술이나 투약보다 더 중

요한 것은 환자의 '라이프 스타일'을 바꾸는 것이다. 그래야 환자 스스로 암이라는
질환에 대한 치유력이 생긴다는 것은 암환자의 경험담일 뿐 아니라 의사들의 의학적
소견이기도 하다.[78]

삶은 모든 것이 하나의 상호관계를 이루고 있는데, 그것의 토대가 바로 일상적인
삶살이다. 삶살이를 바꾸면 의식이 바뀌게 되고, 태도를 바꾸면 삶살이가 바뀐다. 이
세상의 이치가 그렇듯이 하나의 원의 세계에서는 어떤 하나에게 쫓기다 보면 어느새
다시 그것을 추적하게 된다. 모든 것은 서로 연관되어 있다.[79] 삶은 이런 것에 대한
배움을 경청하라고 이른다. 죽어 가는 이들의 곁에서 그들의 마지막 이야기를 경청하
면서 인간의 배움이 무엇인지를 스스로 깨달은 로스와 케슬러는 배움의 치유력을 이
렇게 보고 한다.

> 삶이 우리에게 요구하는 이 배움들은 무엇일까요? 수십 년 동안, 죽음을 앞둔
> 이들과 아직 살아 있는 이들을 치료하면서 우리는 인간에게 필요한 배움들이 결국
> 은 누구에게나 같다는 것을 깨닫게 되었습니다. 그것들은 두려움, 자기 비난, 화,
> 용서에 대한 배움입니다. 또한 삶을 받아들이는 것에 대한 배움, 사랑과 관계에 대
> 한 배움입니다. 놀이와 행복에 대한 배움도 있습니다. 배움을 얻는다는 것은 다른
> 사람이 아닌 자기 자신의 인생을 사는 것을 의미합니다. 갑자기 더 행복해지거나
> 부자가 되거나 강해지는 것이 아니라, 세상을 더 깊이 이해하고 자기 자신과 더 평
> 화롭게 지내는 것을 의미합니다. 누군가 "난 내 삶이 불완전하기 때문에 더 즐겁
> 다."라고 말했듯이 삶의 배움을 얻는다는 것은 삶을 완벽하게 만드는 것이 아니라
> 있는 그대로 삶을 받아들일 줄 알게 되는 것입니다. 우리는 저마다 배움을 얻기 위
> 해 이 세상에 왔습니다. 당신이 배워야 할 것이 무엇인지 알려 줄 수 있는 사람은
> 없습니다. 그것을 발견하는 것은 당신만의 여행입니다. 삶의 여행에서 우리가 맞
> 붙어 싸워야 할 것은 많을 수도 적을 수도 있지만, 결코 우리가 감당할 수 있는 이
> 상의 것들이 아닙니다. 사랑을 배울 필요가 있는 사람은 결혼을 여러 번 하게 될

수도 있고, 어쩌면 한 번도 못할 수도 있습니다. 돈에 대한 배움이 필요한 사람은 돈을 전혀 갖지 못할 수도 있고, 또는 지나치게 많이 가질 수도 있습니다.[80]

미 주

1) 영국의 낭만주의 시인 존 키츠는 아이작 뉴턴에 강한 분노를 품은 적이 있었다. 뉴턴이 프리즘으로 빛을 분광해 내는 바람에 무지개를 풀어헤쳐 시인의 마음에 담겨 있는 모든 시정(詩情)을 말살했다고 분노하였다. 과학이라는 것이 인간의 상상력과 인문학을 도태시킨다는 주장이었다. 리차드 도킨스는 이런 주장이 틀렸다고 한다. 키츠가 정말로 '낭만적'인 시인이었다면 그는 오히려 아인슈타인, 허블, 그리고 호킹의 우주를 보며 가슴이 뛰었을 것이라고 도킨스는 주장했다[참고: 리처드 도킨스(2008). 무지개를 풀며(역). 서울: 바다출판사]. 과학은 시적 영감의 원천이자 위대한 저장소라고 도킨스는 생각했다. 과학이 시적 영감의 원천이라는 것은 과학의 속성, 말하자면 과학이 늘 진행형으로 마감되기 때문이다. 도킨스는 칼 포퍼처럼[참고: 칼 포퍼(2008). 끝없는 탐구(역). 서울: 갈라파고스] 과학을 지금 이 순간까지 진리라 믿는다고 해서 그것이 영원하리라는 법도 없고, 내일 그것이 버려지지 않는다는 보장도 없다고 본다. 그렇다고 해서 과학이나 진리의 유효성까지 부정되지는 않는다는 것이 사회생물학자의 생각이다. 그것이 과학의 본분이며 운명이기 때문이다.

2) 참고: 나카자와 신이치(2003). 신의 발명-인류의 지와 종교의 기원(역). 서울: 동아시아, pp. 60-61.

3) 초끈 이론(superstring theory)은 물질과 힘의 근본을 입자가 아니라 진동하는 작은 끈이라고 생각하는 이론이다. 현대 물리학에서 우주의 모든 상호작용을 하나로 통일하는, 이른바 '만물의 법칙(theory of everything)'을 설명해 줄 수도 있는 강력한 이론이다. 자연계에는 핵의 구조를 설명하는 강력한 네 가지 힘이 존재한다. 다시 말해서, 우주를 지배하고 있는 기본적인 힘은 네 가지로 중력(gravitational force), 전자기력(electromagnetic force), 약력(weak force), 강력(strong force)인데, 이 힘들이 우주를 지배한다. 중력은 질량을 갖고 있는 두 물체 사이에 작용하는 힘으로 네 가지 기본 힘 중 가장 약한 힘이다. 전자기력은 전하를 갖고 있는 물체 사이에서 작용하는 힘으로서 네 가지 기본 힘 중 두 번째로 강한 힘이다. 전기력과 자기력을 묶어 전자기력이라 한다. 약한 핵력인 약력은 원자핵의 붕괴에서 나타나는 짧은 거리에서 작용하는 힘으로 세 번째로 강한 힘이다. 마지막으로 강한 핵력인 강력은 원자핵을 이루는 양성자나 중성자와 같은 핵자 사이에 작용하는 힘으로 네 가지 기본 힘 중 가장 강한 힘이다. 이 힘도 핵의 크기 정도의 매우 짧은 거리에서만 작용한다. 이런 힘 중에서 핵력인 강력과 약력은 핵 내부에서 작용하므로 우리 일상생활에서는 경험할 수 없는 힘이다. 네 가지 힘을 하나의 이론으로 통합하려고 한 시도는 1867년 전기력과 자기력을 통일한 맥스웰에서 비롯된다. 그로부터 오랜 세월이 흐른 후

1967년 와인버그와 살람은 전자기력과 약력을 통일했다. 그 후 물리학자들은 입자들이 일정한 거리 이하로 가까워지면 전자기력, 약력, 강력의 세 힘이 하나의 힘으로 기술될 수 있다는 것을 발견했다. 이것이 1974년 조지아이와 글래쇼에 의해 제창된 '대통일장 이론'이다. 그러나 다른 모든 힘의 이론들이 양자역학과 잘 접목되는 데 반해 중력은 양자화하기 어려웠다. 이 어려움을 해결하기 위한 이론적 노력이 바로 초끈 이론으로 태어났다. 중력현상과 양자역학의 불일치를 해결하기 위해서다. 이런 불일치는 고전 물리학과 양자물리학 간의 이론적 차이에서 비롯되었다. 뉴턴 물리학이나 상대성 이론과 같은 고전역학은 한 가지 점을 고수한다. 그것은 우주에 대한 결정론이다. 말하자면 현재의 상태를 정확하게 알고 있다면 미래의 어느 순간에 어떤 사건이 일어날지를 정확하게 예측할 수 있다는 결정론적(deterministic)인 입장을 취한다. 그들은 우주의 만물이 돌아가며 얽혀 있는 것에 대한 해석을 위해 인과법칙을 철저하게 따르며, 그 어떤 우연성도 배제한다. 이러한 물리학적 원리를 바탕으로 우주에 대한 설명을 해 온 패러다임을 일반적으로 뉴턴 물리학이라고 하며, 뉴턴 물리학과 상대성 이론을 합쳐서 고전역학이라고 한다. 아인슈타인은 바로 이런 결정론적 입장을 포기하기를 거부한 물리학자 중 한 사람이라면, 하이젠베르크(Werner Karl Heisenberg) 같은 양자역학자들은 확률론적(probabilistic) 입장을 취한 과학자다. 그들 양자역학자들에 따르면, 비록 현재 상태에 대하여 정확하게 알 수 있더라도 미래에 일어나는 사실을 정확하게 예측하는 것은 불가능하다는 입장이다. 예를 들어, 수소원자에서 전자의 위치는 핵의 중심에서 무한대에 이르는 거리 사이에 존재할 수 있다. 그렇게 되면 전자의 위치는 어떤 특정한 시간의 특정 위치와 같지 않을 수 있다. 이런 상황에서 전자의 가능한 한 위치를 계산해 내려고 할 때 물리학자들은 슈뢰딩거의 파동방정식에 의한 파동함수(ψ, 프사이)를 한번 더 곱한 확률밀도함수($|\psi|^2$)를 사용한다. 확률밀도함수는 주어진 시간에 단위 부피에서 파동함수가 나타날 수 있는 확률을 알려 준다. 어떤 반지름에서 전자를 발견할 확률이 0.3이라면 그곳에서 전자를 찾을 확률이 30%임을 의미한다. 결국, 슈뢰딩거 방정식은 원자에 있는 전자가 어느 순간에 어디에서 발견될 것인지를 알려 주는 것이 아니라 그곳에서 전자가 발견될 가능성을 알려 줄 뿐이다. 결국 하이젠베르크가 이야기한 것처럼 움직이는 전자와 같은 입자의 정확한 위치와 정확한 모멘텀(속도와 질량의 곱)을 동시에 정확하게 알아내는 것은 불가능한 것이다. 입자의 위치를 더 정확히 측정할수록, 그 입자의 모멘텀 측정은 점점 덜 정확해지기 때문이다. 전자는 우리가 그것을 관찰하기 전까지는 명백한 위치나 경로를 갖지 않기 때문에 그럴 수밖에 없는 것이다. 이 말은 인간의 관찰 범위 밖에서는 객관적인 실체, 입자의 객관적인 위치조차도 존재하지 않는다는 확률론적 세계일 뿐이라는 것이다. 이것은 '인간의 관찰 능력의 한계나 측정 능력의 결함 때문에 생기는 것이 아니라, 우주의 특징이기 때문'이라는 것이 바로 하이젠베르크의 불확정 원리였다. 그에 따르면 우주에는 엄격한 인과성이 성립하지 않는다[참고: 사쿠라이, J. J. (2003). **양자역학**(역). 서울: 다성출판사].

우주의 거시적 세계에서는 중력현상을 설명하는 이론으로서는 상대성 이론이 적합하며, 원자 등 미시적 세계에서는 양자역학을 이용한 설명이 설득력을 갖는다. 두 세계를 통합, 설명하는 강력한 이론은 아직 빛을 보고 있지 못한 형편이다. 이 긴장과 갈등, 혹은 이론적 모순을 해결하기 위해 과학자들이 생각해 낸 것이 바로 초끈 이론이다. 초끈 이론은 우주의 구성요소가 고유의 진동 패턴을 갖는 '끈'이라는 가정에서 출발한다. 인간은 그동안 우주를 구성하고 있는 궁극의 입자를 찾기 위해 노력해 왔지만, 오히려 기본 입자들의 수(數)만 늘어났다. 이런 어려움에 대한 설명은 초끈 이론이 간단하게 해결해 줄 수 있다. 초끈 이론에 따르면 그런 수많은 입자들은 끝내 서로 다른 주파수로 진동하는 끈에 지나지 않기 때문이다. 이렇게 되면 우주의 힘은 끈이라는 하나의 논리에 의해 간단하게 설명된다. 초끈 이론이 다른 이론에 비해 우주의 힘에 대해 상대적으로 명쾌한 설명을 할 수 있는 장점이 있음에도 불구하고, 아직까지도 실제적인 실험을 통해 끈의 존재를 확인하지 못하고 있다. 아직도 다분히 수학적 이론의 속성을 벗어나지 못하고 있는 것이다[참고: 브라이언 그린(2006). 엘러건트 유니버스(역). 서울: 승산]. 그럼에도 불구하고 초끈 이론은 현대 물리학에서 가장 강력한 통합 이론으로 꼽힌다. 이미 지적했듯이 초끈 이론 하나로 우주의 네 가지 힘(전자기력, 중력, 약력, 강력)과 모든 입자를 설명할 수 있기 때문이다. 초끈 이론에 따르면, 우주의 모든 물질은 10~33cm 길이의 매우 짧은 끈으로 이루어져 있다. 초끈 이론이 등장하기 전에는 모든 물질이 원자, 양성자, 중성자 등 아주 작은 입자로 이루어져 있다고 생각했다. 초끈 이론에서는 이 입자들이 모두 하나의 끈에서 나온다. 초끈 이론은 아인슈타인이 상대성 이론을 통해 제시한 시공간 개념도 뒤흔들었다. 그렇다고 상대성 이론과 양자역학이 쓸모없어졌다는 얘기는 결코 아니다. 현대 인류가 누리는 수많은 문명의 이기가 이 두 이론에 기반을 두고 있기 때문이다. 반도체를 비롯한 전자산업은 양자역학, 현대 천문학은 일반 상대성 이론을 떠나서는 설명이 불가능하다. 초끈 이론은 아직 완성되지 못하였다. 어떤 학자들은 21세기 물리학이 20세기부터 너무 성급하게 나온 게 아니냐는 이야기까지 한다. 아인슈타인이 만든 유명한 방정식 'E=mc²'은 인류에게 원자력 발전의 혜택을 안겨 주었다. 물리학자들이 서로 의사소통하려고 고안한 월드 와이드 웹이 인터넷 혁명의 토대가 되었듯이, 초끈 이론 역시 우리에게 생활의 혁명을 가져올 가능성이 높다[참고: 남순건(2007). 스트링 코스모스. 서울: 지호].

4) 주인공은 최근 SBS TV 〈생방송 투데이〉와 〈놀라운 대회 스타! 킹〉을 통해 잇따라 소개된 유예은 양이다. 태어날 때부터 앞이 안 보이는 예은이는 세 살 때 아버지가 들려준 노래를 곧바로 피아노로 연주하면서 천재의 면모를 보였다. 예은이는 지금까지 누구에게 피아노를 배워 본 적이 없다. 하지만 세 살 이후 한번 들은 곡은 곧바로 피아노로 연주해 내는 '절대음감'을 과시하고 있다. 2007년 1월 말 〈생방송 투데이〉를 통해 처음으로 세상에 소개된 예은이는 3일 오후 방송된 〈놀라운 대회 스타! 킹〉에서 다시 한 번 시청자들을 사로잡았다. 일반인이 재능을 뽐내는 이 프로그램에서 예은이는 '다섯 살 천재 모차르트'라는 설명과 함께 무대에 올랐다. 눈이 안 보이고 아직 손가락 길이가 짧은 까닭에 연주가 부분 부분 정확하지는 않았지만, 보는 이가 감탄하기에 충분했다. 예은이의 사연이 더욱 화제가 되는 것은 그가 입양아라는 점 때문이다. 예은이의 부모는 예은이가 앞을 못 본다는 사실을 알면서도 입양을 했는데 심지어 예은이의 아빠는 전신지체 1급의 장애인이다. 몸을 움직이지 못하는 아빠는 대신 컴퓨터를 통해 각종 음악을 예은이에게 들려주며 예은이의 음감을 키워 주었다. 〈놀라운 대회 스타! 킹〉의 서혜진 PD는 5일 "처음에는 예은이가 방송을 통해 개안수술을 받을 수 있도록 주선해 주고 싶었는데 알고 보니 예은이는 수술로도 회복될 수 없는 상태라고 한다."라면서 "지금 예은이에게 해 줄 수 있는 일은 좋은 피아노 선생님을 구해 절대음감을 살려 주는 것"이라고 밝혔다[참고: 윤고은. 앞 못 보는 5살짜리 피아노 신동 화제

(2007. 3. 5). 조선일보].

5) 태어날 때부터 자동차 경적 소리(100dB)조차 못 듣는 그녀는 중1 때 주변의 반대를 물리치고 발레를 시
작했다. "보청기를 끼면 '아, 곡이 시작됐구나…… 끝났구나…….' 강약 정도는 느끼죠." 속으로 하나,
둘, 셋 세면 턴하고, 얼마쯤 쉬다가 점프 하는 식으로 빠르기에 적응했다. 발레 공연 비디오를 보고 또 보
며 리듬을 '눈으로 느꼈다' 무대에서 박수 소리를 음악 소리로 착각하거나 음악이 끊긴 줄 모르고 계속
춤춘 일도 있었다는 '청각장애인 발레리나' 강진희(35) 씨는 바로 그런 사람이다.

대학 무용과를 나와 프리마돈나로 활약하다가 2004년 8월 어느 날 돌연 무대에서 사라졌던 그녀가 긴
휴식에 마침표를 찍고 최근 재기의 날갯짓을 시작했다. 한양대 무용과를 나와 '조승미 발레단' 의 프리마
돈나로 활동해 오던 그녀가 발레 슈즈를 벗었던 건 장애인을 바라보는 세상의 잘못된 시선 때문이었다.
발음을 정확히 하기 어려운 그녀는 수화 통역사의 도움을 받아가며 아픈 기억의 실타래를 띄엄띄엄 풀
어놓았다. "절 싫어한 사람들도 많았던 것…… 같아요. 아무리 춤을 잘 춰도 '쟤…… 는…청각장애
인……이야.' 라는 사람들이 있었어요. '상을 타도 (잘해서 수상한 게 아니라) 안 들리는데 춤을 추
니……까 받은 거야.' 했고요……. 더……이상은 제가…… 설 자리가 없어서……." 하지만 그녀는 결국
돌아올 수밖에 없었다. "나……를 보고 춤추고 싶다고 느낀 장애인 후배도 있었을 텐데……. 혹시 그들
이 나 때문에 절망해 포기하면 어쩌나……. 그래서 다시 시작했어요." 스스로의 말대로 그녀는 같은 처
지의 후배들에게 희망을 준 여성이다[참고: 오윤희. 청각장애 발레리나, 다시 나래펴다(2007. 3. 8). 조
선일보].

6) 참고: 신응수(2005). 목수. 서울: 열림원.

7) 참고: 조프 롤스(2008). 유모차를 사랑하는 남자(역). 서울: 미래인.

8) 참고: Bierce, A. (1957). *The devil's dictionary*. NY: Hill & Wang.

9) 생각의 정체, 말하자면 사람들이 생각한다는 그것의 실체를 보다 분명하게 언어적인 진술로 표현해 낼
수 있는 가능성이 한층 다가오고 있다. 사람들이 마음속으로 대화 내용을 떠올리기만 하면 이를 센서가
받아서 디지털 신호로 바꾼 다음 그것을 다시 음성신호로 바꿀 수 있는 기술이 개발되었기 때문이다. 이
기계를 활용하면 사람이 품거나 생각하는 것을 보다 분명한 형태로 바꾸어 낼 수 있다. 미국 댈러스의 앰
비언트 커퍼레이션(Ambient Corporation)이 세계 최초로 개발한 '무성전화'가 바로 그것의 출발점인
데, 사람들이 센서를 목 끈에 부착하면 대뇌가 생각하고 성대에 보내는 전기신호를 인공적인 목소리로
바꾸어 준다. '오데오(Audeo)' 라고 명명된 신기술은 우리가 전달할 말을 생각만 해도 대뇌는 성대에
신호를 보내고 '생각→신경신호→오데오(수신)→암호화→전달→CPU(처리)→음성' 으로 이어지게
함으로써 대화를 구성하는 대부분의 음소(音素, phoneme)를 파악하여 소리를 내지 않고도 서로 소통
할 수 있게 만들어 준다. 이 전화 시스템은 원래 루게릭, 뇌성마비, 파킨슨씨병 등 신경장애 때문에 입을
벌려서 말을 할 수 없는 처지의 사람들을 위해 고안된 것이다[이장직. 말 없이 통화할 수 있는 휴대폰 나
왔다(2008. 3. 11). 중앙일보].

10) 참고: Lieberman, M. et al. (2002). Reflection and reflexion. *Advances in Experimental Social Psychology, 34*, pp. 199-244.

11) 참고: 후쿠오카 신이치(2008). **생물과 무생물 사이**(역). 서울: 은행나무, p. 100.

12) 참고: 조용기(2006). 의문을 위한 질문. 대구교육대학교 **초등교육연구논총** 제22권 1호, pp. 99-112.

13) 참고: 베르트랑 베르줄리(2007). **행복생각**(역). 서울: 개마고원, p. 14.

14) 참고: 프리더 라욱스만(2008). **세상을 바꾼 어리석은 생각들**(역). 서울: 말글빛냄.

15) 콜럼버스가 생각하지 않는 성격이었다면 모험은 불가능했다. 확신할 수 없었던 신대륙 탐험을 떠나지 않았을 것이다. 콜럼버스의 탐험은 원래 무의미한 것이었다. 서쪽으로 계속 항해하면 먼 동쪽 나라에 닿을 것이라는 콜럼버스의 계획은 공 모양의 지구를 생각하면 논리적이다. 하지만 그는 그 먼 거리를 제대로 계산하지 못했다. 콜럼버스는 일본까지 가는 항해 길을 4천5백 킬로미터라고 계산했는데, 실제로 지구 반 바퀴를 도는 길은 그보다 네 배나 더 긴 2만 킬로미터였다. 만약 그 길에 아메리카라는 건널 수 없는 장애물이 없었더라면 콜럼버스와 그의 동반자들, 그와 함께 새로 쓰인 역사는 바다 속 깊이 잠겨 버렸을 것이다. 음악가들도 그렇기는 마찬가지다. 베토벤에서부터 바흐까지 모든 훌륭한 작곡가들의 음악도 그렇다. 그들의 음악은 어떤 효용도 있을 필요가 없었다. 음악에 처음부터 겨냥된 사회적 목표 같은 것이 있었을 리가 없다. 음악의 신동으로 불렸던 모차르트 역시 마찬가지였다. 그렇지만 그의 소나타를 듣거나 연주하면, 마음속에서부터 행복감이 생기면서 다른 사람의 마음으로까지 그 행복감을 전염시킨다. 예술은 그 무슨 유별난 목표 아래 만들어진 것이 아니다. 어쩌면 쓸데없는 노력에서 시작된 유희였으며, 여가의 표현이었을 뿐이다. 모차르트가 자신의 음악을 통해 얻고자 했던 것이 무엇인지는 자신도 알지 못했다. 그는 사람들이 자신의 음악을 좋아하고, 실내 음악회나 콘서트, 오페라의 표가 매진되면 기쁘고 자랑스러웠다. 그는 그 이상의 것에 대해서는 아무런 생각도 하지 않았다. 그가 음악에 관해 동시대나 후세에게 전할 수 있는 것이나 전하고 싶은 것은 오직 한 가지였다. 그는 악보만 남겼다. 그가 남긴 편지들에는 음악 이론에 대한 이야기나 작곡의 사회적 목적 같은 이야기는 전혀 없었다. 이야깃거리가 있었다면 그것은 그의 독특하고 건방진 어조로 쓰인 일상의 문제에 관한 남보다 조금 더 앞선 생각이었다[참고: 프리더 라욱스만(2008). **세상을 바꾼 어리석은 생각들**(역). 서울: 말글빛냄, pp. 68-69, 195].

16) 참고: 스티븐 핑커(2007). **마음은 어떻게 작동하는가**(역). 서울: 소소, pp. 53-54.

17) 참고: 이종호(2007). **천재를 이긴 천재들**. 서울: 글항아리.

18) 튜링의 견해처럼 인간의 지능을 컴퓨터가 대신할 수 있다는 논리를 받아들이지 않는 과학자도 많다. 그런 사람들은 사람들이 자유의지를 가지고 도덕적이고 정신적인 가치를 가진다는 점에 주목한다. 인간은 기계가 아니다. 기계가 인간의 지능을 대신한다는 생각 자체가 인생의 신비로움을 감소시킨다. 동시에 그것은 인간과 삶의 가치를 떨어뜨린다. 그런 비판가 중 한 사람이 최초의 대화형 시스템 엘리

자(ELIZA)를 개발한 컴퓨터 과학자 바이첸바움(Joseph Weizenbaum, 1926~   )이다. 그의 논지에 따르면, 인간이 알고 있는 많은 것은 컴퓨터로 접근할 수 있도록 만들어질 수 없다. 인간은 신체를 가진 존재이기에 다른 인간에 의해 서로 인간으로 취급되고, 그런 관계에 의해 더 많은 것을 알게 되는 생물이다. 인간은 무의식적인 마음(mind)에 의존하는 직관과 예감, 창조과정을 가지지만 기계는 그렇지 않다. 인간의 의식이나 무의식은 컴퓨터를 이용한 정보처리 방법으로는 다룰 수 없다고 주장한다. 컴퓨터가 인간의 지능을 대신할 수 있다는 튜링의 논지나 그로부터 더 발전한 뉴로 컴퓨터의 인간기능 수행론은 이런 관점으로 비판할 수 있다[참고: 닐 포스트만(2005). 테크노 폴리(역). 서울: 궁리출판사].

19) 그런 튜링의 견해에 대해 존 설(John Searle)은 튜링 테스트로는 기계의 인공지능 여부를 판정할 수 없다고 논증한다. 논증을 위해 그는 중국어 방(chinese room)이라는 사고 실험을 했다. 사고 실험은 다음과 같다. 우선, 방 안에 영어만 할 줄 아는 사람을 집어넣는다. 그 방에 영어만 하는 사람들 외에 다른 도구들을 준비해 놓는다. 말하자면 필담을 할 수 있는 도구와 미리 만들어진 중국어 질문 리스트, 그 질문에 대한 중국어로 쓰인 완전한 대답의 명부를 준비해 둔다. 중국인 심사관이 그 방 안으로 중국어 질문을 집어넣는다. 질문을 받은 방 안의 사람들은 준비된 중국어 대답 대응표에 따라 질문에 대한 답변을 중국어로 써서 밖의 심사관에게 내 준다. 방 안에 어떤 사람이 있는지 전혀 모르는 중국인 심사관은 그 중국어 답변을 보고, 그 답이 틀렸다 해도 방 안에 있는 사람들이 중국어를 할 줄 안다고 생각하게 된다. 안에 있는 사람들은 실제로 중국어를 전혀 모르는 사람이고, 중국어 질문을 이해하지도 않고 주어진 표에 따라 대답했을 뿐이다. 이 사고 실험은 중국어 질문과 중국어 답변이 모두 완벽하다고 해도 방 안에 있는 사람이 중국어를 진짜로 이해하고 있는지 여부를 판정할 수 없다는 것을 보여 준다. 존 설은 이와 마찬가지로 튜링의 기계처럼 지능이 있어서 질문에 답변을 수행할 수 있다 하더라도, 그 기계가 어떤 지능을 가졌는지는 튜링 테스트로 판정할 수 없다고 주장한다[참고: 오 사와 마사치(2005). 연애의 불가능성에 대하여. 서울: 그린비].

20) 참고: 오창석(2004). 뉴로 컴퓨터. 서울: 내하출판사.

21) 미국의 듀크 대학교는 2003년 원숭이의 뇌파를 감지해 움직이는 로봇팔을 개발했다. 연구팀은 먼저 원숭이에게 조이스틱을 조작해 건너편 방에 있는 로봇팔을 움직이는 훈련을 시켰다. 원숭이는 조이스틱을 움직여 로봇팔이 바나나를 집어오게 했다. 연구팀은 미리 원숭이의 뇌에 미세전극을 심어 원숭이가 로봇팔을 조작할 때 나타나는 전기신호를 파악했다. 이후 조이스틱이 없어져도 원숭이의 뇌에서는 전처럼 로봇팔을 조작하는 전기신호가 나왔다. 이를 로봇팔에 전달함으로써 원숭이가 원하는 대로 바나나를 집을 수 있게 되었다[참고: 이영완. 생각이 곧 명령이다(2007. 12. 17). 조선일보]. 이탈리아 여러 대학의 공동연구팀인 '뉴로매스(neuromath)'도 전극이 부착된 모자를 사람의 머리에 씌우고 손가락을 움직이는 실험에 성공했다. 전극은 이때 뇌파의 변화를 감지, 따로 떨어져 있는 로봇팔에 전기신호를 전달하고 로봇팔은 그에 맞춰 손가락을 움직였다. 연구팀은 로봇팔이 주먹을 쥐거나 펴고, 손가락을 흔들게 하는 것도 가능하다고 밝혔다. 따로 떨어져 있는 로봇팔을 생각만으로 움직이는 데 성공한 것은 이번이 처음은 아니다. 생각만으로 움직이는 로봇은 사고로 팔다리를 잃었거나 마비된 환자에게 새로

운 팔다리를 제공해 줄 수 있다. 뉴로매스의 팀장인 파비오 바빌로니(Babiloni) 박사는 이탈리아 ANA 통신과의 인터뷰에서 "장기적 목표는 사고로 팔을 잃은 이들이 사용할 수 있도록 정교한 시스템을 개발하는 것"이라고 말했다. 이 연구가 발전하면 수족 마비환자가 '커피를 마시고 싶다.'고 생각만 하면 부엌에서 로봇이 커피를 끓여 가져다줄 수 있다.

22) 참고: Sutherland, M. B. (1971). *Everyday imagining and education.* London: Routledge and Kegan Paul.

23) 참고: 로버트 루트번스타인, 미셸 루트번스타인(2007). 생각의 탄생(역). 서울: 에코의 서재.

24) 요제프 바이첸바움(Joseph Weizenbaum)은 1923년 베를린의 유대인 집안에서 태어났다. 1936년 히틀러의 독일 치하를 벗어나 가족과 함께 미국으로 이주했다. 1941년부터 수학 공부를 시작했으나 전쟁으로 인해 중단하고 입대했다. 이후 1950년경에 아날로그 컴퓨터를 처음 접한 것을 시작으로 웨인 대학에서 디지털 컴퓨터를 만드는 데 일조했으며, 1955년에는 제너럴 일렉트릭에서 최초의 은행업무용 컴퓨터로 작업했고, 1963년에는 MIT의 컴퓨터공학 교수로 자리 잡았다. 1966년 심리상담사가 고객 질문에 응답하는 과정을 본떠 만든 '엘리자(ELIZA)'라는 자연어 해석 프로그램으로 인공지능 연구 부문의 선구자가 되었다. 하지만 바이첸바움은 많은 사람이 이 프로그램을 지나칠 만큼 진지하게 받아들이는 것을 보고 큰 충격을 받았다. 점차 인공지능의 구현에 대해 철학적 사유를 하기 시작했고, 이후 인공지능의 주요 비판자로 나서게 되었다. 특히 그는 1976년 발표한 대표작『컴퓨터의 힘과 인간 이성(Computer Power and Human Reason)』에서 컴퓨터 기술의 양면성을 자신이 경험한 사례를 통해 상세히 기술했다. 그는 인공지능이 가능하다 하더라도 컴퓨터로 하여금 중요한 결정을 하도록 허용해서는 안 된다고 주장했다. 왜냐하면 컴퓨터에게는 동정심이나 지혜 같은 인간성이 없기 때문이다. 최근까지 베를린에서 광범위한 강연과 저술 활동을 해 오던 그는 2008년 3월 5일 85세를 일기로 세상을 떠났다[참고: 요제프 바이첸바움, 군나 벤트(2008). 이성의 섬(역). 서울: 양문].

25) 참고: 리처드 오글(2008). 스마트 월드(역). 서울: 리더스북.

26) 오래전부터 호모 에루디티오(*Homo Eruditio*)라는 개념이 라틴어 문법에 어긋나는 어법이라는 지적에 너무 모른 체하고 응답하지 않은 것에 대해, 어떤 교육학자들은 내가 무지해서 그런 것이라고 말하기도 한다. 내가 무지하다는 지적은 얼굴을 들지 못할 정도로 옳은 지적이므로 고개를 숙일 뿐이다. 그들은 잇대어 이야기한다. 원래 라틴어에서 호모라는 명사와 에루디티오라는 명사를 나열해서 호모 에루디티오라고 쓰면, 그것은 '인간 교육'이라는 불투명한 말이 되어 라틴어의 문법에 어긋나는 것이라 뭐라 이야기할 수 없다고 지적한다. 그것 역시 옳은 지적이다. 라틴어의 문법대로 호모와 에루디티오의 원형어를 '바르게' 쓴다면, 호모 에루디티오라는 말은 호모 에루디투스(Homo Eruditus)로 표기되어야 한다. 그렇게 표기하면 호모 에루디투스는 '교육된 사람'이라는 말이 되어, 라틴어 문법대로 제대로 의미가 전달된다는 지적이었다. 호모 에루디티오에 대한 문법이 틀렸다고 논하는 그들의 지적은 라틴어 문법의 잣대로 보면 훈고학적인 소리다. 몰라서 호모라는 명사와 에루디티오라는 명사를 나열한 것이 아

니라 의도적으로 비틀어 만든 것이다. 따라서 호모 에루디티오가 문법에 맞는 것이 오히려 잘못이다. 그렇게 호모와 에루디투스를 문법에 어긋나게 비튼 것은, 그들이 말하고 싶어 하는, 교육된 사람으로서의 '호모 에루디투스'의 실체를 거부하고, 그 대신 배우는 동물의 의미를 의도적으로 되씹어보려고 한 파괴적 배열이었던 것이다. 문법을 벗어나고자 하는 창발적인 열정의 결과라 할 수 있다. 죽어 있는 라틴어의 문법을 어긋나게 만들어 인간이 배우는 동물임을 드러내 보이기 위한 의도적이고 파격적인 노력이었다. 이 세상은 문법대로 살아감으로써 조형미와 질서를 갖춘 세상이 아니었다. 예술과 학문의 세계는 더욱 그러했다. 세상을 의도적으로 어긋나도록 배열해 놓았기 때문에 하나의 형식과 조형미가 서로 다르게 짝을 맞추어 하나의 새로운 의미를 만들어 가는 세상이다. 바로 그것을 가장 극명하게 보여 주는 것이 포스트모던의 해체주의 예술 시각이다. 해체주의 시각으로 보면 문법은 세상 현실을 하나의 틀이나 매트릭스로 묶어 가려는 권력의 도구이거나 수단일 뿐이다. 그것을 깨어 새로운 문법을 만들어 내지 않고는 그 어떤 창조도 쉽지 않다. 우리가 페인팅을 한다고 할 때 일반적으로 먼저 생각하는 것은 붓과 같은 도구다. 붓으로 그리는 그림이 회화에서는 처음부터 고정된 생각이며 회화의 문법 같은 틀이기 때문이다. 그런 회화의 문법은 이미 초현실주의 화가들에 의해 해체된 지 오래되었다. 폴락(Pollock) 같은 표현주의 화가는 그림을 그냥 물감통에서 화폭에 뿌려 가며 그가 생각한 이미지를 화면에 영상화시켰다. 그가 새롭게 만들어 낸 '뿌리기 기법'은 그림의 가능성이 화폭 위에 사람의 힘을 가하는 붓과의 관계, 화면 간의 관계를 벗어나는 영상의 투사 행위임을 알려 준다. 디지털 미디어 예술가들은 한층 더 심각한 해체적 시각으로 그들의 생각을 영상화해 나간다. '문법'은 어디에서든지 권력으로 군림하기에 그것을 해체하기 위해서는 그 권력을 무시하는 것에서 시작해야 한다는 것이 포스트모던 사상가들이 말하는 삶살이며 학문정신이고, 예술정신이다. 그들의 지적, 예술적 도전정신을 이해하지 못하는 사람은 끝내, 화장실의 변기를 전시장에 들여다 놓고 그것을 샘(fountain)이라는 이름 아래 출품했던 마르셀 뒤샹(Marcel Duchamp, 1887.7.28.~1968.10.2.)의 직업을 고물장사라 여기는 까막눈으로 자처하는 것이나 다름없다. 혹은 글 한 자를 책으로 남기지 않았다는 이유를 들어, 소크라테스를 까막눈으로 해석하려는 학맹(學盲)들이나 마찬가지다. 배움은 바로 상대방의 지적 도전정신과 노력을 받아들이고, 그 정신으로부터 또 다른 것을 배우겠다는 인간적인 앎의 행위일 뿐이다. 인간은 문법을 무시할 때마다 새로운 가능성을 열어 놓게 되는 배움의 존재다. 어차피 사르트르의 말대로, 그리고 나의 대학원 시절의 은사님이 늘 당부하시던 말씀처럼 타인의 시선은 영원한 지옥일 뿐이다. 그것을 천당으로 만들어 가기 위해서는 타인의 시선을 피하려고 하기보다는 차라리 지옥이라는 문법부터 먼저 없애는 편이 더 빠른 길이다. 이 말을 이제야 깨닫게 된 것을 유감으로 생각할 뿐이다. 그런 생각들은 바로 포스트모던의 사상가들이 지니고 있는 공통된 생각이다. 나도 그들의 생각을 뿌리칠 이유가 없다. 진정한 의미에서 교육 받은, 혹은 교육된 사람이라는 개념은 나에게 있어서는 교육적으로 영원히 불가능한 개념, 즉 개념 자체가 성립되지 않는 개념이다. 그 누구든 교육된 사람은 있을 수 없다. 사람은 배울 뿐이다. 그런 배움의 과정에서 인간과 배움은 때로는 갈등하고 때로는 더불어 간다. 그것은 마치 신이 된 사람이라는 말이 의미론적으로는 가능하지만, 구문론적으로는 어색한 것과 같은 이치다. 교육된 인간이나 교육된 사람은 개념적으로 상정할 수 없기에, 사람으로 태어난 이상 저들도 나처럼 언제나 배우는 사람이어야 한다. 배움에 대한 진행형의 사람만이 존재한다. 인간이 죽으면 배움도 신도 함께 죽는 것이기에, 그 모든 것은 인간에게 배움이라는 진행형 동사로 영원할 뿐이다. 이런 논박을 한 차원 더 승화시킨 정치적 쇼로 감상하게 만들어 준 것이 1984년 대통령 재선에 도전한 레이건의 유머다. 호모 에루디티오에 대한 이해와 오해, 그리고 그에 대한 대답도 그것에 빗대어 전달할 수 있을 성싶다. 레이건은 73세의 고령이라는 점이 상대방에게 쟁점거리를 주었다. 경쟁자인 먼데일 민주당 후보가 TV 토론에서 이 문제를 가만 놔두지 않았다. 젊은 그로서는 승산 있는 쟁점일 것이기에 마침내 그것을 공개석상에서 건드리고 말았다. 먼데일이 시비를 걸었다. "대통령의 나이에 대해 어떻게 생각합니까?" 너무 늙어서 대통령으로서는 부적합하다는 논변이었다. 레이건이 정중하게 대답했다. "나는 이번 선거에서 나이를 문제 삼을 생각은 없습니다." 드디어 레이건이 자신의 미끼에 걸려들었다고 생각한 먼데일이 "그게 무슨 뜻입니까?"라며 물고 늘어졌다. 레이건이 이번에는 아주 정중하게 먼데일을 내려다 보며 설명했다. "당신이 너무 젊고 경험이 없다는 사실을 정치적 목적으로 이용하지는 않겠다는 뜻입니다." 그 한마디에 먼데일의 꿈은 그냥 맥없이 무너져 버렸다[참고: 한준상 외(2007). 배움학 연구. 서울: 학지사].

27) 참고: 로버트 루트번스타인, 미셸 루트번스타인(2007). 생각의 탄생(역). 서울: 에코의 서재, pp. 23-24.

28) 참고: 월터 아이작슨(2007). 아인슈타인의 삶과 우주(역). 서울: 까치.

29) 참고: 로버트 루트번스타인, 미셸 루트번스타인(2007). 생각의 탄생(역). 서울: 에코의 서재, pp. 96, 102.

30) 참고: 안톤 차일링거(2007). 아인슈타인의 베일(역). 서울: 승산.

31) [참고: 레비 스트로스(1999). 야생의 사고(역). 서울: 한길사]. 레비 스트로스는 축적의 역사와 고정의 역사를 서로 대비했다. 서양인들은 서양 밖의 문화권 역사를 고정의 역사로, 서양 중심의 역사를 축적의 역사라고 명명해 왔다. 그들은 원시사회의 특징인 고정된 종족의 역사가 무기력하다고 보면서 그들의 발전을 위해서는 고정의 역사가 서양에 종속되어야 한다고 보았다. 레비 스트로스의 『슬픈 열대』는 서양인들의 축적의 역사적 관점을 무기력하게 만들어 놓은 책이다[참고: 클로드 레비 스트로스(1998). 슬픈열대(역). 서울: 한길사]. 『슬픈 열대』는 레비 스트로스가 1937년부터 1938년까지 탐사했던 브라질 탐사의 결과물, 즉 카두베오족, 보로로족, 남비콰라족, 투피 카와히브족 등의 원주민에 대한 민족지다. 그가 탐사 중에 그들로부터 발견한 것은 한두 가지가 아니었다. 서양인들에게는 비난의 대상이 되곤 하는 일부다처제는 남비콰라족의 경우에는 부족 생존을 위해 짜인 문화언어였으며 부족을 위한 안정된 제도였다. 남비콰라 족장의 직무는 엄격하게 책임과 의무로 규정되어 있었다. 그에 따른 일종의 갈등과 심리적 위안과 격려도 필요했다. 그것을 위해 일부다처의 특권이 생겼고, 그것이 의무와 대칭관계를 이루었다. 족장에게 일부다처의 특권을 제공함으로써 일부일처에 의해서 얻어지는 부족의 안전을 확보할 수 있었다. 카두베오족의 신체 장식은 자연과 인위적인 것을 구별하는 것이었다. 인간을 동물과 대칭적인 차원에서 표현하기 위하여 갖가지 형태의 무늬를 사용했다. 그들의 예술에서 발견되는 이원주의는 남자의 조각과 여자의 채색 활동이라는 실제적 기능에서도 분명했다. 각에 대한 곡선, 대칭

에 대한 비대칭, 선에 대한 면 등으로 나타나는 양화와 음화의 조화도 이원주의의 분화였다. 이런 종류의 구별과 이원적 분리의 형식은 그들의 주거지역, 결혼 법칙, 무기나 도구의 장식, 장례의식, 종교생활 등에 이르기까지 광범위하게 퍼져 하나의 생존문화를 이루고 있었다. 한마디로 말해 저들 고정의 역사로 치부되고 있는 원시부족사회도 축적의 역사로 비교되는 서양 사회 못지않게 나름대로 사회 존속을 위한 안정된 문화구조를 이룬다는 사실이 분명히 드러난 것이다. 그들의 사회에 대한 바른 이해가 있으려면 그들의 사회를 지금의 우리 사회와 같은 격으로 놓고 대등하게 탐구해야 한다. 그래야 인간사회를 연구하기 위한 이상적인 사회 모델을 구성할 수 있다. 일반적으로 인류학적 작업은 구체적으로 존재하는 이상사회를 그려 내려는 탐구작업은 아니다. 인류학자들은 인간이 존재하는 이 세계에 완전하고도 온전한 사회가 있다고 보지 않는다. 그들은 과거에도 존재하지 않았으며, 미래에도 존재하지 않을 '어떤 사회'를 파악하기 위해 다른 사회를 탐구하는 탐구자들이다. 그러한 노력으로 얻어진 다양한 사회의 요소들을 조합하여 이상적인 사회구조로 만들어 내는 일을 하는 사람이 인류학자다. 레비 스트로스가 보여 준 브라질 탐사는 서양인의 축적된 역사로 강요된 부서지고 파괴된 원시사회의 모습이었다. 서양인들의 축적된 역사에 의해 열대와 그 속에 살고 있는 인간들의 조화가 파괴되고 있는 중이었다. 그래서 레비 스트로스의 눈에는 '열대'가 슬프게 보였던 것이다.

32) 참고: 레비 스트로스(1999). **야생의 사고(역)**. 서울: 한길사.

33) 이런 것을 중점적으로 다루는 학문을 진화발생생물학(Evolutionary Developmental Biology), 약칭해서 이보디보(Evo Devo)라고 부른다. 이 학문은 유전학과 생리학, 진화학, 생물정보학 등 생물과 관련된 모든 학문 분야를 하나로 이끌어 가고 있다[참고: 션 B. 캐럴(2007). **이보디보(역)**. 서울: 지호].

34) 참고: 존 마에다(2007). **단순함의 법칙(역)**. 서울: 럭스미디어.

35) 참고: 류재명(2006). **종이 한 장의 마법**. 서울: 길벗어린이.

36) 참고: 할 어반(2006). **인생을 바꿔 줄 선택(역)**. 서울: 웅진윙스.

37) 시각장애인 골퍼 조인찬(57) 씨는 현재 국내에는 희귀병으로 알려진 '황반변성' 환자들의 모임인 환우회 회장직을 맡고 있다. 황반변성 환자인 조씨가 일반인 못지않은 골프 실력으로 국제골프대회에 입상해 화제다. 조씨는 눈앞에서 손가락을 흔들면 그 형태만 간신히 구별할 수 있을 정도의 시력(Blind 2)이다. 시각장애는 크게 세 등급으로 나뉘는데 B1은 전혀 빛을 볼 수 없는 정도며, 조씨와 같은 B2, 그리고 사물의 형체를 희미하게 볼 수 있는 B3등급이다. 좌절의 생활 속에 희망을 준 것은 10년 전에 배우기 시작한 골프였다. 골프는 시각장애인으로서 장애가 별로 없는 거의 유일한 운동종목이었다. 잔디밭에 장애물이 없어 걸음을 옮길 때 앞을 신경 써야 하는 스트레스에서도 자유로웠다. 무엇보다 자연과 함께 어울리며 마음을 다스릴 수 있어 좋았다고 한다. '처음엔 볼도 제대로 맞출 수가 없었다.'는 조씨는 '예전에 배운 골프 감각과 레슨 프로의 적극적인 도움으로 골프에 다시 빠져들 수 있었다.'고 말했다. 1년 만에 다시 필드에 선 조씨가 페어웨이에 웬 골프 볼이 이렇게 많냐고 물었더니 의아해하던 동

반자는 볼이 아니라 디보트(잔디의 파인 부분)라고 하더라며 실소를 짓기도 했다고 한다. 장애인으로 그가 처음 친 타수는 140개. 그것도 한 홀에서 너무 많이 쳐서 기브(OK)를 받아서였다고 한다. 20년 전 사용하던 드라이버를 지금도 사용하고 있다는 조씨의 요즘 드라이버 비거리는 200야드를 족히 넘는 다. 평균 스코어는 90대 타수를 치는 주말골퍼 수준이다. 조씨 골프의 장점은 '헤드업이 절대 없고 임 팩트 때 머리가 뒤로 항상 남는' 타이거 우즈와 같은 스윙을 한다는 것이다. 조씨는 국내 시각장애인 중 에서는 정상급 실력을 갖추었다[참고: 최명식. 필드선 '마음의 눈'이면 OK…… 200야드 거뜬 (2008. 5. 20). 문화일보].

38) 2007년 3월 20일자 NBC 등 해외 언론들이 보도한 바에 따르면, 주류 심리학자들에게 도외시되었던 주제인 잡념(정확히는 '자신이 현재 하는 일과 무관한 생각에 빠져드는 습관')에 대한 연구가 심리학 계에서 활발히 진행 중이다. 노스캐롤라이나 대학교의 심리학자 마이클 케인은 126명의 학생들을 대 상으로 잡념 연구를 진행했다. 매일 8번에 걸쳐 '지금 무슨 생각을 하는지' 일주일 동안 체크했더니, 평균적으로 전체 확인 건수 30% 동안 딴생각을 하고 있었다. 당시 자신이 하는 일과 관련 없는 문제에 생각을 쏟았던 것이다. 심한 경우는 80~90% 딴생각을 하다 '걸린' 학생들도 있었고, 한 명의 학생만 이 단 한 번도 잡념에 빠지지 않았다고 답했다. 캐나다 밴쿠버 브리티시컬럼비아 대학교의 조나단 스쿨 러는 책 읽기 중 얼마나 딴생각을 하는지 연구했다. 실험 대상자들에게 『전쟁과 평화』 등을 읽게 하고 딴생각이 들면 버튼을 누르도록 했는데 시간 중 20~30% 정도 딴생각을 하는 것으로 나타났다. 물론 자신이 잡념에 빠졌다는 사실을 인지하지 못하는 경우도 많았다.

39) 참고: 길버트 라일(1994). 마음의 개념(역). 서울: 문예출판사, p. 317.

40) 뒤랑은 호모 사피엔스인 인간이 갖고 있는 인류의 특질에서 상상계의 근거를 찾는다. 인간에게는 다양 한 '몸짓'들이 근원적이라는 결론을 낸 그는, 자세를 유지하기 위한 몸짓, 영양을 섭취하기 위한 몸짓, 성적인 몸짓 등 인류의 세 가지 기본적인 몸짓으로 구분하고 그로부터 상상계의 법칙을 생각해 낸다. 상상계의 '분열형태구조', '신비구조', '종합구조'라는 상상계의 기본 도식을 세워 인간의 상상력을 이야기한다. 상상력을 중심으로 장기적인 관점에서, 그리고 심층적으로 상상력의 절대성 및 자주성을 주장하는 입장에서 볼 때, 뒤랑은 바슐라르의 생각과 큰 차이가 없다. 바슐라르는 서구 사회에서 하나 의 허구, 거짓으로 인식되어 왔던 상상력이 객관적 합리주의에 물든 영혼의 소외를 막아 주는 방패막이 며 과학의 세계만큼 현실적이라는 사실을 알려 줌으로써 상상력을 합리주의의 오염에서 구해냈다. 바 슐라르는 상상력이 바로 인간을 세계와 연결시키고 나아가 신의 위치에까지 끌어올리는 역동적인 힘이 라는 것을 알려 준 바 있다. 뒤랑은 바슐라르와 상상력의 기능이나 역할에 대해 동의하고 있으나 바슐 라르의 현상학이 시와 예술의 현상학에 국한되어 있다는 것에 대해 불만이 없는 것도 아니었다. 그래서 뒤랑은 바슐라르가 과학의 축과 상상력의 축을 엄밀히 구분한 것에 대해 새로운 해석을 가하고 있다. 상상계의 인류학적 구조에 대한 뒤랑의 탐구는 동시에 두 방향으로 행해진다. 하나는 형식적인 구조면 에서의 논리나 상상계가 가진 길항관계 혹은 융합관계 등을 추구하는 것이다. 다른 하나는 상상계에 존 재론적인 가치와 정감적 가치를 부여하는 것으로서, 이 정감적 가치는 공격적 요소라든가 융합적 통합

을 추구하는 요소를 다 포함할 수 있다. 뒤랑은 상상계를 커다란 두 체제, 즉 낮의 체제와 밤의 체제로 나눈다. 인간은 죽음을 의식하는 유일한 동물인데, 그 죽음에 대한 의식이 인간 상상력의 출발이다. 상상력에 있어서 낮의 체제는 죽음의 공포를 극대화하고 과장하여 결국은 죽음을 퇴치하는 상상력의 영역이다. 낮의 체제에서는 경쟁과 대립의 상상력이 작동한다. 그래서 영웅적 모험, 분리, 정화의 의식과 악과 괴물을 퇴치하기 위한 무기가 만들어진다. 그에 비해 밤의 체제는 죽음의 공포가 완화되어 죽음을 극복하는 상상력으로 이루어진다. 밤의 체제는 신비적 구조와 종합적 구조의 둘로 나뉘는데, 이것들은 가치 전도, 순환 등의 상상력을 가능하게 한다. 이런 가치 전도를 통해 낮의 체제에서는 부정적인 것으로 간주되었던 것들이 긍정적인 가치를 갖게 된다. 낮과 밤에 따라 서로 달라지는 모순된 것들이 공존하게 된다. 상상력의 낮의 체제는 반어법의 세계이며 모순어법의 세계다. 그래서 뒤랑의 상상계의 구조는 인간사의 모든 것을 포함한다.

41) 참고: 홍명희(2005). 상상력과 가스통 바슐라르(역). 서울: 살림; 가스통 바슐라르(2007). 불의 정신분석(역). 서울: 이학사.

42) 참고: 질베르 뒤랑(2007). 상상계의 인류학적 구조들(역). 서울: 문학동네.

43) 참고: 로버트 루트번스타인, 미셸 루트번스타인(2007). 생각의 탄생(역). 서울: 에코의 서재, p. 47.

44) 루트번스타인은 몸의 감각과 근육의 움직임, 감정들이 사람들에게 보다 정련된 사고의 단계로 뛰어오르게 하는 도약대 역할을 한다고 본다. 운동선수와 음악가는 동작의 느낌을 상상하고, 물리학자와 미술가는 몸 안에서 전자나 나무의 움직임과 긴장을 감지한다. 감정이입은 몸으로 생각하는 것과 긴밀하게 연결되어 있다. 많은 창조적인 사람들은 뭔가를 생각할 때 자기 자신을 잊는다고 말한다. '나'를 잊고 '그것'과 하나가 되는 것이다. 배우들은 맡은 배역을 자신의 일부로 만든다. 과학자나 의사, 화가 역시 배우들처럼 일종의 연기를 통해 다른 사람이나 동물, 나무, 전자, 별이 된다. 생각 도구 가운데 공간적 경험에 근거하고 있는 것이 있는데 바로 다차원적으로 생각하는 것이다. 다차원적 사고란 어떤 사물을 평면으로부터 끌어내어 3차원 이상의 세계로, 지구로부터 우주로, 시간을 통과하여 심지어 다른 세계로 옮길 수도 있는 상상력을 일컫는다. 이것은 생각 도구들 중에서 가장 알려지지 않은 도구지만 공학, 조각, 시각예술, 의학, 수학, 천문학 분야에서 반드시 필요한 능력이다. 평면적 차원의 '그림'을 보다 높은 차원 속으로 옮겨 해석하는 행위이기 때문이다[참고: 로버트 루트번스타인, 미셸 루트번스타인(2007). 생각의 탄생(역). 서울: 에코의 서재, p. 47].

45) 문화인류학자인 턴불[참고: 콜린 M 턴불(2007). 숲사람들(역). 서울: 황소자리]은 중앙아프리카 콩고민주공화국 이투리 숲의 '밤부티 피그미' 족과 3년간 함께 살면서 그들을 관찰했다. 턴불은 옥스퍼드 대학교에서 인류학을 공부하다가 1951, 1954년 아프리카 탐사에서 피그미를 알게 된 뒤 1957년 이투리 숲으로 들어가 피그미족과 함께 지냈다. 피그미족의 생활을 기록한 그의 '연구 관찰기'는 인간생활의 원형을 보여 주기에 충분하다. 턴불의 관찰에 의하면, 피그미족이 기거하는 숲은 피그미족의 구성원들에게 추장이자 법관이자 지도자이자 중재자로 존재한다. 피그미족은 개인의 권위를 멀리하고 책임도

공동의 것으로 인식한다. 아내가 다른 남자에게 한눈을 팔아도 남편은 '내 일이 아니다.'라며 모두의 일이라고 생각한다. 물론 문제가 발생하면 개인적으로 몸싸움을 벌이기도 하지만 끝내는 모두가 모여서 그 외도에 대해 논쟁한다. 그들에게는 육아도 공동의 일인데, 그래서인지 피그미족 어린이는 부모 또래 어른들을 어머니나 아버지로 부르고, 더 나이 많은 어른들은 할아버지나 할머니로 부른다. 또래들은 서로 형제나 자매라는 호칭으로 부른다. 피그미족들은 '숲은 좋다'는 가사를 늘 흥얼댄다. 숲을 깨우기 위해서 늘 이 노래를 부른다. 그것은 한 어른이 턴불에게 들려준 "숲이 즐겁게 깨어나기를 바라기 때문에 노래를 부르지. 그러면 모든 것이 다시 좋아진다네. 그렇게 우리 세상이 다 잘 돌아가면 다시 숲에게 노래를 불러 우리의 행복을 나누네."라는 이야기에서 잘 드러난다.

46) 참고: 클로테르 라파이유(2007). 컬처코드(역). 서울: 리더스북.

47) 참고: 주은우(2003). 시각과 현대성. 서울: 한나래.

48) 라캉에 의하면 인간은 보는 것을 통해 자기를 형성, 완성해 가는 존재다. 인간은 자신의 자아를 상상계와 상징계를 거치면서 형성한다. 상상계는 생후 6개월 무렵의 아이들이 거울 속에 비친 자기 이미지를 보고서 자신을 통일된 존재로, 그 존재를 자신이 제어하고 있음을 인식하며 그로부터 기쁨을 느끼는 단계다. 아이는 자신의 '이미지'를 '보는' 시각 경험을 통해 주체를 형성하게 된다. 이 단계에서 아이는 나르시시즘적이고, 환영적인 에고를 형성하게 된다. 이런 나르시시즘적인 이미지는 주체에게 자신의 결핍을 환기시키기 때문에 불안을 자아낸다. 더 이상 나르시시즘적 완벽성을 보유할 수 없는 불안한 에고는 자신 앞에서 자신이 그렇게 되고 싶어 하는 것으로서의 '이상적인 에고를 투사함으로써 이상적 에고의 불안을 대체하는데, 이 단계를 상징계의 단계라고 부른다. 자아 형성에 관한 라캉의 논리가 다소 어렵기는 하지만 그가 말하는 자아 형성을 시각과 관련시켜 요약하면, 인간이라는 주체의 형성은 어떤 경로를 거치든지 사회적 질서 속에서 이루어진다는 것이다. 인간 스스로 외부와의 아무런 연관 없이 '스스로 만드는 주체'는 가능하지 않다는 점이다. 인간이라는 자아는 상징적 질서에 의해 '만들어지는' 동안 때로는 자아에 대한 환영을 진정한 자아로 믿기도 하는 그런 균열된 주체로서 존재한다. 인간은 그에 대한 이미지와의 동일시가, 그것이 나르시시즘적이든 오이디푸스적이든 간에 관계없이 주체의 에고를 형성하게 해 준다. 이 점에서 주체 구성의 과정에는 '본다'라는 시각의 차원이 개입된다[참고: 권택영(편)(1994). 자크 라캉의 욕망이론. 서울: 문예출판사].

49) 홀먼은 영국 해군에 입대해서 예비 소위 등 혹독한 근무조건을 견디며 장교의 길을 걷다가 20대 초반에 불치의 병을 얻었다. 치료를 위해 요양하던 중 실명했으며 심한 관절염에도 시달렸다[참고: 제이슨 로버츠(2007). 세계를 더듬다(역). 서울: 까치]. 그는 녹토그라프(noctograph)로 불리는 글 쓰는 기계를 이용해서 여행 기록을 남기기 시작했다. 시베리아 횡단을 결심하고 우랄산맥을 넘어 시베리아에 들어섰을 때, 그는 이렇게 썼다. "초자연적인 힘이 내게 부여되었다는 상상을 했다. 내가 지팡이를 휘두르면서 생각하기만 하면, 어떤 장애물이나 어떤 어려움도 극복할 수 있을 것 같다는 생각이 들었다." 1825년 출판한 두 권짜리 여행기 『러시아, 시베리아, 폴란드, 오스트리아, 작센, 프로이센』은 독자들

의 인기를 끌면서 3~4쇄까지 찍는 베스트셀러가 되었다. 하지만 이 여행가의 명성은 오래가지 못했고, 그가 마지막으로 썼던 자서전은 출판되지 못한 채 유실되었다.

50) 참고: 존 브록만(2007). **위험한 생각들**(역). 서울: 갤리온.

51) 참고: 마르틴 후베르트(2007). **의식의 재발견**(역). 서울: 프로네시스.

52) 참고: 빌라야누르 라마찬드란(2007). **라마찬드란 박사의 두뇌 실험실**(역). 서울: 바다출판사.

53) 참고: 로돌프 R. 이나스(2007). **꿈꾸는 기계의 진화**(역). 서울: 북센스.

54) 한 일간신문의 기자[참고: 강수진. 연극배우의 눈빛연기(2006. 1. 8). 동아일보]는 예술가들이 중요하게 꼽는 그들의 신체적 기관 하나하나가 내부시각의 구성과 확장을 위해 얼마나 중요한지를 보여 주고 있다.
　　많은 배우가 꼽는 중요한 신체 표현 수단은 '눈'. '사람의 생각은 눈에서 나오기 때문'(연출가 박근형)이다. '눈빛 연기가 좋다.' '눈빛이 살아 있다.'는 말을 배우들이 큰 칭찬으로 여기는 것도 같은 이유다. 배우의 눈빛 연기를 가장 잘 맛볼 수 있는 소극장에서는 무대 위 배우와 관객의 시선이 정면으로 마주치는 경우도 종종 생긴다. 대부분의 관객은 민망해하며 먼저 눈을 돌리지만, 간혹 배우의 시선을 맞받아치며 '눈싸움'을 걸어오는 당돌한(?) 관객도 있다. 관객이 눈싸움을 걸어올 때 배우가 절대 시선을 먼저 떼서는 안 된다. 배우와 관객의 기(氣) 싸움인 만큼 배우가 시선을 먼저 돌리면 그날 공연은 망치는 거다."(오달수) 눈빛은 거울 보며 눈에 힘 주는 연습을 한다고 얻어지는 것이 아니다. 오랜 세월과 많은 경험 속에서 얻어진 생각과 깨달음이 눈을 통해 자연히 배어 나오는 것이다. 미세한 음의 차이까지 느껴야 하는 음악가에게 '귀'는 절대적으로 중요한 신체 부위다. 피아니스트 임동혁이 쇼팽 콩쿠르 결선에 나갔을 때의 일화 한 토막. 1악장까지 연주하던 그는 갑자기 '피아노 소리가 이상하다.'며 무대를 나가 버렸다. 급히 불려 온 조율사가 피아노 뚜껑을 열자 놀랍게도 조율기구 하나가 실수로 그 안에 남아 있었다. 수십 가지 악기의 다른 소리와 음을 정확히 이끌어내 아름다운 화음으로 빚어내는 오케스트라 지휘자에게도 '귀'는 중요하다. 음악이 아닌 무용에서도 마찬가지다. 발레에서 남녀 무용수가 회전과 도약을 할 때는 서로의 동작을 '보면서' 하는 것이 아니라, 음악을 '들으면서' 타이밍을 잡기 때문이다. 〈백조의 호수〉나 〈돈키호테〉에서 발레리나가 그 유명한 '32회전'을 시작하면 간혹 관객들이 박수를 치거나 환호성을 지르기도 한다. 하지만 이는 금물. 박수소리 탓에 발레리나가 박자를 놓칠 수 있기 때문이다. "32회전의 경우 진짜 집중해서 돌아야 하는데 관객이 박수를 치면 무척 신경 쓰여요. 내가 몇 번을 돌았는지 세면서 회전하는 게 아니라 음악에 맞춰서 그냥 도니까요. 그래서 발레를 많이 본 관객들은 회전이 끝날 때까지 기다렸다가 박수를 칩니다."(발레리나 황혜민)

55) 참고: 앤드루 파커(2007). **눈의 탄생**(역), 서울: 뿌리와 이파리, p. 378.

56) 색스는 시각장애인 버질이 개안수술로 눈을 떴을 때 그에게 어떤 일이 벌어졌는지를[참고: 올리버 색스 (2005). **화성의 인류학자**(역). 서울: 바다출판사] 기술해 주고 있다.

"눈을 뜨는 놀라운 기적이 벌어진 것이다!" 이런 환자가 앞을 보게 되면 어떤 기분일까? 시력이 되돌아온 그 순간부터 '정상적'으로 보일까? 내가 듣기로 버질은 붕대를 풀자마자 의사와 약혼녀를 보면서 웃음을 터뜨렸다고 한다. 그렇다면 '무언가'를 본 것이 분명한데, 과연 무엇을 본 걸까? 앞을 보지 못했던 사람에게 '본다'는 것은 어떤 의미일까? 붕대를 풀었을 때, …… 앞쪽과 옆쪽에서 누군가의 목소리가 들렸다고 한다. 소리가 나는 쪽으로 고개를 돌렸을 때 그를 맞이한 것은 '안개'였다. 하지만 생각해 보면 안개가 아니라 사람의 얼굴일 수밖에 없었다. ……방금 전에 목소리가 들렸고 목소리는 사람의 얼굴에서 나온다는 사실을 알고 있었기에 망정이지 그렇지 않았다면 그는 그것이 사람의 얼굴인 줄 몰랐을 것이다. 버질이 45년 만에 눈을 떴을 때에는 지각을 뒷받침할 만한 시각적인 기억이 전혀 없었다(어렸을 때 기억은 잊어버린 지 오래였다). 그의 눈앞에 펼쳐진 것은 경험과 의미로 이루어진 세계가 아니었다. 앞이 보이기는 했지만 도무지 연결이 되지 않았다. 망막과 시신경에서 자극을 보내도 눈에서 해석이 되질 않았다. 신경학자들이 흔히 하는 말로 '불가지론자'가 된 것이다. 뒤늦게 시력을 회복한 사람들이 모두 그렇겠지만 버질의 가장 큰 문제점은 시각과 촉각의 불안정한 관계였다. 손으로 더듬어야 할지 눈으로 보아야 할지 판단을 내리지 못했다. 버질은 수술 첫날부터 이런 모습을 보였다. 우리를 만난 날에도 교구에서 손을 떼지 못했고, 동물들을 만져보고 싶어 안달을 했고, 포크 사용을 포기했다. 그의 표현 방식과 모든 감각과 세계관은 촉각에 바탕을 두고 있었다. 양쪽 눈을 쓸 수 있게 되자 버질은 다시 출근을 시작했다. 그런데 시각세계에는 혼란스럽고 가끔은 충격적인 측면이 도사리고 있었다. 그는 YMCA에서 30년 동안 즐겁게 일을 했고, 손님들의 몸을 다 안다고 생각했다. 그런데 감촉만으로 기억하던 몸을 직접 확인하고 보니 예상 밖이었다. 피부색이 어찌나 다양한지 놀라웠고, 손으로 만질 때는 부드럽기 짝이 없던 피부가 반점과 '얼룩'으로 뒤덮여 있어 조금은 역겨웠다. 그는 손 위에 과일을 얹어놓고 무게와 단단한 정도와 씨에 대해 이야기했다. 그러다 코에 대고 향기를 맡았다. 그의 촉각과 후각은 우리보다 훨씬 뛰어났다. 우리는 과일 사이에 밀랍으로 만든 배를 숨겨 놓았다. 생김새와 색깔이 어찌나 똑같은지 앞이 보이는 사람도 깜빡 속아 넘어갈 정도였다. 하지만 버질은 단 1초도 속지 않았다. 오히려 가짜 배를 건드리자마자 웃음을 터뜨렸다. "양초가 있네요?" 그는 어리둥절한 목소리로 물었다. "종이나 배 모양이에요." 버질은 '공간세계에서 쫓겨난 망명객'일지 몰라도 촉각과 시간의 세계만큼은 제 집이나 다름없었다.

57) 참고: 제키 세미르(2003). 이너 비전: 뇌로 보는 그림, 뇌로 그리는 미술(역). 서울: 시공사.

58) 참고: 로버트 커슨(2008). 기꺼이 길을 잃어라(역). 서울: 열음사, pp. 26, 118-119.

59) 애니메이션은 이러한 원리를 기반으로 프레임 바이 프레임(frame by frame)으로 이루어지는데, 프레임(frame)이란 연속된 필름의 각각의 낱개를 의미한다. 즉, 1초에 16장의 프레임을 보여 줌으로써 애니메이션이 만들어진다. 자연스러운 움직임을 위해서는 16장 이상이 사용되는데, 풀(Full) 애니메이션의 경우 24프레임이 사용된다. 영화에서는 1초에 24프레임이 사용되지만 애니메이션과 실사영화의 차이점은 프레임 제시의 연속성 여부에서 결정된다. 실사영화는 1초 동안 움직이는 연속 장면 중에서 24장의 프레임을 찍는 것이고, 애니메이션은 정지된 24장의 각각의 프레임을 만들어 1초 동안 보여 준

다는 차이가 있다.

60) 정보는 생산, 전달, 보존, 가공의 과정을 거치면서 표현 형식과 의미가 서로 분리될 수 있다. 어떤 정보의 내용을 떼어 내면 그 표현 형식이 두드러지게 나타나는 경우도 있다. 정보의 형태를 부호로 가공할 수 있는데, 이런 정보를 '기술적 정보' 라 한다. 기술적 정보들은 일정한 패턴을 유지한다. 패턴화시킨 정보 중에서 가장 대표적인 정보가 바로 디지털 정보다. 디지털 정보라는 말은 사람의 손가락이나 동물의 발가락에서 유래한 정보라는 것으로서, 디지털 정보의 값은 임의의 시간에서 최소 값의 정수배로 되어 있기에 그 외의 중간 값은 취하지 않는 양의 정보를 가리킨다. 디지털 정보는 아날로그와 대응되는 개념으로서, 아날로그 정보는 연속적인 양을 가리키는 데 비해 디지털 정보는 불연속적인 양을 가리킨다. 같은 시계라고 하더라도 '바늘' 로 눈금을 가리키는 괘종시계의 정보라면 그것은 아날로그 정보고, '숫자' 로 직접 표시하는 손목시계의 정보라면 그것은 디지털 정보다. 일반적으로 디지털 정보, 즉 기술적 정보는 양적으로 규정될 수 있기에 대부분 정수로 표현할 수 있다. 정수로 표현할 수 있기에 모든 정수는 이진수로 나타낼 수 있다. 컴퓨터, 전기통신 기술의 발달에 따라 전기적인 상태로만 표현되는 신호, 즉 1과 0의 이진법의 수로 표현할 수 있는 정보는 양의 정보라는 의미로 이해된다. 이진법의 표현법인 두 가지 기호 1과 0은 '있음과 없음', '옳고 그름' 으로 해석할 수도 있다. 그런 류의 기술적 정보들은 디지털 정보처리나 해석을 위한 특수한 지식을 갖고 있거나 훈련을 받은 사람들에게는 효율적이지만 그렇지 않은 일상생활인에게는 거의 쓰임새가 없다.

61) 참고: 로버트 루트번스타인, 미셸 루트번스타인(2007). 생각의 탄생(역). 서울: 에코의 서재.

62) "영재를 찍어 내려는 노력은 언제나 수포로 돌아가기 마련이다. 영재교육에 있어 유일무이한 정답은 없기 때문이다. 영재나 천재를 훈련으로 제조하려고 하기보다는 다양한 유형의 영재성을 발견하고 키워주는 것이 가장 중요하다." 이것은 세계적인 영재교육 석학이라고 불리는 바루흐 네보(Baruch Nevo, 67) 이스라엘 하이파 대학교 심리학 교수와 조셉 렌줄리(Joseph S. Renzulli, 72) 미국 코네티컷 대학교 석좌교수가 2008년 2월 12일 한국교원단체총연합회의 영재교육원(ITEK) 개원 기념 학술세미나에 참석해서 한국의 교육계에 던진 충고다[참고: 류재광. 영재교육 석학 2인의 영재교육론(2008. 2. 17). 조선일보]. 먼저, 미국 국립영재연구센터 소장과 백악관 영재양성특별팀 자문위원을 맡고 있는 렌줄리 교수는 "영재교육에 있어 유일무이한 답은 없으며 시험점수가 학생의 영재성을 보장하는 게 아니다. ……영재를 확실하게 판별할 수 있는 완벽한 시스템은 없기 때문에 학생이 어떤 분야에 관심이 있고 어떤 재능이 있는지 미리 충분히 살피는 것이 중요하다." 라고 말했다. 영재성과 높은 지능은 동일한 것이 아니기에 효과적으로 영재를 판별하기 위해서는 평가나 점수 외의 다른 요인을 고려해야 한다는 것이다. 또 영재성은 절대적인 개념이 아니며, 어떤 판별을 통해서 선발된 영재들이 '영원히' 영재일 것이라는 통념도 버려야 한다고 조언했다. 렌줄리 교수는 영재를 '높은 성취형 영재성' 과 '창의ㆍ생산적 영재성' 으로 나눈 뒤 사회적으로 유용한 물건이나 작품을 만들어 내는 창의ㆍ생산적 영재성이 더 중요하다고 강조했다. 그는 "창의ㆍ생산적 영재성은 종합적이고 문제해결적인 사고과정 능력이 필요하고 역사적으로 진정한 영재성을 드러낸 개인들도 대부분 창의ㆍ생산적 영재였다." 라고 말

했다. 그는 일반교육에서의 영재교육 필요성도 역설했다. 그는 "파도가 올라가면 모든 배가 같이 올라가는 법(A rising tide lifts all ships)"이라며 "모든 학생에게 영재교육을 실시해 전체적인 학습 능력 향상뿐 아니라 성적이 나쁜 학생이라도 자신이 가진 영재성을 깨달을 수 있는 기회를 얻도록 해야 한다."라고 조언했다. 이스라엘 교육부 영재교육위원회 위원 및 지능실험연구실 소장을 맡고 있는 바루흐 네보 교수는 "탁월한 학문 수행 능력이나 학업성취도만으로 영재성을 판별해서는 안 되며, 사회적 리더십, 창의성, 스포츠, 예술 등 비학문 분야의 능력도 영재성 개념에 포함시켜야 한다."라고 강조했다. 네보 교수는 영재교육 시작 시기에 대해 '어느 정도 성숙한 시기'를 꺼냈다. "너무 어릴 때는 어떤 재능이 있는지 측정하기가 힘들다. …… 적어도 6세 이상부터 18세 사이의 연령대가 영재교육을 효과적으로 받을 수 있는 적기"라고 말했다.

63) 과학·예술 분야에서 창조성을 발휘한 인물들은 관찰과 경험의 틀을 흔드는 무엇인가가 일어날 때 새로운 발견이 이루어진다고 본다. 세계일주가 가능해져 각 대륙의 모습을 담은 지도가 나오자 프랜시스 베이컨, 알렉산더 폰 훔볼트 등이 남미와 아프리카 대륙의 모양이 비슷하다는 사실을 인식했다. 독일 지구물리학자 알프레드 베게너는 한걸음 더 나아가 북아메리카, 그린란드와 유럽도 꼭 맞는다는 사실을 알아챘다. 여기에 대서양 연안의 암석층과 화석군이 일치한다는 것을 확인하고 한때 모든 대륙이 하나로 붙어 있다가 분리되었다는 획기적인 '대륙이동설'을 주창했고, 이는 훗날 '판구조론'에 힘입어 과학적으로 설명되었다[참고: 로버트 루트번스타인, 미셸 루트번스타인(2007). 생각의 탄생(역). 서울: 에코의 서재].

64) 참고: 우젠광(2006). 다빈치의 두뇌 사용법(역). 서울: 아라크네.

65) 참고: 서정록(2007). 잃어버린 지혜-듣기. 서울: 샘터.

66) 참고: Adams, D. & Carwardine, M. (2002). 마지막 기회(역). 서울: 해나무, p. 166.

67) [참고: Draaisma, D. (2005). 나이 들수록 왜 시간은 빨리 흐르는가(역). 서울: 에코리브르, p. 64] 후구는 뇌 속 깊숙한 곳에 자리 잡은 변연계와 직접 연결되어 있다. 다른 곳(예를 들어, 신피질)과 연결된 가지들은 거의 없다. 계통발생학적으로 볼 때 변연계는 우리 뇌에서 원시적인 부분이며, 경계심과 감정을 담당하는 구조물로 이루어져 있다. 후각은 또한 기억 저장에 필수적인 역할을 하는 해마와도 직접 연결되어 있다. 냄새는 특별히 빠르게 인지되는 감각은 아니다. 진화의 관점에서 후각은 원시적인 감각이다. 후각은 불룩하게 부풀어 오른 2개의 신경 튜브, 즉 후구에서부터 발달했다. 신피질처럼 대뇌에서 나중에 발달한 부분들이 후구를 덮어 버렸다. 후구는 뇌의 총 부피 중 1000분의 1도 되지 않는다. 냄새가 코의 점막으로 들어와 후구까지 도달하는 길은 짧다. 코의 상부에는 후각 상피 2개가 있는데 노르스름한 갈색을 띤 이 상피의 크기는 각각 1제곱센티미터. 후각 상피에는 600만 개에서 1,000만 개의 감각세포가 있다. 양치기 개의 세포가 2억 2,000만 개이고, 인간 망막에서 빛을 감지하는 세포가 약 2억 개인 점을 감안하면 보잘것없는 숫자다.

68) 태평양의 작은 섬나라 핀지랩, 이 섬을 지상파 방송 SBS가 찾았다. 주제는 행복이었다[참고: SBS스페셜. 185명의 왕국, 그 섬은 왜 행복한가. 2008년 7월 20일 방영]. 핀지랩 섬에는 슈퍼마켓이 딱 하나 있다. 그곳에는 지난해 12월을 마지막으로 오지 않는 배 때문에 빈 박스만 굴러다닌다. 외부와 소통할 수 있는 기구라곤 오로지 무전기 한 대뿐이고 차도 없다. 연간소득은 500달러가 채 되지 않는다. 그러나 섬사람들은 언제나 싱글벙글이다. 집 앞에는 바나나와 코코넛이 지천으로 널렸고, 가까운 바다는 물 반, 고기 반이다. 심지어 1인용 카누를 타고 참치를 낚아 올릴 수 있는 축복의 섬이다. 가난한 섬 핀지랩에도 왕이 있다. 17대나 이어진 왕이다. 왕을 핀지랩어로 '난음와르키' 라고 부른다. 그는 결단을 내렸다. 나눔을 실천하기 위해 본래 갖고 있던 섬의 토란밭을 주민들에게 고루 분배해 주고 '거지왕' 이 되었다. 대신 주민들은 존경과 애정을 담아 양위를 한 난음와르키에게 식사와 노동을 제공한다. 덕분에 이곳에서는 누구도 굶지 않는다. 185명의 주민이 하나의 대가족으로 살아가고 있다. 환상의 섬, 행복한 도민들이다. 이 섬에서는 무엇이든 185명의 사람 수대로 똑같이 음식을 나눠 갖는다. 고립무원의 섬에서 마스쿤이라는 특이한 질병을 가진 사람들과 공생하기 위해서는 나눔만이 생존의 길이 된 것이다. 이미 말한 것처럼, 이 섬 주민들은 특이하게 모두가 색맹이다. 0.00001%의 확률도 되지 않는다는, 색을 전혀 구분할 수 없는 전색맹이 인구의 10%나 된다. 이들의 눈앞에선 에메랄드빛 바다도 화려한 열대 꽃도 색을 잃고 만다. 색맹의 비극은 300년 전으로 거슬러 올라간다. 섬을 덮친 태풍으로 주민 대부분이 죽고 남매만이 생존하자 이들은 결혼을 했고, 그 이후 근친결혼의 풍습이 내려오면서 '마스쿤(핀지랩어로 보이지 않는다는 뜻)' 이라는 전색맹의 유전자가 자손들의 몸에 들어서게 된 것이다.

69) 참고: 올리버 색스(2007). 색맹의 섬(역). 서울: 이마고.

70) 구약성서 전체가 다 그렇지만, 그중에서도 욥기는 고난과 환란이 믿는 이들에게 주는 의미를 마치 조개가 진주를 키워 내는 그 단련의 하나임을 잘 보여 주고 있다. 욥기는 고대 동방의 우스에 살던 욥이 하루아침에 연속적으로 자녀, 재산 모두를 잃고 혹독한 피부병에 걸려 고생하지만, 하느님으로부터 그것에 대한 은사를 받는 기록이다. 욥은 자신에게 불어 닥친 모든 환란이 까닭 없는 고난이라고 여겨질 뿐이다. 그래서 욥은 하느님에게 그의 정의가 어디 있는지 거칠게 항의한다. 욥이 겪는 말로 할 수 없는 고난에 대해 욥의 세 친구들은 그를 위로하기보다는 오히려 수군거린다. 욥이나 욥의 자녀에게 숨은 죄가 있었기 때문에 하느님의 심판받은 것이라고 말하는 것이다. 세 친구는 고난에 처한 욥에게 그가 처한 고난이 바로 죄의 결과이므로 숨은 죄를 자복하여 용서를 구하라며 욥을 더 비참하게 만들어 버린다. 그러나 욥은 기다리면서 그것을 잘 견뎌낸다. 하느님은 마침내 그에게 응답한다. 고난의 원인을 알고자 했던 욥으로서는 도저히 대답할 수 없는 많은 질문을 던진다. 욥은 하느님의 수많은 질문을 받은 후에야 비로소 자신이 겪은 고난이 하느님이 역사한 창조적 신비에 속한 고난임을 깨닫게 된다. 하느님이 욥에게만 특별히 허락한 '신비로운 치유의 고난' 이었음을 받아들이는 것이다. 이를 통해 그 고난들은 욥이라는 인간의 머리로는 도저히 이해할 수 없는 부조리한 은사이며, 창조적인 신비라는 것을 깨닫게 된다.

71) 참고: 대비드 브라지어(2008). 선치료(역). 서울: 학지사.

72) 다음(Daum) 백과사전에 따르면, 진주(眞珠, pearl)는 연체동물이 만들어 내는 연체동물의 껍질과 같은 물질로 구성된 결핵체인 보석이다. 진주를 구성하는 진주층의 주성분은 아라고나이트($CaCO_3$)다. 진주층은 연체동물 껍질의 주 구성 물질로 뿔 모양의 골격성 단백질인 유기물질 콘키올린을 포함한다. 연체동물의 껍질을 분비하는 세포는 체내의 외투막과 상피에 있다. 외부 입자가 외투막 안으로 침투하면, 세포는 그 입자에 붙어서 주변에 동심원상의 진주층을 형성한다. 바로크 진주라고 하는 불규칙한 모양의 진주는 연체동물의 조직 안에서 성장한 진주를 말하고, 껍질에 붙어 성장하는 진주는 종종 한쪽 면이 평탄하며, 블리스터(blister) 진주라고 한다. 진주의 색은 연체동물과 주변 환경에 따라 변한다. 흑색에서 백색까지 있으며, 가장 좋은 것으로 평가되는 인도 진주는 장미색이다. 그 밖에도 크림색·회색·청색·황색·라벤더색·녹색 및 연한 자주색 진주도 있다. 이 모든 색은 미묘한 색조를 띤다. 진주의 표면은 만지면 거칠고 크기는 매우 다양하다.

73) 참고: 정호승(2006). 내 인생에 힘이 되어 준 한마디(역). 서울: 비채.

74) 참고: 파울로 코엘료(2008). 흐르는 강물처럼(역). 서울: 문학동네.

75) 환상사지 환자들의 통증호소란 거짓말과는 의학적으로 소견이 다르다. 생존을 위해 어떻게든지 거짓말을 하는 일반인[참고: 찰스 포드(2007). 마음을 읽는 거짓말의 심리학(역). 서울: 이끌리오]과는 속성이 다르다. 조직사회에서 생활하는 인간일수록 더욱더 남의 마음에 들기 위해 거짓말을 하는데, 그런 거짓말은 거의 8분에 한 번 꼴로 일어난다. 이 사회가 통째로 거짓말에 익숙해 있을 뿐만 아니라 온갖 궤변으로 자신을 방어하기 위한 것만이 그 이유는 아니다. 오히려 거짓말은 인간의 생리적인 현상이다 [참고: 감바 와타루(2007). 사람은 8분마다 거짓말을 한다(역). 서울: 예솜]. 침팬지 같은 동물들도 거짓말을 하는데, 거짓말은 생물학적으로 보아 일종의 신체적인 현상이다. 모든 동물이 땀을 흘리고, 잠을 자는 것처럼 거짓말도 일종의 신체적인 현상으로 이해할 수 있다. 거짓말은 인간의 전유물이 아닌 생물 공통의 본능적인 현상으로 볼 수도 있다. 그러나 거짓말을 능숙하게 잘하는 사람일지라도 비언적인 태도나 사소한 신체상의 변화에서 거짓말이 드러난다. 이를 보면, 거짓말은 생존을 위해 인간 스스로 인지기능을 고도화시킨 내부시각이 만들어 내는 부산물일 수 있다.

76) 참고: 빌라야누르 라마찬드란, 샌드라 블레이크스리(2007). 두뇌실험(역). 서울: 바다출판사.

77) 참고: 제인 호프(2002). 영혼의 비밀(역). 서울: 문학동네.

78) 인류가 암과의 전쟁에서 승리하기 위해서는 연구에만 의존해서는 불가능하다. 암을 이기기 위해서는 라이프 스타일을 바꿔야 한다고 AFP 통신이 보도했다[참고: 이문환. 9가지만 피하면 암을 극복할 수 있다. (2006. 6. 20). 해럴드 경제]. AFP에 따르면 지난 50년간 의료계는 암에 대한 막대한 투자와 연구를 통해 암에 대해 훨씬 많은 것을 알게 되었지만 암으로 인한 사망률은 크게 줄어들지 않았다. 지난 50년간 심장병이나 뇌혈관 관련 질환, 전염병 사망률이 3분의 2정도까지 줄어든 것과 대조를 이루는 대목이다. 노벨의학상 수상자인 해롤드 바머스는 최근 『사이언스』지(誌) 기고문에서 "막대한 암 연구 투자

와 암세포의 유전적, 생화학적, 기능적 변화에 대한 많은 발견에도 불구하고 암은 다른 질병과 비교하면 약으로는 가장 치유하기 어려운 병"이라고 말했다. 바머스 박사는 이어 중대한 생활문화적 변화가 일어나지 않거나 연구자와 의사-약사 간 협조가 개선되지 않으면 암 치료의 진보는 성취되기 어렵다고 지적했다. 다른 의학전문가들도 암을 정복하기 위해서는 연구만으로는 안 되며 암에 걸리지 않도록 더 나은 라이프 스타일을 만들 필요가 있다고 강조하고 있다. 영국의 의학 저널 『더 랜싯』이 작년에 발표한 연구 결과에 따르면 지난 2001년 암으로 사망한 700만 명 가운데 3분의 1 이상인 243만 명이 9가지 요인에 의해 암에 걸린 것으로 나타났다. 따라서 9가지 요인만 피하면 암에 걸릴 가능성이 훨씬 줄어든다는 것이다. 암에 걸리는 가장 큰 원인은 대부분의 사람이 알다시피 흡연이다. 사망자 5명 가운데 1명은 흡연이 원인인 것으로 조사되었다. 이 밖에 음주, 비만, 육체 활동 부족, 과일 및 채소 섭취 부족, 공기오염, 안전하지 않은(unprotected) 섹스 등도 9가지 요인에 포함되었다. 식사가 건강에 미치는 장기적 영향에 대한 연구를 이끌고 있는 월터 윌렛 하버드 대학교 의과대학 교수는 '암 가운데 3분의 1 이상이 식습관과 관련이 있다.'면서 '건강한 식습관이 금연 및 규칙적인 육체 활동 등과 조합을 이루면 그 잠재적 영향은 엄청나다.'고도 말했다. 윌렛 교수는 '일례로 대장암의 경우, 건강한 라이프 스타일의 일환으로 올바른 음식 선택을 하면 70%를 예방할 수 있다.'고 밝혔다.

79) 아인슈타인의 '상대성 이론'이 등장하기 전까지 사람들은 시간을 강물처럼 한없이 흘러가는 것이라고 생각했다. 공간 역시 3차원의 네모난 주사위처럼 세상을 둘러싸고 있는 것으로 생각했다. 상대성 이론은 시간과 공간은 절대적으로, 그리고 따로 존재하지 않는다는 것을 생각하게 만들었다. 그가 표현한 물질의 에너지는 질량에 광속의 제곱을 곱한 것과 같다($E=mc^2$)는 공식은 인간이 존재하는 데 필요한 네 가지 요소, 즉 공간 · 시간 · 물질 · 에너지가 하나의 상호 연관된 체계를 이루고 있다는 사실을 알려주고 있다. 네 가지 요소 중 어느 하나도 서로 분리되어 있지 않기에, 하나를 포기하면 다른 것 마저 포기하는 것과 같다. 이것에 대한 깨달음을 불가에서는 해탈이라고 부를 것이다.

80) 로스 여사는[참고: 엘리자베스 퀴블러 로스, 데이비드 케슬러(2007). 인생수업(역). 서울: 이레, pp. 19-20] 이야기한다.

"삶은 탄생에서 죽음에 이르는 수업과 같습니다. 그 수업들에서 우리는 사랑, 행복, 관계와 관련된 단순한 진리를 배웁니다. 오늘 우리가 불행한 이유는 삶의 복잡성 때문이 아니라 그 밑바닥에 흐르는 단순한 진리를 놓치고 있기 때문입니다. 많은 이들이 사랑에 대해 충분히 안다고 생각하지만, 그럼에도 만족스러운 사랑을 발견하지 못합니다. 우리가 느끼는 것은 대부분 사랑이 아니기 때문입니다. 그것들은 두려움, 불안, 기대 심리가 만들어 낸 허상에 불과합니다. 지구라는 행성 위를 함께 걸어가고 있지만 우리 각자는 외롭고, 무기력하고, 부끄러운 존재들입니다."

제5장

배움의 콤플렉스 Erudition Complex Frames

나는 이미 선언했듯이 공부꾼일 뿐이다. 그리고 공부꾼은 곧 학문도둑이다. 나는 전 우주의 학문 보물창고에 들어가서 학문의 정수(精髓)들만 다 골라 훔쳐 내고 싶다. 그런데 문제는 이 보물창고에 어떻게 진입하느냐 하는 점이다. 여기에는 창고에 따라 각각 모양이 다른 수많은 열쇠가 필요하다. 문제는 그 열쇠를 마련하는 것이 쉽지 않다는 것이다. 그게 쉽다면야 누군들 들어가 보물을 가져가려 하지 않겠는가? 그래서 도둑질도 열쇠가 있어야 한다. 그런데 고수 도둑은 한두 개 문만 여는 열쇠를 가지는 것이 아니라 아예 '마스터키'를 마련한다. 하나 가지고 모든 문을 다 따고 싶은 것이다.   – 장회익

신화는 인간이 다른 생물들과는 다르다는 것을 또 다른 방식으로 보여 주는 인간적인 사건 덩어리다. 다른 생물들은 자연을 갖고 있지만, 인간은 이야기를 갖고 있기 때문에 신화를 만들어 내기 마련이다. 인간은 이야기를 만들어 내고, 그 이야기에 스스로 속박당하며, 그 이야기로 살아가는 존재다.

인간은 인간됨을 드러내는 인간 자신의 집단적 생활과 그 주위환경을 이야기로 만들어 낸다. 신화 속에는 그 집단이 겪었던 역사적 경험 중에서도 가장 충격적이고 의미 깊은 사건이나 인물이 용해되어 있다. 신화는 인간 삶의 영적 잠재력을 찾는 데 꼭 필요한 실마리다. 세계 각국의 신화를 읽다 보면, 문화를 서로 갈라놓은 언어와 견해의 차이 밑에 공통된 요소가 존재하고 있음을 알 수 있다. 문화에 따라 신화들이 다양하게 되풀이되며, 인류의 본원적 상상력이 있음을 보여 준다.

세계 각국에서 채집되는 신화는, 그 내용이 모두 다른 것 같으면서도 기묘한 유사성을 지니고 있기에 그런 해석도 가능하다. '우주의 모태가 된 알', '세상을 뒤엎은 홍수', '죽은 자들의 나라로 건너가는 다리', '하늘에서 땅으로 강림하여 인간의 탄생을 알리는 것' 등 이미지의 주제들은 여러 신화에서 다양한 변주로 나타난 것이다. 정신분석학자인 칼 융은 각각의 문화권에 서로 비슷한 신화들이 실재하는 이유를 집단무의식의 원형에서 찾고 있다. 여러 나라에서 각기 다르게 보이고 있는 세계 신화의 기초를 이루는 중요한 주제들이 오늘날에도 타당성을 갖는 것은 바로 이 원형 때문이다.

세계의 문화들을 서로 다르게 갈라놓고 있는 언어와 견해의 차이가 크다고 하더라도, 그 차이를 만들어 내는 공통된 토대는 바로 집단무의식의 원형이라는 것이다. 다른 지역에 사는 사람들이 같은 이야기에 전율을 느끼고 같은 드라마에 반응하는 것은 인간의 정신구조 속에 아직 충분히 해명되지 않은 무엇인가가 존재하기 때문이다. 신화는 문화에 따라 끝없이 다양하게 되풀이되면서 시대를 초월하여 인류의 본원적 상상력이 갖고 있는 일관성을 입증한다. 어쩌면 신화는 인류가 서로 하나의 공통된 언어로 이야기하던 '바벨탑 이전의 세계로 되돌아가게 만들어 줄 수 있는 이정표'라고까지 할 수 있다.[1]

문명권마다 신화가 있게 마련이다. 그것의 형태가 인간 창조에 관련된 것이든 건국에 관련된 것이든 상관없이 각각의 신화에는 이야기 만들기의 요소들로 충만하다. 그것은 신화가 문화권의 차이에도 불구하고 사람이 살아가는 모습에 관한 이야기의 원형을 이루고 있기 때문이다. 신화는 어느 것이든 그것에 관한 이야기 구성의 길잡이며, 이야기의 직조법을 보여 준다. 신화가 있는 곳에서는 새로운 이야기가 무수한 방식으로 짜이곤 한다. 그리스나 중국 사회가 바로 그렇다. 그들에게도 수많은 신화가 있으며, 그로부터 새로운 이야기가 나온 것이 오늘날 그들의 신화다.[2]

일반적으로 신화의 줄거리는 사람이 신이나 위대한 사람의 모습을 닮은 이야기들이 주종을 이룬다. 그리고 신은 인간을 닮은 것으로 묘사되곤 한다. 그것은 사람들이 일상적으로 간절히 바라기는 하지만, 현실적으로 얻기 어려운 것을 신이라는 허구를 통해 얻으려고 하기 때문이다. 그런 목적을 위해 신화는 자유분방한 틀을 상정하고, 있을 수 없는 다양한 이야기를 만들어 낸다. 그것이 우리에게는 꿈이라는 말로 대신한다. 꿈은 이루어지기를 바란다기보다는 그렇게 되어 주었으면 하는 기대 같은 것이다. 꿈이 없으면 이루어지기를 바랄 수조차 없기 때문이다.[3]

그래서 융은, 신화가 종교처럼 인간의 삶을 풍요롭게 만들어 왔다고 주장한다. 신화는 인류의 삶과 관련된 보편적인 인류의 지혜가 어떻게 진화되어 왔는지 보여 주는 이야기의 실타래와 같다는 의견이다. 융의 견해와 비슷한 맥락에서 조지프 캠벨 역시 신화가 인간이 삶에서 추구해 온 정신적 지표의 구실을 한다고 본다. 신화 속에는 인간이 추구했던 무의식의 상징들이 자리 잡고 있는데, 그것을 알아내면 인간 정신의 본질이 무엇인지 알 수 있다는 것이다.

엘리아데(Mircea Eliade)는 신화를 안다는 것은 사물의 기원에 대한 비밀을 배우는 것이라고 단언한다. 사람들은 신화를 통해 사물이 어떻게 존재해 왔는지 알게 될 뿐 아니라, 그 사물의 맥을 어디에서 찾을 수 있는지도 알게 된다. 신화는 인간의 역사 속에서 그렇게 존재하던 사물이 사라졌을 경우, 그것을 재현하기 위해 무엇을 어떻게 해야 하는지에 대한 답도 제공한다. 현대인들이 신화에 관심을 가지는 이유는 사라지는 것들에 대한 재현의 욕구와 그것을 복구하고자 하는 욕망 때문이다. 이것이 엘리아데가 신화에 기대한 것이다. 이런 생각이 엘리아데의 신화 연구를 창조적 신화 연구법이라고 정리하게 만든 단초가 되었다. 신화가 종교와 연결될 때 그것은 인간의 구원에 대한 새로운 해석까지 가능하게 해 주는 것으로 간주되는 부분이었다.

엘리아데식의 신화에 대한 창조적 해석을 반대하는 학자들은 그의 창조적 해석학을 격하시킨다. 일반적으로 신화는 모든 것인 동시에 아무것도 아니다. 그것은 정말로 진실한 이야기이거나 거짓말일 수도 있고, 계시이거나 속임수일 수도 있고, 성스러운 것이거나 저속한 것일 수도 있고, 참이거나 허구일 수도 있고, 상징이거나 도구일 수도 있고, 신선한 원형이거나 진부한 반복형일 수도 있다. 그것은 대단히 구조적이고 논리적인 것이거나 아니면 감정적이고 전-논리적인 것일 수도 있고, 전통적이고 원시적인 것이거나 현대의 이데올로기의 일부일 수도 있다는 것이 신화 항목에서 흔히 발견되는 신화에 대한 백과사전적인 정의다. 그러나 이반 스트렌스키 교수는 이런 정의가 엘리아데를 신화학의 우상으로 떠받드는 데 이용된다고 경고한다. 신화에 대한 그런 식의 해석이 잘못된 개념 파악이라는 것이다. 그는 신화에 대한 신화스럽고 모호한 개념 파악이야말로 20세기의 대표적인 신화 이론가인 카시러, 말리노프스키, 엘리아데, 레비 스트로스의 신화 이론을 더욱 신비한 신화학의 대가로 만들어 주었다고 비판한다.

스트렌스키 교수는 카시러, 말리노프스키, 엘리아데, 그리고 레비 스트로스가 만들어 낸 이야기들은 신화에 대한 신비한 일반론에 기초해서 그것들을 더욱 신비하게 받아들이게 만든 '만들어진 신화', '20세기의 가공물'이라고 비판한다. 신화학의 대가로 명망이 높은 이들이 자신이 처한 정치적 현실과 20세기 서양이 갖고 있는 욕망, 20세기 서양의 존재 방식 자체를 과대 포장한 결과물이라는 것이다.[4] 그가 지적하는 이 4명의 사상가는 그들의 이름 자체가 신화에 대한 하나의 이론으로 간주될 만큼 전 세계적으로 수많은 추종자를 거느리고 있는 그야말로 신화학계의 대가들이다. 그들이 만들어 낸 신화 이론의 허구를 파악하기 위해서는 그들이 왜 그런 이론을 구상했는지, 그리고 그렇게 구성된 이론은 어떤 역사적 의의를 가지고, 어떤 상황적 의미를 가지며, 따라서 어떤 한계를 가지는지부터 이해해야 한다.

신화비판학의 대부들인 4명의 사상가는 20세기 유럽의 파국적인 정치적 격변과 절대 무관하지 않은 삶을 살았다는 공통점을 가지고 있다. 바로 그 환경적 요소가 그들의 이야기를 신비한 신화 이론으로 만들었다는 것이다. 그들 각자는 서로 다른 방식으로 고향을 잃은 '난민'이며, 그들 자체가 신화적인 인물이다. 카시러와 레비 스트로스는 제1차세계대전으로 혹은 유대인과 좌파에 대한 나치의 탄압에 의해 엘리아데는 민족주의와 정치적 우파에 대한 공산주의의 위협에 의해 강제적 이주를 경험했고, 그 과정에서 생명의 위협을 느끼기도 했다. 그들의 이론은 언뜻 보면 전혀 유사성이 없는 것 같아 보인다. 하지만 그들에게는 연구직에서 내몰려서 외부 환경과 맞닥뜨릴 수밖에 없었던 근본적인 동기가 있었다. 따라서 신화 이론을 살펴봄에 있어서 그들의 이론이 탄생되고 발전된 과정 그 자체를 짚고 넘어가지 않을 수 없다. 독자들은 20세기 신화 이론을 둘러싼 맥락이 어떠했는지, 그 속사정을 들여다보면서 '신화 이론'이 어떠한 정교한 체계를 통해 '만들어졌는지' 새롭게 발견할 수 있을 것이다.

스트렌스키 교수는 그들이 만들어 낸 신화의 이론들은 서양이 비서양을 삼켜 버리고, 인간을 서양적 '사유 틀' 안에 넣는 신화 이론의 틀을 만들어 낸 장본인들이라고 주장했다. 신화 이론이 모든 것을 서양식으로, 서양의 정신으로, 서양의 사유로 세상을 바라보게 만들었다고 본다. 그는 '신화'라는 단어는 존재할 수 있지만, 그 단어가 지칭하는 '대상'은 너무 많기도 하고 모순적이어서, 신화라는 이름을 가진 어떤 '무엇'이 존재한다고 말할 수는 없다고 주장한다. '신화'는 마법에 걸린 외양을 띠거나, 예술가와 지식인들이 신화 공장 안에서 힘들여 창조한 구조물의 모습을 보이지만, 사실 그것은 하나의 '환상(illusion)'에 불과하다는 것이다.

4명의 학자 중에서도 신화 이론의 대가인 미르체아 엘리아데에 대한 평가는 극과 극을 달리고 있다. 그는 종교가 무엇을 의미하는지를 연구한 가장 중요한 사람으로 소개되기도 하지만, 신화 및 종교 연구를 가장 비과학적이고 주관적으로 한 얼치기로 비판받기도 한다. 엘리아데를 비판하는 사람들은 엘리아데가 종교의 속성을 파괴하지 않으면서 종교를 학문적 연구의 대상으로 삼았다는 점에 주목해 왔다. 그것은 입증할 수 있는 것을 학문의 대상으로 하는 실증적이고 과학적인 방법론자들이 엘리아데를 비판하기 위한 근거를 마련해 준 것과 같았다.

실제로, 신화 이론을 이야기하면서 엘리아데는 모호하고 불가해하며 모순된 것들을 그냥 받아들였다. 그런 요소들이 체계적인 분석을 통해 제거되어야만 하는 문제라고 보지 않은 것이다. '성스러움'은 감춰지고 있으면서도 무엇인가 드러내려고 하는 역설적 속성을 지니고 있다. 엘리아데는 실증적으로 설명될 수 없다는 이유로 이

성스러움이 연구 가치가 없는 것으로 배제된다는 것은 말도 안 된다는 입장을 취해 왔다. 그는 신화 이론을 통해 모호하고 모순되는 것들이 신화적이고 영적인 생활에는 필수적이라고 인정했다. 그래서 명확한 정의나 분석의 대상이 되기 어려운 자신만의 색다른 주제어들을 사용했다. 그것은 그가 창조적 해석학을 현실화시키는 계기를 만들었다. 즉, 엘리아데는 신화와 역사의 종합을 시도하면서 성(聖)과 속(俗)의 변증법적 합일을 틀로 삼아 종교현상을 기술했다. 동시에 인류의 지성사 속에서 종교를 어떻게 서술하고 이해했는가를 살피는 것이 종교 자체의 역사를 읽는 가장 중요한 과제라고 간주한 바 있다. 그래서 개별적인 종교의 역사와 교의를 살피기보다는 종교에 대한 물음을 가장 먼저 던진다. '무엇이 종교다.'라고 하지 않고 그 대신 종교는 사물과의 만남, 삶의 겪음이 빚는 끝없는 해석의 전개와 전승이라고 연결을 짓는 것이다.

그렇기 때문에, 엘리아데 비판론자들과는 달리 알렌[5] 교수 등 종교학자는 성스러움을 지향하는 인간의 종교성을 이해하려는 엘리아데의 목표와 시각이 더 중요하다고 본다. 그는 과학적이고 실증적인 방법으로만 종교를 설명하고자 하는 시도는 종교학이 진정으로 주목해야 하는 인간의 내재적인 지향성을 무시한다는 엘리아데의 주장에 새롭게 동조하고 있다. 엘리아데의 주관적 연구 방법은 현대의 학문에 이의를 제기하는 데 오히려 더 많은 공헌을 한다는 것이 알렌 교수의 주장이다. 엘리아데의 신화학적 연구 방법론의 유산은 오히려 대부분의 인문학이 너무도 편협하고 위험을 감수하기를 꺼리며, 고지식하고 경험주의적이며 부적절하게 실용주의적인 전제와 방법들을 사용하고, 도구적인 이성의 부적절한 견해를 포함하고 있음을 비판하는 데 유용하다고 보고 있다.

알렌 교수는 또한 창조적 해석학이라는 엘리아데의 신화 이론의 방법론이 현대의 학문적 편협성을 반박하는 데 유용하다고 주장한다. 엘리아데의 창조적 해석학은 현대 학문이 보지 못하는 것을 파악할 수 있는 안목을 얻게 해 준다는 것이다. 복잡하기는 하지만, 서로가 서로에게 연결되고 있는 세계에서 서로 다른 정신문명 상호 간의 관계성과 역동적인 연결을 이해하는 것이 필요하다. 또한 상이한 문화적·종교적·신화적 그리고 비종교적·비신화적 전통과 지향성 사이에 생겨나는 불가피한 상호작용과 긴장을 이해하는 것도 쉬운 일은 아니다. 이러한 이해가 모두 가능하기 위해서는 엘리아데의 창조적 해석법이 신화 해석에 있어서 그 어떤 분석적 방법론보다 유용하다는 것이다.

엘리아데의 신화 연구 방법론으로 고대 이집트의 무덤에서 나온 『사자의 서』를 읽는다면, 그것은 우리에게 삶이 무엇인지를 범지구적으로 깨닫게 해 주는 귀중한 자료가 된다. 그들의 생각에 따르면, 죽은 자의 영혼은 지하세계로 내려가도록 되어 있다. 그곳에서 영혼은 가벼운 깃털로 마음의 무게를 다는 심판관을 만난다. 그 깃털은 진실의 깃털이다. 사람들은 누구의 마음이 진실 앞에 떳떳할 만큼 충분히 가벼운지 고민하게 된다. 그것을 읽는 사람은, 마음의 무게를 다는 심판관 옆에 거짓말을 하는 망자의 심장을 파먹는 괴물이 버티고 있는 것에 놀라게 된다. 왜냐하면, 심장을 파먹는 괴물 앞에 서게 되면 그가 보통 사람이든 권력자든, 성자나 철학자든 관계없이 손이 저절로 자기 가슴을 더듬도록 되어 있기 때문이다.

그 지하세계는 망자 중 누군가에게는 진리의 전당이다. 천국으로 들어가고 싶은 사람이라면 반드시 거쳐야만 하는 문이기 때문이다. 영원한 진리의 전당에서는 어떤 영혼이든 42위의 신에게 심판을 받게 된다. 그들의 질문에 '아니요.'라는 부정적인 대답을 하도록 되어 있지만, 일은 그렇게 쉽지 않다. 그들은 42개의 질문[6]에 '아니요'라는 대답을 하면서, 정의의 저울로 심장의 무게를 달아 그 순수성을 입증받아야 한다. 그렇게 입증받아야만 비로소 '진실된 목소리' 혹은 '정당한' 존재로 인정된다. 고대 이집트인들은 누구도 거짓말을 하지 않고는 42개의 질문 모두를 통과하는 것이 불가능하다고 믿었다.[7] 그만큼 세상을 살아가는 것은 부정과 거짓 덩어리라고 믿은 것이다.

다시 정리하면, 이집트인이 보여 준 죽음의 의식 가운데 절정은, '심장의 무게 달기' 의식에서 나타난다. 무덤이나 관, 파피루스, 린넨 수의, 벽화 등에 가장 자주 묘사되고 있는 장면이 바로 망자의 심장 무게 달기다. 이 의식에 따르면, 아누비스는 한 손으로 후네페르의 왼손을 잡고 다른 손에는 생명의 앙크를 들고 있다. 그들 앞에 진실의 저울이 놓여 있으며 접시 위에 마트의 흰색 깃털이 꽂혀 있다. 무릎을 꿇은 아누비스가 저울의 균형을 살피고 있으며, 굶주린 괴물 아미트(ammit)는 불순한 심장의 찌꺼기를 먹기 위해 기다리고 있다.

후네페르의 심장이 왼쪽 접시에 놓여 있고 오른쪽에는 진실의 깃털이 놓여 있다. 저울이 균형을 유지하면 후네페르는 '정의로운 것'으로 선언된다. 그렇지만 그것은 거의 불가능한 일이다. 저울이 심장 쪽으로 기울면 심장의 불순한 조각을 제거해서 후네페르가 저주받지 않도록 만들어야 한다. 괴물 아미트가 그 불순물을 먹어 치워 영혼을 순수하게 만들어 준다. 그렇게 해야 망자의 영혼은 카르마인 업보로부터 자유로워진다. 영어에서 '저주'의 의미로 쓰이는 '대미트(dammit)'란 단어는 '아미트(ammit)'에서 파생되었을 가능성이 높다.

따오기의 머리를 한 지혜의 신 토트는, 영혼을 '생명의 서'에 넣기 위해 부지런히 그 결과를 기록한다. 마침내 심판을 성공적으로 마치고 환하게 미소 짓는 영혼은, 매의 머리를 한 호루스에게 인도되어 심판관 오시리스를 만난다. 오시리스는 나트론(Natron) 호수 위의 옥좌에 앉아 있다. 호수는 발아래에 있는 관가(bier)에 새겨진 물결 모양의 무늬로 암시된다. 오시리스는 미라 형태로 2개의 깃털이 달린 흰색 아테프(atef) 왕관을 쓰고 있으며, 손에는 갈고리와 도리깨를 들고 있다. 호수의 물 위로 연꽃 한 송이가 피어 있는데, 그 위에 망자의 장기를 보호하는 '호루스의 네 아들'이 서 있다. 네프티스와 이시스는 심판관의 뒤에 서서 두려움이 없음을 상징하는 무드라(mudra)의 자세로 손을 들어 올리고 있다. 이는 후네페르를 안심시키고 공적으로 그를 환영함을 뜻한다. 후네페르는 세트를 제외한, 헬리오폴리탄의 아홉 신에게 경의를 표한다. 진리의 전당 입구와 출구에는 자칼 머리의 아누비스와 코브라 모양의 와제트가 지키고 있다.

이집트의 벽화나 그들의 옛이야기에서 보는 것처럼 신화가 비논리적 사건의 연속으로 표현되고 있다해도, 그것들은 사건들의 연속일 수밖에 없다. 그 사건의 연속에 사회의 지배적인 가치관, 태도, 기대치들이 녹아 있게 마련이다. 그 기대치를 복원하기 위해서는 신화가 주는 메시지를 제대로 읽어 내야 한다. 제대로 읽어 내기만 하면, 신화는 이야기 덩어리가 아닌 해석의 덩어리로 변모한다. 예를 들어, 고대 그리스 사람들은 지혜의 여신 아테네가 제우스의 머리에서 출생했다는 신화를 선호한다. 그리스인들이 지혜를 가장 소중히 여겼음을 보여 주는 사건의 연속이 바로 그 신화에서 추적된다. 그 추적을 시도하면 지혜와 신성(神性)은 서로 밀접한 관계며, 그것이 바로 그리스인들의 사고라는 논리로 그 신화를 읽어 내게 만든다.

따라서 신화가 이야기하고자 하는 내용은, 따지고 보면 매일같이 병원에서 죽어가는 환자들의 신음과도 그리 다르지 않고, 집안에서 일어나는 일상사와 그리 다를 것이 없는 셈이다. 예를 들어, 시인인 신달자 교수는 자기 삶에서 일어난 남편의 이야기를 이렇게 담담하게 써내려 간 적이 있다. "그가 쓰러졌다. 점심으로 국수를 먹던 중이었다. ……으윽 ……뭐 그런 소리였는지 무슨 소리가 분명 들렸는데 그는 옆으로 기울어지고 있었다. 그때였다. 나는 소리를 지르며 그것이 무엇인지도 모르고 그 찰나를 받아 안았다. 옆으로 기우는 순간 그의 머리를 받아 안은 것은 본능적 행동이었을지 모른다. 그러나 나는 그 순간 운명을 안아 버린 것이다."[8] 시인의 남편이 쓰러져가면서 내뱉은 그 신음과 지친 몸을 딸에게 의지한 채 걸음을 재촉하며 오이디푸스가 내뱉은 신음은 결코 다르지 않은 인간적인 고뇌다. 다만, 시간적인 관점에 따라 하나는 신화로, 다른 하나는 현실로 분류되었을 뿐이다.

§ 신화는 내부시각

신화의 성격을 문학적으로 표현하는 사람들에 따르면 신화는 갯벌, 말하자면 내륙의 땅을 적시고 흐른 강이 흘러드는 곳이다. 동시에 대양에서 달려든 파도가 기진맥진하는 곳에서 일어나는 하얀 거품과도 같다. 신화는 민족의 특수성과 인류의 보편성이 감겨 들어오는, 상상의 자원이 무진장 널려 있는 경계이기에 살아 숨 쉰다. 신화는 죽어 있는 옛이야기가 아니라, 여태까지 살아 있는 모둠살이의 꿈이다.[9) 그래서 신화를 제대로 읽으면 민족의 보편성과 특수성 모두를 알아낼 수 있다.

신화는 인간의 문자 활동 이전부터 구전으로 만들어졌다. 어쩌면 그것은 인류의 시작과 그 궤적을 같이한 것일 수도 있다. 인류 초기에는 의사소통 수단도 변변하지 못했을 것이다. 그렇다고 당시가 사물과 자연현상을 자신들의 삶에 관련시켜 보는 신화적 상상력마저 미분화된 상태라고 볼 수는 없다. 영국의 고고학자 스티븐 미슨[10) 교수는 고고학, 진화학, 뇌과학, 언어학, 민속음악학을 동원해 인류 최초의 언어는 음악에 가까웠을 것이라고 주장한다. 그의 주장에 동의한다면, 그것은 인간의 미분화된 언어소통체계가 신화적인 요소와 더 근접하는 방식으로 이해하도록 해 준다. 고대 그리스의 신화들은 대부분 문자 활동으로 시작된 것이라기보다는 구술과 이야기 전승으로 계승되었고, 여기에 잇대어 새로운 재미들이 더해진 이야기다. 이렇게 생각하면 인간에게 있어서 음악과 같은 소리내기가 그들 간의 의사소통을 돕는 언어로 기능하였다는 미슨 교수의 논리가 더욱 설득력을 갖는다.

미슨 교수에 따르면, 인간 최초의 언어 형태는 몸짓, 단어, 리듬이 분절될 수 없었던 유형이었다. 자연계에서 생활조건에 적응하는 생물만 생존한다는 자연 선택의 원리에 따르면, 인류는 살아남기 위해 무엇인가 서로 교통해야 할 수단을 필요로 했다. 이때, 언어교통의 도구로 선택한 것이 음악적인 형태의 소리내기였을 가능성이 크다. 그는 그것의 원형을 '흠-(Hmmmmm)'이라고 본다. 흠-이라는 음악 형태의 다형적 언어교통 수단들이 지금 인간사회의 언어처럼 인간에게 뇌의 연산과정을 거치게 했고, 그로부터 인간의 뇌용량과 전두엽의 발달을 촉진했다는 것이 그의 생각이다. 흠-으로 표현된 인간의 비구두, 구두, 그리고 율동이 서로 합쳐진 다형적 언어 형태는 인간의 상상력과 상상을 가능하게 만든 내부시각의 확대를 촉진시켰을 것이다.

인간 언어의 초기 형태가 흠-이라는 다형적 언어교통 형태일 것이라는 미슨 교수의 생각은 진화론의 대부인 찰스 다윈의 생각을 넘어서는 창의적인 발상이다. 다윈은 초기 인류에게 처음부터 복잡한 언어가 존재했을 리 없다고 생각했었기 때문이다. 그는 『종의 기원』 이후 발표한 『인간의 유래』에서 원시 언어가 음악과 비슷하였을 것이라고 말했을 뿐이다. 그는 '음악적 소리'가 '자연 선택'을 통한 진화의 필수조건이라고 생각하지 않았다. 대신 언어적 형태의 교통 수단 활용을 생식을 위해 이성을 유혹하는 도구로 간주했다.

35만 년 전의 원시인류인 네안데르탈인들이 생존을 위해 석기를 사용했던 것은 분명하다. 그럼에도 불구하고 그들은 교통의 수단으로 언어를 사용하지는 못했고, 그 대신 쪼개지지 않는 다형적인 형태의 통합된 메시지와 소리인 흠-으로 타인의 감정 상태와 행동에 영향을 미치려 했을 것이다. 그 흠-이라는 다형적 언어 형태의 소리가 초기 인류에게는 소리와 몸을 동시에 사용하는 다형적(多形的, multi-modal) 의사소통 체계를 발전시켰을 것이다. 즉, 멜로디와 리듬을 사용하는 음악적 제스처와 음성을 흉내 내고 모방하거나, 혹은 그런 것을 재현해 내는 식의 미메시스적(mimetic)인 인간 간 소통 방식을 발전시킨 것이다.

인류의 여러 활동에 이야기 구조와 재미를 더하고, 또 특정한 메시지를 첨가하여 하나의 그럴듯한 이야기를 만들어 놓으면, 그것은 인간사의 무의식을 반영하는 신화가 된다. 예를 들어, '모세를 믿으려면 유대교로 가야 하고, 단군을 믿으려면 성황당으로 가야 한다.'고 말했다는 어느 철학가의 이야기는[11] 신화의 의미, 인간사에서 욕망하는 무의식의 양태를 이해하는 데 도움을 준다. 서구의 신화들은 고대 그리스 사회의 신화와 무관할 수가 없다. 그런 것들의 흔적은 서구 예술에서 예외 없이 공통적으로 발견된다. 서구미술의 근본 모티프는 기독교적인 신화들이다. 성모 마리아나 다윗처럼 성경에 나오는 인물, 혹은 성 세바스티안이나 성 카타리나와 같은 유명한 성인들이 바로 그들 미술의 양태로 쓰였다.

시기별로 표현 기법의 차이는 있지만, 서양 미술사의 흐름은 종교적 신화와 따로 생각할 수 없다. 르네상스기에 접어들면서 부각된 소재는 고대 그리스·로마 신화였다. 바로크, 로코코를 거치며 그리스·로마 신화는 문학과 영화의 주요 콘텐츠가 되었다. 21세기 들어 현대인을 새롭게 사로잡고 있는 것은 북유럽 신화다. 영화 〈반지의 제왕〉, 〈에라곤〉, 게임 〈리니지〉, 〈라그나로크〉 등의 줄거리나 캐릭터는 북유럽 신화에 기반을 두고 있다. 그뿐 아니라 현재 사용되는 요일도 북유럽 신화에 등장하는 신의 이름에서 나왔다. 목요일(Thursday)은 천둥의 신 '토르', 화요일(Tuesday)은 전쟁의 신 '티르', 수요일(Wednesday)은 북유럽 최고신인 오딘(Odin, Woden), 금요일(Friday)은 오딘의 아내 프리그(Frigg)의 날인 것이다.[12]

신화는 어느 민족이든 그들의 무의식을 반영하는 모든 이야기의 원형이며 샘과 같다. 말이 있는 곳에는 어떤 이야기든 신화의 형식으로 전달된다.[13] 그런 이야기들은 여러 가지 형식으로 확산된다. 사람들의 입과 귀를 통한 구전, 음악, 그림, 글 등등 여러 가지 방식으로 표현된다. 하지만 끝내 그것을 만드는 제조공장은 사람들의 공상력, 영상력이 응집되는 내부시각이다. 그래서 융은 이미 신화를 집단무의식의 원형이라고 정리해 놓은 바 있다. 인간에게 무의식은 의식의 부족분을 채우는 무한한 가능성의 원천이다. 신화를 살피면 살아가는 존재들의 진정한 의미가 드러난다. 융의 논지를 따라가면 단군신화도 별것이 아니다. 바로 한국인의 집단무의식의 원형을 보여 주는 이야기일 뿐이다.

신화에 대한 해석과 설명이 전개되는 담론의 장은 언뜻 보기에 우리를 혼란스럽게 하는 궤변이다. 신화에 대한 그들의 해석은 읽는 데 따라서 그들이 옳은 것 같기도 하고, 그들의 해석이나 설명이 어처구니가 없는 맷돌 같아 보이기도 한다. 이런 혼돈은 견해의 차이가 아니라 설득당하는 양과 방법의 차이에서 비롯되는 것이기도 하다. 그에 따라 신화를 읽는 사람들에게는 신화 해석에 대한 서로 다른 웃음이 터져 나오게 된다. 그것은 마치 소크라테스를 현인으로 보고 있는지, 아니면 소피스트의 한 아류로 해석하고 있는지에 따라 소크라테스의 면모가 달라지는 풍경과 비슷하다. 소크라테스를 마음껏 조롱한 사람은 아리스토파네스다. 그보다 연배가 한참 뒤지는 플라톤은 스스로 원하여 소크라테스를 스승으로 삼았다. 플라톤은 소크라테스를 신처럼 떠받든 제자이기에, 소크라테스가 하는 일은 무조건 옳았다. 그래서 소크라테스에 대한 아리스토파네스와 플라톤 두 사람 간의 이해와 해석의 차이는 하늘과 땅처럼 극명하게 다르다.

소크라테스를 마음껏 냉소하는 아리스토파네스는 유명한 희곡 작가였다. 당대 식자였으며 당대 문학의 권력자였다. 그는 문학적 소양으로 소크라테스를 구석으로 몰아붙였다. 그는 소크라테스와는 동시대 사람이지만, 소크라테스와 전혀 다른 사물을 보는 눈과 감각을 가졌다. 아리스토파네스는 소크라테스의 존재 자체를 대수롭지 않게 생각했다. 그의 눈에는 소크라테스 역시 소피스트와 다를 바 없었다. 그의 눈에는 소피스트를 비난하는 소크라테스가 마치 겨 묻은 개를 나무라는 뭐 묻은 개처럼 보였다. 그래서 아리스토파네스는 소크라테스가 그렇게 싫어하는 소피스트의 아류로 소크라테스를 희화화해 버렸다.

아리스토파네스는 소크라테스가 신을 믿지 않고 안개, 이슬, 연기 등을 신봉하는 불경한 사람이라고 비난했다. 뿐만 아니라, 돈을 받고 말 잘하는 법을 가르치면서 부를 쌓는 소피스트와 별다른 차이가 없다고 비꼬았다. 아리스토파네스는 그의 희곡 「구름」에서 소크라테스를 마음껏 조롱했다.[14] 그는 「구름」에서 주인공 소크라테스를 소피스트의 대표로 설정하였다. 그리고 당시의 소피스트뿐 아니라 소크라테스 같은 지식인들의 허위의식과 신식교육을 풍자했다. 아리스토파네스는 소크라테스가 소피스트처럼 궤변을 늘어놓으면서 자신의 논리를 정당화시키는 장면을 파노라마처럼 전개했다.

늙은 농부인 스트레프시아데스가 아들인 페이딥피데스의 사치 때문에 빚을 계속 지면서 그것을 해결하기 위해 노력하는 것을 주제로 삼아 이야기를 이끌어 간다. 그가 주인공으로 택한 스트레프시아데스는 세계 지도 속의 아테네를 보고는 진짜 아테네라고 믿지 못한다. "그 지도 속에는 배심원들이 하나도 보이지 않잖소!"라고 말할 정도로 순진무구한 농부다. 그런 그가 아들 때문에 빚을 지게 되고, 그 빚은 계속 늘어난다. 빚을 갚아야 할 날이 다가오자 걱정이 파도처럼 밀려온다. 걱정하던 스트레 프시아데스는 어디에선가 소피스트에 대한 이야기를 듣는다. 그들에게 말하는 법을 익히면 아무리 불리한 소송이라도 이길 수 있다는 이야기에 솔깃한다. 그는 아들 페 이딥피데스를 그들에게 보내려고 한다. 아들에게 웅변을 익히도록 해서 빚 송사에서 이겨 보려는 속셈이었다.

그런데 아들은 아버지의 청을 거절한다. 그런 것을 배우지 않겠다는 것이다. 할 수 없이 스트레프시아데스는 직접 웅변을 배우기 위해 소피스트를 찾아간다. 그곳은 당 대의 웅변가이며 설득가인 소크라테스를 스승으로 모시고 있었다. 스트레프시아데 스는 소크라테스 밑에서 그동안 자신이 옳다고 생각했던 바가 사실은 틀린 것이었다 고 철저히 훈련받는다. 그는 마침내 소크라테스의 훌륭한 제자가 되어 가는 듯했다. 그래서 자신도 소크라테스처럼 '훌륭한' 언변을 가지게 되고 빚을 갚지 않을 수 있을 것이라고 생각하기에 이른다. 그렇지만 스트레프시아데스는 현란한 소피스트의 논 리에 마침내 머리가 아파오는 고통을 견뎌낼 수 없었다.

결국 그는 궤변을 익히는 일을 중도에 포기한다. 중도 포기한 채 집으로 돌아온 그 는 아들을 설득한다. 아들은 소크라테스에게 간다. 그리고 그곳에서 소피스트로부터 궤변을 익힌다. 소피스트는 페이딥피데스에게 궤변을 충실하게 가르쳐 여타 소피스 트 이상으로 만들어 간다.[15] 마침내 소피스트에게 훈련을 단단히 받은 페이딥피데스 는 그의 아버지에게 궤변을 늘어놓는다. 아버지인 스트레프시아데스를 때리는 것이 정당하다는 것이다.[16] 이에 화가 난 스트레프시아데스는 소크라테스의 집에 불을 지 른다.

소크라테스를 마음껏 조롱하기 위한 아리스토파네스의 희곡에서 본 것처럼 신화는 인간의 삶살이가 어떻게 진화해 왔는지를 알려 주는 일종의 핑거포스트(fingerpost)와 같다. 핑거포스트라는 말은 17세기 초 귀납법을 확립한 프랜시스 베이컨이 1620년 『노붐 오르가눔(Novum Organum)』에서 처음 사용하였다. 이것은 어떤 문제가 미궁 에 빠졌을 때 오로지 한길을 가리키며 그곳으로 인도하는 하나의 도로 표시다. 그 핑거포스트를 보는 순간 길을 가던 사람이나 방황하던 사람들은 일시에 안도감을 갖게 된다. 나아갈 목표에 대한 모든 형태의 추론적인 증거나 상상을 압도하는 독자적이며 확실한 증거를 뜻하기 때문이다. 신화는 그런 핑거포스트마저도 삶을 이해하는 데 활용할 수 있는 곁가지로 활용하라고 일러 주고 있다. 진실, 진리 등 절대적인 것은 어차피 찾아내기 힘들기 때문이다.

베이컨이 『노붐 오르가눔』에서 주장하는 것처럼 사람들의 삶살이는 설명하거나 이해하기 쉽지 않다. 그 이유는 인간의 지성이 진리에 접근하는 것을 4개의 우상이 방해하고 있기 때문이다. 인간으로 하여금 참된 것을 인식하지 못한 채, 합리적인 판단을 방해하게 하는 선입견이나 편견을 우상(idola)이라 할 수 있는데, 베이컨은 그런 인간적인 인식을 방해하는 편견의 표지를 '종족의 우상', '동굴의 우상', '시장의 우상', '극장의 우상'이라고 명명하였다.

종족의 우상(idola tribus)이란 인간이 생물학적 내지 사회적 편견을 가지고 사물을 바라보고 해석하는 태도와 그에서 생긴 편견을 말한다. 동굴의 우상(idola specus)은 평생을 동굴에서 살던 사람이 그 생활에 익숙해져 다른 세상을 보지 못하는 것이다. 다시 말해서 자신의 주관이나 선입견 때문에 자기 세계와는 다른 넓은 세계를 제대로 파악하지 못하는 상황과 그로부터 기인된 편견을 말한다. 시장의 우상(idola tori)은 사람들이 다른 사람들의 인식이나 경험을 고려하지 못한 채 자기만의 지적·사상적인 용어와 관점을 필요 이상 강조하면서 생기는 지적 폐단이나 편견을 말한다. 마지막으로 극장의 우상(idola theatre)이란 기존의 패러다임이나 인식, 전통을 조건 없이 일방적으로, 그리고 무비판적으로 받아들이며 그것에 의지하여 모든 것을 해석하고 판단하기 때문에 생기는 편견을 말한다. 이런 인식의 우상들이 사람들에게 새로운 인식을 방해하고 기존의 편견에 의지하게 한다. 베이컨이 "아는 것이 힘이다(Knowledge is power)."라고 말한 것은 이런 이유다. 세상이나 삶살이에 대한 제대로 된 이해, 말하자면 편견을 최대한 억제하고 그것을 극복하여 삶에 대한 진실을 찾아낸다고 해도 그것은 결국 허상이거나 그 자체가 불가능하다는 이야기도 있다. 소설가인 피어스[17] 박사는 자신의 소설 『핑거포스트, 1663』에서 그것을 극명하게 보여 준다.

이 책은 4개의 서로 다른 증언이 모여 하나의 정교한 이야기가 되는 독특한 구성을 하고 있다. 이야기는 1663년으로 거슬러 올라간다. 아직 쌀쌀한 어느 이른 봄날 오후, 마르코 다 콜라라는 베네치아 신사가 옥스퍼드에 도착하면서 이야기가 전개된다. 이 베네치아 신사는 위대한 화학자 로버트 보일을 찾아간다. 그 후 콜라는 철학자 존 로크, 사학자 앤소니 우드, 의학자 리처드 로어, 수학자 존 월리스 등 옥스퍼드의 화려한 저명인사들과 접촉한다. 콜라는 특히 사라 블런디라는 범상치 않은 여인에게 관심을 보인다. 그러던 어느 날 밤, 옥스퍼드 뉴 칼리지의 신학 교수 그로브 박사가 의문의 독살을 당하고, 살인사건을 진술하는 4명의 화자가 등장한다. 제1부를 증언하는 베네치아 신사 마르코 다 콜라, 제2부를 증언하는 악명 높은 반역자의 아들 잭 프레스콧, 제3부를 증언하는 암호 해독가 존 월리스, 제4부를 증언하는 사학자 앤소니 우드가 그들이다.

4명의 증언 중 진실에 접근하는 것은 오로지 하나뿐이다. 2부의 증언은 1부의 증언을 뒤집고, 3부의 증언은 1부와 2부의 증언을 뒤엎는다. 마지막 4부의 증언은 앞서의 모든 증언을 전복하며 나아간다. 그래서 이 소설에서 앤소니 우드는 결정적인 마지막 증언자가 된다. 살인사건의 진상은 17세기 영국과 유럽 군주 간의 정치적 음모로까지 확대된다. 무엇보다도 이 책은 '진실의 상대성'에 관한 이야기다. 말하자면, 제1부는 '시장의 우상', 제2부는 '동굴의 우상', 제3부는 '극장의 우상'의 한계를 보여 준다. 그러나 제4부에서 피어스는 '종족의 우상'이 아니라, '핑거포스트'의 한계를 보여 준다. 소설에서는 이제 사건의 전말을 보여 주는 핑거포스트인 제4부의 증언만이 유일한, 그리고 완벽한 증언이 되어야 한다. 그러나 작가는 4부에서 인간이기 때문에 범할 수 있는 가장 거대한 우상인 '종족의 우상'을 다루지 않고 그 대신 명백한 '사실'의 우상을 증언한다. 그 진실은, 이것이 바른길이며 그곳으로 가야 목표하던 대로 갈 수 있다고 가리키는 핑거포스트나 또 다른 증언자인 앤소니 우드의 증언조차 객관화된 진실이라고 말할 수 없다는 것을 보여 준다. 나아가 '객관화된 진실'이라는 단어 그 자체가 모순임을 알린다. 없었던 일을 만들어 발설하는 거짓보다 침묵하거나 있었던 상황을 편집하는 것이 더 큰 거짓을 낳을 수 있다는 것을 극명하게 보여 주는 것이다.

피어스는 인간이 아무리 발버둥 쳐도 진실을 알아내는 데에는 절대적인 한계가 있음을 말하고 있다. "나는 두 사람이 정반대의 결론을 내리고 있지만 둘 다 진실을 말하고 있다고 생각한다. 이것이 꼭 모순이라고도 생각지 않는다. 물론 진실이 하나라는 것은 인정하지만, 대개 우리가 진실을 알 도리가 없다. 호라티우스가 말했듯이, '우리가 모든 것을 아는 건 신의 뜻이 아니다.' 모든 것을 아는 것은 모든 것이 보이는 것이고, 전지(全知)는 오직 신만의 것이다. ……빌라도는 비웃으며 '무엇이 진실인가?' 라고 말했다. 그러고도 대답을 들으려 하지 않았다. 우리는 구태여 논증할 필요도 없는 진리가 존재한다는 사실을 마음으로 알고 있다. 이 사실이야말로 신이 존재한다는 가장 훌륭한 증거라고 믿는다. 그 진리를 발견하려고 애쓰는 것은 신을 알려고 애쓰는 것이기도 하다."

피어스에 따르면, 인간의 마음은 혼자 힘으로는 진실을 파악할 수 없고 환상과 허구만 만들어 낼 뿐이다. 그 환상과 허구를 더 이상 확신할 수 없게 되면 그것을 내다 버리고 다른 것으로 대체하게 된다. 그러나 적어도 그때까지는 그것이 진실이라고 믿는다. 인간의 합리성은 아기가 쥐고 있는 장난감처럼 무디고 연약한 무기다. 이성의 한계를 뛰어넘어 통찰할 수 있는 계시는 우리에게 주어지는 선물이다. 그것은 우리가 노력한다고 해서 얻을 수 있는 것이 아니고, 누구나가 그 선물을 받을 자격이 있는 것도 아니다. 아퀴나스는 그 계시만이 어떤 지성으로도 풀 수 없는 문제를 명쾌하게 해명할 기회를 우리에게 제공해 준다고 말했다.

§ 성황당이나 뾰족당이나……

20세기 최고의 종교학자로 꼽히는 미르치아 엘리아데는 종교란 일반이 생각하는 것처럼 그렇게 독특하고 영적인 것이 아니라고 보았다.[18] 종교는 그저 일반적인 인간현상 가운데 하나일 뿐이라는 것이 그의 생각이다. 인간현상 안에 종교적인 구조가 자리 잡고 있다는 것이다. 엘리아데는 일반 범주로서의 '종교', 말하자면 기독교, 유교, 불교, 이슬람교 등과 같은 개별 종교가 아니라, 모든 종교를 생성시키고 변형시키는 '종교적인 힘'에 관심이 있다. 그는 종교 간의 상호작용과 상호 변형력, 상호 동화력이 서로 어느 정도로 확산되는지에 관심이 있다. 다양한 종교적 관념이나 종교적 분파들이 어떻게 한 종교에 의해 종합되는지, 반대로 한 종교의 창조물이 분산되고 변형되는 것과 관련된 인간의 '종교적 창조성'을 이야기한다. 엘리아데는 인간으로 살아간다는 것, 인간의 삶 그 자체를 종교적인 현상으로 간주한다. 그래서 종교도 인간의 생활처럼 상황적이고, 위기 모면적이라고 본다.

종교는 사람들이 만들어 놓은 이야기들인데, 참일 수도 거짓일 수도 있다. 종교는 아름다울 수도 추할 수도 있고, 기업처럼 이윤 추구적일 수도 있고 자선적일 수도 있다. 또한 도덕적일 수도 비도덕적일 수도 있다. 종교는 사람의 선택에 의해 변화된다. 엘리아데는 성스러움을 지향하는 호모 렐리기오수스, 즉 종교적 동물이면서도 다른 한편으로는 일상적인 삶을 놓칠 수 없는 이중적인 인간상을 늘 염두에 둔다. 따라서 엘리아데는 예수로서의 인간과 보통 사람인 인간 모두를 껴안는다. 그가 추구하는 종교학의 근저에는 이러한 성과 속(聖/俗)의 꼬임이 있다. 그 꼬임과 변형으로 인간의 문화가, 인간의 종교가 만들어진다. 엘리아데는 '인간 존재로서 살아간다는 것은 그 자체로 종교적인 행위'인데, 음식 섭취, 성생활, 노동 등의 종교적 행위는 성사(聖事)로서의 가치, 그 이상이나 그 이하도 아니라고 본다. 인간으로 존재하는 것, 인간이 된다는 것 자체가 이미 종교적이기 때문이다.[19]

엘리아데는 마을 어귀의 장승과 천년 고찰의 불상을 동일하게 여긴다. 무속인이나 교황 간에도 문화권에 따른 신분적 차이 외에는 별다른 것이 없다. 권력의 차이만이 있을 뿐이다. 작두 위에서 신내림을 받는 것이나 목회자가 되기 위해 신학교의 증명서를 받는 것은 형상학적으로 동일하다. 장승과 불상, 그리고 십자가 간의 구분은 원초적으로 무의미하다. 모두 성스러움을 추구하는 인간의 종교적 염원을 담고 있을 뿐이다. 음식, 섹스, 노동, 그리고 책읽기 역시 어떤 경건한 의식보다 더 종교적일 수 있다. 엘리아데는 보편 역사에 대한 의식, 즉 '인류 정신사의 통일성에 대한 의식' 자체가 근대적이며 서구적인 '종교적 창조물'이라고 주장한다. 이것은 저 너머의 초월성을 통해서가 아니라, 역사 안에서 역사를 통해 구원을 얻는 방식을 의미한다. 근대는 역사가 종교를 대신하는 상황, 즉 '종교 아닌' 비종교가 종교가 되는 상황을 가리킨다. 엘리아데는 '종교의 종말'이 종교의 사망이 아니라 새로운 종교성의 탄생이라고 주장한다. 종교의 죽음이 불가피하다면, 그것은 새로운 종교의 재생을 알리는 조짐이나 징후일 뿐이다. 종교가 죽어 간다고 아귀다툼을 하거나, 종교의 부활을 억지로 부추긴다고 해서 되는 것이 아니라는 것이다. '죽어 가는 종교'를 부활시키려는 몸부림은 부질없는 짓이다. 어차피 그 종교를 상징하는 새로운 종교성이 곳곳에서 다른 양식으로 표현될 것이다. 선돌이나 고인돌 같은 거석문화는 돌의 문화가 아니라 종교성이 가진 이어짐의 문화를 드러내고 있는 것이다. 돌은 상징적으로 죽은 자의 영혼을 담아 내는 영원불사의 그릇이다. 이 거석문화가 상징하는 원시인들의 죽음에 대한 장례의 가치는 곧 거대한 돌의 건축물로 상징되는 후대의 신전문화, 나아가 도시문화와도 연결된다.

엘리아데는 고대 그리스 문화에서 빼놓을 수 없는 신전과 그 후대로 이어지는 석축의 도시문화는 결국 장례의식의 종교성, 무덤의 종교성이 연장된 것이라고 본다. 석기류의 도시문화, 시멘트라는 돌가루로 만들어진 현대의 도시 문화와 아파트 문화도 결국은 이 시대에 합당한 불멸을 놓치지 않으려는 새로운 종교성의 발현일 뿐이다. 예를 들어, 종교집단의 건축물은 대부분 아직도 석기문화의 잔영으로 뒤덮여 있는 것만 보아도 엘리아데의 통찰력은 놀랍다. 엘리아데는 샤머니즘을 '인간이 신령과 소통하는 엑스터시 기술'로 생각한다. 또 그것의 요령을 알고 있는 사람은 '고대의 접신술사'와 동격으로 간주한다. 이런 접신술사들이 현대의 목사, 현대의 스님들로 현현된 것이다. 샤먼은 종교적 목적을 위해 엑스터시 기술을 '통제'하는 방법을 익힌 사람들인데, 현대의 종교사들도 그것과 별다른 차이가 없다는 것이다. 이것은 샤머니즘을 그 당시 표출되었던 특유의 자율적 종교체계로 보아서는 곤란하다는 뜻이다. 그 원초적인 종교현상은 지금의 종교에 이르기까지 일관되게 이어져 오는, 항상 존재하는 현상일 뿐이다.

§정진(精進)도 변(弁)보기에서

신화 속에서는 성스러운 것과 속된 것이 상동적이라는 엘리아데의 논지를 일상생활에 연장해도 그 양태는 비슷하다. 사람들은 자신을 편안하게 하기 위해 참선 등 명상에 몰입한다. 참선, 그것을 참선하는 주체의 입장에서 비유적으로 말하면 자기 부처를 잃어버리지 않으려는 투쟁 행위다.[20] 자기 안의 부처를 놓지 않으려는 삶의 정진(精進)을 참선이라고 부른다는 것이다. 지광 스님[21]은 행복을 구현하는 방법이 정진에 있다고 본다. 붓다가 일찍이 배워 보여 준 삶의 자세가 바로 정진이라는 것이다. 정진은 그야말로 자신이 처한 상황, 고난과 역경의 덩어리를 극복하고 목표를 향해 쉬지 않고 끊임없이 나아가는 노력을 말한다.

정진은 본질적으로 무소의 뿔처럼 거침없이 나아가며 자기 안의 잡음을 청소하는 행위다. 삶과 인생은 자신의 의지와 반대로 전개되기 마련이다. 주저앉아 포기해 버릴 수 없는 것이 생이고 삶이기에, 인간의 삶은 언덕길을 힘겹게 오르는 수레와 같다. 언덕길에 놓인 수레는 손잡이를 놓으면 곧바로 아래로 곤두박질친다. 손잡이를 꼭 잡고 한 걸음 한 걸음 위로 향할 때, 수레는 밑으로 굴러 떨어지지 않는다. 그 손잡음이 생명이고, 위로 오르려는 길이 삶이다. 그 생명을 놓지 않고 힘쓰기를 게을리하지 않는 것이 행복이고 평안함이다. 물론 힘겹게 수레를 정상으로 밀었다고 그곳에 행복이 있는 것은 아니다. 그 정상이 평안한 곳이 되는 것도 아니다. 오르면 어차피 내려가게 되어 있기 때문이다. 정상에 오르는 것은 결코 결정적인 일이 아니다. 오르기 위해, 혹은 내려가기 위해 수레를 꼭 잡고 한 걸음씩 발걸음을 떼어 놓는 일이 더 중요하다. 그래서 한순간만 마음을 헛되게 놓아도 곤란에 빠지는 것이 바로 삶이다.

수레와 함께 위로 오르는 것은 칭찬을 받기 위한 것이 아니다. 그것은 자기 생명에 충실하고, 자기 삶에 정직하기 위한 것이다. 오르는 동안 부주의한 것에 대한 비난에 흔들릴 필요도 없다. 남들의 이목에 흔들려 제 갈 길을 바꿀 수는 없기 때문이다. 모든 것은 자기 과정이다. 모든 것은 각자의 결정으로 자기가 갈 일이다. 한순간도 방심할 여백이 있어서는 안 된다. 고통이나 희열에 무릎을 꿇을 여백도 없다. 무소의 뿔처럼 거침없이 나아가는 일만이 남아 있다. 그것이 정진이고, 그것이 생활의 선이다. 정진을 놓으면 수레가 뒤로 미끄러지게 된다. 마찬가지로 대소변을 제대로 보지 못하면 생이 병으로 이어지고, 그것을 끝내 고치지 못하면 명의 끊어짐으로 연결된다. 그러니 나 아닌 것들을 먼저 사랑하는 일이 선이 된다. 산책이라도 마음 놓고 제대로 하는 일이 선이 된다. 밥 한술이라도 제대로 씹어 먹는 것이 바로 선이다. 모든 것은 생활 수행법을 통해 실천될 수 있는 것이다. 자기 마음은 자기가 다스려야 하기에 자기 삶이 바로 마음공부다. 이런 일들은 비현실적이거나 어려운 고행의 길이 아니라 우리 삶에서 매일같이 일어나는 것들이다. 자신을 힘들고 어렵게 하는 것들에 대한 생각을 돌이켜 보기만 해도, 삶은 더 단순해지고 경쾌해질 수 있다.[22]

신화의 이야기를 모아 그 모습을 살펴보면, 대체로 참선의 구조로 전개됨을 알 수 있다. 신화의 이야기에 빠지다 보면, 끝내 읽는 이의 재미는 마음 다스리기를 위한 해석에서 찾아낼 수 있다. 신화는 결코 우스갯소리가 아니다. 동일한 현상이라 하더라도 그것을 시대에 맞추어 어떻게 해석하느냐에 따라 의미가 달라진다. 그것의 의미는 내게 명상의 주제가 될 수 있고, 깨달음이 될 수 있으며, 때로는 우스갯소리의 소재가 될 수도 있다. 예를 들어, 교육계에서는 교육환경의 중요성을 보여 주는 예로 맹모삼천지교(孟母三遷之敎)를 꼽곤 한다. 맹모삼천지교는 맹자의 어머니가 자식을 위해 세 번 이사했다는 뜻이다. 인간의 성장에 환경이 중요함을 가리키는 중국의 고사다. 이 이야기는 원래 중국 전한(前漢) 말의 학자 유향(劉向)이 지은 『열녀전(列女傳)』에서 비롯된 것으로서 맹자(孟子)의 어머니가 보여 준 교육적 감화를 기리는 말이었다.

맹자의 어머니는 아들의 교육을 위해 단기지교(斷機之敎)의 일화를 남긴 여성상을 대표한다. 맹모삼천지교의 사정은 이렇다. 맹자가 어머니와 처음 살았던 곳은 공동묘지 근처였다. 장의사나 염하는 사람들, 소복한 망인의 가족이 보여 주던 행동을 늘 보던 맹자로서는 그 나이에 함께 놀 만한 벗이 없었다. 어린 맹자는 자기가 보던 대로 장의사들이 하는 것처럼 곡(哭)을 하는 등 장사지내는 것을 흉내 내며 놀 수밖에 없었다. 이 광경을 목격한 맹자의 어머니는 맹자의 교육을 위해 이사를 한다. 하지만 이번에 그녀가 이사 간 곳은 시장 근처였다. 그곳으로 이사 간 맹자가 하는 일이라고는 사람들이 물건을 팔고 사고 흥정하는 모습을 본떠 장사꾼들의 흉내를 내면서 노는 일이었다. 그런 광경을 목격한 맹자의 어머니는 다시 용기를 내어 글방 근처로 이사를 했다. 공동묘지 근처나 시장은 맹자에게 교육적인 환경일 수 없었기 때문이다. 그랬더니 이제는 맹자가 학당의 선생들이 하는 것처럼 제사 때 쓰는 기구를 늘어놓고 절하는 법이며, 나아가고 물러나는 예법, 책을 들고 읽고 외우는 놀이를 하는 것이었다. 그것을 본 맹자 어머니는 학당 근처야말로 맹자와 함께 살 만한 곳으로 마음을 정하고 그곳에서 머물러 살았다. 맹자는 어머니가 보여 준 삼천지교의 노력으로 유가(儒家)에서 뛰어난 학자가 되었다. 그런 이유로 사람들은 맹자의 어머니를 고금에 이를 데 없는 현모양처(賢母養妻)로 기리기 시작했다.

맹모삼천지교의 이야기는 맹자 어머니가 맹자에게 보여 준 교육적 환경의 중요성을 말하는 것이다. 자녀교육을 위해서라면 모름지기 자녀가 제대로 공부할 수 있는 교육적 환경을 만들어 주는 것이 필요하다는 것을 알려 주는 고사로 인용되곤 한다. 그에 따라, 맹모삼천지교의 이야기는 자식을 위해 좋은 동네, 좋은 지역으로 이사를 가는 것이 정당하다는 대중심리학적 정보로도 활용된다.

그러나 맹모삼천지교는 더 이상 자녀의 교육을 위해 교육적 환경을 제대로 만들어 주어야 한다는 단순한 이야기가 아니다. 맹모삼천지교에 대해 새로운 해석이 가능하다고 보는 사람들이 바로 신 맹모삼천지교(新 孟母三遷之敎)론자다. 맹모삼천지교에 대한 새로운 해석은 고전적인 해석과는 근본적으로 궤를 달리한다. 우선 맹자의 어머니가 맹자의 교육을 위해 좋은 동네로 이사를 갔다는 해석과는 달리, 그녀가 세 번 이사를 한 것은 맹자가 사람처럼 살기 위해 필요한 것을 먼저 가르치기 위해서였다. 맹자의 어머니가 맹자에게 제일 먼저 가르친 것은 사람의 운명에 관한 것이었다. 사람은 결국 죽을 수밖에 없는 유한한 존재라는 사실을 공동묘지 근처로 이사함으로써 맹자에게 일깨워 주었다. 인간의 운명이 무엇인지, 인간의 삶이 무엇인지, 인간이 언제 슬퍼하는지 등을 가장 먼저 깨달아야 사람 구실을 할 것이라고 생각했기 때문이다. 그 후 맹자 어머니는 사람들 간의 바른 행위, 사람들의 살아가는 생생한 모습을 보여 주기 위해 시장 근처로 이사를 했다. 시장은 사람들의 적나라한 모습과 거래, 그리고 장사 행위와 관련된 갖가지 기술이나 잡기를 알려 준다. 이를 통해 사람이 어떻게 살아가고 있는지, 그리고 어떻게 살아가야 하는지를 생생하게 가르쳐 주었다는 것이다.

마지막으로 맹자 어머니가 맹자에게 보여 준 것은 배움에 관계된 것인데, 이것이 마지막 교훈이다. 인간의 운명이 무엇인지, 사람들이 실제로 어떻게 살아가는지를 알게 한 후 맹자 어머니가 맹자에게 진정으로 일깨워 준 것은 사람에 대해 배우는 법, 사람 간에 지켜야 할 도리, 사람의 바른 길이었다. 맹자 어머니가 택한 학당 근처는 맹자의 교육 환경으로 사람의 배움을 위해 가장 정형적이고 원형적인 모습을 갖고 있던 곳이다. 그녀는 인간이 마지막으로 자기 완성을 위해 가다듬어야 할 것은 배움임을 맹자에게 알려 주었다. 결국 신 맹모삼천지교론자들에 의하면, 맹자의 어머니가 후대에게 가르쳐 준 것은 인간이 완성되기 위해서는 가장 먼저 인간의 운명과 생명의 한계부터 먼저 배워야 한다는 것이다. 그 다음은 사람들이 실제로 살아가는 현실적인 모습과 그 속에서 나타나는 갖가지 상황의 핵심을 꿰뚫어 볼 수 있어야 한다. 그런 연후에야 비로소 그런 삶의 경험을 기초로 인간의 길, 배움의 길로 들어서야 된다는 것이 맹자 어머니의 가르침이다.

§ 최상의 야생 사고

신화를 인류 최고의 철학이라고 간주하는 나카자와 신이치 교수는 인간이 자랑하는 과학적 정보나 지식이라는 것이 불과 150여 년 전부터 축적된 근대적인 산물에 지나지 않는 데 비해 너무 엄청난 대접을 받고 있다고 주장한다. '철학'이라 불리는 사상체계도 고대 그리스로부터 따진다고 해도 2500년의 역사에 지나지 않는다. 이에 비해 신화는 인간의 시작과 더불어 만들어진 일종의 지성이며 철학의 원형이다. 인류의 문화와 역사를 알기 위해서 우선 신화부터 익혀야 하는 이유가 바로 여기에 있다. 이런 신화의 유형은 세계 공통 발견된다. 이런 관점 아래 나카자와 교수는 인간의 신화를 단서로 삼아 태고 인류의 우주관·자연관을 색다르게 해석한다. 신화적 사고는 커다란 원을 그리듯이 서로 연결되어 있으며, 일관된 야생의 사고를 담고 있기 때문이다.

그는 야생적 사고의 원형을 규명하기 위해서 신화의 구조에 주목한다. 신화가 세상에 알려지기 시작한 것은 인류 탐욕의 역사와 그 궤를 같이한다. 16세기 이후 시작된 백인과의 접촉으로 신화는 문자로 기록하는 것이 가능해졌다. 하지만 동시에 백인과의 접촉은 곧 선주민의 고유 문화의 파괴를 의미하는 셈이었다. 그로부터 신화에 대한 지식을 얻은 대신에 신화를 전승하던 사람들의 문화는 지구상에서 점차 사라지게 된다. 문자의 활용은 신화 연구에서는 이율배반적이다. '문자화된 야생적 사고'는 남아 있게 되지만, 구술로 전해 내려 온 '살아 있는 야생적 사고'는 문자로 인해 파괴된다. 지금 시점에서 신화를 올곧게 읽어 내려면 신화 안에 담겨 있는 야생적 사고의 원형을 밝히는 작업이 필요하다. 신화는 인류가 감각의 논리를 구사해 우주 안에서 인간 삶의 의미를 이야기하고자 하는 대담한 철학 행위의 시작이다. 신화를 연구하는 것은 공간과 시간 속으로 퍼져 상실된 것처럼 보이는 연관성을 회복하기 위한 노력이다.

　신화의 유형을 살펴보면, 유라시아 동쪽 끝부터 서쪽 끝에 이르기까지 그 주제가 동일한 것들이 비일비재하다. 그런 동일한 신화 전승이 가능한 한 것은, 그 신화들이 단순하게 한곳에서 다른 곳으로 전파(傳播)된 결과가 아니다. 그것은 인간에 대한 보편적인 사유가 문화적으로 고착되어 야생의 사고를 이룬 결과다. 인류 보편적인 신화적인 사고가 체계화되기 시작한 것으로 추측되는 중석기 시대에 유라시아 대륙에서 광범위하게 흩어져서 생활하던 사람들은 사고방식을 공유하였다. 그 단편이나 파편이 오랜 세월 동안 여러 지역에서 변화와 발전의 과정을 거치면서도 공통의 핵에 해당되는 것만은 불변의 것으로 유지되었다는 것이 나카자와 교수의 생각이다. 그런 것을 예증해 주는 것이 바로 신데렐라 이야기다.[23]

　나카자와 교수는 세계 각지에 펼쳐져 전개되고 있는 다양한 신데렐라 이야기에 주목했다. 신데렐라는 누구에게나 친숙한 동화지만, 그것은 원래 무당에 관한 신화들이 하나의 동화로 지역을 통해 구술된 이야기다. 프랑스의 '상드리용(재투성이 엉덩이의 아이)', 독일 민화집의 '재를 뒤집어쓴 소녀', 포르투갈의 '아궁이 고양이', 중국의 '섭한', 미크마크 인디언들의 '누덕누덕 기운 듯한 피부의 소녀(불에 덴 흉터가 있는 소녀)' 등은 모두 신데렐라 이야기가 전승된 잔해들이다. 그리고 그것의 원형은 한결같이 무당에 관한 신화라는 것이다. 오늘날까지 전해 내려오는 신데렐라 이야기들은, 신데렐라의 '원형'이 가지고 있었을 신화로서의 성격을 상당히 많이 잃었다. 그럼에도 불구하고 신데렐라의 잔해에는 신기할 정도로 완벽하게 고대적인 성격이 보존되어 있다. 그래서 신데렐라의 '신발 한 짝'에 관한 해석은 단순한 신발 한 짝의 문제가 아니라 신화 속에 스며 있는 이승과 저승에 관한 양생적인 사고의 편린이라는 것이다.

실제로, 김태곤과 그의 동료[24]들도 세계 여러 나라의 신화와 우리의 신화를 서로 비교하고 한 가지 결론을 얻었다. 고전 신화와 우리 신화 간에도 유사성이 크게 드러난다는 점이다. 예를 들어, 하백과 해모수의 신화는 프로테우스와 메넬라우스의 신화와 그 구조가 서로 닮았다. 강의 신인 하백과 천제(天帝)의 아들인 해모수는 서로 잉어와 수달, 사슴과 승냥이, 꿩과 매로 변하며 상대방의 정체를 파악하고, 장인과 사위의 연을 맺고 있다. 이것은 바다의 신인 프로테우스가 미래를 물으러 온 트로이 전쟁의 영웅 메넬라우스에게 붙잡히자 사자, 용, 나무 등으로 변신하면서 그를 피하려던 것과 비슷하다. 우리 신화와 고전 신화 모두는 물과 관련된 존재, 그리고 그것에 의한 변신의 주제를 다루고 있다. 탈해와 수로에 대한 신화, 프로테우스의 신화 역시 모두가 하백과 해모수에 관한 이야기처럼 물의 신과 영웅의 변신 이야기로 끝나고 있다.

유리 태자에 관한 신화나 테세우스에 관한 신화 역시 마찬가지다. 부여의 유리 태자는 아버지 주몽이 기둥 밑 돌 아래에 남겨 놓은 칼을 찾아 고구려의 부왕에게 그 칼을 보여 줌으로써 자신이 아들임을 입증하고 왕위를 물려받는다. 그에 비해 테세우스는 외가에서 자라다가 청년이 되자 아테네의 왕인 아버지 아에게우스가 큰 바위 아래 남겨두고 갔던 칼을 꺼내 가지고 가 자신이 아들임을 입증한다.

목(木)도령에 관한 이야기와 프쉬케에 관한 이야기 역시 주제의 궤가 비슷하다. 목신(木神)의 아들인 목도령은 대홍수로 온 세상이 물에 잠기자, 아버지인 목신을 타고 피신하던 중 개미떼와 모기떼를 구해 준다. 그는 고목에 태워 살려 주었던 다른 아이와 함께, 이 세상에서 유일하게 물에 잠기지 않은 산꼭대기의 오두막에 사는 노파의 두 딸과 결혼하게 된다. 결혼 전에 노파는 목도령의 재주와 능력을 시험하기 위해 모래에 섞인 좁쌀을 골라내는 일을 시킨다. 목도령은 자신이 도와주었던 개미들의 도움으로 이 일을 금방 해내고 노파의 친딸을 아내로 얻는다. 이때 모래에 섞인 좁쌀을 골라내는 일은 아프로디테 여신이 프쉬케에게 시켰던 것과 같은 일이다.

신화는 이야기에 의해 전승되는 것이기에, 시간과 공간 속에서 서서히 변형되기 마련이다. 동시에 신화는 논리적 전체성을 갖추고 있기 때문에 그 변형에는 일정한 규칙이 있다. 나카자와 교수는 모든 이에게 하나의 동화로서 친숙한 신데렐라를 통해, 그 변형의 과정을 밝히고 있다. 그는 신화적 사고가 커다란 원을 그리듯이 서로 연결되어 있으며, 일관된 야생의 사고를 담고 있다는 점을 반복적으로 강조한다. 그 이유는 신화적 사고의 원형으로서 '야생적 에티카(ethica)', 즉 '기하학적 순서로 증명된 야생적 윤리학'이 신화 속에 가득함을 제시하기 위해서다.

신화를 해체적으로 읽기 시작하면 그 신화에 대한 야생적 사고가 복원되기 시작한다. 마치 인상주의 작곡가 모리스 라벨의 무용곡 '볼레로'가 아주 조금씩 스스로를 변형시키다가 커다란 전체성을 가진 음악으로 변화하는 것과 같다. 신화 역시 지역마다 세부적인 상징이 있지만, 지역화된 신화는 그것을 변형시켜 가면서도 한 고리로 묶을 수 있는 일관된 논리를 지닌다. 볼레로는 도입부에서 저음 현악기인 비올라, 첼로의 피치카토 3박자에 실려 볼레로 리듬의 작은북 연주를 시작한다. 그런 다음 아주 여린 소리로 시작해서 조금씩 커져 가며 마지막에 더욱 높아지는 크레센도 방식을 택한다.

나카자와 교수는 이러한 신화 읽기 작업을 통해 '야생적 사고'의 복원이 가능하다고 강조한다. 그가 "신화는 비합리적 논리를 매우 좋아하는 것처럼 보이지만, 그 내부로 깊숙이 들어가 보면 비합리의 경계선 바로 앞까지 접근하면서도 그 선을 넘어 버리지 않습니다. 사고의 힘으로 철저하게 작용해서 신화를 이성의 영역에 묶어 두고 있습니다. 국가의 탄생은 해결 불능의 부조리를 초래하게 되었지만, 그것이 출현하기 이전, 즉 사회가 안고 있는 부조리를 사고의 힘으로 해결할 수 있다고 생각했던 시대에는, 인간은 신화를 통해서 부조리의 본질을 생각하고자 했던 것 같습니다."라고 말하고 있다.

신화는 예술이다. 팝 아트(Pop Art)인 대중예술로서도 손색없는 주제다. 신화는 언제나 사람들에게 질문을 요구한다. 신화를 팝 아트로 간주하는 것은, 예술의 핵심이 보는 데 있는 것이 아니라 믿는 데 있으며, 믿는 것은 질문으로 시작하기 때문이다. 미술 평론가 스타니스제프스키[25]는, "보는 것이 믿는 것이 아니라, 믿는 것이 보는 것이다(Believing is seeing)."라고 말한다. 백문이 불여일견이라는 속성을 뒤집어 놓으면서 미술의 본질을 정의해야 미술이 제대로 보인다는 것이다. 예술은 거창한 것, 천재만이 할 수 있는 것이 아니다. 누가 보든 예술은 믿는 것만큼 보이고, 믿는 것만큼 새로운 것을 만들어 낼 수 있다. 세상을 다른 눈으로 보고, 그 속으로 뛰어들어 자기 자신과 세상을 새롭게 창조하는 것이 바로 예술이다. 실패를 두려워하지 않고, 자기 생각을 자유롭게 표현하며, 남이 해보지 않은 것에 도전하여 삶을 풍요롭게 재창조하는 사람이라면 누구나 예술가를 자처할 수 있다. 마네, 피카소, 반 고흐, 뭉크, 뒤샹 등 미술사에 한 획을 그은 여러 작가들은 예술에 고착된 옛날의 생각에는 예술성이 깃들 수 없음을 보여 준다.[26]

그들의 생각과 표현들은 예술이 삶과 동떨어진 것이 아님을 역설적으로 드러낸다. 예술이 타고난 재능을 가진 천재에 의해 만들어진 작품이나 활동이라는 생각은 예술에 대한 오해의 시작이다. 세상을 다른 눈으로 보고 그 속으로 뛰어들어 자기 자신과 세상을 새롭게 창조하는 것이 예술이며, 그렇게 할 수 있는 사람이 예술가다. '예술가'는 명사적 개념의 예술이 아닌, 무언가를 끊임없이 창조하는 '예술하기', '예술가 되기'라는 동사적 개념의 주인공들이다.

천재 예술가들에 대한 예찬은 보통 사람들이 자신의 게으름을 감추기 위한 자기애의 산물에 불과하다. 흔히 천재적 예술가들은 노력의 산물이 아니라, 하늘이 내린 재능의 산물이라고 말한다. 그렇게 말하는 것은 자신의 무기력을 변명하며 나태함을 정당화하려는 욕심에서 나온 표현일 뿐이다. 걸작들은 세상을 향해 온몸을 열어 두고, 그것을 자신의 활동으로 담아 두려고 치열하게 노력한 사람들의 결과물이다. 누구나 예술가지만 그들 모두를 천재 예술가라고 말할 수 없는 이유는, 예술도 내부시각의 표현이기 때문이다. 내부시각을 예술 방면에서 제대로 변형하고 확장하는 사람이 예술가로서의 능력을 드러내 보인다. 책 한 권을 이해하기 위해 같은 책을 1억 1만 3천 번씩 읽었다는 김득신의 노력을 볼 때, 그는 천재 예술가임이 틀림없다. 몇 년 동안을 지치지 않고 오로지 생트 빅투아르 산만을 그렸던 세잔의 집념을 보면, 예술세계의 이단자이자 천재 예술가로서의 모습을 볼 수 있다. 그들의 삶이 감동적인 것은 그들이 만들어 낸 결과물에 있는 것이 아니라, 그들의 노력과 열정의 과정에 있다. 그 과정 자체가 예술, 바로 그것이기 때문이다. 예술가라는 것은 그런 과정을 만들어 가는 내부시각에 몰입하는 사람들이다.

마르셀 뒤샹의 레디메이드 작품 〈샘(Fountain)〉은 20세기 가장 영향력 있는 유럽 미술로 꼽힌 바 있다.[27] 그것은 아름답기 때문에 꼽힌 것이 아니다. 남성용 변기가 전시장에 샘이라는 작품명을 갖고 미술관에 등장하는 순간, 그 작품은 보는 이에게 여러 가지 질문을 던진다. 이것은 예술인가 아닌가? 만약 예술이라면, 무엇이 저걸 예술로 만드는가? 예술이 아니라면 저건 무엇인가? 작품으로 전시된 '변기' 하나가 예술의 본질과 예술가의 본질에 대한 근본적인 질문을 던지게 했다.

예술은 거창한 결과물이나 창작물을 말하지는 않는다. 일정한 법칙을 깨고 새로운 규칙을 만들어 내는 순간, 그 순간의 행위가 예술이다. 일상적인 것에서 새로운 질문을 던질 수 있을 때, 그것은 예술의 본 모습을 하고 있다. 예술가는 삶에 대해 질문할 줄 아는 자들이다. 예술은 삶과 괴리된 고상하기만 한 것이 아니다. 삶을 치유하고 창조하는 것, 친구들과 손잡고 삶의 규칙에 질문을 던질 줄 아는 행위가 예술이다. 그래서 예술도 내부시각처럼 동명사적이어야 한다.

§ 앎의 비극

우리에게도 수많은 신화와 이야깃거리가 있다. 그런 이야기들이 인류 최초의 것은 아니지만, 그렇다고 우리 정서만 반영하는 지역적인 이야기도 아니다. 서양의 신화가 영웅의 이야기인 데 비해 우리 신화의 대부분은 건국에 관한 것이다. 영웅 이야기의 원형은 스메르의 영웅, 우르크 통치자였던 길가메시 등의 신화다. 길가메시는 고대 그리스의 오디세우스, 페르세우스, 헤라클레이토스, 알렉산드로스 대왕 같은 영웅의 원형이었다. 그래서 길가메시 서사시는 유대교를 비롯한 기독교, 천주교, 이슬람교에서 동일하게 믿고 있는 창세기 신화의 원형이기도 하다.[28]

우리의 신화에서는 그리스의 비극이 보여 주는 인간적인 고뇌와 배움에 대한 강렬한 고통, 깨달음 등이 상대적으로 미약해 보인다. 프로이트가 주장하는 오이디푸스 콤플렉스(oedipus complex)의 개념대로 우리 국민의 정서를 해석한다면, 한국 사람은 신경증 질환에 시달려야 할 민족으로 해석되기에 충분하다. 오이디푸스 콤플렉스의 개념으로 우리나라의 고소설이나 신화, 혹은 민담을 연구하는 사람들에 의하면,[29] 한국의 민담들은 오이디푸스 콤플렉스의 잔재 투성이로 해석될 수 있기 때문이다. 우리의 옛 시골마을마다 하나쯤은 있을 법한 고개들은 주로 달래내 혹은 달래라는 이름으로 불리는 곳이 많다. 이 달래내나 달래라는 명칭은 친누이와 남동생, 혹은 친오빠와 여동생 간의 살가운 근친상간적인 아픔을 담고 있는 것이 사실이다. 그러나 민담의 내용들이 프로이트가 이야기하는 오이디푸스 콤플렉스의 증거라고 주장하기에는 그들이 내세우는 과학적 증거가 상대적으로 미약하다.[30]

실제 오이디푸스 콤플렉스의 기원은 그리스 신화인 오이디푸스 신화다. 주인공인 오이디푸스는 고대 그리스의 테베라는 나라를 다스리는 왕이었다.[31] 테베에 전염병이 돌기 시작했다. 아이들이 태어나면 죽어 나갔다. 원인도 모르는 채 역병이 번지기만 했다. 백성들이 동요했다. 왕으로서는 질병을 어떻게든 다스려야 했다. 오이디푸스는 역병의 원인과 그것을 해결하기 위해 신탁에 의지한다. 신탁을 전해야 하는 테이레시아스는 오이디푸스에게 신탁을 전하기를 꺼려한다. 왕인 오이디푸스가 듣고 싶어 하지 않을 신탁이었기 때문이다. 오이디푸스는 테이레시아에게 역정을 내며, 신탁을 자신에게 전하도록 모욕을 준다. 그는 주저하며 신탁의 내용을 이야기한다. 신탁에 따르면, 테베의 왕이었던 라이오스를 죽인 자가 테베를 떠나야만 역병이 사라질 수 있다고 말한다. 무엇인가를 알아내려고 하는 오이디푸스의 욕망이 마침내 비극을 배태시키게 된다.

테베에 역병이 생길 수밖에 없는 이유들이 하나둘씩 밝혀진다. 오이디푸스는 원래 테베의 왕 라이오스와 왕비인 이오카스테 사이에서 태어난 왕자였다. 그의 아버지인 라이오스는 자기 아들이 '아비를 죽이고 어미를 범한다.'는 신탁(神託)을 받았다. 라이오스는 두려운 나머지 아이가 태어나자 복사뼈에 쇠못을 박은 후 키타이론의 산중에 내다 버린다. 그러나 죽어 버린 줄만 알았던 아이는 이웃 나라 코린토스의 목동의 손에 키워진다. 그 아이는 장성한 후 코린토스의 왕자가 되었다. 청년이 된 왕자는 자신의 뿌리를 알고 싶었다. 마침내 델포이에서 신탁을 받은 왕자는 자신의 출생 비밀을 알게 되었다. 자기 아버지를 죽이게 된다는 말도 전해 들었다. 그런 신탁과 비밀로 인해 괴로운 오이디푸스는 신탁의 내용을 어떻게든 피하고 싶었다. 그래서 방랑을 하다가 테베에 이른다. 좁은 길에서 한 노인을 만난 오이디푸스는 사소한 시비 끝에 그만 그 노인을 죽이고 만다.

그 노인이 바로 테베의 왕이며 자신의 생부인 라이오스였다. 그는 자신이 죽인 그 노인이 아버지인 것을 전혀 몰랐다. 그 당시 테베에는 스핑크스라는 괴물이 나타나서 수수께끼를 내어 풀지 못하는 사람을 잡아먹고 있었다. 스핑크스의 공포에 시달린 나머지 여왕인 이오카스테는 스핑크스를 죽이는 자가 있다면, 자신과 결혼하는 것은 물론 왕위도 양위하겠다고 약속했다. 그 소식을 들은 오이디푸스는 마침내 수수께끼를 풀어내고 단칼에 스핑크스를 죽여 버린다. 그는 약속대로 테베의 왕좌에 올라 왕비를 아내로 삼았다. 그녀가 자기 생모인 줄은 전혀 모른 채, 부인이자 어머니인 왕비에게서 네 자녀를 얻는다. 그의 큰딸이 바로 안티고네다. 이런 오이디푸스 가족 간의 사단으로 인해 마침내 테베에 역병이 돌게 된 것이다.

오이디푸스는 모든 원인이 자기 자신임을 알게 된다. 견디지 못한 오이디푸스는 오열하다 자신의 두 눈을 뽑아낸다. 알려고 했던, 보려고 했던 그 두 눈에 저주를 내린 것이다. 그리고 그는 속죄의 길, 방랑의 길을 떠난다. 인간 비극의 정점을 보여 주는 오이디푸스 곁에 딸 안티고네가 남아 그를 부축한다. 오이디푸스는 쇠못의 상처이자 방랑의 상징인 '퉁퉁 부은 발'을 한 채 결국 방랑의 길에서 죽음을 맞이한다.

오이디푸스는 스스로 두 눈을 찔러 장님이 된 후에야 진정한 지혜를 터득한 비극의 존재다. 그는 '인간은 누구나 다 실수할 수 있으니까요. 그러나 실수를 하더라도 자기가 저지른 실수를 고칠 줄 알고, 고집을 피우지 않는 자는 더 이상 조언과 행복으로부터 버림받는 사람이 아니오. 고집만이 어리석음의 죄를 짓게 되는 것이오.'의 의미를 퉁퉁 부은 발을 이끌고 방랑하는 여정 속에서 비로소 깨닫는다. '이 세상에 무시무시한 것이 많다 해도 인간보다 더 무서운 것은 없다네. 만사의 지배자가 되겠다는 생각일랑 버리시오. 그대가 지배했던 것조차도 평생 그대를 따르지 않았다.'는 것을 깨닫게 된 것은, 오이디푸스가 비극의 정점에 도달했을 바로 그때였다.

오이디푸스는 권력에 있어서 위대한 왕이었지만, 인간으로서는 비극적인 존재의 대명사다. 그 스스로 비극적 존재임을 깨달았을 때, 비로소 지혜의 꼭대기에 오른다는 것을 상징적으로 보여 주는 인물이기도 하다. 인간을 징벌하는 것은 신이 아니라 바로 인간임을 극명하게 보여 주는 사례. 그의 통찰력이 오히려 그의 죄를 부추겼다. 만일 오이디푸스가 스핑크스의 수수께끼를 풀 수 없는 나약한 인물이었거나 출생의 비밀을 밝히려고 노력하지 않았다면, 혹은 타인을 살해할 수 없는 유약한 존재였다면 비극적인 인간이 되지는 않았을 것이다. 오이디푸스는 지혜의 인간, 용맹의 인간, 권력의 인간이었다. 그 총명함이 그를 비극의 나락으로 밀어 넣은 것이다. 오이디푸스는 인간의 본성인 앎에의 욕망, 지혜에 대한 욕망이 극에 치달을수록 인간의 또 다른 욕망인 파멸과 죽음의 욕망 역시 함께 극을 달리게 된다는 것을 그리고 있다.

§ 모세의 콤플렉스

배움에 대한 일종의 콤플렉스를 보여 주는 이야기들은 신과 인간 간의 관계를 다루는 이야기에서 흔하게 발견된다. 그중 모세가 지은 구약성경의 창세기는 유명하다. 창세기는 BC 1446~1406년경 모세가 지은 기독교 성경의 배경을 이룬다. 천지창조의 이유와 하느님의 섭리를 밝히기 위해 저작된 창세기는 1장에서 천지창조의 근거와 순서, 그리고 그 양태를 적고 있다. '태초에 하느님이 천지를 창조하시느니라.'는 표현으로 시작하는 창세기 1장 1절부터 31절까지의 정황은 마치 저자인 모세가 멀리서 하느님의 천지창조를 두 눈으로 본 것처럼 서술되었다. 이 지점에서 어느 누군가가 어린아이의 질문처럼 모세가 정말로 하느님의 천지창조과정을 두 눈으로 관찰했는가를 물어본다면, 창세기로부터 더 이상 새로운 해석을 이끌어 내기 어렵게 된다. 그런 질문에 객관적인 대답을 하지 못하면 창세기의 천지창조는 아무런 의미도 없는 이야기에 지나지 않기 때문이다.

모세의 창세기를 종교적으로 읽지 않고 신화적인 관점에서 종교문화의 한 양태로 읽기 시작한다면, 창세기는 우리 단군신화처럼 다양한 이야깃거리를 제공한다. 그런 종교문화 혹은 신화적인 맥락에서 창세기를 읽어 보면, 창세기의 저자인 모세는 머릿속에 천지에 대한 멋진 구상을 하나의 청사진으로 갖고 있었음을 알 수 있다. 그가 구상한 천지창조의 처음에는 땅이 있어야만 했다. 유목민이었던 모세에게 양을 치고 사람을 다스리기 위해서 먼저 필요했던 것이 땅과 흙이었을 것이다. 그 흙 뒤에 빛이 있게 하는 등 모세에게는 천지에 대한 구상이 확실하게 서 있었다. 그 순서가 이치에 맞는지 어떤지를 따지기보다는 그런 천지창조의 구상이 있었다는 것이 중요하다. 저자의 구상에 따라 천지창조에 필요한 것을 배열한 후에는, 그것에 대한 평가가 뒤따르는 치밀함도 모세의 글에서 드러난다. 그 평가와 관련된 피드백이 잇따라 나오는 장면들은 창세기가 하나의 '멋진 신세계'임을 보여 준다.

창세기의 저자인 모세는 천지창조에 대한 멋있는 구상을 위해 내부시각을 끊임없이 전개하는 천지창조의 정당성에 대한 배움에 목말랐던 선지자였음이 틀림없다. 모세는 천지창조에 대한 자기 자신의 설계와 구상의 타당성을 드러내기 위해 절대자의 판단을 여러 차례에 걸쳐 반복적으로 빌린다. 이를 통해 자신의 내부시각이 제대로 확장된 것임을 알리고 있는 것이다. 모세는, "하느님이 보시기에……"라는 구절을 1장 4절에서, "그 빛이 하느님이 보시기에 좋았더라. 하느님이 빛과 어두움을 나누사……"에서 처음 시작하여 1장이 끝날 때까지 무려 7번이나 반복적으로 쓰고 있다.

천지창조에 대한 일종의 구상이 이미 되어 있었기에, 모세는 그것의 사실 유무를 절대자의 판단을 빌리기로 했다. 절대자가 천지창조의 정당성을 평가하는 방법으로 천지창조의 양태를 서술하는 것이 가장 현명한 방법이었음을 알고 있었던 것 같다. 모세 스스로 상상력과 몽상에 뛰어난 문학가이며 동시에 종교 지도자였음을 보여 주는 장면들이 바로, '하느님이 보시기에 좋더라.'는 이야기를 담고 있는 살아 있는 장면들이다. 몽상만이 세상을 구원할 수 있다고 이야기한 애플사의 스티브 잡스가 지니고 있던 상상력을 3천 년 전에 이미 그와 엇비슷한 방식으로 신정정치에 활용한 사람이 모세였음을 알게 하는 대목들이다.

그런 뛰어난 정치지도자이며 문학가임에도 불구하고 모세는 무엇인가 알려는 욕구와 배우려는 인간의 배움력에 대해 일종의 콤플렉스를 가지고 있었던 것 같다. 인간의 알고 싶어 하는 의지와 능력, 그리고 새로운 것에 대한 배움과 앎에 대해 상당히 경계하고 있음을 창세기에서 끊임없이 드러내고 있기 때문이다. 천지창조에 관한 일반적인 신화에 비해, 문학적인 구상력이 뛰어난 모세가 천지창조를 그려 내면서 하느님과 인간 간의 관계를 그렇게 꼬여 있는 양태로 그려 낸 이유가 무엇인지 의아함이 없는 것은 아니다. 다만, 그것은 모세가 활약하던 당시의 사회적 조건과 종교적 조건이 그것을 요구했을 가능성이 컸다는 점을 암시하고 있기에, 더 이상의 새로운 해석은 불가능할 뿐이다.

어쨌든 하느님과 인간 간의 관계를 그렇게 꼬아서 설정한 모세는, 그 양태를 창세기 3장 22절(여호와 하느님이 가라사대 보라 이 사람이 선악을 아는 일에 우리 중 하나같이 되었으니 그가 그 손을 들어 생명나무 실과도 따먹고 영생할까 하노라 하시고……)에 극적으로 표현해 놓고 있다. 그 구절은 아담과 이브가 선악과를 먹은 후부터 신처럼 선과 악을 가릴 줄 알게 되는 부분이다. 모세는 그 사실을 매우 위협적으로 느끼며 하느님의 명령에 어긋나는 것이 잘못된 것임을 알리기 위해 인간의 앎과 배움에 대해 경계하고 있음을 보여 준다. 모세는 더 나아가 인간의 그런 배움력을 한 번 더 경계하기 위해, 하느님과 그의 근신들처럼 영생할 수 있도록 만들어 주는 생명나무 열매까지 따먹을 수도 있는 인간의 현실적인 욕망과 가능성을 응징한다. 한 남자와 한 여자가 또 다른 유형의 존재들과 교류함으로써 중앙동산에 있는 나무의 열매를 따먹은 후 사물을 바라보는 시각이 확장되었다는 사실, 그 자체가 신의 섭리에 어긋나는 일이라고 단죄해 버린다. 이제 인간 스스로 눈이 밝아지고, 추함과 아름다움에 대한 판단, 선과 악을 구별할 수 있기 때문에 모세는 인간의 배움력에 대해 더욱더 경계해야 한다고 다짐한 듯하다. 게다가 금지된 열매를 따먹은 것에 대한 핑계와 이유를 객관적으로 제시함으로써 자신들이 저지른 행위에 대한 정당성을 확보하는 한 남자와 여자의 논리에 대해서도 경계한다. 인간들은 그들이 필요하다면 그 어떤 것도 할 수 있을 정도로 현명하다. 그러나 모세는 그것이 끝내 신에 대한 불경이며 기존의 질서에 대한 잘못임을 인간에게 경고하고 있다.

　마침내 모세는 앎과 배움에 대한 인간과 신의 경계를 물리적으로 막아 버리는 결단을 내린다. 아담과 이브를 생명나무에 접근하지 못하도록 에덴에서 쫓아내고, 생명나무 근처에 경계를 두어 밤낮으로 지키게 했다고 적고 있는 대목이 바로 그것을 입증한다. 모세는 창세기 3장 24절에서, '이같이 하느님이 그 사람을 쫓아내시고 에덴동산 동편에 그룹들과 두루 도는 화염검을 두어 생명나무의 길을 지키게 하시니라.'는 구절을 통해 생명나무에 대해 더 이상 알려고 하는 인간의 욕망이 금기사항임을 알려 주고 있다. 그는 이미 창세기 3장 22절에서 하느님과 그의 근신들도 생명나무의 열매를 따먹고 영생하였음을 아담과 이브라는 인간들 역시 알고 있었다는 것을 알렸다. 그러므로 이제 모세는 인간이 그런 사실 자체를 알고 있다는 것이 금기라는 것을 가르쳐 주어야 하는 것이 너무나도 당연한 일이었다.

　절대권력자들은 인간의 알려는 욕망, 배우려는 욕망을 끝내 불경스러운 것이라고 생각한다. 아담과 이브도 바로 그 규칙을 어겼기에 가차 없이 에덴동산에서 추방된 것이다. 그 의도가 그렇지 않다고 하더라도 알려는 욕망, 배우려는 욕망을 부추기는 인간의 배움소는 신성한 것에 대한 문제제기다. 또한 신성한 것의 한 단면을 들추어 내거나 그것의 다른 면을 폭로하려고 한다는 점에서 인간의 배움과 욕망은 인간에게 치명적인 약점이 된다. 배우려는 인간의 지혜를 경계하거나 저주하는 것이 신화들이 일반적으로 취하고 있는 도식이다. 움베르토 에코는 이것을 또 다른 방법으로 보여 주고 있다. 움베르토 에코는 그의 소설 『장미의 이름』에서 읽기와 배움이 집단적인 금기를 저해하는 지름길임을 보여 주고 있다. 소설의 주인공은 바스커빌 기욤이라는 수도사다. 그는 한 수도원에서 일어난 연속적인 살인사건을 수사하는 탐정과 같은 역할을 수행한다. 수사관과 같은 기욤은 아드소라는 청년을 데리고 이탈리아 북부의 어느 수도원에서 발생한 해괴한 사망사건의 진상 파악에 착수한다.

수도사들의 사망사건 자체가 너무 수상쩍고 해괴했었기에 수사가 불가피했었다. 그들은 사망사건이 빈번히 일어난 수도원으로 들어선다. 그 수도원 한가운데에는 거대한 도서관이 하나 자리하고 있다. 그 도서관은 예사롭지가 않았다. 기독교 서적을 소장한 가장 중요한 장서관은 미궁의 형태로 설계되어 있었다. 수도사들에게 이 도서관은 연구와 성찰이 행해지는 곳이기도 하다. 종교 공동체 안에서 도서관은 중요한 위치를 차지할 수밖에 없었다. 바로 그곳이 수도사들에게 독서의 권리를 통제할 수 있는 여러 금기를 부과하고 있었기 때문이다. 수도사들은 책을 읽기 위해서 허락을 받아야만 했다. 그런 신성하고 엄중하게 보호받는 곳에서 책을 읽은 수사들이 연이어 죽어 나갔다.

사건의 열쇠는 마침내 풀렸다. 사건의 핵심에는 아리스토텔레스의 『시학』 제2권과 늙은 수도사 호르헤가 있었다. 『시학』에 관심을 갖고 그것을 읽어 보려고 했던 수도사들은 어김없이 죽어 나갔던 것이다. 죽어 나간 것보다는 죽도록 되어 있었다. 『시학』을 읽은 사람들의 사망은 자연사가 아니라 살인이었다. 그 살인을 주도한 사람은 의외로 수도사들에게 존경을 받고 있는 맹인 노 수도사 호르헤였다. 『시학』을 읽으려고 한 수도사를 그가 치밀하게 죽인 이유는 『시학』에 대한 발설과 전파의 위험 때문이었다. 호르헤는 그 책을 접한 수도사가 자기가 읽은 내용을 다른 수도사들에게 발설하지 못하도록 원천봉쇄하기 위해 살인을 저질렀다. 『시학』을 읽은 수도사들은 끝내 책을 읽은 후, 자연스럽게 사망할 수밖에 없었다. 호르헤가 책의 각 장마다 치명적인 독을 몰래 발라 두었기 때문이다. 책장을 열심히 넘기며 숙독한 수도사들은 끝내 독에 중독되어 죽어 나갔다.

연쇄 살인사건의 원인은 아리스토텔레스의 『시학』 제2권 「희극론」이었다. 아리스토텔레스는 비극, 희극 모두가 진리를 나르는 수레라고 주장했었다. 이 말이 화근이 된 것이다. 호르헤는 중세의 대변자와 같은 인물이었다. 그는 아리스토텔레스와는 생각이 달랐다. 그는 엄숙한 종교적 권위 그 자체였다. 그에게 웃음은 천박한 것이며, 정신을 오염시키는 비열한 행위였다. 신의 권능을 부인하는 악마의 유혹이 웃음이었다. 인간은 웃는 순간 신의 은혜를 잊고, 자신의 원죄를 망각하는 존재였다. 따라서 악마의 유혹인 웃음을 찬미한다는 것은 신을 능멸하는 일이다. 호르헤에게는 있을 수도, 있어서도 안 되는 일이었다. 수도사에게는 원천적으로 불가능해야 하는 일이었다. 아리스토텔레스의 「희극론」이 독서의 대상이기는 했지만, 호르헤는 그 책을 금서로 규정해 버린다. 아리스토텔레스의 『시학』이 웃음을 옹호하는 희극을 다루고 있기 때문이다. 대중뿐만 아니라 수도사들에게는 절대로 공개되어서는 안 될 천박한 웃음을 전파하는 책일 뿐이다. 그 책을 읽고자 하는 자는 그것 때문에 끝내 죽어야 한다고 생각했다. 희극과 웃음의 전파를 막아야 했으므로 호르헤는 아리스토텔레스의 『시학』 각 장마다 독약을 발랐던 것이다.

아리스토텔레스의 『시학』은 웃음을 대상으로 하고 있기 때문에 그것을 알게 된 수도사들은 죽음을 당해야 했다. 맹인 수도사 호르헤가 보기에 웃음은 신앙과 이율배반의 관계에 놓여 있는 도구일 뿐이었다. 『시학』은 모든 신성한 것을 일순간에 하찮은 것으로 만들어 버릴 수 있는 위험천만한 책이었다. 웃음은 의시와 의심, 그리고 회의에 빠지는 길을 열어 놓는다. 의심하기 시작하면 그것은 계시된 진리에 대적한다. 그래서 호르헤는 진리에 도전하게 될 웃음을 알게 된 사람, 웃음의 위대함을 배운 사람들에게는 신을 대신해서 죽음을 내릴 수밖에 없었다.

수사관격인 수도사 기음은 그런 호르헤의 의지에 대해 용의주도하게 묻는다.[32] "웃음을 왈가왈부하는 데 당신이 왜 겁을 먹는 것이지요? 이 책을 없앤다고 해서 웃음이 없어지겠소?" "아니오. 결단코 아니오. 웃음이라고 하는 것은 허약함, 부패, 우리 육신의 어리석음을 드러내는 것에 지나지 않아요. 웃음이란 농부의 여흥, 주정뱅이에게나 가당한 것이오. 지혜롭고 신성한 교회도 잔치나 축제 때는 이 일상의 부정을 용납하여 기분을 풀게 하고 다른 야망과 욕망을 환기시키는 것을 용납하고 있기는 하오. 허나 웃음이 원래 천박한 것, 범용한 자들의 제 진심을 얼버무리는 수단, 평민을 비천하게 만드는 것임에는 변함이 없소. ……허나, 여기, 여기에는……." 호르헤는, 기욤이 펼쳐 들고 있는 서책 바로 옆의 서안을 치면서 말을 이었다. "……여기에는 웃음이 맡는 일몫이 왜곡되어 있어요. 이 서책에, 웃음은 예술로 과대평가되어 있고, 식자들의 마음이 열리는 세상의 문으로 과장되어 있어요. 이것이 철학이나 부정한 신학의 대상이 된대서야 어디 말이나 되는 노릇입니까?"

노 수도사 호르헤에게 웃음은 회의를 내포하고 있기 때문에 신앙을 위협하는 요소다. 책의 저자가 일반 사람이 아니라 아리스토텔레스이기에 더 위험하다. 중세에 많은 영향을 끼친 아리스토텔레스이기에, 호르헤는 그 위험이 마치 바이러스처럼 모든 수도사에게 전파될 것이라고 염려했다. "웃음을 논하고 웃음을 찬양한 책은 얼마든지 있소. 왜 하필이면 이 책이 유포되는 것을 그렇게 두려워하게 된 거요?" "그것은 아리스토텔레스가 쓴 책이기 때문이오. 그가 쓴 책 한 권 한 권은 기독교가 수세기에 걸쳐 축적한 학(學)의 일부를 파괴시켰소. 일찍이 우리의 초대 교부들은 말씀의 권능을 깨치는 데 필요한 가르침을 모자람 없이 베푸셨소. 한데 보에티우스라는 자가 이 철학자의 책에 주석을 달자 하느님 말씀의 책은 인간의 희문(戱文)으로 변질되면서 삼단논법의 희롱을 받아 왔소. '창세기'가 우주 창조의 역사를 모자람 없이 설명하고 있는데도 불구하고, 사람들은 이 철학자의 물리학 서적들을 펼쳐들기만 하면 곧 흐릿하고 끈적끈적한 말들로 이 세계를 다시 생각하게 되었던 거요. ……오늘날에 와서는 아리스토텔레스의 일자일언이 바야흐로 세상의 형상을 바꾸어 놓기에 이르렀고, 심지어는 성자들과 주교 의식을 치른 군자들까지 그의 사상을 추종하고 있소. 그러나 아리스토텔레스는 하느님의 형상은 바꾸지 못했다오. 하지만 이 책이…… 만약 이 책이 자유로운 해석의 대상이 된다면 우리는 하느님께서 그어 놓으신 마지막 경계를 기어이 넘게 되고 말 것이오."

웃음 자체는 수도사들에게 문제가 아니었다. 아리스토텔레스의 학문적 권위와 희곡에 대한 수도사들의 새로운 배움이 종교에 위협이 된다는 것이다. 웃음이라는 사실 그 자체보다는 읽기를 통해 웃음의 의미를 알게 만든 권위와 그들에게 배움을 준 아리스토텔레스의 권위가 종교에 위협이 되는 것이다. 호르헤는 그것을 깨우친 자들의 전파를 막는 길이 종교의 권위를 지키는 지름길이라고 생각한 것이다. 아리스토텔레스가 웃음이 유익한 것이라고 이야기하는 이상, 그것은 정당성을 갖게 되고 그렇게 되면 삽시간에 모든 수도사가 그 웃음의 가치를 배우게 되어 기독교의 교리를 매장시키는 데 일조할 것이다. 호르헤는 그것을 미연에 차단해야 한다고 보았다.

호르헤는 아리스토텔레스의 『시학』이 도서관의 기반 자체를 뒤흔들고 있기 때문에 그것이 다른 이들에게 전파되는 것을 차단해야 한다고 생각했다. 이미 그 책은 수도원 도서관을 위협하고 있었다. 그 결과 점점 더 많은 수도사가 웃음에 매료될 것이고, 그로부터 타락의 장(場)으로 내몰릴 위험성을 갖고 있었다. 게다가 아리스토텔레스의 『시학』은 도서관만이 아니라 모든 인간에게도 위험천만한 책이었다. 성경을 비롯하여 도서관에 보관된 다른 모든 책의 신성한 권위와 그 책들에 대한 독서가 아리스토텔레스의 『시학』, 즉 웃음에 관한 책 때문에 변질되거나 추락될 것이라고 호르헤는 생각했다. 책들의 무한 연쇄 속에 연결되어 있는 다른 모든 책의 위치를 이동시켜 버릴 수 있는 힘, 말하자면 새로운 것에 대한 사람들의 배움의 힘을 매개하거나 전파할 위험이 아리스토텔레스의 『시학』 그 한 권의 책에 있다고 본 것이다.

그래서 호르헤는 한 가지 신성한 사명을 계시받은 것이나 마찬가지였다. 수도사들이 웃음의 정당성을 이야기하는 것을 아예 배우지 못하도록 하는 것이 최선의 방책이었다. 다른 수도사들이 그 책에 접근하지 못하게 하는 것이 신을 위한 신성한 과업이라고 생각하게 된 것이다. 그 과업을 위해서 수도사 몇 명쯤 희생되는 것은 그렇게 위험하지도, 그렇게 대수롭지도 않은 일이라고 확신했다. 오히려 그런 희생자들이야말로로 신을 위한 찬양이며, 신앙을 구제하고, 신앙을 보존하기 위한 최소한의 대가가 될 수 있었다. 금기에 대한 배움에는 죽음의 대가가 불가피하다는 것이 노 수도사 호르헤가 생각한 은혜의 소리였다. 그래서 호르헤는 새로운 것을 배우려는 자에게는 신의 징벌을 대신 내려도 상관없다는 종교적 확신범이 된 것이다.

살인사건의 전모를 파악한 기욤은 말한다.

> 그 『시학』 제2권이 어떤 책일지가 점차 나의 머릿속에 그려지더군요. 치명적인 독이 발린 그 페이지들을 읽지 않고도 나는 당신에게 그 책의 내용 전부를 거의 다 얘기할 수 있을 것 같소. 희극, 즉 코미디라는 말은 코마이(komai, 시골 마을)라는 말에서 비롯됩니다. 말하자면 희극이라는 것은 시골 마을에서 식사나 잔치 뒤에 벌어지는 흥겨운 여흥극인 셈이지요. 희극이란 유명한 사람, 권력을 가진 사람의 이야기가 아니라 비천하고 어리석으나 사악하지 않은 사람들의 이야기라는 겁니다. 희극은 등장인물을 죽음으로 몰아가지도 않습니다. 희극은 보통 사람의 모자라는 면이나 악덕을 왜곡시켜 보여 줌으로써 우스꽝스러운 효과를 연출하지요. 여기에서 아리스토텔레스는 웃음이 교육적 가치도 가지고 있는 긍정적인 힘으로 봅니다. 기지 넘치는 수수께끼와 예기치 못한 비유를 통해 마치 거짓말을 하듯 있는 그대로의 모습과는 다르게 사물들을 보여 주지만, 이를 통해 사실은 우리로 하여금 그 사물들을 좀 더 관찰하게 하여, "아하, 실상은 이러한 것인데 나는 모르고 있었구나." 하고 감탄하게 만든다는 것이지요. …… 맞습니까?

§ 단군의 탄생

우리의 건국신화가 보여 주는 고뇌는 천신강림형 고뇌다. 천신이 강림하는 유형은 환웅처럼 신단수를 타고 내려오는 경우도 있고, 알의 형태로 강림하는 형태도 있다.

그것들은 세계 여러 나라의 건국신화에서 공통적으로 발견되는 요소이기는 하지만, 인간 탄생신화와 맥을 같이하는 것은 아니다. 인간의 탄생에 대한 신화들은 나라마다 조금씩 다르다.[33]

일본 신화에 따르면, 최초의 신이자 연인이었던 이자나미와 이자나기의 격렬한 사랑으로 이승과 저승이 만들어졌다. 아스테크 신화는 인간 탄생의 구조가 일본 신화와는 다르다. 아스테크 신화에 따르면, 땅의 여신 코아틀리쿠에는 산책을 좋아한다. 그녀는 산책하다가 벌새 깃털 뭉치를 줍는다. 그것을 얼른 치마 속에 넣는다. 그렇게 치마 속에 넣은 벌새 깃털 때문에 임신을 한다. 딸인 코욜하우키는 이를 수치스럽게 여긴 나머지 어머니를 죽이려 한다. 그러나 코아틀리쿠에가 낳은 태양신 후이치포크틀리가 그것을 알고 누이를 죽인다. 코아틀리쿠에의 둘째 아들인 케찰코아틀은 인간을 창조한다. 그렇게 태어난 인간들은 오만해진다. 그 오만함을 벌하기 위해 대홍수가 일어난다.

이누이트 신화에 따르면, 까마귀 신은 날갯짓 한 번으로 대양과 세계를 창조한 후 땅 위에 콩꼬투리를 뿌린다. 콩꼬투리에서 인간이 나온다. 까마귀 신은 인간의 허기를 채워 주기 위해 나무 열매와 물고기와 새와 양을 창조한다. 그러나 인간은 나무 열매만 먹는 것이 아니라 뭐든지 먹어 치우기 시작한다. 인간의 맹렬한 식욕을 치유하기 위해 다른 피조물을 인간에게서 멀리 떨어져 살게 한 후, 큰곰과 같은 위험한 동물을 만들어 인간에게 위협을 준다. 그래도 인간은 식탐을 참지 못하고 무리하게 생물들을 쫓아다닌다. 그런 인간들은 흩어져 사냥꾼이 되고, 마침내 농업과 목축의 지혜를 터득하게 된다.

티베트 신화에 따르면, 신과 반신들이 수미산에서 살았는데, 재산을 많이 소유한 신은 산의 낮은 곳에 머물고 가난한 신일수록 더 높은 곳에 살았다. 신들은 음식을 먹지 않아도 살 수 있었으며 명상이나 낮잠으로 시간을 보냈지만, 우연하게 산 아래 푸른 대륙에서 발견한 넥타를 나눠 마신 후 변했다. 신들은 날지 못하고 배고픔에 시달려야만 하는 존재로 변한다. 그때부터 신들은 질투심, 소유욕, 두려움을 알게 되었다. 이제 신들은 살기 위해 농사를 짓거나 아니면 다른 신들의 수확물을 훔쳐야 했다. 어느 날 신들은 다른 신들의 수확물을 훔친 도둑 신들을 잡아 돌로 쳐 죽였다. 다른 신들의 생명을 앗아간 그 순간, 신들은 별안간 인간으로 전락한다.

우리의 신화들도 인간 창조나 건국과는 그 성격을 달리하고 있다. 단군신화, 해모수 신화, 주몽 신화, 박혁거세 신화, 가야국 신화 등은 그들 나름대로 나라를 세운 인물에 대한 알까기 신화들의 재현이다. 이런 건국신화에서 발견되는 주요 모티브는 천지창조 이후의 인간 세상을 다스리는 자들의 신성성을 인증하기 위한 것들이다.[34] 건국은 사사로운 개인적인 일이 아니라 하늘에서 인증하는 위대한 일임을 역설하기 위해 천신이 지상으로 강림하여 건국을 돕는다. 예를 들어, 고구려는 고구려라고 읽지만 의미상으로 볼 때 고구려라는 발음은 고구리다. 고구려에서 마지막 단어인 려(麗)는 단순히 '곱다'는 뜻을 넘어선다. 그것은 '걸리다'는 뜻을 가진 '리'와 같은 것이어서, 결국 고구리라는 이름은 '하늘에 걸려 있는' 것을 의미한다. 즉, 고구려는 '하늘 민족이 세운 나라, 하늘과 연결되어 있는 나라'라는 뜻을 갖는다. 이렇게 하늘의 뜻을 거역할 수 없는 지상의 나라를 강조하는 것은 신라와 가야의 건국신화에서도 예외가 아니다. 신라를 세운 박혁거세나 가야를 세운 수로왕 역시 하늘과 연결되는 인물들이다. 하늘이 특별한 형식으로 이 땅에 보낸 존재임이 드러나도록 알의 형태를 빌려서 이 땅에 등장한다. 주몽이든 박혁거세든 그들 모두는 신의 인격화된 모습을 보인다.

천신강림형 신화 중에서도 으뜸격이 바로 단군신화다. 단군이라는 말은 '텡그리(tengri)'라는 단어에서 온 보통명사로서 정치적 우두머리이면서 종교적 사제다. 텡그리는 북방의 알타이어 계통에서는 흔히 무당을 의미한다. 아직까지도 호남지방에서 세습무당을 가리켜 '단골', '단굴', 혹은 '단골무당'이라고 부르고 있는데, 이 역시 알타이어인 텡그리에 그 어원을 두었다. 무당이 정치적 우두머리라고 하는 것은 신라의 왕위인 남해차차웅에서도 나타난다. 차차웅(次次雄)은 자충(慈充)이라는 말에서 나온 방언으로서 무당을 뜻한다. 중이라는 말도 그것과 마찬가지로 자충에서 유래된 말이다. 그래서 차차웅은 일국의 왕이면서 동시에 무당의 역할을 담당한 사람이었다.

이 땅에서 최초의 국가로 기록되는 조선을 세운 단군은 보통 인간이 아니다. 단군은 하늘을 다스리는 신인 환인의 손자인데, 그는 신과 동물 사이에서 잉태된 인간이다. 그래서 조선은 하늘 신이 내려와서 세운 하늘의 부속국가라는 것이다. 다른 나라들과는 격이 다르다는 것을 과시하기 위해서 신의 직속국가라고 주장한다. 그런 맥락으로 『삼국유사』는 단군신화를 이렇게 기술해 놓고 있다.[35]

곰 한 마리와 범 한 마리가 같은 동굴에 살고 있었다. 그런데 이들은 늘 신웅, 즉 환웅천왕에게 와서 사람이 되고 싶다고 기원했다. 신웅은 이들에게 신령스러운 쑥 한 줌과 마늘 스무 쪽을 주면서 말했다. "너희는 이것을 먹어라. 그리고 백날을 햇빛을 보지 않으면 소원대로 사람의 몸으로 바뀌리라." 곰과 범은 쑥과 마늘을 받아먹고 금기(禁忌)에 들어갔다. 삼칠일(21일)을 금기하여 곰은 마침내 사람의 몸, 그것도 여체로 탈바꿈했다. 곰에서 변신되어 온 여인, 즉 웅녀는 다른 또 하나의 간절한 욕망을 느꼈다. 아기를 배고 싶었다. 그녀와 짝이 될 만한 이가 없어 웅녀는 매일 신단수 아래에 와서 빌었다. 부디 아기를 배게 해 달라고. 이에 웅녀의 애틋한 욕구를 받아들여 신웅은 얼핏 사람으로 화신, 그녀와 혼인했다. 뒤에 웅녀는 아들을 낳았다. 이 웅녀의 아들이 단군왕검이라 불리었다. 단군왕검은 나라를 열었다. 평양성을 도읍으로 하고 조선이라 불렀다.

§ 통치 신화

우리 신화에는 신의 보호를 받는 건국신화 이야기가 주종을 이룬다. 그 기본 내용은 끝내 통치의 신화에 연결된다. 이 점은 신화를 연구하는 사람들이 공통적으로 지적하는 사항이다. 학자마다 단군신화에 대한 서술상의 차이는 있지만, 그들은 단군신화에서 건국의 이념과 지배의 이념을 확인하는 일 이상의 것을 기대하지 못했다. 단군신화는 고조선 성립에 있어 부족국가들의 이합집산과 움직임으로 거론하면서, 환인이 서자국의 지배자로서 웅씨녀를 왕후로 받아들이며 환국을 성립해 가는 국가 통치 성립의 역사로 간주한다.[36)]

이런 통치의 신화를 문학적인 감각으로 가장 화사하게 펼쳐간 사람 중 한 명이 이어령 교수였다.[37)] 그는 단군신화를 인간애가 철철 넘치는 통치의 신화로 간주한다. 하늘의 아들인 환웅도 인간을 너무 사랑하기에 사람이 되고 싶어 지상으로 내려오고, 곰과 호랑이들도 사람이 되고 싶어 한다. 끝내 서로가 결합하는 인간애적인 통치 신화가 단군신화라는 주석을 달고 있다. 화합과 인간애적인 신화는 서양에서는 발견하기 힘든 한국적인 모티브라는 것이다. 서양의 신화는 그리스 신화에서 보는 것처럼 신과 인간 간의 경쟁, 신과 신들의 갈등과 투쟁을 바탕으로 한 암투의 신화이고, 경쟁의 신화라는 틀을 벗어나지 못한다.

단군신화에서는 신의 축복 속에서 지배권력을 이양받고, 신단수 아래에서 종이 다른 두 존재가 혼인을 했다. 투쟁, 분열, 파괴, 죽음을 초월하는 결합, 회합, 창조, 탄생을 확인하는 주제 역시 범상한데, 이것들은 단군의 지배권력을 정당화시키기 위한 장치다. 게다가 신과 인간이 종속관계가 아닌 동등한 관계임을 드러내는 하늘과 땅이라는 지배권력의 조화 역시 단군신화의 문화적 특수성을 보여 준다.

이 땅에서 최초의 국가인 고조선의 건국신화에 곰이 한 마리 등장한다. 이 곰은 인간이 되고 싶어 한다. 곰은 어둠 속에서 쑥과 마늘만 먹어 가며 인내하고 그 보상으로 인간이 되는 기쁨을 누린다. 이런 배경의 정당성은 고조선이었기에 가능했다는 것이 이어령 교수의 해석이다. 그리스의 아테네나 로마였다면, 호랑이와 곰은 동굴 속에서 치고받는 사투를 벌일 것이 당연하다는 것이다. 그 싸움에서 이긴 동물이 곰이든 호랑이든 관계없이, 이긴 동물을 인간으로 변신시키는 것이 서양의 신화라는 것이다.

이런 동물 간의 조화로운 노력들을 보고, 이어령 교수는 조선의 건국신화를 결정하는 이야기의 직조법에 서양과 다른 정체성이 녹아 있다고 본다. 그것은 '덕'이라는 덕목인데, 이 덕이 단군신화의 핵심 모티브라는 것이다. 타인을 먼저 이해하고 받아들이는 마음이나 행동이 동물에게도 내재되어 있다는 것이다. 신화적으로는 곰에 관한 너그러운 설명이 가능하다. 그러나 단군신화는 곰의 생태학적 조건을 충분히 배려한 자연세속의 이야기에 지나지 않는다. 왜냐하면 곰은 초식으로도 생명을 부지할 수 있고, 긴 겨울잠을 자야만 하는 동면동물이며, 게다가 때때로 두발 짐승으로서 새끼 양육이 가능한 한 동물이다. 이에 비해 호랑이는 생육조건으로 보아 곰을 대적할 수 없는 아주 불리한 조건을 지닌 육식동물이다.[38]

어쨌든, 하늘의 아들과 곰 사이에 태어난 중간자 단군은 조화와 결합으로 축복받은 왕이며, 남을 먼저 생각하는 지배자라는 것이다. 곰 역시 지배자를 위한 소도구에 지나지 않는다. 곰은 신화에서 늘 음(陰), 그리고 또 다른 음(淫)의 착상 원리로 등장하는데, 일본의 아이누족 설화에서 보듯 희생과 인내를 상징한다. 기근이 닥치면 곰은 선량한 아이누에게 일부러 잡힌다. 자기 모피와 살을 줌으로써 그들을 살리는 희생적인 어머니 상으로 각인된다. 단군신화에서도 웅녀는 통치자를 위한 하나의 희생 도구에 지나지 않는다.

세계 건국신화를 살펴보면, 화합과 사랑 속에서 권력을 하늘로부터 이양받은 왕은 흔치 않다. 그리스의 창조신화에서도 극명하게 드러난다. 크로노스는 왕국을 차지하기 위해 자기 아버지부터 살해한다. 그는 자식들에게 왕위를 빼앗긴다는 두려움을 갖고 있기 때문에 자기 자식들도 죽인다. 하지만 끝내 그 역시 아들 제우스에게 제거된다. 로마의 건국신화는 왕위를 두고 형제끼리 사투를 벌인 로마 건설의 로물루스 신화다. 트로이 왕자에게 빼앗긴 아내를 되찾기 위해 10년간 전쟁을 벌인 아가멤논의 트로이 전설도 모두가 빼앗고 죽이는 모티브가 중심으로 전개되는 이야기들이다. 그에 비해 석탈해는 떡을 물어서 떡에 나온 잇자국이 적다는 이유로 자기 왕위를 양보한 덕의 주인공이고, 처용은 자기 아내를 겁탈하고 있는 역신을 노래로 물리쳤다. 이것은 배려하고 양보하는 덕을 모티브로 삼은 이야기들이다.

덕치의 극치를 보여 주는 신화가 단군신화로서, 한국의 권력자들은 신화 속의 주인공들처럼 '성자형' 지배권력의 소유자여야 한다는 해석으로까지 비화된다. 서양 신화의 주요 모티브는 투쟁을 통한 세상 바꾸기의 '영웅형' 정치 권력이다. 이에 비해 이어령 교수에 따르면, 우리의 신화가 지향한 것은 조화를 내세운 성자형의 정치 권력을 주요 모티브로 했다는 것이다. 단군신화는 덕치의 신화, 건국의 신화이기에 신시, 곰, 호랑이, 마늘, 쑥과 같은 소품들의 진위를 따지는 것은 큰 의미가 없다. 신시를 거론한 태백산이 오늘날의 묘향산인지 아닌지 혹은 환웅은 수곰을 의미하는지 아닌지, 호랑이의 정체는 무엇인지 등을 따지는 것은 '어리석은 일'이다. 단군신화에 대한 철저한 내용 분석을 피해 버리는 것이다.[39]

결론적으로, 이 이야기는 단군신화의 민족성을 극대화하는 입장이라고 볼 수 있다. 갈등과 긴장을 중심 모티브로 삼는 서양식의 신화와는 달리, 단군의 건국신화는 조화와 화합의 통치신화다. 평화로운 심성의 무의식을 반영하는 건국신화라는 것이 이어령 교수의 논지다. 그가 단군신화에서 주목하는 것은 곰이라는 동물과 신이라는 환웅의 생물학적 결합이다. 곰과 신이 결합해서 낳은 것이 단군이라는 인간이기에, 단군신화는 하느님과 땅님 간의 화합과 사랑, 천지간의 조화와 화합을 통해 만들어졌다. 그 누구도 감히 훼손하기 어려운 경외의 신정(神政)신화로서, 단군의 신성성을 보장하는 통치신화가 된다. 단군신화를 어떻게 분해해서 다양하게 채색하는지에 관계없이, 천신강령의 건국신화를 중심으로 그가 끈질기게 조명해 내려고 하는 것은 지배권력에 대한 한국인의 심성, 말하자면 복종과 순종의 무의식이라는 주제의 정당성이다.

§웅녀의 한풀이

단군신화를 읽으면서 통치신화의 주제를 비껴나가는 독해(讀解)법도 있다. 신화의 초점을 단군에서 웅녀에게로 바꾸어 놓으면서 읽는 방법이다. 주인공에 대한 초점을 바꾸어 단군신화를 읽으면 단군의 건국신화에서 강조되던 통치권력의 독소를 어느 정도 해독하는 효과를 얻기도 한다. 그래서 단군의 신화에서 '웅녀읽기'로의 변환과 그에 대한 강조적 해석은 주요한 반전을 보여 준다.[40]

단군신화는 신화의 성격상 알타이의 '마아다이 카라', 칼묵의 '장가르', 티베트의 '게세르', 몽골의 '게세르', 부랴트의 '게세르 신화' 군에 속한다. 이런 신화를 통틀어 '게세르 이야기'라고 하는데, 이것을 입증할 수 있는 채록들도 다양하다. 게세르의 이야기는 여러 종류가 있지만 원류는 모두 비슷하다. 어린 시절 벨리그테로 불렸던 게세르는 이렇게 이야기한다. "나는 하늘나라로 돌아가지 않고 지상세계에서 영원히 살 생각입니다. 평화와 행복이 복원된 조화로운 이 땅을 지키며 여러분과 운명을 같이하겠습니다. 온 세상에 우리의 자손을 번성시키며, 이 지상세계를 더 살기 좋은 복된 땅으로 만들겠습니다. 행복하십시오. 건강하십시오. 그리고 생명이 다하는 그 순간까지 지상에서의 삶을 마음껏 누리십시오." 이 같은 내용의 게세르 신화는 결국 하늘의 신인 게세르가 악신을 정벌하는 인간 구원의 이야기다. 이 악신들은 하늘세계에서 벌어진 전쟁에서 패배하여 지상으로 도망 온 신들이다. 악신들은 지상에서 기근이나 홍수 등 자연적 변이를 통해 인간세계를 도탄에 빠뜨린다. 이에 게세르는 인간을 구원하기 위해 인간으로 태어나 고통과 어려움을 감내하면서 악신을 징벌한다. 이러한 모습은 단군신화의 핵심 사상인 '홍익인간'의 개념과 비슷하다.[41]

게세르 이야기를 통해 웅녀의 이야기를 곰 관련 샤머니즘 제의로 해석하는 것은 쉽지 않다. 그렇게 몰아가는 것도 단군신화와 곰 이야기에 대한 바른 해석은 아닐 성싶다. 시베리아에서는 샤머니즘과 곰 제의 간의 관련성이 흔하지 않다는 것이 일반적인 정설이다. 시베리아 지역의 곰 의례를 지속적으로 연구해 온 한스-요하힘 파프로트의 저서 『퉁구스족의 곰 의례』 연구 역시 샤머니즘과 곰을 직접 연결시키는 요소를 강하게 드러내지는 못하고 있다. 이를 보아도 단군신화를 단순하게 샤머니즘의 관점에서 설명하는 것은 아무래도 무리수가 따른다.[42]

단군신화에서의 절정은 단군에 관한 이야기라기보다는 곰의 웅녀 변신 이야기일 것이다. 그 웅녀를 단순히 샤먼으로 간주할 수는 없다. '웅녀'는 샤먼이라기보다는 곰족의 우두머리, 혹은 농경사회의 숭배 대상인 신의 상징물로 해석될 수 있다. 윤명철 교수는 이런 해석과 비슷하게 단군신화에 등장하는 곰을 단순한 동물이 아니라 농경문화의 숭배 상징물이라고 해석한다.

그는 곰이 단군신화에서 만들어 내는 신적인 요소와 인간적인 요소 파악에 더 무게 중심을 둔다. 곰, 그리고 곰이 인간이 되는 과정에 대한 그의 진술은 웅녀가 가지고 있는 배움에 대한 열망을 설명하는 데에도 도움을 준다.[43] 곰은 자신의 의지와 인내로 혹독한 수련을 거친다. 자신의 원류인 곰족의 문화에서 거듭나 새로운 문화의 존재가 되었다. 곰족이라는 한 문화에서 인간이라는 질적으로 다른 문명으로 전환한 것이다. 이런 전환은 거듭남이자 깨어남이고, 깨달음과 개조의 한 국면이다.

현실적으로 조선에 단 하나의 백성만 있는 것은 아니었을 것이다. 단군이 다스려야 할 조선에는 곰족, 호족을 비롯하여, 국가 구성의 구조상 이미 흩어져 살고 있던 여러 종족이 있었다. 환인은 국가 통치를 위해 새로운 문화, 새로운 이데올로기로 그런 종족을 개조해야만 했다. 그 개조의 길에 제일 먼저 나선 종족이 바로 곰족이고 그것의 상징이 웅녀를 통해 발현된 것이다.

그렇게 보면, 단군의 성분은 신성과 야수성을 함께 가지고 태어나서 곰족에 의해 길러진 인물이며 곰족의 문화를 확인해 주는 매개물이다. 단군이 태어나지 않았다면 암컷 여인네는 결코 여성의 지위를 누릴 수 없었을 것이다. 이런 해석은 단군신화를 읽으면서 곰과 환웅의 결합보다는 곰의 욕망이 실현되는 절차에 초점을 맞추어 단군신화의 비밀을 엿볼 수 있는 독해법에 속한다. 이 독해법으로 보면 단군신화는 웅녀 페미니즘에 관한 이야기가 된다. 웅녀를 다시 읽기 시작하면 단군신화에서 주된 쟁점은 단군의 신성성이니 통치권력의 정당성이니 하는 주제가 아니라 여성성이 핵심으로 부각된다는 논리다.

이러한 논리에 따르면, 우리 건국신화에서 단군을 낳은 웅녀가 짐승이어야 했던 이유는 환웅에게 대리모가 필요했기 때문이다. 이런 해석은 우리 학계가 그동안 웅녀의 모성성을 긍정적 시선으로만 바라본 것과는 매우 다르다. 웅녀 쪽에서 보면 단군 신화는 기본적으로 가부장제를 합리화하기 위해 남성권력을 정당화한 남성 지배신화일 뿐이다.[44] 웅녀는 자기 계보가 없는, 얼굴이 가려져 있는 존재다. 그녀는 환인, 환웅, 단군이라는 3명의 남성신 사이를 연결하기 위해 끼어들었을 뿐이다. 대리모로 등장하는 웅녀는 그 후 수많은 탈바꿈을 하면서 '옹녀'에까지 이른다. 수많은 남정네를 후리는 음녀(淫女)의 대표 주자로 지금까지도 회자되고 있는 변강쇠가(家)의 옹녀로까지 변신하는 것이다. 이 모두가 남성우월주의를 합리화시키는 모티브다.

단군신화는 결국 웅녀를 여성으로 만드는 신화이며, 환웅을 중심으로 한 가부장 이데올로기의 정당성을 주입하고 있는 남성 우월주의적인 신화다. 단군신화의 일반적인 구도는 성을 중심으로 한 지배와 피지배자 간의 관계 설정이다. 지배자, 말하자면 하늘로 대표되는 환웅은 단군신화에서 거부할 수 없는 남성을 대변한다. 단군신화는 세상을 지배하는 법이 하늘에서 나오는 것을 보여 주는데, 그 주인공의 성이 남성이다.

남성인 환웅에 비해 곰은 격이 낮은 동물이다. 무슨 이유인지는 모르지만, 곰은 제 스스로 인간이 되고 싶어 한다. 처음부터 웅녀로 등장하는 것이 아니라 곰으로 등장한다. 그 곰의 성은 이미 결정된 상태다. 암컷 곰이든 수컷 곰이든 곰의 성은 이미 여성으로 결정되어 있다. 이제 그 곰이 인간이 되고 싶은 욕망을 드러낸다.

이 곰은 남성의 자비로 인간이 된다. 남성인 환웅은 인간이 되고 싶은 곰을 암컷으로 만들어 놓는다. 그 곰이 암컷이든 수컷이든 관계없이 남성의 욕심 아래 정해진 절차에 따라 암컷 여인네를 만들어 간다. 곰은 성에 대한 선택권이 없다. 그 곰은 남성이 정해 준 절차를 제대로 따라 인내하였을 때 비로소 암컷으로 변한다. 곰은 남성이 만든 금기 속에서 격리와 시련을 제대로 겪어야만 비로소 여성이라는 성을 얻는다. 그로부터 또다시 신의 허락 아래 여성이 될 수 있는 소망을 드러내야 비로소 남성이 바라는 가치, 즉 단군이라는 아이를 밸 수 있는 여성이 되었다는 것을 보여 준다.

단군신화에서 웅녀를 다시 읽으면, 여성에 대한 우리 무의식의 원형은 대단히 복잡해진다. 일단 곰은 곰으로 태어날 때 암컷이든 혹은 수컷이든 성을 갖는다. 남성인 환웅에게 가서 인간이 되겠다고 소망한 곰은 암컷일 수도 있고, 수컷일 수도 있다. 환웅의 지시와 요구에 따라, 곰이 인간으로 변할 때 그 인간 곰의 성적 전환은 암컷 여인네가 되거나 수컷 여인네일 것이다. 즉, 수컷 곰이 여인네가 되었을 때는 수컷 암컷(여인네) 곰, 암컷 곰이 여인네가 되었을 경우에는 암컷 암컷(여인네)의 유전인자상의 성분을 갖게 된다. 어떤 곰들에게는 신의 이름으로 일종의 성전환이 가해지는 것이다.

환웅은 인간 곰의 성적 성분에 대해 민감하게 반응하지 않는다. 그저 이 세상에는 곰이 원해서 변한 암컷 인간 곰들이 존재한다. 그 유전인자로 보아 암컷과 수컷의 이중적 성격을 지닌 여인네 곰은 더 이상 곰들과는 더불어 살 수 없게 된다. 그 암컷 여인네 곰은 여성으로 거듭나고 싶었던 것이다. 그것도 제 마음대로 여성이 될 수 있는 것이 아니다. 암컷 여인네 곰은 여인이지만 결코 제 스스로 여성이 될 수 없다. 여성인 곰이 환웅을 찾아가 간절히 소망하면 남자인 환웅은 가엾게 여긴다. 그래야만 암컷 여인네 곰을 어엿한 여인으로, 그리고 가정에서 사회적 역할을 담당하는 여성으로 만들어 놓을 수 있었다. 그것의 결과물이 바로 단군이다. 암컷 여인네 곰에게 남성의 힘이 개입될 때 비로소 여성이 될 수 있다. 단군신화는 여성성이 생물학적으로나 사회적으로 남성의 힘을 빌려서 실현된다는 점을 밝힌다. '여자의 팔자는 뒤웅박 팔자', '여성의 힘은 아이를 가질 때 나온다.'는 한국인의 전형적인 무의식을 결코 벗어나지 못한다. 남성을 거부하고 아이를 갖지 않을 수도 있었다. 그러나 그렇게 되면 암컷 여인네 곰은 여인네라는 생물학적인 지위는 가질 수 있으나 결코 여성이라는 사회학적인 성(Gender)은 갖지 못한다는 사실을 확인해 주는 것이다.

§ 곰의 욕망

단군신화의 핵심은 베어스 드림(Bear's Dream)에 있지만, 그것은 단순히 곰의 꿈에 관한 것만은 아니다. '웅녀몽(熊女夢)'에 관한 내부시각의 확장과 그것에 대한 해석이 중요하다. 단군에 대한 도덕적인 미화는 불필요하다. 단군신화는 덕의 신화라기보다는 인내가 삶에서 차지하는 비중을 보여 주는 지혜와 삶의 멋에 대한 신화다. 욕망의 신화이며 인내의 신화다. 동굴 속에서 쑥과 마늘만 먹고 버틴 곰 이야기는 한국인을 한국인답게 하는 '맵고 짜다는 것'의 사회적 의미를 일깨워 준다. '맵짬'은 인간에게 시련의 상징적 표현이다. 시련과 고난을 거쳐야 삶살이에서 지혜와 역량이 길러진다.[45)]

　이 점은 그리스·로마 신화로서 이카루스와 그의 아버지 다이달로스의 크레타 미궁 탈출기인 이카루스의 날개 이야기, 감옥 탈출 이야기에서도 잘 나타난다. 이카루스의 날개[46)]는 하늘을 날고 싶어 하는 인간의 욕망과 미지의 세계에 대한 인간의 동경을 상징한다. 이카루스의 날개가 우리에게 주는 의미는, 하나의 해법을 익혔다고 해서 그것이 모든 것의 해법이 될 수 없다는 것이다. 아버지와 아들의 차이를 통해 날아갈 수 있다는 지식은 살아간다는 지혜를 능가할 수 없다는 것도 보여 준다. 지혜를 보여 주는 아버지 다이달로스와 날아갈 수 있다는 정보와 기술을 학습한 아들 이카루스 간에 나타나는 삶살이에 대한 차이가 극적으로 드러나 있다.

　아버지 다이달로스가 보여 준 삶의 자세가 배움이라면, 그의 아들 이카루스가 보여 준 것은 학습이다. 말하자면, 100 빼기 1의 계산에서 답은 오로지 99라는 것만을 학습한 채 그 학습 해법 하나만으로 삶의 모든 것을 처리하는 태도가 이카루스가 보여 준 양태다. 반면 100 빼기 1의 정답이 경우나 상황에 따라 달라질 수 있다는 지혜를 보여 주며 삶의 문제를 풀어나간 다이달로스의 삶은 배움의 양태를 나타낸다. 다이달로스의 배움과 지혜는 단군신화의 주인공인 웅녀의 끈기에서도 추적해 볼 수 있다. 인간이 살아간다는 것은 어머니의 자궁을 벗어나 세상으로 나오는 탄생의 순간부터 '좁은 굴 속의 대모험'이다. 그 모험은 고통의 통로를 지나는 것이다. 삶은 거쳐간다기보다 마땅히 이겨나갈 절대의 길목 탄생의 과제다. 비련의 여인 웅녀가 낳은 단군 역시 그 과정을 어김없이 거쳐야 하는 한국인의 원형이다. 여기서 중요한 것은 단군이 아니라 웅녀의 변신 이야기다. 그녀는 맵고 짠 시초를 보여 주는 상징적인 인물이다.

　단군신화에서는 인간이 되고 싶은 곰들이 인간화의 절차, 즉 맵짠의 고통을 견디면서 삶을 끈덕지게 욕망하는 그 자체가 중요한 모티브가 된다. 서양 사람들에게 필독서인 『구약성서』를 보면, 아브라함이 99세에 아이를 갖는 장면이 나온다. 그것을 생물학적으로 읽으면 제대로 된 독해가 불가능하다. 생물학적으로 99세가 되면 반쯤은 귀신이 되어 있어야 하기 때문이다. 그 대신 그것을 신화적으로 읽으면 신과 아브라함이 마침내 소통했다는 것으로 이해할 수 있다. 그렇게 신화를 읽기 위해서는 내부시각의 확장이 동원되어야 한다. 마찬가지로 단군신화에서 곰과 호랑이가 사람이 되고 싶어 한다는 것도, 곰이 인간이 되었다는 것도, 웅녀가 어머니가 되었다는 것도 소통과 내부시각의 확장 때문에 가능하다. 곰은 곰처럼 생존하며 그렇게 곰처럼 의식하는 동물일 뿐이다. 그것을 넘어서려면 생각의 확장이 요구된다. 말하자면 인간화로의 확장이라는 내부시각의 확장이 있어야 가능하다. 그래야 곰은 웅녀로 변신할 수 있다. 단군 역시 내부시각을 확장하여 곰의 직관과 신령의 영감이 소통한 결과로 만들어진 존재로 바라볼 때 이해가 가능한 한 대상이다.

　단군신화는 우리 민족이 가지고 있었던 '밝의 뉘'라는 고유신앙을 보여 주는 신화와 무관하지 않다.[47) '밝'과 불은 태양과 광명을 지칭하는데, 그것은 '멋'과 불가분의 관계에 있다. 단군은 밝음의 존재라는 점에서 멋과 관련이 있고, 그 멋은 배움과 직결된다. 배움이라는 말이 새끼를 배다, 밝히다, 밝다의 의미를 복합적으로 갖는다는 것을 상기하면, 단군신화에서 중요한 모티브는 배움에 있다. 웅녀가 배어 낳은 단군은 이 세상을 밝게 밝히기 위한 배움의 존재이기 때문이다.

　조선의 신앙을 밝의 뉘라고 정리하였을 때 그것은 불과 밀접하다. 불은 서양의 신화에서는 늘 금기와 경외의 대상이었다. 불은 신의 능력을 능가하게 만드는 지혜의 상징이었기 때문이다. 인간에게 그런 능력을 부여하는 일은 신 스스로 자기 세계를 파괴하는 일이었다. 따라서 신들은 인간에게 불을 항상 경외와 금기의 대상으로 만들어 놓았다. 그래서 인간에게는 불에 대한 콤플렉스가 영원한 짐으로 남아 있게 되었다.

바슐라르는 인간이 불에 대한 콤플렉스, 즉 프로메테우스 콤플렉스를 갖고 있는 존재라고 설명하고 있다. 인간이 다른 동물과 다른 점은 불에 대한 콤플렉스가 강하다는 것이다. 불은 빛을 내는 수단이기도 하지만 불을 밝히는 일, 창조하는 일과도 밀접하다. 불은 무엇인가를 밝혀 주며 만들어 낸다는 점에서 인간의 잉태 능력과도 밀접한 관련을 맺는다. 불에 대한 인간의 콤플렉스는 신보다 더 알고 싶은 지혜의 욕망인 동시에 무엇인가를 만들어 내려는 잉태의 욕망이기도 하다. 그래서 불은 늘 금기의 대상이고 경외의 대상으로 자리를 잡게 된다.[48]

불이라는 말의 어원은 우랄·알타이어의 부르칸(burkhan)이다. 부르칸은 불·밝·환·한·한울·태양 등의 뜻을 담은 절대자를 지칭한다. 단군의 아들을 '부루(夫婁)'라 하는데, 하늘에서 내린 자를 의미한다. 신라의 시조 혁거세를 '부거안(弗居內)'이라 했을 때 역시 하늘의 광명을 받들어 세상을 다스리는 자를 말한다. 이러한 맥락에서 부루, 부거안을 한자로 말한 것이 바로 풍류(風流)다.

풍류는 우리말로 새기면 '멋'에 해당된다. 멋은 한국인의 미의식을 표현한 말로서 그 개념을 일상적인 용어의 문맥에서 찾아보면 대체로 세 가지 갈래로 나눌 수 있다. 첫째, 멋은 흥을 의미한다. 생동감과 율동성을 동반하는 단어인 '멋지게'라는 말이 서술하듯이 멋은 흥겹다는 뜻을 갖는다. 이것은 때때로 신나는 것을 뜻하기도 한다. 둘째, 멋은 자유의지를 의미한다. '멋대로 하라.'는 말처럼 인간의 자유로운 행동을 지칭한다. 셋째, 멋은 조화와 합의를 의미한다. 특정 환경에 제대로 맞아 들어가지 않을 때 '멋쩍다'라는 말을 한다. 남녀의 궁합을 보거나 집터의 풍수를 보는 것도 일종의 조화를 찾는 멋의 감각이다. 물론 멋을 자아내는 조화가 반드시 균형만을 지칭하지는 않는다. 불균형의 균형 속에서 멋의 조화도 언제든지 가능하다. 엇박자의 멋이 바로 그것이다.[49]

단군신화[50]는 건국신화로 여겨져 왔지만, 실제로 단군신화에서 중요한 이야기는 국가 성립의 이야기가 아니다. 단군신화는 단순한 건국신화나 우주 발생의 신비를 보여 주는 신화라기보다는 인간의 삶살이와 배움에 관한 신화다. 단군신화에서 중요한 것은 단군의 출생보다는 웅녀의 욕망이다. 웅녀가 배고 낳은 아이 단군이 바로 밝음의 교주이기 때문에 단군신화는 인간문화 생성의 신화로 읽어야 할 것이다.

인간의 문화 기원 중에서도 배움의 신화적인 기원, 배움의 인간적인 모습이 무엇인지를 파헤치는 문명 기원에 대한 논조를 밝혀내는 것이 단군신화를 제대로 읽는 방법이다. 단군신화를 연구하는 국내 학자들은 단군신화가 이야기해 주는 욕망의 이야기에 대해서는 무감각하다. 국내 학자들은 단군신화에서 프로이트가 들고 나왔던 오이디푸스 콤플렉스[51]나 헤이사쿠(古澤平作)가 불교경전에서 찾아냈던 아자세(Aj ta atru) 콤플렉스[52] 같은 현상을 찾아내는 일에 별로 흥미가 없었던 것 같다. 단군신화의 주인공인 곰과 곰의 화신인 웅녀에 관한 이야기에는 아버지를 죽이거나 희생시킴으로써 끝내 그들을 원망하는 인간적인 고뇌, 인간들 간의 긴장이나 갈등에서 야기되는 콤플렉스의 실마리들이 존재하지 않기 때문이다. 하지만 더 큰 이유는 그들이 단군신화에 대한 내부시각의 확장과 변환을 할 수 없었기 때문일 것이다.

그렇지만 단군신화에서 곰의 인간되기에 대한 욕망, 즉 짐승에서 인간으로 거듭나기에 대한 욕망과 그 욕망을 실현하기 위한 배움의 열망이 존재하는 것은 분명하다. 웅녀가 자식을 배고 싶은 강한 욕망의 소유자였다는 점에서 단군신화는 배움의 열망을 담은 배움의 콤플렉스[53]를 드러내고 있다. 곰이라는 짐승에게서 인간의 의식작용과 같은 콤플렉스가 가능할 것인지를 의심해 볼 수 있지만, 그것은 처음부터 가능한 이야기다. 세상에 존재하는 모든 것은 의식의 존재이며 의식의 소통을 통해 거듭난다. 다만, 세상 만물은 의식을 소통하게 하는 주파수나 방법의 차이에 의해 소통하기 어려울 뿐이다. 곰이라는 짐승의 '의식'이 인간의 '의식'과 질적으로 다르다는 것은 의식소통의 방법론이 다르다는 것을 의미할 뿐이다. 동물해방론자인 피터 싱어(Singer)처럼 세상에 존재하는 생물체를 의식을 가진 하나의 인격체(person)로 본다면,[54] 웅녀에게는 인간이 되고자 하는 곰의 욕망, 아이를 배고자 하는 휴먼 콤플렉스가 가득했음을 알 수 있다.

『삼국유사』[55)]에 근거한 단군신화는 문맥이나 흐름으로 보아 매우 단순하다. 여러 짐승 중에서 곰과 호랑이라는 짐승만이 사람이 되고 싶은 '요구'가 있어 환웅을 찾아와 간청했다. 환웅은 이들을 가상하게 여겼다. 그들에게 사람이 될 수 있는 몇 가지 처방을 내렸다. 어기면 결코 인간이 될 수 없다는 금기의 처방이었다. 그것은 굴 속에서 삼칠일 동안 오로지 그가 내린 쑥 한 줌과 마늘 스무 쪽을 먹으면서 햇빛은 절대로 보지 말라는 금기였다.

환웅이 내린 금기에 조금도 어긋남이 없이 인내하면서 몸과 마음을 단련시킨 곰은 여자로 변했다. 환웅의 금기를 위반한 호랑이는 원래 짐승 그대로 남아 있게 되었다. 사람으로 변한 웅녀는 아이를 갖고 싶은 강한 '욕구'가 생겼다. 그녀의 간절한 욕구를 환웅이 들어주었다. 환웅은 웅녀와 사랑을 했고 그녀는 아이를 잉태했다. 웅녀가 낳은 아이를 단군이라고 불렀다. 웅녀의 아들인 단군이 한민족의 조상이 되었다. 이 것이 단군신화의 전체 줄거리다.

곰은 환웅의 명령대로 인내한 끝에 웅녀로 거듭난다. 그녀는 인간으로서의 휴먼 콤플렉스를 갖는다. 여성으로서 자식을 열망한 것이다. 웅녀로 변신되기 전, 곰이 바란 것은 자식이 아니었다. 그냥 인간이 되고 싶었을 뿐이다. 사람으로 그 인격성을 부여받은 웅녀는 그것에 만족하지 않았다. 신과 어울릴 수 있는 여성이 되고 싶었다. 생물학적 여인이 아니라 사회적 여성의 역할을 원했던 것이다. 그것은 어엿한 아이를 배고 싶은 욕망이었다. 아이를 밴다는 것은 자신의 능력을 드러내 보임으로써 이전의 곰과는 다른 신분을 만들어 내고 싶은 욕망의 표현이다.

사람을 잉태하고 싶은 욕망은 그녀로 하여금 환웅과의 교접을 요구했다. 그것은 신과 같은 존재가 되고 싶은 욕망이었으며, 신의 보호를 받고 싶은 욕망이기도 했다. 신과 같은 존재가 되어 세상을 지배하고 싶은 욕망이기도 했다. 웅녀는 동물 신(神)의 자리에 만족하지 못하고, 인간의 신으로 거듭나고 싶었던 것이다. 이것은 마치 프로이트가 종교 형성을 토대로 간주하고 있듯이, 웅녀가 세상을 지배하는 교주가 되고

싶었음을 의미한다.[56]

웅녀는 인간에서 신으로 옮아가는 불가능한 욕망을 실현하기 위해 구도자의 모습을 보인다. 웅녀라는 단순한 인간적인 모습을 거부하고 인간의 모습을 지닌 신으로서 존재하고 싶었다. 신의 모습을 배우고 싶었지만, 그것은 웅녀 혼자로서 금지된 욕망이었을 뿐이다. 웅녀는 신의 모습을 닮아가려는, 신의 모습을 배우려는 욕망 때문에 신의 아이를 배는 방법을 택했다.

단군신화에서는 배움에 대한 말은 한마디도 없지만, 그들이 서로 욕망하고 교접하며 의식을 소통하는 과정에 서로 간의 관계를 밝히는 일, 서로 간의 관계를 소통하는 일, 그리고 인내함으로써 서로를 깨달아 가는 '에루디션 콤플렉스(erudition complex)'가 개입되어 있다. 단군신화에는 곰이 사람이 되기 위해서는 인내를 배워야 하고, 웅녀가 여성이 되기 위해서는 아이를 배야 하며, 가족이 되기 위해서는 서로 간의 관계를 밝게 만들어야 한다는 배움의 무의식이 깔려 있다.

단군신화에서 발견되는 곰의 인간되기는 신이 되려는 욕망의 표현이며, 배움의 욕망에 대한 이야깃거리로 압축된다. 곰이라는 짐승은 신이 되기 위해 신의 명령인 금기에 기꺼이 응하면서도, 그의 금기를 위반해 가면서 또 다른 금지된 욕망을 꿈꾸는 인격체 특유의 생존력을 가졌다. 이것이 단군신화의 주요 모티브다.

곰으로서의 웅녀는 인간이 되기 전까지는 그저 하나의 짐승이었다. 그 짐승이 인간이 되어야 한다는 것은 짐승에게는 불가능한 꿈, 이룰 수 없는 꿈이다. 이 꿈은 그녀에게 환상이었다.[57] 그런데 불가능한 일이 노력과 인내로 가능해졌다. 곰으로서 갖고 있는 필요 이상의 자기 존재감을 잊거나 폐기했을 때 비로소 자신의 소원을 이루게 되었다. 호랑이는 그 점에서 처절하게 실패했다. 호랑이는 도저히 호랑이로서의 자기 존재감을 포기해야 하는 상황을 견디어 낼 수가 없었기에 동굴 밖의 삶으로 회귀한 것이다. 그래서 호랑이는 호랑이로서의 자기 존재감을 회복하는 대신, 인간이 되기 위한 원대한 기대감과 욕망은 포기했다. 호랑이의 자기 존재감 회복에 대한 신화적 이야기는 오늘을 사는 현대인에게도 매일같이 와 닿는 현실 점검적인 이야기다.

사람들은 언제나 자기 존재감을 확인해 보기 위해 몸부림치는 동물이다. '사람, 사물, 느낌 따위가 실재한다는 느낌'이 바로 자기 존재감을 말하는 것인데, 사람들은 그것이 없다고 야단들이며 그것을 확인하기 위해 안간힘을 쓴다. 몇 년 동안 컨벤션 기획 일을 충실하게 수행하다가 잠시 휴식 중인 한 사람이 있었다. 그는 새로운 프로젝트를 맡으면 짧게는 몇 주, 길게는 몇 개월간 야근도 불사해야 하는 회사에 다녀야 했기에 지난 3년여간 가족도, 친구도 제대로 챙기지 못했다. 그래도 자신을 필요로 하는 팀이 있고 몇 년간 계속해 오던 전문 분야가 있다는 자부심이 그를 버티게 해 주었다. 그러던 그가 작년 가을 '좀 쉬고 싶다.'며 사표를 냈다. 그 당시 그는 회사에서 자신을 붙잡는 이가 아무도 없다는 사실에 큰 충격을 받았다. "내심 회사에서 나는 꼭 필요한 존재라고 생각했던 터라, '너 아니면 안 된다.'는 사람이 몇 명은 있을 줄 알았는데……. 그때 깨달았죠. 아, 내가 일에 대해 갖고 있던 존재감이 허상이었구나." 하는 괴로움으로 몸을 떨었다.

또 다른 예도 있다. 7년차 공무원인 또 다른 사람은 자기 존재감의 허상을 이렇게 하소연한다. "성과가 좋을 땐 칭찬 일색이지만 조그마한 문제라도 발생하면 정색하고 비판하는 게 공무원집단이에요. 그러다 보니 '최선을 다해 잘하자.'는 생각보다는 '튀지 않을 정도로만 적당히 하자.'는 생각을 하게 되더라고요." 승진에서 누락되거나 믿었던 선후배에게 배신당한 경험이 있는 사람일수록, 그런 경향을 보인다는 게 그의 설명이다. 그의 판단에 따르면, 회사에서 존재감이 희미한 이들일수록 하나같이 가정적이었다. 직장에서 보상받지 못한 존재감을 가족에게서 확인하려는 의도가 그렇게 작동한다는 것이다.[58] 이런 자기 자신에 대한 확인으로서의 존재감은 자기 자신, 내부에서 찾아야 한다. 즉, 자기 의식이나 자기 이미지를 드러내게 만드는 자기 존중감(self esteem)에서 찾아야 하는 것이다. 단군신화의 곰과 호랑이는 우리에게 그것을 찾아나서는 길을 비유적으로 가르쳐 주고 있다.

웅녀는 인내와 끈기를 가지고 인간으로서 바라던 형상을 갖게 되었다. 그로부터 곰은 더 이상 곰이 아니라 인간으로서 필요한 모든 것을 자기 것으로 만들어 갈 수 있게 되었다. 곰이 인간으로 변환하기 위해서는 심리학적으로 '압축적 생장'이 필요할 수밖에 없었다. 곰으로서의 자기 존재감을 일순간에 거세하거나 잊게 해 주는 그런 압축적 생장기제가 있어야 했다. 압축적 생장이 개입되어야, 곰은 짐승으로서 생존해야만 하는 욕망을 거세하고 인간으로 거듭날 수 있다. 압축적 생장의 동력이 바로 기대와 욕망, 그리고 꿈이었다. 곰은 환웅의 요구와 금기에 완전무결하게 복종함으로써 그 욕망을 실현할 수 있었다. 인간, 그리고 여성이 되어야 한다는 욕망에 대한 각오와 기다림이 웅녀에게 없었다면, 곰이 여인으로 바뀌었다고 해도 그 곰은 영원히 단순한 '암컷 여인네 곰'으로 살아갔어야 했을 것이다.

§ 에오스의 욕망

웅녀는 인간으로 사는 동안 그녀에게 가능할 수 있는 것들이 실제로는 불가능하다는 것을 알았을 것이다. 그녀가 바라는 것은 인내한다고 이루어지는 참음의 문제가 아니라 욕망의 문제이기에 더욱더 그랬다. 곰의 새끼가 아닌 인간이라는 존재로서의 자식을 갖고 싶다는 것도 그렇지만, 그것보다 그녀에게 우선하는 일은 사랑이었을 것이다. 그것은 에로티시즘의 압축적인 모습이고, 마침내 단군의 잉태로 나타난다. 곰이라는 짐승으로서의 욕망은 인내가 매우 중요한 것이었지만, 인간으로서의 욕망은 그저 인내한다고 되는 일이 아니었다. 웅녀에게는 인간으로서 금지된 욕망, 말하자면 신과 교접하고 싶은 욕망이 존재했는데, 그것의 완성은 금기의 위반에 있었다.

인내하는 일과 위반하는 일은 두 가지 모두 금기에 대처하는 방법이다. 인내하는 일은 가르침에 제대로 따르기만 하면 자신이 바라는 것을 이룰 수 있다는 것을 상징적으로 보여 준다. 반면 금기를 위반하는 일은 가르침을 따르는 일보다 적극적으로 의지를 드러냄으로써 자신을 확장시켜야만 꿈이 이루어진다는 것을 보여 준다. 전자가 가르치는 자의 방법에 순종하면 된다는 뜻에서 '학습'이라고 한다면, 후자는 새로

운 길을 만들어 가며 동시에 그것에 새로운 의미를 부여해야 한다는 '배움'을 의미한
다. 배움이 제대로 일어나고, 자기 스스로 생존의 의미를 만들어 내야 그의 존재가 가
능하기 때문이다.

인간이 자기 존재에 대한 의미를 만들어 내야 비로소 사람이 된다는 것은 나비의 노
력에 견줄 수 있다. 나비가 나비로 날아다니기 위해서는, 끝내 고치를 스스로 헤집고
나와야만 한다. 고치를 헤집고 나올 때 누군가의 도움을 받는다면 그 나비는 날아다니
는 능력을 상실해 버린다. 제 스스로 고치를 헤집고 나왔을 때 비로소 멋있게 하늘을
마음대로 날아다닐 수 있다. 나비의 꿈에서 읽을 수 있는 것처럼 인간 역시 자신의 존
재 의미를 스스로 만들어 내야만 비로소 인간으로서의 역량을 제대로 발휘할 수 있다.

웅녀와 같은 여인네의 한풀이는 그리스 · 로마 신화에도 흔히 등장하는 주제다. 한
예로 새벽의 여신인 에오스(Eos)의 사랑 이야기가 있다. 인간에게 배움이라는 것은
고대 그리스 · 로마 신화에 등장하는 새벽의 여신 에오스의 사랑을 받는 것과 같다.
인간은 자신의 지혜를 최대한 활용하여 죽지 않는 방법을 찾을 수는 있어도, 결코 늙
지 않을 수는 없다. 이것을 깨닫게 됨으로써 자신을 더 평화롭게 받아들일 수 있는 지
혜를 얻는 것과 비슷하다. 인간에게 늙음을 거부하는 죽음은 언제든지 가능하다. 그
러나 죽음에 이르지 않는 노화만은 불가능하다는 역설을 가르치는 것이 바로 새벽의
여신인 에오스가 인간에게 전해 주는 메시지다. 에오스의 눈물인 영롱한 이슬을 마르
게 하는 것은 태양신이다. 그는 에오스를 바짝 뒤쫓아 온다. 그러고는 이내 새벽의 여
신을 매일같이 불태워 버린다.

새벽의 여신인 에오스의 이야기는 문화권에 따라 다르게 전개되고는 있지만, 그녀
의 이야기를 풀어 내는 줄거리는 대개 한 가지로 정리된다. 그녀는 로마 신화에서는
아우로라(Aurora)라고 표기되기도 하는데, 에오스와 같은 말이다. 티탄신인 히페리온
(Hyperion)과 테이아(또는 팔라스, Palas)의 딸이며 헬리오스와 셀레네의 누이로서, 같
은 티탄신인 아스트라이오스(Astraeus)의 아내이기도 하다. 그녀는 매일 아침 태양이
떠오르면 '장밋빛 손가락'으로 밤의 장막을 거두는 일을 한다. 그녀는 아스트라이오

스와의 사이에서 바람의 신인 보레아스(Boreas), 노토스(Notus), 제피로스(Zephyrus)와 헤스페로스(Hesperus, 저녁별), 에오스포로스(Hesperus, 새벽별)를 낳았다.

에오스는 어느 날 전쟁의 신인 아레스(Ares)를 사랑하다가 발각되어 미의 여신인 아프로디테(Aphrodite)의 깊은 분노를 산다. 에오스가 아레스를 사랑하는 것을 목격한 아프로디테는 질투심에 에오스에게 저주를 내린다. 그 저주로 인해 에오스는 앞으로 신이 아닌 인간을 사랑하게 되고, 그녀의 사랑을 받는 인간은 언제나 죽음으로 끝을 보게 된다. 그 벌을 피할 수 있는 인간은 단 한 명도 없었다. 저주를 받은 에오스는 이후 여러 남자들과 사랑을 했지만, 언제나 그 결말은 비참했다. 그것은 그녀가 사랑하는 인간들은 신인 에오스와는 달리 늙으면 운명적으로 죽을 수밖에 없기 때문이었다.

에오스가 인간 중에서 처음으로 사랑했던 남자는 트로이의 왕자 티토노스(Tithonos)였다. 에오스는 언제나처럼 밤의 어둠을 걷어 내고, 트로이를 향해 긴 보랏빛 궤적을 그리며 날아가다가 티토노스를 보게 된다. 티토노스는 어두운 밤하늘에서도 별처럼 빛나는 아름다운 젊은이였고, 그를 능가하는 남자는 어디에도 없어 보였다. 그를 내려다본 에오스는 사랑의 감정을 품어 인간으로 변신한 뒤 그에게 다가간다. 그리고 그와 일 분, 일 초가 아까운 열렬한 사랑을 나눈다.

그 아쉬움에 에오스는 어느 날 티토노스에게 자신이 신의 딸이라는 고백을 해버린다. 자신들의 사랑이 그렇게 짧았던 이유를 알게 된 티토노스는 그 사랑을 숙명으로 받아들이고 더욱더 에오스와 살가운 사랑을 나누며 영원한 사랑을 맹세한다. 에오스는 벅찬 기쁨으로 들뜬 나머지, 아버지 히페리온에게 티토노스를 신으로 만들어 달라고 간청한다. 그것이 어려우면 차라리 자신을 인간으로 만들어 달라고도 한다. 두 소원 모두 불가능한 일이었다. 궁리 끝에 히페리온은 사위인 티토노스에게 신의 능력 중 한 가지를 허락한다.

이렇게 티토노스는 죽지 않는 불사의 힘을 갖는다. 에오스와 영원한 사랑을 나누기 위해서였다. 그 소식을 듣고 에오스는 티토노스를 데리러 트로이로 내려간다. 티토노스가 에오스와 함께 신들의 고향인 올림포스로 가기 위해서는 트로이에서 누리던 인간으로서의 왕자 지위를 버려야만 한다. 그는 후회없이 에오스를 따라 나선다. 올림포스에 올라간 티토노스는 미처 깨닫지 못한 한 가지 사실을 알아 버리고는 절망한다. 비극이 시작되는 순간이었다. 티토노스는 장인 히페리온으로부터 영원히 죽지 않는 불사의 생명을 얻었다. 그러나 영원히 늙지 않는 불로(不老)의 힘까지 얻은 것은 아니었다. 그것은 티토노스에게 숙명이었다. 그는 해가 갈수록 늙어갔다. 그렇다고 죽는 것은 아니었다. 티토노스는 점차 쇠약해지면서 예전과는 달라졌다. 에오스는 그렇게 늙어 가는 연인을 보는 것이 너무 고통스러웠다. 에오스는 다른 신들의 조롱을 피하고도 싶었다. 마침내 에오스는 남편을 돌방에 가두어 버린다. 시간이 무심코 흘러갔다. 에오스가 정신을 차리고 다시 돌방 문을 열었을 때 티토노스는 보이지 않았다. 어디선가 "에오스, 에오스!" 하는 소리만 애타게 들렸다. 한 마리의 매미가 부르는 소리였다. 매미로 변해 버린 티토노스가 벽에 달라붙어 그녀를 애타게 부르고 있었다.

§ 에루디션 콤플렉스

단군신화는 곰이 인간이 되기 전에 가지고 있었던 인간을 향한 꿈과 웅녀가 가진 요구, 욕구, 그리고 욕망을 보여 준다. 이런 요구, 욕구, 욕망에의 대응이 바로 배움의 과정이기에, 배움은 결국 금기 위반의 부산물이며 동시에 욕망의 잔여물로 표출된다.

이미 단군신화의 첫 번째 주인공인 환웅은 욕망의 화신이며 자기실현, 자기 깨달음의 무의식적 존재다. 환웅은 하늘에 살지만, 신들의 사회에서는 힘을 쓰기 어려운 서자 출신이다. 상속을 받을 수 없는 존재였다. 처지를 깨닫고는 하늘나라를 포기하고 떠날 수밖에 없었다. 분리하지 않으면 자신을 드러낼 수 없는, 그래서 분리를 욕망하는 존재였다. 결국 환웅은 자기 아버지와 고향을 떠난다. 그는 자기 발견, 자기 시련, 자기실현, 자기 깨달음, 그리고 자기 배움이라는 새로운 여정을 통해 아사달에서 욕망을 실현한다.

단군신화와 같은 우리네 신화에는 그리스의 신화에 나오는 지혜의 신인 프로메테우스나 이집트 신화에 등장하는 지혜의 신인 토트(Thot)와 같은 신이 거의 등장하지 않는다.[59] 지혜를 전담하거나 다스리는 지혜의 구조를 우리 신화에서는 거의 살펴볼 수 없다. 이것은 우리에게 지혜의 신이 존재할 필요가 없어서라기보다는 신의 분화를 인정하는 구조가 필요하지 않아서이기 때문이다. 모두에게 이미 지혜의 요소가 가득하다. 단군신화에 등장하는 곰, 호랑이, 환웅 모두가 지혜를 갈망하는 지혜의 영물들이다.

앞서 말한 바와 같이 그중에서도 곰은 대단한 욕망의 존재다. 곰이 인간이 되겠다는 것은 천지개벽의 욕망이다. 인간으로 변한 웅녀의 욕망은 완전성에 대한 금기의 욕망이며, 완벽한 인간으로서 재현되어 신까지 되고자 하는 금지의 욕망 덩어리다. 이 금지된 욕망은 인간으로 생존하기 위한 생존적 요구로의 열망을 넘어섰다. 이제는 신처럼 지혜로워지고 싶은 욕구로서의 열망이 가득했다. 웅녀는 그 욕망의 실현 매개물인 단군을 배고 낳는다. 역사를 만들어 내고 인간을 창조해 내는 과정을 통해 웅녀의 욕망은 실현된다.

인간들이 무엇인가를 바라고 있는 상태를 설명하는 개념으로 요구(demande)가 있다. 이와 비슷한 개념으로 욕구(besoin)와 욕망(desir)도 있다. 라캉은 이들을 유사한 어군으로 보지 않고 심리학적으로 서로 다른 속성을 갖는 개념으로 보았다. 라캉은 각각의 개념에 대한 문학적이고 일반론적인 이해를 넘어서, 이들의 기호학적 차이와 그것이 인간의 삶에 끼치는 영향에 대해 정신분석학적 해석을 가했다.

라캉의 해석에 따르면,[60] '욕구'라는 개념은 인간이라는 유기체적인 속성에 의해 생기는 바람이나 욕망이다. 말하자면 미에 대한 욕구, 지위에 대한 욕구처럼 유기체들의 속성을 강하게 드러내기 위한 바람이 바로 욕구가 된다. 자신의 아름다움을 위해 성형수술도 결코 거부하지 않는 여성의 미에 대한 집착은 바로 미에 대한 여성의 욕구를 표현해 놓은 것이다. 아이에 대한 강한 욕구가 여성의 임신 욕구로 표현될 수도 있다.

욕구가 강한 바람을 표현하는 개념이라면, '요구'는 좀 더 포괄적인 성격을 갖고 있는 원함의 뜻이다. 원하는 것은 일반적인 뜻을 담고 있는 개념이지만, 이는 단순한 원함이 아니라 결핍을 보충하기 위한 본능적인 노력이다. 예를 들어, 성별에 관계없이 갓 태어난 아이는 그들의 아름다움을 뽐내기 위한 욕구가 있다. 그것이 가능하기 위해서 그들은 유기체로서 먼저 살아남아야만 한다. 이처럼 유기체로서 생존을 위한 모든 원함의 노력이 요구에 속한다. 갓 태어난 아이에서부터 죽음 직전에 이른 누구라도 생존의 법칙에 따라 숨을 쉬고 음식을 먹는다. 생존을 위한 본능적인 원함의 원리다. 갓 태어난 아이들은 유기체의 생존을 위한 본능적인 요구를 충족하기 위해 어머니의 젖을 향한 보채기를 시도한다. 아기의 울음 같은 보채기 표현은 '엄마'라는 인간에 대한 애착을 원하는 욕구의 개념이라기보다는 젖을 바라는 생존을 향한 생물학적 요구에 속한다.

일정 기간 동안 아이들은 울음이나 보채기를 통해 어머니의 젖을 향한 그들의 요구를 표현한다. 어머니와의 접촉이 빈번해지면서는 그런 접촉이 일상적인 인간관계의 틀로 자리를 잡게 된다. 그러면서 유아의 보채기는 젖에 대한 일반적인 요구에서 벗어난다. 그것은 인간적인 관계에 대한 지속적인 욕망으로 변하기 시작한다. 이제 어머니와의 관계는 아이에게 강력한 타자적인 친밀함의 표현이 된다. 이것은 이성이나 타자로서의 어머니에 대한 인간적인 사랑을 갈구하는 것이다. 타자로서의 어머니 혹은 아버지에 대한 아이들의 타자적인 사랑의 갈구와 그것에 대한 강한 바람은 바로 욕망으로 표출된다.

라캉은 어린아이들의 심리적 발달이 그들의 생물학적 발달단계에 따라 세 가지 심리적 요소로 서로 다르게 전개된다고 간주한다.[61] 갓 태어난 아기의 경우는 인간으로서 스스로의 생존을 염원하는 일반적인 본능적 표현으로서의 '요구'가 발달한다. 다음은 인간으로서 아기라는 유기체의 속성을 강하게 드러내는 표현으로 어머니와의 지속적인 관계를 바라는 '욕구'가 전개된다. 마지막으로 타자적인 인간으로서의 어머니를 자신의 것으로 간직하고 싶은, 타자를 바라는 강력한 사랑의 '욕망'이 표출되는 시기가 온다.

어머니는 아이들의 심리적인 발달과정에서 나타나는 요구, 욕구, 욕망에 대해 적절한 대응 방법을 찾게 된다. 이때 아이들이 생물학적으로 바라는 본능적인 생존의 요구와 그가 지속적으로 갈구하는 인간관계 대상으로서의 어머니에 대한 욕구에는 별다른 어려움을 느끼지 못한다. 어머니로서, 인간으로서 아이들의 요구와 욕구에 적절하게 응하면 된다. 이런 관계를 지속하다 보면 아이들의 욕망에 제대로 응할 수 없는 경우에 이른다. 즉, 아이들이 어머니에게 바라는 타자로서의 이성적인 사랑에는 불완전하게 대응할 수밖에 없다. 아이들의 욕망에 대해 어머니가 자신의 남편을 대하듯이 이성적이며 타자적인 욕망 충족의 입장으로 응할 수는 없기 때문이다. 그래서 아이가 어머니에게 타자적으로 강하게 바라는 이성적인 사랑의 욕망은 거절되기 시작한다.

따라서 아이에게 어머니에 대한 총체적인 욕망은 끝내 충족될 수 없는 결핍으로 남는다. 어머니를 향한 타자적인, 그리고 이성으로서의 욕망 충족문제는 어린아이의 생물학적인 삶과 그것을 향한 본능적 요구에서 결핍되는 부분이다. 인간의 요구에서 욕망은 언제나 충족이 거부되는 결핍의 잉여물로 남아 있게 된다. 이 결핍의 잉여물은 충족을 위해 또 다른 욕망을 갈구하기 시작한다. 그래서 인간이 지니고 있는 요구, 욕구, 그리고 욕망 간의 상관성을 하나의 공식으로 만들 수 있다. 라캉의 표현대로, 욕망이란 요구에서 욕구를 공제하고 난 후의 결과물, 즉 '요구 – 욕구 = 욕망'의 공식으로 정리된다. 이때 욕망은 요구의 잉여물이며, 그것은 언제나 결핍의 여백을 만들어 낸다. [62]

§ 결핍의 잉여물

라캉은 인간의 삶이 욕망 그 자체임을 아주 은유적으로 표현한 바 있다. 그는 인간의 삶을 '영(zero)이 무리수(irrational)가 되는 미적분학'이라는 수학적 은유로 정의 내렸다. 삶에 관한 그의 정의에서 '불합리하다'와 무리수를 의미하는 '비합리성 (irrational)'이라는 단어는 측정할 수 없는 감정적인 상태를 나타내는 것이 아니라, 수학적으로 허수(虛數)임을 의미한다. 예를 들어, 무리수인 $\sqrt{-1}$은 직관에 속해 있는 수다. 이 허수는 수학적인 의미에서 실제적인 것은 아니다. 그렇다고 그 수가 어떤 기능도 갖지 않는 것은 아니다. 그런 점에서 그 수는 보존되어야 할 수라는 것이 틀림 없다.

무리수는 수학의 가능성을 드러내는 욕망의 수이기도 하다.[63] 이 수는 실제적인 수의 기준에서 숨어 있다는 점 때문에 주체와 그 성격이 같다고 할 수 있다. 주체는 기표의 기능을 띠고 있는 한, 그것이 결코 주체로서 정립될 수 없기 때문이다.

라캉은 인간의 삶을 숫자 영(0)이 무리수가 되는 미적분학이라고 보고, 그것을 채워나가는 것을 욕망이라고 간주하였다. 이때 강조된 부분은 결핍의 잉여물로서의 욕망이었다. 이 말의 의미를 제대로 이해하기 위해서는 우선 '욕망은 결핍에서 나온다.'는 라캉의 논지부터 파악해야 한다. 인간에게 욕망은 언제나 영원한 미해결의 잉여물로 존재하며, 삶에 있어서 채워 놓아야 하는 결핍된 공간으로 존재한다. 인간으로 살아간다는 것은 인간 스스로 욕망을 갖는다는 말이며, 동시에 그것은 끝내 채울 수 없는 빈 공간을 갖는다는 말이기도 하다. 인간은 욕망으로 생기는 결핍의 여백을 완전하게 채울 수 없다. 그 결핍을 채워 나가기 시작하면 또 다른 욕망의 잔여 부분이 잇달아 생기기 때문이다. 따라서 욕망은 또 다른 결핍 부분을 만들어 그것이 다시 채워지기를 기다린다.

인간은 그들의 욕망을 채울 수 있다고 하지만, 그렇게 생각하는 것 자체가 이미 새로운 욕망의 잉여물을 만들어 놓는 것이다. 인간 스스로 욕망을 채울 수 있다고 생각하는 것이 가당치 않은 것처럼 결핍의 잉여물인 욕망을 스스로 비울 수 있다고 생각하는 것 또한 오만이다. 불가(佛家)에서는 이 점을 제대로 간파하였다. 인간의 욕망은 제대로 채울 수도 없고, 그렇다고 완전히 비울 수도 없기 때문에 인간의 번뇌는 영원하다는 것이 그들의 정신적 그물망이다.

욕망을 느끼는 존재로 남는 한 인간은 결핍된 존재일 뿐이다. 결핍을 그대로 놔두지 않는 한, 욕망의 제어에 대한 인간의 의지 역시 허사다. 시시포스의 신화에서 보는 것처럼 산 위로 올려놓으면 다시 아래로 굴러 떨어지는 바위 덩어리, 즉 영원히 되돌려지는 욕망이라는 바위 덩어리다. 욕망에서 벗어나지 않는 한 인간은 욕망의 희생양이 되고 영원히 욕망에 대해 분노하거나, 불평하거나, 고뇌해야 한다. 이런 분노와 번뇌의 구조를 기쁨과 사색의 구조로 바꾸면, 욕망을 다스리는 일은 더 이상 욕망이 아니라 기쁨이 된다. 희생을 제어하기 위해 욕망이라는 분노의 구조를 사색의 구조로 진화시키는 데 필요한 것이 배움이다.

결핍의 잉여물을 다스리는 배움을 위해서는 두 가지 수단이 필요하다. 하나는 금기에 대한 위반이다. 단군신화에서 보여 준 것처럼 곰은 이미 동물로서의 금기를 위반했다. 곰은 짐승으로 남아야 하는 짐승의 금기를 위반하여 인간이 되었고, 호랑이는 그렇지 못했다. 짐승의 금기를 위반하지 못한 호랑이라는 짐승 본연의 모습을 되찾았다.

단군신화에서 호랑이는 끝내 주목의 대상이 되지 못한다. 호랑이는 조연도 아니다. 엑스트라 단역배우에 불과하다. 호랑이는 인내도 거부했고 배움도 거부했다. 호랑이는 그저 생존에 대한 욕구만이 가득한, 배움이 거세된 짐승이었다. 호랑이에 비해 곰은 인간으로 창조되었다. 곰은 짐승인 곰의 본성을 위반하였기 때문에 새롭게 만들어진 창조물이다.

호랑이와 곰의 차이는 생물학적으로는 짐승의 차이일 뿐이지만, 곰과 웅녀 간의 차이는 질적인 차이이며 신분의 차이다. 곰과 호랑이 간의 생물학적 경계를 넘어서는 차이다. 인간인 웅녀와 신인 환웅과의 차이는 또 다르다. 금지된 욕망을 다룰 수 있는 능력의 차이를 드러내는 정도다. 창조는 차이를 위반할 때 가능해진다. 위반과 배반 없이는 창조도 불가능하다. 웅녀는 이런 배반과 위반의 존재물이다. 바타이유는 차이의 금지된 욕망이 인간에게 결정적인 욕망이라고 본다. 그것은 인간의 욕망이 특정 사물에 대한 욕망이 아니라 차이에 대한 욕망인 한이며, 욕망의 완전한 충족이란 있을 수 없기 때문이다.[64]

　금기 위반 중에서도 생물학적 금기를 위반하는 것처럼 처절하거나 용기 있는 것도 드물다. 종을 바꾸는 일은 창조의 원리를 위반하는 것이며 창조의 금기를 깨는 것이기 때문이다. 곰이 환웅에게 청한 것은 창조의 금기를 깨는 것에 대한 신의 사회적 동의였다. 금기를 깨기 위해서는, 즉 금지된 욕망을 갖고 그것이 충족되기 위해서는 어떤 형식이든 절대자의 사회적인 동의가 필요했다. 모든 생물에게는 내부시각 확장의 원형이 존재한다. 이 발현구조 형식의 다양성으로 인간이 되기도 하고 짐승이 되기도 한다. 바로 곰의 금지된 욕망인 인간에로의 꿈은 내부시각의 확장에서 시작된 것이다. 곰은 인간이 되어야 한다는 창조력을 발휘하기 위해서라도 내부시각을 확장하는 일이 불가피하다. 내부시각의 확장에 의해 금기 위반이 발동하기 때문이다.

§ 금기의 에로티즘

　인간이 태어나서 일정한 연령에 이를 때까지 배우는 것은 '욕망의 불가능' 뿐이다. 욕망의 불가능함, 다시 말해서 인간 스스로 영원한 결핍의 존재라는 것을 배우기 위해 금기의 금기를 내면화시킨다. 인간은 태어나서 죽을 때까지 금기에 대한 부동성과 금기의 절대성을 익히게 된다. 금기, 그것이 신화적이든 예술적이든 간에 금기에 대한 위반이 갖는 속성은 한 가지다.

　금지에 대한 의도적인 도전과 허물어 버리기가 바로 그것을 가능하도록 도와준다. 예를 들면, 유대인들은 뱀이 금지된 지식에 대한 약속을 미끼로 이브를 유혹했다고 생각한다. 하지만 끝내 약속을 깬 것은 인간인 이브와 아담이었다. 인간들은 그들의 삶 속에서 원초적으로 금지된 욕망을 갖고 있다. 인간들에게는 이루지 못한 꿈이 있다. 그것이 생존에 직결된 것이든 호기심의 충족을 위한 것이든 관계없이, 그것을 이루려면 금기를 깨야만 한다. 금기 위반에 대한 위협이 두려우면 그것이 그렇게 될 수밖에 없는 정당한 논리와 합리성을 찾는 일을 만들어 나간다. 결국 금기의 위반, 즉 금지된 욕망의 해결은 생존을 위한 의미 만들기로 완결된다.[65]

금기는 바로 욕망의 제한적 죽음을 유도하기 위한 이성적인 장치이기도 하다.[66] 어떤 행위가 금기가 되는 순간, 그 행위는 징벌의 공포와 더불어 그 이전에는 전혀 지니지 않았던 신성한 종교적 후광까지 갖게 된다. 예를 들어, 큰 바위를 그대로 놔두면 그것은 사람들이 그저 일상적으로 올라가서 경치를 바라보는 바위 돌로 존재한다. 그러나 만약 그 돌에 큰 부처상을 조각해 놓은 후 그곳에서 사람들이 기도를 하기 시작하면, 그 바위 돌은 이내 신성한 바위로 그 신분이 바뀐다. 어떤 행위가 강력한 금기의 대상이라면, 그것은 이전에 그 행위가 강렬한 욕망의 대상이었음을 말해 준다. 인간이 금기의 대상으로 삼은 것은 종교적인 것에서부터 인간의 신체에 이르기까지 다양하다.

이런 금기는 무언가를 지켜내기 위해 만들어진 환상이다. 종교적인 것이 이런 환상의 꼭짓점에 위치한다. 환상을 깨버릴 수 없도록 굳건하게 만든 대표적인 사회적 현상 중 하나가 고등 종교이며 기성 종교일 수 있다.[67] 과학적 공리들도 같은 위치를 차지한다. 인간은 이런 환상에서 벗어나기 위해서, 환상을 가능하게 만들었던 금기를 깨버리는 일부터 시작해야 한다.

일반적으로 인간의 신체와 관련된 것 중에서 금기가 되는 대표적인 것은 성과 죽음에 관련된 것들이다. 몸의 여러 부분, 그중에서도 성기와 둔부 노출에 대한 금기, 근친상간의 금지, 사체와의 접촉 금지 등은 인간 스스로 지니고 있는 동물성을 거부하려는 노력들이다. 이런 금기는 인간 스스로 동물적인 치부를 가림으로써 인간성을 극단적으로 드러내 보이려고 하는 인간적인 의지다. 금기는 인간의 내면에 호소한다. 인간은 금기를 위반하는 순간, 내면의 고뇌와 죄의식을 경험한다. 이 순간, 욕망과 공포의 소용돌이, 쾌락과 고뇌의 소용돌이 속에서 진실이 무엇인지 문득 깨닫게 된다. 그 진실은 아마도 동물과 인간과 신이 크게 다르지 않다는 사실일 것이다. 금기 너머의 진실을 알고 싶다면 위반의 길을 택할 수밖에 없다.

죽음 저편으로 넘어 가면서도 죽지 않는 길이 있다면, 그 길은 에로티즘의 길이다. 프랑스 사람들은 성행위의 마지막 국면인 오르가슴의 순간을 '작은 죽음(petite mort)'이라고 부른다. 그것은 에로티즘이 죽음을 넘어서는 유사 죽음의 장면처럼 극단적임을 드러낸다. 작은 죽음으로서의 에로티즘은 언젠가 다가올 진짜 죽음에 대한 사전 연습[68]이며 맛보기 같은 것이다. 에로티즘의 반복, 작은 죽음들의 반복이 마지막으로 이르는 곳은 큰 죽음이다.

에로티즘을 신앙의 완성으로 간주하는 종교들이 부침을 반복하는 것은 인간사에서 그리 놀라운 일이 아니다. 성과 죽음 간에는 믿음의 일치를 보여 주는 종교의 원형이 자리 잡고 있기 때문이다.[69] 단군신화에서는 단군이라는 존재가 환웅과 웅녀가 만들어 낸 에로티즘의 결과물이라는 것을 숨기지만, 그것은 숨긴다고 사라지는 것이 아니다. 어차피 에로티즘은 남성과 여성 간의 관계를 밝게 만드는 과정이며 서로를 처절하게 배우는 과정이기에, 숨긴다고 숨겨질 수 있는 사안은 아닐 성싶다.[70]

단군신화는 요즘 젊은이들이 이해하듯 성과 에로티즘의 발로에 관한 신화가 아니다. 단군신화는 에로티즘이 가미된 인간의 배움에 관한 신화다. 웅녀가 곰에서 여성으로 변화하기 위해서는 곰이라는 자신에 대한 신분 확인과 신이라는 남편과의 관계에 대한 상호 배움의 관계 설정이 필요함을 역설한다. 그 배움의 욕망 속에는 물론 에로티즘도 녹아 있다. 웅녀가 웅녀로서 대접을 받게 된 것은 단군의 출산과 양육에서 비롯된 것이지 사람이 된 것에서 비롯된 것이 아니기 때문이다. 단군신화에 등장하고 있는 웅녀는 단순한 암컷이 아니다. 그 욕망은 여성이 되고 싶은 자기 성찰과 신이 되고 싶은 욕망이 가득한 주인공의 욕망이다. 삶에 대한 그녀의 인내와 배움은 한국인의 교육열과 치맛바람의 원초적 모습을 보여 주는 데 충분하다.

미 주

1) 참고: 타임 라이프 북스(편)(2008). 위대한 주제-세계의 신화들(역). 서울: 이레.

2) 참고: 이경덕(2007). 우리 곁에서 만나는 동서양 신화. 서울: 사계절.

3) 참고: 서정오(2005). 우리가 정말 알아야 할 우리신화. 서울: 현암사; 나경수(2005). 한국의 신화. 서울: 한얼 미디어.

4) 참고: 이반 스트렌스키(2008). 20세기 신화 이론(역). 서울: 이학사.

5) 참고: 더글라스 알렌(2008). 엘리아데의 신화와 종교(역). 서울: 이학사.

6) 마흔두 가지 질문은 다음과 같다. (1) 나는 죄를 저질렀다. (2) 나는 폭력을 써서 강탈한 적이 있다. (3) 나는 폭력을 행사했다. (4) 나는 절도를 저질렀다. (5) 나는 남자나 여자를 살해한 적이 있다. (6) 나는 눈금을 속였다. (7) 나는 기만적으로 행동했다. (8) 나는 신의 소유물을 훔쳤다. (9) 나는 거짓말을 했다. (10) 나는 강제로 물건을 빼앗았다. (11) 나는 사악한 말을 했다. (12) 나는 강제로 음식을 빼앗았다. (13) 나는 거짓으로 행동했다. (14) 나는 흥분하고 화를 냈다. (15) 나는 주인 없는 땅을 침략했다. (16) 나는 신의 소유인 동물을 죽였다. (17) 나는 밭갈이한 땅을 황폐하게 버려 두었다. (18) 나는 이간질을 위해 동정을 엿보았다. (19) 나는 누군가를 이유 없이 미워했다. (20) 나는 타당한 이유 없이 분노했다. (21) 나는 간통을 저질렀다. 나는 남색을 탐했다. (22) 나 자신을 더럽혔다. (23) 나는 남의 아내와 함께 누웠다. (24) 나는 누군가를 두렵게 만들었다. (25) 나는 분노에 가득 찬 말을 쏟아냈다. (26) 나는 정의와 진실의 말에 귀 기울이지 않았다. (27) 나는 다른 사람을 울렸다. (28) 나는 신성을 모독하는 말을 했다. (29) 나는 폭력적으로 행동했다. (30) 나는 생각 없이 행동했다. (31) 나는 내 살갗을 뚫었고 신에게 복수했다. (32) 나는 실제 해야 할 말보다 더 부풀려 말했다. (33) 나는 사기 행위를 저질렀다. 그리고 악을 숭배했다. (34) 나는 왕에게 저주를 퍼부었다. (35) 나는 흐르는 물을 더럽혔다. (36) 나는 의기양양해서 지껄였다. (37) 나는 신에게 저주를 퍼부었다. (38) 나는 무례한 행동을 했다. (39) 나는 편애의 죄를 저질렀다. (40) 나는 나 자신의 소유물 이외의 수단으로 부를 증대시켰다. (41) 나는 신의 소유물이며 동시에 나의 소유물에 대해 저주를 했다. (42) 나는 도시의 신을 경멸했다.

7) 참고: 멜리사 리틀필드 애플게이트(2002). 벽화로 보는 이집트 신화(역). 서울: 해바라기.

8) [참고: 신달자(2008). 나는 마흔에 생의 걸음마를 배웠다. 서울: 민음사] 나는 개인적으로는 신달자 교수를 잘 알지 못한다. 나는 그저 늘, 이상하게도 명사인 '달자'라는 이름에 누이 그 이상의 투박스러운 친근함과 푸근함을 느끼곤 한다.

9) 참고: 이권우(2007). 민족 특수성, 인류 보편성 깃든 상상의 보고(2007. 8. 25). 중앙일보.

10) 참고: 스티븐 미슨(2008). 노래하는 네안데르탈인(역). 서울: 뿌리와 이파리.

11) 조연현. 도올 "구약 믿는 것 성황당 믿는 것과 다름없어" (2007. 2. 16). 한겨레신문.

12) 독일문화사를 전공한 안인희[참고: 안인희(2007). **북유럽신화**. 서울: 웅진 지식하우스]는 직접 북유럽 신화의 원전인 '옛 에다'와 '스노리 에다'를 정리하면서 서구사의 주류가 신화에 있음을 알려 주고 있다. 그는 북유럽 신화에 나오는 해와 달의 탄생설화를 전하면서, 오누이가 해와 달이 된다는 우리의 전래동화를 이야기한다. 북유럽 신화의 주인공인 신들은 완벽한 존재가 아니다. 오히려 불안하기까지 하다. 지혜의 신이자 최고의 신인 오딘은 애꾸눈이고, 지혜 자체를 상징하는 거인 미미르는 몸통을 잃고 머리만 남는다. 사랑의 여신 프라야는 잃어버린 남편을 찾아 온 세상을 돌아다닌다. 결혼을 수호하는 여신 프리그는 남편 오딘의 바람기로 애를 태운다. 약점을 가진 채 고민하고 번민하며 거인족에 맞서 자신들이 속한 세계를 지켜내는 그들의 모습은 추운 날씨, 거친 파도와 같은 험한 환경에 맞서 삶을 개척해 온 북유럽인 자신의 초상이며 인간사의 압축판이다. 다른 신화와 달리 북유럽의 신들은 영원불멸하지 않는다. 거인족과의 최후 전투에서 북유럽 신들은 최고신 '오딘'을 비롯해 모든 훌륭한 신이 전멸한다. 전쟁에서 패하고 살아남은 몇 안 되는 신과 인간들은 평화로운 세계를 만들기 위해 다시 여정을 시작하면서 신화는 마무리된다. 영웅들이 퇴장하고 살아남은 '평범한' 자들이 평화를 지키는 임무를 맡는다는 결말도 흥미로운 메시지가 될 것이다.

13) 참고: 이경덕(2007). 우리 곁에서 만나는 동서양 신화. 서울: 사계절.

14) 아리스토파네스 외(1989). 구름. 그리스 · 로마 희곡선(역). 서울: 범우사.

15) 〈구름〉에서는 이런 장면들이 자주 나온다.

　소크라테스: (등장하며) 숨결과 혼돈과 대기에 맹세코 나는 아직도 저렇게 무능하고 어리석은 멍텅구리는 본 적이 없어. 까마귀 고길 먹었나. 한두 마디도 못 외우고 금세 잊어버리니……. 어쨌든 저 자를 여기 해가 쬐는 곳으로 불러내자. 스트레프시아데스, 이불을 가지고 나와!

　스트레프시아데스: 벼룩 놈들 저항이 만만치 않은데요. (스트레프시아데스, 집에서 이불을 들고 등장)……

　스트레프시아데스: 소크라테스 선생!

　소크라테스: 뭐야?

　스트레프시아데스: 이자(利子)를 안 낼 방법이 떠올랐어요.

　소크라테스: 말해 봐.

　스트레프시아데스: 이건 어떻습니까?

　소크라테스: 뭐가?

　스트레프시아데스: 테살리아의 무당을 불러서 밤중에 달을 끌어내려요. 그러고는 달님을 둥근 투구함에 넣어 두는 거죠. 거울처럼.

　소크라테스: 그게 무슨 소용이야?

　스트레프시아데스: 무슨 소용이냐고? 나 참, 달님이 아무 데도 뜨지 않으면 이자를 한 푼도 낼 필요가

없거든요.

소크라테스: 왜지?

스트레프시아데스: 왜라니, 이자는 달로 계산하니까.

소크라테스: 근사하군. 또 하나 문제를 내지. …… 증인이 없어 불리할 때는 어떻게 상대의 고소를 취소
시키지?

스트레프시아데스: 식은 죽 먹기죠.

소크라테스: 말해 봐.

스트레프시아데스: 이렇게 하는 거예요. 내가 불려가기 전, 다른 재판을 하고 있는 사이에 달려가서 목
을 매지요.

소크라테스: 바보 같은 소리.

스트레프시아데스: 천만에, 그게 아녜요. 내가 죽으면 아무도 기소하지 못한다 이겁니다.

소크라테스: 잠꼬대 같은 소리. 꺼져! 이제 가르치는 것도 진저리난다!

16) 아버지를 때리는 아들의 궤변 장면도 현란하기만 하다.

코러스: 이게 바로 악덕에 대한 사랑, 이 노인은 채권자를 쫓아내고 빚을 떼어먹으려 안간힘을 쓰지만
오늘 반드시 그 흉계가 먹혀들지 않을 사건이 일어날 것이다. 나는 오래 전부터 이런 일이 일어나
리라고 예상했었다. 그의 아들은 그럴싸한 이유를 내세워 상대방을 설복하고 법을 어기는 데 능하
지만 그의 아들이 차라리 벙어리가 되기를 바랄 때가 오리라(p. 77). ……

페이딥피데스: 제우스에게 맹세코 아버지는 맞아도 싸다는 걸 증명하겠습니다(p. 77).

스트레프시아데스: 먼저 왜 말다툼이 시작되었는지부터 말씀드리겠습니다. 아시다시피 나는 술을 마
시다가 제금을 들고 저애에게 〈털을 깎이는 양〉이라는 시모니데스의 노래를 청했습니다. 그러자
저애가 대뜸, 제금을 켜고 술좌석에서 노래를 부르는 것은 방앗간 처녀와 같이 시대에 뒤떨어진 일
이라는 겁니다.

페이딥피데스: 마치 매미라도 식객으로 청한 양 제게 노래를 부르라고 하니 얻어맞을 만도 하지요(p.
78). ……

페이딥피데스: 제 말을 가로채기 전에 묻겠는데 제가 어린애였을 때 아버지는 저를 때렸습니까, 안 때
렸습니까?

스트레프시아데스: 그야 때렸지, 그렇지만 그건 널 위해, 널 사랑하기 때문이었어.

페이딥피데스: 그렇다면 저도 아버지를 위해 때린 것이니 정당한 겁니다. 어째서 아버지는 맞아선 안
되고 저만 맞아야 합니까? 저도 아버지와 마찬가지로 노예로 태어난 것이 아닙니다. '어린애는 울
지만 아버지는 울지 않는다.'고 생각하십니까? 아버지는 어린애가 얻어맞는 걸 당연하다고 생각할
지 모르지만, 늙으면 마음이 어린애로 되돌아간다고 합니다. 노인은 오히려 어린애보다 더 맞아야
합니다. 노인의 잘못은 어린애의 잘못보다 더욱 용서할 수 없는 것이니까요(pp. 80-81). ……

스트레프시아데스: 그렇지만 아비가 이처럼 아들에게 당해야 한다는 법은 어느 나라에도 없다.

페이딥피데스: 그런 법을 맨 처음에 정한 사람은 아버지나 저와 같은 인간이 아니었을까요. 그렇다면
　　　　제가 이번에 아들이 아버지를 때리는 것을 허용하는 법을 만들었다고 해서 나쁠 건 없지 않습니까.
　　　　이 법을 만들기 전에 아들이 당한 구타의 몫을 아버지에게 되돌려 준 것뿐입니다. 우리 어린이는
　　　　잠자코 그저 맞기만 했습니다. 새나 그 밖의 동물을 보세요. 부리로 어미를 쪼고 있습니다. 그런데
　　　　사람과 그것들 사이에 무슨 차이가 있다는 겁니까? 그것들이 법을 만들지 않았다는 것을 제외하곤
　　　　말입니다(p. 81). ……

스트레프시아데스: 어쨌든 앞으로는 이 아비를 때려선 안 된다. 그랬다가는 후회하게 될 테니까.

페이딥피데스: 왜요?

스트레프시아데스: 내가 네게 얻어맞는 게 당연하다면, 너도 아이가 생기면 그 아이에게 얻어맞게 될
　　　　테니까.

페이딥피데스: 그렇지만 만일 아이가 태어나지 않는다면, 저는 아버지께 얻어맞은 것만으로 손해를 볼
　　　　테고 아버지는 죽을 때까지 저를 비웃을 게 아닙니까?

스트레프시아데스: (관객에게) 나와 동년배의 분들, 아무래도 이 녀석의 말에 일리가 있는 것 같군요.
　　　　우리는 자식들에게 양보를 좀 해야겠습니다. 우리가 나쁜 짓을 했을 때 자식한테 얻어맞는 것은 옳
　　　　은 일 같습니다(pp.81-82). ……

페이딥피데스: 하지만 저에게 이렇게 당하셔도 아버지는 화내실 수 없을 겁니다.

스트레프시아데스: 어째서? 이런 처사에 대해 고맙다는 말이라도 해야 한단 말이냐?

페이딥피데스: 아버지처럼 어머니도 때려 줄 겁니다.

스트레프시아데스: 무슨 말을 하고 있는 거냐? 그건 더욱 나쁜 짓이다.

페이딥피데스: 이 사론으로 아버지를 설복한 후 어머니를 때리겠다는데 아버지께서 뭘 어떻게 하시겠
　　　　다는 겁니까?

스트레프시아데스: 뭐라고? 만일 그렇게 된다면 소크라테스와 함께 너도, 너의 사론도 낭떠러지에 떨
　　　　어뜨리고 말테다. 오, 구름의 여신이여. 그대들에게 모든 것을 맡겼기 때문에 이런 변을 당하게 되
　　　　었습니다.

코러스장: 책임은 악덕에 몸을 맡긴 당신에게 있다.

스트레프시아데스: 그럼 어째서 처음부터 그 말을 내게 해 주지 않았습니까? 아무것도 알지 못하는 시
　　　　골 영감을 부추겨 놓고 이제 와서 그러실 수 있습니까?

코러스장: 악덕에 몸을 맡기는 자를 보면 우리는 언제나 이렇게 하지. 혼쭐을 내서 신을 두려워할 줄 알
　　　　도록 말이야.

스트레프시아데스: 오, 구름의 여신이여. 매정한 말이지만 당연하다 하지 않을 수 없군요. 빚을 갚지
　　　　않으려고 한 내가 잘못입니다(p. 82). ……

소크라테스: (집에서 나온다) 야, 뭘 하고 있는 거야. 지붕 위에서?

스트레프시아데스: 공간을 재면서 태양을 관찰하고 있소.

소크라테스: 에, 야단났다. 질식할 것 같아.

카이레폰: (집에서 뛰어나오면서) 사람 살려! 타죽는다, 타죽어.

스트레프시아데스: 뭘 바라고 너희는 신을 멸시하고 달의 위치를 관찰하는 거지? (노예 쿠산티아스에게) 계속 때려 부숴라, 신을 모독했으니 그런 변을 당하는 건 마땅하지.

코러스: 자, 밖으로 나가자. 우리는 오늘의 임무를 마쳤으니까(p. 84).

17) 참고: 이언 피어스(2005). 핑거포스트 1, 2(역). 서울: 서해문집, 2, p. 315, 411.

18) 미르치아 엘리아데(Mircea Eliade)는 1907년 루마니아의 수도 부쿠레슈티에서 태어났다. 그는 중등학교에 재학 중일 때 이미 철학-종교사 관련 글과 문학평론을 발표하는 조숙성을 보여 주었다. 부쿠레슈티 대학 문학철학과에 입학해 이탈리아 철학에 관한 논문으로 학위를 받았다. 엘리아데는 대학 졸업 후 신부가 될 생각이었지만 면접시험을 보러 갔다가 도서관에서 기다리는 동안에 인도 철학사를 읽고는 마음을 바꾸어 인도로 갔다. 1928년 11월 인도에 도착한 엘리아데는 캘커타 대학의 다스쿱타 교수 밑에서 공부를 시작했지만 스승의 딸과 사랑에 빠지는 바람에 쫓겨났고, 이어 히말라야로 가서 요가 수행에 몰두했다. 3년여 만에 고국으로 돌아온 엘리아데는 1933년 「요가: 인도 신비주의의 기원」이란 논문으로 모교에서 박사학위를 받았다. 이 논문은 3년 뒤 프랑스와 루마니아에서 동시에 발간되어 큰 반향을 일으켰다. 그는 또 여러 편의 소설과 기행문 등을 발표, 대중적인 인기를 끌기도 했다. 엘리아데는 1939년부터 종교학 연구 논문집인 『잘목시스』를 발간하면서 연금술, 우파니샤드, 불교 등을 통한 상징 해석 등 동양종교 연구에 몰두했다. 그는 또 영국과 포르투갈의 루마니아 대사관에서 문화담당관으로 일하면서도 파리 고등사범학교에서 강의하는 등 다방면으로 활동했다. 제2차세계대전이 끝나고 조국이 공산치하에 들어가자 엘리아데는 파리에 머물면서 연구를 계속했고, 1949년 그의 주저 중 하나로 꼽히는 『종교형태론』을 출간했다. 유럽의 대학들을 두루 돌며 강의와 연구를 하던 엘리아데는 1956년 미국으로 건너가 시카고 대학에 자리 잡음으로써 새로운 전기를 맞는다. 그곳에서 『이니시에이션의 의례와 상징』(1958), 『성과 속』(1961), 『신화와 현실』(1963), 『종교사상사』(전3권: 1978~1985) 등을 잇달아 출간했다. 엘리아데는 필생의 역저인 『종교사상사』의 수정작업을 하던 1985년 12월 그가 즐기던 시가 때문에 발생한 연구실 화재로 소장 서적과 수정원고를 통째로 잃고 말았으며 이후 정신이 혼미한 상태에서 지내다 1986년 세상을 떠났다[참고: 정진홍(2003) M. 엘리아데 종교와 신화. 서울: 살림].

19) 참고: 미르치아 엘리아데(1997). 성과 속. 서울: 학민사.

20) 참고: 김정숙(2003). 자기 부처를 찾아서. 서울: 정토신앙.

21) 참고: 지광(2007). 정진. 서울: 랜덤하우스 코리아.

22) 참고: 법상(2007). 부자보다는 잘 사는 사람이 되라. 서울: 도솔.

23) 나카자와 신이치[참고: 나카자와 신이치(2003). 신화, 인류 최고의 철학(역). 서울: 동아시아] 교수에 따르면, 신데렐라와 관련한 이야기는 유럽에서만 450종을 넘는다. 그만큼 대중적인 이야기라는 말이다. '신데렐라'라는 말은 '아궁이' 혹은 '재투성이'라는 뜻이다. 프랑스 루이 14세 때 궁정 시인인 페

로가 민간에 내려오는 이야기들을 수집해서 왕실의 품위에 어울리도록 고상한 내용으로 꾸민 것이다. 유럽에서는 페로 판 이전부터 450종 이상의 다양한 변형이 전해 내려왔다. 중국에서도 9세기부터 이미 신데렐라 이야기가 전승되고 있었다. 이 이야기에서 중요한 언어 코드는 '재 또는 아궁이', 그리고 '신발 한 짝' 등이다. 신데렐라 이야기에 관한 독일 민담이나 포르투갈의 「아궁이 고양이」, 중국 남부 소수민족 장족에게 내려오는 「섭한의 이야기」에 공통적으로 보이는 것이 부엌의 아궁이 앞에서 잠들고 있는 주인공 소녀와 신발 한 짝이다. 조금씩 다른 것도 있다. 독일 민담에서는 신데렐라가 요정 대모 대신 돌아가신 어머니의 혼이 깃든 개암나무의 도움을 받아 무도회에 입고 나갈 의상을 준비하는 데 비해 포르투갈과 중국의 신데렐라는 궁궐의 왕자님 대신 수중세계의 물고기 왕자와 데이트를 한다. 나카자와 교수는 신데렐라가 데이트하는 물고기 왕자에 주목한다. 물고기 왕자는 족외혼을 상징하는 것으로 물고기와 결혼을 한 아궁이 고양이는 망자 또는 다른 세계의 존재와 커뮤니케이션의 회로를 열기 위한 표현이라고 분석한다. 나카자와 교수는 신데렐라 이야기에서 신발 한 짝의 의미를 이탈리아 역사학자 카를로 진즈부르그의 분석을 빌려 해석한다. 신발 한 짝은 오이디푸스의 '절름발'과 사상적 연결이 가능하다는 것이다. 한쪽 다리를 질질 끄는 오이디푸스는 대지에 뿌리를 내리지 못한 자를 상징한다. 저승세계에 발을 반쯤 들여놓은 사람이라는 의미로서의 절름발이다. 신데렐라 역시 무도회에서 신발을 잃어버리고, 오이디푸스가 절면서 자신의 삶을 살아가듯 한쪽 다리를 질질 끌며 집으로 서둘러 돌아온다. "언니들의 정체를 밝히고 왕자와 결혼하는 영웅, 이 영웅의 신체에 찍혀 있는 각인은 잃어버린 신발이라는 결정적인 세부사항에서 쉽게 발견된다. 신데렐라의 신발 한 짝은 저승세계에 갔던 사람에 대한 표시인 것이다." 수중세계를 자유로이 오가는 섭한, 아궁이 고양이에서 마법의 도움을 받아 망자의 나라를 오가는 여성에는 샤먼의 이미지가 암시되어 있다. 다시 말해서, 고대 신화에서 흔히 등장하는 이야기로 신발을 잃는다는 것은 발을 다친다는 것이고, 그것은 한쪽 다리만 가진 불구라는 것을 상징한다. 걸음걸이의 균형이 깨진 존재는 이 세상의 평평한 길을 가는 존재가 아닌 이승과 저승 사이를 오가는 불균등한 길을 가는 존재임을 드러낸다. 이들 절름발이, 불균형자들은 대부분 신적인 존재와 연결되어 있기 마련이다. 우리가 흔히 도깨비라고 말하는 것도 어원적으로 따지면 독각(獨脚), 즉 외다리에서 파생했다. '독각'이라는 말이 '독각이'로, 그리고 후대에 '도깨비'로 불리게 된 것이다. 그렇게 보면 신데렐라는 무당을 상징하는 존재로서, 신데렐라 이야기는 고대 샤머니즘의 매개자인 무당에 관한 신화다. 수천 년을 이어오면서 무당에 관한 신화가 아름답고 착한 소녀에 관한 동화로 전해진 것이다.

24) 참고: 김태곤, 최운석, 김진영 (편)(1988). 한국의 신화. 서울: 시인사.

25) 참고: 메리 앤 스타니스제프스키(2006). 이것은 미술이 아니다: 미술에 대한 오래된 편견과 신화 뒤집기(역). 서울: 현실문화연구.

26) 참고: 채운(2007). 예술의 달인, 호모 아르텍스. 서울: 그린비.

27) 마르셀 뒤샹(Marcel Duchamp, 1887~1968)은 현대미술계에 가장 큰 영향을 끼친 인물로서 다다이즘에서 초현실주의로의 이행에 큰 영향을 주었다. 뒤샹은 팝 아트에서 개념 미술에 이르는 다양한 현대

미술사조에 영감을 제공했다. 뒤샹에게는 작품 구상이 완성작품보다 더 중요했다. 뒤샹은 1913년 부엌의 싱크대 위에 자전거 바퀴를 설치한 작품을 선보임으로써 '레디메이드(readymades, 기성품)'라는 새로운 미술 형태를 개발해 냈다. 1917년 뉴욕의 앙데팡당전(展)에 뒤샹은 레디메이드 작품 〈샘〉을 출품한다. 작품에는 작가 'R. Mutt'라고 사인했다. 공장에서 갓 찍어 낸 깨끗한 변기였다. 이 파격적인 미술작품을 제출한 뒤샹은 '뮤트 씨가 자신의 손으로 이 작품을 만들었는가 아닌가가 중요한 문제가 아니라, 이것을 선택했다는 것이 더 중요하다.'고 변호했다. 그는 이 물체에 새로운 예술적 의미를 부여한 것이 중요한 것이라고 말함으로써, 눈에 보이는 가시적인 결과물보다 순수한 상상력으로 창조되는 미술의 새로운 가능성을 예고했다. 그가 출품한 〈샘〉은 그 당시 심사위원들에 의해 보기 좋게 거부된다. 미술은 아름다운 것이어야 한다는 고정관념을 가진 심사위원들에게 작품 〈샘〉은 용납되지 않았다. 이 변기는 늘 그랬던 것처럼 대중이 볼 수 없게 가려진 채 전시장 한쪽 구석으로 밀려난다. 변기는 더럽다는 생각이 그들을 지배했기 때문이다. 뒤샹의 레디메이드 작품 〈샘〉이 낙선된 후 현대미술이 급부상하고 근대미술의 개념은 실종되기 시작한다. 작품 〈샘〉은 미술에 대한 정의를 바꾸어 놓는 계기가 되었다. 네오 다다이스트를 자처하는 뒤샹은 아폴리네르와 소풍을 가기도 했고 뉴욕으로 이민 온 후에는 프랑스어를 가르치며 가난하게 살았다. 그러면서도 그는 그 자신의 삶이 하나의 커다란 예술이라고 할 만큼 다른 예술가들과 교류했다. 그가 사귄 예술가 중에는 케이지도 있었다. 그 역시 가난했다. 청소를 하면서 틈틈이 작곡을 하고 뒤샹과도 어울렸다. 그들은 잭슨 폴록, 워홀, 빌리 조엘이나 브루스 스프링스틴과도 어울렸다. 레디메이드 작품 〈샘〉을 출품한 뒤샹은 예술에 대한 생각이 남달랐다. 한마디로 말하면 당신이 생각하는 그 작품은 미술이 아니라는 것이다[참고: 메리 앤 스타니스제프스키(2006). 이것은 미술이 아니다-미술에 대한 오래된 편견과 신화 뒤집기(역). 서울: 현실문화연구]. 뒤샹의 입장에서는 베르사유 궁전, 중국의 봉헌 그림 등은 미술이 아니다. 교황청 시스티나 성당에 있는 미켈란젤로의 아담의 창조 역시 미술이 아니다. 그것은 미술로 창작된 것이 아니었기 때문이다. 그것들은 로마 교황의 권위와 성스러운 의식을 위한 시각적인 은유일 뿐이다. 그 프레스코화가 아무리 아름답다고 해도 미술은 아니다. 미술평론가 스타니스제프스키는 뒤샹, 피카소, 몬드리안, 폴록, 그리고 워홀 등 근대 이후의 작품들을 미술이라 말한다. 천재적인 재능을 지닌 작가가 예술에 대한 영감을 바탕으로 스스로 창조 활동을 통해 만들어진 작품이 바로 미술이라는 것이다. 개인이 자신의 인간성을 인식함으로써 작가 자신이 스스로 얻은 영감에 의해 자유롭게 창작할 때 그것을 미술로, 예술로 간주할 수 있다는 것이다. 이런 미술이나 예술은 중세기처럼 교회나 왕권의 권위를 위해 봉사할 필요가 없다. 결국, '미술'의 역사는 근대가 이어온 지난 200년간의 발명품에 지나지 않는다.

28) 길가메시에 대한 신화는 호메로스의 『오디세이아(Odysseia)』보다 1700년이나 앞서 쓰인 것이다. 길가메시 서사시는 지금으로부터 4816년(BC 2812) 전부터 126년 동안 지상에서 가장 거대하고 위대했던 우루크의 통치자에 관한 이야기다. 신화와 역사 양쪽 모두에 속해 있는 존재인 길가메시, 전설상의 인물로만 여겨진 길가메시는 수메르인과 그 후손들이 만들어 놓은 점토서판(粘土書板)에 문자로 기억되고 있다. 인류 최초의 신화, 길가메시 서사시는 『오디세이아』뿐만 아니라 고대 영국의 영웅 서사시며

게르만 민족 최고의 서사시인 『베어울프(Beowulf)』로부터 톨킨의 『반지의 제왕(The Lord of The Rings)』에 이르기까지 영웅 문학의 시작이다[참고: 김산해(2005). 최초의 신화 길가메쉬 서사시(역). 서울: 휴머니스트].

29) 참고: 류인근(2004). 한국 고소설에 나타난 오이디푸스 콤플렉스: 심청전. 콩쥐팥쥐전. 서울: 서울대출판부; 주경철(2005). 신데렐라 천년의 여행. 서울: 산처럼; 박현경(1996). 우리 전통문화에 나타난 오이디푸스 콤플렉스의 형태. 성신여대학생생활연구, pp. 19, 47-71.

30) 프로이트(Freud)는 오이디푸스 왕의 신화를 활용하여 남아가 어머니에 대한 성애욕을 보이는 경향을 오이디푸스 콤플렉스라고 불렀다. 어머니에 대한 남아의 성애욕 경향은 남근기(3~5세)에서 나타났다가 잠재기에는 억압된다. 오이디푸스 콤플렉스는 남아가 '아버지처럼 어머니를 사랑하고 싶다.'는 욕망과 원망으로 시작하여 마침내 '아버지와 같이 되고 싶다.'는 원망으로 변한다. 그것은 부친과의 동일시로 나타나면서 그로부터 남아는 초자아가 형성된다는 논리가 프로이트의 생각이었다. 오이디푸스 콤플렉스는 때와 장소를 가리지 않고 보편적으로 존재하는 생물학적인 속성을 갖고 있다. 프로이트에 따르면, 남아는 오이디푸스 콤플렉스를 극복하고서야 비로소 성인의 정상적인 성애가 발전하도록 되어 있다. 이 오이디푸스 콤플렉스를 정상적으로 극복한다는 것은 쉬운 일이 아닌데, 오이디푸스 콤플렉스의 극복에 실패한 사람이 바로 신경증환자로 나타난다는 것이 프로이트 류의 정신의학적 소견이다. 학문적으로 이야기하면, 오이디푸스 콤플렉스는 대중적인 지지를 받고 있는 정도로 과학적인 개념이 아니다. 이미 인류학자인 말리노프스키는 1929년 오이디푸스 콤플렉스 같은 것은 서양, 부르주아적 경제제도에 기반을 둔 아리안족의 부계제 가족에서만 볼 수 있는 특수현상이라고 이야기한 바 있다. 신프로이트파의 학자들은 프로이트의 생각을 지지하면서도 나름대로 새로운 해석을 내리고 있다. 이들은 오이디푸스 콤플렉스를 단순히 아들과 아버지, 그리고 어머니 사이에서 일어나는 심리적인 긴장과 갈등 상황이라고 보지 않는다. 그보다는 보다 넓은 의미에서 사회적 원인과 가족 내의 대인관계에서 생길 수 있는 사회심리적인 특수현상이라고 간주한다. 프롬(Fromm)은 서양의 가족제도와는 달리 부친의 권위가 상대적으로 약한 가족주의 사회에서는 이러한 오이디푸스 콤플렉스가 나타나지 않는다고 주장했다. 현실적으로 아버지 없이 홀어머니 밑에서 자란 사람에게는 오이디푸스 콤플렉스가 생기거나 이를 극복할 수 있는 방법이 없어야 된다. 편모슬하의 남성들이 남근기가 고착되거나 그런 오이디푸스 콤플렉스에 시달린 나머지 신경증환자가 더 많다는 과학적인 증거는 없다. 저들의 비극이 보여 주는 것은 우리의 것과는 성질이 다르다. 예를 들어, 오이디푸스 왕이 보여 주는 인간적인 고뇌 같은 것은 흔하지 않다. 오이디푸스는 우리 인간에게는 존재하고자 하는 것들의 영원한 음지가 무엇인지를 보여 주는 비극의 원형이다.

31) 소포클레스는 그의 스승인 아이스킬로스, 이우리피데스와 더불어 그리스의 3대 비극 작가 중 한 사람이다[참고: 소포클레스, 아이스킬로스(2001). 오이디푸스 왕. 안티고네(역). 서울: 문예출판사]. 아이스킬로스는 기원전 525/4년 아테네 서북쪽의 엘레우시스에서 귀족가문의 아들로 태어났다. 24세에 처음으로 비극 경연대회에 참가한 후 40세 때에 처음 우승하고 그 후 12번을 더 우승했다. 그는 살라미스

해전 뒤 시라쿠사에 초청받아 축제극을 공연한 뒤 아테네로 돌아와 다시 비극 경연대회에 참가했다. 그러나 처음 참가한 그의 제자 소포클레스에게 우승을 빼앗겼다. 소포클레스는 기원전 496년 아테네 근처 콜로노스의 부유한 가문에서 태어나 당대 최고의 교육을 받았다. 28세에 비극 경연대회에 참가하여 그의 스승인 아이스퀼로스를 물리치고 처음으로 우승한 이후 18회나 더 우승했다. 90세 고령이 될 때까지 왕성한 작품 활동을 하며 평생 123편의 희곡을 썼다. 지금까지 남아 있는 것 중에서 대표적인 작품으로 「안티고네」, 「오이디푸스 왕」이 있다. 소포클레스의 스승인 아이스퀼로스는 인간의 징벌을 신이 내리는 것으로 생각했다. 그의 스승에 비해 소포클레스의 비극은 인간을 벌하는 것은 신이 아니라 인간 자신이다. 그 비극의 모습은 「오이디푸스 왕」에서 절정을 이룬다.

32) 참고: 움베르토 에코(2003). 장미의 이름(역). 서울: 열린책들, pp. 866-867.

33) 참고: 브누아 레스(2008). 세상은 어떻게 만들어졌을까(역). 서울: 문학동네.

34) 이윤기 역시 단군신화에서 중요한 부분이 천신강림임을 숨기지 않는다[참고: 이윤기(2007). 꽃아 꽃아 문 열어라. 서울: 열림원]. 『삼국유사』에 나오는 알 이야기 모두가 다 그렇다는 것이다. '우리 조상들은 알 이야기를 빼고는 신화를 쓰지 못하나.' 싶을 정도로 알을 주제로 삼는데, 이 알 모두가 강림된 것들이다. 박혁거세, 석탈해, 김알지, 수로, 주몽 등이 알에서 나왔다. 이런 알 이야기는 물론 우리 신화만의 특징이 아니라 세계 신화에 공통되는 요소들이다. 이런 요소를 '신화소'라 하는데, 알은 우주란(宇宙卵)에 해당한다. 고대인들에게 알은 '분화되지 않은 전체성과 잠재성의 상징이자 존재의 숨겨진 기원과 비밀의 상징'으로 간주되었기에 그만큼 소중했던 것이다. 그런 점에서 보면 중국 창세신화에 나오는 반고도 알을 깨고 나왔고, 심지어 나일강의 기러기가 낳은 신이 이집트의 태양신 '라'가 된 것도 알과 연결되는 것으로서 자연스러운 것이 된다. 단군신화에서 환웅이 타고 내려온 나무는 박달나무〔神檀樹〕인데, 이것 또한 신령한 나무다. 박달나무는 껍질이 하얀 자작나무로, 신화의 주인공들이 강림하는 데 활용하는 도구인 이런 나무도 세계 신화에서는 공통적이다. 북유럽 신화는 세계의 중심에 뿌리박은 거대한 나무를 익드라실이라 했고, 만주족은 천신에게 투루라고 하는 기둥을 세우고 조상짐승인 개 모양의 상을 얹은 후 제사를 지낸다. 투루는 저들에게 하늘나무, 하늘기둥이라는 말이다. 타타르족에게도 세계의 중심을 일곱 가지 하얀색으로 빛나는 자작나무로 본다. 이런 나무를 신성하다고 보고 세계수라 간주한다. 세계수라는 것도 우주와 땅의 기운이 만나는 세계의 중심이고 신화의 인물들은 그런 나무들을 이용해서 강림한다.

35) 단군신화를 적고 있는 가장 오래된 글은 고려 충렬왕 때 승려 일연이 쓴 『삼국유사(三國遺事)』에 인용된 『고기(古記)』다. 이승휴가 지은 『제왕운기(帝王韻紀)』, 권람의 『응제시주(應制詩註)』, 『고려사』, 『세종실록』, 『신증동국여지승람』, 『동국통감』 등에서도 단군신화의 이야기들이 기록되고는 있지만, 이들 기록은 단편적이다. 일연은 단군신화에 관한 이야기를 『위서』나 『고기』와 같은 문헌을 기초로 구성한 것으로 밝히고 있다. 『제왕운기』나 『응제시주』, 『세종실록』은 일연의 『삼국유사』를 기초로 단군신화를 소개했다. 물론 그들이 단군신화의 출전을 『고기』, 『단군고기(檀君古記)』, 『단군본기(檀君本

紀)』, 『단군기(檀君記)』 등으로 기록하고 있으나, 이들 저술은 실재하지 않는다. 『고기』가 우리나라에서 만들어진 것은 사실이나 그것이 실재하지 않아, 단군신화의 사실에 대한 진위 여부를 있는 그대로 판단하기 어려울 뿐이다. 단군신화는 후대에 만들어진 것이라는 견해도 만만치 않다. 무엇보다도 먼저, 환인(桓因)이라는 단어는 산스크리트어의 'Sakrodevanam indrah'라는 말을 한자로 음역한 것인데, 환인은 원래 고대 인도의 신화를 모은 『리그베다(Rig-veda)』에서 나오는 군신이다. 환인은 비를 뿌리고 곡식을 자라게 하는 농경신이다. 환인은 나중에 불교의 신앙체계에 수용되어 수미산 도리천에 거주하며 선악을 주관하는 신으로 숭배되었다. 불교가 4세기경 고구려를 통해 들어온 것을 고려하면, 단군신화에 등장하는 환웅이라는 이름은 적어도 4세기 이후에 만들어졌다는 추정이 가능하다[참고: 노태돈(2000). 단군과 고조선사. 서울: 사계절, p. 14]. 게다가 풍백, 우사, 운사 등의 도교적 용어들 역시 단군신화가 후대에 만들어졌다는 단서를 남기고 있고, 단군이 뒤에 아사달의 산신이 되었다는 내용 역시 후대에 이르러 산신숭배사상에 의해 가필되었음을 보여 준다[참고: 송호정(2004). 단군, 만들어진 신화. 서울: 산처럼, p. 119].

36) 참고: 김동춘(1980). **천부경과 단군사화**. 서울: 가나출판사.

37) 참고: 이어령(2003). **신화 속의 한국정신**. 서울: 문학사상사.

38) 곰이나 호랑이에 관한 동물학자들의 생태학적 조건에 관한 이야기를 듣다 보면, 단군신화는 처음부터 호랑이에 비해 곰의 승리를 이야기하기 위해 짜인 각본에 지나지 않는다. 단군신화에 등장하는 곰과 호랑이의 '사람되기'는 생태적 관점에서 보면 처음부터 곰에게 유리하도록 짜인 이야기이기 때문이다[참고: 최종욱(2007). **동화 속 동물들의 진실게임**. 서울: 아롬주니어]. 곰은 초식동물에 가까운 잡식이라 먹을거리가 없으면 마늘이나 쑥이라도 먹을 수밖에 없다. 곰에 비해 호랑이는 철저한 육식동물이다. 풀 종류를 먹고 견딜 수 있는 동물이 아니다. 백일을 견디게 만든 이야기도 곰에게 절대적으로 유리한 조건이다. 100일 간의 동굴 생활에 대한 명령은 겨울잠을 자는 곰에게 훨씬 유리하다. 곰은 호랑이와는 달리 직립보행을 할 수도 있는 동물이다. 그러니까 곰은 사람이 되어, 특히 여자가 되어 아기를 낳아 기르는 데 적합하다. 호랑이는 사람이 될 수 있는 시험에 처음부터 불리한 조건을 갖고 있기에 단군신화는 처음부터 곰의 편에 선 이야기다. 따라서 아이들에게 단군신화를 하나의 과학적 사실로 이야기하는 것은 조심할 필요가 있는 문제다.

39) 참고: 이어령(2006). **이어령의 삼국유사 이야기**. 서울: 서정시학.

40) 단군신화는 곰보다는 호랑이를 더 중요시 여기는 신화라는 상반된 주장도 가능하다. 『삼국유사』의 단군신화에서는 곰이 중요한 역할, 즉 곰이 단군의 어미가 되고, 호랑이는 호랑이로 남아 있을 뿐인데, 이것이 역설적인 화법이라는 것이다. 그것은 곰을 드러내 그것을 희생시키고, 반대로 귀한 호랑이는 숨기고 보호하기 위한 전략일 수도 있다는 것이다. 예를 들어, 호랑이가 신화에 등장한다는 점에 착안한 조철수 교수는 이것을 고대 메소포타미아의 '가면신화'와 연결시킨다. 고대 메소포타미아 신화에서는 곰/웅녀, 호랑이/호녀가 각각 곰과 호랑이를 수호하는 여신으로 상징된다. 이런 상징성은 우리의 민화

〈산신도〉에서도 호랑이와 단군 할아버지와의 자연스러운 연결이 자주 등장한다. 호랑이가 단군 동자를 등에 태우고 있는 모습이 그 예다. 이런 경우 호랑이는 흔히 여신으로서의 호녀로 등장한다. 단군신화에서는 인간이 되지 못한 호랑이가 민간신화에서는 여인네로 등장한다. 이 지점에서 조철수 교수는 극적인 상상력을 발휘하여 호녀를 단군의 유모로 설정한다. 호랑이도 곰처럼 여자가 되어 환웅의 은덕을 입고 아들을 생산하여 자신의 입지를 세울 수 있었겠지만, 그것을 거부하고 굴 밖으로 나간다. 제 스스로의 영광을 거부하고 대신 웅녀를 주역으로 만든다. 그렇다고 호랑이에게 인간의, 여인네의 꿈이 거세된 것은 아니다. 조철수 교수는, 호랑이는 틀에 박힌 사람이 되기를 거부하고 호녀와 다르게 자유로운, 그리고 호녀보다 더 자비로운 인간 유형을 바란 것이라고 해석을 가하고 있다[참고: 조철수(2003). 고대 메소포타미아에 새겨진 한국신화의 비밀. 서울: 김영사]. 조현설은 단군신화에서 '웅녀는 어디로 갔을까'에 집요한 물음을 던진다. 이 질문은 환웅과 결혼한 곰이 단군을 낳은 이후 불현듯 사라져 버리는데, 그것은 창조와 재생 능력을 잃어 더 이상 주인공일 수 없는 웅녀의 슬픈 운명을 이야기한다는 것이다. 따라서 우리에게 더 소중한 것은 호랑이라는 논리다. 단군의 어미는 곰이 아니라 백호라는 것이다. 고려사에도 산신(호랑이)과 결혼한 호경 이야기가 나오고, 중국 윈난 이족은 호랑이를 숭배하며, 하바로프스크에도 호랑이 시조신화가 있다. 그만큼 호랑이 숭배는 일반적이라는 이야기다[참고: 조현설(2006). 우리 신화의 수수께끼. 서울: 한겨레신문사].

41) 참고: 일리야 N 마다손(2008). 바이칼의 게세르 신화-샤먼을 통해 만난 신들의 세계(역). 서울: 솔.

42) 참고: 강정원(2007). 북아시아 곰 관련 의례와 관념체계. 비교민속학회 발표문.

43) 윤명철 교수는 증산도 학생들이 운영하는 민족문화대학에서 '단군신화의 종합적 이해'라는 제목으로 곰의 신화적 의미를 밝히고 있다[참고:http://ferarri.snu.ac.kr/~maldduk/jsd/forum/)].
"……문제시되는 것은 '웅(熊)'이라는 글자가 한글로 되어 있지 않고 한문으로 되어 있다는 사실입니다. …… 생물학적 의미에서의 웅, 바로 곰이지요. 또 한 가지는 언어학적 의미에서의 '웅(熊)', 이렇게 두 갈래로 나누어 분석을 해야 할 것 같습니다. 그래야 단군신화에 나오는 곰의 정확한 위치를 알 수 있게 됩니다. 먼저 생물학적 의미의 곰으로 보자면, 곰은 숭배의 대상이 되었습니다. 인간이 곰을 숭배했습니다. 이 현상이 두드러진 곳을 곰 문화대라고 하는데, 고대의 지구 북반부에서 두드러집니다. 특히 시베리아 지역에서 곰을 많이 숭배했다고 합니다. 이때 곰은 단순한 짐승이 아니라 성스러운 동물 혹은 집단을 수호하는 수호령이 되는 겁니다. …… 아이누족 같은 경우는 지금도 곰을 감이라고 하고, 신을 감이라고 합니다. 이제 언어학적인 '곰'의 분석으로 넘어가 봅시다. 이 사람들은 신을 말할 때 곰이라고 부르는 겁니다. 서양 사람들이 신을 God이라고 부르는 것과 마찬가지로 신을 곰이라고 부르는 겁니다. 그런데 제가 아까 신화는 이동을 한다고 말씀드렸을 겁니다. 한 지역의 문화집단이 곰을 신으로 숭배했습니다. 음은 그대로 남아 문화집단의 이동과 같이 이동을 합니다. 우리 민족은 시베리아 지역으로부터 신석기문화와 청동기문화의 영향을 받았다고 합니다. 신석기문화에 영향을 받았다면 이들이 쭉 이동을 해 오면서 그들의 곰이 갖는 뜻을 가져오는 겁니다. 곰이 신이라는 개념을 가져오고 거기에 따라서 음도 가져오는 겁니다. 그들에게 곰이라는 것은 생물학적 의미의 bear가 아니라 신인 것입니다. …… 이때의 신은 '지모신(地母神)'입니다. 대지를 어머니로 생각하는 신의 개념이 생겨납니다. 그러니까 농경문화권에서는 동물이 아니라 땅 자체가 숭배됩니다. 대지가 바로 어머니신이 되는 것입니다. ……이 지모신을 상징하는 동식물을 통틀어 'lunar animal', 즉 달동물이라 합니다. 인간이 농경을 시작하면서 어떤 생명체들이 살았다가 죽는 주기를 발견했다는 겁니다. 그 주기가 없으면 농사도 되질 않습니다. 그러니까 굉장히 중요한 것입니다. 그러다 보니 죽었다가 깨어나는 동식물을 숭배하는 것입니다. …… 그 다음 곰과 호랑이가 환웅에게 빌어서 인간으로 살기를 원했고, 환웅은 이들에게 쑥과 마늘 20쪽을 주고 "이것만을 먹고 100일 동안 빛을 보지 않으면 너희는 인간의 몸을 얻으리라."라고 말하는 대목이 나옵니다. 그 뒤에 단군왕검의 탄생까지의 이야기가 이어집니다. 여기서 곰이 인간으로 변해 가는 과정이 나오는데, 이 과정에 많은 단계가 설정됩니다. 이것은 곰이 인간으로 질적 전환을 하기에 필요한 관문들을 설정한 것입니다. 그런데 이 여러 가지 단계를 환웅이 설정합니다. 결국은 환웅이 아니라 우리 민족이 설정을 했겠죠. 여기에 나와 있는 많은 단계는 곰이 인간으로 질적 전환을 하는 데 얼마나 많은 어려움이 있었는가를 표현하고 있습니다. 이 단계들은 한 상태에서 다른 상태로 갈 때 치러야 하는 의식입니다. 육체적으로 정신적으로 탈바꿈해 가는 통과의례입니다. 이런 단계를 거쳐서 결국 곰은 인간이 됩니다. 이때 곰이 변한 인간이라는 것은 완전한 인간은 아닙니다. 인간이 되었지만 신적인 요소를 갖추고 있는 것입니다…….

44) 참고: 정출헌 외(2003). 고전문학과 여성주의적 시각. 서울: 소명출판.

45) 참고: 김열규(2007). 한국인의 자서전. 서울: 웅진하우스.

46) 이카루스(Icarus)의 추락 이야기 전체를 알기 위해서는 신화에서 그의 아버지의 내력부터 살펴야 한다. 이카루스의 아버지는 다이달로스다. 그 이름은 '명장(名匠)'이라는 뜻이다. 그는 아테네에서는 무엇이든 명품을 만들어 내는 최고의 기술과 발명으로 유명했던 장인(匠人)이었다. 그가 만들어 낸 것들은 모두가 진품이었다. 그에게 누이가 있었다. 누이는 그에게 자기 아들 페르딕스를 맡겨 기술을 배우도록 했다. 페르딕스는 소년이기는 했지만 뛰어난 장인기질을 갖고 있었다. 점차로 그의 기술은 다이달로스를 능가할 정도가 되었다. 그에게 일종의 공포를 느낀 다이달로스는 자기 조카를 질투하기 시작하여 마침내 그를 벼랑에서 떨어뜨려 죽였다. 다이달로스는 살인사건으로부터 모면하기 위해 아테네를 떠나 가까운 섬 크레타로 도망친다. 크레타 섬을 다스리고 있던 미노스(Minos) 왕은 제우스의 아들인데 크레타 섬으로 도망쳐 온 다이달로스를 크게 환영했다. 미노스에게는 그럴 만한 사연이 있었다.

미노스는 정적의 반대를 제압하고 크레타 섬의 왕이 된 인물이다. 미노스는 신과의 관계를 과시하기 위해 바다의 신 포세이돈에게 한 가지 요청을 한다. 희생으로 바칠 소를 바다에서 나타나게 해 달라고 빌었다. 그 소원을 들은 포세이돈은 하얀 황소를 내보냈다. 소가 너무 아름다웠다. 그 소를 본 미노스는 신과의 약속을 어기고 소를 죽여 희생으로 바치는 대신 숨겨 버렸다. 바다의 신이 그 사실을 알았고 벌을 생각해 낸다. 미노스의 아내 파시파에가 그 숨긴 황소를 끔찍이 사랑하게 만들어 파시파에는 하얀 황소에게 흑심을 품게 된다. 하얀 황소는 너무 난폭해서 도저히 가까이 갈 수가 없었다. 파시파에는 도망온 다이달로스에게 도움을 요청한다. 이미 다이달로스는 미노스의 여종 나우크라테와 사랑을 하여 아들 이카루스를 두고 있었다. 그런 그가 왕비의 명을 거역하기 어려웠다. 그는 나무로 암소를 한 마리 만든다. 파시파에가 그 안으로 들어가게 하기 위해서였다. 난폭하던 하얀 황소는 이 가짜 소를 진짜로 오인해 사랑한다. 그래서 파시파에는 하얀 황소의 씨를 받아 아이를 낳았다. 태어난 아이의 머리는 황소머리를 갖고 있었다. 그 아이를 미노타우로스라고 불렀다. 미노스는 이 괴물 아이를 부끄럽게 여겼지만 왕비가 낳은 아이이기에 차마 죽일 수는 없었다. 소문은 그대로 있지 않았다. 크레타 섬과 아테네까지 퍼졌다. 미노스 왕으로서는 망신이었다. 미노스 왕은 이 미노타우로스를 궁전 안에다 두되 남의 눈에 띄지 않게 할 방법을 궁리했다. 파시파에를 위해 나무 소를 만들었던 다이달로스를 불러 들어가면 그 어느 누구도 나오기 어려운 미궁을 만들라고 명했다. 미궁에서 살아나오는 인간이 있으면 다이달로스와 그의 아들 이카루스도 함께 가둘 것이라고 했다. 다이달로스는 미노스 왕의 명에 따라 수백 개의 크고 작은 방이 딸려 있는 미궁을 만들었다. 미노타우로스나 인간이 절대로 나올 수 없는 미궁, '라비린토스(Labyrinthos)'를 만든 것이다. 미노스 왕은 그 미궁에 괴물 미노타우로스를 가두었다. 그리고 매년 그리스에서 소녀들을 잡아와 미궁 속에 밀어 넣고 미노타우로스의 먹잇감이 되게 했다. 그리스의 왕자 테세우스는 미노스 왕과 미노타우로스에게 분노했다. 그는 소녀로 분장하여 미노타우로스를 제거하기를 자청하고 크레타로 건너온다. 그의 용맹함에 반한 크레타의 공주 아리아드네는 미노스 왕인 아버지의 엄명을 어긴다. 그녀는 테세우스에게 미궁을 빠져나갈 방법을 알려 주며 그에게 긴 실타래를 건넨다. 테세우스는 실을 풀면서 미궁으로 들어가 미노타우로스를 죽인 후 다시 그 실을 따라 미궁을 탈출하는 데 성공한다. 그는 아리아드네를 데리고 그리스로 빠져나간다. 아리아드네에게 실 꾸러미를 만들어 주고 탈출 방법을 알려 준 것이 다이달로스였다. 미노스 왕은 그 사실을 알게 되고 분노로 어찌할 줄 모른다. 미노스 왕은 다이달로스의 배신을 알게 되어 다이달로스와 그의 어린 아들 이카루스를 라비린토스에 가두었다. 테세우스가 미궁에서 빠져나간 죄를 다이달로스와 아들 이카루스에게 물었던 것이다. 다이달로스와 이카루스는 자신들이 만든 미궁 라비린토스를 빠져나오지 못한다. 미궁이 너무나 정교하여 그 탈출구를 잊어버렸기 때문이다. 그렇지만 다이달로스는 포기하지 않는다. 천재적인 장인이기에 그는 탈출 방법을 찾아냈다. 새들이 떨어뜨린 깃털을 모아 촛농으로 그것들을 이어 붙여 날개를 만든다. 그 날개를 이용해, 날아서 미궁을 탈출할 계획을 세우게 된다. 마침내 다이달로스는 이카루스와 함께 날개를 이용해 하늘로 날아오르게 된다. 그리고 다이달로스는 이카루스에게 경고한다. "너무 높이 날면, 태양열에 촛농이 녹고, 너무 낮게 날면 바닷물에 날개가 젖을 것이다. 그러니 너무 높지도 낮지도 않게 내 뒤를 따라 날아오거라." 마침내 그들은 하늘로 날아올랐다. 그들은 북동쪽으로 날아 파로스 섬, 델로스 섬, 사모스 섬 등을 지났다. 다이달로스는 천천히 하늘을 향해 너무 높지도, 바다 아래로 떨어질듯이 너무 낮지도 않게 날면서 스포라데스 제도와 소아시아의 이오니아 해안 사이를 지났다. 다이달로스의 외아들인 이카루스도 하늘로 힘차게 날아올랐다. 그는 아버지보다 더 빠르고 멀리 날아오르며 날 수 있는 기량을 보여 주었다. 그는 그렇게 날아갈 수 있다는 기쁨에 들떠 흥분하기 시작해 아버지 다이달로스의 경고를 까맣게 잊는다. 날아갈 수 있다는 그 용기와 빠르고 높이 날 수 있는 기술과 기량만 가지면 누구보다도 우세할 수 있다는 것을 자랑하고 싶었다. 이카루스는 느림보 아버지, 겁쟁이 아버지인 다이달로스에게 보란 듯이 날아갔다. 아버지 다이달로스와 한번 겨루기 위해 더욱더 하늘 높이 올라가 버린 것이다. 그때 태양열이 내리쬐기 시작했다. 그 열은 날개를 이어붙인 밀랍을 녹여 버리기 시작했다. 날개의 깃들이 우수수 떨어지기 시작했다. 이카루스는 더 이상 날 수가 없게 되었다. 이카루스는 그대로 바다에 떨어졌다. 아들이 바다에 추락하는 모습을 다이달로스는 지켜볼 수밖에 없었다. 그는 그 슬픔을 간직한 채 그대로 날아 탈출에 성공한다. 다이달로스는 이카루스가 빠져죽은 바다 가까이에 있는 섬에 착륙한다. 마침내 그는 바다에서 아들의 시체를 건져 매장했다. 그 바다는 이카루스의 이름을 따서 이카리오스 해라 불렀다.

47) 참고: 유동식(1997). **풍류도와 한국의 종교사상**. 서울: 연세대학교 출판부, pp. 61-62.

48) 바슐라르는 전통적인 대학교육을 받지 않고 독학으로 철학교수 자격시험을 통과하여 대학교수가 된 학자다[참고: 가스통 바슐라르(2007). **불의 정신분석**(역). 서울: 이학사]. 그는 인간이란 사유하는 존재이기에 앞서 무엇보다 꿈꾸는 존재라고 주장하면서, 언제나 이성을 인간 정신의 중추로 간주해 온 서구의 철학적 전통에 반기를 들었다. 이성으로 설명할 수 없는 것들은 모두 비이성적인 것, 혹은 거짓으로 간주하는 서구의 사상적 전통에서 상상력은 오랫동안 '거짓과 오류의 원흉'으로 낙인찍혀 폄하되어 왔다. 그러나 바슐라르는 이성을 기반으로 한 객관적 과학의 세계보다 이미지와 상상력을 기반으로 한 주관적 상상의 세계가 우선함을 주장한다. 이는 상상력을 현실세계의 변형과 변모를 가능케 하는 놀라운 창조성을 지닌 것으로서 종합적으로 새롭게 인식시키는 계기를 마련했다.

49) 참고: 유동식(1997). **풍류도와 한국의 종교사상**. 서울: 연세대학교 출판부, pp. 61-62.

50) 신화는 우주발생신화, 인간탄생신화, 문명기원신화 등으로 갈라진다. 우주발생신화와 인간탄생신화는 신화의 일반적인 형태로서 인간의 원형에 관한 이야기들이 주종을 이룬다. 중국과 일본의 건국신화는 대부분 우주발생신화에 속한다. 중국의 경우 그들의 시조는 알에서 부화된 것으로 간주한다. 중국의 건국신화에 의하면, 태초에 반고가 알 속에 있었는데 그 알을 깨고 태어났다. 그 후 1만 8000년 세월이 흐르자 하늘과 땅이 나누어지고 반고 역시 하루에 1장씩 성장하여 다시 1만 8000년 후에 하늘과 땅이 지금처럼 멀리 떨어지게 되었다. 그 후 반고는 죽어서 그가 내쉬는 숨은 바람과 구름이 되고, 목소리는 천둥이 되었고, 왼쪽 눈은 태양이 되고, 오른쪽 눈은 달이 되었다. 이렇게 그의 시체가 천지의 모든 만물을 만들고, 몸 안의 여러 가지 벌레가 사람이 되었다는 것으로 마감된다. 일본의 경우, 일본의 시조는 신 그 자체다. 말하자면, 천상계에서 혼돈의 바다를 내려다보던 세 신령이 세상을 창조하기 위해 남신과 여신을 만들어 냈다. 이 중 남신 이자나기가 신령에게서 받은 창을 혼돈의 바다에 넣고 휘저었다가 꺼내자, 창끝에 묻은 소금물 몇 방울이 떨어지며 일본 열도가 만들어졌다. 이후 지상세계는 천상계 신의 자식이 다스리게 되어 있다고 오쿠니누시의 아들에게 나라를 요구하여 니니기 노미코토를 내려 보냈고, 니니기는 옥과 거울, 검을 가지고 내려와 여러 신을 낳았다. 그의 직계 증손자인 와카미케누 노미코토가 일본의 초대 천황인 진무(神武)가 되었다는 것이 일본의 건국신화다[참고: 조현설(2003). **동아시아 건국신화의 역사와 논리**. 서울: 문학과 지성사]. 저들의 신화에 비해, 단군신화는 건국신화에 속하기도 하지만 인간 탄생의 성립과 더불어 문명기원신화에도 속한다[참고: 이형구, 홍성찬(1995). **단군신**

화. 서울: 보림]. 단군신화는 중국이나 일본의 신화와는 달리, 단군이 신의 아들이며 동물의 아들이라는 이중성을 보여 준다. 이 점은 단군신화의 특수성을 보여 준다. 동시에 단군신화는 인간의 출현에 관한 다른 신화들과 인간의 기원에 관해 차별성을 지닌다. 인간의 출현에 관한 기존의 신화들은 한 가지 공통점이 있다. 그 공통점은 인간의 출현이 오로지 신의 작품이라는 점이다. 이스라엘 민족의 「구약성서」에 보듯 인간은 하느님의 피조물이다. 바빌론의 신화에 의하면, 인간은 신들이 만들어 낸 진흙의 노예들이다. 그리스 신화의 경우는 사정이 조금 다르지만, 끝내 인간은 신이 구어 낸 흙의 존재일 뿐이다. 실제로 그리스 신화에 등장하는 인간들의 출생은 서로 모순되거나 상충되지만, 그리스 신화 그 어느 이야기에도 그리스 신화의 12주신들이 인간을 만들었다는 내용은 나오지 않는다. 다만, 신족 중에서 유일하게 인간을 만들어 낸 신화를 가진 신이 프로메테우스임을 알리고 있을 뿐이다. 프로메테우스가 아테네에게 보이오티아 지방에서 흙으로 빚은 형상에 생기를 불어넣게 하여 만들어 낸 것이 최초의 인간이라는 존재다. 프로메테우스는 인간에게 불을 건네주는 등 인간의 능력을 일깨워 줌으로써 제우스의 분노를 사게 되어 영원히 심장을 쪼이는 벌을 받는다. 인간을 만들었다는 프로메테우스는 제우스와는 출신계보가 다른 신이다. 프로메테우스는 제우스와 같은 아리아계 신이 아니라 그리스 선주민들의 신이었을 가능성이 크다. 프로메테우스는 거인신 족으로 현재는 지옥으로 알려진 타르타로스와 형제간이다. 그리스 신화에 등장하는 인간은 신이 만들어 낸 사랑받고 자라는 축복받은 존재라기보다는 제 스스로 생겨나서, 신과 대립하고 또 스스로 존재하는 그런 생명 같은 것으로 그려지고 있다. 인간은 신이라는 존재가 의미하는 자연과 대립하며 스스로 살아가야 하는 존재라는 의미를 가지고 있다[참고: 홍사덕(1997). 살아 있는 지중해 신화와 전설. 서울: 혜안].

51) 그리스 신화에 나오는 오이디푸스는 테베의 왕 라이오스와 이오카스테(에피카스테)의 아들이다. 오이디푸스는 숙명적으로 아버지를 살해하고 스핑크스의 수수께끼를 풀어 테베의 왕이 되었지만, 그는 이오카스테를 어머니인 줄 모르고 결혼하여 아이까지 낳는다. 나중에 그 사실을 알게 되자 어머니인 이오카스테는 자살하고 오이디푸스는 자기 눈을 빼버린다. 프로이트는 이러한 신화적인 이야기에 근거하며, 남들이 그의 '아버지처럼 자유롭게 어머니를 사랑하고 싶다.'는 원망(願望), 말하자면 '아버지와 같이 되고 싶다.'는 원망으로 인해 아버지와 동일시가 이루어지며 그로부터 초자아가 형성된다고 보았다. 여자 아이가 부친에 대하여 성적 애착을 가지며 모친에 대하여 일종의 원망과 증오심을 갖게 되는 성향을 엘렉트라 콤플렉스(elektra complex)라고 부른다. 콤플렉스라는 말은 '관념 복합체'라고 번역되는데, 이 개념을 정신분석병리학 용어로 처음 사용한 사람은 J. 브로이어다. 그는 원래 '개념복합체(ideen komplex)'라고 말했지만, 그 용어를 가장 강조한 사람은 C. 융(Jung)이었다. 피험자들이 언어연상(言語聯想) 시험에서 자극어에 대한 반응시간이 필요 이상으로 지연된다든지, 연상이 불가능한 경우, 혹은 주제와 다른 내용들을 부자연스럽게 연상하는 반응이 '감정이 담긴 복합체'에서 유래한다고 보았는데, 이런 것을 일컬어 콤플렉스라 부른다. 어떤 사람이 '죽음'이라는 자극어에 대해 이상하리만큼 반응한다든지, 반응 내용이 괴이하다든지, 혹은 반응시간이 지연되는 경우가 있다. 이때 그런 반응을 나타낸 사람이 놀랍게도 그의 아버지에 대해 격렬한 공격 감정을 품고 있고, 그것이 마침내 아버지

의 죽음을 바랄 정도였다고 한다면 그것을 콤플렉스라고 부른다. 이때 그의 마음속에 그려진 아버지에 대한 공격 감정, 즉 (공격) '감정이 담긴 관념의 복합체'를 단순히 '콤플렉스'라 줄여 부른다. 융은 이 콤플렉스는 보편적인 것이라고 보았다. 병자든 병자가 아닌 관계없이 모든 사람은 콤플렉스를 품고 있다. 그런 콤플렉스는 의식적으로나 무의식적으로 표출된다. 이 콤플렉스가 무의식으로 고착되면 고착될수록 더욱더 강력한 것이 되어 일종의 병리성을 갖는다.

52) 오이디푸스 콤플렉스와 아자세 콤플렉스의 차이점은 죄의식에 대한 이해다. 오이디푸스의 핵심은 죄의식을 '죄악감'으로 본 것이고, 아자세 콤플렉스에서 죄의식은 '참회심'으로 본 것이다. 아자세는 부모에게 적의를 품었음에도 불구하고 처벌되기보다는 깨달음으로 용서된다는 것을 핵심으로 한다. 서양에서는 아버지를 죽인 아들의 말로가 비극으로 끝났지만 동양에서는 깨달음으로 구원되고, 악은 혼자만의 잘못이 아니라 모두의 잘못에서 기인한다는 점을 내세운다. 고자와 헤이사쿠(古澤平作)의 '아자세 콤플렉스' 이론(1932)에서, 아자세는 'Aj ta atru'의 음사이며, 그는 빔비사라 왕의 아들이었다. 그는 아버지를 죽이고 제바달다(提婆達多)를 후원하는 등 악행을 일삼았으나 마침내 부처님께 귀의함으로써 구원을 받는다. 그에 관한 이야기는 이렇게 시작한다[참고: 히로 사치야(2004). 붓다에게 배우는 삶의 지혜(역). 서울: 가람기획]. "빔비사라 왕과 이다이케 왕비 사이에는 자녀가 없었다. 빔비사라 왕에게 어떤 현자가 아이를 가질 수 있는 방법을 이야기해 주었다. 그것은 산 속에 있는 어떤 도사가 3년 후에는 죽게 되어 있는데 그 도사가 죽어야만 그가 다시 왕자의 몸으로 태어난다고 했다. 왕과 왕비는 왕자를 빨리 갖고 싶었다. 왕비는 기다리지 못하고 그 도사를 죽인다. 도사는 죽으면서 새로 태어나는 아이가 제 아버지를 죽일 것이라는 저주의 말을 남긴다. 왕비는 잉태를 하고 아이를 낳게 되었으나 도사의 저주가 그녀를 괴롭힌다. 두려운 마음에 그녀는 출산시 높은 곳에서 아이를 낳아 떨어뜨려 죽인다. 하지만 놀랍게도 떨어진 아이는 손가락만 살짝 다치고 살아난다. 후에 왕자가 된 아자타샤트루(아자세)는 출생의 비밀을 알게 되고 부모를 원망한다. 마침내 왕을 가두고 굶겨 죽이려고 한다. 어머니 왕비는 몸에 꿀을 바르고, 왕관 속에 과일을 숨겨 왕이 간힌 감옥을 출입하면서 왕의 생명을 부지하게 한다. 이 사실을 안 왕자 아자세는 부모를 모두 죽이려고 한다. 신하의 간언이 심하자 아자세는 아버지만 죽이고, 어머니는 마지못해 유폐시킨다. 그런 일로 인해 아자세는 후회와 고뇌를 하게 되고 원인 모를 심한 피부병에 시달린다. 그러던 아자세는 석가를 찾아간다. 석가는 아자세의 손을 잡고 이 모두가 아자세 혼자만의 잘못이 아니라 우리 모두의 죄에서 비롯된 것이라고 말한다. 부처님의 말에 마음의 안정을 찾은 아자세는 크게 깨닫는다. 그의 어머니는 심한 악취가 나는 아들을 정성껏 간병하면서 부처에게 빌고, 스스로도 크게 깨닫는다. 그 후 아자세는 마침내 부처에게 귀의하고 참회하면서 불교 교단을 보호하는 일에 전념한다. 이 이야기에서 아자세라는 말은 태어나기 전의 원한을 의미한다. '아자'라는 말은 '태어나지 않은' 그리고 '세'는 '원한'을 뜻하는 말로서, 태어나기 전 원한을 가진 아이라는 뜻으로 쓰인 것이다.

53) 여기서 내가 말하는 휴먼 콤플렉스(human complex)는 성이나 연령 같은 것과 무관하게 인간이라면 모름지기 겪게 되는 배움에 대한 콤플렉스(erudition complex)를 말한다. 다만, 휴먼 콤플렉스라는 개

넘이 갖고 있는 학문적인 엄밀성과 과학성은 일반론적이고 일상적인 상황 속에서 그 가능성과 쓰임새를 점검할 수 있을 것이다. 그것은 마치 남성들이 갖고 있다는 '맨 콤플렉스'와 비슷하다고 볼 수 있다. 정신분석학자들의 견해에 따르면, 한국의 경우 만 15세가 넘으면 남성의 사망률은 여성에 비해 2배가 넘으며 40대가 되면 3배를 넘게 되는데, 이것이 맨 콤플렉스 때문에 그렇다는 것이다. 실제로 남성의 자살률은 여성의 2배 이상이 될 정도로 높다. 홀로된 남성의 사망률은 같은 조건의 여성에 비해 3배에 달하기도 한다. 남성은 여성에 비해 각종 질환에 시달릴 가능성도 4배 이상이 높다. 남성이 심장병이나 암, 호흡기병, 간질병 등 각종 병으로 사망할 확률은 여성에 비해 최고 4배 정도가 높다. 이런 것은 남성들의 '맨 콤플렉스(man complex)'에서 기인한다. 남성들에게 가해지는 '남자다워야 한다'는 사회적 압박은 남성들에게 커다한 스트레스로 작용한다. 이런 '남자란 모름지기……', '장남된 도리로……', '가장 체면에……', '감정을 절제해야 남자답다.', '남자는 절대 눈물을 보여선 안 된다.', '남자는 죽을 때까지 주위 사람들을 책임져야 한다.'와 같은 스트레스는 남성들에게 자기최면을 걸게 만든다. 남성들은 이런 자기최면에 견디지 못하기 때문에 그들은 육체적 건강뿐만 아니라 정신건강까지도 위협당한다. 결국, 남성들의 사망률이 여성보다 높은 것은 남성들이 남자로 태어났기 때문에 그런 것이 아니라, 남자답게 보이기 위해 필요 이상으로 애를 쓰기 때문이다. 이런 집단적이고 권위적인 '남자다움'의 사고방식이 남성들의 정신건강을 옥죄는 심리적인 현상을 정혜신과 같은 정신분석학자는 남성 콤플렉스라고 명명한 바 있다[참고: 정혜신(2001). 남자 vs 남자. 서울: 개마고원].

54) 이런 관점에서 피터 싱어는 '동물해방론'을 내세우기도 한다. 동물해방론에서 그가 내세우는 중요한 논지는 동물을 인격체로 간주하며, 이런 인격체인 동물에 대해 인간 스스로 가장 비인격적인 방법으로 살상하고 있는 인간의 도살 행위는 비윤리적이라는 것이다. 동물도 인격체로 간주하기 위해 피터 싱어는 사물을 세 가지 범주로 구분한다. 첫째, 무감각한 것, 둘째 감각은 있으나 자의식을 갖지 못한 것, 마지막으로 감각과 자의식을 가진 것 등으로 서로 다르게 분류한다. 이 중에서 마지막 범주에 해당하는 생명체 모두를 인격체(person)라고 정의하는 것이 싱어의 입장이다. 예를 들어, 감각과 나름대로의 자의식을 갖고 있는 수많은 동물은 인격체인 세 번째 유형에 속하지만, 물고기나 뱃속의 태아는 두 번째 유형에 속한다. 왜냐하면, 뱃속의 태아는 감각을 느끼고는 있지만, 자의식을 가지고 있지 못하는 비인격체이기 때문이다. 싱어는 뇌가 없이 태어난 무뇌아와 같은 특정 장애자들 역시 정당한 인격체의 범위와 범주에 속하게 되는 그런 인격체가 아니라고 생각한다. 물론 피터 싱어가 무조건적으로 낙태를 선호하며 불구아에 대한 살해를 주장하는 것은 아니다. 그는 실천윤리학의 범주 안에서 인격체와 비인격체를 구별할 수 있는 가능성과 그것을 위한 윤리적 근거를 제안한 것이다. 동물해방론자인 싱어는 인간이 좋은 고기를 더 많이 얻기 위하여 가축들을 가장 비윤리적인 방법으로 사육하고 잔혹한 방법으로 살육하고 있는 것 자체가 실천윤리에 어긋나는 문제로 간주한다. 가축을 기르기 위해 산림을 훼손하고 자연환경을 파괴하는 일도, 인간의 탐욕을 위한 수단으로 기르는 목장의 가축들이 전 세계 메탄가스의 20%를 배출해 환경을 더욱 오염시키는 것도 모두 비윤리적인 사례에 속한다. 그래서 이런 인간은 더욱더 자신의 행동이 다른 모든 인격체에 어떤 영향을 미칠 것인가를 고려해야 할 윤리적 의무를 가지게 된다

[참고: 피터 싱어(1997). 실천윤리학(역). 서울: 철학과 현실사].

55) 단군신화에 대해 이야기하고 있는『삼국유사』의 본문은 이렇다. 환웅은 천상의 무리 3천 명을 이끌고
서 천공을 헤쳐 태백산(지금의 묘향산) 꼭대기에 있는 신단수 아래로 내려왔다. 내려와 그곳을 세상을
다스릴 근거지로 펴고서 신시라 불렀다. 이 신시를 연 환웅, 이가 곧 환웅천왕이다. 그는 바람의 신, 비
의 신, 구름의 신들을 거느리고서 농사며, 생명이며, 질병이며, 형벌이며, 선악이며 인간의 360여 가지
의 일들을 주재하여 인간 세상을 다스려 갔다. 이때 곰 한 마리와 범 한 마리가 같은 동굴에 살고 있었
다. 그런데 이들은 늘 신웅, 즉 환웅천왕에게 와서 사람이 되고 싶다고 기원했다. 신웅은 이들에게 신령
스러운 쑥 한 줌과 마늘 스무 쪽을 주면서 말했다. "너희는 이것을 먹어라. 그리고 백날을 햇빛을 보지
않으면 소원대로 사람의 몸으로 바뀌리라." 곰과 범은 쑥과 마늘을 받아먹고 금기(禁忌)에 들어갔다.
삼칠일(21일)을 금기하여 곰은 마침내 사람의 몸, 그것도 여체로 탈바꿈했다. 그러나 성질이 눅지 못한
범은 금기를 제대로 견뎌내지 못했고, 따라서 사람의 형체를 얻지 못했다. 곰에서 변신한 여인, 즉 웅녀
는 다른 또 하나의 간절한 욕망을 느꼈다. 아기를 배고 싶었다. 허나 그녀와 짝이 될 만한 이가 없어 웅
녀는 매일 신단수 아래에 와서 부디 아기를 배게 해달라고 빌었다. 이에 웅녀의 애틋한 욕구를 받아들
여 신웅은 얼핏 사람으로 화신, 그녀와 혼인했다. 뒤에 웅녀는 아들을 낳았다. 이 웅녀의 아들을 단군왕
검이라 불렀다. 단군왕검은 나라를 열었다. 평양성을 도읍으로 하고 조선이라 불렀다. 이것은 중국의
요제가 즉위한 지 50년인 경인년의 일이었다. 뒤에 단군왕검은 도읍을 백악산 아사달로 옮겼다. 그곳
은 일명 궁홀산이라고도 하고 또 금미달이라고도 했다. 그리고 단군왕검은 1천5백년간 나라를 다스렸
다. 주나라의 무왕이 은왕조를 멸하고 왕위에 올라, 그 해에 은왕조의 우신 기자를 조선의 제후로 세우
자 단군은 자리를 장당경으로 옮겼다. 뒤에 단군은 아사달에 돌아가 은거하여 산신이 되었다. 그는 1천
9백8년을 살았었다. [古朝鮮(王儉朝鮮)魏書云. 乃往二千載有壇君王儉. 立都阿斯達(經云無葉山. 亦云
白岳. 在白州地. 或云在開城東. 今白岳宮是)開國號朝鮮. 與高同時. 古記云. 昔有桓因(謂帝釋也)庶子桓
雄. 數意天下. 貪求人世. 父知子意. 下視三危太伯可以弘益人間. 乃授天符印三箇. 遣往理之. 雄率徒三
千. 降於太伯山頂(卽太伯今妙香山)神壇樹下. 謂之神市. 是謂桓雄天王也. 將風伯雨師雲師. 而主穀主命
主病主刑主善惡. 凡主人間三百六十餘事. 在世理化. 時有一熊一虎. 同穴而居. 常祈于神雄. 願化爲人.
時神遺靈艾一炷. 蒜二十枚曰. 爾輩食之. 不見日光百日. 便得人形. 熊虎得而食之. 忌三七日. 熊得女身.
虎不能忌. 而不得人身. 熊女者無與爲婚. 故每於壇樹下呪願有孕. 雄乃假化而婚之. 孕生子. 號曰壇君王
儉. 以唐高卽位五十年庚寅(唐堯卽位元年戊辰. 則五十年丁巳. 非庚寅也. 疑其未實)都平壤城(今西京)始
稱朝鮮. 又移都於白岳山阿斯達. 又名弓(一作方)忽山. 又今彌達. 御國一千五百年. 周虎王卽位已卯封箕
子於朝鮮. 壇君乃移於藏唐京. 後還隱於阿斯達爲山神. 壽一千九百八歲. 唐裵矩傳云. 高麗本孤竹國(今
海州). 周以封箕子爲朝鮮. 漢分置三郡. 謂玄兎樂浪帶方(北帶方). 通典亦同此說(漢書則眞臨樂玄四郡.
今云三郡. 名又不同何耶.)]
『삼국유사』에는 단군 개국이 중국의 요(堯) 임금 즉위 50년인 경인년(庚寅年)에 이루어졌다고 했는데,
이것은 BC 2333년과 같다. 단군신화에 등장하는 소재 중 곰은 매우 중요하다. 곰의 이야기에 대한 설

명은 하나같이 지모신의 상징, 말하자면 겨울잠을 자는 곰의 생활주기가 대지와 같다는 것이 '웅녀'로 전환되어 생산력을 나타낸다. 이는 지모신(地母神)의 상징성이나 재생의 이미지, 혹은 한민족의 동물 숭배사상, 새로운 생명으로 태어나기 위한 시련의 민족 같은 것으로 정리되어 있다.

56) 프로이트는 그런 종교에 대한 열망을 인간의 의식을 형성하기 시작하는 유아기에서부터 찾고 있다. 어린아이에게 있어서 그의 배고픔을 채워 주는 어머니는 그 아이에게는 사랑의 첫 번째 대상이 되고, 또한 외부세계의 온갖 막연한 위험으로부터 아이를 지켜 주는 최초의 보호자가 된다는 점은 잘 알려진 사실이다. 아기의 불안을 지켜 주는 최초의 보호자는 어머니다. 어머니의 그런 역할은 아버지가 떠맡게 된다. 어머니보다 아버지의 힘이 강하기 때문이다. 유아기가 끝날 때까지 아버지의 지위는 절대적이다. 이때부터 아버지에 대해 아이는 이중적인 태도를 갖는다. 아버지 자체가 아이에게 믿음의 근거가 되기도 하지만 동시에 위험을 내포하는 존재가 된다. 이것은 아이가 아버지 이전에 어머니와 맺는 관계 때문이다. 아이는 아버지를 동경하고 존경하는 것만큼 아버지를 두려워한다. 『토템과 타부』에서 입증되었듯이, 아버지에 대한 이런 이중적 태도는 모든 종교에 깊이 각인되어 있다. 인간은 성장하면서 자신이 영원히 어린아이로 남을 운명이며, 동시에 미지의 우월한 힘으로부터 보호받아야만 살아갈 수 있다는 것을 안다. 그 후에 아버지라는 인격의 속성을 종교에 부여한다. 그는 스스로 신을 만들어 내며, 그 신을 두려워하면서도 동시에 그 신에게 자신의 보호자 역할을 요구한다. 결국 유아기 때 경험한 무력함에 대한 자기 방어자세가 종교 형성을 이루고 있는 것이다. 따라서 인간이 만들어 내는 문명은 개인에게 전달하는 완성된 형태의 종교적 관념이 된다[참고: 프로이트(1997). 문명 속의 불만(역). 서울: 열린책들, p. 196].

57) 환상이 무엇인지를 알기 위해서는, 환상이라는 낱말의 의미를 정의할 필요가 있다. 환상은 오류와는 다르지만 환상이 반드시 오류인 것도 아니다. …… 무지한 사람들은 아직도 버리지 못하는 믿음, 즉 해충은 오물에서 생겨난다는 아리스토텔레스의 믿음은 오류였다. '척수 매독'이 지나친 성행위 결과라는 구세대 의사들의 믿음도 오류였다. 이런 오류를 환상이라고 부르는 것은 타당하지 않을 것이다. 반면에 인도로 가는 새로운 항로를 발견했다는 콜럼버스의 믿음은 환상이었다. 그의 원망이 이 오류에서 맡은 역할은 분명하다. 인도-게르만 족만이 문명 창조의 능력을 가진 유일한 민족이라는 일부 민족주의자들의 주장도 환상이라고 부를 수 있다. 어린아이에게는 성욕이 없다는 믿음은 얼마 전에야 정신분석학이 깨뜨린 환상이었다. 환상의 특징은 바로 인간의 원망에서 유래한다. 이 점에서 환상은 정신병적 망상과 비슷하다. 그러나 망상의 구조가 더 복잡하다는 점은 별도로 하더라도, 망상과 환상은 여러 가지로 다르다. 망상의 경우에는 현실과 모순된다는 점이 불가결한 요소로 강조된다. 환상은 반드시 허위일 필요는 없다. 다시 말해서 실현 불가능하거나 현실과 모순될 필요는 없다. 예를 들면, 평민 출신의 아가씨는 왕자가 찾아와서 자기와 결혼할 것이라는 환상을 품을 수 있다. 이것은 충분히 가능한 한 일이다. 그런 일이 실제로 일어난 적도 있다. 구세주가 와서 황금 시대를 열리라는 것은 그보다 훨씬 있을 법하지 않은 일이다. 이런 믿음을 환상으로 보느냐 아니면 일종의 망상으로 보느냐의 판단은 각자의 개인적 견해에 달려 있을 것이다. 환상이 사실로 입증된 사례를 찾기는 쉽지 않지만, 모든 쇠붙이를 금으로 바꿀 수 있

다는 연금술사들의 환상은 그런 사례 가운데 하나일지도 모른다. 부(富)를 결정하는 요소에 대한 오늘날의 인식이 되도록 많은 금을 갖고 싶다는 소망을 약화시킨 것은 사실이다. 그러나 화학은 쇠붙이를 금으로 바꾸는 것은 더 이상 불가능한 일로 보지 않는다. 따라서 우리는 어떤 믿음을 갖게 된 주요 동기가 원망 실현일 때 그 믿음을 환상이라 부른다. 환상은 그 자체가 입증을 중시하지 않기 때문에 환상과 현실의 관계는 고려하지 않는다[참고: 프로이트(1997). **문명 속의 불만**(역). 서울: 열린책들, p. 204]."

58) 참고: 최혜원. 당신은 존재감이 있습니까?(2008. 3. 17). 위클리 조선.

59) 이집트 신화에는 지혜를 관장하는 신 토트(Thot)가 등장한다. 토트는 제프티를 일컫는 그리스·로마 시대의 명칭을 이집트화한 이름이다. 토트는 '모든 것'이라는 뜻이다. 그리스인들은 그를 하늘의 사자인 헤르메스와 동일시한다. 토트는 이집트 전역에서 달의 신, 편지, 과학, 발명, 지혜의 우두머리, 신들의 대변자, 기록 보관자로서 숭배받는다. 토트는 보통 따오기, 혹은 초승달 위에 앉아 있는 따오기의 머리를 가진 인간으로 묘사된다. 토트는 태양신 '라'의 장남이 되기도 하고, 게브와 누트의 자식이 되었다가 이시스, 세트, 네프티스의 형제가 되기도 한다. 지혜를 지니고 태어난 토트는 학문과 예술, 산술, 측량술, 기하학, 천문학, 점술, 주술, 의술, 외과술, 현악기나 관악기 등을 이용한 음악, 그리고 문자를 발명한 신이다. 『사자의 서』의 한 구절에 따르면, 태양신이 '지하세계의 축복받은 자들을 비추는' 동안 토트에게 자기 대신 하늘을 지배하라고 명령했다. 그래서 태양이 가라앉으면 곧 달이 나타나 배를 타고 밤의 항해를 시작한다. 달은 매달 괴물들의 공격을 받고 조금씩 뜯어 먹히지만, 달의 충실한 병사들에 의해서 곧 그것을 토해낸다. 그래서 토트를 달의 신이라고 부르기도 한다. 그는 시간을 재기도 한다. 그는 달을 나누어 최초의 달에 자기 자신의 이름을 붙여 주고, 해를 나누어서 각각 일 년을 세 계절로 나눈 신으로서 인간의 문명을 주관한 신이다[참고: 아리안 에슨(2002). 신화와 예술(역). 서울: 청년사; 베로니카 이온스(2003). **이집트 신화**(역). 서울: 범우사].

60) 자크 라캉의 욕망 이론은 소쉬르 언어학에 근본을 두고, 프로이트의 무의식을 은유와 환유로 읽은 구조주의적 분석이다. '인간의 언어가 무의식의 정신세계를 반영한다.'라는 것이 그가 내세우는 욕망 이론의 핵심이다. 인간은 자신의 의지와 상관없이 무의식적으로 말하는 경우가 있다. 이 '무의식'이 바로 인간을 이끌어 가는 타자와 같다. 이것은 '자아 또는 주체가 아닌 타자가 인간을 말하고 행동하게 한다.'는 것을 의미한다. 이 타자가 바로 욕망이며 인간을 이끌어 가는 주체. 인간의 욕망은 반복과 주체 분열 등을 통하여 형성된다[참고: 권택영 (편)(1994). **자크 라캉의 욕망 이론**. 서울: 문예출판사]. 라캉의 욕망 이론에 따르면, 주체인 나는 거울단계를 지나 아버지의 질서인 언어의 세계로 들어서고, 상상계적 믿음이 오인임을 알게 된다. 여기서 욕망은 대상을 향하는 단계가 상상계이고, 그 대상을 얻었을 때 욕망의 완성이 아니라 어긋나 버리는 단계인 상징계. 이 두 가지 사이에서 발생하는 차액인 잉여 쾌락에 의해 다시 욕망이 지속되는 것이 실재계다. 이 차액은 욕망을 충족시키지 못하고 다시 욕망을 부르게 되는 미끼가 된다. 라캉은 어머니를 둘러싼 아버지와 나 사이의 욕망의 갈등 삼각구조에서 상상계가 끝나고 상징계로 어긋나는 것을 프로이트의 거세 콤플렉스로 설명한다. 나는 아버지의 존재를 인식하고 어머니에 대한 욕망을 포기한다는 것이다. 상상계에서 상징계로 들어서는 순간 나라는 주

체가 거세되기에, 대상이 욕망을 완벽하게 충족시키지 못하고 차액을 남김으로써 욕망의 회로를 맴도는 나라는 주체는 반복과 주체 분열이라는 현상으로 나타난다. 이것은 마치 '나는 거짓말을 하고 있다.'는 말을 연상하게 만든다. 이 말은 거짓말을 하는 나와 그것을 보고 있는 나를 의미하기도 하지만, 거짓말을 하는 나를 보여지게 한다는 뜻도 갖고 있다. 이때 보는 것은 바로 시선(eye)을 말하는 것이고, 보이는 것은 응시(gaze)를 말한다. 주체인 내가 보기만 한다고 믿는 단계는 바로 상상계에 속해 있는 것이고, 보임을 아는 단계는 내가 상징계에 진입했다는 뜻이다. 상상계(바라봄만 있는 세계)와 상징계(보임을 의식하는 세계)가 뫼비우스 띠처럼 연결된 것이 실재계다.

61) 라캉은 인간이 태어나 한 인간이 되어 가는 과정을 심리기호학적인 입장에서 상상계, 상징계, 실재계로 정리하고 있다. 상상계는 거울의 단계로서, 생후 6개월 내지 18개월된 어린아이가 거울에 비친 자기 영상을 보고 매우 즐거워하는 모습이 관찰되는 단계다. 이 상상계에서 어른과 함께 거울 앞에 서 있는 아이는 거울 속 모습과 실제를 혼동한다. 그러다가 아이는 영상이 실재가 아니라 허구임을 깨닫는다. 영상이 이미지임을 깨닫고 자신의 이미지와 타인의 이미지가 다름을 깨닫는다. 그 후부터 거울 속에 모습을 비추며 놀이를 하기 시작한다. 처음에는 자신의 전체적인 모습을 볼 수 없다. 따라서 아이는 손이나 발 등 자신이 볼 수 있는 자신의 모습이 전부다. 거울에 비친 자신의 총체적인 모습을 보게 될 때가 되면 주체성이 발달하기 시작하며, 자기 몸 일부, 나아가 몸 전체를 사랑하는 자기성애의 단계로 나아간다. 이 상상계에서 아이는 아직 자신과 타인을 구분하지 못한다. 그래서 다른 아이가 울면 따라 울게 된다. 그에게는 어머니도 마찬가지여서 자신과 어머니를 동일시한다. 상상계는 이러한 상상적 오인이 그 속성이며 특징이다. 결국 아이들에게는 상상계에서 형성되는 주체성이 허구다. 아이 자신이 본 자신의 총체적인 모습은 거울을 통해 본 허구의 모습 바로 그것이기 때문이다. 따라서 아이들이 자기로부터의 존재 내 결핍을 갖게 되고, '자아'라는 개념을 갖게 되면 곧 분열되어 버린다. 분열된 자아를 갖기 때문에 아이들은 상상계에서 정체성의 혼란을 겪는다. 상상계를 지나면서 아이들은 상징계에 이른다. 상징계는 언어와 문화로 이루어진 보편적인 질서의 세계다. 상징계에서는 자아가 형성되기 시작하지만 자아가 형성되기 위해서는, 즉 상징계로의 진입이 가능하기 위해서는 희생이 필요하다. 그동안 아이들에게 욕구의 상대자였던 어머니라는 존재 외에도 아버지라는 금기를 받아들여야 한다. 욕망의 대상이었던 어머니를 더 이상 욕망할 수 없게 만드는 금기가 있다는 것을 받아들임으로써 상징계로의 진입이 가능해진다. 상징계로 진입하기 시작하면서 아이는 비로소 금기에 대한 위반이 가능하지 않다는 것을 내면화시킨다. 그것이 바로 오이디푸스 콤플렉스다. 인간은 아버지라는 금기에 의해 어머니에 대한 욕망이 억압당하는 것을 경험한다. 어린아이들은 어머니라는 존재를 상상계의 단계에서 이미 자신과 동일시하였기 때문에 별다른 어려움 없이 그 존재를 이해할 수 있었다. 이제부터는 어머니라는 욕망이 거부되는 아버지라는 외부의 금기를 받아들이고 사회가 무엇인지를 경험하게 된다. 이때부터 어린아이들은 외부세계에 관심을 가진다. 외부세계를 받아들일 때 그들은 사물의 이미지를 그 사물의 이름으로 수용한다. 말하자면, '밥'이라는 물질은 하나의 밥이라는 이미지를 지니고 있지만, 그것이 어느 날부터 '밥'이라는 언어로 표현된다는 것을 배우게 된다. 그렇게 이미지와 사물의 이름 간에 일치되는 과정은

아이가 제 마음대로, 자의적으로 하는 것이 아니라 외부의 힘에 의해 강압적으로 이루어진다. 힘에 의해서, 물리적으로 밥이라는 이미지를 '밥'이라는 언어로 받아들여야 하기에 아이는 억압을 받는다. 그 억압의 과정에서 무의식이 생긴다. 그런 무의식이 생기기 시작하면서 그동안 자신과 동일시하던 어머니와의 분리가 일어난다. 아이들은 더욱더 무의식적으로 어머니의 상실에 대한 강한 욕망을 갖는다. 상징계를 넘어서면서 아이들은 실재계에 진입한다. 이 실재계의 과정에서 아이는 의사소통 능력이 가능해지고 그것에 의해 사회에의 진입이 시작된다. 결국 주체로 태어난 인간인 나는 어머니가 나의 욕망을 완벽하게 충족시킬 짝이라고 믿었다가(상상계), 그것이 포착되는 순간 바로 허상이 되어 버림으로써(상징계) 남게 되는 앙금, 다시 말해서 결핍의 잉여물(대용물: object little a)로 남아 그것은 또다시 욕망의 대상으로 남아 버리게 된다(실재계). 라캉의 실재계는 우리의 일상생활의 균형을 탈선시키기도 하지만 동시에 이러한 균형을 지탱시켜 주기도 한다고 보았다[참고: 권택영(편)(1994). **자크 라캉의 욕망 이론**. 서울: 문예출판사].

62) 라캉의 잉여 쾌락은 끝없이 대상을 추구하게 하는 삶의 동인이다. 대상이 완전히 자신의 욕망을 충족시키리라고 믿고 다가섰는데, 그 대상은 실제로 그의 욕구를 채워 주지 못한 채 차액인 결핍이 남는다. 이 결핍으로 인하여 욕망은 충족되지 못하고 또다시 대상을 추구하게 된다. 이 차액이 잉여 쾌락이며, 삶을 지속시키는 동인인 오브제 프티 아(a)가 된다. 이런 과정을 거치면서 욕망의 공식은 $ \diamond a$로 정리된다. 다시 말해서, 주체에는 타자가 개입되어($) 대상(a)을 추구하지만 그 대상은 주체의 욕망과 일치되지 못하고 차액($\diamond$)을 남긴다. 이것을 수학적으로 표현하자면, 이미 이야기한 욕망＝요구－욕구로 정리할 수 있다. 예를 들어, 사랑이라는 말은 추상적인 의미에서 하나의 요구(demand)를 의미한다. 그것은 한 남자가 한 여자에게 얻을 수 있는 요구로서 그와 그녀 간의 성적 결합이라는 성의 욕구(need)다. 이 욕구가 충족이 되지 않으면 요구와 욕구 간에 결핍이 남게 되어 그를 다시 욕망의 회로 속으로 들어가게 한다. 대상은 그것을 추구하는 과정에서는 목표가 되지만, 일단 그것을 소유하면 무가치한 것이 된다. 이러한 설명의 이해를 돕는 예로 아프리카의 이구아나라는 뱀을 들 수 있다. 그 도마뱀은 찬란한 색채로 사람들을 유혹하지만, 사람들이 도마뱀에게 화살을 꽂는 순간 도마뱀의 영롱함은 사라지고 칙칙한 색으로 변한다. 라캉의 용어로 다시 설명하면 이구아나는 대타자(O)요, 빛을 잃고 손에 남은 칙칙한 것은 소타자(o)다. 대타자에서 소타자로 옮겨지는 과정이 욕망의 공식이지만, 이 욕망은 완벽한 충족을 모르기에 지속된다. 매혹의 본질은 환상이었으나 실제로 존재하지 않는 것이다.

63) 라캉은 인간을 살아가게 하는 동력이 욕망이지만 이것은 영원한 허상이라고 보고 있다[권택영(편)(1994). **자크 라캉의 욕망 이론**. 서울: 문예출판사]. 인간이 실패해도 다시 일어서고 좌절 속에서도 버티게 하는 힘은 무엇일까. 사막을 걷는 나그네는 오아시스를 보고 지친 발걸음을 옮긴다. 그가 찾아온 오아시스는 저만큼 물러나 다시 그를 손짓한다. 인간의 꿈도 신기루처럼 허망한 것은 아닐까. 허망할지라도 오아시스를 보지 않으면 인간은 사막을 걷지 못한다. 꿈이 없으면, 목적이 없으면, 얻으려는 대상이 없으면 살지 못한다. 그것만 얻으면 아무런 욕망도 없으리라 생각했지만, 그것을 쥐는 순간 욕망의 대상은 저만큼 물러난다. 학문, 돈, 권력, 성의 추구도 이런 맥락에서 이해될 수 있다. 대상이 욕망을 충

족시키지 못하고 조금씩 상승하는 것이다. 그녀는 나의 잃어버린 반쪽이지만 막상 그녀를 얻고 난 후에도 욕망이 여전히 남을 수 있다. 그렇다면 그녀는 반쪽이라 여겼지만 결코 그렇지 않은, 그것을 넘어서는 허상이다. 실재처럼 보였지만 베일을 걷었을 때는 그렇지 못한 것, 그러나 대상이 허상이기에 욕망은 남게 되고 욕망이 있는 한 인간은 살아간다는 점에서 욕망은 환유다. 잡아보려는 대상은 신기루처럼 잡는 순간 저만큼 물러난다. 대상은 욕망을 완전히 충족시킬 수 없는 속성을 갖고 있기에 인간은 대상을 향해 가고 또 간다. 죽음만이 욕망을 충족시키는 유일한 대상이다. 그래서 욕망은 기표다. 그것은 완벽한 기의를 갖지 못하고 끝없이 의미를 지연시키는 텅 빈 연쇄고리일 뿐이다. 기호학에서 보는 것처럼 기표의 특성이 은유와 환유이듯 욕망의 구조 역시 은유와 환유다. 주체는 대상에게 욕망을 느낀다. 그것이 자신의 결핍을 완전히 채워 줄 것이라 믿고, 그것만 얻으면 아무것도 욕망하지 않으리라는 믿음 때문이다. 그 대상을 얻어도 욕망은 여전히 남는다. 아무것도 욕망하지 않는 것은 곧 죽음이다. 그렇다면 대상은 실재처럼 보였지만 결국은 허구다. 대상을 실재라고 믿고 다가서는 과정이 상상계이며, 대상을 얻는 순간이 상징계이며, 여전히 욕망이 남아 그 다음 대상을 찾아 나서는 것이 실재계다. 실재라고 믿었던 대상이 대타자이고 허구화된 대상이 소타자다. 그래서 $ ◇ a라는 욕망의 공식은 언제나 가능하다. $는 주체이고, 오브제 아, 혹은 프티 아로 불리는 a는 주체로 하여금 욕망을 끊임없이 불러일으키는 허구적 대상이다. 마름모꼴 ◇은 대상이 결코 주체의 욕망을 충족시키지 못한다는 결핍을 의미한다. 이 결핍은 실재계에 나타나는 틈새요, 구멍이다. 이 말을 조금만 바꾸어 보면, 주체의 욕망을 충족시킬 것처럼 보이는 대상, 즉 대체가 가능하리라 믿는 단계는 압축이며, 은유다. 그것을 충족시키지 못하고 다시 또 그 다음 대상으로 자리를 바꾸는 전치는 환유다. 이렇게 보면 욕망 역시 언어, 혹은 무의식처럼 은유와 환유로 구조화되어 있다. 이것의 충족은 프로이트가 『쾌락원리를 넘어서』에서 이야기한 것처럼 죽음에 있다. 죽음만이 욕망을 충족시킬 뿐이다. 결국, $라는 주체로 표현되는 부호는, 대상 a가 최고의 가치를 획득하게 되는 바로 그 지점에서 지워져야 할 운명임을 극적으로 보여 주고 있다.

64) 심지어 부자들은 가끔 근검절약조차 과시적으로 행함으로써 차이의 근거로 활용한다. 인간에게 금기만큼 욕망을 자극하는 것은 없다. 그것이 다른 것과의 차이를 만들어 내면 더욱더 그렇게 된다. 변태적 성행위를 추구하는 사람들의 경우 그 변태적 성행위가 정상적 성행위에 비해 육체적으로 더 큰 쾌락을 불러일으킬 것으로 보지는 않는다. 그보다는 전자가 후자보다 심리적으로 더 간절한 본능을 불러일으킬 듯한데, 왜냐하면 그것은 금기이기 때문이다. 또한 무엇보다도 그것이 그런 힘을 갖는 것은 전자가 후자와의 차이를 불러일으키기 때문이다[참고: 유기환(2006). 조르주 바타이유 -저주의 몫·에로티즘-. 경기도: 살림, p. 261].

65) 유대인의 경전에는 금지된 욕망을 어기는 이브와 아담의 이야기가 나온다. "여자가 그 나무를 본즉 먹음직도 하고 보암직도 하고 지혜롭게 할 만큼 탐스럽기도 한 나무인지라 여자가 그 실과를 따먹고 자기와 함께한 남편에게도 주매 그도 먹은지라. ……가로되 내가 동산에서 하느님의 소리를 듣고 내가 벗었으므로 두려워하여 숨었나이다. 가라사대 누가 너의 벗었음을 네게 고하였느냐. 내가 너더러 먹지 말라 명한 그 나무 실과를 네가 먹었느냐. 아담이 가로되 하느님이 주셔서 나와 함께하게 한 여자 그가 그 나

무 실과를 내게 주므로 내가 먹었나이다(창 3:6,10-12; 3:6-12)." 금지된 욕망을 이루어 낸 이브와 아담의 이야기에서 시작하여, 금지 위반의 사례는 예술계에서 수없이 발견된다. 최근에는 팝 아티스트들의 금지된 욕망을 충족해 가는 이야기들이 우리의 시선을 집중시킨다. 그것이 의미하는 것들의 수준에 대한 천과 박의 논쟁과 관계없이, 그들이 시도하는 금지된 욕망들은 다채롭다. 예를 들어, 낸시 랭이라는 팝 아티스트[참고: 낸시 랭(2006). 비키니 입은 현대미술. 서울: 랜덤하우스]는 가슴선을 드러낸 노출 패션으로 대중매체를 누비는 '청담동 키즈' 다. 란제리 차림으로 초대받지 않은 베니스 비엔날레(2003)를 찾아가 퍼포먼스를 펼치고, '미술은 생쑈' 이고 '최고 미술품은 명품(브랜드)' 이라고 외치면서 '탈엄숙 미술론' 을 펼친다. 미술은 인정투쟁 혹은 욕망이다. 현대사회에서 미는 더 많이, 더 고급스럽게 소비하는 것과 정확히 비례한다. 그러면서도 미를 추구하기 위해 일상적인 기대들은 사정없이 위반한다. 엔터테이너와 아티스트의 경계에서 욕망과 소비, 스타덤, 그리고 콤플렉스 없는 무한한 자기애 등을 키워 드로 하는 한 세대의 얼굴을 비추며 팝 아티스트가 보여 줄 수 있는 금기 위반의 가능성을 극대화시킨다. 그녀는 금기 위반과 저돌적인 금지된 욕망에 대한 비난에 이렇게 대꾸한다. "아무렴 어떤가, 내가 행복하다는데……!"

66) 바타이유는 금기가 바로 인간 스스로 인간의 동물적 자유를 억압하기 위한 강력한 기제라고 보고 있다. 기독교에서 말하는 창세의 금단의 과일은 인간의 동물적 본능을 가리키는 것으로 볼 수 있는데, 그들이 말하는 신성한 종교가 낙원으로 그려지는 것은 결국 동물적 자유의 표현이라는 것이다. 맘껏 먹고 마시고 즐길 수 있는 곳, 거기가 바로 낙원이라고 말할 수 있는 장소. 위반은 결국 동물성에의 회귀인데, 이 동물성은 원래의 본능적 동물성이 아니라 금기를 통해 신성화한 동물성이다. 바타이유에게 위반은 곧 신성에의 돌입을 의미한다. 위반은 인간에게 징벌을 야기하지만, 그것은 또한 인간에게 관능을 주며 자연으로 돌아가게 만드는 촉진제다. 왜냐하면 금기와 위반이 서로를 물리치는 듯 보이지만, 실은 서로를 필요로 하기 때문이다. 아무도 위반하지 않는 금기라면, 그것은 이미 금기가 아니다. 위반 또한 금기의 완전한 제거를 바라지도 않는다. 위반은 바타이유의 표현대로 금기를 '한번 들쑤시는 행위' 다. 금기는 위반의 기쁨을 위한 전제 조건이며, 금기가 없다면 위반의 관능도 없다. 금기와 위반은 사실 심장의 수축과 이완처럼 분리할 수 없는 하나의 짝이며, 이것이 인간적인 삶의 바탕을 이루고 있다. 쾌락 없이는 금기가 있을 수 없고, 금기의 느낌 없이는 쾌락이 있을 수 없는데, 이것을 극적으로 보여 주는 사회제도가 바로 결혼제도다. 결혼은 남녀 간의 쾌락을 극대화하기 위해 성에 대한 금기의 위반을 조직적으로 수행한 전형적인 사회적 제도이기 때문이다. 금기가 인간에게 공포와 충동을 동시에 불러일으키는 것은 바로 이런 이유에서다. 결국, 인간의 욕망은 모순과 역설 그 자체다[참고: 유기환(2006). 조르주 바타이유 -저주의 몫·에로티즘-. 경기도: 살림].

67) 프로이트는 이런 입장을 굳건하게 유지하고 있다. 그는 『문명 속의 불만』이라는 글에서 이 점을 극명하게 드러낸 바 있다.
종교적 관념들의 정신적 기원으로 관심을 돌리면, 답은 쉽게 발견될 것이다. 교리의 형태로 주어지는 종교적 관념들은 경험의 침전물도 아니고 사색의 최종 결과도 아니다. 그것들은 환상이며, 인류의 가장 오래되고 강력하고 절박한 원망의 실현이다. 종교적 교리가 그토록 강력한 힘을 발휘하는 비결은 원망의 강력함에 있다. …… 유아기의 무력감은 아버지의 보호를 받고 싶은 욕구, 즉 사랑을 통해 보호받고 싶다는 욕구를 불러일으켰다. 이 무력감이 평생 동안 지속된다는 인식은 아버지라는 존재에 매달려야 할 필요성을 낳았지만, 이번에는 훨씬 강력한 아버지가 그 대상이 되었다. 그리하여 신의 섭리의 자애로운 지배는 삶의 위험에 대한 우리의 두려움을 달래 주고, 도덕적인 세계 질서 확립은 인류 문명 속에서는 대체로 실현되지 않은 정의의 요구를 확실하게 실현시켜 준다. 이승에서의 생존이 내세에서 연장된다는 개념은 이 원망 실현이 일어날 시간적·공간적 체제를 제공해 준다. 인간의 호기심을 자극하는 수수께끼—예를 들면, 우주는 어떻게 시작되었는가, 육체와 정신의 관계는 무엇인가에 대한 답은 이 체제의 기본적인 전제에 따라 전개된다. 유아기의 아버지 콤플렉스에서 생겨나는 갈등이 마음에서 제거되고 보편적으로 인정되는 형태로 해결된다면, 개인의 마음은 커다란 위안을 얻는다[참고: 프로이트(1997). **문명 속의 불만**(역). 서울: 열린책들, p. 204].

68) 프로이트는 에로스, 말하자면 다시 에로티즘의 원형은 새로운 문명을 위한 쌍방향적 근거라고 보고 있다.

"(나는 인류의) 문명은 인류가 겪는 독특한 과정이라는 생각에 도달했다. 아직도 그 생각의 영향을 받고 있다. 문명이 에로스에 봉사하는 과정이며, 에로스의 목적은 개인을 결합시키고, 그 다음에는 가족을 결합시키고, 그 다음에는 종족과 민족과 국가를 결합시켜, 결국 커다란 단위, 즉 인류로 만드는 것이라는 생각을 덧붙일 수 있다. 왜 이런 일이 일어나야 하는지는 우리도 모르지만, 에로스가 하는 일은 바로 이것이다. 이런 인간집단은 리비도를 통해 서로 묶여야 한다. 필요성만으로는, 즉 공동작업이 가져다주는 이익만으로는 인간을 결속시킬 수 없다. 그러나 인간이 타고난 공격 본능—만인에 대한 개인의 적개심과 개인에 대한 만인의 적개심—은 문명의 이 계획에 반대한다. 이 공격 본능은 에로스와 나란히 세계를 지배하고 있는 죽음의 본능에서 유래하였으며, 그 본능의 주요 대리인이다. 이제 문명 발달이 갖는 의미는 분명해졌다. 문명은 인류를 무대로, 에로스와 죽음, 삶의 본능과 파괴 본능 사이의 투쟁이라는 형태를 띠고 있는 게 분명하다. 이 투쟁은 모든 생명의 본질적인 요소며, 따라서 문명 발달은 인류의 생존을 위한 투쟁이라고 요약할 수 있다[참고: 프로이트(1997). **문명 속의 불만**(역). 서울: 열린책들 p. 312].

69) 참고: 유기환(2006). **조르주 바타이유 −저주의 몫·에로티즘−**. 경기도: 살림.

70) 그렇다고 단군신화의 에로티즘이 요즘 광고에서 나오는 웅녀의 꿈에 대한 해석은 아니다. 광고에는 곰 두 마리가 등장한다. 두 마리 모두 사람이 되고 싶었다. 신령이 시키는 대로 그가 준 마늘 몇 쪽을 먹으며 견디었다. 한 곰은 신령이 준 보통 마늘을 먹어 여자가 되었고, 다른 곰은 신령이 준 마늘 대신 흑마늘을 먹어 마침내 남자가 되었다. 그런데 흑마늘을 먹은 곰은 힘이 보통 센 것이 아니었다. 산신령이 화들짝 놀란다. 도대체 무슨 마늘을 먹었기에 저렇게 힘이 세졌는지 궁금해졌다. 이 광고에서 다급한 것은 곰이 아니라 환웅이었다. 환웅은 마침내 곰 여인네에게 그 마늘의 정체를 알아내게 하여 자기도 그것을 먹고 힘이 세지기를 바란다. 이 광고는 환웅의 다급한 심정으로 호객하고 있는 정력 관련 광고다.

제6장

배움은 의미 만들기 MS² Frames

내가 그의 이름을 불러 주기 전에는/ 그는 다만/ 하나의 몸짓에 지나지 않았다.// 내가 그의 이름을 불러 주었을 때,/ 그는 나에게로 와서/ 꽃이 되었다.// 내가 그의 이름을 불러 준 것처럼/ 나의 이 빛깔과 향기(香氣)에 알맞은/ 누가 나의 이름을 불러 다오.// 그에게로 가서 나도/ 그의 꽃이 되고 싶다.// 우리들은 모두/ 무엇이 되고 싶다./ 너는 나에게 나는 너에게/ 잊히지 않는 하나의 눈짓이 되고 싶다.   – 시인 김춘수

인생은 클로즈업(close-up) 해서 보면 비극이지만, 원거리 촬영(long-shot)으로 보면 코미디다.   – 찰리 채플린(Charlie Chaplin, 1889~1977)

삶에 특별한 의미는 없다. 그냥 살아갈 뿐이다. 의미가 있다면, 각자 붙이기 나름이다. 하지만 명심해야 할 것은 오히려 '무심'에서 가장 큰 힘이 나온다는 사실이다.   – 〈포레스트 검프〉

    뇌신경학자들의 주장대로라면, 마음이란 실체가 없다. 정체도 없다. 일반인들은 존재하지도 않는 유령 같은 것을 실체가 있다고 믿고 그것에 의존하고 있는 것이다. 참으로 마음의 조화(造化)가 무섭다. 마음이 사람을 홀리고 있기 때문이다. 뇌신경학자들은 그런 조화를 뇌의 소음에 지나지 않는다고 일축해 버린다. 그저 그들은 모든 것을 뇌신경세포의 만남과 헤어짐, 그리고 뇌신경세포가 상호작용한 결과로 치부한다. 마음의 모든 작용이니, 의식이니, 사랑이니 하는 것은 끝내 뇌신경세포의 소음이며 뇌신경세포 간의 연결작용 그 이상이 아니라는 것이다. 기계 뇌, 말하자면 인공지능이 보여 주듯이 모든 문제에 대한 해답은 결론적으로 0과 1이 전개하는 수학의 조합에 지나지 않는다. 마음이라는 것도 궁극적으로는 마찬가지다. 예를 들어, 전화를 거는 경우, 수학적 조작을 가하면 여러 과정을 거쳐 상대방의 전화에 연결된다.

외국의 친구 전화번호가 123-456-7890이라고 하더라도, 그것은 끝내 0과 1의 조합에 지나지 않는다. 그렇기 때문에 인공지능은 수학적 조작의 결과라고 이야기하는 것이 옳은 일이다.

그러나 2006년 영국 옥스퍼드 대학교 국제생물의학센터와 영국 왕립과학연구소는 그런 환원론적인 논리가 인간의 의식이나 마음의 속성을 제대로 이해하는 방식이 아니라는 점을 밝혔다. 우선 '인간을 인간답게 만드는 속성에 관한 학술 심포지엄'을 열기 위해 이탈리아, 뉴질랜드, 영국, 미국 출신의 학자 15명이 머리를 맞댔다. 그들은 인간적인 것의 특징, 인간다워 보이게 하는 속성들을 마음껏 이야기하고 그것에 대해 종합적인 생각을 정리하기로 했다. 이들이 제시한 인간의 특징은 말하기, 모방, 요리, 높은 수준의 인지 능력, 인과관계에 대한 믿음, 상징성, 종교적 의미의 영혼, 호기심, 타인의 마음을 읽는 능력에 이르기까지 다양했다. 당대의 과학자, 의학자, 뇌신경학자들이 모여 생각을 맞댔지만, 결국 그들은 인간을 인간답게 만드는 유일한 한 가지 특징을 추출하고 합의하는 데 성공하지 못했다.

미국 하버드 대학교 비교동물학박물관 인류학과 석좌교수인 리처드 랭엄은 요리야말로 인간의 고유한 속성이라고 주장했다. 이런 주장은 점심 때라 배가 고팠던 탓만은 아니었다. 인류가 불을 피우면서 요리가 시작되었는데, 불을 피우는 능력은 직립보행으로 손이 자유로워지면서 유연한 엄지손가락을 발달시킬 수 있었기 때문이다. 인류는 요리를 통해 음식을 익히고 이를 통해 소화에 드는 에너지 소비를 줄여 식이(食餌)의 폭을 넓혔다. 특히 날 음식의 기생충을 죽이는 데 중요한 역할을 했다는 사실을 보면, 요리가 인간을 인간답게 만들어 준 유일한 속성이라고 이야기할 만도 했다.

영국 리버풀 대학교 진화심리학·행동생태학연구팀장 로빈 던바는 문학적 능력이 인간만의 고유한 속성이라고 주장했다. 인간만이 인과관계를 바탕으로 "내가 겪은 것과 다른 상황이 벌어질 수 있을까?"라고 상상할 수 있다는 점에 주목했기 때문이다. 그런 상상력은 일련의 사건을 상상하게 했고, 그 결과가 바로 문학의 탄생이었다.

영국 런던 대학교 킹스칼리지 신학과 명예교수 리처드 해리스는 과학자들과는 조금 다르게 이야기했는데, 그는 종교적 영혼만이 인간적인 고유속성이라고 주장한다. 유전자의 이기주의를 초월하는 이타성 등의 배려는 결코 뇌, 신경세포의 작용으로 설명하기가 어렵다는 이유에서다.[1] 그는 인간이 단지 유전자의 집합체로 환원될 수 있다는 생물학의 결정론에 반대한다. 그런 생물학적 결정론으로는 인간 의식이 무엇인지를 이해하기 위한 초입에도 들어갈 수 없다는 것이 그의 견해였다.

사실, 일반 동물에게서 인간들이 보여 주는 종교적인 행위나 깨달음의 행위가 있다는 것을 발견하기는 어렵다. 어쩌면 일반 동물에게는 그런 배움의 행위들이 불필요할 수 있다. 당장 밥 세 끼 찾아 먹는 일에 별로 도움이 되지 않는 비생존적인 활동일 수 있기 때문이다. 그런 행동들이 일반 동물에게서 발견되지 않는 것은, 영적인 활동이 일반 동물의 삶에 별다른 의미를 만들어 내지 못하기 때문이다.

일반 동물에게는 자기 비하 감정이 일어나지 않는다. 동물들은 최후를 예견하면서 그것에 대한 대비나 문화적인 의례를 준비하지 못한다. 자기 가치감에 대한 의미 부여가 가능하지 않기 때문이다. 그들에게는 죽음, 최후, 자기 비하 같은 의미 만들기가 생존을 위한 생산성을 높여 주지 못한다. 예를 들어, 아프리카의 스프링복은 양과에 속하는 야생 동물이다. 이들은 떼를 지어 서로 섭생하는 무리과 동물이다. 굶주린 배를 채우기 위해 수백, 수천 마리씩 떼를 지어 먹이를 찾아다니다가 풀밭을 만나면 일단 뜯어먹기 시작한다. 풀을 다 뜯어 먹으면, 또 다른 풀밭으로 빨리 옮겨 간다. 그렇게 움직이는 그들이지만, 어떤 때는 이상한 일이 벌어진다. 풀밭이 그들 앞에 있는데도 멈추지 않고 계속 달리는 것이다. 이유는 바로 무리의 뒤쪽 스프링복이 앞쪽에서 풀을 모두 먹어 버려 자신들이 먹을 풀잎이 없어진다고 느끼는 데 있다. 뒤쪽에 있던 스프링복은 더 먹기 위해 앞에 있는 스프링복을 밀어붙인다. 앞쪽은 이유도 모른 채 일단 밀려 달리기 시작하고, 밀어붙이던 뒤쪽도 따라 달린다. 달리는 속도는 점점 더 빨라진다. 그들은 앞에 새로운 풀밭이 나타나도 서지 못한다. 서고 싶어도 뒤쪽에서 내달려오기 때문에 그냥 달려야만 한다. 그렇게 떼를 지어 계속 달리다가, 낭떠러지를 만나면 모두가 단숨에 몰살한다.

먹을 것이 보이면 먼저 먹어야 되고, 상대방이 뛰어 달아나면 덩달아 뛰어나가야 하는 조건화된 학습의 결과가 빚어내는 비극이다. 이들 동물들에게는 왜 살아야 하는지에 대한 배움이 없다. 오로지 먹이를 찾는 방법, 먹어야만 산다는 것을 각인받고 익히는, 계산적으로 학습된 결과 때문이다. 앞쪽에서 뛰기에 뒤쪽도 죽음의 골짜기로 덩달아 뛰어들고 있는 것이 저들의 생활이다.

저들 일반 동물과 달리, 인간은 먹는 것 때문에만 달리지는 않는다. 먹지 않으려고 달리는 사람도 있다. 폭식증(bulimia nervosa) 환자가 있는가 하면, 거식증(anorexia nervosa) 환자도 있다. 한쪽은 너무 많이 먹고 한쪽은 전혀 먹지 않는다는 것이 다르다. 모두 날씬한 몸매에 대한 강박관념에서 출발한다. 폭식증과 거식증은 동전의 양면과 같은데, 그들을 괴롭히는 것은 음식이 아니라, 마음의 병이다.

그런 마음의 병 중에서도 가장 고약한 것은 자기 불신병이다.[2] 그것은 자기 비하가 발전하여 자신을 가장 믿을 수 없다는 의미를 만들어 냄으로써 자기 자신을 병적으로 괴롭히는 비참한 병이다. 스스로를 불신하면, 자기 인생은 늘 비난받게 마련이다. 자기 자신과 자기 인생에 만족하는 사람들은 다르다. 그들은 타인과 긍정적이고 만족스러운 인간관계를 맺고 살아간다. 자기 불신을 막기 위해서는 자기 가치감을 지녀야 한다. 사람들은 자기 가치감을 흔히 이기심이라고 말하기도 하지만, 이기심과 자기 가치감은 분명하게 구별된다. 이기심은 자기 가치감의 부족에서 생긴 심리적인 상태다. 그것에 비해, 자기 가치감은 '자신을 긍정적으로 바라보는 스스로의 시각'이다. 자기 사랑은 '자신의 있는 그대로의 모습을 인정하고 받아들이며, 그것을 남에게 내세우는 일'이다. 자기 사랑, 자기 가치감을 방해하는 것이 있다면, 그것은 자기 비난, 자기 비하의 '면박꾼'이다. 항상 스스로를 비난하며, 헐뜯고 못살게 함으로써 남에게 동정을 바라는 심리적 기제가 바로 자기 비하라는 면박꾼이다. 자기 비하는 마치 '영혼의 휴대폰'처럼 늘 마음속을 떠나지 않는다. 그것은 필요할 때, 문제 상황이 벌어질 때에는 언제나 가장 먼저 가슴을 비집고 들어온다. 그리고는 자기 영혼을 잠식하며 자기 자신부터 면박한다.

자기 비하형의 인간도 자신이나 자신의 능력을 남 앞에서 증명해 보이려고 애쓰기는 한다. 그러나 임무를 다 해내도 마음속에서는 여전히 "나는 낙오자야." 하는 자기 귓속말에 스스로 넘어가 버리고 만다. 멘탈 게임인 골프 게임 등을 할 때 흔히 이런 유형의 사람들을 만날 수 있다. 조그만 실수에도 안절부절못하고 자신을 용납하지 못하는 이들이다. 이런 습관을 가진 사람들은 대개 실수 때마다 자신을 쥐어박고 싶은 심정에 견디지 못하고 스스로 분통을 터트리며 스스로를 비난한다. 이렇게 스스로를 비난해야만 만족하는 사람일수록 자기 가치감을 상실하고 있는 사람인 경우가 많다.

자기 비하의 원인으로는 여러 가지를 들 수 있다. 상담가들이나 심리학자들은 대개 '부모'의 초기 자녀 훈련에서 그 원인을 찾는다. 자신의 의사결정권이나 선택권이 제한되어 있던 어린 시절, 그들에게 절대권력을 행사했던 부모의 영향이 아이들에게 자기 비하감이나 자기 가치감의 상실을 초래했다고 설명한다. 부모가 자녀에게 나름의 삶살이에 관한 큰 그림을 그려 준 것이 아이들이 성장한 후에는 하나의 족쇄처럼 작용한다는 것이다. 그런 설명이 일견 타당성이 있기는 하지만, 자기 비하감을 부모의 영향으로만 귀속시키는 일은 과학적으로 증명된 것이 아니다. 부모 자식 간의 관계 개선을 위해 그리 현명한 일도 아니다. 자기 비하, 자기 가치감의 상실을 부추기는 면박꾼은 자기 자신이 매일같이 그렇게 키웠기 때문이다. 자기 중심의 상실에 대한 의미를 보완하려는 자기 생존의 기제로 자기 비하감을 활용해 온 사람은 그 누구도 아닌, 자기 자신이다.

사람들에 비해 일반 동물들은 자기 의미를 만들어 내는 배움이 아니라, 초기 자극에 대해 각인당하는 존재다. 각인은 비반복적인 학습 활동이며, 한번 조건화되면 그것에서 벗어나지 못하게 되는 생화학적 기제다. 일반 동물의 경우 단 한 번으로 의미와 의의가 각인으로 고착되기도 한다. 그렇게 조건화되면 그것과 어긋나는 새로운 행동에 대한 새로운 의미는 만들어질 수 없다. 각인에 대한 설명은 단순하고 간단하며 명쾌하다. 비반복적 학습 이외의 그 어떤 설명도 더 이상 필요하지 않기 때문이다. 인간의 배움은 이러한 각인과는 근본적으로 다르다.

인간에게 유일한 배움이 무엇인지에 대한 규명은 과학의 잣대로 될 일이 아니다. 배움은 유기체의 잣대로 규명되어야 할 과제다. 배움에 대한 질문은 과학의 문제가 아니라 유기체의 문제다. 그 유기체에 관한 문제들은 필요하다면 과학의 경계를 넘어서는 초과학(metascience)적인 설명도 필요로 한다. 초과학은 '과학에 관한 학'으로서 과학의 개념, 법칙, 이론, 방법 등 과학의 내적 논리 측면뿐 아니라, 사회 내에서 과학의 외적 논리를 요구한다. 과학과 사회, 과학과 인간 간의 관계는 때때로 초과학적인 설명을 필요로 하기도 하다. 과학도 인간의 소산물, 인간의 활동이기 때문이다. 두 사람이 각기 갖고 있는 외신경세포의 소음들만 조사해서는 소음에 대한 규명 외에 다른 것에 대한 설명은 불가능하다. 이 말은 인간에게 배움의 의미는 과학주의적 논리로 증명될 것이 아니라, 배움의 본질을 밝혀 줄 수 있는 데 도움이 되는 논리라면 그 어떤 것도 이용하는 것이 가능하다(anything goes)는 것을 뜻한다.

칼 포퍼가 말한 것처럼[3] 물리학적인 문제는 물리학자들이 골똘하게 생각하는 영역이고, 생물학적 문제는 생물학자들이 주로 다루는 영역이라고 생각되기 마련이다. 물리학적 관심이나 생물학적 관심을 넘어서는 초과학적인 문제들은 일반적으로 유기체에 관련된 문제들이다. 이런 문제들에 대한 설명이나 해석은 한 영역에 국한되는 것이 아니라, 과학의 경계를 넘나들면서 간학문적으로 설명되는 일이 비일비재하다. 말하자면, '나는 어떻게 살아남을 것인가?', '나는 어떻게 번식할 것인가?', '나는 어떻게 변화할 것인가?' 등의 질문이나, '인간은 왜 배우는가' 등의 문제는 결코 물리학적·생물학적인 단일 해석이나 처방만 필요한 영역이 아니다. 그런 유기체들의 문제는 물리적인 것도, 물리 법칙도, 물리적 사실도 아니다. 이 점에서 초과학적인 문제는 과학적인 이론과 그런 설명을 넘어설 것을 요구한다.

다시 이야기하지만, 과학적인 이론은 반증되지 않을 경우 영원히 가설 또는 추측으로 남게 된다. 초과학적인 유기체의 문제들은 이렇게 반증될 것을 기다리는 가설 수준의 영역이 아니라 삶과 생존의 틀이다. 생존과 직결된 것들은 증명 여부에 따라 생명이 보장되거나 기각되는 것들이 아니다.

　배움과 관련된 유기체적이며 초과학적인 문제들 역시 마찬가지다. 배움의 주제들은 생물학, 신경과학, 학습심리학과 같은 어느 한 가지 조명 아래 해석될 수 있는 것이 아니다. 인간의 배움을 설명하기 위해 동원될 수 있는 원인들 간의 인과관계는 결코 인과론적인 것도 아니다. 인간의 배움을 생물학적으로 설명할 수도 있지만, 반대로 배움으로 생물학적 결과를 설명할 수도 있다. 그래서 배움의 의미를 가능한 한 설득력 있게 파악하기 위해서는, 학문 영역들이 서로 기대고 융합되는 초과학적인 설명이 필요하다. 비트겐슈타인주의자들은 어떤 문제가 해결 가능하다면, 그것은 결코 철학적인 문제가 아니라고 그럴 듯하게 주장한다. 마찬가지로 우리는 이 세상에서 인간이 배울 수 없는 것이 존재한다면 그것은 결코 인간의 세상일 수가 없다는 주장에도 쉽게 설득당하게 된다. 인간은 배울 수 있는 존재이기 때문에 그 무엇인가를 생각하게 되고, 그렇게 생각할 수 있는 한 인간은 언제나 자신의 생존을 위한 실재들을 만들어 내게 마련이다. 인간이 만들어 내는 실재는 모두가 유기체에 관련된 초과학적인 과제들이다. 인간의 문제가 유기체의 문제며 그것이 초과학적으로 새롭게 구성된다는 점에서 인간의 배움은 동물사회에서 흔히 발견되는 각인이나 학습과는 성질이 다르다고 할 수 있다. 동물의 경우 한번 각인되면, 사람의 경우와는 질적으로 전혀 다른 생을 살아갈 것이기 때문이다. 동물에게 각인된 것은, 한번 각인된 이상 절대로 재구성되거나 새로운 것으로 변환되지 않는다.

　동물심리학 분야에서 콘라트 로렌츠는 동물들에게 각인의 능력이 있다는 것을 발견한 바 있다. 각인 이론은 동물의 특성을 설명하기 위한 획기적인 이론이다. 각인 이론의 요점은 간단하다. 동물의 새끼가 지레짐작하는 능력은 환경에 의해 조절되지 않는 선천적인 능력이라는 것이다. 거위 같은 조류의 경우, 알에서 갓 깨어나 최초로 자기 눈에 들어온 움직이는 물체를 '어미'로 받아들인다. 일단 그렇게 받아들인 어미는 그 새끼에게 항구적이다. 최초로 각인된 것은 관찰에 의한 학습 과정이다. 거위의 경우, 관찰이라는 자극에 의해 자기 나름대로 그것을 어미라고 받아들이며 그가 겪는 문제들을 그것에 기초해서 해결하는 선천적 방법이다. 거위 새끼는 유전적으로 제 어미를 찾도록 조건화되어 있다. 태어나자마자 자신이 가장 먼저 어미를 보게 되리라는 기대가 조건으로 미리 배선된 것이다. 문제해결 능력이 선천적으로 또는 유전적으로 조건화되었다는 점에서 최초의 관찰은 실제적인 관찰을 훨씬 넘어선다. 이 경우 각인이라는 학습과정은 비(非)반복적이다.

이러한 비반복적인 학습과정은 칼 포퍼가 이야기하는 것처럼 '비귀납적'이다. 훈련으로 가능한 한 귀납 혹은 반복학습이 아닌 것이다. 거위에게 첫 번째 관찰 그 자체는 단지 자물쇠에 이미 끼워져 있는 열쇠를 돌리는 것과 같은 작용일 뿐이다. 각인은 비가역적인 학습과정이기에 결코 수정이나 개정의 대상이 될 수 없다. 그러나 그런 각인이 유아에게 적용될 수 있다 하더라도 그것은 끝내 인간을 구속하지 못한다. 인간은 배움의 과정에서 각인된 것들을 끊임없이 거부하거나 수정한다. 거위는 한번 거위로 태어나면 영원히 거위고, 한번 어미로 각인된 대상은 영원히 어미로 남는다. 반면 인간으로 태어난 사람은 수없이 개조의 과정을 거치면서 초기의 어린아이와는 전혀 다른 삶을 살아가게 된다.

인간의 삶은 언제나 비극과 희극의 두 장면이 번갈아 마주친다. 그것이 마지막으로 닿게 되는 종착역이 바로 죽음이다. 인생의 여행은 항상 편도다. 그 편도 여행의 일회용 차표를 회수하는 곳이 바로 죽음이다. 인간은 누구든 희극과 비극이 교차될 때마다 유쾌하지 않은 경험을 하게 된다. 성경의 전도서가 노래하는 것처럼 기쁜 날이 있으면 이내 슬픈 날도 오기 때문이다. 그런 불유쾌함으로 가득 찬 인생을 터벅터벅 걷고 있는 사람들은 자신이 언젠가 반드시 도착하지 않으면 안 되는 죽음을 외면하기 어렵다. 때때로 그 죽음이라는 것이 삶보다 더 편한 것으로 느껴지는 때도 있다는 것을 잘 알게 된다. 그런 생각에 이르는 것이, 인간으로 도달할 수 있는 가장 지고한 상태라고 여길 때도 한두 번이 아니다. 그래서 문학가 니쓰미 소세키는 '죽음은 삶보다 고귀하다.'[4]고 일갈한다. 이는 삶을 살아가는 데 무겁게 들리는 말이라기보다는 어쩌면 더 알차게 생을 살아가야 한다는 격려의 말로 들리기도 한다.

§ 이론교육학의 사고(思考)

죽음이 삶보다 고귀하다는 것을 받아들일 때, 삶에 대한 인간의 배움은 원숙해지기 시작한다. 제아무리 인간의 의식이나 마음이 과학적으로 규명할 수 없는 허상이라고 해도, 사람들의 일상적인 삶은 그 마음 다스리기가 더 소중하다는 것을 잊지 못한다. 마음 한 점을 까닥하고 제대로 붙잡지 못하면, 삶의 경로와 삶이 추구하는 것이 일순간에 무너질 수도 있다. 때문에 사람들은 그것을 지혜로 달래고, 깨달음으로 바로 잡으려고 한다.

바로 그런 것을 경계하며, 때로는 부추기는 이야기들이 『명심보감(明心寶鑑)』에서 다루어진다. 마음이 없는데도, 의식이라는 것이 허구라고 하는데도 사람들은 그 마음을 추스르려고 하며, 그 의식을 고양하면서 삶의 의미를 만들어 가려고 한다. 그런 이야기들은 모든 나라, 모든 문화권에서 하나의 신화처럼 발견된다. 고려 충렬왕 때의 문신 추적(秋適)이 금언(金言), 명구(名句)를 모아 놓은 『명심보감』은 '마음을 밝게 하는 보배로운 거울'이란 뜻이다. 교양과 학습을 쌓는 보배로운 거울이 『명심보감』이라는 것이다. 『명심보감』의 입교편에서는 '幼而不學 老無所知 春若不耕 秋無所望(유이불학 노무소지 춘약불경 추무소망)', 즉 '어려서 배우지 않으면 늙어서 아는 것이 없고, 봄에 밭을 갈지 않으면 가을에 추수할 것이 없다.'와 같은 글귀가 나오는데, 말 그대로 지혜의 말이다.

사람들의 삶이 문화권에 따라 조금씩 다르기는 하지만 그 본질은 항상 동일하다. 인간(人間)이라는 말 자체가 '인생세간(人生世間)'의 줄임말이듯, 인간은 사람들과의 부대낌과 조화의 결과물이다. 그러니까 거짓말은 거짓말이기 때문에 언제든 나쁜 것이고, 남을 도와주는 일은 타인을 배려하는 것이기 때문에 어느 문화권에서든 좋은 일로 간주된다. 문화나 습속이 다르다고 해서 도둑질이 도둑질 이상으로 미화되거나, 효행이 효행 이하로 비틀어져 격하되는 것은 아니다. 그래서 어느 나라에서든 지혜로움에 대한 예찬과 경계의 글이 있을 수 있다.

파스칼은 "지혜로운 사람은 이해관계를 떠나 누구에게나 친절하고 어진 마음으로 대하게 되는데, 그것은 어진 마음 자체가 자신에게 따스한 체온이 되기 때문이다."라고 말하였다. 고대 유대인들은 당시 사람들이 살아가면서 터득한 지혜의 말을 하나로 묶어 성경으로 만들었다. 로마인들도 그들의 삶에서 경계하고 지켜야 할 이야기들을 하나로 묶어 지혜로 삼았다.[5] 중세 말기 필사본으로 등장한 이후 15~16세기 유럽을 풍미했던 『우화집(Gesta Romanorum)』이 그것이다. '중세교회의 성서 우화'라고도 불리는데, 이 책에서 다루는 여러 에피소드는 당시 사람들이 사람처럼 살아가기 위해 '곰곰이 생각해 볼 문제', '도덕적 교훈' 등이 덧붙여져 있다.

첫 번째 이야기는 어느 작은 나라에서 벌어진 그 나라 공주와의 달리기 시합이었다. 황제는 아주 용감하고 능력 있는 사위를 맞고 싶었다. 황제의 딸을 제대로 다스리기 위해서라도 능력 있는 사윗감이 필요했다. 그래서 황제는 사위가 될 사람은 자기 딸인 공주와의 달리기 시합에서 이겨야만 그녀의 남편이 된다고 공언한다. 황제의 딸은 누구보다도 빨리 달리는 재주를 갖고 있었다. 그때 어떤 기사(騎士)가 나와 그녀와 달리기 시합을 하겠다고 자청한다. 시합에서 지면 목숨이 날아 갈 판이지만 그 기사는 경주에 나선다. 기사는 달리기 도중에 꾀를 낸다. 황금구슬 3개를 미리 준비해서 달리기 시합에 나선다. 공주가 자신을 앞지를 때마다 기사는 황금구슬을 하나씩 던진다. 그럼 공주는 황금구슬을 줍느라 멈칫거린다. 그때 기사는 공주를 앞선다. 그 경주에서 공주는 진다.

이 이야기의 '도덕적 교훈'은 황제는 하느님, 공주는 인간, 기사는 악마라는 풀이에서 시작한다. 인생을 살아가다 보면 악마는 인간에게 세 가지 유혹을 한다. 청년기의 육체적 욕망, 중년기의 오만, 노년기의 탐욕이라는 유혹이다. 청년기 때 주체하지 못하는 욕정과 욕망을, 중년기 때의 오만을, 그리고 노년기 때에는 자기도 모르게 다가와 자기 곁에서 떨어질 줄 모르는 탐욕이라는 것을 이겨내야만 하늘나라를 얻는다는 이야기다. 당시 로마인들에게도 지금 현대인들이 겪고 있는 바로 그런 욕망과 오만과 탐욕이 사람들을 어렵게 만들고 있었던 것이다.

이런 이야기가 말하고자 하는 것은, 지혜는 배우려는 자의 몫이라는 것이다. 배우려는 사람만이 자기 스스로 행복한 마음의 법칙을 갖는다는 말이다. 행복한 마음의 법칙은 사람들이 자신에게 닥친 여러 가지 상황을 의식적으로 새롭게 바라보고, 그때그때의 감정과 행동을 자기 것으로 체화하는 일이다. 이런 일이 바로 마음 다스리기이며, 관점의 재구성이며, '깨달음' 이다.[6] 그런 깨달음을 매일같이 가능하게 해 주는 것은 멀리 있는 것이 아니다. 타인은 나의 거울이니, 태도를 바꾸면 인생이 바뀐다는 생각이다. 타인을 보면 자기 자신이 무엇을 해야 되는지를 볼 수 있다.

자신이 무엇을 깨달아야 하는지, 자신의 마음 다스리기가 무엇을 하는 것인지, 관점의 재구성이 무엇을 의미하는지를 알기 위해서는 배움이 무엇인지부터 생각해 볼 필요가 있다.

인간의 배움(erudition)을 마치 이론물리학자처럼 이야기한다면, 의미(meaning)에 쓰임새(significance)의 자승을 곱한 값($E=ms^2$)이라 할 수 있다.[7] 배움이 무엇인지 이론물리학을 본 떠, 즉 '이론교육학적' 관점에서 정리하였을 때, 이 공식에서 중요한 요인은 의미 만들기와 쓰임새 확장하기다. 이때 쓰임새에 대한 강조는, 우리가 무엇을 배운다고 할 때 그 배움이 개인적으로나 사회적으로 효용성을 가져야 한다는 뜻의 절대적 의의(意義)를 지칭한다. 쓰임새란 단순히 사회적으로 값어치가 있는지 여부만을 확인해야 하는 것이 아니다. 쓰임새는 배움의 결과들이 작게는 생활의 개선에서 크게는 영혼의 정화에 이르기까지 긍정적인 변화에의 초대와 약속을 실행할 수 있도록 도와주는 일이다. 생물체는 생명이 없어지면, 그것의 존재도 생물학적으로 없어진다. 생의 관점에서 죽어 버린 공룡이 살아 있는 공룡에게 쓰임새가 없듯이, 죽은 시신도 살아 있는 생명체에게는 무용지물이기는 마찬가지다. 우리가 인간의 모습을 했던 붓다, 공자, 예수 등의 죽음에 대해 생각하는 것은 그들의 생물적인 생명의 끝을 이야기하는 것이 아니라 그들의 영혼에 대해 이야기하는 것이다. 우리가 그들의 숨에 대해서 고뇌하는 것은 그들이 내뱉었던 숨결의 의미에 대해 이야기하는 것이다. 그런 점에서 본다면, 생물적인 존재를 가능하게 만드는 숨과 호흡은 나의 존재, 나의 생에 대한 쓰임새를 결정해 주는 요소다. 배움을 쓰임새라는 점에서 보면 숨고르기, 몸 다스리기 등은 나의 생(生)과 명(命)을 위해 절대적으로 고양해야 할 것들이다. 그것을 잃어버리면 우리의 생은 그 순간에 끝나 버린다. 하지만 다행히도 우리는 그것을 매 순간 잊고 살기에 아직까지 우리에게 숨이 붙어 있는 것을 알 수 있다.

§ 생각의 속도

인간 스스로 자신의 생명을 진지하게 고려한다면, 남의 생명도 진지하게 고려할 수밖에 없다. 타인의 생명이 갖고 있는 쓰임새를 진지하게 생각한다면, 인간의 삶에서 용서되지 않을 것은 하나도 없다. 또 만약 내일 나의 생명이 끝난다는 것을 알게 되면, 타인의 허물에 대해 용서하지 않을 것도, 용서하지 못할 것도 없다. 타인의 허물보다는 내 자신에 대한 허물이 더 문제가 되기 때문이다. 무엇이든지 가능하고 허용될 수 있을 정도로, 나의 생명과 삶은 나에게 절대적인 힘이다.

인간의 생각은 그것의 속도에 따라 서로 다른 의미를 갖게 된다. 사고의 속도를 속도계처럼 숫자로 표시할 수 있다고 했을 때, 생각의 속도인 "사속(思速) 0은 생각이 더 이상 일어나지 않는 상태다. 사속 0은 앞으로 새로운 생각이 일어날 지점이 아니라 생각이 더 이상 일어날 수 없는 끝 지점이다. 새로운 생각은 사속 0에서 시작하는 것이 아니라, 일단 사속이 0을 넘어섰을 때 가능한 한 내부시각의 활동이 된다." 생각의 속도가 '무'가 되면, 생물적인 생명이 끝났다는 것을 말한다. 생명이 끝나면, 그 무엇이든 '0'이 된다. 생명과 생각이 '무'가 되고 말기 때문에, 사속은 인간의 배움에 있어서 절대적이다.

생각의 속도가 바로 '의미 만들기'에 속한다. 사속이 0을 넘어야 비로소 생각이 가동되고 그로부터 어떤 의미가 하나의 포말처럼 서서히 보글거리며 솟구치기 때문이다. 삶에 대한 의의, 생명에 대한 절대성이 극대화되어 배움의 쓰임새가 극대화되면 인간의 존재감이나 인간의 능력은 상호 비교가 필요없다. 각자적인 존재로 변하게 되는 것이다. 배움을 상징하는 개념이며, 실제로 배움이라는 실체의 분신임을 보여 주었던 붓다처럼 모든 것을 생명으로 절대화한 존재를 발견하기는 쉬운 일이 아니다. 인간에게 배움은 늘 진행형이다.

그런 맥락에서 쓰임새의 의의에 대해 논하면, 첫째 쓰임새는 인간의 존재감을 확인하고 그들로 하여금 무엇이 되도록 하는 힘이다. 둘째, 인간의 가치와 나아갈 방향을 드러내는 절대적인 힘이다. 결국, 쓰임새라는 것은 인간이 다른 동물과 달리 인간이 될 수밖에 없는 존재감을 드러내는 절대적인 일을 지칭한다.[8)]

쓰임새로서의 의의가 갖는 힘에 비해, 의미는 '마음 굳히기'를 지칭한다. 마음 굳히기는 내부시각의 확장으로 시작한다. 인간이 만들어 내는 내부시각의 절대적인 속도는 측정이 불가능하다. 내부시각은 1초당 지옥과 천당 사이를 수없이 왕복할 수 있을 정도로 절대적인 속도를 갖는 생각의 원천이기 때문이다. 인간의 내부에서 꿈틀거리는 내부시각은 인간이 활용하고 있는 24시간이라는 연속성과 같은 크로노스적 시간관으로 이해할 수 없다. 시계로 측정되는 시간 단위로 속도를 생각할 수 없는 것이 내부시각이다. 내부시각은 단절적이며 의미 덩어리인 카이로스(kairos)적 시간관으로 이해할 수 있다. 인간의 내부시각은 과거(past)/현재(present)/미래(perspectives)를 분리하여 이해하기보다는 그것을 하나로 집약시켜 직관으로 이해해야 한다.

의미는 카이로스적 시간관으로 무장된 내부시각이 만들어 내는 긍정적인 관점이며, 긍정적 생각의 결정물이다. 환자를 문병하는 자리에서 환자를 만나고 이런저런 위로의 말을 나눈 사람들은 저절로 자신의 생명이 갖고 있는 중요성과 쓰임새에 관해 어떤 생각을 하게 되는 경우가 많다. 환자들이 겪고 있는 어려움들은 문병 온 사람들에게 자신들의 건강과 생명의 존재를 확인하게 해 준다. 이 점에서 그들은 자신들이 경험하고 있는 생명의 속도가 빛의 속도처럼 절대적이라는 것을 일순간에 깨닫게 된다. 단 1초라도 타인에게 빌려 줄 수 없는 것이 자신의 생명이라는 것을 절감한다. 생

명의 속도는 그렇게 빠르다. 그 생명을 확인하는 것이 삶이다. 이 세상에서 물리학적
으로 빛의 속도를 능가하는 것은 가능하지 않다. 그런데 생명의 속도만은 빛의 속도
를 능가한다. 생명은 모든 동물에게 보편적인 현상이지만, 그것의 한계는 각자적이
다. 모든 생명의 속도는 생물의 각자적 속도에 따른다. 그런 점에서 생명의 속도는 생
물학적으로 절대적이다. 생명의 속도를 초월하는 것은 생물학적으로 존재할 수 없다.
배움의 쓰임새는 생명의 방향성을 결정해 준다는 점에서 생명력을 위해 절대적으로
우선한다. 사람이 존재하기 위해서 사는 것이 아니라, 살기 위해 존재한다는 말은 생
명의 절박함과 유일함을 상징한다.

인간의 배움을 설명하기 위해 유용하게 활용할 수 있는 것이 아인슈타인의 생각,
즉 질량과 에너지는 하나라는 논리다. 이 논리를 인간의 배움의 원리에 적용하면, 인
생의 과정에서 배움은 빛의 절대적 원리와 같다. 그것이 바로 생명의 쓰임새를 결정
한다. 아인슈타인은 두 가지 원리의 근거를, '질량불변의 법칙'으로 정립했다. 근거
가 된 원리 중 하나는 '절대성의 원리'였고, 다른 하나는 '상대성의 원리'로, 이 두 원
리를 하나로 묶어 자신의 논리를 완성했다. 빛의 원리는 절대성의 원리를 반영한다.
빛은 관찰자가 어디에 있는지, 어떻게 움직이는지에 관계없이 1초당 30만Km의 속도
로 움직인다. 물리적으로 이 세상에서 빛의 속도보다 빠르게 움직이는 것은 없다. 그
래서 빛의 속도는 절대적일 수밖에 없는 물리적인 현상이다.

빛이 보여 주는 절대적 원리와 달리, 물질의 원리는 상대성의 원리를 반영한다. 이
세상에 존재하는 모든 물질은 어떻게든 움직이며 그것은 나름대로의 쓰임새를 가지
고 있다. 어느 것도 쓸모없는 것은 없으며, 단지 쓰임새를 제대로 찾아내지 못한 것뿐
이다. 독버섯이라고 하더라도 식용으로서의 쓰임새가 없는 것이지, 약초로서의 쓰임
새가 없다는 것을 의미하지는 않는다. 결국, 쓰임새라는 것은 물질의 상대적 속성을
말하는 것이다.

아인슈타인은 바로 빛의 원리인 절대적 원리와 물질의 원리인 상대적 원리를 하나
로 통합해서 '질량불변의 법칙'을 만들어 냈다. 즉, 에너지는 물질과 빛의 속도에 자

승이 곱해진 결과라는 등식을 만들어 낸 것이다(E=mc²). 이 공식은 물체가 에너지를 흡수하면 질량이 증가하고, 에너지를 잃으면 질량도 줄어들기에 질량과 에너지가 등가적(E=m)임을 보여 준다. 질량과 에너지 사이에는 빛이라는 단순한 변환인자(c)가 있을 뿐인데, 이 변환인자가 물질에 힘을 주면 그것에 영향을 받은 물질에도 에너지가 생긴다. 그 누구에게도, 어디에서든, 어떻게든 절대적 속도인 빛의 속도가 에너지를 생성시키는 변환인자가 된다.

'에너지는 질량이다(E=mc²).' 라는 공식을 만들면서, 아인슈타인은 질량에 대해 어떤 조건도 달지 않았다. 적당한 환경이 갖추어지면, 모든 물질이 에너지로 폭발할 수 있는 질량을 갖고 있다는 것이다. 바위, 식물, 물, 종이, 잉크, 사람도 에너지로 폭발할 수 있는 힘을 지니고 있다. 그것이 순순한 에너지 형태로 바뀌면 엄청난 폭발력과 위력을 드러낼 것이다. 지금의 과학기술의 수준에서 그런 에너지 폭발을 일으키려면, 물보다는 우라늄을 이용하는 것이 가장 쉬운 방법이다. 현 단계에서 보여 주는 과학기술의 한계로 야기된 기술적인 어려움 때문에 그런 것이다. 과학기술이 더 발전하면 물도 우라늄처럼 엄청난 에너지를 생성하게 할 수 있다. 현 단계 과학기술로, 우라늄 폭탄은 그것의 1%도 채 되지 않는 내부질량이 에너지로 바뀔 때 폭발하도록 되어 있다.

빛은 초당 30만km로 달린다. 이 세상에서 빛보다 더 빠른 것은 없기 때문에 광속은 상수로 작용한다. 광속은 불변이므로 다른 물체가 빛의 속도로 달릴 수만 있다면, 아인슈타인이 상대성 원리에서 말하듯 시간은 더디어지고 물체는 작아지는 것처럼 보일 것이다. 물체가 실제로 줄어들고, 시간이 실제로 느려지는 것은 아니다. 서로 다른 운동 상태에 있는 관찰자들에게 모든 것이 서로 다르게 측정된다는 뜻이다. 상대성 이론은 모든 것이 상대적이라거나, 모든 것이 주관적이라는 것을 말하려는 이론이 아니다. 그것은 모든 운동은 상대적이라는 물리학적 법칙이 오히려 절대적 운동의 개념을 근거로 성립된다고 말한다.

그런 점에서 본다면 광속처럼 시공간도 관성계의 틀 안에서는 불변적이다. 다만,

시간이나 공간에 대한 측정은 관찰자의 운동에 따라 상대적일 수 있다. 에너지는 질량에 광속의 제곱을 곱한 것과 같다는 아인슈타인의 질량불변의 법칙에서, 광속 그 자체는 30만Km라고 하는 엄청나게 길고 크고, 빠른 속도감을 확인하게 된다. 광속을 제곱하면 그 속도감은 절대적인 느낌을 준다. 그래서 아주 작은 양의 물질이라도 그것에 광속이 가해지면 완전한 에너지로 변환된다. 그 에너지의 힘은 상상할 수 없을 정도로 커진다. 예를 들어, 질량 1Kg은 약 250억Kw의 전기로 변환될 수 있다. 건포도 한 알의 질량에 들어 있는 에너지는 서울시가 하루 동안 쓸 수 있는 전기 에너지를 공급할 수 있을 정도다. 이것을 가능하게 해 주는 것이 광속이며, 광속을 제곱하였을 때 발생하는 물리적인 현상이다.

아인슈타인이 말하는 질량불변의 법칙은 광속의 중요성과 절대성을 알려 주었다. 마찬가지로 인간 배움의 공식에서도 의의와 쓰임새라는 요소가 생명의 속도처럼 중요하다는 것을 깨닫게 해 준다. 배움에 있어서 생명의 속도는 사속을 의미한다. 아인슈타인이 이야기하는 광속은 물리적으로는 절대적인 속도다. 그러나 사속, 즉 생각의 속도는 빛의 물리적인 속도보다 더 빠른 심리적인 속도다. 인간은 1초 동안에도 천당과 지옥 사이를 서너 번 다녀올 수 있는 정신적 기제를 갖고 있다. 증오하는 사람들을 수십 번씩 살해하기도 하고, 자신이 숭배하는 신을 수십 번씩 만나보게도 하는 것이 생각의 속도다. 인간의 생각은 그처럼 복잡하고 많으며 생명을 결정할 정도로 절대적이고 중요하다. 인간의 상상력이란 그런 것이다. 인간의 상상력의 속도를 능가할 수 있는 것은 아무것도 없다.

인간의 생각은 구체적인 형상을 갖고 있는 물질적인 것이 아니다. 인간의 생각이 뇌신경세포 간의 연결과 활동의 작용이라고 하더라도, 그것은 겉으로 드러나 보이지는 않는다. 말하자면, "뇌의 특정 부위에 있는 것이 아니라 뇌의 여러 부분을 이리저리 옮겨다니는 뇌의 활성화 유형, 서로가 이웃하고 있는 여러 신경 단위를 연결하기도 하고, 끌어당기기도 하고, 하나의 군집을 만들기도 하고, 혹은 서로 경쟁도 하는 신경세포의 작용 단위일 뿐이다."[9] 따라서 생각을 드러내 보이는 양태나 생각이 일어나고 있다는 변화를 보여 주는 패턴의 양태를 명확하게 볼 수는 없다. 다만, 신경세포가 활성화됨으로써 생각이 일어나고 있다는 것을 증명하는 양태로 빛의 흐름이나 발광 양태를 포착할 수는 있다. 즉, 생각이 일어날 때는 뇌의 신경세포의 작동이 빛을 발하게 되는 것이다. 빛이 난다는 것은 신경세포 간에 신경물질이 전달되고 있다는 증거다. 생각의 양태들은 수없이 다양하다. 미워할 때, 좋아할 때, 열중할 때 등 모든 순간의 생각이 신경세포 간의 연결과 이동으로 빛을 내고 있다.

이미 지적하였듯이 배움의 공식에서는 쓰임새가 생각의 속도를 의미하므로, 의미 만들기는 배움의 척도나 마찬가지다. 인간의 마음 만들기, 그리고 내부시각은 인간의 생각이 분명하면 분명할수록 더욱더 명료하게 그 양태를 드러낸다. 내부시각은 무엇을 새롭게 만들어 내는 창조력을 갖고 있다. 그렇기 때문에 그것의 기구인 뇌는, 첫째 각종 정보를 오감으로 받아들이고, 둘째 기억해야 할 것과 망각해야 할 것을 분리 · 저지하며, 셋째 스스로 무엇을 알고 있는지 겉으로 드러내 놓게 한 후, 마지막으로 그동안 이룩해 놓은 것을 반영하는 일을 골고루 관장한다.[10]

배움의 방정식인 $E=ms^2$은 배움을 이론교육학적으로 설명하기 위해 만들었다. 배움의 방정식이, 제로 존(zero zone) 원리와 같은 수학적 이론에 의해 증명될 수 있기를 바라지만,[11] 그것이 단시일 내에 일어날 것 같지는 않다. 교육현상에서 발견되는 것들을 이론물리학처럼 이론교육학의 관점으로 하나의 방정식으로 만든다고 해도, 그것의 증명은 매우 어려울 수밖에 없다. 인간의 삶은 물리적인 세계가 아니라 의미의 세계이기 때문이다. 더군다나 배움의 공식에 투입된 각각의 상수인 m(의미), s(의의) 등은 물리학에서 말하는 무차원의 상수가 아니다. 각기 통일되지 않은 차원의 상수이기 때문에 수치로 계산해 내기도 쉽지 않은 형편이다.[12]

과학계는 측정 표준의 기초를 이루는 질량(kg), 길이(m), 시간(s), 광도(cd), 물질량(mol), 전류(A), 온도(K)의 7개 국제 단위를 쓰고 있다. 과학자들은 이런 기본 단위를 사용해 자연의 세계를 설명한다. 우리가 당연한 듯 받아들이는 물리량은 사실 세밀한 실험으로 찾아낸 것이고, 실험값은 계속 변한다. 1m는 프랑스 파리에 보관된 이리듐 백금 합금으로 만든 1m 원기(原器)가 기준이었다. 그러나 과학이 발전하면서 지금은 빛이 진공에서 약 3억분의 1초 동안 진행한 거리를 1m로 정의한다. 이런 기초에 따라, 모든 이론물리학의 공식은 $E=mc^2$과 같은 방정식으로 제시된다. 방정식이 증명되려면 좌변과 우변의 결과가 같아야 한다. 예를 들어, 100g×10cm×1N=500이라는 방정식이 있을 때 100g, 10cm, 1N이 서로 500을 만들어 내면 된다. 그렇게 되려면, 방정식에 단위로 등장하는 힘(N)이나 질량(g) 또는 길이(cm)를 수치로 바꾸면 된다. 그럴 수만 있다면 좌변이든 우변이든 수치만 남을 것이고, 양쪽이 똑같은 숫자인지 확인만 하면 방정식이 증명된다. 즉, 좌변이 7.2349687……×10[41]이라는 숫자로 나왔을 때, 우변도 같은 숫자가 나오면 방정식은 옳은 것으로 성립된다.

제로 존 원리가 하나의 이론으로 인정받기만 하면, 그것의 원리는 배움학의 과학적 이론화에도 새롭게 응용될 수 있을 것이다. 왜냐하면, 배움의 공식($E=ms^2$)에서 의미의 방정식과 의의에 대한 방정식이 새로이 만들어져서 이것을 다시 한 번 더 보기 편한 물리 차원의 방정식으로 전환할 수 있기 때문이다. 의미를 물리현상으로 환원시켜 인간의 뇌에서 시간당 발생하는 시냅스의 활동량으로, 의의를 물질량(mol)이나 힘(N)으로 정리하는 것이다. 그렇게 되면 인간의 배움은 하나의 수치로 확정될 수 있다. 공상적으로 말하자면, 양동봉 원장이 제로 존의 방정식으로 만든 다음과 같은 독창적인 공식이 만들어질 수도 있기 때문이다.

$$m[2(x-1)]/C[x-1] = V[x+1]/m[x], \quad x = 1n(C/m[2]eV)/1n(CV/m[2]em)$$

아인슈타인이 말하는 $E=mc^2$, 즉 물체의 질량은 일정한 것이 아니라 그 에너지 변화와 함께 변한다는 원리는 사회현상을 설명하는 데도 여러 가지로 유용하다. 그래서 아인슈타인이 말하는 질량불변의 법칙은 사회 개혁의 원리로도 응용된다.[13] 그의 원리를 사회변동현상에 응용하면, 사회를 변화시키는 에너지는 바로 개인과 집단이 지닌 위치의 질량감에 생각의 속도를 제곱한 값에서 나올 수 있다고까지 확대 적용할 수 있다.

§특수상대성 이론

아인슈타인의 특수상대성 이론은 인간이 경험적으로 알기 힘든 시간의 상대성을 도입함으로써 그 이론적 완성도가 더 높아졌다. 상대적 공간 개념은 경험적으로 누구에게든 쉽게 인지된다. 나와 내 옆에 있는 사람이 서로 떨어져 있다면 나는 그 사람과 상대적 공간에 있다. 시간은 공간과는 다르다. 나와 내 옆 사람의 시간이 다르다면, 즉 그 사람과 내가 보는 시간이 상대적으로 다르다면 이 세상은 뒤죽박죽이 된다. 따라서 시간이 상대적이라는 생각은 받아들이기 어렵다.

모든 사람에게 시간은 절대적이어야 한다. 물론 시간이 사람마다 다르게 인지되는 상대성을 갖고 있다는 사실은 변함이 없다. 그러나 시간은 누구에게나 동일한 양과 방식으로 움직인다. 이것은 이 세상에서 가장 빠른 것이 빛이기에, 그 빛을 정지한 것이라고 이해하는 것과 마찬가지 원리다. 빛이 정지된 것으로 이해되기에 빛의 속도도 일정하다고 이야기할 수 있다. 마찬가지로 시간도 이 세상에서 가장 빠른 것이기에, 그것을 정지된 것처럼 이해한다. 그래서 시간은 누구에게나 같은 속도로 일정하게 움직이는 것으로 이해된다.

이것을 조금 더 과학적으로 이해하기 위해서는 빛의 속도가 갖는 속성을 이해해야 한다. 속도는 공간 값을 시간 값으로 나눈 값, 말하자면 분자에는 공간을, 분모에는 시간을 갖고 있는 변수다. 분자에 있는 공간이 상대적으로 움직인다면, 분모에 있는 시간도 상대적으로 움직여야 이 둘을 조율해 빛의 속도를 일정하게 만들 수 있다. 빛의 속도를 재기 위해, 시간의 상대성이 적용되지 않으면 빛의 속도가 일정하다는 사실 자체가 성립되지 않는다.

빛은 이 세상에서 가장 빠른 것이기에 정지한 것이라고 간주해도 무방하다. 공간은 상대적으로 움직이는데 시간은 절대적으로 고정되어 있는 경우로, 굳이 수학적 공식으로 표현하자면 마치 $\infty/0$ 꼴이 된다.[14] 그래서 빛의 속도는 일정한지, 혹은 정지되어 있는지를 따지지 않고 일상적으로 누구에게나 공평하게 정지되어 있는 것처럼 받아들이게 된다. 이것은 마치 $0 \times \infty$의 경우, 그 답을 무엇이라고 딱 잘라 말할 수 없는 경우의 반대에 해당한다. 0과 ∞는 실수처럼 딱 떨어지는 하나의 값을 말하고 있는 것이 아니기 때문이다. 그것은 무한소와 무한대로 계속 움직이고 있는 수이기에 하나로 규정할 수 없다. 한쪽은 0으로 움직이고, 다른 한쪽은 끝없이 큰 값으로 움직이고 있는 상황에서 두 수를 곱하면, 모든 경우의 수가 생기기 마련이다.

아인슈타인은 절대적인 시간과 상대적인 공간을 결합시켜 '시공간'이라는 개념을 선보였다. 시간과 공간이 따로따로 노는 것이 아니라, 시공간이 함께 변하는 것으로 생각하게 만들어 놓았다. 관측자는 각자 다른 시공간 좌표계에서 존재하지만 관측자들이 경험하는 현상을 같은 물리법칙으로 설명할 수 있게 하였다. 누구에게든 자신의 시공간 좌표계에서 빛의 속도는 일정한데, 공간과 시간이 상대적이면 동시에 일어나는 사건이라도 관측자에 따라 달라진다. 이때, 달라지는 것은 사실이 아니다. 그런데 아인슈타인은 그것이 사실이 아니라는 어려움을 이론적으로 설명하여 해결해 놓은 것이다.

어떤 관측자에게는 동시에 일어난 두 사건이 다른 관측자에게는 동시사건이 될 수 없는 경우가 있다. 그러면 관측자는 두 사건 중 자신에게 가까운 사건을 먼저 인지하게 마련이다. 그렇게 되면 두 사건이 동시에 발생한 사건이라고 하더라도 그것들을 동시에 발생한 사건으로 받아들이기는 힘들다. 관측자가 빛의 속도를 무시할 정도로 느리게 움직일 수는 없기 때문에, 그런 현상은 실제로 경험하기 어렵다. 그래서 사람들이 일상생활에서 시간의 상대성을 경험하는 것은 쉽지 않다.

관측자가 빛의 속도에 가깝게 빨리 움직인다면, 관측자는 두 사건을 서로 다른 시점에서 발생한 것으로 받아들인다. 두 사람 중 한 사람은 우주여행을 하고 한 사람은 지구에 남아, 우주여행을 하는 사람이 자기 시계로 1분마다 자신이 제대로 여행하고 있다는 것을 지구에 남아 있는 사람에게 알려 준다고 가정해 보자. 지구에 남아 있는 사람은 우주를 여행하는 사람에게서 오는 신호를 포착해서 시간을 기록한다. 그것을 받아 적는 지구에 남은 사람은 고개를 갸우뚱할 것이다. 우주여행자는 1분마다 송신을 하고 있다고 했는데, 지구 시계로 보면 1분 1초 간격으로 신호를 받고 있기 때문이다. 또한 그 이유를 알 수도 없다. 우주여행자가 빛에 가까운 속도를 내는 우주선을 타고 있다면, 그 차이는 더 커지게 된다. 우주여행자의 시간은 지구에 있는 사람의 시간보다 훨씬 천천히 흐르기 때문에 가능한 한 일이다. 우주여행자의 시계는 이상 없이 제대로 가고 있음에도 불구하고, 그것을 측정하는 지구의 관측자에게는 시간이 천천히 가고 있는 것으로 나타날 수밖에 없다.

공간에 대한 상대성도 마찬가지다. 지구에 있는 사람이 여행자가 타고 있는 우주선의 길이를 재면, 당연히 지구에서 출발할 때 쟀던 우주선의 길이보다 짧아지게 된다. 우주에 있는 여행자에게는 우주선의 길이가 전혀 줄어들지 않았음에도 불구하고 지구에 있는 사람에게는 그렇게 보이는 것이다. 빛의 속도를 일정하다고 전제하면 시공간이 함께 변한다는 결론이 가능하지만, 실제로는 시간이 느려지고 길이가 줄어드는 '이상한' 일이 벌어지게 된다. 이런 예에서 사람들이 아인슈타인의 특수상대성 이론을 어려워하는 이유를 찾을 수 있다. 그것은 시간 지연과 길이의 수축현상이 피부에 와 닿지도 않고, 그것을 이해할 수도 없기 때문이다.

§ 의미의 절대적 의의

아인슈타인이 처음 유도한 식은 $m=E/c^2$였다. 질량 m인 물체가 빛의 형태로 복사 에너지 E를 방출한 후 물체의 질량이 E/c^2만큼 감소한다는 의미였다. 이때 정지 질량 에너지가 바로 $E=mc^2$이다. 아인슈타인의 질량불변의 법칙에서 인간의 배움은 의미의 절대적 의의성 만들어 내기로 표시할 수 있다. $E=ms^2$이라는 공식에서 중요한 것은 인간에게 의미가 무엇인지, 그것의 본질을 알아내는 일이다. 이 공식에서 의미는 결국 배움이다($E=m$). 그때 의미는 배움을 절대 쓰임새로 나누었을 때 남는 것이며

(m=E/s²), 그것이 배움의 효용 가치다. 의미는 그 효용 가치만큼 만들어진다. 쓰임새가 전혀 없어 0이라 한다면, 이론적으로는 배움에서 어떤 의미도 만들어질 수가 없다 (m=E/0). 그 의미 자체가 성립하지 않게 되어 이론적으로는 아무런 배움도 만들어지지 않는 것이다. 그러나 인간이 생활하는 한 현실적으로 아무런 의미가 만들어지지 않는 경우는 없다. 그런 것은 기대하지 않았던 부정적인 쓰임새일 수도 있다. 연필을 깎기 위해 칼을 다루는 것을 배웠는데, 그것으로 살인을 하는 경우는 부정적 쓰임새라 할 수 있다. 쓰임새라는 것은 아인슈타인의 공식에서 말하는 빛의 속도에 자승을 한 것과 같다. 절대값을 갖고 있기에 배움이 이 절대값을 능가할 수 있을 만큼 커지면 커질수록 의미의 효용성은 더 커지게 마련이다.

질량을 가진 물질이 에너지와 상호 변환이 가능한 한 것처럼 배움은 의미와 상호 교환이 가능하다. 질량에 빛의 속도가 제곱으로 곱해지는 덕분에 엄청나게 큰 에너지를 얻을 수 있었듯 배움도 의미에 절대적 쓰임새가 곱해지는 까닭에 엄청난 위력을 갖게 된다. 이미 다른 방식으로 설명하였지만, 원자력 에너지를 얻는 기본 원리가 $E = mc^2$인데, 핵반응 전후에 1g의 물질이 손실되어 이것이 에너지로 바뀌면 매달 300와트(W) 정도를 소비하는 30만 가구가 1년 동안 쓸 수 있는 양으로 변한다. 이 같은 배움의 공식에서 보면 붓다의 배움은 바로 모든 이의 영생을 위한, 가치 실현의 의미 만들기라고 풀어쓸 수 있다.

인간의 배움에서 의미 만들기가 모든 인류를 위한 쓰임새로 접목이 되면, 그 배움은 붓다처럼 불성을 발현한다. 배움의 속도는 빛의 속도처럼 분모가 상대적 시간으로, 분자가 상대적 공간으로 표시되는 것이 아니다. 마음(마음 두기)의 크기를 최소화 ($M \leq 1$)로, 분자는 행복거리의 크기를 무한대($H = \infty$)로 만드는 일이다. 그렇게 되면 사람은 잡스러운 일에 신경을 크게 쓰지 않게 되면서 마치 붓다가 인류에게 보여 주었던 것과 같은 평상심을 가질 수 있다. 말하자면 삶의 3독(毒)인 탐욕(貪), 성냄(瞋), 어리석음(痴)을 다스릴 수 있는 3학(學, 배움과 만듦), 즉 계(戒, 삼가/경계), 정(定, 행동의 바름), 혜(慧, 슬기)를 넓혀갈 수 있다는 것이다. 이것은 모든 인간이 각자적으로 태어날 때부터 갖고 있는 깨달음의 실현을 의미한다. 이런 배움의 결과는 동일한 공간에 모두가 존재한다고 해도 서로의 시간관은 다를 수 있다는 것에 대한 재확인으로 나타난다. 말하자면, 내 시간과 네 시간이 서로 같을 수 없음을 확인하는 것에서 배움의 질적 차이도 함께 드러난다.

§의미의 실존

아인슈타인이 말하는 특수상대성 이론[15]은 빛의 속도가 일정하다고 가정하면 서로 다른 속도를 가진 기준 틀에서의 모든 자연법칙은 동일한 형태로 기술할 수 있음을 보여 준다. 하지만 이러한 이론을 사회적으로, 그리고 개인의 삶에 제대로 적용하면 또 다른 힘을 발휘한다. 버지니아 울프의 문학적 표현처럼 '사람에게는 무려 천 개나 되는 자아'가 있다. 그런데 특수상대성 이론이 개인적으로나 사회적으로 인간의 삶에 응용되면 그러한 자아들을 한순간에 알아차리고, 그것의 의미를 파악하는 힘을 발휘하게 된다. 각자적 인간은 자기 안에 많은 자아를 갖고 있다. 각각의 자아는 경우에 따라 서로 다르게 자기 모습을 나타낸다. 사랑스러운 모습, 괴상한 모습, 유치한 모습, 또 어떤 경우에는 어른스럽거나 치졸한 모습을 드러낸다. 그런 다양한 모습을 띠게 될 때, 내 안의 나는 남에게 쉽게 이해될 수 없는 정말로 개별적인 각자적인 인간으로 나타난다.[16] 이런 천 개의 자아들은 자신의 서로 다른 모습과 양태, 의미를 드러내기 위해 한시도 쉴 수가 없다. 그때마다 서로 다른 의미를 만들어 내야 하기 때문이다. 그렇게 의미를 만들어 내는 동안 어떤 인간도 그의 배움을 쉴 수는 없다. 자신을 살리기 위해 그렇게 발버둥치는 것이 바로 인간이다.

의미는 자기가 만들어 내는 것이지, 남들이나 사물이 대신 만들어 주는 것이 아니다. 사람들은 살아가는 동안 흔히 사람의 면상(面相)이나 관상(觀象)을 통해 그의 심상(心象/心相)을 파악할 수 있다는 말에 익숙해진다. 그렇게 되면 사람을 사귀는 방법 역시 달라진다. 사람의 외모가 그 사람의 마음가짐과 인격까지 보여 준다는 말이다. 그것은 인간 스스로 자신의 의미를 만들어 가기에 그것을 판단할 수 있는 면상을 자세하게 보면 그 사람의 행동거지도 알아낼 수 있다는 말이다. 관상이나 면상은 그 사람의 심상에 따라 달리 나타나므로 마음을 바로잡는 일을 하지 않고서는 외모나 얼굴을 고치거나 화장을 한다고 해도 결코 아름다운 모습을 얻을 수 없다. 마음에 지나온 삶의 모습이 간직되어 있는 그대로 외모에 드러나기 마련이다.

모든 관상이 자신의 모든 것을 드러내 주는 바른 모습이 아님을 알고, 자신의 마음을 제대로 관리하면 각각의 바른 상이 겉으로 드러난다. 그런 관점에서 고대 중국의 탕왕이 어진 임금이 되기 위해 세숫대야에 '날마다 새로워지자.'라고 써 놓고 마음도 함께 씻었다는 이야기는 후대의 사람에게 시사하는 바가 크다. 사십이 넘으면 자기 얼굴은 자기가 책임져야 한다고 말했다는 링컨 역시 오늘을 사는 우리를 깨우치기 충분하다. 옛 위인들이나 앞서 모범을 보여 준 사람들이 우리에게 한결같이 이야기하는 것이 바로 면상을 가능하게 만들어 주는 심상의 중요성이다. 키가 작았던 순임금, 머리통이 언덕같이 평평하게 생겨 공구(孔丘)라는 이름을 갖게 되었던 공자, 못생긴 데다 왜소했던 육조 혜능 선사, 밀교수행법의 하나인 '허공장구문지법(虛空藏求聞持法)'으로 그의 작았던 키를 12cm가량이나 늘렸다던 명암영서 선사, 풍병으로 머리카락이 모두 빠져 '적두(赤頭)찬', 즉 '대머리 승찬'으로 불린 3조 승찬 스님, 얼굴이 검어서 스스로 '흑두타(黑頭陀)'임을 자처하였던 도안 법사, 스승의 등목을 해 주면서 스승을 향해 넌지시 '법당은 좋은데 영험이 없다.'고 비꼰, 즉 스승을 향해 허우대 못지않은 수행력도 보여 달라고 요구한 고령 선사들의 이런저런 이야기들은 신체적 열등감을 가졌던 사람들에 대한 우스갯소리가 아니다. 그것은 자신들의 면상이나 관상에서 드러나는 약점을 심상으로 바로 잡기 위해 정진한 사람들의 아름다운 모습을 보여 주는 사례다.[17)]

후지이 테루아키 교수는 일본에서 봉사의 화신으로 알려진 사람이다. 그는 태어날 때부터 흉악한 동물보다도 더 혐오스러운 면상을 갖고 있었다. 혹처럼 부어오른 오른쪽 뺨에 거대한 종양 덩어리를 달고 다녔다. 후지이 테루아키의 삶은 듣지 않아도 뻔했다. 어렸을 때에는 친구들의 괴롭힘을 피해 학교를 옮겨야 했고[18] 청년이 되어서도 취직은 불가능했다. 구직 원서를 넣는 회사마다 취업을 거절당했다. 그런 면상으로는 취업이 불가능했다. 그랬던 그가 의학박사로서 국립대학의 교수가 되었다. 그는 자신이 겪은 아픔을 장애로 받아들이지 않고 삶의 이정표로 세웠기 때문에 그런 변신이 가능했다. 그가 가장 즐겨한 일은 소외된 이웃과 고통을 함께 나누는 일이었다. 다양한 봉사 활동으로 소외된 이웃들과 함께하는 일이 그를 살려냈다. 그는 그들에게 받은 사랑을 고스란히 이웃들에게 돌려주기 위해서 봉사의 길을 택했다.

후지이 박사는 처지가 어려운 사람, 관상에 열등감을 느끼는 사람들에게 늘 '아픔에 굴복하면 장애가 되지만, 극복하려고 노력하면 목표와 비전이 된다.'는 말을 전한다. 삶의 고비마다 기다리고 있는 역경, 몸 하나하나에 새겨져 있는 생의 아픔을 인생의 장애로 여기느냐, 목표로 삼느냐는 오로지 우리의 마음이 짊어져야 할 인간의 몫인데, 그 몫을 어떻게 하느냐가 인생의 행로를 결정한다.

의미에 대한 추구는 인간 존재의 욕망을 보여 주는 가장 현실적인 모습이다. 인간은 살기 위해 행위하고, 행위하기 위해 의미를 만들어 내며, 의미를 만들어 내기 위해 배우는 동물이다. 일반 동물들은 생존의 의미에 대해 크게 개의치 않지만, 인간은 그것에 유별나게 개입한다. 일반 동물들은 죽음에 저항하지만, 인간은 죽음을 받아들인다. 인간은 죽음 역시 인간됨의 본능이라는 의미를 만들어 가기 때문에 가능하다. 본능은 유전인자를 통해 유전되고 가치는 전통을 통해 전해질 수 있지만, 의미만큼은 유전되지 않는다. 의미 만들기는 인간 각자에게 독특하고 유일한 내부시각의 유동적 지성이 벌이는 행위이고 노력들이다. 의미들은 인간 스스로 구하고 찾아야 그 나름대로의 의미가 만들어진다.

미국 어느 형무소에 수감 중인 프랭크라는 사람의 수인번호는 020640번이었다. 형무소 안에서 프랭크라는 그의 이름은 무용하다. 그의 정체성은 오로지 020640으로 분류된다. 그런 삶을 보내던 020640은 프랑켈(Frankel) 교수에게 삶에 대한 절규로 가득 찬 편지를 보냈다. 그가 교도소에서 통곡할 수밖에 없었던 절규는 의미 상실에 대한 것이었다.

"이곳에서도 내 존재에 대한 진정한 의미를 찾았습니다. 그리고 남은 형기는 더 나은 것을 많이 할 수 있는 기회를 갖기 전에 아주 잠시 기다리는 것이지요." [19)

인간 개인이 겪게 되는 상황들은 각자에게 독특하고 유일한 것이기에, 만들어지는 의미도 각자적으로 유일하다. 자신이 겪는 상황에 대응하는 방법도 각자적으로 독특하다. 인간의 의미 만들기는 처음부터 끝까지 카이로스(kairos)적인 속성을 갖는다. 의미는 그것을 의미로 만들어 내야 비로소 의미의 가치를 지닌다. 인간이 다른 동물처럼 시간을 따라가는 한 의미 충족의 기회는 영원히 사라져 버린다. 동물들은 그냥 흘러가는 시간인 크로노스(chronos)에 순응하지만, 인간은 의미 있는 시간을 만들어 내는 카이로스적인 존재다. 인간은 숨을 거두는 크로노스적 시간의 마지막 순간까지 자신의 삶이 절대적인 카이로스적인 의미를 지니고 있게 된다.

크로노스적인 인간은 그렇게 의미를 만들어 가면서 크로노스적인 마지막 시계를 꺼 버리는 존재다. 말하자면, "사냥 갔던 아버지가 친구가 쏜 오발에 맞아 숨졌을 때도, 혼자 살겠다고 전쟁터에서 친구를 버리고 도망갔던 병사가 척후병의 총에 맞아 저 홀로 먼저 죽었을 때도, 관광하러 갔다가 자살하는 사람도, 매일같이 도살되는 동물들도, 원자탄 한 발로 사라진 수백만 명의 일본인들도, 총 한 발을 맞은 존 에프 케네디도, 십자가에 매달리게 된 예수도, 공자도, 붓다도, 소크라테스도 그렇게 가는 거다." SF작가인 보네거트는 그의 소설 『제5도살장』에서 중얼대듯 '그렇게 가는 거지(so, It goes……).' 라는 말을 늘 입에 흘렸다. 이 말은 보네거트를 유명하게 만들었을 뿐 아니라 사람들에게 오만 가지의 의미를 생성시켰다.

보네거트는 이 말을 통해서 모든 죽어 가는 것에 대해 슬퍼할 이유가 없다고 말한다. 그렇다고 그것을 예찬하라고 이야기하지도 않는다. 한번 온 것은 반드시 가도록 되어 있기 때문이다. 모든 것의 마지막은 어김없이 그렇게 가는 것뿐이다. 그는 그저 모든 것의 마지막에 무심하게 애도를 표하지만, 그것은 각자가 만들어 낸 존재의 의미에 대한 존경심을 그렇게 표현하고 있는 것이다. "내가 배운 것 중에 가장 중요한 것은 사람이 죽을 때, 그는 죽는 것처럼 보일 뿐이라는 사실입니다. 그는 과거 속에서 펄펄 살아 있고, 그러므로 장례를 치르는 사람들이 우는 것은 아주 어리석은 짓입니다. 과거와 현재와 미래의 모든 순간은 항상 존재했으며, 항상 존재할 것입니다." [20]

의미를 만들어 내는 인간의 행위는, 인간이 바로 배움에 대한 실존주의(existentialism)자라는 말과 일맥상통한다. 인간의 삶에 관한 실존주의적 처방이란, 인간이 존재하고 행위하며 배우는 한 인간은 실존적이라는 말이다. 실존(existence)이란 말이 어원상 ex(밖으로) + sistere(나와서다)로 이루어졌다는 것에서, 인간의 존재를 이해할 때 가장 먼저 주목해야 할 것이 있다. 인간의 삶은 무엇보다도 먼저 밖으로 나와서려는 실존이 본질에 우선한다는 사실이다. 실존이 우선하지 않으면, 한준상이라는 사람은 한국교육사에 남아 있을지언정 지금의 나는 없는 것이나 마찬가지기 때문이다. 실존이 본질에 우선한다고 생각한 사람들은 키르케고르(Soren. A. Kierkegaard, 1813~1855), 야스퍼스, 사르트르 같은 실존주의 사상가들만이 아니다. 오늘을 이 순간답게 살아가는 사람 모두가 실존주의자들이며 그들은 한결같이 '나는 선택한다. 그래서 나는 존재한다.'는 생각 아래 자신의 삶을 절대시하는 존재들이다. 바로 지금 이 순간의 내가 없다면, 오늘 저녁밥도 내게는 없는 것이나 마찬가지다. 이 말은 인간이 먼저 존재하기 때문에, 인간은 어떠해야 한다는 당위적 명제가 비로소 추출될 수 있다는 말이기도 하다. 인간은 어떠해야 한다는 당위적 명제가 선행되고 있기 때문에 인간이 그것에 알맞게 있어 주는 존재가 아니라는 말이다. 한 사물을 규정할 때 등장하는 본질(essence)이라는 말은 그 사물의 변화하지 않는 고유한 특질을 지칭한다. 본질에 비해, 실존은 인간의 특성을 확정짓는 규정이다. 인간의 본질이 무엇인지 알기 위해서는 우선적으로 인간이란 무엇인지 질문할 수밖에 없다. 이 질문은 인간의 본성이 무엇인지 묻는 질문이기도 하다. 일반론적으로 인간의 본질을 이성과 정신이라고 규정한다면, 이성과 정신은 인간의 본성을 다른 동물과 구분할 수 있는 인간만의 속성으로 간주한 것이다.

§ 의미 만들기

크로노스가 아니라 카이로스적인 삶이 있는 곳에는 배움이 있기 마련이다. 배움은 고정되어 있는 것이 아니다. 그렇다고 배움이 그치지 않고 흐르기만 하는 변화 그 자체도 아니다. 배움은 움직이는 것과 흐르는 것, 시간과 여백, 삶과 생을 하나의 현실과 가능성으로 이어주는 상호작용이며 생명운동이다. 현실적인 것에서 다른 것으로 전이될 수 있는 가능성을 향해 나아가는 삶의 운동이 배움이다. 이 삶의 운동은 운동체인 그 사람에게 의미 만들기의 연속으로 나타난다. 그런 모든 것은 의미 만들기로 수렴되며, 의미 만들기가 바로 삶 만들기다.

배움의 의미 만들기 원리는 아리스토텔레스가 말하는 운동의 원리와 그 맥을 같이한다. 그는 "운동이 있는 곳에 생명이 있다."라고 이야기했는데, 그 운동과 생명 사이를 이어주는 가교이며 연결고리가 바로 의미 만들기다. 의미 만들기가 없다면 생명과 운동 간에는 어떤 연결도 가능하지 않다. 운동에서 찾을 수 있는 의미는, 마치 아리스토텔레스가 말하는 형상(에이도스)과 같은 기능을 갖는다.

아리스토텔레스는 사물의 고정론이나 변화론에 집착하지 않았다. 엘레아학파의 대표자 격인 파르메니데스가 믿고 있었던 것처럼 존재를 고정적인 것으로 본다면 사물은 언제나 현재와 같은 상태로만 있어야 한다. 그렇게 되면 그것에는 운동이 있을 수 없게 된다. 운동이 없다면 그 존재의 '생성'이 무엇인지에 대해 설명할 길도 없다. 파르메니데스의 논지와 반대인 헤라클레이토스의 지속적 변화론만을 믿어 버리면, 그것 역시 사물의 생성과 본질을 제대로 이해할 수 없게 된다. 사물은 언제나 다른 것으로 변해 버리기 때문이다. 무에서 유, 그리고 유에서 또 다른 유의 유파를 향한 가지치기의 변화만 나타난다면, 사물의 존재와 그것의 생성 자체의 원초성을 찾아내기는 어렵다.

파르메니데스의 고정론과 헤라클레이토스의 변화론 사이에서 생기는 난제를 해결하기 위해 아리스토텔레스는 존재의 양태를 현실적 존재와 가능적 존재로 구분하였다. 이렇게 나누어 놓으면, 하나의 존재에서 다른 존재로 건너다닐 수 있는 연계의 다리가 필요하다. 어떤 존재가 현실적인 존재자로 있는 한, 그것은 항상 자기 자신과 동일한 것이 된다. 그것 안에 무엇인가로 변화될 가능성이 있는 한 그것은 다른 어떤 것으로 변화될 수 있는 존재가 되기도 한다. 하지만 그 관계가 상호 보완되기 위해서는 서로가 보완적인 상태가 되어야 한다. 그것을 이어주는 것이 바로 운동론이다. 존재가 현실적 존재와 가능적 존재 양쪽에 머물고 있지만, 그것을 이어주는 운동이 있기에 존재와 생성 간의 대립은 불필요하다. 존재는 운동으로 생성의 현실이 되고 생성은 존재의 가능성이 되기 때문에, 둘은 상호작용하며 연결되어 있기만 하면 된다.

아리스토텔레스는 모든 존재의 생성을 위한 운동에서 존재의 위치를 다소 위계적인 것으로 보았다. 이 논점은 아리스토텔레스가 생물학적 발생의 지식으로 존재의 생성을 이해하려고 하였기 때문이다. 생물의 성장을 위한 생성에서 보듯, 낮은 것은 높은 것으로 변화하려는 의도와 노력을 보인다. 이는 생성의 문제를 위계적으로 다루려고 했던 이유가 된다. 그는 그것을 생성의 움직임, 즉 운동이라고 보았다. 생성은 '형상'의 운동 가능성에 따라 언제나 달라질 수 있다. 형상이 생성을 이끌어 내는 것이 아니라, 운동이 형상을 생성으로 만들어 낸다. 아리스토텔레스는 '생성'을 형상에 대한 염원이라고 보았다. 실체는 질료와 형상으로 이루어져 있는데, 질료는 항상 형상을 그리워한다. 이때 질료는 규정되지 않은 존재며 개별화의 원리다. 형상은 플라톤이 이야기한 이데아와 비슷한 개념이지만, 결코 질료를 떠나 독자적으로 존재하는 것은 아니다. 형상은 실체 속에서 질료와 결합되어 있고 물체 안에서 작용한다는 점에서 플라톤의 이데아와는 성격이 다르다. 아리스토텔레스는 모든 질료가 형상을 찾아 나서는 생성을 하기 때문에 자신의 운동을 유지한다고 보았다. 그런 운동이 가능하기에 생명이 가능하다.[21]

§ 정직한 우주

사물의 운동을 이끌어 가는 내적 충동은 사물의 자연적인 '본성'에 있다. 참깨의 씨앗은 아주 작다. 그 작은 씨앗 안에는 내적 충동의 힘과 운동의 원리가 내재하고 있다. 씨앗이라는 존재는 크기와 관계없이 식물의 하나라는 현실성을 갖고 있는 가능성의 형상이다. 참깨 씨앗이라는 가능적 존재가 식물이라는 현실적 존재로 그 양태를 새롭게 드러내는 것은, 그 참깨 씨앗이 내적 충동에 따라 발생학적 원리대로 운동하기 때문이다. 참깨 씨앗이 사물의 운동 원칙을 따르기 때문에 참깨로 성장한다는 것은, 말하자면 '움직이는 모든 것은 반드시 다른 어떤 것에 의해서 움직여진다.'는 원칙대로 움직이고 있는 것이다. 바로 그 운동의 원칙으로 가능성의 존재인 참깨 씨앗은 현실적인 존재인 참깨 식물로 발현된다.

참깨 씨앗처럼 인간도 작은 영혼이 있기에 인간의 모든 것을 움직이는 것이고, 생각할 수도 있다. 인간의 영혼에 대한 존재 여부를 물질적인 감각으로 파악할 수 있는 것인지에 대해 큰 의구심이 드는 것도 사실이다. 그래서인지 누구든 영혼의 존재 여부를 확정적으로 이야기하기는 어렵다. 물론 인간의 영혼이 존재한다는 것을 영혼의 무게를 측정함으로써 밝혀 보려는 시도가 있기는 했지만, 그런 시도가 인간의 영혼을 제대로 파악한 것인지에 대해서는 의견이 분분하다.

인간에게는 영혼이 있으며, 그 영혼의 무게가 21g 밖에 되지 않는다고 주장한 학자가 있었다.[22] 던컨 맥두걸(Duncan MacDougall, 1866~1920) 박사는 과학적 호기심에 가득 찬 인간이 가지고 있다는 영혼의 실제 무게를 재보는 실험을 실행한 적이 있었다. 연구 결과는 1907년 『과학저널(Scientific Journal)』에 발표되어 학계에서 화제가 되었다. 그의 실험은 '인간의 영혼 역시 하나의 물질'이란 가설 검증에서 출발했다. 맥두걸 박사는 사람이 죽은 뒤 정말로 영혼이 육체를 떠난다면, 물리적으로 그 실재를 측정하는 것이 가능하다고 보았다. 사람이 숨을 거둘 때 반드시 체중이 줄어들었기 때문에 영혼의 무게를 잴 수 있다는 것이 그의 생각이었다. 말하자면 맥두걸 박사는 '땀·숙변 등의 수분과 폐에 들어 있던 공기가 신체에서 빠져나가기 때문'에 사체의 체중이 줄어든다는 것에 주목했던 것이다.

의사였던 맥두걸은 결핵 환자의 임종 후 환자가 갖고 있을 영혼의 무게를 측정하기로 가족 측과 합의하고, 실험을 위해 특별히 만든 저울 위에 죽어 가는 환자를 올려놓았다. 먼저 그의 체중을 측정한 후 임종을 기다렸다. 3시간 40분이 지난 뒤 환자는 마지막 숨을 내쉬었고 숨을 거두었다. 맥두걸은 환자가 임종하는 그 순간 눈금 막대가 분명한 소리를 내며 아래 칸으로 뚝 떨어진 후 다시 올라오지 않는 것을 지켜보았다. 그때 환자의 줄어든 무게는 약 21g(0.75온스)이었다. 그는 숨진 환자의 몸에 인위적으로 숨을 불어넣어 보았다. 그랬지만 줄어든 의문의 21g은 다시 회복되지 않았다. 그는 그것을 영혼의 무게라고 보았다. '떠나간 영혼의 존재를 인정하지 않고 어떻게 이 현상을 설명할 수 있겠느냐.'는 것이 인간의 영혼이 21g 정도라고 주장하는 그의 반문이었다.

이어 자신의 이론이 타당하다는 것을 증명하기 위해 다른 실험에 착수했다. 개 15마리를 대상으로 같은 실험을 하였다. 사람과 달리 개는 죽을 때 몸무게의 차이를 보이지 않았다. 개에게는 영혼이 없었기에 그 무게도 일정했다. 인간의 영혼이 존재한다는 것과 그것이 무게를 갖고 있다는 맥두걸 스스로의 가설을 성립하게 만드는 실험 결과였다. 개의 무게는 그대로였고 사람의 무게는 줄어들었다. 개와 사람이 살아 있을 때와 죽었을 때의 무게 차이가 서로 다르다는 실험 결과를 얻은 맥두걸은 "사람에겐 영혼이 있지만, 개에겐 영혼이 없다."라고 결론을 지었다.

그의 연구 결과가 미덥지 못하다는 비판이 일자, 그는 의문을 풀기 위해 환자 6명의 사후 몸무게를 정밀 측정했다. 결과는 전과 동일했다. 사체로부터 "수분과 공기를 합한 무게보다 21g이 더 줄어들었다는 사실을 재차 확인할 수 있었다. 이런 연구 결과는 그해 3월 11일자 〈뉴욕타임스(The New York Times)〉와 『미국 의약학회지(American Medicine)』 4월호에 게재되었다. 인간의 영혼이 21g 정도의 무게를 갖고 있다는 맥두걸 박사의 주장은 학계를 발칵 뒤집어 놓았다. 그러나 '실험에 사용된 샘플 규모가 너무 작았을 뿐만 아니라, 임종 환자 몸무게 변화치의 신뢰마저도 그렇게 의미 있게 크지 않다.'는 반론이 거세지면서 연구 결과는 점차 잊혀져 갔다.

인간의 영혼이 얼마나 무거운지, 그것이 과연 있기나 한 것인지를 다루려는 과학적인 호기심과는 달리, 인간에게 누구나 꿈이 있다는 것만큼은 부인할 길이 없다. 사람들은 꿈 때문에 살아간다. 영혼은 바로 그 꿈을 실현하도록 도와주는 기제다. 시한부 인생을 살아가던 한 과학도는 꿈 때문에 자신의 삶이 존재하였음을 증명하고 있다. 그가 보여 준 마지막 강의는 세계 시민들의 가슴을 적시며 눈물을 자아냈다. 그 주인공은 미국 카네기 멜런 대학의 피츠버그 캠퍼스에서 컴퓨터공학을 가르치던 마흔일곱 살의 랜디 포시 교수다.[23] 이런 것의 중요성은 시한부 인생을 맞이하는 사람이 앞으로 더 살아가야 될 삶을 갖고 있는 사람에게 흔히 하는 말에서 더욱더 분명하게 드러나곤 한다. 죽음을 목전에 두고 있는 사람들이 우리에게 들려주는 말이 무엇이 될지는 늘 궁금하기 마련이다. 삶을 맞이하는 느낌이 죽음을 멀리 둔 사람과는 다를 것으로 생각되기 때문이다. 검은 머리에 짙은 눈썹, 웃는 얼굴을 하고 있었지만, 그는 의사로부터 삶이 몇 개월 남지 않았다는 시한부 판정을 받고 죽음을 기다린 췌장암 환자였다. 그가 '마지막 강의'를 통해 강조한 인생 이야기는 자신의 잠재력을 허비하지 말고 이를 일깨우라는 충고였다. 그는 '어떤 성취든 이루는 과정에서 벽에 부딪히지만 벽이 있는 이유가 다 있다.'며 '그 벽은 우리가 무언가를 얼마나 절실히 원하는지를 시험하는 기회'라고 강조하였다.

그는 아직도 삶이 무엇인지 잘 알지 못하는 젊은 학생들에게 삶을 항상 즐길 것을 주문했다. 물고기에게 물이 중요하듯 사람에게는 삶을 즐기는 것이 중요하다는 것이었다. 그가 연구에 빠져 아무것도 즐기지 못하고 살아오면서 뼈저리게 느낀 삶에 대한 나름의 반성이었다. 이어 그는 친구나 동반자로 자기 자신에게 솔직한 사람을 택하라고도 권했다. 자신의 꿈을 이룰 수 있도록 도와주는 사람은 바로 자신에게 솔직한 사람이라는 것이었다. 그가 마지막 강의에서 끝까지 강조한 것은, "절대 포기하지 마라, 가장 좋은 금은 쓰레기의 밑바닥에 있기 때문이다. 당신이 다른 사람에게 뭔가를 망치게 했다면 사과하라. 그리고 감사하는 마음을 보여 주어라. 준비하라. 행운은 준비가 기회를 만날 때 온다.”라는 말이다. 이는 삶의 지혜가 바로 삶의 쓰임새를 높이는 데 중요하다는 것이었다.

시한부 암환자였지만, 그 역시 얼마 남지 않은 삶에 대해 강한 집착을 가질 수밖에 없는 인간이었다.[24] “내 몸은 지금 문제가 있다. 대체로 좋은 건강 상태를 유지하고 있지만, 간에는 10개의 종양이 있고 살 날은 몇 달밖에 남지 않았다. 나는 3명의 어린 자녀를 둔 아버지이며, 이상형의 여자와 결혼해 잘 살고 있다.” 그는 삶의 마지막을 악착같이 설명해 나갔다.

포시 교수는 이제 며칠만 더 살면 자신의 삶을 마감해야 한다는 사실을 가슴에 담아가면서, “아무리 생각해 봐도 삶이란 ‘꿈을 이루기 위한 몸부림’ 그 이상도 이하도 아니었다는 것 외에는 더 깨달을 수가 없었다. ……지금까지 내가 이룬 모든 것과 내가 사랑하는 모든 것은 어린 시절 가졌던 꿈과 목표에 뿌리를 두고 있었다. 그것은 꿈을 이루기 위해 노력하는 과정에서 얻은 것들이었다. 46년간 지녀온 그 모든 특별한 꿈들이야말로 남과 다른 나만의 개성이 아니던가.”하는 생각만이 그를 뒤덮었다. 그는 어릴 적부터 수많은 꿈으로 커 왔다. ‘무중력 상태에 있어보기/NFL(프로미식축구리그) 선수되기/『세계백과사전』에 내가 쓴 항목 올리기/커크 선장되기/봉제 동물인형 따기/디즈니의 이매지니어 되기’ 등 깜찍하고 황당무계하기도 한 이 꿈들을 그는 거의 다 이루었다. 우주비행사는 고사하고 ‘그저 둥둥 떠 있어 보고’ 싶었던 꿈은 교수가 된 뒤 학생들을 데리고 NASA(미항공우주국) 탑승 실험에 참가하는 것으로 가능했다. 비록 NFL 선수는 되지 못했지만, 아홉 살 때 “그 꿈을 성취하려고 노력했던 과정에서 더 많은 것을 배웠다.”[25]

이 모든 것을 가능하도록 도와준 사람들은 바로 자신의 가족이었다. 그냥 웃어 주는 것으로 아들의 창의력을 북돋아 주었던 아버지 덕택에 방 안의 벽에 페인트칠을 할 수 있었다. 또 어릴 적 엄격한 코치로부터 축구를 배우면서 팀워크, 인내심, 열심히 노력하는 것의 가치를 배운 것이 얼마나 값진 일이었는지를 돌이켜 보기도 했다. 의사에게 암이 간으로 전이된 것을 확인하고 아내와 함께 울면서도 방안에 티슈가 없는 것을 보고는, '이런 때에 이런 장소에, 크리넥스 한 통쯤은 있어야 하지 않나?'라는 이야기를 나눌 수도 있었다. 그도 공허하기는 했지만 꿈에 대한 집착 때문에 그럴 수 있었다.

여섯 살과 세 살, 그리고 18개월짜리 아이들과 눈을 마주치는 순간마다 그는 마음으로 작별인사를 할 수 밖에 없었다. 앞으로 살 수 있는 시간이 '몇 달' 밖에 안 되는 그는 가족과 함께할 수 있는 삶의 1분, 1초가 미치도록 소중하기만 했다. 그는 슈퍼마켓에서 계산을 잘못해 돈을 더 지불했는데도 돈을 돌려받는 데 걸릴 5분이 아까워 그냥 떠났다. '시간이 당신이 가진 전부며, 생각보다 시간이 얼마 남지 않았다.'는 사실을 알았기 때문이다. 얼마 남지 않은 시간이지만 그 시간 안에 갖고 있던 꿈을 이루기 위해서였다.

마지막 강연이 있은 지 몇 달 후인 2008년 7월 25일에 숨을 거둔 그는 그동안 강연을 통해 유년시절의 꿈 가운데 '무중력 상태 경험하기', '백과사전에 글 싣기', '월트 디즈니에서 일해보기' 등은 모두 성취했다고 말했다. 다만, 한 가지 미국 프로풋볼 (NFL)에서 뛰어보지 못한 것에 대한 아쉬움을 표시하기도 했다. 그나마 다행이었던 것은 ABC방송의 특집에 출연해 자신이 가장 좋아하는 한국계 풋볼 스타인 하인스 워드와 캐치볼을 하면서 NFL 구장을 잠시나마 뛰어볼 수 있었다는 사실이다. 그는 정말 어린아이처럼 운동장을 뛰어다니며 기쁨을 감추지 못했다.

그는 당시 방송에서 "나는 비록 암에 걸렸지만 그것이 불공정하다고 생각하지는 않는다. 내가 화를 낸다고 상황이 바뀌는 것도 아니다."라고 말하며 긍정적인 태도로 병마와 싸워나가겠다는 의연함을 보였다. 그는 또 "세상에서 가장 소중한 세 단어가 있는데 그건 'to be honest(정직하라)'이며, 거기에다 세 단어를 추가한다면 'all the time (언제나)'"이라고 말했다. 포시 교수의 어록은 이것 외에도 많이 있다. "경험이란 당신이 원하는 것을 얻지 못했을 때 얻어지는 것이다.", "완전히 악마인 사람은 없다. 모든 사람에게서 그의 가장 좋은 점을 발견하라. 참고 기다리면 그는 당신에게 놀라움과 감동을 줄 것이다.", "벽이 있는 것은 다 이유가 있다. 벽은 과연 우리가 무언가를 얼마나 진정으로 원하는지를 가르쳐 준다. 무언가를 간절히 원하지 않는 사람은 그 앞에 멈춰서라는 뜻으로 벽이 있는 것이다.", "여러분이 생각했던 것만큼 내가 침울해 보이지 않는다면 실망시켜 미안하다." 등 음미하면 할수록 마음에 와 닿는 이야기가 많다.[26)]

인체에 영혼이 있는지, 혹은 없는지에 대한 존재 여부에 관계없이, 인간뿐만 아니라 모든 사물의 운동에는 움직이게 하는 요소와 움직이는 요소가 동시에 작동해야 비로소 무엇이든 움직인다. 삶도 마찬가지다. 삶을 지켜나가게 만드는 생명운동은 움직이게 만드는 것과 움직이는 것이 상호작용하는 원리다. 모든 사물은 운동의 원리대로 움직이도록 되어 있다. 운동의 원리는 아리스토텔레스가 형이상학에서 말하는 것처럼 "사물의 원인(아이티온)은 사물이 그것에서 생성하고, 또 그 사물에 내재하고 있는 바의 그것이다." 여기서 운동의 주체가 영혼인지, 아니면 꿈에 대한 집착인지의 여부는 그리 중요하지 않다. 나의 삶을 살아간다는 것과 그것은 생명이 있기에 가능하다는 것에 대한 의미 부여가 더 중요하다. 이 세상은 운동의 원리가 있기 때문에 돌아간다기보다는, 나의 삶과 생명에 대한 의미가 있기에 돌아가는 것이다.

아리스토텔레스가 말한 것처럼 모든 사물이 자신 안에 운동의 원리와 정지의 원리를 함께 지니고 있는 것을 받아들인다고 해도, 인간의 의미 만들기마저도 어떤 위계질서를 따라 만들어지는 것은 아니다. 생물의 성장을 위한 생성에서 보듯이 사람의 의미 만들기가 항상 낮은 의미에서 높은 의미 만들기를 향해 나아간다고 볼 수만은 없다. 의미 만들기에는 항상 배움의 가능성이 개입된다. 배움이 개입되면서부터 인간의 의미 만들기와 그 양태가 달라지기 마련이다. 의미 만들기는 삶의 생성을 이끌어 내지만, 그것의 지속성은 만들어지는 의미의 쓰임새가 어느 정도인지에 따라 서로 달라지기도 한다.

§ Happy Deathday to You!

스티븐 코비가 성공하는 사람들의 7가지 습관[27]으로 이야기한 것들은 자기 리더십의 요인들이다. 말하자면 자신의 삶을 주도하라, 끝을 생각하며 시작하라, 소중한 것을 먼저 하라, 서로 이기는 것을 생각하라, 먼저 이해하고 다음에 이해시켜라, 서로 도움이 되도록 시너지를 내라, 끊임없이 쇄신하라 등은 사람들이 조직생활에서 살아남는 데 필요한 습관이라는 것이다. 그는 7가지 습관 길들이기에 머무르지 않고 그것을 초월하는 힘이 인간에게 필요하다고 주장한다. 7가지 습관 같은 자기 리더십의 요소에 만족하지 않고, 그것을 초월하는 인간의 '위대함'을 드러내는 삶을 살기 위해서는 무엇보다도 자기 내면의 소리를 찾아내는 일이 필요하다는 말이다. 코비는 그런 내면의 소리에 귀를 기울이는 사람이 되기 위해[28] 우선 매일의 삶에서 네 가지 상황을 가정해 보라고 권한다. 첫째, 자기 몸, 자기 건강, 자기 신체에 대해 다음과 같이 가정해 본다. 만약 심장마비가 일어난다면 지금 어떻게 살겠는가에 대해 대답을 해보라. 둘째, 이제 직장생활이 2년밖에 남지 않았다면 당신은 지금 어떤 준비를 할 것인지 생각해 보라. 자신의 지성과 지력의 한계에 이어, 세 번째로 해 볼 수 있는 가정은 감정에 관한 것으로서, 당신이 다른 사람에 대해 하는 모든 말을 그들이 들을 수 있다고 가정해 보면, 지금 당신은 그들에 대해 어떻게 말할지 생각해 보라. 마지막으로는 영성에 대한 가정으로서, 매 분기 당신이 창조주와 일대일로 만나 심판받는다면 지금 어떻게 살겠는가. 이런 4차원적 특정 상황에 대해 지속적으로 가정하는 습관을 들이면 의지할 만한 힘과 성실성이 생긴다는 것이 스티븐 코비의 생각이다.

이 모든 것을 하나로 묶어 통째로 생각해 볼 수 있는 가정이 바로 죽음에 관한 가정이다. 만약 당신이 일주일 후에 죽는다면 무슨 일을 할 것인지 생각해 보면, 여러 가지 단상들이 떠오를 것이다. 그런 단상을 또 한번 침묵의 마음으로 정리해 보면, 수없이 떠올랐던 오만 가지 단상들이 간추려져 서너 가지의 일로 압축될 것이다. 그 답은 바로 코비의 처방대로, 자신의 내면에 귀를 기울이게 만드는 것들로 다시 집약된다.

장례에 대해서는 문화권마다 이해하는 방식도 다르고, 시신을 처리하는 방식도 다르다. 그런 장례 방식 중에서 일반적으로 조장(鳥葬), 혹은 야장(野葬)이라고도 부르는 티베트인들의 천장(天葬, sky burial) 의식은 많은 생각이 들게 한다.[29] 티베트에서는 사람이 죽으면 시신을 깊은 산속으로 옮겨 맹수들의 먹이로 삼는 것이 공통적인 풍속이다. 중국 대륙의 서남지역에 사는 위꾸족과 일부 먼빠족, 그리고 서북지역에 사는 몽골족들은 천장을 하나의 문화적 관습으로 삼고 있다. 서양인들은 티베트인의 천장의식에 대해 미개하다거나 야만적이라는 생각을 하기도 한다. 그러나 그것은 인간이 태어나야만 하는 이유에 대한 서양인들이 가지고 있는 생각들이 경박하기 때문에 나올 수밖에 없는 비판에 불과하다. 게다가 티베트인들처럼 고원에서 생활하는 유목민들의 자연환경과 문화에 대한 무지의 부산물일 수도 있다. 물론 천장 의식도 티베트의 지역별로 조금씩 차이는 있다. 그렇기는 하지만 일반적으로 천장은 돔텐(Domden)이라고 불리는 천장사(天葬師)가 시신을 분해시켜 자연의 하나가 되도록 만들어 주는 장의식으로 치러진다. 돔텐은 주로 전문 승려가 맡아서 하지만 일부는 일반인이 맡기도 한다. 일반인이 돔텐인 경우, 그가 죽으면 천장을 하지 못하고 수장(水葬)을 하도록 되어 있다. 직업인으로서 돔텐은 티베트에서 하층 계급에 속하기 때문이다.

티베트인의 천장 의식 면면을 살피면, 인간이 왜 태어나는지에 대한 이유를 설명해 준다. 기독교나 그 외의 아류 종교, 혹은 샤머니즘은 인간이 태어나는 이유를 분명하게 제시하지 않고 있다. 인간이 신의 계시에 의해 태어날 수밖에 없는 존재라든가, 생물학적으로 정자와 난자의 결합이 인간 존재의 탄생을 의미한다든가 하는 설명이 나름대로의 설득력을 갖고 있다. 그러나 인간이 이 세상에 태어날 수밖에 없고, 그것 때문에 어떻게든 생명의 한계인 죽음을 맞이하며, 죽는다는 것이 결코 서럽거나 축복받지 못한 일이 아니라는 것에 대한 이유를 철학적으로 설명해 줄 수 있는 관습은 티베트의 천장을 꼽을 수 있다.

칼 융은 티베트인의 죽음관과 생명관에 대해 극도의 찬사를 보내기도 했다. 그의 생각을 지금의 말로 바꾼다면, 인간의 탄생을 기리는 '생일 축하한다(Happy birthday)'는 것 못지않게, '죽음 축복해(Happy deathday)'가 가능함을 티베트인의 생명관을 통해 밝히고 있다. 칼 융은 티베트인들이 시신을 조각내어 자연과 하나가 되게 하고, 그것이 죽음 즉시 일어나도록 해야 하는 이유를 프로이트와는 다른 방향에서 설명했다.

그것을 이해하기 위해, 일단 서너 단계의 절차를 거치며 진행되는 티베트인들의 천장 의식을 심도 있게 조명할 필요가 있다.[30] 일반적으로 티베트인의 가족에 망자가 생기면, 가족들은 망자의 조건에 따라 수장, 화장, 천장 중 하나의 방식을 결정한다. 일반적으로 임산부나 병자가 죽으면 특정한 곳에서 수장을 치른다. 전염병 환자의 경우는 화장을, 또한 승려가 죽어도 대부분 화장을 치른다. 그리고 일반적인 티베트인들은 천장을 치른다.

맨 처음, 시신의 옷을 모두 벗기고 끈으로 시신을 앉아 있는 자세로 묶는다. 그런 다음 흰 천으로 전신을 감싸고 마대(麻袋)로 감싼 다음 집안에 3일 동안 모셔 놓는다. 누군가 죽으면 그 당시부터 천장을 시작할 때까지 티베트『사자의 서』에 대한 독경으로 망자를 달랜다. 대부분 5명 정도의 라마승이 망자의 집에 와서 망자의 귀에 대고『사자의 서』를 읽어 주며 그의 넋을 달랜다. 운명했을 때부터 그의 귓가에 티베트『사자의 서』에서 말한 진언을 지속적으로 들려준다. "죽은 이여, 이제 침묵하라. 이 삶을 떠남에 있어 의식적으로 떠나가라. 죽음이 그대의 생명을 빼앗아 가게 하기보다는 그대 스스로 그것을 놓아라. 죽음에 패배당하지 마라. 싸우지 마라. 그대의 모든 집착을 놓아라. 그대에게 있어 이 세상은 이미 끝났다. 그대에게 있어 이 삶은 끝났다. 그것을 붙잡고 있는 것은 이제 의미가 없다. 삶을 붙잡고 있으려 한다면, 그대는 죽음과 싸우게 될 것이다. 그대는 이길 수 없다. 그리고 매우 중요한 가능성 또한 놓치게 될 것이다. 단지 모든 것을 놓아 버려라. 긴장을 풀고 아무런 적대감도 없이, 삶의 절정으로, 자연스러운 현상으로 죽음을 받아들여라. 죽음은 끝이 아니다. 의식적으로 남아서 무슨 일이 일어나는지 지켜보라. 어떻게 몸이 점점 더 그대에게서 멀어져 가는지, 어떻게 마음이 마치 거울이 떨어져서 깨지듯 산산이 부서지는지, 그대의 감정, 느낌, 기분, 그대의 삶을 이루고 있던 모든 것이 어떻게 사라져 가는지 지켜보라."[31]

4일째 새벽이 되면 천장이 시작된다. 약속한 돔덴이 와서 천장장(天葬場)에 시신을 빨리 나르게 한다. 시신 하나에 서너 명의 돔덴이 한 팀이 되어 천장 절차를 따른다. 대부분 5명의 돔덴이 함께한다. 나이든 전문 승려도 있고 수습생격인 젊은 돔덴도 있다. 젊은 돔덴은 노승에게서 눈과 손으로 시신분해법을 배운다. 시신을 들고 간 돔덴은 시신을 천장(天葬) 단상에 올려놓는다. 다른 돔덴들은 마른 야크 똥에 쌀·보리 겨를 뿌려 불을 지핀다. 짙은 연기를 발생시켜 독수리에게 천장식을 알리는 것이다. 독수리들이 달려들기 시작하면, 일반인 돔덴인 경우 시신의 사지를 분해하기 전에 보리떡인 참파(rtsam-pa)와 술을 마신 후 작업에 들어간다. 천장의 최적일은 보름날이다. 달이 환히 비추는 보름날, 새벽 동이 트기 시작하면 천장이 시작된다. 돔덴은 준비해 간 칼, 도끼, 망치를 시신 옆에 놓는다. 얇고 초생달같이 생긴 칼은 살을 도려내기 위한 것이다. 두껍고 곧은 칼은 뼈를 자르기 위한 것이며, 도끼와 큰 망치는 해골과 뼈를 잘게 부수기 위한 것이다. 돔덴은 시신을 포대에서 꺼낸 후 목에 줄을 맨다. 그 줄을 천장 단상의 큰 돌에 묶어 시신을 엎어 놓고 고정시킨다. 이내 시신의 분해를 위한 천장이 시작된다. 돔덴들은 유족이 지켜보는 동안 망자를 위한 진언을 한다. 『사자의 서』의 한 부분이다. 돔덴 한 명이 칼로 돌을 한 번 두드린 후 바로 분해작업에 들어간다. 돔덴은 오랜 숙련을 거친 사람들이기에 시신 분해에 익숙하다. 먼저 머리카락을 잘라낸다. 이어 예리한 칼로 종교적 의미가 담긴 무늬를 등에 그린다. 그러고는 등뼈 윗부분에서 아랫부분까지 칼로 일자로 가른다. 검시관의 손동작처럼 예리하고 정확하다. 그 다음 양쪽으로 절개해서 살을 조금씩 도려낸다.

연이어 사지를 절단한다. 다른 돔덴들이 각자 나누어 사지를 최대한 작게 토막 낸다. 살과 뼈를 분리한 뒤 팔과 다리의 큰 뼈는 잘게 부순다. 사지와 등의 분해작업이 끝나면, 돔덴은 다시 시신을 뒤집어 놓고 머리 부분과 상체 앞부분의 분해를 시작한다. 얼굴 안면의 살과 눈, 코, 입, 귀, 피부를 뼈에서 발라낸다. 눈알은 독수리가 가장 좋아하는 부위이기에 조심해서 다룬다. 두피를 뼈에서 발라내고 나면, 이내 상체의 가슴근육도 발라낸다. 큰 칼로 상체의 앞가슴을 강하게 내리쳐서 절개한 후 그 속에서 내장을 꺼낸다. 모든 것이 순조롭게 분해되는 동안 독수리 떼와 까마귀 떼가 날아와 천장대 주위에서 조용히 기다리고 있다.

티베트인들은 망자(亡者)를 하늘과 가장 가까운 곳으로 옮겨 주어야 망자에게 할 도리를 다 하는 것으로 알고 있다.[32] 바로 독수리가 그들을 대신해서 그 일을 한다. 그래서 시신을 독수리에게 뜯어 먹게 하는 일은 하나도 서글픈 일이 아니다. 시신을 독수리들이 쪼아 먹는 동안 독수리들이 서로 밀치면서 괴성을 지르고 다투기까지 하는 광경은 그야말로 아비규환이다. 그러나 먹구름이 짙게 깔린 하늘에 바람을 일으키는 독수리를 엄숙함과 경건함 그 자체로 바라보는 티베트인들에게는 영혼이 떠난 육체가 윤회에 도움이 되지 않는 쓸모없는 것에 불과하다. 어서 빨리 윤회의 길로 들어가기 위해서는 이 땅에 한 점의 육체도 남기지 말아야 한다. 독수리는 그들 티베트인들에게 망자의 영혼을 영원의 시간으로 운반해 주는 첫 관문인 것이다. 그래서 그들은 시신의 살점을 쪼아 먹는 독수리가 오히려 고맙기만 하다.

시신 분해는 약 30분 정도 안에 마무리된다. 모두 분해된 시신의 살점들은 독수리에게 뿌려진다. 독수리들은 앞다투어 살점과 뼛조각을 먹어 버린다. 뼈는 이미 독수리들이 먹기 편하게 보리 가루인 짬파와 잘 버무려 놓았기 때문에 남김없이 사라진다. 돔덴들이 남아 있는 두골과 늑골을 다시 잘게 부수어 짬파와 버무리기 위해 천장대로 다가서면 독수리들은 그들에게 길을 내 준다. 돔덴들은 이제 목에 매여 있던 줄을 푼다. 두골과 늑골을 분리한다. 이제 젊은 돔덴이 도끼머리를 이용해서 늑골을 잘게 빻는다. 노련한 돔덴은 큰 돌로 두개골을 부순다. 이어 뇌를 꺼낸다. 다시 머리뼈를 잘게 부순다. 짬파를 잘게 부수어진 뼈에 뿌리고 살점과 섞어 먹기 좋게 만들어 두면, 독수리가 와서 그 두골과 늑골, 뇌까지 깨끗하게 먹어 치운다. 머리뼈가 남아 있으면, 돔덴은 그것마저 불에 태워 재로 만든 다음, 산자락에 술술 뿌린다.

독수리는 시신을 다 먹고 나면 곧 하늘로 날아가 버린다. 나머지 찌꺼기는 까마귀 떼들이 덤벼들어 깨끗하게 먹어 치운다. 천장의 모든 작업은 대부분 1시간을 넘지 않는다. 망자의 영혼이 편안하게 하늘에 오르는 시간이 한 시간 걸리는 것이다. 티베트인들은 라마에게 태어난 때부터 죽을 때까지 세 가지 삶의 교훈을 배운다. '나는 반드시 죽는다.', '언제 죽는지는 아무도 알지 못한다.', '죽어서 내세로 가져갈 수 없는 건 참된 재산이 아니다.' 티베트인들은 천장이 바로 이 세 가지 교훈을 실현하는 가장 현명한 길이라고 생각한다. 티베트인들의 윤회사상에 따르면 죽은 후 신성한 독수리가 먹어 치운 시신은 바로 승천하여 이내 부귀한 집안의 사람으로 다시 잉태된다. 그들에게 '죽음은 그저 라이프 스타일의 변화'일 뿐이다. 죽음은 괴로움의 원인인 우리의 집착을 마주보고, 근원적 통일성의 길을 열어 줄 순응의 마음을 발견할 기회다.

§칼 융의 영혼론

현대 심리학에서 독특한 위치를 차지하고 있는 학자인 칼 구스타프 융(1875~1961)은 1910년대에 에반스 웬츠라는 옥스퍼드 대학 교수에 의하여 서양에 최초로 알려진 티베트『사자의 서』를 접하고, 죽을 때까지 한시도 손에서 놓은 적이 없다고 밝혔다.[33] 융은 이 책을 일컬어 가장 차원 높은 심리학 책이라고 극찬했다. 보통 사람들은 티베트『사자의 서』에 대해 '닫힌 책'이라고까지 불렀는데, 책을 읽고도 아무런 감흥을 느끼지 못하였기에 의미를 알 수 없어 여전히 닫힌 책으로 남아 있게 된다는 뜻이었다.

칼 융은 현대 철학과 신학이 아직도 심리학 이전 단계에 머물러 있다고 주장한다. 굳이 심리학이라는 단어를 써야 한다면, 티베트『사자의 서』는 인간이 생각해 낼 수 있는 '가장 차원 높은 심리학'에 속한다는 것이 융의 생각이다. 기존의 철학이나 신학은 기껏해야 인간의 존재에 대해 주장이나 비평을 하고, 방어하거나 논쟁하는 데 그쳤다. 그것들을 가능하게 하는 인간의 마음 그 자체에 대해서는 항상 미완일 뿐이었다. 철학이든 종교든 모든 형이상학적인 주장은 인간의 정신 안에서 방황하는 심리학 이상이 결코 아니라는 것이다. 그들은 인간의 영혼(soul)이란 실로 하찮고 무가치하며, 개인적이고 주관적이며, 덤으로 주어진 어떤 것이라는 전제를 가지고 있다. 이러한 전제 아래 영혼이라는 단어를 기피하고 그 대신 마음(mind)이라는 단어를 즐겨 썼다. 이런 것에 크게 매달리는 신학자들이 영혼을 보편적인 정신, 혹은 '절대적인 정신'에서 나온 것이라고 과장하기는 한다. 하지만 끝내 그것은 영혼을 축소시킨 자신들의 후회스러운 행위에 대한 보상심리일 가능성이 크다. 그들이 매달리고 있는 몸과 마음의 이분법적 사고로는 몸이자 마음인 '몸–마음의 합일적 구조(body-mind, sku)'가 현상적으로 나타난 것이 곧 '몸(lus)'이라는 혜안을 이해할 수가 없다는 것이다.

융은 영혼을 일컬어 궁극적 실체라는 의미를 지닌 독일어 젤레(Seele)라는 단어를 사용한다. 그것은 서양에는 영혼(soul)에 대한 적절한 용어가 없기 때문이다. 서양식 영혼이라고 해도, 그것은 불교적 관점에서 보면 그저 덧없는 것이다. 하나의 환영에 지나지 않는 것으로서 실체가 없는 것인데, 그것을 서양식으로 붙잡아 놓는 것 자체가 무의미하다고 보았다. 티베트『사자의 서』에서 말하는 영혼은 서양인들이 이야기하는 소울(soul)과는 전혀 다른 뜻이다. 융의 표현을 빌리자면, 티베트인들의 영혼은 만물의 틀과 모태인 '집단무의식'을 지칭한다. 융은 '집단무의식'으로서의 영혼을 만물의 자궁인 다르마카야, 즉 법신에 해당한다고 보았다.

티베트인들은 인간의 육체가 흙, 물, 불, 공기, 의식, 즉 '혼'으로 이루어져 있다고 생각해 왔다. 이 다섯 요소가 각각 분리되면 육체적 생명의 정지를 경험하는 것이다.[34] 죽는 것은 우리가 아니라 몸과 혼의 구성요소가 흩어지는 일이다. 인간에게 죽음은 없다. "사라지는 것이 없기 때문에 죽음이 있을 리 없다. 그저 인간의 구성요소가 변할 뿐이다. 인간이라는 생명체를 구성하고 있던 요소가 흩어지는 것이다."

　그것을 굳이 죽음이라고 표현한다면, 죽음의 첫 단계는 땅의 요소가 물의 요소로 분리되고, 에너지의 중심인 물이 다시 불의 요소로 분리된다. 불의 요소는 공기의 요소인 바람으로 분해되면서 죽어 가는 사람은 불꽃 같은 환상을 경험하는데, 이를 '목의 차크라'라고 한다. 이어 공기의 요소는 의식의 요소로 분리된다. 이때 죽어 가는 사람은 '아랫부분의 차크라'인 깜빡거리는 빛을 본다. 이어 의식은 착상될 때 아버지의 정자로부터 받은 것인 '백색요소'로 분리된다. 그 백색요소는 '가슴 차크라'로 떨어진다. 그 다음 어머니의 난자로부터 받은 '적색요소'가 분리된다. 그런데 죽어 가는 사람의 마음은 백색과 적색 사이에 얽매어 있다. 이때 죽어 가는 사람들에게 "두려워하지 마십시오. 이제 적색요소가 분리되는 것입니다."라고 말하면서, 가능하면 신중하게 이에 대해 명상하도록 격려한다. 그러면 백색요소와 적색요소가 만나기 시작하고 무지와 관련된 번뇌, 그리고 자아와 타자 간의 구별이 사라진다. 선명한 빛의 공간이 드리워지면서 죽어 가는 사람이 깨달음 직전인 '흑색요소'를 인식한다. 그러면 마음이 넓어지고 육체를 구성하였던 모든 요소가 우주 공간의 요소로 다시 분리된다. 만물이 생각과 내부시각을 넘어서며 신체 분비물인 대부분의 백색요소와 피를 구성하는 적색요소가 몸으로부터 모든 구멍을 통해 빠져나가면 마음은 육체를 떠나게 된다.

　보통의 인간들은 죽기 바로 직전, 그가 보는 선명한 빛에서 참 본성을 인식하지 못한다. 살아 있는 동안 그것을 한 번도 스스로 인식하지 못하였기 때문이다. 선명하고도 뚜렷한 빛은 순간적으로만 드러나기에 깨닫기 어렵다. 죽은 사람은 처음에 자신이 죽었다는 것 자체를 깨닫기가 힘들다. 집 주위를 맴돌지만 아무도 그들을 보지 못하고, 말을 건네지도 못한다. 죽은 자들은 에너지로 이루어진 몸을 가진 채 떠돌이가 된다. 이 상태가 '바르도'의 상태다. 티베트 『사자의 서』에 바로 '바르도 퇴돌(Bardo Thedol)'이란 말이 나온다. '바르도'란 이승과 저승의 중간을 말하는 것이며, '퇴돌'이란 '영원한 자유'를 의미한다. 그것은 이 세상을 떠나기 전인 죽음의 순간에 자유를 얻기 위한 것이다. 바르도는 여러 뜻으로 번역되지만, 기본적 의미는 '통로'나 '과

도기'를 말한다.[35] 어떤 이들은 바르도를 틈새나 공간이라 하고, 또 어떤 이들은 관문이라 부르기도 하지만, 일반적으로는 새로운 형태로 변모하는 진화의 단계, 한 순간에서 다음 순간으로 이어지는 중간 영역을 뜻한다. 바르도가 죽음 이후의 세계로 여겨지기도 하지만, 지금 이 순간도 하나의 바르도에 속한다. 바르도라는 개념은 인간이 무엇을 움켜잡든 바로 지금 망상에 빠져 있음을 지적할 때 사용되는 노련한 수단이다. 인간의 의식 상태도 일어나서 한순간 머물렀다 사라지고 다시 출현, 상주, 해체를 반복한다.[36]

따라서 망자는 바르도 상태, 즉 중간 상태에서는 어디로 가야 하는지 알지 못한다. 망자의 의식은 커다란 혼란에 빠진 채 빛의 속도로 움직인다. 어떤 곳을 생각하면 일순간에 그곳에 나타난다. 바르도 상태에서 망자는 자신의 마음을 통제할 수가 없다. 다시 말하면, 바르도는 세 부분으로 이루어져 있는데, 그 첫째는 죽음의 순간에 나타나는 투명한 빛으로 망자를 인도하는 방법, 둘째는 사후세계의 중간 상태에 놓인 망자를 존재의 근원으로 인도하는 방법, 셋째는 망자가 환생할 곳을 찾고 있을 때 자궁의 입구를 막거나 선택하는 방법이다.

그렇게 사람이 죽어서 다시 환생할 때까지의 중간 상태인 바르도 상태에 머무는 기간이 대개 49일이다. 이 기간 동안 가족과 위대한 스승들이 망자가 자신의 마음을 다스리도록 도와주면, 그들의 위안을 받은 망자는 자신이 부활하려는 곳을 상상하고 그곳에 가야 한다는 의무감을 느끼며 연푸른색으로 변해 편안하게 자신의 갈 길을 간다. 그곳이 다시 사람의 자궁이 된다.

이해하기는 어렵지만, 결국 티베트 『사자의 서』를 집중해서 읽으면 죽음의 과정이 아주 단순함을 알 수 있다. 극적인 표현을 빌리자면, 인간은 죽는 순간에 잠깐 사이의 빛으로 나타나고, 이어 파란만장한 바르도의 어두컴컴한 허공을 헤매다가, 다시 태어나려는 욕망으로 자궁 속으로 들어가는 과정이다. 융은 죽음의 목적지가 자궁이라는 사실을 반대과정으로 읽으라고 권한다. 그래야 죽음에 대한 진정한 의미를 해석해낼 수 있다는 것이다.

어느 인간이든, 인간의 생명을 갖고 태어난 이상 '나'라는 생명은 어머니의 자궁과 만나는 일로 시작한다. '나'는 어머니의 자궁 너머로는 아무것도 볼 수 없다. 그것을 넘어서면 자아가 파괴되어 버리기 때문이고, 그 두려움은 영원한 두려움으로 남는다. 그 두려움에 맞서서 '나'라는 존재가 잉태되기 전의 자궁을 보려는 욕망을 버리지 않으면 결국 '나'라는 생명이 볼 수 있는 최초의 장면은 어머니와 아버지의 성적 교섭일 뿐이다.

융은 이 지점에서 프로이트 정신분석의 한계를 짚어 낸다. 프로이트의 해석은 '나'라는 생명이 자아의 불안감 때문에 자궁 너머로는 더 이상 나아가지 못한다는 것이다. 프로이트는 자궁 너머를 향한 생명 본연적인 내부시각의 확장을 포기한 채, 오로지 어머니와 아버지의 성교 장면에서 두려움을 경험한 것이나 부모의 성적 쾌락이나 고통, 아니면 다시 태어나야 한다는 집착적인 욕망에만 주목했다. 융은 프로이트가 그것들만 인간의 행동에 연관시켜 해석했을 뿐이라고 비판하였다. 자궁 너머로의 내부시각의 확장, 새로운 세상에 대한 상상력을 간파할 수 없었던 프로이트는, 끝내 인간의 삶, 인간의 삶살이 전부가 성 에너지에서 기인했다는 결론으로 환자의 고통에 임상적으로 임했다는 것이다. 프로이트가 자궁 너머 그 이상을 초월할 수 없었기에, 그의 논리는 리비도에 국한될 수밖에 없었다. 그것이 프로이트의 정신분석학적 문제와 리비도의 한계라는 주장이다.

융은 인간이 자아를 극복하고 자궁 너머로 거슬러 올라가 과거 여행을 하는 내부시각을 계속 확장해 나가면, 그 여행의 끝은 전생이 된다고 본다. 전생의 장면은 프로이트나 심리학자들이 상상할 수 없는 '몸-마음의 합일적 구조'가 현상적으로 나타난다. 그것이 바로 몸과 영혼의 만남이 된다. 그것을 극적으로 보여 주는 것이 바로 티베트인들의 생각, 말하자면 죽음은 해체가 아니라 새로운 시작임을 보여 주는 『사자의 서』다. 죽음은 끝이 아니라 전환이다. 그러므로 두려움에 쫓기던 에너지는 명이 다하면 더 이상 막히지 않게 된다. 인간은 현재의 삶에서나 그 후의 삶에서도 마찬가지로 하나의 객체이며 우주의 한 부분일 뿐이다.

죽음은 생명을 구성하였던 요소가 몸 밖으로 흩어지는 것이다. 그 흩어진 것이 다시 자궁으로 돌아올 때, 그것을 환생이라고 부른다. 그런 점에서 티베트인들이 보여 주는 천장 의식은 죽어서 내세로 영혼을 가져가고 영혼을 위로하기 위한 장엄하고도 단순한 장례 의식일 뿐이다. 티베트인들에게 죽음은 태어남의 생(生)에 대한 집합적 설명이며, 목숨이라는 명(命)이 왜 산화(散華)되는 것인지에 대한 이유를 밝혀 준다.

§ 의미의 각자성

사람은 누구나 그렇지만, 나라고 하는 존재는 자신의 의지와는 상관없이 태어난 하나의 생물적인 존재다. 확률적으로는 기적에 가까운 경쟁을 거쳐 하나의 생물체로, 그리고 완전히 타의에 의해 하나의 삶으로 태어나게 된다. 그렇게 태어나면 그때부터 그는 절대적으로 독자적이며 각자적인 존재로 살아가야만 한다. 내가 누군가를 위해 나 자신을 희생할 수는 있어도 나의 생물학적 시계로 움직이는 생명을 타인에게 빌려 줄 수는 없다. 단 1초라도 타인에게 빌려 줄 수 없는 것이 자신의 생명이다. 그 생명이 나를 존재하게 만든다. 이런 절체 절명의 인간적인 생명에 대한 절박한 생각을 극적으로 표출하고 있는, 고등종교(高等宗敎) 중 하나가 불교다.

불교에서는 붓다를 신으로 생각하기보다는 배운 자로 생각하기에 살아가는 사람의 생명에 대한 고뇌를 처절하게 곱씹게 만든다. 그래서인지 불교는 신성이라는 이름 아래 다른 종교와 대척점에 서 있기 좋아하는 종교들과 다르다. 인간과 모든 생명체의 존재 자체를 존귀하다고 생각한다. 불교의 인간관은, 인간은 독존적인 존재라는 명제에서 시작된다. 그런 생각이 격정적으로 표현된 것이 바로 붓다의 '천상천하유아독존(天上天下唯我獨尊)'이란 선언이다. 여기서 '유아(唯我)'의 '아(我)'가 오로지 붓다만을 지칭하는 것은 아니다. 모든 것을 대표하는 '나'라는 의미다. 인간을 비롯한 살아 있는 모든 생명체, 심지어 풀 한 포기까지도 존귀하다는 선언이다. 유아독존이라는 말은 '독불장군(獨不將軍)'과는 뜻이 전혀 다르다. 남의 의견은 묵살하고 저 혼자 모든 일을 처리하는 사람을 독불장군이라고 부르지만, 유아독존은 생명에 대한 경외(敬畏)라 할 수 있다. 말하자면 내 삶의 주체는 신(神)이 아니라 바로 나 자신이라는 것이다. 땅[天下]에서는 개개인의 존엄성, 신분과 운명의 굴레를 벗어난 절대자유의 '나'를 의미한다. 이때의 '나'는 육체적, 감정적으로 제한된 한 개체만을 가리키는 것이 아니라, 모든 존재가 지니고 있는 본체로서의 '나'를 지칭한다.

인간은 하나하나가 각자적이며, 각각 자기 나름대로 의미를 만들어 내는 존재이기에 귀하다. 사람마다 각자적이라는 말은 인간마다 나름대로의 자존감을 갖고 있다는 말이다. 자존감은 자신감의 근원이다. 자신감(self-confidence)이 어떤 일을 성취할 수 있는 자신의 능력에 대한 믿음이라면, 자존감(self-esteem)은 자신만이 지닌 특별한 가치에 대한 인식을 말한다. 자존감 코치로 활동하고 있는 퇴르블룸[37]은 영화배우나 대기업 임원을 상대로 경험한 것을 바탕으로 훈련을 통해 얼마든지 자존감을 개발할 수 있다고 강조한다. 자기 존중 훈련의 핵심은 스스로의 자기 확신과 자기 확인이 자기 계발을 이루어 낼 수 있다는 것이다. 자신감은 남의 능력과 비교함으로써 얻어지는 것이기에, 타인의 시선이나 판단을 피할 수 없다. 그것에 비해, 자존감은 자신의 시선, 자신의 존재 이유에서 유일하게 나온다. 자신감이 타인의 평가에 의해 언제든지 좌우된다면, 자존감은 어떤 상황에서도 자기 스스로를 한결같이 긍정하고 존중하는 원천이 된다. 자신감을 갖기 위해서는 타인에 의한 근거가 필요하지만, 자존감에는 근거나 이유가 필요하지 않다. 자기 자신에 대한 스스로의 믿음과 기대감만이 자존감의 전부다. 자신의 생존 이유는 처음부터 자신에게 붙어 다니는 것이다. 어떤 근거도 요구하지 않는다는 점에서 자존감은 자기 긍정의 힘이 된다. 자존감은 다른 사람과의 비교에서 나오는 것이 아니라 자기 내면에서 나오기에, 있는 그대로 자신을 받아들이면서 자기 감정을 스스로 책임지면 된다.

성공은 자기 존중의 자존감에서 비롯된다. 자존감은 사람에게 살아가는 법을 바꿔 줄 수 있다는 점에서 언제나 삶의 방향타와 같은 역할을 담당한다. 내가 나를 긍정하기 시작하면 세상도 나를 긍정하게 된다. 낮은 자존감은 자기 실패의 지름길이 될 뿐이다. 자존감이 낮으면 자신에 대한 자기 부정이 우선한다. 실패에 대한 두려움에 자기 자신을 내맡기는 것이나 마찬가지다. 자존감이 낮은 사람은 어떤 부와 성공도 스스로 큰 의미를 갖지 못한다. 스스로 언제나 실패할 수 있다는 자기 부정에 스스로를 매어 놓고 그것에 갈등하며 긴장하고 있기 때문이다. 자신에 대한 남의 평가가 호전되기를 기다린다든지 대인관계가 좋아지기만을 기다리는 것은 자신감의 문제지 자존감의 문제가 아니다. 자존감을 갖기 위해서는 자신과 맺는 관계부터 먼저 자기 긍정의 형태로 개선해야 한다.

의미 만들기는 자신과 자존감에 대한 자기 의식 간의 관계에 따라 달라진다. 마치 독서가 저자와 독자 간의 갈등을 부추기는 것처럼 의미도 자신과 그런 관계를 유지한다. 다른 사람의 글을 읽는다고 할 때, 우리는 그 글을 통해 저자의 생각을 읽는다. 저자는 스스로 표현하고자 하는 욕구를 갖고 있는 사람이기에 어떻게든 자신의 생각을 글 속에 반영한다. 그런 생각을 그의 세계관이라고 정리한다면, 저자는 자신의 세계관으로 무엇인가에 대해 답하려는 욕구가 있고 동시에 질문하려는 욕구도 갖고 있는 사람이다.

독자 역시 저자와 마찬가지로 무엇인가에 대해 질문하려는 욕구와 이해하려는 욕구를 갖고 있는 사람이다. 이런 욕구가 서로 교차하면서 만나지 않는다면, 세상에는 아무 일도 일어나지 않을 수 있다. 그것을 만나게 해 주는 교량이나 도구가 바로 책이다. 그 도구는 하나의 저자와 독자를 만나게 하는 소통의 장이다. 그런데 소통만으로는 아무것도 일어나지 않을 수 있다. 질문하려는 욕구가 저자의 답하려는 욕구와 만나기 위해서는 먼저 독자의 욕구가 질문하려는 욕망으로 바뀌어야 한다. 그 욕망들이 바로 서로 배우려는 욕망이다. 배우려는 두 개의 힘이 서로 겨루는 장면이 읽기의 장면을 연출한다.

§생각 긁기

　읽기는 저자의 표현 욕구와 답하려는 욕구를 무력화하려는 독자의 출발점이다. 독자는 저자를 무장 해제시키기 위해서라도 저자의 생각을 치열하게 읽어 내려가야 한다. 읽기와 읽히기의 관계는 그래서 답문을 해체해 가는 과정이다. 저자가 먼저 답을 주고 독자는 나중에 질문을 하는 '답문관계'를, 다시 저자가 질문하고 독자가 답하게 만드는 '문답관계'로 도치시키는 생각의 해체과정이다. 더 이상 저자의 답변 자세가 독자의 질문 욕구를 자극할 수 없도록 만들어 놓는 저자 포로작전의 시작이다. 이런 읽기를 통해 저자는 지적으로 무장 해제당하고 저자의 생각은 독자에 의해 해체된다. 지적 해체과정이 일어나면 저자의 생각은 사라지고 그때부터 독자는 저자의 위치에 서서 독자 자신에게 당당하게 답하게 된다. 답문의 관계가 문답의 관계로 전환된다는 것은 저자의 생각이 독자에 의해 재구성되는 것을 의미한다. 독자 나름대로 의미의 재구성에 도움을 주지 못한 채 그냥 정보 수렴에만 만족하게 하는 저자는 고장났던 중고차를 수선해서 새 차로 팔고 있는 정보 노점상에 지나지 않는다.

　이처럼 독서를 통해 독자의 관점에 의미의 재구성이 일어났을 때, 책 읽기는 거듭나기 시작하면서 새로운 생명을 얻는다. 이런 시각에서 일본 학자 사이토 에이지는 독자에게 성찰하는 '읽꾼', 즉 읽기꾼이 되라고 주문한다. 책을 위한 신하가 될 것인지, 아니면 지식의 임금님이 될 것인지는 독자가 하기 나름이므로 독자라면 무릇 제대로 읽는 독자가 되어야 한다고 했다.[38] 그런 것을 위해 독서 기법이 필요하기도 하지만, 그것보다 중요한 것은 독서의 정신, 글 읽기를 통한 의미 재구성이라는 것이 그가 강조하는 독서법이다. 결론적으로 글 읽기는 저자의 생각 긁기와 독렵(讀獵), 다시 말해서 저자의 관점 사냥하기다. 읽음의 종점은 정보를 획득하는 데 있는 것이 아니라 의식의 재구성에 있다.

　그런 모습을 보여 주는 독서꾼의 한 사람으로 한국 여성장애인 국회의원 1호였던 장향숙 씨를 들 수 있다. 그녀는 책 읽기의 목적지가 어디인지를 보여 주는 글 읽기의 파수꾼이며 읽기의 등대지기와 같은 인물이다. 의식의 재구성을 위한 읽기를 통해 자신의 신체적 장애마저도 굴복시킨 '읽꾼'이다.[39] 그에게 있어서 책을 읽는다는 것은 자기 자신과의 끝없는 대화이자 자기 존재를 확인하는 일이다. 마치 껍질을 벗겨 가는 일과 같았다.

이런 일이 장애인에게만 해당되는 것은 아니다. 장애인에 비해 사정이 더 나을 것이 없는 삶에서도 마찬가지다. 어떤 삶에서나 삶은 의미 찾기로 귀결된다. 코엘료는 이 점을 『11분』이라는 아주 적나라한 소설을 통해 이야기한다. 코엘료가 자신의 소설 제목으로 붙인 '11분'[40]은 이 지구상 인간들에게 공통적으로 발견되는 성행위의 평균 지속 시간을 의미한다. 세상의 남녀는 제아무리 잘난 척하고 증오하고 사랑한다 하더라도 결국은 11분의 축을 따라 살아가게 마련이다. 그런 아귀다툼 속에서도 사람에 대한 의미는 제각기 다르다. 삶의 의미를 만들어 가는 사람만이 자기 삶에 빛을 비출 수 있다.

§ Homo Patience

『자라투스트라(Zarathustra)는 이렇게 말했다』[41]에서 니체는 인간의 존재를 "심연 위에 걸쳐진 밧줄 위에서, 저쪽으로 건너가는 것도 위험하고 줄 가운데 있는 것도 위험하며 뒤돌아보는 것도, 벌벌 떨고 있는 것도, 멈추어 서는 것 역시 위험하다. 인간의 위대함은 그가 다리일 뿐 목적이 아니라는 데 있다."라고 기술했다. 인간 그 자체가 절벽을 불안하게 잇고 있는 다리다. 바로 그것이 인간에게는 고통이지만, 그 고통은 의미가 된다. 인간이 겪는 고통이 인간에게는 의미며, 고통을 통해 의미를 찾을 수 있다는 니체의 절규는 마치 붓다의 고행에서 보여 주는 의미 찾기와 일맥상통한다.

니체의 절규가 붓다의 의미 찾기를 위한 시작이라는 점을 해럴드 블룸[42]교수는 니체의 『도덕의 계보』에서 다시 읽어 낸다. 『도덕의 계보』[43]를 꼼꼼하게 읽으면서, 블룸 교수는 고통스러움 그 자체가 의미라는 점에 주목하고 니체의 생각이 불가에서 말하는 의미 만들기에 대한 확인이었다고 분석한다. 고통과 그 의미 사이에 고통의 기억이 있고, 이것은 기억할 만한 의미가 된다. 물론 니체는 고통의 의미를 허무주의로 이끌어 간 것이 붓다의 그것과는 질적으로 달랐다. 하지만 니체는 자기 스스로 고통에 어떤 의미를 주는 것이 고통을 더는 것이라기보다는 의미가 단지 반복되지 않고 새로 시작할 수 있도록 해 주는 것이라고 보았다. 모든 사물의 의미를 찾고 해석하려는 욕구가 인간적인 욕구라는 것만은 부인하지 않은 것 같다. 그는 『선악을 넘어서』에서 "괴물과 싸우는 사람은 그 싸움 속에서 스스로도 괴물이 되지 않도록 조심해야 한다. 그대가 오랫동안 심연을 들여다볼 때, 심연 역시 그대를 들여다본다."라고 강하게 호소하고 있다. 이 호소가 바로 자라투스트라라는 초인을 통해 이야기하고 싶은 가장 인간적인 것에 대한 절규다.

세속적인 것과 예수적인 것을 변증법적으로 설명하고자 노력하였던 21세기 지성적 신학자의 대부, 폴 틸리히(Tillich. P) 교수[44] 역시 인간에게 고통을 증폭시키는 불안이 무엇인지, 그 불안을 갖게 만드는 원천이 무엇인지 실존신학적인 관점에서 열거한 적이 있다. 틸리히 교수는 그것의 원인이 무엇보다도 '죽음'에서 시작한다고 강조한다. 어느 누구도 죽음을 극복할 수는 없다. 죽음은 인간에게 조건 없이 공허감을 만들어 낸다. 둘째는 '죄악감'으로서 매일같이 사람으로 하여금 모든 사람이 지키는 도덕을 어겼다는 마음을 갖게 한다. 마지막으로는 사람이 존재해야 되는 이유를 알지 못함으로써 생기는 '무의미'가 사람을 끊임없이 불안하게 만든다고 하였다. 니체가 말했듯 모든 것이 불확실하고 불안하다. 도대체 무엇 때문에 그렇게 살아가는지 존재 의미를 알아차릴 수가 없어서 불안한 것이다.

인류사의 종교, 그중에서도 영생과 부활을 가르친 기독교는 사람들을 죽음의 공포에서 풀려나게 했다. 또한 속죄와 회개를 가르친 종교개혁을 통해 사람들에게 도덕률을 어겼다는 죄악감에서 해방되도록 만들기도 했다. 그러나 아직까지도 해소할 수 없었던 것이 무의미에서의 해방이었다. 무의미에 갇히면, 사람들은 어떤 식이든 '집단 신경증'을 앓게 된다. 스토아학파의 정신을 계승하고 있는 빅터 프랑켈(Frankel) 교수는 집단 신경증에서 벗어나는 치료법으로 '의미요법' [45])을 개발했다. 의미요법의 핵심은 의미를 찾고 만들며, 그것을 자기 것으로 만들어 스스로를 치유하는 데 있다. 인간은 의미를 찾는 존재이기에, 자기 스스로 의미를 만들어 내기만 하면 그 안에서 치유가 이미 진행된 것이라고 보는 것이 의미요법이다. 의미요법이라는 말은 '로고 테라피(Logo Therapy)'를 번역한 것으로서 이때 로고(Logo)는 의미이며, 테라피(Therapy)는 치료 기술이다. 즉, 로고 테라피는 의미 만들기로 귀착된다. 의미 만들기가 바로 치유의 시작이라고 간주하는 빅터 프랑클은 집단 신경증에 시달리고 있는 현대인들이 매일같이 어떤 식으로 죽음을 초대하고 있는지 이슬람의 수피교에서 오랫동안 회자되는 이야기를 통해 알려 주고 있다.

> 페르시아의 권력자가 하인과 함께 정원을 거닐고 있었다. 갑자기 하인이 비명을 질렀다. 방금 죽음의 신을 보았다는 거다. 신이 곧 자신을 데려가겠다고 위협했다며, 주인에게 도망갈 수 있도록 말을 빌려 달라고 애원했다. 말을 타자마자 하인은 큰 도시인 테헤란으로 줄행랑을 쳤다. 자신을 쉽게 찾지 못하도록 말이다. 마음을 진정하고 집으로 들어간 주인, 떠나지 않고 있던 죽음의 신과 마주쳤다. 주인은 신에게 따졌다. "왜 우리 하인을 겁주고 그러오?" 그러자 죽음의 신이 답했다. "위협하지 않았습니다. 오늘밤 테헤란에서 만나려고 했는데, 그가 아직까지 여기 있어서 놀랐다고 말했을 뿐이에요." [46])

의미요법에 따르면, 긴장과 갈등이 없는 상태가 인간에게 최선의 상태는 아니다. 긴장과 갈등이 없는 상태를 찾는 일보다는 그것을 만들어 낸 시련의 이유를 알아내는 일이 더 중요하다. 고통받는 사람이 스스로 겪는 시련이 무엇인지를 알기 시작하면 고통은 슬그머니 멈추게 되어 있다. 시련에 대한 이유를 알지 못하기에 고통에 시달리는 것이다. 고통에 시달린 채 삶의 의미 찾기를 포기하는 사람에게는 절망이 다가와 그를 갉아먹기 시작한다.

삶의 의미를 끊임없이 되묻는 사람들에게는 삶의 의욕이 생기지 않는다. 인생은 시련과 죽음 없이 완성될 수가 없는, 이해가 쉽지 않은 삶의 현상이기 때문이다. 인생의 의미를 놓아 버리면 시련을 감내해야 할 어떤 이유도 찾을 수가 없다. '의미를 찾으려는 의지'를 포기해서는 안 된다. 그렇게 하기 위해서 '인생 한 번은 죽었고, 이제 새롭게 인생을 두 번째로 사는 듯'이 살아야 한다. 프랑클은 지금 하고 싶은 것으로 당신을 이끌어 내려는 욕망을 첫 번째 인생에서 당신을 망쳐 놓았던 행동으로 간주하라고 조언한다.

그것은 자신을 넘어서는 사람만이 삶의 의미를 제대로 찾을 수 있기 때문이다. 자신에 대한 집착은 스스로에게 병만 안겨 줄 뿐이다. 타인을 인내하고 타인에게 너그럽듯이 자기 자신도 배려하고 인내하는 존재, 호모 파티엔스(Homo Patience)가 되어야 한다. 그러면 비로소 자기부터 행복이 무엇인지 깨달을 수 있고 먼저 행복해질 수 있는 것이다.[47] 자기 의미를 찾기 전에 타인이 부여한 의미에 치이면 삶은 스산해지기 마련이다. 그런 일은 나치 포로수용소 아우슈비츠에서 늘 경험했던 일이다. 그곳에서도 의미 만들기에 성공한 사람은 살아남을 수 있었다. 프랑클은 그런 포로수용소에서도 가능했던 인생의 의미 찾기가 지금의 풍요로운 삶에서 왜 불가능한지 반성하기 시작하면 삶의 의미가 다시 찾아온다고 강조한다. 그렇게 하기 위해서는 자기 자신에게 스스로의 웃음부터 선사해야 한다는 것이 프랑클의 처방이다. 〈인생은 아름다워〉라는 영화에서 주인공 귀도가 죽음의 마지막 순간까지 아들을 위해 웃음을 잃지 않았던 모습이 현대인에게 필요하다는 것이다. 실제로 신경질환 환자가 자신에 대해 웃을 수 있다면 그는 이미 자신의 병을 치료할 수 있는 절차에 돌입하고 있는 것이다.

§마음 내놔 봐

"네가 아파하는 그 마음을 어디 한번 내놓아 보아라." 선가(禪家)에서 마음에는 실체가 없음을 깨우쳐 주기 위해 흔히 던지는 화두다. 이 질문에 콜롬비아 출신의 뇌과학자 로돌프 R. 이나스는 "그 마음 여기 있소."라고 단언해 버린다. 그는 자신의 저서 『꿈꾸는 기계의 진화─뇌과학으로 보는 철학명제』에서, 불가에서 말하는 화두는 모두가 말장난에 지나지 않는다고 정리했다. 마음이 따로 있는 것이 아니라 우리 몸 중에서 뇌가 마음을 대신한다고 보았기 때문이다. 뇌는 신경세포들이 외부 자극의 반응으로 일어나는 진동을 수용할 뿐만 아니라, 이를 독자적인 방법으로 결합하고 다시 적절하게 행동하도록 세포들의 운동을 조절하고 조직한다. 뇌는 구조상 닫혀 있는 구조다. 닫힌 구조이기에 감각이 받아들이는 외부 실재와는 다른 자신만의 실재를 형성한다. 결국, 신경세포와 뇌 사이에는 일정한 '간격'이 생기는데, 이나스 교수는 이 간격을 좁히려는 커뮤니케이션 과정이 곧 '마음'이라고 주장한다.

그래서 마음은 감각과는 무관하게 독립적으로 존재한다. 뇌가 존재하기에 마음도 존재한다. 그 증거는 인간이 꿈을 꿀 때도 깨어 있을 때처럼 감각 경험을 할 수 있다는 것에서 찾을 수 있다. 외부 자극을 경험하게 만드는 인지 능력이나 정서적 능력 대부분은 유전적으로 미리 몸속에 배선되어 있다. 감정과 언어 역시 운동의 속성상 '고정운동 패턴화'되어 있다는 점에서 본다면, 마음이라는 것도 미리 패턴화되어 있는 것일 뿐이다. 그 마음의 본체가 바로 뇌이기 때문에, 마음이 아프다는 것은 뇌 작용이 '아픈' 상황을 벗어나지 못한다.

마음에 대한 이 같은 입장 때문에 뇌과학자들의 눈에는 마음의 본체가 훤히 보인다. 눈, 눈물, 눈곱이 서로 구별되어 보이듯이 마음 역시 그들의 눈에는 다른 것과 구별된다. 불가의 사람들이 보기에는 마음을 그렇게 단순하게 하나의 물질적 실체로 설명하는 뇌과학자들의 주장이 한마디로 우스꽝스럽기 그지없다. 뇌과학자가 그려 내고 있는 마음이라는 것을 불가의 눈으로 보면, 그저 분뇨통을 보고 마음이라고 이름 붙이는 것으로 이해될 뿐이다. 그러려면 뇌(brain)라는 말을 만들어 내지 말고, 뇌를 처음부터 마음(mind)이라고 불렀어야 하는 것이 과학적으로 더 옳은 것이라고 충고한다. 뇌과학자들의 주장을 어불성설로 몰아붙이면서 불가에서는, "너희가 뇌과학자라면, 나는 '뇌하느님'이다."라고 외치고 나올 수도 있다. "네 이놈, 달을 가리키면 달을 봐야지, 손가락 끝은 왜 보고 있느냐."라고 호령하는 선사(禪師)들의 화두가 있다. 저들 뇌과학자들이 설명하고 있는 마음이 마치 달은 쳐다보지 않고 손가락만 눈 빠지게 쳐다보고 있는 그런 어처구니없는 형상일 수 있다. 뇌과학자들은 달을 슬쩍 보는 듯하지만, 끝내 그들은 손가락에 눈길을 집중하고 있는 꼴을 벗어나지 못하는 화상들에 지나지 않는다.[48] 아파하는 마음이 있다면 한번 내놓아 보라는 선사들의 주문은, 마치 네 고통이 무엇인지 각자의 고통에게 따져보라는 주문이나 마찬가지다. 그렇게 하기 위해서는 도대체 고통이 무엇인지부터 따지며 묻는 자세가 필요하다. 고통이 무엇인지 정체를 알기만 하면, 마음의 정체도 알게 되고 고통을 달랠 방도 역시 얻을 수 있을 것이다. 그렇게 하기 위해서는 고통의 의미부터 찾아내야 한다.

고통스러운 상황에서 고통의 의미를 찾아내기 시작하면 고통은 이내 모습을 감추어 버린다. 그렇다면 고통이 아무런 의미도 갖고 있지 않다고 생각하는 길이 가장 현명한 길이 되는 셈이다. 고통에 아무런 의미가 없다고 생각하면, 고통의 문제가 제거될 수도 있다는 생각이 일반적이다. 그래도 고통에서 벗어날 수는 없다. 고통에 의미가 없다는 생각 때문에, 고통이 가중되지는 않는다 해도 그 대신 고통이 부당하다고 생각하기 때문에, 오히려 더 괴로워질 수밖에 없는 것이다.

'이 고통은 내게 부당하다. 내 마음이 이 고통을 정당한 것으로 받아들일 수 없다.'고 말하려면, 인간은 의미 없는 고통을 받지 않을 수 있는 장치와 권리가 있어야 한다. 그것이 가능하기 위해서는 고통에 대한 어떤 초월적 법칙이 존재해야 한다. 초월적 존재나 법칙을 가정하면, 의미의 확인이 불가능한 고통에도 초월적 의미가 개입되어 있다는 말이 된다. 결국, 의미가 없는 고통이란 존재할 수 없게 된다. 이렇게 성찰해 나가면, 무의미한 고통을 겪어서 부당하다는 상황 자체가 성립하지 않는다. 그럼 깨달음으로 마음이 편해지기 시작한다. 이에 비해 초월적 존재나 법칙을 부정하는 사람은, '무의미한 고통도 존재한다.'고 주장할 수는 있다. 그 대신 '그래서 그것이 부당하다.'고는 말할 수 없게 된다. 어떤 입장을 취하든 자신의 고통은 무의미한 것이기에 부당한 것이 되고, 그래서 더 고통스럽다고 말할 수는 없기 때문이다.[49)]

의미가 없는 고통이라면, 그 고통을 경멸하고 무시하면 된다. 미친 개를 두려워하고 피하거나 잔혹한 고문 앞에 벌벌 떨었다고 해서 인간의 존엄성이 훼손되지 않는 것과 같다. 고통을 경멸한다고 인간됨이 훼손되지는 않는다. 다만, 고통에게 고통의 이유를 냉철하게 따지고, 그것에 대해 시비를 거는 편이 고통을 이기는 훨씬 좋은 방법이다. 그것에 시비를 걸기 시작하면 아파하는 마음 가운데에서 아픔은 없어지기 시작하고, 아팠던 마음은 별안간 여유를 갖기 시작한다. 그것이 마음이다.

§ 마음 맹(盲)의 모듈(Module)

사람이 태어났을 때의 생물학적인 조건은 어쩌면 소프트웨어가 제대로 깔리지 않은 컴퓨터와 비슷하다고 볼 수 있다. 신경생물학적으로 보면 인간의 뇌, 인간의 마음, 인간이라는 몸체는 신경세포 간에 제대로 된 연결이 이루어지지 않은 상태다. 그렇기 때문에 의미 있는 자연성, 즉 신의 계시와 영험이 가득 차 있다고 보기는 어렵다. 따라서 의미 있는 자연성이 하나둘씩 만들어져 가는 과정으로 보는 것이 더 타당하다.

인간에게 가장 먼저 와 닿는 자연성의 원초적인 신호가 있다면 그것은 당연히 타인의 마음을 헤아리거나 읽어 내는 능력일 것이다. 신생아와 어머니 간의 원초적 관계는 그런 자연성의 순수한 관계다. 그래서 사이몬 배론 코헨(Simon B. Cohen) 교수는 인간에게 타인의 마음을 읽는 원초적인 능력이 있다고 강조한다.[50)] 원초적인 마음 읽기 능력은 원시인류가 모여 살게 되면서부터 더욱 진화된 능력의 산물이라고 간주한다. 그리고 마음 읽기가 불가능해진 마음 맹(盲), 즉 심맹(心盲) 상태인 사람을 자폐증 환자라고 설명한다.

'인간의 마음이 모듈화되어 있다.'는 논리를 따르는 사람들에 의하면, 자폐증 환자들도 모듈화된 마음을 갖고 있음이 분명하다. '모듈(module)'이란, 특정한 기능을 수행하기 위해서 구성인자 간에 긴밀한 상호작용을 하지만 다른 모듈의 구성원들과는 아주 미약한 상호작용을 하는 장치를 말한다. '마음모듈 이론'에 따르면, 인간의 마음은 독립적인 부품들로 이루어져 있다. 인간의 마음을 컴퓨터에 비유하자면 마치 키보드, 중앙처리장치 등처럼 독립적으로 구성되어 있으면서도 서로 연관되는 하나의 체제라는 것이다. 키보드로 '마음'이라는 글자를 치면, 컴퓨터 중앙처리장치에 같은 글자가 입력된다. 이처럼 인간의 언어, 시각, 청각, 미각, 촉각, 후각 등의 하위기능은 모두 모듈화되어 작동한다. 다만, 중앙처리장치는 모듈화되어 있지 않다. 그것은 중앙처리장치가 각각의 부분 모듈로부터 입력된 정보를 종합하고, 분류하고, 판단해야 하기 때문이다.[51]

모듈론은 제리 포더(Fodor) 교수의 주장처럼 인간의 마음을 최소한의 모듈로 간주하는 견해와 모듈성을 전혀 고려하지 않는 '무모듈론'의 입장으로 나뉜다. 마음의 모듈성을 고려하지 않는 축의 논리는 단순하다. 만일 마음이 모든 문제를 해결하도록 모듈화로 설계되었다면, 그 모듈에는 '계산적 폭발'이 필연적이라는 것이다. 그로 인해 마음은 구현되기도 전에 작동 불가 상태에 빠진다는 논리다. 그런 이유로 인간의 감각에서 수용하는 모든 문제를 해결할 수 있는 오지랖 넓은 마음은, 인간의 진화역사에서 존재하지도 않았고 존재할 필요조차 없었다는 것이 무모듈론자들의 주장이다.

이렇게 견해의 엇갈림 속에서도, 진화심리학자들은 인간의 마음구조를 '군용 칼'에 비유한다. 인간의 마음이 여러 개의 모듈로 구성되어 있다고 보기 때문이다.[52] 군용 칼에는 칼, 병따개, 드라이버, 작은 톱에 이르기까지 저마다 각자적으로 고유한 기능을 담당하고 있는 독립된 도구가 함께 붙어 있다.

인간의 마음을 마치 군용 칼처럼 여러 개의 독립적인 기능을 발휘하는 모듈의 집합체로 비유한 것은 쉽게 이해할 수 있다. 그러나 그 논리에는 여전히 풀리지 않는 난제가 남아 있다. 그런 기능들을 하나로 모아 총체적인 기능을 발휘하고 있는 것이 무엇이고, 그것이 군용 칼의 핵심 부품인지에 대한 의문이다. 칼, 병따개, 드라이버 등은 총체적으로 혹은 각각 기능하도록 하나로 단단히 연결되어 있다. 그러나 그것들을 하나로 지탱하는 것은 나사고리이지, 군용 칼의 껍데기는 아닐 것이 분명하기 때문이다.

이 비유를 자폐증 환자들에게 적용하면, 자폐증 환자는 결국 군용 칼의 껍데기에 지나지 않는 존재가 된다. 왜냐하면 자폐증 환자에게서 오작동을 하고 있는 부분은 마음 읽기라고 간주되기 때문이다. 그런 '마음 맹'은 군용 칼로 비유하면 연결 나사고리가 없는 칼의 껍데기다. 이미 각각의 부품을 상실한 군용 칼의 껍데기만 보고서, 그것을 군용 칼이라고 불러야 하는지도 의문이다. 그래서 서번트 증후군 환자, 혹은 자폐증이나 발달장애, 정신지체 등의 장애를 지닌 이들을 '마음 맹'이라고 부르는 것은 부당할 수밖에 없다. 타인의 마음을 읽지 못한다는 말 자체가 엄밀한 의미에서 잘못된 것이기 때문이다. 예를 들어, 영화 〈레인 맨〉에서 더스틴 호프만이 연기한 '레이먼드 배빗'은 숫자에 대한 천부적 재능이 있지만 그런 능력에 비해 타인을 배려하는 마음은 상대적으로 낮았다. 그렇다고 그가 그의 동생을 전혀 이해하지 못하거나 동생의 마음을 전혀 헤아리지 못한 것은 아니었다.

자폐증 환자들도 타인의 마음을 읽는다는 사실은 영화 속 이야기만은 아니다. 그들도 '세상에서 공존보다 소중한 것은 사랑'임을 깨닫는 마음을 갖고 있다. 그들도 타인의 마음을 읽을 수 있기 때문에 다른 사람을 위한 봉사 활동에 나선다. 그들은 "경이로운 능력과 경이로운 무능력은 백지 한 장 차이"라고 말하곤 한다. 그런 그들을 타인의 마음을 읽는 능력이 없다고 심맹(心盲)으로 낙인찍는 것은 뇌과학자들이야말로 경이로운 맹심(盲心)의 소유자들[53]이며, 과학을 빙자한 폭력배일 뿐임을 증명하는 일이다.

§의미 만들기의 차이

문화가 다르면 삶이나 죽음에 대한 의미 만들기도 다르다. 이런 지각과정의 차이는 문화적 변수에 기인한다. 니스벳 교수는 "중국문화의 핵심은 조화에 있기 때문에, 서양인에 비해 타인과의 관계에 많은 신경을 써야 한다. 서양인은 타인에게 신경을 덜 쓰고도 일할 수 있는 개인주의적 방식을 발전시켜 왔기에 지각 차이가 날 수밖에 없다."라고 말한다. 고대 중국의 농민들은 관개농사를 하였기 때문에, 물을 나눠 쓰되 누군가가 속이지 않는다는 것을 서로 확실하게 해둘 필요가 있었다. 반면, 서양의 기원인 고대 그리스에서는 개별적으로 포도와 올리브를 키우는 농민이 많았다. 그들은 오늘날의 개인사업가처럼 행동했다. 이런 삶의 방식이 지각구조에도 영향을 미쳐 철학자 아리스토텔레스는 바위가 물에 가라앉는 것은 중력 때문이고 나무가 물에 뜨는 것은 부력 때문이라고 분석하면서도, 정작 물에 대해서는 아무런 언급을 하지 않았던 것이다. 중국인들은 모든 움직임을 주변 환경과 연관시켜 생각하였기 때문에 서양인보다 훨씬 전에 조류(潮流)와 자기(磁氣)를 이해했다.

니스벳[54] 교수는 지난 2001년 일본인과 미국인을 상대로 한 실험에서도 문화권마다 다른 지각의 차이를 밝혔다. 물 속 풍경사진을 일본인들과 미국인들에게 보여 주자, 미국인들은 밝게 빛나거나 빨리 움직이는 물체를 보았다고 했다. 즉 '헤엄치고 있는 송어 3마리'를 지적했다. 그에 비해 일본인들은 물의 흐름이나 '물이 파랗다.', '바닥에 바위가 있다.'와 같은 이야기를 먼저 한 뒤에야 물고기에게 관심을 보였다. 사람에게 차를 더 권하는 상황을 봐도, 동양과 서양 간에는 확실한 언어적 차이가 있음을 알 수 있다. 중국인들은 '더 마실래?(Drink more?)'라고 묻지만, 미국인들은 '차 더 할래?(More tea?)'라고 묻는다. 중국인들의 관점에서는 현재 상황에서 마시고 있는 것은 분명 '차'이기 때문에, 명사인 '차'를 문장 안에 포함시킬 필요가 없다고 느낀 것이다. 반면, 미국인들은 차를 '마시고 있는 것'이 분명하기 때문에 동사인 '마시다(drink)'를 포함시킬 필요가 없다고 느낀 것이다.

서양인과 동양인의 지각 차이는 성별에 관계없이 문화적 차이로 드러난다. 예를 들어 사물에 대해 설명할 때, 미국 여성들은 중국 여성들에 비해 '물체의 내부 속성에 의한 운동으로 설명하는 경향'을 더 강하게 보인다. 미국 국립과학아카데미(NAS) 회보는 동양인과 서양인의 사물 인식의 차이를 보여 주는 실험 결과를 소개하였다. 미국 학생의 눈은 전면에 두드러진 물체에 빨리 반응하면서 그것을 오랫동안 쳐다본다. 그러나 중국 학생의 시선은 배경에 우선적으로 오래 머물렀고, 또 물체와 배경을 오가며 그림 전체를 보는 데 많은 시간을 할애하였다.[55]

문화의 차이는 언어의 차이에서도 기인한다. 그것을 가장 잘 보여 주는 것이 홍콩인의 사례다. 100년이 넘는 세월 동안 영국의 통치를 받으면서 홍콩의 어린이들은 아주 어릴 때부터 광둥어와 영어를 배우며 자랐다. 또한 홍콩 사람들은 동양인임에도 불구하고 서양의 언어 · 문화적 영향을 많이 받았다. 따라서 홍콩에는 동양과 서양의 문화적 특성이 갈등하지 않고 있는 그대로 공존하고 있다. 그래서 홍콩 사람들은 '동양문화를 상징하는 이미지'를 보면 동양식으로 사고하고, '서양문화를 상징하는 이미지'를 보면 서양식으로 사고하는 경향이 있다.

이런 문화는 '이중언어자(bilingual)' 중 '동등 이중언어자(coordinate bilingual)'와 '복합 이중언어자(compound bilingual)'가 서로 다른 양태로 나타난다. 동등 이중언어자들은 제2국어를 비교적 늦은 나이에 배워, 그것을 한정된 맥락에서만 사용하는 사람들이다. 복합 이중언어자들은 홍콩에 거주하는 중국인의 경우처럼 아주 어린 나이에 제2국어를 배워 어떤 언어에서든 세상에 대한 표상이 크게 다르지 않은 사람들이다. 중국이나 타이완에서 영어를 사용하는 사람들은 주로 동등 이중언어자들이다. 한국인이나 일본인들도 거의 마찬가지다. 동등 이중언어 활용에 따라 세상에 대한 정신적 표상도 서로 다르게 나타난다.

동등 이중언어자들은 문제를 영어로 제시하느냐 모국어로 제시하느냐에 따라 범주화의 패턴이 크게 달라진다. 그에 비해, 복합 이중언어자들은 영어로 검사하든 모국어로 검사하든 별다른 차이와 변화를 보이지 않는다. 결국 니스벳 교수의 연구 결과에 따르면, 언어의 효과와 무관한 문화의 효과가 존재한다는 사실을 알 수 있다. 이 점은 동등 이중언어 중국인과 복합 이중언어 중국인의 반응이 미국인의 반응과 다른 데서 알 수 있다. 전자의 집단은 영어로 문제를 풀었을 때, 덜 동양적인 패턴을 보이기는 하지만 여전히 미국인과는 다른 패턴을 보인다. 홍콩과 싱가포르인들처럼 비교적 서구화된 사회에서 살아가는 후자의 집단은 중국어로 문제를 풀었을 때 더 동양적인 패턴을 보인다. 그럼에도 불구하고 동등 이중언어 중국인들보다는 좀 더 서구적인 패턴을 보인다.

§ 의미의 해상도

'점(點)으로 이루어지는 디지털 가상의 현실에서 인간이 자신에 대한 의미를 만들어 낸다는 것이 무슨 의미인가?'라는 질문에 대답하려면 우선 디지털 사상가 빌렘 프루서(Vilm Flusser)의 저서를 읽어 보는 것이 좋을 듯하다. 그는 우리에게 '가상이 기만한다면 이 세상에 기만하지 않는 것이 도대체 가능하다는 말인가.'라는 도발적인 화두를 던지고 있다. 오늘날 가상이 바로 현실이 되고 있는데, 그것을 부인할 길이 있는지 되묻고 있는 것이다. 오늘날과 같은 디지털 사회에서는 가상과 현실의 차이가 그저 '해상도의 차이' 그 이상이 아니라고 잘라 말한다. 프루서[56] 교수는 문자 시대의 종말을 보여 주는 이 시대를 복구하기 위해서는 인간의 잠재력과 창의성에 한번 더 주목해야 한다고 주장한다. 그는 인류의 문화사가 선사에서 역사, 그리고 탈(脫)역사로 진행된다고 보고, 선사의 역사는 '마술적' 그림의 문화 시대, 이어서 문자 중심의 선형(線形) 텍스트 시대로, 그리고 점으로 이루어진 기술적 그림의 시대로 넘어왔다는 시각이다.

다시 말해서, 구석기인들은 주술의 힘을 빌리기 위해 동굴의 벽에 현실의 바람과 욕망을 그렸다. 주술이 소용없다는 것을 깨닫게 되면서 구석기인들은 그림보다는 문자로 세계를 기술하기 시작한다. 새로운 '역사'를 만들어 내기 시작한 것이다. 그때부터 인간은 철학이나 과학적 추론의 문자적 상상력을 전개하였다. 그렇게 영상과 문자의 시대라는 역사의 흐름 속에서 인간은 끊임없이 가치의 위기를 겪었다. 새로운 소외를 경험하기 시작한 것이다. 인간은 새로운 세계 속에서 나름대로의 방향을 잡기 위한 각종 기구나 도구, 체제들을 이용해 보려고 노력했다. 하지만 결과적으로 인간은 그런 '기구'들에 의해 오히려 지배를 당해 왔다. 일상적인 삶 전체가 그 기구들에 의해 프로그램화되고 있는 중이다. 지배 도구들의 프로그램화를 제압하기 위해서는 인간에게 '기술적 상상력'이 필요하다. 상상력의 촉발이 있어야 인간을 프로그램화하려는 지배 기구를 제압할 수 있기 때문이다.

현대라는 말은 사람들이 그림의 시대에 산다는 말이다. 원시 시대에서 보았던 그런 영상의 시대가 아니다. 현대인들의 영상은 원시인들의 그것과는 달리 점과 픽셀로 이루어진다. 원시인들의 벽화가 2차원, 문자가 1차원이라면 점으로 이루어지는 디지털의 영상은 픽셀의 0차원이다. 원시인들처럼 이미지를 사용한다고 해도, 현대인들의 영상은 추상성의 수준이 월등히 높다. 원시인들도 가상과 현실의 경계를 넘나들었다. 디지털의 현대인들도 가상과 현실의 경계를 넘나드는 영상의 시대에 진입했지만, 상상력의 질감만큼은 서로 다르다. 원시인들의 상상력이 '주술적 상상력'이었다면, 현대인의 것은 '기술적 상상력'이다. 원시인들의 상상력이 소망적 상상력이었다면, 현대인의 상상력은 현실적으로 구상적이며 가상적인 상상력이다. 이제 현대인들은 상상력을 디지털 영상으로 현실화시키고 있다. 디지털 컴퓨터는 0과 1의 픽셀이라는 미립자로 세계를 분석하기도 하고 종합하기도 하는 위력을 갖고 있기 때문에 가능하다. 디지털 인간은 세계를 그대로 인식하는 주체가 아니다. 각자의 꿈을 '앞으로(pro) 던져(ject)'가면서 아직 현실적으로 존재하지 않는 세계를 창조하는 기획(project)가들이다.[57]

영상적 상상력은 이제 사람들에게 상호 능동적인 대화망을 제공함으로써 직접민주주의를 실현시키기도 한다. 타인의 존재를 인정하고 타인을 통해 자기 인식이 가능한 한 '대화적인' 텔레매틱 사회, 직접민주주의 사회로 나아가게 한 것이 디지털이다. 직접민주주의의 실현은 디지털의 기술적 형상이라는 도구의 힘이 있었기 때문에 가능하다. 디지털 가상의 세계에서는 현실 개념 또한 바뀌게 되어 사물의 원본과 복제, 말하자면 시뮬라크르(simulacre)의 구분도 무의미해지고, 현실과 허구의 구분 자체도 무의미해진다.

§ 불량의미 만들기

어떤 사물에 대해 불량한 의미가 만들어지는 것은 다 이유가 있다. 그것의 본질에 대해 철저한 이해가 결여되어 있거나 본질을 제대로 알지 못할 때 흔히 생기는 자연스러운 현상이다. 배움도 마찬가지다. 인간의 배움에 대한 이해가 철저하지 않기 때문에 배움에 대해 불량한 의미가 만들어지는 것이다. 그것은 인간의 뇌에 의해 의도적으로 행해진다.

그런 점에서 뇌에게 죄를 묻는다면, 가장 큰 죄는 망각이나 기억의 왜곡일 것이다. 망각은 기억의 소임을 다하지 못한 뇌의 오작동을 말한다. 기억의 왜곡은 영화 〈메멘토〉에서처럼 자신에게 불리한 기억을 스스로 교묘히 조작해 자신의 추한 모습을 가능한 한 감추고 위장하려는 짓이다. 하버드 대학교 심리학과 샥터[58] 교수는 망각과 왜곡 등 인간의 뇌가 보여 주는 오작동문제를 성경의 일곱 가지 대죄에 비유해 설명한다.

그가 명명한 기억의 7대 대죄는 소멸, 정신없음, 막힘, 오귀인(誤歸認), 피암시성, 편향, 지속성이다. '소멸'은 시간이 지남에 따라 기억이 흐려지거나 손실되는 가장 익숙한 현상이다. 보통 인간들은 하루가 지나면 최초에 학습한 내용의 반 이상을 잊어버린다. 시간이 지나면서 오히려 급속한 망각률은 둔화된다. 불필요한 것들, 그냥 관성적으로 학습하였던 것들이 정리되고 기억해 두어야 할 필요한 것들만 배움의 공간 속에 남겨 놓기 때문이다. '정신없음'은 주의와 기억 간의 접촉에 이상이 생긴 경우를 말한다. 주의력을 다른 곳에 집중시키다 보면 당연히 기억할 것을 깜빡하는 경우가 생긴다. 1999년도 전미 기억력 대회에서 우승한 사람은 놀랍게도 일상에서의 기억력이 형편없이 빈약했던 사람이다. 그는 포스트잇 없이는 살기 힘든 사람이었지만, 기억력 대회에서는 우승을 차지한 절대 기억력의 소유자였다. '막힘'은 흔히 말이 혀끝에서 맴도는 것과 같은 현상이다. 즉, 개념적 표상과 어휘적 표상을 일치시키는 뇌기능이 떨어짐으로써 생기는 뇌의 오작동이다. 어린 시절 부모에게 학대받았다는 주장이 실제 기억이 아니라 환상으로 드러나는 경우 등을 '오귀인'이라고 한다. 기억의 번지수를 잘못 찾는 것이다. '피암시성'은 기억을 억지로 조작하여 만들어 내도록 유도하는 경우다. '편향'은 현재의 믿음이나 관점에서 과거의 기억을 덧칠하는 경우다. 망각의 대척점에 서 있는 '지속성'의 경우, 조건 없이 지워 버리고 싶을 정도로 고통스러운 기억을 잊으려는 의도적인 노력에도 불구하고 끊임없이 떠오르는 것이다.

일곱 가지 뇌의 오작동이 인간에게 죄라고는 하지만, 어쨌든 인간 진화의 부산물인 것은 사실이다. 뇌의 오작동이 의미 만들기를 왜곡시킨다 해도 뇌의 기능이 제대로 실현되고 처리되며 의미를 제대로 만들어 가기 위해서는 어쩔 수 없이 치러야 할 값이다.

인간의 뇌가 보여 주는 오작동을 가장 잘 악용하고 있는 곳은 인간의 생명과 생물학적으로 깊은 관계를 맺고 있는 의학 분야다. 건강하게 오래 살고 싶다는 인간의 욕망과 가장 가까이 있는 주 영역이 의학이기 때문이다. 의학에 대한 불량한 의미 만들기에 큰 몫을 차지하고 있는 것이 건강을 보조하는 약품이나 식품들이다. 불량 건강보조식품은 건강에 대한 인간의 욕망을 미끼삼아 인간의 뇌가 갖고 있는 오작동 기능을 최대한 활용하기 때문에 강한 설득력을 갖는다. 사이비 의학이나 사이비 건강보조식품을 경계하는 언론인 크리스토퍼 완제크[59]는 그동안 우리가 잘못 알아왔던 건강이나 의학에 대한 편견을 파헤쳐 내고 있다. 인간사에서 의학만큼 발전된 것이 없다고 하지만, 사실은 의학계가 알아낸 것이 별로 없다고 그는 주장한다.

인간이 알고 있는 의학 상식 중 많은 부분은 잘못 알고 있는 것이다. 그는 인간의 장기 중에서 중요한 역할을 담당하고 있는 간의 기능을 도와준다고 선전하는 건강식품을 비판한다. 사람들이 자신의 간에 문제가 있다고 생각하면, 그런 약을 먹기보다는 곧장 의사를 찾아가는 편이 건강에 더 좋은 행동이다. 반대로 다행히 간에 문제가 없다는 생각이 들면, 다른 생각은 하지 말고 식사 조절과 운동으로 간을 보호하라고 강력하게 주문한다. 건강보조식품으로는 간을 고칠 수 없다는 것이다. 그럴 것이, 인간은 아직도 몸과 우리를 둘러싼 환경에 대해 아는 것보다는 모르는 것이 훨씬 더 많다. 따라서 그는 동물로서 요구되는 원초적인 행동을 포기하지 않는 것이 건강해지는 지름길이라고 처방한다.

뇌기능의 개선 역시 마찬가지다. 뇌의 기억기능 개선, 즉 소멸, 정신없음, 막힘, 오귀인(誤歸認), 피암시성, 편향, 지속성 같은 뇌의 오작동을 단숨에 바로 잡을 건강보조식품이나 약품 역시 뇌기능의 오작동을 바로 잡기에는 원초적으로 무기력할 수밖에 없다. 뇌의 오작동은 뇌 스스로 뇌기능의 정상성을 되찾기 위해 뇌가 의도적으로 내장시켜 놓은 일들이기 때문이다. 그런 뜻에서 의미 만들기를 제대로 하기 위해서는 의미 만들기 과정에 불량의미 만들기라는 뇌의 활동이 정상적으로 개입하고 있다는 사실부터 받아들여야 한다.

대부분의 포유류는 걷거나 뛰어야 뇌가 정상적으로 작동하도록 되어 있다. 인간이 직립하였을 때 가장 많은 발달을 보인 것이 뇌용량이며, 그것은 걷기로부터 확대되기 시작했다. 인간은 뇌를 작동하기 위해서라도 움직임을 기본으로 하는 동물이다. 움직이는 활동을 포기하면 그것은 동물됨을 포기하는 것이나 마찬가지다. 비만은 바로 움직임을 억제한 대가다. 따라서 동물의 원초적인 움직임이 건강의 토대가 됨을 알 수 있다. 인간이 휴먼 게놈 프로젝트를 진행하면서 오만해진 적이 있었다. 이 연구만 완성되면 유전자가 원인으로 발생하는 모든 질병을 정복할 수 있을 것이라 생각했다. 그것 역시 인간의 자만이었다. 2001년에 발표된 의학계의 결과는 결코 그렇지 않음을 증명해 준다. 그들이 알아낸 것이라고는 유전자 수가 처음에 생각한 것보다 훨씬 적은 2만여 개라는 사실에 불과하다. 하나의 유전자가 여러 가지 일을 하고, 또 여러 개의 유전자가 합쳐져 하나의 일을 하고 있다는 것의 단초만 알아낸 것이다.

§ 뇌 속이기 99 88 234

내과 의사인 헨리 로지(Henry Lodge)[60]는 노화는 정상이 아니라고 하며, "99세까지 88하게 살다가 2, 3일 만에 생을 마감하는 일이 멋있는 인생이다."라고 말했다. '99 88 234'의 인생을 누릴 수 있는 것이 인간인데, 그렇게 되려면 뇌를 쓰라는 것이 로지 박사의 당부였다. 그는 인간의 건강은 인류가 진화체계를 어기면서부터 위협받기 시작했다고 주장한다. 따라서 인류의 뇌에 각인되어 있는 노화 프로그램을 역이용하면 노화를 막을 수 있다는 것이다. 인간이 세상에 모습을 드러낸 것은 300만 년 전이지만, 사람의 신체와 두뇌는 서서히 진화했다. 그런 탓에 지금과 같이 빠른 속도로 일어나고 있는 사회변화에 아직 길들어 있지 않은 상태라는 논리다.

인간의 신체와 뇌는 아직 패스트푸드, TV 시청, 은퇴와 같은 이 시대 생활 방식에 맞추어 그것을 수용할 수 있도록 만드는 진화 장치를 갖고 있지 못하다. 그의 강력한 처방전은 그것을 최대한 역이용하는 것이 삶에 대한 의미를 제대로 만들어 낼 수 있다는 것이다. 뇌를 잠깐만 속이면 인간은 장수의 지름길로 여행할 수 있다고 보았다. 인간의 뇌는 수백만 년 동안 수렵과 채집 생활에 적응해 왔다. 그 진화 조건을 최대한 활용하라는 것이 그가 제시하는 건강한 삶을 위한 지름길이다.

우선 몸을 움직이면 성장 에너지가 만들어진다. 건강하고 싶으면 그것부터 먼저 시작해야 한다. 노화방지 대책 중에서 가장 중요한 것은 운동이다. 인간이 몸을 움직이지 않으면 뇌가 몸을 퇴화시키라는 메시지를 신체의 각 부분에 강력하게 전달하기 때문이다. 이 같은 이치로 균형잡힌 영양 섭취는 계속된 성장 에너지를 전달하지만, 과

다한 영양 때문에 생기는 비만에는 이제 성장 에너지를 그만 공급하라는 메시지를 보낸다. 인간관계도 마찬가지다. 계속된 타인과의 교류, 접촉은 성장 에너지를 만들지만, 교류와 접촉 없이 고립된 삶에는 성장 에너지가 더 이상 만들어지지 않는다.

끊임없이 움직이고 운동하는 사람으로서, 앞으로도 계속 움직일 것이니 그것에 준비하라는 메시지를 뇌에 입력해야 한다. 그래야 뇌는 '퇴화 명령'이 아닌 '성장 명령'을 내리게 되고 그로부터 몸의 각 부분이 준비에 들어간다. 운동은 짧은 시간이라도 최소한 일주일에 6일은 해야 한다. 감쪽같이 두뇌의 노화 프로그램을 속여야 하기 때문이다. 운동은 유산소운동과 근력운동을 병행해서 해야 한다.

패스트푸드로 대표되는 정크푸드와도 결별해야 한다. 이것이 건강의 기본이며, 인간 스스로 인간의 삶을 위해 의미를 만들어 내는 일이다. 버는 것보다 적게 쓰는 것도 뇌의 건강을 위해 중요하다. 노후에 자신을 관리할 수 있는 여유를 준비해 두어야 한다. 대부분 나이가 들면 젊은 날 누린 최고 소득보다는 낮은 소득으로 삶을 영위해야 한다. 이 격차가 클수록 스트레스 지수가 높아지게 된다. 재정적으로 미래를 준비하는 것이 건강 관리에 있어서 중요한 요소이며, 그것이 바로 현장에서 일찍 은퇴할 필요가 없는 절대적인 이유다. 아무리 나이가 많아도 타인과 교류하고 협력하는 인생을 살아야 한다. 그래야만 노화를 막는 성장 에너지가 뇌와 몸으로 제대로 전달되어 뇌와 몸이 그 명령에 복종하도록 만들 수 있다.

§행복한 마음

행복의 질은 '부(富)'의 크기로 결정되는 것이 아니다. 아무리 부자라고 해도 죽음의 여행에 가벼운 칫솔 하나 가지고 가지 못한다. 그것이 사람의 운명이다. 무엇보다 평온한 삶 속에서 얼마나 만족을 느끼느냐가 중요하다. 어떤 사람들에게는 쾌락의 극치가 되는 것들이 누군가에게는 고통의 극치가 되기도 한다. 예를 들어, 성적인 쾌감으로 지목되는 오르가슴이 바로 그런 것 중 하나다. 오르가슴이 사람들을 마냥 행복하게 만드는 것은 아니다. 사람들은 오르가슴을 쾌락의 극치로 받아들이곤 하지만, 그것이 어떤 사람에게는 쾌락이 아니라 고통의 극치를 맛보게 하기 때문이다. 사라 카르멘이라는 영국 여성은 오르가슴이라는 병 때문에 극도로 시달리고 있는 환자다.[61] 그녀는 하루에 150번에서 200여 번에 달하는 오르가슴을 느낀다. 평생 한 번도 경험하지 못하는 여성이 있다는 현실에 비추어 보면 매우 행복한 일로 보인다. 그런데 그녀에게는 그 극치감과 황홀감이 바로 병이 된다. 그 병 때문에 정상적인 생활을 할 수 없을 정도로 생활에 지장을 받고 있는 것이다.

부유함이라는 것도 마찬가지다. 부탄 사람들은 그것이 삶에서 전부가 아니라는 것을 제대로 보여 주고 있다. 그들은 물질이 풍부하지는 않지만 늘 평온한 사회 분위기 속에서 자연 속에 동화되어 살아간다. 사람들끼리 척박한 경쟁을 겪지 않는 정신적 부유함을 공유하는 것이다. 영국 레세스터 대학의 조사에 따르면, 세계에서 가장 행복한 국가는 북유럽의 부국 덴마크였다. 덴마크는 부와 자연의 아름다움, 적은 인구, 훌륭한 교육의 질, 잘 갖추어진 건강보험체계 등을 갖고 있는 경제 강국이다. 아프리카 짐바브웨와 브룬디는 기본적인 삶의 질에 만족하지 못하는 가장 불행한 국가로 꼽힌다. 아시아 국가의 주민들은 비교적 자신들이 불행하다고 느끼는 것으로 조사되었다.

세계 최강대국이며 자본주의의 정점에 서 있는 미국이지만, 그들의 행복 순위는 23위에 그쳤다. 덴마크의 뒤를 이어 스위스(2위), 오스트리아(3위), 아이슬란드(4위), 바하마(5위) 등이 5위권에 속했다. 핀란드(6위), 스웨덴(7위), 부탄(8위), 브루나이(9위), 캐나다(10위), 아일랜드(11위), 룩셈부르크(12위) 등이 뒤를 이었다. 그런데 8위에 해당하는 아시아의 소국 부탄은 1인당 국민소득이 1,400달러에 불과하고 문맹률이 53%에 달하는 가난한 국가다. 그러나 이곳 국민들은 자신들이 매우 행복하다고 느끼고 있다. 그들은 부와 관계없이 행복의 의미를 만들고 있기 때문에 가능한 한 일이다.[62]

부탄 사람들의 시간관은, 불행한 경제대국의 사람들과는 다르다. 그들은 자신만의 시간을 자랑하는 것이 아니라, 타인의 시간에 보태어지는 경이로운 시간관을 갖고 있다. 그들은 개인이 시간을 소유하거나 만들어 내는 것이 아니라 타인에 의해서 보태어진다고 믿고 있다. 그래서 시간은 누구나 공평하게 갖고 있는 것이 아니다. 한 사람이 고민하는 10분을 만 명이 나누게 되면 10분이라는 물리적인 시간을 훌쩍 뛰어넘게 된다. 그런 시간은 나누는 시간이고, 서로 배우는 시간이 된다. 아이슈타인이 말한 것처럼 모두가 타인을 위해 서로 다른 속도로 배우기 시작하면 시간은 더디게 가도록 되어 있다. 서로의 시간 나눔은 서로의 배움이며, 그 시간은 타인에 의해 기억되고 행복의 시간이 된다. 배움의 시간을 같이하는 것은 같이 간다는 것이고, 서로 배운다는 것은 시간과 공간을 늘리는 일이다. 배움의 공간과 시간을 늘리는 일은 행복을 나누는 일이다.

이렇게 시간 나누기, 타인의 행복에 자신의 시간을 더해 주는 것은 식물이나 다른 동물세계에서는 발견하기 어려운 일이다. 예를 들어, 상부상조하는 것으로 알려진 꽃과 곤충의 관계도 엄밀하게 따지고 보면 서로의 목적을 위해 상대를 속고 속이는 관계일 뿐이다.[63] 실제로 꽃은 기만술과 변장술의 대가다. 그들에게는 생존을 위해 우선 살아야 한다는 원칙만이 존재할 뿐 감정이입이나 상대방의 행복에 대한 배려는 없다. 저 홀로 자기 목적을 이루는 것이 그들에게는 행복이다.

시간에 대한 믿음이 바뀔 때 인생의 이야기도 바뀐다. 인간은 그것을 만들어 내는 행복 공장을 각각 하나씩 갖고 있다.[64] 그 공장에서는 갈등이 평화로 빈곤이 풍요로 바뀌고, 깊이 감추어 둔 욕망과 꿈이 실현되는 마법이 일어난다. 인간 안에 내재하고 있는 행복공장에는 '믿음'이라는 마술 지팡이가 있다. 이것을 잘 활용하면 언제든 행복을 자기 것으로 만들 수 있다. 믿음은 종교의 차원을 떠나서 우리가 생각하고, 행동하고, 말하는 모든 것에 깊은 영향을 미친다. 인간은 자기가 믿는 대로 생각하고, 실천하고, 말한다. 이런 믿음을 긍정적으로 활용한다면 인간의 삶은 크게 달라질 수 있다. 믿음이라는 마술 지팡이는 쓰는 사람에 따라 패배와 슬픔의 길을 열어 주기도 하고, 행복과 성공의 길로 이끌기도 한다.

행복을 원하는 사람들은 각각 셀프 서비스를 해야 한다. 행복한 마음은 누가 갖다 주는 것이 아니고 자신이 만들어야 하는 것이기 때문이다. 모든 행복은 각자적이면서 셀프 서비스이기에 어쩔 수 없다. 남태평양의 초미니 섬인 바누아투는 GDP가 233개 국 중 207위를 차지하는 최빈국이다. 이곳에서 별 5개짜리 특급 호텔은 아예 찾아볼 수 없다. 햄버거니 피자니 하는 패스트푸드를 파는 서양식 간이음식점도 물론 없다. 편의시설도 있는 것보다는 없는 것이 더 많은 조그만 섬이다. 파란 하늘을 쳐다보면 서 누워 있다가, 내키면 바다에 텀벙 뛰어들고 있는 원주민들만이 있을 뿐이다. 이 조 그만 섬나라가 세계 각국이 경쟁하는 '행복 올림픽'에서 당당히 금메달을 수상하였 다. 바누아투 사람들은 결코 돈이 많거나 명예가 높아서 행복을 얻는 것이 아니라, 마 음의 건강과 행복하다는 믿음이 있다면 행복을 얻을 수 있음을 알려 주고 있다. 붓다 가 말한 대로 그 조그만 섬나라 사람들에게 행복이란, 첫째는 건강, 둘째는 만족, 그 리고 믿음을 갖고 자신이 행복하다고 믿는 일, 그것뿐이었다.[65]

§ 삶의 무게

인간의 욕망과 욕심은 잘라낸다고 그냥 죽어 없어지는 것이 아니다. 그것은 마치 그리스 · 로마 신화에 나오는 히드라(hydra)처럼 하나를 죽이면 죽은 자리에 둘이 나 와 버리는 괴물과도 같다.[66] 그리스 신화에서 9개의 머리를 가지고 9개의 입에서 독 을 내뿜으면서 짐승과 사람을 잡아먹고 사는 흉물이 바로 히드라다. 히드라의 머리 중 1개는 불사로 영원히 죽지 않고, 다른 머리들도 하나가 잘리면 그 상처에서 2개가 새로 나오는 공포의 괴물이다. 여간해서는 죽지 않는 욕망의 괴물이다. 히드라를 제 거하기 위해서는 특별한 방법이 필요하다. 불사의 머리까지 완벽하게 제거하기 위해 서 머리를 모두 자른 후 불로 지져 버려야 한다. 신화는 히드라가 다시는 죽은 고개를 쳐들지 못하도록 불사의 머리를 땅 속에 파묻고 그 위에 큰 바위를 눌러 놓아야 한다고도 가르친다.

　인간의 삶도 히드라처럼 욕망스럽다. 구석구석이 모두 삶을 위한 욕망으로 채워져 있다. 그것은 모두 고통이나 죽음으로 이어진다. 사람들은 골프, 윈드서핑, 등산 등을 즐기면서도, 그 즐거움 역시 끝내는 죽음이라는 것과 연결된다는 것을 알게 된다. 그런 고통도 삶을 위한 하나의 배움으로 승화된다면 자신에게 행복의 토대가 될 수 있다. 삶을 어렵게 살기 시작하면 그것은 어려운 일이 되지만, 반대로 쉽게 생각하면 쉬워지는 것이기도 하다. 가정 생활도 마찬가지다. 누구나 행복과 평화, 가족 간의 화목을 그리지만, 쉽사리 손에 잡히는 것들이 아니다. 동서양의 각종 왕조의 흥망사들도 알고 보면 모두 그 같은 이야기들이다. 인류 역사상 존경받는 위인들과 성인들의 생활사 역시 모두 그 범주를 벗어나지 못한다.

　예를 들어, 조선 왕조만큼 충(忠)과 효(孝)를 강조한 왕조도 없을 것이다. 그러나 충효를 치국의 방편으로 강조한 것 이상으로 권력 유지를 위해 패륜과 불충의 정당성을 백성들에게 교화시킨 왕조도 바로 조선이었다. 그들이 믿고 의지한 유교는 늘 가까운 사람끼리 서로 존중하라는 예법을 강조한다. 게다가 부부가 서로를 손님처럼 공경해야 한다는 부부간의 예법 역시 그들이 내세우는 인간 윤리 중에서 백미에 속한다. 인(仁)의 중요성을 치국의 사상으로, 동시에 모든 일은 가정에서 비롯된다는 뜻의 가화만사성(家和萬事成)을 기본 원리로 내세운 그들마저도 정작 일상적인 삶에서 지켜내는 일은 그리 쉽지 않았다. 그것은 유독 조선의 치부만이 아니었다.

　그 같은 어려움은 공자(孔子)라는 성인의 삶에서도 여지없이 발견되고 있다. 『논어』에 따르면, '혼자 있는 시간에는 외로움에 시달리기보다는 그동안 배운 것을 더 열심히 익히며, 친구들이 그가 보고 싶어 천리 길도 마다않고 찾아오면 그런 벗들과 즐기기를 지치지 않았으며, 설령 남들이 자신을 알아 주지 않더라도 그런 것에 아랑곳 하지 않을 만큼 넓은 도량을 가진 멋있는 사람'이 바로 공자였다고 전한다. 그런 공자에게도 '공씨삼세출처(孔氏三世出妻)'라는 가정사가 있었다. 공자의 아버지 숙량흘, 공자의 아들 백어, 공자의 손자인 자사 모두 각자의 아내를 쫓아낸 사람들이다.

그 속내야 무엇이든 간에, 지금말로 하면 공자의 가문은 결손 가정의 범주를 벗어나지 못하고 있는 셈이다.

『공자가어(孔子家語, 後序)』가 전하는 말이기에 믿지 않을 수도 없는 노릇이다. 공자 역시 그의 아내와의 관계가 그리 좋았던 것은 아닌 것으로 알려져 있다. 소크라테스 역시 그의 부인 크산티페 때문에 심적으로 고통이 심했던 것으로 알려지고 있지만,[67] 공자는 조금 더 심했던 듯하다. 그의 아내에 대해서는 슬하에 공리를 둔 것 외에는 전하는 이야기가 없다. 더군다나 그녀가 현모였다거나 양처였다는 기록도 없다. 그녀는 공자가 제나라의 이계 땅으로 피난갈 때, 자신의 결정과 선택을 더 중시했다. 그 당시 여성의 입장으로 보면 파격적인 행보를 보인 것으로 기록되었다. 그녀는 남편인 공자를 따라가지 않고 자신의 고향인 송나라로 훌쩍 가 버렸다고 전해진다. 그런 이야기를 보면 공자가 아내와 화목하게 해로했다고 보기는 어려울 듯 하다. 이런저런 일들을 추론하다 보면, 공자의 가정이 가화만사성을 대표하는 가정은 아니었다는 것을 미루어 짐작할 수 있다. 그래서 유가에서 내세우는 '수신제가치국평천하'의 윤리적 규범은 그들의 고통을 승화하기 위해 내놓은 윤리적 해법 중의 하나라는 것이 유가를 바라보는 후학의 정신분석학적 설명이다.[68]

서양에서는 끊임없이 생산적이어야 하며 절대적으로 행복한 삶을 강조한다. 그렇게 사는 것이 행복한 삶이며 생활이라고 옥박지르는 지금의 삶은 사람들에게 그야말로 숨 막히고 부담스러운 인생이 될 뿐이다. 사람들이 그런 삶에서 잠시라도 벗어나려면 나름대로 손에 쉽게 잡히는 쾌락을 쫓으며 그것을 추구할 수도 있을 것이다. 삶을 쾌락에 따라 사는 것이 쉽게 사는 것이라고 조언하는 사진작가 로저 하우스덴[69]은 우선 몸동작부터 가볍게 하라고 말한다. 삶에 있어서 쾌락이란 그렇게 엄청나거나 심각하게 시작하는 것이 아니다. 쾌락적인 삶은 그저 편한 삶이다. 그것의 시작은 움직이는 삶이어야 한다는 것이다.

그는 결코 사람들에게 쉽게 살고 쾌락에 빠지기 위해 광란의 춤에 탐닉하라는 것이 아니다. 그렇게 하려면 차라리 마약에 빠지는 것이 훨씬 편한 삶이 될 것이다. "부어라 마셔라." 하는 무아지경의 파티에 빠져 자신을 망각하라는 것이 아니라 그런 것 대신 어리석은 짓을 한 번 해보라는 말이다. 어리석은 짓에서 얻는 즐거움, 쓸데없는 일을 하면서 얻는 즐거움 등 빈틈 있는 인생을 살아보면 쾌락을 저절로 얻게 된다는 것이 그의 행복론이다.

하우스덴은 그 속에서 자기 삶의 의미를 만들어 갈 수 있는 삶이 무지의 쾌락을 경험하는 삶이라고 정리한다. 무지의 쾌락을 쫓는 삶은 삶에 활력소가 된다는 것이다. 그렇게 하기 위해서는 우선 힘들이지 말고 몸의 오감(五感)을 최대한 활용해 주변을 느껴 보라고 일러 준다. 아기의 살갗에서 풍기는 달콤한 냄새, 내 손을 핥는 강아지의 혀, 이불 아래 살짝 드러난 연인의 팔목, 음식의 맛과 향을 느긋하게 즐기면서 감각을 느낀다면 그것이 바로 무지의 쾌락이라는 것이다. 심지어 남에게 바보짓을 하는 것도 행복에 빠지는 삶이 될 수 있다. 유능하고 책임감 있는 사람으로 보이기 위해 너무 무리할 필요가 없다는 것이 그가 말하는 쾌락을 얻는 작은 방법이다. 몸에 해롭다는 것도 한 번 먹어 보고, 담배도 한 번 피워 보고, 식당에서 가끔은 터무니없는 팁을 주는 것도 남이 보기에는 바보짓 같지만, 자신을 즐겁게 만드는 일이 될 수 있다. 그런 일을 해보는 것도 쾌락을 얻는 방법이니 일단 하라고 이른다. 시간이 어정쩡할 때는 시간을 허비해 보는 것도 좋다. 동네 카페에 앉아 머그컵에 커피를 시켜 놓고 주변 사람들의 대화를 엿듣거나 따뜻한 욕조에서 1시간 동안 죽치고 있는 것도 즐겁기 그지없는 것이니 우선 직접 해보라는 것이다.

그는 "쾌락이란 온몸과 마음으로 얻을 수 있는 것이고, 그것을 제대로 이해하려면 그저 주변을 둘러보기만 하면 된다."라고 말한다. 삶을 너무 빡빡하고 좀스럽게 살아가지 말라고 사진을 찍어 대듯 열거하고 있다. 행복은 어차피 '행복'이라고 쓰여 있는 실체가 아니라, 행복한 감정을 느끼기 위한 습관 같은 것이라는 이야기다. 그래서 정무 스님은 "행복은 어느 날 갑자기 찾아오는 것이 아니라 꾸준히 준비한 사람들만이 누릴 수 있다."라고 강조한다. "평소 웃지 않는 사람은 웃어야 할 상황에서 웃지 못하듯이, 행복이 앞으로 다가와도 느끼지 못한다. 행복해지려면 매사에 감사하고

경청하고 배려하는 등 생활 속에서 행복해지는 습관을 기르라."라고 강조하는 이유가 나름대로 있다.[70]

그런 행복에 이르는 방법이 삶살이에서 너무 싱겁게 느껴진다면, 삶에 커다란 자극이 될 수 있는 극적인 체험을 해보는 것도 권할 만하다. 한 번쯤 죽음의 체험실을 견학 삼아 다녀오면 삶이나 행복에 대한 느낌이나 행복에 대한 의미 만들기가 다르게 다가올 수도 있다. 사람들에게 극적인 느낌을 맛볼 수 있도록 우리나라에서도 '죽음 체험실'을 운영하는 곳이 있다. 전남 보성군 대원사에 설치되어 있는 티베트 박물관의 죽음 체험실은 엘리자베스 퀴블러 로스가 말한 죽음이라는 '인생 수업'을 경험하게 해 주는 모의 장치다. 그곳에서 사람들은 죽음의 수업을 통해 사랑과 행복과 관계의 진리를 단순하게 배울 수 있으며, 삶이 무엇인지에 대한 의미를 자기 스스로 만들어 낼 수 있는 기회를 갖는다.

인간이 불행한 것은 단순한 진리를 놓치고 살기 때문임을 절감하게 하는 티베트 박물관의 죽음 체험실 지하 1층에 들어가면, 삼면의 벽에 걸려 있는 티베트인들의 조장(鳥葬) 풍경 사진부터 죽음을 실감케 한다. 나머지 한쪽 벽을 차지하고 있는 어두컴컴한 동굴과 그 안에 있는 나무관은 무덤이나 다름없다. 죽음을 체험하는 방법은 죽지 않으면서 죽어 보는 것이므로, 단순한 것 같으면서도 그 의미만큼은 단순 이상으로 심오하다.[71]

그곳에 들어가 죽음을 체험하는 절차는 이렇다. 먼저 관 뚜껑을 열고 들어간다. 관 속에 누워 두 손바닥을 펴고 온몸의 긴장을 풀면서 들려오는 잔잔한 티베트 명상 음악에 귀를 기울인다. 그 음악에 취해 자기 스스로 지금 내 육신을 떠나고 있음을 묵상한다. 그러면서 마음속으로 가까운 가족이나 친구, 연인 등에게 마지막 하직 인사를 한다. 죽음이 무엇인지를 더욱 실감나게 경험하는 순간이다. 이제 빨간 천을 머리끝까지 덮으며, 자기 스스로를 사체라고 생각한다. 그러다 보면 지나온 한 평생의 삶이 파노라마처럼 펼쳐진다. 너와 내가 결코 둘이 아니고, 삶과 죽음이 둘이 아니라는 생각이 들면서 그동안 무엇 때문에 그토록 안달복달했었는지 한심하기 그지없다는 생각이 고개를 쳐들기 시작한다. 회한과 용서의 눈물이 뺨을 적시며, 삶이 무엇인지에 대한 또 다른 의미가 듬뿍 만들어진다. 삶에 대한 거듭남과 개조의 절체절명함을 온몸으로 얻는 순간이다.

사람들에게 죽음이 무엇인지, 사망이 무엇인지에 대한 지식을 쌓는 학습은 언제든지 충분하다. 그러나 그 죽음을 삶과 어떻게 연관시켜 살아가야 하는지에 대한 배움은 상대적으로 부족하다. 삶과 죽음은 항상 인간을 헷갈리게 만든다. 학교교육이나 각종 언론매체를 통해 죽음에 대해 수많은 정보를 습득하고 기억하며, 그것을 일상생활에서 매일같이 마주하는 문제풀이에 나름대로 응용하면서 살아가기도 한다. 조문도 가고, 지인의 죽음에 슬픔을 표시하기도 한다. 그런데도 사람들은 자기 삶에 대해서는 언제나 만족하지 못한다. 자기 삶에 대해 충족된 감정을 갖지도 못한다. 그것은 죽음에 대한 배움이 부족하기 때문이다. 학습 활동으로 얻은 지식으로 일상생활을 제대로 꾸려가지 못하는 것은 삶살이에 대한 지식은 있지만 어떻게 살아가야 되는지에 대한 지혜가 부족하기 때문이다. 말하자면, 제 아무리 삶에 대한 지식으로 90%가 차 있더라도 삶살이에 대한 지혜가 나머지 10%를 채워 주지 못하면 삶에 대해 끝까지 만족할 수 없다는 것이다.

성공적인 삶을 살아가는 방법에도, 삶과 죽음을 서로 연계시키는 일에도 독일의 화학자 리비그(J. Liebig)가 제안한 '최소의 법칙(Law Of Minimum)'이 적용된다.[72] 1840년, 그는 생물에 필요한 필수 영양소 가운데 성장을 결정적으로 좌우하는 것은 넘치는 영양소가 아니라 부족한 요소라는 이론을 발표하였다. 예를 들어, 식물에게 다른 영양소가 아무리 많이 들어 있어도 질소, 인산, 칼륨, 석회와 같은 결정적인 것들 중 하나라도 부족하면 식물이 제대로 자랄 수 없는 이치가 바로 최소의 법칙이다. 마치 물을 담는 물통이 아무리 커도 귀퉁이 한쪽이 다른 쪽에 비해 낮으면, 물은 낮은 귀퉁이에 찰 정도로만 담을 수밖에 없는 것과 같다. 인터넷 검색에 있어서 컴퓨터, 회선, 모뎀 모두가 중요하지만 검색 속도를 결정하는 것은 그중에서 성능이 가장 처지는 요소인 것과 같다. 사람들이 제 아무리 학습 활동을 통해 많은 지식을 획득했다 하더라도, 그의 삶살이는 그가 삶과 죽음에 대해 생각하고 수행해 온 배움의 정도에 의해 결정된다.

§ 생각도 나름

죽음과 삶에 대한 사람들의 느낌이나 의미 만들기도 생각 나름이다. 마음 먹기에 따라 죽음도 달라질 수 있다. 삶이 그렇게 유별난 것이 아니라면 죽음도 그렇게 유별난 것이 아니라고 받아들일 수 있어야 한다. 일본의 감성작가 에쿠니 가오리[73]의 소설에는 여러 인생이 등장한다. 그중 신문의 부고란을 보면서 낯선 이의 장례식에 참석하는 부부의 이야기가 있다. 이색 취미라기보다는 현대를 살아가는 고독한 외톨이 인간에 대한 인간적인 배려가 필요하다는 것을 알려 주는 이야기로서 우리 사회의 한 단면을 보여 준다. 사랑하는 사람이 있어 그와 충분하게 사랑을 나누면서도, 또다시 다른 여러 남자와 사랑의 관계를 갖는 여성의 이야기도 나온다. 사람은 그런 식으로도 살아가는 존재다. 상대방을 비난하기보다 나를 먼저 되돌아보아야 하는 순간을 일깨워 주는 이야기다.

아내를 위해 가수가 되는 남편의 이야기도 그려지고 있다. 치매에 걸린 엄마, 엄마를 걱정하는 딸, 그리고 아버지가 등장하는 이 단편에서, 엄마는 엘비스 프레슬리를 사랑하는 열렬한 팬이다. 죽은 지 오래된 엘비스가 밤마다 12시가 되면 그녀에게 전화로 〈러브 미 텐더〉를 불러 준다고 이야기하며 프레슬리에게 매달린다. 그녀는 치매환자로 딸에게는 걱정거리다. 엘비스의 노랫소리와 밤 12시마다 울리는 그의 전화에 매혹된 엄마는 마침내 아빠와 이혼하고 그와 살겠다고 조르기까지 한다. 엘비스가 매일 밤 그녀에게 감미로운 노래를 불러 주니 그렇게 해야겠다는 것이다. 딸은 엄마의 치매가 도를 넘어서는 것 같아 점점 걱정이 는다. 걱정으로 가득하기만 한 딸은 어느 날 부모님 집에 찾아간다. 엄마의 말을 확인하기 위해서라기보다는, 엄마가 무슨 꿈을 꾸는지 알고 싶어서였다. 밤 12시가 될 때까지 기다려도 엄마가 그토록 이야기 하던 엘비스 프레슬리의 전화는 걸려오지 않는다. 심한 치매로 시달리는 엄마가 이제 는 더욱더 회복되기 어려운 죽음의 나락으로 떨어져 간다는 서글픔이 딸의 가슴을 적 신다.

엄마가 받는다는 엘비스의 전화보다 엄마의 환상에 지쳐 몸을 일으켜 세운 딸은 다 시 자기 집으로 걸음을 되돌린다. 그 순간, 딸은 큰길가의 공중전화 부스에 서 있는 이상한 사람을 발견한다. 라디오 카세트를 안고 누군가에게 전화를 걸고 있는 사람은 바로 아빠였다. 그의 모습을 발견한 딸은 어머니를 믿는다. 아빠는 아내를 위해 매일 밤 같은 시간에 엘비스 프레슬리의 유령이 되어 주고 있었다. 사람이 살아간다는 것, 그것은 그렇게 유별난 것이 아니다. 그저 밥 먹고, 배설하고, 화내고, 서로 살갗을 부 비기도 하고, 싸움도 하고, 이렇게 울어도 보는 것이 삶이다. 삶의 장면 장면은 그렇 게 한 조각의 스냅사진이다. 삶은 그런 앎으로 가득해진 한 편의 이야기일 뿐이다.

죽음을 그저 먼 여행을 위한 송별회라고 생각하면, 죽음도 즐겁게 보낼 수 있다. 전 화도 되지 않는 먼 곳으로 여행을 떠나는 사람처럼 그를 보려면 내가 언젠가 그가 있 는 곳으로 찾아가야 만날 수 있는 송별의 장면 정도로 생각해 볼 수 있는 여백이 필요 하다. 그렇게 되면 죽음의 의미는 또 달라진다. 삶에서 인간이 그렇게 죽음을 맞이하 는 현실의 장면을 한 일간지는 다음과 같이 보도했다.[74]

제럴드 포드가 날린 골프공이 걸핏하면 구경꾼을 맞혔다. 포드는 '요즘 공에 맞 는 사람이 준 걸 보니 내 실력이 좋아진 게 틀림없다.'고 농담하곤 했다. 지난 1월 포드의 장례식에서 아버지 부시가 조사(弔辭)를 하다 이 우스개를 인용해 폭소가 터졌다. 아들 부시도 2004년 레이건 장례식장에서 조크로 사람들을 웃겼다. 동료 배우 로버트 커밍스가 레이건에게 '대통령 해볼 생각 없느냐.'고 하자 레이건이 '배우 그만둘 만큼 내 연기가 엉망이냐.'고 응수했다는 일화였다. 작년 2월 백남준 의 뉴욕 장례식은 '그가 죽어서도 창작을 한다.'는 얘기를 들었다. 백남준의 조카가 '삼촌은 조문객들이 그냥 돌아가기를 원치 않을 것'이라며 즉석 퍼포먼스를 제안했다. 제안에 따라 400명이 자기 넥타이를 잘라 관(棺)에 넣었다. 백남준이 1960년 독일 공연에서 객석의 전위음악가 존 케이지의 넥타이를 자른 사건을 재현한 것이었다. 평범한 사람들 사이에도 '유쾌한 장례식'이 인기라고 한다. 그제 신문에 실린 64세 영국 할머니는 죽기 2주 전 '장례식 때 내가 좋아하던 음악을 틀어 달라.'고 했다. 유언대로 아들이 힙합을 틀자 조문 온 할머니들이 춤을 췄다. 아들이 '엄마의 방랑벽 때문에 속이 상했다.'고 회고할 땐 웃음이 터졌다. 할머니는 소원대로 흰 종이관에 '맨발의 방랑전사'라는 무지개 그림을 안은 채 떠났다. 미국에서도 축복하듯 치르는 장례식이 많아졌다. 어느 보험회사 사장은 자기 장례식을 파티를 기획하는 '파티 플래너'에게 맡겼다. 골프장 18번 홀에서 열린 장례식에서 친지들은 차례로 드라이브 샷을 날리며 골프광이었던 고인을 기렸다. 아이스크림 자판기 업자의 추모객들은 아이스크림을 핥으며 고인을 회상하고 등산 애호가는 정상에서 디스코 파티로 장례식을 대신하게 했다. 〈뉴욕타임스〉는 '베이비붐 세대는 장례식도 다르다.'고 했다. 서울 강동지역에선 복 받고 장수한 사람이 죽으면 '바위절 마을 호상놀이'를 하는 전통이 있었다. 상여꾼 36명과 소리꾼 한 명이 출상 전날 빈 상여를 지고 마을을 돌며 저승의 평화를 빌었다고 한다. 죽음은 소멸이지만 소멸은 새 출발일 수 있다. 여느 장례식이 이청준의 소설처럼 '축제'일 수는 없겠지만 고인의 일생을 축복할 수 있는 장례라면 꼭 무거울 필요가 있겠느냐는 생각도 든다.

죽음이 결코 삶의 파괴로 표현되어야만 하는 것도 아니다. 죽음마저도 의미 만들기가 달라지면, 삶이 죽음에서 새롭게 복원된다. 죽음에 대한 인간의 마음가짐, 의미 만들어 내기에 의해 다르게 복원될 수 있기 때문이다. 새로운 것으로 죽음을 건축할 수만 있으면, 죽음은 삶의 행복으로 이어질 수 있다. 알랭 드 보통[75]은 『행복의 건축』 속 건축 철학에서 이를 드러내고 있다. 그는 '장소가 달라지면 나쁜 쪽이든 좋은 쪽이든 사람도 달라진다.'는 생각 아래 아름다운 건축의 철학이 중요하다고 역설한다.

아름다운 건축은 매혹적인 인간이나 동물을 떠올릴 때 느끼는 그 아름다움이다. 그것을 건축에 반영해야 삶이 달라진다고 말한다.

건축물은 인간을 보호해 주지만 동시에 하나의 생물처럼 인간에게 말을 걸어오기도 한다. 자신이 담고 있는 정신을 모방하라며 권유하고 있다. 물론 아무리 아름다운 건축물 안에서라도 화가 나고 우울한 경우는 있지만, 행복을 겨냥한 건축은 마을과 도시, 사람을 달라지게 한다. 건축물과 인간의 생활 방식 간에도 상당한 연관성이 있기 때문이다.[76] 오염된 공간에서 생활하는 사람들과 그렇지 않은 환경의 건축물에서 생활하는 사람들 간에는 기대 수명도 차이가 있다.

그래서 한국인은 그 어떤 민족보다도 풍수에 많은 관심을 가져왔다. 풍수로 인간의 죽음마저 극복하려고 노력해 왔다. 풍수란 땅에 의해 인간의 길흉화복이 결정된다는 생각이기에 땅에 대한 의미화가 가능했다. 지리학자로서 오랫동안 풍수를 연구해 온 최창조[77] 교수는 이제 땅을 무슨 엄청난 절대자처럼 간주하거나, 하나의 신으로 보는 풍수사상은 수정될 때가 되었다고 주장한다. 아무리 생각해도, 명당이니 뭐니 하는 것이 삶에 있어서 무의미하다는 생각이 들었기 때문이다. 그는 대안으로 '신풍수론'을 내세운다. 땅이 인간의 운명을 결정하는 것이 아니라 인간이 땅을 결정한다는 관점이다. 관점이 완전히 바뀌었으니, 운명도 완전히 바뀌게 될 것이다. 사람이 땅을 다스려 인간의 편에 놓아야 제격이라고 보았다.

땅이 가장 중요한 것이 아니라, 땅 위에 사는 사람이 더 중요하다. 따라서 최창조 교수는 오늘을 사는 사람으로서 새로운 시각으로 풍수를 보아야 한다고 주장한다. 땅과 사람이 관련된 것이라면 어떤 대상이라도 풍수의 안목으로 해석할 수 있지만 명당(明堂)을 찾기보다는 공간에 대해 명심(明心)을 갖는 일이 더 중요하다. 그는 도시 속에서 명당을 찾는 방법은 그곳이 특정 장소가 아니라 마음속에 있다는 것을 깨달을 때 가능하다고 말한다.

'지금 우리가 살고 있는 곳곳이 바로 우리에게 명당'이라는 이야기다. 사람들은 그 명당을 어떻게 쓸지 몰라 땅의 미신에서 한 발짝도 더 나아가지 못한다고 했다. 가족들이 고된 하루 일과를 마치고 돌아와 평안을 느낄 수 있는 집이 있다면 그곳이 풍수로서 최고의 명당이 된다는 것이 그의 신풍수론이다. 그런 관점에서 보면, 알랭 드 보통이 말한 것처럼 행복한 건축에 대한 사람의 마음가짐은 건축물보다 더 중요하다. 땅을 잘 다독이는 것이 명당을 만드는 지름길이다. 그 명당 만들기는 인간의 마음에서 비롯된다. 하천 오염도 제대로 바꿔 놓으면 명당이 된다는 것이다. 그는 그 예로 청계천의 복원을 들고 있다. 오·폐수 냄새로 진동하던 청계천에 버들치가 노닐고 미세 먼지도 줄어 쾌적한 환경이 만들어지면서 이제 그곳은 명당이 되었다. 그 무엇이든 가꾸지 않으면 흉가이고, 마음을 들이고 공들여 제대로 가꾸면서 의미를 만들어 가면 마침내 명당이 된다는 것이다. 어떤 것이든 의미를 만들어 내기 시작하면 그것은 우리의 삶을 밝게 만들어 준다. 그것 때문에 사람들은 배운다.

그래서 삶은 살아볼 만한 것이다. 삶에 있어서 하나를 알게 된다는 기쁨이 결국 그 하나를 제외한 나머지를 모르게 만든다. 이것은 삶에서 매일같이 일어나는 아이러니다. 작가 리처드 바크[78]는 이런 아이러니를 갈매기 조나단 이야기를 통해 잘 드러내 준다. 조난단도 다른 갈매기처럼 우물 안 개구리다.[79] 그들처럼 먹이를 찾는 일에는 일가견을 갖고 있다. 그들이 먹이를 찾으면서 본 세상이 그들에게는 전부다. 그들이 만나는 세상이 전부인 줄 '알고' 날기도 하고 앉기도 하면서 매일같이 먹이를 찾아 나선다. 그 생활에 매우 만족하고 있다. 그들은 그들의 먹이 세상을 너무 잘 알고 있기에 그 외의 것은 모를 수밖에 없다.

결국 '아는 것이 모르는 것이다.' 라는 사실을 모르는 채, 갈매기 조나단은 매일을 보낸다. 한 번 높이 날아 본다고 해도 그것은 먹이를 찾기 위한 것이기에 '높이 날면 멀리 보이는 게 당연' 하다는 생각, 그 이상을 해본 적이 없다. 그러던 어느 날 조나단은 자신을 의심한다. 그리고 나는 것에 대해 의심을 하기 시작한다. 심사숙고한 끝에, 조나단은 그냥 먹이를 찾기 위해 높이 나는 것만으로는 충분하지 않다는 것을 어렴풋하게 알게 된다. '여기저기 파닥거리며 날아다니는 것은 나는 것이 아니야. 그것은 한 마리의 모기도 할 수 있기 때문이지. 그런데 많은 이들은 우리가 진정으로 나는 법을 배울 때 찾아올 보람과 영광을 생각하지 못했을까?' 그런 생각에 정신을 번뜩 차린 조나단은 나름대로의 답을 찾기 위해 생각하다가 먹이를 찾아 나는 것이 아니라 더 중요한 그 무엇이 있다는 것을 알게 된다. 멀리 난다는 것의 진정한 의미가 파악되는 순간이었다. 높이 나는 것은 스스로의 무지에서 벗어나는 길이라는 것을 알게 된다. 자신이 먹이로부터 자유로울 수 있는 방법을 찾는 길임을 알게 된다. 조나단은 아무도 생각하지 않은 것을 생각하고는 그것을 실행에 옮기기로 결심한다. 그 결심은 이 세계에서 배운 것을 통해 다음 세계를 선택하는 일이었다. 아무것도 배우지 않는다면, 다음 세계도 지금의 세계와 똑같을 수밖에 없다는 것을 깨달았다. 조나단에게 그 순간은 천국을 찾은 것이나 마찬가지였다. 갈매기 조나단이 마침내 찾은 천국은 장소도 아니었고, 시간도 아니었다. 그것은 그들의 삶을 완전하게 만드는 것이었다.

죽음에 대해 과학적으로 연구한다고 해서 사람이 과학적으로 죽는 것은 아니다. 죽음을 연구하는 것이 과학적인지는 몰라도 죽음을 맞는 사람에게 죽음은 실존이고 감정 덩어리일 뿐이다. 죽음은 한 번 내리면 다시는 갈아타지 못하는 인생의 교통 수단이다. 모든 종교는 따지고 보면 이것에 대한 두려움으로 가득하다.[80] 어느 종교도 인간에게 삶의 왕복 티켓을 발권하지는 못한다. 종교의 한계도 인간의 한계 못지않게 절망적으로 희망적일 뿐이다.

임사체험 분야에서 일견을 내세운 신경정신과 의사 피터 펜윅(Peter Fenwick)은 수많은 임상 경험을 통해 단 한 가지를 얻었다. 삶은 선택의 연속이며, 임종의 순간도 예외가 아니라는 사실이다. 그런 상황에서 사람들이 어떤 죽음을 선택하느냐에 따라 그들의 삶에 대한 마무리가 달라진다는 것이다. 의학적 기술이 아무리 발전해도, 죽음을 맞이하는 환자들에게 죽는 방법에 대해서는 아무것도 가르쳐 주지 못한다. 죽음에 이르는 길은 정보가 아니라 각자적인 지혜를 모으는 힘이기 때문이다. 죽음에 이르는 지혜를 터득하는 것은 각자의 몫이다. 그 지혜 중 하나가 본인이 원하는 대로 죽을 수 있는 죽음이다. 자기 스스로 흐트러지지 않은 마음으로 죽는 것이 지혜의 마지막 모습이어야 한다.

미주

1) 참고: 찰스 파스테르나크(편)(2008). 무엇이 우리를 인간이게 하는가(역). 서울: 말글빛냄.

2) 참고: 롤프 메르클레(2004). 자기를 믿지 못하는 병(역). 서울: 21세기북스.

3) 참고: 칼 라이문트 포퍼(2008). 끝없는 탐구(역). 서울: 갈라파고스.

4) 일본의 국민작가 나쓰미 소세키가 세상을 떠나기 일 년 전에 쓴 산문을 엮은 책[참고: 나쓰미 소세키 (2008). 유리문 안에서(역). 서울: 문학의 숲].

5) 참고: 저자 미상(2008). 로마인들의 지혜(역). 서울: 해누리.

6) 참고: 브라이언 로빈슨(2003). 행복한 마음의 법칙(역). 서울: 현대미디어.

7) 참고: 한준상(2008). 배움학. 서울: 학지사.

8) 브라마-사미타(Brahma-samhita)에 이르기를, "마음의 속도로 수백만 년을 날아가면, 너는 결국 영계 (靈界, spiritual world)가 무한하다는 것을 알게 될 것이다."라고 하였다. 사실 이것은 접근하기조차 불 가능하다는 것을 알리는 말이다[참고: A. C. 바크티베단타 스와미 프라부파다(1969). 스리 이쇼파니샤 드(역). Hong Kong: Bhaktivedanta Book Trust, p. 6-7].

9) 참고: Calvin, W. H. (1996). *How brains think*. London: Weidenfield and Nicolson.

10) 참고: Roseo, C., & Nicholl. M. J. (1997). *Accelerated learning for the 21st century*. NY: Del Trade Book.

11) 재야 물리학자로 자처하는 양동봉(梁東峰) 원장은 모든 것이 양자의 진동수만 다를 뿐 모두 동일하다 는 전제 아래, 모든 단위를 숫자로 표현할 수 있는 방법이 있다고 주장하면서 그 방법을 '제로 존(Zero Zone)' 원리라고 불렀다. 제로 존의 원리는 아직 과학적으로 증명되지는 않았지만, 이론물리학의 새 로운 가능성을 보여 준다는 점에서 참고해 볼 만하다. 물론 양동봉 원장은 제안한 제로 존 이론이 허구 라고 몰아붙이는 극단적인 비판이 있음에도 불구하고, 그의 말대로 그동안 과학계에서 어려워하던 일, 말하자면 질량에서 온도에 이르기까지 7개의 단위를 모두 숫자로 바꾸는 데 성공했다면 그것은 획기적 인 일이 될 것이다. 예를 들어, 그는 이미 1m를 3.335 640 951 981 520 495 755 767 144 749 2× 10[−9]으로, 1kg은 1.356 392 666 244 510 898 295 876 032 956 4×10[50]이라는 숫자로 바꾸어 놓 았다. 마치 영화 〈매트릭스〉에 나오는 끝없는 숫자의 행렬을 연상케 한다. 미터법(7개의 국제단위)을 통일하기 위해 양동봉 원장은 c(광속)=h(플랑크 상수)=s(시간)=1이라는 공준(公準, 증명이 불가능하 지만 학문적 실천적 원리로 인정되는 것)을 정립하고, 이것을 '제로 존 이론'이라고 명명하였다. 여기 서 숫자 1이 의미하는 것은 빛 알갱이로 불리는 광자(光子) 1개를 뜻한다. 광자 1개와 빛의 속도, 우주

에서 가장 작은 에너지 단위로 알려진 플랑크 상수, 그리고 1초가 같다고 보는 것이다. 광자 1개는 질량이나 속도, 시간과 거리(파장)가 모두 '1'로 등가(等價)를 이룬다는 설명이다. 그의 설명에 따르면, "광자(photon)의 개수가 숫자이며, 매 순간 현상의 고유 진동수가 된다. 이 진동수는 숫자 1에 대한 연속성으로 자연의 수량화(quantification)가 된다. 자연의 수량화가 일정한 모임을 가질 때, 이것은 비연속성으로 자연의 양자화(quantization)가 된다." 양동봉 원장은 세상의 모든 현상이 바로 이 빛 알갱이로 이루어졌다고 가정하고 있으며, 그것을 서술하는 갖가지 α, β 등의 상수를 '무차원 상수'라고 이름 붙였다. 그의 방법이 탁월한 것은 숫자 1을 모든 것의 비교 기준으로 삼아 해석과 계산의 원물질(original material)로 정의했기에, 계산한 숫자는 시공간의 크기 또는 고유 진동수(Hz)로 해석할 수 있게 되었다. 이는 우주의 모든 존재가 진동수만 다를 뿐 같다는 뜻이기도 하다. 무차원 상수는 차원을 두지 않는 숫자이기에, 이 상수를 적용하면서 우리는 서로 다른 차원으로 알고 있는 단위끼리 더하거나 뺄 수도 있다. 그러니까 옛날에는 엄두도 내지 못했던 계산을 1kg과 1m를 더하거나 1초와 1℃를 뺄 수도, 곱할 수도 있게 된 것이다. 모든 것을 광자의 개수로 표현할 수 있어서, 다시 말해서 kg, m, c의 값을 알았기에 가능해진 것이다. 극단적으로 비유하면 '10kg-80m=0' 혹은 '10kg=80m'라는 식이 성립하게 된 것이다. 질량과 에너지가 등가(等價)임을 나타내는 아인슈타인의 $E=mc^2$은 유명하다. 이 식은 에너지와 질량 사이에 비례상수 c^2인 관계가 성립한다는 것으로 물리학의 새로운 패러다임을 수립했다. 이에 비해 양 원장의 제로 존 이론은 이 같은 비례관계가 길이, 시간, 온도, 전류, 압력 등 모든 물리적 단위 사이에 존재한다는 것을 발견했고 수치화하는 데 성공함으로써 기존 패러다임의 중대한 전환을 초래하게 만든 것이다. 제로 존 원리에 의해, 양 원장이 몰고 올 물리학적 파장은 엄청날 것이다. 말하자면, 그의 말대로 컴퓨터 언어의 원조로서 기호논리학을 개발한 프레게의 '산술', 직관을 중시한 후설의 '현상학', 언어의 의미를 연구했던 비트겐슈타인의 '단어', 라이프니츠의 꿈을 계승하려 했던 괴델의 '개념'을 포괄적으로 이해하게 되었고, 토머스 쿤이 제기한 공약불가능성(公約不可能性)의 문제를 극복하려고 기호를 숫자로 대응시킬 수 있게 되었다. 양 원장은 다양한 자연 상수가 자연의 설계도면이라는 점에 착안했고, 그로부터 숫자를 통해 20여 개의 물리상수가 그물망 형태로 얽혀 있는 관계식을 발견했다. 이를 통해 실험의 표준편차 내에서 정확성을 얻어냈다. 단위를 숫자로 표현할 수 있다면 역으로 숫자를 방정식으로 표현할 수도 있다. 이렇게 되면 앞으로 과학계는 실험을 통해 방정식을 유도했던 관행에서 벗어나게 된다. 그리고 '모든 것은 진동수만 다를 뿐 다 같다.'는 제로 존 원리에 의해 철학, 종교, 교육학 등에도 새로운 변화의 바람이 불 것이 분명하다. 제로 존 이론을 사람들이 받아들이기 쉽지 않은 이유는, 첫째로 m(길이)나 kg(질량)과 같은 물리 차원의 단위 자체가 숫자화된다는 사실 때문이다. 둘째로, 제로 존 이론의 기본이 되는 h=1, c=1과 같은 가정을 받아들여야 하기 때문일 것이다. 제로 존 이론을 단순히 부정하거나 거부할 수 없는 큰 이유는 제로 존 이론 자체가 자기 이론 자체를 증명하고 있는 'self-verification system'적인 구조를 가지고 있다는 점이다. 제로 존 이론은 지금 지구촌 과학문명의 기본이 되고 있는 만유인력상수나 볼츠만상수와 같은 몇십 개의 물리학적 상수를 매우 좁은 상한과 하한의 오차 범위 소수점 20~30 이하라는 상상을 초월하는 유효숫자 범위 아래로 계산해 내고 있다. 예를 들어, 1몰(mole)이라는 물질량은 분자나 원자가 일정한 개수만큼 모인 물리적인 양을 의미하고, 그 숫자는 6.022136 7(36)E-23으로 되어 있다. 여기에서 6.022136은 정확한 소수점 7자리 이하의 유효숫자이고, 그 이하 (36)는 에러 범위를 나타낸다. 보통 열역학 교재에서 1몰의 값은 보통 6.022 E-23으로 사용한다. 제로 존 이론에서는 이 값을 6.0221420085429206443377965254344로 계산해 놓음으로써 유효숫자가 소수점 31자리까지 내려간다. 기상 예측에 필요한 계산을 할 때 슈퍼컴퓨터가 보통 소수점 16자리까지 계산하는 것이 관행인데, 제로 존 이론에 의해 소수점 31자리까지 계산된다는 것은 인간의 생각과 계산이 그 어떤 실험 없이도 매우 정확함을 알 수 있다[참고: 박성원 (2007). 길이, 온도, 질량, 시간의 無차원화······ 소립자에서 우주까지 대통합/한국 재야 과학자의 제로 존 이론, 세계 과학사 새로 쓴다. 신동아 2007. 8. 1. 통권 575 호, pp. 106-124].

12) 충남대 황동순 교수(참고: http://enecfd.ne.kr, 2007. 8. 8)는 제로 존 이론에서는 h=1, c=1이라는 가정을 취하고 있어야 하는 이유를 보강해 주고 있다. 그는 h=1, c=1 dl이라는 근본적인 가정에 대한 이해를 돕기 위해서는 두 가지 상반된 성질을 가진 물리량의 곱이 1임을 이해하는 것이 필요할지도 모른다고 보고 있다. 쉬운 예를 들면, 온도가 일정한 경우 압력과 부피의 곱은 일정하다. 즉, $PV =$ 상수가 되므로 압력이라는 물리량과 부피라는 상반된 물리량의 곱은 1로 표시할 수 있다. 다른 예로는 상수인 광속을 적절히 배치할 경우 투자율(permeability)과 유전율(permittivity)의 곱 역시 1이 된다. 대수학에서도 무한대와 무한소의 곱을 1로 표시할 수 있다. 즉, 제로×무한대=1. 이러한 몇 가지 간단한 예로 보았을 때 두 가지 상반된 물리량의 곱을 1로 표시하는 가정은 그리 나빠 보이지 않는다. 그렇다면 일반적으로 두 가지 상반된 물리량의 곱이 1이 되어야 한다면 이것을 만족하는 가장 간단한 식은 x. 1/x = 1 과 같은 직각쌍곡선 형태의 식이 된다. 이 식은 자명해(trivial solution)를 만족하므로 더 이상의 물리적인 의미를 찾기가 어렵다. 그런데 여기서 만일 x가 황금분할비로 주어진다면 이 식은 그 자체로 만족하면서 새로운 물리적인 의미를 제공한다. 즉, 황금분할일 경우 1/x = x-1과 같아진다. 그러므로 상반된 물리량의 곱이 1이라는 식은 x(x-1)=1이라는 식이 되며, 이 값을 구하면 우리가 잘 알고 있는 피보나치수열에서 나타나는 황금분할의 비가 나타난다. 황금분할비, 즉 φ=1.618. 값은 $\varphi(1-\varphi)$=1이라는 황금비를 사용한 변수의 방정식으로 주어진다. 또한 이렇게 얻은 황금비 φ는 앞에서 언급한 바와 같이 $1/\varphi = \varphi - 1$이라는 독특한 관계를 만족한다. 즉, φ=1.618.의 값을 가지므로 1.618. x 0.618.의 값은 1이 되며 또한 1/1.618.= 0.618.= 1.618.−1의 관계식을 만족한다. 또한 $\varphi(1-\varphi)$=1이 되기에 양변을 제곱하거나 삼 제곱 또는 루트를 취하여도 양변의 관계식이 같으며 역시 1로 나타나는 관계식을 이룬다.

13) 의학전문기자인 김철중 기자[참고: 김철중. 의료 · 사법개혁의 '$E=mc^2$' (2004. 9. 21). 조선일보]에 따르면, "$E=mc^2$. 이 얼마나 단순하면서도 장엄한 표현인가. 그런데 아인슈타인 박사에겐 불경스럽게도 기자는 이 공식을 물리학이 아닌 사회학 공식으로 받아들인다. 사회를 움직이는 에너지는 각자의 질량과 사고(思考)의 속도에서 나온다는 뜻으로 말이다. 물리학이 광속을 일정 값으로 정의했다면, 사회학의 속도는 움직인다는 것이 다를 뿐이다. 여기서 'm'은 물론 물리적 질량이 아니다. 개인 또는 집단이 가지고 있는 위치의 질량감을 의미한다. 그것은 사회적 지위나 직급이 될 수도 있고 특정 집단의 권위

가 될 수도 있을 것이다. 사회 구성원들이 동의하는 무게감을 포괄적으로 담은 뜻이다. 그럼 'c'는 무엇인가. 그것은 개인 또는 집단이 지니고 있는 미래로 향하는 비전, 새로이 창출하는 패러다임, 확장되는 네트워크 등 변화를 통해 이루어지는 것들의 속도로 보면 된다. 다시 'E=mc²'으로 돌아가 보자. 이번에는 사회학 공식이다. 해석은 간결하다. 사회를 변화시키는 에너지는 바로 개인과 집단이 지닌 위치의 질량감에 생각의 속도를 제곱한 값에서 나온다. 그리고 제곱 값은 생각의 속도나 변화의 속도에 붙는다. 따라서 전문가들이 우리 사회를 선진화하는 주도적 운동 에너지를 갖고 싶다면, 먼저 그들 집단이 갖고 있는 기존의 낡은 생각, 변화에 대한 거부감, 새로운 패러다임을 창출하지 못하는 지적 게으름, 내부 네트워크만 따지는 왜소증부터 바꿔 나가야 한다. 그런 속도감 있는 변화를 이루어 내지 못한 채 '전문가'라는 사회적 질량감에 집착한다면 그 에너지는 미약할 수밖에 없다. 만약 그들이 시대의 흐름에 앞서가는 생각의 속도를 올려서, 미래를 내다보는 비전을 공유하고 외연을 시민사회로 주도적으로 확장한다면, 거기에는 제곱 값이 붙으면서 사회 변화의 에너지는 폭발력을 가지게 될 것이다. 그러면 물체의 질량도 에너지 변화와 함께 커질 것이라고 아인슈타인이 말하지 않았던가. 'E=mc²'이다."

14) 아무리 큰 수도 무한대와 비교하면 '0'이 되어 버린다. 예를 들어, $1/\infty$(무한대)=0; $0 \times \infty = 1$, $123,4568/\infty=0$, $0 \times \infty=123,456$처럼 0과 ∞를 곱하면 어떤 수도 튀어 나올 수 있다. 0과 무한대는 이런 이상한 성질을 갖고 있기 때문에 고대 그리스의 자연철학자들은 0과 무한대를 피하려고 했다. 세상에서 가장 악랄한 두 가지를 합쳐 놓은 말이 바로 '무한히 작다.'는 개념이라고 하는데, 아리스토텔레스도 이것을 피하려고 했다. '날라가는 화살'의 역설문제를 무한히 작다는 개념으로 설명하면 움직이는 것은 하나도 없이 정지해 있다는 것을 받아들여야 하기에 그것을 거부했다고 한다.

15) 특수상대성 이론(special theory of relativity)은, 광속도 불변의 원리를 바탕으로 상대방에 대해 등속도로 움직이는 두 기준 틀에서 고전 전자기 법칙이 불변으로 유지되는 새로운 시공 개념을 제시한 이론이다[참고: naver 백과사전]. 특수상대성 이론은 다음의 두 가설에 기초한다. 첫째, 상대성 원리: 물리학의 모든 법칙은 모든 관성 기준 틀에서 동일하게 적용된다. 둘째, 광속의 불변성: 빛의 속력은 관찰자의 속도나 광원의 속도와 관계없이 모든 관성 틀에서 동일한 값(c=2.99792458×108m/s ≈ 3×105km/s)을 갖는다. 첫 번째 가설인 상대성 원리에 의하면 역학, 전자기, 광학, 열역학 등의 모든 물리 법칙이 서로에 대해 일정한 속도로 움직이는 모든 기준 틀에서 동일한 수학적 형태를 가진다. 이는 뉴턴의 상대성 원리를 일반화한 것으로 모든 관성 기준 틀은 실험적으로 동일함을 의미한다. 두 번째 가설은 에테르의 존재를 본질적으로 부정하여 19세기 후반에서 20세기 초반에 논란이 되었던 에테르의 존재에 의한 빛의 속도 측정의 논란을 잠재웠다. 이 가설을 바탕으로 특수상대성 이론이 예측하는 대표적인 결과는 (1) 동시성의 상대성: 사건의 동시성은 관찰자의 운동 상태에 의존한다. (2) 시간의 지연: 움직이는 기준 틀의 시계는 고유 시간보다 천천히 간다. (3) 길이의 수축: 움직이는 기준 틀의 관찰자가 측정한 물체의 길이는 고유 길이보다 짧다. 모든 관찰자에게 동일하고 보편적이며 절대적인 시간이 존재한다는 뉴턴역학과는 달리 특수상대성 이론에서의 시간 간격의 측정은 그 측정을 행하는 기준 틀에 따라 다르다. 어떤 기준 틀에서 동시에 일어난 사건이 이 기준 틀에 대해 등속으로 움직이는 다른 기준 틀에서

는 동시에 일어나지 않는다. 즉, 동시성은 절대적 개념이 아니며 관찰자의 운동 상태에 의존하는 개념이다. 움직이는 기준 틀의 시계는 고유 시간(proper time)보다 천천히 간다. 이 효과를 시간 지연(time dilation)이라고 한다. 고유 시간은 시계에 대해 정지한 관찰자가 측정한 시간이다. 이는 1976년 제네바의 유럽 핵에너지 협의회(CERN) 실험실에서 움직이는 뮤온의 수명 측정을 통해 검증되었으며, 비행하는 제트 비행기 안에 설치한 원자시계의 시간과 미국 해군 관측소의 기준 원자시계의 시간 간격을 측정하여 비교한 실험을 통해 확인되었다. 길이 역시 기준 틀에 따라 다르게 측정된다. 물체에 대해 움직이는 기준 틀에 있는 관찰자가 측정한 물체의 길이는 항상 고유 길이(proper length)보다 짧다. 이 효과를 길이 수축(length contraction)이라고 한다. 물체의 고유 길이란 그 물체에 대해 정지한 관찰자가 측정한 길이다. 시간 지연과 관련하여 1911년 아인슈타인은 "우리가 한 생명체를 상자 안에 넣고 ……임의의 오랜 비행 후에 생명체가 조건이 거의 바뀌지 않은 채 원래의 지점으로 돌아올 수 있도록 정해 놓을 수가 있다면, 그동안 원래의 지점에 남아 있던 생명체들은 새로운 세대에 자리를 넘겨 준 지 오래일 것이다."라고 하였다. 예를 들어, 20세의 일란성 쌍둥이의 경우로 생각해 보자. 형제는 같은 시계를 가지고 있다. 형은 지구에 남고, 동생이 지구에 대해 $0.5c$의 속력을 내는 우주선을 타고 10광년 떨어진 행성으로 여행을 다녀온다. 동생이 여행을 마치고 지구에 돌아왔을 때, 지구의 형은 60세가 되는 데 비해 동생은 34.6세밖에 되지 않는다. 이것은 지구를 기준으로 생각한 결과다. 모든 운동은 상대적이므로 우주선을 기준으로 하면 반대의 결과가 나올 것이라고 생각할 수도 있다. 이러한 모순점을 '쌍둥이 역설'이라고 하며, 초기에는 이 문제로 특수상대성 이론을 비판하기도 했다. 그러나 특수상대성 이론은 등속도로 움직이는 관성계만을 다룬다. 우주선은 출발할 때와 되돌아올 때 가속을 해야 한다. 그렇기 때문에 지구를 기준으로 우주선이 왕복운동을 하며, 우주선을 탄 동생이 젊어지는 것이 옳은 결론이다. 가속의 영향까지 고려하려면 일반상대성 이론을 적용해야 한다.

16) 참고: 다이엔 애커맨(2006). 뇌의 문화지도(역). 서울: 작가정신.

17) 참고: 원철(2008). 아름다운 인생은 얼굴에 남는다. 서울: 뜰.

18) 참고: 후지이 테루아키(2004). 세상에서 가장 아름다운 얼굴(역). 서울: 한스미디어.

19) 참고: 빅터 프랑켈(2005). 의미를 향한 소리 없는 절규. 서울: 청아출판사.

20) 참고: 커트 보네거트(2005). 제5도살장(역). 서울: 아이필드, p.40.

21) 이러한 생각은 아리스토텔레스가 플라톤의 생각을 빌려 온 것 같다. 플라톤은 『파이돈』에서 "모든 것은 이데아와 같아지려고 한다."라고 말했다. 이 생각이 아리스토텔레스의 현실적 존재와 가능적 존재를 구분짓게 했고, 그것을 이어나가는 것이 바로 형상이라고 보게 했다. 플라톤은 낮은 것들의 의미를 보다 높은 것으로서 설명했을 뿐이지 결코 그 반대로 하지는 않았다. 이데아 이외의 것들은 항상 이데아를 위해서 존재하고 있으며, 이데아 이외의 것들은 그 이데아를 향해 나아가려고 하기 때문이다. 모든 존재자는 하나의 뜻을 지니며, 이 뜻에 의해서 그 어떤 것보다 더 높은 것에 의해 이끌려진다. 이데

아는 하나의 목적으로서 모든 것이 추구해야 할 것이다. 높은 이데아는 하위의 개별적인 것들을 통해서 이해되는 것이 아니다. 개별적인 것들은 보다 높은 이데아에서 이끌려 나올 뿐이다.

22) 참고: 알렉스 보즈(2008). 위험한 호기심: 짝짓기부터 죽음까지 세상의 거의 모든 심리실험(역). 서울: 한겨레출판.

23) 랜디 포시 교수는 강의 시간 동안 자신의 몸 안에 있는 10개의 종양 사진을 보여 주기도 하고, 농담도 섞어 가면서 시종 유쾌하게 강의를 진행했는데, 그 강의를 촬영한 한 시간 남짓한 동영상이 그 뒤 인터넷을 통해 퍼져 500만 명이 시청하기에 이르렀다[참고: 백일현. 500만 울린 '마지막 강의' (2007. 11. 22). 중앙일보]. 강의가 있는 인터넷 주소는, http://video.google.com/videoplay?docid=-5700431505846055184

24) 참고: 랜디 포시, 제프리 재슬로(2008). 마지막 강의(역). 서울: 살림.

25) 참고: 이은주. 얼마 안 남은 삶 … 꿈이 있어 행복했네(2008. 6. 20). 중앙일보.

26) 참고: 고승일. '마지막 강연' 美 교수 희망을 타고 잠들다(2008. 7. 26). 연합뉴스.

27) 참고: 스티븐 코비(2003). 성공하는 사람들의 7가지 습관(역). 서울: 김영사.

28) 참고: 스티븐 코비(2005). 성공하는 사람들의 8번째 습관(역). 서울: 김영사.

29) 티베트 사람들 모두가 천장을 하는 것은 아니다. 장례에는 몇 가지 종류가 있는데, 땅 속에 묻는 매장부터 화장, 강물에 떠내려 보내는 수장, 그리고 조장이 있다. 전염병으로 죽거나 어린 나이에 질병을 얻어 죽으면 수장을 한다. 승려가 죽으면 주로 화장을 한다. 라마의 경우는 매장을 한다. 티베트 사람은 질병 시신을 수장하기 때문에 민물고기를 먹지 않는다. 티베트 인들은 매장을 선호하지 않는다. 매장은 환생을 억제하는 저주받은 장례로 여긴다. 그것은 티베트의 기후와 토질에서 비롯된 것이다. 땅이 매장을 할 수 없을 정도로 척박하며 건조하다. 따라서 시신이 제대로 부패하지 않고 미라로 남아 있는 경우가 흔하다. 그래서 큰 허물없이 살다가 죽은 티베트 사람들이 하는 가장 일반적인 장례는 천장이다. 티베트의 전통 장례식이라 할 수 있는 조장은 1950년 중국의 침공 이후 철저하게 금지되었던 것이 1980년대 초 다시 허용되었다. 그러나 외국인에게는 접근이 금지된 상태다.

30) 참고: 심혁주(2008). 티베트 천장, 하늘로 가는 길. 서울: 책세상; 김규현(2000). '괴기스러운 조장(鳥葬)의 광경.' 월간 월광 2000년 7월호; 박하선(2001). 천장. 서울: 커뮤니케이션즈 와우; 수미여행사 홈페이지 http://www.kailash96.com.

31) 참고: 파드마삼바바(1997). 티벳 사자의 서(역). 서울: 정신세계사.

32) 박하선은 '천장' 시리즈로 다큐멘터리 사진 분야에서 세계 최고의 권위를 자랑하는 'world press photo'를 수상했다. "그대라면 그대의 어머니 시신을 남들의 구경거리로 만들고 싶겠는가?" 이미 한 번의 실패를 경험하고 조바심에 애가 타던 사진가에게 천장을 관장하는 '오명불학원'의 '구비감포'라

마가 던진 한마디에 사진작가 박하선은 무슨 말을 해야 할지 몰라 당황스러웠다[박하선(2001). 천장. 서울: 커뮤니케이션즈 와우]. 죽음보다 긴 침묵의 시간이 흐른 후에야 마침내 '촬영을 허락한다.' 는 한마디를 들을 수 있었던 그는 사진을 찍기 위해 누군가의 죽음을 학수고대하는 불경스러운 존재가 되었다. 그런 긴 기다림 끝에 만난 것은 유가족들의 촬영에 대한 거부감이었다. 결국 메고 있던 카메라 두 대 중 한 대가 망가지고 나머지 한 대의 렌즈는 산산조각이 나면서도 한 대의 카메라로 죽음의 순간을 포착했다. 망자의 시신이 독수리에게 던져진 후 잠시의 시간이 흐르자, 독수리들의 무리 사이로 보이는 것은 앙상한 뼛조각들, 보잘것없는 인간의 육신. 그 덧없음을 목도하고 난 후 사진가로서 박하선이 깨달은 것은 죽음은 곧 삶이요, 삶은 곧 죽음이라는 것이었다. 그렇게 삶과 죽음, 산자와 망자가 서로의 몸을 보듬어 안는 순간, 플래시는 터지고 독수리들은 날아올랐다.

33) 1200년 전 인도의 고승 파드마삼바바는 티베트 왕의 초청을 받아 티베트로 길을 떠났고, 3년의 긴 여행 끝에 티베트에 도착했다. 그는 히말라야 설산에서 가지고 온 신비의 경전들을 티베트어로 번역하기 시작했고, 또 깨우침의 글을 직접 쓰기 시작했다. 모두 100권이 넘는 책이었으나 그 책들을 아직 세상에 공개할 때가 아님을 알았다. 그래서 그는 그 서적들을 티베트 전역의 히말라야 동굴 속에 한 권씩 숨겨 두었다. 오랜 세월이 지난 뒤 그 책들은 테르퇸, 즉 보물을 찾아내는 자들에 의하여 한 권씩 발견되었고, 모두 65권의 파드마삼바바 경전이 발견되었다. 티베트 『사자의 서』는 릭진 카르마 링파라는 뛰어난 테르퇸에 의하여 티베트 북부지방의 한 동굴에서 발견되었다. 원제목은 '사후세계의 중간 상태에서 듣는 것만으로 영원한 자유에 이르는 가르침' 이라는 뜻의 '바르도 퇴돌' 이었다. 릭진이 이 책의 두루마리를 동굴에서 꺼낸 뒤 그것은 필사본과 목판본으로 티베트와 히말라야 인접국들에서 전해져 왔다. 그러다가 20세기 초 영국 옥스퍼드 대학 종교학 교수인 에반스 웬츠가 인도 북서부의 한 사원에서 이 필사본을 구했고, 위대한 학승 라마 카지다와삼둡과 함께 이를 영어로 번역했다. 1927년 영국에서 처음 인쇄된 이 책은 심리학계의 거장 칼 융이 자세한 해설서를 제공하며 극찬을 하기도 했다. 원제인 '바르도 퇴돌 첸모(Bardo Thodol Chenmo)' 의 의미는 바르도에서 들음으로써 대자유(해탈)를 얻는다는 뜻이다(Great Liberation through Hearing in the Bardo). 바르도는 이생과 중간 상태, 죽음과 환생 사이에 일어나는 중간 죽음의 상태를 일컫는다. 말하자면, 사람이 죽어서 다시 환생할 때까지의 중간 상태다. 그리고 퇴돌은 '듣는 것을 통한 영원한 해탈' 이라는 뜻이다. 죽음의 순간에 오직 한 번 듣는 것만으로도 삶과 죽음의 수레바퀴를 벗어나 영원한 해탈을 얻을 수 있다는 것이 바로 바르도 퇴돌이다[참고: 파드마삼바바(1997). 티벳 사자의 서(역). 서울: 정신세계사]. 산 자를 위한 것이든 죽은 자를 위한 것이든 알아 둘 것은 철저한 정신 집중이 필요하다는 사실이다. 죽은 자를 위한 경우, 믿을 만한 동료 수행자나 가까운 친구가 인도자 역할을 하면서 침착하고 분명한 목소리로 죽은 사람의 머리 곁에서 이 책을 읽어 준다. 시신이 없는 경우라면 인도자는 고인이 사용하던 침대나 의자에 앉아서 그의 영을 자신에게로 불러서 성실한 자세로 읽는다. 고인이 자기 앞에 있는 모습을 상상하면서 읽는데, 이때 흐느끼는 소리나 통곡하는 소리는 그의 영을 큰 혼란에 빠뜨리므로 가족과 친구들에게 침묵하도록 미리 요청해 둔다. 시신이 있는 경우는 외부에서 보아 거친 호흡이 끊어지고 내부에 미세한 호흡이 아직

남아 있는 동안 고인의 귀 가까이에 입을 대고 이 책 속의 '청취를 통한 위대한 해방'을 세 번이나 일곱 번 속삭이듯이 읽는다.

34) 참고: 소걀 린포체(1999). 티베트의 지혜(역). 서울: 민음사.

35) 그런 점에서 보면, 일반적으로 바르도에는 여섯 가지가 있다. 첫 번째 바르도는 '탄생 바르도' 다. 이것은 출생의 순간이고, 출현의 바르도다. 이 시기는 몸이 독립적 개체로서 이 세상에 들어올 때 의식이 몸 안에 자리 잡는 변환기다. 두 번째 바르도는 '일생 바르도' 다. 이 시기는 현재의 바르도로서, 어린아이가 어른으로 커 가면서, 배우고 나이 먹고 끝없이 변해 가는 인생의 바르도다. 이 기간은 첫 번째 바르도보다 훨씬 짧을 수도 있고, 백 년을 넘을 수도 있다. 일생 바르도는 산더미 같은 욕망과 목표들을 쫓아가며, 원하는 것을 얻으려 안달하는 시기로서 '빈손 바르도' 라고도 한다. 세 번째 바르도는 '사망 직전 바르도' 다. 이것은 해체의 바르도로서, 겉으로만 견고한 형체를 벗어나 거대하게 소멸하여, 육체를 벗고 미묘한 본질 속으로 녹아드는 시기다. 네 번째 바르도는 '사망 직후 바르도'로서 이것은 또다시 출현의 바르도다. '죽음' 이라는 개념은 아무 실체도 없다. 몸이 활성화된 한 순간과 잠시 후 빈껍데기로 변하는 다음 순간이 있을 뿐이다. 이 순간에 다르마타라는 위대한 빛이 나온다. 그 다르마타가 자주 등장하는 단계가 네 번째 바르도인 '사망 직후 바르도', 말하자면 출현 바르도다. 여기서는 존재의 본질이 유한한 육신의 한계를 벗어나 찬란한 빛이 되어 나타난다. 많은 사람이 이 시기를 일생의 가장 중요하고 결정적인 순간으로 여긴다. 다섯 번째 바르도는 '사후 바르도'로서 중간계에 상주하며 떠도는 바르도다. 이 바르도는 중간계에서 학습, 발달, 성숙의 과정을 거치는 변환기로서, 정신이 한평생 안전과 보호막을 움켜쥐려 하면서 쏟아낸 온갖 조건화된 내용물을 씻어내는 시기다. 이 바르도는 과거 청산의 시기며, 정신이 꾸며낸 온갖 허상들을 똑바로 보면서 새로운 시각을 형성할 또 하나의 기회다. 자비로운 보살이나 무시무시한 천왕들을 만나는 단계가 이 바르도다. 사람이 자기 안의 수만 가지 자애심과 오만 가지 포악성을 경험하는 시기도 이때라고 한다. 물론 그런 속성들은 현실의 바르도에서도 얼마든지 마주칠 수 있다. 여섯 번째 바르도는 '탄생 직전 바르도'로서 또다시 해체가 이루어지는 바르도다. 이때는 새로운 탄생, 태어날 몸을 고르는 순간이다. 이 바르도는 우리가 다음의 생성단계로 이끌리고, 욕망이 우리를 새로운 자궁으로 유도하는 시기다. 우리는 그 자궁으로부터 흔히 너무 거대하거나 너무 비좁게 느껴지는 세상 속으로 던져진다.

36) 참고: 스티븐 레빈, 온드리아 레빈(2007). 비움의 발견(역). 서울: 한언.

37) 참고: 미아 퇴르블룸(2007). 자기긍정파워(역). 서울: 북섬.

38) [참고: 사이토 에이지(2006). 부자나라 임금님의 성공 독서전략(역). 서울: 북포스]. '한 권의 책엔 30분만' 이라는 주장은 프리뷰 5분 → 포토리딩 5분 → 스키밍(skimming) 20분의 3단계 독서를 주문한다. 이 논리에 따르면 세계를 좌우하는 정치인 및 석학들이 인생의 성공요인으로 독서를 꼽는 이유는, 책이야말로 언제 어디서나 필요한 순간에 가장 간편하게 원하는 정보를 입수할 수 있도록 도와주기 때문이다. 그러나 그가 짧은 시간에 효율적으로 정보를 얻을 수 있는 유용한 방법을 알려 주기는 했지만, 그것

이 '저자 죽이기'는 아니었다. 그런 정보 획득의 수단으로 책을 읽으면 독자는 언제나 저자의 종으로 머물러 있게 될 뿐이다.

39) 장향숙은 1958년 경북 영주군 평은면 산골마을에서 셋째 딸로 태어났다[참고: 장향숙(2007). 깊은 긍정. 서울: 지식의 숲]. 두 돌이 채 안 되어 소아마비로 하반신과 오른쪽 상반신이 망가졌다. 다섯 살 무렵 부모가 짚어 주는 교회 성경책을 따라서 보다가 홀로 글자를 깨쳤다. 스물두 살이 될 때까지 바깥나들이도 해 본 적 없이 책을 읽고 문지방을 베고 누워 하늘만 쳐다보며 살았다. 열여섯 살 때 이사 간 부산에서 잘 나가던 아버지 사업은 석유파동 때 주저앉았고 그 이후 지금까지 홀어머니는 월세 방에 산다. 가진 것 없는 '무산자', 배운 적 없는 '무학력', '무건강', 거기에다 '여성'……. 누구도 바라지 않는 최악의 조건 속에서 최하층 빈민 중중장애인에게 주는 지원금을 분기별로 18만 원씩 받아 연명했다. 지원금은 나중에 월 34~35만 원으로 늘어나긴 했다. 그러나 그녀가 50년을 살아오면서 읽은 책은 1만 권이 넘는다. 성경에서 시작해서 동생이 다니던 초등학교 도서관 책들을 통째로 삼키고 니코스 카잔치키스, 알베르 카뮈, 스콧 펙, 키르케고르, 쇼펜하우어, 생텍쥐페리, 리처드 바크, 미셸 푸코, 김용택 등 닥치는 대로 읽었다. 새 책이 없으면 읽은 걸 거듭 읽었다. 그에겐 책 읽는 것이 전부였다. 그것밖에 할 수 없었고 코피를 흘려가며 책을 파고들었으며 결국 책이 그를 살렸다. "책을 읽는다는 건 자기 자신과의 끝없는 대화이자 자기 존재를 확인하는 것이다. 껍질을 벗겨 가는 것이다." 여러 차례 껍질을 벗고 변태하면서 정신은 점점 깊어갔다. 스무 살 넘어 비로소 바깥나들이를 하면서 청소년 선교모임 '영라이프'로 첫 사회 활동을 시작했다. 직업재활원에서 태피스트리를 배워 잠시 직장 생활도 했고, 짧고 황홀한 연애도 해 보았다. 장애인 재정지원을 위한 '황금고리운동'을 거쳐 부산여성장애인연대를 만들었고, 한국여성장애인연합도 만들었다. "사람의 힘과 능력, 인생을 만드는 건 외부에서 주어지는 게 아니다. 중요한 건 정체성을 확립하고 자신의 길을 선택하는 것이다. 변화의 폭은 자신에게 달렸다." 열쇠는 바로 독서다. 그녀는 만리장서라는 별명까지 얻었다.

40) 코엘료는 젊은 시절 창녀라는 '직업'에 종사한 적이 있는 실제 인물인 마리아를 자신의 소설 『11분』에 주인공으로 등장시켰다[참고: 파울로 코엘료(2008). 11분(역). 서울: 문학동네]. 마리아가 진정으로 사랑하는 남자를 만나기 전까지 사랑은 그저 벌이였고 육체관계였을 뿐이다. 사랑을 해야지 성관계가 가능하다는 것을 잊고 살아온 것이다. 마리아, 그녀는 브라질의 한 시골도시에서 살았던 젊은 처녀였다. 열한 살 때 이웃 남자아이를 짝사랑했다. 소년이 건넨 말을 마음에도 없이 외면해 버린 후 그와 다시 이야기를 나눠 보지 못한 채 그는 떠났다. 고등학교를 마친 뒤 직물 가게 점원으로 일한다. 리우데자네이루로 짧은 여행을 떠났던 마리아는 그곳에서 한 외국 남자의 말에 운명을 던진다. 유럽으로 건너가면 연예인으로 성공하게 해 주겠다는 것이었다. 그녀는 결단한다. 돈과 미지의 모험을 위해 스위스 제네바로 떠난다. 마리아를 기다리던 것은 연예인이 아니라 몸을 파는 일이었다. 마리아는 좌절할 것 같으면서도 좌절하지 않는다. 좌절할 수가 없었기 때문이다. 마리아의 몸을 찾는 사람들은 외적으로는 완벽한 삶을 사는 사람들이었다. 부족할 것 없는 그들이었지만, 그들은 여인을 향해 자신의 충족되지 못한 욕구를 드러내 놓았다. 자신의 완벽 속에서 허전하게 만드는 무언가를 충족시키려고 노력하지만 끝내 그

들은 그 삶의 물결 속에서 허우적대는 것이었다. 11분의 욕망이었고, 11분의 삶이었다. 마리아 역시 고향으로 되돌아가기 위해서라도 돈을 벌어야만 했다. 자신의 몸을 밖으로 내몰면서도 돈 버는 것이 목적이라고 삶에 의미를 부여한다. 자신의 삶을 바닥에 내려놓지 않으려고 악착같이 버틴다. 삶에 대한 희열을 느껴 보기 위해 몸부림을 치지만 그것이 그렇게 쉽게 찾아들지 않는다. 그녀는 깨달았다. '영혼을 깨운 사람은 내 육체에 이르지 못했고, 육체를 깨운 사람은 내 영혼에 닿지 못했다. 잃을 것이 아무것도 없었을 때 나는 모든 것을 얻었다. 나 자신이기를 그만두었을 때 나는 나 자신을 찾았다. 전적인 굴욕과 복종을 경험했을 때, 나는 자유로웠다.' 그녀는 그렇게 독백할 수밖에 없었다. 그렇게 몇 개월이 지난 후 우연히 들른 카페에서 그녀는 한 젊은 화가를 만난다. 그는 그녀에게서 '빛'을 보았다고 했다. 비로소 그녀에게도 빛이 깃들기 시작했다. 동시에 화가도 삶의 의미를 찾는 순간이었다. 그녀에게도 그 의미가 함께 비추이는 그런 빛이었다.

41) 니체가 『자라투스트라는 이렇게 말했다』에서 말하는 '자라투스트라'는 조로아스터(Zoroaster)의 페르시아식 발음을 독일어로 발음했을 때의 말이다. 니체가 페르시아의 조로아스터, 즉 불의 신을 숭배했다고도 하나 그것이 정설이 아닌 것 같다. 니체가 말하는 자라투스트라는 완전히 허구의 인물로서 그저 그는 초인이라는 것을 생각해 내기 위해 조로아스터라는 이름을 차용한 것으로 해석된다. 조로아스터교의 발원지는 이란의 르야즈드다. 이슬람교가 주 종교가 된 지금도 그곳에는 5만 명에 달하는 조로아스터교 신도들이 모여 살고 있다. 조로아스터교는 불을 숭배한다고 해서 '배화교'라 불린다. 그들은 불 자체를 숭배하기보다는 불을 통해 신의 본성을 깨달으려고 노력한다.

42) 참고: 해럴드 블룸(2008). 지혜를 어디서 찾을 것인가(역). 서울: 루비박스, p. 246.

43) 니체는 『도덕의 계보』 마지막에서 다음과 같이 고뇌한다.

고행의 이상을 떠나서 사람은, 다시 말해 인간이란 동물은 아직까지 아무 의미도 없었다. 땅 위의 그의 존재는 전혀 목적이 없었다. "도대체 왜 사람이 있어야 하는가?" 이 질문에 대한 대답은 없었다. 인간과 세상을 위한 의지가 결여되었다. 모든 위대한 인간의 운명 뒤에서는 '헛되이!'라는 소리가 더욱 큰 후렴으로 들렸다. 이것이 바로 고행의 이상이 의미하는 것이다. 즉, 무엇인가 결여되었고 인간은 무서운 공허로 둘러싸였다. 그는 자기 자신을 정당화하고 설명하고 주장하는 방법을 알지 못했다. 인간은 자신의 의미문제로 고통스러워했다. 인간은 다른 이유로도 고통스러워했는데, 그것은 자신이 대체로 병약한 동물이라는 사실이었다. 그러나 인간의 문제는 고통 그 자체가 아니었고, "왜 내가 괴로운가?" 울부짖고 물어도 해답이 없는 것이 문제였다. 가장 용감하면서 가장 고통에 익숙한 동물인 인간은 고통 그 자체를 거부하지 않는다. 고통의 의미와 목적을 보여 주면 인간은 고통을 원하고 심지어 찾기까지 한다. 고통 그 자체가 아닌 고통의 무의미함이 지금까지 인간에게 내린 저주였다. 그런데 고행의 이상이 인간에게 의미를 준 것이다! 그것은 지금까지 제시된 유일한 의미였다. 아무 의미라도 전혀 없는 것보다는 좋았다. 고행의 이상은 모든 면에서 '다른 선택의 여지가 없는' 매우 훌륭한 것이었다. 그 속에서 고통이 해석되었다. 거대한 공허가 채워진 것처럼 보였다. 모든 종류의 자멸적 허무주의가 차단되었다. 이러한 (의심의 여지없는) 해석은 더욱 깊고 더욱 내면적이고 더욱 유독하며 더욱 생명을 파멸시키는 새로운 고통을 불러왔다. 이는 모든 고통을 죄악의 범주 안에 넣었다. 그러나 이 모든 것에도 불구하고, 인간은 이제 구원을 받고 의미를 갖게 되었으며 더 이상 바람 속의 외톨이 잎사귀나 '의미 없는' 어리석음의 장난감이 아니었다. 이제 인간은 무엇인가를 원할 수 있게 되었다. 처음에 무엇을 목표로 했든, 이유가 무엇이든, 무슨 의지를 가졌든 상관이 없었다. 의지 그 자체가 구원받은 것이다. 우리는 고행의 이상으로부터 지시를 받은 이런 모든 의지로 인해 표출되는 것을 더 이상 자기 자신으로부터 숨길 수 없다. 인류에 대한 증오, 동물에 대한 더 큰 증오와 그보다 더한 물질에 대한 증오, 감각의 공포, 이성 그 자체의 공포, 행복과 아름다움에 대한 두려움, 모든 겉모양, 변화, 생성, 죽음, 소망, 그리고 모든 열망 그 자체로부터 벗어나고자 하는 열망, 이 모든 것(용기를 내어 이것을 이해하자)은 무(無), 인생에 대한 혐오, 인생의 가장 근본적 전제조건에 대한, 반란을 향한 의지를 뜻한다. 그러나 이것은 의지이고 미래에도 의지일 것이다! ……그리고 시작하면서 한 말을 결론으로 반복하자면, 인간은 무심(無心)보다는 차라리 무(無)를 원할 것이다.

44) 폴 틸리히 교수는 '지성인들에게 보내진 21세기 사도'라는 칭호를 받고 있는 신학자다. 그는 예수를 믿고자 하는 지성인들에게 기독교 신앙의 본질적 진리를 시대에 합당한 지성적인 언어와 사고 형태로 전달하려고 노력한 변증법적 신학자다. 세속적인 사람들이 이해할 수 있고 감동받을 수 있는 방식으로 종교적 상징들을 해석하기 위해 노력한 포용주의적 신학자인 폴 틸리히[참고: Tillich, P. (1967). *Systematic Theology*. Chicago: The University of Chicago Press] 교수에 따르면, 예수는 정의의 재현이며, 신학적 방법의 기초다. 예수가 정의의 재현이라는 말은 예수의 인간적 모습을 있는 그대로 받아들인다는 것을 의미한다. 인간은 어떻게 현학적으로 이야기하든, 존재 그 자체다. 인간은 실존의 조건 아래에서만 본질적으로 현존하는 존재다. 그 실존적 현존성을 처절하게 느낄 때가 '무아지경(ecstatic)'의 순간이며, 그 순간이 바로 구원의 순간이다. 그 구원의 순간은 이성과 논리를 넘어서며 일상을 벗어나는 순간이다. 성령이 임재하는 실존의 순간이기도 하다. 실존 가운데 구원이 일어나지 않은 적이 없다는 틸리히는 인간에 의해서 경험되는 단순한 실존적인 소외를 극복해야 할 필요가 있다고 본다. 그것의 방법론이 바로 그리스도인 예수의 이야기라는 것이다. 그리스도를 일종의 역설(paradox)로 묘사하는 틸리히는 예수가 새로운 존재의 담지자이기에 실존적인 소외를 극복하게 되는데, 그 극복은 실존의 조건 아래에서 가능하다고 본다. 그리스도인 예수 역시 인간처럼 동일한 유한적인 자유를 가지고 있었을 뿐만 아니라, 시공간이나 인과성과 같은 물리적 현상이나 실체에 구속된 생물체였음을 부인할 수 없다. 그런 점에서 본다면, 그리스도는 올 마이티하거나 전지전능한 실존적 존재로만 설득하는 일이 항상 성공할 수는 없다는 것이 틸리히의 생각이다. 예수는 십자가상에서의 죽음을 맞이할 수밖에 없었던 실존적인 존재로서, 고통받고 피 흘리며 오감을 마감하는 죽음으로써만 소외의 모든 것을 극복한 상징이라는 것이다. 그래서 그가 신학적 방법이라는 것이다[참고: 김경재(1991). 폴 틸리히 신학 연구. 서울: 대한기독교출판사; 데이비드 프리만(1981). 폴 틸리히의 철학의 하나님(역). 서울: 성광문화사].

45) 참고: 이남표(1998). 의미요법. 서울: 학지사, p. 46.

46) 참고: 빅터 프랑클(2005). **죽음의 수용소에서**(역). 서울: 청아출판사.

47) 카포(capo)는 똑같은 이유로 수용소에 끌려온 유대인 일반 죄수들인데도 동료 유대인을 감시하기 위한 수단으로 나치에 의해 명령을 받는 유대인들이다. 프랑클은 이들의 잔혹함이 더 모질었지만, 그들의 행위를 인내하는 일이 무엇보다도 더 중요함을 역설했다. 카포들의 악랄함을 그는 이렇게 기술했다. "일반 수감자들은 먹지 못하여 굶주릴 때 카포들은 배를 두드리는 형편이었다. 실제에 있어서 많은 카포들은 그들 생애의 어느 때보다도 수용소에 있을 때 가장 영양 섭취를 잘한 것으로 알려져 있다. 그들은 대체로 감시하는 병사들이나 나치스의 친위대원들보다도 죄수들에게 더 가혹했고 악질적이었다. 물론 그러한 카포들 역시 죄수들 가운데서 뽑힌 사람들이지만, 그들의 성격은 그러한 모진 일에 적합하다는 평을 받은 자들이고, 만약 그들에게 기대되었던 바를 수행하지 못했을 때 그들은 즉각 쫓겨나야 했다. 그리하여 그들은 곧 나치스의 친위대원이나 감시병들을 닮아 갔고, 또한 친위대원 및 감시병들과 유사한 심리적 바탕에서 판단되어야 할 것이다[빅터 프랑클(2005). **죽음의 수용소에서**(역). 서울: 청아출판사, p.18]."

48) 참고: 성철(2000). 백일법문. 서울: 장경각; 김정휴 편(2005). **역대 종정 법어집: 달을 가리키면 달을 봐야지, 손가락 끝은 왜 보고 있나**. 서울: 출판시대.

49) 참고: 유호종(2006). **고통에게 따지다**. 서울: 웅진지식하우스.

50) 참고: 사이먼 배론 코헨(2005). **마음 맹**(역). 서울: 시그마프레스.

51) 참고: Fodor, Jerry A. (1983). *The Modularity of Mind:An Essay in Faculty Psychology*. The MIT Press.

52) 참고: 장대익(2003). 진화심리학의 개념적 쟁점들: 모듈성, 적응주의, 그리고 유전자 환원주의. 한국인지과학학회 2003년 춘계학술대회 발표 논문, pp. 302-310.

53) 실제로 서번트 증후군을 지니고 있는 다니엘 타멧[참고: 다니엘 타멧. **브레인맨, 천국을 만나다**(역). 서울: 북하우스]은 숫자를 암기하고 계산하는 능력이 매우 뛰어나지만, 강박이 심해서 일상생활에 많은 지장을 받고 있다. 이를테면, 집을 나서기 전에 항상 입은 옷의 숫자를 세고 정해진 시간에 차를 마실 수 없으면 불안감에 빠지고 만다. 매일 아침 정확히 45g의 오트밀을 먹기 위해 매번 전자저울에 올려 그릇의 무게를 확인해야 한다. 타멧은 숫자와 언어에 천부적 재능이 있었다. '37의 제곱은 1369' 처럼 숫자의 제곱에 대한 계산이나, 1과 자신의 숫자 이외에는 나눠지지 않는 소수 찾기에 빼어난 재능을 보였다. 결국 2004년 3월, 5시간 동안 2만 2,514개의 원주율 소수점 이하 숫자들을 암송하며 유럽 기록을 보유하게 된다. 놀랍게도 그는 '게이' 성향도 갖고 있음을 아버지에게 솔직하게 털어놓는다. 대학에 진학하는 대신, 리투아니아로 날아가 영어를 가르치는 자원봉사를 하면서 자신이 세상에서 의미 있는 구성원이라는 것을 자각한다. 그는 프랑스어 · 독일어 등 10여 개 언어를 자유롭게 구사할 수 있고, 새로운 언어도 단 몇 주 만에 익힐 수 있는 '경이로운 능력'을 가졌다.

54) 참고: R. E. 니스벳(2004). 생각의 지도: 동양과 서양, 세상을 바라보는 서로 다른 시선(역). 파주: 김영사, p. 152.

55) 미국 미시간 대학 심리학과 연구진은 백인 미국인 학생 25명과 중국인 학생 27명에게 호랑이가 정글을 어슬렁거리는 그림을 보여 주고 눈의 움직임을 관찰했다. 실험 결과 미국 학생의 눈은 호랑이처럼 전면에 두드러진 물체에 빨리 반응하고 오래 쳐다본 반면 중국 학생의 시선은 배경에 오래 머물렀다. 중국 학생은 또 물체와 배경을 오가며 그림 전체를 보는 것으로 나타났다. 1000분의 1초(ms) 단위로 안구 운동을 측정한 결과 미국 학생은 중국 학생에 비해 180ms 빨리 물체에 주목했으며 눈길이 머문 시간도 42.8% 길었다. 그림을 본 후 처음 300~400ms 동안에는 두 그룹 사이에 별 차이가 없었으나 이후 420~1100ms 동안 미국 학생은 중국 학생에 비해 '물체'에 주목하는 정도가 뚜렷했다[참고: 송평인. 동양인, 주변 배경 중시……서양인, 눈 앞 대상 직시(2005. 8. 24). 동아일보].

56) 참고: 빌렌 플루서(2004). 피상성 예찬(역). 서울: 커뮤니케이션 북스.

57) 참고: 진중권(2005). 피상성 예찬(2005. 8.18). 동아일보.

58) 참고: 대니얼 L. 샥터(2006). 기억의 7가지 죄악(역). 서울: 한승.

59) 참고: 크리스터퍼 완제크(2006). 불량 의학(역). 서울: 열대림.

60) 참고: 헨리 로지 외(2006). 내년을 더 젊게 사는 연령혁명(역). 서울: 매일경제신문사.

61) 신문 보도에 따르면[참고: 손요한. 하루에 오르가슴 200번 느끼는 희귀병 여인(2008. 1.7). 중앙일보], 24세의 영국 여성 사라 카르멘은 자신이 경험한 병에 대해 최근 『뉴스 오브 더 월드(News of the World)』지와 인터뷰를 했는데, 그녀는 하루 동안 오르가슴을 200번 느낀다. 그녀가 느끼는 오르가슴은 남성과의 성관계에서 오는 것이 아니라 주변의 소음에 기인한다. 성욕과는 전혀 관계가 없는 오르가슴 때문에 그녀는 즐거운 것보다는 고통에 시달리고 있는 중이다. 기차 소리, 환풍기 소리, 복사기 소리, 커피 메이커 소음 등이 그녀의 오르가슴을 유발시키기 때문이다. 사라는 기자와 인터뷰를 하는 40분 동안에도 5번의 오르가슴을 느꼈다고 언론은 전했다. 사라가 겪고 있는 병은 병리학적으로 '지속성 성 환기 증후군(PSAS: Persistent Sexual Arousal Syndrome)'으로 불린다. 이 증후군은 다른 이에게 전염성은 없으며 혈관·신경계통의 마비로 인해 유발된다. 결국, 그녀에게 있어서 오르가슴은 쾌락이 아니라 고통인 것이다. 인간의 삶은 역설 투성이임을 사라 카르멘이 보여 주고 있는 셈이다.

62) 참고: 김경환. 세상에서 가장 행복한 국가는?(2007. 3. 24). 머니투데이.

63) 귀금속 세공사로 일하면서 꽃 생태학을 연구해 온 아마추어 식물학자인 하지메[참고: 다나카 하지메(2007). 꽃과 곤충 서로 속고 속이는 게임(역). 서울: 지오북]는 꽃에 대한 호기심과 열정으로 산과 들로 다니면서 곤충과 꽃이 어떻게 살아가는지를 연구했다. 넓은 꽃밭, 형형색색으로 만발한 꽃 주위를 날아다니는 나비와 벌은 한 폭의 그림처럼 아름답게 보이지만, 그건 착각이라는 것이 그의 연구 결론이

다. 그들은 단 한 가지 목적인 효과적인 꽃가루받이, 곧 생존을 위한 것이다. 생존의 방식은 가능한 한 곤충에게 꿀을 덜 빼앗기고 꽃가루는 최대한 묻혀 보내는 것이다. 꽃가루받이를 위해 곤충의 목숨을 빼앗는 꽃도 있다. 꽃가루받이 과정도 진화를 위해 정교하다. 여러해살이 풀인 천남성은 기다란 포(苞, 꽃대나 꽃자루의 밑을 받치고 있는 녹색 비늘 모양의 잎) 아래쪽에 꽃이 달려 있다. 수꽃에 버섯파리가 찾아와서 대롱 모양의 포 안으로 미끄러지면 이내 버섯파리는 잘고 하얀 꽃가루를 뒤집어쓴다. 죽음을 목전에 둔 파리는 삶을 포기하게 되지만, 자포자기 속에서도 이내 포 아래 작은 틈새가 있음을 알게 된다. 곧장 탈출에 성공한다. 꽃가루를 묻힌 버섯파리는 어리석게도 이번에는 천남성 암꽃에서 어슬렁거리다가 또다시 포 안으로 미끄러진다. 암꽃은 수꽃과는 달리 포에 탈출 구멍이 없다. 수꽃에서 꽃가루를 묻혀 암술까지 가져왔으니 그것으로 족하다. 이제 버섯파리는 쓸모가 없다.

64) 레이 도드[참고: 레이 도드(2007). **행복공장**(역). 서울: 동아출판사]는 수많은 사람을 카운슬링하면서 자기 안의 믿음을 재발견해 성공적인 삶을 가꿀 수 있다는 '행복공장' 이론을 만들었다. 이 이론을 적용하면 자신의 문제점을 해결하고 엄청난 열정과 에너지로 새로운 삶을 시작할 수 있다고 한다. 두려움이나 분노에 사로잡혀 자기 계발에 나서지 말고, 부족하더라도 있는 그대로의 자신을 사랑하는 믿음을 만들어 내는 것이 가장 중요하다는 것이다. 믿음의 진정한 힘을 인정하고 의식적으로 활용할 때 인간은 마법의 힘을 능란하게 다루는 능력을 계발할 수 있다. 도드는 믿음을 활용해 성공한 사람들의 다양한 사례와 행복공장 키워드 열 가지를 말한다. 즉, 꿈꾸는 대로 살아가라/ 두려움을 벗어라/ 기쁨의 버튼을 눌러라/ 사랑의 연료로 움직여라/ 사랑을 섬겨라/ 깨달음의 문을 열어라/ 조화로운 삶의 연금술사가 되어라/ 뒤집어 생각하며 살아라/ 생각의 틀을 새로 디자인하라/ 스스로 보물이 되어라 등을 제시한다.

65) 참고: 최윤희(2007). **행복이 뭐 별건가요**. 서울: 국일출판사.

66) 그런 신화의 이야기와는 관련 없이 히드라는 몸높이 5~15mm, 가늘고 긴 원통형의 몸을 갖고 있는 생물이다. 몸의 앞쪽 입 주위에는 촉수가 6~8개 있다. 몸 빛깔은 보통 황갈색이나 몸의 상태나 먹이에 따라 다르며, 또 체내에 공생하고 있는 단세포 조류(藻類)에 따라 변한다. 입은 위강에 이어지는데 항문이 없기 때문에 찌꺼기는 입으로 나온다. 촉수의 외피세포 속에 4종류의 자포가 있고, 각각 자사(刺絲)가 들어 있으며 물벼룩 등의 먹이가 오면 자사를 밖으로 내뿜고 독액을 주입하여 잡는다. 자포는 종을 결정하는 특징이 된다. 자포에서 자사를 밖으로 내뿜는 것을 관찰하는 데는 슬라이드글라스와 커버글라스 사이에 0.1%의 아세트산 용액 1~2방울을 떨어뜨리면 뚜렷하게 볼 수 있다. 대부분 자웅동체로서 정소·난소가 동시에 몸통에 생기는데 생식기의 발생은 수온과 밀접한 관계가 있다. 유성생식도 하지만 영양이 좋으면 무성적으로 몸통서 새로운 개체를 출아시켜 후에 모체에서 분리된다. 재생력이 강하여 몸의 1/200만 있어도 전체를 재생한다. 못·늪 등의 담수에 서식하며 물가의 풀잎이나 물속에 떨어진 낙엽과 썩은 나뭇가지에 붙어살고 있다. 늪히드라(Hydra raludicola)·젖꼭지히드라(H. magnirapillata)·애기히드라(H. rarva)·자두히드라(Pelmatohydra robusta) 등이 있다. 한국 하천·연안 등지에서 흔히 볼 수 있다[참고: http://100.naver.com/100.nhn?docid=175499].

67) "자네는 부인이 꽥꽥거리는 걸 시끄럽다고 생각지 않나?", "마술(馬術)에 능한 사람은 일부러 거친 말을 고르는 법이지. 사나운 말을 다룰 수 있으면 다른 말도 쉽게 부릴 수 있으니까." 소크라테스가 왜 포악한 아내와 헤어지지 않느냐는 친구의 물음에 이렇게 답했다거나, 크산티페가 부부싸움을 벌이던 중, 소크라테스에게 상스러운 욕설과 고함을 한껏 퍼붓고 난 뒤에도 분을 삭이지 못해 구정물이 담긴 양동이를 들어 소크라테스에게 끼얹어 버렸던 일, 또 졸지에 구정물을 뒤집어 쓴 소크라테스가 화를 내기는커녕 입가에 잔잔한 미소를 띠며 "천둥이 친 후에는 비가 오는 법이지. 그건 자연의 진리라네."라고 말했다는 것들은 사실 여부가 확인되지 않았다. 그럼에도 불구하고, 소크라테스가 가정을 별로 돌보지 않은 것은 부인하기 어렵다. 여러 가지 이야기를 빼면, 소크라테스가 아내 크산티페와 대체로 원만하게 지냈던 것 같기도 하다. 크산티페를 개인적으로 알고 있던 플라톤, 크세노폰 등 소크라테스의 제자들이 그녀에 대해 아주 잔혹하게 부정적인 이야기를 하지 않은 것도 그렇고, 소크라테스가 그녀와의 사이에 3명의 아들을 둔 것만 봐도 그렇다. 그녀는 람프로클레스, 소프로니스코스, 메네크세노스 세 아들을 낳았고, 소크라테스가 죽던 당시 막내 메네크세노스는 아직 어렸다는 사실을 보아 크산티페가 후처일 수도 있다. 어린아이를 둔 크산티페가 낙담한 나머지 그 막내 아이를 품에 안고 남편을 마지막으로 만났다는 것은 사실로 인정되고 있다. 소크라테스의 아내 크산티페는 서양사에서 악처의 대명사다. 크산티페가 악처라는 나쁜 평판을 얻게 된 것은 기원전 423년에 나온 아리스토파네스의 희극 「구름」이 소크라테스의 삶을 조롱하는 내용이기 때문일 수 있다. 물론, 크산티페에 얽힌 나쁜 일화는 많이 전해진다. 대개는 후대의 창작인 듯하지만 크산티페에 대한 부정적인 언급은 그녀가 죽음에 임박한 소크라테스를 찾아가서 일종의 처절함과 낙담을 하나의 분노로서 표시한 것에서 찾을 수 있다. 소크라테스의 대책 없는 죽음을 목도하게 된 크산티페가 징얼거리기 시작하자, 소크라테스는 친구 크리톤에게 "오, 크리톤. 제발 이 여자를 집으로 데려다 주게."라고 말한 것은 사실이다. 그런 것이 후대에서는 소크라테스의 경구로, 즉 "아무튼 결혼은 하는 게 좋다. 양처를 만나면 행복해질 테고, 악처를 만나면 철학자가 될 테니."라는 말로 과대 포장되었을 수도 있다.

68) 참고: 이지양(2008). 성인도 하지 못한 가화만사성. 실학산책, 제87호. 2008. 4. 30.

69) 참고: 로저 하우스덴(2008). 즐기고 계신가요(역). 서울: 북스코프.

70) 참고: 정무(2008). 행복해지는 습관. 서울: 불광출판사.

71) 참고: 이진영. 죽음 체험실서 인생수업을(2007. 5. 28). 조선일보.

72) 참고: 하인리히 E. 야콥(2005). 빵의 역사(역). 서울: 우물이 있는 집.

73) 참고: 에쿠니 가오리(2008). 맨드라미의 빨강 버드나무의 초록(역). 서울: 소담출판사.

74) 참고: 문갑식. 만물상, 유쾌한 장례식(2007. 5. 22). 조선일보.

75) 참고: 알랭 드 보통(2007). 행복의 건축(역). 서울: 이레.

76) 어찌 말하면, 인간의 죽음은 삶에 대한 위험스러운 생활 방식 때문에 문제가 되는 경우가 더 많다. 영국 리즈 메트로폴리탄 대학의 앨런 화이트 교수 연구팀은 잡지 『남성의 건강과 성(性)』에 실린 논문을 통해 15~34세 남성들의 경우 사고와 자살이 주요 사망 원인으로 드러난 반면, 35~44세 남성들은 심장병과 암, 만성적인 간질환이 주요 사망 원인으로 밝혀졌다고 말했다. 연구팀은 44개국의 15~44세 남성 및 여성들의 사망 원인을 분석했다. 연구팀은 논문에서 조사대상 각국에서 남성들의 사망률이 여성들보다 높은 것으로 나타났다고 말했다. 태국의 경우 남성 사망자의 35%가 15~44세 연령대에 속했으나 스웨덴의 이 비율은 고작 3.5%에 그쳤다. 브라질과 카자흐스탄, 필리핀에서도 이 비율은 태국과 마찬가지로 매우 높은 반면, 일본과 네덜란드, 이탈리아는 가장 낮은 편에 속했다. 특히 브라질에서는 살인이 15~34세 남성들의 주요 사망 원인이었지만, 일본에서는 자살이 이들의 주요 사망 원인으로 나타났다. 이들 젊은 남성의 자살 비율은 유럽 남부 국가들보다는 부유한 북부 국가들에서 높은 것으로 조사되었다. 아프리카 사하라 사막 이남 및 인도 아(亞)대륙 국가들은 자료 부족으로 이번 조사에서 제외되었다. 여성들의 주요 사망 원인은 유방·난소·자궁경부암인 것으로 나타났으며, 남성들은 주로 신체 여러 부위의 암으로 사망하는 것으로 집계되었다. 화이트 교수는 "각국에서 남성들은 (노력하면) 피할 수 있는 이유들 때문에 사망하는 경우가 많아 사망률이 여성들보다 높다."며 "남성들의 주요 사망 원인은 생활 방식이나 위험스러운 행동과 다소 직접적인 관련이 있다."라고 말했다[참고: 유창엽. 젊은 남성 위험스러운 생활 방식이 주요 사망 원인(2006. 7. 25). 연합뉴스].

77) 참고: 최창조(2007). **도시풍수**. 서울: 판미동.

78) 갈매기 조나단을 통해 전 세계에 희망과 감동을 전한 작가 리처드 바크(Richard Bach)는 1936년 미국 일리노이 주 오크파크에서 태어났다. 음악의 아버지라는 요한 세바스찬 바흐의 직계 후손으로 알려져 있다. 1955년 롱비치 주립대학에 입학했으나 퇴학당한 뒤 공군에 입대해 비행기 조종을 했다. 제대 후 자유기고가로 몇 편의 글을 쓰기도 했다. 조종사로 일하면서 3,000시간 이상의 비행기록을 세운 경험으로 갈매기 조나단의 비상에 착안했다. 1963년 데뷔작 『Stranger to the Ground』가 『리더스 다이제스트』의 우량도서로 선정되어 주목받기 시작했으며, 1970년에 발표한 작품 『갈매기의 꿈』으로 세계적 명성을 얻었다. 지은 책으로 『페렛』, 『환상』, 『하나』 등이 있다.

79) 참고: 리처드 바크(2003). **갈매기의 꿈**(역). 서울: 현문미디어.

80) 참고: 피터 펜윅, 엘리자베스 펜윅(2008). **죽음의 기술**(역). 서울: 부글북스.

제7장

의의 만들기 Practical Ethic Frames

자신의 모든 재산을 사회에 환원하는 사람들은 그 어떤 종교인보다도 마음의 안정을 찾은 사람이라고 말할 수 있다. 그들은 자기 삶에서 '사맛디(samadhi)'를 경험하고 있는 사람이며, 자신의 삶을 행복에 이르도록 한다. '개같이 벌어 정승처럼 쓰라.'는 속담이 있다. 돈을 벌 때에는 궂은일도 가리지 않고 벌어서, 그 돈을 쓸 때에는 어엿하고 보람 있게, 의미 있고 품격 있게 써야 개처럼 번 재산이 의미 있게 된다는 뜻이다. 우리네 마음속에는 개(犬)라는 동물을 학(鶴)과 같은 동물과 대비하여 비하시키는 버릇이 있다. 개는 학처럼 귀티가 나는 동물이라기보다는 먹을 것이 있다면 똥구덩이라도 찾아들어가서 게걸스럽게 먹어대는 심상을 갖고 있다고 본 것이다. 지금은 흔하지 않지만, 예전에는 아이가 마당에서 싼 작은 변을 개가 먹어치우는 장면이 흔했기에 개에 대한 그런 심상이 생긴 것이라고 볼 수도 있다. 개가 보여 주는 그런 행동처럼 돈을 벌겠다고 작정한 사람이라면 돈이 되는 일이면 무엇이든 마다하지 않고 벌어도 된다는 뜻이다. 그래서 돈을 벌 때는 수단과 방법을 가리지 말라는 의미까지 엿보인다. 그러나 그렇게 번 돈이라도 쓸 때에는 품격 있고 의미 있게 제대로 쓰라는 가르침이 바로 '개같이 벌어서 정승같이 쓰라.'의 속내다.

그러나 현실적으로는 개같이 번 사람은 여간해서 정승처럼 쓰지 못한다. 정승처럼 쓰는 법을 배워 본 적이 없기에, 그저 개같이 번 사람은 자기 돈을 개같이 탕진할 뿐이다. 자기 삶에 대한 훈련과 습관, 그리고 나름대로의 인간적인 품격이 굳어져서 자신이 번 돈을 정승처럼 쓰는 것이 그리 쉽지 않다. 하버드 대학에서 행복학을 가르치는 샤하르 교수는 한 인간이 태어나서 살아가는 방식을 크게 네 가지로 구분한다.[2] 그중 한 가지는 우리가 흔히 발견하는 성취주의 방식인데, '성취주의자'들은 항상 미래를 위해 현재를 희생해야 한다고 믿는다. 둘째 유형인 '쾌락주의자'들은 성취주의자들과는 달리 미래에 대해 한 줄의 희망도 걸지 않고 순간적인 즐거움만 탐닉한다. 성취주의자들이나 쾌락주의자들의 틈바구니에 셋째 유형인 '허무주의자'가 있다. 이들은 늘 과거에 벌어진 실패에 자신의 발목을 잡힌 채, 현재의 즐거움이나 미래에 대한 희망을 모조리 포기한 채 살아간다. 허무주의자, 쾌락주의자, 그리고 성취주의자가 보여 주는 삶의 방식은 불행에서 벗어나기 어려운 삶의 방식이다. 그들의 삶은 오늘과 내일이 완벽하게 분리되어 있기 때문에 삶에서 끊임없는 괴리와 간극, 그리고 긴장이 생긴다. 성취주의자는 어떤 미래의 목적지에 도착하면 그때부터 영원히 행복해질 것이라는 환상을 갖고 있다. 따라서 그에게 여행은 처음부터 중요하지 않다. 쾌락주의자는 오로지 여행이 중요하다고 생각하기에 여행 이외의 것에는 주목하지 못한다. 허무주의자는 목적지와 여행 두 가지를 모두 포기했기에 늘 삶에 환멸을 느낀다. 성취주의자는 미래의 노예로 살아갈 뿐이고, 쾌락주의자는 순간의 노예로 살아가게 마련이다. 허무주의자는 오로지 과거의 노예로 살아갈 수밖에 없다.

이들과 달리 행복은 산의 정상에 도달하는 것도 아니고 산 주위를 목적 없이 배회하는 것도 아니며, 바로 산 정상을 향해 올라가는 과정이라고 믿는 사람이 있다. 샤하르 교수는 이렇게 넷째 유형의 삶을 살아가는 사람들을 가리켜 '자기 일치자' 들의 삶이라고 부른다. 자기 일치자들은 자신을 그저 남에게 보여야겠다는 과시욕과는 질적으로 다른 방식의 자기 표현 욕구를 가지고 있다. 이들은 현재와 미래에서 즐거움과 의미를 동시에 찾으려고 노력한다. 오늘의 즐거움을 놓치지 않고 그 즐거움으로 내일의 성장을 목표로 삼는다. 자기 일치적 삶을 살아가는 일은 결코 어려운 일이 아니다. 모든 것에 감사하는 습관만 들여도 행복이 시작되기 때문이다.

사람들은 자신의 일을 노역, 출세, 소명 중 어느 하나로 생각하는데, 이 중 어떤 것으로 받아들이는지에 따라 삶이 달라지기 시작한다. 자기 일을 노역이라고 생각하는 사람은 경제적 보상에 초점을 맞춘다. 그렇게 되면 그에게 직장이란 끝내 지루한 일을 해야 하는 곳으로 인식될 뿐이다. 일을 출세로 생각하는 사람에게는 일에 대한 그의 감정이 돈, 성공, 힘, 혹은 지위에 따라 움직이게 마련이다. 일을 하나의 소명으로 생각하는 사람은 일 자체가 목적이며 그것이 바로 자기 삶이 된다. 내적 동기에 따라 일을 하게 됨으로써 자신의 일에 만족하는 것이다. 일하는 것 자체를 의무가 아닌 특권으로 받아들인다. 그런 사람은 일터에 가는 것이 바로 마음의 안정, 말하자면 사맛디(samadhi)의 감정을 경험하는 것이다.

그런 마음의 안정이 바로 행복이다. 행복의 양에는 제한이 없다. 행복의 추구는 '제로섬 게임'이 아니라 모두가 더 잘살 수 있는 '윈-윈 게임'이다. 내가 행복해지기 시작하면 그것으로 인해 이웃도 행복해질 수 있다. 부처가 말한 것처럼 나의 행복이라는 양초 하나로 수천 개의 다른 행복의 양초를 밝혀 줄 수 있는 것이다. 행복의 양초가 계속 이어지더라도 그 행복의 양초가 갖고 있는 전체 수명은 결코 짧아지지 않는다. 행복은 나누어 줄 수 있고, 사람의 마음과 마음으로 이어질 수 있기에 결코 줄어들지 않는 것이다.

행복에 이르는 길을 제아무리 잘 알고, 그것에 대해 무엇인가를 깨달았다고 하더라도 삶에 실천하지 않으면 아무 소용이 없다. 깨달은 것이 전혀 없는 것과 마찬가지다. 무엇인가 나에게 소용이 있고, 그것이 사회적으로 쓰임새가 있기 위해서는 내 스스로 실행하고 실천해야 한다. 스스로를 바꿔 놓지 않으면, 이 세상은 결코 나를 위해 바뀌지 않는다.

배우는 목적이 개인과 사회를 위한 덕을 쌓는 일로 생각한다면, 그것은 지혜, 인내, 그리고 정의의 실천으로 집약된다. 이 점을 잘 보여 주고 있는 인본주의자 중 한 사람이 고대 로마의 공화주의자이며 스토아학파의 일원이었던 키케로다. 그는 지혜와 인내, 그리고 실천만이 세상을 구할 수 있다고 보았다. 그는 "모든 덕은 대개 세 가지로 이루어져 있는데, 그 첫째는 진실되고 순수한 것이 무엇이며, 공감이 가는 것은 무엇이고 그것에서 생기는 결과는 무엇이며, 각 사물의 원인이 되는 것은 무엇인지를 아는 일이 중요하다. 사물과 현상의 인과관계를 인식하는 능력인 지혜가 필요하다. 둘째는 사람이 살아가는 데 필요한 것이 인내로서, 인내는 파토스라고 불리는 혼란된 마음의 동요를 억제하는 데 도움을 준다. 마지막으로 본능적인 욕구를 이성적으로 자신의 삶에 복종시키는 능력인 실천이 하나의 관행으로 자리 잡을 때 사람들은 더불어 살아가는 사람들, 공생하는 사람들의 모습을 지니게 된다."라고 말했다.

키케로는 지혜와 인내, 그리고 그것의 실천을 하나로 완성해 주는 힘을 '사회적 정의'라고 보고 있다. 정의를 통해 우리에게 필요한 것들을 풍족하게 소유하고, 만약 무엇인가 우리에게 불이익을 가져다주는 것이 있다면, 그것을 없앨 수 있다. 또한 우리에게 해를 끼치려고 기도하는 자들에 대해서는 응징하여 형평의 원칙과 인정이 허용하는 범위에서 처벌할 수도 있다.[3] 사회든 개인이든 관계없이 정의롭기 위해서는 자기 자신의 틀 바꿈을 수행하는 단계가 필요하다. 개조를 위해서는 정의에 어긋나는 것들에 대한 응징과 해체가 불가피하다. 해체나 개조가 궁극적으로 겨냥하는 목적과 지향점은 카이사르가 이야기했던 개혁과 혁파다. 카이사르는 아무리 나쁜 사례라도 그것을 시작한 원래 계기는 훌륭한 것이었다는 전제 아래, 그것을 바로잡는 개혁의 필요성을 논했다. 카이사르[4]는 "개혁이란 오랜 것을 부정하고 새것을 내세우는 게 아니라 현재를 다시 들여다보고 유효한 것이 최대 효과를 거둘 수 있게 재구축하는 작업"이라고 말했는데, 바로 이 개혁과 혁파가 해체의 목적이고 개조의 지향점이다.

이 모두는 삶과 생명에 대한 강한 집착에서 나오는, 변화하려는 의지의 표현이다. 생명과 삶은 생물체에게는 절체절명의 의지이며 본능이다. 그것은 인간만의 고유성은 아니다. 인간만이 자기 생명에 대해 자기 마음대로 할 수 있다고 생각하지만, 그것마저도 생명의 절대성 앞에서는 무기력할 뿐이다. "자살을 작정한 사람도, 자살하기 위해 암벽 꼭대기에 서 있는 사람이라고 하더라도, 뒤에서 별안간 바위가 굴러오면 놀라서 그 바위를 비키려는 본능적인 동작을 하게 마련이다. 그렇게 죽거나, 맞아 죽거나, 아니면 자살을 하거나 모두가 생명을 끊는 것은 똑같을 것이다. 그럼에도 불구하고, 별안간 닥친 죽음과 그것에 대해 두려워하는 인간의 본능 때문에 굴러오는 바위를 피하게 된다. 바로 그런 행위가 삶이고 생명에 대한 집착이다."[5] 제아무리 생명이 쓸모없다고 생각하는 순간에도, 생명을 유지하게 하는 삶은 어차피 고쳐 쓰도록 되어 있는 것이다.

자신의 생활을 품에 맞도록 고쳐 쓰기 위해서는 각자적으로 자기 삶에 단단해야 한다. 그것은 몰라서 못 하는 것이 아니다. 사람은 원래 그런 것을 쉽게 할 수 있도록 단단하지가 않다. 물체를 800℃ 정도로 일정하게 가열하면 그 속의 모든 것은 붉은색을 띠게 된다. 붉은색을 일정하게 유지하려면 엄청난 노력이 필요하다. 그런 지속적인 노력을 모든 사람이 다 같은 정도로 유지할 수 있는 것은 아니다. 그래서 한 작가는 사람의 다양한 모습과 양태를 이렇게 적고 있다. "예전에 나는 좋은 사람, 이타적인 사람, 정의로운 사람이 되고 싶었다. 그러나 이제는 그 모든 당위적 가치를 버렸다. 대신 나의 내면에 좋은 사람/나쁜 사람, 이타적인 사람/이기적인 사람, 정의로운 사람/비겁한 사람이 공존한다는 것을 알게 되었다. 이제는 스스로 정의롭다고 자처하는 사람을 만나면 심리적으로 부담감을 느낀다. 정의라는 것 역시 입장에 따라 상대적인 가치이며, 심리적으로 분열과 투사 방어기제, 나르시시즘, 도덕적 분노 등이 결합된 산물이 아닌가 의심해 본다."[6]

사람이 보여 주는 각각의 품과 격은 언제나 다중적이다. 이런 소재는 인간을 다루는 소설에서 언제나 진지한 주제가 되었다. 『죄와 벌』, 『전쟁과 평화』, 『분노의 포도』, 『닥터 지바고』, 『폭풍의 언덕』 등, 그 어떤 소설에서든 서로 다르게 그려 내는 인간의 품과 격에 대한 다중적인 서술들은, 정신분석학자들의 용어대로 이야기하면 인간이 콤플렉스의 존재들일 뿐이라는 것을 보여 준다.

이기적이면서 이타적이고, 독립적이면서 의존적이고, 밝으면서 어두우며, 사랑하면서도 증오하며, 걱정하고 시기하는 존재가 바로 인간이다. 인간에게 '정상'이란 개념은 처음부터 성립하기 어려운 단어다. 살아간다는 것은 그런 부조화와 갈등을 끊임없이 조절해 나가는 생의 과정이다. 모든 것은 정상적이며 동시에 비정상적이다. 정상과 비정상은 확정될 수 있는 것이 아니다. 정상, 비정상을 측정하는 데 있어서 나타나는 불확정성은 언제나 일정하다. 그것을 느끼는 강도와 농도는 사람마다 조금씩 다를 수 있어도, 인간에게는 처음부터 우울, 분노, 질투, 불안, 공포, 사랑, 회피와 같은 감정들이 마치 감기 바이러스처럼 내재되어 있다. 그래서 정상이나 비정상은 항상 균형 상태를 유지하려고 노력한다. 예를 들어, 건강이 깨지는 순간부터 병이라고 명명하는 것과 같다. 멀쩡함에 중심이 깨지면, 즉 중심을 잡아 주는 균형점의 면역력이 약해지면, 그때부터 건강의 격과 품을 보여 주는 비정상의 표지들이 나타난다. 인간의 정서나 이성도 마찬가지다. 인간적인 감정을 어느 정도로 조절할 수 있는지에 따라 인간의 품과 격이 달라진다.

신학자 R. 니버(Neibuhr)는 1932년 『도덕적 인간과 비도덕적 사회(Moral Man and Immoral Society)』에서, 바람직한 사회는 사람들의 삶살이와 생에 있어서 도덕적이며 이성적 조정을 지향하는 모든 요소를 증대시킨다고 강조하였다. 동시에 부도덕한 사회의 집단적인 힘을 사회 전체의 책임 아래에 두도록 하는 방안을 찾는 일이 시급하다고 말한 바 있다. 개인이 제아무리 선하고 도덕적이며 윤리적이라고 하더라도 그가 비도덕적인 사회에 살고 있는 한, 그 역시 어쩔 수 없이 비도덕적인 집단의 힘에 의지하게 된다. 사회와 집단이 개인 스스로 자기 허물을 고쳐 쓰거나 거듭나기 어려운 조건을 제공하고 있기 때문이다. 개인의 도덕적 · 사회적 행동과 국가적 · 인종적 · 경제적 사회 등 모든 집단의 도덕적 · 사회적 행동은 상이하여 그렇게 될 수밖에 없다.

니버가 비도덕적인 사회의 문제를 들고 나온 것은 이유가 있었다. 그 당시 교육에 의한 이성의 발달과 종교적 선의지의 성장에 따라 개인의 이기주의가 극복되고, 또한 사회도 조화롭게 될 것이라고 생각하는 존 듀이 식의 실용주의가 무용했기 때문이다. 동시에 천국의 도래를 찬양하며 떠벌리기만 하는 부흥사 중심의 종교들의 순진무구함을 신학적인 관점에서 비판할 필요가 있었다. 그가 보기에 인간의 집단적인 행동은 항상 개인의 행동보다 이기주의적인 태도를 드러내며, 집단 간의 대립과 투쟁은 언제나 피할 수 없는 것이었다. 그것을 해결하기 위해서는 물리적 강제 수단이 필요했다. 종교 역시 자유주의(自由主義)적인 종교관으로는 역부족이었기 때문에 보다 보수주의적인 신앙과 종교, 그리고 원칙 중심의 사회적 정의가 필요하다고 본 것이다.

니버가 보기에[7] 사회에는 개인 간의 분쟁과 집단 간의 분쟁이 있게 마련이었다. 개인 간에는 종교와 교육에 의하여, 또는 이성과 양심에 호소함으로써 어느 정도 해결이 가능하다. 이에 비해 집단 간에는 사정이 조금 다르다. 인종·민족·계급 등 사회적 집단 간의 갈등이나 긴장의 경우는 집단적 에고이즘으로 인해 단순히 종교나 교육적 수단으로 억제할 수 없었다. 그래서 개인을 위한 도덕과 국가, 민족과 같은 사회적 집단을 위한 도덕은 구별되어야 한다. 개인의 도덕성은 인간 대 인간의 관계에서 비교적 잘 드러나지만, 집단 대 집단의 관계는 개인의 그것처럼 잘 드러나지 않기 때문이다.

인간관계의 개선은 개인의 양심과 선의지에 크게 의존한다. 개인이 도덕적으로 선해진다고 해서 사회의 문제마저 자동적으로 해결되지는 않는다. 개인 간의 문제가 풀린다고 사회 자체가 도덕적으로 쉽사리 변하는 것도 아니다. 도덕적 인간으로 구성된 사회라 할지라도 그 사회는 비도덕적 사회일 가능성을 배제할 수 없다. 마찬가지로 도덕적인 인간이었다 하더라도 비도덕적인 사회 속에서 살아가면 비도덕적인 인간이 될 수밖에 없다. 민주주의가 발달한 현대사회도 그 속에서 일어나는 합법적이고 집단적인 행동의 근원을 살펴보면 그런 갈등과 긴장은 늘 상존한다. 도덕적인 관심사들은 자기 집단의 이익과 관계된 경우, 자신의 이해관계가 침해받을 때에만 비로소 하나의 행동이나 문제로 제기된다. 다수 의견에 의해 좌우되고, 겉으로는 민주주의적 항거로 표출되는 거대한 집단행동의 시작도, 실상을 해부하면 결국 집단이기주의에 의해 동기화되고 행동화된 것이다. 이런 점에서 본다면, 비도덕적 사회에서 살아가는 도덕적인 인간을 구분하기 위해서라도 개인 윤리와 사회 윤리는 구분되어야 한다.

현실적으로 보통 사람들에 의해 저질러지는 비도덕적인 행위들은 그가 집단에 속해 있기 때문이다. 집단에서 강요하는 관행이나 공범자들끼리 나누는 안도감은 개인의 도덕적 양심을 거의 무의미하게 만들고, 대담성까지 심어 준다. 현실적으로 개인적인 소망을 쉽게 이룰 능력이 결여된 개인은, 그것을 충족시켜 줄 수 있는 집단을 통해 대리 만족을 얻는 방법을 취한다. 그것을 위해 개인은 그 집단에 충성한다. 그 집단은 바로 그러한 개인의 욕구를 폭력적이고 냉정한 방법으로 성취하게 함으로써 집단의 존재 가치를 높인다. 이러한 비도덕적인 사회에서 도덕적인 개인이 서로 의존하는 역동성은 개인의 도덕적인 정체성을 혼란시킬 뿐만 아니라, 집단에 속한 구성원들의 도덕적 판단 능력을 훼손시키기도 한다.

비도덕적인 실천 강령들로 무장하고 구성된 비도덕적인 집단이 저지되기 위해서는 개인과 함께 집단도 인격화되어야 한다. 그 일은 결코 쉬운 일이 아니다. 인간은 개인적으로 얼마든지 도덕적인 존재가 될 수 있다. 그런 개인이 비도덕적인 집단 속으로 들어가게 되면, 그 집단에 속한 개인과 함께 비도덕적인 존재로 변질된다. 그렇게 되면 사회집단이나 국가집단은 자신들의 이익을 위해서 명분을 만들어 낸다. 부도덕한 행위들도 정의 실현이라는 기치 아래 자신감과 용기를 갖고 과감하게 감행하기도 한다. 한 국가나 사회집단의 비도덕성은 개인의 윤리적 기준이나 이성으로는 교정될 수 없다. 그것을 교정하기 위해서 필요하다면 폭력적인 혹은 비폭력적인 강제력에 의존할 수밖에 없다. 그러나 강압적인 해결책은 또 다른 집단의 비도덕성을 야기하게 된다. 따라서 니버는 도덕적인 개인은 더욱더 그의 존재감을 부각시켜야 하며, 그의 존재 의미를 확인해 주는 도덕적인 요소와 종교적인 성찰로 토대를 이룬 사회집단적 각성과 통합책들의 필요성을 역설했다.

§ 쪽매 맞춤

비도덕적인 사회 속에서 살아가는 도덕적인 인간의 모습은 물리학적이거나 수학적인 원리인 프랙탈(fractal)[8]과 쪽매 맞춤, 즉 '테셀레이션(tessellation)'[9]의 양태를 보여 준다. 제아무리 도덕적인 개인이라고 하더라도 사회생활을 하는 한, 그들 역시 상대방의 비도덕적인 모습에 무관할 수가 없다. 타인을 욕하면서 그 욕을 자기 것으로 배워 간다는 속담이 있다. 이처럼 인간의 일상적인 삶은 사회생활을 하면서도 자기 유사성과 순환성의 양태를 띠게 마련이다. 사람들이 서로 다르게 살아가고 있는 것은 어찌 보면 인간의 삶살이가 혼돈, 카오스적으로 보이게 한다. 그러나 실제로 그런 인간의 삶에는 일종의 공통 원칙이 반복적이고 지속적으로 작동된다. 마치 인간의 유전자가 후손들로 하여금 자기 부모와 닮게 함으로써 자기 유전자대로 이어지게 하듯 인간의 삶살이와 일상생활은 타인과 더불어 가기 위해 일정한 일상성을 좇는다.

인간의 유전자가 보여 주는 자기 유사성과 순환성은 생물학적 유전의 원리를 보여 주는 자연스러운 프랙탈의 현상이기도 하다. 자식이 부모를 닮으라는 법은 없으며, 그것이 순환되라는 법도 없다. 그럼에도 자식이 부모를 닮으면서 지속적으로 이어지는 것은 자기 유사성과 순환적 지속성 때문이다. 그것은 물리학적으로 프랙탈의 원칙으로 설명될 수 있다. 프랙탈이란, 작은 구조가 전체 구조와 비슷한 형태로 끝없이 되풀이되는 구조다. 말하자면 부분과 전체가 똑같은 모양을 하고 있다는 '자기 유사성(self-similarity)'과 '순환성(recursiveness)'의 구조를 말한다. 겉으로는 불규칙해 보이는 현상들도 원리적으로는 일정한 규칙을 따르고 있다. 그 규칙성을 설명해 주는 것이 카오스 이론이다.

인간의 삶은 프랙탈인 동시에 쪽매 맞춤적으로 자기 모습뿐 아니라 타인의 모습까지 닮고 있다. 그런 점에서 단순히 누가 어떻다는 식으로 그의 삶을 단죄하거나 해석하는 것은 삶을 제대로 파악한 것이 아니다. 사람들은 자기 나름대로는 각자적이다. 그러나 다른 사람들과 최대한 서로에게 영향을 주고받으면서 살아간다. 그 나름대로의 이해관계를 취하며 자기 나름대로의 효율성을 최대화하고 있는 것이 서로가 서로에게 쪽매 맞춤하는 모습이다. 이를 통해 인간 역시 기하학에서 말하는 테셀레이션적 양태를 벗어나지 못하는 것을 알 수 있다. 기하학에서 평면도형으로 평면이나 공간을 빈틈없이 채우는 방법을 테셀레이션이라고 한다. 예를 들어, 나무 창살, 욕실이나 타일 무늬, 벽지 무늬들은 하나의 무늬가 평행이동, 회전, 반사하여 규칙적으로 전체 무늬를 형성하고 있다. 이런 무늬 배열은 테셀레이션 기법을 활용한 것이다. 실용품 중에서 대표적인 것을 찾아보면 정육각 이상의 원통 모양을 한 연필을 들 수 있다. 연필이 사각형이나 원형이 아닌 정육각형을 취하게 하는 것은, 기하학의 한 분야인 테셀레이션의 이점을 최대한 활용하기 위해서다. 양봉업자들이 벌통의 벌집들을 정육각형으로 빈틈없이 연결시켜 놓는 것 역시 테셀레이션의 원리에 부합하는 것이다. 원 형태의 벌집에 비해 낭비되는 공간을 최소화시키기 위한 방법이다. 이 테셀레이션에는 인간에게 신비감을 주는 무한한 수학적인 개념과 철학적 의미도 들어 있다. 테셀레이션은 도형의 각을 바꾸거나 대칭과 변화, 합동을 익히기만 하면 틀에 박혀 살아가던 지루함과 일상성의 삶을 얼마든지 벗어나게 해 준다는 것을 사람들에게 알려 준다.

인간이 살아가는 모습이 기하학의 테셀레이션처럼 양태상의 일체감을 주고는 있지만, 그들이 각각 발휘하는 기질들은 나뭇잎이나 물의 흐름과는 구조적으로 다르다. 닮은꼴은 세상에 얼마든지 있지만, 동일한 행동들은 하나도 없다. 쌍둥이를 봐도 알 수 있는 사실이다. 노벨문학상 수상 작가인 주제 사라마구[10]의 이야기를 빌리지 않더라도, 이 세상을 살아가면서 정말로 놀라운 점은, 이 지구상에 살고 있는 육십억 명의 사람들 중에 정확히 똑같은 사람이 하나도 없다는 사실이다. 그래서 세상은 더불어 살아가면서도 각기 제맛이 나도록 되어 있다.

§더불어 살기

더불어 산다는 것은 각자가 의미를 만들어 서로에게 각기 다른 빛을 더하는 과정이기도 하다. 그렇게 되면 세상은 나름대로 자기 삶에 대해 어떻게 생각하느냐와 관련된 '생각하기'에 의해 서로 다른 모습을 지닌 세상이 된다. 각자가 서로 '생각한다'는 것은 곧 자기 내면과 이야기하며, 서로에게 살아가는 쓰임새를 정당화시키는 과정을 갖는다는 의미도 될 수 있다. 자기 내면과의 대화는 의미를 재구성하고 쓰임새를 높일 때 본격적으로 가동된다. 대화하기 위해서는 생각을 해야 하는데, 그 생각의 주체는 데카르트의 '관조적 자아', 즉 나 혼자만의 고립된 자아만은 아니다.

'나는 생각한다. 따라서 존재한다.'는 식의 막연한 존재가 아니라, 지금 이 순간을 살아가는 자아이며 그것을 위해 끊임없이 자기 내면을 반추하는 성찰의 자아다. 생각하기와 의미 재구성의 주체로 요구되는 자아는 칸트적인 성찰적 자아이고, 아렌트(Arent)적인 사회를 의식하는 자아다. 자아는 자연으로, 타자는 단순히 관찰과 과학의 대상으로 여겼던 데카르트의 견해를 넘어서는 자아다. 성찰한다는 것 자체는 누군가와 더불어 서로 기대고 살아가는 과정에서 생길 수밖에 없는 사회적인 행위를 의미한다.

더불어 사는 일상의 삶에서 끊임없이 주체적이고 비판적으로 자신을 성찰하는 칸트적 자아, 소크라테스의 '너 자신을 알라.'에 대한 사회적 각성을 강조한 아렌트적 자아에 대한 확인은 오늘 이 순간을 살아가면서 자기 생명을 확인하고 타인을 배려하는 통찰적인 자아다. 아렌트는 소크라테스의 '너 자신을 알라.'에 대해, '나는 모든 사람을 위한 진리를 내가 갖고 있지 않다는 사실을 나 스스로 알고 있다.'라는 자기 성찰이라 해석했다. 그가 말하는 통찰적인 자아는 이처럼 자신에 대해 처벌한 성찰을 중심으로 하는 자아다. 그 자아는 이상야릇한 몇 가지 정보와 언술을 연구의 수단으로 삼아 진리를 핑계로 권력 획득에 연연하는 사이비 지식인들의 천박한 자아가

아니다.[11]

통찰적인 자아는 다른 사람의 동의를 사적 소유권의 원천으로 삼는 사회적 자아이며, 사회적 의미를 만들어 내는 자아다. 칸트와 아렌트가 말하는 '집단의지 동의론'의 자아와도 비슷하다. 사회적인 의미 만들기는 단순히 개인적 삶에 국한된 미시적인 자기 반성으로만 끝나는 것이 아님을 알려 준다. 통찰적이며 성찰적인 사회적 자아는 시키면 시키는 대로 따른다는 식의 기능적 자아를 넘어선다. 예를 들어, 제2차세계대전 당시 수백만 명의 유대인을 학살한 아돌프 아이히만의 기능적 자아를 넘을 수 있다. 그는 법정에서 군인다움을 당당하게 표현했다. 군인으로서 명령에 따랐을 뿐이며, 군인은 명령에 살고 명령에 죽는 직업인이라고 자신의 정당성을 강변했다. 아렌트는 그에 대해 '생각하지 않은 것이 죄'라고 단정했다.

생각하지 않으면 통찰적 자아를 갖지 못한 사람이라고 단정한 아렌트의 통찰은 더불어 사는 삶에서 요구되는 생각하기와 의미 만들기에 대한 새로운 통찰을 요구한다. 일상의 구조적 모순에 저항할 생각조차 하지 못하고 그저 기계처럼 순응하며 생각하지 않고 사는 것은, 자기 스스로 일상의 감옥에 갇혀 사는 죄수의 삶이나 마찬가지라고 알려 준다. 칸트의 지적처럼 이 시대의 미성숙은 이해의 결핍에서 나오는 것이 아니다. 바르고 제대로 생각하여 그로부터 사람다운 의미를 만들어 내겠다는 것을 실현하지 못하는 용기의 부족에서 시대적 미성숙이 나오는 것이다. 생각하는 대로 살지 않으면, 사는 대로 생각하게 된다. 사는 대로 생각하면 그것은 쥐처럼 사는 것과 마찬가지라는 성현들의 경구는 인간의 본질을 생각하며 의미를 만들어 내야 하는 것을 강조한 것이다. 조선의 유학자들이 강조했던 공부의 핵심은 바로 생각하기에 있었다. 생각하기는 자기 나름대로의 의미 만들어 가기와 직결된다. 조선 성리학자들에게 공부는 궁극적으로 더불어 살아가고 있는 사람들에게 귀감이 되는 성인(聖人)이 되려는 과정이지, 자기 혼자만의 부귀영화를 위한 권력 쟁취의 과정이 아니었다. 성인을 지향하는 삶, 더불어 사는 삶에서의 귀감을 추구하는 것이 공부의 핵심이며, 그것에 만족하는 사람이 바로 성인이라고 보았다.

그들에게 공부의 핵심은 잡학을 게걸스럽게 아는 것이 아니라, 더불어 사는 삶에서의 마음공부를 위한 의미 만들기와 바로 생각하기로 정리될 수 있다. 잡스러운 정보에 매달리는 것은 궁극적으로 성인의 길이 아니다. 이는 무익을 향한 허욕의 길이며 바르지 못하게 생각하는 길이다. 조선의 성리학자들이 말하는 성인의 길은 도(道)의 세계에 이르려는 자기 극복의 길이었다. 그것을 염두에 두고 쌓아간 도는 마음공부였다. 그들은 현실을 떠난 불가적이고 초월적인 방법이 아니라, 구체적인 역사적 조건과 현실적인 삶에서 마음공부를 추구하는 방법을 취했다. 현실적인 삶에서 마음공부를 실현하기 위한 한 가지 방편이 바로 책읽기다. 혹자는 서양 유학자 필립 아이반호(Ivanhoe, P.)의 이야기에 기대어 성리학자들의 마음공부가 인간에게 원래 내재되어 있는 자연성을 회복해 가는 과정이라는 필요 이상의 해석[12]을 하기도 한다. 그러나 그가 책읽기의 관점에서 한 말을 생각했을 때, 이 해석은 인간 스스로 자기 나름대로의 의미를 만들어 가는 일에는 치열한 마음가짐이 있어야 한다는 것을 우회적으로 말한 것이다.

조선의 선비들이 마음공부를 위해 강조했던 책읽기가 바로 의미 만들기라는 점을 후학에게 잘 보여 준[13] 예가 실학자 홍대용이다. 그는 마음공부를 위한 글읽기에서 맹자의 글읽기를 추천했다. 맹자는 자기 생각으로 글쓴이의 뜻에 맞추어 글을 읽어야 자신의 글읽기가 된다고 보았다. 홍대용은 자기 나름대로의 의미를 만들어 내기 위해서는 글쓴이의 글을 그냥 외우는 일이 소용없는 짓이라고 말한다. 자신의 생각과 관점으로 남의 글을 독해함으로써 자기 나름대로의 의미를 만들어 내야 진정한 글읽기라는 것이다. 그것이 마음을 다스리는 길이다. 홍대용은 후학을 위한 독서 비결을 『독서부결』에 자세하게 적어 놓고 있다. 『독서부결』은 그가 아버지의 묘소를 지키며 시골 학생들을 가르칠 때의 어록을 10여 조목으로 정리해 놓은 책이다.

실학자 홍대용은 책읽기와 그것에 기초한 의미 만들어 가기를 이렇게 일러두고 있다. "무릇 처음 배우는 자가 의심할 줄 모르는 것은 사람마다의 공통된 병통이다. 그러나 그 병통의 뿌리를 따져보면 마음이 들뜬 생각에 치달려서 뜻이 글에 집중하지 못한 때문이다. 그러므로 들뜬 생각을 제거하지 않고 억지로 의심하려고 하면 막연하거나 꽉 막히거나 천박하거나 거칠어져서 진정한 의문이 생기지 않는다. 이런 까닭에 의심하고자 하면 먼저 들뜬 생각을 제거해야 한다. 그러나 들뜬 생각 역시 억지로 제거할 수는 없다. 억지로 제거하려고 하면 이로 인해 도리어 한 가지 생각을 더하여 다만 어지러움만을 더하게 되는 것이니. ……의미는 무궁한 것이니, 결코 망령되어 스스로 만족히 여겨서는 안 된다. 문자를 거칠게 통한 자에게는 반드시 의문이란 것이 없다. 그러나 의문이 없는 것이 아니라 철저하게 궁구하지 않은 탓이다. 의문이 없는 데서 의문이 생기고, 맛이 없는 데서 맛이 생긴 다음에야 능히 독서했다고 말할 수 있다. 무릇 독서는 결코 의문을 일으키려고만 해서는 안 된다. 마음을 평정하게 갖고 뜻을 한결같이 집중하여 읽되 의문이 없는 것은 걱정하지 말고, 의문이 생기거든 반복하여 확실하게 참고 연구한다. 반드시 문자에만 의거하지 말고, 혹은 사물에 응할 때에 여유롭게 노니는 속에서 구하여 다닐 때나 걸을 때나 앉을 때나 누울 때나 궁구하고 완미할 일이다. 이와 같이 계속하면 통하지 못한 것이 적고, 통하지 못한 것이 있다 해도 이러한 탐색을 먼저하고 뒤에 남에게 물으면 말이 떨어지기가 무섭게 바로 해득할 수 있다. 무릇 독서에 있어서 실속 없이 허세나 부리고 자음(字音)과 구두를 어지럽히며, 무리하게 자구(字句)를 뽑아 내서 이리저리 맞추든가, 생각 없이 입에서 나오는 대로 의문을 발하며, 대답하는 말이 채 끝나지도 않아서 딴 데로 돌리고 돌아보지 않으며, 한 번 묻고 한 번 대답으로 끝나고 더 생각을 하지 않는다면 이는 이익을 구함에 뜻이 없는 자이니, 더불어 학문할 수 없다."

　삶에 있어서 책읽기만으로 모든 것이 종결되는 것은 아니다. 삶에서의 의미 만들기와 의의 찾기는 통합적이다. 말하자면, 책읽기와 글읽기, 그리고 생각하기의 총합이 더불어 사는 삶에서의 쓰임새를 높여 준다. 삶에서의 '의미 있는 의미'를 만들어 가기가 삶의 쓰임새를 높이는 일이 되게 하기 위해서는, 때에 따라 의도적인 비독서, 혹은 머리 비워 내기 같은 활동이 도움이 되는 경우도 있다. 파리8대학 프랑스 문학 교수이자 정신분석학자인 피에르 바야르 교수는 비독서가 때때로 독서의 원형을 이해하도록 해 준다고 본다.

그는 교수들이 펼쳐보지도 않은 책에 대해 강의하는 경우가 많다는 자기 고백[14]을 곁들이면서, 읽지 않기의 사회적 기능성에 대해 강론했다. 이어서 책을 읽지 않았다고 해서 죄책감 따위를 갖지 말라는 고언도 마다하지 않았다. 이 말은 제대로, 그리고 철저하게 읽지 않은 것은 아예 읽지 않은 것보다도 못하다는 것을 일러 주기 위한 경구다. 하지만 그보다 더 큰 의미는 더불어 사는 일이 꼭 읽기만의 세상은 아니라는 관점을 취했다는 것이다. 그는 책을 무턱대고 읽기보다는, 읽은 책을 통해 자기 이야기를 하는 것이 독서에서 더 중요하다고 생각했다. 그렇기 때문에 남에게 보여 주기 위해서, 혹은 자기 자신을 적당히 위로하기 위한 독서를 해서는 곤란하다는 것이다. 글을 읽지 않는 사회에 사는 글 읽는 이의 오만을 경계하는 충언이기도 하다.

그는 실제로 교양인이라고 으스대는 사람들에게 의미 있게 들을 만한 것이 없을 수밖에 없다고 보았다. 그런 사람일수록 아리스토텔레스의 『시학』이나 플라톤의 다양한 책들, 제임스 조이스의 『율리시스』, 카프카의 『변신』 등에 관한 이야기들을 들먹이곤 한다는 것이다. 글깨나 읽었다는 자들이 그들을 무책임하게 인용하고, 교묘하게 해석하고는 있지만, 그는 그런 사람들 치고 그 책을 철저하게 읽은 사람은 별로 없다고 본다. 더불어 가야 하는 사회에서 나 홀로 가는 사람들의 오만에 대한 또 다른 경계이기도 하다. 어떤 것을 꼭 읽어야 한다는 강박관념이나 그런 것을 읽은 사람만이 교양인인 것처럼 행세하는 것이 일종의 위선이 될 수 있다는 것이 바야르 교수의 독설이다.

더불어 가는 삶에서 그런 사람이 공공의 적일 수도 있다는 바야르 교수는, 자기만이 교양 있는 사람으로 보여야 한다는 속박에서 벗어나는 독서만이 자기 진실에 이를 수 있는 독서라고 강조했다. 정보를 찾아나서는 급한 독서보다는 오히려 의미를 캐며 더불어 가는 삶에서의 쓰임새를 찾아나서는, 급하지 않은 비독서가 더 중요할 수도 있다는 것이다. 이는 결코 사람들에게 책을 읽지 말라는 강권이 아니다. 읽지 않은 책에 대해서 말하는 기술이나 비독서, 또는 무독서가 최고라는 것을 이야기하는 것도 아니다. 독서에 대한 유일한 해석이나, 그런 것을 뽐내며 자신의 생각은 결여된 독서가 오히려 독서를 해칠 수 있음을 경계하고 있는 것이다. 누군가에게 과시하기 위한 책읽기보다는 자신의 내면을 찾아갈 수 있는 책 고르기, 책읽기가 더 기쁨을 주는 독서 행위에 속한다는 것이 독서에 대한 그의 해석이다.

그는 수많은 사례를 들어가면서 비독서라는 행위도 독서의 한 부분임을 설득했다. 무질의 소설 『특성 없는 남자』에 등장하는 도서관 사서 이야기를 예로 들어 비독서인에게 위안을 주려고도 했다. 그 소설에 등장하는 사서는 350만 권이 쌓인 도서관에서 일하지만 그저 '카탈로그만 본다.' 그러면서 "책의 내용 속으로 코를 들이미는 자는 도서관에서 일하긴 글러먹은 사람이오! 그는 절대로 총체적 시각을 가질 수 없단 말입니다."라고 강변한다. 책을 안 읽는 사람으로 꼽히는 폴 발레리도 그런 비독서의 대가였다. 그는 책에 파묻혀 산 아나톨 프랑스를 '책벌레'라고 놀려대면서 마치 아나톨 프랑스의 책을 철저히 읽은 것처럼 논평했다. 그는 심지어 마르셀 프루스트가 죽자 그에 관한 평론을 쓰면서 자신의 비독서를 보여 주었다. "설령, 내가 그의 방대한 저작을 단 한 줄도 읽지 않았다고 하더라도, 지드나 도데처럼 서로 전혀 다른 정신의 소유자들이 그의 중요성에 관해 동의하는 것을 보면 그가 굉장한 시인이라는 점에 대한 의혹을 떨쳐 버리기에 충분하다."라는 식의 평론을 쓴 것이다. 그의 작품을 한 줄도 읽지 않은 발레리로서는 뻔뻔스럽기 그지없는 평론이었지만, 그가 정말로 프루스트를 읽지 않았다는 증거는 그 어디에도 흘리지 않았다. 아마 그는 프루스트 이상으로 프루스트를 읽었을 것이다.

바야르 교수에게 독서의 생활화라는 것은 실제로는 강박적이며 강압적인 표현이기에 그것을 경계하려고 했던 것으로 보인다. 밥 먹기의 생활화, 숨쉬기의 생활화라는 말을 써서라도 그것의 중요성을 부각시켜야 한다면, 그것이야말로 삶과 생명을 모독하는 것일 수 있다. 마찬가지로 독서를 교양인의 잣대로 상징화하기 시작하면, 독서는 사람들에게 역겨운 일이 되고 만다. 강박적인 독서는 오히려 삶 생각하기, 마음 다스리기에 해가 될 뿐이다. 대충 훑어보고, 읽는 동안 마음대로 해석하거나 꾸며 보는 것은 어쩌면 한 줄도 읽지 않은 것처럼 보일 수 있다. 그래도 그것은 책을 읽는 사람의 상상력을 키울 수 있으며, 그 책에 관해 서로 이야기를 나눌 수 있게 만들어 준다. 삶은 원래 그런 것이다. 책이란 원래 사람을 위해서 만들어진 유희도구이기에, 책이 사람을 지배하게 만들 수는 없는 노릇이다. 책은 그저 우리를 위한 하나의 창작물이고, 위안을 위한 오브제 그 이상이 되어서는 곤란하다.

독서의 가치, 독서의 즐거움은 책을 통해 무엇을 얻고 버려야 할지를 독자 스스로 해석하고 결단하는 선택적 행위다. 독서는 책읽기만이 아니라 책읽기에 대한 창작 활동이다. 독서는 결코 교양의 무게를 더해 주는 사회적 상징물이 아니다. 독서하는 사람 스스로 자기 정복을 향해 앞으로 나아가게 만드는 행위다. 그래서 독서가 비독서일 수 있다는 역발상이 가능하다. 비독서를 통해 독서의 근본 목적이 회복된다. 무엇을 얼마나 읽었는가는 중요하지 않다. 독서의 목적은 자아를 발견하고 계발하는 데 있다. 고수나 대가 등 내공이 있는 사람은 방법이나 수단에 얽매이지 않는 법이다. 이 책만은 꼭 읽어야 한다는 것은 이미 책읽기, 독서하기의 정신에 어긋난 것이다. 사람들은 독서로부터 자유로워야 독서의 참맛을 즐길 수 있다. 그것이 바로 독서의 초짜들과는 달리 고수들이 보여 주는 진미다.

더불어 가는 삶에서는 어떤 한 가지 유형의 교과서만이 유일하지 않다. 교과서가 삶을 지배할 수 있게 놔두는 것은 삶을 고사시키는 것이나 마찬가지다. 삶은 교과서로 만들어지는 것이 아니라 살아감으로써 만들어진다. 교과서는 그저 삶이 어떤 것인지 알려 주는 아주 작은 한 가지 방편에 지나지 않는다. 삶이라는 교과서로부터 자기라는 존재를 알 수 있게 된다면, 그것만큼 삶의 의미를 깨닫게 만드는 효과적 방편은 없을 것이다. 삶은 사람들이 배워야 할 교과서의 정보이고, 그것이 마음을 닦을 수 있는 방편이다. 자신의 삶뿐 아니라 다른 이의 삶을 경외하는 마음 닦기의 교과서에는 '종교'의 깃발도 없고, '명상'의 나팔 소리도 끼어들 필요가 없다. 삶과 마음과 생각이 하나로 녹아 있으면 된다.[15]

§ 배움의 쓰임새

비도덕적인 사회 속에서 도덕적인 체하며 매일을 성공적으로 살아갈 수 있는 인간이 어떤 존재인지에 대한 의문은 언제든 흥미로운 주제다. 더불어 가는 삶에서 그런 일을 업으로 해내는 사람을 흔히 탐정가라고 한다. 그들이 다루는 모든 사건에는 인간적인 조건이 서로 어긋나고 있는 장면들이 상정되기에 정보수집 그 이상의 전문성이 요구된다.

비록 문학 작품 속에서지만, 탐정 셜록 홈즈는 한 소설에 등장하여 인간의 조건에 대해 한마디 언급한다.[16] 사건은 1902년 봄에 일어난 의문의 변사사건이었다. 홈즈를 찾아온 켈러라는 젊은이가 있었다. 그는 아주 심각했다. 두 차례의 유산을 겪은 아내에게 큰 문제가 있었다. 심각한 정신불안 증상을 보이고 있는데, 이것은 보통 사건과는 질적으로 다른 조건을 갖고 있었다. 그의 아내가 그런 증상을 보이는 데는 결정적인 이유가 있었다. 켈러는 자기 아내가 하모니카를 배우기 위해 다니는 음악 교습소를 의심한다. 아내가 별다른 이유나 동기도 없이 글라스 하모니카를 배우면서 아내의 일이 점점 더 꼬이고 있었기 때문이다.

글라스 하모니카는 크기가 다른 유리컵에 물을 넣고 젖은 손으로 컵의 가장자리를 문질러 서로 다른 음계의 소리를 내는 악기다. 이 악기를 배우는 동안 그의 아내는 정신불안 증세를 보이곤 했다. 켈러는 교습소 주인이 아내를 학대해 정신불안을 가져온 것일 수도 있다는 의심을 하고 있었다. 그 외에는 별로 이렇다 할 이상 조건이 없었기 때문이다. 켈러의 생각을 듣고, 홈즈의 추리와 수사가 시작되었다. 그런데 홈즈가 문제를 해결하기도 전에, 켈러의 아내는 자살인지 타살인지 모호한 죽음을 맞이한다. 열차에 치여 목숨을 잃은 것이다. 이는 홈즈를 더욱더 혼돈으로 몰아갔다. 물론 켈러의 아내가 정신불안 상태여서 그런 열차 사고가 났을 수도 있다. 그렇지만 다른 가능성도 얼마든지 있을 수 있다. 글라스 하모니카에 배어 있는 납 성분에 중독되었을 가능성도 있다. 납에 중독되면 몸을 주체하기 어렵기 때문이다. 납에 중독된 것이라면 이것은 교묘한 살인 계획에 따른 타살이다. 이런 고민 끝에 명탐정 홈즈는 놀라운 추리력으로 사건을 해결한다. 몸은 늙었지만 날카로운 관찰력과 통찰력은 예전과 같았다.

홈즈의 복잡하고도 다양한 추론과 추리도 끝난다. 홈즈는 이 자살 사건에 대한 마지막 결론을 내린다. "켈러의 아내는 미친 적도 아픈 적도 없었다. 정신이상이 될 만큼 절망하지도 않았다. 그녀는 알 수 없는 이유 때문에 죽었다. 인간 방정식에서 자신을 그냥 빼내서 더 이상 존재하기를 멈추어 버렸다." 바로 인간되었음이 그녀의 자살을 방조한 근거라는 것이다.

홈즈는 인간의 존재, 존재에 대한 인간 나름의 의식이 과학과 숫자를 넘어선다는 불가사의한 결론을 내린 셈이다. 세상 모든 일에 과학이라는 이름과 숫자를 붙이기만 하면, 개도 알을 낳는 동물로 변질시키고 마는 것이 세상사다. 홈즈는 이를 거역하는 결론을 받아들인 것이다.

인간사에서 '알을 낳는 개'가 성립하도록 만든 논리는 별 다른 것이 아니다. 그것을 입증하기 위해 아인슈타인이 즐겨하듯 단순한 사고 실험을 활용해 보겠다. 식탁 위에 7개의 소시지와 3개의 계란이 있다. 소시지와 계란의 구성에서 계란이 차지하는 비율은 30%다. 개가 5개의 소시지를 먹어 치웠다. 이것을 아무도 보지 못했고 볼 수도 없었다. 그러면 이제 식탁 위에 남은 것은 2개의 소시지와 3개의 계란뿐이다. 계란과 소시지의 구성에서 그 계란의 비율은 처음과는 달리 60%로 바뀌게 된다. 과학자들이나 숫자놀음에 밝은 통계학자들은 일단 변한 비율부터 주목하게 마련이다. 소시지와 계란 간의 구성 비율이 30%였다가 60%로 변했으니 결론은 하나다. 결국 개가 계란을 낳았기 때문에 구성비가 늘어났다는 것 외에 다른 결론은 있을 수 없다. 이 과학적이고도 수학적인 논리에 따라 마침내 '알을 낳는 개'가 탄생한 것이다.[17]

인간이 이런 숫자놀음의 존재임을 가장 극명하게 드러내고 있는 모습을 이해하려 할 때 흔히 드는 비유가 있다. 강물처럼 한없이 한쪽으로만 흘러가는 시간을 연상하는 비유들이다. 말하자면 인간을 크로노스적인 연속적 시간에 갇힌 존재, 그리고 3차원의 네모난 주사위처럼 세상을 둘러싸고 있는 공간에 갇힌 존재로 이해한다. 20세기 초 아인슈타인의 '상대성 이론'이 등장하기 전까지 사람들이 알던 세계는, 바로 그런 크로노스적인 시간과 주사위 같은 공간으로 만들어진 세상이었다. 아인슈타인은 사람들이 갖고 있는 시간과 공간의 분리가 잘못되었다는 것을 알게 해 주었다. 공간과 시간은 따로 분리된 채 존재하지 않는다는 것을 보여 준 물리 원칙을 $E=mc^2$으로 표현했다.

이 원칙에 따르면, 인간이 존재하는 데 필요한 네 가지 요소인 공간·시간·물질·에너지는 각기 분리되어 있는 것이 아니라 하나의 상호 연관된 체계를 이루고 있음을 알 수 있다. 삶의 모든 것이 하나로 이어지는 상호관계이며, 그것은 하나의 원과 같은 세계다. 그 속에서는 한 요소가 다른 요소 하나를 쫓으면, 쫓아가던 그 요소는 언젠가는 오히려 쫓기는 상황이 된다는 것이다. 아인슈타인은 인간의 일상적인 삶이 바로 이런 물리적인 법칙에 따라 움직이고 있다는 것을 알려 주었다.

인간의 삶, 인간관계에도 언제나 물리적인 법칙이 개입한다. 인간관계는 늘 부서지기 쉬운 관계다. 이 법칙들은 우리의 언행 하나하나에도 그 쓰임새가 분명해야 한다는 것을 일깨워 주고 있다. 인간관계도 관성의 법칙에 따라 움직인다. 물체에 주어지는 힘이 0일 때, 물체가 그 당시의 운동 상태를 유지하려는 노력이 관성의 법칙인데, 이 법칙을 통해 정지한 삶은 정지하려 하고 움직이는 삶은 움직이려고 한다는 것이 설명된다. 권력의 세계는 이런 관성의 법칙 덩어리다. 권력을 가진 사람은 절대로 임기가 끝날 때까지 권력을 놓치지 않으려고 할 것이다. 그래서 권력을 단번에 정지시킬 수 있는 강력한 저항이나 마찰의 힘을 드러내 보이지 못하는 작은 목소리나 저항으로는 권력을 절대로 멈출 수 없다. 권력이 0의 힘으로 작동하기 전까지는 그대로 나아갈 것이다. 그 힘이 0이 될 때 비로소 권력도 정지한다.

작용 반작용의 법칙은 힘은 항상 크기가 같고 방향이 반대인 쌍으로 작용한다는 것으로서, 이 법칙은 주먹으로 벽을 치면 주먹이 아픈 현상을 설명해 준다. 주먹으로 벽을 세게 칠 경우 주먹이 벽을 미는 힘과 벽이 주먹을 치는 힘이 동시에 작용하므로 주먹에 힘이 작용해서 주먹이 아프다고 느끼게 된다. 한 사람이 다른 사람을 비판하면, 비판한 사람도 그 정도에 비례한 비판의 아픔을 겪는 것이 바로 작용 반작용 법칙이 작용한 결과다.

§ 나르시시즘의 굴욕감

생로병사가 인간에게 씁쓸하게 와 닿은 것은, 그것이 고통을 주는 것 이상으로 인간에게 굴욕감을 주기 때문이다. 생로병사는 우리의 자존심을 무너뜨리며 자기 존중감과 자기애에 일격을 가하는 결정적인 힘이다. 인간은 나르시시즘 때문에 생로병사를 기꺼이 받아들이지 못한다. 나르시시즘마저도 모두 의식의 조화이고 의식의 불협화음이다.

불이일원론(不二一元論, Non-dualism), 다시 말해서 존재하는 모든 것은 '진아' 뿐이라는 생각과 일체유심조(一切唯心造), 즉 모든 것은 마음이 만든다는 생각을 견지하고 있는 스리 라마나 마하리쉬[18]는 나르시시스트인 제자에게 "너는 정말 태어났느냐?"라고 넌지시 물었다. 제자의 쓰임새에 대해 묻고 있는 것이다. 대답이 나오려고 하면 그는 그 사이에 다시 이야기를 시작한다. "죽음 뒤에 무슨 일이 일어날지 알고 싶으면 네가 잠들었을 때를 생각해 보거라. 잠은 오직 깨어 있는 두 상태 사이의 간격일 뿐이다. 그 간격에서 사람들은 살아 있느냐? 죽음 또한 마찬가지다. 사람들은 몸만 생각하고 다른 것은 보지 못한다. 만일 네가 이 몸이면 사람들은 너를 계속 붙들고 있을 것이다. 만일 네가 이 몸이 아니면 사람들은 너를 어찌하지 못할 것이다. 너는 잠에 빠졌다가 깨어나 지금 그냥 말하고 있을 뿐이다. 너는 잠에 빠진 몸이 아니었느냐? 너는 지금 그 몸이냐? 생각해 보거라. 그러면 모든 문제가 풀릴 것이다. 마찬가지로 태어난 것은 반드시 죽느니라. 태어난 것은 누구냐? 너냐? 만일 네가 태어났다고 말한다면 무엇의 탄생을 뜻하는 것이냐? 태어난 것은 육신일 뿐이고, 그것은 금방 죽게 될 것이다. 탄생과 죽음이 영원한 '자아'에 영향을 주겠느냐? 물어라. '이 의문들이 누구에게 일어나고 있는지.' 그러면 해답을 얻을 것이다. 보라. '자아'는 이것도 아니고 저것도 아닌 유일한 '실재'다. 그것은 단순히 있는 것이다. 그렇게 그냥 있어라. 그러면 무지의 구름이 걷힐 것이다. 그 무지한 자가 누구인지 물어라. 네가 잠에서 깨었을 때 그릇된 자신도 깨어난다. 네가 깊은 잠에 빠졌을 때는 자신이 잠자고 있다거나 곧 깨어날 거라고 혹은 너무 오래 자고 있다고 말하지 않는다. 그렇지만 너는 거기 존재한다. 너의 깨어남 속에는 잠도 포함되어 있다. 너의 순수한 '실재'를 깨달아라. 자신을 절대로 육체와 혼동하지 마라. 몸은 생각의 산물이다. 생각은 항상 요리조리 장난치지만 너는 그것에 휘둘리지 않도록 해라. 잠들었을 때 너는 몸을 걱정하지 않는다. 너는 항상 그 상태로 머물 수 있다."

다급해진 제자가 물었다. "스승님 사람의 행동이 출생 후의 자신에게 영향을 미치지 않습니까?" 라마나가 다시 묻는다. "너는 지금 태어났느냐? 왜 다른 탄생들을 고민하느냐? 사실인즉 출생도 없는데 말이다. 태어난 사람이 있으면 그 사람에게 죽음과 해답을 고민하라고 해라."[19]

나르시시즘의 핵심은 생로병사의 굴욕감을 무력화시켜야 그것의 위력을 발휘한다는 점이다. 나르시시즘이라는 것은 생로병사 앞에 서면 맥을 추지 못한다. 제아무리 자신을 사랑한다고 해도, 그 스스로 생로병사를 이길 힘은 없다. 그렇다고 해서 생로병사의 위력을 그냥 맥없이, 선뜻 받아들일 수도 없기 때문에 심한 고통에 쌓이게 된다. 빌헬름 라이히(Wilhelm Reich)가 인간의 성격 형성에 대한 선구적 연구에서 밝혔듯이 인간은 생로병사 앞에서는 항상 자기 소외라는 지점 위에 서 있음을 뼈저리게 느낀다.

사실 삶이라는 것은 그리 유별난 것이 아니다. 그렇다고 함부로 막 굴리거나 제멋대로 폐기해 버려도 좋은 것은 아니다. 실제로 자기 스스로에게 내키지 않아 늘 하기 싫었음에도 불구하고, 살기 위해 백 살이 되도록 게이샤 노릇을 해 온 일본의 한 노기

의 이야기는 삶이 무엇인지를 느끼도록 해 준다. 고킨(小金) 할머니는 일본의 대표적
온천가 아타미(熱海)에 살고 있다.

　　그곳 사람 모두가 '오네상(언니)'이라고 치켜 부르는 이 할머니는 일본 최고령
현역 게이샤(藝者)다. 1909년생으로 작년 백수(白壽, 아흔아홉)를 넘긴 데 이어
올해 우리 나이로 백 살을 맞이한 그녀에게 한국의 기자가 면담을 했다. 한참의 시
간이 흐른 뒤, 기자가 마지막 질문을 던졌다. "결국 백 살까지 게이샤를 하셨네요.
게이샤가 천직(天職)이라고 생각하세요?" "천직은 무슨, 달리 먹고살 게 없으니
까 한 거지. 인생은 이상해. 싫다고 싫다고 울면 더 그 일을 하게 돼. ……어릴 때
는 부채를 들고 춤을 추고, 늙으면 샤미센을 연주하고. (한쪽 벽을 보면서) 여기에
일생 사용하던 샤미센을 상자에 잘 넣어 두고 있었는데, 얼마 전에 다른 사람에게
줬어. 백 살이 되면 언제 죽을지 모르니까. 가족도 형제도 아무도 없으니까, 죽으
면 난장판이 될 테니까." 다시 기자가 물었다. "요즘에도 손님과 이야기를 잘하세
요?" "(손님이) 전부 내 나이 밑이니까 얘기가 하나도 안 통해." "자녀도 없으시고
형제도 다 돌아가셨는데, 쓸쓸하지 않으세요?" "아니, 안 쓸쓸해. [한쪽 벽에 있
는 불단(佛壇)을 가리키면서] 부처님이 여기 잘 계시니까. 먼저 죽은 가족이 다 부
처님이 돼 있을 테니까."[20]

　사람들은 생로병사에 대해 이러쿵저러쿵 많은 말을 한다. 하지만 붓다는 "생각하
지 않고 그 상태에 그냥 들어가라."라고 말했다. 자신의 상황을 있는 그대로 경험하
고 받아들이는 것이 삶이라는 격려의 말씀이다. 그의 말대로, 고대 선사들 역시 '생
각하지 않고 그 상태로 들어가는' 마음을 유지하라고 일렀다. 그것이 가능하려면 현
대 불교 작가인 스테판 베첼러(Stephen Batchelor)의 처방처럼 '의심에 대한 신념'을
연마하는 것부터 시작해야 한다. 17세기를 풍미했던 일본의 유명한 선사 타카스이
(Takasui) 역시, "깊게 의심하라. 의심하고 또 의심하라. 듣고 있는 주체가 누구인지

자신에게 물어라. 그대에게 일어나는 여러 쓸데없는 잡념들로부터 주의를 거두어라. 그대 속에 있는 모든 힘을 하나로 모아 깊고 더 깊게 의심할지어다. 목표를 두지 말고 미리 기대하지도 말며 깨달으려 하지도 말고 심지어 깨닫지 않으려고도 하지 마라. 그대 자신의 마음속에 존재하는 어린아이와 같이 되어라."라고 이야기했다.[21] 바로 이 말처럼 해야 한다.

살아간다는 것은 스스로 모든 악조건과 더불어 가야 한다는 말과 같다. 인간이 이 세상 환경과 함께 살아가기 위해서는 건강 전문가들의 이야기처럼 빼기만의 삶으로는 불가능하다. 뭐든지 나쁜 것, 좋지 않다는 음식이나 움직임을 하지 않는 것으로는 한순간도 살아갈 수 없다. 이것은 인간의 건강문제에서 가장 극명하게 드러난다. 커피도, 술도, 어떤 것은 절대로 하지 않아야 건강하게 오래 살 수 있다는 처방대로 살아가기는 그리 쉽지 않다.

그런 처방에 일종의 혐오감을 느꼈던 어느 건강 전문 기자는 자신의 기호식품을 이야기하면서, 환경을 사람에 맞게 통제하는 것보다는 자기 몸을 환경에 맞게 단련시키는 것이 훨씬 고(高) 차원의 건강법이라고 일러 준다.[22] 그러니까 피하지 말고 부딪히면서, 조금씩 환경과 조우하면서 적응력을 키우는 것이 건강한 삶이다. 이것이 그 기자의 취재담이었다. 적응력을 키우는 삶은 바로 저항력을 키우는 삶이 된다. 이와 관련한 기자의 이야기는 계속 이어졌다.

……최근 20~30대 이하 연령층에서 A형 간염이나 아토피 · 알레르기 질환 등이 급증하는 이유를 의학자들은 '위생 가설'로 설명합니다. 위생 상태가 좋지 않았던 과거엔 태어나면서부터 온갖 세균과 바이러스, 알레르겐(알레르기를 일으키는 물질) 등에 노출되고 자연스레 그에 대한 항체가 생겨 이런 병들이 별 문제가 안 됐는데, 위생적인 환경에서 자란 요즘 세대는 한 번도 인체 면역체계가 적과 싸워 단련받을 기회를 갖지 못해 쉽게 병에 걸린다는 것입니다. 실제로 의사들은 끊임없이 도망치는 법을 가르치고 있습니다. 집이나 사무실 같은 주거−업무 환경을 마

치 무균실(無菌室)처럼 유지하라고 합니다. 틈만 나면 손을 깨끗이 씻고, 독감철
엔 극장같이 사람 많은 곳은 가지 말라고 합니다. 심지어 조금 춥거나 더우면 야
외 활동을 하지 말라고 합니다. 도대체 조심스러워서 어떻게 그렇게 살 수 있겠습
니까? 온실 속 화초가 아닌 잡초가 되어 보는 것은 어떨까요? 모든 환경을 100%
제 구미에 맞게 통제하는 것은 사실상 불가능합니다. 살다 보면 상한 음식이나 불
량식품을 먹어야 할 때도 있고, 때로는 온갖 세균과 바이러스가 득시글거리는 곳
에서 잠도 자야 합니다. '이건 이래서 건강에 나쁜데……' 라면서 조마조마하며
살기보다는 짓밟히고 짓밟혀도 살아나는 잡초의 건강법을 배울 필요가 있을 것
같습니다."

　작가 앙리 프레드릭 아미엘은 "인간의 가장 큰 착각은 자기라는 존재가 스스로 생
각하는 그대로라고 믿는 것" 이라고 말한 적이 있다. 심리학자인 윌슨 교수[23]는 아미
엘의 견해에 동조하며 여러 가지 사례를 들어 증명해 보였다. 그의 견해에 따르면, 인
간 스스로 자기가 모르는 '나'가 99%이다. 그것을 바로 무의식이라고 본다. 우리가
매초 오감을 통해 받아들이는 정보는 1,100만 개인데, 그중에서 의식적으로 처리할
수 있는 정보는 최대 40개다. 나머지 1,099만 9,960개의 정보는 '무의식' 중에 처리
된다. 그래서 '의식은 정신이라는 빙산의 일부분이기보다는 빙산 꼭대기에 쌓인 눈
덩이에 지나지 않는다.'고 말한다. 인간은 생각보다 훨씬 많이 무의식의 지배를 받고
산다. 마취 상태에서 수술을 받고 있는 환자에게 빨리 회복할 것이라는 암시를 줄 경
우, 암시를 받지 않은 환자보다 입원 기간이 짧다. 환자들이 자신에게 하는 말을 의식
적으로 기억하지 못함에도 불구하고 나온 결과다.

　그는 "인간의 마음은 고차원적이고 정교한 사고의 상당 부분을 무의식에 넘길 때
가장 효율적으로 작용하므로, 지나치게 '의식적으로' 자기 성찰을 하지 않는 것도 자
기 삶에 도움이 된다."라고 주장한다. 자기 성찰은 자기 발전의 원동력이라는 것이
일반적인 상식인데 자기 성찰을 하지 말라는 것은 의외의 견해일 수 있다. 그러나 그

가 그런 결론을 내리는 이유는, 인간의 마음이 논리적이지 않다는 데 있다. 예를 들어, 한 심리학자는 집을 구하러 다니면서 챙겨 봐야 할 항목을 쭉 적어 놓고, 항목별로 1에서 7까지 등급을 매기는 방법으로 집을 선택하려고 했다. 몇몇 집을 둘러본 뒤 각 주택의 평균 등급을 계산하면 구입해야 할 집이 저절로 결정되는 시스템을 이용하기 위해서였다. 결과는 의도와는 달랐다. 연구자 스스로 더 좋아하는 집이 어느 것인지 혼란스러워졌기 때문이다. 그런 상황에서 항목표를 던져 버리고 본능적인 직감으로 집을 선택함으로써 오히려 자기 마음에 드는 가장 좋은 집을 선택할 수 있었다.

'자신에 대해 조금 덜 생각하라.'는 그의 조언에 따르면, 단순히 맨 처음 충동에 따라 행동하는 것이 최선이라는 결론을 내릴 수도 있다. 그러나 그가 진정으로 말하려는 것은 그런 것이 아니다. 건전한 정보에 바탕을 둔 본능적 감정이 일어날 수 있도록 먼저 충분히 정보를 수집해야 한다는 뜻이다. 그로부터 일정한 형식으로 쓰임새를 결정한 후 자기 감정에 충실한 것이 좋다는 것이다. 필요 이상으로 지나치게 분석하지 않는 것도 삶에 도움이 된다는 것을 말해 주고 있다.

인간 스스로 자신의 쓰임새를 높이고 자기 안의 무의식을 세련되게 가꾸기 위해서는, 각자가 되고자 하는 방향으로 행동을 먼저 변화시켜 무의식을 바꿔 나가야 한다. 사람이 한 가지 행동을 실행에 옮기는 횟수가 많아질수록, 그 행동은 무의식적으로 변한다. 따라서 어떤 일을 하기 위해 먼저 자신이 하는 일에 대한 의미를 만들어야 한다. 이것은 아리스토텔레스가 "용기 있는 행동을 하면 용기 있는 사람이 된다."라고 말한 것처럼 습관 만들기와 자기 삶에서 쓰임새를 높이는 용기를 기르라는 가르침과도 일맥상통한다. 쓰임새를 높이기 위해서는 자신이 각자적으로 지니고 있는 잠재력을 일깨우는 것부터 시작해야 한다.

§쓰임새 프레임

인간 스스로 자기 삶을 위한 프레임(frame)을 만드는 일은 중요하다. 자신의 삶을 쓰임새 있게 만드는 프레임을 만들면, 자신에게 가치 있는 삶이 된다. 타인을 의식하려고 하는 대신 타인이 자신을 의식하며, 자신의 삶을 그들의 삶으로 읽어 내려가는 가치 있는 삶을 만들려는 노력이 필요하다. 자신의 삶을 몇 마디 설득력 있는 단어와 몇몇 가지 설명으로 설명할 수 있다면, 자질구레한 삶의 경험들은 그것을 끝내 이기지 못하고 힘을 잃게 된다. 삶에 대한 의미 만들기와 그것을 마음껏 자기 삶에 응용하는 삶의 프레임을 만들어 가면, 그 삶은 누가 보아도 쓰임새 있는 삶이 된다.[24]

삶의 프레임은 사람들의 사회적 신분이나 지위의 품을 높이는 데도 중요하다. 일반적으로 사람들은 그들 간에 나름대로의 지위가 정해지지 않으면 치열하게 싸운다. 그러다가 연령이나 학력 등 어떤 기준으로 서열이 정해지면, 곧 그에 순응하고 그 서열을 자신의 처지로 인정하곤 한다. 학교에서 새 학년이 되어 처음으로 치른 시험 결과로 매겨진 등수가 좀처럼 바뀌지 않듯, 그렇게 만들어진 서열은 쉽게 무너지지 않는다. 동물의 세계를 봐도 서열이 정해지기 전까지는 비슷한 힘을 가진 동물끼리 죽음을 각오하고 싸운다. 하지만 일단 서열이 정해지면 그 서열은 좀처럼 바뀌지 않는다. 앞서간다는 것은 일종의 의미를 만들어 가고 일을 만들어 낸다는 뜻이며, 그런 것에 의의를 부여한다는 뜻이다.

지금은 포스트모던의 세상이다. 무슨 거대담론으로 사람들을 몰아간다고 한쪽으로 사람들이 몰리는 그런 세상이 아니다. 세상을 바꾸는 힘은 정치 권력이나 종교에서 말하는 유일신의 거대담론이 아니라, 작고 일상적이며 생활을 둘러싸고 있는 담론들이다. 일상적인 담론이라는 말은 소수에 속한 사람이 100명에 한 명만 있어도 100만 명이면 1만 명이 되고, 1,000만 명이면 10만 명이 된다는 것을 보여 주는 사회적 추세나 사회 동력을 의미한다. 1%가 모이고 모이면 100%가 되듯이, 이들은 모래알로 시작한다. 그동안 기업이나 정부는 이들 모래알의 응집력을 무시했지만 이제 세상은 달라졌다. 촛불집회의 추동력에서 볼 수 있는 것처럼 이제는 인터넷의 세계화가 이들의 힘을 이어 주고 받쳐 준다. 1%는 더 이상 숫자가 아니라 힘이며 세력이다. 경제학자들이 말하는 '롱테일(Long Tail)의 법칙'이 세상을 지배하는 시대가 되었다.

모래알을 헤아리는 기업이나 조직이 거대 조직을 앞선다는 것을 시장경제가 보여 주고 있다. 예를 들어, 음료 시장을 석권하는 커피 회사들은 수십 가지 커피를 갖가지 감미료와 함께 여러 가지 사이즈로 판매해 업계를 평정하려고 노력한다. 커피를 즐기는 소비자들이 모래알만큼이나 다양화되어 있기 때문에 롱테일 법칙을 판촉에 활용한 경우다. 이런 롱테일 법칙으로 승부수를 띄운 음료 회사가 바로 스타벅스다. '세상은 몇 개의 큰 방향이 아니라 수백 개의 작은 방향으로 나아가고 있기'에 그것을 재빠르게 읽을 수 있어야 한다는 것이 스타벅스의 성공 전략이었다. 세상은 하나를 향한 메가트랜드의 세상이 아니고 수백, 수천 가지의 감각을 요구하는 마이크로트랜드(microtrends)의 세상으로 바뀌었다. 그러므로 그 조류를 읽는 사람이 앞서는 사람이 된다. 한동안 세상을 주도했던 미래학자들의 메가트랜드의 조류는 더 이상 유효하지 않다. 이제 미래를 이끌어 가는 핵심어는 마이크로트랜드다. 그래서 1982년 존 나이스빗(John Naisbitt)이 쓴 베스트셀러 『메가트랜드(Megatrends)』나 앨빈 토플러 식의 거대담론은 더 이상 맥을 쓰지 못한다.

빌 클린턴 전 미국 대통령 부부의 핵심 참모였던 마크 펜과 키니 잴리슨은 이렇게 말한다. "우리 모두를 휩쓰는 메가트랜드는 더 이상 없다. 얽히고설킨 미로와 같은 선택들, 다시 말해서 마이크로트랜드가 이 세계를 이끌어 간다. 어떤 트랜드가 인구의 1%에 영향을 미칠 무렵이면 히트 영화, 베스트셀러 도서, 새로운 정치운동이 태동할 준비가 갖추어진다. 주류와 대립되는 선택에 헌신하는 사람들이 1%만 있어도 세상에 변화를 일으키는 운동을 창출할 수 있다. 하나의 미국은 더 이상 존재하지 않는다. 수백 개의 미국, 공통의 관심사를 중심으로 함께 뭉치는 사람들로 구성된 수백 개의 새로운 틈새들이 존재한다." [25]

이런 마이크로트랜드는 때로는 상충하고 때로는 연동한다. 사회 변화를 유도하는 백가쟁명(百家爭鳴) 세상이 도래한 것은 이 세상을 살아가는 사람들에게는 '축복이 되기도 하지만 재앙'이 되기도 한다. 우선, 현실적으로 색다른 기호를 가진 1%의 모래알 소비자들이 신선한 유행을 만들어 낸다. 구매력을 갖춘 1%가 소량 생산을 고집하게 만드는 명품을 만들게 한다. 결집력이 강한 1%의 시민들이 이 사회를 바꿀 새로운 정책을 만들어 내게 한다. 그렇지만 그들 1%는 사회적 불만의 불씨와 재앙을 만들어 내기도 한다. 예를 들어, 고학력 불만분자 1%는 사회 테러의 주요 세력이 될 수 있다. 실제로 있는 자들에게서 테러리스트들이 나온다는 사실을 미루어 보면, '잃을 것 없는 가난한 독신자가 테러를 저지른다.'는 통념은 맞지 않다. 현존하는 주요 테러리스트 400명의 명단을 살펴보면, 그들 3명 중 2명이 대학 졸업자이고, 4명 중 3명이 중산층 이상 출신이며, 10명 중 9명은 다복한 중산층 가정 출신이다. 테러리스트로서의 성격장애 판정을 받은 사람은 400명 중 5명에 지나지 않는다. 이들 중산층 테러리스트들은 사회 정의에 대한 신념과 그것을 실천할 의지 깊은 기술로 무장한 고학력자들이다. 이들 테러리스트야말로 인구의 1%인 마이크로트랜드에도 속하지 못하는 '나노트랜드(nanotrend)'다. 이들 나노테러리스트들이 세계를 경악시켰던 9·11테러의 주역이기도 하다.

또 다른 예는 미래의 학교교육이 변할 수밖에 없는 이유를 보여 준다. 앞으로의 학교가 점점 더 고급화되어야 하고 차별화될 수밖에 없는 이유는 바로 늙은 아빠들이 점점 늘어 가고 있는 마이크로트랜드 때문이다. 미국 신생아 중에서 50세를 넘은 늙은 아빠(old new dads)를 둔 아기의 비율이 점점 늘고 있다. 1980년도까지만 해도 23명에 한 명 꼴이었지만, 2002년에는 18명에 한 명 꼴이다. 앞으로는 10명에 한 명 꼴로 더 확산될 추세다. 늙은 아빠현상이 나타날 수밖에 없는 이유에 대해서는 의견이 분분하다. 그럼에도 불구하고 한 가지 명백한 추세는 늙은 아빠가 앞으로는 다수를 차지할 것이라는 점이다. 일부는 마음껏 일하면서 자신의 전문성을 발휘하다가 마흔 전후에 첫 아기를 낳는 '늙은 엄마' 때문에 늘어난 현상이라고 한다. 혹은 젊은 아내와 재혼한 부유한 중년 남성들이 헬스클럽에 다니며 꾸준히 단련한 탄탄한 육체를 토대로 아빠 노릇에 재도전하면서 생기는 현상이라고도 한다. 어떤 이유에서든지 앞으로 늙은 아빠는 점점 늘어나도록 되어 있다. 이런 늙은 아빠는 아이들의 학교로 공립학교보다는 사립학교를 선호하게 마련인데, 이런 것을 보면 새로운 삶과 아이들의 교육에 대한 늙은 아빠들의 새로운 열정과 같은 사회적 장점이 엄마들과 아이들을 더 즐겁게 해 줄 것으로 보인다. 늙은 아빠들은 평균 수명으로 보면 젊은 아빠에 비해 일찍 세상을 떠날 가능성이 높지만 젊은 아빠들이 생각할 수 없는 풍요와 안정, 각종 사교육의 혜택을 아이들에게 베풀고 갈 가능성이 높다. 게다가 늙은 아빠들에게는 가능한 한 오래 현역으로 남아 있으려는 욕심이 강렬하다. 따라서 은퇴 후에도 수입과 관계 있는 일에서 결코 손을 떼지 않으려고 하는 근로자로 변신할 늙은 아빠들은 노동 현장에서도 새로운 생산 조류를 만들어 낼 것이다.

이런 마이크로담론의 세상에서 의미 있는 삶과 쓰임새 높은 삶을 살아가기 위해서는 달라이 라마의 충고에 한번쯤 귀를 내어 주는 일이 필요하다. 탐욕의 반대는 무욕이 아니라 만족이라고 하는 그의 말에 귀를 기울여 볼 때다. 일단 만족하면 자신의 한계를 알게 된 것이고, 그로부터 편안해지기 때문에 무엇이든 만족부터 하라는 것이 달라이 라마의 충고다. 그렇게 만족하는 사람들일수록 범사에 만족하며 감사하는 욕구 충족의 프레임을 갖고 세상만사를 대하므로, 그들은 늘 행복하게 된다. 삶을 이끌어 가게 만들어 주는 쓰임새의 프레임은 자신의 삶에 도움이 되는 특정 장면이나 대상을 자신의 삶을 위한 하나의 독립된 실체로 만들어 가는 기능을 한다. 그래서 그 프레임을 바꾸면 대상을 왜곡하는 것에서 벗어나 자신의 길로 나아갈 수 있게 된다. 이 세상을 먼저 살다가면서 우리에게 깨우침을 주었던 위인들일수록 그들은 한사코 한 가지 사실을 우리에게 알려 주고 있다. 그것은 바로 '평안해지려면 나라는 존재를 이끌어 가고 있는 정신의 틀을 바꾸라.'는 것이다.

그것은 다 이유가 있는 충고다. 조금 얄팍하기는 하지만 심리학자들은 삶을 위한 프레임의 지혜를 최대한 활용하는 것이 삶의 쓰임새를 높이는 일이라고 말한다. 최인철[26] 교수는 지혜롭게 살기 위해 필요한 몇 가지 프레임을 소개한 바 있다. 삶의 쓰임새를 높이려면, 첫째 '의미 중심의 프레임'을 확대하라고 조언한다. 막연한 먼 미래가 아닌 오늘 당장의 삶을 내가 살아가는 삶의 중심으로 두라는 말이다. 둘째, '접근 프레임'을 넓히라고 이야기한다. 외부의 자극에 대해 무조건 자기 방어에 집착하지 말고, 자기 밖의 세상을 향해 과감하게 접근하며 수용하라는 것이다.

셋째, '지금–여기의 프레임'을 넓히면, 현재의 순간을 충분히 음미하고 즐길 수 있다는 것이다. 그렇게 하기 위해서는 무엇보다도 '비교 프레임'을 버려야 한다고 충고한다. '어디서'가 아닌 '누구와'의 프레임을 가지고 무엇이든 실천하면 만족해진다는 '반복 프레임'을 실천하라고 일러 주기도 한다. 그가 가장 무게를 두는 프레임이 '브랜드 프레임'이다. 즐거운 삶을 살리면 브랜드 프레임을 버려야 한다고 충고한다. 예를 들어, 면세점에서 넥타이를 살 계획인데 환율이 1달러에 1,000원인 경우, 한곳에는 200달러, 다른 곳에는 200,000원이라는 가격표가 붙어 있다. 이 경우 실험에 따르면, 사람들은 달러로 표시된 제품을 사는 확률이 높다는 것이다. 실질적인 돈의 가치는 200달러나 200,000원이나 같지만, 사람들은 '200'보다는 '200,000'이란 수를 더 크게 느끼게 된다. 돈의 실질 가치보다 돈의 단위를 '싸다 혹은 비싸다'의 기준으로 보기 때문에 그런 착각이 사람들의 마음속에서 일어난다는 것이다. 이렇게 사람들의 마음을 사로잡고 있는 프레임을 바꾸면, 대상을 왜곡하는 것에서 벗어날 수 있다. 자신의 문제를 타인의 문제라고 생각하면서 객관적인 입장에서 바라본다면 미처 몰랐던 새로움을 발견하게 된다. 프레임은 생각의 틀이기에, 행복에 관한 생각을 강조하는 프레임을 활용하면 행복해지게 되어 있다.

프레임을 바꾸는 일을 경제적인 언어로 표현해 보면, '세상에는 공짜 점심이란 없다(There is no such thing as a free lunch).'는 경제적 진리와 그 맥이 닿는다. 모든 선택에는 '기회비용'이 발생한다. 뭔가를 얻으려면 그만큼의 대가를 치러야 한다는 이 원칙을 일반적인 언어로 표현한 것이 '공짜 점심'이다. 사람들은 '인센티브'에 반응한다. 그 외의 것은 모두 부가적인 설명에 불과하다. 인센티브에 대응하는 개념이 바로 공짜 점심이고, 그것을 경제학적으로 이야기한 것이 '비용 편익의 원리'다. '어떤 행위든 추가비용보다 얻는 이익이 큰 경우에만 그 행위가 합리화된다.'는 비용 편익의 간단한 원리가 모든 경제학 개념의 핵심이며 세상의 비밀을 푸는 열쇠다.[27]

비용 편익의 원리를 확대하면, '눈먼 돈은 없다.'는 원리로 이어진다. 사람들이 편하게 돈을 벌 수 있는 기회가 있는데, 그것을 포기하는 경우는 없다는 말이다. 경제 논리를 가지고 정신의 틀을 바꾸는 것이 삶을 편하게 만들 수밖에 없다는 원리를 따져 보면, 새로운 정신의 틀로 삶살이를 위한 더 나은 결정을 내릴 수 있는 경우가 허다하기 때문이다. 살아가다 보면 이 세상에는 공돈이 있을 수 없고, 공짜 점심도 있을 수 없다는 것을 깨닫게 된다. 직장을 구할 때 임금을 많이 주는 곳은 승진이나 직무 환경이 그만큼 힘들다는 것을 숨기고 있는 것일 수 있다. 그것을 조금 심각하게 따지고 살면 세상사의 이치를 알게 된다. 세상의 이치를 알게 되면, 새로운 것을 향해 지적인 모험도 즐길 수 있다. 모든 것에 대해 일차적으로 경제적인 생각의 틀로 생각하는 힘을 기르고, 그 후에 마음의 틀을 바꾸어 보는 것은 삶의 쓰임새를 높이기 위해 즐거운 일이 될 수 있다.

인간에게 그대로 따라 움직이도록 만들어 놓고 있는 일상성의 틀에서 벗어나기 위해서는 인간 내부에서 일어나는 마음의 혁명이 필요하다. 마음의 혁명은 문화의 혁명과 연결된다. 마음의 혁명과 문화의 혁명을 이끄는 동력이 바로 배움이다. 일상성의 문제를 파헤친 르페브르 교수는 그 일상성의 압제에서 벗어나기 위해서 문화 혁명을 꿈꾼다. 그가 말하는 문화 혁명의 강령은 간결하다. '일상이 당신에게 작품이 되게 하라!'는 것이다. 자신의 육체와 욕망, 시간을 타인에게 저당잡히는 것이 아니라 자신의 것으로 되찾으라는 것이다. 일상이 작품이 되게 하라는 르페브르의 문화 혁명은 자기 소외를 넘어 인간의 총체성을 회복하자는 선언이다. 이 혁명이 가능하려면, 사람들이 각자적으로 배움에 대한 열정과 열망을 작동시켜 마음의 혁명을 일으켜야 한다.[28]

일상을 변혁시키기 위한 배움은 일상에서 출발한다. 그것이 르페브르가 이야기하는 일상성을 전복하기 위한 과제다. 그는 현대인을 일상인, 즉 '호모 코티디아누스 (*Homo Quotidianus*)'로 명명했는데, 이 호모 코티디아누스를 전복시킬 수 있는 프레임과 힘이 바로 배움이다. 배움의 동물인 호모 에루디티오(*Homo Eruditio*)가 보여 줄 수 있는 가장 추락한 양태가 바로 호모 코티디아누스다. 호모 코티디아누스는 로봇과 같은 기계 인간, 허수아비 인간을 상징한다. 내장된 한두 가지 프로그램에 따라 정해진 행위만을 반복하는 인공기계 로봇 같은 존재가 호모 코티디아누스다. 이런 일상인을 단순한 소비의 기계 인간에서 벗어나 배움의 프레임으로 전환시키는 것이 바로 문화 혁명이고 마음의 혁명이다.

물론, 르페브르가 말했던 '일상성'이란 단순히 하루의 반복, 혹은 하루라는 시간 안에 이루어지는 단순한 활동을 지칭하는 것은 아니었다. 그가 말하는 일상성은 사람들이 기본적으로 살아가는 방식을 통제하거나 간섭하는 고착화된 사고 유형이나 틀을 의미한다. 인류가 시작한 이래 사람들의 기초적인 형태는 먹고 마시고 일하는 것 이상을 넘어서지 못했다. 그것을 반복하면서 전쟁도 치렀고, 자식도 낳아 길렀다. 그런 일을 하기 위해 사람은 적당한 시간 동안 잠자고, 적당한 시간에 깨어 행동하기 시작했다. 적정한 시간에 무엇을 먹고, 적당한 시간 동안 정해진 목표를 달성하기 위해 일했다. 지금도 수많은 사람은 그렇게 행동하는 것이 조직 인간의 형태라고 생각한다. 옛 사람들을 지배하는 것은 바로 생체 리듬이었다. 시간적으로 어두우면 자고, 해가 뜨면 일어나서 일했다. 해가 떠서 잘 때가 될 때까지 행하는 모든 것을 가능하게 만들고, 규제하는 힘이나 절차가 일상성이었다. 현대인에게 그런 것을 결정해 주는 것은 생체 리듬이 아니라 회사의 출퇴근 시간표다. 사람들은 그것에 따라 자신의 행동 양식과 계획을 맞추어 간다.

앙리 르페브르는 일상성을 인간의 생존문제로 해석하지 않았다. 그는 삶의 의미문제로 일상성의 문제를 재해석했다. 현대에 들어서면서부터 옛 사람들을 규제하던 일상성으로서의 생체 리듬은 더 이상 작동할 수가 없었다. 이제 사람들은 생체 리듬에 따라 자고 일어나고 일하는 것이 아니라 기계 리듬에 따라 일하고 잔다. 그런 일이 하나의 일상적인 틀로 자리를 잡으면서 사람들은 공허감과 소외감, 그리고 무력감에 빠져 버렸다. 일상생활에 질적인 변형이 일어난 것이다. 일상성의 변형이 발생한 것이다. 일상성에 갇힌 인간에게는 삶의 의미가 없다는 것이다. 그때 그 일상성을 교정해 주기 위해서는 일상성을 여유로움으로 바꾸어야 하는데, 그런 여백을 넓히는 데 도움을 주는 배움의 프레임이 필요하다. 배우기 시작하면 일상성에 여백이 생기기 시작한다는 것이다.

호모 코티디아누스, 일상적인 인간의 일반적인 행위, 말하자면 절차화된 로봇과 같은 행동을 반복하는 현대 일상인의 행태의 문제점을 잘 드러내 보여 주는 공간이 시장이다. 현대사회의 소비 영역에서, 겉보기에 현대인들이 자율적으로 혹은 자기 주체적으로 소비하는 것처럼 보이는 것은 허구일 뿐이다. 현대인들은 광고와 같은 바깥의 힘과 호소에 종속된다. 광고는 정교하게 다듬어진 상품의 언어로 소비자를 강력하게 유혹한다. 그 광고를 조정하는 것은 자본가, 기업, 기술 관료, 정치 권력, 자본주의 이데올로기 등이다. 이 세력이 소비를 조작하는 사회의 주인공들이다. 소비조작사회에서는 교환 가치가 사용 가치를 능가한다. 이미지나 기호가 상품의 본질을 지배한다. 이런 현대 소비사회를 르페브르는 '소비 조작의 관료사회'로 간주했다.

르페브르의 소비 조작의 관료사회가 갖고 있는 문제점은 장 보드리야르의 『소비의 사회』에서 적나라하게 파헤쳐진다.[29] 소비사회의 문제점을 극복하기 위해서 필요한 답은 배우는 인간에서 찾아야 한다. 현대인의 자유의지를 불신하는 보드리야르가 상정하는 현대인들은 처음부터 끝까지 기호에 조작당하고 기호를 소비하는 비자율적인 인간들이다. 그는 지금과 같은 소비사회에서는 결코 특정한 물건이나 사물에 대한 욕구를 말하는 것이 아니라, '차이에 대한 욕구'를 말한다. 그런 차별화를 추구하는 인간을 구제불능이라고 간주하는 르페브르의 지적에서도 보았지만, 집이나 자동차, 전자제품, 의류 같은 것은 그것들이 가지고 있는 기능성에서 결별한 지 이미 오래되었다. 그것들은 더 이상 쉴 곳, 탈 것, 볼 것, 입을 것에 머물지 않는다. 그것들은 신분, 위세, 부의 위력을 과시하는 상징물이다. 그래서 그는 현대적 사물의 '진짜 모습'

은 무엇에 쓰이는 것이 아니라, 어떤 사회적 의미를 지니는 것인가이며, 단순한 기능적 도구로서가 아니라 차별화시켜 주는 기호로서 조작되는 것이라고 단언한다.

결국, 사람들은 필요한 상품을 구매하는 것이 아니라 자신을 표현하는 대체 도구를 구매하는 것이다. 사람들은 사물을 소비하는 것이 아니라 그것의 기호를 소비한다. 소비 행위 자체가 사회적 가치를 보장하며, 그 사회적 가치로부터 자신의 신분에 걸맞은 각각의 의미를 체득한다. 소비의 기호적 표현에 따라 각각의 사물들은 서로의 위계를 만들어 주는 하나의 질서체계를 이룬다. 그 질서에 따라 이제는 사람의 몸까지 상품화되고 있다. 몸의 가격이 이제는 돈에 의해, 기호의 소비에 따라 사회적으로 결정된다.

§ 읽기의 쓰임새

교육학계의 원로학자 정범모[30] 교수는 교육학자들이 제대로 된 연구를 하려면 의미와 의의를 제대로 구분할 줄 알아야 한다고 충고한 적이 있었다. 연구자들이 연구 가설을 세우거나 이론화할 때 잘 상정(想定)된 개념을 갖지 않으면, 그 연구는 끝내 부실할 것이기 때문에 의미와 의의를 제대로 구분하는 일이 필요하다는 것이다.

> ……의미라는 말에는 두 가지 뜻이 있다. ……어떤 논자는 그것을 의미 1과 의미 2로 구별하기도 한다. '의미 1'은 ……개념의 정의(定義)를 뜻한다. 예컨대, 'EQ가 뭐냐'라고 묻는 사람에게 EQ란 정서적 지능, 또는 정서 자제력과 정서 감수성이라고 정의해 주는 경우다. 말 내지 개념 자체의 뜻을 말한다. 그런 의미 1, 즉 정의에는 또렷한 것도 있고 희미한 것도 있다. 어떻게 정의하면 그 의미 1을 모호하지 않고 또렷하게 정의할 수 있느냐는 자주 거론되는 문제다. 이와 대조적으로 '의미 2'는 'EQ에 무슨 의미가 있느냐? 무의미한 쓸모없는 개념이 아니냐?'는 질문에

대해 'EQ는 의미가 있다. EQ가 높으면 학교공부도 더 잘하고, 직장에서도 더 성공한다.'고 대답하는 경우다. 의미 2는 한 개념 또는 한 현상이 다른 개념, 다른 현상과 어떤 법칙적 관계(關係)로 이어져 있느냐 없느냐를 묻는 경우다. ……논자에 따라서는 숫자 기호로 구분하지 말고, 의미 1은 의미(意味, meaning)라고 부르고, 의미 2는 의의(意義, significance)라고 가려서 부르자고 제안하기도 한다. 어느 쪽을 취하건, 흔히 쓰는 의미라는 말에는 완연히 구분되는 두 의미가 있다는 것은 유념할 만하다. 앎은 두 가지 의미를 다 찾는다. 학문이 추구하는 개념, 법칙, 이론의 세계는 의미의 세계, 의미의 망조직의 세계고, 그것이 동시에 진리의 세계다. 그 속에서 우리는 인간적 자아실현의 기쁨을 찾고, 삶의 쓸모 있는 길도 찾아간다.

의미 1이 뚜렷할 뿐만 아니라, 다른 개념들에 이어져 있는 많은 의미 2가 있어야 의미심장한 개념이 될 수 있고, 의미 1과 의미 2가 그런 연관을 맺게 하는 이론이 설득력을 갖게 된다. 그렇기 때문에 정범모 교수는 단호한 어조로 의미 1이 모호한데, 의미 2가 의미 있는 경우란 있을 수 없다고 주장한다. 그런 일은 허깨비 같은 벽돌로 집을 세우려는 것처럼 처음부터 의미 1도 없고 의미 2도 있을 수 없는 허구에 불과한 논리라고 간주한다.

정범모 교수는 의미 1과 2, 말하자면 의미와 의의가 연구 행위에서 불가분의 관계라는 것을 개념화하고 싶어 그런 입장을 택하고 있는 듯하다. 그러나 사회현실이나 교육현장에서 일어나는 수많은 사례는 정범모 교수의 논리가 어긋날 수밖에 없음을 증명하고 있다. 쓰임새로서의 의의는 엄청날 수 있는데, 실제로 그런 쓰임새가 사회적으로 의미 없는 일이 되는 경우도 허다하기 때문이다. 의미가 불분명하더라도 그것의 의의만은 사회적으로 수용되는 경우가 많다. 예를 들어, 도둑에게 도둑질하는 방법을 가르치는 일은 의미와 의의의 상관성을 설명하는 데 도움을 준다. 도둑질은 그 자체도 명료한 의미를 갖는다. 도둑질의 의미를 모르고 도둑질을 하는 도둑은 없을 것이다. 그런 도둑질은 도둑집단에게는 그들의 생존을 위해 절대적인 쓰임새를 갖는다. 그래서 그들은 매일같이 도둑질의 의미를 가슴속에 새기며 도둑질에 나선다. 그러나 그런 도둑질의 쓰임새가 그들에게 제아무리 가치 있는 일이라고 하더라도, 그 도둑질의 쓰임새에 큰 의미를 부여할 사람은 도둑패거리들 뿐이다.

또 다른 예로, 재벌기업의 재산 기부를 들 수 있다. 재벌기업 중 일부 기업에서는 기업가의 모든 재산을 국가에 헌납하기도 한다. 사회적 헌납이나 기부 자체는 사회적으로 의의 있는 일이다. 기부의 목적이나 기부 행위의 의미도 확실하다. 그러나 수조 원에 이르는 그들의 재산 헌납은 사회적으로 칭송을 받기보다는 오히려 빈축이나 손가락질을 당하기 일쑤다. 헌납한 재산이 사회 기여와 부의 사회적 환원이라는 명확한 의미를 갖고 있음에도 불구하고, 그들의 재산 헌납은 사회적으로 별다른 의의를 갖지 못하는 실정이다. 그것은 그들 기업이 탈세, 증여세 포탈, 분식회계 등 반기업적 행위에 대한 사법부의 판단을 법률적으로 이기기 어렵기 때문에 전략적으로 취한 극적인 사회 환원이기 때문이다.

이와는 달리, 사회 전체가 아니라 한 대학을 위해 자신의 재산을 기부하는 일은, 그 혜택이 특수층에게만 돌아가더라도 사회적으로 큰 의의를 갖는다. 예를 들어, 원로 한의학자 류근철 교수[31]는 엘리트 대학 중 하나인 어느 대학의 발전을 위해 써 달라고 학자로 평생 모은 재산을 기증했다. 노망이 들었다는 주위의 눈 흘김을 뿌리치면서 일을 결단한 류근철 교수의 재산 기부는, 그 파장이 제한적이긴 하지만 사회적으로 칭송받는 일이다.

의미의 중요성에 비해 의의, 즉 쓰임새의 중요성이 절대적인 것은 사실이다. 하지만 그 쓰임새의 절대성이 주목받으려면 먼저 의미 만들기가 사회적으로 검증되어야 한다. 쓰임새가 개인적으로나 사회적으로 도움이 되기 위해서 그 쓰임새를 조건화하는 의미 만들기가 먼저 검증되어야 한다. 그 쓰임새에 대해 사람들이 안심할 수 있어야 쓰임새를 돋보이게 만드는 행위에 대해 일정한 의미를 부여할 수 있기 때문이다. 쓰임새가 제아무리 가치 있다 하더라도 의미 만들기가 검증되지 않으면 누구라도 그 쓰임새에 대해 안심하지 못한다. 안심(安心)이라는 말은 사랑하는 이들의 마음, 즉 심장 안쪽에 있다는 것을 의미한다. 그렇게 되어야 사람을 감동시키거나 그것에 따르게 된다.[32]

현재의 교육에 우리가 안심하지 못하는 이유가 있다면, 그것은 우리 교육이 이 세상의 모든 정보에 익숙해지려는 욕망에 사로잡힌 '독서가'처럼 행동하기 때문이다. 우리 교육은 모든 정보에 친숙하게 만들어 만물박사를 만들어 내는 것이 교육의 쓰임새라고 간주하고 있다. 그래서 수많은 정보에 접근할 수 있는 인물을 만들어 내려는 학습 활동을 강화하고 있다. 그것이 교육의 의미라고 한다면, 학교는 학생들에게 이 세상에서 이름난 백과사전을 알려 주고 그것을 외우게 하면 될 것이다. 그러나 학교는 그런 방법은 받아들이지 않는다. 브리태니커는 이 세상의 모든 지식을 하나도 빠지지 않고 다루겠다는 야심으로 만들어진 백과사전이다. 세계적으로 권위 있는 사전 중 하나로서 32권, 3만 3,000쪽, 6만 5,000개 항목, 4,400만 단어(영어판)로 채워진 책이다. 이 백과사전은 훑어보기만 해도 가슴 뿌듯한 일이 될 것이며, 지식의 대가가 된 양 느낄 수도 있다.

브리태니커에서 다루지 않는 정보는 이 세상에서 의미 있는 정보가 아니라는 느낌이 들 정도다. 이 사전에는 세상에서 중요한 정보가 다루어지지 않는 경우는 거의 없기 때문이다. 심지어 프랑스 철학자 데카르트가 사시(斜視) 여성에 끌렸고, 수세식 변기는 엘리자베스 영국 여왕의 대자(代子)였던 존 해링턴 경이 발명했으며, 미국 시인 에드거 앨런 포는 열세 살짜리 사촌과 결혼했다는 등의 기대하지 않았던 정보까지 끊임없이 나온다. 더군다나 철학적인 언설도 눈에 뛴다. '개선행진'은 고대 로마제국에서 개선한 장군의 행진을 예찬한 의식인데, 그 개선행진은 5,000명 이상의 적군을 죽인 장군에게만 허용된 개선 의식이었다. 개선행진이 진행되고, 영광이 절정인 시점에서 노예가 개선행진의 장군에게 황금관을 씌워 주는 장면이 연출된다. 그때 노예가 장군에게 '언젠가는 장군도 죽을 수밖에 없는 운명의 인간'이라는 말을 전한다고 한다. 영광의 시작과 끝을 생각하라는 진중한 의식인 것이다. 브리태니커에 수록된 정보들은 폭이 넓고 정보의 질 역시 뛰어나다.

브리태니커 백과사전에 그런 엄청난 정보들이 가득 차 있다고 해서, 학교는 결코 그들의 지위를 브리태니커에게 양보하지 않는다. 브리태니커 사전이 정보에 목말라 하는 사람에게는 쓰임새도 있고, 지적 욕심을 채워 줄 수 있는 안심의 도구일 수는 있다. 하지만 누구도 학교를 포기하고 그것에 매달리지는 않는다. 브리태니커는 배우는 사람에게 심적 만족감을 주지 못하기 때문이다. 설령, 브리태니커의 정보를 모조리 암기한다 해도, 그것을 외운 학생들이 지혜로워지는 것도 아니다. 그 정보를 자랑스럽게 이야기한다고 해서 그가 의미 있는 배움에 성숙한 사람으로 대접받는 것도 아니다. 얼마나 알고 있는지 알아보는 평가에서 높은 점수를 받았다고 위인으로 대접하지도 않는다. 오만가지 각종 정보에 익숙한 브리태니커형 정보 획득의 인간은 '아는 체하는 사람(know-it-all)'으로 간주될 뿐이다. 정보와 지적 능력, 지식의 능력은 본질적으로 같은 단어가 아니며,[33] 배움이라는 것은 그것과도 다른 것이기 때문이다.

물론, 백과사전식 정보 사냥에 만족하는 잡학가도 있다. 그것을 교육의 목적과 교육의 의미로 삼는 사람의 경우에는 그럴 수도 있다. 반대로 읽기가 교육의 목적이며, 교육의 의미라고 규정하는 사람도 있다. 말하자면, 다치바나 다카시[34] 같은 작가는 '더 읽고 싶은 책이 계속 나타난다면 그 자체가 지적인 인간에게는 살아 있다는 증거이고, 그 욕망이 사라진 사람은 지적으로 죽은 거나 마찬가지'라는 식으로 읽기를 배움의 핵심으로 규정하기도 한다. 다치바나 다카시는 책에 미친 독서광이기는 하지만, 책의 모든 정보를 믿거나 따라야 한다는 맹신적인 인간은 아니다. 그는 오히려 책은 "비판적으로 읽어라."라고 주문한다. "피와 살이 된 책과 그렇지 못한 책 사이에 경계선을 긋는 일이 간단할 리 없고, 많은 책이 양면성을 가집니다. 처음 읽었을 때 공감하는 바가 커서 곧장 나의 피와 살이 된 책도 있지만, 내적 갈등을 거침으로써 보다 확실히 피와 살이 되는 책도 있지요."라고 말하는 그 역시 책을 접하기 시작할 당시는 혼돈의 시작이었다. 삶에 대한 의미의 재구성이 시작된 것이다.

다치바나는 무엇보다 20대 중반부터 30대 중반까지 10년간의 책읽기가 오늘날의 자신을 형성했다고 말한다. 젊은 날 자연과학부터 예술까지 폭넓은 주제의 책을 미친 듯이 읽었다고 한다. 그는 출세나 입시 등 읽기의 도구적 쓰임새를 위해 책을 읽기 시작한 것이 아니다. 누구에게나 삶에는 '수수께끼의 공백지대'가 있는데, 그것을 채우기 위해 읽기를 계속한 것이다. 공백 채우기의 과정은 말 그대로 자신만의 세계, 실력을 쌓기 위한 고단하고 힘든 '지력 단련기'의 시기였다. 그 시간을 그는 마시기, 놀기, 공무원 시험 준비 등이 아닌, 오로지 읽기로만 채운 것뿐이다. '인간은 영원히 지적인 갈증을 해결할 수 없는 숙명에 처한 존재'며, 그 지적 욕구가 바로 인류 진화의 원동력이기 때문에 자신의 지력을 그대로 방치할 수 없었다. 그런 그가 읽기를 삶의 의의로 간주했던 사람이다.

읽기의 과정을 통해 다치바나가 깨달은 것이 있다면, 인간이 '지적인 청춘 표류기'를 거치며 살아가는 영원한 학생이라는 점이다. 인간에게 지적 욕구는 생의 원리며, 살아가게 만드는 원리다. 영원히 지적 갈증을 해결할 수 없는 숙명에 처한 존재가 바로 인간이기 때문에 이런 읽기의 사람일수록 자기 배움에 투철하고, 자기 배움에 투철한 사람일수록 자기뿐 아니라 타인에 대해서도 안심한다. 읽기는 정보가 아니라 습관이며 삶의 성장이기에, 브리태니커식의 정보 획득의 과정과 읽기는 결코 같은 것이 아니다. 배움 역시 그것과 결코 같지 않다. 읽기는 삶이며, 배움의 습관일 뿐이다.

제아무리 뛰어난 사람이라고 하더라도, 그의 능력이 현실화되지 않으면 그 능력은 사회적으로 소용이 없게 될 수도 있다. 한때 신동이라고 언론을 통해 추켜세워졌던 사람들의 인생 경로가 그것을 말해 준다. 지능지수검사로 측정한 결과 그 점수가 140 이상을 기록한 사람을 영재라고 부르는데, 그 기준에 따른다면 전체 인구의 2% 정도만이 영재에 속한다. 계산해 보면, 천재가 될 자질을 가진 사람은 지구상에 약 1억 3,000만 명 정도가 된다. 이 이야기는 신동이 있다는 근거로 쓰이기도 하며, 천재는 만들어지는 것이 아니라 태어난다는 것을 뒷받침하는 이야기로 쓰인다. 그래서 사람들은 천재는 만들어지는 것이 아니라 태어난다는 이야기에 더 호감을 보인다.[35] 그래야 천재의 의미가 더 높아지기 때문이다.

그런 신동들이 모두 천재가 되지 않는다는 사실도, 그들의 능력이 사회적으로 아무런 쓰임새 없이 소멸되었다는 것도 모두 역사적으로 확인된 사실이다. 실제로 그들 중 천재적인 능력을 발휘하는 경우는 극소수에 지나지 않는다. 반대로 아인슈타인처럼 소년기부터 이미 둔재라고 평을 받았던 사람들이 천재적인 업적을 이룩하는 경우도 한둘이 아니다. 블레즈 파스칼도 그런 사람 중의 하나였다. 그가 11세가 되었을 때, 아버지가 수학책을 다 빼앗았다고 한다. 그렇지만 그는 몰래 공부해 자신의 독특한 기하학체계를 세웠다. 마리 퀴리도 마찬가지였다. 여성이고 가난한 퀴리는 결코 신동에 끼일 처지가 아니었다. 그들을 천재로 만든 것은 환경이었다. 퀴리는 부모님의 영향을 많이 받았다. 아버지는 저녁마다 딸에게 책을 읽어 주었고 직접 역사와 수학을 가르쳤다. 함께 머리를 맞대고 공부했던 자매들도 큰 자극이 되었다. 마리와 언니 브로냐는 교대로 대학에 다녔다. 마리가 다닐 때는 언니가 일을 해서 학비를 도왔고, 브로냐가 다닐 때는 마리가 일을 했다. 같은 과학도였던 남편 피에르 퀴리도 퀴리에게는 절대적으로 큰 힘이었다. 서로 경쟁하고 협력하면서 그들은 세상에 빛을 던졌다.

하인리히 창클[36] 교수가 타고난 재능이 있다고 평가받았던 신동 25명의 속성을 연구하고 내린 결론은 한 가지였다. 신동이나 천재는 선천적이면서 동시에 후천적이라는 사실이다. 신동이란 좋은 기억력과 자신의 경험을 서로 관련짓고 조직할 수 있는 정신적 자질을 가지고 태어난다는 점에서는 어느 정도 선천적이라고 볼 수 있다. 또한 특별한 실습·교습·훈련의 기회와 그에 따른 보상을 받는다는 의미에서 후천적으로 만들어진다는 점도 부인하기 어렵다. 천재로 성공한 사람들, 그들의 쓰임새를 사회적으로 드러나게 만들어 준 요인 중에서도 공통적으로 발견되는 사실은 세 가지 정도였다. 첫째, 헌신적으로 교양 있는 부모가 그들의 교육에 뒷받침이 되었다는 점, 둘째 그들은 타고난 책벌레, 읽기꾼이었다는 점, 셋째 신동의 곁에는 훌륭한 조력자와 멘토들이 있었으며, 무엇보다 중요한 것은 신동으로 불린 그들 모두가 스스로 능력을 키워나갈 수 있는 끈기의 틀로 배움의 프레임을 가졌다는 점이다.

§ '의의'의 기호학

의의와 의미라는 단어가 어느 정도로 같은지, 혹은 다른지를 알아보기 위해서는 그들에 대한 기호학적 분석이 필요하다. 그 이유는 언어 때문에 사람들이 하나로 묶이기도 하고, 갈라지기도 하기 때문이다. 언어의 기호학적 분석이란 인간의 삶 곳곳에 배어 있는 의미를 찾겠다는 것이다. 다시 말해서, 사람들이 사용하는 기호를 지배하는 법칙과 기호 사이의 관계를 규명하고, 기호를 통해 의미를 생산하고 해석하여 공유하는 행위와 그 정신적인 과정을 찾아보겠다는 뜻이기도 하다.

인간의 삶에 관련된 모든 것은 기호로 이루어져 있다. 기호는 기표(記表, signifiant)와 기의(記意, significance)로 구성되는데, 기호들은 흔히 상징(symbol)과 도상(icon), 지표(index)로 표출된다. 인간은 기호로 자기 생각을 표현하고 다른 사람의 생각을 읽으며, 서로의 의사를 전달한다. 자기 생각을 표현하거나 다른 사람의 생각을 읽는 행위를 의미작용(signification)이라 한다. 의미작용과 기호를 통해 서로 메시지를 주고받는 행위를 커뮤니케이션이라 하며, 이 둘을 합하여 기호작용(semiosis)이라 한다. 기호학은 간단하게 말하면, 기호작용에 관한 학문이다. 남녀가 데이트를 할 때 남자가 여자에게 장미꽃을 선물했다면 여자를 사랑한다는 마음이 기의이고 장미꽃은 사랑하는 마음을 전달하는 기표가 된다. 마음이라는 기의가 장미꽃이라는 기표와 결합하여 사랑을 표현하는 기호를 만들어 낸 것이다. 그런 상황에서 장미꽃을 받아든 여인은 선물한 남자의 의도를 사랑으로 해석하게 된다. 그런 의도가 간파되는 것은 비트겐슈타인이 말한 대로, 사람들의 언어가 서로 일치하기 때문이다. 이것은 단순한 의견의 일치가 아니라 삶의 형식에 대한 일치를 의미한다.[37] 하나의 언어를 상상하는 것은 하나의 삶의 형식을 상상하는 것이기에 그럴 수밖에 없을 듯하다. 언어를 말한다는 것은, 어떤 활동의 일부 또는 삶의 형식의 일부를 말한다. 비트겐슈타인이 말하는 언어 개념은 그것을 사용하는 공동체적 집단을 내포하는 개념이다. 그 바탕에는 공동체적인 삶의 형식이 존재한다는 것을 의미한다. 만나는 사람들이 서로 다른 언어, 예컨대 한국어와 일본어로 각각 다르게 사용한다면, 이는 삶의 형식의 차이를 상정하는 것이나 마찬가지다. 서로 간의 대화는 처음부터 불가능하다. 다른 삶의 형식, 옳고 그른 것에 대한 서로 다른 평가의 잣대를 상정하고 있기 때문이다. 그런 그들이 소통하기 위해서는 그들 간에 가라타니 고진 교수가 요구하는 방식의 치열한 대화가 개입되어야 한다.

치열한 대화가 무엇을 말하는지도 기호학적으로 분석될 수 있다. 겉으로 볼 때, 의의(意義, significance)와 의미(意味, meaning)라는 말은 정범모 교수가 이야기한 것처럼 일반적인 언어적 관행에서는 큰 차이가 없는 것처럼 보인다.[38] 두 낱말은 사물의 가치나 중요성을 드러내 보이려고 할 때 활용될 뿐이다. '그 말은 의미가 있는 것이냐'와 '그 말은 의의를 갖고 있는 것이냐'라는 질문에서 보듯이 두 단어의 활용성을 분명하게 구분하기는 그리 쉽지 않다. 이는 그냥 동의어로 보이기 때문이다. 그러나 의미와 의의라는 두 낱말은 일상적으로 비슷하게 쓰이고 있는 그 동질성 이상으로 이질적이기도 한데, 그것이 분명히 드러나는 지점이 각 단어의 지시력이다.

각 단어가 구체적으로 겨냥하고 있는 것이 무엇인지에 따라 각각의 쓰임새가 달라질 수밖에 없다. 그것을 기호학적으로 분석하면, '의의'라는 말은 사물의 객관적인 가치와 중요성, '의미'는 주관적인 감정 정도를 대변하는 단어로 나뉜다.

의의라는 말은 쓰임새(usefulness)를 강조하는 데 비해, 의미라는 말은 쓰임새의 확인에 있다는 점에서 두 단어가 개념적으로 확연히 구별된다. '의미'는 일반적으로 뜻하는 바를 가리킨다. 예를 들어, "'뇌과학의 의미'를 모르겠다."는 말은, 뇌과학이 무엇을 하는 학문인지 내가 모른다는 뜻이다. '뇌과학의 의의'라고 하면, 인간의 뇌기능에 대한 학문적 발전이 인간 이해에 있어서 무슨 가치가 있는지를 알아보고, 그것의 전망과 관련된 객관적인 시각과 파장, 그리고 쓰임새가 무엇인지 가리키게 된다. '뇌과학의 의미'라는 말은 뇌과학이라는 학문적 속성이나 이론 등에 관련된 추세, 그것을 연구하는 집단들이 가지고 있는 느낌과 감정의 정도를 지칭한다.

의미라는 단어는 개인의 주관성을 드러낸다는 점에서, 뇌과학은 '내게 의미가 있다.'라는 식으로 쓰인다. 뇌과학은 '나에게 의의가 있다.'고 말하기는 어색하다. '의의'라는 말은 객관성을 요구하기에, '나에게'라는 부사구 등을 붙일 수 없다. "뇌과학을 연구하기 위해 매일을 의미 있게 보낸다."라고 하면, 그것을 연구하는 사람이 매일같이 연구하는 일을 의미 있게 생각한다는 뜻이다. "그 나름대로 의미가 있어서 뇌과학을 연구하기 시작했다."라고 하면 뇌과학의 연구를 시작한 그 사람에게 의미가 있다는 말이다. 의미라는 말의 용도에 비해, '의의'는 '누구에게'라는 부사어가 필요 없다. 의의라는 단어를 쓸 때에는 보편적으로, 그리고 그 쓰임새에 대한 사회적 가치나 인증이 필요하기 때문이다. "뇌과학의 연구는 의의가 크다."라고 하면, 뇌과학 자체의 중요성과 쓰임새가 크다는 말이다.

인간이 무엇인가를 배우려고 하는 것은 그것의 쓰임새가 삶에서 확인되기 때문이다. 무엇을 배운다고 하였을 때, 그것의 쓰임새가 인간의 삶에 결여되거나 쓰임새가 없어진다면 사람은 굳이 배우려고 하지 않을 것이다. 개인적인 것이든, 사회적인 것이든 관계없이 최종적인 도착지는 개인적인 쓰임새다. 배움은 어떻게든 개인에게 유용성을 주기 때문에 배우려고 한다. 쓰임새가 상대적으로 적은 것은 배움을 소멸시킨다는 점에서 쓰임새로서의 의의는 절대적인 기준이다. 그런 절대적인 기준이 바로 삶이다. 살기 위해서, 살아가는 데 도움이 되기에 배우는 것이다.

죽기 위해서 배운다고 할 때도, 그 역설은 결국 살기 위해서 죽음까지 생각해 보며 배운다는 것을 의미한다. 배움에서 절대적인 쓰임새, 즉 절대적인 의의성과 교류하는 것이 의미 만들어 내기다. 의미를 만들어 내는 것은 쓰임새를 고양시키는 촉진 요소다. 그래서 배움에는 의미 만들기 요소와 쓰임새 부추기기의 요소가 개입된다. 배움은 주관적인 차원에서는 개인에게 어떤 뜻을 만들어 내게 하고, 객관적인 차원에서는 개인에게 배움의 결과와 그 쓰임새를 확인하게 해 주는 활동 과정이다.

배움에서 쓰임새, 즉 배움의 의의가 보장되지 않으면 배움은 일어나지 않는다. 어떻게든 개인적인 이해관계와 우선적으로 긍정적인 보상관계를 맺어야 한다. 예를 들어, 수영을 배우는 것은 수영을 즐기기 위한 것, 혹은 최악의 경우 익사를 예방하기 위해서다. 배움에서 요구되는 쓰임새는 삶의 일상성, 일상적인 삶에 도움이 되는 것이어야 한다는 점에서 쓰임새가 좋아야 하고, 사상성을 지녀야 한다. 이때 말하는 사상성이란 일상적인 사람의 삶을 밝혀 주는 논리 등을 지칭한다. 어쩌면 '프래그머티스트(pragmatist)'의 생각과 그리 멀리 떨어져 있지 않은 배움의 사상이다.

"사상(思想)이란 '저 멀리에서' 발견되기를 기다리고 있는 그 무엇이 아니라, 포크와 나이프 또는 마이크로칩과 같이 사람들이 세계에 대처하기 위해 고안해 낸 도구일 뿐이다. 사상은 내적 논리에 따라 발전하는 게 아니라 세균처럼 인간이라는 매개체와 환경에 전적으로 의존하는 것이다."라는 생각이 프래그머티스트의 관점이다. 그들은 사상을 단지 실재에 대한 일시적 반응으로 간주한다. 예를 들어, 우리가 인과관계를 믿는 것은 그것이 실제로 존재하기 때문이 아니라, 그렇게 믿는 것이 우리에게 이익이라고 우리의 경험이 말해 주기 때문이다. 인과관계는 일을 처리하는 데 도움이 되는 현금 가치와 설득력 있는 신념이기 때문이다. 듀이 역시 생각과 신념이 항상 이익을 위해 작용한다고 믿었고, 생각은 행위를 따라가는 사후의 '감언이설' 같은 것이라고 보았다.[39)]

인간에게 친숙하고 일상적인 것은 대개 거북한 것이 많다. 경이로움이 거의 없는 것일수록 인간의 주위에 널려 있기 마련이다. 그렇게 하찮은 것들을 천천히 음미하기만 하면, 사실 그런 것일수록 인간에게 경이롭기 그지없다. 그런 사소한 것들이 사람들에게는 행복으로 와 닿는다. 그래서 행복은 가장 강력한 판타지다. 행복이 무엇인지 쉽게 정의할 수 없다면 그건 이유가 있다. 행복은 작은 것, 순간적으로 스쳐가고 마는 소소한 것 안에 조용히 얼굴을 숨기고 있기 때문이다. 신경정신과 전문의인 슈메이커는 행복이라는 것이 무슨 장대하고 커다랗고 위대하며, 장엄한 스펙터클한 것과 연결될 가능성은 정말로 낮다고 말한다. 또한 행복을 돈으로 사려는 사람들을 향해, 행복은 결코 '소비를 많이 하는 데서 생기는 것'이 아니라고 설득한다. 행복은 그저 사람들의 일상적인 삶살이에서 잠시 스쳐 지나가는 찰나적인 사소한 기쁨의 느낌이

라는 것이 그의 입장이다.[40)]

어쩌면 행복이라는 것은 아주 더운 여름 어느 날 차디 찬 육수에 말아 놓은 냉면 한 그릇을 먹었을 때 순간적으로 찾아 들어오는 그 시원한 느낌, 잠깐 동안의 썩 좋은 기분 같은 것이다. 그래서 한 사람이 평생 느낄 수 있는 행복을 시간으로 계산해 본다면, 그것은 10시간도 채 되지 못한다. 새로 산 구두를 신고 길을 나섰는데 친구가 그것을 보고 부러운 눈초리를 보낼 때 느끼는 행복감 같은 것은 하루 종일 지속되는 것이 아니라 1분도 지속되지 않기 때문이다. 그런 삶살이가 바로 일상을 살아가는 우리네 삶이며, 그것은 매일같이 반복되는 것도 아니다.

사랑하는 일이나 잠자는 것은 모두가 지극히 평범하고 사소한 일이다. 그렇다고 그런 사소한 것들을 소홀히 했다가는, 인간들은 끝내 자신의 생명에 어떤 식으로든 긴장을 겪게 된다. 그 소홀함은 배움을 놓쳤기 때문에 생기는 인간적인 부자유스러움이다. 인간에게 평범하고 거북스럽게 보이는 것들로부터 경이로움을 찾을 수 있도록 하는 일이 바로 배움인데, 그 배움을 놓쳤기 때문에 치르는 대가가 바로 긴장이고 갈등이다. 배움은 늘 사소한 것에서 일어나는데, 행복한 사람들은 그 사소한 배움에서 삶의 쓰임새를 새롭게 충전해 나가는 사람들이다. 그런 점에서 본다면 해우소, 즉 화장실같이 배변을 평화롭게 할 수 있는 장소가 그런 경이로움을 상기시켜 주는 아주 일상적인 곳이라고 볼 수 있다.[41)] 그런 곳에서 평화를 배우며 배변을 할 수 있는 사람이 바로 행복한 사람이다.

§ 쓰임새의 각자주의

미국의 시사주간지 『타임』이 2006년 올해의 인물로 '당신(You)'을 선정했었다. 영국의 역사가인 토마스 칼라일은 "인간의 역사는 위대한 인물들의 연대기"라고 하였지만, 적어도 2006년에 세상을 바꾼 것은 바로 평범한 '당신'이라는 것이다. 올해의 인물로 '당신'을 선정한 이유는 "위대한 인물들의 시대는 가고 평범하지만 열정이 있는 사람들의 시대가 왔기 때문"이라고 설명하였다. 유튜브와 마이스페이스를 통해 열정과 소신을 발휘하며 정보화 시대를 조절하는 평범한 당신이야말로 올해의 인물이라는 것이다.[42]

『타임』은 올해의 인물을 '당신'으로 만든 공로를 웹 2.0에 돌렸다. 웹 2.0의 번성이 지금까지 한 번도 목격한 적이 없는 커뮤니티의 번성과 정보 민주화를 가능하게 하였기 때문이라는 것이다. 웹 2.0이 세상을 바꾼 게 아니라 '세상을 바꾸는 방식을 바꾸었다.'는 것이다. 우리가 사는 이 시대를 정치가끼리만의 세계, 혹은 위대한 인물끼리만의 세계가 아닌, 평범한 시민 대 시민과 사람 대 사람으로 바꾸었다는 것 역시 굉장한 발상이다. 그 발상을 웹 2.0이 이루어 냈다는 것이다. 물론, 『타임』은 올해의 인물 선정과 관련, 웹 2.0의 시대에도 문제점은 있다고 토를 달았다. 개인을 위대한 인물로 만들 수 있는 힘만큼, 한 개인을 몰락하게 만들 수 있는 위험도 있다는 것이다. 게다가 아마추어들의 세계를 만능으로 받아들이게 하는 위험도 있었다.

이 시대의 인물인 당신이 위대한 것은 개조력, 말하자면 지속적으로 자신을 바꾸어 나가려는 개조의 배움력에 있다. 배움은 개인에게 절대적인 쓰임새를 높이기 위해 어떤 느낌을 만들어 내는 일이며, 과정이기도 하다. 배움의 성격은 기본적으로는 개인에게 각자적임을 알려 준다. 배움이 원초적으로는 개인 각자의 삶을 위한 것임을 부인하면, 그때부터 일어나는 배움은 학교교육에서 말하는 정보 획득이나 학습에 지나지 않는다. 배움에 있어서 각자주의는 화법상 개인주의나 이기주의와는 개념적으로 구별된다. 각자적이라는 말은 사람 하나하나마다 나름대로 자신을 만들어 내는 힘, 다른 이들과는 전혀 다른 그 무엇을 만들어 내는 속성이 있다는 점을 강조한다. 이때의 각자성은 양주(楊朱)의 '위아론(爲我論)'[43], 즉 '나의 생명은 나를 위해〔爲我〕 있는 것'이며, 그래서 모든 사람이 제 몸부터 잘 간수하고 살아간다면 이 세상은 훨씬 더 조화롭게 잘 될 수 있다고 본 생명존중 이론과도 멀리 떨어져 있지 않다.

양주의 위아론은 자기 생명, 그리고 자기 자신에 대해 너그러움을 찾는 일을 강조한다. 자기 자신의 쓰임새를 찾는 일은 삶과 생명존중의 첫걸음이다. 자신을 치유해 나갈 수 있는 배움의 시작이며, 자기 치유의 시작이다. 배움은 자기 치유의 방법이기도 하다. 자기가 누구인지를 제대로 바라보는 자신에 대한 시작이 배움이다. 프랑켈이 말하는, 자기 테라피(self theraphy)의 시작이 자기 자신에 대한 배움으로 시작한다는 것은 이슬람의 수피교에서 전해 오는 이야기와도 서로 연결된다. 옛날에, 곳곳을 돌아다니는 한 기사가 있었다. 그는 마을 사람들에게 걱정스러운 목소리로 묻고 다녔다. "혹시 내 말을 보지 못했습니까?" 마을 사람 어느 누구도 그 기사에게 사실을 말해 줄 수가 없었다. 그 기사는 자신의 말을 타고 다니고 있었기 때문이다. 그 사실을 기사만 알지 못했다. 그래서 그에게 진실을 말해 줄 수 없었다. 사람들이 삶의 의미를 찾기 위해 여러 가지 질문을 하지만, 진정한 실상은 제 스스로를 돌아보지 못하기 때문에 질문이 시작한다는 것을 알려 주는 이야기다.

심리치료사인 기 코르노 박사[44]는 다른 사람의 마음을 치유하는 데 많은 시간을 보냈지만, 정작 자신의 실상은 보지 못했다. 그는 궤양성 결장염이라는 병을 오랫동안 방치했다. 심리치료사로서의 사회적 명성 때문에 바쁜 일상에 쫓겨 정작 자신의 몸과 마음은 돌아보지 못했다. 질환이 깊어졌지만 그는 자신이 믿어 온 고집대로 그것을 단식으로 해결하려 했다. 병은 더 위중해지고 그는 죽음의 지경에 이르렀다. 그는 죽음을 직면한 후에야 비로소 자신의 몸과 마음을 돌아보게 되었다. 그 과정에서 뒤늦게 깨달은 것이 있었다. 누구든 자신의 몸이 바로 자신의 인생에 대한 스스로의 태도를 반영하는 거울이란 점이었다.

우리가 몸의 '규칙'을 위반할 때마다 몸은 불쾌함이나 뻣뻣함, 통증 등의 증상으로 그 사실을 알려 준다. 몸에 균형이 깨졌다는 신호를 보내는 것이다. 질병은 몸이 망가졌다는 단순한 신호가 아니다. 그것은 자신에게서 배신당한 육체가 자신에게 대화를 요구하는 방법이다. 병은 우리에게 문제의 근원을 되돌아보게 하는 초대장이다. 질병을 치료하려고 허둥대는 것보다 먼저 자신을 바라보는 일에 충실해야 한다. 우리에게 나타나는 신체적·정신적 약점은 대개가 자연스러운 것이며 일상적인 것이다. 결코 엄청나거나 새롭게 신기한 치유법을 요구하는 것이 아니다. 자아를 제대로 발견할 수 있으려면 자신의 몸에 나타나는 약점들을 받아들이고 이해해야 한다. 그것들이 제안하는 길을 따라가면서 자신의 신체건강과 정신건강을 살펴볼 필요가 있다. 질병이나 통증은 우리로 하여금 마음을 열 것을 요구한다. 그것들은 처음부터 자신에 대한 마음의 치유를 요구할 뿐이다.

§ 불만족의 습관

생활습관 고치기는 배움의 쓰임새를 높이는 일 중에서도 가장 일상적이며 우선적인 것이다. 습관은 한두 번의 노력으로 이루어지거나 고쳐지는 것이 아니다. 심리학자들의 연구 결과에 의하면, 한 가지 새로운 습관을 들이거나 옛 습관을 고치는 데는 최소한 21일간의 반복된 훈련이 필요하다. 21일을 계속하게 되면 생체시계가 바뀌게 된다는 것이다. 생체시계에 일정한 패턴과 형식이 자리를 잡아야 습관의 모습이 보인다.

생활습관을 고치기 어려운 것은 습관에 대해 불만족하고 한두 번으로 큰 변화를 기대하기 때문이다. 생활습관은 인간의 삶에 직접적인 연관성이 있다. 생활습관을 고치는 사람은 자신의 쓰임새를 소중히 여기는 사람이다. 생활습관 고치기에서 쉽지 않은 것 중 하나가 인간관계다. 인간관계는 모든 것의 불만족을 만들어 내는 근원이 되기도 한다.

부정적인 습관을 길들이기 위해서는 새로운 것에 대한 배움과 그것의 쓰임새를 극대화해야 한다. 부정적인 습관을 길들이는 데 도움을 주는 방법들은 자기 행위 조절에서부터 마음 열기에 이르기까지 다양하다. 웃음 만들기나 명상도 부정적인 생활습관을 고치는 데 도움을 준다. 심장전문의 딘 오니시 박사[45])는 잘못된 습관을 고치는 데 도움을 줄 수 있는 치유법으로 마음 열기와 같은 '관계의 연금술(H2H: Heart To

Heart)'을 권하고 있다. 이런 방법들은 심장병 환자들에게도 투약 이상의 효과를 준다는 것이다.

오니시 박사가 권하는 마음 열기의 첫 번째 방법은 이론상으로는 아주 이해가 쉽다. 우선 마음을 열고 나약해지면 된다. 그렇게 하기 위해서는, 첫째 생각이 아니라 진정한 감정을 표현해야 한다. "그렇게 말하다니, 내 생각엔 넌 바보야!"라는 식으로 생각을 말하지 말고, "그렇게 말하다니, 난 속상하고 화가 나!"라고 감정을 솔직하게 말하는 식이다. 둘째, 사랑하는 사람이나 연인과 자주 포옹한다. 인간은 원초적으로 만지고 느끼는 동물이기에, 누군가를 손으로 만지는 단순한 행동을 하면 그것이 고독과 소외감을 치유하는 효력을 주기 때문이다. 건강해지려면, 당신의 마음을 활짝 열라. 그리고 사랑과 친밀감의 길로 들어서라. 나약한 몸과 마음을 건강하게 되살리는 H2H의 연금술을 경험하라는 것이 그의 처방이다.

실제로 의학계는 심장혈관질환을 예방하려면 식이요법과 운동 못지않게 스트레스나 공포, 적대감, 걱정 등 심리적 요인을 다스리는 것이 중요하다고 본다. 1994년 미국 노스리지 지진이 발생한 후 로스앤젤레스 카운티의 사망자 검시 결과에 따르면, 지진 당일 심장혈관질환으로 숨진 사람이 51명으로 당시 하루 평균인 15.6명보다 크게 높았다. 이들은 대부분 관상동맥질환을 앓은 적이 있거나 고혈압 등 고위험 요인을 안고 있었지만, 구조 활동에 참여하거나 스스로 잔해더미에서 빠져나오려는 노력을 하지 않았던 것으로 드러났다. 감정적인 스트레스가 심장질환 소인이 있는 사람들의 심장질환을 재촉할 수 있기 때문인데, 그들은 죽을 정도로 겁을 먹고 움직이지 않았다는 것이다. 이 결과는 감정과 심장혈관 시스템의 심오한 상관성을 연구하는 이른바 '정신심장학' 연구에 힘을 실어 주고 있다.

심장 전문가들은 심장이 정신적 요인에 의해 치명적으로 결함이 생길 수 있다는 가설을 오랫동안 거부해 왔지만, 일상생활에서는 스트레스나 걱정, 적대감, 우울증 등 만성적인 감정 상태가 지진 같은 돌발적 쇼크보다 훨씬 무서운 사망 원인이라는 증거들을 쏟아내고 있다. 실제로, 듀크 대학 정신의학 및 인간행동 전공 부교수인 에드워드 슈아레스에 의하면, "심장 발작을 일으킨 사람의 50%는 콜레스테롤 수치가 높지 않으며 심리적·사회적 요인의 위험, 말하자면 비만이나 흡연, 고혈압 등 전통적인 심장질환 요인의 위험이 더 크다."라고 하였다. 실제로 부정적 사고방식이 심장병 환자를 위험으로 몰아가고 있다.

켄터키 대학의 심장질환 의사인 모세 교수는 심장질환을 앓던 50대 남자가 2~3일이면 퇴원할 수 있는데도 엿새나 입원했던 사례를 소개하면서, 이 환자는 "모든 것에 집착했고 자신의 병세에 너무 예민해 허혈현상과 흉통이 재발할 것이라고 우려한 나머지, 실제로 1년 내에 또다시 심장 발작을 일으켜 사망했다."라고 보고한 바 있다. 모세 교수는 미국 심장학회 모임에서 심장 발작 환자 536명에 대한 분석 결과 심리테스트에서 걱정 수치가 가장 높았던 환자군이 가장 낮았던 환자군보다 2차 발작이 일어날 확률이 4배나 높았다고 보고했다. 우울증이 건강한 사람의 심장 발작 확률을 최소 2배 높인다는 사실은 듀크 대학 의대의 조사 결과, 즉 적대감이 심장질환 사망률을 29%까지 높인다는 결과와도 부합되고 있다. 의학 전문지 『랜싯』이 52개국 심장 발작 환자 1만 1천여 명을 조사한 결과 이들은 심장 발작이 나던 해에 직장이나 가정불화, 금전적 고통, 우울증 등을 겪었던 것으로 나타났다. 부정적 심리는 신체에도 직접적인 영향을 미쳐 스트레스를 받으면 몸이 코르티솔이나 에피네프린 등 스트레스 호르몬을 방출하고 이에 대항하기 위해 혈압과 혈당 수치가 올라가며, 이것이 장기화되면 만성 고혈압 등이 된다.[46]

자기 쓰임새의 가치를 높이는 사람은 자신에 대해 우선적으로 만족하는 사람일 수도 있다. 자기 자신에 대해 만족할 수 없다고 말하는 사람일수록 항상 자신을 좌절로 내몰아 가는 성향이 강하다. 불만족이 습관이 되었기 때문이다. 불평과 불만이 성격의 일부가 됨으로써 고통이 언제나 그들의 삶 속에 함께한다. 불만을 만들어 내는 일에 온 힘을 소진하기에, 기꺼이 남의 칭찬이나 충고를 받아들이지 못한다. 끊임없이 자신의 재능을 의심한 채, 인생에서 가장 행복해야 할 순간에 우울증에 빠져든다.

심리학자 애슈너[47]는 많은 사람의 심리상담을 통해, "만족은 소유의 문제가 아니다. 성취의 문제도 아니다. 만족은 밖이 아니라 안에서 생겨나는 것이다. 만족하지 못하는 사람들에게 결여되어 있는 것은 자기 존재에 대한 존중감이다."라고 결론을 내린 바 있다. '만성적 불만 증후군'의 밑바탕에는 완벽주의나 비교 콤플렉스, '강박적 자기 존중'과 같은 성격장애가 도사리고 있다는 것이다. "나르시즘이 형성되는 어린 시절에 자신이 사랑받고 있는 특별한 존재라는 자기애를 갖지 못하면 그들은 사랑을 찾아 영원히 헤매게 된다."라는 것도 그녀가 찾아낸 결과다. 인간은 성장하는 동안 늘 자기 자신의 실체와는 다른 '거짓 자아'를 만들어 낸다. 세상과 타협해서 타인들이 바라며 요구하는 존재가 된다. 어린 시절을 살아남기 위해 나의 자아를 타인에게 길들여야 한다. 그런데 그 과거가 이제는 문제의 동력으로 가동되기 시작한다. 그래서 다른 사람들보다 더 많이 갖는 것에 자기 자신을 내맡겨 버리고 말았다. 결국 모든 것을 가지거나 아무것도 가질 수 없는 극단적인 현실로 자신을 떨어뜨린 것이나 마찬가지다.

그것을 바로 잡으려면 타인의 기대감에 떠밀려 자신의 욕구와 자신의 감정에 눈을 감아 버린, 스스로의 본모습에서 무엇인가 늘 부족하다고 느끼고 있는 자신의 내면부터 제대로 들여다보아야 한다. 그러려면 먼저 자기 자신에게 공감하고, 자기 자신의 나침반[48]을 꺼내들고, 자신의 감정부터 존중해야 한다. 마음 깊숙이 웅크리고 있는 분노와 적개심을 직시하면서 상처받은 감정으로부터 도피하지 않는 것이 자기 치유의 시작이다. 마음은 이미 치유의 방법을 알고 있기 때문에, 우선 "살아 있음을 느끼고, 만족을 느끼고, 행복을 느껴야 하기에 과거에도 얽매이지 말고, 미래를 위해 살려고 하지도 말아야 한다. 그 만족은 지금 이 순간에 살면서 자연스럽게 느껴야 하는 삶의 일부일 뿐이다." 그것이 삶의 변화이며 자기 자신의 변화를 말하는 것이고, 자기 자신을 바꾸기 위해 스스로를 향해 거울을 돌려놓는 일이다. 이렇게 삶의 상처를 치유해 낼 수 있는 것이 삶의 복원력이다. 삶의 상처를 복원하려면 날카로운 도구적 이성으로는 역부족이다.

인간의 삶이 '경이'와 '불행'의 연속이기는 하지만, 그것을 각각 따로 가게 해서는 오히려 가슴에 상처만 남는다. 경이와 불행이 한 쌍으로 어울릴 수 없는 모순된 개념이기는 하지만 그것을 하나로 묶어 모순을 해소시킬 수 있는 개념이 바로 '복원력(resilience)'이다.[49] 그 복원력은 자신과 타인에 대한 배움과 배려로 커진다. '복원'되지 않는 '불행', 불행에 대한 '배움'이 없는 치료는 마음속 상처로 남아 있게 되어, '경이'가 아니라 '안타까운,' 그리고 '슬픈' 불행으로 흔적이 남는다.

인간의 삶이 경이롭다는 것은 뇌과학에서도 입증된다. 인간의 뇌는 끊임없이 한 인간의 삶을 쓰임새 있게 하기 위해 상부상조한다. 그것이 바로 '뇌의 가소성(neuro-plasticity)'이라는 개념이다. 정신과 의사 도이지(Doidge) 박사는 뇌의 가소성을 확신하고, 뇌가 생각과 활동을 통해 그 기능과 구조를 바꿀 수 있다는 개념을 환자들에게 임상적으로 응용, 치료해서 성공을 거둔 바 있다.[50] 그의 실험적 임상은 여러 뇌과학자들의 실험 결과를 환자들에게 응용한 결과였다.

우선 그는 뇌과학자인 폴 바크-이-리타(Bach-y-Rita)의 실험 결과를 확신했다. 바크-이-리타 박사의 아버지 페드로는 예순다섯 살 때인 1959년 뇌졸중으로 안면과 반신이 마비되었다. 바크-이-리타는 말을 할 수 없게 된 아버지를 훈련시켰다. 3개월이 지나자 아버지는 말을 하기 시작했고, 몇 달 뒤엔 타자까지 칠 수 있게 되었다. 그 결과, 예순여덟의 나이로 대학에서 강의를 할 수 있게 되었고 등산과 여행도 다녔다. 그로부터 4년 뒤 그의 아버지는 심장마비로 사망했다. 아버지 페드로의 뇌를 부검하던 중, 아들은 놀라운 사실을 알게 되었다. 대뇌피질에서 척추로 가는 신경의 95%가 파괴되어 있었던 것이다. 동시에 다른 주요 뇌 중추들도 대뇌피질의 발작으로 무너져 있었다. 파괴된 뇌가 되살아난 것이 아니었다. 뇌에서 아직 멀쩡한 나머지 부분들이 손상된 부분의 뇌기능을 넘겨받아 대뇌피질의 기능에 상응하는 역할을 대신 수행한 것이었다. 뇌과학자인 그 스스로가 인간의 뇌기능에 대한 'accident happy'를 경험하는 순간이었다. 그는 아버지를 통해 '행복한 사고'를 얻었던 것이 아니라, 아버지의 병을 치료하면서 뜻하지 않게 '우연한 행운'을 얻게 된 것이다.

이어서 폴 바크-이-리타 박사는 셰릴 쉴츠를 치료했다. 그녀는 1997년 항생제 부작용으로 바닥을 느끼는 감각을 잃어버린 환자로서, 자신이 늘 그리고 끊임없이 떨어지고 있다고 느끼며 살아갔다. 아무리 애써도 술 취한 사람처럼 휘청거렸다. 걸을 때는 벽을 잡아야 했다. 그녀는 직장이나 가사 일을 할 수가 없었다. 일반 의사들은 '뇌에서 균형을 잡게 해 주는 부위가 98% 정도 파괴되었기 때문에 평생 그렇게 살아야 한다.'라는 말을 되풀이했다. 그런 그녀가 마지막으로 폴 바크-이-리타 박사를 찾아갔다. 그녀의 인생이 새롭게 바뀌는 순간이었다. 바크-이-리타 박사는 그녀의 머리에 모자처럼 생긴 기계 장치를 씌우고, 입 안에는 전극이 달린 장치를 집어넣은 뒤 미세한 전류로 뇌기능을 자극했다. 잠시 후, 그녀는 울음을 터뜨렸다. 5년 만에 처음으로 바닥에 단단히 고정되어 있다는 느낌을 받았기 때문이다. 폴 바크-이-리타는 그녀의 '손상된 뇌 부위에 인공적인 자극을 주었을 뿐'이었다. 그것으로 그녀의 고질병은 상당 부분 치료되었다. 인간의 뇌는 끊임없이 변화하는 유연한 기관이기에, 어떤 부분이 작동하지 않으면 다른 부분이 넘겨받을 수도 있었던 것이다. 그가 아버지의 병을 치료하면서 얻은 실험 결과를 한 번 더 확인하는 순간이었다.

§ 허물벗기

인간은 초파리와 유전자 구조가 비슷하기는 하지만, 인간이 그 곤충처럼 삶을 살아가는 것은 아니다. 초파리는 변종이 되면서부터 행동도 달라진다는 점에 주목할 필요가 있다. 인간의 유전자가 바뀌면 인간의 행동 역시 초파리처럼 바뀐다. 그래서 초파리와 인간뿐 아니라 살아 있는 모든 것은 이미 낯익은 성분, 즉 똑같은 유전자, 똑같은 원자, 똑같은 껍데기, 똑같이 단순한 발단에서 비롯된 것임을 알 수 있다.[51] 이런 현상을 보고, 생물학자들은 "첫눈에는 세상이 낯설기 그지없지만, 다시 보면 낯익지 않은 것이 하나도 없다."라고 단정짓곤 한다. 생물학자들이 초파리를 생물학적으로 인간의 사촌 정도로 믿고 있다고 해서, 사람들이 초파리를 사회인으로, 혹은 인간의 이웃으로 간주하지는 않는다. 인간은 초파리와는 살아가는 방식이 다르기 때문이다. 사람은 상황이 달라진다고 해서 초파리처럼 변종으로 행동하지는 않는다. 그것은 곤충에게는 환경 적응을 위한 학습 기제가 있는 데 반해, 인간에게는 변종의 행위를 자제하거나 전복시키는 배움력이 있기 때문이다.

생물들은 인간에 비해 생존 방식이 훨씬 더 진화되었음을 확실하게 보여 준다. 하지만 그러한 생존 방식이 그들의 절대적인 쓰임새를 높여 주지는 않는다. 예를 들어, 벌거숭이 두더지[52]는 무리 중에서 오직 한 쌍만 짝짓기를 한다. 그들은 왕족처럼 받들어지며 양껏 먹이를 제공받는다. 그 보답으로 그들은 봉사하는 자들에게 오줌을 골고루 먹여 주는데, 그 오줌에는 성욕을 억제하는 물질이 들어 있다. 동서양의 인류사가 그런 종류의 인간들이 전혀 없었다고 증언해 주지는 않지만 그것이 인간 생존의 전형으로 거론되지는 않는다.

모기 역시 생존을 위한 비상한 능력을 갖고 있다. 모기의 생존 방법을 위한 도구들은 인간이 만들어 낸 살상무기 이상으로 우월하다. 모기는 이산화탄소의 농도를 정밀하게 감지하는 초고성능 후각을 갖고 있다. 20m 전방에서도 사람의 위치를 정확히 알고 공격한다. 땀 냄새, 발 냄새, 아미노산과 향수 냄새를 좋아하는 모기는 그중에서도 땀에 포함된 옥탄올과 여성 호르몬을 좋아한다. 여성이 모기의 공격 대상이 되는 것은 땀과 함께 발산되는 여성 호르몬의 냄새 탓이다. 모기에 유난히 많이 물리는 여성은 여성 호르몬이 많다는 징표다. 모기는 온도 변화 감지력, 열 추적 능력이 최신 병기 그 이상이다. 10~20m 거리에서도 체열을 느끼는 모기의 다리 길이는 기껏해야 1cm 내외다. 그것을 감안한다면 모기의 체열 감지 능력은 1000~2000배 거리까지 가능한 한 것이다. 이는 사람으로 따지면 한강 다리 남단에 서서 북단에 있는 사람의 체온을 느끼는 것과 같다. 또한 모기의 180도 방향 회전력은 최신 병기를 능가한다. 수백 개의 감지 센서로 거의 모든 방향에서 모든 물체를 정확히 인지하고는 먹이를 향해 180도 회전, 순간적으로 방향과 속도를 바꾸며 날 수 있다. 모두가 생존을 위해 신(神)이 모기의 유전자에게 심어 놓은 은혜의 능력이다.

곤충과 비교했을 때, 인간은 지극히 간단한 구조체와 별반 다를 것 없이 그저 단순하기만 하다. 이런 사실은 곤충학자들에게는 상식이다.[53] 청산가리를 뿜어 내는 노래기를 해부해 보면, 노래기의 배 속에는 두 개의 주머니가 있다. 양쪽의 내용물이 서로 섞여야만 청산가리가 생산되는 구조를 갖고 있다. 적을 만나면 마치 화염방사기처럼 두 개의 주머니를 동시에 작동하여 독극물을 발사한다. 곤충이 스스로를 방어하고 살아남기 위해 적응한 진화의 신비를 보는 순간이다. 그들 곤충이나 생물들도 인간과 비슷한 뇌신경세포를 갖고 있기 때문에 의미를 만들어 낼 수 있다고 생각할 수도 있다. 하지만 그들은 인간처럼 생에 대해 고뇌하거나 생에 대한 의지를 하나의 의미로 만들어 내지는 못한다. 제아무리 모기의 생존 방법이 탁월하다 해도 모기가 의미를 재구성할 수는 없다. 이 점에서 인간이 의미 만들기에 있어서는 곤충보다 우월적 지위를 누리고 있는 생물이라 할 수 있다.

인간이 초파리에 비해 우월적인 지위를 갖는다고 할 때, 그것은 배움의 쓰임새에서 생긴 부산물이다. 인간이 초파리보다 우월하다는 것이 꼭 윤리적인 우월적 지위를 말하는 것은 아니다. 다른 동물이나 곤충은 의미를 만들어 내지 않는다는 점에서 인간보다 생존 방법은 훨씬 우월하다. 그 대신 인간은 곤충에 비해 무엇을 의미해 보려는, '삶에 대한 의지'라는 우월적인 지위를 갖고 있다.

인간은 초파리와는 의의구조가 다르다. 자신을 만들어 가는 자기 삶의 효용성에 대한 쓰임새가 초파리의 그것과는 다르다. 인간은 결단을 하면서 자신의 삶을 살아간다. 그것이 고통이라고 하더라도 인간은 기꺼이 그것을 택한다. 그것이 삶이며 살아감의 여정이기 때문이다. 그런 삶의 결단을 잘 보여 주는 바스콘셀로스의 소설 『나의 라임 오렌지나무』[54]는 헤르만 헤세의 『데미안』에서 보여 주는 인간됨의 결단을 연상시킬 만하다. "새는 알에서 나오려고 애쓴다. 알은 세계다. 태어나려는 자는 세계를 파괴해야만 한다."라고 말한 헤세처럼 바스콘셀로스도 소설을 통해 사람이 거듭나기 위해서는 어떤 세계든 자신의 세계라는 틀을 벗어나야 한다고 당부한다. 그래야만 사람으로 제대로 살아갈 수 있다는 것이다. 자신을 구속하던 틀을 벗어나면, 인생의 아름다움이란 꽃처럼 화려한 것이 아니라 냇가에 둥둥 떠다니는 낙엽과 같이 평화로운 것, 즉 행복하다는 것이 무엇인지 알게 된다.

그런 평화를 갈구하기 위해서는 사람들 스스로 거듭나야 한다. 그렇게 되려면 틀을 바꾸어야 한다는 것을 "탈피하지 못하는 뱀은 죽는다."라는 괴테(Johann Wolfgang von Goethe)가 남긴 말에서도 찾을 수 있다. 그의 말은 인간에게도 적용된다. 뱀은 껍질이 단단하고 질기기에 뱀의 몸을 모든 상처로부터 보호해 준다. 그러나 뱀에게 병이 생기면 뱀은 껍질을 스스로 벗지 못한다. 그것은 뱀에게는 치명적이다. 자신을 보호하던 그 단단한 껍질에 갇혀 서서히 죽을 수밖에 없기 때문이다. 그래서 뱀은 자신의 껍질을 주기적으로 벗어야 하고, 그로부터 새 껍질이 돋아나게 해야 한다. 인간도 살기 위해서는 허물에서 벗어나야 한다.

§ 마음먹기

인간이 생명을 향한 삶의 의지가 어느 정도로 강한지를 보여 주는 사례들은 한두 가지가 아니다. 그중 하나로 백혈병으로 신음하다가 세상을 뜬 '정표'라는 소년의 이야기가 있다. 그는 13세의 소년으로서, 이 세상에 단 하나뿐인 책을 남기고 떠났다.[55] 그는 연필을 쥘 힘조차 없을 때면 엄마에게 일기를 불러 줄 정도로 일기에 집착했다. 일기는 소년에게 희망이었으며, 살아야만 한다는 삶의 의지, 삶의 의미 그 자체였다. 고통이 밀려올 때면 더욱 일기장을 부여잡았다. 자신의 고통을 빠짐없이 일기장에 기록했다. 삶의 끈을 놓아 버리기 열흘 전쯤인 2007년 1월 3일, 그는 일기에 이렇게 썼다. "으아악! 이러다가 1주일 안에 난 어떻게 될 것이다. 하루하루가 너무 심해지고 입이 아파서 죽을 것 같다. 나는 이제 어떻게 되는 것일까. 난 이제 한계다. 엄마가 아침에 쌀을 갈아서 미음을 만들어 주셨는데 그것도 아프다. 우유도 아프고 물도 아프고 식염수도 아프고 죽을 것 같다. 누가 좀 살려 줬으면 한다. 그만 힘들었으면 좋겠다. 이제는 그만 쉬었으면 좋겠다." 그는 죽음에 대한 소망이 아니라 삶에 대한 의지를 그렇게 표현할 수밖에 없었다.

인간에게 의미 만들기의 진원인 내부시각이 확장되면, 그것으로부터 위대한 쓰임새들이 만들어진다. 인간들이 지금까지 만들어 낸 위대한 발명품들은 대개가 일상적인 것들을 잘게 쪼갠 것에서 비롯되었다. 내부시각의 확장이 만들어 낸 결과물인 것이다. 예를 들어, 망치, 칼, 바퀴, 시계, 종이, 통조림 캔, 고무, 비료, 재봉틀, 자전거, 텔레비전, 컴퓨터, 인터넷 등은 지금 생각해 보면 아무것도 아닌 것 같지만 현재의 인류문명 발달에 기여한 위대한 발명품들이다. 이런 발명품들은 일상생활에서 통용되던 것들의 확장이었다.[56] 내부시각이 그것의 용도를 확대, 확장시킨 것이다. 이것은 사회생활의 문제를 풀어내는 데에도 그대로 적용된다. 아무리 큰 쟁점이라 할지라도 그것들을 잘게 쪼갤 수 있다면, 해결할 가능성이 높다는 것을 역설하는 문제해결 방법이 '살라미(salami)' 방법이다. 살라미는 얇게 썰어야 손쉽고 맛있게 먹을 수 있는 유럽의 소시지다. 이처럼 문제해결도 단번에 목표를 관철하는 것이 아니라 순차적으로 하나씩 달성해야 효과적이다. 일상사적인 것들은 대개가 그런 작은 것들이 모여 커다랗게 굳어진 것이다.

또 다른 방식의 해결법도 있다. 자신이 세워 놓은 작은 목표를 이루기 위해 상대방에게 큰 부탁을 먼저 한다. 거절당할 것을 이미 예상하고 큰 것을 부탁한다. 거절할 것이 뻔하다. 거절한 상대방으로 하여금 미안한 마음이 들게 한 다음, 자신이 원하는 작은 것을 부탁하면 상대방이 들어줄 수밖에 없다. 문제의 갈등 상황이 깊다 하더라도 처리 가능한 한 작은 쟁점으로 잘게 쪼갤 수 있으면 쉽게 해결할 수 있는 실마리를 찾은 것과[57]같은 이치다.

쓰임새를 찾는 것은 치유의 단서를 찾는 것의 시작으로 본래의 기능을 '온전하게 한다.'는 뜻을 지닌다. 그래서 쓰임새를 찾는 일이 치유의 시작이 되는 것이다. 치유는 손상된 기능을 완전히 작용하도록 원상 회복시키는 것이며, 온전성을 회복하는 것이다. 진정한 치유는 육체뿐 아니라 정신적이고 영적인 모든 면에서 완전한 회복을 의미한다. 치유는 손상되고 파괴된 인간을 완전한 상태로 되돌아가도록 돕는 것이다. 따라서 치유는 전보다 더 높은 영적 통찰력을 성취하는 것을 뜻한다.

§ 의의(意義)의 만유법칙

관점을 바꾸어 의미를 만들어 내면, 모든 것에는 쓰임새가 있음을 알 수 있다. 파리의 유충인 '구더기'는 욕창과 당뇨병성 족부궤양 등의 상처 치료에 효과적이라는 임상 결과가 나왔다. 그동안 사람들이 혐오하던 물건에 대해 그 쓰임새를 달리 생각하였기에 가능했던 성과물이다.[58] 이런 쓰임새 찾기는 인간이 주체적으로 할 수 있는 일이기는 하지만, 그런 쓰임새를 찾도록 만들어 주는 것은 생물의 조력이다. 생물 나름대로의 존재 이유와 기능적 가능성이 현실로 드러나고 있기 때문이다. 인간은 그것을 포착하고 그것에서 의미를 만들어 내어 쓰임새를 발견한 것이다.

자연과의 공생, 생물과의 공생이 인간에게 그것들의 쓰임새를 찾아내게 만든다. 환경운동가인 마이클 폴란[59]은 인간이 식용이나 약용으로 식물을 이용해 왔지만, 그것에는 인간의 의지만 작용했던 것이 아니라고 말한다. 늘 욕망의 객체로만 생각했던 정원의 식물들이 사실은 나를 이용해서 자신들이 직접 하지 못하는 것을 대신 수행하도록 하는 주체로 존재한다는 것이다. 인간이 다른 생물 종이 품고 있는 의도와 욕망의 객체가 될 수도 있고, 다윈의 정원에 나타난 새로운 종류의 꿀벌이 될 수도 있다는 것이다. 폴란은 이런 생각을 바탕으로 사과와 튤립, 대마초와 감자 등 네 가지 식물이 인간을 만나면서 어떻게 진화했는가를 식물의 시선으로 바라보았다. 네 가지 식물을 선택한 이유는 이들을 통해 인간의 네 가지 욕망을 설명할 수 있기 때문이다.

과일인 사과를 통해서는 달콤함을, 꽃인 튤립을 통해서는 아름다움을, 마약인 대마초를 통해서는 황홀함을, 식량인 감자를 통해서는 지배력을 각각 보여 준다. 미국에 설탕이 풍부해진 19세기 후반 이전까지, 미국 사람들은 단맛에 대한 갈증을 설탕이 아닌 사과로 채웠다. 사과로 술을 만들어 먹기도 했다. 튤립은 아름다움에 대한 인간의 욕망을 드러낸다. 유럽에서 가장 부유했다는 17세기 네덜란드 사람들에게 튤립은 비싼 가격과 이국적 풍모로 과시욕의 대상이 되었었다. 튤립의 밝고 풍부한 색깔이 번식을 위한 전략이었다. 튤립은 어떤 꽃이든 이 세상을 지배할 수 있으려면 인간의 미적 기준에 자신을 맞춰야 함을 잘 보여 주는 사례다. 대마초는 인간의 뇌에 화학작용이 일어나게 함으로써 보다 복잡한 또 다른 욕망들을 충족시키는 '도취의 식물'이다. 대마초는 인간의 욕망을 확실하게 충족시킬 수 있음을 증명하였기에, 인간들로 하여금 위험을 무릅쓰고라도 자신을 재배하도록 유도했다. 감자는 지배의 욕망이다. 유전자 조작으로 살충 성분을 생성하는 대기업의 감자 신품종을 정원에 심은 폴란은 씨앗을 지배하려는 꿈, 씨앗을 통해 농부를 지배하려는 욕망을 엿보았다. 폴란은 이 같은 인간과 자연 사이의 복잡한 상호작용을 통해 식물과 인간은 한 배를 탄 공동 운명체임을 강조했다.

§ 쓰임새의 몰가치성

　배움의 쓰임새가 언제나 정의의 실현을 위해서, 인간의 윤리적인 삶을 위해서 긍정적으로 작용하는 것만은 아니다. 배움의 쓰임새는 어떤 의미에서는 몰가치적이다. 그것의 절대가치에 방향 감각을 결정해 주는 것이 의미 만들기다. 마치 빛의 속도가 초당 30만Km를 달리는 것이 인간에게는 거의 의식되지 않듯이 배움의 쓰임새 역시 그렇게 진지하게 매일같이 의식되지는 않는다. 빛의 속도나 배움은 인간에게는 일상적인 가치를 넘어선 몰가치적인 것이다. 인간의 삶에서 당연시되는 일은 한두 가지가 아니다.

　인간이 인간에 대해 가지고 있는 간교함도 그런 사례 중 하나다. 미시간 대학교 법학대학 법대 돈 허조그(Don Herzog)는[60] 호메로스의 『오디세이아』에서부터 마키아벨리의 『군주론』과 크리스토퍼 말로의 『말타의 유대인』을 거쳐 17세기 영국에서 일어난 살인사건 기록에 이르기까지, 동서고금의 방대한 자료 속에서 그 증거를 보여 주고 있다. 그가 소개하는 인물들의 사례는 배움이 깊은 사람들로서 역사상 아주 '컨닝(cunning)'스러운 사람들의 전형이다.

'컨닝'이라는 말은 교활함, 간사함, 약삭빠름을 뜻하는 영어 단어인데, 그 어원은 '안다'는 뜻의 고어(古語)인 캔(can)이다. 16세기 전까지 그것은 '지식'을 뜻하는 낱말이었다가 지금은 어느새 속임수를 뜻하게 되었다. 이처럼 옳은 것과 그른 것, 선한 것과 악한 것의 경계는 모호하다.

교활함과 지혜의 경계도 마찬가지로, 속임수의 대가일수록 인류 역사의 한 장을 기록한 인물인 경우가 많다. 15세기 이탈리아의 체사레 보르자(1475~1507)는 교황의 서자(庶子)로 태어나 18세에 추기경이 되었다가 23세에 파계하고 칼을 잡은 인물이다. 아버지의 힘으로 발렌티노 공작이 되었고, 이를 기반으로 정복전쟁을 일으켜 중부 이탈리아를 제압했다. 그는 레미로 데 오르코라는 잔혹한 장수에게 불온한 기운이 감도는 로마냐 땅을 다스리라는 전권을 준다. 백성들의 원성이 치솟자 보르자는 데 오르코를 죽이고 시신을 토막내 광장에 내걸었다. 보르자는 더러운 일을 남에게 시키고도, 그 일이 완료되었을 때는 눈 하나 깜짝 않고 그를 처단해 자신의 지지 기반을 마련한 인물이다. 자신의 이익을 위해 타인을 일회성 대용품으로 쓰는 일이 권력의 지름길임을 현대의 정치인들에게 보여 준 장본인이었다. 그가 발휘한 고도의 술수는 피렌체의 외교관 니콜로 마키아벨리(1469~1527)가 이어받아 『군주론』의 토대로 삼았다.

인류사에서 이런 간교함의 정점에 서서 인류를 농락한 것이 종교이고, 그것을 잇는 것이 미디어다. 큰 거짓말일수록 큰일을 만들어 내는 것처럼 종교집단을 큰 거짓말의 대기업이라고 비판하는 사람도 있다. 옹프레는 갖가지 미신들에 여러 사람이 시간대 별로 의미를 만들어 내면, 그것은 마침내 인간 모두를 잡아 가두는 종교로 둔갑한다고 주장했다.[61] 그는 신앙은 종교적 미신을 모시는 심적인 의례일 뿐이며, 유일신 교도들이 뒤죽박죽 헝클어 놓은 이 세상을 구원할 자는 무신론자라고 하였다. 기독교의 예수에 대한 분석 역시 예사롭지 않다. 예수를 창조한 인물은 마가와 바울인데, 예수를 본 적도 없는 마가는 당시 분위기에 사로잡혀 거짓을 꾸며냈다. 그로부터 그리스도교는 컨닝을 재미 삼아 변신에 성공했다는 것이 그의 분석이다. 옹프레는 바울 역시 예수를 팔아 자신을 살린, 지금 말로 하면 엘머 갠트리(Elmer Gantry) 같은 세일즈맨 부흥사[62]쯤으로 간주하였다. 그는 고뇌하는 이성이야말로 신이라고 보고 있지만, 보통 사람들은 그렇게 '고뇌하는 이성보다는 지친 마음을 편안하게 달래 주는 종교를 더 소중히' 여긴다. 옹프레는 종교가 인간의 원초적인 의지 박약을 최대한 활용하기 위해서는 컨닝할 수밖에 없다고 한 번 더 비판했다. 그런 일이 없었다고 하더라도, 지금과 같은 종교적인 사회에서는 인간이 인간적인 삶을 살아가기가 어렵다. 배움은 자기로부터 비롯되고 자기로 종결되는 깨우침의 과정인데, 종교적으로 만들어진 이성은 자기로부터 비롯된 자기 성찰의 귀결점을 다시 종교로 몰아가기 때문이다.

컨닝의 또 다른 대명사는 미디어에서 만들어 내는[63] 뉴스다. 기틀린은 뉴스가 쇼이고 이벤트라고 주장한다. 사람들이 뉴스에서 기대하는 것은 정보나 사실이 아니라 단순한 기분 전환이라는 것이다. 그래서 미디어는 이미지를 연출하는 일에 골몰하여 모든 것을 연출한다. 그들에게 사실 확인은 별로 중요하지 않다. 죽음도 연출하고, 거짓도 연출하면 되기 때문이다. 사람들이 미디어의 자극에 온몸을 내맡기는 이유는 그것이 진실이기 때문이 아니라 종교처럼 그들의 감정에 직감적으로 헌신하기 때문이라는 것이다. 미디어는 그런 문화를 지속적으로 만들어 냈다. 자본주의 사회에서 사람들은 무엇에도 쉽게 감동하지 않는 존재들이지만, 그런 자신들에게 위안을 줄 수 있는 것에는 손쉽게 몸을 내맡긴다. 미디어는 무감동한 인간들에게 빠르고 자극적이며 극단적인 흥미와 감동을 줄 수 있는 감각의 문화를 만들기 위해 무엇이든 꾸미고 나열하는 '영상 컨닝 공장' 이라고 보았다.

§ Nobody 도구적 이성

고대 그리스 시인 호메로스가 말하고 있는 '오디세우스와 세이렌' 이야기는 이 시대를 살아가는 사람들에게 이성의 위력을 느끼도록 하기에 충분하다. 세이렌의 노래는 불가사의한 마력을 갖고 있다. 그 요정들의 노래를 듣기만 하면, 선원들 모두가 바다에 뛰어들어 마침내 목숨을 잃고 만다. 오디세우스는 이것을 미리 알고 있었다. 세이렌 섬에 다다르자 그는 선원들의 귀를 밀랍으로 틀어막고 자신의 몸도 돛대에 묶는다. 세이렌의 노래를 듣고도 선원들이 동요하지 않도록 하기 위해서다. 오디세우스는 그런 시련을 거쳐 마침내 세이렌의 섬을 무사히 통과한다. 세이렌을 거뜬하게 속인 인간 오디세우스는 이성의 상징적인 존재로서 신을 극복한다.

프랑크푸르트학파를 계승하는 호르크 하이머와 아도르노는 『계몽의 변증법』에서 오디세우스가 인간의 '이성적 존재성을 가장 극명하게 대변한 주인공'이라는 주석을 붙였다. 왜냐하면 오디세우스는 세이렌의 유혹은 거부해야 하고, 그 유혹을 벗어나기 위해서는 별다른 방법이 없었다. 감성을 활용하는 것은 이미 소용없는 짓이었다. 세이렌의 노랫소리가 감성의 극치이기 때문이다. 그것을 이기기 위해서는 이성을 사용해야 했다. 이성의 활용은 도구를 사용하는 것이다. 그래서 그는 밧줄로 자기 몸을 묶어 놓았다. 몸이 자유로우면 감성적인 유혹에 휘말리기 때문이다. 그렇게 자신의 몸을 기둥에 묶은 채로 세이렌의 노래를 들었다. 그리고 무엇인가를 느끼며 그것에 저항했다. 몸이 묶여 있기에 더 이상 감정은 힘을 발휘하지 못했다. 프랑크푸르트학파는 이 점을 인간으로서 비겁한 일이라고 몰아부쳤다. 오디세우스는 신에게 당당하게 맞서지도 않았고, 이성적인 일을 한 것도 아니기 때문이다. 그저 그는 잔꾀를 써서 위기를 모면했을 뿐이라는 것이다.

사실, 오디세우스만큼 인간이 어떤 존재인지 잘 알고 있는 사람도 없다. 그는 이미 포세이돈에게 바다의 힘과 요정들의 유혹에 대해 수없이 들었다. 머리를 쓰면서 생각을 해 본 것이다. 인간이 신 앞에서는 아무것도 아니라는 것 역시 수없이 들은 바다. 그래서 그는 신에게 대항한다는 것 자체를 무모하며 어리석은 일이라고 생각했다. 그는 인간의 이익이 우선해야 했다. 그 이익을 위해서는 기꺼이 신과 인간을 '속이는' 이성적인 힘과 도구가 필요했다. 오디세우스는 어떤 상황이 닥치면 그 상황을 벗어나기 위해, 상황을 자의식으로 관찰할 줄 아는 도구적 이성의 중요성과 그것의 활용법을 알았다. 그런 오디세우스야말로 근대 계몽정신의 선도자였다. 호르크 하이머는 바로 오디세우스가 갖고 있던 도구적 이성을 활용할 줄 아는 도구적 존재가 인간이라고 보았다.

헤겔식으로 말하면, 오디세우스는 간지(奸智)의 소유자다. 그가 보여 준 간지가 바로 도구적 이성화의 결과이기에 그것을 따르는 인간 역시 간지의 대명사다. 오디세우스의 간지는 마침내 '트로이 목마' 계략으로 이어진다. 트로이를 붕괴한 것은 목마였다. 그 역시 간지의 승리였다. 트로이 전쟁에서 승리한 오디세우스는 고향으로 돌아오기 위해 항해를 계속했다. 그런 도중 괴물 거인인 외눈박이를 만나는 위험에 처했다. 마침내 그는 외눈박이마저 간지로 속이고 키클롭스의 동굴을 탈출했다. 그가 동굴 탈출에서 발휘한 간지는 나중에 닥칠 위험을 미리 예방하는 방법이었다. 후한을 미리 내다본 것이다. 그는 외눈박이의 눈을 찌른 후, 누가 자신의 눈을 찔렀느냐는 괴물 거인의 물음에, 눈을 찌른 자는 바로 '아무도 아닌 자'라고 말해 주었다. 자신의 이름을 'Nobody'라고 알려 준 것이다. 다른 외눈박이 거인들이 외눈박이를 도와주기 위해 달려오면서 눈을 찌른 것이 누구의 소행이냐고 물었다. 눈을 찔린 외눈박이 거인은 동료들에게 자기 눈을 찌른 범인은 'Nobody'라고 말했다. 동료들은 의아했다. 그들은 아무도 아니라고 절규하는 눈 찔린 거인의 말을 듣고, 이번 일이 오디세우스의 범행이 아닌 우연한 사고라고 믿어 버린다. 의미 가득한 당대 명장 오디세우스라는 이름을 의미 없게 절규하게 만들어 놓음으로써 오디세우스는 절체절명의 위험에서 벗어났다. 이것은 바로 오디세우스가 발휘한 인간적인 간지였다.

거인들마저도 인간 앞에서 왜소하게 만들어 놓은 오디세우스의 이성적인 도구 활용은 근대화의 상징물로 간주된다. 근대화는 도구적 이성의 부산물이며, 그것에서 새로운 가능성이 튀어나온 것이다. 막스 베버는 중세가 근세로 넘어가게 된 것도 바로 도구적 이성의 출현 때문이었다고 보았다. 인쇄술의 발달과 같은 새로운 도구의 출현을 근대화의 '합리화 과정'으로 본 것이다. 중세기라는 절대 신권의 미신을 이겨낸 것이 바로 인간의 도구적 이성이었고, 그런 이성의 도구성은 탈주술화로 이어졌다. 이성의 도구성은 사회적으로 자본주의와 관료제 같은 '사회적 합리화'를 부추기기도 했다. 인간의 이성에 의해 촉진된 '가치 합리성'과 '도구적 합리성'은 목적을 이루기 위한 수단과 그 수단의 효율성을 증대시켰다. 그리고 그것은 히틀러와 아우슈비츠 포로수용소 같은 부정적인 결과를 만들어 내게 했다.

프랑크푸르트학파의 설명에 따르면, 아우슈비츠 수용소는 관료제의 대명사나 마찬가지다. 도구적 합리성으로 무장된 곳이 바로 아우슈비츠였다. 그곳은 공동체가 아니라 관료제가 만들어 낸 지옥이었다. 그 지옥에는 어떤 의미도 존재할 수가 없었다. 무의미가 의미 있게 존재할 뿐이었다. 아우슈비츠가 도구적 합리성으로 진열된 20세기 집단적 광란의 본보기라면, 지금 우리를 둘러싸고 벌어지는 코스보의 인종청소, 소말리아의 내란, 탈레반의 9·11 테러, 미국의 이라크 침공 등도 21세기의 도구적 합리성을 상징하는 부산물이라 할 수 있다.[64] 우리 주위에서 늘 관찰되는 가짜 의약품, 가짜 식품 역시 모두가 도구적 합리성이 가치의 합리성을 능멸하는 부산물들이다.

가치 합리성이 거세된 채, 인간의 손이 빚어내는 도구의 합리성은 인간에게 끝내 재앙을 야기한다. 프랑크푸르트학파는 그 재앙을 막는 방법이 바로 비판적 이성이라고 주장했다. 그들은 비판적 이성을 위해 비판적 성찰에 기초한 계몽이 필요하다고 보았다. 비판적 이성의 핵심 단어는 '비판과 성찰'이다. 이 두 가지로 구성되는 비판적 이성의 본래 기능을 회복하여, 인간의 간지로 대변되는 도구적 이성 앞에 가치 합리성을 세워 놓는 것이 바로 비판적 성찰의 계몽이다.

§ 도구적 이성의 교활성

프랑크푸르트학파가 말하는 도구적 이성에 빗대어 옹프레가 지적하는 종교적 컨닝을 말한다면, 그것은 '종교적 이성'쯤에 해당될 수 있다. 관료제에서 단련된 이성이 종교의 힘으로 다시 단련된다고 볼 수 있는 것이다. 호르크 하이머가 말했듯이, 도구적 이성의 사회에서 인간이 윤리적인 삶을 살아가기는 어렵다. '자신보다 타인을 위해 살고, 사익보다는 공익을 우선시하게 만드는 삶'을 불가능하게 만든다. 윤리적인 삶은 지식으로 가능한 한 것이 아니라 결단으로 가능한 한 삶이기에, 도구적 이성만으로는 그것을 실천하지 못한다. 윤리적인 사회는 윤리에 관한 지식이나 정보를 학습하는 것으로는 실천 불가능하다. 타인에 대한 배려와 자기 삶에 대한 복원력을 길러 내는 실천의 배움 없이는 윤리적 사회에 도달할 수 없다.

도구적 이성의 사회도 그렇지만 종교적 이성의 사회 역시 모두에게 자기 몫만 따지도록 하기 때문에 타인에 대한 배려를 어렵게 만든다. 도구적 이성의 사회는 작은 개인인 나에게 집중하도록 하고, 종교적 이성의 사회는 큰 개인인 신에게 집중하도록 한다. 그렇게 함으로써 사람들을 타락시키고 비윤리적으로 살 것을 강요한다.[65] 그런 사회에서는 나 자신도 모르게 물질을 얻기 위해서 다른 사람을 이겨야 한다는 경쟁주의에 몰입하게 된다. 이러한 자본주의 발전이 인간을 비윤리적으로 만들고 있다. 그 대표적인 것이 '내 몫은 얼마나 되는가?'라는 질문이다. 현대인의 관심은 윤리적인 삶의 문제가 아니라 도대체 나의 몫은 얼마나 되는가다. 돈이 되는 일이 아니면 하지 않는다. 이러한 사회에서 가장 중요시하는 것은 승리 이데올로기다. 관용이나 이웃에 대한 배려는 불필요하다.

도구적 이성으로 움직이는 사회는 '배고픈 것은 잘 참아도 배 아픈 것은 참지 못하게' 만든다. 수피교 신비의 시인 루미는 인간의 시기심에 관련된 이야기를 들려주었다. 수도자가 사막을 지나고 있었다. 마침 한 떼의 악마들이 거룩한 수도자 한 사람을 시험하고 있는 것을 보았다. 그들은 예쁜 여자로 변해 그 수도자에게 육체적인 유혹을 시도하기도 하고, 겁을 주어 공포심을 일으키기도 했다. 모든 방법은 헛수고였다. 수도자는 조금도 동요하지 않은 채 수도에 열중했다. 지나가던 악마가 동료 악마 무리들에게 말했다. "너희의 방법은 유치하다. 내게도 기회를 다오." 그 악마가 수도자에게 다가가서 귓속에 한마디를 던졌다. "당신 동생이 오늘 주교가 되었다는 사실을 들으셨소?" 그러자 평온하던 수도자의 얼굴에 순간 질투심이 스쳐 지나갔다. 질투는 어떤 증오심보다도 견고한 법이다. 인간은 선한 존재이면서도 한편으로는 폭력성과 잔인함, 그리고 시기심을 함께 가졌다. 마키아벨리는 "인간은 태어나면서부터 허영심이 강하고, 타인의 성공을 질투하기 쉬우며, 자신의 이익 추구에 대해서는 무한정한 탐욕을 지닌 자다."라고 말했다.

인생살이에 있어서 우연은 없다. 세상의 모든 일은 정신의 절대적인 법칙에 의해 필연적으로 나타난 결과다. 그 정신의 법칙을 다스릴 수 있는 출발점이 '긍정적인 상상력'이다. 자신이 원하는 것을 머릿속으로 그리고 실제로 그 일이 이루어졌을 때의 상황을 마음속으로 체험하는 것만으로도 이미 절반은 이루어진 것이나 다름없다. 사실 '정신의 법칙'은 아주 단순한 구조로 되어 있다. 긍정적인 생각을 하면 긍정적인 결과가 나오고, 부정적인 생각을 계속하면 부정적인 결과가 나오게 만드는 정신의 씨앗을 믿는 것이 정신의 법칙이다.[66]

긍정적인 생각이 긍정을 낳는다는, 말하자면 불가능은 없다는 정신의 법칙은 실생활에서 자주 사실로 드러난다. 그중 한 예가 KFC의 창시자인 할랜드 샌더스의 실패와 성공 사례다.[67] 샌더스는 예순다섯 살의 나이에 완전 빈털터리가 되었지만 치킨 사업으로 성공할 것이라는 긍정적인 생각을 버리지 않았다. 결국 그는 일흔 살에 이르러 사업을 성공적으로 일구었고, 사업가의 표본과 같은 인물이 되었다.

정신의 법칙은 의미가 만들어져야 사람이 행동을 하게 된다는 점을 잘 보여 주고 있다. 또 다른 사례가 바로 대학에서 철학 교수로 재직하다가 소방수로 변신한 맥클러스키 교수의 이야기다.[68] 소방작업은 호스로 물을 퍼붓기만 하면 되는 게 아니고 말로 불을 끄는 것도 아니다. 불을 끄는 것은 '그것은 가능하다.'는 실천을 실행하는 작업이다. 소방관은 철학 교수처럼 불이라는 관념에 대해 두 번, 세 번 생각해야 되는 작업도 아니고, 불이라는 현상에 평균값을 구해 사리를 따지거나[69] 소방을 결정하는 직업도 아니다. 그들은 신속하게 결정을 내려야 한다. 소방관은 삶이 저울추에 매달리는 순간에 대비해야만 생과 죽음의 갈림길을 제대로 걸을 수 있는 실천적 직업일 뿐이다.

§ 쓰임새의 상황윤리

'거짓말하지 마라.', '혼외정사를 하지 마라.' 등의 규칙을 집대성해 놓은 것이 윤리는 아니다. 윤리는 자신의 이익을 초월하여 자신과 타인 간의 관계에 대해 생각하는 것이기 때문이다. 지금과 같이 사회적 변화가 빠른 사회에서는 윤리의 전통적 기초가 더 이상 유효하지 않다. 종교적 권위나 계몽주의에 기초한 이성적 권위의 도덕률은 더이상 현대인들에게 커다란 의미를 주지 않는다.[70]

실천윤리학(practical ethics)은 이런 전통윤리학의 한계 때문에 자연스럽게 사회의 전면으로 나오게 되었다. 전통윤리학은 종교적 권위 혹은 계몽주의의 이성적 권위에 의거한 도덕률의 해석에 중점을 두고 있다. 하지만 현대인들에게 도덕률을 강조하는 것은 무의미하다. 현대를 살아가는 인간은 매 순간 그들의 행동을 위한 결단을 해야 하고 그것이 가능하기 위해서는 윤리적 선택과 기준이 필요하다. 현대사회가 사람들에게 매시간 윤리적 결단을 요구하고 있기 때문이다. 모든 것이 급격하게 변하고 있으며, 모든 것이 적절한 윤리적 결단을 요구하고 있다. 예를 들어, 낙태·안락사·환경오염·독점자본 등의 문제들은 즉각적인 윤리적 결단을 요구하고 있는 사회문제다. 하지만 기존의 전통윤리학은 이런 문제들에 대해 적절하게 대응하지 못하고 있다.

윤리학자들은 사회문제에 대해 실천적이고 윤리적인 대안을 제시하기보다는 윤리 그 자체가 무엇인지를 연구하고 그것에 대답할 수 있는 방법론적 탐구에 치중해 왔다. 전통윤리학에 비해 실천윤리학은 현대인의 윤리적 실천을 강조하고 있으며, 윤리학적 원리가 아니라 실행 가능한 한 구체적 윤리를 제시하는 학문이다. 현대인에게 전통적인 도덕(morality)이 무의미하다고 해서 윤리(ethics) 역시 불필요한 것은 아니다. 도덕이 불필요하더라도 윤리는 삶의 어느 순간이든 작동하게 마련이다. 사람들은 남과 더불어 비슷한 삶을 살아가야 하기 때문이다. 사람들과의 공생적인 삶은 윤리적 선택이 가져올 결과에 민감하게 만든다. 그래서 선택에 따른 결과를 윤리의 기준으로 삼는 윤리의 결과주의(consequentialism)는 공리주의와 맥을 닿고 있다.

§ 공리적인 의식

고통의 문제, 이것은 바로 윤리의 문제며 의식의 문제다. 인간이 어떻게 살아야 마땅한가를 공리주의학파(utilitarianism)의 입장에서 연구하는 싱어 교수는 인간의 윤리를 쾌와 불쾌의 잣대로 생각하지 않았다. 그는 의식 있는 존재(sentient being)의 선호(preference)문제로 윤리문제를 다루었다. 싱어 교수는 선호의 만족을 최대화하거나, 선호를 방해하는 불만을 최소화하는 문제로 윤리를 다룬 것이다. 이는 인간이 살기를 선호할 때도 있지만, 반대로 죽기를 선호할 때도 있다는 것이다. 그런 선호에 따라 불가피하게 인간적인 결정을 내릴 비극적 상황에 처할 경우, 그들의 선호를 존중해 주는 것이 윤리라고 보았다.

예를 들어, 소생 가능성 없는 뇌사 상태의 인간이라든가, 너무도 심각하게 불구로 태어난 신생아가 있을 수 있다. 이 경우 주변의 친권자와 양식을 가진 의사가 어려운 논의 끝에 도달한 합의(선호)를 인정해 주는 것이 한 인간을 위해 더 자비로울 수 있다는 것이다. 이런 싱어 교수의 논리가 어느 문화권에서나 통용되는 것은 아니다. 안락사는 현재 네덜란드와 벨기에서 시행되고 있는데, 실제적으로 큰 사회적 부작용은 없다. 그러나 우리의 경우는 매우 다르다. 우리나라에서 안락사는 살인죄로, 형법상의 문제가 된다.[71] 공리주의적 입장을 인도주의(humanitarianism) 감각으로 처리하거나 재단하기 시작하면, 그 문제는 풀리지 않는 영원한 난제가 될 것이다. 인도주의 입장에서 이야기하면 성차별(sexism), 인종차별(racism)도 악이 되고, 인간을 동물과 구별하는 종차별주의(speciesism)도 악이 되며, 교육에서의 경쟁마저도 악의 하나로 분류될 수밖에 없다. 공리주의적 윤리관에서는 지각과 의식 있는 모든 존재가 겪는 고통에 대한 경감이나 이해 관심을 동등한 배려로서 다룬다. 실제로 저등한 의식을 가지고 있는 인간 유아보다 더 고등한 의식을 가지고 있는 동물도 많다. 이런 동물들은 인간의 뜻대로 죽이면서도, 안락사문제에만 인도주의라는 존엄성의 잣대를 들이대며 인간성 운운하는 것은 위선일 수밖에 없다는 것이 싱어 교수의 냉철한 현실 비판이다.

싱어 교수는 "하나님이라는 전지전능한 존재가 있어 이 세계를 창조했고 지배하고 있다면 도대체 인간 세상을 왜 이따위로 작동시키고 있는가?"라는 질문을 어렸을 때부터 해 왔다고 한다. 인간의 문제를 신과 같은 절대자나 궁극자에게 맡길 것이 아니라는 인식이다. 그것은 인간의 문제이고 우리 스스로가 우리의 가치로 선택해야 될 문제라는 것이다.[72] 고통의 문제는 신의 자비 여부로 결정되는 문제가 아니다. 싱어 교수는 그 고통이 인간의 의식문제이기에, 그 의식의 가치가 개인에게 실현되도록 도와주는 것이 인간이 인간을 위해 해야 할 일이라고 주장한다. 그렇게 하기 위해서는 항상 자신의 입장을 지각 있는 모든 존재의 입장과 환치(換置)해 보아야 하고, 그 일이 어떤 종교적 명제보다도 우선해야 한다.

인간의 윤리문제는 살아가면서 생각하고 의미를 만들어 내는 존재이기에 현실적으로 끊임없이 불거진다. 인생은 어차피 누구에게나 걸어서 별까지 여행을 가는 것처럼 신비하고도 험난하며 멀기만 한 여행이다. 그 여행은 때로는 자동차나 비행기를 타고 가기도 하지만, 어떤 때는 암이라는 질병을 타고 가기도 하는 단방향 여행이다. 빨리 가면 빨리 가는 것일 뿐이지, 빨리 갔다고 먼저 되돌아올 수 있는 여행이 아니다. 고흐[73]는 1888년 6월, 동생 테오에게 다음과 같은 편지를 썼다.

프랑스 지도 위에 표시된 검은 점에게 가듯 왜 창공 위에서 반짝이는 저 별에게 나는 갈 수 없는 것일까? 타라스콩이나 루앙에 가려면 기차를 타야 하는 것처럼 별까지 가기 위해서는 죽음을 맞이해야 한다. 죽으면 기차를 탈 수 없듯 살아 있는 동안에는 별에 갈 수 없다. 증기선이나 합승마차, 철도 등이 지상의 운송 수단이라면 콜레라, 결석, 결핵, 암 등은 천상의 운송수단인지도 모른다. 늙어서 평화롭게 죽는다는 건 별까지 걸어간다는 것이지.

인간이 이상향의 별에 닿기 위해서는, 콜레라나 암같이 무시무시한 병마조차도 영육을 고양시키는 교량으로 활용할 수 있을 만큼 강인해야 한다. 편지의 내용은 영혼과 삶에 대한 치열한 의식이 준비되어야 함을 일깨워 준다.

죽음에 직면한 사람들이 죽음을 극복한 경우, 그들은 한결같이 깨어 있는 의식에 감사한다. 삶의 의미를 마지막 순간까지 놓지 않았을 때, 삶이 그들에게 되돌아왔기 때문이다. 죽음의 종점에 내렸다가 왕복표를 끊고 다시 되돌아온 또 다른 류의 여행이다. 권기태 기자[74]는 삶과 죽음의 접경에서 극한의 고통을 견디고 되살아난 열두 명의 사람들에게서 한 가지 공통점을 발견했다. 그들 모두는 살아간다는 것을 아름다운 일이라고 생각했다. 그들은 생사의 갈림길에서 '생의 고요한 격려'를 느끼며 진정한 삶의 의미를 깨달았다고 증언했는데, 죽음을 극복해 줄 수 있는 것은 기도가 아니라 깨어 있는 의식이라고 말했다. 의식이 제자리에 서 있어서 죽음의 문턱을 넘지 않고 되돌아올 수 있었다는 것이다.

경남 거제에 사는 임강룡 씨는 어떻게든 살아남으려고 안간힘을 쓴 덕에 결국 살아남은 사람이었다. 1990년 2월, 그는 영국을 출발해 방글라데시로 가는 상선의 갑판 위에서 엄청난 너울파도에 휩쓸려 캄캄한 새벽 바다로 떨어졌다. 그는 일곱 시간의 사투 끝에 이승으로 되돌아올 수 있었다. 파도와 싸우다가 기력이 거의 다 쇠진해진 그때, 그는 뭔가 단단한 것이 배 아래에 와 닿는 느낌을 받았다. 그는 죽기 아니면 살기로 그것을 무작정 팔로 껴안았다. 상당한 시간 동안 그는 그렇게 의식과 무의식 사이를 오갔다. 그러면서도 가슴부터 배까지 단단한 껍질 같은 것이 바싹 붙어서 수면 위아래로 오르내리고 있었음을 어렴풋이 느끼곤 했다. 어느새 그는 그것이 살아 움직인다는 것을 알게 되었다. 그는 거북이 머리를 붙잡고 있었던 것이다.

한겨울 밤 맨홀에 빠져 9일 동안을 지하수로에서 헤매다가 극적으로 구조된 조성철 씨 역시 삶에 대한 격렬한 느낌을 경험했다. 이들 모두가 절체절명의 순간에 내면의 소망을 들었던 것이다. 그것은 바로, '일 분 후에도 내가 여전히 살아 있을 수만 있다면'이라는 강렬한 소망이었다. 삶에 대한 의식과 삶에 대한 강력한 의미 만들기가 그들을 살아 있게 해 주었던 것이다. 그들 모두에게 생의 감각이 빛나고 있었기에, 그들의 삶이 가능했던 것이다.

§ 침묵의 선택

'상황윤리'는 율법주의와 무율법주의 사이에 제3의 접근 방법으로서 자리를 굳히고 있는 윤리다. 상황윤리는 윤리적 행위를 결단함에 있어서 물려받은 기성윤리의 격률을 우선시하기보다는 상황에 따라 이미 있던 모든 법칙을 일단 무시할 수 있는 태도를 존중한다. 이성으로써 도덕적 문제를 판가름하려는 입장에서 인간의 실천성을 강조한다. 상황윤리자들은 현대인에게 도덕은 무의미할지라도 윤리는 필요하다고 가르친다. 〈뉴욕 타임스〉는 이런 견해를 이해하는 데 도움을 줄 수 있는 기사를 전하고 있다.

2006년 5월 28일자 〈뉴욕 타임스〉는 낮은 기온, 산소 부족 등 악조건 속에서 남을 도우려다 자신의 목숨마저 잃을 수 있는 소위 '죽음의 지대(death zone)'에서의 등산 윤리에 관한 논쟁을 소개한 바 있다. 해발 8,850m의 세계 최고봉 에베레스트 산을 오르다 홀로 사투를 벌이고 있는 산악인을 발견한 또 다른 산악인이 있다. 그 역시 한 발짝을 떼기 힘겨운 상태였다. 그는 이 조난자를 지나쳐 정상에 오를 것인가, 아니면 등정을 포기하고 생명을 구할 것인가를 선택해야 했다. '해발 8,000m 등산길에서 죽어 가는 사람을 만난다면 어떻게 할 것인가.'라는 등산윤리문제였다. 실제로 두 다리가 없는 장애인으로 처음 에베레스트에 등정한 뉴질랜드의 마크 잉글리스는 〈뉴욕 타임스〉와의 인터뷰에서 "하산 때 죽어 가는 사람을 발견했지만 도와주지 못했다."라고 고백했다. 잉글리스는 해발 8,500m 부근 바위 아래에서 산소 부족으로 숨져 가는 영국인 데이비드 샤프를 발견했으나 구조하지 않고 등산을 계속해 하산했다. 그는 "그 정도 높은 곳에선 남의 목숨은 고사하고 내 목숨을 건사하는 것조차 매우 힘들다."라고 말했다. 게다가 그날 아침 정상을 오르내린 40여 명 모두가 샤프의 곁을 그냥 지나쳤다는 것이다. 샤프는 결국 현장에서 숨졌다. 소식이 전해지자 1953년 세계 최초로 에베레스트에 오른 뉴질랜드의 에드먼드 힐러리 경은 '무엇이 중요한지 우선순위를 완전히 잊고 있는 것 같아 경악스럽다.'며 '올바른 철학을 가지고는 그럴 수 없다.'고 개탄하였다. 산악인과 의사들 사이에서는 '에베레스트 등반이 얼마나 어려운 것인지 일반인들은 모른다.'며 구조에 나서지 않은 이들을 이해한다는 의견도 나왔다. 산소통만 주고 왔어도 목숨을 구할 수 있었다는 지적도 나왔다. 뉴질랜드 오타고 대학의 필 에인슬리 박사는 "조난자에게 여분의 산소통을 주고 더 낮은 곳으로 옮겨다 놓기만 했어도 충분히 살 수 있었을 것으로 본다."라고 가세했다.[75]

비트겐슈타인은 그의 책에서 "말할 수 없는 것에 대해서는 침묵해야 한다."라고 말했는데, 에베레스트 등정에서 일어난 이 사건은 명백히 말할 수 없는 영역의 문제에 속한다. 어떤 문제를 규명하고 분석할 수 있는 영역과 그렇게 하지 못하는 영역은 명백히 존재한다. 이때 사람들이 규명하지 못하는 문제를 해결할 수 있다고 착각하는 데서 철학적 오류가 시작된다. 도덕적 딜레마는 인간 스스로 해결할 수 없는 존재 방식 그 자체다. 이런 논리를 가장 잘 드러내는 사상이 실존주의다. 실존주의는 자신이 선택할 수 있는 존재가 아니라, 선택 속에 강요되는 존재라는 것을 드러낸다. 인간이 할 수 있는 것은 강요된 선택에 책임을 지는 행위뿐이다.

실존주의자들은 그렇게 함으로써 도덕적 딜레마를 '해결'하려고 했다기보다는

'책임'의 형태를 띤 삶의 중요성을 강조했다. 에베레스트 등정 중의 조난 구조사건의 딜레마에 처한 인간은 각자의 선택을 하게 된다. 인간이 살아가기 위해서는 어쩔 수 없이 행하는 선택이다. 인간이 할 수 있는 일은 선택한 행위에 대한 굳건한 책임이다. 살아가기 위해서는 언제나 선택을 강요받지만 끝까지 남는 것은 선택에 따른 책임이다. 그 선택이 언제나 즐거운 것은 아니다. 에베레스트 등정의 등산윤리문제는 인간이 어떤 선택이든 할 수는 있지만 그 선택 자체가 인간에게 비극이라는 것을 말하고 있다.

미주

1) 이종환(李鍾煥) 삼영화학그룹 회장(84)은 지난 10년 동안 세상을 두 번 놀라게 했다. 2002년 사재 3,000억 원을 출연해 '관정(冠廷)이종환교육재단'을 설립한 후 계속 출연금을 늘리더니 최근까지 총 6,000억 원을 재단에 쏟아부었다. 그가 평생 모은 재산의 95%에 달한다. 그는 '천사처럼 돈을 벌지는 못했어도 천사처럼 쓰겠다.'는 자신과의 약속을 지키고 있다. 이 회장이 세상을 시끄럽게 했던 두 번째 사건은 이른바 '1,000억 원 위자료가 걸린 황혼 이혼소송'이었다. 1999년 이 회장의 부인이 제기한 이혼소송은 당시 '최고령에 사상 최고 액수의 위자료를 청구한 사례'라고 해서 화제가 되었다. 이혼을 거부했던 이 회장은 결국 법원의 조정을 받아들여 위자료 50억 원에 합의이혼했다가 8년 만인 작년에 재결합했다. 평소 잘 웃지 않는 이종환 회장은 직원들에게 '무서운 회장님'으로 통한다. 표정이 너무 딱딱하니 웃어보라는 사진기자의 말에 이 회장이 미소를 지었다. 그는 눈을 보호하기 위해 늘 색깔 있는 안경을 낀다. 이종환 회장은 점심식사로 자장면을 즐겨 먹고 비행기도 3등석만 타는 '구두쇠'다. 그러나 필요한 일에는 거액을 흔쾌히 쓰는 '큰 구두쇠'가 되고 싶다고 했다[참고: 강인선. 천사처럼 벌지는 못했어도 천사처럼 써야지(2008. 6. 27). 조선일보].

2) 참고: 탈 벤 샤하르(2007). 해피어: 하버드대 행복학 강의(역). 서울: 위즈덤하우스.

3) 참고: 키케로(2007). 의무론(역) 서울: 서광사, p. 126.

4) 참고: 시오노 나나미(2007). 또 하나의 로마인 이야기(역). 서울: 부엔리브로.

5) 이 말은 지개야라는 스님이 한 말인데, 그는 약 7,000m² 땅에 굽은 나무로 2층짜리 법당 건물과 요사채 3개 동을 지어 놓고 묵어 가고 싶은 사람은 아무나 묵어 가게 하는 스님이다. 그는 경기도 안성시에 전통 한옥 형태의 절, 묵언마을을 지었다. "'묵언마을'은 사찰 이름부터 모든 것이 해학적이고 파격적이다.

한마디로 불교가 얼마나 일반인에게 가까이 다가갈 수 있느냐를 가늠해 보려는 실험무대 같다. 경북 안동 출신으로 공기업 임원과 정치인으로 잘나가던 그는 어느 날 마음의 소리를 듣고 태고종 소속 승가대와 동방불교대학을 다닌 뒤 쉰한 살에 계를 받아 정식 승려가 되었다. 이후 시작한 일이 묵언마을 개창불사. 2003년 칠장리에 농지 2,100여 평을 구입해 신개념 사찰인 묵언마을을 일구기 시작했다. 신도가 없기에 시줏돈도 거둘 수 없었고, 종단 지원 한 푼 없이 사재를 털어 5년 만에 2층짜리 법당 건물과 요사채 3개 동이 딸린 묵언마을의 완공을 바라보게 된 것. 그는 농민을 잘살게 지도·교육하며 스스로 실천해 보이려다 큰돈을 벌었는데, 이번에 절 짓는 데 몽땅 쏟아부었다. '어차피 가지고 갈 수 없는 재물을 좀 더 일찍 사회에 내놓은 것일 뿐'이라는 게 그의 설명이다. 그의 이름(복 지, 빌 개, 어조사 야)은 '복을 구걸하는 거지'를 뜻한다. '스님'이라는 용어는 너무 수행자 신분을 높이고 있다며 스스로 존대의 벽을 허물어 버렸다. 사찰 이름도 일반적으로 이름 뒤에 절 '사'나 암자 '암'자가 들어가는 법인데, '마을'이라는 동네 개념을 도입했다. 불자뿐 아니라 이웃 종교인이든 비신앙인이든 누구든 들어와 편안함을 얻어 가라는 것이다[참고: 정성수. 사찰이야, 동화 속 요정의 집이야?(2007. 10. 13). 세계일보]"

6) 참고: 김형경(2007). *사람풍경*. 서울: 위즈덤하우스, p. 172.

7) 참고: 라인홀드 니버(2007). *도덕적 인간과 비도덕적 사회*(역). 서울: 대한기독교서회.

8) '프랙탈'이란 용어는 '영국 해안선의 길이 측정' 문제를 냈던 프랑스의 만델브로트가 만든 말로 라틴어의 프랙투스(fractus), 즉 '부서진'에서 유래하였다. 프랙탈 이론에 따르면 자연에서 나타나는 무질서한 운동들도 일정한 방정식으로 나타낼 수 있으며, 그 안에서 명확한 질서를 찾아낼 수 있다. 자기 유사성과 순환성은 결코 단순한 확대나 축소가 아니라 전체를 바라보게 만드는 질서이며 원칙이라는 것이다. 예를 들어, 단풍잎의 외곽 라인을 전자 현미경으로 15,000배율 정도로 확대하게 되면 해당 단풍잎과 같은 모습의 형태가 나타난다. 단풍잎들에 공통적으로 나타나고 있는 하나의 자기 유사성과 순환적인 현상을 보여 주는 프랙탈 현상이다. 눈(snow)의 결정 모양을 확대하면, 같은 결정구조의 모습이 보이고, 해안선들도 매우 복잡하게 보이지만 자기 유사성과 순환성의 프랙탈로 나타난다. 심지어 번개도 불규칙한 궤적을 보이는 것 같지만 실제로는 일정한 규칙으로 움직인다. 이런 자기 유사성과 순환성의 두 가지 법칙을 만족하는 '만델브로트 집합'(1975)이 있는데, 수학자들은 두 가지를 만족하는 복소수, 말하자면 허수가 있는 수(예: 3+2i)를 컴퓨터를 이용해 계산하고 그것의 계산 결과를 모니터에 그려 보았다. 그랬더니 나타난 결과는 풍뎅이를 닮은 모양이었다. 그 풍뎅이 모양을 수십 배 더 확대해 보면, 풍뎅이 모양이 지속적으로 나타난다. 자기 유사성을 보여 주는 사례다. 그 풍뎅이 모양을 또 수십 배 더 확대해 보아도 똑같은 모양이 반복적으로 나타남으로써 순환성을 보여 주고 있었다. 우주 만물은 바로 이런 자기 유사성과 순환성의 원리로 작동하고 있음을 감지할 수 있다.

9) 이런 것을 건축학에서는 '타일링(tiling)'이라고도 부른다. 마치, 마루나 욕실 바닥에 깔려 있는 타일처럼 어떠한 틈이나 포개짐이 없이 평면이나 공간을 도형으로 완벽하게 덮는 것을 말하기 때문이다. 정육각형의 필기구도 같은 원리를 이용한 것이다. 사람의 손에서 엄지, 검지, 중지 3개의 손가락으로 필기구

를 잡게 될 때는 반드시 필기구와 손가락 사이에 잉여 공간이 생긴다. 이런 공간은 필기구를 사용하는 사람에게 피로감이 빨리 오게 만든다. 손가락과 필기구 사이에 공간을 메우게 되면 피로감이 덜하기 때문에, 필기구의 모양을 정육각 이상의 원통형으로 만든 것이다. '테셀레이션(tessellation)'은 라틴어 테셀라(tessella)에서 유래되었지만, 그것이 본격화한 것은 고대 로마다. 그들은 모자이크를 만들면서 작은 정사각형 모양의 돌 또는 타일을 실용화시켰다. '타일깔기', '모자이크'와 같은 뜻에서 테셀레이션이 본격화되었다. 정다각형은 3, 4, 5개 또는 더 많은 수의 변과 각들이 모두 같은 도형인데, 정통의 테셀레이션은 이런 정다각형들로 만들어진다. 원래 유클리드 평면에서는 오직 3개의 다각형들로만 정통 테셀레이션을 만들 수 있다. 전통적인 의미에서의 테셀레이션은 어떠한 변형도 허용하지 않는 오직 정다각형들로만 이루어져 있었다. 정삼각형, 정사각형, 정육각형이 그것이다. 테셀레이션이 예술이나 생활 세계에 응용되면서부터는 어떠한 도형도 테셀레이션이 가능하게 되었다. 컴퓨터기법의 등장으로 인해 지금의 테셀레이션은 동일한 도형의 단순 반복이 아니라 대칭이나 회전, 반사 등의 수학적 원리를 최대한 활용하여 기상천외의 다양한 반복, 복잡한 양태를 만들어 놓고 있다. 테셀레이션은 예술적인 아름다움이나 실용성만을 고려하는 것이 아니다. 테셀레이션에는 인간에게 신비감을 주는 무한한 수학적인 개념과 철학적 의미도 들어 있다. 테셀레이션은 사람들이 도형의 각을 바꾸거나 대칭과 변화, 합동을 익히면 그동안 틀에 박혀서만 살아가던 지루함과 일상성의 삶을 얼마든지 벗어나게 만들어 준다[참고: 가타야마 고지(2004). 수학교과서119(역). 서울: 파라북스].

10) 스웨덴 한림원의 노벨상 수상 위원회는 1998년 '상상력과 아이러니가 풍부한 이야기로 우리의 눈을 속이는 현실에 대한 이해를 높여 주었다.'는 이유를 들어 교황청의 반대에도 불구하고 그에게 노벨문학상을 수여했다. 그는 가난한 농부의 아들로 태어나 겨우 고등학교만 졸업한 후 용접공으로 사회생활을 시작했다. 용접공 시절 독학으로 문학수업을 했던 1947년에 소설 『죄악의 땅』으로 데뷔했다. 사라마구는 마흔여섯에 이르기까지 우익 독재정권에 저항하는 반정부 공산주의 칼럼니스트로 활동하는 19년 동안 한 편의 작품도 생산하지 못 한 채 공산당 활동에만 전념했다. 기술자, 공무원, 번역가, 평론가, 신문기자, 자유기고가 등 수많은 직업을 전전하던 그가 문단의 주목을 받기 시작한 것은 나이 마흔여섯되던 해인 1968년, 시집 『가능한 한 시』를 내놓은 이후의 일이었다. 사라마구 문학의 전성기를 연 것은 1982년 작 『수도원의 비망록』이었다. 사라마구는 이 작품으로 일약 포르투갈 최고의 작가로 떠올랐다. 1991년 『예수의 제2복음』을 발표했을 때는, 포르투갈인의 종교적 신념을 공격하고 국가를 분열시켰다는 이유로 유럽문학상 후보에서 배제되는 수난을 겪기도 했다. 이 작품에서 그는 예수 그리스도의 신성성을 여지없이 해체하여, 죽음을 두려워하는 한 인간의 적나라한 실존을 그대로 드러내 보였다. 1922년생인 그는 1993년 도회를 떠나 스페인령 카나리아 제도 란사로테 섬으로 이주한 채, 6년 전 재혼한 30년 연하의 스페인 기자 출신 부인 필라와 은둔자 같은 삶을 꾸려 나가고 있다.

11) 참고: 만권(2007). 세상을 보는 열일곱 개의 시선. 서울: 개마고원.

12) 참고: 정순우(2007). 공부의 발견. 서울: 현암사.

13) 김건우 교수는 조선 당대의 선비인 김종직으로부터 최한기에 이르는 22명의 조선조 선비들이자 성리
학자들의 공부법을 정리했다. 이들은 후학들의 모범이 되었던 성리학자들이지만 그중에서도 정여창이
"나는 자질이 남보다 못하니, 만약 전심전력으로 공부하지 않는다면 어찌 털끝만한 효과라도 얻겠는
가."라고 후학에게 권학하는 것은 마음공부의 고전처럼 들리고 있다. 퇴계 이황은 "책이란 정신을 차려
서 수없이 반복해 읽어야 하는 것이다. 한두 번 읽어 보고 뜻을 대충 알았다고 해서 그 책을 그냥 덮어
버리면 그것이 자기 몸에 충분히 배어나지 못한다."라고도 이야기하고 있다. 박지원은 독서의 마음가
짐에 대해 "정숙하게 앉아 공경스럽게 책상을 대하고, 처음 대하는 책을 볼 때에는 묵묵하고 깊이 있게
완미하라."라고 강조하고 있다. 다산 정약용은 체계적이고 논리적인 공부를 주장하며 "글자가 생긴 것
은 만물을 분류하기 위해서다. 혹은 그 모양으로, 혹은 그 이치로, 혹은 그 일로 하여 반드시 유(類)를
미루어 널리 통하는 것이니, 그 분류를 다 알고 그 다른 점을 분별한 후에야 이치를 분명히 알게 되어
비로소 문리가 터져 두뇌가 열리게 된다."라고 하였다[참고: 김건우(2003). 옛사람 59인의 공부 산책.
서울: 도원미디어, p. 143].

14) 참고: 피에르 바야르(2008). 읽지 않은 책에 대해 말하는 법(역). 서울: 여름언덕.

15) 그런 점에서 본다면, 우리의 학교에서 무슨 보물처럼 여기는 교과서는 삶과 어긋나게 만드는, 어쩌면
삶에게 무의미를 채색해 놓는 그런 방해물일 수도 있다. 이제 그런 교과서의 문제점을 지적하며 생명과
같이하고 삶과 더불어 가는 교과서들이 만들어지고 있다. 대안교과서 운동이 그것이다. 교과서에 잡다
한 정보를 나열해 놓고 그것을 외우게 만들지 말고, 삶이나 생명, 마음을 담아 마음을 다스릴 수 있는
삶의 책을 만들어 내자는 운동이 바로 대안교과서 운동이다. 교과서가 사람을 지배하는 것이 아니고,
삶이 교과서를 지배하자는 운동이다. 그렇다고 소설을 만들자는 것도 아니고, 시집을 만들자는 것도 아
니며, 애니메이션의 게임집을 만들자는 것도 아니다. 그저 교과서를 만들자는 운동이다. 교과서지만
그동안 늘 우리에게 강요하던 그런 딱딱함이나 건조함은 없고 숨결이 살아 흐르는 교과서를 만들자는
것이다. 그런 '마음으로 배우는 교과서'를 그들은 대안교과서라고 부른다. 아이들의 마음, 학생들의 삶
에 '생명'을 불어넣으려는 사람들의 간절함이 녹아 있다. 그 간절함이 대안교과서를 만든 집필자들을
'구도자'로 만들었다. 아름답고 푸른 지구를 위한 교육연구소가 만들어 낸 교과서다. 예를 들어, 음악
교과서 『생명을 키우는 음악교육』을 쓴 최신혜 교수는 '음악도 마음'이라고 부르며 대안교과서 만들기
에 동참했다. 그는 하나의 예를 들었다.
"자신의 피아노 소리가 딱딱하고 시끄럽다는 학생이 있었죠. 대학에 와선 고쳐질 줄 알았는데 안 된다
고 하더군요." 그는 그 학생에게 '악보 읽기'를 다시 가르쳤다. '음악은 모든 뜻을 소리로 표현한 것'
이라고 말이다. "작곡가의 마음을 봐야 합니다. 그러기 위해선 자신의 마음부터 봐야죠. 저는 그걸 '내
청(內聽)'이라고 부르죠. '내 마음'을 알아야 대상을 '있는 그대로' 보게 되죠. 그때 악보가 보이는 겁
니다. 그게 정말 '연습'이죠." 결국 그 학생의 피아노 소리가 달라졌다고 한다. '딱딱하고 시끄럽던 마
음'을 바꾸니 '소리'도 바뀌었다고 했다. '마음으로 배우는 교과서'에 흐르는 숨결은 종교와 명상의
본질과 둘이 아니었다. 그래서 더욱 놀라웠다. 또 다른 대안교과서 중 하나인 수학교과서는 종전의 교

과서처럼 수학문제들로 시작하는 것이 아니다. 놀랍게도 마음의 이치로 수학을 시작한다. '마음의 힘을 키우는 생명수학'으로 통하는 그 교과서는 수학과 마음부터 관련시킨다. "수학 강좌에 왜 생명 얘기가 나오지?", "아휴, 수학은 건조하고, 딱딱한 과목이잖아." 다들 그런 표정을 짓고 있는데, 그 책의 저자가 강단에 올랐다. 『생명수학의 공리』란 책을 쓴 임소연 씨가 청중들에게 들려준 이야기를 전하는 신문기사에 따르면, "50여 명 청중의 표정을 읽던 그는 말을 꺼냈다. '사람들은 수학을 어렵고, 따분하고, 지겹다고 합니다. 왜 그럴까요?' 사람들이 멀뚱멀뚱 그를 쳐다봤다. '이유는 간단하죠. 자신의 삶과 연관성이 없다고 보기 때문입니다. 우리는 '삶 따로, 수학 따로'의 교육을 받아 왔기 때문이죠. 그런데 수학은 기억이나 계산으로 하는 게 아닙니다. '마음'으로 하는 겁니다.' 청중은 서로의 얼굴을 쳐다봤다. '무슨 뚱딴지 같은 소리지? 수학이 무슨 명상인가. 마음으로 하게 말이야.' 하는 표정이 역력했다. 저자는 말을 이어갔다. '1, 2, 3, 4 하는 숫자가 실은 우리 자신의 표현이며, 마음의 언어입니다. 그리고 눈에 보이는 세상이 뭔가요? 그건 무한가능성의 마음이 창조한 도형입니다.' 짧은 설명, 그러나 깊이는 간단치 않았다. ' '2=2'는 누구나 '참'이라고 여기죠. 그런데 '2=4'를 '참'이라고 하면 동의를 구하기 힘들죠. 나는 '1', 너는 '2', 이 사람은 '3', 저 사람은 '4'라고 해 보죠. 그런데 우린 '1=1'만 '참'으로 알고 살아가죠. '나'만 나로 알고 사는 거죠. 그런데 1도, 2도, 3도, 4도 생명의 작용이죠. 모든 생명의 작용에는 근원이 있어요. 그 근원이 다르지 않죠. 그러니 '공통분모'가 있는 겁니다. 그 공통분모를 알면 '2=4'에 담긴 깊은 뜻을 알게 되죠.' 좀 더 구체적인 답변이 필요했다. 그래서 6월 10일 그를 다시 만났다. '모든 생명의 작용에는 '공통분모'가 있다고 했죠. 그게 뭡니까?' 저자는 고개를 끄덕이더니 답을 했다. '모든 생명의 작용에는 뿌리가 있어요. 그건 바로 초월된 생명입니다.' 그럼 그 '초월된 생명'을 수학으로 표현하면 어찌 될까. 그걸 물었다. 그는 '0'을 말했다. '수학에서 수의 근원은 '0'입니다. '0'은 동시에 무한의 수이기도 하죠. 그래서 '0'은 비어 있기에 무한대로 나타날 수가 있습니다. 그러니 1에도 '0'이 깔려 있고, 2에도, 3에도, 4에도 '0'이 깔려 있죠. 그래서 나와 너, 우리의 근원이 '0'으로 하나인 거죠. 그러니 우리가 가진 무엇이든 나누어 줄 수 있으며, 다 나누어 주더라도 본전은 항상 보전이 되는 거죠. '0'으로 말입니다. '0'은 무한가능성, 그 자체이기 때문이죠.' 거기에는 빵 한 조각으로 모든 사람을 먹여 살리고도, 그 빵은 남게 되는 원리가 담겨 있다고 했다. 숱한 선지식과 영성가들이 '비움'과 '내려놓음'을 강조하는 이유도 같다. 바로 무한가능성, '0'에 닿기 위함이다 [참고: 백성호. 수학 공부, 마음공부와도 통해요(2008. 6. 12). 중앙일보].

16) 현대판 미스터리 스릴러 작가 중의 한 사람인 미치 컬린이 코난 도일의 탐정추리소설 주인공인 셜록 홈즈를 흠모해서 쓴 현대판 셜록 홈즈의 추리소설이다[참고: 미치 컬린(2007). **셜록 홈즈의 마지막 날들** (역). 서울: 황금가지]. 작가인 미치 컬린은 어린 시절부터 홈즈에게 매료되어 자라면서 홈즈처럼 스스로 귀덮개 모자를 쓰고 파이프를 물고 다녔다. 스스로를 '셜로키언'이라 불렸던 작가 미치 컬린은 명탐정 셜록 홈즈의 나이를 93세로 설정해 놓고, 노년 탐정가 홈즈의 탐정이야기를 다룬다. 탐정 현역에서 은퇴한 홈즈는 영국 런던의 삶과는 거리가 먼 농촌인 서섹스에서 양봉업에 만족하면서 살아간다. 서섹스에서 40여 년간이나 양봉일을 즐기고 있는 홈즈는 이제 93세의 노인이 되었다. 그간 양봉일을 거들면

서 일벌에 쏘이기도 한두 번이 아니었다. 홈즈가 기록해 둔 일지에 따르면 이미 7,816방이나 벌에 쏘였다. 그런 자연스러운 삶을 즐기고 있는 홈즈에게 전기 작가인 친구가 기억 속에 남은 특이한 사건이 있으면 마지막으로 정해 놓고 양봉에 손을 떼라고 조른다. 친구의 말에 동한 홈즈가 한 편의 마지막 사건을 회고하면서 정리하는 이야기가 바로 『셜록 홈즈의 마지막 날들』이다.

17) 참고: 한스 페터, 베크 보른홀트, 한스 헤르만 두벤(2007). 알을 낳는 개. 서울: 인디북.

18) 그는 1879년 남인도에서 태어났다. 17세 때 완전히 깨인 상태에서 마치 육체가 사멸하는 듯한 신비한 체험을 하고, 이를 통해 깨달음을 얻었다. 이 근본 체험 후 스리 라마나 마하리쉬는 모든 것을 버리고 집을 떠나 저절로 성산 아루나찰라로 이끌려 갔다. 그리고 평생 그곳을 떠나지 않았다. 스리 라마나 마하리쉬는 자신을 중심으로 형성된 아슈람에서 지극히 단순한 자아탐구 수행을 통하여 '아드바이타 베단타(불이일원론, 不二一元論)'를 주장하는 힌두교 베단타 교파의 정수를 설파했다. 그가 노환으로 죽음에 이르게 되었다. 암으로 죽어갈 때 제자들이 달려와, 스승에게 스스로 치유하기를 청했다. "무엇하러 그러느냐? 이 육신은 다 낡아 떨어졌는데 왜 매달리겠느냐? 어째서 계속 붙들겠느냐?" 스승의 이 말에도 제자들은 계속 애원했다. "오 스승님. 제발 저희를 떠나지 마십시오!" 그러나 이 현인은 마치 어린 애를 대하듯 그들을 바라보며 온화하게 말했다. "너희를 떠난다고? 갈 곳이 어디 있단 말이냐?"

19) 참고: 스티븐 레빈, 온드리아 레빈(2007). 비움의 발견(역). 서울: 한언, pp. 375-377.

20) 참고: 선우정. 日 100세 '최고령 현역 게이샤' 고킨 "게이샤의 추억? 배고파 눈물났던 기억뿐……." (2008. 3. 30). 조선일보.

21) 참고: 마크 앱스틴(2006). 붓다의 심리학(역). 서울: 학지사, p. 80.

22) 참고: 임호준(2007). 더럽게 사는 것이 몸에 좋다?(2007. 10. 9). 조선일보.

23) 참고: 티모시 윌슨(2007). 나는 내가 낯설다(역). 서울: 부글북스.

24) 인간의 인지기능과 언어의 관계를 탐구하는 인지언어학자 조지 레이코프는[참고: 조지 레이코프 (2006). 코끼리는 생각하지마(역). 서울: 삼인], 이 점을 미국의 현대정치사에서 잘 보여 주고 있다. 2003년 10월 실시된 미국 캘리포니아 주지사 소환투표는 현역 주지사였던 민주당의 그레이 데이비스와 영화 〈터미네이터〉의 주연배우인 공화당의 아놀드 슈워제네거가 격돌했다. 이때 노조원들은 "누구의 입장이 당신에게 더 유리합니까?"라는 질문에 대부분이 데이비스라고 대답했다. 하지만 "누구에게 투표할 예정입니까?"라고 묻자 이번에는 슈워제네거라고 응답한 사람이 훨씬 많았다. 투표 결과 데이비스는 소환되었고, 슈워제네거가 후임자로 당선되었다. 이런 일은 드문 경우가 아니다. 지난 두 차례의 대통령 선거를 비롯한 미국의 최근 선거에서 평범한 서민들은 부자와 대기업을 대변한다고 이해되는 공화당에 표를 던지곤 했다. 이런 이해하기 어려운 일이 벌어지는 이유는 무엇인가? 왜 사람들은 자기 이익에 어긋나게 투표할까? 미국인들이 이해관계가 아니라 정체성(正體性)에 따른 투표 행태를 보이기 때문이라고 대답할 수 있다. 즉, 그들은 자신의 가치체계와 그 가치를 떠올리게 하는 언어에 의해

투표할 정당과 후보를 결정하는 것이다. 그 결과 자신에게 경제적·사회적으로 이로운 정책을 제시하는 것은 민주당인데도 '엄격한 아버지', '국가안보' 등 보수주의 가치관을 내세우는 공화당을 선택한다. 진실과 프레임이 충돌하면, 프레임은 남고 사실은 가려지는데 그 예가 부시 대통령의 세금구제 정책이었다. 아들 부시 대통령은 백악관에 들어가면서 '세금 구제(tax relief)'라는 용어를 사용하기 시작했다. 이 용어는 자연스럽게 세금은 고통이고, 그것을 없애 주는 사람은 영웅이라는 인식을 낳는다. 민주당과 〈뉴욕 타임스〉까지 이 용어를 그대로 사용함으로써, 세금문제에 대해서 공화당의 '감세(減稅)' 프레임이 압도하게 되었다. 이처럼 미국의 공론을 보수주의가 지배하게 된 것은 우연이 아니다. 그들은 1960년대 이래 수십억 달러를 투자하여 두뇌집단 등 인프라를 구축하고 미디어를 접수했다. 지금도 보수진영은 진보진영보다 네 배나 많은 연구비를 사용하며, 방송에 출연하는 지식인의 80%가 보수집단에 속해 있다. 특히 공론의 프레임을 설정하는 데 미디어의 힘은 절대적이고, 기자의 역할이 매우 크다. 미국의 민주당과 진보진영이 심각한 '저(低)인지' 상태에서 벗어나는 방법은 무엇인가? 저자는 "상대편의 언어를 사용하지 마라."라고 주장한다. 공화당과 보수진영이 만든 틀을 벗어나서 새 프레임을 설정해야 한다는 것이다.

25) 홍보회사 버슨 마스텔러사(社)의 CEO이자 빌 클린턴 전 미국 대통령 부부의 핵심 참모였던 마크 펜(Mark Penn)과 키니 젤리슨(Kinney Zalesne)은 미국 사회를 휩쓸고 있는 마이크로트랜드 75가지를 소개했다[참고: 마크 펜, 키니 젤리슨(2008). **마이크로트랜드**(역). 서울: 해냄, pp. 13-19]. 그중 한 가지 사례인 트로피 와이프의 증가는 우리 사회와도 무관하지 않다. '트로피 와이프'는 말하자면 성공한 중년 남자가 젊은 미녀와 재혼하는 현상을 뒤집어 놓은 듯한 쿠거족(cougars)을 말하는데, 이 쿠거족이 소수에서 다수로 그 몸집을 불려나가는 추세다. 원래 쿠거(cougar)는 술집에서 밤새 놀다 어쩔 수 없이 마지막 남자를 집에 데려가는 늙은 여자를 비아냥거리는 은어였다. 이제 포스트모던의 쿠거는 '돈과 자신감을 갖추고도 결혼에 목매지 않는 나이 지긋한 싱글 여성'을 뜻하는 말로 승격되었다. 통계가 이것을 받쳐 주고 있다. 2003년 미국 은퇴자협회 조사 결과에 따르면, 40~69세 미국 여성 3명 중 한 명은 연하 남자친구와 사귄다. 그중 4분의 1은 나이 차이가 열 살 이상이다. 쿠거족은 용모나 체력 등 여러 부분에서 상당한 경쟁력을 자랑한다. 운동과 화장, 성형 덕분에 생긴 경쟁력이다. 이들은 과거의 동년배에 비해 훨씬 젊어 보인다. 게다가 그 옛날 젊은 소녀들처럼 징징거리지도 않는다. 다시 말해서, "자기를 얼마나 사랑하느냐.", "왜 결혼하자는 소리를 하지 않느냐."라는 식으로 보채거나 볶지도 않는다. 이런 쿠거들의 등장은 젊은 싱글 여성에게는 위협적이다. 생물학적으로나 사회학적으로 자신의 안전을 보장해 줄 괜찮은 남자를 낚아채기 위해서는 옛날과 달리 자신의 젊음을 드러내며 경쟁의 대열에 끼어야 한다. 즉, 자기 또래뿐 아니라 현실적으로는 언니나 이모, 심지어는 엄마뻘 되는 다른 여성들과 젊은 남성을 사로잡기 위해 생물학적으로 경쟁해야 한다.

26) 최인철[참고: 최인철(2007). **나를 바꾸는 심리학의 지혜**. 서울: 21세기북스] 교수는 '프레임'을 기준으로 사람들의 심리를 본다. 프레임은 뚜렷한 경계 없이 펼쳐진 대상 중에서 특정 장면이나 대상을 하나의 독립된 실체로 골라내는 기능을 하기에 세상을 바라보는 마음의 창이 된다고 본다. 그는 삶을 지배

하는 핵심 프레임으로 '자기', '현재', '이름', '변화'의 네 가지를 소개했다. '자기'는 자기 중심성을 말한다. 특정 상황이나 타인을 대할 때 자기 중심으로 생각해 현실을 왜곡하는 것이다. '현재'는 지금 나타난 결과를 가지고 과거를 재단하거나 현재 상태로 미래를 쉽게 단정해 버리는 프레임이다. '이름'은 특히 경제 영역에서 할인, 후불제 등 판매기술에 설득되는 현상이 대표적이다. '변화'는 변화에 예민하게 반응하는 사람의 특성상, 현상을 유지하는 데 집착하거나 반대의 모습을 보이는 상황을 말한다.

27) 예를 들어, 미국 술집에선 땅콩 같은 견과류 안주는 공짜로 주면서 물은 돈을 받고 파는 경우가 많다. 짭짤한 견과류를 많이 먹는 사람일수록 맥주나 칵테일을 더 주문할 가능성이 높기 때문이다. 값싼 안주를 공짜로 주는 대신 비싼 술을 더 많이 팔겠다는 의도가 담긴 것이다. 일반적으로 물을 많이 마신 사람은 술을 적게 주문하기 마련이다. 물 값을 받는다면 사람들은 돈을 내고 물을 먹는 대신 맥주를 사먹을 가능성이 높아진다. 그래도 맥주를 사서 먹는 대신 물을 마시겠다면 물은 돈 받고 팔아야 한다는 것이다. 이와 비슷한 예는 많다. 이들은 소프트웨어를 공짜로 끼워 주는 척하는데, 곰곰이 따지고 보면 공짜가 있을 리 없다. 휴대전화의 통화시간을 공짜로 주는 것도 따지고 보면 절대로 공짜가 아니다. 무엇인가 그들이 받아가는 것이 있기 때문에 마치 선심 쓰는 것처럼 조금 늘려 주는 것뿐이다[참고: 로버트 프랭크(2007). 이코노믹 싱킹(역). 서울: 웅진지식하우스].

28) 인간의 생활양식을 좀먹어 들어가는 일상성에는 여러 특성이 있다. 그 첫 번째 특징이 '양식(style)의 부재'다. 양식이란 소재와 형태의 틀을 말한다. 그것이 개인에게 적용되면 행동방식을 의미하게 되고, 예술 분야에 응용되면 한 작품을 만들기 위해 특정 소재와 형태를 다루는 방법을 뜻하게 된다. 그러니까 일상성에 양식이 부재한다는 것은, 현대사회의 일상적인 삶에는 모두가 동일한 혹은 거의 표준화된 방식만이 존재한다는 것이다. 당연히 사람들의 각자 행동방식이나 특정한 양식이 결여될 수밖에 없다. 예를 들어, '점심을 먹자.'라는 말이 마치 '햄버거를 먹자.'로 이해되어 모두가 햄버거 집으로 향하는 것 같은 획일성이 나타난다는 것이다. 일상성에서 보이는 두 번째 특징은 '축제의 거세나 제거'에 있다. 심지어 르페브르는 혁명이 사회에서 사라진 것도 일상성의 압제력 때문이라고 간주한다. 그는 혁명이나 시위는, 설령 폭력성을 띤다 해도 일상과의 단절을 의미하는 것이기에 축제의 복원 형태라고 간주한다[참고: 앙리 르페브르(2005). 현대세계의 일상성(역). 서울: 기파랑].

29) 참고: 장 보드리야르(1999). 소비의 사회(역). 서울: 문예출판사, p. 170.

30) 참고: 정범모(2006). 학문의 조건. 서울: 나남.

31) 국내 원로 한의학자가 과학기술 발전과 인재 양성에 써 달라며 한국과학기술원(KAIST)에 578억 원 상당의 재산을 내놨다. KAIST는 류근철(82, 모스크바국립공대 종신교수, 한의학 박사) 전 경희의료원 한방병원 부원장이 578억 원 상당의 부동산과 소장품 등을 기탁했다고 13일 밝혔다. 이번 기탁금 액수는 개인이 대학에 낸 기부금 가운데 사상 최고액이다. 서울시내 빌딩과 아파트, 경북 영양의 임야, 골동품 등이 그의 재산이다. 그의 재산은 '수십 년 동안 월급을 꼬박꼬박 예금하고 한의원을 운영해 돈을 벌어 빌딩을 샀는데 빌딩의 수요자가 많아 몇 번 옮기는 과정에서 불어난' 것이다. 그는 "그 순간 '이 돈

은 내 돈이 아니구나.' 라는 생각이 들어 10여 년 전부터 보람 있는 곳에 재산을 환원할 방안을 고심해
왔다."고 기부 배경을 밝혔다. 현재 원자력응용의학진흥협회 명예회장, 러시아아카데미 의공학회 정회
원, 원자력의학환경보도포럼 명예총재 등으로 활동 중인 류 박사는 1926년 충남 천안에서 태어나
1976년 경희대에서 대한민국 1호 한의학 박사학위를 받았다. 1996년 4월 모스크바국립공대에서 의공
학 박사학위를 취득한 뒤 현재 종신교수로 이 대학을 오가며 연구 활동을 하고 있다. 그는 "죽기 직전에
기부를 하고 감사장이나 하나 받는 식의 기부문화는 바뀌어야 한다."며 "건강했을 때 기부한 뒤 기부자
와 기부를 받은 기관이 협력해 그 기관의 발전을 위해 함께 노력해야 한다."는 소신을 밝혔다. 류 박사
는 "재산을 기부하겠다고 하자 주변에서 노망든 것 아니냐는 반응이 많아 기탁증서에 정신감정서를
첨부하고 싶은 심정"이라며 "기부를 둘러싸고 가족 간에 합의를 보는 데 어려웠지만 자식들이야 교육
시켜 시집 장가보냈으면 그걸로 된 것 아니냐."고 털어놨다[지명훈. 원로 한의학자 류근철, KAIST에
578억원 기부(2008. 8. 13). 동아일보].

32) 참고: 권혁웅(2008). 두근두근. 서울: 랜덤하우스.

33) 참고: A. J. 제이콥스(2008). 한 권으로 읽는 브리태니커(역). 서울: 김영사.

34) 참고: 다치바나 다카시(2008). 피가 되고 살이 되는 500권, 피도 살도 안 되는 100권(역). 서울: 청어
람미디어.

35) 고대 그리스 · 로마 신화들은 신동과 천재는 태어나는 것으로 못을 박고 있다. 예를 들어, 그리스 신화
에서 신동으로 헤르메스를 소개하고 있다. 헤르메스는 제우스와 아틀라스의 딸인 마이아 사이에서 태
어났다. 헤르메스는 태어나자마자 범상치 않은 일을 저지른다. 지나가는 거북이로 비파를 만드는가 하
면 아폴론의 소를 훔쳐 그 창자로는 현을 만들고, 이내 소의 고기로는 자신의 출생을 알리는 제사를 지
낸다. 다른 신들에게 자신의 탄생을 알리는 출생신고를 한 것이다. 그런 사악한 일이 탄로날까봐 그는
그 소를 몽땅 먹어 치우고 요람으로 유유히 돌아가는 완전범죄를 꿈꾼다. 그러나 완전범죄는 그리스 신
화에도 있을 수 없었다. 헤르메스가 소를 잡아먹은 장면을 목격한 사람이 바로 바토스다. 바토스는 노
인이지만 아직도 아이들처럼 철이 들지 않은 겉늙은이였다. 헤르메스는 그 바토스에게 암소를 한 마리
주면서 비밀을 부탁한다. 일단 그렇게 사태를 모면했지만 불안한 헤르메스는 바토스를 시험하기 위해
소 주인으로 변신하는 꾀를 낸다. 바토스에게 자기 소를 훔쳐간 사람을 알려 주면 그 보답으로 소 두 마
리를 준다고 꼬인다. 철이 덜 난 노인 바토스는 욕심을 부려 헤르메스의 범죄를 토설한다. 그것을 들은
헤르메스는 소 두 마리를 바토스에게 주는 대신 단박에 그를 돌로 만들어 버린다. 누설을 할 수 없게 만
들어 버린 것이다. 사태가 그렇게 끝날 것 같았지만, 소를 잃어버린 아폴론은 점성술로 자신의 소를 훔
쳐간 녀석을 찾아낸다. 범인이 갓 태어난 헤르메스임을 알아내고는 그 어머니 마이아에게 가서 변상을
요구한다. 증거를 은폐한 헤르메스는 끝까지 아폴론의 소를 훔친 것을 부인한다. 결국 아폴론의 송사는
제우스에게까지 올라간다. 제우스는 자신의 아들 헤르메스의 간교함과 능청을 다 알고 있지만, 헤르메
스의 영특함을 대견하게 여기고 사건과 관계없이 아폴론에게 소 한 마리를 변상하라는 판결을 내린다.

헤르메스의 신동 끼는 그렇게 막을 내린다.

36) 참고: 하인리히 창클(2008). 신동: 세계적 석학이 된 25명의 천재들(역). 서울: 프로네시스.

37) 참고: 레이 몽크(1998). 루드비히 비트겐슈타인(역). 서울: 문화과학사.

38) 정범모 교수는 의미가 두 가지 뜻을 가지고 있다는 점에서 영어로는 meaning(의미)과 significance(의의)로 나눌 수도 있겠지만, 실제로는 그렇게 할 필요가 없다고 본다[참고: 정범모(1999). 인간의 자아실현. 서울: 나남출판, p. 18]. 그러나 나는 의미와 의의는 개념적으로 차별화해야 한다고 보기에, 의미와 의의 간의 차이를 기호학적으로 구분하였다.

39) 1872년 미국 매사추세츠 주 케임브리지에 하나의 모임이 있었다. 윌리엄 제임스와 올리버 웬들 홈스, 찰스 샌더스 퍼스가 모임에 속했다. '메타피지컬 클럽'으로 불렸던 이 비공식 토론 모임은 고작 9개월 정도 지속되었고 어떤 기록도 남기지 않았으나 그들이 머물렀던 자리에서 하나의 사상이 태어났다. 그 것은 교육, 민주주의, 자유, 정의, 포용에 관한 미국인의 관점을 바꾸어 놓았으며 학문과 언론의 자유 그리고 문화적 다원주의를 '현대 미국'에 선물했다. 법학자 홈스, 미국 심리학의 아버지 제임스, 화려하고 위태로운 삶을 살았던 기호학의 창시자 퍼스, 그리고 제임스의 충실한 계승자였던 철학자 겸 교육학자 존 듀이. 이들 네 사람은 '사상과 신념을 신성한 제단에서 끌어내려 인간적 수준으로 타락시켰다.' 제임스는 진리란 '유익한 것이라고 입증된 믿음'에 붙이는 이름이라고 공식화했다. 홈스 역시 철학과 논리학이 사람들의 실제 선택과 별로 관계가 없다고 보았다. 법에 있어서도 마찬가지였다. "먼저 판결을 내리고 이후에 원칙으로 정하는 것이 바로 관습법의 장점이다." 퍼스에게는 생각은 물론 사물조차 경험되는 모든 것, 그 행위들의 합이었다. 그들이 가르치고자 했던 사상의 근본 가치는 바로 관용이었다. 그들은 오류가 좋은 결과를 낳기 위한 더 나은 기회를 제공한다고 생각하였기 때문에 오류에 대해 더 큰 사회적 여지가 생기기를 바랐다[참고: 루이스 메넌드(2006). 메타피지컬 클럽(역). 서울: 민음사].

40) 참고: 존 슈메이커(2008). Are you happy?(역). 서울: 베리타스.

41) 푸러[참고: 다니엘 푸러(2007). 화장실의 작은 역사(역). 서울: 들녘]는 그런 평이함에서 비범함을 찾아 내는 경이로움의 정체를 발견한다. 대소변을 보는 행위는 밥을 먹고, 잠을 자는 것처럼 기본적인 일임에도 지극히 거북한 것으로 다루어져 왔으며, 그 같은 태도는 '배변을 보는 장소'에 대해서도 마찬가지였다. 일종의 암호처럼 보이는 화장실의 약자, WC가 그런 관점을 극명하게 드러내 준다. 하지만 화장실은 인류사에서 인간들이 이루어 낸 일상생활 문화의 한 이정표다. 푸러는 고대 이집트에서 현대에 이르기까지 인간이 가장 좋아했던 곳은 언제나 화장실이었다고 말한다. 화장실은 인간에게 만족을 주는 은밀한 장소였다. 그곳은 혼자서도 언제나 임금처럼 행복할 수 있는 경이로운 곳이며, 스스로 어느 것도 몸에 지닐 수 없는 존재가 인간이라는 사실을 깨닫게 되는 곳이다. 겸손까지 깨닫게 해 주는 것이다. 화장실은 인간에게 새로운 욕구 충족을 위해 스스로 묵힌 것을 비워 낼 수 있는 지혜의 장소다. 그곳은 인간이 기꺼이 아주 잠시 동안이라도 자기 홀로 완전무결한 휴식을 취할 수 있는 멋진 신세계다.

42) 〈타임〉은 일례로 미국 청소년들의 일상생활이 실제 어떤지, 지구 반대편 바그다드에서 일상적으로 길거리에서 폭탄이 터지는 불상사를 실제로 볼 수 있는 것이 '유튜브'를 통해서라고 전했다. 유튜브가 아니었다면 한 코미디언이 나이트클럽에서 인종 비하 발언을 한 사건이 세상에 알려지는 것조차 불가능한 일이다. 웹 2.0의 시대는 이처럼 확실히 지난 1990년대 닷컴 호황 시대와는 다르다. 수많은 당신들을 하나로 모아 세상을 바꿀 수 있는 것은 웹 2.0의 힘이다. 아울러 주로 정보의 소비에만 그쳤던 당신들을 정보의 생산자와 유통자로 한 단계 뛰어 넘게 만든 것도 웹 2.0의 힘이다. 집에서 기르는 애완동물을 소재로 영화를 제작하여 업로드할 수 있고, 뛰어난 기타 연주나 노래 실력도 뽐낼 수 있다. 평범한 당신이 자고 일어나면 유명해질 수 있는 것도 웹 2.0의 지원 사격 없이는 불가능하다.

43) 중국 고전들은 '이기주의'라는 말의 사회적 뿌리를 양주(楊朱)라는 사람에게서 찾는다. 양주는 "내 정강이 털 한 가닥이 천하보다 중(重)하다."라는 말로 후대에 이기주의의 상징으로 일컬어지는 인물이다. 양주는 기원전 4세기 전국시대 사람이다. 태어난 시기가 공자보다는 늦고, 맹자보다는 이르다. 그는 '천하보다 나를 위해 살라.'고 외쳤다. 이른바 '위아주의(爲我主義)'를 외친 것이다. 이 위아주의가 이기주의 원전이다. 맹자는 그런 위아주의를 공격한 선봉장으로서, 터럭 하나를 뽑아 온 천하를 이롭게 할 수 있다 해도 양주처럼은 살지 않겠다고 양주를 비판했다. 이후 2,400여 년간 양주는 극단적 이기주의, 혹은 쾌락주의의 대명사로 비난받아 왔다. 맹자가 양주를 미워한 데는 분명한 이유가 있었다. 당시 양주는 맹자보다 훨씬 유명했으며, 제후들에게 인기가 많았다. 맹자의 비난과 달리 그의 위아설은 실제로는 극단적인 이기주의와는 달랐다. 그것은 맹자보다 600년 뒤에 나온 '열자'에 의해 해명되고 있다. 열자는 양주의 그 유명한 털 한 가닥 이야기를 비교적 객관적으로 적고 있다. 상황을 달리 적은 것이었다. "당신의 몸에 돋은 털 한 가닥을 뽑아 한 세상을 구할 수 있다면 당신은 그렇게 하겠습니까?"라는 질문에 "세상은 털 한 가닥으로 구할 수 있는 게 아닙니다." "만약 구할 수 있다면 그렇게 하겠습니까?"라고 금 선생이 다시 물었으나 양주는 끝내 대답하지 않았다는 것이다. '위아설'은 원래 『여씨춘추』에서 나온 것인데, 그 뜻은 '나의 생명은 나를 위해(爲我) 있는 것'이다. 양주가 원래 위아를 말한 것은, "천하의 모든 사람이 제 몸을 위해 산다면 세상은 잘 다스려질 것이다."라는 이야기를 한 것이었기에 그 말을 이해하지 못한 질문에는 대답도 하기 싫었던 것이다. '한비자(韓非子)', '회남자(淮南子)'들도 양주의 언행을 토대로 그의 사상을 '타고난 본성을 온전히 하고, 외물(外物)로 자신의 몸을 얽매이지 않는 것'으로 이해했다. 극단적인 이기주의가 아니라 자신의 행복을 먼저 생각하는 삶 중심주의로서, 이것은 보통 사람들이 삶을 사는 데 필요한 덕목이다.

결국, 위아는 생명을 가장 중시하는 삶 중심주의 사상에서 나온 것이다. 사실 위아설은 공자의 논어에서도 중요한 위치를 점유하고 있는 개념이다. '위기(爲己)'가 그것인데 공자는 '자신을 위한다(爲己)'는 것은 배운 바를 신중하게 실천에 옮긴다는 뜻이라고 보았다. 공자가 '남을 위한다(爲人)'는 것을 배운 바를 말로만 한다는 것으로 해석한 것도 위기(爲己)와 위인(爲人) 간의 차이를 두기 위한 것이었다. 위기는 자기 자신을 찾으려고 공부하는 것이고, 위인은 남에게 인정받으려고 공부하는 일로 주희의 주석이 바로 그것을 의미한다. 결국, 공자의 '위기'는 보통 사람의 덕목인 '위아'보다 더 큰 사람들의 이기주의의 원형을 지칭하는 셈이다[참고: 김시천(2006). **이기주의를 위한 변명**. 서울: 웅진지식하우스; 이정재. BOOK 깊이 읽기, 양주 왈, 공자 왈 "천하보다 나를 위해 살라" (2006. 9. 15). 중앙일보].

44) 참고: 기 코르노(2006). **마음의 치유**(역). 서울: 북폴리오.

45) 참고: 딘 오니시(2003). **요가와 명상건강법**(역). 서울: 석필; 딘 오니시(2000). **약 안 쓰고 수술 않고 심장병 고치는 법**(역). 서울: 석필; 딘 오니시(2004). **관계의 연금술**(역). 서울: 북하우스.

46) 참고: 조채희. 마음을 다스려야 심장이 건강하다(2005. 10. 13). 연합뉴스.

47) 참고: 로리 애슈너(2006). **사람은 왜 만족을 모르는가?**(역). 서울: 에코의 서재.

48) 모든 인간을 100%로 보았을 때 31%의 인간은 목표 없이 산다. 나머지 69%의 인간들 역시 목표 달성의 성취감을 맛보거나 행복하게 사는 것도 아니다. 모두가 엉성하게 살고 있다. 사는 과정 중에서 치이고, 상처받고 부대끼면서 사는 사람이 많은데 이런 위험에서 벗어나기 위해서는 한두 가지 비법은 가져야 한다는 것이 샤피로[참고: 스티븐 M. 샤피로(2007). **31%의 인간형**(역). 서울: 영진닷컴]의 주장이다. 첫 번째 비법: 지도를 버리고 나침반을 사용하라. 지도는 목적지에 최대한 빠르게 도달할 수 있도록 해 줄 뿐, 과정의 즐거움과 행복을 느낄 수 없다. 나침반을 통해 원하는 인생의 방향을 정하고 가는 길을 즐겨라. 새로운 것들을 시도하는 모험을 통해 새로운 경험을 얻어라. 두 번째 비법: 절대 길을 잃지 않는다는 걸 믿어라. 사람에게는 지난 일을 뒤돌아보고 현재의 진로가 오판일 가능성을 따져 보는 성향이 있다. 우리는 당시 모든 정보를 감안하여 올바른 결정을 내린다. 다른 선택에 대한 후회보다는 현재의 길을 선택한 자신을 믿어라. 세 번째 비법: 기회의 노크 소리에 귀 기울여라. 목표에 대한 집착을 버려야 시야가 넓어지고 내 자신과 외부에 있는 기회를 포착할 수 있다. 네 번째 비법: 오늘의 내 모습에 감사하라. 우리는 자신을 남과 비교함으로써 불행을 자초한다. 지금 나에게 있는 것에만 초점을 맞추고 나만의 잣대로 삶을 평가하라. 다섯 번째 비법: 모험을 추구하라. 살펴보기 전에 일단 뛰어내려라. 안전할 때까지 기다리다간 결코 발전하지 못한다. 여섯 번째 비법: 인간 자석이 되어라. 인생에서 다른 사람의 도움과 지원은 절대적으로 필요하다. 많은 인간관계를 맺되, 반드시 인연을 이어가는 후속 조치를 게을리 하지 마라. 일곱 번째 비법: 자신의 한계를 받아들여라. 다른 사람과 비교하여 스스로 약점이라고 생각하는 것을 숨기려 할 때 사람은 힘을 잃는다. 자신의 한계를 포용하는 순간 약점은 기회가 될 수 있다. 여덟 번째 비법: 초연한 자세를 유지하라. 간절히 원하면 절박해지고 믿을 수 없는 사람처럼 보이기 쉽다. 간절히 원할수록 한걸음 뒤로 물러나서 바라볼 수 있는 초연함을 키워라.

49) 지금까지 심리학은 망가진 부분만을 조명해 왔다는 데에도 일침을 가한다. 망가진 부분에 대한 조명이 중요한 것이 아니라 사람에게는 복원 과정이 더 중요하다. 병난 것을 쿡쿡 찔러 봐야 소용없는 짓일 뿐이다. 오히려 그것을 극복하고 그것을 복원해 가는 사람들을 분석해야 한다. 그들의 결론은 한결같이 '어렸을 때 고생을 해 봐야 성공할 수 있다.', '어렸을 때의 상처가 어두운 성격을 만든다.'는 프로이트 류의 비관적인 견해와 거리를 두는 진단들이다. 1937년 러시아계 유대인 부모 사이에서 태어나 여섯

살 때 양친이 나치의 강제수용소에 끌려가 살해당하고, 자신도 드랑시 수용소에 들어갔던 소아전문 신경정신과 의사인 시륄니크[참고: 보리스 시륄니크(2007). 불행의 놀라운 치유력(역). 서울: 북하우스]가 바로 그런 사례의 주인공이다. 그는 마음의 상처를 다른 사람의 이야기를 하듯 덤덤히 서술한다. "어린 시절 제대로 학교도 못 다닌 나는 탄탄대로가 아닌 길을 걸어왔다. 하지만 나만의 길을 걸었다. 남들이 나를 정상적으로 여겨 주는 데에 꼭 필요한 일을 하면서……"라며 자신의 이야기를 하고 있다. 생생하게 피 흘리는 자신의 상처를 잘 아물게 하고 이제는 남의 고통을 치유해 주는 '복원력'을 보여 주는 저자는 "사실 경이로운 불행은 없다. 시련에 맞서 싸워야 하는 것일 뿐이다."라며 그렇게 복원력을 갖는 것이 삶에서 행복을 찾는 길임을 보여 주고 있다.

50) 참고: 노먼 도이지(2008). 기적을 부르는 뇌(역). 서울: 지호.

51) 몸길이 2~3mm에 불과한 초파리는 어디에서나 볼 수 있는 작은 곤충이다. 1970년대 행동연구의 개척자인 생물학자 시모어 벤저는 초파리를 행동유전학의 실험대에 올려 초파리의 행동도 유전이 된다는 증거를 찾아냈다. 『사이언시스(The Sciences)』지 기자 겸 편집자였던 조너던 와이너[참고: 조너던 와이너(2007). 초파리의 기억(역). 서울: 이끌리오]는 바로 초파리 연구자인 벤저의 연구 과정을 추적하였다. 벤저가 초파리를 연구 대상으로 삼은 것은 지구상에서 가장 단순한 생물과 가장 복잡한 생물의 중간으로 보았기 때문이다. 유전자 수를 보면 대장균은 4천 개, 인간은 7만 개다. 유전자구조가 인간과 비슷해 '인간의 축소판'이라 불리는 초파리는 약 1만 5천 개의 유전자를 갖고 있다. 대장균은 단일세포다. 인간은 약 1천억 개에 달하는 신경세포를 갖고 태어난다. 초파리 한 마리에는 10만 개의 신경세포가 있다. 벤저는 DNA의 이중나선구조 속에 인간의 외양뿐 아니라 행동과 생각도 암호화되어 있다는 점을 의심하지 않고, 초파리를 대상으로 유전자가 어떻게 행동을 조절하는지 연구에 열중했다. 그의 실험실에 있는 시험관과 병들은 수백 개의 돌연변이 표본을 담고 있다. 변종은 모두 초파리인데, 이들은 변종이 되면서 행동도 변하는 양상을 보인다. '타임리스'라는 이름이 붙은 초파리는 시계 유전자에 돌연변이가 생긴 것으로, 밤낮을 구별하는 능력을 잃어버린 듯 불규칙한 시간에 잠들고 깨어난다. 그런가 하면 초파리 암컷이 수컷을 날개로 튕겨내 싫다는 감정을 행동으로 표시하는 '불만 유전자 변종'도 있다.

52) [참고: 팀 플래너리 글, 피터 샤우텐(2006). 경이로운 생명(역). 서울: 지호] 5천만 년 전 유럽과 북아메리카의 땅덩어리가 떨어져 나왔을 때 유일하게 유럽에 살아남은 도롱뇽 '올름'은 1977년 처음 발견되었을 때 그 생김새가 너무도 특이해서 생물학자들조차 공룡의 새끼로 오인했었다. 그 올름 한 마리가 생물학자의 작은 유리병에 담겨 냉장고에 12년 동안이나 무심코 방치되었다. 나중에 우연히 꺼내보게 되었는데 놀랍게도 그 올름은 여전히 살아 있었다. 해부를 해 보니, 소화계가 완전히 사라지고 없었다. 올름은 100년을 산다. 동굴의 차가운 물에서 거의 먹지도 않고 살아간다. 밤도 없고 낮도 없는 영원한 어둠 속에서 살아가는 올름에게 100년, 3만 6,500일은 어떤 의미가 있을까? 피해야 할 적도 없고, 방해받을 일도 없으니 단지 세월을 견디는 것뿐일까? 올름은 그저 멸종 대신 망각을 택한 것인지도 모른다……. 이렇게 놀라운 동물들은 수심 11.2km의 마리아나 해구 바닥에서부터 해발 약 6,400m의 히말

라야 정상까지 극한의 환경에서도 가장 장엄한 방식으로 대를 이으며 생존해 왔다. 그들의 외양은 분명 번식과 관련이 있다. 성적 매력이야말로 진화가 요구하는 가장 중요한 덕목이 아닌가. 우리 눈에는 기괴하기만 한 아귀조차도 다른 아귀들에게는 아주 매력적으로 보일 터다. 그렇지 않았다면 아귀는 멸종했을 테니까! 암컷에 비해 아주 작은 아귀 수컷은 암컷을 만나면 꽉 물고 결코 놓지 않는다. 아예 몸속으로 파고든다. 오로지 암컷의 피를 통해 양분을 공급받는 수컷은 암컷이 요구할 때 정자를 뿜어 내는 '암컷의 고환'이나 다름없는 존재다.

53) 누군가 건드리면 폭격수 딱정벌레는 섭씨 100도가 넘는 액체 폭탄을 순식간에 발사한다. 뜨거운 독극물을 배 속에 품고도 이 벌레의 배가 터지지 않는 까닭은 뭘까. 놀라운 신체구조 덕분이다. 코넬 대학교 석좌교수이자 화학생태학 분야의 개척자인 아이스너[참고: 토머스 아이스너(2006). 전략의 귀재들(역). 서울: 삼인는 최신 현미경과 화학분석 장치 등으로 점묘화를 그리듯 곤충의 행동 방식, 분자 단위의 진화 모습을 일일이 확인하고 종합해 구체적인 모습으로 만들어 보여 준다. 스스로를 방어하기 위해 곤충이 개발하는 '전략'은 화학물질만이 아니다. 이오나방, 스파이스부시 호랑나비 애벌레는 적을 방어하는 데 가짜 눈을 이용한다. 나방을 쪼아 먹으러 다가온 새들은 포식자의 눈을 닮은 나방 뒷날개의 가짜 눈과 맞닥뜨리면 혼비백산해 달아나 버린다. 스파이스부시 호랑나비 애벌레의 가짜 눈은 동공이 삼각형 모양이어서 한꺼번에 모든 방향을 다 보는 것처럼 오묘하게 생겼다. 플로리다 거북딱정벌레는 개미가 아무리 공격해도 제자리에서 꿈쩍도 하지 않는다. 이들의 무기는 바닥에 찰싹 달라붙을 수 있도록 분비되는 기름과 6만 개나 되는 다리 끝의 가시털이다. 이 딱정벌레의 등에 왁스로 실을 붙여 추를 매달아 봤더니 몸무게 13.5mg의 딱정벌레가 2g짜리 추에도 끄떡없었다. 자기 몸무게보다 148배나 무거운 무게를 감당하는 셈이다. 아르기오페 아우란티아 거미는 사마귀의 독니에 물리면 외과용 가위로 싹둑 자르듯 자기 다리를 잘라 버린다. 사마귀가 움켜잡아서가 아니라 독을 느끼기 때문이다. 아이스너가 통증유발제로 알려진 꿀벌, 말벌의 독을 거미의 다리에 주입하는 실험을 했을 때에도 거미는 미련없이 다리를 잘랐다. 그렇게 하지 못한 거미는 죽었다. 사람을 아프게 하는 물질은 곤충도 아프게 한다. 이런 생각 때문에, 아이스너는 '스스로 제 다리를 잘라 버리는 거미의 생리적 감수성은 인간의 감수성과 다르겠지만, 완전히 다르다고도 할 수 없다.'고 말한다. 곤충이라고 해도 함부로 대하면 안 되는 이유가 바로 이 때문이다.

54) 『나의 라임 오렌지나무』에서 작가 바스콘셀로스[참고: J. M. 바스콘셀로스(2000). 나의 라임 오렌지나무(역). 서울: 육문사는 다섯 살 꼬마 제제를 주인공으로 내세운다. 다른 아이들과는 달리 제제의 집은 무척 가난해서 성탄절에도 선물을 받지 못했다. 다섯 살이면 아무것도 모르는 철부지일 수 있다. 제제는 보통 아이들과는 달리 자기 나름대로 세상을 알고 있다. 그런 제제를 사람들은 그저 말썽쟁이, 심지어는 악마라고까지 빈정댄다. 제제는 그들에게 개의치 않는다. 세상을 더 알고 싶은 마음만이 가득했기 때문이다. 어린 제제는 제 가슴 속에 오렌지 나무 한 그루를 키우며 '밍기뉴'라고 이름 붙인다. 어린 라임 오렌지나무와 친구가 되어 대화도 나눈다. 제제는 포르투갈 사람인 동네 아저씨 마누엘 발라다리스를 만나 우정을 키운다. 그로부터 사랑을 배운다. 제제는 그를 자신의 애칭인 뽀르뚜가라 부른다. 자신

의 모든 이야기에 귀 기울여 주는 라임 오렌지나무와 자신에게 언제든 귀를 내주는 뽀르뚜가는 제제에게 아버지보다 더 소중한 존재다. 라임 오렌지나무와 뽀르뚜가 아저씨는 그가 살아가는 이유이기도 하다. 제제는 성탄절 날 자신이 선물 하나 못 받는 것이 슬프고 화가 나서 그만 아버지를 미워한다. 그런 아버지에게 미안해진 제제는 구두닦이 일을 하여 몇 푼을 번다. 그 돈으로 제일 비싼 담배를 사서 아버지께 선물해 준다. 그는 이어 슬픈 눈을 하고 있는 아버지를 기쁘게 해 주고 싶었다. '아리오발두'라는 거리의 악사에게서 배운 민망한 노래가사의 〈탱고〉를 부른다. 아버지는 아들이 자신을 놀리려는 것이라고 생각하고 제제에게 호된 손찌검을 한다. 제제는 그 노래가 사람들에게 즐거움을 주는 거라고 생각했지만, 아버지는 어른을 모욕하는 것이라고 생각했다. 아버지에게 매를 맞고 깊은 상심에 빠진 제제는 뽀르뚜가 아저씨로부터 깊은 위로를 받게 된다. 그러던 어느 날 뽀르뚜가 아저씨가 열차사고로 죽는다. 그 일로 인해 제제는 기댈 곳이 없어진다. 그가 의지하던 환상의 세계는 맥없이 무너져 버린다. 그때부터 제제는 환상에서 현실의 세계로 발을 디딘다. 이제 제제는 어린 꼬마에서 소년으로 자란다. 소년이 되자 자신과 이야기를 나누던 라임 오렌지나무 밍기뉴도 어느덧 자라 어른 나무가 되었다. 제제는 라임 오렌지나무와도 작별을 한다. 삶에는 기쁨 못지않게 슬픔이 있다는 것도 알게 된다.

55) 정표의 투병 일기[참고: 이정표(2007). **이정표의 백혈병투병기**. 서울: 한국메이크어위시재단]는 이렇게 시작된다. "손이 떨리고 글씨가 이상하다. 오랜만에 연필을 잡아서인가? 2005년 3월 30일 새벽에 코피가 심하게 나고 토해서 구급차를 타고 병원에 실려 왔다. 그러다 저녁쯤 백혈병이라고 해서 너무 놀랐다. 무균실이라는 곳으로 들어가 머리를 밀었다. 난생 처음 겪어 보는 일. 봄바람, 봄꽃, 봄의 풍경을 하나도 느끼지 못하고 있다." "4월 22일, 1년을 기다린 기쁜 날. 나의 생일이다. 하지만 난데없이 백혈병이란 놈이 내 몸속에 들어와 병원에서 보내게 됐다. 1년이 얼마나 긴 세월인데……. 너무 억울하고 슬프다. 이렇게 허무하게 보내다니. 나는 왜 이런 인생일까?" 학교에도 정표의 소식이 알려졌다. "4월 29일, 우리 가족 중 나랑 골수가 맞는 사람이 없다고 했다. 이제 세계적으로 (골수를) 찾아야 하는데 나에게 맞는 골수가 과연 있는지……. 만약에 (골수 이식을) 못 받으면 죽는다고 한다. 엄마가 무슨 일이 있어도 찾아준다니 용기를 내자!" 그 뒤 정표와 골수 유전자가 일치하는 사람이 국내에 5명이 있는 것으로 확인됐지만 이들은 모두 정밀검사를 앞두고 기증을 포기했다. 1월 11일 오후 8시. "수혈도 받고 촉진제도 맞았는데 (혈소판) 수치가 갑자기 떨어졌다. 오전엔 너무 힘들어서 진짜 어떻게 되는 줄 알았다. 그래도 입이 조금씩 나아서 오늘 갈비탕을 사다 먹었다. 씹기는 힘들었지만 오랜만에 뭐 좀 먹은 것 같아 기분이 나아졌다. 이렇게 힘들게 이겨내면 다시 신나게, 즐겁게 보낼 날이 오리라 믿는다." 마지막 일기였다. 정표의 의식은 점점 흐려졌다. 12일 오전 4시경 정표가 경기를 일으켰다. 6인실에서 급히 1인실로 옮겨졌다. 가족이 모두 모였다. '언제 급박한 상황이 올지 모르니 늘 마음의 준비를 하고 있으라.'는 주치의 말 때문이었다. 아버지가 먼저 입을 열었다. "정표야 사랑한다. 너 너무 멋졌어. 최고였어. 잘했어." 정표도 힘겹게 입을 뗐다. "고마워." 아버지가 말을 이었다. "우리 빨리 나아서 가 보고 싶은 곳 다 가고, 먹고 싶은 거 다 먹자. 우리 바다로 여행가기로 했잖아." 정표는 고개를 끄덕였다. 정표는 중환자실로 옮겨졌다. 14일 오전 8시 14분 힘겨운 삶을 마감했다[참고: 이재명. "살아 숨쉬는 게 얼

마나 감사한 일인지……" (2007. 1. 27). 동아일보].

56) 독일 함부르크 헬무트 슈미트 대학 브라운 교수[참고: 한스 요아힘 브라운(2006). 세계를 바꾼 가장 위대한 101가지 발명품(역). 서울: 플래닛미디어는 중요한 발명품의 기원과 과학적 원리를 설명하고 인류 사회 문화에 미친 영향을 고찰했다. 1714년 영국의 헨리 밀은 타자기를 만들어 특허를 얻었다. 이후 기술 발전을 거듭해 1878년 영문 대문자와 소문자를 모두 입력할 수 있는 타자기가 등장해 필기의 기계화 시대가 열렸고 많은 여성이 타이피스트나 비서직으로 고용되었다. 비료의 기원은 동물의 배설물이다. 18세기가 되자 농부와 화학자들은 증가하는 인구의 식량을 충당하기 위해 농작물 수확량을 늘리는 데 힘썼다. 1840년 독일 화학자 유스투스 폰 리비히에 의해 질소와 인산염, 칼륨이 농작물의 성장을 촉진시킨다는 사실이 밝혀져 인공비료 개발에 기여했다. 1909년 역시 독일 화학자인 프리츠 하버가 개발한 암모니아 합성법으로 대량의 인공 비료 생산이 가능해졌다. 자전거의 발전은 과거 핸들로 돌리는 세발자전거에서 1817년 방향을 조절할 수 있는 바퀴를 단 '달리는 기계(running machine)'로 이어졌다. 여기에서 나무안장에 앉아 발로 땅을 구르면서 앞으로 움직이는 형태로 개선된 뒤, 여러 발명가와 기술자들에 의해 19세기 말 미국과 프랑스, 독일에서 코스터 브레이크가 장착된 신식 자전거가 개발되었다.

57) 참고: 김성형(2006). 잘게 썰어라. Asiana e-manager. 2006. 5. 19.

58) 국내 의료진은 무균 배양에 성공한 구더기(무균 마고트)를 당뇨성 족부궤양과 화상, 황색포도상구균(MRSA) 등의 치료에 적용한 결과, 항생제를 대체할 수 있을 정도의 치료효과를 나타냈다. 이번 임상은 24명의 환자를 대상으로 이루어졌다. 구더기를 이용한 상처 치료는 한번에 200여 마리의 구더기를 염증이 생긴 상처 부위(5×5cm)에 올려놓아 3~4일간 괴사하거나 손상된 조직을 먹게 하는 방식이다. 이런 식으로 최대 1개월 정도 치료를 받으면 상처 부위가 호전된다. 구더기는 200마리가 들어 있는 1병 당 10만 원이다. 연구팀에 따르면 척추디스크 수술 후 MRSA에 감염되어 1년 6개월여간 치료를 받았으나 증상이 호전되지 않았던 윤모(55,여) 씨의 경우 봉합수술을 하지 않았지만 구더기 치료 후 상처가 아물어 현재는 정상적인 생활을 하고 있다. 또 교통사고로 오른쪽 발목 아래에 생긴 염증 때문에 괴사 위험이 있었던 소모(7) 군의 경우도 구더기 시술을 8차례 받은 후 염증이 완전히 제거되었다. 구더기가 방어 차원에서 자신에게 해를 입히는 병원균을 죽이기 위해 분비하는 특수 물질이 상처 내에 남아 있는 병원균을 사멸시켜 상처가 빨리 아물도록 하는 효과를 낸다. 의학용으로 구더기가 상처 치료 등에 사용된 것은 역사가 길다. 200년 전 나폴레옹 군대의 야전의들은 구더기의 상처 치유력을 기록하고 있다. 제1차 세계대전과 미국의 남북전쟁에서도 구더기가 부상한 병사들의 상처 치료에 이용된 것으로 알려져 있다. 이 같은 구더기 치료는 1940년대 현대식 항생제가 개발되면서 사라졌다. 하지만 요즘에는 항생제 내성이 사회문제가 되면서 미국과 유럽 등지에서 임상시험이 활발히 이루어지고 있다. 국내에서 구더기 임상 결과가 나오기는 이번이 처음이다. 미국 식품의약국(FDA)의 경우 2004년 구더기와 거머리를 '의료장비'로 승인한 바 있다[참고: 김길원. '구더기'로 상처를 치료한다(2006. 6. 15). 연합뉴스].

59) 참고: 마이클 폴란(2007). 욕망하는 식물(역). 서울: 황소자리.

60) 컨닝으로 역사를 바꾼 일도 부지기수다[참고: 돈 허조그(2007). 컨닝, 교활함의 매혹(역). 서울: 황소자리, p. 158]. 예를 들어, 1492년 스페인 군대가 그라나다 지방에서 이슬람교를 믿는 무어인들을 쫓아냈다. 그 뒤 그라나다 지방의 위조범들이 "성모 마리아가 쓰던 수건과 초기 기독교 시대의 기록물을 동굴에서 찾아냈다."라고 떠들었다. 이것이 가짜로 들통이 난 것은 100년이 지난 후였다. 그 사이 이 가짜 수건과 기록물은 그라나다 지방에서 기독교 신앙을 전파하는 데 혁혁한 기여를 했다. 목숨을 부지하기 위해, 혹은 대의를 사수하기 위해 교활해질 수밖에 없는 순간도 수없이 많다. 독일의 유대인 작가 빅터 클렘페러는 제2차세계대전 막바지에 자신이 유대인이라는 사실을 숨긴 채 어느 독실한 천주교 신자의 집에 몸을 숨겼다. 클렘페러를 숨겨 준 집 주인이 정치와 종교 얘기를 꺼낼 때마다 그는 "젊은이들은 십계명부터 배워야 하지요." 하고 맞장구를 쳤다. 유대인도 십계명을 믿는다. 클렘페러는 일기에 "이런 말을 함으로써 나는 그들을 거스르지 않으면서 동시에 나 자신의 신념을 표현한다."라고 썼다.

61) [참고: 임종업. 세상 구원할 자, 무신론자!(2006. 6. 23). 한겨레] 도발적이고, 전통을 파괴하는 논지의 글을 자주 쓰는 자유주의적이고 쾌락적인 유물론자인 1959년생 미셸 옹프레는 예수 이야기가 날조라고 비판한다. 예수가 이 땅에서 다시 살았다는 증거가 없으니, 예수의 재림을 주장하는 관련 고문서라는 것은 요세푸스의 '유대 고대사'를 조작한 것이라고 비판한다[참고: 미셸 옹프레(2006). 무신학의 탄생(역). 서울: 모티브북]. 마가에 이르기까지 그의 선조들이 이미 만들어 놓은 글쓰기 수법을 모방해 예수라는 존재를 미화하였다는 것이다. 그 증거는 신약의 몇몇 구절과 디오게네스 라에르티오스가 쓴『유명한 철학자들의 생애·가르침·격언』을 비교해 보면 곧 탄로나지만, 그들은 그것까지 역사로 만들어 놓았다. 플라톤도 처녀막을 유지한 어머니의 몸에서 태어났고 수태고지는 아폴로 신이 담당했다는 등의 이야기가 예수 탄생의 모티브이며, 십자가에 못박혀 죽은 뒤 인간세계에 돌아온 예수의 이야기는 피타고라스에 관한 이야기를 모조했다는 것이다. 예수는 죽은 지 사흘 만에 모습을 드러냈다고 되어 있는 데 반해, 피타고라스는 죽은 지 207년으로 되어 있다. 그러니까 서술의 내용이 4일과 207년이라는 시차만 있을 뿐, 같은 주제를 동일하게 모조한 짝퉁이라는 것이다. 그리스도교가 가장 내세우는 인물인 바울은 예수의 모습에 자신의 환상을 제멋대로 분칠한 종교인이다. 바울은 신경쇠약 환자며 성기능 장애자다. 자기 열등감의 전형적인 존재였다. 이런 자일수록 무엇인가 세상이 뒤바뀌기를 바라는데, 자신에 대한 증오를 세상을 향한 증오로 바꾸는 데 성공한 사람이다. 제 자신의 신체적 결점 때문에 바울은 예수를 금욕의 인간으로 조작했다. 그의 생각에서 기인된 그리스도 교회는 성립된 그 순간부터 절대권력과 한번도 거리를 둔 적이 없었다. 그러다가 기회주의자 콘스탄티누스의 변절과 그의 절대권력욕으로 인해 그리스도교는 박해받는 소수에서 졸지에 박해하는 다수의 종교로 변질되었다. 교황청은 세속의 권력과 결탁해 권력을 휘둘러온 권력기구이며, 그것은 그 후 나치와의 협력, 종교재판, 노예매매, 인디언 학살, 르완다 성직자들의 후투 족 씨 말리기 등에 이르기까지 절대권력의 후원자였다. 그리스도교에게는 그들을 믿는, 그들이 사랑하는 자들 이외에는 모두가 무생물로 보일 뿐이기에, 그들은 언제든지 자신들에 반하는 이들을 신의 이름으로 처단한다. 하느님의 말을 대신 한다며 하느님의 몫을 요구하는

성직자들에게는 세금도 없는데, 유대교나 이슬람교도 그 점에서는 마찬가지다.

62) 바울은 예수의 부흥사인데, 그가 미국판 엘머 갠트리 같은 존재로 간주될 수 있다는 것이 그의 추론이다. 미국 최초의 노벨문학상 수상자인 싱클레어 루이스(Sinclair Lewis)의 소설을 바탕으로 1920년대 미국 중서부지역에서 활동하던 전도사들의 비리를 그린 작품인 〈엘마 갠트리〉에서는 그 부흥사로 버트랑 카스터가 열연한다. 이 영화는 1961년 제33회 아카데미 남우주연상, 여우조연상, 각색상을 수상했으며 전도사에 대한 부정적인 묘사로 종교계의 공격을 받기도 했다. 1920년대 미국 중서부, 사기꾼 세일즈맨 엘머 갠트리(Elmer Gantry)는 뛰어난 말솜씨를 무기 삼아 셔런 팰커너(진 시먼즈)가 이끄는 선교단에 합류한다. 신도들을 휘어잡는 갠트리의 열정적인 설교와 불구자들을 일으키는 셔런의 치료 능력에 힘입어 셔런의 선교단은 얼마 안 있어 명성과 부를 얻는다. 갠트리가 연단에 올라 여러분이 죄인이라고 꾸짖을 때마다, 신도들은 '오-주여!'를 외치며 그들의 재산과 영혼을 제단에 올린다. 이것에 취한 갠트리는 더욱더 부흥사의 행각을 벌이지만 끝내 사기꾼 세일즈맨의 본성을 벗어나지 못한다는 것을 보여 주는 명화다.

63) 좌파 사회학자인 토드 기틀린[참고: 토드 기틀린(2006). 무한 미디어(역). 서울: 휴먼 앤 북스]은 미디어의 본질은 자극적인 이미지와 소음을 만들어 내는 것에 있다고 비판한다. 사람들은 이 미디어가 만들어 내는 감각의 급류에 휩쓸려 허우적대고 있다. 기틀린은 심지어 정보 전달 매체에서도 우리가 얻는 것은 감각일 뿐이라고 단언한다. 르윈스키 스캔들, 9·11테러, 지진, 기아, 홍수 등 미디어가 끝도 없이 보도하는 뉴스에서 사람들은 정보나 사실보다는 성적 흥분과 슬픔, 공포, 분노, 연민, 안심, 불안을 반복해 느낄 뿐이다. 이제 미디어는 공적인 삶을 해체한다. 자극에 대한 끝도 없는 열광이 '공적인 삶의 속을 긁어내어 텅 비게 만들었다.'는 것이다. 미국의 정치학자 로버트 푸트남이 논문 「나 홀로 볼링(Bowling Alone)」에서 분석했듯 TV를 많이 시청하는 사람일수록 투표율이 낮다. 인터넷 댓글 놀이를 통한 활발한 정치 토론이 투표율로 이어진다는 보장도 없다. 그렇다고 인터넷도 휴대전화도 없이 살 수는 없다. 채널을 돌려 버린다고 해결될 문제도 아니다. 거스를 수 없는 미디어 급류에서 살아남을 방도는 이 책에도 없다. 기틀린은 미디어가 무언가를 매개하는 존재가 아니라고 지적하며, 우리가 그곳에 풍덩 빠져 살고 있는 환경임을 인정하는 것부터 시작하자고 제안한다.

64) 참고: 노만수(2007. 5. 22.). 도구적 합리성의 오만. 주간동아. p. 94.

65) 참고: 피터 싱어(2007). 이렇게 살아도 괜찮은가(역). 서울: 세종서적.

66) 참고: 페터 쿰머(2007). 불가능은 없다(역). 서울: 이지북.

67) 그는 초등학교를 중퇴하고 열다섯 살부터 돈을 벌기 시작한 장돌뱅이였다. 삼십대 후반에는 월급을 모아 켄터키 주의 코빈이라는 시골에 조그만 주유소를 차렸다. 서른아홉 살이 되던 1927년, 그는 주유소 뒤에 있던 창고를 개조해서 주유소 손님을 위한 조그만 식당을 열었다. 식당 음식이 맛있다는 소문이 나면서 본격적으로 '샌더스 카페'를 운영하기 시작했다. 나이 마흔두 살 되던 해였는데, 그의 식당에서 닭튀김이 맛있다는 소문이 자자했다. 그가 예순네 살이 되던 1953년, 식당 앞의 길이 크게 확장된다는

소문이 돌았다. 그의 가게를 16만 4천 달러에 사겠다는 제안이 들어온다. 그 돈은 지금으로 치자면 거금이었지만, 그는 큰 도로가 나면 식당이 더 잘될 것이라는 욕심에 그 제안을 거절했다. 불행하게도 소문과는 달리 도로가 다른 곳으로 지나갔다. 졸지에 샌더스의 식당은 망해 버렸다. 교통이 불편해진 탓이다. 식당은 다음 해에 경매에 넘어갔다. 그는 예순다섯 살의 나이에 빈털터리가 되었다. 샌더스 부부는 100달러의 연금으로 생활하는 처지가 되었다. 그러나 샌더스는 실의에 빠지지 않고 자신이 제일 잘할 수 있는 것은 닭튀김이라는 결론을 얻었다. 그것으로 성공할 것이라는 긍정적인 생각만을 하기로 했다. 마침내 고물차 트렁크에 압력솥과 양념 비법을 적은 노트, 닭튀김을 위한 향신료를 싣고 미국 전역을 돌아다녔다. 그는 미 국토를 횡단하며 영업을 계속했다. 다섯 곳의 체인점도 열었다. 체인점마다 입소문이 나면서 가맹점이 점점 늘었다. 그가 일흔 살이 되던 1960년에는 미국 전역에 2백 개의 체인점이 생겨났다. 체인점이 600개로 불어난 1963년, 회사를 2백만 달러에 사겠다는 약속 아래 그에게 평생 월 4만 달러의 월급을 주는 평생 이사 대우의 조건을 제시받았다. 샌더스는 그 조건에 회사를 넘겼다. 그리고 아흔 살이 되던 1980년에 그는 위대한 정신의 법칙이 무엇인지를 보여 준 마지막 눈을 감았다.

68) 미국 뉴욕 머시 대학 철학과 교수로 근무하던 맥클러스키는 서른네 살 되던 날 마호팩 펄스 소방서에서 자원소방관으로 일하기로 결심한다[참고: 프랭크 맥클러스키(2007). 소방관이 된 철학 교수(역). 서울: 북섬]. 그가 소방관의 길로 뛰어든 것은 타인에게 헌신하고 싶어서였다. 소방관이 된 그는 12년 동안 낮엔 철학 교수로 사색하고, 밤엔 소방관과 구급차 운전자로 살았다. 소방관은 불길 속으로 뛰어드는 일을 하는 사람인데 불 속으로 뛰어들기 위해서는 자신과 동료 소방관에 대한 신뢰가 없으면 불가능하다. 생사의 갈림길에서 모두에게 도움이 되는 결정을 하기 위해 누군가와 함께하고 있다는 믿음이 있어야 한다. 그 결정을 내리기 위해 그는 플라톤이나 아리스토텔레스의 책에서 배울 수 없는 것, 말하자면 불 속에선 모두 평등하다는 것을 깨달아야 한다. 연령상 소방관을 은퇴할 수밖에 없어, 이제는 철학 교수로만 남아 있는 그는 소방수의 삶을 돌아보며 이렇게 말한다.

"소방관으로 있는 동안 매일 영웅적인 삶을 살면서도 영웅 의식에 빠지지 말아야 했다. 주변을 사랑하고 배려하면서도 매 순간 냉철해야 한다. 철학 이론은 관념적일 수 있지만 불의 세계는 진짜며, 화재 현장은 삶과 죽음의 경계이기에, 어떤 관념이나 허위도 개입할 틈이 없었다."

69) 언론인 임귀열[참고: 임귀열. 3대 거짓말(2007. 3. 28). 한국일보]은 세 종류의 훈련된 거짓말을 들고 있는데, 그런 훈련된 거짓말들은 보통 전문가, 정책가들이 그들의 위선을 호도하기 위해 밥 먹듯 지어낸다고 보고하고 있다.

"통계학자 세 명이 사냥을 갔다. 큰 사슴을 보고 한 통계학자가 총을 쐈는데 왼쪽으로 1m 빗나갔다. 다른 학자도 총을 쐈는데 오른쪽으로 1m 빗나갔다. 세 번째 학자는 총을 쏘지 않고 이렇게 외쳤다. "우리는 평균적으로 말해 사냥감을 잡았다." 왼쪽과 오른쪽으로 치우친 것의 평균을 내면 명중이 된다는 얘기다. 학장실에 물리학·화학·통계학 교수 세 명이 모여 있는데 쓰레기통에서 불이 났다. 물리학 교수가 "자재 온도를 낮춰야 불이 붙지 않는다."라고 말했고, 화학 교수는 "아니요, 산소 공급을 차단해야 불이 붙지 않지요."라고 말했다. 그러자 통계학 교수가 방안을 뛰어다니며 불을 붙였다. 다른 교수두 명이 "도대체 무슨 짓이오?"라고 묻자 통계학 교수는 "불을 더 붙여야 충분한 샘플 사이즈를 얻지요."라고 말했다고 한다. 흔히 논리(logic)는 확신감을 갖고 엉뚱한 결론을 이끌어 내는 것이고, 통계(statistics)는 엉뚱한 결론을 95%의 확신으로 접근하는 방식이라고 비아냥댄다. 통계에는 맹점이 있다는 것을 지적한 것이다. 이와 관련해서는 마크 트웨인(Mark Twain)과 벤저민 디즈레일리(Benjamin Disraeli)가 가장 자주 인용된다. "세상에는 세 가지 거짓말이 있는데 그냥 거짓말과 나쁜 거짓말, 통계 수치가 그렇다(There are three kinds of lies: lies, damned lies, and statistics)." 한국인들도 '세상의 3대 거짓말' 이야기를 한다. 미국 중학교에서 통계와 관련한 숙제를 내면 갖가지 엉뚱한 질문이 쏟아진다. 예컨대, 성인 네 명 중 한 명이 현대판 정신병을 앓고 있다는 조사 결과가 있다. 이에 따르면, 만일 세 명의 친구를 확인한 결과 모두 정상이라면 자신이 정신병자가 아니냐는 물음이 나온다. 실험 쥐 중 3분의 1이 죽고 3분의 1은 생존했고 나머지는 도망갔다는 조사 결과에 대해서는 도망간 것도 생존인데 그렇다면 분류법에 오류가 있는 것 아니냐는 질문도 나온다. 어이없고 황당한 얘기 같지만 통계의 허구성을 배우는 미국 중학교 수업에서 실제로 나오는 질문이다. 애런 레벤스테인(Aaron Levenstein)은 통계가 비키니 같다고 비유했다. 통계에 보이는 건 추론적인 것이며, 숨겨진 것이 핵심이라는 뜻이다. 존 파울로스(John Paulos)의 '통계의 79.48%는 즉석에서 만들어진다.'는 말도 의미 있게 들린다. 정치인이 "중산층이 잘 살도록 하겠다."거나 "평균치 가계 수입(average income)을 보장하겠다."라고 말하는 것도 숫자놀음, 통계 이름을 빌린 공약(空約)인 셈이다. 요즘은 '숫자가 거짓말하는가, 거짓말쟁이가 숫자로 장난치는가(Do Figures Lie or Liars Figure)?'와 같은 말이 유행하고 있다. 물론 엉성한 통계치도 문제고 이들 통계를 들먹이며 악용하는 사람도 문제다.

70) 참고: 피터 싱어(1997). **실천윤리학**(역). 서울: 철학과 현실사.

71) 뇌사 아들의 인공호흡기를 떼어 내 숨지게 한 아버지가 구속되어 재판을 기다리고 있다. 그는 유전성 난치병을 앓다 사고로 뇌사 상태에 빠진 아들을 결코 살릴 수 없다는 절망적인 심정에서 인공호흡기를 떼어 냈다[참고: 김성현, 이지혜. 소생 가능성 없어도 안락사는 '살인죄' (2007. 8. 9). 조선일보]. 광주 북부경찰서에 따르면, 뇌사 상태인 장남(27)의 인공호흡기를 떼어 내 숨지게 해 살인혐의로 붙잡힌 A(51) 씨는 아들을 살리기 어렵다는 말에 자포자기 심정으로 인공호흡기를 떼어 냈다. A씨의 자녀 가운데 이번에 숨진 큰아들과 셋째 아들은 근육이 변성·위축되는 유전성 질환인 진행성 근이영양증을 앓고 있어 거동에 큰 불편을 겪어온 것으로 알려졌다. A씨는 10년 이상 장애에 시달리는 자녀문제로 부인과 불화를 겪다 부인이 4년 전 집을 나가자 이혼했으며, 이후 운영하던 식당도 그만두고 두 아들 돌보기에 헌신해 왔다. A씨는 지난달 큰 아들이 집 화장실 변기에서 떨어져 의식불명 상태에 빠지자 광주 북구 모 병원에 입원시켜 치료를 받도록 했다. 그러나 아들이 뇌사 상태에서 회복하기 어렵다는 의사의 말에 '차라리 하늘나라로 편하게 아들을 보내주자.'고 생각하여 인공호흡기를 떼어 냈다. 아들을 아끼는 A씨의 마음이나 악의 없는 의도는 인간적으로 이해할 수 있으나, 아들이 숨질 수 있다는 점을 알고도 호흡기를 떼어 낸 행동은 '사람을 살해한 자는 사형, 무기 또는 5년 이상의 징역에 처한다.'는 형법 규정의 적용을 받는다는 것이 경찰 관계자의 견해다.

72) 참고: 김용옥. 도올인터뷰, '실천윤리학'의 거장 피터 싱어 교수를 만나다(2007. 5. 21). 중앙일보.

73) 참고: 빈센트 반 고흐(2005). **영혼의 편지**(역). 서울: 예담.

74) 참고: 권기태(2007). **일분 후의 삶**. 서울: 랜덤하우스코리아.

75) 이런 논쟁이 계속되던 동안 에베레스트에서는 작은 기적이 일어났다. 함께 등반하던 일행이 숨진 것으로 판단해 산에 두고 내려온 호주 산악인 링컨 홀(50)이 미국인 댄 마지르의 도움으로 하루 만에 살아 돌아온 것이다. 홀은 2006년 5월 25일 에베레스트 정상에 오른 뒤 하산하던 중 8,700m쯤에서 정신을 잃고 쓰러져 산에 남겨졌다. 다음 날 정상으로 향하던 길에 홀을 발견한 마지르는 그의 생명이 붙어 있다는 것을 직감하고 구조를 요청했다. 그 뒤 정상 등극을 포기하고 구조팀과 함께 홀을 산 아래쪽에 있는 베이스캠프까지 옮겨 놓았다. 홀은 구조 하루 만인 27일 혼자 걸어서 내려올 만큼 빠른 속도로 회복했다. 〈뉴욕 타임스〉는 '홀이 이렇게 빨리 회복했다는 것은, 도움을 받지 못해 숨진 영국인 샤프를 누군가 도왔더라면 살 수 있지 않았을까 하는 의문을 제기한다.'고 전했다.

제8장
의식소통의 꿈 Inter Experience Frames

피차 사랑의 빚 외에는 아무에게든지 아무 빚도 지지 마라. 남을 사랑하는 자는 율법을 다 이루었느니라. 간음하지 마라, 살인하지 마라, 도둑질하지 마라, 탐내지 마라고 한 것과 그 외에 다른 계명이 있을지라도 네 이웃을 네 자신과 같이 사랑하라 하신 그 말씀 가운데 다 들었느니라.
—로마서 13장 8~9절

마구 달리는 마차처럼 일어나는 노여움을 억제하는 사람을 나는 진짜 '마부'라고 부르겠다. 다른 사람들은 고삐만을 쥐고 있는데…….
– 법구경 17, 분노품

나는 아무것도 바라지 않는다. 나는 아무것도 두려워하지 않는다. 나는 자유다.
– 니코스 카잔차키스(1883~1957)

인간은 원래 끈기라는 것과는 인연이 없도록 진화해 온 동물이다. 길버트 교수[1]에 따르면,[2] 인간은 생각하는 것만큼 미래지향적인 존재가 아니다. 인간은 본능적으로 미래보다는 '현재의 상황'에 맞추어 모든 것을 생각하고, 느끼고, 행동하는 동물에 더 가깝다. 과거에 대한 평가도, 미래에 대한 예측도 현재의 상황에 따라 바꿔 놓는 동물이 바로 인간이라는 동물이다. 지금 당장에 가시적으로 나타나는 효과를 실감하지 못하면, 이내 흥미나 의욕을 잃어버리고 만다. 그래서 인간들이 그토록 갈구하는 행복은 항상 예측을 벗어나게 된다. 인간은 그토록 원하던 것을 막상 얻고 나면, 이내 시들해진다. 새 차를 사면, 차를 산 후 며칠 동안 신나게 몰고 다니면서 잠시 행복한 느낌을 갖게 될 뿐이다. 연애의 감정이나 살아가는 감정도 모두 비슷하다. 행복이라는 감정은 하루 종일, 일주일 내내 쌓이는 그런 것이 아니다.

게다가, 인간이야말로 이 세상에서 그 어느 동물보다 잘 속아 넘어간다. 코넬 대학교의 토머스 길로비치(Thomas Gilovich) 교수는 인간만큼 미신을 믿는 동물은 이 세상에 없다고 본다.[3] 인간은 미신뿐 아니라 항간에 떠돌아다니는 이야기라도 조금만 귀가 솔깃해지면 일단 그것을 믿어 버리고 만다는 것이다. 그것에는 다 이유가 있다. 인간은 스스로 지각하는 사물에서 질서와 패턴을 보고 의미를 찾으려는 성향을 타고나기 때문이다. 인간은 무규칙, 무질서, 그리고 무의미 같은 것을 견디기 어려워하기 때문에 일단 편하게 믿어 버리고 새로 시작한다는 것이다. 편해지기 위해 일단 믿고 보는 동물이 인간이라는 논리다. 이를테면, 불임부부가 입양을 하면 임신하기 쉽다고 믿는다든지, 긍정적 이미지를 계속 떠올리면 암도 낫는다든지, 농구에서 슛이 들어가기 시작하면 다음 슛도 성공하기 쉽다고 믿어 버린다. 마약이나 알코올 중독 등도 일단 중독자들이 처절하게 밑바닥 생활을 해 보아야만 비로소 고칠 수 있다는 강한 신념은 사회문제가 끊이지 않는 원인이 되기도 한다. 이런 사례 말고도, 우리가 매일같이 접하는 식품에 대한 편견도 모두 믿음의 결과를 반영하는 것들이다. 의사나 영양학자는 아니지만, 심리학자인 오크스 교수는 식품에 대한 편견 때문에 사람들이 스스로 자기 건강을 해치고 있다고 주장한다.[4] 그런 것 중 하나가 바로 햄버거보다는 사과를 더 좋은 식품으로 떠받드는 것이다. 사과라는 식품에는 긍정적인 평판을, 햄버거라는 식품에는 부정적인 평판을 부여하고 있는 것이 현실이다. 그러나 실상 사과에는 단지 비타민C 한 종류만이 들어 있고, 햄버거에는 일반적으로 13종의 핵심 비타민과 미네랄이 들어 있다. 이것이 두 식품에 대한 과학적이고 객관적인 분석 결과다. 게다가 '사과에 든 당분은 몸에 좋고 도넛에 든 설탕은 해롭다.'라는 당연해 보이는 주장도 옳지 않다. 실제로 사과에는 도넛의 두 배가 넘는 당질이 들어 있고 비타민과 미네랄 함량도 도넛에 미치지 못한다. 우리가 식품에 대해 알고 있는 '상식'을 정면으로 뒤집는 주장들은 한두 가지가 아니다. 식품에 대한 일반인의 상식을 곰곰이 따져 보면 과학적 근거가 불분명한 것이 수두룩하다. 일부 근거가 있는 것들도 지나치게 부풀린 경우가 적지 않다. 그럼에도 불구하고, 사람들은 먹는 것에 대한 부정적인 이야기를 들으면 원래 메시지보다 확대해서 받아들인다. 사람들이 그렇게 나름대로의 신념으로 자신의 의식을 강하게 사로잡는 것은 인간 스스로 의식의 진공 상태를 싫어하기 때문이다.

사정이 그렇기는 하지만, 믿음을 과학적으로 분석해 보면 믿을 만한 것은 결국 아무것도 없다. 사람들은 무작위적 사건 분포에 관한 오해가 커서, 말하자면 '동일 사건 연속 발생에 의한 착각' 때문에 그렇게 믿으려고 할 따름이다. 실제로는 올해에 성적이 좋았던 자녀나 실적이 뛰어났던 회사는 일반적 기대와 달리 내년에는 그만큼 못할 가능성이 오히려 크게 마련이다. '평균 회귀 효과'로 그 현상을 설명할 수 있다. 평균 회귀란, 두 변수에 상관관계가 있으나 그 관계성이 불완전할 때, 한 변수가 극단적 값을 보이면 다른 변수는 보다 평균에 가까운 값을 보이는 경향이 있다는 통계적 사실이다. 이를 모르기에 생겨난 미신의 대표적 사례가 바로 『스포츠 일러스트레이티드』 징크스 같은 것이다. 사람들은 이 잡지 표지에 사진이 실리면 그 선수는 운이 나빠진다는 이야기를 별 거리낌 없이 믿어 버리곤 한다. 진실은 의외로 간단하다. 유명 선수들은 한동안 실적이 탁월해서 그의 뉴스 가치가 커졌을 때 표지에 오른다. 그러나 몇 주간 그토록 잘한 뒤에는 평균 회귀 효과에 따라 오히려 슬럼프가 올 가능성이 크다. 그렇지만 사람들은 신념이나 가설에 합치하는 증거를 편애하기에, 반대 증거들은 간과하거나 깎아 내리려고 한다. 가설을 검증할 때 제기하는 질문도 편파적이고, 그것에 대한 기억까지 선택적으로 한다.

노름꾼이 노름을 그만두지 못하는 이유는 사람들이 성공을 액면 그대로 받아들이기 때문이다. 실패는 꼼꼼히 돌아보며 정당화하지만, 성공은 비판 없이 그대로 받아들이는 과정을 통해 자신의 성공과 실패의 역사를 고쳐 쓰는 것이다. 그런 과정 속에서 돈을 잃은 판은 놀랍게도 '딸 뻔했던 판'으로 재해석된다. 과학적 근거가 박약하고 효험도 거의 없는 비의학적 치료법에 사람들이 홀리는 것 역시 통계적 평균 회귀 현상, 기대와 기억의 단면성, 그리고 '믿고 싶다. 믿어야겠다.'라는 소망과 의지 따위가 복합적으로 작용한 결과일 뿐이다. 비의학적 치료를 받고서 나빠진 암 환자가 있다 하더라도 그러한 믿음을 막지는 못한다. 사람들은 심각한 암 환자의 쾌유를 크게 기대하지 않기 때문에, 비의학적 요법을 받고 실패하는 일을 당연한 일로 여긴다. 반면에 어쩌다 무슨 까닭에서든 그 병이 호전되거나 완치되면, 일반적인 기대와는 다르기 때문에 주목을 받게 된다. 나아가 치료법의 인기가 필요 이상으로 부각되거나 사회적으로 돋보이기까지 하는 것이다.

이렇게 인간이 무엇인가를 추구하고 노력하면서도 실제로는 현재에 만족하지 못하는 것은, 인간의 상상력에 치명적인 결함으로 생기는 부작용이다. 새 자동차를 사면 매우 행복할 것이라고 상상하며, 그 상상 속에는 행복한 것만 나열되어 있다. 인간의 행복과 그로부터 얻어지는 만족에는 긍정적인 것과 기쁜 감정만 나열되어 있고, 부정적인 감정들은 슬그머니 빠져 있다. 새 차를 구입했을 경우 세금, 할부금, 주유비, 퇴근길의 혼잡, 주차 전쟁, 고장, 보험, 예기치 않게 발생하는 자동차의 흠집 등 부정적인 항목은 인간의 상상 속에서 처음부터 빠져 있는 것이다.

게다가 인간에게는 '심리 면역체계'가 있어서, 늘 좋고 긍정적인 것에만 민감하게 반응하도록 되어 있다. 나쁜 일을 경험하는 순간부터 사람은 제 스스로를 지키기 위한 안전 잠금 장치를 마련해 놓고 있기에, 부정적인 것은 아예 생각하는 것조차 금기시하고 있다. 인간에게 작동하는 심리적 면역반응은, 마치 사람 몸 안에 병원균이 침입할 때 몸이 자동적으로 이를 물리치려고 노력하는 저항력과 같다. 심리적으로 불유쾌한 것들을 물리치는 예방체계를 작동시켜 부정적인 것을 심리적으로 무기력하게 만드는 것이다.

이런 심리적 면역반응은 인간이 세상에 잘 적응하며 살아가기 위해 진화과정에서 발달된 '정서적 면역 시스템'이다. 이 면역 시스템은 인간이 행복을 지상 최대의 목표로 삼고 그것을 얻기 위해 안간힘을 쓰면서도, 궁극적으로 결코 행복해질 수 없는 원인이 된다. 인간의 행복에 대한 예측은 항상 빗나가도록 되어 있기 때문이다. 인간의 신체 적응 메커니즘은 새로운 상황에 놓이고 어느 정도 시간이 경과하면, 뇌 스스로 그 상황에 적응하여 중립의 상태가 된다. 새로운 환경에 대한 강한 정서적 수준과 반응도 시간이 흐르면 중립적인 현재형 적응모드로 바뀐다. 그런 과정을 통해 인간은 무엇에든 현재진행형으로 자기 자신을 적응해 갈 수 있다. 그것이 인간이라는 동물이 갖고 가는 삶의 기본이다. 그런데 인간은 일단 새로운 환경에 만족하기 시작하면 그 기본을 잊어버린다. 무엇인가에 적응하고 있다는 사실 자체를 잊게 되기에 인간은 행복해질 수가 없다. 그러므로 인간이 제아무리 행복해지려고 노력해 봐도, 결국에는 행복을 추구하는 것 자체가 쓸모없는 짓으로 끝나 버리고 만다. 행복을 지상 최대의 목표로 삼고 그것을 얻기 위해 겉으로 노력한다고 해도, 내면적으로는 인간 스스로 점점 더 행복에서 멀어지는 것이다.

오히려 자기 혼자 행복해지겠다는 생각을 가급적 덜 하는 게 행복에 접근하는 지름 길일 수 있다. 행복에 대한 미래 경험을 상상하고 그것을 실현 가능한 한 것으로 예측할 때, 가장 좋은 방법은 자기 혼자만의 상상이 아니라 더불어 같이 해 보는 것이다. 비슷한 생각이나 경험을 먼저 해 본 다른 이들의 체험이나 실체를 듣고 서로 힘을 합치고 서로가 도달해야 할 행복을 상상하고 그것을 추구한다. 이것이 행복에 한 발짝 더 다가서는 현실적인 방법이다. 설령, 상상한 행복에 이르지 못한다고 하더라도, 그 과정에서 얻어지는 좋은 인간관계가 행복이며, 그것이 행복 하나를 행복들로 잘게 나누는 방편일 수 있다.

길버트 교수의 결론은 간단하다. 사람들이 소망하는 것들은 대개 비슷한데, 다른 사람이 행복을 느끼는 것에서 자기 자신도 행복해질 수 있어야 한다. 그런데 인간은 그렇게 하지 않기에 행복해질 수가 없다는 것이다. 사람은 자기 자신만이 독특하고 영특하며 유별난 존재라고 생각하는 버릇이 있다. 그 버릇 때문에 다른 사람들과 함께 가지 못한다. 그래서 길버트 교수는 행복해지려면 자기 혼자만 특별하다는 생각으로 미래에 대한 너무 큰 기대를 갖지 않아야 한다고 강조한다. 어차피 우리의 후손들도 지금의 우리와 마찬가지일 것이다. 우리가 절대적이라고 여기고 만들어 놓은 가치관을 고맙게 생각하거나 그것에 크게 의존하지는 않을 것이기 때문이다.

길버트 교수는 행복한 삶을 살아가는 데 필요한 것이 있다면, 그중 하나가 현재 나를 행복하게 만들어 줄 수 있는 휴머니스트를 친구로 두는 일이라고 충고한다. 휴머니스트가 누구인지를 철학적으로 정할 필요는 없다. 휴머니스트를 거창한 인물로 거들먹거릴 일도 아니다. 그 휴머니스트가 누구여야 하냐는 질문에 군이 대답해야 한다면, 송추향 씨[5]의 이야기에 귀를 기울이는 것으로 족하다. 그녀는 서른 살이 채 되기도 전에 남편으로부터 흠씬 두들겨 맞고 한쪽 귀의 청력을 잃은 채 경찰서로 향한 후 한 팔에는 아이를, 다른 한 팔에는 짐 가방을 들고 집을 나선 작가다.

"내가 하는 말은 다 옳고, 내가 하는 생각은 다 훌륭하고, 내가 하는 판단은 언제나 최선이라고 믿어 주는 사람, 내가 하는 몸짓마다 예쁘다며 웃어 주는 이가 바로 내 삶살이에 필요한 휴머니스트다."

그런 휴머니스트가 어떤 사람인지를 되묻는다면, 그녀는 이렇게 정리해 줄 것이다. '처음 만나는 자리에 어색함을 무마하려 먼저 말을 건네는 사람, 그러다가 곧 썰렁해지면 또 화제를 만드는 사람, 그래서 좀 실없어 보이지만 기꺼이 그럴 수 있는 사람'이 바로 휴머니스트다. 사실 이 세상에 태어난 모든 사람은 서로가 노는 방법이 다르다. 그렇게 서로 다르게 노는 방법을 같이 즐기며 서로에게 격려가 되도록 하는 사람이 바로 휴머니스트다.

송추향 씨의 말대로, 행복한 휴머니스트는 보통 인간과는 조금 다른 행보를 보이는 존재다. 같은 바닥에서 놀아도 누구는 걷고, 누구는 기고, 누구는 머뭇거리고, 누구는 기다린다. 방법의 차이일 뿐 모두가 이 바닥을 누릴 줄 안다. 중요한 것은 내가 지금 이 세상에 살고 있다는 것, 저기 집구석에서 찌그러져 있지 않고 지금 이 길 위에 있다는 것을 즐길 수 있는 사람이 행복한 휴머니스트다.

그런 휴머니스트는 때때로 남의 일에 개입하기도 한다. 간섭하려는 것이 아니라 격려하고 도와주기 위해서 그냥 그들 가운데 끼어 버리는 것이다. 휴머니스트에게 별다른 의도가 없었다 하더라도, 세상은 그들의 마음을 있는 그대로 받아들이거나 그들과 진지한 소통을 하지 않을 수도 있다. 마치 지하철 역사 벽면에서 눈길을 뿌리치기 어려운 우화의 주인공 같은 처지에 있는 존재들이다.

어느 날 한 사람이 산에서 열심히 톱으로 나무를 베고 있었다. 근처를 지나던 다른 나무꾼이 그것을 보고 있었다. 온몸에 땀을 흘리며 열심히 나무를 베고 있지만 그 나무가 잘 베이지 않는 것 같았다. 해가 중천을 지나기 시작했다. 아무래도 톱이 녹이 슬고 무디어져 있는 것 같아서 지나가던 나무꾼이 그에게 물었다. "지금 뭐하시는 겁니까?" "보면 모르오? 나무를 자르고 있지 않소." "잘 되십니까?" "글쎄, 빌어먹을. 잘 안 되고 있소." "제 생각에는, 잠깐 일을 멈추고 톱을 갈아서 다시 하시는 게 어떻겠소? 도와드릴까요?" "아니, 제정신이요? 하루 종일 나무를 자르는데도 아직 반도 못 잘랐는데, 톱을 갈 시간이 도대체 어디에 있겠소?" 그러고는 그 나무꾼은 주제넘게 자기 일에 참견한 사람을 바보, 멍청이로 생각하면서, 계속 나무를 베고 있었다.

혹시 우리도 지금 이렇게 사는 것은 아닐까? 무딘 톱으로 하루 종일 나무를 켜고 있는 그런 존재들에게 핀잔이나 받는 사람들이 휴머니스트일 수도 있다.

인생이나 삶이란 자신의 마음을 알아가고, 상대방의 마음을 알아가는 과정일 뿐이다. 고대 로마의 사상가인 세네카는 후세에게 충고를 잊지 않는다. "사람의 마음을 알기 위해, 다른 사람의 속마음으로 들어가라. 그리고 다른 사람으로 하여금 당신의 속마음으로 들어오도록 하라." 세네카의 이야기는 아직도 유효하다. 그것이 서로가 서로에게 통하고자 하는 소통의 길이기 때문이다.

인간관계란 물과 같아서 썩지 않으려면 물 흐르듯 끊임없이 흘러야 한다. 한곳에 고인 물은 맑음을 점점 잃어가기에, 그 물을 마시던 사람들은 새로운 곳을 찾게 마련이다.[6) 따라서 좋은 인간관계는 '오래된 새 길'처럼 언제나 그곳에 있어야 하지만, 늘 새로운 의미를 주는 관계여야 한다. 오래된 새 길을 제대로 걸어 나가게 하는 힘이 바로 사람들 간에 일어나는 의식의 소통이다. 의식소통은 자유인의 공동체 구성을 위한 사회적 토대가 된다. 그것은 국가주의나 정치적 절대권력의 지배를 완강히 거부해서가 아니다. 사람들 간의 자유롭고 의미 있는, 소통의 인간관계라는 점에서 그렇다.

타자와의 연결을 위해서는 자기 자신부터 비워야 한다. 그렇게 먼저 비우기 위해서는 지배와 권력 행사가 어차피 부자유스럽다. 차라리 그것을 배제하는 것이 소통에 도움이 된다. 권력의 길이나 방법에 의지하기보다는 인간의 길과 소통의 길을 택하기만 하면 된다. 그러면 사르트르가 이야기한 것과는 달리, 자유공동체의 구성원들은 현실적으로 타자를 지옥이 아니라 천국으로 받아들이게 된다.

그런 점에서 의식소통을 하려고 하는 사람들은, 중국의 철인 장자(莊子)가 이야기하듯, 꿈을 꾸고 있는 존재들로 거듭나야 한다. 장자[7]는 의미 있는 존재를 흔히 '꿈'을 꾸는 자에 비유하고 있는데, 그것은 현실 도피가 아니라 현실 직면에 대한 강조다. 사람들은 꿈을 꿀 때 자신이 꿈꾸고 있다는 것을 알지 못하고, 꿈을 꾸면서 꿈속에서 꾼 어떤 꿈을 해석하기도 한다. 장자가 말하는 꿈의 속성은 자신이 꿈을 꾸었다는 것은 완전히 깨어날 때에만 그것이 완전한 꿈이었음을 알게 된다는 것이다. 깨어 있어야만 꿈의 의미를 알 수 있다는 점에서 장자의 '꿈'을 현실세계에 매몰되어 있는 상태로 해석한다면 그것은 장자를 잘못 읽은 것이다. 강신주 박사는 이렇게 주장하면서 장자를 새롭게 읽으라고 주문한다. 그가 말하는 새로운 장자론[8]은, 현실세계 자체가 꿈인데 그 꿈속에서 또 다른 꿈을 꾸고 있다는 논리가 장자를 의도적으로 오독하게 만들었다는 점에 주목하고 있다.

강신주 박사는 그런 오독이 장자가 꿈에서 깨어나라고 이야기하는 것을 '일상으로부터의 초월'로 해석하고 있다고 주장한다. 이 같은 해석은 장자의 사유를 신비주의로 몰고 가는 치명적인 오독에 이른다. 오히려 장자에게는 꿈이야말로 그릇된 초월에의 의지를, 그리고 꿈에서의 깨어남은 형이상학적 욕구를 포기하려는 결단을 상징하고 있기 때문이다. '꿈'이란 타자가 배제된 사유, 아무리 거대한 체계를 구성하고 있더라도 일종의 유아론에 불과한 형이상학적 사유를 가리킨다. 따라서 장자는 삶의 세계와 분리된 초월적 이념을 '꿈'으로 상정하고 있다.

형이상학적인 '꿈의 길'을 벗어나서 생생히 살아 있는 '삶의 길', 즉 인간의 길을 따르라는 것이 장자 철학의 핵심이라고 보면 된다. "장자에게 꿈은 현실적인 삶과 무관한 것, 나아가 우리의 삶을 왜곡하는 생각을 상징하는 것"이다. 따라서 "이런 형이 상학적 사유를 따를 때, 인간의 삶은 결국 위험에 빠질 수밖에 없다."라고 분석했다. 또한 "꿈에서 깨어나면 우리는 삶의 세계에 적나라하게 내던져진다. 이제 우리는 매 순간 예기치 못한 타자와 마주치게 될 것"이다. 이에 강신주 박사는 장자의 입을 빌려 타자와의 관계를 어떻게 맺을 것인가에 대해 말하고 있는 것이다.

의식소통은 사람들끼리 이기고 지거나 잘하고 못하고를 가리는 문제가 아니다. 의식소통은 논쟁과 경쟁의 문제가 아니라 마음의 여백을 늘리는 문제며, 배려의 공간을 확장하는 문제다. 남의 이야기에 내 귀를 내줄 수 있으며, 그의 이야기를 받아들일 수 있는 자신의 심적 공간을 마련할 수 있는지에 대한 점검이 마음의 여백 만들기 문제다. 타인을 배려할 수 있는 사람은 타인을 받아들일 수 있는 여백, 말하자면 의식소통의 공간을 늘 준비하고 있는 사람이라고 볼 수 있다. 장자는 「제물론(濟物論)」에서 사람 간의 의식소통은 사람들의 배려하는 마음가짐과 공감의 여백 마련이 어느 정도인지를 말하는 것이라고 하였다.

「제물론」은 『장자』의 내편 7편 중 제2편의 제목으로서, 모든 이론을 가지런히 만든다는 뜻을 갖고 있다. 서로 간에 쟁명하는 온갖 의견과 생각 간의 갈등, 긴장을 한순간에 잠재운다는 뜻이다.

> 내가 자네와 논쟁을 했다고 가정해 보세. 자네가 나를 이기고 내가 자네에게 이기지 못했다면, 자네가 옳고 내가 옳지 못한 것일까? 내가 자네를 이기고 자네가 내게 졌다면, 내가 옳고 자네가 옳지 못한 것일까? 어느 한쪽이 옳고, 다른 한쪽은 그른 것일까? 우리가 둘 다 옳거나, 둘 다 그른 것일까? 그런 것은 나나 자네나 알 수 없는 것이네. 무릇 모든 사람이란 나름대로의 편견을 가지고 있거늘, 우리가 누구를 불러다 그것을 판단케 하겠나? 만약 자네와 의견이 같은 사람에게 판단해 보라고 하면, 그는 이미 자네와 의견이 같은데 올바로 판단할 수 있겠나? 나와 의견이 같은 사람에게 판단해 보라고 하면, 그는 이미 나와 의견이 같은데 올바로 판단

할 수 있겠나? 그렇다고 나나 자네와 의견이 다른 사람에게 판단해 달라고 한들, 그 사람 역시 나나 자네와 의견이 다른데 어떻게 올바로 판단할 수 있겠나? 마찬가지로 나나 자네와 의견이 같은 사람에게 판단해 달라고 해도, 이미 나나 자네와 의견이 같으므로 올바로 판단을 할 수 없는 것이네. 그러니 나나 자네, 그리고 다른 사람들까지 모두가 알 수 없는 것이지. 그런데 누구에게 의지하겠나? 변화하는 소리들이란 서로에게 의지하여 이루어진 것이지. 만약 그것들을 서로에게 의지하지 않게 하고 자연의 도리로 조화시킨다면, 나의 언변도 막힘없이 흘러갈 것이요, 유유자적하며 일생을 보낼 것이라네. 무엇을 일러 자연의 도리로 모든 시비를 조화시킨다는 것인가? 그것은 옳은 것과 옳지 않은 것, 그러한 것과 그렇지 않은 것은 모두가 상대적이라는 것이지. 옳은 것이 만약 정말 옳은 것이라면, 옳은 것이 옳지 않은 것과 다르다는 것 또한 두말할 필요가 없는 것이네. 그러한 것 역시 진실로 그러한 것이라면, 그러한 것이 그렇지 않은 것과 다르다는 것 또한 두말할 필요가 없는 것이라네. 나이도 잊고 의리도 잊고 무한한 경지에서 노닌다면, 무궁 속에 머물게 되는 것일세.

결국, 장자는 소통의 정도에 따라 사람살이와 사람의 격이 달라질 수밖에 없다는 것을 알려 주고 있다. 서로가 배려하고 이해하려면 타인을 읽으려는 섬세한 마음을 가지고 그에게 몸을 맡기는 것 이외에 별다른 방법이 없다. 자신을 잊고 비우며 타인과 연결하라고 강조하는 장자는 그 점에서 의식소통의 철학자라 할 수 있다. 꿈에서 깨어난다는 것은 기본적으로 타자와 소통하기 위한 필요조건임을 강조하며, 자유로운 개인이 배려의 여백을 늘릴 때 공동체 구성이 가능하다는 점을 역설한 것이다. 이것은 키케로가 "대화의 기술이 결여될 경우, 자유가 폭력적인 시민소요로 이어질 수 있다."라고 한 것과 연결된다. 키케로 못지않게 장자 역시 자유로운 대화공동체는 사람들 간의 의식소통으로 이루어진다는 점을 강조한다.

그렇게 타자에게 몸을 맡기기 위해서는 자기 자신부터 마음, 특히 배려를 위한 마음 만들기에 철저해야 한다. 배려하는 마음을 키우면, 역설적으로 타인에게 자신을 의지하기가 오히려 쉬워지기 때문이다. 그것은 탄허 스님(1913~1983)의 '쥐가 고양이 밥을 먹고 있다.'는 강론에서도 잘 드러난다. 이에 따르면 문자와 형식을 버리고, 오로지 자기 마음을 단단하게 붙잡고 자신을 끊임없이 찾아 나서는 사람들일수록 서로 간의 의식이 더 쉽게 통할 수 있다. 탄허 스님은 그런 맥락으로 '하나라는 생각'의 중요성을 한마디로 잘라 말한다. 오만가지 아름다운 말로 채색된 팔만대장경은 모두 죽은 말에 지나지 않는다. 그럴 수밖에 없는 것은, 팔만대장경이 밝히고 있는 단 한 가지 불심에 오만가지 잡스러운 생각과 말이 덕지덕지 붙어 있기 때문이다. 모든 생각과 말이 끊어진 자신의 마음, 타인의 마음의 자리는 팔만대장경으로도 결코 알지 못한다는 것이다. 공허한 문자로는 아무것도 통할 게 없다는 것이 바로 탄허 스님의 법론이다.[9]

'쥐가 고양이 밥을 먹는다.'는 말을 속세의 말로 풀이하면, 쥐는 고양이 밥이다. 그런데 그 고양이 밥을 쥐가 먹는다는 것이다. 즉, 제가 제 자신을 잡아먹는 꼴이다. 그러니 무엇이든 올곧지 않으면 결코 올곧을 수가 없다는 것이다. 옳은 것만이 옳은 것이라며 옳은 길에 이르는 법을 가르치는 탄허 스님은 스님들이야말로 사람들과 통하기 위한 길로 나섰으면, 철두철미 통하는 일에 발심(發心)하는 것이 옳은 것이라 주장한다. 그 이외에는 있을 수 있는 것도, 있을 수 있는 길도 없다. 그래서 몸 전체를 던져 발심하는 것이 올곧은 길이라고 잘라 말한다. 제아무리 진리가 있다고 하더라도, 그것의 몸통이 아니라 나뭇가지를 붙잡고 있으면 모두가 부질없는 짓이다. 나뭇가지를 잡고 있던 손을 놓고, 참된 진리의 자리로 떨어져 죽을 용기로 나아가야 비로소 다시 살게 되며, 서로가 통할 수 있게 된다는 것이다.

그런데도 사람들은 배운 놈이나 깨우쳤다는 놈이나 권력을 잡았다는 놈이 모두 미혹하다는 것이다. 배웠다는 놈이 더 심하고 믿는다는 놈들이 더 혓바닥을 굴리며, 높은 자리에 앉아 있을수록 낮은 자를 더 탐한다는 것이다. 그런 이들일수록 진리의 바닥을 향하여 매진할 용기와는 거리가 먼 화상이라는 것이 탄허 스님의 지적이다. 그들은 제 집에서 기르던 개 한 마리를 잃어버리면 온 집안 식구가 아들을 잃어버린 것 이상으로 찾아나서며 야단법석을 떤다. 그러나 자기 마음이 바깥 경계에 부딪쳐 잃어 버리고 탁해졌을 때는 아무도 찾아나서는 사람이 없다. 탄허 스님은 이들 모두가 자기 소통의 부재 상태에 빠져 있는 것이라고 탄식한다. 의식소통이야 말로 인간이 할 수 있는 마음의 보시 중 최고의 보시라고 여겼기 때문이다.

§ 마음의 현상학

교통(communication)이라는 말은 '관계를 가지다.', '공통분모를 가지다.'라는 뜻의 라틴어 '코뮤니카레(communicare)'에서 비롯된 단어다. 사람들이 서로 마음의 공통분모를 갖게 되면, 서로 나눌 수 있고 여유도 가질 수 있다. 그래서 코뮤니카레는 원래 신(神)이 자신의 덕을 인간에게 나누어 준다거나 한 물질에 내장된 열이 다른 물체로 전해지는 것처럼 넓은 의미에서의 전도, 전위, 혹은 나눔을 의미하게 되었다.

사람이란 상대적으로 자신이 지니고 있는 것을 다른 사람들과 나누는 일에 서툴다. 자신의 약점이나 이익에 반하는 것을 나누는 일에는 더욱 익숙하지 못하다. 자신과 비슷하거나 자기 이익을 증대하는 일을 위해 다른 이들과 나누는 일에는 심리적 안정을 느낄 수 있다. 그러나 일단 상대방의 길이 자신이 가고자 하는 길이나 마음가짐과 다르다고 느끼면, 우선 그것을 거부해 보려는 마음부터 갖게 된다. 자신의 생각, 모양, 행동거지가 그들과 다르다는 것을 자연스럽게 받아들이거나 인내하지 못한다. 다른 이와 같다는 것을 묵인하는 그 자체가 자기됨을 포기하고, 혹은 상대방의 처지나 신분으로 추락하거나 혹은 그와 똑같이 취급받게 되는 결과를 가져올 것이라고 미루어 짐작하기 때문이다. 다른 이들에 대한 이해가 점점 쉽지 않게 되는 것이다.

가족이라고 해도 예외는 아니다. 흔히 가족이 되면 가족 간에는 의식소통이 되는 것으로 알고 있다. 하지만 꼭 그렇지는 않다는 것이 정설이다. 가족상담학자인 험프리스[10]는 오히려 가족 간에는 의식소통이 되지 않는다고 이해하는 편이 가족 구성원 간의 의식소통에 관한 바른 이해라고 이야기한다. 그 이유는 상호 친숙함에 대한 오해와 편견에서 찾을 수 있다. 가족 구성원은 가족이라는 이유 하나만으로 서로가 너무 잘 알고 있다고 판단한다. 따라서 그들 간의 언어교통은 가능하지만, 오히려 의식소통은 곡해된 채 쉽지가 않다는 것이다. 그들 간의 의식소통을 방해하는 조건은 주로 두 가지인데, 한 요인이 바로 가족 간에 있어야 할 거리감의 상실이고, 둘째 요인은 가족이 너무 사적으로 서로의 이해관계에 개입되어 있다는 것이다. 가족을 이룬다는 것은 무거운 책임감과 부담을 떠안는 일인데, 가족은 이것을 종종 잊기 때문에 상대방에 대한 욕심부터 생긴다는 것이다. 그런 욕심이 서로 간의 의식소통을 방해한다.

나누는 일에 대한 서로 간의 서툼은 우리의 일상생활이 편견으로 차 있기 때문에 어쩔 수 없는 것이기도 하다. 편견에 의지하여 일을 처리하는 것이 사람들에게 심리적 편안함을 주기 때문이다. 우리가 일상적으로 주고받는 이야기들은 주로 편견 덩어리지만, 자기 스스로는 그 편견을 심각하게 느끼지 않는다. 예를 들어, '나는 말수가 적은 여자가 좋다.', 혹은 '병신 꼴값한다.'는 식으로 말한다면 이것은 무의식중에 특정 조건과 결합된 편견을 드러내고 있는 것이다. 이 말들은 여자는 원래 말이 많다거나 장애인들은 어느 것에도 이의를 제기하지 말고 모든 것을 주는 대로 받아들여야 한다는 편견을 담고 있기 때문이다.[11] '여자는 암기 능력이 뛰어나다.', '부자들일수록 구두쇠다.', '게이들은 창의적이다.' 등의 언급이나 생각 역시 마찬가지다. 듣기에는 긍정적인 내용으로 들리지만, 그것을 감싸고 있는 의식은 편견에서 비롯된다. 따라서 편견을 담고 있는 사람들 간의 소통은 불가능하다. 사람들 간의 관계가 언어로 표현되는 한, 사람들이 지니고 있는 그 편견은 더욱 분명하게 드러나기 마련이며, 서로가 나눌 수 있는 공통분모를 작아지게 할 뿐이다.

타인과 나와의 소통관계를 이론적으로 밝히려는 학문이 사회현상학이며, 그것을 마음의 현상학이라고 부르기도 한다. 사회현상학은 다른 이들의 행동에 대한 나의 경험을 나의 행동에 대한 다른 이들의 경험과 연관짓는 이론화를 시도한다. 사회현상학은 나의 경험과 그의 경험 간의 관계가 어떤 것인지를 규명하려는 학문이다. 사회현상학은 나의 경험과 타인의 경험 사이를 매개하는 관계의 속성에 대해 이론화하려고 한다. 이론화의 핵심 과제는 경험의 소통(inter experience), 즉 의식소통의 이론화 문제다.

사람들은 다른 이들의 행동이 어떤 것인지 쉽게 알기도 하고, 쉽게 판단하려고도 한다. 그러나 그런 의도와는 달리, 실제로는 그들이 개별적으로 행하고 느끼고 무엇인가 만들어 내는 경험에 대해서는 잘 알지 못한다. 사람들은 살아가는 동안 타인의 행동이 바로 나의 경험이라는 것을 알게 되는 순간을 맞이하기도 한다. 나의 행동이 다른 이에게 그의 경험이 될 수 있는 순간이 있는데, 그것을 알고 느끼게 해 주는 순간이 사람들의 의식소통 관계다.

의식소통은 개념적으로 언어교통과는 다르다. 의식소통은 사람들의 관계를 증진시키기 위한 수단으로 활용되는 일반적인 언어교통과는 질적으로 다르다. 의사소통은 우리가 서로 말을 건넨다는 것을 말한다. 보통 언어교통은 사람들이 언어를 타고 무엇인가를 바삐 나르는 것을 말한다. 정신분석학자인 랭(Laing)이 말하는 것처럼 언어교통은 "내가 너를 보는 동안 너는 나를 보고 있으며, 내가 너를 경험하는 동안 너는 나를 경험하는 것이며, 내가 너의 행동을 보는 동안 너는 나의 행동을 보게 된다."라는 논리를 말한다.

이런 논리는 때때로 사람들 간에 벌어지는 의사소통을 왜곡하기도 한다. 설령, 내가 그에게 말을 건넨다고 나에 대한 그의 경험이 그 안에 있는 것은 아니다. 그에 대한 내 경험 역시 내 안에 있는 것은 아니기 때문이다. 그러니 나에 대한 그의 경험은 결코 내게 보이지 않게 되는 것이며, 마찬가지로 그에 대한 나의 경험도 그에게 보이지 않게 된다. 그래서 그와 나의 관계는 서로 말을 주고받는 듯 보이지만, 결코 영원히 만나지 않는 평행선을 그리는 것에 지나지 않는다. 마치 학창시절 한 반에서 공부하는 친구들이지만 어느 누구는 왕따가 되고 어느 누구는 왕따를 시키는 등, 언어의 먹이사슬에 갇히게 되는 일상사와 다를 것이 하나도 없다.

작가 허은순[12]은 자신의 글에서 '구덕천'의 이야기로 언어교통의 문제를 지적하고 있다. 구덕천이란 이름은 작가가 의도적으로 '천덕꾸러기'를 역순으로 읽어 만든 이름이다. 학창 시절을 돌이켜보면 어느 반이든 그 반에 있는지 없는지 존재감이 희미했던, 즉 말수도 없고 활달하지도 않아서 친구도 별로 없는 학생이 있다. 어느 반이든, 군대 용어로 '고문관'인 천덕꾸러기인 구덕천들은 급우들과 교사들에 의해 언어적으로 희생당하게 마련이라는 것이다. 그들 간의 언어교통에서 생기는 불상사로 인한 희생은 마치 고속도로에서 질주하는 자동차들처럼 서로가 앞서거니 뒤서거니 하면서 질주하다가 끝내 충돌하는 장면과 흡사하다. 일반적으로 학교에서 이들 구덕천은 같은 반 급우들에게 별로 말이 없다는 이유로 왕따의 희생양이 되곤 한다.

작가는 왕따 아이들을 괴롭히는 '범생이'들에게 "꼭 주먹으로 때려야만 폭력이 아니야. 말과 눈빛으로도 얼마든지 주먹보다 더 사람을 아프게 때릴 수 있지. 무책임하게 내뱉은 너희의 말과 행동은 끝내 한 아이를 벼랑으로 몰고 가는 거야. 그걸 …… 모르겠니?"라고 묻고 있다. 말은 언어로만 전달되는 것이 아니다. 말은 몸으로도 생각으로도 혹은 마음속의 저주로도 전달될 수 있다. 무엇을 전하느냐보다는 어떻게 전하느냐에 따라, 말은 돌멩이가 되기도 하고 아이스크림이 되기도 한다. 사람들은 그럴듯한 모양과 자세로 말을 주고받는 언어교통의 관계를 살아가면서 그것을 의미 있는 관계라고 말하기도 한다. 이런 일반적인 의사소통, 즉 언어교통의 삶과 앎은 서로에게 공허함을 줄 뿐이다.

의식소통의 관계는 일반적인 언어교통의 관계와는 그 정황이 다르다. 왜냐하면 나에 대한 너의 경험을 내가 결코 보지 못하고, 본 적도 없으며, 앞으로도 볼 일이 없다는 전제에서 시작하기 때문이다. 서로에게 그 반대의 논리도 옳다. 그래서 너 역시 너에 대한 나의 경험을 '볼' 수 없다는 것을 알고 있다. 그런 상호 경험의 부재현상이 극복되지 않는 한 우리 사이에는 아무것도 소통되는 것이 없다. 이러한 사실에 대한 서로 간의 절박한 확인은 의식소통을 키우는 출발점이기도 하다.

너에 대한 나의 경험이 내 '안에' 있지 않고 나에 대한 네 경험 역시 네 안에 있는 것이 아니라면, 우리 간에 소통되는 것은 아무것도 없다는 말이다. 그러니 우리 서로는 영원한 타인들, 영원한 남남이다. 그러면 사르트르가 이야기한 것처럼 서로에게 타인들은 지옥일 뿐이다. 내 안에서 내가 너를 경험하지 못하는 것처럼 너 역시 네 안에서 나를 경험하는 것은 아니다. 따라서 우리는 영원한 남남에 지나지 않는다. 그런 남남을 억지로 남이 아닌 것처럼 꾸미는 것이 더 힘들다. 서로가 말이나 몸짓으로 아는 체하지만, 그런 류의 아는 체하기는 끝내 소가 닭을 쳐다보는 상태가 된다. 어색하지도 어눌하지도 않지만, 그저 늘 우리 사이에 일어나고 있는 의식 부재 상태의 관계에 지나지 않는 것이다. 그런 관계는 개그맨의 우스갯소리에 쓴웃음을 짓기는 하지만, 왜 자신이 멍청해야 했는지를 잊고 그냥 그 프로그램에 빠져 버린 시청자와 같은 내면 부재의 관계다. 그들 간에는 어떤 소통의 여백이나 의미가 실려 있는 배려의 여백이 있을 리 없다. 그것을 서로가 확인할 수만 있다면, 그 순간부터 서로는 의식소통의 가능성과 필요성, 그리고 그것의 절대성을 느끼게 된다.

의식소통은 내 속에 네가 있고, 네 속에 내가 있다는 말의 은유적인 표현이기도 하다. 그렇기에 의식소통은 자연과학적인 관찰이나 성찰의 영역 그 너머에 있게 된다. 기존의 얄팍한 정신치료사들과는 학문적인 거리감을 유지하고 있는 정신분석학자 랭(Raing)은 인간의 의식에 대한 자연과학자들의 무지에 대해 통탄한 적이 있다.[13] 그가 보기에, 자연과학은 오로지 사물에 대한 관찰자의 경험에만 연관되어 있다. 따라서 사람들의 관계에 대해서는 어떤 이해도 갖지 못한다는 것이다. 자연과학자들이나 공학자들은 사물이 우리를 경험한다는 것을 이해할 마음의 여백을 갖지 못한다. 그런 점에서 자연과학은 인간의 행동과 경험 사이의 관계에 대해서 아는 것이 아무것도 없는 공허한 학문이다. 그래서 자연과학의 정보나 기술로는 인간의 의식소통이나 언어교통의 인간관계 문제를 다룰 수 없다고 잘라 말한다. 인간관계의 어려움이나 본질에 대한 성찰은 자연과학자들에게는 언제나 불가사의한 과제로 인식될 뿐이다. 그것은 인간들이 느끼는 감정의 소통, 의식의 소통이 결코 자연과학적인 잣대로 객관화될 수 있는 주제가 아니기 때문이다. 또한 그들이 그런 것에 깊은 인식을 해 볼 수 있는 처지도 아니다. 어쩌면 과학이 인간의 행동과 경험을 과학적인 잣대로는 잴 수 없거나 차라리 모른다고 고백을 하기 시작할 수도 있다. 랭은 그때에서야 인간의 관계에 대한 논의와 과학이 어떤 식으로든 만날 수 있는 접점을 찾아낼 수도 있을 것이라고 생각하는 것이다.

그래서 그는 말한다. 나라는 존재는 각자적인 존재로서 독특한 존재이기는 하지만, 이 세상에서 유일한 존재는 아니다. 내가 이 세상에서 유일한 존재라고 말한다면, '나'라고 말하는 것처럼 무의미한 것도 없을 것이다. 내가 유일한 상황에서 '나'라고 말하는 자체가 의미 없는 일이다. 마치 어느 종교에서나 신(神)이라는 것은, 신이라고 불리는 그 자체가 유일한 상징인 것과 같다. 유일한 신이 인간 앞에 나서서 스스로가 유일한 신이라고 우기는 것이 무의미한 것처럼 자기 자신만이 유일한데, 자기 스스로를 '나'라고 내세우는 것 역시 의미 없는 말이라는 뜻이다. 그것은 내가 이미 다른 사람들을 의식하는 것이고, 다른 사람이 갖고 있는 독자성까지도 인정한다는 것을 의미한다. '나'와 구별되는 존재 형태의 수많은 존재가 그 나름대로 존재한다는 것을 명백한 사실로 인정하면, 그것은 '나'를 그와 구별하는 것의 시작이다. 마침내 그것은 '나'라는 존재가 너, 혹은 그와 어떤 형식으로든 갈등한다는 것을 의미한다.

나와 그가 갈등하는 사이의 틈새에서 하나의 현실이 드러나는데, 사람들은 그것을 사회 현실, 혹은 사회적 실재라고 말한다. 사회적 실재에 대해 '나'와 '너'가 생각하는 것은 실제 아는 것보다 아주 적다. '너'와 '나'라는 존재가 아는 것은 우리가 사랑하는 것보다도 적다. 그리고 우리가 사랑하는 것 역시 우리처럼 존재하는 것에 비해 훨씬 적다. 바로 그만큼 현재의 '나'와 '너'라는 '우리'는 우리가 만들어 가는 실재보다 언제나 작은 한 부분일 따름이다.

결국, 우리가 말하고 보고 있는 사회 현실은 진실과 아무런 상관이 없는 것일 수도 있다. 어차피 사회 현실이라는 것이 진실을 반영하고 있는 것은 아니다. 사회 현실은 언제나 가짜, 허위, 짝퉁이며, 그런 것이 아니라면 일종의 환상이거나 환영(幻

影)에 지나지 않는다. 절대적인 진리도 존재하지 않고, 그런 것이 있다 하더라도 진실이 거세된 사회 현실 속에서 정상이니 비정상이니 하며 사람에게 꼬리표를 붙이는 일은 무섭게 우스운 일에 지나지 않는다. 우선, 누가 누구에게 정상, 비정상의 낙인을 부여할 자질을 갖고 있는지가 분명하지 않다. 그런 점에서 본다면, 정신분열증이나 정신병도 의사들이 만들어 낸 작명의 결과다. 어쩌면 환자를 만들어 놓고 그로부터 돈벌이를 취하려는 음모의 시작일 수도 있다. 그런 병명은 오로지 정치적인 사건이고, 어떤 사람들의 학문적 권위나 권력을 장악하기 위한 의도적인 노력이며, 그와 나를 서로 차별화하기 위한 사회적 분류에 지나지 않을 뿐이다.

인류 역사에서 그런 낙인의 성공 사례는 아주 많다. 공산주의자, 자본주의자, 독재자, 마녀, 간첩, 성인, 게이, 레즈비언, 386세대, 오륙도, 정상인 등의 용어와 그것에 따른 사회적 대가를 치르게 만든 사건 모두는 사회적 낙인의 찌꺼기였다. 기존의 사회제도와 권력 기득권자들이 자신의 세력과 권력을 보호하고 장악하기 위해 만들어 낸 용어와 사회적 현상일 뿐이었다. 랭의 판단에 따르면 미친 것은 개인이 아니다. 바로 사회가 미쳤기에 그것에 동조하지 않는 개인을 미친 사람으로 몰아간다. 미쳐 있는 사회가 개인을 희생자로 만들어 간 것이다. 자신을 알고 있는 제정신의 사람은 소위 남들이 정상이라고 말하는 자아를 거부할 수 있는 사람이다. 이런 제정신의 사람이야말로 현실을 살아가면서 현실의 가치를 솔직하고 대범하게 부정할 수 있다. 그런 사람이 바로 정상인이다.

결국 의식소통의 문제는 나와 사회관계 간의 문제가 아니라 나와 너 간의 감성적인 관계에서 출발한다. 그것은 너와 나 사이의 경험을 공유하는 것에서 시작한다. 랭은 소위 정상적인 자아를 거부할 수 있는 너와 나 사이는 직접적인 경험의 관계가 아니라고 말한다. 말하자면, 내가 너의 경험을 경험할 수 없고 네가 나의 경험을 경험할 수 없다는 것이 경험의 측면으로 보아 타당하다는 것이다. 우리의 감정은 서로에게 보이지 않는다. 경험은 영혼으로 불리곤 하기 때문에, 나의 영혼이 타인에게 경험될 리가 없다. 경험은 서로에게 보이지 않으면서도 어떤 것보다 분명하게 와 닿는다.

사람들과의 일반적인 의식소통에서는 오로지 경험만이 유일한 증거가 된다. 타인의 경험은 나에게 보이지 않고 의식소통으로 그것을 감지해 낼 수 있기 때문이다. 그렇지만 그 의식소통은 맛보거나 만질 수도 냄새를 맡거나 들을 수도 없기에, 그것을 경험할 수가 없다는 점만큼은 부인하기 어렵다. 나는 오로지 타인을 경험하고 있는 상태로서 경험하기 때문에, 내 스스로 타인의 경험을 이해하려고 힘쓸 수밖에 없다. 물론 그렇게 노력한다고 해서 내가 타인의 경험을 제대로 경험하는 것은 아니다. 나는 타인의 존재를 경험하고 있는 상태로서, 타인을 경험하고 있다고 믿고 있을 뿐이다. 타인을 경험할 수 있는 빠른 길은 어쩌면 내가 타인에 의해 경험됨으로써 나 스스로를 경험하도록 하는 것이 될 수도 있다. 이런 상호 경험의 논리는 타인에 대한 나의 경험과 나에 대한 타인의 경험 사이의 관계를 연관 짓는다는 점에서 의식소통의 지름길이기도 하다. 나의 경험이 타인에게 감지되지 않으면서도 자연스럽게 알려지듯이, 타인의 경험 역시 내게 보이지 않는 그때부터 이미 내게 보이고 있는 것이나 마찬가지다. 이때 우리는 서로 간에 의식을 소통하게 된다.

우리는 누구나 타인의 마음을 완벽하게 읽을 수 있는 능력을 갖고 태어나지는 않았다. 그래서 의식소통은 일상적인 삶을 위한 새로운 방편이 되기도 한다. 의식소통은 기법이나 기술이 아니다. 그렇다고 그것을 촉진하는 기술이나 방편이 필요하지 않다는 뜻은 아니다. 오히려 의식소통의 능력을 일깨우는 행동이나 방편이 더 필요하다. 하지만 우선은 우리 안에서 의식소통을 하기 위한 여백 만들기가 가능해야 한다. 이를 위해서 그런 것을 드러내 주는, 소통하는 사람들의 경험적 모습에 주목해야 한다. 그런 일은 다양하고 일상적인데, 우선 서로가 자주 칭찬하고 서로에게 믿음의 어깨를 빌려 주며, 서로 수긍하는 눈길을 주고받는 적절한 수준에서의 예절에 어긋나지 않는 행동들이 필요하다. 예절은 친구 의식을 만들어 내며 의식소통의 여백을 만들어 놓기 때문이다. 예절은 사람들이 지켜야 할 것으로 인정되는 것을 바르게 지키는 일이다. 그것을 실천에 옮길 수 있는 태도가 결여된 예절은 이미 예절도 아니며, 서로 간의 소통을 돕는 방편으로 활용할 수도 없다. 함께하는 사람들을 편안하게 해 주기 위한 배려, 그리고 존경심의 방법들이 예절의 핵심이다. 존경(respect)이라는 말은 다시(re) 살핀다(spect)는 말이며, 상대방의 감정을 미리미리 살핀다는 뜻이다. 따라서 존경으로 만들어지는 예절은 사람 간의 관계를 읽게 만드는 촉매제이며 배려의 여백이 된다.

사회심리학자인 이케스[14] 교수는 인간관계를 공감의 관점에서 알아보기 위한 실험을 한 적이 있다. 이 실험에는 서로 잘 알지 못하는 두 사람이 참여한다. 그들의 자연스러운 행동을 비디오로 녹화하고 각자에게 녹화테이프를 보여 주면서, 자신이 어떤 생각을 하거나 감정을 느꼈던 순간마다 비디오를 정지하고 그 내용이 무엇인지 기록하고 설명하게 했다. 그 다음에는 같은 방식으로 상대의 생각과 감정을 추측하여 기록하게 했다. 이렇게 얻은 실제 생각과 감정, 서로가 추측한 생각과 감정의 유사성을 수치화하였다. 이 결과를 컴퓨터 프로그램을 통해 조합 및 합산하여 정확도 점수를 백분율로 환산했다. 사람의 '공감 정확도 점수'를 알기 위한 실험이었다.

이 실험을 통해 그가 알아낸 것은 사회심리적으로 충격적이었다. '오래 산 부부일수록 서로 잘 공감한다.'는 것과 같은 사회적 통념이 사실과는 다르다는 것을 알아냈기 때문이다. 사람들이 말하는 통념들이 실험적으로는 틀린 소리라는 것이 그의 지적이다. 30년간의 실험 끝에 내린 그의 결론에 의하면, 신혼부부에 비해 오래된 부부의 공감 정확도가 오히려 떨어졌다. 부부 생활을 오래 할수록 배우자의 독특한 행동, 정서 성향을 인식하고 그에 반사적으로 적응하는 습관이 서로에게 굳어지기 때문에 서로가 상대방에 공감하지 않는다는 결론이었다. 오래된 부부일수록 상대방의 욕구를 공감하기보다는, 고정된 방식으로 상대방을 이해한다. 따라서 서로 간의 공감성이 오히려 떨어질 수밖에 없다는 것이다.

타인을 이해한다는 것, 그리고 한마디만 듣고 표정만 보아도 상대방이 무엇을 원하는지, 그 사람의 됨됨이가 어떤지를 알 수 있다는 논리가 흔히 상대방의 마음 읽기로 표현되기는 한다. 그러나 그것은 의식소통의 핵심에서 비껴 있는 소리다. 의식소통의 문제는 소통의 문제로 집결되는 것이 아니다. 의식소통은 남의 마음을 훔쳐보는 것이 아니라, 불가에서 흔히 말하는 '신통력'의 문제다. 의식소통은 언어교통이나 마음 잡기, 마음 훔쳐보기 같은 것이 아니라 마음 내주기, 마음 버리기, 혹은 배려와 톨레랑스 같은 것이다. 톨레랑스가 가능해지면 그것은 의식소통이 가능해진다는 뜻이다. 이 톨레랑스로서의 의식소통이 바로 불가에서 말하는 신통력 가운데, 6신통력에 버금가는 성찰과 깨달음의 시작이다. 신통력, 즉 마음 읽기는 보통 5신통력과 6신통력을 구분하기도 하는데 5신통력까지는 보통 사람들도 할 수 있지만 6신통력은 거의 불가능하다고 본다. 5신통력은 힘이 세거나, 말이나 운동, 노래, 혹은 공부를 잘하는 것에 버금가는 행위이기에 누구나 노력만 하면 5신통력을 갖게 된다.[15] 5신통력은 흔히 천안통(天眼通), 천이통(天耳通), 신족통(神足通), 타심통(他心通), 숙명통(宿命通)의 행위로 세분되지만, 모두 일반적인 수행으로 능히 얻을 수 있다. 의식이 맑아지고 집중력이 좋아지면 누구나 5신통력의 경계를 넘나들 수 있다.

5신통력의 한계를 극복하고 새롭게 들어서는 마음 꿰뚫어 보기의 자리가 6신통력인 '누진통(漏盡通)'이다. 누진통은 말 그대로 모든 번뇌를 끊어서 걸림 없이 아는 지혜의 수준이며, 성불이나 성자의 길이기에 보통 사람으로서는 도달하기가 쉽지 않다. 이것은 성경에서도 그대로 표현된다. "어미의 태로부터 된 고자도 있고 사람이 만든 고자도 있고 천국을 위하여 스스로 된 고자도 있도다. 이 말을 받을 만한 자는 받을지어다(마태 19장 12절)."에서 나오는 예수의 고자(鼓子)론이 그것이다. 예수는 자기 수행을 위해서는 절체절명의 신체적 고통까지도 참아 내는 것이 필요하다는 뜻으로 '고자'의 비유를 사용하였다. 누진통이란 마음의 번뇌가 더 이상 없다는 뜻이 되지만, 성과 명(性命)을 동시에 수행하는 도교적 의미로서는 정(情)과 성(性)을 누설하지 않는 것을 말하는 것이다. 성경에서 표현된 예수의 고자론과 같은 맥락이다. 고자라는 인간 극기의 끝을 거치는 성자의 길, 성불의 길은 생이 다한 자리, 진여의 자리, 깨달음의 자리로서 '붓다'라는 말에서 의미하는 것처럼 이미 배운 자, 이미 깨친 자의 몫이기 때문이다.

이렇게 6신통력은 보통 사람에게는 영원한 구도자의 길을 걷게 하는 이정표다. 인간이라는 존재는 자기 나름대로의 성격을 갖고 살아간다. 그것은 여러 층으로 만들어지기 때문에 마치 양파껍질을 벗기듯이 벗길 때마다 속살이 겉으로 드러나도록 되어 있다. 겉에 드러나는 표피는 결코 영원한 표피가 아니라 잠정적인 치장일 뿐이다. 인간은 매일같이 자기 나름대로의 성격이라는 층을 더해 가는 존재다. 인간은 타인과 관계를 맺으려는 생물학적 성향을 갖는 존재이기에 그것을 피할 수 없다. 사람이 태어나서 인간이 되기 위한 필수적인 조건이 바로 관계다. 따라서 그것을 피하는 사람은 병적인 마음이 가득한 사람일 수도 있다. 인간이 맺어 가는 관계는 나라는 존재의 성격을 만들어 가는 층이 되는데, 우리는 너와 나라는 단 둘만의 세계에 국한되진 않는다. 나라는 존재가 너라고 하는 존재와 유일하게 하나의 관계만을 맺는다면 우리는 완성되지 못한다.

나와 너의 둘만의 관계에서는 나는 너를 하나의 독립된 인간으로 완성시키지 못하게 될 뿐만 아니라, 너 역시 나를 인간으로 완성시킬 수 없다. 한 인간이 '인간들'이 되기 위해서는, 그리고 그 인간이 '우리'로 만들어지기 위해서는 너와 나의 관계를 넘어서야 한다. 우리가 너와 나의 관계를 넘어서기 위해서는 각자가 나름의 가치와 권리의 상호성을 인정해야 한다. 그것이 너와 나를 넘어서는 우리에 대한 의식화이며, 그로부터 타인에 대한 배려가 시작될 수 있다. 결국 나의 인격, 나의 성격에는 타인을 통해 만들어진 층이 깔려 있게 된다.

아프리카 지역에서 활동하고 있는 다국적 기업은 지난 수년간 남아프리카인들을 관리자로 고용하면서 여러 가지 어려움을 겪은 바 있다. 사소한 일들이 기업 경영을 방해하는 큰 원인으로 작용하곤 했기 때문이다. 예를 들어, 사무실에서 사람들이 뭔가에 몰두한 나머지 남아프리카 출신 동료에게 '사우 보나(sawa bona)' 하는 식의 인사를 생략하고 그냥 지나치는 일은 다반사였다. 작업에 몰두하다 보면 흔히 있을 수 있는 일이었다. 하지만 '우분투(Ubuntu)' 세계 속에서 성장한 남아프리카 직원들에게는 그 일이 당사자의 존재 자체를 부정하는 행위로 받아들여졌다. 그래서 한 부족 출신의 직원은 회의가 끝난 뒤 '사우 보나' 하고 먼저 인사하지 않은 다국적 기업인들에게 단단히 화를 냈다. 화가 난 이유는 단순한 것처럼 보였지만 결코 단순하지 않은 내용이었다. 그는 "당신들은 이해 못할 거요. 당신들은 그 프로젝트에 대해 얘기하면 서도 내 이름은 언급하지 않았소. 나를 사람으로 취급하지 않았기 때문입니다."라고 말했다.

　일반적으로 남아프리카 북쪽 지방의 나탈족은 서로 만나 인사할 때, '사우 보나'라 고 말한다. 사우 보나라는 인사말은 '나는 당신을 보고 있습니다.'라는 뜻이다. 한쪽 에서 그렇게 말하면, 상대방은 '시코나(Sikhona)'라고 답한다. '나 여기 있어요.'라는 뜻의 응답이다. 이들의 인사 예법에서는 인사말을 주고받는 순서가 중요하다. 상대방 이 먼저 나를 봐주기 전까지는 내 자신은 존재하지 않기 때문에, 먼저 봐주는 행위의 인사가 우선해야 한다. 상대방이 나를 봐주는 그때부터 내가 존재하게 된다. 서로 보 는 것이 상대방을 하나의 존재로 인정해 준다는 세계관은 사하라 남쪽 지방 원주민들 에게 퍼져 있는 '우분투' 정신을 반영한다. 우분투 정신은 줄루족의 '우문투 구문투 나가반투(Umuntu ngumuntu nagabantu)'에서 기인된 것인데, 이 말은 '사람은 다른 사람 때문에 사람이 된다.'라는 뜻이다.

　'우문투 구문투 나가반투'라는 남아프리카 지역의 인사 관습은 사람 간의 소통이 존재에 대한 인정으로 가능해지는 행위임을 강조한다. 주변 사람들이 나를 사람으로 존경하고 인정해 줄 때, 비로소 내가 존재하게 된다는 것을 보여 주는 것이다. 이는 반대로 내가 남을 보아줄 때 그가 그때부터 존재한다는 것을 뜻하기도 한다. 소통은 상호 존경에서 오는 것이다.[16)]

§ 의식소통의 교류분석

　교류분석이란 내가 어떤 행동을 보여 주면 너도 이에 반응하는 행동을 보여 주어야 한다는 상호 간의 반응과 관계를 분석한 뒤 인간의 다양한 본성 중 어떤 부분이 등장 하는지를 판단하는 방법이다. 이는 인간의 의사소통과 행동 방식에 대한 이론체계이자 이에 관한 치료 방법이기도 하다. 의식소통의 문제는 서로 관계하는 사람들이 각기 자기 안에 잠재하고 있는 어른 자아를 키우며, 그 어른 자아로 서로 건강하게 교류하는 방식의 문제이기도 하다. 해리스 교수는 교류분석(transactional analysis)을 연구해 오면서 인간 내면에 본질적으로 '아이 자아', '부모 자아', 그리고 '어른 자아'가 있다고 주장한다. 이때 말하는 어른 자아의 발달은 바로 의식소통의 토대와 같다. 아이 자아는 세 살짜리 어린아이와 같은 행동을 하고 싶어 하는 자아를 말한다. 부모 자아는 어린 시절 부모와 생활하면서 보고 들은 훈계·규칙·법칙을 근거로 부모처럼 행동하려는 자아이며, 어른 자아는 부모 자아와 아이 자아의 옳고 그름을 판단하려고 하는 성숙된 자아를 말한다.

정신의학적 치료와 인간관계 분석에 실제로 활용할 수 있는 마음의 구조를 이렇게 구분한 해리스 교수는, 인간이 이들 세 가지 서로 다른 마음의 구조를 적절히 통제하면 대인관계에서 생길 수 있는 긴장이나 감정의 문제를 해결할 수 있다고 믿는다. 평범한 사람들도 프랑켄슈타인의 괴물 못지않게 누구나 자기 안에 여러 얼굴을 가지고 있다. 그런 얼굴들은 자기 스스로 생각하지도 못한 상황에서 불쑥 튀어나오기 마련이다. 그런 모습을 대하는 사람들은 기대치 않은 상황에서 무엇을 해야 할지 제대로 알지 못하므로 그것에 적절하게 대처할 수 없다.

해리스가 이야기하는, 마음의 서로 다른 구조인 부모 자아, 어른 자아, 그리고 아이 자아는 발달단계에서 생기는 것들이다. 부모 자아는 태어나서 다섯 살 때까지 피동적으로 인식한 외부사건을 기록하고 있는 저장소나 마찬가지다. 이 시기는 주로 부모가 보인 행동과 의견이 기록 테이프의 대부분을 차지하고 있기 때문에 부모 자아로 불린다. 어머니의 즐거운 탄성과 자부심 가득 찬 아버지의 표정, '거짓말을 하면 안 된다.', '꽃병을 깨지 마라.' 등 수천 가지의 금지와 거부가 저장되어 있는 곳이다.

아이 자아는 부모 자아와 동시에 기록이 진행된다. 아이 자신이 직접 보고 듣고 느끼고 이해했던 것으로 혼자서는 아무것도 못하는 시기에 아이가 느낀 좌절감은 아이 자아 속에 영원히 기록된다. 어른이 되어서도 어릴 때 꾸지람을 들었던 상황이 그대로 재현되면 아이 자아가 등장해 상실감, 절망감, 거부감을 표출한다. 이렇게 과거 의존적인 부모 자아와 아이 자아만 존재한다면 우리 인생에서 변화의 희망을 찾기는 어렵다.

그러나 사람들에게는 생후 10개월부터 어른 자아가 움트기 시작한다. 아기는 자기 움직임을 제어할 수 있게 되면서 집안 구석구석을 다니며 모험에 돌입하고, 자랄수록 어른 몰래 자신의 호기심을 충족시키기 위해 장난을 친다. 어른 자아는 생후 몇 년간은 연약하고 불확실해 부모 자아나 아이 자아에 패배하지만 나이가 들수록 더욱 강력해진다. 해리스 박사는 바로 이 어른 자아를 자극해 일깨우는 것이 문제해결의 출발점이라고 지적한다. 그는 자신의 행동에 문제가 있음을 깨닫고 어른 자아를 발동하는 것이 곧 이성이며, 편견과 고정관념에서도 자유로워질 수 있는 길이라고 말한다.

대부분의 사람은 합리적인 어른 자아가 왜소해진 대신 부모 자아 혹은 아이 자아가 비대하게 커진 경우가 많다. 그것은 사람들이 과거의 경험을 더 기억하고 있기 때문이다. 그런 사람들은 성장하면서 스스로인 어른 자아를 틀렸다고 여기고 반대로 타인인 부모 자아가 옳다고 생각한다. 나아가 그들은 부모 자아에게 기대어 애정과 보살핌을 구하는 성향을 갖게 된다. '자기 부정, 타인 긍정'은 인생에 부정적인 심리 상태에 영향을 미쳐 건전한 어른 자아의 성장을 방해하고 만다. 주위 반응에 쉽게 상처받고 절망하거나 권태로움에 쉽게 노출되는 것도 왜소해진 어른 자아 때문이다. 변화하려는 자유의지가 있는 인간은 어른 자아를 통해 희망을 키우고 변화를 이끌 수 있으며, 과거로부터 해방되어 진정한 현재를 살고, 미래를 예측하며 준비한다. 스스로를 우선적으로 인정하고, 동시에 타인도 옳다고 받아들여 행복한 삶과 편안한 인간관계를 만들어 나가는 것이 어른 자아의 여백을 늘리는 지름길이다.

말을 잘하는 기술의 정교함은 의식소통에서 그리 중요하거나 크게 작용하는 결정적인 요소가 아니다. 말을 잘하기 위해서는 믿음을 쌓는 기술이 뛰어나야 하지만, 의식소통에 그것만 중요한 것은 아니다. 왜냐하면, 말을 잘하는 사람은 말하는 기술이 뛰어나다는 것을 의미할 뿐이기 때문이다. 이것은 대중에게 어떤 말을 할 때 항상 객관적인 관점을 유지하고 대상을 미리 파악하며, 매 순간을 돌파하는 임기응변의 능력이 뛰어나서 돌발 변수가 생겨도 능동적으로 대처할 수 있는 능력이 탁월하다는 것을 의미한다. 즉, 청중의 언어로 단순하게 말할 수 있으며, 부정적인 표현보다는 긍정적으로 표현하며, 자신의 말을 번복하지 않도록 논리적으로 이야기할 수 있는 능력이 뛰어난 사람이 말을 잘하는 사람이다. 그렇게 화술로 사람들에게 감동을 주는 사람들을 꼽으라면 당연히 아나운서나 정치인을 들 수 있다.[17] 하지만 그런 사람들이 모두 의식소통에 능한 것은 아니다.

예를 들어, 미국의 44대 대통령인 버락 오바마는 민주당 상원의원이자 대통령 후보 시절 말하기의 달인으로 여겨졌다. 그의 말하기는 풍부한 말의 재료로 자기 말에 집중하게 하는 능력, 미사여구로 치장하기보다 내용의 진솔성을 전달하는 능력, 그리고 겸손함과 헌신적인 마음을 담는 능력이 뛰어나기 때문이다.[18] 그렇지만 그를 의식소통의 달인이라고 단정하기는 어렵다. 일반적으로 텔레비전의 객담에 나와 유창하게 말을 잘하는 연예인, 아나운서, 정치인들이 모두 의식소통의 달인은 아니다. 그들이 설사 말을 전달하는 능력은 뛰어나다고 하더라도 그들에게는 마음의 여백이나 상대방에게 위로감을 주는 치유의 능력이 결여되어 있을 수 있다. 따라서 그들을 모두 의식소통의 달인이라 부를 수는 없다. 그들이 하는 말 중 많은 경우가 그들의 욕심을 충족시킨 후에 그것이 권력과 결탁되는 순간, 의식소통보다는 의식 고통의 진원지로 변질되곤 하였기 때문이다. 이것은 그동안 인류의 정치사에서 수많은 정치인이 보여 준 권력 쟁취사에서 잘 드러나고 있다.

의식소통은 치유의 능력을 요구한다. 의식소통을 하는 사람들은 설령 말을 어눌하게 하거나 문법적으로 틀린 말을 하더라도, 그 말을 듣게 하는 능력이 뛰어난 사람이다. 말을 듣는 순간 그에게 경청하게 하며, 그로부터 자기 스스로 치유하게 하는 능력을 만들어 주는 사람이 의식소통의 인물들이다. 그런 치유 능력이 뛰어난 의식소통의 달인을 꼽으라면, 당연히 예수나 붓다, 소크라테스, 그리고 그들의 삶을 재연하려고 노력한 수많은 선사나 성인, 철학자, 베토벤이나 피카소 같은 예술가, 아인슈타인 같은 과학자들을 이야기할 수 있다. 의식소통의 달인이라 할 수 있는 그들 모두는 타인의 치유를 위해 정진하였던 사람들이라기보다는 오히려 자기 치유에 투철하였던 사람들이다.

자기 치유, 자기 배움에 정진하였던 사람들만이 타인의 치유에 도움을 줄 수 있는 의식소통의 본보기들이다. 남이 보기에는 그저 시시하고 하찮은 일을 자신의 삶으로 받아들이고 그 일에 정진하였던 사람들이 바로 타인의 마음 열기와 마음의 여백을 늘리는 체험에 직접적인 영향을 준 것이다. 성철 스님은 이 시대에서 볼 수 있었던 의식소통의 달인이다. 그는 남을 설득하기 위해 자신의 말을 정교하게 다듬어 본 적이 없다. 그의 말은 늘 어눌했다. 그의 말을 접하는 사람들은 어눌한 목소리로부터 자기 마음이 이내 경청하게 되는 것을 경험하곤 했다고 토로한다.[19] 그의 말을 경청하는 순간에는 그 말이 의식의 고통을 가하지만, 이내 그 의식 고통이 의식소통으로 바뀌어 버리기 때문이다.

§ 공감의 철학

의식소통은 인생살이에 있어 이성적인 판단이나 정죄보다는 사람들 간의 정서적 교류와 공감이 더 우선함을 강조한다. 의식소통은 사람들에게 '엔젤 아우라(angel aura)'의 힘, 즉 은사의 힘과 관용의 힘을 드러낸다. 엔젤 아우라는 '천사의 기운' 혹은 '천사가 지닌 선한 에너지'[20]를 뜻하기에, 그 위력을 발휘하는 사람은 바로 은사의 힘이 넘치는 사람이다. 한 사람의 인생이 좋은 일로 가득하기 위해서는 인생을 좋은 방향으로 이끌 줄 아는, 인생을 길게 보고 현명하게 대응할 줄 아는 장기적인 안목이 필요하다. 삶살이에서 타인에 대한 배려는 바로 은사의 힘에서 솟구쳐 나온다. 성공에 대한 한 가지 욕심만으로 인간적인 미덕을 잊고 무작정 질주와 경쟁을 하다가는 돌고 도는 인생의 한가운데서 자기도 모르는 사이에 낙오자의 함정에 빠지기 십상이다. 지식이 풍부한 사람이라도 그 지식을 담아 낼 줄 아는 '인격적인 그릇'이나 엔젤 아우라의 의식소통 능력이 결핍되어 있다면, 그 사람의 삶살이가 바람직하다고 말하기는 어렵다.

사람이 살아가는 동안, 서로에게 이성적으로만 교통하지는 않는다. 사람의 만남은 이성과 이성의 접촉이 아니라, 의식과 의식의 교호이며 공감을 간섭하는 과정이다. 이성과 이성의 충돌이라기보다는 감성과 감성의 연결과 어우러짐이 인간의 소통과 공감에 더 크게 작용한다. 그런 감성의 교통이 종교의 영역에 충만해지면, 사람들은 서로에 대한 믿음과 신앙을 갖게 된다. 믿는다는 것은 마음을 내준다는 것이며, 어깨를 빌려 준다는 것을 의미한다. 서구의 종교사에서 흔하게 나타나는 파문과 순교의 예들이 그것을 증명한다. 교황이라는 종교 권력은 자기 권력을 보장하는 신의 존재에 대해 조금이라도 어긋나는 생각을 이야기하면, 즉시 그것을 불경한 것으로 단죄하였다. 신의 이해나 신앙에 대한 문제가 아니라, 교회가 믿는 신과 그것의 이해관계, 그리고 권력에 어긋나기 때문이다. 그들의 정서를 하나로 모아 권력으로 만드는 신정 중심의 권력 의지가 바로 파문이었다. 그런 파문을 이겨 낸 사례가 프로테스탄트였지만, 그 일이 성공하기 전까지 수많은 사람이 교황의 권력에 의해 신의 이름으로 단죄되어 죽음을 경험해야 했다. 마녀 사냥도 그랬고, 이단의 표시들도 그랬다. 파문하려면 끝내 성공해야 파문을 이길 수 있다는 종교의 역설을 교황청 스스로 만들어 냈다.

학문의 세계도 예외가 아니다. 극단적인 사례가 루터와 스피노자의 서로 다른 길에서 드러난다. 당대의 신학자들인 그들은 서로 다른 인생 역전극을 걸어가며 한 명은 파문을 이겨 낸 승리자로, 다른 한 명은 파문의 희생양이 되었다. 루터는 종교개혁에 성공하여 프로테스탄트의 이정표를 찍었다. 그에 비해 스피노자는 파문을 이겨 내는 일에 실패하여 파문당하고 이단자로 끝나 버리고 말았다.

스피노자는 절대 신앙의 신을 원했기 때문에 교황청에서 정치적으로 활용하는 인격신을 거부했다. 스피노자는 인격적인 신, 즉 신이 인간의 길흉화복이나 점치고 그것을 기화로 인간들에게 어떤 것을 강요할 수 있다고 설명하며, 신의 존재가 교회의 재정이나 교황 한 사람의 큰 행복을 위해 세속적으로 활용될 수 있다고 주장하는 인격적인 신의 존재를 받아들이기 어려웠다.[21] 인격신을 거부하는 스피노자의 핵심은 두 가지의 명제로 압축된다. 첫째는, '인간을 포함한 모든 존재는 유기적으로 연결된 하나의 실체를 구성한다.'는 명제다. 다시 말해서 '이 세상에 존재하는 모든 사물은 유일한 실체적인 분신'이라는 것을 강조한 것이다. 이는 인간이 각자적인 존재라는 말과 상통한다. 둘째는, '자연 속에서 일어나는 모든 현상은 끝내 인과의 법칙을 따라서 생긴 것이다.'는 명제다. 이 명제에 따르면, '사람들의 행동을 포함한 모든 현상은 불가피하게 생기는 것이므로, 그것의 시시비비를 따지는 것은 사리에 맞지 않다.' 이처럼 교황의 절대 신앙과 절대 권력을 건드리면서 보통 사람들의 신성을 앞세우는 듯한 스피노자의 신학적 논리를 교황이 받아들일 리 없었다. 스피노자는 교황으로부터 파문을 당하지만, 그로서는 그것에 더 저항할 심리적 기제를 갖고 있지 못했다. 이미 그는 기존의 종교적 교리에 교화될 대로 교화된 사람이었기 때문이다. 그는 교황의 권위에 더 이상 저항하지 못하고 끝내 그들의 파문 결정에 이단자로 응답해 버리고 말았다.

사람들은 나름대로 각자적으로 무엇인가 의미를 만들어 간다. 그런 점에서 의식의 존재다. 인간의 의식은 막스 셸러[22]가 이야기하듯이 의식작용인 '노에시스(noesis)'와 의식 대상인 '노에마(noema)'의 상관성으로 이루어진다. 인간의 의식은 단독이 아니라 관계와 상관성으로 채워진다는 뜻이다. 의식의 존재는 결국 사람, 그리고 자연과의 상관성으로 채워지는 존재 그 이상일 수 없다. '의식은 항상 무엇에 대한 의식이다.'라는 말로 요약되는 노에시스-노에마의 관계는 모든 사물과 현상에 작용한다. 자연, 역사, 예술, 종교 등 다양한 영역마다 저마다의 고유한 의식작용이 있는데, 그것들로 결코 노에시스-노에마라는 상관성과 관계를 떠나서는 존재하기 어렵다.

의식은 살아 있다는 생명에 대한 감지력이다. 의식은 기계의 해답 풀기나 연산작용 이상으로 자연이나 사물, 그리고 사람들 간의 상관성으로 만들어지기 때문이다. 의식은 인공지능과는 성질이 다른 그 무엇이다. 인공지능에 대한 연구에서 선구자였던 알란 튜링(Alan Turing)은 「기계도 생각할 수 있는가」라는 글에서 한 가지 유명한 논제를 던진 바 있다. 생각, 그 자체만으로는 컴퓨터 같은 기계와 인간 사이의 질적인 차이를 구별할 수 없다는 논제였다. 생각하는 것, 문제를 푸는 것만으로 보면 기계의 인공지능이나 인간이 서로 같다. 만약 인간의 생각이 기계의 인공지능과 다른 점이 있어야 한다면, 보다 적극적으로 이야기해서 그 둘이 달라야만 하는 점은, 자기 인식을 긍정하는 힘인 의지의 여부다. 의지가 없으면 그것은 생명체가 아니라 기계일 뿐이다. 의지는 인간에게, "너는 무엇인가?"라고 질문하였을 때, "나는 나, 나는 살아 있는 존재다."라고 대답할 수 있는 근거가 된다. 그런 점에서 인간의 의지는 바로 의식작용과 의식 대상 간의 상관성, 말하자면 노에시스-노에마의 관계다.

셸러는 이렇게 노에시스와 노에마의 상관성의 개념을 갖고, 인간의 의식을 삶의 장면에 당당하게 드러내게 하는 감정의 작용과 기능에 주목한 사람이다. 그는 감정에도 그 나름의 논리와 법칙이 있다는 파스칼의 생각을 이어받아, 감정의 노에시스-노에마 관계가 이성에 의해 단순하게 지배되거나 이해될 수 없다고 주장했다. 그는 감정적 느낌이 지각보다 앞서서 작용하며, 인식의 진정한 근원이자 윤리의 기초가 됨으로써 인간의 공감 능력이 이성을 지배한다고 본다.

공감의 본질과 형태를 이루는 인간의 감정 중에서도 으뜸가는 감정은 사랑이다. 사랑은 윤리의 기초를 이루는 요소로 작용한다. 셸러는 공감이나 동감을 '뒤따르는 느낌', '감정 전염', '합일적 감정', '진정한 동감'의 네 가지로 분류하면서, "진정한 동감만이 진정한 선과 진정한 관계를 보장한다."라고 설파한다. 진정한 동감이란 타인의 감정 체험에 참여하면서도, 일정하게 인격적인 거리를 유지하는 것을 뜻한다. 뒤따르는 느낌, 감정 전염, 합일적 감정의 동감은 수동적이다. 그것에 비해 진정한 동감은 능동적이고 창조적인 가치를 만들어 낸다. 진정한 동감과 공감을 만들어 내는 요소, 그리고 사람과 사람 간의 상관성을 이어주는 징검다리가 바로 사랑이다. 일반적으로 사람들은, 동정에서 사랑으로 갈 수는 없지만, 사랑에서 동정으로 갈 수는 있다고 이야기한다. 이것은 사랑이 능동적으로 동감을 만들어 내는 방법이기에, 사랑하지 않으면 그 어떤 동감이나 공감도 일어나지 않는다는 것을 잘 보여 주고 있다. 이렇게 되면 철학의 본질은 '지혜에 대한 사랑'을 파악하는 것이 아니라, '사랑에 대한 지혜'를 밝게 하는 것에 있다는 새로운 생각이 필요하다. 우리가 배운다는 것도 지혜에 대한 정보 조각을 수집하는 능력을 키우는 것에서 벗어나, 사랑을 삶에 실천하여 의식을 소통하는 사람이 된다는 것을 의미한다.

그것은 마치, 자연의 모든 소리를 음악적 정취로 받아들이며 감동을 받는 그런 노력과 같은 것이다. 인간에게 듣는 것이 보는 것 못지않게 태초적인 기능이었던 것처럼 사랑 역시 인간에게 태초적인 공감 능력이다. 듣는 것의 감성적 작품이 음악이라면 그것은 소리와 함께 시작한 것이며, 인간의 접촉이 사랑의 작품이라면 그것은 소통과 함께 시작한 것이다. 소리를 리듬이나 박자로 만들어 함께 어울리게 하는 것이 음악이라면, 사랑 역시 하나의 음악이다. 음악 구성에 있어서 '리듬'은 음의 길이를 말하고 '템포'는 음악 작품의 보폭을 말하며 '박자'는 발을 세게 또는 약하게 구르는 단위를 말한다. 모든 소리에 리듬, 템포, 그리고 박자를 비율적으로 조합하면 그것은 아름다운 음악으로 변한다. 그것이 인간의 귓가와 뇌를 자극하면 음에 대한 공감력이 생기는 것처럼 사람들 간에 주고받는 사랑과 공감의 소통에도 관계의 리듬, 관계의 템포, 그리고 관계의 박자가 있다. 바람 소리, 물 소리와 같은 자연의 소리가 우리에게 아름다움과 감동을 주는 것처럼 소통과 사랑 역시 아름다움과 감동을 준다. 자연의 바람 소리, 물 소리는 인간에게 친숙한 리듬, 템포, 박자다. 이러한 노에시스−노에마의 상관성이 개입되어 있기 때문에 그 소리를 듣는 사람에게 위로가 되는 것이다. 이처럼 인간의 소통과 사랑에도 인간 친화적인 노에시스−노에마의 상관성이 개입한다.

그런 점에서 본다면, 스티븐 핑커가 "음악은 언어의 등 뒤에 올라탄 진화적 부산물로, 뇌를 흥미롭게 자극하는 '청각적 치즈케이크'"라고 평가절하한 것은 음악의 본질을 몰라도 한참 모르고 한 이야기였다는 것을 알 수 있다. 스티븐 핑커는 음악을 언어적 진화에 기생한 것쯤으로 간주한다. 그에 비해 음악과 인간 뇌의 상관성을 강조하는 레비틴 교수[23]는 인간의 음악 본능이야말로 '진화의 최고 상품'이라고 간주한다.

음악은 언어의 곁가지가 아니라는 것이다. 음악이 소리의 표현인 이상 그것의 역사는 오히려 언어보다 더 오래되었다고 보아야 한다는 것이다. 음악은 인간 진화의 필요에 의해 이루어진 것이다. 따라서 미슨[24] 교수가 이야기한 인류 최초의 흠-(hmmmm)과 같은 음악적 소리는 인간의 지력과 뇌력을 급속하게 발달시킨 언어의 원형과 같다.

자연의 소리가 인간의 귓가에 스치기 시작하면, 그 음악적 정취는 달팽이관을 타고 들어와 뇌간 소뇌에서 시작한 다음 양측반구의 청각피질로 바로 올라간다. 이미 들어봤거나 익숙한 스타일의 음악이면, 그것은 기억 중추인 해마와 하전두피질을 추가로 활성화시킨다. 이때 실제로든 마음속으로든 박자를 맞추면 소뇌의 타이밍 회로가 가동된다. 노래를 부르거나 연주, 지휘 같은 활동을 하면 전두엽과 감각피질 등이 가동된다. 그래서 뇌를 자극한 음악적 정취는 인간에게 자연의 신비로움과 감동을 준다. 뇌를 자연의 템포와 리듬, 그리고 박자에 맞추도록 하기 때문이다. 음악의 정서적 감응은 뇌가 소리에 반응하는 활동의 정서적 결과다. 뇌는 음악을 받아들일 때 '기대감' 처리를 자극한다. 인간은 그간의 경험을 축적해 음악을 범주화하는 시스템을 머릿속에 갖춘다. 이 때문에 음악을 접하면 사람들은 자동으로 어떤 감성적인 것을 예상한다. 이때 기대감을 충족하거나 반대로 예상을 뒤엎으면서 음악은 인간의 심리를 각양각색으로 자극한다. 그렇게 뇌의 '충격 의지 핵'이 자극되면서 도파민이라는 신경전달물질을 자연적으로 분비해 인간의 기분과 감정을 조절한다. 도파민의 분비로 인해 인간은 새로운 배움을 경험하게 되는 것이다.

음악을 들을 때, 인간의 뇌는 삶의 삼라만상 모두를 예민하고 감정적으로 받아들인다. 희로애락 모두가 들어 있기 때문에 음악을 듣거나 귀에 익은 멜로디가 들려올 때 사람들은 자신도 모르게 그 리듬에 따라 흥얼거린다. 경우에 따라 발장단을 맞추기도 하고 추억에 젖기도 한다. 문자를 접할 때나 말을 할 때와는 전혀 다른 감각이 음악을 통해 전달된다.

사람들 간에 일어나는 의식소통 역시 음악처럼 인간과 인간 사이에 동감과 감동을 서로 친숙하게 읽게 하는 방법이다. 의식소통의 절정은, 경우에 따라 침묵으로 표시될 수도 있다. 바람 소리, 물 소리를 들을 때 일시적으로 침묵을 강요당하는 것처럼 의식소통의 메시지는 결정적인 순간에 침묵으로 전달될 수 있다. 말로 표현하기 어려운 것들은 말을 하지 않아도 서로에게 전달되기 때문에 침묵만큼 인간에게 격정적인 의식소통도 없을 것이다. 그런 느낌은 히틀러가 지하 벙커에서 생활하며 자살로 마지막 숨을 끝낼 때까지 경호원으로서 그의 생존을 끝까지 지켜본, 로쿠스 미슈의 마지막 진술에서도 충분히 감지된 바 있다.[25]

미슈는 1937년 스무 살의 나이로 독일 나치친위대에 들어갔다. 히틀러의 친위대에 차출되어 1945년 1월 소련군이 접근해 올 당시 베를린의 지하 벙커에서 히틀러, 에바 브라운과 함께 지낸 비운의 병사였다. 전쟁이 끝난 뒤에는 체포되어 소련의 수용소에서 9년을 복역했다. 하급 병사였던 그에게 내린 9년간의 구형은 그 개인에게는 억울한 노릇이었다. 일선에서 전투를 하며 적군인 연합군을 죽인 다른 사병이나 장교에게 내려졌던 가벼운 처분에 비해 상대적으로 가혹한 형량이었기 때문이다. 그래도 그는 히틀러와 묵언으로 교감하였던 사람이다. 확실하지는 않지만, 9년 동안의 복역은 히틀러와 '의식'을 소통했다는 죗값이었다고 봐야 할 듯하다.

§ 인간 회복의 길

사람은 서로 의식을 소통할 수 있으면, 서로가 이내 회복할 수 있는 상관성의 존재다. 이 사실을 선천성 뇌장애자인 아들을 키우면서 확인한 이가 노벨문학상 수상 작가인 오에 겐자부로[26]다. 그는 사람의 위대함과 견줄 수 있는 것으로 사람 간의 의식소통 능력을 꼽는다. 원래 겐자부로는 인간의 몸은 설명을 불허하는 소우주라고 생각했다. 무수한 조직이 매우 정교한 체계로 상호 보완하여 생명체를 유지하는 신비로운 작은 우주가 바로 인간이며, 그 몸에서 의식이 배태된다는 것이다.

사람의 몸은 정교하고 온전하다. 다른 동물도 마찬가지겠지만 인간의 몸은 병이나 외상에 대응하기 위한 자기 복구 시스템을 가지고 있다. 사람의 몸은 태어날 때 이미 100% 자연산 면역 시스템이 내장되어 있다. 면역 시스템은 건강을 보존하기 위한 자동 회복 장치다. 병이 생기면 스스로 고칠 수 있는 인체 내의 자연 치유 능력을 활성화시키기 위해 '면역 시스템'을 가동한다. 면역 시스템의 정상적인 작동을 '자연 치유력'이라고 말한다. 면역 시스템의 작동 내역은 매우 복잡하다. 현대의학도 이 부분을 따라가려면 아직 갈 길이 멀다. 인간 몸에 대해 조물주가 가진 엔젤 아우라의 깊이를 현대의학이 아직도 잴 수 없음을 고백하는 순간이기도 하다.

자연 치유력을 관장하고 있는 것은 몸의 면역 시스템인데, 이 면역 시스템이 매일 정상적으로 작용하면 일반적으로 인간의 몸은 질병에 걸리지 않는다. 면역 시스템이 제대로 가동하기만 하면, 병에 걸리더라도 약을 쓰지 않고 회복할 수 있다. 면역 시스템은 신이 인간에게 준 최고의 명약이다. 조물주의 선물로 인해, 인간은 자기 스스로 회복하는 존재가 될 수 있다.

인체는 외부나 내부에 상처가 생기면 즉각 복구에 나서는데, 이 복구과정을 병이라고 부른다. 몸은 우선 상처난 위치를 알리려고 뇌에 신호를 보낸다. 그 신호가 통증이다. 통증을 느낄 때마다 즉각적인 대책을 세우지만, 몸이 제대로 복구되지 않는 경우가 생긴다. 면역 시스템이 약화되었다는 표시다. 시간이 흐르는 동안 상처 부위에는 통증과 진통이 반복된다. 인체는 이를 지속적으로 감지하며, 그것을 복구하기 위해 자가 면역 시스템을 100% 가동한다. 그렇게 통증이 사라진다면 상처가 복구된 것이다. 진통은 상처 부위를 보호하고 방어하려는 작용의 하나지만, 사람들은 그것마저 병으로 간주하고 그것에 대항한다.

몸은 상처난 부위를 진정시키기 위해 진통제를 투여한다. 면역 시스템의 작동 아래 인체는 단백질 엔케팔린(encephalin)을 만들어 공급한다. 이 엔케팔린이 통증을 진정시키기 시작한다. 엔케팔린이 지속적으로 분비되면 인간은 통증을 잊게 되므로, 그렇게 되면 병자는 자기 몸에 병소가 생긴 것을 잊어버린다. 그런데 엔케팔린은 효소작용에 의해 빠른 시간 내에 분해된다. 그래서 진통이 되지 않은 상처 부위에 다시 통증을 느끼게 된다. 아픈 데가 있으니 빨리 손을 쓰라는 경고인 셈이다. 모르핀(morphine)은 아편에 들어 있는 마약 성분이다. 사람이 먹거나 주사로 투여하였을 때 매우 강력한 진통과 쾌감이나 행복감을 일으킨다. 모르핀은 뇌세포의 표면에 존재하는 특수한 작용점, 즉 수용체(receptor)에 강하게 작용하여 그 약효를 나타낸다. 모든 약은 약효의 작용점을 가지고 있다. 작용점은 세포의 표면과 내부에 골고루 산재한다. 어떤 약의 효과가 강하며 부작용이 적다는 것은 그 약의 성분이 꼭 필요한 작용점에서 강력하게 작용한다는 뜻이다. 불필요한 다른 작용점에는 작용하지 않기에 그 효과가 강력하다.

사람의 세포가 양귀비 같은 식물이 만들어 낸 모르핀이란 성분에 강하게 작용하는 작용점을 가지고 있기에, 모르핀이 투여되면 사람들은 고통에서 벗어날 수 있다. 그것은 사람의 몸에서도 본래 모르핀과 같은 작용을 가진 비슷한 화학구조의 물질이 만들어지기 때문이다. 그런 가정을 토대로 의학자들이 연구한 결과, 실제로 진통 물질이 인체 내에서 필요에 따라 만들어진다는 것을 알게 되었다. 인간 신체에 진통 완화의 샘이 있는 것이다.

인간의 몸에는 진통 경감 효력을 발휘하는 진통 물질이 여러 종류가 있다. 마침내 의학자들은 체내에서 만들어진 모르핀이란 뜻의 '엔도지너스 모르핀(endogenous morphine)'을 발견해 냈다. 엔도지너스 모르핀 중에서, 가장 먼저 발견된 것이 엔케팔린(encephalin)이다. 그 후에 엔도르핀(endorphin), 그리고 다이노르핀(dynorphin)을 발견하였다. 이들에게 각각 몇 가지씩 다른 종류로 세분되었지만 미세한 것들의 기능이 더 차별화되는 것은 아니었다. 의학자들은 엔도지너스 모르핀을 간단하게 줄여서 엔도르핀이라고 부른다. 엔도르핀은 몸에서 생긴다는 의미를 갖고 있는 '엔도지너스'와 기분을 좋게 하고 고통을 덜어 주는 아편 추출 화학물질인 '모르핀'의 합성어다.

엔도르핀의 효능은 통증 해소, 즉 진통효과(pain killer)에 있다. 엔도르핀의 효능은 그 어떤 진통제보다도 강력한 진통기능이다. 모르핀에 비해 약 48배나 강하게 작용한다. 다이노르핀의 효능은 모르핀에 비해 약 400배 정도 더 강하다. 다이노르핀과 모르핀을 같은 양으로 몸에 투여할 때, 다이노르핀의 효력이 모르핀의 효력에 비해 400배 더 강하다는 말이 아니다. 작용이 강하다는 것은 같은 정도의 통증 경감을 위하여 엔도르핀은 모르핀에 비해 1/48, 다이노르핀은 모르핀에 비해 1/400의 적은 양이나 농도만으로도 충분하다는 말이다.

엔도르핀은 몸에 어떤 통증이 발생하였을 때, 그 통증을 경감시키는 신경전달물질이다. 몸에 위급함이 닥쳤을 때 스스로를 보호할 목적으로 통증을 막아 주는 물질이 바로 엔도르핀이다. 예를 들어, 아이를 낳는 산모는 통증을 호소하기 마련이다. 그동안 생기는 통증을 최소화시키기 위해 몸에서 자동으로 생성되는 진통 해소 물질이 엔도르핀이다. 이 엔도르핀이 생성되지 않으면 산모는 결코 아이를 순산하기 어려울 것이다. 전쟁터에서 적군에게 입은 상처를 잊고 계속 교전에 임할 수 있게 하는 것도 엔도르핀의 위력이다. 기본적으로 면역 시스템이 정상적이라면 몸에 통증이 생겼을 때 엔도르핀이 자동적으로 분비된다.

엔도르핀이 인간의 몸, 대뇌에서 만들어지는 신경전달물질이지만, 인간의 의지로 엔도르핀을 마음대로 만들어 쓸 수는 없다. 이것이 인간의 몸에서 생성되는 엔도르핀이 갖고 있는 단점이다. 게다가 엔도르핀이나 다이노르핀은 모두 펩타이드, 즉 소수의 아미노산이 연결된 형태로서 이들을 추출한다고 해도, 직접 먹으면 모두가 위장과 소장에서 소화 분해되어 아미노산으로 변화되어 버린다. 그래서 지금으로서는 엔도르핀이나 다이노르핀 정제가 만들어질 수 없다.

결국, 엔도르핀이 몸에서 생성되게 하려면, 그것이 생성될 수밖에 없는 심각한 통증을 유발하는 것이 필요하다. 그렇지만 자기 몸에 해가 되지 않는, 심각한 상황으로 자신을 내몰아도 엔도르핀을 생성시킬 수 있다. 심각한 통증 없이 엔도르핀이 생성되도록 하는 방법으로 극한적인 상황의 연출을 위한 웃음을 추천한다. 웃으면 엔도르핀이 생성된다. 이것은 사람들 간의 의식소통을 제대로 하라는 말이기도 하다.

어떤 사람은 신에게 구원을 받는 감동이 엔도르핀의 생성을 돕는다고 한다. 그렇게 생성되는 엔도르핀으로 자신을 치유하는 길이 종교적 신앙이라고 가르치기도 한다.

이 말은 신과 믿는 사람들 간에 의미 있는 의식소통을 하라는 말이기도 하다. 그런 것이 가능하고 의미 있는 극한 상황에 도달하는 사람들에게는, 어떤 새로운 가능성을 별안간 찾아내는 순간이 올 수 있다. 마치 마라톤 주자들이 골인 지점까지 극한 상황으로 자기 몸을 몰아갈 때 갑자기 자기 몸에 찾아드는 '러너스 하이(Runners' High)'[27]를 체험하는 것과 같다. 마라톤 주자가 느끼는 러너스 하이는 헤로인이나 모르핀을 투약했을 때 나타나는 의식 상태나 행복감과 비슷한 감정이다. 신체가 극한 스트레스를 받는 상태, 그렇지만 자신을 최대한 긍정적으로 드러내는 스트레스에 놓이면 마음도 그에 따라 반응하면서 얻어지는 생체적 경험이다. 러너스 하이가 엔도르핀과 연관되는 것은 바로 이 때문이다.

§ 스트레스의 효력

160.9km가 넘는 거리를 30시간 이내에 달리는 마라토너들은 다른 사람들에 비해 많은 러너스 하이를 경험한다. 장거리를 달리는 것은 몸에 일종의 스트레스를 가하는 일이다. 놀랍게도 인간은 그런 스트레스를 경험해야 비로소 구름을 달리는 것 같은 상쾌함을 체내적으로 경험하게 된다. 스트레스가 생기면 일단 몸부터 피곤해지기 마련이라는 일반적인 상식을 벗어나는 원리가 바로 러너스 하이다.

사람의 몸은 스트레스를 받거나 긴장을 하게 되면, 신경전달물질인 코르티솔을 분비한다. 스트레스에 적절하게 대처하기 위해서다. 코르티솔은 쾌락이나 기쁨을 유발하거나 새로운 것을 찾아 나서는 데 동기를 부여하는 도파민과는 정반대의 기능을 한다. 코르티솔이 분비되기 시작하면 몸이 기쁘거나 행복할 리가 없다. 하지만 이 상황을 극복하기 위해 굳이 새로운 것을 찾아 나서지 않아도 된다. 사람의 몸에 스트레스를 계속 가하면 그 과정 중에 몸 안에서 기적이 일어난다. 엄청난 스트레스가 몸을 짓누르는 기간이 조금 지나면, 다시 말해 일정 수준 이상의 운동을 계속하게 되면, 달리는 사람의 몸에서는 스트레스 전달 물질이었던 코르티솔이 만족과 기쁨의 전달 물질인 도파민으로 전환된다. 정확하게 말하면 코르티솔이 도파민으로 바뀐다기보다는 분비되는 코르티솔의 양보다 도파민이 더 많이 분비되어 코르티솔의 위력을 감소시키는 것이다. 그런 일이 생체적으로, 그리고 자동적으로 몸 안에서 벌어진다. 그 순간부터 달리는 사람은 스트레스에 의한 고통보다는 달리는 기쁨을 만끽하게 하는 러너스 하이를 경험한다. 이는 정신의학자인 번스[28] 교수의 '만족감을 느끼려면 반드시 불쾌감의 영역을 통과해야 한다.'는 주장을 뒷받침해 준다. 생체에 피로감을 주는 코르티솔이 분비되는 경험이 선행되어야만, 도파민이 비로소 몸을 지배하여 기쁨이 가득해질 수 있기 때문이다.

운동을 하면서 도파민의 생성이 강화되면 전반적인 몸 상태가 향상되는 느낌을 갖게 된다. 기쁨과 행복에 관해 뇌를 새롭게 가동시키기 때문이다. 몸은 모든 스트레스의 원천에서 뇌를 보호하기 시작한다. 뇌 속에서 그런 신체적 만족을 조절해 주는 신경전달물질이 작동하기 때문이다. 기쁨과 행복감을 느끼게 해 주는 신경전달물질 중의 하나인 도파민은 사춘기 이후부터 꾸준히 줄어들기 때문에 사용하지 않으면 퇴화하는 것이 기본 속성이다. 그래서 사람들은 나이를 먹을수록 자기 스스로 기쁨을 얻고 행복감을 느끼기 위한 노력을 게을리 하지 말아야 한다.

도파민은 일반적으로 포옹, 키스, 칭찬, 승리 등 즐거운 일을 겪을 때 어김없이 분비된다. 이전에 읽어 보지 못했던 책을 읽을 때도 그 새로움 때문에 도파민이 분비된다. 그래서 새로운 아이디어를 제공하는 책을 읽으면 기분이 좋아지고, 세상이 달라 보이는 것이다. 좋은 사람을 만나 이야기를 해도 마찬가지다. 사람들과 의미 있는 교제나 만남을 통한 소통이 있을 때도 뇌의 운동이 촉진되어 만족과 행복감을 가져다주는 도파민을 생성한다.

스트레스 호르몬이 줄어드는 것만으로도 행복감을 느끼는 것은, 스트레스 신경전달물질이 기쁨의 신경전달물질로 대체되어 생성되기 때문이다. 순간의 행복을 느끼는 것은 과학의 법칙에 의존할 일이 아니라 자기 자신이 매일같이 행해야 될 일거리다. 일주일에 30분씩 3회 정도 운동을 하고, 식물이나 동물을 키우고, 낯선 사람에게 미소를 짓는 여유만 있어도 행복이 뇌에 파고들기 때문이다. 행복이 연습에서 나오는 것이라면 몸의 좋은 습관이 결정적인 작용을 할 수밖에 없다. 그런 도파민의 생성과 정을 본인 스스로 인식하지 못하더라도, 새로운 일을 경험한 후에는 몸이 그 만족감을 이미 알고 있다.

모든 것이 그렇지만, 도파민 역시 다른 신경전달물질과 마찬가지로 일정한 수준을 유지해야 몸의 정상을 지킬 수 있다. 뇌 특정 부위에 도파민이 부족할 경우에는 파킨슨씨병에서 볼 수 있는 경련과 마비가 나타난다. 반대로 도파민이 과도하게 분비되면 정신분열증에서 나타나는 환각과 과대망상이 나타난다. 도파민은 세로토닌(serotonin)과 마찬가지로 뇌 안의 한 신경세포로부터 다른 신경세포로 메시지를 전달하는 신경전달물질의 일종이다. 따라서 항상 그들 간의 정상적인 관계를 요구한다. 세로토닌은 슬픔과 안정에 관계하지만, 도파민은 기쁨과 흥분 등에 관계하기에 사람들은 도파민을 더 원한다. 그것을 과도하게 인위적으로 조절하기 위해 사람들은 도파민의 생성을 촉진하는 것을 찾고, 그것은 중독으로 이어진다. 담배, 마약 등에 중독되는 것은 뇌 속 도파민의 분비를 인위적으로 촉진하기 위한 노력이다. 그러나 그런 중독은 도파민을 만들어 낸 뇌신경세포 속으로 들어가 끝내 도파민을 이동-흡수시키는 특정 세포의 활동을 방해, 교란시켜 도파민의 생성을 어지럽게 한다. 포옹, 키스, 칭찬, 승리 등 즐거운 일과 같은 자연스러운 경험을 통해 촉진되는 도파민을 인위적으로 다량 생성되도록 촉진시키는 것의 부작용이 바로 약물중독이다. 엔도르핀은 도파민의 비정상적인 생성을 중화시키려고 노력하지만, 그 효력은 도파민이 정상적으로 분비될 때만 기능한다. 인위적으로 조작된 도파민 생성에는 엔도르핀의 작용이 개입하기 어렵다.

§비움의 의식소통

의식소통의 원리는 볼트(bolt)의 풀기와 조이기에 비유될 수 있다. 볼트의 파진 길은, 따라 내려가면 볼트가 더욱 깊이 박히며 갇히지만 위로 올라오면 자유로워진다. 볼트에 새겨진 나사선은 같은 자리를 도는 법이 없다. 항상 위로 올라가거나 아래로 내려가는 두 가지 길만 있을 뿐이다.[29] 볼트의 홈인 나선의 고지는 성공 또는 행복이라는 단어로 치환될 수 있다. 서로의 소통과 불통이라는 말로 비유될 수도 있을 것이다. 이 볼트가 한 바퀴씩 돌아 앞으로 나아가기 위해서는, 볼트가 풀리듯 인간이 서로 소통하기 위해서는 이 세상과 그 사람을 바라보아야 할 것이다. 부정을 몰아내고 절대 긍정으로 돌아서려면 상대방을 볼트 조이듯 조여서는 안 된다. 볼트가 조여지듯이 갇혀서 서로 소통할 수 없게 될 것이다. 반대로 볼트를 풀듯이 상대방을 풀어 주어야 상대방이 변하기 시작한다. 누군가를 억지로 변화시키려 애쓰는 순간, 마음속에 갈등이 시작되고 부정이 싹튼다. 그것은 상대방을 조이는 것과 별다른 차이가 없다. 상대방을 바꾸기 위한 전략은 내가 변해야 하는 이유와 맞닿아 있다. 내가 어떤 생각으로 사물과 사람을 바라보느냐에 따라 인생의 방향이 결정되고, 성공 여부가 판가름 난다. 서로를 풀어야 서로 소통하고 서로의 속박에서 자유로워진다.

소통의 비결과 효과는 서로에게 내가 필요한 것을 얼마나 요구하느냐가 아니다. 오히려 불필요한 것에서 스스로 얼마나 자유로운지에 달려 있다. 법정 스님은 비움이 의식소통의 지름길임을 보통의 삶살이에서 가르쳐 왔다. 크게 버리는 사람만이 크게 얻을 수 있다는 것이다. "하나가 필요할 때는 하나만 가져야지, 둘을 가지려고 안간힘을 쓰기 시작하면 애초의 그 하나마저도 잃게 된다." 행복의 비결은 필요한 것을 얼마나 갖고 있는가가 아니라, 불필요한 것에서 얼마나 자유로워져 있는가에 있다. 우리가 걱정해야 할 것은 늙음이 아니라 녹스는 삶이다. 사람은 관리하면 늙게 되지만, 관리하지 않으면 결국은 썩게 된다는 것을 알려 주는 법정 스님의 이야기는 사람으로 태어난 이상 서로가 소통하며 살게 된다는 것을 말해 주고 있다. 법정 스님[30]은 인간의 목표는 풍부하게 소유하는 것이 아니라 풍성하게 존재하는 것이기에, 살아갈 때는 삶에 철저하게 그 전부를 살아야 행복에 이른다고 일러 주고 있다.

더 이상 나눌 것이 없다고 생각될 때에도 나누라. 아무리 가난해도 마음이 있는 한 나눌 것은 있다. 근원적인 마음을 나눌 때 물질적인 것은 자연히 그림자처럼 따라온다. 그렇게 함으로써 내 자신이 더 풍요로워질 수 있다. 세속적인 계산법으로는 나눠 가질수록 잔고가 줄어들 것 같지만, 출세간적인 입장에서는 나눌수록 더 풍요로워진다. 행복의 비결은 필요한 것을 얼마나 갖고 있는가가 아니라, 불필요한 것에서 얼마나 자유로워져 있는가에 있다. '위에 견주면 모자라고 아래에 견주면 남는다.'는 말이 있듯, 행복을 찾는 오묘한 방법은 내 안에 있다. 인간을 제한하는 소유물에 사로잡히면 소유의 비좁은 골방에 갇혀 정신의 문이 열리지 않는다. 작은 것과 적은 것에 만족할 줄 알아야 한다. 선택한 맑은 가난은 부보다 훨씬 값지고 고귀한 것이다. 이것은 소극적인 생활 태도가 아니라 지혜로운 삶의 선택이다. 무소유란 아무것도 갖지 않는 것이 아니라 불필요한 것을 갖지 않는다는 뜻이다. 무소유의 진정한 의미를 이해할 때, 우리는 보다 홀가분한 삶을 이룰 수 있다. 저마다 서 있는 자리에서 자기 자신답게 살라. 내가 지금 순간순간 살고 있는 이 일이 인간의 삶인가, 지금 나답게 살고 있는가 스스로 점검해야 한다. 무엇이 되어야 하고 무엇을 이룰 것인가, 스스로 물으면서 자신의 삶을 만들어 가지 않으면 안 된다. 누가 내 삶을 만들어 주는가. 내가 내 삶을 만들어 갈 뿐이다. 하나가 필요할 때는 하나만 가져야지 둘을 갖게 되면 애초의 그 하나마저도 잃게 된다. 모자라고 텅 빈 그 속에서 넉넉한 충만감을 누릴 수 있어야 한다. 인간의 목표는 풍부하게 소유하는 것이 아니고 풍성하게 존재하는 것이다. 소유와 소비 지향적인 삶의 방식에서 존재 지향적인 생활 태도로 바뀌어야 한다. 자주 버리고 떠나는 연습을 하라. 버리고 떠난다는 것은 곧 자기답게 사는 것이다.

인간과 인간의 만남에서 말은 그렇게 중요하지 않다. 안으로 말이 여물도록 인내하지 못하기 때문에 밖으로 마구 쏟아 내고 마는 것이다. 어떤 사람은 겉으로는 침묵을 지키지만, 마음속으로는 남을 꾸짖기만 한다. 그것은 침묵하면서도 쉼 없이 지껄이고 있는 것이나 다름이 없다. 또 어떤 사람은 아침부터 저녁까지 말을 하지만, 속으로는 침묵을 지키는 사람도 있다. 필요 없는 말은 한마디도 하지 않기 때문에 그런 것이다. 살 때는 삶에 철저해 그 전부를 살아야 하고, 죽을 때는 죽음에 철저해 그 전부가 죽어야 한다. 우리는 날마다 죽으면서 다시 태어나야 한다. 살 때는 삶에 전력을 기울여 뼈근하게 살아야 하고, 일단 삶이 다하면 미련 없이 선뜻 버리고 떠나야 한다. 사는 것도 내 자신의 일이고, 죽음 또한 내 자신의 일이니 살 때는 철저히 살고 죽을 때 또한 철저히 죽을 수 있어야 한다. 우리가 사람답게 산다는 것은 순간마다 새롭게 태어남을 뜻한다. 순간순간 심리적으로 죽지 않는다면 우리는 새로운 삶을 이룰 수 없다.

또한 법정 스님은 제대로 한번 인간답게 살기 원한다면, 삶의 장비부터 최대한 간소하게 갖추라고 이야기해 준다.

집, 식사, 옷차림을 단순하게 하라. 밖에서 오는 행복도 있지만, 안에서 향기처럼, 꽃향기처럼 피어나는 것이 진정한 행복이다. 문명의 이기에 의존하지 말고, 때로는 밤에 텔레비전도 끄고, 촛불이라도 한번 켜 보라. 그러면 산중은 아니더라도 산중의 그윽함을 간접적으로라도 누릴 수 있다. 또한 가족끼리, 아니면 한두 사람이라도 조촐하게 녹차를 마시면서 잔잔한 이야기를 나눌 수 있다면 거기서 또한 삶의 향기가 피어날 수 있다. 자신이 누구며 어디로 가고 있는지 늘 물어보라. 때로는 전화도 내려놓고, 신문도 보지 말고, 단 10분이든 30분이든 허리를 바짝 펴고 벽을 보고 앉아서 나는 누구인가 물어보라. 이렇게 스스로 묻는 물음 속에서 근원적인 삶의 뿌리 같은 것을 확인할 수 있다. 항상 자신의 삶이 어디로 가고 있는

가를 물을 수 있어야 한다. 인간은 늘 근원적인 물음 앞에 마주서야 한다. 나는 어디서 왔는가. 나는 어디로 가는가. 그리고 나는 누구인가. 그런 물음과 대면하지 않는다면 진정한 인간의 삶이라고 할 수 없다.

§짝퉁 의식소통

한국인들이 관습적으로 의지하는 소통의 코드가 있다면 그것은 체면의 코드라는 것이 일반적인 생각이다. 정도의 차이는 있지만, 중국인들은 대인관계에서 사람들 간의 이해관계를 중요시한다. 반대로 일본인들은 신용을 중요시한다. 그들에 비해 한국인들은 자신의 면면을 중요시한다. 미인의 기준도 서로 다른데, 중국인들은 미인의 기준으로 각선미를 중요시하는 데 비해, 일본인은 가슴을, 서양인은 둔부의 아름다움에 더 무게를 둔다. 그에 비해 한국인은 얼굴의 모양, 역시 면면을 더 중요시한다.

한국인은 체면이 상하면 그 다음부터 관계가 소원해진다. 한국인들은, "마음을 헤아리고 알아서 행동해야 한다. 체면을 세워 줘야 마음을 얻고 체면을 깎으면 원한을 산다. 자존심을 살려 줘야 인심을 얻는다. 백 번 잘해도 말 한마디에 등을 돌린다. ……자존심과 체면을 세워 주면서 거기에 정도 느낄 수 있어야 '나는 나, 너는 너'가 아니라 '나와 너는 우리'가 된다." 정신과 의사인 하지현 교수는 이런 체면의 대인관계를 한국인에게 맞는 공감코드, 즉 우리라는 '체면코드'라고 했다.[31] 체면코드를 쳐놓고 사람들은 체면코드가 맞는 사람들끼리 '우리'라는 마음의 울타리 속에서 서로에게 위안을 준다는 것이다.

이런 류의 공감코드는 소통의 여러 단면을 보여 준다. 면면을 중요시 여기는 공감의 코드는 어쩌면 '짝퉁 소통'의 한 장면이 연출된 것일 수 있다. 마치 고속도로에서 서로 앞 다투어 질주하는 자동차 대열처럼 서로 의미 있는 교통이나 접촉이 아니다.

톨게이트에 도달하기만 하면 각자의 목적지로 빠져 버리기 위해 일시적으로만 별다른 사고가 일어나지 않도록 조심하는, 무의미한 언어교통의 한 단면이다. 물론 언어교통에도 나름의 질서와 법칙이 요구된다. 겉으로 나타나는 것이라도 소통의 시동을 걸 수 있는 '진심'이 담기지 않으면, 어떤 소통도 이루어지지 않는다는 것이다. 그것은 고속도로에서 먼저 가고 싶다고 앞차를 밀어내거나 부딪치면서 사고를 내면 전체 교통이 일순간에 마비되는 것과 같다.

소통하려면, 일단 상대방에 대한 기대치를 조절해야 한다. 기대치를 낮춰야 만족을 느낄 수 있다. 관심을 나타낸다며 던진 한마디가 관계를 일순간에 망쳐 버릴 수도 있다. 상대방을 배려하지 않는 상투적이고 성의 없는 질문이나 대답이 바로 소통을 차단하는 징조들이다. 상대방에 대해 비판과 비난, 그리고 시비해야 직성이 풀린다는 점을 상대방에게 확실하게 보여 주기 때문이다. 매번 취직 시험에서 떨어지는 취업 재수생에게 '회사 취직 못했니?'라는 질문, 아기를 가질 수 없는 부부에게 "아기 언제 보여 줄 거야?"라고 던지는 질문들이 바로 그런 예에 속한다. 관계를 바꾸는 소통의 전략은 결국 솔직함과 항상심의 마음을 갖는 일이다. 솔직하게 대화하려면 자신이 어떤 존재인가를 누구보다도 스스로 잘 알고 있어야 하며, 그 토대에서 자기 마음부터 다스릴 줄 알아야 한다.

자기 마음을 다스릴 줄 아는 사람은 타인을 배려할 줄 아는 사람이다. 다른 이들에 관한 소문에 아랑곳하지 않을 수 있는 마음가짐을 가진 사람이다. 사실 사람이라는 존재는 소문에 민감하다. 다른 동물과 달리 인간은 소문을 나름대로 해석하고, 가치를 부여하며, 그것에 함몰되어 버린다. 그래서 사람들은 자신에 관한 작은 소문 하나에도 쓰러진다. 자기 몸 하나 제대로 다스리지 못하고 떠도는 소문에 희생되는 일이 빈번하게 일어나는 것이다. 소문이 소문에 대한 새로운 의미를 만들어 내기 때문에, 소문은 사람에게 깊은 상처를 낸다. 소문은 옳고 그름을 따지는 사실 확인의 문제가 아니라 '혹시'라는 의혹과 '역시'라는 낭설을 믿고 의지하고 싶은 마음의 문제이기 때문이다.

변호사인 셸레[32]는 소문의 정체를 그리스 신화에 등장하는 사자, 뱀, 그리고 염소가 합체한 거대한 상상의 괴물로 묘사한다. 셀 수 없이 많은 머리와 얼굴로 구성된 이 괴물은 긴 몸뚱이의 일부를 이루면서 대도시의 수많은 창문 구멍 이곳저곳, 이 사람 저 사람의 마음을 제 마음대로 헤집고 돌아다닌다. 소문이 바로 그런 정체를 갖고 있는 괴물이라는 것이다. 작은 소문 하나가 군중을 동요케 하고 사회를 흔들어 놓는 것이 요즘의 세태다. 실제로, 2005년 8월 이라크의 바그다드에서는 수십만 명의 무슬림들이 참배를 위해 사원을 향하고 있었다. 서로 밀치기도, 비집고 들어가기도 힘든 긴 행렬의 꼬리를 물고 걸어갔다. 그 참배객 사이에서 누군가 "자살특공대가 있다!"라고 외쳤다. 순식간에 사람들이 동요하기 시작했다. 이어 모두가 집단 패닉 상태에 빠졌다. 강으로 뛰어들거나 밀치고 도망가기 시작했다. 그런 과정에서 1,000여 명이 숨졌다. 서로가 서로에게 짓밟혀 죽은 참사였다. 물론 자살특공대는 어디에도 없었다. 오로지 한 가닥 소문만이 있었을 뿐이다.

조금 다른 증좌가 있었다면, 그것은 참사와 압사 사건이 일어나기 2시간 전 사원 주변에 박격포와 로켓의 공격이 있었을 뿐이다. 늘 있던 일이라 새로울 것도 없었다. 소문의 진원은 바로 2시간 전의 사건인 것처럼 보였지만, 사실은 그것도 아니었다. 사건의 주인공은 확실성에 대한 인간의 욕망이었다. 무엇인가 확실하게 알아보려는 그런 중압감과 긴장감이 군중 사이에 꽉 차 있었다. 불확실한 상태를 지속하는 것보다는 부정적인 뉴스라도 그것을 일단 받아들이는 것이 인간의 본능이기에 확실성을 확보하기 위해 소문에 의지하였던 것이다.

인간은 자신의 희망을 충족시켜 준다고 생각되는 소문은 일단 믿고 본다. 그것이 편하기 때문에 믿고 싶은 것을 믿어 버리는 것이다. 그것이 인간과 다른 동물 간의 경계이고 인간만이 지니고 있는 삶의 한계다. 그래서 소문은 어떤 불행도 만들어 낼 수 있고, 어떤 재앙도 생산해 낼 수 있다. 소문은 '그는 이럴 거야.'라는 편견, '그가 이렇게 됐으면……' 하는 나름대로의 소망, '혹시 그런 배경이 깔려 있는 것이 아닐까.' 하는 두려움으로 성장한다. 소문은 자기 불안과 자기 불신을 먹고 자란다.

침묵, 공식 부인, 소송 등과 같이 소문에 대처하는 방법은 다양하지만, 그 소문의 여운은 쉽게 가시지 않는다. 무엇보다도 소문 때문에 한번 실추당한 명예는 쉽게 회복되지 않는다. 그런 사례들은 언론의 폭력에 의해 희생된 사람들의 하소연에서 잘 드러난다. 적극적으로 대처하여 일단 소송에서 이겼음에도 불구하고, 거짓 소문을 믿고 있는 사람들은 여전히 많다. 그것을 전달한 것은 신속한 보도에 경쟁적으로 나서는 언론매체다. 그들에게 사실 확인은 2차적으로 중요할 뿐이다. 소문의 허구를 들추어 내고 소문을 사실로 반박한다고 해도, 소문을 따라다니는 부정적인 감정과 인상은 소문 이전으로 쉽게 복원되거나 제거되지 않는다. 희생자는 희생양으로 남게 되는 것이다.

가짜 의식소통으로서는 공동체를 형성할 수 없다. 이 점은 스피노자의 철학에서도 명백하게 드러난다. 스피노자의 공동체 철학을 현대적으로 재해석하는 데 탁월성을 보여 준 마트롱[33] 교수에 따르면, 스피노자가 생각하고 있는 윤리학의 핵심은 의식소통이다. 그의 말대로라면 공동체 형성의 핵심은 '코나투스(conatus)'에 있다. 스피노자가 그의 기학학적 윤리학에서 이야기한 "각 사물은 자신의 존재 역량에 따라 자기 존재를 유지하려고 노력한다."라고 한 명제가 바로 '코나투스 명제'다. 코나투스 명제는 스피노자 정념론의 핵심이다. 정치학과 도덕론 전체를 아우르는 결정적인 시발점이 바로 코나투스다. 스피노자에 따르면, 공동체 철학의 모든 것이 바로 이 코나투스의 명제를 뿌리로 삼아 거대한 수목으로 자라 오른다. '코나투스'란 '어떤 개체 안에 존재하는 자기 보존의 무의식적 의지 또는 욕망'을 지칭한다. 사람이든 자연이든 동물이든 사물이든 그 어떤 것이든 그것이 존재하게 되는 것은 각기 본질적으로 코나투스를 가지고 있기 때문이다.

마트롱 교수에 따르면, 스피노자는 코나투스 원리를 통해 국가 혹은 시민사회가 원래 사람들 간의 합리적 판단에 근거한 계약으로 구성되는 것이 아니라, 감정 모방의 메커니즘에 기초한 채 움직이고 있다는 것을 보여 주려고 했다. 스피노자는 인간을 인간답게 만들어 가는 힘을 '야망(ambition de gloire)'이라고 보았는데, 그 야망을 이끌어 가는 핵심이 명예다. 사람들은 살아가면서 그들 스스로 의도했든 혹은 의도하지 않았든 타인의 기쁨의 원인이 되는 경우가 있다. 사람들은 타인이 느끼는 그 기쁨을 느끼면서, 그런 모방을 통해 동일한 기쁨의 감정을 갖게 된다. 기쁜 감정을 갖기 위해서는 당연히 타인이 기뻐하게 될 일을 생각하고 실천하는 일이 필요한데, 그런 노력이 바로 명예의 야망이 갖고 있는 핵심이라는 것이다.

인간의 본질이 욕망이라고 했을 때, 그 욕망은 인간을 미신과 예속의 길로 이끄는 감정이다. 사회를 바꾸는 힘을 만들어 내는 것도 명예의 감정이다. 명예는 단순한 노력이라기보다는 인간의 욕망을 표현한 것이며, 그 욕망이 있기에 개인과 공동체가 공존할 수 있다. 그 욕망을 가능하게 해 주는 것이 바로 사람 간의 소통이다. 코나투스는 사람과 사람 사이의 상관성을 이어주면서 서로의 욕망을 표출하게 하는 의식소통 때문에 매번 새롭게 분출될 수 있다. 명예를 추구하는 사람들은 당연히 자연과 인간에 대한 이해를 가져야만 한다. 그런 명예의 이해가 사회성의 토대를 이룬다. 모든 인간이 공동으로 추구하는 공동선의 이념을 형성하도록 하는 명예의 야망이 바로 사회성의 토대가 된다. 개인은 그런 명예의 욕망이 실현되기 위해서 무엇이 타인을 즐겁게 하는지, 그들이 무엇을 중요하게 생각하는지 먼저 알아둘 필요가 있다. 그것으로 사람들이 서로 소통할 수 있기 때문이다.

그래서 인간은 타인의 감정을 흉내 내는 존재이기도 하다. 인간은 '감정 모방'의 원리에 따라 공동체를 꾸려 나간다. 사람은 자신과 유사하다는 이유만으로도 다른 인간들이 갖는 감정을 모방할 수 있다. 그것은 나와 얼마나 가깝고 먼 관계인지와 상관없이 사람 사이에 일어나는 감정이다. 사람은 그런 감정 속에서 자신과 아무런 연관도 없는 사람들의 기쁨, 슬픔, 그리고 고통을 보면서 그와 동일한 감정으로 소통할 수 있게 된다.

§ 형태공명(形態共鳴)의 원리

셸드레이크[34] 교수는 애완동물들이 주인의 귀가를 귀신같이 알아차리는 이유, 비둘기들이 수백 마일 떨어진 곳에서도 정확하게 자신의 둥지를 찾아오는 이유, 흰개미들이 그들의 배설물을 시멘트 삼아 흙 알갱이로 여러 개의 방이 있는 훌륭한 집을 짓는 방법 등을 '형태공명(morphic resonance)의 원리'로 설명한다. 또한 때로 무엇인가 섬뜩해서 뒤를 돌아보게 만드는 시선, 팔다리를 절단당한 사람들이 없는 팔다리에 극심한 통증을 느끼는 이유, 빛의 빠르기가 초당 30만km로 정의되어 있다가 1928~1945년 사이에는 초당 약 20km가 느려졌다고 하는데, 그렇게 만유인력 상수와 플랑크 상수 등의 값이 수시로 변하는 이유, 어떤 사람들이 자신의 기대나 예언대로 결과를 얻어 내는 이유, 자신의 믿음대로 암 덩어리를 사라지게 하는 현상에 대한 설명 역시 생명의 장인 형태공명에서 찾고 있다.

셸드레이크는 과학에 대해 조금 다른 생각을 하는 과학자다. 그는 비싼 기기와 장비들로 가득 찬 실험실에서 심각한 표정으로 연구해서 어떤 결과를 이야기하는 것만이 과학은 아니라고 주장한다. 현대과학은 단순해 보이는 사회적 현상에 대해 별다른 해답을 제시하지 못하고 있다는 것이다. 그것은 기존 과학이 동물들의 신비스러운 행동이나 정신작용같이 눈에 보이지 않는 것들에 관한 연구에 거부감을 갖고 있기 때문이라고 보았다. 과학자라고 자부하는 사람들일수록 막스 셸러가 이야기한 인간의 의식과 자연의 의식을 매개하는 신비스러운 과학적 법칙이 존재할 가능성을 무시한다. 그리곤 왜곡된 방식으로 실험에 접근하는데, 그런 실험으로는 인간의 의식에 관한 아주 간단한 질문에도 제대로 대답할 수 없다.

셸드레이크의 형태공명 이론은 이미 논의했던 베르그송의 '알랑 비탈', 즉 생명의 도약론을 생물학적으로 보완 설명해 주는 데에도 크게 기여한다. 셸드레이크에 의하면, 이 세상에는 추상적인 영원불변의 법칙은 존재하지 않는다. 왜냐하면 분자에서 사회 시스템에 이르기까지, 스스로 자기를 조직화하는 시스템은 반복적인 패턴을 가진 '형태장(morphic field)'에 의해서 조직되기 때문이다. 모든 것은 시간의 흐름에 따라 진화하는 패턴에 지배를 받는데, 유기체도 마찬가지라는 것이다. 셀드레이크에 의하면, 유기체는 자신이 속한 종(種)의 과거와 현재의 모든 유기체가 습관적인 의식과 행동으로 형성되는 '형태장'과 공명하도록 되어 있다. 형태공명이란 한 종의 어떤 개체가 경험한 행동이나 형질의 영향이 형태의 장을 통해 같은 종에 속한 다른 개체에게 작용하는 현상이다.

한 개체가 획득한 능력은 세대를 초월하여 유전된다. 그것이 가능한 한 것은 일반적으로 존재하던 특질이 형태의 장을 더욱 안정시켜 서로 강한 공명작용을 일으키기 때문이다. 한 지역에 사는 일정 종류의 동물들에게 어떤 새로운 것을 가르쳤을 경우, 그것과 같은 종의 동물은 같은 내용을 앞선 세대보다 훨씬 더 빨리 습득하게 된다. 이 동물들이 지구의 어떤 지역에 살고 있더라도 더 빨리 습득하는 것은 마찬가지다. 이때 일어나는 새로운 기술의 전이는 점진적 과정이 아닌 급작스러운 전이, 혹은 전혀 기대하지 않았던 전이로 전염된다.

형태공명현상을 처음으로 알아낸 곳은 일본 교토 대학교의 영장류 연구소였다. 이 연구소에서 일했던 이마니시 가네모토 교수는 처음으로 동물의 행태를 관찰하면서 형태공명현상에 주목하기 시작했다. 초기 형태공명현상을 보다 학문적으로 이론화한 사람은 미국의 뉴에이지 과학자 라이언 왓슨 교수다. 왓슨은 자연 속에 존재하는 신비스러운 힘과 자연과 인간과의 긴밀한 상호작용의 많은 현상을 연구하기 시작했다. 그는 이 세상에 있는 모든 만물은 생명 조류(life tide)라고 하는 하나의 거대한 흐름 속에 있는데, 그 흐름의 본질은 영적일 가능성이 높다는 점에 주목했다. 생명 조류의 본질은 항상 하나로 회귀하는 데 있다. 즉, 자연 가운데에는 여러 가지 서로 다른 종류의 힘이 존재하고 있는데, 이들이 합류하여 마침내 하나의 커다란 본류를 이루게 된다는 것이다.[35] 그것이 바로 생명 조류의 본질이다.

그것을 보여 주는 사례는 여러 가지다. 어떤 행위를 하는 개체의 수가 일정량에 달하면 그 행동은 그 집단에만 국한되지 않고, 거리나 공간을 초월하여 확산되는 불가사의한 동일현상이 나타난다. 가네모토 교수는 어떤 것이 진리라고 생각되는 사람의 수가 일정 수에 달하면 그것은 만인에게 진리가 되는 식의 생명 조류현상을 '백 마리째 원숭이현상'이라는 이름으로 학계에 발표하였다.

백 마리째 원숭이현상은 1994년에야 비로소 동물학자, 심리학자들로부터 인정받기 시작했다. 그것이 하나의 사실로 확인된 곳은 일본 구시마에서 약 2km 정도 떨어진 동해안 이시나미 해안 근처 고지마라는 무인도였다. 현재 이 섬에는 약 100마리 정도의 천연기념물로 지정된 일본원숭이가 살고 있다. 1950년 이 원숭이들에게 고구마를 먹이는 실험을 시작하여 1952년에 마침내 성공했다. 실험 당시 약 20마리의 원숭이가 있었다. 이들은 주로 고구마에 묻은 진흙을 손과 팔로 털어 먹었다. 1953년 어느 날이었다. 한 살 반된 암컷 원숭이가 진흙을 강물로 씻어 낸 후 그 고구마를 먹기 시작했다. 7년이 지난 1957년에는 20마리 중 15마리가 고구마를 강물에 씻어 먹기에 이르렀다.

그 후 강물이 마르는 변화가 있었지만, 그들은 흙이 묻은 고구마를 그냥 먹지 않고, 일단 바닷물을 활용해서라도 씻어 먹었다. 놀랍게도 그렇게 고구마를 물에 씻어 먹는 일은 오이타 현 다카자키 산 원숭이들에게도 발견되기 시작했다. 고지마 원숭이들의 고구마 씻기가 정착된 지 한참 뒤에 다카자키 산 원숭이들도 고구마를 물에 씻어 먹기 시작했다. 고지마라는 무인도의 원숭이와 다카자키 원숭이들 간에 아무런 정보 교류가 없었음에도 동일한 일이 벌어진 것이다.

이것은 고구마 씻는 일본원숭이 수가 어느 임계치를 넘자 그 행동이 무리 전체로 확산되고, 이어 멀리 떨어져 접촉이 전혀 없는 다른 장소의 원숭이들에게도 어떤 식으로든 전달되었음을 의미한다. 이런 현상, 즉 아무런 관련도 없지만 일정한 형태의 행위가 자연스럽게 전이되는 현상이 바로 형태공명 이론의 핵심이다. 새로운 기술은 젊은 원숭이와 암컷들에게 먼저 전달된다. 솔직함이나 호기심이 많은 어린이에게 어울리는 속성이다. 보스 기질이 있는 수컷 원숭이는 고구마 씻어 먹기라는 새로운 기술이 무리 속에서 정착된 지 10년이 지나도록 그냥 그대로 고구마를 먹고 있었다. 그들은 고구마를 씻어 먹는 것에 대해 일종의 혐오감을 표출하기까지 했다.[36] 형태공명 이론은 자신 속에 형성된 옛날의 경험 법칙이나 개념으로 사물이나 현상을 판단할 때에는, 사회 적응에 어려움이 생길 수 있음을 암시하고 있다. 형태공명 이론 역시 배움의 중요성, 다시 말하면 끊임없는 내부시각의 확장과 개조 능력이 인간의 생존과 직결되어 있음을 알려 주는 단서가 된다.

셀드레이크가 주창한 형태공명 이론에 따르면[37] 생명체에게는 논리의 한계를 뛰어넘는 영감이 있다. 그것은 언젠가 타인에게 쉽사리 전이될 수 있다는 가능성을 알려 준다. 그는 더 나아가 형태공명이 진화된다고 보고 있다. 마치 도킨스가 밈(meme)에 의해 새로운 기술이 전이되고 확산된다고 주장하는 것처럼 유전자에 형태를 기억하는 에너지장이 있다는 것이다. 즉, 형태장이 생물체를 둘러싸고 성장과 발달에 지속적인 영향을 미친다. 이런 주장은 어떤 종의 한 개체가 습득한 행동 양식이 형태장을 통해 같은 종에 속하는 다른 개체에게도 전파된다는 것을 알려 주고 있다.

형태공명 이론은 형질의 획득에 의한 진화를 주장했던 다윈의 견해를 오히려 더 강력하게 보강해 주는 이론이 된다. 다윈은 생존경쟁에서 유리한 형질을 획득한 개체가 생존에 유리하게 되어 다수종이 된다는 자연선택론을 주장했었다. 그는 사회적으로는 적자생존(survival for the fittest)의 원칙이라고 오명(汚名)된 자연선택론을 진화의 가장 큰 원칙으로 생각했다. 그러나 현대 유전학은 획득 형질이 유전되지 않는다고 생각해 왔다. 그래서 돌연변이에 의해서 생기는 획득 형질을 진화의 원동력으로 생각할 수밖에 없다고 간주했다. 형태공명 이론은 바로 그 돌연변이의 한계를 보완해 주는 설명이 된 것이다.

§ 마음의 역치(閾値)

매일같이 직장에서 같은 사람을 만나지만, 어떤 사람에게는 호감이 가는 반면 어떤 사람에게는 역한 감정이 들기도 한다. 친한 사람이 이야기하는 것은 대충 들어도 그 사람이 무엇을 원하는지 눈치를 챈다. 그에 비해 부정적인 감정을 갖고 있었던 사람이 하는 이야기는 아무리 들어도 별로 공감하지 못한다. 그 대신 오히려 그의 주장이나 논리에 정서적인 통증 같은 것을 경험하게 된다. 역지사지의 감정이 친하지 않은 사람에게 적절하게 활용되지 않는 것은, 만나는 사람들에 대한 '정서적 역치(閾値)'가 다르기 때문이다.

KBS 오락 · 정보 프로그램인 〈스펀지〉에서 '짖는 개는 레몬 하나면 뚝 그친다.'라는 흥미로운 소재를 다룬 적이 있다. 실제로 새로운 환경에 대한 두려움 때문에 컹컹 짖어대는 개의 얼굴에 레몬즙을 분사하면, 짖던 개는 언제 그랬냐는 듯 짖기를 멈추었다. 〈스펀지〉에 출연한 한 수의사는 짖기를 멈춘 이유에 대해 개가 느끼는 통증 때문이라고 설명했다. 레몬에 대한 개의 역치가 짖는 것보다 훨씬 더 컸기 때문에 개는 일단 짖기를 그만두었다는 것이다.

이 정서적 역치 이론은 '관문 이론(gate theory)'과 그 궤를 같이한다. 1965년 패트릭 월과 로널드 멜잭에 의하여 제창된 관문 이론[38]은 척수에서의 통각 정보처리과정에 대해 명쾌하게 설명한다. 관문 이론은 통증 자극의 강도를 척추 수준에서 지각 수준을 낮출 수 있는지의 여부를 설명한다. 쉽게 이야기해서 통증과 같은 감정적 신호는 무조건 뇌에 입력되는 것이 아니다. 일단 뇌의 '심사'를 거쳐 선별적으로 입력된다는 이론이 관문 이론이다. 월과 멜잭은 인간의 신경계가 통증이나 촉각 등의 모든 감각 정보를 한 시점에 처리할 수 있는 양에 한계가 있음을 발견했다. 신경계가 처리하기 힘들 정도로 너무 많은 '정보'가 들어오면, 척수의 일부 세포들은 일단 밀려드는 신호의 이동을 방해하고 그것을 차단하게 된다. 이들은 그 과정을 감각 정보를 향해 문이 닫히는 과정으로 보았다. 개가 짖다가 레몬의 신맛과 냄새 때문에 짖기를 그만둔 것은, 레몬의 신맛이라는 후각 자극에 대한 일련의 신호가 척수에 전해진 것이다. 레몬이라는 새로운 신호가 두려움 때문에 짖어야만 하는 통증 신호와 경쟁하다가 마침내 짖는 통증 신호를 차단해 버린다. 그 결과 개는 짖기를 자동적으로 그만둔 것이다. 관문 이론의 핵심은 레몬의 자극이 극단적으로 전해졌기에, 이전의 짖는 통증 자극에 대한 문이 닫혀 버려 개가 짖기를 중단했다는 논리를 설명해 준다.[39]

관문 이론은 급성 통증의 일부 신기한 심리적 측면을 설명하는 데도 적용된다. 예를 들어, 한 사람이 똑같은 부상을 당하더라도, 상황에 따라 통증을 느끼는 정도가 다른 것을 이해하는 데 도움을 준다. 영국군이 제2차세계대전 중 1943년 이탈리아의 안치오에 상륙했을 때, 수백 명의 연합군이 독일군에 의해 중상을 입었다. 중상을 당한 병사들이었지만, 그들 중 4분의 3이 통증을 완화해 줄 수 있는 모르핀 투여를 거절했다. 모르핀이 없어서 그랬던 것이 아니었다. 동료들이 중상에도 불구하고 용감하게 적진을 향해 돌진하며 별다른 통증을 느끼지 않는 것 같아 보이자, 다른 부상병들도 덩달아 따라서 전진하였기 때문이다.

그와 반대로, 그런 중상을 당한 병사들에 비해 단순한 찰과상을 입은 민간인 중 80%는 극심한 통증을 호소하면서 모르핀 투여를 원했다. 그것을 관찰한 군의관은 인간의 통증은 신체 상태라기보다는 마음의 상태라는 결론을 내렸다. 마치 철학자인 버트런드 러셀 경에게 치과의사가 "어디가 아프신가요?"라고 묻자, 러셀은 "제 마음이 아프지요."라고 했다는 것과 같다. 이것은 통증이 자극이 아니라 지각이라는 것을 단정적으로 보여 준다. 즉, 통증은 신경세포의 문제만이 아니라 심리적 요인의 상호작용에 의한 복합적인 부산물임을 알려 주는 사례다.

관문 이론이 나오기 전까지는 통증을 '뉴런이 감지해 뇌에 아프다고 보내는 신호'라고 보았다. 관문 이론은 바로 그런 논리를 정면으로 반박하는 이론이다. 관문 이론은 상황에 따라 뇌가 통증 신호를 수정하기도 하고, 입력을 거부하기도 하는데, 그 과정에 지각이 작용한다는 것을 밝혀 주고 있다. 동일량의 자극인데도 자극에 대한 반응을 일으키는 데 필요한 최소한의 자극 정도를 나타내는 수치인 역치가 달라지면, 통증에 대한 느낌 역시 달라진다는 설명이 관문 이론이다. 그래서 전쟁터에서는 총을 맞은 군인이 아픈 줄 모르고 싸우기도 하고, 어떤 사람은 핀에 찔리고도 부상당한 전투병 이상으로 통증을 호소하기도 하는 경우가 생기는 것이다. 관문 이론이 인간관계에 적용되면 대인관계의 좋고 싫은 이유가 무엇인지를 알게 된다. 사람들은 어떤 사람을 보는 순간 지독한 역겨움을 경험하지만, 반대로 어떤 사람을 만나는 것은 생각하는 자체만으로도 행복을 느낀다. 그것이 바로 감정의 역치 차이에서 생기는 감정과 느낌과 의식소통의 차이다. 사람들 간에 나타나는 의식소통의 정도는 바로 이 감정의 역치 차이에 의해 결정된다.

§ 의식소통의 유형

일반적으로 의사소통에는 두 가지 서로 다른 형태가 존재한다. 이미 지적했듯이, 하나는 언어의 교통 상황이고, 다른 하나는 마음의 소통 형태다. 우리의 의사소통은 이 양극단의 두 형태 사이의 어딘가에 자리를 잡고 있다. 앞서 도로 위를 달리는 자동차를 상상했을 때 이런 상황을 쉽게 알 수 있었다. 도로를 달리는 자동차들은 서로 스쳐 지나갈 수는 있으나 부딪쳐서는 곤란하다. 그렇게 부딪치는 만남은 사고를 만들어 내므로 서로가 원치 않는다. 그것은 서로 피해야 할 사고이며 사건이다. 서로가 도로 위에서 만난다면, 더구나 속도감을 갖고 만날 경우에는 여지없이 대형사고로 이어진다.

사람들이 서로 말을 주고받는 것을 일반적으로 의사소통이라고 부르는데, 대개 그런 의사소통은 실제로 서로 아무런 만남도 일어나지 않는 언어교통(言語交通)에 지나지 않는다. 그런 언어교통의 상황은 일상적으로 발견된다. 대학 강의에서 교수와 학생 사이가 그렇고, 대규모 학술대회의 발표자나 토론자, 청중 사이가 그렇다. TV의 토론 프로그램을 봐도 대담자들 사이의 이야기는 "너는 너의 말로, 나는 나의 말로, 서로 다른 말로 감정을 교묘하게 위장하고 이야기하고 있어서 결코 서로 만나지 않는다." 서로 만나기를 두려워하는 것이다. 의사소통 기술에 관한 서적들이 대형서점의 스테디셀러 코너에서 상위를 차지하는 것을 볼 수 있는데, 인간 사회에서 의사소통이 현실적으로 어려운 일 중의 하나임을 알 수 있게 만드는 대목이다.

언어교통에 비해, 의식소통(意識疏通)은 서로가 건네는 눈빛만 봐도 서로 무엇을 원하는지, 무엇을 전하려고 하는지 알 수 있는 수준의 공감과 배려, 그리고 톨레랑스를 말한다. 처음 보는 사람이라도 푸근함을 느껴 쉽사리 눈을 뗄 수 없을 만큼 흡인력을 갖게 만드는 것이 의식소통이다. 그 같은 그림을 그려 내는 삽화가 상뻬[40]는 프랑스의 작은 마을 생 세롱에 사는 자전거포 주인 '따뷔랭'의 이야기로 의식소통의 한 단면을 보여 준다.

자전거에 관해서라면 생 세롱에서는 그를 따라갈 사람이 없다. 그래서 마을 사람들은 '자전거'를 자전거라고 부르지 않고 그 대신 '따뷔랭'이라는 애칭으로 부른다. 자전거의 대명사로 불리는 라울 따뷔랭이지만, 그는 놀랍게도 따뷔랭을 타지 못한다. 자전거꾼이 자전거를 타지 못한다는 것은 말도 안 되는 소리다. 그렇지만 그것은 사실이며, 그 누구에게도 말할 수 없는 그만의 비밀이다. 따뷔랭은 자신이 자전거를 못 타는 원인을 밝히기 위해 자전거를 공부하다 자전거꾼이 되었다. 누군가에게 그것을 털어놓기에는 이미 그가 자전거와 관련하여 너무 유명해져 버렸다. 그래서 그 사실은 그냥 비밀로 묻어 두는 것이 더 나았다. 그 동네에 피구뉴라는 사진사도 함께 살고 있었다. 그 역시 상당한 사진사였다. 기술적인 면에서 최고의 솜씨를 보여 주고 있는 사진사였다. 그에게도 따뷔랭처럼 어두운 비밀이 있었다. 그는 사진을 찍을 때, 중요한 순간을 제대로 포착하지 못했다. 그의 시력에 문제가 있었기 때문이다. 그 역시 자신의 비밀을 그 누구에게도 이야기할 수 없었다. 초점을 잡지 못하는 사진사에게 사진을 찍어 달라고 할 사람은 없기 때문이다. 그 역시 속으로는 실패한 사진사라는 절망감에 시달리고 있었다.

그런 피구뉴지만 한 가지 욕심이 있었다. 따뷔랭이 자전거 타는 모습을 멋진 작품으로 만들고 싶었다. 그가 따뷔랭에게 간청했다. 일류 자전거꾼인 따뷔랭으로서는 피구뉴의 청을 무작정 거절하기도 어려운 처지였다. 둘은 오랜 기간 동안 멀지않은 지인으로 지내온 사이였기 때문이었다. 따뷔랭은 하는 수 없이 자전거에 올라탔다. 죽기 아니면 기절하기의 심정으로 자전거를 타고 산허리를 내려갔다. 자전거 최고의 일인자 따뷔랭이 자전거에서 나뒹굴며 떨어지는 장면이 마침내 피구뉴의 사진기에 순간적으로 잡혔다. 피구뉴 인생 최고의 작품이 만들어지는 순간이었다. 사진 속의 따뷔랭은 자전거를 타고 절벽을 뛰어넘어 건너편 언덕으로 날아가고 있었다. 이 사진이 세상에 알려지게 되자, 따뷔랭은 자전거를 타고 언덕으로 뛰어드는 용감한 사람으로, 피구뉴는 더욱더 유명한 사진작가로 명성을 떨치게 되었다. 따뷔랭은 그 사건으로 큰 부상을 입고 남들을 속였다는 죄책감으로 괴로워했다. 따뷔랭 인생 최대의 콤플렉스가 사진기에 하나의 피사체로 잡힌 순간이지만, 한 사람의 인생 최대 약점이 상대방에게 최고의 작품을 선사해 준 것이다. 그러나 결정적인 순간에 늘 초점을 놓치기만 하는 피구뉴가 그런 멋있는 사진을 찍는 것은 불가능한 일이었다. 단지 운 좋게도 피구뉴의 사진기가 떨어지면서 자동으로 따뷔랭이 넘어지는 순간이 찍혔던 것이다.

따뷔랭은 영웅이 된 현실에 거부감을 느끼고 피구뉴에게 자전거를 타지 못한다는 사실을 말하려고 했다. 그때 피구뉴가 먼저 초점을 잡지 못하는 자신의 비밀을 털어놓았다. 다른 사진들을 보여 주며 자신을 유명하게 만든 따뷔랭의 사진 역시 우연의 결과물이라고 고백한 것이다. 친구의 고백을 먼저 들어버린 따뷔랭은 죄책감과 실의에 빠져 아무 말도 하지 못하고 돌아오고 말았다. 이들의 사이는 어색해져 버렸다.

몇 달 후 피구뉴는 따뷔랭을 다시 찾아왔다. 쾌씸해하면서도 친구를 그리워했던 따뷔랭은 피구뉴의 말을 자르며 빠르게 말했다. "잠깐만요, 당신이 꼭 알아야 할 사실이 있소. 내가 타지 못하는 게 하나 있는데. 그게 말이요, 하하. 정말 웃기게도 내가 제대로 타지 못하는 것은……." 그때서야 그들은 서로의 말뜻을 알아차렸다. 서로 같이 웃기 시작했다.

좋은 사람, 좋은 친구는 서로의 비밀을 이야기해야만 성립하는 관계는 아니다. 서로의 약점을 이야기하지 않더라도 그것을 실토하라고 강요하지 않으며, 있는 그대로 그것을 나누며 인정하는 사이다. 그것이 좋은 인간관계이며 의식소통의 관계다. 상대방의 약점이 나에게는 최대의 강점이 될 수 있고, 나의 비범함이 그에게는 최대의 범상함이 되기도 하는 사이가 바로 의식소통의 멋진 친구 사이다. 서로의 내밀한 콤플렉스가 조화되면, 모두의 인생살이는 언제든지 멋진 작품들로 만들어질 수 있다. 따뷔랭 인생 최대의 약점이 피구뉴의 실수에 잡혀 최고의 작품이 되었듯이, 서로의 약점이 최고 인생을 만들어 낼 수 있는 계기는 얼마든지 있기 마련이다. 그것을 촉발하게 만드는 힘이 바로 의식소통이다.

의식소통은 어쩌면 서로 쳐다보지 않아도 마음으로 이해하고 통하는 사이를 말하는 것일 수 있다. 이들은 굳이 언어가 필요 없다. 글자 자체가 무의미한 불립문자(不立文字)의 수준에 들어가는 것이 바로 그런 순간이다. 언어의 교통 수준을 넘어서는 이심전심(以心傳心)의 마음으로 서로 나누고 즐기며 보듬는 관계가 의식소통의 관계다. 인간의 배움이 언어교통을 넘어서서 의식소통의 장으로 들어와야 된다는 점은 배운다는 것이 바로 역지사지(易地思之)의 공감 능력이기 때문이다. 단순한 의사소통을 넘어서는, 즉 상대방의 언어를 이해하지 못하고 그저 자신의 말만을 쏟아붓는 '언어교통의 상황'을 넘어서는 '의식소통의 경지'의 여백을 만들어 가는 것이 배움의 과정이다. 의식소통의 관계에서, 한 사람의 말은 다른 사람의 말과 대화와 공감의 관계를 갖는다. 대화는 서로의 말이 갖고 있는 내면으로 침투해 들어가서 서로 다른 두 개의 의미를 끊임없이 접촉시키는 공감의 침투력이다. 이렇게 끊임없는 접촉과 공감 속에서 의미심장해지고 배움을 향한 의식소통이 개시된다.

의식소통이 제대로 되려면 타인의 역할은 불가피하다. 타인이 존재하지 않는 의식소통은 처음부터 불가능하기 때문이다. 타인이 배제된 대화는 대화일 수 없다. 대화 속의 타인은 그저 단순히 말을 주고받는 목적물로서의 상대가 아니다. 그것은 타인이 아니라 유령일 뿐이다. 대화에서 타인이라고 지칭하기 위해서, 그 타인이 화자로서의 타인과 모든 것이 같거나 일치할 필요는 없다. 의식소통에서는 감정이입이나 공동 체험, 기계적인 합의를 넘어선다. 그런 것을 강요하는 대화는 그 형식이나 내용에 있어서 이미 빈곤한 대화를 예견할 뿐이다. 의식의 소통은 감정이입이나 공동 체험이 최종 목표가 아니다. 의식소통이 지향하는 것은 서로의 생성이고 성장이며, 상생이고 배움이다.

행복은 의식소통의 정도에 따라 서로 다르게 느껴진다. 의식소통은 무엇인가를 발생시키는 힘을 갖고 있다. 수많은 말과 단어를 사용하면서 설득하려는 그 어려움을 한번에 뛰어넘는 일이 발생하도록 도와준다. 영어권에서 말하는 '발생하다(happen)'라는 단어와 '행복(happiness)'이라는 단어는 고대 영어의 동일한 어원을 가진다. 그 사례에서 보듯이 행복한 사람들은 좋은 일이 일어나게 하는 활동에 적극적으로 참여하며, 그런 일을 통해 서로가 의식을 소통하는 사람들임을 알 수 있다. 그래서 행복한 사람일수록 활동과 참여에의 열정이 높고, 소유보다 참여를 더 가치 있는 일로 받아들인다. 그런 참여와 활동이 그들의 기분을 더 좋게 해 주기 때문이다.

행복이라는 말을 라틴어로는 '보나 오라(bona hora)'라고 부르는데, 그것은 '알맞은 시간'이라는 뜻이다. '알맞은 시간', '때마침 오는 무엇'이 바로 행복이다. 너무 이르지도 않고 너무 늦지도 않게 꼭 적절한 때가 바로 행복이다. 삶이 우리의 욕망에 합일하고 우리의 욕망이 삶에 합일하는 바로 그 순간이 보나 오라의 순간이다. 행복은 우연이기도 하며, 행운이기도 하다. 그래서 'happy accident'라는 말을 행복한 사고라고 생각하지 않고, 뜻하지 않은 행복이라고 생각한다. 행복은 그렇게 알맞은 시간으로서 불행의 망각을 말한다. 불행의 장렬한 패배가 바로 행복이다. 행복은 삶의 긍정적인 폭발이다. 행복이란 사치품이 아니라 필수품이다. 인간은 불행 속에 살기 위해서가 아니라 충족되기 위해 사는 것이다. 행복, 그 알맞은 시간은 남이 주는 것이 아니라 우리 자신의 마법, 삶의 마법에 의해 가능한 한 것이다.

행복은 혼자 고독하게 다룰 수 있는 것이 아니라 여럿이 함께 다루어야 제 느낌이 드러나는 마음의 감정이다. 여럿이 그것을 다루게 될 때 사람들은 행복을 느낀다. 행복은 서로에게 도움이 되는 하나의 우물이다. 행복은 고착되어 있지 않으며, 만들어 지고 생성된다. 그렇게 만들어 갈 때 비로소 행복이 넘쳐나기 시작한다. 행복은 영감 의 샘이 되기 시작한다. 행복은 행동이다. 자기 자신에 관여하는 자신의 행동이다. 세 계를 자신만의 특별한 세계로 변화시키기 위해 그 세계에 관여하는 자신의 행동이다. 그렇기에 행복은 우리 안에 있고, 우리 자신에게 삶을 쥐여 주고 그것을 어떻게 변화 시킬 수 있느냐의 능력에 좌우된다. 행복해야 하는 것은 윤리적인 절박함이자, 정치 적 저항 행위다.

삶의 기적이란, 기적이 없다는 사실에서 나오게 마련이다. 니체는 이처럼 삶의 엇 나감을 적극적으로 수용하는 태도를 일컬어 '운명애(運命愛, amor fati)'라고 불렀다. 글자 그대로 운명을 사랑한다는 뜻으로서, 존재 자체에 보내는 대긍정(大肯定)적인 의지의 표현이다. 사실 인간의 행복은 윤리에 의해 억눌려지는 것이 아니라 거짓에 의해 억눌려지고 있다. 사람들은 윤리가 있어서 불편한 게 아니라 그것이 없을 때 오 히려 불편하다. 윤리란 구속하는 규약 같은 것이라고들 말하지만, 실제로 행복은 윤 리적이거나 비윤리적이지 않다. 칸트는 에고이즘에서 보편성으로 이동하는 과정 속 에 윤리가 생성된다고 말한 바 있다. 그 말은 인간은 누구든 자신만을 위해 살 수 있 지만, 그것을 뛰어넘는 일이 윤리의 시작이라는 의미다. 말하자면, 사랑하는 사람들 을 위해 살든지, 어떤 이상을 옹호하기 위해 타인의 편에 적극 동참하는 삶을 살 수 있는데, 이렇게 자기 자신을 훌쩍 뛰어넘는 것이 윤리의 바탕이라는 것이다. 에고이 즘을 뛰어넘는 그 지점에서 요구되는 윤리란, 그것 말고는 다른 정의를 갖고 있을 수 없다는 것이다. 윤리는 오로지 타인의 삶에 보탬이 되는 일이기 때문이다.[41]

일반적으로 사람들은 행복으로 가는 세 가지 길이 있다고 여겨왔다. 그것은 바로 '소유하기', '활동하기', 그리고 '참여하기'다. 소유는 취득과 재산의 중심이 되어 '기분 좋은 인생'을 만들어 준다. 그러나 돈을 주고 사는 행복은 그리 오래가지 않는 다. 실제로 부자들은 자신보다 덜 부유한 사람들과는 친구가 되기 어렵다고 생각한 다. 그렇게 생각하는 사람들의 비율은 그 반대의 경우보다 3배가 넘는다. 이것이 현

실이다. 부자가 되기 위한 경쟁을 하다 보면 자신이 남들보다 더 가난하다고 느끼게
되는 것도 바로 이런 이유에서다. 당신이 최근에 부자가 되었다면 오랜 친구들이 떨
어져 나가려고 준비하고 있을지도 모르는 일이다.

그런 물질적 부에 비해, 사회생활에의 적극적인 참여는 행복해지는 요소 중 하나
다. 따라서 설령 부자가 되었더라도 사회적인 활동에 참여하기만 하면, 그가 과거에
비해 외로운 신세가 될 가능성은 오히려 낮다. 외로운 신세가 되는 것은 결코 보람 있
는 인생이라고 할 수 없을 것이다. 돈으로 행복을 살 수 있다는 것은 진실이 아니다.
기본적인 욕구를 충족시키기에 충분한 돈을 가진 다음에는 더 많은 돈을 쓴다고 해서
더 많은 행복이 보장되는 것이 아니다.

삶의 행복, 생명에 대한 희열이나 열망은 돈으로 결정되지 않는다.[42] 돈이나 명예
도 살아 있지 않으면 아무것도 아니다. 생명을 누리고 있다는 그 사실이 삶을 행복하
게 만들어 주기 때문이다. 실제로 척수 부상으로 신체가 마비된 환자 중 92%는 자신
이 살아 있어서 기쁘다고 말하는 것으로 조사된 적이 있다. 그들 중 86%는 자신의 삶
의 질이 평균적이거나 그 이상이라고 느꼈다. 믿기 힘들지만, 그런 척수 부상을 당한
후 2년차가 되는 환자 4명 중 1명은 '대부분의 경우 내 인생은 내가 꿈꾸던 이상에 근
접해 있다.'라는 의견에 적극적으로 동의했다. 자신의 처지를 제대로 이해하고 이용
하면 행복은 바로 그곳에 존재한다. 그때 행복의 가장 큰 원천은 바로 가족과 친구들
이다.[43] 그들의 사회 지원이 행복과 기쁨에 젖게 해 주었다.

마음과 몸을 하나로 만드는 일이 가능해지면 행복을 느끼게 된다. 마음과 몸을 하
나로 한다는 것은 모든 종교의 일관된 주제지만, 한국의 토종 종교인 원불교는 한 발
더 앞서간다. 원불교는 '영육쌍전(靈肉雙全)', 말하자면 영과 육의 공존과 합일, 조화
를 강조한다. 영적인 측면과 물적인 측면을 같은 값으로 온전하게 하기 위해서는 수
도와 생활을 둘로 나누는 것이 아니라 하나로 만들어 살아 움직이게 해야 한다는 것
이 원불교의 원리다. 그런 점에서 원불교는 소통의 원활함을 강조하고 있는 종교라고
볼 수 있다.[44]

　　그래서 돈과 물질만으로는 행복을 제대로 만들어 가기 어렵다. 이는 독일 당대의 천재로 평가받는 칼 비테 2세(1800~1883) 역시 이미 오래 전에 동감하고 있는 행복에 대한 단상이다. 그는 지금으로부터 200년 전의 사람이다. 그는 그의 아버지가 저술한, 『칼 비테의 교육(The Education of Karl Witte)』의 주인공이었다. 그는 19세기 독일 사회를 대표하는 법학자였으며, 당시 독일 사회를 대표하는 호모 에루디티오 중의 한 사람이었다. 그는 아버지인 칼 비테가 마련한 자녀교육 프로그램을 통해 아홉 살 무렵 독학으로 6개 국어를 구사한 천재였다. 그때 작센 왕국의 라이프치히 대학의 입학 허가증을 받았으나 국왕의 배려로 괴팅겐 대학에 입학하였다. 열세 살 때에는 기젠 대학에서 철학박사 학위를 수여받았으나, 그것에도 만족할 수가 없었다. 그래서 내친김에 하이델베르크 대학의 법학과에 입학한다. 열여섯 살 때는 법학박사 학위를 취득하여 베를린 대학 교수로 임명된다. 그렇지만 그것에도 만족하지 못하고는 열여덟 살이 되는 해에 이탈리아로 떠나 버린다. 더 많은 학문에 대한 열정 때문에 이탈리아로 유학을 간 것이다. 그는 피렌체에 머물면서 치열하게 법학을 연구한다. 그러면서도 그것에 만족하지 않고, 단테에 대한 연구에 심혈을 기울인다. 마침내 1823년에는 『단테의 오해』라는 책을 출간하여 당시 유럽 문학계를 깜짝 놀라게 만들었다. 그곳에서 연구가 끝나자 1834년 다시 할레 대학으로 자리를 옮겨 여든세 살까지 머문다. 그는 운명할 때까지 그곳에서 법학 강의에 열정을 보였다. 당대의 석학이었던 그가 늘 강조했던 것은, 인간이면 누구든 자신의 삶을 한평생 지탱해 주는 네 가지 덕목을 갖고 살아야 행복한 삶을 누릴 수 있다는 점이었다. 즉, 선행, 지혜, 예절, 학문에 열정을 갖고 살라는 것이 그의 당부였다. 그중 하나라도 소홀히 하면 삶은 결코 행복한 인생이라고 말할 수 없다는 것이 그의 지론이었다. 이와 더불어 배움으로 지혜의 원천을 삼으라는 그의 배움론은 프뢰벨과 몬테소리의 교육론에 깊은 영향을 주었다.[45]

　　돈과 물질보다는 활동적인 삶, 마음과 몸을 하나로 만들어 가는 데 도움이 되는 여러 가지 사회적인 참여와 경험을 의미하는 삶과 활동이 더 필요하다. 그런 활동으로 수행과 생활을 하나로 만들어 가는 삶을 '좋은 인생'이라고 부른다. 가족이나 친구들과 더불어 배움을 목적으로 공부하며 취미생활을 가지는 것이 좋은 인생이다. 보다 적극적인 활동을 통해서 추억을 만들고, 새로운 기술을 습득하며 인생의 지평을 넓힐 때 기분 좋은 인생이 행복을 보장해 준다.

§ 마음 듣기

삶은 '선택'과 그 선택에 따른 행동의 연속이다. 사는 동안 최선의 선택을 향한 저울질은 계속되기 마련이다. 선택을 하는 한 누구나 '전략적 존재'로서 자기 삶을 선택하고 계획해야 한다. 살아 남기 위해 필요한 것이 선택이다. 이때 선택과정에서 자연스럽게 직면하는 것이 삶의 딜레마다. '딜레마(dilemma)'는 진퇴양난의 상황을 뜻하는 것으로서, 그 어원은 그리스어 두 번을 의미하는 'di'와 제안, 명제를 의미하는 'lemma'에서 찾을 수 있다. 세 가지 궁지에 처한 삼중고를 '트라일레마(trilemma)'라고 하듯이, 궁지의 가지 수가 늘어날수록 딜레마는 더욱더 선택이 어려운, 곤혹스러운 상황을 드러내 놓는다. 수많은 딜레마 속에는 위험과 비용, 잠재적 이익이 숨어 있다. 사람들은 둘 이상의 선택이 존재하는 상황을 경험한다. 선택을 해야만 하기에 삶은 늘 고단하다.[46]

가장 유명한 사례로 쓰이는 것이 '죄수의 딜레마'다. 죄수의 딜레마는 갈등 상황에 처한 사람들이 의심과 이기심 때문에 결국은 최악의 선택을 한다는 것을 보여 준다. 다른 말로 '게임 이론'이라고 부르는 죄수의 딜레마는 일상생활에서도 늘 경험하게 된다. 두 죄수를 분리 신문하면서, 각각의 죄수에게 침묵 아니면 자백을 선택하도록 한다. 둘 다 죄에 대해 침묵하면 1년을 구형받게 되고, 둘 다 자백하면 5년형을 받을 것이라고 먼저 일러 준다. 그리고 한 명만 자백하면, 자백한 그는 풀려나게 되지만 상대방은 10년형을 구형받는다. 일반적으로 죄수들은 결국 상대방을 믿지 못하고 두 사람 모두 자백을 택하게 된다. 상대방을 믿지 못하기 때문에, 10년을 감옥에 홀로 살아야 하는 끔직한 경우보다는 차라리 자백한 후 5년형을 택하는 것이 자신에게 유리하다는 생각이 들기 때문이다. 이것은 갈등 상황에서 사람들이 협조보다 변절을 택하는 것이 더 유용하다는 근거로 쓰인다.

죄수의 딜레마와 성격이 비슷한 '겁쟁이 딜레마'나 '자원자의 딜레마'도 있다. 1950년대 미국 영화 〈이유 없는 반항〉에 나온 '치킨 게임'에서 착안한 것이 바로 겁쟁이 딜레마다. 자동차 두 대가 서로 마주 보고 달리다가 먼저 핸들을 꺾어 피하는 쪽이 진다. 둘 다 패자나 겁쟁이가 되지 않으려면, 자동차 사고로 공멸하는 수밖에 없는 상황이다. 누가 강심장인지를 가리겠다는 상황이 바로 겁쟁이 딜레마다. 자원자의 딜레마 역시 상대방이 먼저 위험을 감수하는 행동을 하기를 기다리다가는 끝내 큰 피해를 입고, 나도 큰 상처를 받을 수 있다는 내용이다.

완벽한 의사소통과 정직성이 있는 한 죄수의 딜레마는 성립할 수 없다. 그러나 그런 이상적인 상황은 우리가 살고 있는 세계가 아니다. 그런 점에서 현실적으로 사람들 간에 완벽한 의식소통은 일어나지 않는다. 갈등과 불신, 이기심이 만연한 곳에는 늘 딜레마의 고충이 발생한다. 서로가 서로의 편익을 추구하려고 하기 때문이다. 게임 이론가들의 주장과 달리, 사람들은 딜레마에 빠졌을 때 엄격한 이성적 판단에 의지하지 않는다. 최종적으로 얻을 수 있는 수익이나 편익의 정도에 따라 행동하는 게임 이론을 따르지도 않는다. 오히려 감정에 의해 선택하고 행동하는 것이 보통이다. 만일 감정이 없다면 처음부터 딜레마가 존재하지 않을 것이고, 그런 딜레마에 빠지지도 않을 것이다.

선택은 딜레마와 한 몸인 셈이다. 곤혹스럽긴 해도, 누구든 전략적으로 자기 편에서서 선택을 할 수밖에 없다. 하지만 전략적 접근이 꼭 좋은 결과를 불러오지는 않는다는 것이 딜레마가 직면하고 있는 또 다른 딜레마다. 가장 유리한 위치에서 선택한 사람들도 결국에는 패배자가 되는 경우가 많기 때문이다. 딜레마가 연속되는 상황에서 항상 올바른 선택을 하기는 쉽지 않다. 물론 섣부른 전략도 상황을 악화시키는 요인이 된다. 그래서 딜레마에서 벗어나기 위해서는 사회적 관습이나 직관을 가능한 한 따르지 않는 것이 현명할 수도 있다. 자신이 무엇인가를 선택하고 있음을 의식적으로 깨닫는다면 자신에게 보다 더 나은 선택을 할 수 있기 때문이다. 특정 상황에서 무엇을 어떻게 해야 할지 알려 주는 명확한 규칙이란 없기에, 선택의 중요성은 더욱 커지게 마련이다.

사르트르가 말했듯 타인은 지옥이다. 선택 상황, 그리고 딜레마의 상황에서는 언제나 그러하다. '나'의 자아란 독립된 개체가 아니다. 타인과의 관계 속에서 인정받을 때 존재의 의미를 지닐 수 있다. 내면의 거울에 비친 '나'는 타인의 시선이 모여 빚어 낸 허상에 불과하다. 역으로 타인의 자아 또한 그러하다. 인간 대 인간의 관계는 영원한 긴장과 갈등의 관계이기 때문에, 사르트르는 "타인은 지옥이다."라고 이야기할 수밖에 없었던 것이다. 그런 사람들 사이에 요구되는 선택의 과정에서 의사소통은 언제든지 상황에 맞게 왜곡될 수 있다.

지옥과 같은 타인과의 관계 속에서도, 의미 있는 사람들 간의 의식소통은 마음을 열고 솔직담백하게 터놓을 수 있도록 해 주기도 한다. 이런 마음 듣기를 드러내는 사례들은 여러 가지가 있다. 그중 하나로 영화배우 마릴린 먼로와 케네디 대통령 간의 밝혀지지 않은 염문을 들 수 있다. 1962년 5월 19일 미국 뉴욕의 매디슨스퀘어 가든에서 열린 존 F. 케네디 대통령의 생일잔치에 1만 5,000여 명이 참석했다. 말이 생일잔치이지 사실은 정치자금 모금행사나 마찬가지였다. 이 행사에 당대의 여배우 마릴린 먼로가 초대되었다. 무대에 오른 마릴린 먼로는 그녀 특유의 음성으로 케네디 대통령의 생일을 축하하는 '해-피 버어-스데이 투 유---(Haaappy Biiirthday to youuuu)'를 불렀다. 그곳에 자리하고 있던 모든 사람이 그 뜻이 무엇인지를 직감하고 있었다. 그것은 바로 그녀의 구애였다.[47] 그리고 그녀는 그 선택 때문에 자기 목숨을 범하는 딜레마에 빠져 버렸다.

또 다른 예로서 인도의 마하트마 간디가 타고르의 조카딸과 연인 사이라는 사실을 들 수 있다. 철저한 금욕주의자로 알려진 간디가 생전에 타고르의 조카딸인 미모의 여성과 수십 년간 정신적 사랑을 나눈 것이 후세의 연구로 밝혀졌다. 그동안 숨겨져 왔던 이 사실은, 그가 죽은 지 90년 만에 공개되었다. 인도의 주간지 『아웃룩』 인터넷 판에 따르면, 간디의 손자인 라지모한 간디가 최근 발간한 『한 남자와 그의 사람, 제국에 관한 진실』이라는 책에서 그와 같은 사실을 공개했다.[48] 그렇다고 간디의 명예가 실추되거나 간디의 비폭력, 무저항주의가 퇴색된 것은 아니다. 오히려 간디가 타고르의 조카와 의식소통으로 서로 사랑을 주고받았다는 것을 확인하는 계기가 되었을 뿐이다.

존 고트만 교수는 3,000쌍이 넘는 부부들의 대화를 분석하여 놀라운 사실을 알아냈다.[49] 그것은 한 시간 동안 남편과 아내가 나눈 대화만 분석해도, 그 부부가 15년 뒤에 여전히 부부로 살고 있을지의 여부를 95%의 정확도로 예측할 수 있다는 것이다. 한 시간의 대화 내용이 15년을 예측할 수 있다는 사실과 그 정확도가 95%에 달한다는 것은 인간의 생각의 속도가 어느 정도인지를 알려 준다. 말하자면 삶의 의의(significance)의 속도가 어느 정도인지를 알게 해 준다는 것이다. 삶의 의의가, 즉 삶에 대한 의지가 불안정하면 의미가 이내 사라지는 것을 알 수 있다. 이 사실을 근거로 사람들 간의 관계를 이야기한다면, 대화 내용이 사람들 간의 관계 정도와 친밀도 정도를 말해 준다는 것이다.

부부는 서로 사랑해서 결혼을 한 사람들의 관계를 말한다. 그들 부부간의 대화가 점점 줄어들고 대화의 내용이 피상적이거나 부정적인 것으로 변해 간다면, 그것은 바로 부부관계가 깨지고 있다는 신호다. 사소하게 시작한 부정적인 대화가 그 관계를 무너뜨리는 경우도 많다. 일상의 대화 속에 부정적인 것이 많을수록 그 인간관계의 점수는 추락한다. 결혼생활이 지속되려면, 긍정적인 대화를 부정적인 대화보다 5배는 많이 해야 한다는 것이 고트만 교수의 충고였다.

좋은 인간관계를 원한다면 대화 내용과 대화 방식부터 긍정적으로 변화시켜 나가야 한다. 고트만은 부부 중 어느 한쪽 또는 서로가 상대방에게 경멸의 감정을 보일 경우, 그것을 결혼생활을 위험에 빠뜨리는 적신호로 본다. "경멸이란 보다 높은 곳에서 만들어져 나오는 냉소라고 볼 수 있죠. 그것은 모욕일 경우가 많습니다. '암캐 같은

년, 넌 쓰레기야.' 그것은 상대를 나보다 낮은 위치에 두려는 행동입니다." 사랑하는
사람에게서 경멸을 당하면 심한 스트레스를 받아 면역체계까지 영향을 미친다. 소설
『메디슨 카운티의 다리』에 등장하는 주인공들은 대화를 통해 마치 사랑의 데자뷰
(deja vu), 즉 처음 겪는 일인데도 불구하고 마치 이전에 어디선가 경험해 본 것처럼
친숙하게 느끼는 감정을 경험한다. 그래서 서로가 상대방에게 친숙해져 불꽃 같이 깊
은 사랑의 관계를 상세히 그리게 되는 것이다.[50]

사람들은 고운 말을 들으면 자기 마음도 고와지는 느낌을 받는다. 그것은 소리가
우리의 역사이며, 생활이고, 문화이기 때문이다.[51] 고운 말을 들으면 잠시라도 고운
생각이 자리를 잡는다. 사람들의 얼굴도 마찬가지다. 얼굴은 감정의 대등한 파트너
다. 얼굴 표정에 모든 감정이나 마음 상태가 그대로 표현된다. 마흔 살이 넘으면 얼굴
에 책임을 지라는 말이 있다. 거울을 쳐다볼 때마다 자신의 얼굴을 찬찬히 살펴보자.
이전보다 일그러지고 있는지 밝아지고 있는지. 얼굴 속에 내 감정은 그대로 흐르고
있다. 웃을 일이 없어도 웃어 보자. 그러면 웃을 일이 생기고 얼굴도 밝아져 좋은 인
간관계를 만들어 갈 수 있을 것이다. 실제로 강제로 웃음을 짓게 하고 만화를 본 사람
이 강제로 웃지 못하게 하고 만화를 본 사람보다 더 재미있게 보았다는 연구 결과가
있다. 우리는 얼굴을 감정의 부산물로 여긴다. 그렇지만 이 연구는 그 과정이 반대일
수도 있다는 점을 말해 준다. 얼굴에서 감정이 시작되기도 한다는 것이다. 얼굴은 내
적 감정의 이차적인 게시판이 아니다. 얼굴은 감정의 대등한 파트너다.[52]

서로가 의식을 소통하기 위해서는 각자가 갖고 있는 마음의 장애부터 다스릴 수 있
어야 한다. '마음 장애'가 복구되어야 서로가 서로를 제대로 바라볼 수 있기 때문이
다. 마음에 장애를 갖고 있지 않는 사람은 없고, 마음에 상처를 갖고 있지 않은 사람도
없다. 장애란 그저 조금 불편한 것일 뿐인데, 사람들은 그것을 겉으로 과장되게 비틀
어 그 사람에게 굴레로 씌워 놓는다. 장애라는 것은 사람이 한평생 살아가는 데 크게
문제가 되지 않는다. 그것을 깨닫는 데 오랜 시간이 필요하다면 오히려 마음의 장애
인들이다. 청각장애, 시각장애, 지체장애보다 더 큰 어려움을 주는 것이 바로 마음의

장애다. 각자에게는 마음 장애가 어떤 식으로든 자리 잡고 있다는 것을 쉽게 깨닫지 못한다. 그렇게 살아가는 것이 삶이다. 작가 디아스[53)]는 보고타에 사는 오라시오의 눈을 통해 차갑기 그지없는 어른들의 마음 장애 현실을 그려 낸다. 오라시오는 어릴 때 귓병을 앓아 소리를 듣지 못한다. 그래서 자신을 이상한 눈으로 쳐다보는 사람들의 시선이 늘 편치 않았다. 정작 본인은 불편한 게 하나도 없었다. 가족의 목소리를 들을 수는 없지만 부모님의 목소리는 꿈결처럼 늘 기억에 남아 있다. 가족도 수화를 배워 오라시오와 무엇이든 이야기를 나눌 수 있었다. 그는 귀로 듣지는 못했지만, 눈으로 보고 상상하며 그 모든 것을 마음속으로 들을 수 있었다. 그것이 그에게는 행복이었다.

오라시오에게는 취미가 있었다. 바로 사물을 관찰하는 것이었다. 어느 날, 오라시오는 앞집을 관찰하기 시작했다. 호기심이 발동한 것이다. 앞집은 여느 집과는 다르게 지어진 집이었다. 직선이 하나도 없이 곡선으로만 이루어졌다. 스테인드글라스와 모자이크로 장식된 굉장히 크고 아름다운 집이었다. 그 집에는 베아트리스라는 여인이 살고 있었다. 오라시오는 하굣길에 앞집 대문이 열려 있는 것을 보고 호기심을 참지 못하고 들어가 보았다. 나선형의 계단이 있는 대저택에 홀딱 반해 버린 오라시오는 그만 그 계단을 오르다가 베아트리스에게 들켜 버렸다. 그는 수화로 자신의 상황을 설명했다. 그녀는 그의 수화를 알아듣지 못했다. 소통이 불가능했기 때문에 오라시오가 자신을 놀리고 있다고 생각하게 된 베아트리스의 얼굴은 점점 굳어졌다. 오라시오는 이내 베아트리스의 얼굴에서 어떤 두려움을 감지했다. 베아트리스는 장애에 대한 편견이 심한 편이었다. 물론 어머니로부터 어린 시절부터 그 누구도 완전하지 못하다는 이야기를 듣기는 했다. 그러나 유복하게 자란 베아트리스는 사람들의 어떤 장애도 있는 그대로 받아들일 수가 없었다.

그런 사건이 있고 난 후, 어느 날 베아트리스는 다리를 다쳐 꼼짝없이 집에 있게 되었다. 그런 베아트리스에게 다시 오라시오가 다가갔다. 이제는 말 대신 글로 서로의 이야기를 나누었다. 사람들 간의 의사소통이란 별 것이 아니다. 새로 배우면 되는 것이다. 베아트리스는 점차 오라시오에 대한 두려움을 거두었다. 그녀도 오라시오의 가족처럼 수화를 배웠다. 보는 장애, 듣는 장애보다 마음의 장애를 걷어 냈기 때문에 베아트리스와 오라시오는 의식을 소통할 수 있었다. 그들에게는 그것이 바로 행복이었다.

§ 쇼(show)는 쇼(show)

하버마스는 이 세계가 '생활세계(lebenswelt)'와 '사회체계(system)'의 이중구조로 이루어져 있다고 보았다. 생활세계는 언어와 행위의 주체로서 인간들이 합리적 토론을 통해 진리를 상호 검증할 수 있는 '의사소통적 합리성'이 가능한 한 세계다. 사회통합은 의사소통적 합리성을 바탕으로 생활세계에서 발생한다. 생활세계에서는 윤리적 판단과 실천이 요구되며, 이를 가능하게 하는 것이 의사소통적 합리성이다. 반면 사회체계는 화폐와 권력이라는 비언어적 매체를 통해 사람들의 행위를 조정하는 영역이다.[54]

사회가 복잡해지면서 의사소통만으로는 사람들의 행위를 조절하기 어려워졌다. 사회체계는 윤리를 배격하고 오로지 합목적적 합리성, 말하자면 도구적 합리성에 의존한다. 이때부터 사회체계의 논리와 조정 방식이 생활세계에 침입한다. 생활세계를 식민지화함에 따라 의사소통의 왜곡이 일어나는 것이다.

사회체계가 생활세계를 조절하기 위해 동원하는 기제들은 한두 가지가 아니다. 방송과 각종 미디어 매체도 그중 하나다. 사회체계는 이런 매체를 통해 사람들 사이에 벌어지는 의사소통이 보다 효율적이고 공정하게 이루어진다고 주장해 왔다. 하지만 그것들은 오히려 사람들 간의 의사소통을 왜곡해 왔다. 그것들은 점점 더 사실을 왜곡하는 쇼(show)의 기제로 가동하고 있다. 인터넷이나 휴대전화도 이제는 그런 역할을 담당하는 주요 방편이 되고 있다. 이동통신의 등장은 언어교통의 일상화를 더욱 부추겼다. 이동통신을 상업적으로 활용하는 업체들은 그들의 선전문구를 이용해 휴대전화를 '의사소통에 탁월한 수단'으로 소개하고 있다. 기계는 기계일 뿐이라는 사실 확인을 철저히 부정하는 사례라 할 수 있다.

이동통신 수단의 보편화로 인해 사람들 간의 언어교통 수단이 다양해지고 간편해졌다. 그렇다고 사람들 간의 의사소통이 보다 더 진실해졌다고 보기는 어렵다. 물론 사람들 간의 언어 교환에도 물리적인 속도감이 붙어, 공간과 시간의 벽이 무너지게 된 것은 사실이다. 하지만 그것이 의사소통의 진실성을 보장해 주지는 않는다. 사람들 간의 의사소통에 탁월한 것을 이동통신의 장점으로 들고 있는 업체의 선전은 실제로는 터무니없는 소리다. 한국의 한 이동통신업체가 돈을 벌기 위해 한동안 쓰고 있는 홍보선전 문구처럼 '쇼'를 하는 것뿐이다. 휴대전화라는 도구는 단순한 수단이지 결코 인간이 될 수 없다는 것을 망각한 것에서 비롯된 흥미 위주의 쇼였다.

하이데거와 하버마스가 제기했던 '의사소통'의 의미와 '이야기함'의 의미를 제대로 이해한다면, 휴대전화라는 수단이 효과적인 의사소통의 방편이라는 논리가 사람들 간의 의사소통이 기계에 의해 효과적으로 성취될 수 없다는 무지를 완벽하게 역전시켜 상업적으로 활용한 것을 알 수 있다.[55] 하이데거는 인간의 속성을 '이야기함'으로 정의한 바 있다. 인간에게 이야기를 제거하면 그것은 사람이 아니라 도구에 지나지 않음을 지적한 것이었다. 인간의 속성인 '이야기함'이 이동통신으로 변질되었다고 해서 인간의 본원적인 욕구가 사라지는 것은 아니다. 휴대전화를 활용함으로써 이야기를 풍부하게 주고받는다는 말의 빈도수가 의사소통의 정도와 비례하는 것은 아니다. 말이 많아졌다고 해서, 서로가 서로를 보다 더 충분히 이해하는 것도 아니기 때문이다. 휴대전화를 사용하는 사람들은 어느 시대보다도 더 많은 이야기를 주고받고 있지만, 하이데거가 인간의 속성으로 지칭하는 '이야기함'은 아니다. 단지 언어통신의 행위 빈도가 잦은 것에 불과하다.

이동통신을 활용할수록 인간은 빈번한 통신과 메시지 교환을 도와주는 휴대전화 기기처럼 살아가는 것이나 마찬가지다. 조지 마이어슨[56]은 시간당 20~30개의 메시지를 주고받으며 다른 업무를 처리하는 현대를 병든 사회라고 단정한다. 그 속에서 생활하는 사람들은 어디까지 말할 수 있고, 말해야 하는지를 머지않아 잊게 될, 그래서 유의미한 이야기의 주고받음을 끝내 잊고 말게 될 병적 사회의 구성원이 될 것이라고 잘라 말한다.

다양한 이동통신의 등장은 인간관계에서 오히려 시간이 가장 값지고 희귀한 자원임을 알려 주고 있다.[57] 한정된 시간 안에 경험해야 할 것이 너무 많아, 만나거나 먹고 보는 것과 같은 경험에 투자하는 시간이 점점 짧아지고 있다. 인간 사이의 대면(對面) 접촉이 더욱 중요해지고 있지만, 그것은 더 이상 가능하지 않다. 사람들은 상대방의 몸짓과 목소리, 인상을 통해 전화나 이메일에서 놓치는 수많은 정보를 얻으려고 노력하지만, 끝내 더 나아가지는 못한다. 이동통신 장비의 활용으로 인해 의사소통은 점점 더 빈번해졌다. 반대로 사람들이 체험에서 얻는 정보의 양은 상대적으로 줄어들고 있다. 이것을 아는 사람들은 직접 체험으로 보충하려 한다. 커뮤니케이션 경로가 풍부하게 존재하고 있음에도 불구하고, 사람들은 이제 '브로드캐스팅(broadcasting)'하기보다는 오히려 '내로우캐스팅(narrowcasting)'을 하고 있다.[58]

이동통신은 소문을 유포시키는 강력한 도구이기도 하다. 원래 인간의 삶은 소문으로 구성된다. 소문을 막을 수는 없다. 피할 수 없는 삶의 일부이기에 소문에 대한 현명한 대처가 필요하다. 소문이 났을 때 최선의 대책은, 소문의 당사자가 침묵하는 것이다. 공식적 부인이 필요할 때가 되면 최대한 설득력을 발휘하는 외부인사의 도움을 받는 것도 좋다. 자신의 부주의에 의한 소문인지, 누군가의 의도에 의한 소문인지를 판단해서 대처하는 것이 중요하다.[59] 소문은 무섭지만 우리는 늘 소문 속에서 살아간다. 그 소문은 소통되는 것이 아니라 바이러스처럼 유포된다. 소문은 사실로 확인되지 않은 주장이나 정보, 우발적이며 비조직적인 경로를 통하여 전달되는 언어교통의 사슬이다.

어느 외신이 전하는 소문에 관한 이야기다. 가난한 어느 노부부가 수백만 유로의 로또에 당첨되어 그 돈을 침대 밑에 감추어 놓고 산다는 소문이 나돈 적이 있었다. 사기꾼들이 돈 앞에서 가만히 있을 리 없었다. 사기꾼들은 노부부를 찾아가 거짓 신세한탄과 함께 돈을 좀 보태 달라는 부탁을 했다. 여기에 그치지 않고 그들은 자선단체로 가장해 "자선 기금을 좀 내 달라."라고 말하기도 했다. 로또에 당첨된 적이 전혀 없는 노부부는 어이가 없었다. 그런데 소문을 부인하면 부인할수록 사람들은 소문을 더 확고하게 믿어 버렸다. 급기야 부탁을 거절당한 한 남자가 앙심을 품고 노부부의 자동차를 불태워 버렸다. 이 부부는 엄청난 시달림 끝에 결국 심근경색으로 병원에 입원하고 말았다.

사람들은 이동통신의 다양화가 서로의 대화를 늘린다고 생각하지만, 오히려 그 때문에 점점 더 외로움과 허전함을 느끼게 된다. 어차피 그들은 쇼를 끝내면 커튼을 내려야 하기 때문이다. 비행기나 지하철 안에서의 옆 사람은 영원한 나그네일 뿐이다. 인터넷은 빠른 속도로 바다를 건너지만 물고기처럼 차갑다. 인터넷은 언어 교통은 할 수 있어도 정(情)을 쌓기는 힘든 공간이다. 인터넷의 수많은 커뮤니티들이 사람들 사이의 거리를 좁혀 준 듯 하지만, 실제로는 우리를 더 묶어 놓을 뿐이다. 하루에 16시간씩 인터넷에 묶여 있지만 않으면 처음부터 그런 커뮤니티가 필요하지 않은 것이었다. 이동통신의 도구가 발달하면 발달할수록 사람들이 직접 체험을 위해 할 일이 더 많아진 것이다. 이동통신의 발달은 시간이 돈보다 더 값진 자원이 되는 '시간 부족(time famine, 시간 기근)사회'를 만들어 놓았을 뿐이다.

§ 동물적 소리울림

흔히 상대방을 비난할 때 '개만도 못한 놈', '짐승만도 못하는 놈'이라는 말을 쓰곤 한다. 이 말은 놀랍게도 동물이 기계와는 다르다는 것을 드러내는 극적인 표현이다. 사람들은 휴대전화나 컴퓨터 같은 기계 없이는 살아갈 수 없다고 느끼기도 한다. 하지만 기계는 시스템의 한계와 생명을 같이하기 때문에 실제로 그것들이 없어도 살아가는 데에는 지장이 없다. 당장 전원이 끊어지면 휴대전화는 무용지물이 된다.

그에 비해 동물은 처음에는 없어도 살아갈 것 같지만 끝내 인간 옆에 있어 주어야 하는, 체온이 감도는 존재다. 무인도에 표류된 사람에게 컴퓨터는 깡통보다도 소용이 없는 물건이다. 그에 비해 동물은 인간에게 흉악함을 드러내지 않는 한 친구가 될 수 있다. 히말라야의 불교 왕국 부탄이나 티베트에서 그들의 삶을 보면 분명하게 드러난다. 그곳에는 사방이 동물탑인 벽화를 흔히 볼 수 있다. 과일이 주렁주렁 매달린 나무 밑에 동물 탑이 서 있는데, 새는 과일을 쪼고, 토끼는 땅에 변을 보고, 원숭이는 변을 퍼뜨리며, 코끼리는 코로 나무에 물을 뿌린다.

동물들이 나무에 거름을 넉넉히 주니 나무는 동물들에게 그늘을 제공하고 과일을 맺어 모두를 먹여 살린다. 오래된 우화를 담은 이 벽화는 불교의 교리 중 하나인 '모든 존재는 서로 의존해 산다.'는 것을 가르쳐 준다. 지구와 시간을 공유하는 존재들은 가깝게 연결되어 있다. 인간도 동물도 지구상에 있는 가족 구성원 중 하나다. 예전부터 인간과 가장 친밀했던 동물은 바로 우리의 닮은꼴 영혼인 것이다. 그래서 동물을 돌보는 것은 우리 자신의 가족을 돌보는 것과 마찬가지다.[60] 티베트인들에게 보편적인 천장(天葬) 역시, 사람의 육체를 동물에게 보시하는 자연친화적인 관습이다.

나무는 자기들끼리 말을 하며, 인간에게도 말을 건다. 사람은 다만 그것을 들으려고 하지 않기 때문에 듣지 못할 뿐이다. 그들의 말은 우리가 하는 말과는 방식이 다르다. 그들의 말을 들으려면 직관을 배워야 한다. 동물들도 생존에 있어 직관의 중요성을 알고 있기에 자신의 직관 능력을 잃어버리는 법이 없다. 그들은 직관으로 얻은 정보를 통해 끊임없이 주변 환경을 파악한다. 자신을 둘러싼 생명체들의 감정 상태의 변화에 능동적으로 대처한다. 직관은 인간보다 덜 진화된 존재가 갖는 하급의 능력이 아니라 본질적인 능력이다. 자연친화적인 존재가 자연과 떨어지지 않기 위해 간직하고 있는 본능적인 능력이다. 직관적인 존재일수록 관찰에 민감하고 호불호가 분명하며, 동료에 대한 배려와 위로에 뛰어나다.[61]

동물은 사람보다 더 사소한 것, 미세한 것을 온몸으로 본다. 동물이 고통에 둔감할 것이라고들 생각하지만, 결코 그렇지 않다. 동물은 다만 고통을 숨기고 살아갈 뿐이다. 동물학자인 그래딘 교수는 거세를 당한 수소가 사육장에 혼자 있을 때는 땅바닥에 드러누워 신음을 하다가도, 사람이 들어오면 벌떡 일어나 아무렇지도 않은 듯 서 있는 것을 여러 번 목격했다. 그것은 고통을 숨겨야 생존할 수 있기에 취하는 동물의 본능적인 반응이다.[62] 야생에서는, 어떤 동물이든 부상을 당하면 포식자에게 우선적으로 당하게 되어 있다. 그래서 동물은 통증을 느껴도 전혀 아프지 않은 듯 행동하는 태도를 진화시킨 것이다. 특히 덩치가 작고 힘이 약한 양이나 염소, 영양 등은 극도의 고통도 참아내는 것으로 알려졌다.

동물도 나름대로 그들끼리 교통을 한다. 인간에게는 그들의 언어소통 방식이 오래된 호기심의 대상이지만, 그들에게는 생존의 문제다. 그들끼리 소통이 없다면 각 개체는 고립된 섬과 같아 생존하는 데 절대적으로 불리하다. 그들 간의 소통은 같은 종의 구성원들이 삶을 함께하고 협력하는 것을 가능하게 해 주었다. 경쟁관계에 있는 대상에게 위협을 가할 때도 소통은 필요하기 때문에 그들은 어떤 형태로든 소리소통을 해 온 것으로 밝혀졌다.

동물의 의사소통 방식에는 몸짓이나 촉감(진동), 소리 등 여러 수단이 있지만, 인간에게는 모두 생소할 뿐이다. 동물들의 소리에 대한 연구는 1960년대 후반 '소나그램'이라는 음성 분석기가 개발되면서 급속히 발전하였다. 녹음한 소리를 소나그램을 통해 종이에 옮길 수 있게 되자, 동물들의 소통을 눈으로 확인할 수 있게 된 것이다. 청백돌고래의 대화 방식도 소나그램 덕분에 밝혀졌다. 소나그램으로 귀뚜라미나 매미, 개구리나 새, 포유동물이 내는 소리의 의미를 상당 부분 파악하였다. 특정한 의미가 있는 소리를 녹음했다가 들려주면, 해당 동물들이 특정한 반응을 보이도록 만들기도 했다. 사람이 그 소리를 흉내 내면 그들 동물과 초보적인 대화도 가능하게 되었다. 그들은 소리와 직관으로 그들끼리 소통하고 그들끼리 인간을 경계한다.[63]

인간도 그들과 소통하는 방식을 바꾸면 언제든지 직관과 소리를 활용한 대화가 가능하다. 의식소통이 언제든 가능하며, 인간끼리의 소통보다 더 진실하고 의미 있는 의식소통도 가능하다. 작가 힐렌블렌드는 '시비스 킷'이라고 불리는 경주마와 인간 사이의 공생관계를 통해 인간과 동물의 의식소통의 예를 보여 주었다.[64] 시비스 킷은 똑바로 서 있는 것조차 힘겨워 보이는, 구부정한 앞무릎을 가진 세 살배기 경주마였다. 주인의 무관심과 홀대 속에서 거의 두 시즌 이상을 허우적거리며 보낸 덩치 큰 조랑말에 불과했다. 좋은 혈통을 타고났지만 '느려터진 고집불통'이었던 시비스 킷의 숨은 강점은 바로 그의 마음속에 있었다. 평소 무능하게 보이는 그였지만 건강하고 기분이 좋을 때는 적수가 없었으며, 그것을 알아 주는 조련사가 그의 등에 올라타면 더욱더 그랬다. '새처럼 바람 소리를 내며 달릴 수 있지만, 그것은 자신이 원할 때 그가 사람들과 소통할 수 있을 때 뿐'이었다. 기수 폴라드도 시비스 킷을 만나기 전까지는 그저 삼류 권투선수이자 실패한 기수에 불과했다. 시비스 킷은 그러한 폴라드와 소통하여 경주 마지막 지점까지 속삭이며 힘차게 달려 마침내 경주마로서의 위상을 되찾았다.

§ 희망을 말하기

앞서 말했듯 '엔젤 아우라'를 지녀야만 인생에서 행복해질 수 있다. 아무리 지식이 흘러넘치는 사람이라도 그 지식을 담아 낼 줄 아는 '인격적인 그릇'이 부족하다면 그는 필경 삶에 지친 사람들 중 하나일 뿐이다. 사람들이 존경받는 이유는 재능, 재력, 직위가 아닌, '세상을 감동시키는 소통의 힘'인 엔젤 아우라에 있다. 세상에서 진정으로 성공하는 방법은 단순히 '남을 이기는' 것이 아니다. 세상에서 인정받기 위해서 가장 필요한 것은 우리가 지금까지 등한시하고 살아왔던 '선함'을 추구하는 정신이다. 선함은 단순히 착하다는 의미가 아니다. '선함'은 상대와 세상을 감동시킬 수 있는 '소통의 긍정적인 힘'을 행사하는 능력을 의미한다.[65]

그 선함은 자기 재능을 과시하지 않는 힘에 있다. 세계적인 디자이너 발렌티노 가라바니가 말한 것처럼 '내가 따르기 쉬운 삶(I'm an Easy Act to Follow)' [66)]이 결코 쉬운 일은 아니다. 그러한 삶을 살 수만 있다면 그들이 바로 성자가 되고 위인이 된다. 인간이 태어날 때는 문화의 차이와 관계없이 '으앙~'이라는 한마디로 시작하지만, 각자 죽을 때에는 서로 다른 말을 남기는 것을 보아도 알 수 있다. 인간의 삶이 편하게 노력한 만큼 이루어지는 것이 아니라는 것을 나타내 준다.

사람들은 삶의 마지막 순간에는 누구나 겸허하고 솔직해지기 마련이다. 따라서 사람이 생명을 다하는 마지막 순간에 남긴 말은 각별한 의미를 가질 수 있다. [67)] 역사적으로 유명했던 문인과 사상가 23명이 그들의 마지막 순간에 보여 준 풍경도 크게 다르지 않다. 그들이 남긴 마지막 말은 제각각이지만 뜻밖에 단순하기 그지없었다. 앙드레 지드는 "좋아."라고 말하며 숨을 거두었다. 에밀리 브론테는 "아니, 아니.", 아나톨 프랑스는 "어머니, 어머니.", 기 드 모파상은 "어두워, 아! 어두워." 같은 말을 마지막으로 남겼다. 그런 마지막 말에 어떤 깊은 의미가 있는지는 알 수 없다. 죽음은 다른 사람과 나눌 수 없기 때문이다. 그래서 그들이 남긴 마지막 말이 곡해되기도 한다. 예를 들어, 철학자 칸트는 마지막 순간, "그만."이라고 했다고 한다. 이것이 철학자답게 의미심장한 말은 아니었던 것 같다. 단지 설탕물에 포도주 탄 물을 숟가락으로 떠먹여 주던 하인에게 그만 먹고 싶다고 말했을 뿐이다. 억지로 그의 마지막 말을 해석한다면, 죽음은 돌이킬 수 없고 유일무이하며 완전히 고독하다는 말을 남겼다고도 볼 수 있다.

상황은 조금 다르지만, 죽음을 목도했던 사람들일수록 '삶의 역설'에 공감한다. 삶의 역설이란 삶은 죽음으로부터 거듭난다는 것이다. 인간은 죽음 앞에서야 비로소 '살아 있음'을 느끼고, 삶에 대한 강렬한 의지를 확인한다는 말이다. 삶, 생명은 단 1초도 남에게 빌려 오거나 빌려 줄 수 있는 것이 아니기에, 사람들이 죽음에 목도하기 전까지는 그 평범한 진리를 먼 나라 타인의 이야기로 치부하게 된다. 죽음의 위기에서 벗어나면서 비로소 '의미 없는 삶은 없으며, 지금 이 순간의 행복을 기꺼이 누려야 한다.'는 평범한 진리를 깨닫는 것이 바로 삶이다. [68)]

영국의 BBC는 행복이나 희망도 만들어 갈 수 있음을 보여 주었다. 행복은 바이올린 연주나 자전거 타기 같은 '기술'이라는 것이다. 행복은 마치 노년을 현명하게 살아가는 사람들이 일상적으로 행하는 여가 만들기나 건강 만들기처럼 사람들이 삶의 질을 빚어 내는 기술이다. 그것이 가능하도록 지시하는 것이 인간의 두뇌다. 두뇌는 즐거움, 고통, 호기심처럼 인간이 경험하는 모든 감정을 다루는 법을 배울 수 있고, 우리가 느끼는 행복의 정도에 영향을 미칠 수 있다.[69] 사람들이 수없이 만난다고 그들 간에 모두 의식소통이 이루어지는 것은 아니다. 피카소는 결혼생활에서 행복해지려고 노력하지 않으면 아무것도 이루어지는 것이 없다는 것을 한 폭의 회화처럼 드러내 놓고 있다. 피카소는 그의 예술을 위해 수많은 여인과 만나고 헤어졌지만, 그의 의식과 소통할 수 있었던 여인은 그리 많지 않았다.[70]

의식소통은 희망을 불러일으키는 가장 인간적인 행위다. 희망이 없으면 의식소통도 불가능하다. 〈쇼생크 탈출〉은 희망을 버리지 않았을 때 인간이 얼마나 자신의 삶을 아름답게 변화시킬 수 있는지를 감동적으로 그리고 있는 영화다. 아내와 그녀의 정부를 살해했다는 누명을 쓴 앤디 듀프레인이라는 사내가 있다. 앤디는 종신형을 선고받은 채, 악명 높은 감옥 쇼생크에 수감되었다. 그는 너무 억울했지만 출구가 보이지 않는 상황에서도 감옥 밖 삶에 대한 꿈을 버리지 않고, 치밀하게 탈출을 계획한다. 비슷한 처지의 장기수 레드, 브룩스 등 다른 동료들과 우정도 쌓아 가며, 삶에 대해 의식소통을 하기 시작한다. 의식소통이 가능한 한 친구들이기에 그의 탈옥을 돕는다. 그중 레드는 그 누구도 빼앗을 수 없다고 믿고 있는 앤디의 '희망'에 대해 희망은 위험한 것이며, 사람을 미치게 할 뿐이라고 경고한다. 그냥 틀 안의 삶에 만족하라고 일러 주기도 한다. 그러나 그는 희망을 버릴 수 없었다. 그것은 사람되기를 포기하는 것과 같았기 때문이다. 감옥에서 한평생을 보낸 후, 형기를 마치고 사회로 돌아간 브룩스는 끝내 사회에서 적응하지 못하고 자살한다. 그에게는 쇼생크 밖의 자유로운 사회가 오히려 단단한 감옥이었기 때문에 그 무게를 견디지 못한 것이다.

자살하기 전 날, 그는 앤디에게 편지를 쓴다. "난 밤마다 절벽에서 떨어지는 꿈을 꾸지. 공포에 질려 깨어날 땐 내가 어디 있는지도 잘 모르겠어. 강도질이라도 해서 내 집 쇼생크로 다시 가고 싶어." 사람이 적응하면서 산다는 것은 그만큼 위험하면서도 무서운 일이다. 교도소에 처음 들어올 때는 높은 담이 부담스럽기만 했다. 그러나 어느 순간 오히려 그 담이 있기에 평온함을 얻게 된 브룩스는 벽 밖의 사회에 제대로 적응할 수 없었던 것이다. 이러한 친구의 모습을 목격한 앤디는 더욱 탈옥의 희망을 버리지 않는다. 그리고 마침내 탈옥에 성공한다. 그가 탈옥한 것이 아니라, 희망이 탈옥에 성공한 것이다.

§ 에토스, 파토스, 로고스의 조견표

인간의 생물학적 주기는 몇 가지로 나뉜다. 그것은 뇌신경, 심장, 체온 등과 같은 것으로서 그것들을 통해 자신의 상태가 어느 정도인지를 손쉽게 알 수 있다. 인체 내부의 주기를 다스리는 시계 장치 중에서는 신경계의 리듬이 가장 빠르다. 일부 뉴런은 초당 1,000개의 속도로 신호를 발사한다. 뇌파 검사지에 기록된 뇌 활동주기는 초당 8~12주기로 이보다 느리다. 체온과 혈압은 24시간 주기로 변하기 때문에 아주 느린 편이다. 1주기의 길이가 하루보다 더 긴 생리현상 중에서는 여성의 월경주기가 가장 중요하다. 월경주기의 평균은 음력으로 한 달에 해당하는 29일이다. 1년 단위의 주기들은 체중 증가와 면역체계 변화 등을 통해 모습을 드러낸다. 가장 빠른 주기적 변화와 가장 느린 주기적 변화 중간쯤에서 우리가 실제로 소리를 통해 느낄 수 있는 인체시계는 심장박동밖에 없다. 세심하게 조정된 여러 가지 체내 시계들이 근육의 수축과 이완을 통해 피를 내보내고 받아들이는 심장의 활동을 다스린다. 이런 천연 시계들의 리듬을 이해한 덕분에 우리는 전기자극을 이용해 심장의 불규칙한 박동을 조절해 주는 심장박동 조절 장치를 설계할 수 있었다.[71]

신체적인 생체주기에 비해 인간관계의 주기를 파악하는 것은 어렵다. 주기가 없기 때문이다. 스스로 인간관계의 주기를 만들어 상대방이 하는 이야기가 무엇을 의미하는지, 비언어적 의사 표지의 뜻은 무엇인지, 언제, 무엇이 통하는지 등에 관한 것을 읽을 수 있어야 한다. 그런 것 중 일부가 바로 언어, 비구두 언어, 첫인상, 거짓말 등으로 그것들은 인간관계의 정도를 읽게 만드는 조견표 역할을 한다.

아리스토텔레스는 일찍이 상대방을 설득할 때는 '에토스(ethos)', '파토스(pathos)', '로고스(logos)'라는 세 가지 요소가 필요하다고 주장했다. 에토스는 명성, 신뢰감, 호감 등 메시지를 전달하는 사람에 대한 인격적인 측면인데, 이 에토스가 사람들을 설득하는 과정에서 60% 정도 영향을 미친다. 파토스는 공감, 경청 등으로 친밀감을 형성하거나 유머, 공포, 연민 등 감정을 자극해 마음을 움직이는 감정적 측면인데, 이 파토스는 설득과정에서 30% 정도 영향을 미친다. 마지막으로 논리적인 근거나 실증적인 자료 등으로 상대방의 결정을 정당화시킬 수 있는 근거를 제공하는 논리적 요소들인 로고스는 설득과정에서 10% 정도 영향을 미친다. 성공적인 설득은 일단 호감을 사고 긍정적인 평가를 받은 다음, 상대방의 감정에 호소한다. 마지막으로 행동 변화의 필요성에 대한 논리적 근거를 제공해야 하는 셈이다. 그것이 끝나면 상대방이 마음을 바꾸지 않도록 다시 에토스를 사용한다.[72)]

실제로, 사람들은 대화에서 서로 주고받는 말의 내용을 그다지 중요하게 생각하지 않을 수도 있다. 심리학자 앨버트 메러비언에 의하면, 사람들이 행하는 전체 언어 소통의 7%만이 대화의 내용을 통해 이루어진다. 언어소통의 과정을 주도하는 38% 정도는 상대방의 음조나 억양 등 말투를 통해서, 나머지 55%는 표정, 몸짓, 자세 등의 시각적 요소를 통해서 전달된다. 의사소통, 즉 언어소통의 93%가 말의 내용이 아니라 비언어적인 신체 언어를 통해 전달되는 셈이다. 의식소통도 바로 그 범주 안에서 구두, 비구두의 언어 활용을 포함한다.

§ 첫인상

상대방에 대한 첫인상은 의식소통에서도 중요하다. 실력만 있으면 된다는 믿음으로 첫인상에 대해 소홀히 하기도 하는데, 그럴 경우 뜻하지 않은 나쁜 결과를 낳을 수 있다. 따라서 실력을 갖추는 것도 중요하지만 그 실력이 남들에게 호의적으로 받아들여지도록 해야 실력을 제대로 평가받을 수 있다. 사회생활의 경우 아주 짧은 만남을 통해 서로에 대한 평가를 단정적으로 내린다. 첫 이미지를 좋게 하기 위한 노력은 누구에게나 필요하다. 첫 만남에서 상대방을 판단하는 데 걸리는 시간은 3초에 불과하다. 그것을 결정해 주는 노하우 중 한 가지는 바로 먼저 손을 내밀어 악수를 청하는 것이다. 그렇게 하면 강한 첫인상을 남긴다. 사업에서는 감정적 우위를 차지하는 것이 중요하기 때문에, 먼저 손을 내미는 사람이 유리하다. 문화적인 이유로 악수를 불편하게 여기는 사람일 경우, 미소와 고개를 끄덕이는 행동으로 악수를 대신해도 좋다.

§ 긍정 언어

인류 역사상 가장 현명한 왕으로 칭송되는 솔로몬은 "죽음과 삶은 혀의 힘 안에 있다."라고 말한 바 있다. 상대의 닫힌 마음을 열고, 절망을 희망으로 바꾸고, 용기를 북돋아 주고, 존경과 감사를 표시하고, 서로 덕이 되는 결과를 이끌어 내기 위한 가장 좋은 방법은 바로 '말'이다.[73] 사람들은 파괴하다, 죽이다, 상처를 주다, 폭발하다, 질투하다, 우울하다와 같은 단어를 읽었을 때 우울한 감정을 느낀다. '말' 속에는 우리의 마음, 심지어 신체까지 움직이는 강력한 힘이 있기 때문이다. 할 어반은 실제 실험과 연구를 통해 천사와 악마의 차이는 그 모습이 아니라 그가 하는 말에 있다고 주장한다.

말에는 향기가 있기에, 향기 있는 말을 듣는 사람에게는 그 향기가 흘러들어가 그에게 웃음을 주고 기쁨을 주게 마련이다. 반면 부정적인 독소가 있는 말은 듣는 사람에게 상처를 주고 아프게 한다. 이처럼 말은 상대를 바꾸는 위대한 힘을 갖고 있다. 사랑의 말, 칭찬의 말, 지지의 말, 응원의 말, 감사의 말, 다정한 말, 애정 어린 말, 친절한 말 등은 사람을 살리고 치유하며 영혼을 감동시킨다. 적절한 때에 건네는 이런 말들은 상대방의 삶 속으로 흘러들어가 그들의 삶과 영혼을 풍요롭게 해 주며 의식소통을 촉진시킨다.

일반적으로 성공한 사람들의 언어는 긍정적이다. 그들은 긍정문을 자주 활용한다. 그렇게 하는 이유 중 하나는 긍정적인 생각이 긍정을 이끌어 내기 때문이다. 또 다른 하나는 불필요한 오해와 왜곡을 막기 위해서다. 컵에 반쯤 찬 물을 보고 "반이나 남았네."와 "반밖에 안 남았네."라고 다르게 말한다면, 이는 사물에 대한 생각의 차이뿐 아니라 삶에 대한 차이를 보여 주는 것이다.[74]

§ 거짓말

의식이 소통되는 사람들은 서로 속아 줄 수도 있다. 의식이 소통되지 않는 사람들은 절대로 서로에게 속아 줄 수가 없다. 의식이 소통되는 사람들은 상대방을 배려하므로 그 거짓말에 톨레랑스할 수 있기 때문이다. 속아 주지 않는다는 것은 서로에게 막힘이 있다는 마음의 표시일 수 있다. 막히면 무엇이든 긴장과 갈등을 만들어 내기 위해 꿈틀거리기 시작한다. 의식이 소통되지 않는 사람들에게는 오로지 진실과 거짓만이 주요 관심사기 되기 때문에 그렇게 될 수밖에 없다.

실제로 현대인은 하루 동안에 평균 3번 정도 거짓말을 한다고 한다. 흔히 하는 거짓말은 '곤란한 상황을 피하기 위한 거짓말' 들이다. 사회적 관계 속에서 살고 있는 사람이라면 누구나 크건 작건 거짓말을 선택해야 하는 상황에 놓이게 된다. 곤란한 상황을 피하기 위한 거짓말에서 상대방의 기분을 배려한 선의의 거짓말, 때로는 상대에게 해를 입힐 수 있는 악의 있는 거짓말까지 다양하다.[75] 이런 거짓말에 대한 일반인들의 판별 능력은 50%를 넘지 못하고, 서로의 감정적 믿음과 수준 정도에 따라 거짓말에 대한 판별이 더욱더 불분명해진다. 의식이 소통되는 사람들은 상대방의 거짓말을 처음부터 의심하지 않기 때문에 거짓말이라고 하더라도 그냥 속아 주고 수용하는 것이다.

§ 의식소통의 게임 이론

의식을 소통한다는 것은 소통하는 사람들 스스로 인간의 언어가 갖는 일반적인 한계를 극복한다는 것을 의미한다. 비트겐슈타인이 "눈에 보이지 않는 생각은 눈에 보이는 문장을 통해 표현된다. 이 문장의 모임이 언어다. 그렇다면 생각이 사실의 그림인 것처럼 문장도 사실의 그림이어야 한다. 그런데 문장은 문장 자체의 구문론적 구성 원리 때문에 생각을 왜곡하는 경향이 있다. 생각이 문장이라는 옷을 입으면서 생각의 본래 모습이 가려진다."[76]라고 말했을 때, 그가 말하고 있는 것은 인간의 언어가 결코 게임의 원리를 벗어날 수 없다는 사실이다.

소쉬르의 구조언어학적 입장과는 달리 비트겐슈타인은 언어의 의미가 별도로 존재하지 않는다고 보았다. 또한 언어게임 속에서 기호의 용법에 따라 의미가 설정된다고 보았다. 언어의 의미는 그것을 규정하는 상황과 규칙에 따른 실천에 의해 결정되기에 언어 활용의 상황과 사례가 더 중요하다는 입장이다. 즉, 비트겐슈타인의 언어게임 이론은 '랑그(langue)'라는 언어의 전체 규칙과 그것을 규정하는 다른 단어들을 알아야 언어의 의미를 파악할 수 있다는 소쉬르의 언어학을 반박하는 이론이다.

말을 하려면 문법을 알아야 하기에 문법부터 먼저 배워야 한다는 것이 소쉬르의 언어학적 입장이라면, 비트겐슈타인에게 문법은 부차적인 것이다. 언어의 문법을 모르더라도 사람들이 따르는 사회적 혹은 문화적 규칙에 따라 단어를 나열하면 의미 파악에 어떤 문제도 일어나지 않는다고 보았다. 의미 규정에 있어서 문법 중심이어야 하느냐 혹은 사용 중심이어야 하느냐의 문제를 실생활에 극단적으로 응용하면, 소쉬르를 따르는 문법론자들은 아프리카를 여행하다가는 굶어 죽기 십상이다. 왜냐하면, 그들은 아프리카 원주민의 언어와 문법에 서툴거나 전혀 모르기에 음식을 살 수도 없고, 구할 수도 없기 때문이다.

반대로 비트겐슈타인의 생각에 동의하는 언어게임론자들에 따르면, 아프리카에서도 한 가지 사실만 알면 자유롭게 여행할 수 있다. 음식을 파는 곳이 음식점이라는 규칙만 알면, 언제든지 요기를 때울 수 있는 식량을 살 수 있어 일단은 생명을 유지할 수 있다. 언어게임의 규칙만 알면 그것을 원활하게 만드는 데 도움이 되는 문법은 언어적 실천을 통해서 얼마든지 익힐 수 있다는 것이다. 이러한 비트겐슈타인의 언어게임 이론은 이주민의 언어 적응과정에서도 잘 드러난다.

물론, 언어 적응과정에서는 비트겐슈타인이 말한 대로 언어게임상의 긴장과 분쟁, 갈등이 불가피하다. 동시에 언어게임으로 배우는 언어 사용 규칙은 상황에 따라 변화되는 것이기에 상황윤리적인 사태도 발생한다. 예를 들어, '물'이라는 단어의 쓰임새는 상황에 따라 달라진다. 운동을 하는 사람이 말하는 물은 음료를 의미하고, 불이 난 화재현장에서 소방관이 말하는 물은 불을 끄는 도구를 의미하며, 목욕탕에서 말하는 물은 씻는 물을 의미한다. 똑같은 단어라도 상황에 따라 그 의미와 활용법이 달라지기에, 랑그는 언제나 고정불변적으로 완결된 의미체가 아니다. 언어의 쓰임새가 서로 달랐던 사람들이 한곳에 모여 생존하는 동안 언어게임의 규칙에 친숙해지기 전까지 그들 간의 분쟁은 불가피하다. 마치 축구선수들이 야구경기에 참여하여 야구를 하면, 자기도 모르게 축구의 규칙으로 야구선수를 비난하는 긴장이나 부적응이 생기는 것과 같다. 이 분쟁을 최소화하려면 상황의 공유, 서로 즐김의 공유를 통해 언어 활용상의 의미나 규칙을 확인하고 그것에 합당하도록 노력하는 일이 필요하다.

이런 긴장은 학문의 세계에서도 마찬가지로 일어난다. 예를 들어, 우리가 학문 현장에서 배움학의 이론을 살피면서 보듯이, '페다고지(pedagogy)'가 교육을 가리킨다고 볼 수 있거나 그것을 알 수 있는 단 하나의 유일한 방법은 있을 수 없다. 페다고지를 영어사전에서 찾으면 '가르치는 사람의 일이나 직업(the profession of a teacher)'으로 되어 있을 뿐이다. 그 뜻을 분명하게 알기 위해 '티처(teacher)'나 '프로페션(profession)'을 찾아보아도 그것들은 페다고지와 직접 연결되지 않는다. 소쉬르처럼 구조언어학의 주장대로 페다고지를 이해하는 것도 쉽지 않을 것이다. 구조언어학에서는 기호의 의미는 기호 사용 규칙과 다른 기호를 알아야 정할 수 있다. 이미 알고 있는 다른 기호가 없다면 그 기호의 의미도 알지 못하는 것이다. 즉, 페다고지와 관련된 언어의 사용 규칙과 다른 단어들을 미리 알고 있지 못하기에 페다고지의 의미를 이해하거나 그것을 배워서 사용하는 것은 불가능하게 된다.

이런 식의 논리로 무장한 소쉬르의 랑그 중심 구조언어학의 입장과는 달리, 비트겐슈타인은 사물의 이름이 바로 단어라는 것 자체부터 부정해 버린다. 단어란 사물의 이름이 아니라 용법(用法), 활용 규칙일 뿐이라고 단정한다. 단어는 그 이름보다 쓰임새가 중요하다는 그의 언어 '활용 이론(the theory of meaning as use)'에 따르면, 사람이 어떤 단어를 배운다는 것은 끝내 그 활용을 익히며, 단어를 익힐 수 있다는 것을 의미한다.

예를 들어, 미국의 교육행정가로서 명성을 높였던 말콤 노울스(Knolwes)가 학자다운 진지한 탐구도 없이, 그냥 편의상 '안드라고지(andragogy)'를 '성인교육(adult education)'이라고 써 놓은 적이 있다. 미국 유학생 출신 한국 교육학자들도 노울스와 마찬가지의 학문적 자세로, 그의 책에서 읽은 대로 안드라고지를 성인교육학이라고 이 책 저 책에 그대로 적고 있는 실정이다. 안드라고지는 성인교육과 분명히 다른 의미를 가지고 있다. 그런데 안드라고지의 사상적 흐름에 대한 진지한 고뇌 없이 안드라고지를 성인교육이라고 번역하는 것이다. 비트겐슈타인의 언어 활용론에 따르면, 성인교육이 바로 안드라고지로 번역되어 안드라고지의 원래 뜻은 끝내 망실된다는 것이다. 단어를 몰라도 규칙은 배울 수 있으며, 규칙을 몰라도 단어는 배울 수 있다.

따라서 단어의 의미는 단지 그 단어의 사용법일 뿐이다. 언어를 사용하는 실천을 반복하면 그것이 자연스럽게 체득된다는 것이다.

비트겐슈타인은 언어의 활용 실천을 강조하면서 '언어게임'을 말했다. 언어게임이란, 언어와 행동의 결합체로서 언어적 활동과 비언어적 활동이 교차되는 지점의 상황을 말한다. 그에 따르면, 단어 자체보다 말을 하는 '행위'가 더 중요하다. 예를 들어, 안드라고지의 원래 뜻과 의미를 제아무리 이론적으로 설명한다고 해도 노울즈를 답습하는 미국 유학파 교육학자들은 그 원래 의미를 알지 못한다. 왜냐하면, 그들은 대영사전을 들추어 보며 안드라고지의 의미를 그곳에 쓰인 대로 성인교육이라고 번역하였기 때문이다.

그러나 안드라고지를 인간의 배움을 설명하는 배움학이라는 관점에서 쓰임새 있는 행동으로 옮겨 설명하기 시작하면 상황은 달라진다. 설령, 상당한 기간 동안 시행착오가 있다 하더라도 '안드라고지(andragogy)=배움학(science of erudition)'으로 이해될 것이기 때문이다. 그 후부터는 배움학의 의미와 배움학에 관련된 여러 가지 개념과 단어를 새롭게 배울 수 있게 되어, 안드라고지의 원래 의미를 되찾을 수 있다. 이것이 비트겐슈타인의 언어게임 이론에서 말하고자 하는 핵심이다.

잘못된 논리로 무엇을 안다는 것은, 결국 안다는 믿음을 이야기하는 것에 지나지 않는다. 진리는 확실하다고 믿어 보고 싶은 믿음, 즉 의심과 의심의 마지막에 도달하면 끝내 확실해진다는 믿음이 우선한다는 것이 비트겐슈타인이 학자들에게 일러주고 싶은 충고였다. 어떤 경우에는 그 믿음이 그렇게 믿는 사람들에게 정당한 것으로 간주된다. 사람들은 자신이 옳다고 믿고 있는 것의 근거를 세우기 위해 한두 가지 방법을 활용한다. 첫째는 스스로 옳다고 생각하거나 믿고 있는 것과 관련된 다른 유형의 지식이나 명제를 빌려와서, 자신이 옳다고 믿는 것이 옳음을 증명하는 것이다. 다른 방법은, 자신이 옳다고 믿는 그것이 실제와 일치한다는 가정을 강력하게 밀어붙이는 방법이다. 두 가지의 정당화 방법 중 어느 방법도 무한히 계속되는 것은 없다. 그것의 결말은 실천 여부로 종결된다. 비트겐슈타인의 말대로, 옳다고 하는 믿음은 실천을 위한 결단에서 출발하며, 이 믿음에서 지식이 발생한다. 언어 활용의 현장에서 실천과 결단은 특정한 언어 규칙에 의한 행위로 나타난다. 옳다고 하는 믿음은 그런 언어생활 모습과 규칙으로 정당화되고, 또 그렇게 표현될 수 있어야 진리가 된다. 비트겐슈타인이 말하는 진리는 특정한 언어게임 내부에서 진리라는 효과를 발휘하거나 그렇게 정당화되는 지식일 뿐이다.[77]

언어게임 이론이란 언어가 게임과 같은 인간 공동의 활동이며, 말의 의미는 그 사용에 따라 결정된다는 이론이다. 사람이 '말을 한다.'는 것은 놀이를 하듯이 하나의 활동을 한다는 것이다. 우리가 말을 한다는 것은 언어가 삶의 한 형식이라는 점을 알려 준다. 말의 의미를 논할 때 중요한 것은 언어의 형식적인 구조가 아닌 실제적인 문맥이다. 말은 삶에서 나오는 것이기 때문이다.

어떤 사람이 이야기를 했을 때, 그 사람의 이야기가 참인지 거짓인지 판별하기 위해서는 언어 행위에 주목해야 한다. 물론 언어 활동을 가능하게 만드는 언어 그 자체를 떠나서는 그것의 진위를 가려낼 수 없다는 것에 주의해야 한다. 공을 가지고 하는 구기종목도 서로 요구하는 규칙이 각기 다른 것처럼 말과 언어의 의미는 그 언어의 다양한 사용 조건에서 찾아야 한다.

그러나 언어는 다수의 참여로 진행되는 게임과 같기에 그것을 진행할 수 있는 공동의 규칙 준수가 필요하다. 그 점 때문에 언어에는 공공성이 내재되어 있다. 다양한 게임을 통해 공통된 규칙을 찾지 못하고 '구기운동은 서로 다른 공을 가지고 하는 놀이운동'이라는 유사성만을 발견한다면, 그것은 무의미하다. 언어 활동 역시 그 자체를 벗어난 상태에서 그 의미를 논하는 것은 무의미하다. 결국 "언어게임의 최종적인 정당성은 그 게임의 집단적 실천과 의미 만들기에 있다."라고 할 수 있다.

비트겐슈타인은 "우리의 언어는 하나의 오래된 도시로서 간주될 수 있다. 즉, 골목길과 광장, 오래된 집과 새 집, 그리고 서로 다른 시기에 증축된 집으로 이루어진 미로(迷路), 그리고 이것을 둘러싼 곧고 규칙적인 거리와 획일적인 집을 가진 다수의 새로운 변두리."라고 말했다. 이 말은 각각의 길이 결국 동네를 이루는 도로망이라는 관점에서 서로 '느슨한 통일성'의 관계를 형성하고 있음을 의미한다. 언어도 의미를 만들어 내기 위해 그런 느슨한 통일성과 연결망을 갖고 있기에, 오히려 다양한 의미를 만들어 낼 수 있다. 비트겐슈타인은 하나의 느슨한 활력 속에서 다른 언어, 다른 의미, 다른 세계, 다른 삶을 태동시키는 것을 '가족 유사성'이라고 명명했다.

수많은 게임이 게임이라는 하나의 느슨한 세계를 이루고 있는 것처럼 '랑그'가 언어의 게임에서 모든 것을 하나로 지배하는 문법으로서 존재하는 것이 아니다. 단지 서로 가족 유사성 관계를 가진 무수한 '언어게임'들이 서로 교차하고 중첩되어 실제로 그것의 의미와 쓰임새를 만들어 낸다. 언어에는 가족 유사성이 있기에 그것을 자기 의사의 표현 수단으로 활용하는 사람에게는 늘 부족함, 부정확함, 불명료함이 개입된다. 아무리 자신이 뜻하는 것을 전달하려고 해도, 늘 부족하고 미흡할 뿐이다. 의식소통은 어색함과 불명료함, 미흡함을 언어의 여백으로 남겨 놓음으로써 그것을 극복하게 해 준다는 점에서 일반 게임 이론[78]과는 차원이 다른 언어게임이다. 언어적 진술이 없어도, 말을 하지 않아도 말을 하고 있는 그런 언어의 게임은 퇴임 판사 조무제 교수의 '법조인이 걸어 가야 될 삶의 길'을 한 사례로 볼 수 있다.[79]

의식소통은 살아 있는 사람들에게나 가능한 한 일이다. "뒤돌아보고 삶을 헛되이 보냈다고 후회하지 않도록 살아가세요. 해 온 일을 후회하지 않도록, 또는 다른 삶을 바라지 않도록 살아가세요. 정직하고 충만하게 삶을 살아가세요. 살아가세요."라는 말처럼 살아가야 한다. 이것은 죽음학의 선구자인 퀴블러 로스[80] 박사가 마지막으로 남긴 유언이었다. 유언처럼 자신의 삶을 의식소통의 삶으로 이끌어 죽어 가는 이들을 돌보고 그들이 가르쳐 주는 삶의 교훈을 살아 있는 사람들에게 전하는 일을 평생의 소명으로 여겼던 정신의학자였다.

퀴블러 박사는 죽음을 회피하기보다 죽음을 자기 '삶의 일부'이자 삶에 있어서 '가장 큰 스승'으로 받아들였다. 죽음을 생각하면 누구와도 의식의 소통이 가능해야 한다는 삶의 진실과 생명의 명제를 배워야 한다는 것이 그녀의 신조였다. 그녀는 죽음을 학문으로서 한 차원 높게 일깨우며, 죽어 가는 사람들이 겪는 심리를 '부정, 분노,

타협, 절망, 수용'의 다섯 단계로 정리했다. 죽음을 잘 맞이하기 위해서는 살아 있는 동안 "삶의 마지막 순간에 간절히 원하게 될 일부터 해야 한다."라고 조언하기도 했다. 퀴블러 박사는 그런 시각에서 죽음학을 태동시킨 주인공이다.

　말기 암 환자에게 임박한 죽음을 알리는 일은, 의사로서 또 실생활에서 사후 처리를 담당할 가족으로서도 가능하면 회피하고 싶은 문제일 것이다. 그러나 그녀는 침상에서 죽어 가는 사람들과 마지막 순간까지 서로의 의식을 소통한 의사였다. 그녀는 너, 나 할 것 없이 죽는다는 사실을 한 차원 승화시켜 죽음을 앞둔 사람들이 평화롭게 삶을 정리하도록 돕는 호스피스 운동의 선구자였다. 그녀는 누구나 스스로에게 "오늘은 어제 한 일에, 내일은 오늘 하는 일에 좌우된다. 오늘 하루 자신을 사랑했는가? 꽃을 공경하고 꽃에게 감사했는가? 새를 사랑했는가? 산을 올려다보며 외경심을 느꼈는가?"라는 질문을 해 보라고 권한다. 그 질문을 스스로 해 보면, 예외 없이 자기 스스로 '살고(live), 사랑하고(love), 웃고(laugh), 배워야(learn) 하는' 4L의 삶, 말하자면 다른 이들과의 의식소통의 삶을 살 수밖에 없음을 깨닫게 된다고 본다.

미주

1) 대니얼 길버트(Gilbert, D) 하버드 대학 심리학과 교수는 영국왕립협회가 수여하는 '2007년 최고의 과학도서상'까지 수상했다. 길버트 교수는 심리학계에서 최고의 자리에 올랐고, 심리학을 대중에게 쉽게 다가가도록 만들었지만, 그는 독특한 인생행로를 거쳐 왔다. 하버드 대학의 일간지 『하버드 크림슨(Harvard Crimson)』에 따르면[참고: Harvard Crimson, 2008. 4. 16.] 그는 열다섯 살 때 고교를 중퇴한 뒤 집을 나가 전국을 떠돌았다. 긴 머리에 기타를 팅기며 무전여행을 하는 '히피'였다. 방랑 끝에 콜로라도 주 덴버에 정착한 그는 열여덟 살에 이미 결혼을 해서 아들까지 낳았다. 그의 회고에 따르면 당시 그의 생업은 공상과학(SF) 소설 작가였다. 그렇게 자신을 소개했지만, 실제로 그는 문학에 대해서 아무것도 몰랐던 때였고, 철자법도 맞지 않는 엉터리였을 뿐이다. 그가 심리학자의 길로 들어선 계기는 버스 때문이었다. 글쓰기 실력을 키우기 위해 지역 전문대학에 수강신청을 하려고 버스를 탔지만, 뒤늦게 도착했을 때 작문 수업의 정원은 이미 꽉 차 버렸다. 직원에게 수강 가능한 한 과목을 묻자 돌아온 답이 '심리학'이었다. 길버트는 심리학에 푹 빠졌고, 콜로라도 대학 심리학과를 나온 뒤 프린스턴 대학에서

심리학 박사학위를 취득했다. 1996년 하버드 대학 심리학과 교수가 된 이후 길버트 교수의 수업은 최고 인기 강의 중 하나다. 수업시간에 그가 주는 교훈은 평범하다. "사람들은 할인마트에서 어떤 바지를 살지 엄청 고민하다가도, 일단 돌이킬 수 없는 선택을 하고 나면 오히려 더 행복해진다."라는 것이었다. 길버트 교수는 다른 심리학자들과는 달리 프로이트식(式) 무의식 세계를 따지거나 데이터를 분석하지 않는다. 그가 학문을 접하게 된 과정이 다른 이들과 다르기 때문이기도 하다.

2) 참고: 대니얼 길버트(2006). 행복에 걸려 비틀거리다(역). 서울: 김영사.

3) 참고: 토머스 길로비치(2008). 그 속기 쉬운 동물—미신과 속설은 어떻게 생기나(역). 서울: 모멘토.

4) 참고: 마이클 E. 오크스(2008). 불량식품(역). 서울: 열대림.

5) 참고: 송추향(2008). 메이드 인 블루. 서울: 갤리온.

6) 참고: 하지현(2007). 당신의 속마음. 서울: 마음산책.

7) 성은 장(莊). 이름은 주(周, BC 369~BC 289?). 맹자(孟子)와 거의 비슷한 시대에 활약한 것으로 전한다. 초기에 관료로 일한 적도 있었지만 평생 벼슬길에 들지 않았으며, 10여만 자에 이르는 저술을 완성했다. 저서인 『장자』는 원래 52편(篇)이었다고 한다. 인간의 마음은 일정한 시대 · 지역 · 교육에 의해 형성되고 환경에 의해 좌우되기에 이 마음이 외부 사물과 접촉하여 지식이 생긴다. 이러한 지식은 시대, 지역, 그리고 사람들에 따라 다르기 때문에 보편 타당한 객관성을 보장할 수 없는데, 이러한 지식에 입각한 행위를 인위(人爲)라고 보았다.

8) 강신주는 우리에게는 친숙한 노자와 장자를 기존의 해석과는 다르게 해석한다. 그는 기존 학자들이 흔히 노자와 장자를 묶어 '노장철학'이라 부르고 있는 것부터가 노자와 장자를 잘못 읽은 탓이라고 비판한다. 노자와 장자는 전혀 다른 철학을 논한 사람들이라는 것이다. "노자는 국가와 통치자에 자신의 모든 관심을 집중시키고 있는 국가주의 철학자로서 왕들에게 제국을 소유하려면 무위(無爲)의 방법을 사용해야만 한다고 강력하게 권했지만, 장자는 노자의 국가주의와는 정반대로 아나키즘(anarchism)의 논리를 주장했다."는 것이다. 장자는 국가의 가치를 부정하고 개인의 삶이 지닌 유쾌함의 중요성을 강조했다. 장자는 무엇보다도 개체의 삶을 위해서 국가주의를 거부했던 사상가로서 국가주의라는 '꿈'에서 깨어나라고 끊임없이 이야기하고 있다. 그래서 그는 노자를 이해하기 위해 장자를 이용하거나 장자를 이해하려고 노자를 이용하는 학문적 자세는 심각한 오류라고 간주한다[강신주(2007). 장자, 차이를 횡단하는 즐거운 모험. 서울: 그린비].

9) 그는 초발심의 자세를 이렇게 말한다[참고: 불교신문사(2006). 쥐가 고양이 밥을 먹다(편역). 서울: 불교신문사]. "수천 길 벼랑에서 떨어지다 나뭇가지 하나를 붙잡는다는 것은 참으로 다행한 일이다. 그러나 그것으로 만족해서는 안 된다. 그러기에 선가(禪家)에서는 여래선(如來禪)보다 조사선(祖師禪)의 가치를 더 높이 평가하지 않는가? 본래 청정하며 실다운 부처님의 마음자리를 견실심(堅實心)이라 우리는 일컫는다. 견실심의 밑바닥까지 가서 이것을 완전히 보았을 때 비로소 조사선이라 할 수 있을 것이다. 이

와 같을진데 팔만대장경은 모두 죽은 말이다. 왜냐하면 그것은 생각이 붙고 말이 붙었기 때문이다. 그러므로 모든 생각과 말이 끊어진 이 자리는 팔만대장경으로도 알지 못할 것이다. 방 안으로 들어가는 것이 목적이라면 방 안에 들어왔을 때 비로소 목적을 달성한 것이지 대청이니 문밖 바로 앞에 왔다 해도 아무런 의미가 없는 것이다. 예전에 여동빈(呂洞賓)이라는 사람이 신선도를 닦아 5만 년 사는 법을 성취하였다. 이 사람이 300여 세 되는 때에 황룡(黃龍) 선사가 설법하는 곳에 허락 없이 들어가 도청을 하였다. 선사가 대중을 훑어보며 "이 가운데 어느 놈이 있어 법을 도둑질하는고?" 하였다. 여동빈이 "신선도로써 5만 년을 사는 도리를 성취한 여동빈입니다." 하니, 선사가 그에게 묻기를 "그렇다면 내 그대에게 묻거니 천지가 생기기 전의 면목이 무엇인고?" 하였다. 여동빈이 묵묵부답으로 아무런 대꾸를 못하자 선사가 말하였다. "물이 다하고 땅이 다하고 나면 황룡(黃龍)이 출현한다." 이에 활연대오한 여동빈은 신선도 닦기를 집어치우고 발심하여 불문에 귀의하였다 한다. 그가 비록 수만 년 사는 도리를 얻었다 하나 황룡 선사를 만나기 전에는 그 바닥을 보지 못했던 것이다. 이렇듯 여래의 본래청정심(本來淸淨心)의 밑바닥을 보기가 심히 어려우나, 일단 발심을 하였으면 가다가 말겠다는 결심으로는 참된 진리의 바닥을 볼 수 없다. 『장자』에 나오는 돼지는 제관(祭官)이 와서 "내가 일주일 동안 너를 호화스럽게 먹여 주고 오색 비단옷을 입혀 오색 도마 위에 모셔 천자(天子)로부터 백관이 모두 너에게 절을 할테니 제물이 되겠느냐?" 하니 돼지는 그렇게 해서 자기가 희생이 되느니 차라리 더러운 우리 안에서 더러운 음식 찌꺼기를 먹으면서 자기를 보존하는 쪽을 택하겠다고 대답하였다. 하물며 돼지도 이와 같은데 사람들은 어찌하여 자신의 중요성을 망각하고 잃어버린 자신을 찾으려 하지 않는가? 거울 안에 삼라만상이 비쳐질 때 우리 범부는 거울보다도 거기에 비친 상에만 집착한다. 그러나 그것들은 어디까지나 거울에 비친 영상에 불과함을 우리는 확실히 알아서 그 마음 거울의 본체를 깨닫고 그 밑바닥까지 철저히 찾고야 말겠다는 철두철미한 발심을 해야 할 것이다."

10) 참고: 니 험프리스(2006). 가족의 심리학(역). 서울: 다산초당.

11) 참고: 옌스 푀르스터(2008). 바보들의 심리학(역). 서울: 웅진지식하우스.

12) 참고: 허은순(2008). 6학년 1반 구덕천. 서울: 현암사.

13) 참고: Raing, R. D. (1967). *The Politics of Experience*. London: Routledge & Kegan Paul.

14) 참고: 윌리엄 이케스(2008). 마음읽기(역). 서울: 푸른숲.

15) 참고: 백금남(2007). 소설 탄허. 서울: 동쪽나라.

16) 참고: 피터 셍게 외(1996). 학습조직의 5가지 수련(역). 서울: 21세기북스, pp. 17-18.

17) 참고: 김은성(2008). 마음을 사로잡는 파워 스피치. 서울: 위즈덤하우스.

18) 참고: 버락 오바마(2008). 사람의 마음을 얻는 말(역). 서울: 중앙북스.

19) 참고: 성철(2005). 이 뭐꼬: 마음에 새겨듣는 성철 큰스님의 말씀. 서울: 김영사; 원택(2001). 성철 스님

시봉기. 서울: 김영사.

20) 엔젤 아우라는 삶에 대한 지혜일 수 있다. 정확하게 표현하자면, '엔절 오라'지만 분절적 단어인 '엔젤'과 '아우라'가 흔하게 통용되고 있기에 '엔젤 아우라'로 표현하고들 있다. 여기에서 말하는 '선함'이라는 말은 상대와 세상을 감동시킬 수 있는 '소통의 긍정적인 힘'을 지칭한다[참고: 최정화(2008). 엔젤 아우라. 서울: 중앙북스]. 엔젤 아우라 지수(angel aura quotient)라고 불리는 이 덕목들은 CQ라는 단어로 정리되는데, 여기에는 자기 자신의 일에 몰두하면서도 새로운 삶을 영위할 수 있는 능력을 보여 주는 지표인 집중 지수(concentration quotient), 자기 스스로 지니고 있는 문화적인 감성과 정신을 자신의 일상적인 삶 속에 구체화시키는 능력인 문화 지수(culture quotient), 다른 이들과 감성적으로 자신의 모든 것을 교류하면서 서로를 즐길 수 있는 따뜻하고도 유연한 자세를 드러내는 능력인 소통 지수(communication quotient), 세상의 일을 해결하기 위해 상생하면서 봉사할 수 있는 능력인 협력 지수(cooperation quotient), 그리고 새로운 것을 끊임없이 추구하며 자신의 능력을 극대화하는 창의력 지수(creativity quotient)가 있다. 엔젤 아우라에 대한 철학적 논의들은 고대로부터 있어 왔다. 철학이라는 말이 원래 엔젤 아우라에 대한 해석인데, 그런 담론들은 서양 철학사에서 플라톤 철학의 각주에 불과하다는 화이트헤드의 말로 정리될 수 있다. 그런데 플라톤의 철학은 바로 엔젤 아우라에 대한 이성적 전통을 의미하는 것이었다. 이성은 감각 및 본능, 직관과 차별화된 능력으로서 진정한 인식과 도덕적 판단은 이성을 통해서만 비로소 가능하다는 논리를 지지하는 것에 지나지 않는다. 따라서 이는 지금 세대가 말하는 엔젤 아우라에 대한 논의와는 거리가 있다.

21) 대한민국학술원 회장인 김태길[참고: 김태길. 나는 도대체 누구인가(2007. 12. 15). 문화일보] 박사는 스피노자를 성인(聖人)으로까지 추켜세운다. 스피노자(1632~1677)는 유대인 혈통의 사상가다. 그 가족은 포르투갈에서 이단자로 탄압받는 것을 피하기 위해 네덜란드로 망명한다. 스피노자의 아버지는 암스테르담에서 상업으로 크게 성공했다. 당시 네덜란드 내의 유대인 교회에서도 그를 무시하지 못했다. 스피노자는 철학을 공부했다. 그 후 그는 인격신(人格神)의 존재를 부인하는 생각을 품고 그것을 논문으로 발표했지만, 이단(異端)으로 몰린다. 그리하여 열아홉 살 때부터 고난의 길에 들어서게 된다. 아버지 덕택으로 파문만은 면하지만 생계는 막막해진다. 스피노자는 렌즈를 갈아가며 산다. 겨우 입에 풀칠을 하는 정도였다. 1653년에 부친을 여의자 3년 후 근 유대 교회로부터 아예 파문을 당했다. 아버지 유산의 많은 부분을 상속받게 되지만 파문당한 신분으로는 무기력하기만 했다. 그의 누이와 매부가 그 약점을 노린다. 스피노자의 유산을 강탈하려고 들었다. 스피노자는 자신의 재산을 지키기 위해 법정 투쟁에 나섰고 마침내 승소했다. 그 결과 재산을 빼앗기지 않았지만, 유산의 대부분을 누이에게 준다. 재산을 강탈당하는 것은 불의이기에 굴복할 수가 없었고, 재산 욕심이 없었기에 자진하여 그것을 누이에게 준다. 가난한 삶을 살아가는 그에게 하이델베르크 대학에서 철학 교수로 초빙하겠다고 제의한다. 그러나 조건이 있었다. 교수가 되더라도 신의 존재에 대해서는 침묵을 지켜 달라는 것이었다. 그는 그 초빙을 거절했다. 말할 수 있는 자유를 박탈하는 것은 대학일 수 없었기 때문이다. 차라리 가난이 더 편했다. 렌즈를 갈다가 얻은 폐결핵으로 그는 홀연히 세상을 떠났다. 40대 젊은 나이였다.

22) 독일의 현상학자인 막스 셸러(1874~1928)는 여기에 반기를 든 철학자다. 현상학은 한마디로 우리 의식에 포착되는 현상의 본질을 규명하는 데 있어 원인과 결과를 따지는 과학주의와 실재와 현상을 분리하는 관념론을 동시에 넘어서려는 일체의 접근방법을 말한다. 후설에서 시작된 현상학의 전통은 이후 워낙 다종다양하게 전개되어 종합적 설명이 불가능할 정도가 되었다[참고: 막스 셸러(2006). 동감의 본질과 형태들(역). 서울: 이카넷].

23) 참고: 대니얼 J. 레비틴(2008). 뇌의 왈츠(역). 서울: 마티.

24) 참고: 스티븐 미슨(2008). 노래하는 네안데르탈인(역). 서울: 뿌리와 이파리.

25) 독일 나치 지도자 아돌프 히틀러의 경호원으로 독일 베를린의 지하 벙커에서 히틀러의 자살 전 마지막 시간을 목격한 최후의 생존자 로쿠스 미슈가 2007년 8월 9일 히틀러가 보여 준 '최후의 나날들'을 회고했다. 최근 아흔 살이 된 미슈는 로이터 통신과의 인터뷰에서 소련군이 접근해 오던 당시 상황에 대해 "벙커 생활은 상당히 평온했고 히틀러도 거의 침착했다."라고 말했다. 그는 "역사가나 영화감독, 기자가 묘사하는 것처럼 그렇게 극적이지는 않았다."면서 "가장 안 좋았던 건 침묵이었다. 모두가 속삭이며 말했는데 아무도 이유를 몰랐다."라고 회상했다. 그러면서 "죽음의 벙커처럼 느껴졌던 건 바로 그 때문일 것"이라고 덧붙였다. 인생 중 가장 행복했던 시간을 묻자 미슈는 히틀러와 가까운 동료들이 독일 바이에른 쪽 알프스 산맥에 있는 여름별장인 베르그호프에서 찍은 사진을 꺼냈다. 그는 사진에서 아이들과 측근에게 둘러싸인 히틀러를 가리키며 "베르그호프에서의 시간이 가장 좋았다. 마치 휴일 같은 멋진 시간이었다. ……히틀러도 그곳에 있을 때 매우 편안해했다."라며 미소지었다. 1945년 4월 30일 히틀러의 자살에 대해 미슈는 "난 미리 준비를 하고 있었고 그 순간을 기다리고 있었을 뿐"이라며 "문이 열렸을 때 에바(히틀러의 정부)가 무릎이 거의 턱에 닿을 정도로 다리를 구부린 채 누워 있는 것을 봤고 그 순간을 결코 잊지 못할 것"이라고 말했다. 이후 미슈는 신발만 밖으로 튀어나온 채 담요로 덮인 히틀러의 시신을 보게 됐다. 그는 "침묵만이 흘렀다."면서 "나는 사령관에게 가서 '영도자가 죽었습니다.'라고 말했고 내 동료들은 그때 '이제 그를 불태워야 한다.'고 말했다."라고 회상했다[유희연. 히틀러, 죽음의 벙커 생활서 상당히 침착(2007. 8. 10). 문화일보].

26) 참고: 오에 겐자부로(2008). 회복하는 인간(역). 서울: 고즈윈, p. 231.

27) 러너스 하이는 의학적 용어로서 마라톤처럼 중간 강도의 운동을 30분 이상 계속할 때 느끼는 행복감으로 '운동 하이(exercise high)'라고도 한다. 이 용어는 캘리포니아 대학교 심리학자인 아놀드 J. 멘델이 1979년 발표한 정신과학 논문 「세컨드 윈드(Second Wind)」에서 처음 소개되었다. 멘델은 러너스 하이를 설명하기 위해 "30분가량 계속 달리면 기분이 좋아지고, 다리와 팔은 가벼워지며 리듬감이 생깁니다. 피로가 사라지면서 새로운 힘이 나기 시작하는 '야릇한 시간'이 오기도 하며, 주위는 굉장히 밝고 색깔이 아름답고……. 몸은 세상에서 분리되어 유영을 하는 느낌입니다. 만족감이 몸속 깊은 곳에서 밀려나와 넘치는 거죠."라고 말한 바 있다.

28) 참고: 그레고리 번스(2007). 만족(역). 서울: 북섬.

29) 참고: 토머스 스티어(2008). 볼트: 막힘없이 올라서라(역). 서울: 엘도라도.

30) 참고: 법정(2006). 살아있는 것은 다 행복하라. 서울: 위즈덤하우스.

31) 참고: 하지현(2007). 소통의 기술. 서울: 미루나무.

32) 참고: 미하엘 셀레(2007). 소문(역). 서울: 열대림.

33) 참고: 알렉상드르 마트롱(2008). 스피노자 철학에서 개인과 공동체(역). 서울: 그린비.

34) 참고: 루퍼트 셸드레이크(2000). 세상을 바꿀 일곱 가지 실험들(역). 서울: 양문.

35) 라이얼 왓슨은 직접 인도네시아 반다(banda) 해상의 한 외딴 섬에서 직접 장수거북을 경험한 적이 있다. 그는 몸집이 큰 장수바다거북을 무척 보고 싶어 며칠을 밤마다 바닷가에서 서성거렸다. 소원을 이루지 못하자 그는 그곳에서 사귄 친구인 쥬라에게 그 소원을 털어놓았다. 그러자 쥬라는 라이얼 왓슨이 뺀주 꿀리뜨(penju kulit)를 말하고 있다는 사실을 깨닫고, 그것을 꼭 보여 주겠노라고 즉석에서 다짐했다. 한 달쯤 지난 어느 날, 그는 라이얼 왓슨을 찾아와 오늘 오후 늦게 그 일에 착수한다고 알려 주었다. 그들은 사람들의 눈에 잘 띄지 않는 산호초 아래쪽으로 내려가 바다에 접한 한구석에 자리를 잡았다. "그때 물속에 두 손을 담근 채 마치 피아노를 치듯이 손가락을 움직이고 있는 쥬라의 모습이 눈에 들어왔다. 그러한 상태로 거의 20여 분이 지나갔다. 수면 아래로 바짝 잠긴 하나의 거대한 검은 물체가 마치 구름이 움직이는 것처럼 유유히 몸을 움직이면서 이쪽을 향해 헤엄쳐 오고 있었던 것이다. 쥬라는 여전히 물속에 두 손을 담근 채 이번에는 고대의 말로 이어지는 가사의 노래를 조용히 읊조리기 시작했다. 그 검은 물체는 마침내 쥬라가 앉아 있는 곳 바로 앞까지 헤엄쳐 와서는 가쁜 숨을 고르기 위해 천천히 수면 위로 떠올랐다. 밖으로 모습을 드러낸 장수거북의 머리는 쥬라의 손끝으로부터 겨우 30센티미터 정도밖에 떨어져 있지 않았다. 오른손은 그대로 물속에 둔 채, 쥬라는 곧 자신의 왼손바닥을 아래로 하여 거북 쪽으로 손을 뻗었다. 그 순간 결코 이 세상의 일이 아닌 듯한 광경이 눈앞에서 펼쳐졌다. 마치 젖을 빨 때의 모양으로 주둥이를 뾰죽하게 내민 거북이가 연이어 두 번 쥬라의 손끝을 톡톡 건드리는 것이었다. 그러고는 방향을 휙 돌린 다음 물갈퀴를 사용한 멋진 스트로크로 갯벌 입구까지 곧장 헤엄쳐 가더니 이윽고 외해로 끝없이 사라지는 것이었다[참고: 라이얼 왓슨(1992). 생명조류(역). 서울: 고려원미디어]."

36) 고지마 섬에서 제일 먼저 고구마를 씻어 먹기 시작한 것은 한 살 반짜리 암컷이었다. 무리 중에 좋은 일, 새로운 행위를 솔선해서 실행한 것이 젊은 암컷이었던 점은 상징성 있는 현상이다. 그 암컷은 활발하고 영리한 원숭이로서 노는 방법도 다양했고 다른 원숭이와도 달랐다. 그렇게 재미있는 놀이행동을 전파한 것 역시 그 젊은 원숭이와 어미 원숭이였다. 원숭이 무리의 80%가 고구마를 씻어 먹기 시작한 후, 그 행동이 정착된 지 10년이 지났다. 그런데도 그것을 완강히 거부하며 수용하지 않았던 원숭이들은 12년 이상의 어른 원숭이, 그중에서도 수컷들이었다.

37) 셸드레이크 역시 왓슨이 발견했던 비슷한 예를 들고 있다. 그는 영국의 텃새인 푸른 박새가 우유병의 뚜껑을 부리로 쪼아 우유로 먹는 방법을 알게 되자 이것이 금세 대륙의 박새들에게 전파되어 전 유럽에서 박새들의 우유병 쪼는 소리가 들리게 된 것을 소개한다. 이 텃새들의 활동범위는 15km를 넘지 않는데 유럽의 모든 박새에게 이 방법이 전파될 수 있었던 것은, 우유병의 뚜껑을 부리로 쪼아 먹는 박새의 개체 수가 어느 한계를 넘게 되어 형태형성장에 의해서 공간적으로 멀리 떨어져 있는 개체에게까지 정보가 쉽게 전달될 수 있었기 때문에 가능하다고 설명했다.

38) 참고: Melzack, R., & Wall. P. D. (1996). *The Challenge of Pain*. London: Penguin.

39) 통증의 메시지가 뇌에 전달되면, 화학물질인 P물질, 프로스타글란딘, 브래디키닌들을 분비하기 시작한다. 이 화학물질들은 신경종말 내부나 근처에 있는데, 모두 신경종말을 민감하게 만들고, 촉각에서부터 뇌까지 통증 메시지가 잘 전달되도록 한다. 프로스타글란딘, 브래디키닌과 같은 화학물질은 발가락 끝의 조직을 붓게 하는 '성냄 반응'에도 일조한다. 통증 신호는 일련의 전기화학적 신경충동으로 변환되고, 이 신경 충동이 말초신경계의 섬유를 따라서 중추신경계로 간다. 이 정보는 중추신경계가 시작되는 척수를 따라서 더 위쪽으로 올라간다. 척수에는 통증을 탐지하는 수용기에서 오는 많은 섬유가 뇌로 가는 섬유와 만나는 시냅스가 있다. 시상으로 통증 신호가 전달되면 시상에서는 촉각, 냉온, 그리고 통증이 구분된다. 시상에서 다시 대뇌피질로 통증 정보가 전달되면 대뇌피질에서는 통증의 정도와 확실한 위치가 확인된다. 대뇌피질에서는 통증이 상징적으로 해석된다. 통증은 이제 마음이 만들어 내는 지각으로 전환된다. 대뇌피질까지 통증 정보가 전달되면 아무리 아픔을 참으려 해도 '신음' 소리가 나오게 된다. 신음 뒤에는 그것을 만들어 낸 자신의 행위를 자각하게 되고, 그 자각에 의해 일종의 분노나 혐오감이 생긴다. 대뇌피질에서 통증 정보를 단순히 아프다는 것보다 더 강력하거나 민감한 어떤 것으로 바꾸면, 통증은 감수할 만한 것, 혹은 별다르게 반응하지 않아도 될 것으로 지각된다.

40) 참고: 장 자끄 상뻬(2002). 자전거를 못 타는 아이(역). 서울: 열린책들.

41) 참고: 베르트랑 베르줄리(2007). 행복생각(역). 서울: 개마고원, p. 22.

42) 부자들은 빈곤선 위에 있는 사람들보다 훨씬 더 행복한 것 같지만 사실은 그것과는 다르다. 전 세계의 사람들에게 표준화된 설문지를 돌려 부자, 가난한 사람들의 행복에 관해 조사한 바 있다. 1점에서 7점 척도에 이르는 질문들로서, "모든 점은 종합적으로 고려할 때 오늘날 형편이 어떻다고 생각하십니까? 당신은 매우 행복합니까, 약간 행복합니까. 또는 별로 행복하지 않습니까?"와 같은 것이었다. 연구 결과는 케냐와 탄자니아의 건조한 고원지대에서 가축을 기르며 사는 마사이족 구성원들이 5.7을 기록했다. 그린란드와 같이 몹시 추운 황무지에서 살아가는 이뉴잇족은 평균 5.8을 기록했다. 고풍스러운 시골 생활 방식을 고집하는 북아메리카의 아만 파(派) 신도들도 5.8을 기록했다. 미국의 부유한 사람들 중 유명한 '부자 명단'인 포브스 400대 부자들에 포함된 사람들에게 유사한 조사를 실시했더니 그들의 반응은 5.8을 기록했다. 이를 보면, 대저택과 자가용, 제트기를 소유했어도 말린 소똥으로 지은 오두막에서 우유를 홀짝거리는 마사이족에 비해 눈곱 하나만큼 더 행복할 뿐이다. 이런 조사를 실시할 당시에

미국의 부자들, 말하자면 포브스 400에 포함될 자격이 있는 순 자산가치의 최저액은 1억 2,500만 달러였다. 이들의 추정 평균 연간 수입은 1,000만 달러를 상회했다[참고: 제이슨 츠바이크(2007). 머니 앤드 브레인(역). 서울: 까치, p. 344].

43) 예를 들어, 잭 허스트라는 사람은 근위축성 측색경화증(루게릭병이라고도 부른다)으로 온몸이 거의 마비되었음에도 불구하고 온라인에서 자신의 주식과 뮤추얼 펀드를 관리하는 열성적인 투자자다. 허스트는 인공호흡기를 통해서 숨을 쉬고, 급식 튜브를 통해서 음식물을 섭취하며, 하루에도 수십 번씩 폐에 고인 액체를 뽑아 내야만 한다. 그의 전신 중에서 지금도 움직일 수 있는 유일한 부위는 우측 안면의 작은 부분에 불과하다. 그의 뺨에 테이프로 붙여 놓은 장치가 안면근육의 전기적 활동을 랩톱 컴퓨터를 조종할 수 있는 신호로 바꾸어 준다. 2004년 11월에 그를 처음 만난 이래로 우리 두 사람은 활발한 이메일 교신을 주고받고 있다(허스트는 안면근육을 이용하여 1분에 10단어를 타이핑할 수 있다). 그는 내가 알고 있는, 인생에 만족하고 카리스마가 있는 사람 중 한 명이다. 빛나는 그의 눈빛은 신체가 마비된 지 20년이 지난 지금까지 조금도 약해지지 않았다. 자신의 몸을 움직일 수 없으면서도 이 남자는 자신이 받은 축복을 헤아릴 수 있는 정신적인 여유를 가지고 있으며, 실제로도 그는 자신의 축복을 손꼽아보면서 만족해한다. 허스트는 "내 아내가 보여 주는 전반적인 태도와 사랑 때문에 나는 행복합니다."라는 내용의 이메일을 보내오기도 했다. "우리 부부를 도와주고 성원해 주는 다수의 친구들이 있기에 우리는 더 행복하답니다. 나는 항상 낙천주의자였기에 모든 것을 긍정적으로 봅니다. 어떤 문제에 직면하든 항상 최선을 다해왔습니다." 허스트는 1988년 이후로는 전혀 걸을 수가 없었다. 그럼에도 불구하고 그는 "나와 같은 처지의 사람은 불평할 일이 별로 많지 않습니다."라고 강조한다[참고: 제이슨 츠바이크(2007). 머니 앤드 브레인(역). 서울: 까치, p. 350].

44) 표현 방식은 다르지만 모든 종교는 결국 몸과 마음의 조화를 강조한다. 한국의 토종 종교인 원불교 역시 예외가 아니다. "원불교의 이것저것을 총괄하는 일을 맡고 있는 교무 손홍도 교수는 원불교의 가르침인 '영육쌍전(靈肉雙全)'이 영육의 조화를 강조하는 핵심이라고 말한다. 그는 한의사이기도 한데, 인간의 몸을 돌보면서도 그가 지키는 원리가 영육쌍전이다. '마음과 몸을 온전하게, 말하자면 영적인 측면과 물적인 측면을 같은 값으로 온전하게 하기 위해서는 수도와 생활을 둘로 나누는 것이 아니라 하나로 만들어 살아움직이게 해야 한다는 손 교무는 "아무리 빼어난 침술도 마음을 잘 다스리는 건강법에 비할 수는 없다."라고 말한다. 침이나 뜸, 보약은 모두 마음을 보(補)하는 역할에 지나지 않는다고 본다. "마음이 가면 기운이 따라가고, 기운이 가면 혈이 따라가죠. 그래서 마음을 늘 모으면 엄청난 에너지원이 내 속에 생깁니다. 침이나 뜸의 효능도 내면의 에너지에는 미치질 못합니다[참고: 백성호. 요즈음 사람 새보다도 덜 걸어요(2008. 3. 6). 중앙일보]." 마음과 몸의 온전함을 유지하기 위해서, 수행과 생활을 하나로 만들기 위해서는 '막힘없는 소통'이 중요하다. 막히면 무엇이든 문제가 생기는 조짐이라는 것이다. 사람의 건강도 마찬가지다. "사람은 막히면 병이 오죠. 몸도 그렇고, 마음도 그렇죠. 사람과 사람 사이도 마찬가지죠. 소통이 안 되니까 우울증이 오는 겁니다. 몸도 마음도 사람 사이도 막힘없이 통해야 합니다." 우주와 자연의 걸림 없는 에너지, 그게 사람의 몸에도 막힘없이 흘러야 한다고

했다. 말하기는 그저 쉽기만 한 막힘없는 마음을 갖는 건 쉽지 않다. 그가 처방하는 막힘없는 마음을 가질 수 있는 비결은 자연의 지혜를 갖는 데 있다고 말한다. 자연의 지혜는 그 어떤 것도 있는 그대로, 오는 그대로, 경험하는 그대로 받아들이는 방법이다. 그렇게 막힘없는 마음을 비유하기 위해 그는 "저 밖에 서 있는 가로수를 보라."고 했다. 버스가 내뱉는 매캐한 매연 속에 종로의 가로수가 서 있었다. "보세요. 저 가로수는 말이 없죠. '왜 나는 매연이 많은 길가에 심어졌을까.', '왜 하필 바람이 많은 곳에 심어졌을까.' 라고 원망하지 않죠. 그냥 서 있을 뿐이죠. 그래서 매연도 바람도 내 안에서 걸리지 않게 하죠." 그게 바로 '지혜' 라고 했다. 자연의 지혜, 우주의 지혜라고 했다. 사람도 그렇단다. 큰 시련이 지나가면 더욱 강해진다고 했다. "나무가 바람을 그렇게 보듯이 사람도 시련을 그렇게 봐야죠. 그런데 이미 지나가 버린 시련을 마음속에 계속 붙들고 있다면 막히게 되죠. 마음도 막히고, 몸도 막히는 겁니다." 그래서 병이 생긴다고 했다. "항상 감사하는 마음이 최고의 보약이죠."

45) 참고: Jr. 칼 비테(2008). 칼 비테의 공부의 즐거움(역). 서울: 베이직북스.

46) 참고: 제임스 재스퍼(2008). 딜레마 해부하기(역). 서울: 사이.

47) 그 당시 벌어졌던 상황을 한 일간 신문은 이렇게 적고 있다.

"그녀는 무대에 오르기 전부터 관중의 애간장을 태웠다. 사회자의 거듭된 소개에도 모습을 나타내지 않았다. 어쩌면 각본이 그렇게 짜여 있었는지도 모른다. 한참이 지난 뒤 무대에 등장한 그녀. 총총거리며 무대 앞으로 걸어 나왔다. 사회자는 이날 행사의 주인공에게 정식으로 그녀를 소개했다. "대통령 각하, 지각한 마릴린 먼로입니다." 사회자가 먼로의 흰색 밍크 코트를 벗겨 주자 관중석에서 탄성이 터져 나왔다. 몸에 딱 달라붙는 원피스, 촘촘히 박힌 수천 개의 구슬이 조명을 받아 반짝거렸다. 지각한 먼로는 마이크를 쥐고도 뜸을 들였다. 숨을 깊게 들이마시고 내쉬는 소리가 마이크를 통해 장내에 그대로 전달됐다. 그러고는 노래를 불렀다. "해피 버스데이 투유~, 해피 버스데이 투유~, 해피 버스데이 미스터 프레지던트……." 느리면서도 속삭이는 듯한 목소리에는 요염과 관능이 넘쳐흘렀다. 빠르고 경쾌한 생일 축하곡이 이날은 먼로의 입술을 거치며 케네디 대통령을 향한 세레나데로 바뀌었다. 미국의 일간지 〈뉴욕데일리뉴스〉는 이 노래의 가사를 이렇게 적었다. 'Haaappy Biiirthday to youuuu…….' 미국의 언론 재벌 '허스트' 그룹의 한 칼럼니스트도 "먼로가 대중 앞에서 대통령에게 구애(求愛)를 한 것"이라고 말했다. 시대를 뛰어넘는 '섹스 심벌' 먼로와 케네디 대통령의 염문설이 증폭된 것도 이 무렵이다. 가장 섹시한 생일 축하곡을 들은 케네디 대통령의 기분은 어땠을까. 무대에 오른 케네디 대통령의 첫마디가 관중을 폭소에 빠뜨렸다. "그토록 달콤하고 건전한 생일 축하 노래를 들었으니 이제 정계에서 은퇴할 수 있겠군요." 대통령이 '은퇴'를 언급했지만 실제로 '은퇴'를 한 건 먼로였다. 이날 행사는 사실상 먼로의 마지막 대중 공연이 됐다. 11주 뒤인 8월 5일 먼로는 숨졌다. 공식 사인은 약물 과다 복용. 먼로가 이날 입었던 드레스에는 '해피버스데이' 라는 애칭이 붙었으며 1999년 뉴욕 크리스티 경매에서 약 126만 달러에 팔렸다. 옷은 남았지만 먼로가 무슨 생각으로 그렇게 노래를 불렀는지는 여전히 수수께끼다[참고: 차지완. 책갈피 속의 오늘, 1962년 먼로, 케네디 생일축하 노래(2007. 5.21). 동아일보].

48) 라지모한은 할아버지를 좀 더 정확하게 이해할 수 있도록 이 책을 발간했다면서 "할아버지가 자신의 자서전에서 사랑 얘기를 뺀 것은 너무나 개인적 사안이었기 때문이라고 말했다."라고 밝혔다. 간디는 1901년 콜카타 의회의 오케스트라를 지휘하던 4세 연하의 '사랄라데비'와 처음 만났다. 당시 사랄라데비는 사업가와 결혼했고 음악가이자 작곡가로 활동하는 인텔리 여성이었다. 간디는 그녀의 재기와 미모에 반했고 아들을 포함한 주위 사람들로부터 자제를 요청받을 정도로 깊은 사랑에 빠졌다. 심지어 남편 간디의 주변을 맴도는 수많은 미녀들을 대수롭지 않게 여겼던 부인 카스투르바마저도 남편의 사랄라데비에 대한 열정을 알고 나서 극도의 충격을 받기도 했던 것으로 알려졌다. 하지만 간디는 사랄라데비와 40여 년 동안 편지를 주고받으며 사랑을 나누면서 '정신적 결혼' 단계까지 이르렀다. 부인 카스투르바가 문맹이라 풍부한 교양을 갖춘 사랄라데비에게 매료됐을 가능성이 높다는 게 손자 라지모한의 주장이다. 간디는 "당신과 나는 정신적으로 사랑하는 아버지와 딸, 오빠와 누이 같은 관계"라고 말했을 정도다. 간디는 1882년 열세 살 때 결혼식을 올렸으나 "육체와 정신을 모두 따르면서 살 수는 없다."면서 스스로 브라마차리아(금욕) 생활에 들어갔다[문관현. 간디, 타고르 조카딸과 연인 사이(2006. 12. 28). 연합뉴스].

49) 워싱턴 대학 존 고트만 교수는 수천 쌍의 부부를 관찰한 결과, 표정·몸짓·말에서의 부정·긍정 요소가 이혼에 영향을 준다고 주장했다. 부정 요소는 경멸·무시·비난·변명을 표현하는 것이다. 부정과 긍정의 비율이 1대5 수준이면 결혼은 건강하다. 중요한 것은 부정이 연달아서는 안 된다는 것. 한번 상처를 주면 곧 위로나 보상이 5번은 필요한 셈이다. 아내가 문제를 들고 나오고 남편은 아내의 요구를 피하려고만 하지 말고 부부가 한팀이라는 의식을 가져야 한다. 서로 간에 '잘 들으라'는 조언도 항상 옳지는 않다. '잘 듣는' 배우자가 '나는 열심히 듣고 있다.'는 불평을 반복하면 오히려 부정적이다. 논쟁 자체보다 논쟁을 시작하고 끝내는 적절한 방식이 오히려 더 중요하다. 결혼에 대해 높은 기대치를 가진 부부들이 질 높은 결혼생활을 누린다. 부부싸움의 주제는 끝없이 반복된다는 사실이 발견되었다. 따라서 '해결'보다는 문제 자체를 인정하는 것이 현명할 수 있다[참고: KBS 감성과학 다큐멘터리, 사랑의 방정식. 2005. 3. 29. 방송].

50) [참고: 로버트 제임스 월러(2002). 메디슨 카운티의 다리(역). 서울: 시공사] 초원과 먼지와 한여름의 더위와 다 큰 자식과 무심한 농사꾼 남편과 건조하기 이를 데 없는 시골 생활에 둘러싸여 사는 45세의 이탈리아 출신 프란체스카. 미군이었던 남편을 만나 아이오와 시골까지 따라온 그녀는 어느 날 남편과 아이들이 며칠간의 여행을 떠나자 홀로 집에 남아 오랜만의 휴식을 즐긴다. 이때 우연히 길을 묻는 한 남자가 찾아든다. 유명 사진작가인 로버트 킨케이트다. 건조한 세상에서 이 시대 마지막 카우보이라고 자처하듯이 꿈과 환상을 가지고 아름다운 풍경을 찍어 두는 50대의 전문 사진작가다. 이번에도 그는 언젠가 사라질 메디슨 카운티의 다리를 사진으로 영원히 남겨두기 위해 이곳 시골까지 찾았다. 주변 지리에 익숙한 프란체스카에게 길을 묻자 그녀는 별다른 생각 없이 그에게 메디슨 카운티의 다리에 이르는 길을 안내한다. 고마움을 보답하는 생각에 저녁을 함께 먹으며 두 사람은 꾸밈없이 여러 이야기를 나눈다. 직업상 세계 여러 곳을 돌아다니는 사진작가인 킨케이트는 그녀의 고향에도 가 본 적이 있다. 그녀

의 고향에 대해서도 이야기를 나눈다. 프란체스카는 까맣게 잊고 있었던 고향 풍경을 생각하며 깊은 정감을 느낀다. 그녀의 가슴에 숨겨진 이탈리아인다운 뜨거운 사랑과 이루어질 수 없는 꿈이 킨케이트라는 남자 앞에서 무너진다. 그들은 상대가 아름다운 사람임을 한눈에 알아본다. 가족이 없는 프란체스카의 집에서 나눈 나흘간의 사랑으로 그들은 상대를 통해 자신의 모습을 보게 된다. 어떤 수식어로도 치장할 수 없는 그들만의 사랑, 그런 중심 잡힌 사랑을 나누며 프란체스카는 생각한다. 이제 다시 춤출 수 있는 여유까지 갖는다. 킨케이트는 남자로서 자신의 일생을 걸고 그녀에게 청했다. 일생을 함께 여행을 하자는 제의였다. "우리 함께 여행해요. 프란체스카, 우린 사막의 모래 위에서 사랑을 나누고 몸바사의 발코니에서 브랜디를 마시는 거요. 아라비아의 범선이 돛을 달고 아침의 첫 바람을 타고 들어오는 광경을 보게 될 거요. ……당신이 길 따라 바람 따라 떠도는 여행을 싫어한다면 어딘가에 개업을 하겠소. 그 지방의 풍물사진을 찍거나 인물사진을 찍거나 무슨 일이든 해서 우리가 생활할 수 있도록 하겠소. ……애매함으로 둘러싸인 이 우주에서, 이런 확실한 감정은 단 한 번만 오는 거요. 몇 번을 다시 살더라도, 다시는 오지 않을 거요." 함께 떠나고 싶은 욕망이 가득하지만, 그녀는 가족이라는 책임을 피하지 않는다. 사흘 후 프란체스카는 처마 밑에서 비를 피하며 킨케이트가 떠나는 것을 지켜볼 뿐이다. 킨케이트 역시 그녀의 아픔을 자신의 아픔으로 받아들이며 사랑으로 인내한다. 그렇게 연락도 잊은 채 살아간다. 14년이 흐른 후 프란체스카는 익명의 소포와 편지를 받는다. 킨케이트의 유품이었다. 그는 사랑하는 프란체스카의 품으로 돌아온 것이다.

51) 예를 들어, '사운 사운 사운'은 예쁜 계집애 배 먹어 가는 듯한 쟁기질 소리다. '뽈락뽈락 볼락볼락'은 팥죽 끓는 소리로 그 향기가 코끝에 일렁이는 듯하다. '거치룩 거치룩'은 화선지에 아취(雅趣) 있고 속되지 않게 붓 가는 소리요, '요롱해롱'은 떠나고 맞는 나룻배의 노 젓는 소리다. 모두 우리 민족의 삶과 애환, 정서가 녹아 있다. 표음문자인 한글의 아름다움을 온전히 보여 주는 소리시늉말(의성어)이기도 하다. 소리는 단순한 공기의 떨림이 아니다. 들을 수는 없지만 느낄 수 있는 소리도 있고 향기 나는 소리도 있으며 향수를 담은 소리도 있다. 지게 목발 소리나 모 찌는 소리엔 조상의 숨결이 담겼고, 모깃불 소리와 쟁기질 소리에선 농촌 풍경이 그려진다. '수월수월' 거리는 먹 가는 소리에서는 꼿꼿한 선비 정신과 묵향을 찾아낸다[참고: 최승범(2007). 소리, 말할 수 없는 마음을 듣다. 서울: 이가서].

52) 참고: 말콤 글래드웰(2006). 블링크(역). 서울: 21세기북스, p. 269.

53) 참고: 글로리아 세실리아 디아스(2008). 눈으로 들어오렴(역). 서울: 우리교육.

54) 참고: 위르겐 하버마스(2006). 의사소통 행위 이론(역). 서울: 나남출판.

55) 참고: 조지 마미어슨(2005). 하이데거, 하버마스 그리고 이동전화(역). 서울: 이제이북스.

56) 참고: 조지 마미어슨(2005). 하이데거, 하버마스 그리고 이동전화(역). 서울: 이제이북스.

57) 참고: 조선일보, 2007. 1. 15.

58) 참고: 조너던 색스(2007). 차이의 존중(역). 서울: 말빛.

59) 참고: 미하엘 셀러(2007). 소문(역). 서울: 열대림.

60) 수의사인 쇼엔[참고: 앨런 쇼엔(2003). 닮은꼴 영혼(역). 서울 :에피소드]은 동물도 사람과 똑같은 배려
와 관심을 받을 자격이 있으며 그들의 행복에도 진지한 관심을 가져야 한다고 설득한다. 동물은 인류에
게 주어진 선물이자 경이로운 축복이기 때문이다. 동물은 식량을 제공하거나 믿음직한 동반자가 되어
주는 것 외에도 인간에게 많은 혜택을 베풀어 왔다. 특히, 이 책에서 초점을 맞춘 사람과 동물 간의 유
대는 아름답고 경이롭다. 자신도 죽을병에 걸렸지만 병든 주인을 돕기 위해 살아 남으려고 애썼던 충
견, 어려서 정신적 학대를 받았던 주인이 자신을 괴롭히는데도 곁을 떠나지 않고 세상에 마음의 문을
열게 만든 고양이, 암 선고를 받고 물에 빠져 자살하려던 사람이 구조될 때까지 지켜준 돌고래 떼, 절벽
에서 추락한 낯선 사람이 얼어 죽지 않게 도와준 개 등. 인간 사이에도 희귀할 법한 '동물의 휴먼스토
리' 들은 코끝을 찡하게 한다. '우리는 각자 자신의 중심이지만 세계의 중심은 아니기에 모든 존재를 존
중하고 이해해야 한다. 우리는 각기 다르지만 모두 똑같다.'

61) 참고: 마타 윌리암스(2007). 당신도 동물과 대화할 수 있다(역). 서울: 샨티.

62) 그래딘[참고: 템플 그래딘(2006). 동물과의 대화(역). 서울: 샘터] 교수가 미세 지향적인 동물의 성향을
이해할 수 있었던 것은 사물의 전체보다 세세한 면에 집중하는 성향의 강한 자폐증을 앓은 경험이 있기
때문이다. 저자는 미국 콜로라도 주립대학 동물학과 부교수로 사회생활을 하지만 '사람보다 동물이 생
각하고 느끼는 감각에 더 가까운' 자폐인이다. 동물과 자폐인에게는 사고를 통합하는 전두엽의 발달이
약하다는 공통점이 있다. '동물처럼 무의식이 없으며 이중적 감정을 느끼지 않고 사물의 차이에 주목
하는' 저자는 사람보다 동물을 더 잘 이해하고 사랑한다. 사람이 가장 자주 저지르는 실수는 동물의 의
인화인데, 그로 인해 동물은 말 못하는 고통으로 시달린다. 예를 들어, 애완용 사자를 비행기에 태운 사
람이 사자를 편안하게 해 주려고 여러 개의 깃털베개를 넣어 줬는데 사자는 베개를 먹어치우다 목이 막
혀 죽어 버렸다. 저자는 동물에게 고통보다 더 나쁜 것은 공포라고 지적한다. 자폐아처럼 동물도 고통
보다 공포에 더 민감하다. 검은 모자처럼 아주 사소한 것도 동물에게 엄청난 공포를 야기할 수 있다. 게
다가 가장 겁이 많은 동물이 동시에 가장 호기심이 많아서 곧잘 위험에 빠진다. 야생동물이 아닌 가축
이 겪는 또 하나의 수난은 사람이 동물에게 원하는 한두 가지 속성만을 얻어 내기 위해 선택적으로 사
육하는 데에서 비롯된다. 단 하나의 육체적 특성만 바꾸려는 시도는 동물에게 만만치 않은 정서적 행동
장애를 초래한다. 가슴살이 더 많은 닭을 얻으려고 품종을 개량한 결과 암탉을 마구 겁탈하고 죽이는
수탉이 태어나게 되는 것이다.

63) 돌고래가 대화를 한다. 돌고래는 개체마다 이름에 해당하는 고유한 휘파람 소리를 내고 있다. 돌고래를
한 마리씩 그물에 가둬 놓고 소리를 녹음해 보면 개체마다 내는 소리가 다르다. 돌고래의 성장과정 중
이렇게 소리를 녹음해 분석하면 그들끼리의 이름, 휘파람 소리 같은 것은 적어도 10년간 변하지 않는
다는 사실을 알 수 있다. 동물 소리의 특성을 연구하다 보면 해당 동물의 습성과도 관련이 깊다는 것을
알게 된다. 돌고래 소리는 암수 간에 차이가 있는데, 암컷 새끼는 어미의 것과는 확연히 다른 휘파람 소

리를 학습한다. 반면 수컷의 휘파람 소리는 어미의 것과 매우 닮았다. 이는 갓 태어난 새끼와 어미 돌고래, 할머니 돌고래가 오랫동안 집단을 이루는 것과 관련이 있다. 어린 암컷과 그 어미, 할머니, 그리고 다른 암컷들이 비슷한 휘파람 소리를 낸다면 혼란스럽기 때문이다. 마치 한집안 식구들이 같은 이름을 쓰는 것과 엇비슷하다. 수컷은 자란 후 그 집단을 떠나기 때문에 어미와 비슷한 소리를 내더라도 잘못 식별될 확률이 낮다[참고: 박시룡. 동물행동학(2006. 5. 27). 동아일보; 박시룡(2005). 와우! 우리들의 동물친구. 서울: 그린비; 박시룡(2005). 캥거루는 왜 주머니를 갖고 다닐까요. 서울: 다섯수레].

64) 대공황 시대인 1930년대 미국, 실의에 빠진 미국인들에게 '꿈은 이루어진다.'는 열망을 잃지 않게 해 준 경주마가 바로 시비스킷이었다[참고: 로라 힐렌브렌드(2003). 신대륙의 전설 시비스킷(역). 서울: 바이오프레스; 정은령. 문학예술, '신대륙의 전설─시비스킷' ……전설이 된 경주마(2003. 8. 15). 동아일보]. "자넨 말을 알고, 말 또한 자네를 알지. 그를 집으로 데려다 주게나." 1940년 3월 2일 미국 샌프란시스코의 산타아니타 경마장, 관중석을 가득 메운 7만 8,000여 명의 함성은 아랑곳하지 않은 채 낡은 회색 중절모를 쓴 사내가 이제 막 출발선에 선 밤색 말과 기수를 향해 낮은 목소리로 말했다. 늙은 조련사 톰 스미스가 말한 '집'은 '우승'이었다. 1934년부터 6년간 미국인을 열광시킨 경주마 시비스킷(seabiscuit)과 기수 레드 폴라드는 이제 그들 생애에서 마지막이 될지도 모를 시험대에 섰다. 시비스킷도, 기수 폴라드도 부상으로 오랫동안 트랙에 서지 못했다. 하지만 '임자'를 만나면서 초기의 불운을 딛고 최고의 경주마로 조련된다. 우승이 아니라면 영광스러운 은퇴는 없었다. 평생 '불가능해 보이는 목표에 묘한 열정'을 품었던 시비스킷의 주인 찰스 하워드는 자전거수리공으로 출발해 자동차 왕이 된 인물이고, 한때 영국 기병대의 말을 길들였던 조련사 스미스는 자동차 출현과 함께 역사 저편으로 사라져야 할 '외로운 초원인'이었다. 시비스킷은 은퇴할 때까지 6년간 33번의 경주에서 우승했고 13개의 트랙기록을 경신했으며 최단 거리와 0.5마일 경주 세계기록을 깨뜨렸다. 10만 달러가 걸린 1940년 3월 2일의 마지막 경주에서도 시비스킷은 기존의 트랙기록을 깨고 우승했다. 그것을 해낸 것은 말과 사람들 간의 직관을 통한 의식소통이었다.

65) 참고: 최정화(2007). 엔젤 아우라. 서울: 중앙북스.

66) 참고: Dana Thomas. 내게 맞는 삶이 고급인생(2007. 7. 3). newsweek 한국어판.

67) 참고: 미셸 슈나이더(2007). 죽음을 그리다(역). 서울: 아고라.

68) 죽음의 문턱에서 극적으로 살아난 사람들은 이 세상을 어떤 시선으로 바라볼까. 평범하게 살던 사람들이 죽음의 위기에서 극적으로 생명을 건진 여러 사례는 삶이 무엇인지를 생생하게 보여 주었다[참고: MBC 스페셜, 1분 후의 삶, 당신은 행복하십니까? 2008. 1. 5. 방송]. 한 예로, 김학실(28) 씨는 2001년 한국해양대학 3학년 재학 당시 실습 항해 도중 타고 있던 배가 폭발했다. 한겨울 바닷물에 빠진 채 튜브에 의지해 구조를 기다려야 했다. 이들은 죽음 앞에서 희망과 사랑하는 사람을 떠올리며 삶에 대한 의지를 불태웠다. 김학실 씨는 "구조선이 다가오고 있다."라고 거짓말로 외치며 희망의 끈을 놓지 않았다. 맨홀에 빠진 후 9일 동안의 사투 끝에 구조된 조성철(64) 씨는 치매를 앓는 어머니, 지병이 있는 아

내, 중·고등학생인 아이들을 떠올리며 암흑 속에서 버텼다. 죽음의 위기에서 겪은 '1분'으로 삶이 완전히 뒤틀린 사람들도 있다. 태권도 사범이었던 간은태(51) 씨는 한 아이의 부탁으로 전깃줄에 매달린 연을 내려 주다가 감전되었다. 전신에 화상을 입고 왼팔을 잘라 낸 후에야 살아났다. 사람들은 살아난 것이 기적이라고 했지만, 그는 잘린 팔을 보며 차라리 죽고 싶다는 생각이 들었다. 김보현(33) 씨는 2002년 166명의 탑승자 중 138명이 숨진 대형 비행기 추락사고에서 동승한 아내와 함께 살아 남았다. 하지만 아내는 오른쪽 다리가 부러지고 옆구리가 찢어졌어도 임신 중이라 약조차 먹을 수 없었다. 통증을 견디다 못한 아내는 죽여 달라고까지 했지만 그는 이를 지켜볼 수밖에 없었다. 그는 이런 고통을 딛고 현재 새로운 인생을 펼쳐가고 있다. 딸 하늘이가 무사히 태어난 후 경북 지역의 보험왕이 되는 등 열심히 살고 있다. 이들 모두는 죽음에 목도한 이후부터 자신들의 삶을 180도 바꾸어 살고 있다.

69) BBC[참고: 리즈 호가드(2006). **행복: 영국 BBC 다큐멘터리, 행복 전문가 6인이 밝히는 행복의 심리학** (역). 서울: 예담]는 6명의 전문가와 함께 지난해 5월부터 3개월간 영국의 소도시 슬라우에서 주민을 대상으로 사회 실험을 했다. 그 결과 인간을 행복하게 하는 것은 일에서의 성공, 일확천금, 권력이나 명성처럼 거창한 것이 아니다. 편안하고 친밀한 가족, 공동체, 사랑하는 사람과의 섹스, 쾌적한 환경, 사람에 대한 신뢰 등 단순하고 소박한 것들이다. 책의 앞부분에서는 심리학, 의학, 사회과학이 결합한 최신 연구 분야인 '행복학'에 숨겨진 사실과 이론을 다룬다. 이어 행복의 다양한 모습을 조망하면서 우리 삶을 변화시킬 현실적인 방법을 일러 준다. 다음은 영국의 BBC가 제시한 행복헌장 10계명이다. ▲운동을 하라. - 일주일에 3회, 30분씩이면 충분하다. ▲좋았던 일을 떠올려 보라. - 하루를 마무리할 때마다 당신이 감사해야 할 일 다섯 가지를 생각하라. ▲대화를 나누라. - 매주 온전히 한 시간은 배우자나 가장 친한 친구들과 대화를 나누라. ▲식물을 가꾸라. - 아주 작은 화분도 좋다. 죽이지만 마라. ▲TV 시청 시간을 반으로 줄이라. ▲미소를 지으라. - 적어도 하루에 한 번은 낯선 사람에게 미소를 짓거나 인사를 하라. ▲친구에게 전화하라. - 오랫동안 소원했던 친구나 지인들에게 연락해서 만날 약속을 하라. ▲하루에 한 번 유쾌하게 웃으라. ▲매일 자신에게 작은 선물을 하라. - 그리고 그 선물을 즐기는 시간을 가지라. ▲매일 누군가에게 친절을 베풀라.

70) 참고: 피카소에게 첫 번째 연인 페르낭드 올리비에는 피카소와 나이가 같은 스무 살의 동갑내기였다. 그녀는 야성형 여성으로 '장밋빛 시대'의 연인이다. 올리비에로부터 〈아비뇽의 처녀들〉(1907)의 작품이 나왔다. 그는 이 그림으로 큐비즘을 구체화시키려고 노력했다. 그녀를 주제로 그린 구체적인 그림은 〈부채를 든 여인〉(1908)이 있다. 두 번째 연인 에바는 청순가련형 여자로서 피카소가 정열적으로 사랑한 여인이었다. 그녀를 맞아들인 후 그는 큐비즘을 극복하려고 노력했다. 에바를 모델로 그린 그림이 바로 〈옷을 벗은 에바〉(1912)다. 에바가 병이 나자 피카소는 더 이상 그녀의 곁에 있지 않았다. 그는 스물일곱 살의 파리 태생의 가비 레스피나스를 새로운 애인으로 사귀기 시작했다. 그가 맞은 세 번째 연인은 발레리나인 올가로서 귀족풍의 여인이었다. 그녀를 만난 후부터 피카소는 상류사회에서 환영받고 있던 사실주의 풍에 빠지기 시작했고, 그로부터 피카소는 큐비즘을 배반했다는 평을 듣기 시작했다. 그녀가 작품의 주인공으로 등장한 작품은 〈안락 의자에 앉은 올가의 초상〉(1917)이다. 그를 매료

시킨 네 번째 연인은 마리 테레즈로서 천진난만형의 여인이었다. 피카소가 초현실주의에 빠지기 시작하면서 만난 여인이었다. 그는 마리 테레즈를 주제로 많은 그림을 그렸다. 그녀는 그만큼 피카소에게 최고의 모델이 되어 주었다. 그녀를 모델로 그린 〈팔꿈치를 기댄 마리 테레즈〉(1939), 〈꿈〉(1930) 등은 그의 대표작이기도 하다. 피카소가 만난 다섯 번째 연인 도라 마르는 지성적인 여자였다. 피카소가 파시즘과 치열하게 대립하던 시절에 만난 그녀는 피카소의 대표작인 〈게르니카〉(1937)를 그리는 데 절대적인 영감을 주기도 했다. 〈책에 빠진 여자〉, 〈울고 있는 여인〉(1937)과 같은 피카소의 대표작이 그녀를 모델로 그린 그림이었다. 특별히 〈울고 있는 여인〉은 피카소에게 자신을 존중해 달라고 고통스럽게 갈망하는 도라에게 피카소 스스로 그림으로 강하게 대응하고 있다는 해석을 달고 다니는 작품이다. 평자는 피카소의 우는 여인이 노란색, 초록색, 붉은색, 흰색, 진홍색으로 대립되어 있는데, 바로 그런 격렬한 색의 대립이 그것을 보여 주고 있다고 해석하고 있다. 피카소가 만난 프랑스와즈 질로는 가장 자유분방한 여자로서 그의 여섯 번째 연인이다. 그녀는 법대를 다닌 지적인 여성이었다. 그는 그녀를 모델로 〈꽃을 든 여인〉(1943)과 같은 그림을 여럿 그렸다. 그녀는 피카소가 그녀도 잘 알고 있는 즈느비에브도 동시에 사귀자 피카소와 헤어지고 만다. 그에게 일곱 번째 연인으로 등장한 자클린은 피카소보다 40년 연하의 여자였다. 그녀는 피카소에게 절대적으로 헌신한 여인이었다. 피카소는 그녀를 만난 그 시기에 최고의 명성을 누리기 시작했는데, 자클린은 피카소가 그의 생애를 통해 오로지 작품에만 전념할 수 있도록 도와주었다. 이 시기에 이르자 피카소는 회화에서 벗어나 도자기와 고전적인 작가의 작품에 대한 재해석에 심취하기 시작했다. 자클린을 모델로 그린 작품은 〈옷을 벗고 앉은 여자〉(1959)를 필두로 여러 점이 있다[참고: 최승규(2004). 피카소의 연인들. 서울: 한명; Naver 블로그 2004년 6월 30일 게시물. http://blog.naver.com/colorsong73?Redirect=Log&logNo= 120003705030].

71) 참고: 드라이스마, D. (2005). 나이 들수록 왜 시간은 빨리 흐르는가(역). 서울: 에코리브르.

72) 참고: 이민규(2006). 끌리는 사람은 1%가 다르다. 서울: 더난출판.

73) 참고: 할 어반(2006). 긍정적인 말의 힘(역). 서울: 웅진윙스.

74) "김용섭은 자기 스스로에게 긍정화법인 어퍼메이션(affirmation)을 쓰는 사람이 동기부여가 빠른 사람이라고 보고 있다. '하면 된다.'를 스스로 외치다 보면 '해도 안 돼.'를 외칠 때보다 더 일이 잘될 수 있는 것이다. 대부분의 성공한 사람들은 긍정적인 마인드를 가지고 있다. 안 된다고 하기보다는 된다는 생각으로 일에 뛰어든다. 긍정문은 스스로에게도 많은 힘을 주지만, 이를 듣는 상대방에게도 힘을 준다. 대기업에 다니는 C대리는 평소 부정적인 표현을 입에 달고 산다. '내가 결코 승진될 리 없어. 대리만 하다가 구조조정 당하겠지 뭐.'라거나 '이 기획안 가져가 봤자 부장한테 욕먹을 거야. 내가 봐도 좀 부실한 것 같아.' 등 결국 그는 만년 대리로 후배들이 과장 다는 걸 보다가 퇴사하게 되었다. 만약 그가 부정적인 표현 대신 긍정적인 표현을 썼더라면 결과는 분명 달라졌을 거라 확신한다. 그의 부정적 표현이 스스로를 옭아맨 셈이니 말이다. 말에는 크게 긍정문, 평범문, 부정문이 있다. '하면 된다', '좋다',

'대단해'를 외치는 사람과 '그저 그래', '내가 뭘 그렇지', '그럭저럭'을 입에 달고 있는 사람, '힘들어', '안 될 거 같아', '죽을 지경이야'를 입에 달고 있는 사람을 아마 주위에 한두 명 정도씩은 알고 있을 것이다. 아마 본인 스스로가 여기에 해당되는 사람이 대부분일 것이다. 긍정문을 구사하는 사람은 늘 자신감 넘치고 보는 이로 하여금 기분 좋게 만들고 일도 더 잘할 것처럼 느껴진다. 이것이 바로 긍정문의 힘이다. 말투는 상황과 습관에서 나올 수 있다. 설령, 스스로 부끄러운 짓을 했다고 해도 말에서 부정문이 아닌 긍정문을 쓰면 상대에게 신뢰와 호감을 더 줄 수 있고, 자신에 대한 이미지 관리에도 유리하다. 거짓을 일삼는 자에게는 긍정문의 힘이 다른 사람에게 피해를 주는 요소가 되기도 하겠지만, 설득이나 호소에서는 긍정문의 힘이 강력한 것은 사실이다[참고: 김용섭. 성공한 사람들의 언어습관은 (2006. 8. 1). 머니타임스]."

75) 한국 성인들이 하는 거짓말의 실체를 밝혀 보기 위해 교육방송(EBS) 제작팀은 20대부터 40대까지 다양한 직업에 종사하는 성인 남녀 열 명에게 열흘 동안 '거짓말 일기'를 써 줄 것을 부탁했었다. 거짓말의 구체적인 내용과 상황, 거짓말 전후의 느낌을 적은 '거짓말 일기'에 등장하는 직장 동료와 상사, 거래처 사람들, 가까이는 가족과 친구, 애인에게 그들이 한 거짓말은 우리가 매일 하고 있는 거짓말을 마치 거울처럼 그대로 반영하고 있었다. 참가자들의 솔직한 인터뷰 결과 한국인은 하루 평균 3회 거짓말을 하며, 가장 일반적인 유형은 '곤란한 상황을 피하기 위한 거짓말'이었다. 약속시간에 늦었을 때 길이 막혔다는 거짓말, 보험회사에 다니는 친구의 전화에 미팅 중이라고 하는 것, 결혼한 남자가 친구와 함께 술을 마시고 회식을 했다고 하는 거짓말 등이 그에 해당한다. 평범한 사람들이 거짓말을 탐지하는 능력은 어느 정도인지 알아보기 위해 제작팀은 실험참가자를 모집, 같은 상황에서 거짓말과 진실을 말하는 열 명의 자료 화면을 만들어, 약 120명의 일반인들에게 진실과 거짓말을 탐지하게 한 결과, 평균 점수에 있어 그 수준은 우연의 범위를 넘지 못하는 51%의 확률에 머물렀다. 이들 중 80~90%의 탐지율을 보인 사람의 특징은 말의 내용보다는 얼굴 표정이나 행동 변화에 주목한다는 공통점이 있었다[백나리. 하루 평균 거짓말 횟수는 세 번(2007. 1. 15). 연합뉴스].

76) 참고: 루트비히 비트겐슈타인(2006). 논리-철학 논고(역). 서울: 책세상.

77) 참고: 루트비히 비트겐슈타인(2006). 논리-철학 논고(역). 서울: 책세상.

78) 일반적으로 게임 이론에서는 순진함을 경계한다. 게임에서 이기려면 자비심을 버려라. 인간은 기본적으로 악하고 기회만 있으면 그 기회를 이용하여 자신의 욕심을 채우려 할 뿐이다. 게임 이론에서는 이기주의적 관점을 놓치지 말라고 강조한다. 그렇게 하려면 항상 우리라는 개념보다는 너와 나 개념, 나혼자, 각자적인 관점에서 상대방을 배려해야 한다. 게임 이론에서 게임은 마치 권투, 유도, 레스링 같은 경기에서 벌어지는 장면과 같다. 상대방에게 상처를 주지 않고 상대를 이기겠다고 생각하는 것은 처음부터가 잘못이라는 것이다. 링에 오르면서 '내가 너를 살살 할 터이니 너도 나를 살살 대하라.'고 기대할 수 없다. 게임 이론에서는 상대방에게 너무 많이 양보한 사람은 끝내 많은 것을 잃는다고 강조한다. 그것을 'holdup problem'이라 부른다. 아무것도 상대방에게 양보하지 않은 사람은 게임이 끝날

때도 잃을 것이 없기 때문에 모든 협상에서 우위에 설 수 있다. 동시에 더 많은 양보를 이끌어 낼 수 있다. 어떤 경쟁자가 어떤 전략을 선택하느냐에 따라 내가 참여한 경기가 좌우되는 것이므로 각 경쟁자는 상대방이 어떤 전략을 선택하더라도 자기 이익(성과)을 극대화할 수 있는 전략을 선택할 수 있어야만 한다. 상대방의 행동을 예상해 이쪽의 행동을 결정하는 것이다. 게임 이론에는 세 가지 요소가 있다. 첫째, 참가자가 누구인지, 둘째 참가자의 전략이 무엇인지, 셋째 게임 후 얻게 될 보상은 어떤 것인지가 그것이다. 물론 이때 가장 중요한 것은 상대방이 어떤 사람인지, 내가 이런 행동을 할 때 상대방이 어떤 행동을 보일지를 예상하는 것이다.

79) 조무제(趙武濟, 66) 교수는 부산 동아대학교 법과대학 석좌교수다. 1993년 부산고법 부장판사 시절 공직자 재산 공개 때 25평 아파트 한 채와 부인 명의 예금 1,075만 원 등 6,434만 원을 신고, 재산 공개 대상 법관 103명 가운데 꼴찌를 기록했던 사람이다. 대법관 퇴임 때도 재산은 아파트 한 채를 포함해 2억여 원이었다. 그는 2004년 8월 17일 대법관을 퇴임하면서 로펌 행(行)이나 변호사 개업을 마다하고 모교인 동아대학교 교수직을 택했다. 대법관 퇴임 후 변호사로 수십억 원을 번 사람들이 인구에 회자되는 현실이다. 그는 석궁 테러로 상징되는 사법부의 권위 붕괴에 대해 '말없음표'로 대답했다. 테러가 있었다는 건 알고 있었지만, 인터넷에 확산된 테러 옹호론은 모르고 있었던 것 같다. 현직에 있을 때부터 오로지 판결로만 말하던 그였다. 옛 부산고등법원 청사였던 동아대학교 법과대학 6층 연구실에 침묵이 흘렀다. 알 듯 모를 듯 붉어졌던 얼굴빛이 되돌아올 무렵, 그에게 물었다. "대법관 퇴임사는 무슨 뜻이었습니까?" 퇴임사 한 구절은 이러했다. "……재판의 외적 상황에 구애되어 재판권의 적정한 행사에 영향을 받아서는 안 될 뿐만 아니라 부정적인 여건이 있다고 해서 적정·공평·신속이라는 재판의 이상을 실현할 성스러운 책무를 면할 길은 없습니다……." 퇴임사는 이렇게 이어졌다. "법관은 고독함이 따르지만 그 고독함을 두려워해서는 안 됩니다. 달갑지 않은 어둠 같지만 고독에 익숙해지면 미처 볼 수 없던 은밀한 사물의 존재까지 알아보는 능력을 얻을 수 있습니다." 그가 침묵을 깼다. "법관이 하는 판단에는 사색이 필요합니다. 사색은 외로움에서 나옵니다. 소송 관계자나 대인관계에는 늘 신중해야 합니다. 승소와 패소 양쪽 입장에서 깊이 사색하면 정당한 결과에 가깝게 판단할 수 있지 않겠습니까. 후배 법관들에게 말해 주고 싶었던 겁니다." 지금도 그는 고독 속에 살고 있다. 교직원들은 조 교수의 자택이 어딘지 알지 못했다. 자택에서 학교 사택으로 거처를 옮겼지만 아무도 집으로 부르지 않는다고 했다. 휴대전화가 없어서 연락도 어렵다. 승용차도 없다. 하지만 법과대 행정실 직원은 "출퇴근 시간이 정확해 굳이 연락이 필요 없다."라고 했다. 오전 9시만 되면 산기슭에 있는 사택에서 걸어서 연구실로 나오고, 수업시간이 되면 학생이 있든 없든 꼭 강의실로 나간다. 점심시간이 되면 집으로 걸어가 식사를 하고 다시 학교로 나온다. 가끔 직원들과 식사를 하지만 "남이 사 주는 식사는 절대로 하지 않는다."라고 교직원은 말했다. 오후 4~5시 무렵이면 행정실에서 우편물을 챙겨 걸어서 퇴근한다. 외부 특강을 하면 강사비는 봉투째 교직원이나 학생들에게 나눠 준다. 현직 시절 그는 재판수당을 털어 직원들 식사비로 내놓았다. 근무 시 외부인은 철저히 출입금지였다. 창원지법 원장 퇴임 때는 직원들이 고집스레 내놓은 전별금 500만 원으로 책을 사서 도서관에 기증했다. 대법관 시절 그는 보증금 2,000만 원짜

리 원룸 오피스텔에서 자취생활을 했다. 배정된 5급 비서관을 마다하고 혼자 업무를 처리했다. 나랏돈을 허비할 수 없다는 이유에서다. 자신에게 가혹하고, 남에게는 관대한 사람. 한 직원은 "공직에 이런 사람이 몇 분만 더 있어도 세상이 확 달라졌을 것"이라고 말했다. 교수에게 물었다. "청빈(淸貧)이 무엇입니까?" 한참 말이 없다. "청빈이라는 말은 하지 말아주십시오. ……법관에겐 재판을 어떻게 하는가가 문제지, 그 외의 기준으로 판단하는 것은 의미가 없지 않습니까? 청빈이라……, 기준이 있긴 있는 건지요? 오히려 제 약점을 건드린다는 생각이 들 때가 있습니다. 민망하고 쑥스럽습니다[참고: 박종인. 법관은 고독해야 정당한 판단 가능(2007. 1. 26). 조선일보]."

80) 참고: 엘리자베스 퀴블러 로스(2008). 생의 수레바퀴(역). 서울: 황금부엉이.

제9장

자기 조직화 Self Organization Frames

> 우리 문화에서는 인생을 마치 직선처럼 여긴다. 그 직선이 길면 길수록 더 많이 살았다고 생각하고, 자신이 더 완전해졌다고 여기며, 종착점에서 덜 무서우리라고 믿는다. 젊은이의 죽음은 비극으로 여겨지고 신에 대한 많은 이들의 믿음을 뒤흔든다. 그러나 북미 인디언 문화에서는 인생을 직선형이 아닌 원형으로 본다. 그 원은 통과의식을 통하여 대략 사춘기에 완성된다고 믿는다. 그 시기부터 사람은 바깥으로 계속 뻗어나가는 하나의 통일체로 간주된다. 일단 그 '고리'가 만들어지고 나면 사람이 어느 때에 죽든 통일체로서 죽게 된다고 믿는다.
>
> —스티븐 레빈, 온드리아 레빈[1]

아프리카 남아공 케이프타운에서 태어난 나탈리 뒤 투아(Natalie du Toit)는 여섯 살 때 부모와 함께 처음 수영장에 갔다. 처음에는 물의 느낌이 너무 싫었지만 친구들이 노는 모습을 보고 함께 풀에 뛰어들게 되었다. 이후 수영은 그녀의 인생이 되었다. 열네 살이던 1998년부터 국제대회에 출전한 유망주 뒤 투아는 2001년 교통사고로 왼쪽 다리를 잃는 큰 시련을 겪었다.

그런 아픔에도 불구하고 그녀는 다시 일어섰다. 마침내 그녀는 2004년 아테네 패럴림픽에서 5개의 금메달을 따냈고, 절단장애인 사상 최초로 올림픽 수영 부문 10km에 출전해 전 세계 팬들을 감동시켰다. 그녀는 출전한 여자 수영 마라톤 10km에서 2시간 0분 49초 9의 기록으로 25명 중 16위를 차지했다. 관중들은 열광적인 갈채를 보냈다. 그런 그녀에게 "2008년도 베이징 올림픽에 출전하면서 무슨 생각을 했나요?"

요?"라고 기자가 질문했다.

그녀는 담담하게 말했다. "자기 인생에 어떤 일이 일어나건, 목표가 있고 꿈이 있다면 그걸 달성하기 위해 계속 노력해야 해요. 이런 말을 종이에 쓴 적이 있어요. '인생의 비극이란 목표를 달성하지 못하는 것이 아니다. 달성할 목표가 없는 것이 진정한 인생의 비극이다. 목표 달성에 실패하는 것은 치욕이 아니다. 그러나 달성할 목표가 없는 것은 치욕이다. 그러니 높은 목표를 정하고, 자신을 믿고, 도전하자. 어떤 일도 가능하다.' 이건 저의 모토이기도 해요."[2]

인간 존재와 인간의 행위를 인간의 배움, 그리고 다시 쓰기의 관점에서 조명하기 위해서는 그것에 대한 실존주의(existentialism)적 이해가 필요하다. 인간이 존재하는 한, 인간이 행위하는 한, 인간이 무엇인가 배우는 한 그것들은 지금 나의 삶에 직접적으로 영향을 미치는 것들이기 때문이다. '실존(existence)'이란 말이 어원상 밖으로(ex) + 나와 서다(sistere)로 이루어진 것처럼, 인간의 삶은 끊임없이 지금 이 순간의 선택과 결정 그리고 실천을 요구한다. 인간의 삶은 밖으로 나와 서려는 자기 나름대로의 실존적인 실천이 인간이 무엇인지에 관련된 인간의 존재에 대한 질문보다 우선한다. 이 지구상에서 새로 태어나는 것은 언제나 죽음을 대신하도록 되어 있다. 따라서 인간으로 태어나는 날은 정해져 있어도, 죽는 날은 정해져 있지 않다는 지금 현재의 실존감을 그 누구도 거부할 수 없다.

인간이라는 존재는 태어나는 날을 축하할 수는 있어도, 죽는 날을 그렇게 기리지는 못한다. 어느 인디언 추장이 말했다는 것처럼, "오늘은 죽기에 딱 좋은 날이다. 내 생의 모든 것이 여기 있으니까."라며, 누구나 자기 스스로 매 순간을 충실하게 살아 왔음을 긍정하지는 못한다.[3] 실존이 본질에 우선하려면, '나는 선택한다. 그래서 나는 실존한다.'는 것에 대한 강한 확신이 필요하다. 삶을 절대시하기 위해서는 인간이 먼저 실존해야 하기 때문에 인간은 어떠해야 한다는 당위적 명제는 부차적인 것이 된다. 당위적 명제에 따라 인간의 실존이 가능한 한 것이 아니라는 뜻이다. 한 사물을 규정할 때 등장하는 '본질(essence)'이라는 말이 그 사물의 변화하지 않는 고유한 특질을 말하는 것이라면, 실존은 본질과는 반대로 변화하는 고유한 특질이 무엇인지를 확정짓는 방식이다.

키르케고르, 야스퍼스, 사르트르 같은 실존주의 사상가들의 생각에서 공통적으로 드러나는 것처럼 인간의 본질이 무엇인지를 알기 위해서는 "인간이란 무엇인가?"라고 질문할 수밖에 없다. 하지만 이 질문은 인간의 실존성을 묻는 것이 아니라, 인간의 본성이 무엇인지를 묻는 것일 뿐이다. 인간의 본질을 이성과 정신이라고 규정한다면, 그때 말하는 이성과 정신은 다른 동물과 구분지을 수 있는 인간만의 속성을 이야기하는 것이다. 실존은 그런 본질에 우선한다. 다시 말해서, 인간은 이성과 정신을 가지고 있기에 존재하는 것이 아니라 살아 있기에 실존한다. 그 실존은 그의 생명이 마치 티베트인의 죽음관에서 보듯이 생(生)과 명(命)이 분리될 때 함께 사라진다는 것을 의미한다. 즉, 인간으로 태어나는 것과 그것의 목숨이 각기 따로 분리될 때, 그것은 인간의 실존성을 해체하는 것이다.

사물과 인간은 실제로 똑같이 존재하지만, 인간은 근본적으로 사물의 존재 방식과는 다르게 존재한다. 그것은 인간만의 실존적 방식으로 그의 삶을 선택하는 것이다. 인간만이 자신의 존재 방식을 선택한다. 그 선택이 있기에 인간은 비로소 존재한다. 그런 인간의 실존 방식을 휴머니즘이라고도 부른다. 결국, 인간은 선택하기에 비로소 존재하는 것이다.[4] 사물이나 다른 동물들은 스스로 선택함으로써 이 세상에 존재하는 것이 아니다. 그들은 세상에 내던져졌기에 던져진 그대로 존재하며, 상황에 따라 서로 다르게 쓰이는 것이다. 인간이 그렇게 산다면 그에게는 삶도 없고, 생명도 없는 것이나 마찬가지다. 던져진 생이 사물의 본질이지만, 인간은 실존에 의한 결단을 하기 때문에 이 세상에 드러나는 존재가 된다. 이 세상에 던져진 채로 존재하는 자연적인 사물과 달리 인간만이 실존한다고 할 때, 인간은 자신의 실존을 의식하고 있다. 또한 자신의 실존 의미에 대해 의문할 수 있기에 인간만이 실존한다고 볼 수 있다.

실존주의자들은 시간이 행위보다 우선한다고 생각한다. 이 명제를 밀란 쿤데라가 말한 실존수학[5]의 감각으로 말하면, 인간만이 행위의 속도를 선택할 수 있다는 것이다. 인간이 행위의 속도를 조절할 때, 그가 행하는 선택과 행위는 그 속도에 따라 결정된다. 쿤데라는 실존수학의 상황을 이렇게 정리한다. "느림과 기억 사이, 빠름과 망각 사이에는 어떤 내밀한 관계가 있다. 지극히 평범한 상황 하나를 상기해 보자. 웬 사내가 거리를 걸어가고 있다. 문득 그가 뭔가를 회상하고자 하는데 기억이 나지 않는다. 그 순간 그는 자신의 발걸음을 늦춘다. 반면 자신이 방금 겪은 어떤 끔찍한 사고를 잊어버리고자 하는 자는 시간상, 아직도 자신과 너무나 가까운, 자신의 현재 위치에서 어서 빨리 멀어지고 싶어서 자기도 모르게 걸음을 빨리한다. 실존수학에서 이 체험은 두 가지 기본 방정식 형태를 갖는다. 느림의 정도는 기억의 강도에 정비례하고, 빠름의 정도는 망각의 강도에 정비례한다."

시간이 행위에 우선한다는 말은, 무엇을 행한다는 것이 의미를 가지려면 그 행위에 시간이라는 것이 먼저 더해져야 한다는 뜻이다. 이때 말하는 시간은 '카이로스(kairos)'적인 것이다. 인간이 자신의 삶을 규제하기 위해 만들어 놓은 시계로는 잴 수 없는 여백과 같다. 낳고 죽는, 웃고 우는, 봄 겨울로 흘러가는 그런 연대기적이거나 잴 수 있는 천문학적인 '크로노스(chronos)'의 시간을 말하는 것이 아니다. 인간이 실존하는 존재라는 말은, 그의 삶이 크로노스적으로 결정되는 것이 아니라 카이로스적으로 결정되거나 선택된다는 것을 의미한다. 인간의 실존적 시간은 그들이 실존을 위해 행위를 하는 시간이다. 그런 시간은 여백으로 표현된다. 여백이 결여된 행위들은 일을 만들거나 계획하기 위한 연대기적 흐름의 시간일 뿐이다.

인간이 선택하는 행위들이 의미 있는 시간으로서의 여백이 되기 위해서는 그 행위에 필연적으로 느림과 더딤, 혹은 빠름과 같은 여백의 속도가 개입되어야 한다. 이때 말하는 느림, 빠름, 더딤은 1시간이 1분보다 길다거나, 혹은 10초가 1초보다 더디다는 절대적인 비교를 의미하지 않는다. 그것은 상대적인 것으로서 1초가 10초에 비해 더 느린 것이 될 수도 있고, 1초가 1시간에 비해 더 긴 시간이 될 수도 있음을 말한다. 예를 들어, 총알이 빗발처럼 쏟아지는 전쟁터에서 적군을 마주하며 생사를 판가름해야 하는 병사가 겪는 1초는 커피를 마시며 환담하는 사람들의 1시간에 비해 그 절박함이 말할 수 없을 정도로 길거나 느린 것일 수 있다. 그러니까 이때 말하는 느림이나 빠름은 크로노스적인 상황에서 말하는 속도의 개념이 아니다. 다시 말해서 빠름에 대한 반대어로서 나타나는 물리적인 속도감을 말하는 것이 아니라, 카이로스적으로 결정되는 인간의 선택적 의지를 말한다.

이런 것을 상징적으로 보여 주는 사례가 항간에서 화제가 되고 있는 느림의 삶이다. 걷기 예찬가인 라무르[6]는 걷기의 철학에서 느림의 중요성을 집요하게 추적한다. 크로노스적인 감각으로 걷다 보면 삶의 의미를 상실하게 된다는 것이 그의 주장이다. 그는 보통 사람들처럼 시속 3~5km의 속도로 걷다 보면 세상의 크기와 현실에 대해 명료하게 의식할 수 있는 데, 조금 더 빨리 가겠다고 속도를 증가시키면 세상이 점점 흐릿하게 보인다는 것이다. 그는 그때부터 세상이 자기에게서 멀어지기 시작한다고 했다. 세상에 대한 의미를 느끼려면 가능한 한 속도를 더디게 만들어 느리게, 더 느리게 가라고 말한다. 그렇게 걷기 시작하면 사물의 모습을 그저 스쳐 지나가지 않게 되고, 그렇게 하다 보면 사물에 대해 숙고하는 법까지 배우게 된다는 것이 그의 지론이다. 삶의 의미를 찾으려면 카이로스적으로 가능한 한 더디게 걸어가라는 것이다. 그러니까 여백을 만들어 가는 느림에 대한 선택과 결단은 인간 스스로 가능한 한 의미 있는 선택을 하려는 노력과 의지 없이는 불가능하다는 것을 알게 된다.

느림을 위한 여백 만들기에 대한 이런 사색은 문학작품에서는 흔한 주제다. 예를 들어, 실존주의 문학자인 생텍쥐페리의 『어린 왕자』에서도 어린 왕자는 공들이기, 길들이기와 같은 느림의 아름다움을 극적으로 예찬한다. 느림의 의지와 더딤의 노력은 공을 들이는 것, 길을 들이는 것과 같은 것이기에 생텍쥐페리는 반복적으로 말한다. 길들이지 않은 상태의 여우는 어린 왕자에게 보통의 여우들과 다를 바 없다. 길들인다는 것은 선택한다는 뜻이기도 하다. 어린 왕자가 자기 별에 있는 꽃에게 정성을 쏟는다. 꽃이 바람에 휘어지지 않도록 보호하고 벌레도 잡아 주며, 물도 주고 햇볕도 쏘여 준다. 어린 왕자는 꽃과의 관계를 진지하게 열어가기 위해 여백의 시간을 갖는다. 그때부터 꽃은 더 이상 보통 꽃이 아니라 어린 왕자에게 선택받은 의미 있는 존재가 된다. 선택되었기에 의미가 부여되는 것이 아니다. 선택한 후 그것에 대해 느림의 여백을 넓혀갈 때 그 꽃에 대한 선택적 의미가 부여된다. 여우도 마찬가지다. 어린 왕자가 그에 대한 느림의 여백을 넓혀갈 때 비로소 길들여지게 되고 선택된다. 공들이기와 길들이기로 표현되는 느림의 여백이 넓혀질 때 비로소 어린 왕자와 여우는 말을 하지 않아도 의식이 소통되는 존재가 된다. 밀밭만 봐도 서로에게 떠오르는 존재가 된다. 서로에게 마냥 기다려지는 실존적 존재가 되는 것이다. 그런 맥락에서 보면, 선택이라는 행위 자체가 중요한 것이 아니라 선택된 것에 대한 길들이기와 공들이기 같은 느림의 여백을 넓혀 가는 일이 중요하다.

공들이기의 맥락에서 보면, 김춘수 시인의 「꽃」은 실존주의적인 시라고 할 수 있다. 그의 시 역시 느림의 여백을 구구절절하게 넓혀 가고 있기 때문이다. 시로서 지니고 있는 행간의 매력과 띄어쓰기의 아름다움을 무시하고 그의 시를 읽어 가면 또 다른 맛을 느낄 수 있다. "내가 그의 이름을 불러 주기 전에는 그는 다만 하나의 몸짓에 지나지 않았다. 내가 그의 이름을 불러 주었을 때, 그는 나에게로 와서 꽃이 되었다. 내가 그의 이름을 불러 준 것처럼 나의 이 빛깔과 향기(香氣)에 알맞은 누가 나의 이름을 불러다오. 그에게로 가서 나도 그의 꽃이 되고 싶다. 우리들은 모두 무엇이 되고 싶다. 너는 나에게 나는 너에게 잊혀 지지 않는 하나의 눈짓이 되고 싶다." 이 시에서 주어는 결코 내가 아니다. 우리, 그리고 우리 만들기를 위한 느림의 여백이 이 시의 주어다.

§ 실존적 자기 조직화

사람들이 새롭게 살아가기 위해서는 자신의 틀을 끊임없이 바꾸어야 한다. 자신의 틀을 바꾸는 것은 삶살이를 '개조(reformatting)'하겠다는 선택과 결단의 시작이다. 사람들은 무슨 일이든지, 그 결정이 옳거나 틀리다고 판단되는 것과 관계없이, 일단 자신이 결정한 것에 대해 자기 정당성부터 주장한다. 인간은 누구나 실수를 저지르고 그런 실수에 따른 여러 가지 옳지 않은 결정을 하는 경우가 많다. 하지만 자신의 잘못된 선택과 결정을 있는 그대로 잘못되었다고 수긍하는 사람은 많지 않다. 그래서 사람들은 자기를 내세우기 위해 거짓말도 서슴지 않고 하기 마련이다.

사람들은 자기 스스로 저지른 실수와 절대 포기할 수 없다고 생각하는 자기 존중감이 서로 충돌할 때, 흔히 인지부조화 상태에 빠지게 된다. 그렇게 되면 거짓말을 한 사람은 자기 스스로 어려움을 겪는다. 그런 어려움을 견디는 것을 가능한 한 피하기 위해, 사람들은 어쩔 수 없이 자기 정당화를 하기 시작한다.[7] 이런 자기 정당화가 서서히 자신이 행한 거짓말을 진화시키는 기반을 마련해 주기 시작한다. 거짓말은 속임수와 변명으로 이어지고, 그것은 심한 경우 일정한 범법 행위로까지 이어진다. 그런 예는 한동안 언론 첫 면을 장식했던 신정아 학력 위조사건이나 김용철 전 삼성그룹 법무팀장의 폭로로 불거진 삼성로비 의혹사건에서도 잘 드러난 바 있다. 학력 위조사건과 삼성비리 폭로사건에서 각각의 피의자들이 준비해 둔 치밀한 자기 정당화를 볼 수 있으며, 검찰들이 취한 대답에서도 자기 정당화가 어떤 식으로 돌출되는지를 알 수 있다.

사람은 자신의 사상, 행동, 말이 다른 사람의 것보다 더 옳을 뿐 아니라 그것이 진실이라고 믿는다. 따라서 자신이 틀렸거나 오류가 있다는 사실을 온전히 받아들이려고 하지 않는다. 이솝우화에 등장하는 여우와 시디 신 포도 간의 상관성도 이와 같다. 여우는 아무리 해도 높은 곳에 매달려 있는 포도를 따먹을 수가 없다. 따먹지 못한 것에 대한 자기 정당화가 필요했던 여우가 독백한다. '저건 틀림없이 신 포도일 거야.' 신 포도를 따먹지 못한 것이 아니라 높은 곳에 달린 포도를 따먹지 못한 것에 대한 자기 분노나 자기 정당성을 되뇌는 여우처럼 사람들도 늘 자기 상황의 반전을 꾀한다.

마음속에서 양립할 수 없는 생각들이 서로 심리적으로 대립을 일으키면, 인간은 자신의 믿음에 맞추어 행동을 바꾸기보다는 우선 행동에 맞추어 마음을 조정하기 시작한다. 이런 현상을 리언 훼스팅거(Leon Festinger) 교수는 인지부조화 이론(cognitive dissonance theory)으로 명명한 바 있다. 사람들은 자신이 겪는 인지부조화 상황을 해소하기 위해, 자기 정당화를 위한 심리적 기제부터 만들어 낸다. 자기 정당화로 자기 위로의 효과를 본 사람은 모든 기억까지 자신의 신념에 맞게 재구성해 놓으면서 자기 정당화를 강화시킨다. 이런 자기 정당화가 시작되면 자신의 거짓말은 더 이상 거짓말로 생각되지 않는다. 그 거짓말은 불변의 현재적 사실로 변조되고, 그것에 대한 자기 확신의 틀이 만들어진다. 그래서 사람은 자기 편한 대로 살아가는 존재가 된다.

인지부조화는 사람이 개조하는 것이 그리 쉬운 일이 아님을 역설적으로 보여 준다. 자신을 거듭나게 하는 개조를 행하기보다는 자기 합리화, 자기 정당성을 확보하려는 심리적 기제가 자기 보호막을 치기 때문이다. 자기 정당화는 자기 조직화의 능력을 약화시키며, 인간의 개조 능력을 훼손한다. 개조는 인간이 단 하나밖에 없는 자기 생명에 대한 선택과 결단, 그리고 자기 쓰임새를 새롭게 높여 보려는 자기 조직화의 노력이다. 이런 자기 조직화가 가능하려면 자기 정당화에 대한 의심부터 선행되어야 하지만, 자기 정당화는 그것을 가로막는다. 인간은 원래 개인적이고 생명 집착적이기에, 자기 조직화보다는 자기 정당화에 더 친숙한 존재다.

예를 들어, 여기 한 화가가 있다. 그는 암 수술을 끝내고 그림 그리기로 병을 달래고 있다. 그가 쏟아 낸 입담은 인간이 얼마나 생명 집착적인 동물인지 잘 보여 준다.[8] "나는 원래도 내 마음대로 살았지만, 아프고 나니 더 그렇게 살고 싶어졌어요. 정말 내가 원하는 대로 살아도 인생이 짧다는 생각이 드니까."라고 절규하는 그의 고백은 일회적인 생명됨의 억울함에 대한 인간적인 호소임에 틀림없다. 생명에 대한 이런 인간적인 절규는 인간으로 하여금 자기 조직화가 무기력하다는 것을 보여 주는 증좌일 수도 있다. 그런 점에서 본다면, 인간의 다시 쓰임에 관한 자기 조직화에 대한 요구나 주장은 분초를 다투는 생명됨의 생물학적인 갈구나 삶에 대한 인간적이고 치열한 투쟁에 어떤 특효약이 될 수 없을지도 모른다. 자기 조직화가 당장 생명에 필요한 1초를 더 연장해 주거나, 혹은 그가 바라는 쾌락을 단 1분이라도 더 연장시켜 줄 수 있는 긴급 수혈이 되는 것은 아니기 때문이다.

　자기 조직화의 논리가 그런 정도의 유약함을 갖고 있음에도 불구하고, 그것은 인간이 살아가는 동안 그가 살피게 될 인간됨의 조건, 그가 쌓아 놓은 인간됨의 의미, 그가 견뎌야 할 삶살이에서의 인간됨의 실존성, 그리고 인간됨의 품을 보여 줄 수 있는 인간 본연의 내적 지표다. 당장 필요한 1초의 생명을 연장시킬 수 있는 묘약은 아니지만, 삶을 끝낼 때까지 그를 버티게 해 주는 삶의 추동력이나 삶에서의 의연성 같은 것을 지탱해 주는 것이 자기 조직화의 논리다. 물리학자 일리아 프리고진이 제창한 이론인 자기 조직화는 '자연에는 외부의 미세한 조절 없이 요소들 간의 상호작용으로 스스로 적절한 패턴을 만들어 내는 힘이 있다.'는 논리다. 인간도 같은 논리로 그들의 삶을 꾸려 나간다. 예를 들어, 평평한 탁자 위에 모래를 조금씩 지속적으로 부으면, 모래 산은 일정 규모까지 형성되다가 마침내 산사태를 일으켜 쌓여 가던 모래 산이 무너지기 시작한다. 모래 산이 스스로 붕괴되기 전까지 그 스스로 안정된 모래 산의 형상을 유지하고 있는 것은, 바로 모래 산 스스로 '자기 조직화'의 능력을 가지고 있기 때문이다. 그렇지만 모래알이 모래 산을 유지하는 동안 보여 주는 그 안정성은 결코 정적인 것이나 안정된 구조가 아니다. 그것은 언제든 동적인 모래의 흐름으로 어느 정도까지만 유지되고 있는 임계 상태일 뿐이다. 모든 현상에 나타나는 이런 동적인 불안정성과 정적인 안정성 간에는 임계현상이 내재되어 있다. 그 임계 상태가 바로 복잡계의 다양한 패턴을 만들어 가는 동인이다.

　인간도 역시 마찬가지다. 인간도 다른 생명체처럼 자연에서 고립되어 존재하는 폐쇄적 존재가 아니다. 인간도 예외 없이 외부로부터 에너지나 정보를 받아들여 그것들과 상호 교환하며 일종의 임계 상태를 유지하고 있는 개방체계일 뿐이다. 생명체 자체가 개방체계이기 때문에 외부의 에너지가 과도하게 유입되면 그 생명체에 먼저 '요동(fluctuation)'이 일어난다. 그렇게 시작하는 초기 요동현상은 불안정 상태를 계속 쌓아 간다. 그런 식으로 혼돈 상태를 유발하기 시작하면, 그동안 변하지 않으려고 하던 기존 체계의 구조가 별안간 혹은 과감하게 변화되면서 원래 지향하던 안정의 지향성, 말하자면 일종의 질서를 회복하게 된다. 요동치던 체제가 요동을 멈추고 일종의 질서를 회복했다는 말은, 그 생명체가 새로운 환경에 제대로 적응했다는 것을 뜻한다.

　사회체제든 생명체든 모든 것은 이처럼 기존의 질서를 바꾸면서 새로운 질서를 창조한다. 바로 이런 변환과 안정, 그리고 새로운 환경에의 또 다른 적응을 위한 지속적인 임계 상태의 유지과정이 바로 자기 조직화의 과정이다. 생명체계가 물리적인 현상과는 달리 비선형적으로 변환되고 진화되는 한, 체계와 환경 간의 상호작용에 끝이나 정지는 있을 수 없다. 새로운 적응과 새로운 형태의 임계 상태만이 있을 뿐이고, 그에 따라 모든 생명체계는 끊임없이 변화하도록 되어 있다. 이런 변화는 개인이 환경에 적응할 때 개인 또한 환경을 변화시키고 반대로 변화된 환경은 다시 개인에게 영향을 주는 순환적 피드백 고리의 형성을 의미한다. 이와 같은 자기 조직화과정은 체계와 그것의 환경이 복잡하게 뒤얽혀 있고 내적, 외적 요인 모두가 체계 변화에 함께 기여함을 의미한다.

§ 피드포워드(feed-forward)의 힘

　자기 조직화는 생물학적으로 생물의 진화 장치에 의해 일어나는 것이 아니다. 그것은 인간의 깨달음이라는 인위적인 장치를 작동해야 가능하다. 그 깨달음은 사회현상에서 흔히 발견되는 되먹임, 즉 피드백의 자연적인 연결이 아니라 미리 예견하며 자기를 조절해 나가는 힘인 '피드포워드(feed-forward)'의 과정에서 발현된다. 인간은 자신의 생존을 위해 선택하고 결단하며, 그것을 실천해 나가는 실존적 존재다. 이말은 인간이 무엇인가 자기 삶에 필요한 것들을 자발적으로 자기 조직화해 나가는 생명체라는 뜻이기도 하다. 자발적으로 새로운 환경에서 자기 자신의 변환을 위해 임계상태를 만들어 가면서 자기 조직화한다는 점에서 인간은 피드포워드적인 존재다. 이피드포워드의 능력이 바로 인간에게 개조를 위한 자기 조직화의 능력을 충전시켜 준다. 그 능력이 바로 깨달음이다. 피드포워드의 인간적인 자기 조직화 능력과 그런 사례를 바라문과 붓다 간의 대화에서 찾아볼 수 있다.

한 바라문〔인도 사성(四姓) 가운데 제일 높은 승족(僧族)〕이 몹시 성이 나서 부처님을 찾아왔다. 그 집안의 한 젊은이가 출가해 부처님의 제자가 되었기 때문이다. 그는 그것이 가문의 수치라고 생각했다. 그래서 노발대발해서 부처님께 욕설을 퍼부었다. 부처님은 묵묵히 듣고 있다가, 그가 조금 조용해지자 그를 향해 이렇게 말했다. "바라문이여, 그대의 집에도 간혹 찾아오는 손님이 있을 것이다." "물론이오." "그러면 여러 가지 맛있고 기름진 음식을 대접할 것이다." "물론 그렇소." "만일 손님이 그것을 받지 않는다면 그 음식은 누구의 것이 되는가?" "물론 그것은 다시 내 것이 될 수밖에 없겠지요." 그러자 부처님은 물끄러미 그의 얼굴을 바라보며 말했다. "오늘 그대는 내 앞에서 여러 가지 나쁜 말과 욕으로 나를 대접했지만 나는 그것을 받지 않았다. 그러므로 그것은 다시 그대의 것이 될 수밖에 없다. 만일 내가 욕설을 듣고 되받아 욕을 한다면, 그것은 주인과 손님이 함께 먹고 마시는 것이 된다. 그러니 나는 그 대접을 사양하겠노라."

붓다의 말에 화를 냈던 바라문은 크게 깨달았다. 그는 곧 출가해서 열심히 수행 정진하기 시작했다. 누구든 욕한 사람을 향해, 그가 하던 방식으로 화를 내거나 욕설을 퍼부으며 화풀이를 하지 않는 사람들은 끝내 두 가지 승리를 얻는다. 자기 자신도 이기고, 남도 이기는 승리의 월계관을 쓰게 된다.[9] 붓다가 그 바라문에게 보여 준 피드포워드의 자기 조직화 모습은, 공자가 말한 충서의 길과도 그 궤적을 같이한다. 공자의 제자 자공(子貢)은 공자에게 질문했다(위령공: 衛靈公 23장). "글자 하나로 평생 행할 수 있는 글자가 있습니까(有一言而可以終身行之者乎: 衛靈公)?" 공자가 답했다. "그것은 서(恕)라는 글자가 아니겠느냐(其恕乎)." 공자는 알아듣지 못하는 자공에게 다시 말했다. "서는 자신이 하고 싶지 않은 것을 남에게 시키지 않는 것이다."

증자는 이인(里仁)편 15장에서 공자와 자공의 대화를 정리하여, 공자의 도(道)를 '충서(忠恕)' 두 글자로 정리했다. 충서의 길이 바로 공자가 말하는 '인(仁)'이라는 것이다. 인(仁)의 실천은 충서(忠恕)의 실천인데, 충서는 안으로는 자기 자신의 일에 자신이 먼저 최선을 다하는 것이며, 밖으로는 남과의 관계에서 남의 마음을 내 마음으로 미루어 보며 그의 생각과 처지로 헤아려 보는 것이다. '충(忠)'이라는 것은 언제든 어떤 일에 있어서든 자신이 할 수 있는 한 최선을 다하는 태도로서, 글자 자체가 그것을 보여 준다. 충을 풀어 보면, '중(中)'과 '심(心)'으로 이루어져 있음을 알 수 있다. 중이란 상황에 맞도록 중용을 지켜서 바람직하게 일을 수행한다는 것이다. 그리고 충자에서 강조하는 마음이란 바로 자신의 마음을 말한다. 결국 충이란, 어떤 일에 있어서든 자신의 마음부터 중용을 지키면서 그 일이 잘 되도록 하는 일에 최선을 다한다는 것을 말한다. '서(恕)'는 '같다'는 의미의 여(如)와 마음 심(心)으로 구성되었다. 그것은 무슨 일을 함에 있어서 남의 마음을 먼저 헤아리고 일을 처리하라는 뜻이다. 서에서 마음은 자기 마음이 아니라 남의 마음을 지칭하는 것이다. 이는 내가 남의 행동을 보고 어떤 행동이나 결정을 할 때, 남들은 이 경우라면 어떻게 생각하였을까를 먼저 고려해 보라는 말이다. 공자가 말했듯이, 서는 구체적으로 '기소불욕 물시어인(己所不欲 勿施於人)', 즉 '내가 하고자 하지 않는 바를 남에게 시키지 마라.'는 것을 강력하게 지지하는 뜻이다.

그러므로 인간에게 자기 조직화는 "낡은 탈로부터, 낡은 울타리로부터, 낡은 생각으로부터 벗어나기 위해 미리, 먼저 자신의 조건을 헤아리며, 자신과 환경 간에 어쩔 수 없이 생기게 되는 긴장과 안정의 임계 상태에 주의해 가면서 거듭나는, 나날이 새로운 삶으로 거듭나게 만드는 자기 조절 능력의 최적화"라고 볼 수 있다. 이러한 생각의 줄기를 잡으면, 기독교 선교에 그 누구보다 앞장서 있는 워치만 니(Watchman Nee) 목사가 말하는 '자기 파쇄(自己破碎)'나 '거듭남'도 자기 조직화와 같은 것이다.[10] 그런 생각으로 법정 스님은 이 시대를 살아가는 현대인들에게 이렇게 일러 준다. "날마다 새롭게 시작하라. 묵은 수렁에서 거듭거듭 털고 일어서라. 자신의 생각이 곧 자신의 운명임을 기억하라. 우주의 법칙은 자력과 같아서, 어두운 마음을 지니고 있으면 어두운 기운이 몰려온다. 그러나 밝은 마음을 지니고 긍정적이고 낙관적으로 살면, 밝은 기운이 밀려와 우리의 삶을 밝게 비춘다. 밝은 삶과 어두운 삶은 자신의 마음에 달려 있다. 그것이 우주의 법칙이다. 오랜 세월을 앞에 두고 살아가는 대신 지금 이 순간을 살라. 과거나 미래에 한눈을 팔면 현재의 삶이 소멸해 버린다. 보다 직설적으로 표현하면, 과거도 없고 미래도 없다. 항상 현재일 뿐이다. 지금 이 자리에서 최선을 다해 최대한으로 살 수 있다면 여기에는 삶과 죽음의 두려움도 발붙일 수 없다. 지금 이 순간을 놓치지 마라. 이런 순간들이 쌓여 한 생애를 이룬다. 입에 말이 적으면 어리석음이 지혜로 바뀐다. 말의 의미가 안에서 여물도록 침묵의 여과기에서 걸러 받을 수 있어야 한다." [11]

개조, 다시 말해서 쓰임새를 고쳐 쓰겠다는 의지는 세상을 바라보는 마음의 창, 삶을 바라보는 관점, 세상을 향한 마인드 셋(mind set)을 밝게 만드는 것뿐만 아니라, 자기 조직화의 배율을 일정 수준 이상으로 높여 보려는 노력이다. 늘 친숙한 방식으로 사물을 바라보는 오래된 프레임을 새롭게 짜 보려는 자정 노력이 마인드 셋을 정리 정돈하는 일이다. 사물을 좀 더 제대로 보기 위해 안경 렌즈를 교정하듯이, 사물과 사회현상, 그리고 자기와의 상관성에 초점을 두고 삶을 제대로 관조하려는 노력이 바로 마인드 셋을 교정하는 일이다. 교정된 렌즈로 사물을 보면 흐린 시야가 트여 보이는 것 이상으로 정신과 마음마저 맑아진다. 마찬가지로 삶에 대한 개조와 쓰임새를 다시 바꾸어 놓으면 생명이 밝아진다.

개조는 자기 중심성에 대한 스스로의 정화 능력, 말하자면 프레임을 바꾸어 보자는 노력이며 사회와 사회현상 간의 상관성에 대한 피드포워드를 키워 나가는 일이기도 하다. 많은 사람이 자신을 대단한 존재처럼 생각하는 경우가 종종 있다. 다른 사람들의 시선에 필요 이상의 신경을 쓰면서 그들을 경계하느라 스스로를 제대로 바라보지 못하고 있다. 그것이 삶에 대한 착각이다. 다른 사람들이 나를 주시하고 있다는 생각이 들지만, 자신을 주시하고 있는 것은 다른 사람들의 시선이 아니라 자신의 시선일 뿐이다. 물론 다른 사람들이 나에 대해 한두 번의 신경을 쓸 수도 있겠지만, 그것은 나에 대한 신경이 아니라 그저 바람처럼 지나가는 나에 대한 스침이며 그것의 속내는 자기 점검이다. 내가 어떤 색깔의 옷을 입든, 내가 무엇을 먹든, 부인과 어떤 식으로 말다툼을 하거나 어떤 형태의 스킨십을 하든 간에, 그들은 나에게 신경을 쓰는 것 같아 보여도 실제로는 스스로의 양태에 더 신경을 쓴다. 나는 그들에게는 언제나 타인이며 나그네일 뿐이다. 그저 스쳐 지나가는 손님인 것이다. 그럼에도 불구하고 나라는 존재는 타인의 시선에 필요 이상으로 주목하면서 자기 자신을 속이고 있다. 인간은 자신을 속이는 조명 효과(spotlight effect)에 흔들리는 갈대며, 늘 바람과 같은 나그네의 동작들에 이리저리 농락당하고 있다. 그들은 나에게 그저 스쳐 지나가는 피드백의 그림자다. 나 자신에 대한 개조와 쓰임새를 닦고, 조이는 노력은 자기 농락에서 자신을 구출하려는 자기 조직화의 노력이며, 자신을 이끌어 가는 피드포워드에 대한 조율 능력이다.

§ 삶의 '다카포' 불가

'개조(reformatting)'는 쓰임새를 다시 용도에 맞게 만들어 가는 작업이다. 개조의 과정은 급한 것도 있고 더딘 것도 있다. 개조는 생명을 단 1초라도 연장해 주는 일을 직접적으로 다룰 수 없다는 점에서 삶살이나 생활의 변화를 다룰 수 있는 태도의 거듭남 등으로 제한된다. 다른 어떤 분야도 마찬가지지만 실제로 생명의 개조 같은 것을 말할 수는 있어도 그것을 직접적으로 다룰 수는 없다. 대부분의 생명체에 해당되지만, 인간에게도 생물학적인 영생은 불가능하다. 따라서 생명의 개조는 태어나는 그 순간부터 이미 불필요한 것일 수도 있다. 티베트인의 생명관에서 읽었던 것처럼 인간의 생명은 윤회하는 것이기에 영원하다. 이때의 영생은 생물학적 영생이 아니라 정신적이고 태도적인 것으로서의 영생이다.

　인간은 생물학적인 영생이 불가능하기에 생명의 개조가 불가능하다는 것을 알았으며, 그에 따라 영생에 관한 문제를 다루어 줄 종교를 영생의 방편으로 생각해 냈을 수 있다. 인간의 삶은 일회적이며 생명도 생물학적으로 유한하다. 인간의 삶은 어떤 경우에도 살아감에서 죽어감의 한 방향으로만 진행된다. 그것을 삶이라고 부르며, 한 방향으로 흘러가는 삶살이에서 매초 극적으로 일어나는 호흡을 생명이라고 부른다. 사람은 죽었다가 살아날 수 없는 존재다. 인간의 생물학적 생명이 유한하기에, 생명을 한번 죽이고 난 후 다시 새로 만들어 낼 수는 없다. 새로 만들어 낸다면 그것이 바로 불가에서 말하는 윤회다.

　인간의 개조는 죽어 있는 생명을 재생시키는 일이 아니라 살아가면서 오염된 삶의 조건을 쇄신하여 자신의 삶을 거듭나게 만드는 일이다. 자신의 삶살이에서, 무엇인가 자신을 거북스럽게 하거나 지속적인 오작동을 일으켜 삶다운 삶을 지속하지 못하게 할 때, 그것을 수정하거나 보완하여 바로 잡으려는 자기 결단 행위가 개조다. 사람들 스스로 직조해 나가는 '주관적 바닥 체험' 속에 나타나는 삶의 되돌림을 위한 용기와 활동이 개조다. 벼랑 끝에 내몰려 더 이상 뒤로 물러설 곳이 없다고 느껴지는 긴박한 순간, 추락하여 바닥으로 내동댕이쳐지는 느낌을 박차고 자기 삶을 향해 거듭나려고 결행하는 자기 갱신의 노력이 개조다.[12] 그런 점에서 개조는 지친 사람들에게 기다림의 아름다움을 약속하는 일이기도 하며, 마치 고장나고 연료가 고갈된 자동차가 정비소에서 수리를 받고 또 다른 목적지를 위해 주유를 하는 상황과도 비슷하다.

　삶을 다시 쓰게 만든다는 뜻의 개조, 즉 리포매팅(reformatting)은 사람마다 언젠가는 직감하거나 체험하게 되는 삶의 '고비'[13]를 슬기롭게 넘어, 자신의 삶을 자기 것으로 새롭게 만들어 쓸 수 있다는 뜻이기도 하다. 인생에서 맞이하는 고비라는 것은 말 그대로 피로감의 누적일 수도 있고, 급작스럽게 나타나는 삶의 이상 징후일 수도 있다. 그것은 마치 우리가 고비 사막이나 호흡을 어렵게 하는 높은 산을 여행할 때, 그 사막과 산맥을 무리하지 않고 잘 넘어야 새로운 삶이 가능한 한 것과 같다. '고비(Gobi)'라는 말은 몽고어로 원래 '풀이 자라지 않는 거친 땅'이란 뜻이다. 고비 사막을 여행하는 사람들은 준비를 단단히 해야 한다. 고비 사막이나 히말라야 산맥은 그만큼 척박하고 황량한 곳이기에 마음을 먼저 가다듬지 않으면 여행의 시작부터 어려워지기 때문이다. 일단 사막이나 산맥을 건너기만 하면 새로운 삶과 새로운 희열을 경험하게 된다.

삶을 리포매팅하는데 저항하지 않는 사람이야말로 '삶의 달인'이라 불릴 수 있다. 그런 개조의 인간이야말로 삶을 음미하며 삶과 더불어 즐기는 사람이라 불릴 만하다. 역사상의 위인들만이 삶의 달인은 아니다. 삶의 달인은 일상을 살아가는 데 나름대로의 성공적인 방편을 갖고 있는 사람을 말한다. 삶의 달인이라고 해서 특별한 인생을 살아가는 사람을 말하는 것도 아니다. 그저 꾸준하게 자신의 삶에 감사하며 그것을 즐기는 사람이다. 삶의 경로에 반전과 반전을 거듭하면서 진기하거나 굉장한 것을 만들어 내는 연예인과 같은 스타나, 권력의 정점에 서 있어야 직성이 풀리는 유별난 욕망에 사로잡혀 있는 사람들을 삶의 달인이라고 하지는 않는다. 그저 자신의 현재 삶을 자랑스럽게 받아들이며 그것에 지루함을 느끼지 않고 열심히 살아가되, 다른 사람들에게 자신의 삶에 대해 일종의 경탄을 머금게 하는 사람이 삶의 달인이다. 그들은 그런 삶을 통해 때때로 자신의 삶과 자신의 인생살이를 진지하게 반추해 나간다. 몇 년 동안 공중파를 통해 시청자들의 꾸준한 관심을 모았던 프로그램 〈생활의 달인〉[14]의 주인공들이 보여 준 일상적인 삶의 모습처럼 자기 삶에 어떤 반전을 기대하는 것이 아니라 자신의 일을 있는 그대로 자연스럽게 받아들이고 즐기면서 진지하고 별다른 후회 없이 살아가는 사람들이 삶의 달인이다. 그런 사람들이 자신의 삶에 대한 리포매팅의 주인공이다.

개조는 삶의 쓰임새를 매일같이 새롭게 만들어 가는 일이다. 인간의 삶에서 말할 수 있는 쓰임새라는 것은 그리 어려운 것이 아니다. 사람들이 부딪치는 삶의 매 장면에서 겪게 되는 아이러니나 패러독스를 나름대로 슬기롭게 풀어 가는 방편이 정련되어 있을 때, 그 사람은 개조를 준비하는 사람이라고 볼 수 있다. 삶에서 요구되는 쓰임새는 개조를 즐기는 사람들의 방편이 설령 일반적으로 절대적인 진리라고 이야기하는 것들에서 살짝 비켜나 있다 하더라도, 그것을 자기 삶에서 의미 있게 받아들이고 삶의 재활용을 위해 요긴하게 활용하고 있다면 그만인 것이다. 삶의 쓰임새를 위해 이런 삶의 방편들을 재활용하는 것을 일상화한다는 점에서, 리포매팅의 용도는 소위 신 실용주의자들이 이야기하는 실용주의와도 맥을 같이한다고 볼 수 있다.

그러니까 다시 쓰기, 즉 리포매팅은 단 하나의 커다란 사건에 의해 단박에 일어날 수 있음에도 불구하고 일반적으로는 작은 변화에서 시작하며 삶에서 작은 기쁨을 발견하고 그것을 즐기도록 한다. 이것은 마치 사람들이 기억 상실로 인해 작은 실수를 반복함으로써 삶에서 일어날 수 있는 커다란 실수나 한번에 해결하기 어려운 커다란 재앙을 피할 가능성을 높이는 경우와 같다.

예를 들어, 사람들이 흔히 겪는 큰 실수는 작은 기억을 제대로 하지 못한 부산물인 경우가 많다. 작은 망각이 빈번해지면 큰 망각으로 이어지고, 그런 큰 망각은 커다란 재앙으로 이어지곤 한다. 이런 큰 재앙을 미연에 방지하기 위한 사전 안전 잠금 장치가 필요한데, 바로 그 역할을 작은 실수가 하게 된다. 작은 실수가 큰 실수를 미연에 방지하도록 경고해 주는 예방 척도가 된다는 점에서, 개조는 삶에서 나타나는 작은 실수나 경미한 잘못들에 대한 끊임없는 반성과 교정을 위한 예방책이 되기도 한다. 비 오는 날 우산을 잃어버리는 것이 바로 그런 사례가 되기도 한다. 직장인들의 경우 비 오는 출근길에 급하게 갖고 간 우산을 지하철에 놓고 내리는 실수를 할 수 있지만, 그런 사람들은 앞으로 더 큰 실수를 줄일 가능성이 높다. 작은 기억 상실은 무의식적으로 행하는 행동의 결과인데, 그것은 머릿속에 그것을 의식화해 놓지 않았기 때문에 생긴 것이다. 그런 것일수록 다음 번에는 교정할 가능성이 높다. 물론 작은 기억들을 의도적으로 의식화하지 않는 한, 그런 실수는 고쳐지지 않고 되풀이될 가능성도 높다. 이것은 하나의 습관으로 굳어지기도 하지만, 그런 작은 실수를 늘 염두에 두고 의식화한다면 큰 기억을 상실할 기회가 상대적으로 줄어든다. 그와 같은 논리에 따라 다시 쓰기와 제대로 쓰기를 위한 리포매팅은 자기 삶에서 저지르는 작은 실수에 대한 작은 다시 쓰기다. 이것은 작은 범위 안에서 일어나는 실수에 대한 새로운 교정과 변화를 지속적으로 이어감으로써 자기 삶의 쓰임새를 크게 높여 준다.

그런 점에서 삶에서의 리포매팅을 위해서는 누구든 신 실용주의자 로티가 말한 바 있는 진리의 쓰임새에 대한 현실 점검이 필요하다. 인간의 운명을 좌지우지할 수 있는 절대적인 진리가 있는지의 여부는 불분명하지만, 그것이 진리의 기능을 발휘하기 위해서는 현실 점검을 필연적으로 받아야 한다는 것이 로티의 관점이다. 이것은 삶의 쓰임새, 삶에서의 거듭남을 위해 피할 수 없는 마음 다스리기의 잣대다. 진리의 현실 적 쓰임새는 바로 삶의 과정이고 삶의 이정표기 때문이다. 삶살이와 무관하거나 삶살이와 아무런 상관도 없는 진리라는 것은 지금의 이 삶의 주인공을 위한 것이 아니기 때문에 삶의 쓰임새는 끊임없는 자기 점검과 현실 점검이 필요하다.

사람들이 어떤 것을 삶을 위한 절대적인 진리라고 규정할 때, 그 진리라는 것은 모든 사물에게 붙일 수 있는 일반적인 명사적 이름이거나 속성일 뿐이다. 이것이 모든 인간사를 일관되게 주관하거나 혹은 통제할 수 있는 절대적인 기준이나 가치일 수는 없다는 점에서, '절대 진리는 있을 수 없다(There is no truth).'는 로티의 주장은 삶의 개조와 삶의 리포매팅을 하고자 하는 사람들이 현실적으로 삶에서 매일같이 응용하는 논리다.[15] 로티는 사람들이 현실을 살아가는 데 있어서 필요한 것은 거대담론의 위압적인 절대성이 아니라 작은 담론들의 에피소드에 대한 해석과 응용이라고 강조한다. 사람이 매일을 살아가는 것이지, 매일이 사람을 살아가게 하는 것은 아니기 때문이다.

우리 삶에서 우리와 친숙하게 연결되어 있는 진리라는 것이 있다면, 그 진리는 사람들의 삶 밖에 존재할 수 없고, 그래야 할 이유도 없다. 인간의 의식과 삶을 떠나 독립적으로 존재하는 진리라는 것이 원리주의자들의 밥벌이를 위한 논리로서는 효용성이 있을 수 있다. 하지만 그런 진리는 지금의 이 삶, 자신의 삶살이에는 무용하기 짝이 없다는 것이다. 진리를 표현하는 문장들이 인간의 정신과 관계없이 인간의 삶 밖에 독립적으로 존재한다는 것 자체가 어불성설이기 때문이다.

물론 사람들이 그리는 세계가 저 밖에 존재할 수도 있겠지만, 현실세계에 대한 서술만큼은 오로지 현실에 뿌리를 박고 있어야 하며 현실에 바탕을 두고 있어야만 한다. 참인지 아닌지에 관한 서술들은 세계에 대한 것이어서 논쟁을 유발할 수는 있다. 하지만 우리가 매일같이 살아가는 현실세계는 참인지 아닌지에 관련된 서술 활동의 도움을 받지 않고도 얼마든지 설명할 수 있다. 그런 세계는 삶의 현실을 떠나 참이 될 수도 있고, 거짓이 될 수도 있는 것이 아니다. 현실에서는 오로지 현실만이 참이나 거짓을 증명할 수 있다.

인간의 삶에서 절대적 진리란 있을 수 없으며, 그것에는 언제나 오류의 가능성만이 있다는 것이 로티의 주장이다. 그에게는 보편적인 과학이라는 것도 허구일 뿐이다. 마찬가지로 철학이 진리만을 다룬다는 것도 거짓이다. 이러한 로티는 그 스스로 '진리'를 추구해 온 서구철학의 전통에 반기를 들면서 과학이나 철학에서 주장하는 보편성보다는 '우연성'을 더 강조한다. 이 세계에 대한 묘사 자체가 참일 수도 있고 거짓일 수도 있기 때문에 언어는 우연성의 산물이라는 것이다. 그 우연성은 인간의 언어가 역사적 우연성의 산물이라는 것에서 시작한다. 인간의 언어가 역사적인 우연성의 산물이니, 인간에게 공통된 '선천적인 언어'가 있을 수 없다. 그런 우연성의 산물로 기술되는 세계에 대한 묘사는 당연히 옳을 수도, 그를 수도 있다. 그런 점에서 인간에게 보편적인 진리도 있을 수 없다. 진리는 일반 철학자들이 이야기하듯 이론화의 대상이 아니라, 단지 실천적 행위 자체일 뿐이다. 진리를 절대적이며 불변적인 것으로 본질화하려는 그 자체가 하나의 허구라는 것이다.

삶에 관한 철학자들의 이론화는 더욱이 현실의 그것에 어긋나는 경우가 많다. 예를 들어, 교육현상이 그렇듯 인간의 삶에서 일어나는 모든 것은 우연성의 산물이다. 여행을 하다 보면 이런 일을 종종 경험한다. 인도양에 있는 몰디브 여행 중에 겪은 일이다. 배가 중요한 교통수단인 말리 섬의 한 선착장에서 우연히 스무 살쯤 되어 보이는 선원을 만났다. 그와 이야기를 나누던 중 우연히 음식 이야기가 나왔다. 그는 인도에서는 부모에게 배운 힌두교의 관습대로 인도 음식인 카레를 즐기고, 고기는 일체 입에 대지 않았다. 그러나 서양인이 운영하는 회사에 취직한 후, 여기서는 주는 대로

다 먹는다고 했다. 없어서 못 먹는다고도 했다. 처음에는 소고기 같은 음식에 조금 역
겨운 마음이 들기는 했지만, 지금은 즐긴다고 했다. 그를 고용한 서양인 회사가 그를
위해 카레만을 줄 리는 없고 소고기, 돼지고기, 생선 들을 주식으로 주므로 이제는 뭐
든 먹는 것이다. 주인이 주지 않는 인도식의 카레를 무작정 기다리며 굶어서는 일을
제대로 할 수 없다는 현실과 직결된 설명이었다. 다만, 인도에 돌아가서는 그의 부모
님에게 절대로 고기를 주식으로 먹는다는 이야기를 하지 않는다고 넌지시 일러 주었
다. 그것이 부모님에 대한 옳은 도리라는 것이다.

현실에 어긋나는 이야기들을 하나의 철학적인 잣대로 이론화하거나 절대화 하려
는 철학자들은 허풍쟁이 수준을 벗어나지 못한다는 것이 로티의 주장이다. 그런 것은
교육 현실에서도, 종교 현실에서도 마찬가지로 드러난다. 어찌 보면 인간의 자아나,
인간들의 공동체라는 것도 그저 우연성의 산물일 수 있다. 그런 우연성을 수용하려는
사람들은 현실에 사상적 뿌리를 박고 있는 '아이러니스트'다.

아이러니라는 것 자체가 항상 상식에 어긋난다는 점에서, 아이러니스트는 우연성을
긍정하는 사람들이다.[16] 사물이나 사회현상에 진정한 본질이란 있을 수 없다고 믿고
행동하는 사람이기도 하다. 그들은 가장 먼저 자기 스스로에게도 오류가 있을 수 있
다는 것을 받아들이며, 자기 생각을 현실 점검해 들어가는 '리포매티안(refomatian)'
이다. 마치, 프루스트의 소설 『잃어버린 시간을 찾아서』의 주인공이 보여 주는 것처
럼 아이러니스트는 그들이 마주치는 것들을 그때그때의 상황에 따라 끊임없이 재정
의하며, 새롭게 쓰임새를 높여 가는 사람이다.

아이러니스트는 인간 존재의 실존을 결정하고 책임의 우선순위를 수립해 주는 초
월적인 질서가 있다고 믿는 형이상학자들과는 다르다. 그들은 '실재'라든지, '진정
한 본질', '객관적 관점' 등의 관념을 믿지 않는다. 물론 인간으로 살아가는 이상 그
들 형이상학자들의 이야기 중 어떤 것들은 자기도 모르게 자신의 삶에 연결되어 있기
도 하고, 그들의 말에 부분적으로 현혹되기도 하는 것이 사실이다. 그럼에도 불구하
고, 아이러니스트는 소설, 시, 영화 등에서 타인에 대한 정보를 얻고, 상상력이라는

도구를 이용해 공감대를 확장한다. 그렇게 함으로써 삶과 현실, 그리고 나라는 실존자 간의 연대성을 강화해 나가는 사람들이다. 그들은 철학 텍스트나 신학적 텍스트를 단순히 문예 텍스트로 읽는 문예비평가이기도 하다. 그들에게 '철학하기'와 '문학하기'는 동일한 작업이다. 그것에 대한 입장은 그것들이 얼마나 옳고 그른가를 가리는 데 있지 않다. 그들에게 중요한 것은 얼마나 참신한지, 혹은 어느 정도로 쓰임새가 있는지를 현실적으로 가리는 것뿐이다.[17]

인간은 언어 밖에서 언어라는 수단으로 표현하지 않고서는 어떤 세계도 제대로 바라볼 수 없도록 훈련되어 왔다. 인간은 언어의 체계 안에서만 언어라는 수단을 통해서 그 세계를 볼 수 있다고 교화되어 왔다. 인간에게 언어는 생활양식의 일부라고 받아들여 왔기에, 사람들은 언어를 보편적인 진리의 하나로 규정짓고 있다. 그런 틀 속에서 인간의 생활 세계를 하나의 논리체계로 파악하고 그 논리 속에 들어오지 않는 것은 모두 무의미하거나 무가치하다고 주장하기에 이르렀다. 이런 입장은 분석철학과 같은 형이상학자들이 지니고 있는 정초주의적인 발상에서 아주 극명하게 드러난다. 로티는 이런 분석철학자와 정초주의자(定礎主義者)들의 견해가 허구라고 다시 한번 신랄하게 비판하고 있다. 왜냐하면 인간은 결코 이 세상을 신의 관점에서 볼 수 없을 뿐만 아니라, 자의 언어라는 감옥에 얽매여 그 속에서 자신이 바라보는 세계를 진리라고 파악할 뿐이기 때문이다. 그들 정초주의 철학자들은 그런 것을 망각하고 있다. 언어가 세계의 그림이라는 그들의 주장은 신화이며 허구에 지나지 않는다. 로티에게 진리는 오로지 사회적 실행, 그 이상이 결코 아니다.

제아무리 미사여구를 써서 그것의 정당성을 주장한다고 해도 타인의 고통을 줄이기 위한 실천이 결여된 것들은 결코 사회적 실행이 아니다. 공공적인 것이 되기도 어렵다. 사회적 실행이 결여된 것은 결국 자신의 신념을 이론화하려는 노력이며, 그것은 마치 시인이 시를 쓰는 것처럼 하나의 사적 행위에 지나지 않는다. 그렇게 보면, 사회적 실행이 결여되어 있는 정초주의 철학자들이나 분석철학자들은 그야말로 그동안 그들의 감정에 호소하는 시 한 편, 수필 한 편을 써 본 것에 지나지 않은 사적인 행위를 해 온 것이다. 그들 정초주의 철학자들이 참된 지식, 혹은 진리라고 불러 왔던 것은 결국 오류 가능성이 농후한 사적인 작품이었다. 인간의 문제해결에 도움을 주는 역사적 조건을 충족시킬 수 있는 것만이 진리라고 불릴 수 있는데, 정초주의자들에게 는 그런 공적 실행이 처음부터 결여되어 있었던 것이다.

결국, 진리라고 하는 것은 정초주의자들이 이야기하듯 철학적 작업에 의해 그 기초가 마련되고 정당화될 수 있는 것이 아니다. 진리라는 것은 본질적으로 사람들이 매일같이 벌이는 대화의 과정을 통해, 그리고 그것으로부터 표출되는 장점과 결점에 비추어 실용적 견지에서 형성된다. 인간에게 인식의 구조나 능력이 선천적으로 들어 있는 것이 아니기 때문이다. 그래서 사람들 사이에 의미 있는 대화, 의식소통 활동만 이 서로가 서로를 탐구하는 데 활용될 수 있는 수단이다. 이런 대화와 의식소통을 중 요시하는 철학의 임무는 이론적이고 추상적이며 합리적인 체계를 세우는 데 있지 않 다. 로티는 그것의 현실적인 기능은 오늘을 살아가는 사람들을 위해 실천적이고 현실 적이며 구체적인 행동의 지침을 마련해 주는 일이라고 주장했다. 또한 그것을 가능하 게 해 주는 것은 교육(education)이 아니라 덕양(德養), 즉 '에디피케이션(edification)' 이라고 보았다. 에디피케이션은 에듀케이션의 문제점을 치료하기 위해 대안으로 만 들어 낸 신조어다. 이는 교사와 같은 직업인의 일방적인 가르침에 의해 교화당하기보 다는 스스로 덕성과 지성을 함양함으로써 자신의 가치를 드러내는 자기 자정 노력을 말한다.

로티가 말하는 덕양으로서의 에디피케이션은 바로 삶의 쓰임새를 높이는 일이며, 그것은 컴퓨터 작동 원리에서 말하는 리포매팅과 같다. 리셋보다는 리포매팅에 비유 하는 것이 더 적합하다. 컴퓨터의 경우, 리셋은 컴퓨터가 오작동을 하거나 제 기능을 발휘하지 않을 때 전원을 껐다, 켰다 하는 식으로 재부팅하는 것이다. 반면 리포매팅 은 조금 시간이 걸리더라도 전체 오작동 프로그램을 바로 잡고 컴퓨터를 정상 가동시 키기 위한 본원적인 복구작업을 의미한다.[18]

리포매팅, 삶의 쓰임새, 거듭나기, 그리고 덕양은 연주에서 말하는 다카포(D.C:

Da Capo)와도 그 성격이 다른 쓰임새 늘리기와 같은 것이다. 다카포는 연주에서 '처음부터'라는 지시어다. 이 다카포가 적힌 부분에서 연주자는 처음으로 되돌아가야 한다. 그렇게 처음으로 돌아가서 전체를 되풀이하든지, Fine(피네) 또는 Fermata(페르마타) 표가 붙은 겹세로줄까지 연주하는 것이 일반적이다. 연주에서는 다카포가 얼마든지 가능하지만, 삶살이에서 이런 다카포는 거의 불가능하다. 삶살이를 원점으로 되돌려 다시 시작하거나 그동안 행해 왔던 것을 처음부터 다시 반복할 수는 없기 때문이다. 만약 인생에 다카포라는 표시가 있다면, 그것은 연주에서 통용되는 처음으로 되돌아가서의 반복이 아니다. 그것은 자신에게 그저 편하기만 했던 습관을 하나의 반면교사로 삼아 성찰하라는 뜻이다. 말하자면 그동안 자신이 의지해 왔던 '습관'을 경계해야 될 '적(敵)'으로 되새기고, 자신의 삶을 리포매팅하라는 표지로 읽어야 한다는 의미다.

자신을 개조하기 위해서는 자신의 삶과 행동을 '계속모드'로 진행시켜야 한다. 무엇이든 계속하는 사람에게는 당해 낼 재간이 없다는 일상적인 이야기를 현실로 만들어 가야 리포매팅이 가능하다는 것이 계속모드의 핵심이다. 계속모드를 주장하는 일본의 사이버로그 연구소 대표인 오오하시 에츠오[19]는 성공한 사람들이 한결같이 말하는 성공의 비결이 '계속'이라는 것을 알아냈다. 자신이 세운 목표를 달성할 때까지 줄기차게 계속했던 사람들이 삶에서 성공했다는 것이다. 그 성공인들은 스스로 의식하지는 못했지만 계획한 일을 계속하기 위해 주변 환경을 개선하고 자신의 감정을 조절할 줄 알았던 것이다.

'계속모드'는 자신이 계획한 행동을 계속할 수 있는 상태를 말한다. 주변의 환경을 활용하거나 자신의 감정을 조절해서 계속할 수 있는 분위기를 만들고 목표를 달성하기 위해 필요한 행동을 습관으로 만들어, 꼭 해야 한다고 매일 의식하지 않아도 자동으로 계속하게 하는 것이 계속모드다.

어떤 일이든 계속할 수 있는 '계속모드'가 되려면 먼저 하기 싫은 감정부터 극복해야 한다. 좌절을 불러일으키는 세 가지 감정의 정체는 자기 자신이기에 그 스스로 선택해야 한다. 하기 싫은 감정은 시작할 때부터, 그리고 계속해 가는 과정에서도 수시로 나타나 온갖 핑계와 변명을 만들어 우리의 의욕을 꺾어 놓는 결정적인 장애 요소이기 때문이다. 이런 감정들을 다스리지 못할 때 우리는 쉽게 포기하게 되며 이른바 '좌절모드'에 빠진다. 이 좌절모드를 계속모드로 전환시키기 위해서는 좌절의 감정을 예외, 불안, 슬럼프라는 세 가지 유형으로 구분 짓는 일을 해야 한다. 그 후 세 가지 감정에 따라 '계속해야만 하는 일, 쌓이면 성과가 보이는 일, 마스터해야 하는 일'의 세 가지 하위 목표로 분류하고, 각각의 목표 유형에 맞는 습관 만들기에 들어가야 한다.[20]

자신의 삶에 리포매팅이 필요한 것은 생물처럼 인간 역시 관성에 의해 습관화되기 때문이다. 고양이든 메뚜기든 상관없이 대부분의 동물은 빛의 자극을 받으면 처음에는 쇼크 반응을 일으킨다. 적당한 시간 간격을 두고 자극을 되풀이하면 점점 반응이 약해진다. 아무런 해도 없어 보이는 자극에 점차 익숙해지기 때문이다. 이것은 운동시스템의 피로나 감각기관의 적응 때문이 아니라 자극에 대한 피로감이 원인이다. 이러한 자극에 대한 피로감을 습관화라고 부른다. 예를 들어, 우리가 생물체에 어떤 항원(抗原)을 넣어 그 항원에 대하여 민감한 상태로 만드는 일처럼 '감작(sensitization)'이라 불리는 자극으로 감각기관을 빛에 예민하게 만든 후 다시 그 감각기관에 빛을 가해 보면, 자극을 받은 동물은 그 자극을 처음 받았을 때와 똑같은 강도로 반응하거나 처음보다 더 강하게 반응한다. 그러나 이런 자극을 수차례 반복하면 그 반응이 처음과는 사뭇 달라진다. 자극에 대한 피로감이 쌓였기 때문이다. 이것은 감각기관의 운동 능력에 이상이 있기 때문에 생기는 것이 아니다. 즉, 오랜 시간의 자극을 통해 쌓이게 되는 이런 종류의 피로는 감각기관이나 운동 능력에 원인이 있는 것이 아니라 어떤 특수한 종류의 자극과 관련이 있다. 특수한 자극에 의한 중추적 피로가 그 원인인데, 그것을 '습관화(habituation)'의 결과라고 말한다.[21]

습관화가 되면 반복되는 자극에 대한 반복되는 평이한 반응 그 이상을 기대하기 어려워진다. 자극이 짧은 간격과 빈도로 계속 반복되면, 반응의 강도가 떨어지기 때문이다. 습관화를 깨기 위해서는 늘 제공하던 자극과는 다른 성질을 띤 아주 강력한 자극을 주어야 한다. 그렇게 되면 반응의 강도는 높아진다. 이것을 '탈습관화(dishabituation)'라고 부른다. 습관화 과정 없이 강력한 자극만으로도 높은 반응을 얻어낼 수 있는데, 이것은 '감작'이라고 부른다. 하지만 인간에게는 인위적으로 어떤 항원을 뇌에 주입하거나 몸에 주입함으로써 그 항원에 민감하게 반응하도록 할 수 없다. 따라서 인간 스스로 감작과 같은 행위를 자율적으로 해야 하는데, 그것의 한 방편이 바로 자기 개조를 위한 리포매팅이다.

　인간의 뇌세포는 인위적으로 개조되지도, 개조될 수도 없는 생명세포다. 한번 만들어진 뇌세포의 운명은 죽음으로 끝난다. 세포는 죽어 갈 뿐이다. 뇌세포의 작동으로 만들어지는 내부시각만이 개조될 수 있다. 뇌 신경세포는 외부 자극에 영향을 받는다. 정신적인 스트레스는 더욱더 뇌세포에 부정적인 영향을 준다. 이렇게 스트레스에 시달리는 인간의 뇌세포는 약 228억 개쯤 된다. 수명은 평균 60년 정도인데, 한번 만들어지면 교환 없이 평생 사용해야 한다. 스물다섯 살쯤 되면 일정량이 점차 궤멸되는데, 그 주범은 스트레스다.[22) 스트레스를 받을 때 뇌세포가 어떤 반응을 일으키는지에 관한 과학적 설명은 부족하다. 대략적으로 알려져 있는 것의 하나는 1970년대부터 통용되는 이론으로서 글루타메이트가 결정적인 역할을 한다는 정도의 설명이다. 신경세포는 신경전달물질인 글루타메이트가 들어오면 흥분하고, 신호가 없을 때는 차분해진다. 글루타메이트는 신경세포를 활성화시키는 신경전달물질이기 때문이다. 신경세포의 활성화란 글루타메이트가 세포의 수용체에 붙어서 칼슘(Ca^{2+})과 나트륨(Na^+)이 세포 안으로 이동할 수 있도록 '문'을 열고 닫는 일을 말한다. 칼슘과 나트륨 이온의 농도를 정상 상태로 조절하지 못한 신경세포는 죽는다. 그것은 세포가 흥분 상태에 지속적으로 시달리다가 흥분을 적절하게 제어하지 못했다는 뜻이 된다. 이런 증상의 질환으로 깊어진 것이 바로 뇌졸중이다. 뇌세포는 한번 손상되면 죽을 뿐이지 되살아나지 않는다.

§ 잊어버려야……

일본에서 '마음의 명의'로 알려진 시케타[23] 박사는 일이 잘 안 풀릴 때는 기다리는 것이 더 현명하다고 처방한다. 좌절, 역부족이라고 느껴질 때, 사람들은 "이젠 정말 지쳤어!"라고 말하며 좌절하고 앞으로 나아가기를 포기하고 하는데, 그렇게 하면 삶은 여백을 갖지 못한다는 것이다. 지쳤다고 그대로 주저앉으면 삶은 그대로 지쳐 버린다. 따라서 그는 먼저 체념부터 해서는 안 된다고 충고한다. 그 대신 하던 일을 잠시 멈추거나 멈추어 서서 자신이 해 온 것들을 되짚어 보며 기다리는 것이 필요하다는 것이다. 기다림, 바쁜 삶에 이보다 더 멋진 처방도 없을 것이다. 기다리는 사이에 에너지는 충전되고 마음에 여유가 생기기 때문이다.

일반적으로 사람들은 모든 것을 기억하는 것이 좋은 것이라고들 한다. 그러나 꼭 그런 것은 아니다. 아무것도 잊어버리지 못하는 것은 오히려 병이 될 수도 있다. 기억할 필요가 없거나 자신에게 별다른 의미가 없는, 또는 일과성 기억거리를 모두 기억한다는 것은 정신건강에 해가 될 뿐이다. 그런 점에서 본다면 건망증은 오히려 건강한 사람들의 특징이라고 보아야 한다. 모든 것을 기억할 수 없다는 사실 그 자체가 대뇌가 제대로 작동하고 있다는 신호이기 때문이다. 게다가 모든 것을 기억해야만 한다는 것처럼 골치 아픈 일도 없기 때문이다.

인간의 대뇌는 기대 이상으로 작동한다. 대뇌는 가장 중요하다고 판단되는 기억은 더욱 강화시킨다. 그에 비해 덜 사용되는 기억들은 적극적으로 억제하기도 한다. 이 점을 밝히기 위해, 캘리포니아 스탠퍼드 대학 브리스 쿨 교수가 이끄는 연구팀은 20명의 건강한 성인을 대상으로 단순한 기억력 테스트를 실시하면서 기능자기공명영상(fMRI)을 이용해 대뇌의 활동량을 측정하였다. 참가자들에게 두 개로 된 세 쌍의 단어를 외우도록 했는데, 그중 두 쌍은 서로 밀접한 관련이 있었다. 말하자면, ATTIC-dust(다락방−먼지), ATTIC-junk(다락방−고물), MOVIE-reel(영화−물레) 같은 단어들이었다.

그 다음 연관된 단어의 짝 중 하나인 'ATTIC-dust'를 다시 한 번 자세히 보도록 한 후, 첫 단어들을 이용해 모든 조합의 단어를 떠올리도록 했다. 피실험자들은 전혀 관계없는 단어의 조합을 떠올릴 때보다 연관된 단어의 짝을 떠올릴 때 평균 15%나 더 틀리게 답을 했다. 예를 들어, 'ATTIC-junk'보다 'MOVIE-junk'라고 대답한 사람이 많았다. fMRI 영상을 검토한 결과, 테스트를 하는 동안 참가자들의 대뇌는 경쟁적인 기억을 다루는 것으로 알려진 부분은 물론, 기억을 지우도록 유도하는 것으로 알려진 부분에서도 매우 왕성한 활동을 벌였다. 대뇌의 한 부분에서는 'ATTIC-dust'와 'ATTIC-junk'를 서로 모순되는 기억으로 파악하여, 대뇌의 다른 부분에서는 한 번밖에 보지 않았던 'ATTIC-junk'에 대한 기억을 지우게 한 것이다. 테스트를 반복하자 기억을 지우는 강도가 약화되었는데, 이는 기억 적응이 이루어졌음을 의미한다.[24]

또 다른 사례가 있다. 1920년대 중반 구소련에서 일어난 실화다. 러시아 모스크바에서 한 신문사 편집국장이 아침마다 기자들을 모아 놓고 이런저런 지시를 했다. 기자들 모두가 국장의 이야기를 받아 적을 때, 받아쓰지 않는 기자가 한 명 있었다. 편집국장이 그를 나무라자, 해당 기자는 국장이 한 얘기를 일점일획 틀림없이 줄줄이 외워 보이며 자신은 국장의 이야기를 경청했다고 말했다. 그의 기억에 대해 국장은 놀랐다. 그러나 기자는 국장이 놀라는 데 오히려 더 당황하며 "남이 한 얘기를 고스란히 기억하는 게 뭐 그리 대단한 일이라고 그러세요?"라는 식으로 반문했다. 그 기자가 바로 훗날 불세출의 '기억술사(memorist)'로 유럽 전역에 이름을 떨친 솔로몬 셰르셉스키(1886~1958?)였다. 심리학자 알렉산드르 로마노비치 루리야(1902~1977)는 셰르셉스키의 기억술을 면밀하게 연구한 바 있다.[25]

루리야 박사가 그의 연구실에서 시험 삼아 이런저런 30개의 단어를 셰르셉스키에게 불러 주자, 그는 그것을 외우기 시작했다. 그리고 루리야 박사가 말한 단어를 그대로 기억했다. 단어를 50개, 70개로 늘려도 마찬가지였다. 숫자를 수십 개 불러 줘도 마찬가지였다. 심지어 'Abcddcbaabccddccdaadd' 같은 무의미한 음절로 구성된 긴 열(列)까지 기억해 냈다. 루리야 박사는 그의 기억력에 대해 놀랄 수밖에 없었다. 인간이 아니라 기억기계를 마주하고 있는 것 같은 두려움마저 느끼게 되었다. 문자 그대로 '모든 것을 기억하는 남자'가 바로 셰르솁스키였기 때문이다.

셰르솁스키는 무한한 용량의 기억소유자였다. 그는 한번 기억한 것은 아무것도 잊지 않았다. 루리야는 다른 방식으로 그를 실험해 보기도 했다. 그는 불쑥 셰르솁스키를 불러내, '16년 전 모월 모일 모시에 내가 불러준 단어 열(列) 수십 개 중에서 몇 번째 열을 외워 보라.'는 주문을 해 보았다. 이번에도 오차 없이 셰르솁스키는 기억해 냈다. 셰르솁스키가 기억의 달인일 수밖에 없었던 이유가 있었다. 그것은 인간 대부분이 시각, 청각, 촉각, 미각을 구분하는 데 반해, 셰르솁스키의 머릿속에는 감각의 경계선이 없었기 때문이다. 낱말이나 숫자를 듣거나 보는 즉시, 그는 자동으로 해당 단어에 관련된 영상을 생생하게 떠올렸다. 심지어는 그것의 맛까지 기억하며 느끼기도 했다. 그가 '초록색'이라는 말을 들으면, 즉시 그의 눈앞에 초록색 꽃병이 나타났다. '푸른색'이라는 낱말을 들으면, 창문 너머에서 누군가가 푸른색 깃발을 흔드는 모습을 보는 식이었다. 그렇게 그의 머릿속에 무수한 영상이 떠올랐기에 그것을 '암기'할 필요조차 없었다. '머릿속에 그 인상을 등록해 두었다가 나중에 끄집어 내 읽으면 그만'이었다. 그는 이탈리아어를 전혀 하지 못했지만, 그것마저도 그에게는 문제가 아니었다. 이탈리아어에 관련된 영상이 떠올랐기 때문이다. 단테의 『신곡』첫 네 행을 이탈리아어로 딱 한 번 들은 뒤 정확하게 기억해 내는 이가 바로 셰르솁스키였다.

그렇게 엄청난 기억의 소유자였지만, 그의 삶은 행복하지 못했다. 무엇이든 기억해 내는 남자였지만 현실생활에서 그는 '실패자'와 같았을 뿐이다. 그는 끝내 삶을 정신병원에서 마감하고 말았다. 그는 우선 책을 잘 읽지 못했다. 첫째, 낱말 하나, 음절 하나를 읽어도 그의 눈앞엔 수많은 이미지가 떠올랐기 때문이다. 긴 호흡으로 글을 따라가며 주제를 이해하려면, 무엇보다도 먼저 단어와 관련되어 튀어나오는 이미지들부터 장애물 경주하듯 이리저리 젖혀야 했다. 둘째, 단어의 발음이 주는 인상과 단어의 뜻이 다를 때마다 그는 마음의 평정을 잃었다. 러시아어로 '돼지'를 '스비냐'라고 하는데, 셰르셉스키는 루리야에게 스비냐의 영상에 대해 하소연했다. "선생님은 정말 이 단어가 돼지에 어울린다고 생각하십니까? 스비냐가 얼마나 우아한 발음입니까? 그렇지만 돼지는 안 그렇지 않습니까."라는 것이 그의 이상야릇한 질문이었다. 그의 기억력은 셰르셉스키가 아이스크림을 사 먹는 간단한 일을 할 때도 고통을 안겨 주었다. 가게 주인에게 아이스크림이 무슨 맛인지 물었을 때, '과일 맛'이라고 대답한 주인의 목소리를 듣자마자 그가 떠올린 것은 더러운 석탄더미였기 때문이다. 식당 메뉴판에 '닭요리'라는 낱말이 삐뚤삐뚤한 글자로 써 있는 걸 보면, 그는 푸드덕 푸드덕 날뛰는 새가 떠올라 식욕을 잃기도 했다.

　셰르셉스키의 일상을 지켜본 사람들은 그를 이상한 사람이라고 평했다. 심지어 '산만하고 소극적인 남자'라고까지 하였다. 그는 '비호감' 계열의 인물로 찍혔다. 그는 신문사를 비롯해서 열 곳이 넘는 직장에서 일했지만 어느 한 곳에서도 오래 버티지는 못했다. 그는 호구지책을 기억술사로서 끝낼 수밖에 없었다. 무대에 서서 관객이 시키는 대로 자기 기억력을 보여 주는 '기억술사'로 먹고 살아야만 했다. 기억력은 그에게 정신적 서커스나 마찬가지였다. 아무것도 잊지 못했기에 나중에는 기억술사의 서커스마저도 그에게는 고통의 나날이었다. 그는 사람의 얼굴을 잘 기억하지 못했다. 일반적으로 사람들은 다른 사람의 얼굴에서 한 가지 특징을 추출하는 방식으로 얼굴을 기억하고 분별하는데, 셰르셉스키는 사람의 미묘한 표정, 그 모든 변화에 일일이 주목했다. 인간의 얼굴을 기억하라는 것이 그에겐 '변화무쌍한 파도의 움직임을 기억하는 것'과 비슷한 과제였다. 그는 기억의 달인이기는 하였지만 일상적인 삶에서는 쓸모없는 사람이나 마찬가지였다.

§ 쓸모없는 사람

쓸모없는 사람은 이 세상에 한 명도 없다. 쓸모없는 정부, 쓸데없는 행정,[26] 쓸 일 없는 관료들처럼 사회제도, 권력이니 하는 것들의 쓰임새는 얼마든지 따져 볼 수 있다. 하지만 삶의 존재를 쓸모에 따라 평가하면서 생물학적으로 폄하할 수는 없다. 이 세상에 누구로 태어나든, 생명을 갖고 있는 인간은 언제든지 쓸모 있는 존재다. 누구든 그들의 개별적 능력에 따라 자신에게 유용하고, 사회에 유익하게 될 수 있도록 적절한 조력을 받기만 하면, 자신을 위한 개조세력이 되고 사회를 위한 개조세력이 될 수 있다. 이 점을 확실하게 드러내 주는 사례가 쇼리스 교수가 보여 준 길거리 걸인들을 위한 클레멘트(clemente) 인문학 코스였다. 칸 교수가 제창한 '타임 달러(Time Dollar)' 운동 역시 그런 것 중 하나다. 이제는 사회개조운동을 창의적 자본주의 운동이라고 부르는 사람들도 하나둘 생겨나고 있다. 예를 들어, 억만장자인 빌 게이츠는 업계에서 물러나면서 자신의 재산을 사회적으로 유용하게 쓰도록 하는 방안을 모색했다. 이때 그의 측근에 있던 학자들이 창조적 자본주의(creative capitalism)라는 명분 아래 빌 게이츠의 사회적 환원을 환영한 적이 있었다.[27] 하지만 쇼리스 교수가 말하는 클레멘트 인문학 강좌나 칸 교수가 말하는 타임 달러는 게이츠가 말하는 식의 창의적 자본주의의 아류는 아니다.

이 세상에 쓸모없는 사람은 한 사람도 없다. 이 말이 모든 사람의 용도를 말하는 것은 아니다. 사람마다 개인적으로 서로 다른 마음을 갖고 있고, 그에 따라 자신의 용도를 스스로 정할 수 있는 선택권과 결단력이 있다는 것을 말할 뿐이다. 사람마다 자신이 조정할 수 있는 마음을 제대로 조절하기는 그리 쉽지 않다. 자기 영혼을 스스로 쓸모 있게 만드는 일이 결코 쉬운 일이 아니다. 그렇기 때문에 이 세상에 쓸모없는 사람은 한 명도 없지만, 모두가 쓸 만한 마음을 갖고 있다고 볼 수도 없다. 사람마다 각자 스스로 마음을 가다듬는 일이 어려운 일임을 알고 일찍이 공자나 맹자가 사람들에게 이른 말이 있다. 사람들이 닭이나 개를 잃어버리면 도망간 닭이나 개를 찾으려고 동네방네 돌아다닐 줄은 알지만, 정작 자기 마음이 달아나면 찾을 줄 모른다는것이다. 공자, 맹자도 탁한 세태에 혀를 찰 수밖에 없었기에 달아나 버린 자기 마음을 되찾기 위해 '학문(學問)에 정진하라.'고 일렀던 것이다. 공자나 맹자에게 학문은 자기 마음을 가다듬기 위한 삶의 개조, 거듭나는 삶, 그리고 작동하지 않은 삶의 리포매팅의 한 방편이었던 것이다.

길거리에서 헤매는 부랑자, 노숙자나 전과자들에게 플라톤이라는 학문을 강의하면 그들이 달아난 마음을 되찾을 수 있다고 공자와 맹자가 생각했을지는 분명하지 않다. 다만, 그것을 해낸 사람은 쇼리스 박사였다. 그런 그에게 사람들은 일단 비웃음을 보냈다. 가당치 않은 일이라고도 했다. 상당한 수준의 교육을 받은 사람들에게도 플라톤은 이해하기 어려운 학문인데, 하물며 부랑자나 노숙자들에게 가당한 일이냐는 편견 때문이었다. 그런데 실제 그런 일이 벌어졌다. 1995년 미국 뉴욕시 클레멘트 거리에서 20여 명의 사회 최하층 사람들인 노숙자, 전과자, 부랑자들 앞에서 일군의 저명한 언론인, 사회비평가, 대학강사가 한 팀이 되어 얼 쇼리스가 준비한 철학 강의를 시작했다.[28] '희망의 인문학'이 가능함을 보여 준 것이다. 쇼리스 교수는 '클레멘트 코스'라는 이름으로 '가난한 이들에게 희망수업'을 일궈낸 것이다.

클레멘트 코스에서, 쇼리스는 빈곤을 바라보는 관점부터 바꿀 것을 요구한다. 가난한 사람들이란 능력이 부족하거나 사회적으로 가치가 없는 존재라는 편견이 바로 그것이다. 이 같은 편견을 바탕으로, 빈민을 위한 복지정책은 직업 '훈련'에만 의존해 왔다고 비판한다. 그 '훈련은 가난한 사람들을 계속 순종적인 사람으로 묶어 두는 일이나 마찬가지기에 가난한 자들에게 오히려 희망을 빼앗는다.'는 것이 그의 지론이다. 가난한 사람들을 지속적인 빈곤 상태로 묶어 두는 메커니즘이 바로 맥없는 복지와 직업훈련인데, 그것이 그들에게는 '무력(force)의 포위망'이나 다름없다는 것이다. 굶주림, 범죄, 소외, 정부, 타인의 시선이 가난한 사람들에게 공포와 '무력'이 되고, 그 힘은 가난한 자를 더욱 소외시키며, 취약계층에게 '공적인 삶'을 불가능하도록 만들어 놓는다는 것이다. 가난한 자들부터 자유로운 공간을 제거하고, 그 대신 오로지 밥벌이 같은 삶과 생존에 급급한 '사적인 세계'로 내몰아 버린다는 것이 쇼리스 교수의 한탄이었다.

가진 자들, 힘 있는 자들이 쳐 놓은 '무력의 포위망'에서 그들이 벗어날 수 있는 길이 있다면, 그것은 성찰적 사고와 '자유와 질서 사이를 찾아가는' 능력을 기르는 일이다. 그것을 통해 자율적인 삶을 영위하는 것이 필요한데, 현실적으로는 소외계층에게 제공하는 복지라는 것이 알량한 돈 몇 푼 들려주는 일 뿐이다. 그것은 적선에서 더 나아가지 못한다. 그것보다는 그들에게 삶의 존재 이유를 깨닫게 하는 일이 더 필요한데, 그 방편이 바로 인문학이라고 주장했다. 인문학은 '성찰적 사고와 정치적 삶에 입문하는 입구', 말하자면 공자와 맹자가 말한 학문의 초입이라는 것이다. 성찰적 사고와 정치적 삶이 하나라는 것은 이미 고대 그리스의 직접 민주주의에서 검증된 바 있다. 그 당시 아테네의 직접 민주주의가 보여 준 것은 다름이 아니라 인문학이 가난한 사람들을 정치적으로 '위험'하게 한다는 사실이었다. 인문학은 그들에게 살아가는 이유를 알게 해 주며, 정치적으로는 사회적 의식화의 동기를 불러일으킴으로써 그들을 사람답게 만든다는 것이었다. 취약계층이 사회적으로 합법적이고 정당한 정치적 '힘'을 가짐으로써 시장 논리와 부자들의 담론이 지배하는 기존 체계에 문제를 제기할 수 있는 '위험한 존재'가 될 수 있다는 것을 아테네의 직접 민주주의가 보여 준 것이다. 그것을 가능하게 해 주는 것이 바로 학문하는 힘, 바로 인문학의 힘이라는 것이다.

취약계층을 교육적으로 보호하는 일이 가난한 사람들을 거대한 정치 권력을 갖는 독재자로 만들기 위한 것은 아니다. 그 일은 그들을 노예의 길에서 벗어나게 하기 위해 그들의 마음과 의식을 다시 쓰게 하려는 것이다. 무엇인가 개조하기 위해서는 고쳐쓰기와 버림, 바꿔쓰기 같은 경쟁과 경합, 폐기와 같은 조치가 불가피하다. 인간의 행동은 하나의 줄과 원칙에 따라 움직이는 것이 아니기 때문이다. 인간의 개별성이라는 것이 바로 그런 획일적인 원칙과 줄부터 거부한다. 따라서 그런 줄과 원칙으로 가난한 자들의 쓰임새를 방해하거나 막는 것은 그들을 노예의 길로 몰아가겠다는 말과 같다.

이 점은 1974년 노벨경제학상을 받은, 20세기 대표적 경제학자 중 한 사람인 하이에크[29] 교수의 논지에서도 분명하게 드러난 바 있다. 그는 사람들의 행위가 서로 자연스럽게 조정될 수 있는 '경쟁'과 같은 방편을 배제한 사회주의는, 사회의 모든 자원을 조직화하는 대신 개인의 목적은 인정하지 않는 사회라고 주장한다. 예측할 수 없는 강제력을 지닌 사회주의라는 법은 자의적이 되기 쉬우며, 경제 시스템의 통제에 의해 소비의 통제는 물론 직업 선택과 삶 자체의 통제가 강행되기 마련이다. 하이에크는 '선택의 자유'가 있던 자리는 복종해야 하는 명령과 금지, 그리고 '강자(强者)의 선처'가 대신 차지하고 만다고 보았다. 따라서 경쟁의 원칙을 저버린 사회는 사회안전 전망 구축에 구멍이 나 있는 위험한 사회라고 경고한다. 직업과 소득을 보장하려는 정책을 시행할수록 조정기능은 마비되어 고용과 생산이 급변하고, 경제는 더욱 불안정해진다는 것이다. '특정 집단에 대해 보장하는 것은 다른 집단을 배제하는 것'에 지나지 않으며, '이상주의자들이 희망을 거는 '계획'이란 사회에 대한 포괄적 견해가 아니라 특정 목적의 중요성을 지나치게 과장한 결과'라는 것이다. 그런 거대한 희망의 거짓은 이미 동구 사회주의 국가의 몰락에서 잘 나타난 바 있다. 그 점에서는 중국을 위시한 변방 사회주의 국가들도 자유롭지 못한 형편이다.

그렇다고 자본주의 사회가 모든 것을 보장하는 것은 아니다. 자본주의 사회는 그 나름대로의 문제를 가지고 있다. 자본주의 사회에서 요구하는 경쟁이라는 것이 모든 사람에게 의미가 있기 위해서는 상생을 위한 제도가 필요하다. 그런 것의 한 방편으로 빌게이츠가 주장하는 '창의적 자본주의론'이 가능하다. 다른 하나는 사회주의의 강점을 민주주의의 강점과 결부시킨 새로운 제도 '타임 달러' 등과 상생을 위한 품앗이제도, 혹은 모든 이를 위한 의사결정은 모든 이가 다 함께해야 한다는 스웨덴이나 노르웨이식의 '민자주의(民自主義)' 등이 있다.

칸 교수가 민자주의의 실현 수단으로 제안한 '타임 달러'는 한 시간의 자원봉사를 1타임 달러로 계산하고 회원들은 자신이 제공할 수 있는 서비스와 필요한 서비스를 등록하여 거래하는 사회 품앗이 시스템이다.[30] 이 타임 달러 운용 모임의 회원으로 등록한 사람은 자신의 서비스를 제공하고 그 대가인 시간, 즉 타임 달러를 계좌에 저축한다. 이후 그 타임 달러를 이용해 다른 사람으로부터 자신이 필요로 하는 다양한 서비스를 제공받을 수 있다. 기존의 경제 시스템에서는 사람들이 생산자와 소비자의 두 계층으로만 나뉜다. 그러나 타임 달러에서는 모든 생산자(서비스 제공자)가 곧 소비자로, 모든 소비자가 곧 생산자가 되는 상생의 소비자, 공생의 생산자가 된다. 돈이 중심으로 운영되는 기존의 자본주의 경제 시스템과는 달리, 남을 돕고자 하는 봉사정신, 이타주의를 기조로 하는 복지적 자본주의 형태를 실현하는 것이 타임 달러 공생주의다. 타임 달러는 대안화폐나 물품교환 등의 단순한 교환 가치가 아닌 '나눔'과 '베풂'으로써 상생을 길러 나간다.

타임 달러 시스템은 일방적인 호혜자와 수혜자의 관계를 벗어나 회원 누구나 서비스를 받는 동시에 다른 이를 위해 서비스를 제공하는 상호관계를 유지한다는 점에서 호혜주의적이다. 이는 봉사의 대상으로만 여겨지던 빈민층이나 장애인 등 특수계층 역시 '할 수 있는 일'을 제공할 기회를 늘리기 때문이다. 타임 달러는 상호관계에서 초라해지는 느낌이나 거부당하는 것에 대한 두려움 등, 인간의 관계 맺음에 있어 부정적인 면을 제거하기 위한 매개 역할을 수행하고자 하는 것이다. 자신감과 자존감을 회복하고, 사회복지 프로그램, 봉사단체에 대한 의존성에서 벗어나서 자립의 기회를 주는 시스템이기도 하다. 이런 시스템에서는 자기 자신의 능력에 대한 새로운 평가가 가능하고, 자기 쓰임새를 사회적으로 공인받게 된다. 그런 사회화의 과정이 바로 서로 즐기고, 상생하며, 같이 성장하는 배움 공동체의 기반을 이룬다.

§ 개조의 정신분석학

사람들은 흔히 나이가 들수록 자신이 불행해질 것이라는 생각을 하곤 한다. 경제적인 조건이나 건강문제 때문에 나이 드는 것이 두려워지기 때문이다. 그러나 그런 생각은 하나의 편견이며 심리적 방어기제에서 나온 우려일 뿐이다. 그런 편견과는 달리 사람들은 실제로 나이가 들수록 행복하다고 느끼는 경우가 더 많은 것으로 나타나고 있다.[31] 물론, 나이를 먹는다는 것에 대한 두려움은 중년이 되면서부터 시작되는 것이 사실이다. 그런 생각은 중년의 위기와 무관하지 않다. 하지만 중년의 위기를 성공적으로 넘긴 사람들은 나이를 먹는 것 자체가 불행의 길이기보다는 오히려 행복의 길로 들어서는 입구가 된다는 것을 깨닫게 된다. 중년의 위기를 제대로 넘기는 일이 그렇게 쉬운 일은 아니다. 대부분의 사람이 발달단계상 중년기에 들어서면서 삶에 대한 버거움을 호소하기도 하고, 그 버거움 때문에 사회심리적으로 좌절의 경험을 수없이 맛보기도 한다.

중년의 위기를 말 그대로 위기로 받아들이기 시작하면 어떤 사람도 그 위기를 제대로 넘어서지 못한다. 그러나 위기가 아니라 자기실현의 과정이자 자기 치유의 국면이라고 받아들이기 시작하면 일은 쉬워진다. 자신의 쓰임새와 내면을 가다듬어 새롭게 다시 쓸 수 있는 길을 찾아나가기 시작하면, 그에게 닥친 중년은 위기가 아니라 새로운 삶에 대한 가능성을 열어 놓는 길이 되기 시작한다.

정신분석학자인 샤프[32] 박사의 견해에 따르면, 자기 개조의 심리적 과정으로서의 중년의 위기는 위기가 아니라 삶의 축복이라는 칼 구스타프 융(Jung)의 관점으로도 새로운 설명이 가능하다. 샤프 박사는 진정한 치유만이 자기 자신이 되는 길을 찾는 지름길이라는 융의 명제를 중년의 위기에 대입해서 설명한다. 중년이야말로 자기 치유의 새로운 시기라는 것을 설명하기 위해, 자신의 소설책에서 30대를 넘긴 중년의 노만 씨를 주인공으로 하여 이야기를 풀어 가고 있다. 노만이라는 주인공은 개인적으로뿐만 아니라 중년의 위기 때문에 고통받는 모든 중년기의 사람을 대표하는 인물이다. 노만은 상담가와 면담을 약속한 대기실에서 마침내 울음을 터뜨렸다. "나는 아내와 두 아이와 함께 완벽한 인생을 살고 있었습니다. 내게는 가족이 세상의 전부입니다. 나는 그들 없이 살고 싶지 않아요. 그런데 우리 가정이 파탄나기 직전입니다. 결혼생활 동안 내가 종종 다른 여자들과 어울린 것은 사실입니다. 그러나 그 여자들은 내게 아무런 의미도 없어요. 나는 가족 없이는 살 수가 없습니다. 제 생각에는 이 모든 문제가 2년 전에 시작된 것 같아요. 2년 전에 아내는 저와 더 이상 섹스를 하고 싶지 않다고 말했거든요."

샤프 박사는 중년의 위기를 중년의 발달과정상의 특성으로 간주하지 않고, 오히려 인간이 나름대로 갖고 있는 심리적이거나 정신적 균형을 맞추기 위한 도구로 간주한 칼 융의 관점을 받아들인다. 융은 중년의 위기를 병적인 증상으로 보지 않았다. 그는 중년을 일종의 자기 치유과정으로 보았다. 중년의 위기는 마음이 병들었다는 증거가 아니라, 오히려 마음이 건강하다는 징후로 읽어야 한다는 것이 융의 생각이었다. 심리적 갈등이나 긴장, 혹은 신경증 때문에 그동안 쌓였던 것들이 허접스러운 것으로 변질되며 한순간에 무너진다. 새로운 차원의 의식이 역동적으로 분출되는 의미 있는 삶의 발달과정이 바로 중년이라고 본 것이다. 중년은 인생 전반부에서는 경험하지 못했던 요소와 요구를 충족시키기 위해 어느 누구에게나 일어나는 심리적이며 정신적인 재조정의 시기일 뿐이다. 그런 재조정이 필요하다는 것을 넌지시 알려 주는 것들이 바로 우울증이나 불안 같은 소위 '중년의 위기'로 통칭되는 징후들이다. 그런 징후들은 '중년'이라는 성인 발달단계에 이른 사람들의 내부에서 솟구치는 공통적인 요소며 변화에 대한 요구다. 융은 그런 요구와 징후들을 '삶의 원형(archetype)에 대한 변화 요구'라고 표현하였다.

융은 삶의 원형을 이루는 핵심 개념으로 자기(self)와 자아(ego)를 꼽았다. 인간을 하나의 공간으로 비유하면, '자기'라는 개념은 의식의 빛이 닿지 않는 무의식의 바닥이며 집단무의식의 원형이 포괄적으로 지배하는 공간이다. 그에 비해 '자아'는 자기보다 훨씬 작은 미시적인 세계, 의식과 분별의 세계를 구성하는 공간이다. 공간상으로 보아 자아는 결코 자기를 발견하지 못한다. 그렇기 때문에 '자기실현'은 자아가 자신의 무의식이라는 깊은 곳에서 분출되는 자신의 목소리를 감지하는 활동이며, 자기를 발견하는 과정이 된다. 이런 자기실현은 사람들이 의식적으로 노력해야 제대로 실현되기도 하지만, 실제로는 그런 의도적인 노력 없이도 인간에게 끊임없이 현재진행형으로 처리되고 있다. 인간은 자기 스스로 그것을 의식하지 못하고 있을 뿐 그것을 향해 나아가고 있는 중이다.

중년의 위기라고 불리는 삶의 발달과 징후는 그런 자기실현의 지점에서 불현듯 하나의 징후로서 불거지게 마련이다. 중년의 위기를 거칠 때마다 사람들은 가면을 하나씩 마련하여 그것을 쓰고 나온다. 가증스러운 일이 아니라 자연스러운 삶의 한 단면이다. 융이 집단심리의 한 측면으로 설명하는 '페르소나(persona, 가면)'가 바로 그것을 말한다. 페르소나는 삶을 살아가는 사람들에게 이 사회가 사회적으로 요구하며 기대하는 새로운 역할 같은 것이다. 인간은 페르소나, 즉 가면을 쓰고 나와 다른 이에게 마치 배우처럼 태연하게 삶이 풍기는 멋있는 연기를 해 나간다. 그렇다고 페르소나를 단순히 위선이거나 거짓, 부정적인 것만으로 볼 수는 없다. 그것이 삶이고 인간이며, 삶의 발달과업이기 때문이다. 그것은 발달단계상 사회생활을 하는 데 어쩔 수 없이 요구되고 기대되는 사회심리적인 요소들이 대인관계에서 분출되는 것뿐이다. 누구도 페르소나 없이는 이 세상을 한순간도 제대로 살아갈 수 없을 것이다.

이 사회에서 삶을 살아가려면 누구에게나 사회적 페르소나, 사회적 가면이 필요하다. 사회가 요구하는 것이다. 그런 과정에서도 어떤 페르소나는 다른 페르소나에 비해 보다 더 사회적인 가치를 갖는 것처럼 보이기도 한다. 말하자면, 멋진 혹은 부가가치가 높은 페르소나와 가면이 있을 수 있다는 것이다. 사람들은 그 내면과는 관계없이 겉으로 드러나는 친절한, 유능한, 명랑한, 가정적인, 실력 있는, 설득력 있는 페르소나를 우대한다. 사회적으로 유용한 가면들이 더 가치 있다는 사회적 요구와 압력 때문에 사람들은 페르소나와 자신을 동일시하려는 깊은 유혹에 빠질 수밖에 없다. 깊은 유혹은 하나의 열망이 된다. 그것에 유혹되거나 중독된 사람들은 자신의 페르소나와 가면을 당연히 벗어야 할 상황에서조차 벗지 못하고 전전긍긍한다. 그것이 심해지면 바로 인격의 병이 된다.

중년은 근원적인 한계와 인간적인 부담을 느껴 바로 그 사회적인 가짜 페르소나에 저항하는 삶의 발달단계다. 중년은 참된 자신의 모습과 자기다운 자신의 페르소나,

즉 '자기'를 만나고 싶어 한다. '나는 누구인가?'라는 질문을 진지하게 스스로에게 던지며, 스스로 그 질문에 대해 현명한 답을 해야 하는 삶의 한 단계다. 중년의 위기라는 것은 여러 페르소나에 가려져 있던 '그림자'가 이제는 거침없이 앞으로 나와야 한다는 전면 등장의 징후와 조짐을 말하는 것이다. 페르소나의 그림자는, 살아오면서 사회적으로 강요되는 페르소나 때문에 스스로 돌보지 않고 부인하기만 했던, 자기 안에 자리 잡고 있는 '미지의 타자'다. 그런 양상들이 겉으로 분출되기 시작하면 각종 콤플렉스로 나타나기 마련이다.

삶의 고비마다 슬기롭게 넘기기 위해서는, 미지의 타자인 그림자부터 제대로 '직면'할 수 있어야 한다. 그것을 가장 먼저 직면하라고 이르는 것이 바로 자기이고, 그것을 제대로 이루어 놓는 것을 자기실현이라고 부른다. 미지의 타자가 드러내는 파괴성을 긍정적인 에너지로 승화하는 것이 바로 자기실현이다. 중년의 위기는 그 그림자를 인생의 후반부에 자신을 성장시킬 수 있는 실마리로 이용하라는 자아의 목소리다. 중년의 위기를 자기실현의 방편으로 제대로 활용하기만 하면, 자기는 '개성화(individuation)'된 존재로 거듭나 있음을 알게 된다. 개성화라는 것은 자아와 무의식이 서로 소통할 수 있는 축을 세우는 작업이며 홀로 서기의 과정이다. 그 홀로 서기가 진정한 치유의 과정이며 자기 자신이 되는 과정이다. 그것은 동시에 삶의 쓰임새를 새롭게 정립하는 과정이기도 하다.

§ 생활습관병

개조, 말하자면 삶에 있어서 나의 쓰임새를 바로잡는 것은 두 가지다. 그것은 '몸의 개조'와 '마음의 개조'다. 몸을 개조하는 데 필수적인 것이 적정한 섭생과 운동이라면, 마음의 개조에 필수적인 것은 영혼 다스리기다. 이 모두를 수렴하는 방편이 바로 배움이다. 배워야 운동도 할 줄 알고 자기 마음도 다스릴 줄 알기 때문이다. 인간은 자신의 지속적인 생물학적 조건만 가지고 사는 것도 아니고, 그렇게 죽는 것도 아니다. 인간의 육체는 변화할 수 있는 정신적·사회적·심리적·경제적 관계망 속에서 동시에 구성된다.

몸은 한번 망가지면 재활해야 다시 쓸모를 찾을 수 있게 된다. 인체는 과학이고 예술이다. 인간의 몸은 모든 것이 생존을 위해 완전하도록 되어 있지만, 다른 한편으로는 결손되도록 되어 있기도 하다. 신체는 형태를 갖고 있지만, 그것에서 나오는 의식, 마음은 형태가 없어서 손상이나 손실의 정도를 쉽게 알아차릴 수 없다. 인체의 소모는 그 누구에게도 예외가 있을 수 없다. 몸의 형태를 갖고 있는 존재에게는 어김없이 찾아든다. 절제된 생활과 소식(小食)으로 질병과는 거리가 있을 것 같은 스님들에게도 그것은 예외가 아니다.[33]

인간의 각 신체 부분이 서로 맺고 있는 관계망은 "그들의 육체감각, 육체의 표현 방식, 외부의 육체관, 즉 사회적인 육체의 이미지와 육체의 상징에 아주 다양한 방식으로 영향을 미친다."[34] 몸은 신비하며 정교한 것이다. 그래서 몸은 정비와 관리상의 주의가 필요하다. 예를 들어, 목은 머리와 몸통의 가장 중요한 송유관이다. 혈관, 척추 안과 밖의 대단히 중요한 신경다발과 인대다발, 기관과 식도 등을 연결시키는 통로다. 남자들 목의 목젖은 선악과를 따먹을 때 미처 넘기지 못하고 남은 것이라고 한다. 당연히 여자에게는 없다. 이 목덜미를 치는 것은 치명적인 결과를 낳을 수 있다. 1618년 베링겐 근처 마을에서 헬이라는 이름의 남자가 자기 나무를 몰래 베어 가려던 가난한 농부를 붙잡았다. 헬은 징벌로 그의 뒷목을 나뭇가지로 때렸다. 집에 돌아간 농부는 밤부터 맞은 부위에 통증을 느꼈고 머리가 아팠다. 맞은 지 이레째 되는 날 그는 결국 숨졌다.

인간의 각 신체에서 쓸모없는 부분은 하나도 없다. 통증은 심장에서만 오는 것이 아니다. 손톱이 빠지거나 치질을 앓아도 통증에 시달린다. 몸은 구석구석 모두 연결되어 있어서 그 기능이 신기하기만 하다.[35] 몸을 제대로 가꾸지 않으면 몸에 이상이 생긴다. 마치 자동차를 정비하지 않으면 언젠가는 자동차가 움직이지 않게 되는 것과 같은 기능 저하현상이 생기게 된다.

개조가 진행되면 치유의 힘이 늘어난다. 그것을 촉진하는 방법으로는 생활 방식의 변화를 들 수 있다. 생활 방식을 바꾸기 위해서도 내부시각의 조절은 불가피하다. 이 점은 히포크라테스의 선서에도 분명히 나와 있다. 히포크라테스의 선서에서는 '히게 이아'가 강조된다. 히게이아는 인간의 치유력을 도와주는 것이 의술의 목적이라는 뜻이다.[36) 치유력은 의사가 환자의 병을 치료해 주기보다는 환자 스스로 자신의 병을 교정해 갈 수 있는 힘을 길러 준다는 뜻을 담고 있다.

환자 스스로 자기 질환에 대한 치유력을 갖기 위해서는, 질환 그 자체에 대한 지식을 갖는 것 외에도 질환을 다스릴 수 있는 삶의 양태를 바꿀 수 있어야 한다. 예를 들어, 흔히 아직도 의학적으로 난치성 질병으로 알려진 암은 인간의 기력부터 약화시키고 환자를 압박하는 질환으로 알려져 왔다. 암을 치료하기 위해서는 수술이나 투약도 필요하지만 그것보다 중요한 것은 환자의 '생활 방식'을 바꾸는 것이다. 그래야 환자 스스로 암이라는 질환에 대한 치유력이 생긴다는 것이 의사들의 의학적 소견이다.[37)

삶에서는 모든 것이 하나의 상호관계를 이루고 있는데, 그것의 토대가 바로 일상적인 삶살이다. 삶살이를 바꾸면 의식이 바뀌고, 태도를 바꾸면 삶살이가 바뀌게 된다. 이 세상의 이치가 그렇듯 하나의 원의 세계에서는 어떤 하나에게 쫓기다 보면 다시 그것을 추적하는 것처럼 모든 것이 서로 연관되어 있다.[38) 삶은 이런 것에 대한 배움을 경청한다. 죽어 가는 이들의 곁에서 그들의 마지막 이야기를 경청하면서 인간의 배움이 무엇인지를 스스로 깨달은 로스와 캐슬러는 배움의 치유력을 이렇게 보고한다.

> 삶이 우리에게 요구하는 배움은 무엇일까요? 수십 년 동안 죽음을 앞둔 이들과 아직 살아 있는 이들을 치료하면서 우리는 인간에게 필요한 배움이 결국은 누구에게나 같다는 것을 깨닫게 되었습니다. 그것은 두려움, 자기 비난, 화, 용서에 대한 배움입니다. 또한 삶을 받아들이는 것에 대한 배움, 사랑과 관계에 대한 배움입니다. 놀이와 행복에 대한 배움도 있습니다. 배움을 얻는다는 것은 다른 사람이 아닌

자기 자신의 인생을 사는 것을 의미합니다. 갑자기 더 행복해지거나 부자가 되거나 강해지는 것이 아니라, 세상을 더 깊이 이해하고 자기 자신과 더 평화롭게 지내는 것을 의미합니다. "난 내 삶이 불완전하기 때문에 더 즐겁다."라고 누군가 말했듯이, 삶의 배움을 얻는다는 것은 삶을 완벽하게 만드는 것이 아니라, 있는 그대로 삶을 받아들일 줄 알게 되는 것입니다. 우리는 저마다 배움을 얻기 위해 이 세상에 왔습니다. 아무도 당신이 배워야 할 것이 무엇인지 알려 줄 수 있는 사람은 없습니다. 그것을 발견하는 것은 당신만의 여행입니다. 삶의 여행에서 우리가 맞붙어 싸워야 할 것은 많을 수도 적을 수도 있지만, 결코 우리가 감당할 수 있는 이상의 것들이 아닙니다. 사랑을 배울 필요가 있는 사람은 결혼을 여러 번 하게 될 수도 있고, 어쩌면 한 번도 못할 수도 있습니다. 돈에 대한 배움이 필요한 사람은 돈을 전혀 갖지 못할 수도 있고, 또는 지나치게 많이 가질 수도 있습니다.[39]

　의학전문가들이 일상적으로 지적하는 생활습관병, 혹은 성인병의 징후에는 여러 가지가 있다. 그중에서도 생활습관 질환의 대명사로 간주되는 당뇨병, 심장병 등은 일반적으로 비만, 과체중에서 야기되는 병이다. 사람들이 살아가는 동안 과체중이 되거나 나이를 먹어 가면, 세포들의 인슐린 신호에 대한 민감성이 줄어들며, 이 때문에 더 많은 인슐린을 만들어야 혈당을 유지할 수 있게 된다. 이를 인슐린 저항이라고 하며, 이러한 현상이 심해지면 당뇨병이 발병한다. 당뇨병 환자들은 흔히 오줌을 많이 누고 물을 많이 마시며 음식을 많이 먹는 다뇨(多尿), 다음(多飮), 다식(多食)의 증상을 보인다. 당뇨병을 방치할 경우 사망에 이르기도 한다. 전 세계적으로 당뇨병 환자들은 10초마다 1명꼴로 죽어 가고 있으며, 30초마다 1명꼴로 당뇨병의 후유증으로 다리를 절단당하고 있다.

　인슐린은 혈액 내의 포도당(혈당)을 활동세포 안으로 유입시켜 주는 역할을 담당한다. 인슐린(insulin)[40]이 부족해서 생기는 인슐린 의존형 당뇨병 환자에게는 부족한 만큼의 인슐린을 보충해 주면 된다. 이와는 달리 인슐린 비의존형 당뇨병 환자는 인슐린 양의 문제보다는 인슐린의 정상적 작용이 더 문제가 된다. 인슐린이 제대로 작용을 못해 발생된 것이기에 그것이 제대로 조절되도록 도와주면 병이 호전된다. 인슐린 의존형이든 비의존형이든 관계없이, 생활습관병인 당뇨병을 예방하기 위해 필요한 비투약 방법 중 가장 효과적인 것이 식이요법과 운동요법이다. 이런 방법을 통해 뇌에서 인슐린 활동만 조절하면 삶의 질을 향상시키고 수명을 연장할 수 있다.

몸의 개조를 위해서는 수명 연장보다 삶의 질 향상이 더 중요하다. 이 사실을 삶에 실천하는 것이 중요하다. 미국의 노화학회는 노화 방지를 위해 사람들에게 호르몬 칵테일 요법 시술을 장려한다. 이 요법은 아직 의학 교과서에 오를 정도로 공인된 치료는 아니다. 그렇지만 많은 사람이 그 효능에 대해 긍정적으로 이야기하고 있다. 호르몬 칵테일 요법을 주도하고 있는 곳의 하나인 미국 크로노스 클리닉은 1998년 미국 애리조나 스커스데일에 설립된 사설 노화 방지 클리닉이다. 이곳에는 의사, 약사, 연구원 등 250명의 인력이 가동되고 있다. 그들이 추진하고 있는 노화 방지의 논리는 단순하다. "현대의학의 병폐는 질병 위주의 사고(思考)입니다. 의사들은 항상 질병에 신경을 씁니다. 하지만 중요한 것은 질병의 유무가 아니라 환자가 최적의 건강(optimal health) 상태에 있는지의 여부입니다."

그들의 논리에 따르면, 진정한 의미의 노화 방지는 수명의 연장보다 삶의 질 향상이라는 것이다. 단적인 예로 혈압을 들고 있다. 수축기 혈압이 140 이하면 정상이다. 139나 120이나 모두 정상이다. 그러나 120이 139보다 최적의 건강에 훨씬 가까운 것도 사실이다. 질병이나 증상이 없어도 개인의 체력과 기분 상태 등 컨디션에 따라 건강 수준이 현저히 달라질 수 있기에, 노화의 예방은 삶의 질을 개선하는 일과 직결되어 있다는 것이다.

무병장수를 원한다면 혈관에도 관심을 기울여야 한다. 전체 길이가 10만km나 된다는 체내의 혈관은 몸 곳곳의 세포에 신선한 산소를 공급하고 노폐물과 탄산가스를 흡수해 체외로 배설하는 기능을 담당한다. 혈관이 유연해야 세포가 젊어지고 육체도 젊음을 유지한다. 혈관 중에서도 정맥과 모세혈관보다는 동맥이 중요하다. 심장에서 뿜어 내는 피의 압력을 한평생 이겨내야 하기 때문이다. 동맥이 부실해서 터지거나 막히면 뇌졸중과 심장병에 걸리게 된다. 우리나라 사람 네 명 중 한 명을 뇌졸중과 심장 질환으로 숨지게 만드는 그 혈관의 건강 상태를 객관적으로 손쉽게 알 수 있는 방법은 혈압 측정이다. 혈압이 높으면 수압이 센 수도관이 잘 터지는 것처럼 혈관에 손상을 초래한다. 이미 지적했듯이 연령의 고하에 관계없이 140/90 이상의 혈압을 보이는 사람은 혈압 치료가 요구된다.

두 번째 방법은 혈액 검사를 통해 콜레스테롤 수치를 측정하는 것이다. 콜레스테롤은 혈액을 탁하게 만들어 혈관에 찌꺼기가 쌓이게 한다. 좋은 콜레스테롤인 HDL은 40 이상이라야 하며 나쁜 콜레스테롤인 LDL은 160 이하라야 한다. 음식 조절만으로는 혈압과 콜레스테롤 두 마리 토끼를 한꺼번에 잡아 혈관을 건강하게 유지할 수 없다. 어떤 음식을 먹거나 먹지 않는다고 혈압과 콜레스테롤이 한꺼번에 좋아지는 것은 아니다. 혈액의 기름덩어리를 간으로 끌고가기에 '혈관 청소부'라는 별명을 갖고 있는 HDL은 식사와 무관하기 때문이다. LDL은 기름진 음식을 피함으로써 줄일 수 있지만 HDL을 올리는 음식은 따로 존재하지 않는다. 정답은 운동에 있다. 건강한 혈관을 갖는 거의 유일무이한 비결은 규칙적인 운동에서 찾아야 한다. 수개월 이상 꾸준하게 걷기, 조깅, 수영 같은 유산소운동을 해 주면 좋다. 혈압과 나쁜 콜레스테롤 수치는 내려가고 좋은 콜레스테롤 수치는 올라가게 된다. 하루 30분 이상, 매주 네 차례 이상 꾸준히 운동해야 한다.[41]

§ 정신의 개조

김형효 교수의 통찰에 따르면,[42] 인류사에 존재했던 동서고금의 철학들은 '구성과 해체'라는 두 단어로 압축된다. 구성적 사유의 철학이 세상의 진리를 신이나 인간이 구성한다고 여기는 것이라면, 해체적 사유의 철학은 신이나 인간이 진리를 구성한다는 생각을 해체하고 이미 자연 그대로 놓여 있는 진리와 한몸이 되기만 하면 된다는 생각을 말한다.

세계 근대사뿐만 아니라 한국의 역사 역시 행동과 소유를 중심으로 하는 지배적인 구성주의 시대였다. 지리의 발견과 과학기술 문명, 서양 종교의 세계 지배, 땅과 바다를 넓히기 위한 팽창 등이 모두 그랬다. 이 과정에서 인간의 이기심은 광폭해졌다. 이것을 누를 수 있는 수단으로 도덕이나 법률을 생각해 냈지만, 순수한 도덕주의가 순수한 악덕 그 이상으로 위험하다는 것도 역사가 보여 주었다. 중세 십자군전쟁으로부터 히틀러의 유대인 말살, 중국 문화혁명기의 홍위병에 이르기까지, 도덕주의로 무장한 폭력은 타락한 정치적 권력의 쓰레기가 된 바 있다. 그런 쓰레기들이 사람을 해치고, 문명에 오점을 남긴다.

그런 류의 구성주의적 도덕주의를 바로잡을 수 있는 대안이 바로 해체주의적 사유다. 해체주의적 사유는 세상을 흑백이나 선악으로 나눌 수 있다고 보지 않는다. 만물의 존재 방식은 모두가 서로 어우러져 있는 연속과 쌍방의 관계로 이루어지며, 자연의 모든 것은 상생과 상극작용을 동시에 수행하고 있기에 성찰과 배려가 중요하다고 본다. 이 세상은 아직도 구성주의적 문화 발전력에 의해 휘둘리고 있다. 그로부터 현대인의 정신건강도 피폐해지고, 마음도 황폐해지고 있다. 이런 것을 근원적으로 해결하려면, 사람의 가장 큰 힘은 '마음'에서 나온다는 것부터 인식해야 한다. 마음의 힘이 고갈되면 몸과 마음은 지치게 되어 있다. 그것을 병이라고 부른다. 마음의 힘을 기른다는 것은 삶 전반에 긍정적 변화를 가져오는 일인데, 그를 위해 신경정신의학계에서는 '멘탈 피트니스(Mental Fitness)', 즉 마음의 세계를 여러 영역별로 나누어 훈련하는 프로그램을 추천한다. [43]

멘탈 피트니스의 구성과 작용이 어떻든지 그것의 기본 철학은 유교에서 말하는 '지선(至善)', 불교의 '불성(佛性)', 또는 기독교에서 '신성(神性)'이라고 부르는 내면의 힘을 찾는 일로 집약된다. 바깥 세계를 집요하게 쳐다보는 데 있지 않다. 이렇게 '구성에서 해체로'의 정신적 이행은 세상의 혁명에 앞서 마음의 혁명이 일어나야 함을 요구하고 있다.

정신적 구성에서 정신적 해체로의 마음혁명이 일어나기 가장 어려운 부류 중 하나가 기업인이나 지식인일 수 있다. 그들은 기본적으로 자본주의의 토대인 만들어 냄과 이윤 창출을 위한 구성주의 철학의 실천가이기 때문이다. 그렇다 하더라도 기업인의 마음가짐에 따라 다른 양태가 얼마든지 가능하다. 그것을 보여 준 기업인 중의 한 사람이 일본에서 자전거 점포의 점원으로 시작하여 세계적인 기업 마쯔시다 전기를 일구어 낸 마쓰시타 고노스케다. 그는 전기(電氣) 한 품목만으로 570개의 계열사와 13만 명의 종업원을 거느리는 그룹을 일으켰다. 말 그대로 입지전적(立志傳的)인 인물이다. 크게 성공한 후에 '무엇이 성공할 수 있는 조건이었느냐?' 는 질문에 다음의 세 가지를 이유로 들었다. "나는 세 가지 감사할 조건을 가지고 생을 살아왔습니다. 첫째는 열한 살에 부모를 여의었기 때문입니다. 그래서 남보다 일찍 철이 들 수 있었습니다. 둘째는 초등학교 4학년이 내 학력의 전부였기 때문입니다. 그래서 평생 공부할 수 있는 행운이 있었습니다. 마지막으로 어려서부터 몸이 약했습니다. 그래서 건강에 관심을 가지고 노력하여 이렇게 건강할 수 있는 행운이 있었습니다." 마쓰시타는 자신이 갖고 있던 생활상의 한계를 극복하기 위해 그 어떤 기업인보다도 자기 개조에 앞섰다. 그는 자기 개조를 위해 건강한 기업 가꾸기에 열정을 가졌던 기업인 중의 한 사람이었다.[44]

이 세상에는 돈이 많은 기업인이더라도 부귀하지 않은 사람들이 수두룩하다. 진정한 부귀는 자신이 벌어들인 재산을 사회를 위해 사용하려는 참된 '속마음(內心)'에 있다. 이것을 실천하기란 그리 쉽지 않다. 액수가 문제가 아니다. 언제나 마음이 문제가 된다.[45] 시류에 역행하는 모습을 보여 주는 사람들 중에는 기업인도 있고 보통 사람도 있다. 기업인 중에는 아시아 최고 부자인 일흔일곱 살의 리자청(李嘉誠) 홍콩 창장(長江)그룹 회장이나 미국의 빌 게이츠, 척 피니 등이 꼽힐 수 있다. 척 피니는 만 원짜리 시계를 차고 이코노미 클래스로 세계 여행을 하며, 집도 자동차도 없이 살면서 4조 원에 이르는 거금을 남몰래 기부한 미국의 사업가다.

미국의 〈보스턴 글로브(Bostonglobe)〉는 척 피니를 입지전적인 인물로 들며 2007년 9월 18일 그에 대해 상세한 기사를 실었다. 뉴저지의 아일랜드 이주민 가정에서 태어난 척 피니(찰스 피니)는 1988년도 포브스가 선정한 미국 갑부 23위에 올랐던 재력가다. 재산은 13억 달러였으며 루퍼트 머독이나 도널드 트럼프보다 더 큰 부자였다. 그러나 당시 그는 갑부가 아니었다. 4년 전 한 재단에 재산 대부분을 출연했었기 때문에 그는 부자의 대열에 오르지 못했다. 척 피니가 세운 자선 재단(The Atlantic Philanthropies)은 지난 25년 동안 40억 달러 이상을 세계 여러 나라의 대학과 병원, 인권단체와 의료연구기관에 기부했다. 베트남, 호주, 남아프리카공화국, 태국, 쿠바의 단체에도 수십 억 달러를 기부하여 그들을 도왔다.

19세기의 자선가 앤드류 카네기를 존경한다는 피니는 가난한 노동자 집안에서 태어났다. 그는 어린 시절 집집마다 다니며 크리스마스 카드를 팔거나 눈을 치우며 돈을 벌었다. 골프장에서 캐디도 했었다. 그는 세계 최대의 면세점 체인 '듀티 프리 쇼퍼스'를 세워 갑부의 반열에 오르기 시작했다. "나는 절대 변하지 않는 생각을 갖고 있다. 부는 사람들을 돕기 위해 사용되어야 한다. 나는 정상적인 삶을 살려고 노력했다. 내가 자랄 때의 그 방식 그대로 말이다."라고 말하는 척 피니는 인간의 영혼이 무엇인지를 보여 주는, 살아 있는 부처와 같은 사람이다. 그는 그저 늘 하던 대로 플라스틱 시계를 차고 다니며, 서류가방 대신 비닐봉투를 들고 다닌다. 허름한 식당에서 식사를 즐기는 척 피니는 언론에 공개되기를 극도로 꺼리는 사람이기도 하다. 그의 선행 기사가 인터뷰 기사나 사진으로 소개된 적도 거의 없다.[46]

빌 게이츠 마이크로소프트(MS) 회장은 이라크 학자들을 위해 약 48억 원을 흔쾌히 내놓은 또 다른 문명 수호 기업인이다. 이라크 침공 이후, '이라크 지식층을 상대로 한 테러는 학계의 홀로코스트(나치 독일의 유대인 대량 학살) 수준'에 이르고 있다는 것이 빌게이츠의 생각이다. 이 같은 기부는 미국인으로서의 속죄 같은 것이었다. 이라크에서 2003년 이후 살해된 학자는 300여 명에 이르는 것으로 추정되며, 2007년 한 해에만 바그다드 대학에서 발생한 폭탄 공격으로 교수 등 100여 명이 사망했다. 구체적으로 보고되지 않았거나 납치된 사례까지 감안하면 그 수는 훨씬 더 많을 것으로 추정된다. 빌 게이츠는 이라크 안에서 서로 다른 종파 간의 살상뿐 아니라 미군과 연합군에 의해 의도되거나 의도하지 않은 결과로 인한 문명과 지성의 멸종 위기를 직시하였기 때문에 그런 자선을 할 수 있었다. 그가 세운 '빌 앤드 멀린다 게이츠 재단'은 살해 위협을 받거나 박해받는 이라크 지식인 150여 명을 요르단 등 주변국으로 이주시켜 연구 활동을 계속할 수 있도록 지원하기 위한 이라크 '학자구출펀드(Scholar Rescue Fund)'를 만들었다. 이 기구는 2002년 헤지펀드 투자자인 조지 소로스 등 미국 월가의 거물들이 참여해 만든 비영리 기구다.

홍콩의 리 회장은 허치슨 왐포아, 장실업, 홍콩텔레콤, 홍콩전력 등 460여 개 회사와 세계 42개국에 18만 명의 종업원을 둔 세계적 거상(巨商)이다. 그는 "재산은 하루만에 엄청 불어날 수도, 하룻밤 새 절반이 될 수도 있다."며 "진정한 재산은 어느 누구도 가져갈 수 없는 속마음에 있다."라고 역설하였다. 열두 살 때 고향인 차오저우(潮州)를 떠나 찻집 종업원과 시곗줄·혁대 행상 등으로 온갖 고생을 했던 리회장은 1980년 '리자청 기금회'라는 공익봉사재단을 세워 지금까지 교육·의료·학술 지원 사업 등에 76억 홍콩 달러(약 1조 260억 원)를 헌납했다. 리 회장은 "리자청 기금회는 내가 얻은 세 번째 아들"이라고도 했다. 그의 '공익사업관'도 독특하다. '천재나 인화에 따른 사고 지원을 제외하면 장기계획을 갖고 사회적으로 소외되고 뒤떨어진 사람들이 스스로 일어설 수 있게 도와줌으로써 사회에 융합되게 하는 것이 요체'라는 것이다.

마쓰시타 회장이나 리 회장과 같은 거부만이 자기됨의 삶살이의 개조에 앞선 사람은 아니다. 보통 사람도 얼마든지 있다. 교도소에 매여 있는 몸이지만 고교 후배들에게 자성하는 마음으로 그동안 교도소에서 노동의 대가로 받은 10만 원을 자신이 졸업한 고교의 도서 구입비로 기부한 어느 수인(囚人)[47]도 자기 개조에 앞선 인물임에 틀림없다.

그들이 보여 주는 개조력은 세상사가 처음에는 모두 부정적으로 보이지만, 끝내 그것마저도 이해하지 못할 것은 하나도 없다는, 통 큰 긍정의 '연철학(然哲學)'과 일맥상통한다. 한 언론인은 300년간을 부자로 살아 온 경주 최부잣집의 처세법을 연철학으로 설명하였다. 그의 설명은 최부잣집의 처세가 그들의 개조력과 무관하지 않음을 보여 준다.

최수운(崔水雲)이 남긴 동경대전(東經大全)의 내용 가운데에는 '불연기연(不然其然)' 장이 있다. '연(然)'은 '그렇다'는 긍정의 의미를 지닌다. '불연기연'을 풀면 '그렇지 않다, 그렇다.'의 뜻이 된다. 따라서 불연기연은 '부정을 통한 대긍정'의 의미로 해석된다. 세상사가 처음에는 모두 부정적으로 보였지만, 시간이 흐른 뒤에 생각해 보니까 이해 못할 것이 하나도 없다는 대긍정을 이야기한 것으로 풀어볼 수 있다. 말하자면 '연철학(然哲學)'이다. 흥미롭게도 이 '연철학'과 비슷한 내용이 300년 동안 만석꾼을 지냈던 경주 최부잣집의 가훈에서도 나타난다. 최수운과 최부잣집은 같은 경주 최씨로서 선대에 올라가면 서로 왕래가 많았던 일가친척의 관계였다. 최부잣집에서 자식들을 교육시킬 때 강조했던 내용이 바로 육연(六然)이다. '여섯 가지를 그래야 한다.'는 가훈이다. 자처초연(自處超然, 혼자 있을 때는 초연하라), 대인애연(對人靄然, 사람을 대할 때는 평화로운 마음으로 만나라), 무사징연(無事澄然, 일이 없을 때는 맑고 고요하라), 유사감연(有事敢然, 일이 있을 때는 과감하라), 득의담연(得意淡然, 뜻을 얻었을 때에도 담담하라), 실의태연(失意泰然, 실패했을 때에도 태연하라)이 그것이다. 만석꾼이라 하면 오늘날의 재벌에 해당한다. 재벌 집의 가훈이 바로 '육연'이었다. 재벌 집의 자식이라면 여섯 가지의 연(然), 그러니까 여섯 가지 대긍정의 경지에 들어가야 만석의 재산을 감당할 수 있는 그릇이 된다고 여겼던 셈이다. 만석꾼을 유지한다는 것은 재테크만 잘한다고 되는 것이 아니라 깊은 인격적인 수양도 뒷받침되어야 했던 것이다. 사실 이 여섯 가지는 어느 한 가지도 만만한 경지가 아니다. 그래서 역대 최부잣집 자식들은 매일 아침에 일어나면 먹을 갈아 붓으로 이 육연을 쓰는 훈련을 받았다. 현재 최부잣집 주손인 최염 씨도 매일 아침 6시가 되면 조부님이 계시는 사랑채로 건너가, 조부가 직접 보는 앞에서 이 육연을 썼다고 한다. 유년시절부터 육연을 매일 반복하게 함으로써 아예 세포에 각인시키고자 했던 것이다.[48)]

§하루만 더 살기

미치 앨봄[49)]은 갈 길이 보이지 않을 때나 뭔가 잘못되어 간다는 느낌이 들 때, 늘 죽음을 상담자로 삼는 작가다. 소설 『단 하루만 더』의 주인공 찰리의 어머니는 주인공을 너무나 사랑하고 아낀다. 그녀는 어머니로서 존경받는 삶을 살았지만 여성으로서는 불행한 삶을 산 사람이다.

남편이 두 집 살림을 했고, 그 때문에 이혼을 하고 혼자 가정을 꾸려 낸 억척 어머니다. 찰리는 아버지에 대한 갈망 때문에, 아버지에게 잘 보이고 싶어 어머니에게 거짓말을 하고 야구대회에 참석하며, 결국 어머니의 임종도 지켜보지 못한다. 주인공 찰리는 끝내 야구선수의 꿈도 이루지 못했고 아내와도 헤어졌다. 하나뿐인 딸은 주정뱅이 아버지가 말썽을 피울까 봐 결혼식을 알려 주지도 않아 사위 얼굴도 모르는 신세다. '철문이 코앞에서 닫혀 버리는 느낌'에 절망해 자살을 결심하지만 죽지도 못한다. 비참의 늪에서 헤맬 때 그는 이미 세상을 뜬 어머니를 만난다. 물론 환상이다. 찰리는 어머니를 따라 옛 동네를 함께 거닐며 몰랐던 사실을 알게 된다. 자신 안에 각인된, 그러나 잘 알지 못하고 있던 부모의 흔적을 발견한다. 미국에서도 이혼이 드물던 1960년대, 찰리의 어머니는 마을에 한 명밖에 없는 이혼녀였다. 그녀는 마을 여자들에게 경계의 대상이었다. 남자들에게는 한번 흔들어 봐도 될 수 있는 유혹의 대상이었고, 아이들에게는 훔쳐보기와 조롱의 노리개 감이었다.

그런 찰리의 어머니는 간호사로 일하던 병원에서 고위 관리자의 '부적절한 행동'에 항의했다가 해고까지 당한다. 어린 찰리는 그런 엄마가 그냥 부끄럽고 싫기만 했다.

그러나 어머니는 자식과는 다르다. '부모란 자식을 소용돌이 위로 안전하게 밀어 올리는 사람'이기 때문이다. 그렇게 아이들을 보호하고 방어하는 과정에서 부모들이 어떤 고통을 겪는지 아이들이 알 리가 없다. 자신과 여동생을 대학까지 공부시키기 위해 어머니는 간호사에서 미용사로, 그리고 청소와 막노동까지 할 수밖에 없었다.

"난 부끄럽지 않았다. 난 엄마였단다." 그녀는 아이들을 위해 자신의 몸을 불살랐다. 찰리는 어머니로부터 그 이야기와 더불어 자신의 가슴을 갈기갈기 찢어 놓는 부모의 이혼 사유도 알게 된다. "네가 어떤 사람이었다 해도 엄마는 너를 사랑한다. 그러니 너도 너 자신을 이제 용서해라." 죽은 어머니와의 만남을 통해 찰리는 자신의 과거와 화해하며 사람들이 들어올 수 있도록 마음의 문을 열기 시작한다. 우리의 하루는 누구든 사랑하는 사람을 위해 쓰라고 주어진 시간이다. 찰리의 어머니는 그렇게 했다. 찰리 역시 자신에게도 그런 사랑이 남아 있음을 깨닫고는 자기 삶의 이유를 다시 찾아내기 시작한다. 찰리는 이제 삶에서 자신을 낙관한다. 자기 개조를 시작한 것이다.

실제로 낙관적인 태도가 육체적, 정신적 노화과정을 지연시킨다는 연구 결과가 나왔다.[50] 미국 텍사스 대학과 노스캐롤라이나 주립대학의 연구진은 의학전문지『심리학과 노화(Psychology and Aging)』에 각각 발표한 연구보고서에서 유전자와 체력뿐만 아니라 심리적 요인이 육체적, 정신적 노화에 큰 영향을 미친다고 밝혔다.

텍사스 대학 연구진은 멕시코계 미국인 중 건강한 노인 1,558명을 대상으로 7년에 걸쳐 체중 감소, 보행 속도, 피로감 등 체력의 변화를 분석했다. 조사 결과 삶에 대해 긍정적 태도를 가진 노인들은 노화에 따른 체력 약화가 훨씬 덜한 것으로 나타났다. 연구진은 낙관적인 태도가 인체 내 화학 성분의 균형을 변화시킴으로써 직접적으로 건강에 영향을 미칠 수 있다고 설명했다. 낙관적 태도가 인생에서 성공할 것이라는 믿음을 갖게 해 주기 때문에 건강 증진 효과를 거둘 수도 있다고 연구진은 덧붙였다.

노스캐롤라이나 주립대학 연구진은 17~35세의 젊은 그룹과 57~82세의 노인그룹 실험 참여자 193명을 대상으로 노화 증세를 표현하는 긍정적인 단어들과 부정적인 단어들에 노출시킨 뒤 기억력 테스트를 실시하였다. 부정적 단어에는 허약한, 노망기 있는, 정신이 오락가락하는 등의 단어가 포함되었고, 긍정적 단어에는 위엄 있는, 유명한, 박식한 등의 단어가 포함되었다. 단어 기억 테스트에서 긍정적 단어군에 노출된 노인그룹은 부정적 단어군에 노출된 노인그룹보다 단어를 더 잘 기억해 냈다. 긍정적 단어군에 노출된 노인그룹의 기억력은 젊은 그룹의 기억력과도 큰 차이를 보이지 않았다.

§ 70%의 땀

대부분의 천재는 훌륭한 스승의 창조적인 사고방식을 본받아 그것을 자기 것으로 체득한 사람들이었다. 이는 노벨상 수상자들의 면면을 살펴보면 알 수 있다. 1922년 물리학상을 받은 닐스 보어와 1938년 물리학상을 받은 엔리코 페르미의 경우 함께 연구했던 제자들 중 여러 명이 노벨상의 영광을 함께했다. 보어는 4명, 페르미는 6명의 문하생이 스승의 덕으로 노벨상 수상의 영예를 누린 것으로 알려졌다. 그들이 스승을 통해 본받은 것은 자기 조절 능력을 갱신해 가는 노력, 말하자면 개조력이었다.

개조력이 바로 천재의 조건이다. 천재란 보통 사람이 가지지 못한 무엇을 가지고 있다기보다는 우리 모두가 가지고 있는 것을 약간 많이 가지고 있는 사람이다. 이 결론은 2006년 가을, 천재를 연구한 논문들을 최초로 집대성한 책에서 내린 결론이다. 『케임브리지 편람』의 편집자인 앤더스 에릭슨 교수는 "천재는 태어나는 것이 아니라 만들어진다."라고 주장했다. 이 결론은 천재는 1%의 영감, 70%의 땀, 29%의 '좋은 환경과 가르침'으로 만들어진다는 천재 제조의 비법에서 나온 것이다.

『케임브리지 편람』에 따르면 예술과 과학 분야에서 크게 성공한 인물들의 지능지수(IQ)는 보통 사람들보다 약간 높은 115~130이었다. 이러한 지능지수는 전체 인구의 14%에 해당한다. 지능지수로만 보면 100명 중 14명은 천재가 될 조건을 갖추었다는 뜻이다. 천재가 반드시 남보다 뛰어난 머리를 갖고 태어난 것은 아니라는 사실이 확인된 것이다. 1965년 노벨물리학상을 받았으며 기발한 아이디어를 쏟아 낸 천재로 알려진 리처드 파인만의 지능지수는 122였다.

아인슈타인, 피카소, 다윈이 어린 시절 학교 성적이 별로 좋지 않았다는 것은 이미 알려진 사실이다. 고흐, 고갱, 차이코프스키, 버나드 쇼도 한참 늦은 나이에 비로소 그들의 재능을 발휘했다. 이들을 천재라고 했을 때, 보통 사람들보다 5배 정도 더 많은 시간과 노력을 쏟아부어 위대한 업적을 남긴 사람들이다. 천재 중의 천재로 손꼽히는 모차르트는 세 살 때부터 연주를 시작한 음악의 신동으로 알려져 왔다. 그는 여섯 살 때 미뉴에트를 작곡하고 아홉 살에 교향곡, 열한 살에 오라토리오, 열두 살에 오페라를 썼다. 그는 한 곡을 쓰면서 동시에 다른 곡을 생각해 낼 수 있었으며 악보에 옮기기 전에 이미 곡 전체를 작곡했다고 알려졌다.

그러나 모차르트가 단숨에 작곡했다는 소문과 달리, 그의 초고에는 고친 흔적이 많이 드러난다는 것도 알려진 사실이다. 그가 작곡 도중에 포기한 작품도 한둘이 아니었다. 모차르트도 신동의 명성을 유지하기 위해 남다른 노력을 했다는 사실이 드러난 것이다. 그가 다른 음악가보다 더 노력했다는 사실은 35년의 짧은 생애에 무려 600여 편을 작곡했다는 것으로 확인된다. 그는 노력 없이는 어떤 것도 이루어지지 않는다는 것을 보여 주었다. 천재들은 모차르트처럼 정력적인 일벌레여서 많은 작품을 생산했다. 프로이트는 45년간 330건, 아인슈타인은 50년간 248건의 논문을 남겼다. 볼테르는 2만 1,000통의 편지를 썼고, 에디슨은 1,093건의 특허권을 획득했었다. 모두가 자기 개조력이 뛰어났던 사람들이다.

피카소는 앙리 마티스에게 평생 라이벌 의식을 가졌다고 한다. 마티스는 미술계에서 대단한 자기 개조력을 보여 준 화가 중의 한 사람이다. 피카소는 그의 작품을 보는 순간 라이벌이 있음을 직감하였다. 마티스는 아버지 뜻에 따라 법률사무소 서기로 일하다 우연히 들은 드로잉 강의에서 천직을 발견한 병약한 소년이었다. 갈색과 회색이 주조를 이루던 미술계에 당시로는 위험하다고까지 여겨졌던 화려한 색을 구사한 신진 화가였다. 동시에 동생조차 형의 그림 대신 자전거를 샀을 정도로 주위로부터 외면당했던 불우한 천재 화가였다. 눈이 어두운 여든다섯 살의 나이에도 휠체어에 앉아 색종이들을 작업실 벽에 오려붙이던 치열한 화가이기도 했다. 그가 그럴 수밖에 없었던 것은 프란시스코 고야(Francisco José de Goya, 1746~1828)의 그림을 보고 비로소 '그림이 언어가 될 수 있음을, 내가 화가가 될 수 있음'을 깨달았기 때문이다. 그는 그것을 위해 끊임없이 화가로서 자기 개조에 몸을 헌신했다. 그리고 그는 "진정한 화가에게 장미 한 송이를 그리는 것보다 어려운 일은 없다. 장미를 그릴 수 있으려면, 먼저 지금까지 그려진 모든 장미를 잊어야 하기 때문이다."라고 늘 자기 성찰의 고삐를 늦추지 않았다.[51]

운동선수 중에서도 자기 개조력이 뛰어난 인물이 많이 발견된다. 카일 메이나드는 1986년 선천성 사지절단증이라 불리는 희귀한 병을 안고 태어났다. 양팔이 없고 다리는 짧으며, 키는 120센티미터 정도밖에 되지 않는다. 그런 그였지만 풋볼선수, 레슬링선수로서 정상인들도 불가능해 보이는 일들을 삶 속에서 행동으로 보여 주었다. 카일 스스로 남과 다르다는 생각을 갖지 않았다. 그는 하느님이 인간을 창조하신 각각의 존재 이유가 있다고 믿었다. 하느님이 자신에게 책과 강연을 통해 다른 사람들을 만날 기회를 주었고, 그들에게 변명 없는 삶이 불가능을 없앤다는 이야기를 할 수 있게 하셨다고 항상 믿고 있었다.

그는 "내가 할 수 있는 것은 없다. 내가 해야 할 것일 뿐."이라고 말하곤 했다. '변명은 없다.'는 것이 그가 유일하게 지켜온 삶에 대한 태도였다. 그런 그의 태도가 불가능을 가능하게 만들었고, 지금의 성공적인 삶을 살 수 있게 했다. 카일의 레슬링 코치인 클리프라모스는 카일을 알고 지낸 지난 7년 동안 단 한 번도 카일에게서 "코치님, 아시다시피 팔도 없고 다리도 없는 제게는 정말 이루기 힘든 목표라고요."라는 식의 변명을 들어본 적이 없다고 회고했다. 그는 친구들이나 주위 사람들에게 "내가 경험을 통해 배운 것은 우리는 이기고자 하는 의지와 욕망이 있으면 우리 자신을 얼마나 많이 확장할 수 있는지 알지 못한다는 것이다. 승리를 거두고 매트에서 내려올 때마다 자신과 승리를 지켜본 모든 사람에게 내가 진실이라고 믿고 있는 사실을 증명했다. 불가능이란 없다."[52]라고 이야기한다. 그를 그렇게 새로운 사람으로 만들어 낸 것은, 불가능은 없다는 생각과 자기 형편에 맞는 나름대로의 자기 개조에 대한 확신을 일상생활에서 실천하는 개조력이었다.[53]

§ '+' 자장의 흡입

독수리는 70년을 살기 위해 40년이 되는 해에는 어김없이 변신을 시도한다. 40년이 되면 부리가 굽어 가슴 쪽으로 파고들어 먹이를 제대로 쫓을 수 없기 때문이다. 발톱 역시 안으로 많이 굽어 사냥하기 어렵게 된다. 그런 상태로 살아가면 독수리는 가슴으로 굽어 들어온 부리 때문에 사냥도 못하는 폐물이 되고 만다. 그에게 남은 것은 자멸의 죽음뿐이다. 이 지점에서 대부분의 건강한 독수리는 30년을 더 살 작심을 한다. 그런 결단을 한 독수리는 절벽 꼭대기에 올라가 급강하한다. 일단 부리를 바위에 으깨 가슴 안으로 굽은 부리를 부숴 버린다. 살이 파이는 고통을 느낀다. 완전한 제거는 아니더라도 그렇게 부서진 부리는 서서히 시간이 지나면서 잔재들이 없어지며 다시 날카로워진다. 없어진 부리를 대신해서 새 부리가 날카롭게 돋아난다. 이어 독수리는 새로 생긴 부리를 이용해 안으로 휘어져 쓰기 불편한 발톱마저 뽑아 낸다. 이내 새 발톱이 돋아난다. 이제 새 부리와 새로 돋은 발톱으로 무장한 독수리는 새로운 삶을 시작할 사냥에 나선다.

독수리가 보여 준 것과 같은 개조력은 바로 삶을 향한 새로운 자장을 만들어 내는 일과 같다. 일본에서 '청소력'이란 신조어를 만들어 내 저명 인사가 된 마쓰다 미쓰히로(舛田光洋)는 마음만 먹으면 "걸레 한 장으로 인생을 바꿀 수 있다."라고 주장한다.[54] 그가 말하는 '청소력'의 핵심은 마이너스 요소를 없애는 것이다. 불필요한 것, 1년 이상 안 쓰는 것, 막연히 나중에 쓸 일이 생길지도 모른다며 내버려 두었던 것들을 골라 내버리고 새로운 여백을 만드는 일이다. 회사의 경우 필요 없는 서류를 과감히 버리는 것부터 시작하면 된다. 개인도 자신에게 불필요한 것을 버리면 된다. 그렇게 하면, 개인이든 회사든 나름대로의 새로운 정체성을 정립하고, 일의 효율성도 높일 수 있다. 마쓰다는 '회사든 가정이든 깨끗하게 정리되어 있으면 플러스 자장이 가득하게 되어 기분도 좋고 일의 능률도 올라간다.'는 신념 아래, 환경뿐만 아니라 인간관계마저도 그렇게 하라고 조언한다. 누군가 자기 삶에서 청소해 버리고 싶은 사람이 있을 때는, 그 사람에 대한 위압감 · 증오감 · 배신감 · 미운 감정부터 정리해 버리라는 것이다.

플러스 자장이 조직이나 사회에 흡입되면 사회가 변화되고 개조된다는 사실은 '깨진 유리창' 이론을 통해서도 증명된다. 미국 스탠포드 대학의 필립 짐바르도(Zimbardo) 교수는 1969년에 흥미로운 심리실험을 진행한 적이 있었다. 범죄가 자주 발생하는 골목을 골라 새 승용차 한 대를 보닛을 열어 놓은 상태로 방치하였다. 일주일이 지난 뒤 확인해 보니 그 차는 아무런 이상 없이 원 상태대로 보존되었다. 이번에는 똑같은 새 승용차를 보닛을 열어 놓고, 한쪽 유리창을 깬 상태로 방치시켜 두었다. 놀라운 일이 벌어졌다. 불과 10분이 지나지 않아 배터리가 없어지고 차 안에 쓰레기가 버려져 있었다. 시간이 지나면서 낙서, 도난, 파괴가 연이어 일어났다. 1주일이 지나자 그 차는 거의 고철 상태가 되어 폐차장으로 실려갔다. 이 실험은 하나가 깨지면 모든 것이 깨진다는 것을 보여 준 것이다.

짐바르도의 실험 결과는 1980년대의 뉴욕 시 지하철 범죄 대책에 응용된다. 뉴욕은 1970년대부터 연간 60만 건 이상의 중범죄가 발생하는 범죄도시로 변해 있었다. 그중에서도 지하철이 가장 악명높았다. 지하철마다 낙서가 없는 것이 없었다. 갱단이 자신들의 힘을 과시하기 위한 소행이었다. 그래서 '뉴욕의 지하철은 절대 타지 마라.'는 소문이 지배적이었다. 이때 제임스 Q. 윌슨(James Q. Wilson) 교수가 1982년 3월 월간 『애틀랜틱』에 「깨진 유리창」이라는 제목의 글을 발표하면서 깨진 유리창 이론이 대중화되기 시작한다.[55] 이어, 미국 라토가스 대학의 켈링 교수는 '깨진 유리

창의 법칙'을 뉴욕 시의 지하철 범죄 감소 대책으로 응용하기를 바랐다. 그는 그 방법으로 낙서를 철저하게 지울 것을 제안했다. 낙서가 방치되어 있는 상태는 창문이 깨져 있는 자동차와 같은 상태라고 생각하였기 때문이다. 당시 뉴욕 시 교통국의 데이빗 간 국장은, 겔링 교수의 제안을 받아들여 '낙서 대청소 방침'을 세웠다.

교통국 직원들은 국장이 내린 방침이 비현실적이라고 반발하기 시작했다. 그들은 흉악범 퇴치를 위한 경찰력 강화가 급선무라고 주장했지만, 데이빗 간 국장은 자신의 방침을 강행한다. 무려 6,000대에 달하는 지하철 전 차량의 낙서를 지우는 작업이 시작되었다. 이 '낙서 지우기' 프로젝트는 1998년, 즉 5년이 지난 후에야 완료된다. 그 효과는 기적적이었다. 지하철 범죄가 서서히 줄기 시작했다. 2년이 지난 뒤에는 중범죄가 50% 이상 줄었다. 이 프로젝트가 완료된 1998년 이후에는 지하철 중범죄가 75%나 줄어들었다. 1994년 뉴욕 시장에 취임한 루돌프 줄리아니는 지하철의 범죄 퇴치 효과를 뉴욕 시 경찰에 도입했다. 뉴욕 시 전역의 낙서를 지우는 한편, 보행자 신호 위반과 빈 병 버리기 등의 경범죄도 철저하게 단속했다. 그 결과 뉴욕 시는 범죄 발생 건수가 급격히 감소했다. 마침내 뉴욕은 '범죄도시'의 오명을 벗는 데 성공한 것이다.

청소력이 자기 개조에 도움이 되려면 자신을 비우는 일에서 시작해야 한다. 자신을 비우지 못하는 사람이 남이 비우기만을 기대하는 것은 탐욕을 쌓는 일이나 마찬가지다. 이 같은 경우는 마쓰다의 지적처럼 마이너스 요소를 없애고 플러스 자장을 만들어 놓는 것이 아니라 자기 자신의 플러스 자장을 소진시키고 대신 마이너스 요소를 쌓아 놓는 일이다.

자기 개조에 투철해지면 자기 시간 관리, 시간의 재활용에도 나름대로의 방법을 터득할 수 있다. 인간에게 공평한 것이 바로 시간이다. 누구나 똑같은 시간대에서 뛴다. 시간의 활용에 따라 역전이 가능한 것이다. 세상의 환경에서 다른 것이 많음에도 불구하고 인간이 용기를 얻을 수 있게 해 주는 것이 바로 시간이다.[56)]

불가에서는 일찍이 자기 개조를 위한 자기 청소의 방편으로 두타행을 실천하고 있다. 불교의 수행은 우리의 기본적인 일상생활인 의식주에 덧붙어 있는 욕심을 벗어나는 데서 시작된다. 흔들어서 떨어뜨린다는 뜻인 두타(頭陀, dh ta)는 번뇌의 먼지를 털어 버리고 의식주에 탐욕을 일으키지 않으며 오로지 불법 수행에 정진하는 것을 말한다.[57] 의식주에 관한 탐욕을 털어 버리는 수행과 심신을 단련하는 갖가지 생활 규율과 걸식하는 행위는, 남에게 조건 없이 머리를 숙이고 겸손함으로써 자신을 청소하는 행위다. 실제로 걸식하기 위해서는 뭐든지 고분고분 해야 하며 가리지 않고 먹어야 제대로 얻어먹을 수 있다. 자신을 버리지 못하고, 자신을 비우지 못하고, 자신을 청소하지 못하면 두타는 실제로 어렵게 된다.

　두타가 일상생활에서 조금도 반영되지 못하면 고집(固執)이 생기기 시작한다. 고집은 집착이며, 자신의 생각만이 옳다고 여기는 행위다. 남들의 생각은 자기 것보다 못하다는 아만(我慢)의 표현이다. 아만은 자신을 독불장군으로 만든다. 고집이 깊어지면 자신의 생각만이 옳다는 것을 증명하기 위해 조금도 새로워지지 않는다. "내가……."라든가, "그 놈 때문에……." 하는 식으로 타인을 비난하며 자신을 감추기만 한다. 내가 편해지기 위해 남을 불편하게 만든다. 병자의 징후 그대로다. 두타는 남을 편하게 하기 위해 내 마음을 비우는 것이다. 자신을 청소하는 사람은 독불장군에서 벗어나 독존의 경지로 진입하려는 현자의 마음을 가진 사람이다.

§ 내부시각의 개조

　내부시각을 개조하면 인간에게 치유의 힘이 생기기 시작한다. 내부시각은 치유의 힘을 갖고 있다. 인간의 사유에는 이상이 생길 수도 있다. 의학적으로 빗대 말하면 인간의 배움에 종양이 생기는 것과 같다. 이럴 경우 바른 사고로 복귀할 수 있는 치유는 약물만으로 가능한 한 것이 아니다. 약물 이외의 방법들도 얼마든지 가능하다. 그것 중의 하나가 바로 인간의 뇌를 속이는 방법이다. 정확히 표현하면, 뇌를 속인다기보다는 내부시각의 확장으로 뇌의 오작동을 교정하는 것이다.

내부시각이 납득하면 어떤 병이든 치유가 가능하기에, 배움의 관점에서 본다면 사람들 중에 미친 사람이 있다는 말은 거짓에 가깝다. 미친 사람이라기보다는 생각이 다른 사람이라고 볼 수 있다. 마치 그것은 장님 세계에서는 한쪽 눈이 보이는 사람이 비정상인 것과 마찬가지기 때문이다. 수술요법이나 약으로만 병을 고친다는 것도 절대 유일한 진실은 아니다. 투약하거나 수술 처치를 통해 내부시각의 차이를 바꾸어 놓는 것이다. 푸코(Foucaut)가 미친 사람에 대한 오해를 권력의 측면에서 이해하게 했다면, 라마찬드란(Ramachandran) 박사는 뇌신경학적 관점에서 미친 사람은 없다는 점을 밝혀준 바 있다.

§ 자기 치유의 근거

건강의 전도사로 일컬어지는 이상구 박사는 늘 '뉴스타트(NEWSTART)'가 자기 개조의 핵심이라고 이야기한다.[58] 사람이 건강하게 살기 위해서는 신체를 최적화할 수 있는 건강식(nutrition), 운동(exercise), 깨끗한 물(water), 햇빛(sunshine), 절제(temperance), 맑은 공기(air), 휴식(rest), 신뢰(trust)가 중요하다고 본다. 그는 뉴스타트가 우리 몸의 자연 회복력을 증진시켜 원래 자연의 상태에 이르게 하는 방법이라고 주장한다. 물론 그가 신체의 건강만을 이야기하는 것은 아니다. 인생을 바라보고 세계를 이해하는 인생관과 세계관을 바꿔야 하고, 일상생활이 달라져야 건강할 수 있기 때문이다.[59]

"정상 세포가 암세포로 변하는 것은 정말 어렵지만, 암세포가 정상 세포로 바뀌는 것은 쉽습니다. 우리 몸에는 암 억제 프로그램이 있습니다. 치료(治療)는 병으로 인해 생기는 증상을 완화시키는 것이고, 치유(治癒)는 병이 완전히 없어지는 것을 뜻합니다. 의사들이 할 수 있는 것은 약을 주고 병의 증세를 완화시켜 환자들을 편안하게 해 주는 것뿐입니다. 약으로 완전히 낫는 병은 없습니다. ……당뇨병이든 동맥경화든 중풍이든 암이든 병 낫는 방법은 똑같습니다. 변질된 유전자가 정상으로 돌아오는 것, 딱 한 가지입니다."라고 주장하는 이 박사는 생활습관을 바꾸려면 사고방식부터 바꾸어야 한다고 조언한다.

약리학 연구소에서 화학자로 일했던 라울란트[60]는 인간의 호르몬이 자기 치유제라고 본다. 인간이 자신을 개조해 나가면 이런 자기 치유제가 몸에서 자생하도록 되어 있다. 생활습관병을 고치는 일, 대인관계를 개선하는 일, 자기 감정을 조절하는 일은 모두가 자기 치유를 돕는 신경전달물질을 자생하기 때문이다. 인간의 호르몬은 극도의 고통과 피로 속에서도 그 스스로가 무너지지 않도록 우리 몸을 보호하면서, 살아가는 내내 불꽃을 튀기며 희로애락을 불러일으킨다. 감정이 하염없이 고양되거나 비통하고 쓰라려 죽고 싶어지기도 하는데, 그 소용돌이 한가운데에서 호르몬이 춤추고 있는 것이다. 육체적 반응과 심리적 현상을 불러일으키고 매개하여 증폭시키는 뇌 전달물질이자 화학물질이 '호르몬'이다.

몸과 외부 자극의 상호작용이 다채롭고 복잡하기 때문에 인간의 다양한 감정과 행동을 호르몬의 메커니즘만으로는 명확히 설명할 수 없지만, 그렇다고 감정전달물질의 기능까지 부정하는 것은 아니다. 도파민은 바라던 일을 성취하여 행복과 만족감을 느끼는 순간, 우리 뇌에서 작동한다. 도파민은 알코올과 코카인 등이 뇌의 쾌락중추를 자극할 때도 분비된다. 분비가 지나치면 약물이나 일, 섹스 중독에 빠지는 원인이 되기도 한다. 세로토닌은 기분에 영향을 주는 호르몬이다. 스트레스나 싸움처럼 감정에 기복이 생겼다면 뇌의 세로토닌의 균형이 깨진 것이다. 이때는 아름다운 일이나 좋은 일을 겪으면서 기분 전환을 하는 것이 한결 도움이 된다. 자가 치유의 시작인 셈이다. 동시에 음식을 먹을 때 트립토판이 들어 있는, 즉 생선·달걀·치즈·견과류·콩·우유처럼 단백질이 풍부한 식품을 섭취하면 뇌에서 세로토닌 합성이 빠르게 되어 세로토닌의 균형이 돌아온다.

스트레스 호르몬인 아드레날린과 노르아드레날린은 공포를 느끼거나 위험 상황에

서는 어김없이 분비된다. 위기 상황인데도 침착해진다면 그것은 아드레날린이 분비
되고 있기 때문이다. 물론 아드레날린은 사람을 광분하게 만들기도 한다. 경기장에
서 난동을 부리는 사람들은 십중팔구 아드레날린이 마구 쏟아져 주체할 수 없는 상태
가 되었기 때문이다. 분노와 공격적인 상황도 아드레날린을 생성시킨다. 이 아드레
날린 수치를 낮추어야 사람이 살아갈 수 있기에, 주말에는 휴식을 취해야 한다. 잉여
아드레날린을 연소시켜야 생활이 정상으로 돌아온다. 스트레스 호르몬인 아드레날
린과 노르아드레날린이 가세하면 증상이 더 심각해진다. 노르아드레날린의 분비는
집중력을 향상시키고 정신을 맑게 해 자신을 반하게 한 사람의 몸짓과 말을 빠짐없이
기억하게 만들기도 한다.

엔도르핀은 몸에서 생성되는 천연 마약이자 진통제다. 환자에게 유명 의사가 약효
가 없는 약을 주면서 성능이 좋은 약이므로 약효가 좋을 거라는 믿음을 주면, 그 약을
먹은 환자의 통증이 낫는다. 이 '위약 효과'도 환자의 믿음이 자신의 뇌를 자극하여
엔도르핀을 생성시켰기 때문이다. 옥시토신은 사람들에게 좋은 감정을 전달하는 화
학물질이다. 대인관계에서 정서적인 안정감과 친밀감을 느끼게 하며 애정을 갖게 만
든다. 부드러운 신체 접촉으로 생기는 감정은 피부를 통해 전달되기에, 스킨십은 옥
시토신을 분비하게 만드는 가장 효율적인 장치다. 여성이 남성보다 스킨십을 좋아하
는 생물학적인 이유가 있는데, 그것은 여성의 옥시토신 수용체가 남성보다 다섯 배나
민감하기 때문이다. 그래서 사랑은 호르몬을 양산시키는 자기 치유의 처방전이나 마
찬가지다. 따라서 합법적으로 마약을 먹고 싶다면 사랑에 빠지는 것이 가장 좋은 방
법이다. 페닐에틸아민에 의한 앞뒤 가리지 않는 사랑의 열병이 식으면, 이내 천연 아
편제인 옥시토신과 바소프레신이 분비되어 오랫동안 서로 사랑하도록 결속력과 친
밀감 형성을 돕는다. 사랑하는 사람이 곱게 늙어 가면서 좋은 한 쌍의 부부가 되는 것
은 바로 옥시토신과 바소프레신 때문이라는 것이다.

프로게스테론은 마음을 열고 다른 사람을 배려하도록 하는 호르몬이다. 액션 영화
보다는 멜로물을 보는 동안 사람들에게 프로게스테론의 분비가 더 촉진된다. 부부가

느긋하고 화목하게 지내고 싶다면 밤에 로맨틱한 드라마를 보는 것이 유리하다. 누군가를 보자마자 첫눈에 반했다면, 그건 페닐에틸아민의 작용 탓이다. 사랑하는 사람들은 부드러운 스킨십과 다정한 말을 갈망하고 기대에 부푸는데, 여기에 도파민이 흘러넘치면 연인들은 어쩔 줄 모르고 사랑에 빠져 버린다. 사랑에 빠진 사람들의 세로토닌 수치는 정상인보다 40% 이상 낮은데, 그것은 자신의 대상에만 몰두하게 해서 상대방에게 눈이 멀어 아무것도 먹고 싶지 않게 만들어 놓기 때문이다.

§ 배움의 readership

앎의 총량을 넓히는 방법 중 하나인 읽기정신(readership)은 삶을 이끌어 가는 지표(leadership)의 토대다.[61] 생존하려면 읽기를 키우는 일, 자신만의 '지식의 파이'를 키워야 하는데, 이런 일을 지적 자본의 축적이라고 한다. 이렇게 지적 자본을 키우는 일은 국가마다 중요한 사업으로 간주하고 있다. 지적 자본이 풍부해야 지식인들도 풍성해진다. 배운 이 모두를 굳이 지식인이라고 하지는 않지만, 배운 이들 중에서는 지식인이 많기 마련이다. 지식인들은 사회 혁신을 이끌어 가는 도전적인 지식인도 있고, 있는 것을 잘 꾸려 가는 체제 보완적인 지식인도 있는데, 이들 모두가 국가 자본이다.[62]

"러시아가 '국민이 책을 많이 읽는 나라가 강대국이 되었다.', '독서시간이 줄면 국가 경쟁력이 약해진다.'라는 슬로건을 내걸고, 독서운동을 강력하게 추진하고 있는 것은 러시아의 현실적인 처지를 설명해 준다. '공산주의 붕괴 전엔 일주일에 12시간이 넘던 평균 독서시간이 40%나 줄었다.'며 다시 책으로 돌아가자고 독서운동을 벌이고 있는 것이다. 전국에서 독서 캠페인과 독후감 대회, 도서 전시·판매 행사인 '크니기 라시이(러시아의 책)'를 개최하고 있다. 청소년들에게 'TV를 끄고 책을 들자.'고 하는 '치타이카(독서)' 행사도 마련되었다. 상공회의소가 후원을 하고 푸틴 대통령 부인이 독서운동가로 나섰다. 실제로, 여론조사기관인 NOP 조사에서는 2005년 러시아인의 독서시간이 일주일에 7.1시간으로 세계 7위였다. 지난달 러시아 여론조사센터의 조사에서는 국민의 47%가 취미생활이 독서라고 답했다. 그중 90%가 독서 장소로 가정과 직장, 교통수단을 꼽았다. 러시아인의 일상은 독서와 산책을 빼놓고는 말할 수 없다. 2005년 발행된 신간 도서가 8만 9,066종, 미국·영국·독일·중국에 이어 세계 5위다. 당연히 러시아는 독서 강국이다."[63]

　그에 비해, 한국인의 책 외면현상은 '책의 사망'이라는 말이 나올 정도로 심각하다. 경쟁력을 외치면서 그 정신적 토대는 경(輕)하고 박(薄)하다. 여론조사기관인 NOP 조사를 보면 한국인의 독서시간은 일주일에 3.1시간으로 러시아인의 절반도 안 된다. 가구당 석 달에 두 권쯤 책을 사고 국민 4명 중 1명은 1년에 책을 한 권도 안 읽는다. 통계청의 최근 발표에 따르면 국민 10명 중 9명은 하루 책 읽는 시간이 10분도 되지 않았다. 이는 영화나 TV 관람, 인터넷 게임 등에 하루 평균 5시간 22분을 쏟는 것에 비해 턱없이 낮은 수치다. 문화관광부와 한국출판연구소가 1993년부터 10년 동안 조사한 '국민실태조사'에 따르면 우리나라 성인 중 23.7%가 한 해 단 한 권의 책도 읽지 않으며, 1인당 한 해 독서량은 열한 권으로 월 평균 한 권을 넘지 못했다. 대학생 대상 인터넷 신문 〈미디어캠퍼스〉가 최근 전국의 대학생을 상대로 한 조사에 따르면 대학생 10명 가운데 1명은 지난해 단 한 권의 책, 말하자면 전공서적과 잡지를 제외한 어떤 책도 읽지 않은 것으로 나타났다.

§ 두 번 속으면

　배움을 통한 개조는 '자유주의적 다원주의' 관점을 유지한다. 사람들이 추구하는 가치는 여러 가지이기에 하나같이 조화되는 경우보다 조화되지 않는 경우가 더 많다. 윤리를 다루거나 가치를 다루는 일에서 모든 일에 하나같이 동일한 가치나 완전한 합의를 기대하기는 쉽지 않다. 이사야 벌린(Isaiah Berlin)은 자유의 개념을 소극적 자유와 적극적 자유로 나눈다. 다른 사람으로부터 제지나 방해를 받지 않는 상태, 외부의 간섭이나 방해가 없는 상태를 소극적 자유라고 본다면, 이성에 입각한 자기 지배를 적극적 자유라고 본다. 그것은 '하나의 진리', 최종적 진리를 강조하며, 그것을 믿기 때문이다.

그래서 인간의 삶에서 선택이 중요하다. 다원주의가 서로 다른 가치와 관점으로부터 야기되는 인간적 갈등과 긴장 상황을 넘기는 데 효율적이기 때문이다. 유일한 단 하나의 진리를 강조하거나 요구하는 것은 정치적 환상이며, 형이상학적 오만이다. 결국, 인간 존재가 무엇인지에 대해 모든 사람이 하나같이 동의할 수 있는 보편적 이론이란 존재하기가 어렵다. 가치에 대한 생각이 사람마다 다르듯이 자유에 대한 입장도 다를 수밖에 없다. 그렇다면 배움에 대한 그들의 생각도 하나의 최종적인 이론이나 목적이 되기란 불가능한 일이다.[64] 그렇기에 아낙사고라스(Anaxagoras, BC 500~428)가 말한 것처럼 경쟁사회에서 "누군가에게 한 번 속았다면 그것은 속인 이의 잘못이다. 그러나 두 번 속았다면 그것은 자신의 탓이다." 아낙사고라스의 말을 인간의 배움과 관련시켰을 때, 누군가에게 두 번이나 속았다면 자신을 개조하지 않은 탓이라고 볼 수 있다.

배움은 항상 개조를 추구한다. 인간의 배움은 '지속적인 비움과 제거, 다시 채움'이 반복되는 과정이다. 여기서 개조는 완결된 상태(been)라기보다는 계속 진행하고 있는 상황(being)이라고 볼 수 있다. 개조는 내용물이 꽉 들어차 있거나 찌꺼기들이 어지럽게 널려 있는 하드디스크를 다시 새롭게 복원해 내기 위해 청소[65]하거나, 포맷(format)하는 과정으로 이해할 수 있다. 다시 이야기하지만, 컴퓨터의 하드디스크는 여러 데이터나 소프트웨어를 저장해서 활용할 수 있는 기억장치다. 하드디스크는 공장에서 출시되자마자 사용할 수 있는 것이 아니다. 이 하드디스크에 트랙과 섹터를 구분하여 각각의 방(room)을 설치하고 각 방마다 주소(address)를 부여할 수 있도록 해 놓아야 그때부터 데이터와 소프트웨어를 저장할 수 있다. 이처럼 하드디스크를 온전히 활용할 수 있는 상태로 만드는 작업을 포매팅(formatting)이라고 한다. 이렇게 포매팅된 하드디스크는 정해진 용량만큼의 파일과 소프트웨어를 저장하게 된다. 그러다가 어느 순간 그 용량을 모두 채우거나 조각난 파일들과 찌꺼기들이 많이 있으면, 처음 공장에서 하드디스크를 출시한 상태로 되돌리는 일을 하게 된다. 이 작업을 리포매팅(reformatting)이라고 한다. 리포매팅을 함으로써 기존의 어지럽고 복잡했던 구조를 한 순간에 깨끗이 정리하고 새롭게 판을 짜내는 '틀 바꿈'을 할 수 있다.

'개조'와 '혁신'은 미세하지만 개념적인 차이가 있다. 혁신은 완결형이고 개조는 진행형이기에 둘의 출발점은 다르다. 혁신은 과거의 체제나 추세와 조화를 이루면서 부분적이고 한정된 변화를 추구하는 '완결형의 탈바꿈'이다. 그것에 비해 개조는 기존의 제도나 체제를 전면적으로 변화시키는 '진행형의 틀 바꿈'이다. 혁신을 일컫는 말인 '이노베이션(innovation)'은 '새롭다'는 뜻의 라틴어 '노바(nova)'에서 나왔다. 흔히 기업이나 기관에서 말하는 혁신은 기존의 제품이나 작업 방법에 뭔가 새로운 것을 더하거나 도입하는 일을 뜻한다.

혁신이 개인이나 조직의 '일회적 탈바꿈'이라면, 개조는 '반복적 틀 바꿈'이라고 할 수 있다. 인간은 틀 바꿈을 하는 존재지만, 곤충은 탈바꿈을 하는 존재다. 곤충은 탈피(脫皮, ecdysis)를 통해 자기를 완성해 나간다. 탈피는 한 단계에서 다른 단계로의 완전무결한 전환이기에 그 이전 단계로의 회귀가 불가능하다. 그것은 죽음 이후에 가능한 한 것일 수 있다. 번데기가 나비로 탈피하면 그것으로 끝이다. 그렇게 곤충의 탈바꿈은 일회적 변화다. 인간의 틀 바꿈은 곤충의 탈바꿈과는 질적으로나 방향성 모두가 다르다. 틀 바꿈은 언제든지 이전 단계로 회귀할 수 있는 변환력이 있다. 인간의 틀은 끊임없이 그것을 지켜 내려는 성향이 있어 계속해서 바꾸지 않으면 옛날 모습으로 퇴행될 수 있다. 그것을 지속적으로 지키기 위해서라도 자기 틀에 대한 개조는 끊임없이 일어나야 한다.

개조가 삶에서 제대로 진행되기 위해서는 '쇄신'이라는 '리노베이션(renovation)'이 일어나야 한다. 쇄신은 개조의 경영학적 응용이라고도 볼 수 있다. 진정한 리노베이션은 본질은 그대로 놔둔 채, 거기에 새로운 활력과 새로운 생명을 불어넣는 것이기에 실패의 위험이 적다. 신생 기업이라면 때때로 대담한 이노베이션을 시도해 문안으로 진입해야 하지만, 일단 진입에 성공한 이후에 장기적으로 살아남을 수 있는 비결은 기업구조와 사고방식을 계속 쇄신하는 노력이다. 본질을 벗어나지 않되 유연한 개혁의 사고가 조직 차원에서 응용되어야 한다.[66] 예를 들어, 커피전문점인 스타벅스가 매장에 무선 네트워크를 설치하였을 때, 스타벅스는 고객에게 '스타벅스'에서 커피를 마셔야 할 또 다른 이유를 제공한 것이다. 반대로 맥도널드가 스타벅스와 똑같은 일을 매장에 도입하였을 때 나타난 결과는 정반대였다. 두 사례는 쇄신의 방향과 목적의 점검을 제대로 해야 리노베이션이 성공할 수 있음을 역설해 주고 있다. 맥도널드가 가지고 있는 본질의 일부는 '재빨리 들어갔다 나오는 것'이기 때문에, 혁신의 겨냥점이 스타벅스와는 달라야만 했다. 기업의 본질을 벗어난 혁신은 실패하므로 상황 판단이 서지 않는 무조건의 혁신인 이노베이션을 추구하기보다는 원기를 회복하는 쇄신의 리노베이션이 필요하다.

샤피로[67]는 하루에 24시간, 1주일에 7일을 혁신하는 '24/7 이노베이션'과 리노베이션을 실천하라고 강조한다. 그렇게 하기 위해서는 무엇보다 조직 구성원들의 마음가짐이 중요하다는 것이다. 혁신은 기업 내부의 개선 사항만을 살피는 일이 아니다. 고객들이 무엇을 바라고 있는지를 파악하는 일도 중요하다. 기업 활동에 고객들을 적극적으로 참여시키는 일이 바로 고객의 요구를 혁신시키는 일이다. 샤피로는 기업 혁신의 원리가 재즈의 즉흥연주와 비슷해야 한다고 주장한다. 말 그대로 즉흥연주가 생명인 재즈가 중심이 되는 핵심구조를 잃는다면 그 소리는 잡음에 지나지 않는다. 즉흥성도 중심구조를 하나의 축으로 만들어져야 의미를 갖게 되고 소리도 하나의 화음을 낸다. 기업 혁신에 있어서도 자칫 잘못하면 첨단기술이라는 덫에 빠지기 쉽다. 첨단기술은 기업 혁신의 목표가 아니라 혁신을 위한 핵심 수단으로 기능할 때 존재 의의가 있다.

혁신이나 쇄신을 위해서 가장 필요한 것은 그것을 가능하게 해 주는 아이디어다. 혁신과 쇄신의 추동력이 되는 보물창고는 의외로 가까운 곳에 있다. 보물창고에서 혁신의 아이디어를 꺼내 쓰기만 하면 되는데, 사람들은 보물창고에 들어가는 일을 꺼려한다. 보물창고에 들어가려면, 첫째 자기 자신이 혁신과 쇄신의 아이디어가 되어야 한다. 그리고 신입사원, 지점 사원, 일선 근로자 같은 내부 고객이 혁신과 쇄신의 원천이라는 것부터 인지해야 한다. 그들이 혁신적인 아이디어의 창고이기 때문이다. 그들은 새로운 시각을 갖고 있다. 기존 사람들은 익숙해져 보지 못하는 것을 그들은 경험하고 있다. 하루 종일 고객과 대화를 나누고, 고객의 불만을 듣고, 고객의 의견에 귀를 기울이는 사람들로서 아이디어의 가장 큰 창고다. 둘째, 고객이 혁신적인 아이디어의 주인공이라는 것도 함께 깨달아야 한다. 코카콜라나 스타벅스는 늘 고객을 활용해 새로운 음료를 시험하고 출시한다. 일부 매장에 새로운 음료를 선보여 고객들의 반응이 좋다면 모든 매장에 출시한다. 혁신의 적(敵)은 익숙함과 편안함이다. 의도적으로 불편하게 해야 혁신의 아이디어가 나온다. 서로에게 익숙지 않은 영역과 친해 보려는 노력이 바로 그들에게 우연치 않게 혁신의 아이디어를 주기 때문이다.

§회복하는 인간

　개조는 삶에 대한 지혜를 현실적으로 응용하는 노력이다. 지혜란 인생을 살아가면서 어려움에 부딪히는 것이 필연임을 깨닫고, 좌절하고 절망하기보다는 의연하게 해결책을 모색하는 노력이다.[68] 지혜는 살아가는 동안 자신을 알아차리고 거듭나게 하는 힘과 수단인 '관(觀)'의 여행에 필요한 가이드라인이다. '견(見)'은 사람이 보는 대상이 물리적·현상적으로 존재하기에 그것이 눈에 비추인다는 뜻을 갖고 있을 뿐이다. 성법[69] 스님은 그것의 쓰임새를 『금강경』과 관련시켜 견과 관의 의미론적 차이를 이렇게 정리한다.[70] '약견제상비상 즉견여래(若見諸相非相 卽見如來)'에서 읽을 수 있는 것처럼 모양 있는 것의 모양에 집착하지 않아야 법신을 볼 수 있다. 그것이 바로 견(見)이라는 것이다. 그와 달리 관(觀)은 모양이나 형태를 갖추지 않은 대상을 수용하는 행위를 말하는 것으로서 읽기, 알아차림, 끄덕임과 같은 뜻을 갖는다. 즉, 오감으로는 보이더라도 그것의 의식화 같은 알아차림이 없으면 안 된다. 그런 알아차림과 의식화의 행위가 관(觀)의 핵심이다. 붓다가 보여 준 위빠사나 수행, 말하자면 자신에 대한 알아차림의 수행법이 바로 자신의 의식을 알아차리려는 관의 수행과 같은 것이다.

　자신을 알아차리게 만드는 지혜는 이 세상에서 자신을 위해 존재하게 하며, 거듭나게 하고 개조하는 데 도움을 준다. 나라고 칭하는 것이 현상적으로 존재하기에 비로소 세상이 내게 있어 주는 것이다. 내가 변하면 세상도 변하고, 내가 즐거우면 세상도 즐겁다. 이 세상은 내가 주도해 나가는 것이다. 내가 없으면 세상도 덩달아 없는 것이나 마찬가지다. 쑤추운리는 매일 세상에 끌려다니는 삶은 바로 지금 청산하는 편이 내일을 위해 좋다며, 모든 일에 정답이란 없다고 주장한다. 정답을 찾지 말고 최상의 방법을 찾으라는 것이 삶에 대한 그의 처방이다. 사고의 틀을 열어 놓고 여러 가지 가능성을 생각하라는 것이다. 사고가 유연해지면 생활도 유연해지기 때문이다.

　그래서 다석 류영모 선생은 거듭난다는 것을 '몸인 나에서 마음인 나로, 그리고 마음인 나에서 얼인 나로 나아가는 과정'이라고 본다. 즉, "몸나에서 맘나로, 맘나에서 얼나로 세 번 옮겨야 한다. 어머니의 배에서 나올 때는 살덩이에 지나지 않는다. 몸이 자라면서 맘이 자라난다. 맘이 자라나서 얼나를 깨닫게 된다." 다석 선생은 인도의 성자로 추앙받는 간디가 몸·맘·얼이 조화되지 않으면 바로 되는 것이 하나도 없다고 말한 것을 '거듭나는 일'이라고 정리한 것이다.[71] 이렇게 거듭난다는 것이 그리 쉬운 일이 아니라는 것은 누가 봐도 명백하다. 이런 일상적인 견해에 도전한 사람이 미국의 남성 패션 잡지 『에스콰이어』 편집자인 A. J. 제이콥스(Jacobs)다. 그는 동서고금을 막론하고 인류에 심대한 영향을 준 『성경』에 심각하게 도전했다. 그는 미친 척하고 성경에서 정하고 있는 여러 가지 조건에 의거하는 삶을 1년 동안 살아보기로 했다. 예수의 삶을 현대적인 시각으로 건드려 보면서 거듭난다는 것이 도대체 무엇인지 한번 도전하기로 한 것이다. 그가 『성경』대로 따라 사는 1년 동안 겪고 변하고, 또 변하고 있는 자신의 삶의 기록에 의하면,[72] 단순히 구내식당 기독교인과 같은 자세로도 자기 삶을 재조직할 수 있다. 그 옛날 예수의 삶처럼 거듭나기는 처음부터 글렀다는 것을 확인한 '『성경』 따라 1년 살아보기'였다.

그래서 보통 사람들에게 거듭난다는 말은 기껏해야, '남을 위해서가 아니라 자신을 위해 살아라.' 정도로 끝나 버리게 된다. 실제로 그것이 중요하다는 것이 코칭 전문가인 폴트강[73]의 처방이기도 하다. 자신을 위해 살아가기 위해서는 살아가는 과정에서 스스로 용납할 수 없는 것부터 강력하게 거부하라고 조언한다. 거부하려면 자신을 과소평가하지 않는 법부터 배우라는 것이 그녀의 주장이다. 자신을 과소평가하지 않으려면, 우선 가장 중요한 것을 위해 사는 지혜를 터득해야 한다. 자아를 잃지 않아야 자기 삶에서 가장 중요한 것을 건질 수 있고, 그것을 제대로 할 수 있다. 자아를 잃지 않는 삶이란 인생에 맞추어 일을 설계해 나가는 삶을 말한다. 그 반대로 하면 사람이 죽고, 영혼을 잃는다. 일에 맞추어 삶을 설계하면 삶이 먼저 죽게 된다. 이렇듯 자기 삶을 더 많이 주장하고 그것이 권리임을 자각할수록 자신에게 필요한 변화는 더욱 쉬워진다. 그의 처방에 따르면, 결과를 두려워하지 말고 건강하게 살아야 사람답게 사는 것이다.

그렇게 살기 위해서는 집단이 아닌 자신의 삶부터 목숨을 걸고 살아야 한다. 이 말은 오에 겐자부로가 뇌에 심각한 장애를 지니고 태어난 맏아들 오에 히카리와의 공생을 통해 스스로 체득한 확신이며, 자기 나름대로 평생 간직한 신념의 일면이다. 듣지도 말하지도 못할 것이라던 뇌장애자인 아들이 기적적으로 음악을 듣고 작곡을 하는 것을 지켜보면서, 그는 어떤 곤경 속에서도 인간은 회복과 치유의 가능성을 지니고 있다는 믿음을 갖게 되었다. 그것은 종교적 귀의도 아니고, 어떤 마력에 끌린 것도 아니다. 단지 그들은 영혼과 신의 삶에 대한 인간적인 열망에 목숨을 걸었기 때문이다.

그래서 겐자부로는 '인간은 회복하는 존재'라는 것을 굳게 믿는다. "우리가 히카리와 함께한 긴 세월은, 오직 인간은 '회복'하는 존재라는 놀라운 발견으로 가득 찬 경이로움으로 지탱되었던 것입니다. 그리고 그로부터 저의 문학의 핵심에 있는 무엇인가가 성육(成育)하기도 했던 것이죠. 이와 같이 자연스레 싹튼 것에 이어서 히카리는 지금도 그 나름의 음악 이론 공부를 계속하면서, 저희가 보기에는 보다 의식화된 진보의 노정을 느리긴 하지만 착실히 걸어가고 있습니다. 하지만 그가 세속적인 의미에서 '자립'하는 것은 가능하지 않고, 이미 성인병이 생길 나이가 된 그와 노년에 이른 저와 아내의 여전히 이어져 갈 공생에는 머지않아 일찍이 없었던 무게의 곤경이 찾아오리라는 것도 생각해야 합니다. 그러나 여전히 우리는 인간에 대해 '회복'할 수 있는 존재라는 신념을 가지고 어떻게든 살아가게 될 것입니다. 우리는 그런 방식을 배워 왔던 것입니다."[74]

자신을 위해 사는 삶은 창조적인 삶이다. 창조적인 삶은 때로는 불완전한 생각에서 나오기도 한다. "창조란 불완전한 것들이 나올 수 있는 역동적 과정이며, 이미 주어진 생각의 설계도에서 나오는 것이 아니다." 이 같은 내용의 한 사례는 종교개혁자인 루터의 연설에서도 드러난다. "지구가 돈다고 생각하는 신출내기 천문학자가 있습니다. 그 바보는 천문학의 모든 성과를 뒤엎고 싶은 모양입니다." 루터가 강연에서 언급한 이 익명의 학자는 코페르니쿠스다. 코페르니쿠스는 의사, 수학자, 신부, 그리고 대교구장의 역할을 함께하던 당대의 지식인이며 종교인이었다. 그는 죽기 직전인 1543년 저작을 통해 지동설을 주장했다. 지구가 태양을 중심으로 돈다고 주장한 신부, 코페르니쿠스는 교황의 머리를 돌아 버리게 만든 사건을 일으킨 당사자였다. 기존의 교황이 자신의 권력을 위해 떠받들던 세계관을 전복하기에 알맞은 과학적 사실을 내놓고 그에게 대적했던 코페르니쿠스는 그 당시 바보 중의 바보였음에 틀림없다. 그렇지만 그는 세상을 이긴 바보였으며, 자기 삶의 쓰임새를 곧추세운 바보였다.

라이프니츠 역시 바보 중의 하나였던 당대 지성인이었다. 아무도 알아 주지 않았지만, 그는 1670년 전후 나무로 만든 계산기를 발명하려고 하였다. 그는 죽기 직전인 1716년까지 그 일을 계속했다. 마침내 1과 0만의 이진법으로 계산이 가능한 한 이진법을 발표한다. 그러나 그의 우직함은 당시에는 배척되고 조롱만 받았을 뿐이다. 이제 시간이 흘러 그의 산법은 컴퓨터 연산의 기초가 되었다. 선구(先驅)는 대개가 당시의 기준이나 표준이라고 세워진 잣대에 대한 일탈에서 시작된다. 라욱스만[75]은 그런 일탈적인 탁견은 모두가 이단으로 탄압받기 십상이었다고 주장한다. 그는 "인류 중에서 누군가 때때로 어리석은 생각을 하지 않았다면 새로운 일은 일어나지 않았을 것이다."라고 말한다. 그의 연구에 따르면, 새로운 것은 결국 누군가 먼저 예감하고 꿈꾸고 기대한 것의 성취물이다. 이런 것들로 세상도 사람들도 거듭날 수 있는 것이다. 그런 바보들은 세상과 자신을 개조하기 위해 '미성숙으로 무장한 성숙한' 사람들이다. 완전함보다는 온전함으로 속이 가득 찬 사람들이며, '성숙함으로 위장한 미성숙한' 사람을 향해 반박하고 논증하려는 사람들이다.

완전함은 사물에 대한 선명성을 보여 주지만, 독단과 이분법적인 결단으로 흐르기 쉽다. 그에 비해 온전함은 극단을 아우르며 전체를 지키려는 태도를 만들어 주기에, 미성숙으로 무장한 성숙한 사람들은 성숙으로 위장한 미성숙한 사람들이 내세우는 완전함에 반박을 가하곤 한다.

§ 반박한다, 고로 존재한다

이 시대를 표현하는 글귀가 있다. 그것은 '5분마다 새로운 구호가 채택되는 시대, 경련이 이는 입을 비쭉거리며 새로운 표정을 만들어 내는 시대'라는 글귀다. 이런 시대에서 인간은 결코 스스로 자신이 될 수 없으며, 타인에 의해 만들어지기만 하는 존재다. 그래서 "정신의 세계에는 분명 항구적인 폭력이 존재한다. 우리는 자율적인 존재가 아니다. 그저 타인에 대한 함수일 뿐이다. 다른 사람이 우리를 보는 모습 그대로인 것이다."라고 말하는 소설가 곰브로비치(Witold Gombrowicz, 1904~1969)[76]는 성숙과 정상성의 가면 뒤에 감추어진 지배의 욕망에 맞서려면 미성숙과 비정상성의 도전이 필요하다고 주장한다.

'인간은 반박한다. 그래서 존재한다.'는 명제를 극명하게 보여 주는 철학 소설을 쓴 작가 비톨트 곰브로비치는 자신의 장편소설 『페르디두르케』에서 서른 살의 주인 공 유조 코발스키를 내세워 반박의 미학을 내세운다. 곰브로비치가 그대로 투영된, 주인공이며, 화자인 서른 살의 작가 유조는 어느 날 아침 핌코라는 교사에게 납치된 다. 이 소설은 '미성숙한' 열일곱 살의 고교생으로 되돌려진 성인이 성장기를 다시 겪는 과정을 그려 내는 환상소설이자 성장소설이다. 이 소설에서 곰브로비치는 이 사 회가 안주하려고 하는 성숙한 세계, 질서 잡힌 체계의 허구성과 폭력성을 다층적으로 그려 낸다. 주인공의 성장기에서 가장 큰 부분을 차지하는 것은 바로 어른들의 세계, 즉 성숙과 정상의 세계의 본질이 비합리성과 비인간성이라는 냉철한 통찰에 관한 것 이다. 미성숙한 자들을 대상으로 한 학교교육의 주된 내용은 성인들의 틀, 정상인의 기준, 기성의 체계를 폭력적으로 강요하는 것들인데, 곰브로비치는 성숙이 미성숙을 끊임없이 지배하고 통제하려 드는 이유를 미성숙에 대한 성숙의 공포에서 찾는다.

현실의 체계에 대한 불만과 공격이 아무리 크더라도, 성숙의 틀 안에 존재한다면 그런대로 수용되고 통합될 수 있다는 것이다. 그러나 성숙의 틀을 근본적으로 의식조 차 하지 못하는 미성숙한 존재가 있다면, 사정은 본질적으로 달라질 수밖에 없다. 성 숙에 대한 미성숙의 반항은 성숙의 기반 자체를 본질적으로 흔들어 놓기 때문이다. 곰브로비치는 열일곱 살로 다시 돌아간 주인공이자 소설가인 자신의 눈을 통해 성숙 과 미성숙의 대립을 냉혹하게 엿본다. 미성숙의 자유로운 힘으로 성숙의 세계를 무너 뜨리려는 시도가 가능하다는 것을 보여 준다. 아무것도 아닌 미성숙한 것들은, 말 그 대로 미성숙하므로 무엇이든지 말할 수 있고 건드릴 수 있기 때문이다. 미성숙은 아 무것도 아닌 존재이기 때문에 그런 반박이 언제든 가능할 수 있다. 곰브로비치는 소 설을 통해 성숙의 세계라고 자부하는 당시 폴란드 사회에 만연되고 있던 애국주의 학 교교육, 진보적 계층의 구호, 폴란드 지식인층의 복고주의를 가차 없이 난도질한다.

곰브로비치는 이 지점에서 미성숙 그 자체를 이야기하기보다는 '성숙된 미성숙' 의 가능성과 그 힘을 함께 말하고 있다. 그것은 마치 피카소의 작품 전시회에 등장한 어느 평론가가 피카소의 그림을 보고 한마디 거들었을 때의 풍경을 말하는 것과 비슷하다. 평론가는 "피카소의 그림이 위대하다고는 하지만, 이번 그림이야말로 어린아이의 낙서 그것"이라고 이야기했다. 피카소의 그림에 대한 혹평 중의 혹평이었다. 그 혹평에 대한 피카소의 대답이 바로 곰브로비치를 회상케 한다. 평론가에게 쉰 살을 넘긴 피카소가 말했다. "평론가님, 정말로 제 그림을 바로 보았습니다. 나는 바로 그 어린아이의 아무것도 아닌 모습으로 돌아가기 위해 50년을 보냈습니다." 피카소의 천진난만한 이 모습은 평론가의 유식함과 무식함 두 가지를 모두 무력화시키기에 충분한 대답이었다. 피카소 스스로 자기 그림에 대한 자부심과 철학이 깃든 원숙함을 드러내 보인 장면이었다. 피카소의 그런 자세가 바로 성숙된 미성숙의 본질이며, 그것의 위력을 드러내 준다.

성숙된 미성숙의 반박이 개입되어야 비로소 미성숙한 것들이 성숙으로 거듭날 수 있음을 보여 준다는 점에서, 곰브로비치는 '나는 반박한다, 고로 존재한다.'의 진실이 무엇인지를 여실하게 드러내 보인다. 성숙한 것들로 위장된 미성숙한 것들은 미성숙한 것들로 무장된 성숙한 것들의 반박이 없는 한 아무것도 아니라는 것을 보여 준 것이다. 미성숙된 성숙이 성숙된 미성숙에게 반박을 당하기 시작하면 성숙으로 위장된 미성숙들은 신체적이며 정신적인 혼란을 심각하게 겪기 마련이다. 마치 "머리가 다리를 비웃고, 다리는 머리를 비웃으며, 손가락이 심장을, 심장이 뇌를, 코가 눈을, 그리고 눈이 코를 비웃는 것 같다. 내 몸의 각 부분이 잔인하게 서로를 마음껏 조롱하면서 격렬하게 날뛰었다. 완전히 정신이 들고 나서 나의 삶에 대해 곰곰 생각하기 시작했지만 두려움은 조금도 사그라지지 않았다. 오히려 더 커져 갔다. 중간중간에 내 입이 웃음을 참지 못하는 바람에 두려움이 멈추기도 했지만 말이다." 그렇지만 그런 반박이 있어야 성숙으로 위장된 미성숙들은 비로소 '과연 내가 실제로 존재하는 것인지조차 느낄 수 없었다. 생각과 움직임, 동작, 말 이 모든 것이 나로부터 나오는 것이 아니라 내 밖에서 나를 위해 결정되고 만들어지는 것 같았다. 나는 내가 아닌 다른 사람이었다. 그 순간 아주 끔찍한 분노가 치솟았다. 아! 바로 나만의 형식을 만든다! 밖으로 튀어 나간다! 나를 표현한다! 나의 형식은 다름 아닌 나로부터 태어나야 하는 것이지 외부로부터 주어져서는 안 된다!'는 것을 알게 되는 것이다.

§가스등 이펙트

성숙한 사람들과 미성숙한 사람들 간에는 그들도 모르는 사이에 '가스등 이펙트'가 만들어지기 마련이다.[77] '가스등 이펙트(gaslight effect)'라는 개념은, 버그만이 영화에서 극명하게 보여 주려고 했던 것처럼 상대방을 의식적으로 또는 무의식적으로 조종하려는 가해자와 그런 조종 아래 그것을 받아들이는 피해자의 병리적인 심리 현상을 말하는 것이다. 가해자는 피해자에게 막대한 영향력을 행사한다. 피해자는 가해자를 이상화하며, 그의 사랑과 보호를 원하기 때문에 영향력 행사를 허용한다. 영향력을 행사하는 사람은 자신이 옳다는 것을 증명하려고 한다. 영향을 받는 사람이 영향을 주는 사람의 마음에 들고 싶어 할수록 가해자의 힘이 더욱더 커진다. 이렇게 되면 피해의식의 생성이라는 점에서 가스등 이펙트가 만들어진다. 타자의 시선과의 동일시에 의한 자기 검열, 자기 최면 시스템이 가스등 이펙트로 나타나는 것이다. 가스등 이펙트는 피해자에게 무기력증이나 우울증을 야기한다. 피해자는 이유도 없이 불안해지며, 매사에 흥미를 잃으면서 자신에게 영향력을 행사하는 사람과 심적 갈등에 빠진다. 그저 길어지는 말다툼 같은 일에 서로가 휘말리게 된다. 가해자의 관점에서 자신의 행동을 일일이 점검하게 됨으로써 피해자는 가해자에게 정신적으로 예속된다. 그렇게 예속되는 것은 자신이 유능하고 좋은 사람이며, 사랑받을 자격이 있는 사람이라는 정체성을 가해자에게서 확인받으려 하기 때문이다.

일반적으로 가스등 이펙트의 가해자는 부모, 애인, 배우자, 상사, 교사 등이 해당된다. 피해자가 사랑하고 신뢰하거나 최소한 자신을 평가할 만한 위치에 있다고 여기는 사람들이 가해자가 된다. 그런 사람일수록 성숙함으로 위장한 미성숙한 사람일 수 있다. 가해자는 대개 세 가지 유형으로 나뉜다. 첫째 유형은 일상생활에서 늘 발견되는 사람들, 흔히 생각되는 사람들, 또는 소리를 지르며 피해자를 비난하는 난폭한 유형의 가해자들이다. 이때 피해자들은 그가 언제 감정을 폭발시킬지 몰라 항상 눈치를 살피며 전전긍긍하게 마련이다. 예를 들어, 폭력적인 남편이나 억압적인 상사, 국민의 편에 서 있다는 정치가, 무엇인가 많이 알고 있다는 전문가들이 바로 난폭하고 폭력적인 성숙한 자의 위치에 서 있다.

둘째 유형의 성숙한 가해자들은 매력적인 유형으로, 흔히 연인관계에서 볼 수 있다. 불안정하고 예민한 성향을 보여 주는 사람들은 상대방 이성에게 오히려 연민과 애정을 불러일으킨다. 그의 자아도취적 성향이 가해인 것을 모르는 피해자는 그런 가해적인 미성숙으로 위장된 것을 성숙하고 낭만적인 사랑으로 오해한다. 피해자들은 미성숙으로 위장된 무책임한 행동에 대해 갖가지 해석과 이유를 달기 좋아한다. 그들은 피해자 스스로가 원하는 대로 신비로운 이미지를 재창조해서 그것을 자신이 편한 대로 해석하며 수용한다.

마지막으로 미성숙으로 무장한 성숙한 가해자들은 선량한 유형으로 나타난다. 이런 사례는 부모나 단짝 친구, 충실한 배우자의 경우에서 흔히 나타난다. 그들의 행동은 피해자를 위하는 것처럼 보이기 때문에 피해자들이 금방 알아차리기 쉽지 않다. 그러나 피해자를 위하기보다는 단순히 피해자들에게 좋은 사람으로 보이기 위해 애쓰는 위장 중 하나다. 그들은 자신이 옳다고 믿는 것을 일방적으로 강요하기 때문에 피해자는 불평할 수 없는 상황 속에 빠지게 되고, 그에 의해 더욱더 비참해진다.

현실적으로 미성숙으로 무장한 성숙한 가해자들은 난폭한 유형, 선량한 유형, 그리고 매력적인 유형을 번갈아 가며 자신들의 영향력을 강력하게 행사한다. 그래서 피해자들은 더욱 심각하게 혼란을 느낀다. 서로의 힘이 균형을 이루는 동등한 인간관계를 찾는 것은 현실적으로 쉽지 않기 때문에 이런 가스등 이펙트가 사회에 만연된다. 사회적 지위나 연령 면에서 더 우위에 있거나 더 강한 자아를 가진 사람들은 늘 자신들이 성숙한 사람이라고 과장한다. 자신이 옳다고 확신하며, 그렇지 못한 사람들은 미성숙하기 때문에 성숙한 사람들의 뜻에 따르는 것이 당연하다고 여긴다. 사회적으로도 그런 능력은 대인관계에서 성숙하다는 것을 의미한다고 여기며 그런 성숙함을 리더십이라고 부르기도 한다. 교육학자, 법률가, 의사 등 전문가라 칭하는 집단의 사람들은 바로 이런 영향력을 최대한 활용하고 있다. 이들은 그로부터 권력이나 영향력 등 사회적으로 많은 이해관계를 얻어 낸 사람들이다.

미성숙으로 무장된 성숙과 성숙으로 위장된 미성숙을 구별해 주는 것이 바로 배움의 지표들이다. 배움은 말이 없다. 배움은 실천, 끄덕임, 그리고 기쁨 같은 침묵과 동행한다. 그저 정신을 감쌀 뿐이다. 숱한 의미를 붙이는, 그렇지만 유일하게 배우는 동물인 인간은 그런 기쁨과 침묵으로 자신의 쓰임새를 다시 만들어 가는 존재들이다. 그가 드러내는 말, 그가 보여 주는 행위, 그로부터 풍기는 사람다움에 대한 갖가지 에피소드, 바로 그 배움으로 사람됨이 읽히는 사람이 배우는 사람이다. 당신이 왜 배우는지를 남에게 말해 주면, 그것은 당신이 어떤 사람인지도 함께 말해 주는 것이다. 자신을 다시 쓰도록 리포매팅하는 사람은 늘 그렇게 배우는 사람이다.

미주

1) 참고: 스티븐 레빈, 온드리아 레빈(2007). 비움의 발견(역). 서울: 한언, p. 40.

2) 참고: 김동석. 내 스토리가 곤경에 처한 사람들에게 힘 됐으면(2008. 8. 25). 조선일보.

3) 참고: 스티븐 레빈, 온드리아 레빈(2007). 비움의 발견(역). 서울: 한언.

4) 참고: 장 폴 사르트르(1999). 실존주의는 휴머니즘이다(역). 서울: 문예출판사.

5) 참고: 밀란 쿤데라(1995). 느림(역). 서울: 민음사.

6) 참고: 크리스토프 라무르(2008). 걷기의 철학(역). 서울: 개마고원.

7) 참고: 엘리엇 애런슨, 캐럴 태브리스(2007). 거짓말의 진화(역). 서울: 추수밭.

8) 화가인 김점선[참고: 김점선(2007). 기쁨. 서울: 랜덤하우스코리아은 지난 4월 난소암 수술을 받고 현재 항암치료 중이다. 암 투병 중에도 머리에 수건을 두른 채 씩씩하게 인사동 갤러리를 드나들고 있다. "아파도 계속 그림 그리고 글 썼어요. 항암제 때문에 머리는 타조새끼처럼 됐는데, 머리카락만 빼면 나머지

는 옛날보다 나아요." 글귀마다 세상에 대한 놀라움과 환희가 가득하다. "……나는 오로지 여름을 기다리면서 산다. 바다는 뒤집어지고, 거리의 먼지가 모두 하수구 속으로 빨려 들어가고, 헌집에서는 비가 줄줄 새고, 해진 운동화 속에도 물이 쿨럭쿨럭거리고, 우와 무지 재밌다."(여름하늘) "한 무리의 패랭이꽃을 보고는 가슴이 뛰었다. ……입꼬리가 확 벌어지면서 올라가고, 세상은 금방 환희로 찬다. 느슨하던 몸이 갑자기 팽팽한 기쁨으로 차오르고."(패랭이꽃)

9) 참고: 이민규(2006). 끌리는 사람은 1%가 다르다. 서울: 더난출판, p.152.

10) 참고: 워치만 니(1990). 자아의 파쇄와 영의 해방(역). 서울: 한국복음선교원.

11) 참고: 법정(2006). 살아 있는 것은 다 행복하라. 서울: 위즈덤하우스.

12) 정신과 의사인 문요한의 경험에 의하면 우리나라 사람들은 암과 같은 중병의 발견, 경제적 위기나 해직, 가까운 사람의 죽음이나 이별 등과 같이 어찌 해 볼 수 없는 경험을 하게 될 때 결단을 하는 경향이 강하다고 한다[참고: 문요한(2007). 굿바이 게으름. 서울: 더난출판사]. 예상치도 못했던 순간에 삶은 나태하게 잠자는 나를 불러 깨운다. 그 목소리는 신의 음성일 수도 있고 '또 다른 나'의 목소리일 수도 있다. 그때 우리는 그 부름 앞에 응답해야 한다. 그래서 삶을 전환시키기 위해 하던 일을 그만두고 오래 멈춰서기도 한다는 것이다. 자신을 정비하는 사람은 마치 자기 자동차의 성능을 지속적으로 향상시키기 위해 일정 간격으로 자동차를 정비하듯이, 그럴 수 있는 변화에 미리 준비한다. 그런 변화는 쌓일 대로 쌓이다가 폭발할 때 나타나는 부정적인 경험을 대비하기 위한 것이 아니다. 일상의 삶에서 변화의 순간을 찾을 때는 다른 사람이 지정해 주는 것이 아니라 자기가 대비해야 하기 때문이다. 그런 점에서 개조는 무엇에 대한 극적인 반전 행위거나, 지금까지 진행하던 방향을 극적으로 돌리는 터닝포인트 같은 것도 아니다. 그 개조는 움직이는 자동차의 핸들을 돌려 가면서 방향을 제대로 잡아가는 방향 조율 같은 것이다.

13) 시인 최승호[참고: 최승호(2007). 고비. 서울: 현대문학]는 고비 사막을 거닐면서 고비의 고비라는 시를 썼다. "고비에서는 고비를 넘어야 한다. 뼈를 넘고 돌을 넘고 모래를 넘고, 고개 드는 두려움을 넘어야 한다. 고비에서는 고유를 넘어야 한다. 땅의 고요, 하늘의 고요, 지평선의 고요를 넘고, 텅 빈 말대가리가 내뿜는 고요를 넘어야 한다. 고비에는 해골이 많다. 그것은 방황하던 엉덩어리들의 잔해, 고비에서는 없는 길을 넘어야 하고, 있는 길을 의심해야 한다. 사막에서 펼치는 지도란, 때로 모래가 흐르는 텅 빈 종이에 불과하다. 길을 잃었다는 것, 그것은 지금 고비 한복판에 들어와 있다는 것이다."

14) SBS TV의 〈생활의 달인〉은 신기한 방송으로 알려져 있다. 그것은 보통 오락프로그램인데도 연예인 한 명 볼 수 없고, 출연자는 접시 닦는 청년, 오징어 손질하는 아줌마, 양파 깎는 아저씨 같은 일반인들이 주인공으로 등장하는 프로그램이기 때문이다. 놀랍게도 시청률은 7~10%, 점유율은 20% 안팎으로 동 시간대 방송 시청 점유율 1위를 차지하고 있는 인기 프로그램이다. 이 프로그램에 출연했던 '인형 만들기' 달인 지은미(44) 씨는 제작진에게 "예전엔 내가 하는 일이 부끄러웠는데, TV 출연 후에 엄마

가 자랑스럽다는 아이의 말을 듣고 눈물을 흘렸다."고 했다. 〈생활의 달인〉에 출연하기 위해선 기계의 힘을 빌리지 않고, 손과 발을 써 가며 온몸으로 일하는 사람이어야 한다. 이 프로그램의 시청자들은 프로그램을 시청하고는 많은 생각을 하게 된다. 예를 들어, '나도 열심히 살아야겠다고 결심했다.'는 시청자 의견이 쏟아지고 있다. 가장 높은 인기(시청률 17.5%, 점유율 29%)를 기록했던 '불량 바둑알 검사' 달인 조경일(53) 씨는 "일이 힘들지만 그래도 나만큼 잘하는 사람은 없다는 자부심을 느끼게 됐다."고 말했다. 〈생활의 달인〉에 출연한 사람들은 방송 후 인생이 바뀌었을까? 기획자인 '올리브 나인' 김문배 본부장은 "그런 사람은 없다."고 했다. 출연자는 음식점이나 공장에서 일하는 월급쟁이들, 방송 좀 탔다고 해서 월급이 오르거나 신분이 달라진 경우는 없다. 방송 출연 후 일상으로 돌아갈 뿐이다. 〈생활의 달인〉은 그래서 반전이 없지만 꾸준한 드라마를 펼치는 주인공들이다(참고: 송혜진. 소리 없는 인기 비결은 '손' (2008. 6. 18). 조선일보].

15) 참고: Rorty, R. (1998). *Truth and progress*. Cambridge: Cambridge University Press.

16) 참고: 리차드 로티(2007). 우연성 아이러니 연대성(역). 서울: 민음사.

17) 정초주의(定礎)는 인식론의 하나인데 인간이 무언가를 알기 위해서는 그것을 뒷받침하는 다른 지식이 있어야 하고 그것은 누구에게나 의심받지 않는 절대적으로 옳은 것이어야 한다는 생각을 주장하는 논리체계다. 이런 토대주의를 신랄하게 비판한 로티는 1931년 뉴욕에서 태어나 열네 살 때 시카고 대학에 입학했다. 그는 궁극의 진리를 추구했던 플라톤 읽기에 심취했었다. 놀랍게도 그가 스무 살에 이르자 심취했던 플라톤 철학의 한계를 파악하고 플라톤과 결별을 선언했다. 그런 그의 생각은 1979년『철학과 자연의 거울』에 담겨 있다. 그 책에서 로티는 플라톤 철학과 분석 철학에 반기를 들었다. 그는 플라톤, 데카르트, 칸트로 이어지는 철학 전통을 본질주의, 정초주의, 표상주의라고 비판하고, 철학은 보편적이고 객관적 진리를 담보할 수 없다고 주장하며 '철학하기'와 '문학하기'를 동렬에 놓고 옳고 그른 것이 아니라 얼마나 참신한지 혹은 쓰임새가 있는지가 중요하다고 설파했다. 로티는 참된 지식으로서의 진리는 언제든 오류 가능성이 있으며, 인간의 문제해결에 도움을 주는 역사적 조건하에서만 진리라는 프래그머티즘의 계승자를 자처했다. 이는 프래그머티즘이 실용주의로 번역될 때 발생하는 오류, '좋은 게 좋은 것'이라는 적당주의 내지 결과만 중시하는 도구주의에 빠졌다는 오해를 낳았지만, 그것을 풀기 위해 그는 실천철학가로서의 네오프래그머티즘을 내세웠다. 그는 공(公)과 사(私)의 구분을 도입했다. 타인의 고통을 줄이기 위한 실천이 공이라면 자신의 신념을 이론화하는 것은 시를 쓰는 것과 같은 사적 행위로 바라봐야 한다는 것이다. 이는 반(反)철학자라 불릴 만큼 급진적인 로티 철학의 진면목을 보여 주는 대목이다.

18) 이렇게 개조와 재가동 간의 의미론적 차이를 알아보기 위해 한 정신의가 독자와 주고받은 상담편지를 소개해 본다.
   (매일같이) "사는 게 심드렁합니다. 학교 다닐 때도 전공을 여러 번 바꿔 봤지만 정말 내가 하고 싶은 것은 없었습니다. 결국 나이가 차서 취직을 한 후 회사도 옮겨 다녀 봤지만 흥이 나서 일할 곳을 만나지

못했습니다. 조직생활은 안 맞는 것 같아 고시를 보거나 유학을 가고 싶지만 집안 형편과 나이가 걸립니다. 요즘 들어 동료들과 관계가 틀어져 회사다니는 것이 불편하고, 일도 늘어 매일 야근인데 사는 낙이 없습니다. 답이 안 나옵니다. 다 때려치우고 모르는 곳에서 새 인생을 시작하고 싶은 마음뿐입니다. 너무 늦은 걸까요? (이민가고 싶은 H)", "사는 게 힘드시죠? 지금도 힘들지만 앞으로도 희망적이라는 근거도 별로 없으니 더 답답하겠죠. 대체 어디서부터 어떻게 풀어가야 이 난국에서 벗어날지 감이 잡히지 않습니다. 지금 심정은 당신이란 컴퓨터의 '리셋' 버튼을 눌러 버리고 싶은 마음 아닐까요? 프로그램이 잘 돌아가지 않거나 인터넷 브라우저마저 닫히지 않을 때에는 그저 리셋 버튼이 최고잖아요. 재부팅을 하면 웬만한 문제는 해결되니까요. 지금 당신은 이런 식으로 인생의 리셋을 누르면 모든 것이 해결될 것이라는 환상을 갖고 있습니다. 많은 사람이 이런 환상을 갖고 실행에 옮기기도 하지요. H 씨가 전에 학교와 회사를 옮겨 다닌 것도 비슷한 경험이겠죠. 하지만 근본 원인을 찾지 않고 리셋 버튼만 자꾸 누르면 시스템이 결국 망가지고 맙니다. 지금 H 씨의 답답한 마음은 공감하지만 행여 대책 없는 리셋 충동이 아닐지 걱정이 됩니다."[참고: 하지현. 하지현의 '성질 연구'(18), 의욕상실(2007. 7. 18). 조선일보].

19) 참고: 오오하시 에츠오(2008). 계속모드(역). 서울: 다산라이프.

20) 습관을 좌우하는 시간과 의욕의 조화가 계속모드를 위해 중요하다는 오오하시 에츠오 대표는, '벽'이라는 한계점으로 자신을 몰아가면서 자신을 조절해야 한다고 일러 준다. 그가 제안하는 지켜야 될 시간과 의욕에 관한 7가지 규칙은 다음과 같다. 규칙 1. 반드시 시간을 확보하라(시간을 벽으로 삼는다). 규칙 2. 나약한 자신을 믿지 마라(신뢰를 벽으로 삼는다). 규칙 3. 현재를 가장 높이 평가하라(표를 벽으로 삼는다). 규칙 4. 하고 싶은 게 떠오르면 기록하라(변하지 않는 기록을 벽으로 삼는다). 규칙 5. 예외를 인정하라(밑그림을 벽으로 삼는다). 규칙 6. 함께하는 동료를 만들어라(동료를 벽으로 삼는다). 규칙 7. 칭찬으로 의욕을 북돋우라(스스로의 노력에 스스로 칭찬한다).

21) 참고: 제프리 딘, 헬게 리터, 홀크 크루제(2007). **지능의 발견: 개미도 사고를 할 수 있는가**(역). 서울: 해바라기.

22) 미국 스탠퍼드 대학 인류학 교수 로버트 사폴스키는 1980년대 말 아프리카 비비원숭이의 서열과 스트레스의 관계를 연구한 결과 서열이 낮은 원숭이의 경우, 그의 뇌에서 신경세포가 더 손상되었다는 것을 발견했는데, 이는 스트레스로 인해 서열이 낮은 원숭이의 신경세포에 글루타메이트가 과잉분비되어 초래된 결과다. 일반적으로 정상적인 상태에서 글루타메이트가 분비되는 시간은 수ms(밀리초, $1ms=10-3s$), 농도는 수μmol(마이크로몰, $1\mu mol=10-6mol$)에 불과하다. 그런데 오랜 기간 스트레스를 받으면 글루타메이트가 분비되는 시간이 수분~수십분으로 비정상적으로 늘어나고, 농도도 수백 μmol 수준으로 치솟는다. 자극이 없을 때도 글루타메이트가 과잉분비된다는 말이다. 이 때문에 세포 속으로 계속해서 칼슘과 나트륨 이온이 유입되며, 이것이 신경세포에 큰 손상을 가한다[참고: 이경아(2007). 천만불짜리 스트레스. 주간동아 2007년 8월호].

23) 참고: 사이토 시케타(2007). **이젠 정말 지쳤어**(역). 서울: 글로연.

24) 참고: *Nature Neuroscience*, 2007년 6월호.

25) 참고: 알렉산드르 로마노비치 루리야(2007). **모든 것을 기억하는 남자**(역). 서울: 갈라파고스.

26) 정부가 취약계층을 위해 어떤 정책을 갖고 있느냐가 그 나라의 품격과 사람에 대한 국가관을 보여 주는 지름길이다. 취약계층 보호에 가장 인간적이고 선진적인 정책을 펴고 있다는 네덜란드 수도 암스테르담에 가면 거리 곳곳에 '커피숍(coffee shop)'이라고 적혀 있는 간판을 심심찮게 볼 수 있지만, 우리의 커피숍과는 다르다. 네덜란드에서 커피숍은 마약을 판매하는 곳을 일컫기 때문이다. 이런 이야기를 시작으로 네덜란드의 사회복지정책을 한 기업인은 이렇게 보고한다. "이러한 사실은 네덜란드에서는 크게 놀랄 만한 일은 아니다. 마약에 관한 네덜란드인들의 사고방식은 자유분방하고 실용주의적인 모습을 보여 주고 있기 때문이다. 하나는 정부가 마약중독자들을 범죄자가 아닌 환자로 생각한다는 것이다. 그래서 마약중독자를 감옥에 보내지 않고 치료를 받도록 해 주는 것이다. 마약중독자를 양지로 끌어내야만 범죄에 노출되는 것을 막을 수 있으며, 치료의 길을 찾을 수 있다는 것이 마약 규제에 대한 정부의 방침이다. 그래서 마약중독자를 수용하여 치료하는 동안 소량의 대체 마약이나 합성 마약 진통제인 메타돈(methadone)을 제공하고, 범죄를 저지르지 않는 한 자유롭게 활동할 수 있게 한다. 네덜란드는 마약과 관련해 다른 국가들과는 현저하게 다른 정책을 취하고 있다. 마약 소비자들은 엄격하게 규제하면 할수록 음성적으로 숨어 버리게 되고, 이렇게 음성적인 소비자들이 존재하는 한 마약 가격은 갈수록 높아져서 마약 공급자들이 활개를 칠 수 밖에 없다는 것이다. 그러므로 소비자들을 범죄자가 아닌 환자로 다루어서 아주 싼 가격에 소량의 마약을 제공하면서 서서히 마약으로부터 빠져나올 수 있도록 치료하겠다는 것이다. 이렇게 되면 마약의 수요가 줄어들고, 마약 가격도 떨어져 마약 공급자가 설 자리가 없어지게 될 것이라는 생각이다. 매춘에 관한 정책과 더불어 마약에 관해서도 네덜란드 정부는 '햇볕정책'을 펴고 있는 것이다. 이러한 햇볕정책의 결과 네덜란드는 마약중독자 비율이 전 인구의 0.16%로 마약을 엄격히 규제하는 프랑스의 0.26%보다 낮다. 이처럼 네덜란드 정부는 극단적이고 무책임하다고 느낄 정도로 자유를 보장하고, 국민들은 균형감각을 가지고 그 자유를 누리고 있는 것이다[참고: 남대훈. 세계의 창을 열고, 네덜란드의 '마약 햇볕정책' (2006. 7. 18). 매일경제]."

27) 참고: Bill Gates(2008). How to fix capitalism. *Time*, August 11, 2008.

28) 오늘날 4개 대륙 6개국 57곳에서 가난하고 버림받은 이들에게 철학, 논리학, 역사, 예술론 등 인문학 강의를 통해 희망을 심고 있는 '클레멘트 코스'의 창설자인 얼 쇼리스[참고: 얼 쇼리스(2006). **희망의 인문학**(역). 서울: 이매진]가 가난한 사람들을 위한 정규대학 수준의 인문학 강좌인 클레멘트 코스를 열게 된 이유는 간단한다. 그가 클레멘트 코스를 구상한 것은 교도소에서의 한 여죄수와의 만남이 계기가 되었다. "사람들이 왜 가난할까요?"란 쇼리스의 질문에 할렘가 출신의 비니스 워커라는 죄수는 "시내 중심가 사람들이 누리고 있는 정신적 삶이 우리에겐 없기 때문"이라고 답했다. 쇼리스는 가난한 사람들이 연주회와 공연, 박물관, 강연 등 중산층이 흔히 접할 수 있는 '인문학'을 접하기가 힘듦을, 새삼

깊이 있게 사고하는 법, 현명하게 판단하는 법을 몰라 가난을 벗어날 수 없다고 느꼈다. 그리고 이를 타개하기 위해 클레멘트 코스를 시작했다. "인문학이 여러분을 부자로 만들어 줄 것입니다. 단, 돈을 많이 벌게 해 준다는 의미가 아니라 삶이 훨씬 풍요로워진다는 의미에서 말입니다."라는 이야기로 1995년 10월 미국 뉴욕의 로베르토 클레멘트 가족보호센터에서는 '아주 특별한 수업'이 진행되었다. '클레멘트 코스'로 이름 붙인 이 수업에서는 철학·문학·예술·역사·논리학 등 정규대학 수준의 인문학을 가르쳤다. 강사진도 최고 수준급으로 구성되었다. 다만, 수강생들이 모두 가난했다. 직장이 없거나 있어도 낮은 임금을 받았다. 노숙자나 전과자, 약물중독자도 있었다. 고등학교를 마치지 못한 사람도 많았다. 그들은 양극화가 심화되고 있던 미국 사회의 최하층 빈민들이었다. '클레멘트 코스'의 목표는 바로 이들이 인문학을 통해 성찰적 사고 능력을 기르고, 가난으로 인한 고립에서 벗어나 시민으로서의 '정치적 삶'을 살게 하는 것이었다. 수강생 31명 중 17명이 끝까지 참여했고, 모두가 대학에 진학하거나 취직에 성공했다. 사실 이런 '성적표'는 부차적이다. 더 중요한 것은 이들이 자신의 삶을 긍정적으로 바라보고 자신을 통제할 수 있게 되었다는 것이다. 이렇게 시작된 클레멘트 코스는 현재 미국, 캐나다, 멕시코, 아르헨티나, 호주, 한국 등 6개국 57개 지역에서 운영되고 있다.

29) 참고: 프리드리히 A. 하이에크(2006). 노예의 길(역). 서울: 나남출판.

30) 타임 달러는 1983년 미국 플로리다 주에서 처음 시작되었고, 현재 마이애미 시에서만 3,000명 이상의 시민이 물물교환과 자원봉사의 네트워크인 타임 달러 시스템을 이용하고 있다. 1986년 칸(Cahn)은 RWJ 재단에서 120만 달러의 보조금을 받아 미국 5개 도시에서 타임 달러 네트워크 시범사업을 펼친 바 있다. 칸은 타임 달러가 경제정책적인 것이 아니라, 사회적 약자를 돕는 사회정책적인 성격이 강하기 때문에 면세가 되어야 한다고 주장했고, 미국 국세 당국은 이를 받아들였다. 물물교환과 자원봉사의 측면을 동시에 가진 시스템으로서 현재 미국 38개 주 150개 지역사회에서 수천 명의 회원이 가입하여 운영되고 있다. 아기돌보기, 개인교습, 집수리, 법률자문 등을 중심으로 서비스 교환이 이루어지고 있다. 병원 등에서 돈만으로는 주고받을 수 없는 여러 서비스의 교환이 이루어지고 있다[참고: Cahn, E.(2002). 이제 쓸모없는 사람은 없다: 타임달러와 코프러덕션(역). 서울: 아르케].

31) 미국 미시건 주 VA 앤아버 헬스케어 시스템 연구팀이 행복연구저널(JHS)에 발표한 연구 결과에 따르면[참고: 김주경. 늙으면 불행? "나이 들수록 행복해진다." (2006. 6. 19). 아시아경제] 나이 든 사람들이 실제로 젊은이들보다 인생에서 행복과 만족을 더 많이 느끼고 있다. 연구보고서 수석 저자인 헤더 폰드 레이시는 "나이가 들면서 인생의 불행한 시기가 올 것이라는 고정관념은 잘못됐다." 면서 "당신 앞에는 좋은 시간들이 아주 많이 남아 있으니 아마도 좋은 것들을 기대하고 산다면 한결 더 잘 살 수 있다."라고 조언했다. 레이시는 "일반적으로 나이가 들면 무능력하고 외롭고 고립된 삶을 살며 행복하지 않을 것이라고 생각한다." 면서 "그러나 이들 중에서 불가피한 사실은 하나도 없다."라고 말했다. 연구는 다양한 나이대의 사람들 542명을 대상으로 온라인 설문조사를 실시, 현재 삶에서 얼마나 행복하고 만족감을 느끼는지에 대해 비교했다. 행복을 느끼는 정도에 대해서는 1부터 10까지 점수를 매기도록 했는데 10점이 '가장 행복한 수준'이다. 또 542명을 21~40세, 그리고 60~86세 등 두 그룹으로 나눠

비교했으며, 첫 번째 그룹에는 273명이, 두 번째 그룹에는 269명이 포함됐다. 이 가운데 아프리카계 미국인, 히스패닉을 포함해 약 50%가 여성이었다. 결과에 따르면 인생에 대한 평균 행복점수는 21~40세 그룹이 6.65점, 의외로 60~86세 그룹이 7.32점이었다. 양쪽 그룹 모두 다른 그룹이 얼마나 행복감을 느끼는지에 대해서는 정확하게 추정하지 못했다. 젊은 사람들은 나이 든 사람들이 덜 행복할 것이라고 예상했다. 뿐만 아니라, 나이 든 사람들조차도 '그들과 다른 이들(젊은이들)도 지난 시절 더 행복했다.' 고 생각할 것이라고 밝혔다. 그러나 '양쪽의 예상 모두 빗나갔다.'고 레이시는 설명했다. 레이시는 이것이 '나이 들수록 행복해진다.'는 결론이 내려진 첫 번째 연구가 아니라며 '사람들이 자신의 병과 슬픔을 받아들이면서 반대로 행복감을 배운다.'는 것은 많은 연구에서 밝혀졌다고 강조했다.

32) 참고: 대릴 샤프(2008). 융, 중년을 말하다(역). 서울: 북북서.

33) 스님들도 2명 중 1명은 근골격계 질환을, 4명 중 1명은 소화불량에 시달리는 것으로 조사됐다. 경희의료원 한방병원 김덕곤 교수팀이 부처님 오신 날(5월 5일)을 맞아 모 사찰의 스님 175명을 대상으로 무료진료를 실시한 결과, 45%(79명)가 발목관절, 무릎관절, 요통, 어깨통증 등의 근골격계 질환을 겪고 있는 것으로 나타났다. 의료진은 수도생활에서 빼놓을 수 없는 참선 또는 참배를 무리하게 한 것이 큰 이유인 것 같다고 설명했다. 특히 스님들이 참선할 때 취하는 가부좌 자세는 엉덩이와 무릎의 높이가 같아 척추에 상당히 부담되는 자세이므로 참선시 방석의 엉덩이쪽 높이를 5cm 정도만 높여도 부담을 줄일 수 있다고 조언했다. 또한 소화불량 등의 소화기계 질환을 앓고 있는 스님도 23%(40명)를 차지했다. 그 외에 신경계 질환이 12명(7%), 허약 8명(5%), 호흡기계 7명(4%), 비뇨기계 6명(3%), 기타 4명(2%) 순으로 나타났다. 김 교수는 "소식(小食)을 함에도 불구하고 소화불량이 생기는 이유는 거친 채식, 특히 생식이 주 원인인 듯하다."라고 말했다. 한편 혈압 측정에 있어서는 정상이 47%(82명)였으나 예상 외로 고혈압(경계역 고혈압 포함)이 49명으로 저혈압(36명)보다 많았다. 그러나 고혈압의 경우 본래 혈압이 높은 본태성 고혈압이 주 원인인 것으로 나타났다. 이에 대해 김 교수는 '저혈압이 더 심각한 문제로 육식이 금지되어 있어 호두, 잣 등을 이용해 식물성 지방을 많이 섭취할 것'을 당부했다[참고: 김길원. 스님도 직업병. 관절 질환, 소화불량 많아(2006. 4. 25). 연합뉴스].

34) 참고: 루돌프 쉔다(2007). 욕망하는 몸(역). 서울: 뿌리와 이파리.

35) 조금 비과학적으로 들릴 수 있는 의학적 진술이기는 하지만, 황수관[참고: 황수관. 황수관 박사의 건강한 한 주, 인체는 신묘 망측하다(2007. 6. 23). 경주타임즈] 박사의 재미있는 신체 이야기는 사람의 몸을 손쉽게 이해하는 데 도움을 준다. "손가락 하나만 봐도 너무너무 신기하잖아요. 여러분, 손가락을 보십시오. 손가락 다섯 개가 모양이 다 달라요. 길이가 다 달라요. 굵기가 다 달라요. 더 놀라운 사실은 이 손가락은 앞으로는 굽혀지는데 뒤로는 안 굽혀지잖아요. 신기하지 않습니까? 더 놀라운 사실은 좌, 우 손가락이 똑같아요. 측량도 하지 않고 측정도 하지 않고 똑같잖아요. 참 신기하지 않습니까? 저 혼자만 신기합니까? 우리 몸을 연구해 보면 너무너무 신기해요. 여러분, 우리 몸 중에 가장 중요한 장기가 뭡니까? 다 중요하지만 심장이 중요합니다. 왜 중요하냐면 심장이 멎어야 사망이라고 합니다. 교통사

고가 나서 배가 터졌다, 간이 부었다, 뇌가 깨졌다, 사망이라고 안 합니다. 심장이 멎어야 사망입니다. 심장이 가장 중요하기 때문에. 여러분이 한번 보십시오. 심장이 있는 가슴에 손가락을 대보십시오. 단단한 뼈 속에 들어 있잖아요. 심장 다치면 안 된다고 단단한 뼈 속에 들어 있잖아요. 그리고 그 다음에 중요한 장기가 뭡니까? 뇌입니다. 보십시오. 단단하잖아요. 머리가 물렁물렁하면 안 됩니다. 뇌가 물렁물렁하면 방에서 나오고 들어갈 때 박으면 죽잖아요. 다치면 안 되니까 단단한 뼈 속에 있잖아요. 그 다음에 우리 몸에 중요한 장기는 뭔지 압니까? 대를 잇는 장기입니다. 대를 잇는 장기 잘 모르십니까? 저는 어릴 때 일어섰을 때 팔의 길이가 왜 그런지 몰랐어요. 짧을 수도 있고 길수도 있는데 왜 그런지 몰랐어요. 그런데 얼마 전에 알아냈어요. 우리 몸에 가장 귀한 장기가 뭐냐면 대를 잇는 장기입니다. 다른 장기는 심장도 단단한 뼈 속에 뇌도 단단한 뼈 속에 들어 있잖아요. 그런데 그것은 앞으로 나와 있잖아요. 그것을 보호하기 위해서 오늘 내 강의를 듣고 일어서서 손을 앞으로 내밀어 보십시오. 딱 맞죠? 제가 이것을 어떻게 알았냐면 축구선수들이 하는 것을 보고 알아냈어요. 여러분, 앉아 있을 때 손이 어디에 있습니까? 자기도 모르게 손이 그쪽으로 딱 가있어요. 그것을 보호해서 대를 잇는 것이 얼마나 중요합니까? 길면 올리는데 시간 걸리고 짧으면 내리는데 시간이 걸리는데 딱 맞게 돼잖아요. 참 신기하죠. 우리의 몸은 연구해 보면 너무너무 신기해요. 여러분, 거울을 보십시오. 난 거울을 볼 때마다 신기한 것이 양쪽 귀는 높이가 똑같아요. 아래위가 똑같아요. 만들 때 보면 한 사람 정도 위에 올라가고 밑에 내려올 수 있는데 똑같잖아요? 참 신기하지 않습니까? 눈썹 보십시오. 눈썹은 반드시 눈 위에 있어요. 코 위에는 없어요. 그리고 콧구멍은 반드시 두 개 있어요. 아무리 돌아다녀도 콧구멍 하나 있는 사람은 못 봤어요. 코 얘기가 나와서 말인데, 남자 분들 잘 때 코 고는 소리 얼마나 시끄럽습니까? 부인이 옆에서 잠을 못 자요, 코를 골아서. 그런데 놀라운 사실이 그 코고는 소리가 자기 귀에는 안 들려요. 신기하지 않습니까? 코하고 귀하고 같이 붙어 있는데 자기 귀에는 안 들립니다. 왜 안 들리는지 압니까? 너부터 자고 보라는 얘기입니다. 여러분, 입술. 입술은 살갗이 없어요. 그래서 이것은 가장 예민해요. 그래서 좋은 사람을 만나면 제일 먼저 갖다 대는 것이 입술부터 갖다 대요. 살갗이 있으면 안 돼요. 왜 안 되냐면 입을 벌리면 찢어지기 때문에 그래서 살갗을 안 만들어 놨어요. 신기하죠? 조물주께서 어떻게 미리 알고 입술에 살갗을 없도록 했습니다. 너무너무 신기하죠? 우리 인체를 연구해 보면 신묘 망측해요."

36) 참고: 제인 호프(2002). 영혼의 비밀(역). 서울: 문학동네.

37) 인류가 암과의 전쟁에서 승리하기 위해서는 연구에만 의존해서는 불가능하며 라이프 스타일을 바꿔야 한다고 AFP통신이 2006년 6월 19일 보도했다[참고: 이문환. 9가지만 피하면 암을 극복할 수 있다. (2006. 6. 20). 헤럴드경제]. AFP에 따르면 지난 50년간 의료계는 암에 대한 막대한 투자와 연구를 통해 암에 대해 훨씬 많은 것을 알게 됐지만 암으로 인한 사망률은 크게 줄어들지 않았다. 지난 50년간 심장병이나 뇌혈관 관련 질환, 전염병 사망률이 3분의 2정도까지 줄어든 것과 대조를 이루는 대목이다. 노벨의학상 수상자인 해롤드 바머스는 최근 『사이언스』지(誌) 기고문에서 "막대한 암 연구 투자와 암세포의 유전적, 생화학적, 기능적 변화에 대한 많은 발견에도 불구하고 암은 다른 질병과 비교하면 약으로는 가장 치유하기 어려운 병"이라고 말했다. 바머스 박사는 이어 중대한 생활 문화적 변화가 일어

나지 않거나 연구자와 의사, 약사 간 협조가 개선되지 않으면 암 치료의 진보는 성취되기 어렵다고 지적했다. 다른 의학전문가들도 암을 정복하기 위해서는 연구만으로는 안 되며 암에 걸리지 않도록 더 나은 라이프 스타일을 만들 필요가 있다고 강조하고 있다. 영국의 의학 저널 『더 랜셋』이 작년에 발표한 연구결과에 따르면, 지난 2001년 암으로 사망한 700만 명 가운데 3분의 1 이상인 243만 명이 9가지 요인에 의해 암에 걸린 것으로 나타났다. 따라서 9가지 요인만 피하면 암에 걸릴 가능성이 훨씬 줄어든다는 것이다. 암에 걸리는 가장 큰 원인은 대부분의 사람이 알다시피 흡연이다. 암 사망자 5명 가운데 1명은 흡연이 원인인 것으로 조사되었다. 이 밖에 음주, 비만, 육체 활동 부족, 과일 및 야채 섭취 부족, 공기오염, 안전하지 않은(unprotected) 섹스 등도 9가지 요인에 포함되었다. 식사가 건강에 미치는 장기적 영향에 대한 연구를 이끌고 있는 월터 윌렛 하버드 대학 의대 교수는 '암 가운데 3분의 1 이상이 식습관과 관련이 있다.'면서 "건강한 식습관이 금연 및 규칙적인 육체 활동 등과 조합을 이루면 그 잠재적 영향은 엄청나다."라고 말했다. 윌렛 교수는 "일례로 대장암의 경우, 건강한 라이프 스타일의 일환으로 올바른 음식 선택을 하면 70%를 예방할 수 있다."라고 밝혔다.

38) 아인슈타인의 '상대성 이론'이 등장하기 전까지 사람들은 시간을 강물처럼 한없이 흘러가는 것이라고 생각했다. 공간 역시 3차원의 네모난 주사위처럼 세상을 둘러싸고 있는 것으로 생각했다. 상대성 이론은 시간과 공간은 절대적으로, 그리고 따로 존재하지 않는다는 것을 생각하게 만들었다. 그가 표현한 물질의 에너지는 질량에 광속의 제곱을 곱한 것과 같다($E=mc^2$)는 공식은 인간이 존재하는 데 필요한 네 가지 요소, 말하자면 공간 · 시간 · 물질 · 에너지가 하나의 상호 연관된 체계를 이루고 있다는 사실을 알려 주고 있다. 네 가지 요소 중 어느 하나도 서로 분리되어 있지 않기에, 하나를 포기하면 다른 것마저 포기하는 것이나 같다. 이것에 대한 깨달음을 불가에서는 해탈이라고 부른다.

39) 로스 여사는[참고: 엘리자베스 퀴블러 로스, 데이비드 케슬러(2007). 인생수업(역). 서울: 이레. pp. 19-20] 이어서 이야기한다. "삶은 탄생에서 죽음에 이르는 수업과 같습니다. 그 수업에서 우리는 사랑, 행복, 관계와 관련된 단순한 진리를 배웁니다. 오늘 우리가 불행한 이유는 삶의 복잡성 때문이 아니라 그 밑바닥에 흐르는 단순한 진리를 놓치고 있기 때문입니다. 많은 이들이 사랑에 대해 충분히 안다고 생각하지만, 그럼에도 만족스러운 사랑을 발견하지 못합니다. 우리가 느끼는 것은 대부분 사랑이 아니기 때문입니다. 그것은 두려움, 불안, 기대 심리가 만들어 낸 허상에 불과합니다. 지구라는 행성 위를 함께 걸어가고 있지만 우리 각자는 외롭고, 무기력하고, 부끄러운 존재들입니다."

40) 인슐린은 췌장의 랑게르한스섬의 β세포에서 분비되는 호르몬으로서 혈액 속의 포도당의 양을 일정하게 유지시키는 역할을 한다. 혈당량이 높아지면 분비되어 혈액 내의 포도당을 세포로 유입시키며 지방 조직에서 포도당의 산화와 지방산으로의 전환을 돕는 일을 한다. 근육에서는 단백질을 합성하기 위한 아미노산의 흡수를 촉진시킨다. 인슐린의 합성과 분비가 정상적으로 이루어지지 않거나 충분하게 제 기능을 하지 못하는 사람에게는 당뇨병이 발병할 가능성이 높아진다. 당뇨병 환자에 대한 이런 이해가 일반적인 가운데, 미국 보스턴 아동병원 하워드 휴즈 의학연구소의 모리스 화이트 박사는 과학전문지 『사이언스(Science)』최신호(7월 20일자)에 실린 연구 논문을 통해 수명 단축 요인이 될 수 있는 과체

중과 고혈당으로 인슐린이 증가해도 뇌 속의 인슐린만 줄이면 오래 살 수 있다고 보고했다. 실험책임자인 화이트 박사는 쥐 실험을 통해 이것을 밝혔다. 한 그룹의 쥐들에는 체내의 모든 세포 안에서 인슐린 신호를 전달하는 단백질인 인슐린 수용체 기질-2(Irs-2) 생산 유전자 두 쌍 중 하나를 유전 조작으로 제거해 Irs-2의 생산량을 절반으로 줄이고, 또 한 그룹의 쥐들에는 뇌 속의 Irs-2만 절반 또는 거의 전부 만들어지지 않게 했다. 그 결과 두 그룹 모두 보통 쥐들보다 오래 살았다. 인슐린 신호란 인슐린이 체내의 모든 세포에 대해 혈액으로부터 포도당을 흡수해 에너지로 이용하라는 신호를 보내는 것을 말하는데, 놀라운 사실은 뇌에서만 Irs-2가 크게 줄어든 쥐들은 지방이 많은 먹이를 많이 주어 살이 찌고 혈당이 올라가면서 인슐린도 증가했지만 수명은 오히려 보통 쥐들에 비해 거의 6개월(18%)이나 연장되었다는 점이었다. 이 그룹의 쥐들은 또 보통 쥐들에 비해 늙어서도 활동적이고 낮에는 포도당을, 밤에는 지방을 연소시키는 대사주기가 활발했으며, 세포를 산화스트레스에서 보호해 주는 항산화효소인 슈퍼옥시드 디스무타제(superoxide dismutase)도 정상 수치를 유지하고 있었다. 화이트 박사는 이 연구 결과는 운동과 절식이 수명연장에 도움이 되는 이유를 설명해 주는 것이라고 지적했다. 운동하고 덜 먹는 것이 인슐린 민감성을 높여 인슐린 저항을 막아 주기 때문이라는 것이다[참고: 한성간. 뇌 속의 인슐린 줄이면 오래 산다(2007. 7. 20). 연합뉴스].

41) 교육을 많이 받은 고학력의 사람일수록 뇌졸중 발병 위험이 적은 것으로 나타났다. 영국 런던 '위생과 열대질병학교(School of Hygiene and Tropical Medicine)' 쿠퍼 박사팀의 연구 결과, 교육 수준이 높은 사람에 비해 교육을 적게 받은 사람들에서 뇌졸중 발병 위험이 현저하게 증가한 것으로 나타났다. 연구팀은 이와 같은 현상의 원인으로 교육 수준에 따른 음주나 흡연 등 건강과 연관된 생활습관의 차이를 꼽았다. 연구팀은 30~50세 사이 4만 8,000명의 여성을 대상으로 10년에 걸쳐 대략적인 사회경제적 지위를 반영하는 교육 수준이 뇌졸중 발병에 어떤 영향을 주는지에 대한 연구를 진행했다. 연구 기간 중 200명에게서 뇌졸중이 발병한 가운데, 뇌졸중 발병 위험은 교육을 받은 정도에 반비례한 것으로 나타나 교육을 가장 오래 받은 그룹에 비해 적게 받은 그룹에서 뇌졸중 발병 위험이 두 배 높은 것으로 나타났다. 연구팀은 이와 같은 현상의 원인으로 생활습관의 차이를 지적하며 "건강한 생활습관과 건강 관리를 통해 교육 수준이 낮은 사람도 높은 사람들처럼 뇌졸중 발병 위험을 줄일 수 있다."라고 말했다[참고: 정은지. 못 배운 사람일수록 '뇌졸중' 잘 생긴다(2007. 1. 16). 메지컬투데이].

42) 참고: 김형효(2007). 마음혁명: 김형효 철학산책. 서울: 살림.

43) 마음에는 에너지 충전력, 유연한 적응력, 감정 조절 능력, 긍정적 사고, 대인관계 능력이 필요하다는 것이다. 이를 위해 12단계에 걸쳐 멘탈 피트니스를 익히면 도움이 된다. 멘탈 피트니스는 서울백병원 스트레스센터에서 10년간 축적된 연구 결과를 기반으로 고안한 프로그램이다. 스트레스에 대한 저항력이 약해져 소화불량, 감기, 두통, 불면증에 시달리면, 겉으로는 웃어도 속으로는 감정이 메말라 버린다. 이들을 위해 행복 에너지 충전법, 즉 마음력을 키우는 구체적인 방법을 제시한다. ▲힘들 때 빨리 에너지를 충전하는 법, ▲화날 때 빨리 풀어 버리고 웃음을 되찾는 법, ▲대인관계를 세련되게 풀어가는 법, ▲자신감을 잃지 않고 긍정적으로 생각하는 법, ▲남의 장점을 세련되게 칭찬하는 법 등 삶을

윤택하게 만드는 방법들이 다양하게 제시되어 있다[참고: 우종민(2007). **마음력**. 서울: 위즈덤하우스].

44) 중국 철학자 펑여우란(馮友蘭)은 젊은 시절 서양학자로부터 '중국에도 철학이 있느냐.'는 놀림을 받았다. 분발한 그는 7권짜리『중국철학사 신편』을 쓰는 데 평생을 바쳤다. 1990년 95세에 세상을 뜰 때도 원고가 손에 들려 있었다. 그 마지막 모습은 그가 생전에 자주 읊조렸다는 이상은(李商隱)의 당시(唐詩) 구절 그대로다. '봄 누에는 죽어서야 실 뽑기 그치고(春蠶到死絲方盡) 촛불은 재 돼야 비로소 눈물 마른다(蠟燭成恢淚始乾).' 미국 장수(長壽) 학자 토머스 펄스가 100세 넘은 노인 169명을 조사했더니 평균 78세까지 생업에 종사했다고 한다. 오래 일하는 사람이 오래 산다는 얘기다. 독일 철학자 훔볼트는 '일은 먹는 것이나 자는 것보다 인간에게 필수적'이라고 했다. 일하는 것은 곧 살아 있다는 증거다. 100세 윈스턴이 남겼던 말을 이제 음미해 보니 마치 자기 죽음에 대한 예고처럼 들린다. "너무 오래 멈춰 있으면 얼어붙는다. 계속 일하라. 일하는 것이 오래 사는 길이다."[참고: 주용중. 만물상, 100세 일꾼의 죽음(2006. 4. 17). 조선일보].

45) 마음의 여백이라는 것이 어떤 것인지를 보여 주는 것은 돈이 아니라 마음이다. 마음이 많은 부자는 나누는 일에 앞장서는 사람이다. 남을 돕는 방식은 돈의 액수가 결정하는 것이 아니라 마음이 결정하는 것이다. 우리의 주위에도 그런 마음의 부자들이 많이 있다. 잡곡을 팔아 번 돈 3,000원을 모두 자선냄비에 넣은 80대 노인도 그런 사람 중의 하나고, 20년째 자선냄비에 성금을 넣고 있는 리어카 상인 아주머니도 그런 분이며, 부모로부터 받은 유산을 사회에 기부하는 사람들도 모두 마음이 많은 부자들이다. 암 환자인 60대의 한 할머니가 빈곤층 주민들의 자활 지원 봉사단체인 밥상공동체복지재단이 운영하는 연탄은행에 3억 원의 거금을 기부했다. 서울 영등포구 당산동에 거주하는 송부금(69세) 할머니가 바로 그분인데, 송 할머니는 이미 한국복지재단에도 20억 원을 기부했었다. 암 수술을 받고 치료를 받고 있으면서도 사회봉사 활동을 하고 있다. 연탄은행은 밥상공동체복지재단이 생활이 어려운 이웃들에게 연탄을 나눠 주기 위해 2002년 12월 설립했으며, 현재 서울 등 전국 21곳에서 운영 중이다. 그동안 전국 3만여 가구에 연탄 311만 장을 지원했다[참고: 최창순. "어려운 이웃에게 보탬 된다면……" 23억 원 내놓은 할머니(2007. 5. 15). 동아일보].

송 할머니와는 달리 자녀들이 준 용돈을 한 푼 두 푼 모아 저축한 돈 1천만 원을 쾌척한 팔순의 김 할머니도 우리에게는 고맙기 그지없는 마음의 부자다. 김 할머니는 사랑의 열매 전북 사회복지공동모금회에 1천만 원을 기부했다. 그 돈은 김 할머니가 "아들, 딸들이 그동안 한 푼 두 푼 준 용돈을 모아 저축한 돈이었다. 넉넉한 형편도 아니면서 성금을 기탁한 것을 알면 주변에서 욕할까 봐 두렵다."라며 조심스럽게 성금을 건넸다. 오해를 받을까 봐 겁을 낸 김 할머니는 방송이나 신문을 통해 "어렵게 살아가는 사람들의 사연을 접할 때마다 가슴이 아팠고, 기회가 되면 사회를 위해 무언가를 하고 싶었다."라며 성금을 기탁하게 된 사연을 전했다. 성금을 기탁한 것을 외부에 알리지 말라던 김 할머니는 기부금 영수증을 발급하려고 주소와 연락처 등을 묻는 직원에게 "80세 먹은 김 할머니라고만 해 달라."며 서둘러 자리를 떴다고 모금회 관계자는 전했다[참고: 장하나. 익명의 팔순 할머니 1천만 원 기부(2007. 5. 10). 연합뉴스]. 이들처럼 많은 돈은 아니지만 몇 푼이라도 기부하는 마음은 이들과 하나도 다를 것이 없다. 그런 주인공 중의 한 사람이 김소관 할머니다. 그녀는 시장 한구석에 앉아 하루 종일 잡곡을 판다. 김 할머니(87)는 하루 종일 수수 한 되를 팔았다. 3,000원이 전부였다. 그 돈을 기꺼이 자선냄비에 넣었다. 허리가 휜 탓에 기어오듯 힘들게 자선냄비 앞으로 온 김 할머니는 "수수 한 되 판 것이 오늘 수입의 전부지만 혹시 내년에 죽게 될지 몰라 올해 안에 좋은 일 한번 하는 것이여."라며 "그래도 오늘은 날이 푹해서 고생을 덜 했응게 괜찮다."라고 말했다고 한다[참고: 소수정. 하루 종일 1만 번 시장 할머니, 3천 원을 자선냄비에…… 구세군 봉사 중 만난 사람들(2006. 12. 25). 국민일보 쿠키뉴스].

46) 참고: 이종원. '빈 손의 억만장자' 척 피니(2007. 9. 20). 연합뉴스.

47) 그가 신문사에 보낸 편지의 내용은 이렇다. "동봉해 드리는 금액이 비천하다 책망치 마시고 부족한 이 사람의 마음을 헤아려 주셨으면 합니다. 학교에서 원하는 금액은 안 되지만 저는 수인(囚人)으로서, 교도소에서는 1년 내내 일을 해야 작업 상여금이라 하여 이 정도 돈이 나옵니다. 이 계기를 발판 삼아 훗날 출소하여 사회로 복귀하면 지금의 열 배, 백 배의 정성으로 교육 발전과 모교 후배들을 위해 지원을 다하고 싶습니다." 11일 오후 서울 중구 태평로 1가 조선일보사 '스쿨 업그레이드, 학교를 풍요롭게' 사무국에 편지 한 통이 도착했다. 250원짜리 우표 8장을 촘촘히 붙여 익일특급으로 부친 봉투는 제법 두툼했다. 봉투 겉면에 적힌 주소는 전남 장흥우체국 사서함 1호 장흥교도소. 보낸 사람은 그곳에 수감 중인 김모 씨였다. 봉투 속에는 편지지 7장과 1만 원 권 10장이 들어 있었다. 검은 펜으로 반듯하게 써 내려간 장문의 편지였다. 밋밋한 편지지가 아쉬웠던지 한 장 한 장 손수 그린 듯한 난초가 저마다 다른 자태로 꽃을 피우고 있었다. 편지는 "조선일보 기사를 읽고 드릴 말씀이 있어 부끄러운 몸으로 어렵게 펜을 드니, 결례가 안 된다면 제 이야기를 들어주셨으면 감사하겠습니다."라고 시작되었다. "경기도 용인에서 살아왔습니다. 그러던 중 부도와 파산으로 경제적 어려움을 겪고 순간적 판단이 흐려져 하늘에 닿을 듯한 죄를 짓고 딱딱한 교도소 마룻바닥에 앉게 되었습니다." 김 씨는 자신의 구체적인 신분과 죄명을 밝히지 않았다. 기자의 질의에 대해 김 씨는 교도관을 통해 "누구에게 알리기 위해 편지를 보낸 게 아니었다."며 "신분과 죄명이 드러나면 가족들에게 폐만 될 뿐"이라고 말했다. 그는 다만 "2005년 1월 징역 4년을 선고받고 수감됐다."라고만 밝혔다. "저는 이곳 교도소에 들어오기까지 책이라고는 고작 4권을 읽었습니다. 나이 서른 후반의 사람이 어린 시절부터 읽은 책이 4권이라면 믿으시겠습니까? 그나마 평소 존경하던 중학교 은사님께서 권하여 주셔서 읽었던 것이 전부입니다. 그러던 제가 교도소에 들어와 어느 날부터인가 책을 읽기 시작해 2년 6개월이란 시간 동안 수백 권의 책을 접했습니다. 담 안의 수인으로서 눈은 닫혔지만 책을 읽고 곱씹을수록 세상을 올바르게 바라보는 마음의 눈을 새롭게 뜰 수 있었습니다. 지금에서야 책에서 나오는 진리를 깨닫고 새로운 인생을 살아가고 있습니다." 김 씨는 책을 통해 새 삶을 꾸릴 수 있게 되었을 뿐만 아니라 무지했기 때문에 저지른 과거의 잘못도 깨닫게 되었다고 말했다. 그리고 스쿨 업그레이드 기사를 통해 접한 모교의 사연을 떠올렸다고 했다. "기사에서 경기도 용인에 있는 백암중·고등학교가 책이 필요하다는 내용을 보았습니다. 바로 제 학창시절 꿈을 키우며 공부하던 모교지요. ……저를 대신하여 저의 모교에 도서를 구입할 수 있도록 기회를 마련해 주셨으면 고맙겠습니다. 저는 지난날 그릇된 생각으로 세상을 잘못 살아 쇠창살 안에 있지만, 후배들을

위해서라면 작은 정성이나마 드리고 싶은 마음이 간절합니다. 다만, 제가 학교의 명예를 실추시킨 부끄러운 죄인의 몸인지라 감히 직접 전달하지 못합니다. 저를 대신해 도서를 마련해 주셨으면 고맙겠습니다. 두 번 다시 저와 같은 사람이 배출되지 않고 국가와 사회에 꼭 필요한 사람만 탄생하기 바라는 마음을 보내는 것입니다. 제가 읽은 책의 한 문장이 떠오릅니다. '희망이란 마치 땅 위의 길과 같다. 본래 땅 위에는 길이 없었지만 걸어가는 사람이 많아지면 그것이 곧 길이 되는 것이다.' 작은 도움이나마 받을 모교 후배들이 희망을 만들어 가게 해 주십시오[참고: 김진명. 저 같은 사람 두 번 다시 안 나오게 (2007. 7. 14). 조선일보].

48) 참고: 조용헌. 아닌 것들도 다 그렇다(2007. 5. 12). 조선일보.

49) 참고: 미치 앨봄(2006). 단 하루만 더(역). 서울: 세종서적.

50) 참고: 김진형. 낙관적 태도, 노화 지연시킨다(2004. 9. 14). 연합뉴스.

51) 작가인 모건[참고: 제임스 모건(2007). 마티스와 함께 한 1년(역). 서울: 터치아트]은 어느 정도 사회적 성공을 거둔 예순이 다 된 나이에 지금까지 그린 모든 장미를 잊고 자신만의 장미를 찾아 나서기로 결심한다. 프랑스 화가 앙리 마티스(1896~1954)의 말에 따라, 오랜 꿈이었던 그림을 그리기로 한 것이다. 그는 마음속 영웅인 마티스의 발자취를 좇기 위해 아내와 프랑스 여행을 떠난다. 여행 도중, 빚이 '바게트 빵처럼 부풀어 올라' 집까지 헐값에 넘겨야 했다. 그러나 익숙하지만 숨 막히는 현실 대신 불투명하지만 도전적인 삶을 택한 그는 정녕 행복했노라고 털어놓는다.

52) 참고: 카일 메이나드(2006). 변명은 없다(역). 서울: 가야넷.

53) 자기 개조의 확신이 자신의 청소력을 이끌어 낼 수 있다는 점은, 부자 아빠와 가난한 아빠의 경제이야기를 통해서도 간접적으로 확인할 수 있다. 일반적으로 부자는 성과에 의해서 평가받고 보상받기를 좋아하나, 빈자는 자신이 노력한 시간에 따라 보상받기를 원하는 경향이 있다고 한다. 부자는 시장(상대방: 고객 또는 고용주)의 만족도에 따라서 보상받기를 원한다. 부자는 상대방(시장)을 만족시키기 위해서 노력한다. 그러나 빈자는 상대방(시장)의 만족도에 따라서가 아니라 자신이 얼마나 노력한지에 따라서 보상을 받아야 하는 것이 공평하다고 믿는다. 빈자들이 좋아하는 투입한 노동시간에 따라서 대우받아야 한다고 믿는 사고방식을 뒷받침하는 경제학은 노동가치설이다. 마르크스는 모든 재화의 가치는 투입한 노동시간과 노동자의 질적 수준에 의해서 결정된다고 믿었다. 부자들은 노동가치설이 잘못된 믿음이라고 지적한다. 엉터리 자동차를 만들어 놓고 투입노동시간에 따라서 값을 쳐달라고 하면 말이 되느냐? 부자들의 이러한 사고방식을 대변하는 경제학은 칼멩거의 효용가치설이다. 재화의 가치는 소비자의 주관적인 심리적 만족도에 달려 있다는 것이다. 만약에 부자가 되고 싶다면 먼저 부자가 되기에 알맞은 믿음체계부터 가져야 한다.

54) 그의 책을 읽고, "청소로 7년간 앓아온 우울증이 완화됐다는 독자도 있고, 청소력 경영을 회사 운영에 도입해 하루 매출액을 200만 엔씩 늘린 유명 영어학원의 사례 보고도 있다."라고 이야기하는 마쓰다는

'청소 아카데미' 한국지부도 설립했다. 그는 청소력을 높이기 위해 ▲신념을 가져라, ▲현상을 파악하라, ▲명확한 비전을 제시하라, ▲계획을 세워라, ▲실행 그리고 성과, ▲다음 비전의 설정, ▲앞 단계들의 반복 등 '청소력을 통한 성공 비법 7단계'를 공개했다[참고: 마쓰다 마쓰히로(2007). **청소력**(역). 서울: 나무 한그루].

55) 미국의 사회심리학자인 제임스 Q. 윌슨(James Q. Wilson)은 1982년 3월 월간『애틀랜틱』에 '뉴욕 시 곳곳의 슬럼화'를 서술하면서 그의 이론인 '깨진 유리창 이론'을 풀어나갔다. 뉴욕의 어느 주택가다. 일상처럼 골목길에서는 흑인 아이들이 즐겁게 뛰어 놀고 있는 동네다. 이 마을에 작은 사건 하나가 벌어진다. 주인이 이사가고 비어 있는 집에 어느 아이가 돌을 던져 처음으로 유리창이 깨진다. 마을 사람들은 그 일을 대수롭지 않게 여긴다. 빈 집의 유리창은 깨질 수도 있고, 그런 일이 자기 집도 아니기 때문이다. 얼마 지나지 않아 그 집은 아이들의 장난감이 된다. 그 집 유리창은 이제 전부 파손된다. 깨진 유리조각들이 거리로 튕겨져 나온다. 그래도 어느 한 사람 나서서 그것을 치우자고 말하지 않는다. 이후 깨진 유리조각들은 행인들에 의해 잘게 부서졌고, 그 유리 파편은 마을의 거리로 흩어진다. 점점 마을은 음산하고 지저분해졌다. 그러자 주민들은 이사를 가기 시작했다. '이런 곳에서 못 살겠다.'는 뜻이었다. 빈 집이 늘어났다. 아이들은 주인 없는 집에 재미삼아 돌을 던져 유리창을 깨부수었다. 어느새, 마을은 걸인과 부랑자들만이 사는 빈민가로 변해 버리기 시작했다. 그래도 그 동네에는 마을을 살리자는 이야기를 하는 사람이 아무도 없었다. 제임스 윌슨은 이 이야기를 예로 들어가며 '깨진 유리창 이론'을 발표했다. 깨진 유리창 이론은 한 지역사회에서 낙서, 유리창, 파손 등 경미한 범죄를 그대로 방치하면 그것은 끝내 큰 범죄로 이어진다는 범죄심리 이론으로 발전되어 지역사회, 기업, 조직, 개인의 삶에도 응용되었다.

56) 해고를 당했다고 치자. 20대 중반과 40대 중반은 전혀 다르다. 20대 중반이 훨씬 유리하다. 시간이 있기 때문이다. 시간의 재산은 우리에게 최고의 가치 있는 재산이다. 이 재산은 인간에게 처음에는 공평하게 주어진다. 부자든 거지든, 사장이든 말단 사원이든 갓난아이든 노인이든 하루는 누구에게나 24시간이다. 사람은 죽음 그 이후의 시간까지 늘릴 수는 없다. 그가 할 수 있는 것은 활용할 시간을 늘릴 수 있을 뿐이다. 시간은 해나 별과 같아서 노력한다고 그냥 얻어지는 것이 아니다. 해나 시간은 내가 노력한다고 나에게 늘어나지 않는다. 해도 하나뿐이고, 시간도 하루 24시간으로 정해져 있다. 해나 시간을 늘리기 위해서는 그것을 활용해야 한다. 해를 활용하고, 시간을 활용해야 한다. 예를 들어, 어떤 이는 누워서 뉴스를 본다. 어떤 이는 뉴스를 보면서 러닝머신으로 운동한다. 러닝머신으로 뛰지만, 녹화된 뉴스를 요약해서 보는 이도 있다. 결과는 엄청난 차이가 난다. 어떤 이에게는 뉴스만 남을 것이고, 어떤 이에게는 운동과 뉴스가 남을 것이고, 어떤 이에게는 뉴스와 그 밖의 다른 것이 남을 것이다. 이런 차이는 한정된 것을 늘리는 방법을 알았기에 저절로 생긴 결과물이다. 한정에 대한 인식을 가지면 차이를 만들어 낼 수 있다[참고: 노무라 마사키(2007). **내 하루의 도둑맞은 58분**(역). 서울: 국일미디어].

57) 버리다, 닦아내다, 청소하다 등의 뜻을 갖고 있는 두타는 산스크리트어로 'dhuta'의 음역(音譯)이다. 불가에서 말하는 두타는 모든 집착과 번뇌를 버리고 심신을 수련하는 일종의 선이다[참고: 경성(2005).

불교수행의 두타행 연구. 서울: 장경각]. 한국 불교는 12두타행을 기준으로 삼는데, 다음과 같다. (1) 세속을 등지고 깊은 산속 등에서 산다(在阿蘭苦處), (2) 늘 걸식을 한다(常行乞食), (3) 빈부를 가리지 않고 차례대로 걸식한다, (4) 하루 한 끼만 먹는다(受一食法), (5) 절식을 한다(節量食), (6) 오후가 되면 음료·당분류도 섭취 않는다(中後不得飮漿), (7) 헌옷을 기워 입는다(着弊衲衣), (8) 중의(重衣)·상의(上衣)·내의(內衣) 외에 옷을 갖지 않는다(但三衣), (9) 무상관(無常觀)을 닦기 위해 무덤 곁에서 산다(塚間住), (10) 쉴 때는 나무 밑을 택한다(樹下止), (11) 나무 아래서 자면 습기·독충 등의 폐해가 있으므로 한데에 앉는다(露地坐), (12) 앉기만 하고 드러눕지 않는다(但坐不臥).

58) 이상구 박사는 2001년도에 '찌지직 이론'을 내놓았다. 유전자에 사랑 에너지를 '찌지직' 하고 전해 주면 유전자가 생명을 다시 얻어 병이 없어진다는 것으로, 사랑이 사람의 건강을 좌우하는 최우선적 조건이라는 내용이었다. "모든 유전자가 좋아하는 것은 사랑이라는 에너지다. 유전자는 에너지에 반응하기 때문에 사랑을 더 많이 줄 때 유전자가 활성화될 수 있다." 다소 막연한 그의 논리는 탄탄한 과학을 기초로 한 첨단 의학정보를 기대했던 사람들에게 큰 호응을 얻지 못했다. "우리는 습관이나 그릇된 지식 때문에 몸의 자연스러운 필요를 잘못 파악하고 해석하고 있습니다." 이제부터라도 태초에 조물주에게서 부여받은 지혜로 무장해야 한다는 것이 그의 지론이다[참고: 채성진. 그리고 그 후 The Day After, '엔도르핀 박사' 이상구 씨(2007. 5. 5). 조선일보].

59) 뇌 크기를 늘릴 수 있다는 연구 결과가 나왔다[참고: DEAN ORNISHM. D. Bigger Brains, Better Genes(2007. 9. 12). www.newsweek.com]. 나이와 상관없이 정기적으로 운동하고 좋은 음식을 먹으면 뇌 크기가 늘어난다는 것이다. 솔크 생물학연구소와 컬럼비아 대학 학자들의 연구 결과에 따르면 운동은 일반적인 효과 외에도 유전자에 좋은 영향을 주고 세포 노화를 역전시킬 수 있도록 도와주며 나아가 뇌가 실질적으로 커질 수 있도록 새로운 뇌세포 성장을 촉진시키는 것으로 밝혀졌다고 뉴스위크는 전했다. 이는 신경조직(뉴런) 생성으로 불리는 과정으로, 약 6년 전까지만 해도 사람은 일정한 수의 신경세포를 갖고 태어나 나이가 들수록 신경세포를 잃는다는 통설을 뒤집은 것이다. 이번 연구는 또한 운동은 평소보다 두 배나 많은 피를 두뇌에 공급한다는 점을 밝혀냈다. 지난 해 일리노이 대학 연구진은 단 석 달간 일주일에 3시간 정도만 걸으면 상당히 많은 신경세포가 새롭게 생성되어 뇌 크기가 늘어났다는 보고서를 발표한 바 있다. 음식물도 세포 노화와 생성에 큰 영향을 주고 있다고 뉴스위크는 소개했다. 설탕이나 지방이 많은 음식은 신경세포 생성에 방해가 되고 적당한 양의 초콜릿, 차, 블랙베리(검은 딸기) 등은 기억력을 향상시킨다는 것이다. 또 적은 양의 술은 신경세포 생성을 원활하게 하지만 과음을 하면 반대로 작용한다. 스트레스를 잘 관리하는 문제도 비슷한 영향을 준다. 그러면 운동을 지속적으로 할 수 있도록 잘 기억하려면, '당신이 좋아하는 것을 하고, 그것을 즐겁게 하며, 시간을 잘 지켜 꾸준히 해야 한다.'고 제안하고, '그러면 신경세포가 늘어나는 등의 운동 효과를 잊지 못하게 될 것'이라고 덧붙였다.

60) 참고: 마르코 라울란트(2007). 호르몬은 왜(역). 서울: 프로네시스.

61) 독서에 대한 생각이 시대에 따라 달리 이해되어 왔다는 것을 보여 주는 사람이 중국의 이탁오다. 중국 역사, 특히 사상사에서 최대의 이단아로 꼽히는 이탁오(李卓吾, 1527~1602), 이지의 사상은 윤리와 '사회 지향'의 유교국가에서 부처와 노자보다 훨씬 파괴력을 지닌 이단이었다. 송나라 이후 주희의 주석으로 고정된 유교경전은 국가에서 인정하는 유일한 학문체계였다. 공자를 비판하거나 경전의 진리성을 부정한다는 것은 당시로서는 충격적인 일이었다. 이지가 공자 자체를 부정한 것은 아니었다. 그는 고대의 한 사상가이자 교육자요 학자로서 공자를 존경했다. 하지만 그를 신성불가침의 우상으로 떠받들면서 살아 있는 천만 사람의 입을 틀어막는 주술로 삼고, 중생의 성령을 조여 죽이는 법보로 삼는다면 이는 가증스러운 짓이라고 비판했다. 그는 인간이 사회화되기 이전의 동심을 '진성진정(眞性眞情)'이라고 하면서 동심설을 주장했다. 그런데 도리와 견문, 그리고 사회로부터의 무언의 암시가 내심으로 들어오면서 동심이 오염되고, 결국 잃어버린다는 것이다. 따라서 독서란 본래 동심을 지켜서 잃지 않게 하려는 것인데, 오히려 대의를 훔치고 성현을 사칭하는 도구로 전락했음을 꼬집는다. 송대 이후 독서란 곧 주희를 통한 공자 읽기였으며, 이는 과거를 통해 입신양명하려는 과정에 다름 아니었다. 그는 유·불·도의 종지(終止)가 같다고 보았으며, 유가의 전제에 반대했다. 동심설은 독서와 견문으로 물들지 않은 아동의 맑고 깨끗한 마음을 가장 가치 있는 것이라고 간주하는 것이며, 도가적인 자연 그대로의 인간의 마음이 존중되어야 하고, 인욕 또한 가식 없이 그대로 긍정되어야 한다는 것이다. 그는 일흔여섯 살이 되던 해 혹세무민의 죄목으로 투옥되어 옥중에서 자살로 생을 마감했다. 공자 말씀을 철칙으로 삼고 있는 학자들에게 "천지와 인간 세상에 영원히 변치 않는 최종의 진리란 없으며, 사람마다 모두 자신의 판단을 내릴 권리가 있다."라고 외쳤다. 진(秦)나라 시황제(始皇帝)를 으뜸가는 황제라고 칭송하기도 했다. 기성의 유학자들을 무참히 깨부순 뒤 그가 다시 지어올린 사상의 집은 '동심설(童心說)'로 요약된다. 어린아이의 마음이야말로 참된 마음이며, 이 마음을 잃어버린다면 어떤 성인도 진실할 수 없다는 것이다. "동심이란 거짓 없고 순수하고 참된 것으로 최초 일념의 본심이다. 동심을 잃으면 참된 마음을 잃는 것이며, 참된 마음을 잃으면 참된 사람을 잃는 것이다. 사람이 참되지 않으면 최초의 본심은 더 이상 전혀 있지 않게 된다." 철저한 개인주의에 기반한 이단의 학설을 용납할 사회가 아닌 줄은 그도 잘 알았다[참고: 옌리에산 주지 엔구오(2005). 이탁오평전(역). 서울: 돌베개].

62) 지식(知識)이라는 단어에서 지(知)라는 단어는 화살이라는 시(矢)와 입(口)이라는 두 글자로 구성되어 있는데, 무엇을 안다고 하는 것은 잘못하다가는 자기 입에 화살을 쏘게 되는 '위험'의 요소가 있음을 알리고 있다. 지식인은 혁신의 위험을, 그 무엇과 어긋나는 용기와 도전감을 의미하는 사람을 일컫는다. 봉건주의 정치 권력 아래에서는 지라는 말 아래 날 일(日)을 더했다. 그저 밝게, 환하게, 위험하지 않게 쓰라는 뜻에서 지혜의 지(智)를 즐겨 썼다는 것을 보면, 지식인에는 두 가지 종류가 있음을 알 수 있다. 하나는 도전하는 지식인(知識人)이고, 다른 하나는 밝게 쓰는 현실유지적인 지식인(智識人)이다. 이런 지식인들이 21세기 디지털 시대를 살아가기 위해서는 T자형보다는 ?(Question Mark) 형이 되어야 한다고 한다. 다시 말해서 한 가지 부문에 일가견을 갖고 있는 'I' 형의 전문가적 지식인이 아니면, 모든 것을 조금씩 아는 제너럴 리스트로서의 '−' 형, 아니면 자신의 전문 분야는 물론이고 여타 분야

에 대해서도 어느 정도 깊이 있는 지식을 갖고 있는 'T' 형 지식인이 아니라, 가로의 '─' 가 가운데까지 내려와 있는 '?' 형의 창의적인 지식인이 되어야 한다. 이런 질문형의 지식인이 되려면 여타 분야에도 전문가 못지않은 해박한 지식을 갖기 위해 늘 질문하고 생각하며, 또 다른 질문을 해 나가는 창의적 지식인상이 요구된다.

63) 1999년 러시아 은행은 '국민 시인' 푸슈킨의 탄생 200년을 맞아 3루불짜리 기념주화를 발행한 적이 있다. 은화에는 러시아문학을 서구문학 수준으로 끌어올린 위대한 작가가 왼손으로 책을 들고 독서에 열중하면서 오른손으론 펜을 잡고 메모하는 옆모습이 새겨져 있었다. 1988년에는 톨스토이 탄생 160년, 고리키 탄생 120년 기념주화도 나왔다. 문호(文豪)들이 이처럼 존경받는 나라도 드물다. 러시아를 여행하는 사람은 어디서나 책을 읽는 러시아 사람들 모습에 깊은 인상을 받는다. 러시아인들은 가방에 책을 한두 권쯤 넣고 다니다 지하철이나 버스에서 꺼내 읽는다. 이런 독서열의 바탕이 바로 문학과 예술에 대한 사랑이다. 도시 곳곳에 문인들의 동상이 많이 서 있다. 러시아에서 가장 큰 국립레닌도서관 앞 동상 인물도 도스토예프스키다[참고: 이선민. 러시아의 독서운동(2007. 8. 7). 조선일보].

64) 참고: 이사야 벌린(2006). **자유론**(역). 서울: 아카넷.

65) 개조만 하면 컴퓨터는 언제든지 새롭게 쓸 수 있다. 인간도 삶에서 느려진 여러 가지 기능을 회복하기 위해 청소를 해야 한다면, 그것이 바로 인간 삶살이를 리포매팅하는 것이나 마찬가지다. 인생살이에서 청소하기, 말하자면 생활습관 고치기 같은 것은 삶에 위협적일 정도로 어려운 것이 아니라 시간과 노력을 조금만 들이면 되는 작업이다. 그런 생활습관 고치기는 마치 컴퓨터를 청소하는 것처럼 시작하기만 하면 응용하기가 쉽다. 예를 들어, 컴퓨터 청소법은 여러 가지 있는데, 첫 번째 방법은 인터넷 익스플로러의 창에서 [도구]나 또는 [시작]→[제어판]에서 [인터넷 옵션]을 클릭하고 [임시 인터넷 파일]이나 [일반]에서 [파일 삭제] 누르고 [확인]을 누른 후 기다린 다음 다시[파일 삭제]를 누르고 [오프라인 항목 모두 삭제]에 표시한 뒤 [확인]을 누른다(컴퓨터에 따라 다르지만 1~20분 소요됨. 자주하면 몇 초에서 몇 분 정도 소요됨). 두 번째 방법은 시스템 리소스를 확인해야 되고, 그렇게 하려면 먼저 컴퓨터를 부팅해서 [시작] 단추의 설정 [제어판]을 클릭한 다음에 나타나는 화면에서 시스템 아이콘을 더블 클릭한다. 잠시 후 시스템 등록정보가 보이면 [성능] 탭을 누른다. 화면의 내용을 자세히 살펴보면 시스템 리소스라는 항목이 있고, 몇 퍼센트가 남아 있는지 확인할 수 있다. 남아 있는 시스템 자원이 60% 미만이라면, 필요 없는 것을 지워서 최대한 시스템 리소스를 확보하는 것이 좋다. 권장하는 시스템 리소스는 80% 정도다. 세 번째 마지막 단계(컴퓨터를 많이 쓰는 경우 일주일에 한 번씩 해줌)는 (1) 바탕화면 빈 공간에 마우스를 놓고 오른쪽 버튼을 누른다. (2) 등록정보─화면보호기─모니터 그림 아래쪽에 화면보호기(S) 밑에 칸을 눌러 없음으로 한다. (3) 창 오른쪽 아래 적용 바로 위쪽에 전원을 누른 뒤 전원 구성표─항상 켜기─모니터 끄기─사용 안함이나 항상 켜기─하드디스크 끄기─항상 켜기나 사용 안함─시스템 대기─사용 안함이나 항상 켜기─시스템 최대절전모드─사용 안함이나 항상 켜기─맨 아래 왼쪽의 확인을 누르면 된다. 이도 저도 못하면, 컴퓨터 좌측 하단 구석에 [시작]을 클릭하고 시작─프로그램 (P)→에 마우스를 댄다. 보조프로그램→시스템 도구→시스템 도구 마법사를 클릭, 확인을 누르고 기

다리면 된다.

66) 참고: 지오 지먼(2006). 리노베이션(역). 서울: 황금가지.

67) 휴대전화기가 처음 세상에 나왔을 때, 그 모양과 크기는 벽돌 한 장과 비슷했다. 그 당시 소비자들은 큰 불만 없이 휴대전화의 존재에 감사했다. 그로부터 10년 정도가 지난 후, 세계 어디서나 통화가 가능하다는 리듐 전화기가 소개되었을 때 소비자들은 그것에 별다른 관심을 갖지 않았다. 크기와 모양이 10여 년 전 휴대전화기에서 하나도 나아진 것이 없었기 때문이다. 변화와 혁신에 앞장서지 못하는 문화로는 소비자의 눈길을 끌 수 없다. 경쟁사회의 현실이다. 어제의 첨단기술이 오늘 그 지위를 새로운 첨단기술에게 넘겨 주는가 하면, 오늘의 마켓리더가 내일의 마켓리더가 된다는 보장도 없다. 시장 상황과 고객들의 관심사가 하루가 다르게 바뀌고 경쟁사들이 맹렬한 속도로 뒤따라오는 오늘날, 기업들이 살아남기 위해서는 지속적인 혁신밖에 없다. 생명체가 진화를 통해 자연환경의 변화 속에서 살아남을 수 있는 것처럼 기업도 계속해서 진화해야 한다. 그 진화가 바로 혁신이다. 사피로는 "얼마 전까지만 해도 한 기업의 성공은, 그 기업이 얼마나 효율적이고 효과적으로 운영되느냐에 달려 있었다. 일단 시장 지배자의 위치에 오르면 한동안은 그 자리를 유지할 수 있었다. 기업 환경이 숨 가쁘게 변하는 오늘날에는 격변하는 시장 상황에 맞춰 적절한 변신을 거듭하지 않으면 살아남을 수 없다."라고 말했다[참고: 스티븐 M. 사피로(2003). 이노베이션(역). 서울: 시아출판사].

68) 참고: 쑤추운리(2008). 여유: 삶을 풍요롭게 만드는 지혜(역). 서울: 팜파스.

69) 참고: 성법(2006). 마음 깨달음 그리고 반야심경. 서울: 민족사.

70) 우리말에서의 '보다'라는 말은 눈으로 사물을 인식한다는 뜻 이상을 연상해 내기가 어렵다. 영어의 경우는 조금 다르다. 영어에서는 '보다'라는 말이 우리의 그것과는 상당히 달리 분화되어 있다. 그만큼 보다라는 것이 그들의 삶에서 중요한 위치를 차지해 왔다. 영어에서 '보다'를 지시하는 단어들은 단순히 보인다는 뜻의 see, 정지해 있는 것을 주의하여 본다는 뜻의 look, 그냥 움직이는 사물에 주의를 기울여 본다는 뜻의 watch, 경치를 감상한다는 뜻의 view, 눈으로 볼 수 있는 범위 안의 것을 바라본다는 뜻의 sight 등을 열거할 수 있다. 그리고 집중하거나 째려본다는 뜻의 eye라는 단어도 있다. 한자권에서도 본다는 뜻의 단어는 우리처럼 많지 않다. 그것이 바로 견관(見觀), 즉 두 단어 모두 '보다'를 지칭하지만 각기의 의미는 미묘하게 다르다.

71) 참고: 류영모(2004). 얼의 노래. 서울: 두레, p. 352.

72) 그는 성경 말씀을 고스란히 실천하면서 성경의 위대함과 영원함, 아울러 구시대적인 면까지 발견해 논픽션을 쓰기로 작정한다[참고: A. J. 제이콥스(2008). 성경 말씀대로 살아 본 1년(역). 서울: 세종서적]. 제이콥스는 가능한 한 모든 종류의 성경을 모았다. 옛날 여자 친구에게서 얻은 개역 개정판 성경(Holly Bible)을 시작으로, 구어체 성경부터 장중한 문체의 성경, 10대 소녀용 잡지 같은 성경, '바보·멍청이를 위한 성경', '대홍수 때도 읽을 수 있도록 방수처리 된 성경'이나 '힙합마니아를 위한 성경' 등 각계

친구들이 보내 준 성경들과 함께 성경 주해서 대여섯 권까지 쌓으면 허리에 찰 정도로 많은 성경을 모은 제이콥스는 성경에 적힌 계율, 지침, 조언, 금언 하나하나를 파워북에 기입했다. 이를 모조리 실천하기 위해 그는 성경적 모험의 멘토인 '영적자문위원단'을 모집했다. 제이콥스는 몇 주의 준비기간 동안 목사, 신부, 랍비 등 유대교와 기독교와 관련한 종교인들을 모두 섭외했다. 성경 주해서에 이름이 오른 사람부터 한마디만 더하면 곧바로 파문될 위기에 처한 과격주의자까지 모집해 성경 말씀과 그 해석에 관한 조언과 설명을 구했다. 이들을 통해 성경 계율과 가르침의 원래 '의도'에 대한 조언과 지식, 지혜를 모았다. 하지만 이들은 결정적인 순간엔 한발 물러서는 자세를 취했다. 이는 목적지에 에둘러 가는 한이 있더라도 어떻게든 성경의 진실을 제이콥스 스스로 밝혀내도록 하기 위해서였다. 그는 성경의 말씀을 지키기 시작한 첫날부터 아무 일도 할 수 없었다. 눈을 뜨자마자 성경의 계율을 하나라도 어기게 될까 봐 숨을 들이마시고 내쉴 때도 머릿속으로 성경 계율을 훑어봐야 했기 때문이다. '두 가지 실로 짠 옷을 입어서는 안 된다(레위기 19장 19절).'는 말씀에 따라 폴리에스테르와 면 혼방 티셔츠도 멀리했다. '십계명'을 복사해서 온 집안에 붙일 생각에 문방구에 갔다가 예의 없는 다른 손님 때문에 분노했지만, '슬기로운 사람은 노하기를 더디 한다(잠언 19:11).'는 말씀에 따라 분노하지 않으려고 노력했다. 이어 제이콥스는 구약과 신약에 나온 말씀 모두를 최대한 실천하려고 노력했다. 심지어 성경이 작성된 시대의 사람들처럼 수염을 기르고 흰옷을 입었다. 제이콥스는 모든 거짓말을 금하고, 자신의 1년 소득의 10%(십일조)를 자선단체에 기부했다. 불경한 자에게 돌을 던지라는 말씀에 따라 '돌멩이와 불경한 자'를 찾았고, 이스라엘 현지에 가서 목자도 되어 보았다. 안식일을 너무 열심히 지키느라 아내에게 미움도 받았고, 성경이 허락하는 음식만 찾다 보니 냉장고는 고대 지중해 지역 사람들이 먹던 음식으로 가득 찼다. 성경에서 언급된 귀뚜라미도 먹었다. 매월 1일에 새로운 달이 시작되었음을 알리는 나팔도 불었다. 이렇듯 제이콥스는 최선을 다해 성경에 언급된 모든 말씀을 문자 그대로 따랐다. 성경의 규율을 지키는 동안 그는 자연스럽게 '구내식당 기독교인(cafeteria christian)'이 되어 가고 있었음을 알게 되었다. 구내식당 기독교인이라는 말은 성경에서 말하는 자비나 배려 같은 것들은 필요에 따라 적절히 이용하지만, 다른 신들의 이름을 부르는 것, 말하자면 우상 숭배를 금지한다는 계율은 의도적으로 무시하고 자신의 영성을 지켜 나가는 기독교 신자를 말한다. 그것은 마치 구내식당에서 자기 입맛에 맞는 영양가 많은 음식, 말하자면 성경에서 강조하는 배려나 건강한 음식, '네 이웃을 사랑하라.'와 같은 것을 필요에 따라 취사선택하여 실천하는 행위를 말한다. 이런 구내식당 기독교인은 마치 보수파 유대인들이 싫어하는 온건파 유대인들에 견줄 수 있다. 보수파 유대인들은 유대교 경전인 『토라』에 나오는 계율 모두를 실생활에 실천해야 한다고 믿지만, 온건파 유대인들은 그렇게 생각하지 않는다. 제이콥스는 1년 동안 성경 구절에 입각해서 생활하는 동안 그 스스로 전형적인 구내식당 기독교인이라는 걸 깨달았다. 성경에 나오는 이야기들의 현실적인 실천 가능성의 어려움과 시대적 차이 때문에 생길 수밖에 없는 간극이었다. 그런 것을 고려한 그는 '시대적 상황에 맞게 성경에서 말하는 말씀을 골라서 지켜도 문제될 것은 없다.'라는 결론에 이른다. 그렇게 구내식당 기독교인이 되어 가는 과정에서 그는 성경에서 언급한 '올바르게 살아야 하는 이유'에 대한 깨달음도 얻게 되었다. 일상에 대한 감사, 평온과 안식과 행복도 함께 얻었다. 자신이 시도한 381일의 실험 후, 제이콥스는 그릇된 삶을 반성하고 하느님의 위대하심과 기도의 신성함까지 깨닫게 되었다. 그래서 그는 실험 378일째가 되는 날, "이제는 하느님이 있으시건 없으시건, 최소한 '신성함'만은 믿는다. 삶은 신성하다. 안식일은 신성한 날이다. 기도는 신성한 의식이다. 이 세상에는 상식을 초월하는 초자연적인 뭔가가 있다. 그 신성함을 우리 인간 스스로 만들어 냈다고 볼 수도 있다. 그렇다고 해서 그것이 가진 힘이나 의미를 앗아가지는 못한다. 나는 이번 1년을 보내면서 내 나름의 구내식당 종교를 갖게 되었다. 이제부터 나는 열세 달 전과는 다른 방식으로 살아가려 한다. 큰 일(안식일에 휴식하기)이든 작은 일(하얀 옷을 더 많이 입기)이든 말이다. 그리고 계속 감사기도를 드릴 것이다. 내가 감사를 드리는 대상이 누군지 확실히는 잘 모르겠다. 하지만 감사에 중독되어 어쩔 수가 없다."라고 결론짓고 있다.

73) 참고: 로라 버먼 폴트강(2003). 나를 위해 살아라(역). 서울:예문.

74) 참고: 오에 겐자부로(2008). 회복하는 인간(역). 서울: 고즈윈, p. 231.

75) 참고: 프리더 라욱스만(2008). 세상을 바꾼 어리석은 생각들(역). 서울: 말글빛냄.

76) 비톨트 곰브로비치(Witold Gombrowicz)는 1904년 폴란드에서 부유한 변호사의 아들로 태어났다. 독실한 가톨릭 집안의 뜻에 따라 귀족적인 가톨릭 학교를 거쳐 바르샤바 대학교에서 법학을 전공했지만 법학에는 흥미가 없었다. 대학 졸업 후 프랑스 파리로 건너가 철학과 경제학 공부를 다시 시작했지만 집안의 반대에 부딪혀 중단하고 귀국한다. 1937년 장편『페르디두르케』를 완성하여 당시 폴란드의 가장 문제적인 작가의 반열에 오른다. 평생 프라하를 떠나지 않았던 카프카와는 달리 곰브로비치는 반평생을 머나먼 이국땅에서 보내야만 했던 실향 작가이기도 했다. 히틀러의 폴란드 침공을 한 달 앞둔 1939년, 그는 문화계 명사들과 함께 여객선에 초대되어 아르헨티나에 도착한다. 그날 독일군의 폴란드 침공 소식을 접한다. 졸지에 여행가방 하나를 걸머쥔 그는 아르헨티나에서 실향민이 된다. 곰브로비치는 현지 폴란드 교민세계의 문단에서 제2의 데뷔를 하려고 했지만 그가 발표하는 작품들은 별다른 주목을 받지 못한다. 폴란드 교민사회와도 고립된다. 정신적·경제적으로 매우 고독하고 불행한 세월을 보내던 그는 1950년대 후반에 부에노스아이레스의 카페를 전전하며 고독하게 야심작『포르노그라피아』를 썼다. 그러나 그것도 그를 다시 세상에 불러내지는 못했다. 실향 세월 24년이 지난 후에야 그는 다시금 유럽 땅을 밟을 수 있었지만 결코 고향에 되돌아가지 못한다. 베를린을 거쳐 프랑스 방스에서 마지막 생을 마감한다. 마지막 소설인『코스모스로』(프랑스어판)가 자그마한 문학상을 거머쥔 직후인 1969년 곰브로비치는 64년의 길지 않은 생을 마친다. 예순 살에 만난 동반자 리타와 결혼식을 올린 지 채 1년도 되지 않은 때였다. 말년에 곰브로비치는 "나는 아무것도 아니었다. 그래서 무엇이든지 할 수 있었다."라고 회고한 적이 있다. 그를 유명하게 만들어 준 소설『페르디두르케』의 주인공인 유조 코발스키가 세상을 바라보는 시각, 바로 그것의 재현이었다[참고: 비톨트 곰브로비치(2004). 페르디두르케(역). 서울: 민음사, pp. 9, 19, 22-23, 27].

77) 가스등 이펙트라는 개념은 잉그리드 버그만이 가수 폴라 역을 맡았던 영화 '가스등'(1944)에서 따온 말이다[참고: 로빈 스턴(2008). 가스등 이펙트(역). 서울: 랜덤하우스]. 영화 속에서 폴라의 남편은 재산

을 빼앗기 위해 그녀에게 '당신은 병들고 나약하다.'는 말을 되풀이한다. 세뇌를 시키는 것이다. 그렇게 해놓고 그는 보석을 찾아내기 위해 밤마다 다락방을 뒤진다. 다락방에 가스등이 켜지면 가스등의 특성상 폴라의 방에 있는 가스등 불빛은 희미해진다. 폴라가 그녀의 남편에게 가스등이 아무 이유 없이 흐릿해진다고 말하면 남편은 그녀가 미쳤기 때문에 환각을 보는 것이라고 세뇌시킨다. 폴라는 혼란스럽고 겁에 질린다. 이제 그녀는 히스테릭하게 행동한다. 남편이 끊임없이 이야기하는 것처럼 실제로도 무기력하고 방향감각이 없는 사람이 되어 간다. 폴라는 그녀의 남편에 의해 미쳐 가고 있는 것이다. 가스등 이펙트는 일반적으로 3단계를 거쳐 일어난다. 1단계는 '불신'이 시작되는 시기다. 상대방과의 가벼운 말다툼이나 다른 갈등을 통해 스스로를 의심하기 시작한다. 상대방과 의견이 엇갈릴 때 발끈하며 설득하려 애쓴다면, 이미 가스등 이펙트가 시작된 것이다. 돈을 펑펑 쓴다는 배우자의 비난이나 스타일이 우스꽝스럽다는 어머니의 빈정거림, 자신의 업무 능력을 저평가하는 상사의 지적에 대해 반박하며 그들이 자신을 반드시 이해하게 만들려고 한다면, 그들의 영향력에 사로잡히기 쉽다. 1단계의 상태가 일상화되면 2단계, 즉 아직 남아 있는 독자적인 사고와 감정을 방어하려 애쓰는 '자기 방어'의 단계로 상대방과, 또는 혼자 머릿속으로 자신이 옳다는 것을 증명하기 위해 끝없는 논쟁을 벌이며 기진맥진한다. 상대방과의 관계로 빚어진 문제들에 극도의 에너지를 쏟으며 이미 상대방의 관점이 머릿속에 침투한 상태다. 마지막 3단계는 '억압'의 단계로 상대방의 인정과 사랑을 갈구하지만, 그럴 수 있다는 희망마저 포기하는 단계다. 전반적으로 우울해지고 삶의 의욕을 상실한다. 상대방과 싸울 힘도 없어, 아예 무조건 맞춰 주기도 하는데, 이 마지막 단계가 '영혼을 파괴하는 시기'다. 이 단계에 이르면 상대방의 관점을 전적으로 받아들이며 스스로를 비난할 근거로 삼는다. 그리고 자신이 전에는 어떻게 생각했는지, 어떤 사람이었는지도 점차 잊어버리게 된다.

참｜고｜문｜헌

가라타니 고진. (1988). 탐구(역). 서울: 새물결.

가스통 바슐라르. (2007). 불의 정신분석(역). 서울: 이학사.

가타야마 고지. (2004). 수학교과서 119(역). 서울: 파라북스.

감바 와타루. (2007). 사람은 8분마다 거짓말을 한다(역). 서울: 예솜.

강수진. 무대 뒤 몸 이야기, 연극배우의 눈빛연기. (2006. 1. 8). 동아일보.

강신주. (2007). 장자, 차이를 횡단하는 즐거운 모험. 서울: 그린비.

강인선. 천사처럼 벌지는 못했어도 천사처럼 써야지. (2008. 6. 29). 조선일보.

강정원. (2007). 북아시아 곰 관련 의례와 관념 체계. 비교민속학회 발표문.

경성. (2005). 불교수행의 두타행연구. 서울: 장경각.

고미숙. (2007). 공부의 달인 호모 쿵푸스. 서울: 그린비.

고바야시 야스오(외). (1997). 知의 논리(역). 서울: 경당.

고승일. '마지막 강연' 美 교수 희망을 타고 잠들다. (2008. 7. 26). 연합뉴스.

고유선. (2006). 새로운 심신이완기법 개발: 춤(MoM Dance).

권기태. (2007). 일분 후의 삶. 서울: 랜덤하우스코리아.

권정생. (1996). 강아지 똥. 서울: 길벗어린이.

권택영(편). (1994). 자크 라캉의 욕망이론(역). 서울: 문예출판사.

권혁웅. (2008). 두근두근. 서울: 랜덤하우스.

그레고리 번스. (2006). 만족(역). 서울: 북섬.

글로리아 세실리아 디아스. (2008). 눈으로 들어오렴(역). 서울: 우리교육.

길버트 라일. (1994). 마음의 개념(역). 서울: 문예출판사.

김건우. (2003). 옛사람 59인의 공부 산책. 서울: 도원미디어.

김경재. (1991). 폴 틸리히 신학 연구. 서울: 대한기독교출판사.

김경환. 세상에서 가장 행복한 국가는? (2007. 3. 24). 머니투데이.

김규현. (2000). '괴기스러운 조장(鳥葬)의 광경'. 월간 월광. 2000년 7월호.

김길원. '구더기'로 상처를 치료한다. (2006. 6. 15). 연합뉴스.

김길원. 스님도 직업병. 관절질환, 소화불량 많아. (2006. 4. 25). 연합뉴스.

김동석. 내 스토리가 곤경에 처한 사람들에게 힘 됐으면. (2008. 8. 25). 조선일보.

김동춘. (1980). 천부경과 단군사화. 서울: 가나출판사.

김만권. (2007). 세상을 보는 열일곱 개의 시선. 서울: 개마고원.

김산해. (2005). 최초의 신화 길가메쉬 서사시(역). 서울: 휴머니스트.

김성길. (2005). 배움학에 관한 연구. 박사학위청구논문. 연세대학교.

김성현, 이지혜. 소생 가능성 없어도 안락사는 '살인죄'. (2007. 8. 9). 조선일보.

김성형. 잘게 썰어라. (2006. 5. 19). Asiana e-manager.

김시천. (2006). 이기주의를 위한 변명. 서울: 웅진지식하우스.

김열규. (2007). 한국인의 자서전. 서울: 웅진하우스.

김영민. (1988). 손가락으로, 손가락에서. 서울: 민음사.

김영민. (2007). 철학자 생활이 길들인 타성을 걷어내라. (2007. 9. 7). 한겨레신문.

김용섭. 성공한 사람들의 언어습관은. (2006. 8. 1). 머니타임스.

김용옥. 도올인터뷰, '실천윤리학'의 거장 피터 싱어 교수를 만나다. (2007. 5. 21). 중앙일보.

김은성. (2008). 마음을 사로잡는 파워 스피치. 서울: 위즈덤하우스.

김점선. (2007). 기쁨. 서울: 랜덤하우스코리아.

김정숙. (2003). 자기부처를 찾아서. 서울: 정토신앙.

김정휴(편). (2005). 역대 종정 법어집: 달을 가리키면 달을 봐야지, 손가락 끝은 왜 보고 있나.
　　　서울: 출판시대.

김주경. 늙으면 불행…… '나이 들수록 행복해진다.' (2006. 6. 19). 아시아경제.

김진명. 저 같은 사람 두 번 다시 안나오게. (2007. 7. 14). 조선일보.

김진목. (2007). 위험한 의학 현명한 치료. 서울: 전나무숲.

김진송. (2007). 목수, 화가에게 말을 걸다. 서울: 현실문화연구.

김진형. 낙관적 태도, 노화 지연시킨다. (2004. 9. 14). 연합뉴스.

김찬화. (2006). 단백질로 인체의 건강을 진단한다. 고대 Today. 여름호, 34.

김철중. 의료·사법개혁의 'E=mc²'. (2004. 9. 21). 조선일보.

김태곤, 최운석, 김진영(편). (1988). 한국의 신화. 서울: 시인사.

김태길. 나는 도대체 누구인가. (2007. 12. 15). 문화일보.

김태오. (2001). 공자의 온고지신의 교사관. 교육철학, 20집, 37-53.

김현진. 스티븐 코비−성공하는 기업들의 7가지 습관: 한국기업이 정점에 오르려면 10년 더 노력
    해야. (2007. 1. 4). 조선일보 Weekly Biz.

김형경. (2007). 사람풍경. 서울: 위즈덤하우스.

김형효. (2007). 마음혁명: 김형효 철학산책. 서울: 살림.

김희경. 책갈피 속의 오늘 1952년 '존 케이지 4분33초 발표.' (2006. 8. 29). 동아일보.

나경수. (2005). 한국의 신화. 서울: 한얼미디어.

나덕렬. 기억, 어떻게 만들어지나? (2004. 1. 15). 주간조선.

나정선, 고유선. (2007). 운동하며 배우는 사상체질. 서울: 숙명여대출판부.

나쓰미 소세키. (2008). 유리문 안에서(역). 서울: 문학의 숲.

나카자와 신이치. (2003). 신의 발명: 인류의 지와 종교의 기원(역). 서울: 동아시아.

나카자와 신이치. (2003). 신화, 인류 최고의 철학(역). 서울: 동아시아.

나폴레온 힐. (2002). 성공학 노트(역). 서울: 국일미디어.

남대훈. 세계의 창을 열고, 네덜란드의 '마약 햇볕정책'. (2006. 7. 18). 매일경제.

남순건. (2007). 스트링 코스모스. 서울: 지호.

낸시 랭. (2006). 비키니 입은 현대미술. 서울: 랜덤하우스.

노만수. 도구적 합리성의 오만. (2007. 5. 22). 주간동아.

노먼 도이지. (2008). 기적을 부르는 뇌(역). 서울: 지호.

노무라 마사키. (2007). 내 하루의 도둑맞은 58분(역). 서울: 국일미디어.

노태돈. (2000). 단군과 고조선사. 서울: 사계절.

니 험프리스. (2006). 가족의 심리학(역). 서울: 다산초당.

니코스 카잔차키스. (2002). 천상의 두 나라. 서울: 예담.

니콜라스 펀. (2005). 유쾌한 철학카페(역). 서울: 해냄.

닐 로즈. (2008). If의 심리학(역). 서울: 21세기 북스.

닐 포스트만. (2005). 테크노 폴리(역). 서울: 궁리출판사.

다나카 하지메. (2007). 꽃과 곤충 서로 속고 속이는 게임(역). 서울: 지오북.

다니엘 푸러. (2007). 화장실의 작은 역사(역). 서울: 들녘.

다우베 드라이스마. (2005). 나이 들수록 왜 시간은 빨리 흐르는가(역). 서울: 에코리브르.

다이엔 애커맨. (2006). 뇌의 문화지도(역). 서울: 작가정신.

다치바나 다카시. (2008). 피가 되고 살이 되는 500권, 피도 살도 안 되는 100권(역). 서울: 청어람미디어.

대니얼 골먼. (2006). 마음이란 무엇인가?(편역). 서울: 씨앗을 뿌리는 사람.

대니얼 길버트. (2006). 행복에 걸려 비틀거리다(역). 서울: 김영사.

대니얼 데닛. (2006). 마음의 진화(역). 서울: 사이언스 북스.

대니얼 J. 레비틴. (2008). 뇌의 왈츠(역). 서울: 마티.

대니얼 L. 샥터. (2006). 기억의 7가지 죄악(역). 서울: 한승.

대린 맥마흔. (2008). 행복의 역사(역). 서울: 살림.

대릴 샤프. (2008). 융, 중년을 말하다(역). 서울: 북북서.

더글러스 애덤스. (2002). 마지막 기회: 더글러스 애덤스의 멸종 위기 생물 탐사(역). 서울: 해나무.

데이비드 프리만. (1981). 폴 틸리히의 철학의 하나님(역). 서울: 성광문화사.

돈 허조그. (2007). 컨닝, 교활함의 매혹(역). 서울: 황소자리.

두산동아. (2005). 두산세계백과. 서울: 두산동아.

디트리히 되르너. (2007). 선택의 논리학(역). 서울: 프로네시스.

디펙 초프라. (2007). 사람의 아들 붓다(역). 서울: 푸르메.

딘 오니시. (2000). 약 안 쓰고 수술 않고 심장병 고치는 법(역). 서울: 석필.

딘 오니시. (2003). 요가와 명상건강법(역). 서울: 석필.

딘 오니시. (2004). 관계의 연금술(역). 서울: 북하우스.

라이얼 왓슨. (1992). 생명조류(역). 서울: 고려원미디어.

라인홀드 니버. (2007). 도덕적 인간과 비도덕적 사회(역). 서울: 대한기독교서회.

랜덜 피츠제럴드. (2007). 100년 동안의 거짓말(역). 서울: 시공사.

랜디 포시, 제프리 재슬로. (2008). 마지막 강의(역). 서울: 살림.

레비 스트로스. (1999). 야생의 사고(역). 서울: 한길사.

레이 도드. (2007). 행복공장(역). 서울: 동아출판사.

레이 몽크. (1998). 루드비히 비트겐슈타인(역). 서울: 문화과학사.

로돌프 R. 이나스. (2007). 꿈꾸는 기계의 진화(역). 서울: 북센스.

로라 버먼 폴트강. (2003). 나를 위해 살아라(역). 서울: 예문.

로라 힐렌브렌드. (2003). 신대륙의 전설 시비스킷(역). 서울: 바이오프레스.

로리 애슈너. (2006). 사람은 왜 만족을 모르는가?(역). 서울: 에코의 서재.

로버트 루트번스타인, 미셸 루트번스타인. (2007). 생각의 탄생(역). 서울: 에코의 서재.

로버트 제임스 윌러. (2002). 메디슨 카운티의 다리(역). 서울: 시공사.

로버트 커슨. (2008). 기꺼이 길을 잃어라(역). 서울: 열음사.

로버트 프랭크. (2007). 이코노믹 싱킹(역). 서울: 웅진지식하우스.

로빈 스턴. (2008). 가스등 이펙트(역). 서울: 랜덤하우스코리아.

로저 마틴. (2008). 생각이 차이를 만든다(역). 서울: 지식노마드.

로저 하우스덴. (2008). 즐기고 계신가요(역). 서울: 북스코프.

로제 샤르티에, 굴리엘모 카발로(편). (2006). 읽는다는 것의 역사(역). 서울: 한국출판마케팅연
구소.

롤프 메르클레. (2004). 자기를 믿지 못하는 병(역). 서울: 21세기북스.

루돌프 센다. (2007). 욕망하는 몸(역). 서울: 뿌리와 이파리.

루이스 메넌드. (2006). 메타피지컬 클럽(역). 서울: 민음사.

루이스 월퍼트. (2007). 믿음의 엔진. 서울: 에코의 서재.

루트비히 비트겐슈타인. (2006). 논리-철학 논고(역). 서울: 책세상.

루퍼트 셀드레이크. (2000). 세상을 바꿀 일곱 가지 실험들(역). 서울: 양문.

류영모. (2004). 얼의 노래. 서울: 두레.

류인근. (2004). 한국 고소설에 나타난 오이디푸스 콤플렉스: 심청전·콩쥐팥쥐전. 서울: 서울대
출판부.

류재광. 영재교육 석학 2인의 영재교육론. (2008. 2. 17). 조선일보.

류재명. (2006). 종이 한장의 마법. 서울: 길벗어린이.

류현성. 웹 2.0 기술 이용 '이러닝 2.0' 성공 예감. (2007. 7. 7). 연합뉴스.

리즈 호가드. (2006). 행복: 영국 BBC 다큐멘터리, 행복 전문가 6인이 밝히는 행복의 심리학(역).
서울: 예담.

리차드 로티. (2007). 우연성 아이러니 연대성(역). 서울: 민음사.

리처드 도킨스. (2006). 이기적인 유전자(역). 서울: 을유문화사.

리처드 도킨스. (2008). 무지개를 풀며(역). 서울: 바다출판사.

리처드 바크. (2003). 갈매기의 꿈(역). 서울: 현문미디어.

리처드 오글. (2008). 스마트 월드(역). 서울: 리더스북.

마르코 라울란트. (2007). 호르몬은 왜(역). 서울: 프로네시스.

마르틴 하이데거. (2008). 강연과 논문(역). 서울: 이학사.

마르틴 후베르트. (2007). 의식의 재발견(역). 서울: 프로네시스.

마쓰다 마쓰히로. (2007). 청소력(역). 서울: 나무 한그루.

마이클 페인(편). (2007). 이론 그 후의 삶(역). 서울: 민음사.

마이클 폴란. (2007). 욕망하는 식물(역). 서울: 황소자리.

마이클 피터스, 니콜라스 버불스. (2007). 탈구조주의와 교육(역). 서울: 교육과학사.

마크 앱스틴. (2006). 붓다의 심리학(역). 서울: 학지사.

마크 옵마식. (2005). 빅 이어(역). 서울: 뜨인돌.

마크 펜, 키니 잴리슨. (2008). 마이크로트랜드(역). 서울: 해냄.

마타 윌리암스. (2007). 당신도 동물과 대화할 수 있다(역). 서울: 샨티.

막스 셸러. (2006). 동감의 본질과 형태들(역). 서울: 이카넷.

말콤 글래드웰. (2006). 블링크(역). 서울: 21세기북스.

메리 앤 스타니스제프스키. (2006). 이것은 미술이 아니다 – 미술에 대한 오래된 편견과 신화 뒤
      집기(역). 서울: 현실문화연구.

멜리사 리틀필드 애플게이트. (2002). 벽화로 보는 이집트 신화(역). 서울: 해바라기.

모리스 메를로-퐁티. (1964). 보이는 것과 보이지 않는 것(역). 서울: 동문선.

문갑식. 유쾌한 장례식. (2007. 5. 22). 조선일보.

문관현. 간디, 타고르 조카딸과 연인 사이. (2006. 12. 28). 연합뉴스.

문요한. (2007). 굿바이 게으름. 서울: 더난출판사.

미르치아 엘리아데. (1997). 성과 속. 서울: 학민사.

미셸 옹프레. (2006). 무신학의 탄생(역). 서울: 모티브북.

미셸 포쉐. (2007). 행복의 역사(역). 서울: 열린터.

미셸 슈나이더. (2007). 죽음을 그리다(역). 서울: 아고라.

미아 퇴르블룸. (2007). 자기긍정파워(역). 서울: 북섬.

미치 앨봄. (2006). 단 하루만 더(역). 서울: 세종서적.

미치 컬린. (2007). 셜록 홈즈의 마지막 날들(역). 서울: 황금가지.

미치오 가쿠. (2006). 평행우주(역). 서울: 김영사.

미하엘 셸러. (2007). 소문(역). 서울: 열대림.

밀란 쿤데라.(1995). 느림(역). 서울: 민음사.

박병철. (2003). 비트겐슈타인. 서울: 이룸.

박성원. (2007). 길이, 온도, 질량, 시간의 無차원화… 소립자에서 우주까지 대통합/한국 재야 과
학자의 제로존 이론, 세계 과학사 새로 쓴다. (2007. 8. 1). 신동아.

박시룡. (2005). 와우 우리들의 동물친구. 서울: 그린비.

박시룡. (2005). 캥거루는 왜 주머니를 갖고 다닐까요. 서울: 다섯수레.

박시룡. 동물행동학. (2006. 5. 27). 동아일보.

박영배. 장수비결 '교육'. (2007. 1. 4). 조선일보.

박종인. 법관은 고독해야 정당한 판단 가능. (2007. 1. 26). 조선일보.

박철홍. (2007). 총체적 지식의 함양으로서 공부. 2007년 교육철학회 연차학술대회(배움이란 무
엇인가?)에서 발표한 논문. 교육철학회 연차학술대회 자료집. pp. 65-78.

박철홍, 윤영순. (2006). 듀이의 경험론에서 본 지식의 총체성과 탐구의 성격: 메논의 패러독스 해
소방안. 2006. 12. 2. 서울교육대학교 인문관 한국도덕교육학회 월례 학술대회 발표 논문.

박하선. (2001). 천장. 서울: 커뮤니케이션즈 와우.

박현경. (1996). 우리전통문화에 나타난 오이디푸스 콤플렉스의 형태. 성신여대학생생활연구.

백금남. (2007). 소설 탄허. 서울: 동쪽나라.

백나리. 하루 평균 거짓말 횟수는 세 번. (2007. 1. 15). 연합뉴스.

백성호. 수학 공부, 마음공부와도 통해요. (2008. 6. 12). 중앙일보.

백성호. 요즈음 사람 새보다도 덜 걸어요. (2008. 3. 6). 중앙일보.

백승영. (2005). 니체, 디오니소스적 긍정의 철학. 서울: 책세상.

백일현. 500만 울린 '마지막 강의'. (2007. 11. 22). 중앙일보.

버락 오바마. (2008). 사람의 마음을 얻는 말(역). 서울: 중앙북스.

법상. (2007). 부자보다는 잘 사는 사람이 되라. 서울: 도솔.

법정. (2006). 살아 있는 것은 다 행복하라. 서울: 위즈덤하우스.

베로니카 이온스. (2003). 이집트 신화(역). 서울: 범우사.

베르트랑 베르줄리. (2007). 행복생각(역). 서울: 개마고원.

보리스 시륄니크. (2007). 불행의 놀라운 치유력(역). 서울: 북하우스.

불교신문사(편). (2006). 쥐가 고양이 밥을 먹다(역). 서울: 불교신문사.

브누아 레스. (2008). 세상은 어떻게 만들어졌을까(역). 서울: 문학동네.

브라이언 그린(2006). 엘러건트 유니버스(역). 서울: 승산.

브라이언 로빈슨. (2003). 행복한 마음의 법칙(역). 서울: 현대미디어.

브라이언 와이스. (2002). 기억(역). 서울: 나무심는 사람.

다니엘타멧. (2007). 브레인맨, 천국을 만나다(역). 서울: 북하우스.

브루스 윌킨슨. (1999). 배우는 이의 7가지 법칙(역). 서울: 디모데.

비톨트 곰브로비치. (2004). 페르디두르케(역). 서울: 민음사.

빅터 프랑켈. (2005). 의미를 향한 소리없는 절규(역). 서울: 청아출판사.

빅터 프랑켈. (2005). 죽음의 수용소에서(역). 서울: 청아출판사.

빈센트 반 고흐. (2005). 영혼의 편지(역). 서울: 예담.

빌라야누르 라마찬드란. (2007). 라마찬드란 박사의 두뇌 실험실(역). 서울: 바다출판사.

빌렘 플루서. (2004). 피상성 예찬(역). 서울: 커뮤니케이션북스.

사이먼 싱. (1998). 페르마의 마지막 정리(역). 서울: 영림카디널.

사이몬 배론 코헨. (2005). 마음 맹(역). 서울: 시그마프레스.

사이토 시케타. (2007). 이젠 정말 지쳤어(역). 서울: 글로연.

사이토 에이지. (2006). 부자나라 임금님의 성공 독서전략(역). 서울: 북포스.

사쿠라이, J. J. (2003). 양자역학(역). 서울: 다성출판사.

서정록. (2007). 잃어버린 지혜-듣기. 서울: 샘터.

서정오. (2005). 우리가 정말 알아야 할 우리신화. 서울: 현암사.

서지오 지먼. (2006). 리노베이션(역). 서울: 황금가지.

선우정. 日 100세 '최고령 현역 게이샤' 고킨 "게이샤의 추억? 배고파 눈물났던 기억뿐……".
　　　(2008. 3. 30). 조선일보.

성법. (2006). 마음 깨달음 그리고 반야심경. 서울: 민족사.

성철. (2000). 백일법문. 서울: 장경각.

성철. (2005). 이 뭐꼬: 마음에 새겨듣는 성철 큰스님의 말씀. 서울: 김영사.

션 B. 캐럴. (2007). 이보디보(역). 서울: 지호.

소걀 린포체. (1999). 티베트의 지혜(역). 서울: 민음사.

소수정. 하루종일 1만원 번 시장 할머니, 3천원을 자선냄비에…… 구세군 봉사 중 만난 사람들.
　　　(2006. 12. 25). 국민일보 쿠키뉴스.

소포클레스, 아이스퀼로스. (2001). 오이디푸스왕. 안티고네(역). 서울: 문예출판사.

손요한. 하루에 오르가슴 200번 느끼는 희귀병 여인. (2008. 1. 7). 중앙일보.

송추향. (2008). 메이드 인 블루. 서울: 갤리온.

송평인. 동양인, 주변배경 중시…… 서양인, 눈앞대상 직시. (2005. 8. 24). 동아일보.

송혜진. 소리없는 인기 비결은 '손'. (2008. 6. 18). 조선일보.

송호정. (2004). 단군, 만들어진 신화. 서울: 산처럼.

슈테판 클라인. (2007). 행복의 공식(역). 서울: 웅진지식하우스.

스티브 리브킨, 프레이저 서더랜드. (2006). 최고의 브랜드 네임은 어떻게 만들어지는가(역). 서
    울: 김앤김북스.

스티븐 코비. (2003). 성공하는 사람들의 7가지 습관(역). 서울: 김영사.

스티븐 코비. (2005). 성공하는 사람들의 8번째 습관(역). 서울: 김영사.

스티븐 레빈, 온드리아 레빈. (2007). 비움의 발견(역). 서울: 한언.

스티븐 미슨. (2008). 노래하는 네안데르탈인(역). 서울: 뿌리와 이파리.

스티븐 핑커. (2007). 마음은 어떻게 작동하는가(역). 서울: 소소.

스티븐 M. 샤피로. (2003). 이노베이션(역). 서울: 시아출판사.

스티븐 M. 샤피로. (2007). 31%의 인간형(역). 서울: 영진닷컴.

시오노 나나미. (2007). 또 하나의 로마인 이야기(역). 서울: 부엔리브로.

신달자. (2008). 나는 마흔에 생의 걸음마를 배웠다. 서울: 민음사.

신용관. 공식도서 선정…… 시민 모두 '같은 책' 읽는다. (2007. 1. 7). 조선일보.

신응수. (2005). 목수. 서울: 열림원.

신창호. (2007). 원시유학이 추구한 '배움'. 교육철학회 연차학술대회 자료집.

심혁주. (2008). 티베트 천장, 하늘로 가는 길. 서울: 책세상.

쑤추운리. (2008). 여유: 삶을 풍요롭게 만드는 지혜(역). 서울: 팜파스.

아르투르 쇼펜하우어. (1996). 의지와 표상으로서의 세계(역). 서울: 을유문화사.

아르투르 쇼펜하우어. (2005). 인생론(역). 서울: 예림미디어.

아리스토텔레스. (2006). 니코마코스 윤리학(역). 서울: 이제이북스.

아리스토파네스 외. (1989). 구름-그리스. 로마 희곡선(역). 서울: 범우사.

아리안 에슨. (2002). 신화와 예술(역). 서울: 청년사.

아잔 브라흐마. (2008). 술취한 코끼리 길들이기: 몸, 마음, 영혼을 위한 안내서(역). 서울: 이레.

안인희. (2007). 북유럽신화. 서울: 웅진지식하우스.

안토니 에버릿. (2006). 로마의 전설 키케로(역). 서울: 서해문집.

안토니오 다마지오. (1999). 데카르트의 오류(역). 서울: 중앙문화사.

안토니오 다마지오. (2007). 스피노자의 뇌(역). 서울: 사이언스북스.

안톤 차일링거. (2007). 아인슈타인의 베일(역). 서울: 승산.

알랭 드 보통. (2007). 행복의 건축(역). 서울: 이레.

알렉산드르 로마노비치 루리야. (2007). 모든 것을 기억하는 남자(역). 서울: 갈라파고스.

알렉상드르 마트롱. (2008). 스피노자 철학에서 개인과 공동체(역). 서울: 그린비.

알렉스 보즈. (2008). 위험한 호기심: 짝짓기부터 죽음까지 세상의 거의 모든 심리실험(역). 서울: 한겨레출판.

알버트 아인슈타인. (1990). 나는 세상을 어떻게 보는가(역). 서울: 한겨레.

앙리 르페브르. (2005). 현대세계의 일상성(역). 서울: 기파랑.

앙리 베르그송. (2006). 창조적 진화(역). 서울: 아카넷.

앤드루 파커. (2007). 눈의 탄생(역). 서울: 뿌리와 이파리.

앨런 쇼엔. (2003). 닮은꼴 영혼(역). 서울: 에피소드.

야나부 아키라. (2003). 번역어성립사정(역). 서울: 일빛.

양창순. (2006). 인간관계에서 진실한 마음을 얻는 법. 서울: 랜덤하우스.

양형모, 황병기. "매일 해야만 하는 고통이자 쾌락…… 예술과 스포츠 그래서 똑같아." (2008. 9. 20). 동아일보.

어거스틴. (2007). 성어거스틴의 고백록(역). 서울: 대한기독교서회.

얼 쇼리스. (2006). 희망의 인문학(역). 서울: 이매진.

에드가 칸. (2002). 이제 쓸모없는 사람은 없다: 타임달러와 코프러덕션(역). 서울: 아르케.

엘리엇 애런슨, 캐럴 태브리스. (2007). 거짓말의 진화(역). 서울: 추수밭.

엘리자베스 로프터스 외. (2008). 우리의 기억은 진짜 기억일까(역). 서울: 도솔.

엘리자베스 퀴블러 로스. (2008). 생의 수레바퀴(역). 서울: 황금부엉이.

엘리자베스 퀴블러 로스, 데이비드 케슬러. (2007). 인생수업(역). 서울: 이레.

옌스 푀르스터. (2008). 바보들의 심리학(역). 서울: 웅진지식하우스.

엘토 드렌스. (2007). 버자이너 문화사(역). 서울: 동아시아.

오사와 마사치. (2005). 연애의 불가능성에 대하여. 서울: 그린비.

오에 겐자부로. (2008). 회복하는 인간(역). 서울: 고즈원.

오오하시 에츠오. (2008). 계속모드(역). 서울: 다산라이프.

오윤회. 청각장애 발레리나, 다시 나래펴다. (2007. 3. 8). 조선일보.

오창석. (2004). 뉴로 컴퓨터. 서울: 내하출판사.

올리버 색스. (2005). 화성의 인류학자(역). 서울: 바다출판사.

올리버 색스. (2007). 색맹의 섬(역). 서울: 이마고.

왕대일. (1999). 묵시문학연구. 서울: 대한기독교서회.

요셉 피퍼. (2003). 중세 스콜라 철학(역). 서울: 가톨릭대학교출판부.

요제프 바이첸바움, 군나 벤트. (2008). 이성의 섬(역). 서울: 양문.

요하임 바우어. (2007). 인간을 인간이게 하는 원칙(역). 서울: 에코리브르.

우젠광. (2006). 다빈치의 두뇌사용법(역). 서울: 아라크네.

우종민. (2007). 마음력. 서울: 위즈덤하우스.

움베르트 에코. (2003). 장미의 이름(역). 서울: 열린책들.

원철. (2008). 아름다운 인생은 얼굴에 남는다. 서울: 뜰.

원택. (2001). 성철스님 시봉기. 서울: 김영사.

월터 아이작슨. (2007). 아인슈타인 삶과 우주(역). 서울: 까치.

월호. (2008). 당신이 주인공입니다. 서울: 불광출판사.

웨인 W. 다이어. (2006). 행복한 이기주의자(역). 경기: 21세기북스.

위르겐 하버마스. (2006). 의사소통행위이론(역). 서울: 나남출판.

윌리스 고스 리기어. (2008). 아첨론(역). 서울: 이마고.

윌리엄 이케스. (2008). 마음읽기(역). 서울: 푸른숲.

윌슨 프로랜스. (2008). 좋은 인생 좋은 습관(역). 서울: 휘닉스.

유기환. (2006). 조르주 바타이유: 저주의 몫 · 에로티즘. 경기도: 살림.

유동식. (1997). 풍류도와 한국의 종교사상. 서울: 연세대학교 출판부.

유창엽. 젊은 남성 위험스러운 생활방식이 주요 사망원인. (2006. 7. 25). 연합뉴스.

유호종. (2006). 고통에게 따지다. 서울: 웅진지식하우스.

유희연. 히틀러, 죽음의 벙커생활서 상당히 침착. (2007. 8. 10). 문화일보.

윤고은. '스타킹' 서 앞 못 보는 피아노 신동 화제. (2007. 3. 5). 조선일보.

윤구병. (1998). 잡초는 없다. 서울: 보리.

이경덕. (2007). 우리 곁에서 만나는 동서양 신화. 서울: 사계절.

이경률. (2006). 사진, 자동생성과 재현의 논리. 철학, 예술을 읽다. 서울: 동녘.

이경아. (2007). 8월호 특집, 천만불짜리 스트레스. 주간동아, 8월호.

이권우. (2007). 민족 특수성, 인류 보편성 깃든 상상의 보고. (2007. 8. 25). 중앙일보.

이근영. 치매 완치에 도전한다. (2002. 12. 18). 한겨레신문.

이기우. 현대물리학과 신비주의(9). (2006. 6. 19). 동아일보.

이남표. (1998). 의미요법. 서울: 학지사.

이명옥. (2008). 그림 읽는 CEO. 서울: 21세기북스.

이문환. 9가지만 피하면 암을 극복할 수 있다. (2006. 6. 20). 해럴드 경제.

이민규. (2006). 끌리는 사람은 1%가 다르다. 서울: 더난출판.

이사야 벌린. (2006). 자유론(역). 서울: 아카넷.

이선민. 러시아의 독서운동. (2007. 8. 7). 조선일보.

이승재, 이용권. 서울대 소광섭 교수팀 "氣실체 주장한 '봉한학설' 입증". (2007. 11. 9). 문화일보.

이어령. (2003). 신화속의 한국정신. 서울: 문학사상사.

이어령. (2006). 이어령의 삼국유사 이야기. 서울: 서정시학.

이언 스튜어트. (1996). 자연의 수학적 본성(역). 서울: 두산동아.

이언 피어스. (2005). 핑거포스트(역). 서울: 서해문집.

이영완. 생각이 곧 명령이다. (2007. 12. 17). 조선일보.

이윤기. (2007). 꽃아 꽃아 문 열어라. 서울: 열림원.

이윤아. 온라인 멘토들. (2008. 4. 14). 위클리조선, 2000호.

이을호. (1989). 정다산의 경학. 서울: 민음사.

이장직. 말 없이 통화할 수 있는 휴대폰 나왔다. (2008. 3. 11). 중앙일보.

이재명. 살아 숨쉬는 게 얼마나 감사한 일인지…. (2007. 1. 27). 동아일보.

이정우. (2000). 접힘과 펼쳐짐. 서울: 거름.

이정우. 고전 다시 읽기. 생명은 약동한다, 고로 존재한다. (2006. 6. 22). 한겨레신문.

이정재. 양주 왈, 공자 왈 "천하보다 나를 위해 살라". (2006. 9. 15). 중앙일보.

이정표. (2007). 이정표의 백혈병투병기. 서울: 한국메이크어위시재단.

이종원. '빈 손의 억만장자' 척 피니. (2007. 9. 20). 연합뉴스.

이종호. (2007). 천재를 이긴 천재들. 서울: 글항아리.

이지성. (2008). 행복한 달인. 서울: 다산라이프.

이지양. (2008). 성인도 하지 못한 가화만사성. 실학산책, 제87호.

이진영. 죽음 체험실서 인생수업을. (2007. 5. 28). 조선일보.

이하늠. (2007). 인간의 숨겨진 식스센스, 놀라운 실체를 드러내다. 신동아, 2월호.

이헌. (2005). 기적의 도서관 학습법. 서울: 화니북스.

이형구, 홍성찬. (1995). 단군신화. 서울: 보림.

이훈범. 미안하다 사기였다. (2007. 7. 17). 중앙일보.

이훈범. 현대판 스승. (2006. 5. 15). 중앙일보.

일리야 N. 마다손. (2008). 바이칼의 게세르 신화 – 샤먼을 통해 만난 신들의 세계(역). 서울: 솔.

임귀열. 3대 거짓말. (2007. 3. 28). 한국일보.

임소형. 기억력 촉진물질 찾았다. 서울대 강봉균 교수. (2006. 9. 12). 동아일보.

임신재. (2006). 동물행동학. 서울: 살림.

임종업. 세상 구원할 자, 무신론자! (2006. 6. 23). 한겨레신문.

임호준. 더럽게 사는 것이 몸에 좋다? (2007. 10. 9). 조선일보.

임호준. 다리 꼬고 앉으면 보약도 소용없어. (2007. 9. 13). 조선일보.

자끄 랑시에르. (2008). 무지한 스승(역). 서울: 궁리.

장 보드리야르. (1999). 소비의 사회(역). 서울: 문예출판사.

장 자끄 상뻬. (2002). 자전거를 못 타는 아이(역). 서울: 열린책들.

장 자크 루소. (2003). 에밀(역). 서울: 한길사.

장 폴 사르트르. (1999). 실존주의는 휴머니즘이다(역). 서울: 문예출판사.

장대익. (2003). 진화심리학의 개념적 쟁점들: 모듈성, 적응주의, 그리고 유전자 환원주의. 한국
    인지과학학회 2003년 춘계학술대회 발표논문.

장하나. 익명의 팔순 할머니 1천만 원 기부. (2007. 5. 10). 연합뉴스.

장향숙. (2007). 깊은 긍정. 서울: 지식의 숲.

장회익. (2008). 공부도둑. 서울: 생각의 나무.

저자 미상. (2008). 로마인들의 지혜(역). 서울: 해누리.

정무. (2008). 행복해지는 습관. 서울: 불광출판사.

정범모. (1999). 인간의 자아실현. 서울: 나남출판.

정범모. (2006). 학문의 조건. 서울: 나남.

정범모. (2007). 그래 이름은 뭐고? 회상과 수상. 서울: 나남.

정성수. 사찰이야, 동화속 요정의 집이야? (2007. 10. 13). 세계일보.

정순우. (2007). 공부의 발견. 서울: 현암사.

정약용. (1995). 논어고금주(역). 여유당전서. 서울: 북피아.

정양환. 돈만 있으면 누구나 가진다? 그럼 더이상 명품 아니죠 (2008. 6. 14). 동아일보.

정연보. (2004). 인간의 사회생물학. 서울: 철학과 현실사.

정영도. (1996). 니체의 Zarathustra에 있어서 정신의 발전과정. 니체연구, 제2집. 한국니체학회 발표논문.

정은령. 문학예술, '신대륙의 전설−시비스킷' ···전설이 된 경주마. (2003. 8. 15). 동아일보.

정은지. 못 배운 사람일수록 '뇌졸중' 잘 생긴다. (2007. 1. 17). 메디컬투데이.

지광. (2007). 정진. 서울: 랜덤하우스코리아.

정진홍. (2003) M. 엘리아데 종교와 신화. 서울: 살림.

정출헌 외. (2003). 고전문학과 여성주의적 시각. 서울: 소명출판.

정혜신(2001). 남자 vs 남자. 서울: 개마고원.

정후수. (2000). 주희가 집주한 논어. 서울: 장락.

제레미 리프킨. (2000). 엔트로피(역). 서울: 두산동아.

제이슨 로버츠. (2007). 세계를 더듬다(역). 서울: 까치.

제이슨 츠바이크. (2007). 머니 앤드 브레인(역). 서울: 까치.

제인 호프. (2002). 영혼의 비밀(역). 서울: 문학동네.

제임스 데이터 외. (2008). 다가오는 미래(역). 서울: 예문.

제임스 모건. (2007). 마티스와 함께한 1년(역). 서울: 터치아트.

제임스 미치너. (2008). 작가는 왜 쓰는가(역). 서울: 예담.

제임스 재스퍼. (2008). 딜레마 해부하기(역). 서울: 사이.

제키 세미르. (2003). 이너 비전: 뇌로 보는 그림, 뇌로 그리는 미술(역). 서울: 시공사.

제프리 딘, 헬게 리터, 홀크 크루제. (2007). 지능의 발견: 개미도 사고를 할 수 있는가(역). 서울: 해바라기.

조광제. (2006). 예술 개념, 움직이는 미. 철학아카데미(편). 철학, 예술을 읽다. 서울: 동녘.

조너던 와이너. (2007). 초파리의 기억(역). 서울: 이끌리오.

조너선 밸컴. (2008). 즐거움, 진화가 준 최고의 선물(역). 서울: 도솔.

조너선 섹스. (2007). 차이의 존중(역). 서울: 말글빛냄.

조셉 M. 마셜. (2008). 그래도 계속가라(역). 서울: 조화로운 삶.

조시 웨이츠킨. (2007). 배움의 기술(역). 서울: 이제.

조연현. 구약 믿는 것 성황당 믿는 것과 다름없어. (2007. 2. 16). 한겨레신문.

조용기. (2006). 의문을 위한 질문. 대구교육대학교 초등교육연구논총, 22(1).

조용헌. 아닌 것들도 다 그렇다. (2007. 5. 12). 조선일보.

조지 레이코프. (2006). 코끼리는 생각하지마(역). 서울: 삼인.

조지 마미어슨. (2005). 하이데거, 하버마스 그리고 이동전화(역). 서울: 이제이북스.

조지프 르두. (2006). 시냅스와 자아(역). 서울: 소소.

조채희. 마음을 다스려야 심장이 건강하다. (2005. 10. 13). 연합뉴스.

조철수. (2003). 고대 메소포타미아에 새겨진 한국신화의 비밀. 서울: 김영사.

조프 롤스. (2008). 유모차를 사랑하는 남자(역). 서울: 미래인.

조현설. (2003). 동아시아 건국신화의 역사와 논리. 서울: 문학과지성사.

조현설. (2006). 유리 신화의 수수께끼. 서울: 한겨레신문사.

존 마에다. (2007). 단순함의 법칙(역). 서울: 럭스미디어.

존 보인. (2007). 줄무늬 파자마를 입은 소년(역). 서울: 비룡소.

존 브록만. (2007). 위험한 생각들(역). 서울: 갤리온.

존 슈메이커. (2008). Are you happy?(역). 서울: 베리타스.

존 호건. (2005). 과학의 종말(역). 서울: 까치.

주경철. (2005). 신데렐라 천년의 여행. 서울: 산처럼.

주디스 리치 해리스. (2007). 개성의 탄생(역). 서울: 동녘사이언스.

주디스 콜, 허버트 콜. (2006). 떡갈나무 바라보기(역). 서울: 사계절.

주용중. 100세 일꾼의 죽음 (2006. 4. 17). 조선일보.

주은우. (2003). 시각과 현대성. 서울: 한나래.

주제 사라마구. (2007). 리스본 쟁탈전(역). 서울: 해냄.

지그프리트 피셔 파비안. (2006). 위대한 양심(역). 서울: 열대림.

지명훈. 원로 한의학자 류근철, KAIST에 578억 원 기부. (2008. 8. 13). 동아일보.

진중권. 피상성 예찬. (2005. 8. 18). 동아일보.

질 들뢰즈. (2004). 차이와 반복(역). 서울: 민음사.

질베르 뒤랑. (2007). 상상계의 인류학적 구조들(역). 서울: 문학동네.

짐 발라드. (2008). 어린 물결과 늙은 파도 이야기(역). 서울: 씽크뱅크.

차지완. 1962년 먼로, 케네디 생일축하 노래. (2007. 5. 21). 동아일보.

찰스 파스테르나크(편). (2008). 무엇이 우리를 인간이게 하는가(역). 서울: 말글빛냄.

채성진. '엔돌핀 박사' 이상구 씨. (2007. 5. 5). 조선일보.

채운. (2007). 예술의 달인, 호모 아르텍스. 서울: 그린비.

찰스 포드. (2007). 마음을 읽는 거짓말의 심리학(역). 서울: 이끌리오.

최경원. (2006). 20세기 위대한 디자이너 10인의 삶과 열정. 서울: 길벗.

최관경. (2003). 교육사상의 이해. 서울: 형설출판사.

최명식. 필드선 '마음의 눈' 이면 OK…… 200야드 거뜬. (2008. 5. 20). 문화일보.

최승규(2004). 피카소의 연인들. 서울: 한명.

최승범. (2007). 소리, 말할 수 없는 마음을 듣다. 서울: 이가서.

최윤희. (2007). 행복이 뭐 별건가요. 서울: 국일출판사.

최인철. (2007). 나를 바꾸는 심리학의 지혜. 서울: 21세기북스.

최정화. (2007). 엔젤 아우라. 서울: 중앙북스.

최종욱. (2007). 동화 속 동물들의 진실게임. 서울: 아롬주니어.

최준식. (2006). 죽음, 또 하나의 세계. 서울: 동아시아.

최창순. "어려운 이웃에게 보탬 된다면……" 23억 원 내놓은 할머니. (2007. 5. 15). 동아일보.

최창조. (2007). 도시풍수. 서울: 판미동.

최항석, 한준상. (2004). 주5일제와 여가교육. 한국여가문화학회. 2004년도 학술대회 논문집.

최혜원. 당신은 존재감이 있습니까? (2008. 3. 17). 위클리조선.

카일 메이나드. (2006). 변명은 없다(역). 서울: 가야넷.

칼 라이문트 포퍼. (2008). 끝없는 탐구(역). 서울: 갈라파고스.

칼 지머. (2007). 영혼의 해부(역). 서울: 해나무.

칼 포퍼. (2007). 삶은 문제해결의 연속이다(역). 서울: 부글북스.

칼 포퍼. (2008). 끝없는 탐구(역). 서울: 갈라파고스.

커트 보네거트. (2005). 제5도살장(역). 서울: 아이필드.

케네스 C. 데이비스. (2008). 세계의 모든 신화(역). 서울: 푸른숲.

켄 윌버. (2008). 통합비전(역). 서울: 물병자리.

콜린 마틴데일. (1994). 인지 심리학(역). 서울: 교육과학사.

콜린 M. 턴불. (2007). 숲사람들(역). 서울: 황소자리.

크리스토퍼 완제크. (2006). 불량 의학(역). 서울: 열대림.

크리스토프 라무르. (2008). 걷기의 철학(역). 서울: 개마고원.

크세노폰. (1990). 소크라테스 회상(역). 서울: 범우사.

클로드 레비 스트로스. (1998). 슬픈열대(역). 서울: 한길사.

클로테르 라파이유. (2007). 컬처코드(역). 서울: 리더스북.

키케로. (2005). 노년에 관하여(역). 서울: 숲.

키케로. (2007). 의무론(역). 서울: 서광사.

타임 라이프 북스(편). (2008). 위대한 주제: 세계의 신화들(역). 서울: 이레.

탄샤오위. (2005). 노벨상 수상자 36인의 학습법(역).서울: 문학수첩.

테오도르 아도르노. (2006). 미니마 모랄리아(역). 서울: 길.

템플 그래딘. (2006). 동물과의 대화(역). 서울: 샘터.

토드 기틀린. (2006). 무한 미디어(역). 서울: 휴먼 앤 북스.

토머스 스티어. (2008). 볼트: 막힘없이 올라서라(역). 서울: 엘도라도.

토머스 아이스너. (2006). 전략의 귀재들(역). 서울: 삼인.

티모시 윌슨. (2007). 나는 내가 낯설다(역). 서울: 부글북스.

팀 플래너리. (2006). 경이로운 생명(역). 서울: 지호.

파드마삼바바. (1997). 티벳 사자의 서(역). 서울: 정신세계사.

파울로 코엘료. (2008). 11분(역). 서울: 문학동네.

퍼트리샤 우드. (2008). 페리 이야기(역). 서울: 랜덤하우스.

페터 쿰머. (2007). 불가능은 없다(역). 서울: 이지북.

폴 에얼릭. (2008). 인간의 본성(역). 서울: 이마고.

폴 에크먼. (2006). 얼굴의 심리학(역). 서울: 바다출판사.

프랭크 맥클러스키. (2007). 소방관이 된 철학 교수(역). 서울: 북섬.

프로이트. (1997). 문명 속의 불만(역). 서울: 열린책들.

프리더 라웃스만. (2008). 세상을 바꾼 어리석은 생각들(역). 서울: 말글빛냄.

프리드리히 니체. (2000). 선악의 피안(역). 서울: 민성사.

프리드리히 A. 하이에크. (2006). 노예의 길(역). 서울: 나남출판.

피에르 바야르. (2008). 읽지 않은 책에 대해 말하는 법(역). 서울: 여름언덕.

피터 도어티. (2008). 노벨상 가이드(역). 서울: 알마.

피터 싱어. (1997). 실천윤리학(역). 서울: 철학과현실사.

피터 싱어. (2007). 이렇게 살아도 괜찮은가(역). 서울: 세종서적.

피터 펜윅, 엘리자베스 펜윅. (2008). 죽음의 기술(역). 서울: 부글북스.

하워드 가드너. (2008). 미래 마인드(역). 서울: 재인.

하인리히 창클. (2008). 신동: 세계적 석학이 된 25명의 천재들(역). 서울: 프로네시스.

하지현. (2007). 당신의 속마음. 서울: 마음산책.

하지현. (2007). 소통의 기술. 서울: 미루나무.

하지현. 의욕상실. (2007. 7. 18). 조선일보.

하채림. 교육수준 낮을수록 노년기 이전 사망률? (2007. 8. 13). 연합뉴스

한성간. 나쁜 기억 치료하는 약. (2007. 7. 5). 연합뉴스.

한성간. 뇌속의 인슐린 줄이면 오래 산다. (2007. 7. 20). 연합뉴스.

한성간. 여성 가슴뛰게 하는 건 남성 땀 냄새. (2007. 2. 8). 연합뉴스.

한성간. 자석, 뇌기능 향상시킨다 (2007. 5. 25). 연합뉴스.

한스 요아힘 브라운. (2006). 세계를 바꾼 가장 위대한 101가지 발명품(역). 서울: 플래닛미디어.

한스 요하임 슈퇴리히. (2008). 세계 철학사(역). 서울: 이룸.

한스 페터, 베크 보른홀트, 한스 헤르만 두벤. (2007). 알을 낳는 개. 서울: 인디북.

한자어원. (2006. 9. 1). 동아일보.

한준상. (1999). 호모 에루디티오. 서울: 학지사.

한준상. (2003). 행복한 사람들, 그리고 여가에 관한 그들의 이해. 여가학연구, 1(1).

한준상. (2007). 교육자본론. 서울: 학지사.

한준상 외. (2007). 배움학 연구. 서울: 학지사.

할 어반. (2006). 긍정적인 말의 힘(역). 서울: 웅진윙스.

할 어반. (2006). 인생을 바꿔줄 선택(역). 서울: 웅진윙스.

해럴드 블룸. (2008). 지혜를 어디서 찾을 것인가(역). 서울: 루비박스.

해리 콜린스 트레버 핀치. (2005). 골렘(역). 서울: 새물결.

허승일. 의무론-마르쿠스 툴리우스 키케로. (2005. 5. 31). 동아일보.

허은순. (2008). 6학년 1반 구덕천. 서울: 현암사.

헤네폴라 구나라타나. (2008). 위빠사나 명상(역). 서울: 아름드리미디어.

헨리 로지 외. (2006). 내년을 더 젊게 사는 연령혁명(역). 서울: 매일경제신문사.

홍명희. (2005). 상상력과 가스통 바슐라르(역). 서울: 살림.

홍사덕. (1997). 살아있는 지중해 신화와 전설. 서울: 혜안.

황금중. (2007). 주자학에서 '배움'의 의미. 교육철학회 연차학술대회 자료집.

황수관. 인체는 신묘 망측하다. (2007. 6. 23). 경주타임즈.

황진영. 기침의 계절…… 당신의 호흡기 건강하십니까? (2007. 12. 20). 동아일보.

후쿠오카 마사노부(2001). 생명의 농업(역). 서울: 정신세계사.

후지이 테루아키. (2004). 세상에서 가장 아름다운 얼굴(역). 서울: 한스미디어.

후쿠오카 신이치. (2008). 생물과 무생물 사이(역). 서울: 은행나무.

히로 사치야. (2004). 붓다에게 배우는 삶의 지혜(역). 서울: 가람기획.

A. C. 바크티베단타 스와미 프라부파다. (1969). 스리 이쇼파니샤드(역). Hong Kong: Bhaktive-danta Book Trust.

A. J. 제이콥스. (2008). 한 권으로 읽는 브리태니커(역). 서울: 김영사.

Dana Thomas. 내게 맞는 삶이 고급인생. (2007. 7. 3). newsweek 한국어판.

J. M. 바스콘셀로스. (2000). 나의 라임 오렌지나무(역). 서울: 육문사.

Muecke, D. C. (1986). 아이러니(역). 서울: 서울대학교출판부.

R. E. 니스벳. (2004). 생각의 지도: 동양과 서양, 세상을 바라보는 서로 다른 시선(역). 파주: 김영사.

Schwartz, B. (2005). 선택의 심리학(역). 서울: 웅진.

Sharon Begley. 인간 두뇌는 파충류의 고급형? (2007. 4. 30). newsweek 한국어판.

Barthes, R. (1977). *Writers, Intellectuals, Teachers*, 378-403. in Roland Barthes: Selected Writings. Edited by Susan Sontag. New York: Fontana.

Berlin, I. (1969). *Four Essays on Liberty*. London: Oxford University Press.

Bierce, A. (1957). *The Devil's Dictionary*. New York: Hill & Wang.

Calvin, W. H. (1996). *How Brains Think*. London: Weidenfield and Nicolson.

Charmer, C. O. (1999). Organizing around not-yet-embodied knowledge. In G.v.Krogh, I, Nonaka, & T. Nishiguchi (eds). *Knowledge Creation: A New Source of Value*,

NY: Macmillan.

Cho, J. (2006). *Learning to be Good: Moral Saints or Virtuous Persons?* Doctoral dissertation, Syracus University.

Dean Ornishm, D. Bigger Brains, Better Genes. (2007. 9. 12). www.newsweek.com.

Dewey, J. (1916). *Democracy and Education.* New York: MMcMillan.

Eagleton, T. (2003). *After Theory.* New York: Basic Books.

Fodor, Jerry A. (1983). *The Modularity of Mind: An Essay in Faculty Psychology.* Cambridge: The MIT Press.

Gilbert, D. (2008. 4. 16). *Harvard Crimson.*

Gina Kolata. A Surprising Secret to a Long Life: Stay in School (2007. 1. 3). *NYT.*

Heidegger, M. (1996). *Letter on Humanism.* In Basic Writings. Edited by D. F. Krell. New York: Routledge.

Kristeller, P.O. (1988). *Humanism.* Edited by Charles B. Schmitt, & Quentin Skinner. The Cambridge History of Renaissance Philosophy. Cambridge University Press.

Linden, D. (2006). *The Accidental Mind: How Brain Evolution Has Given Us Love, Memory, Dreams, and God.* Cambridge, Mass.: Belknap Press.

Luke, A. (1995). *Text and Discourse in Education: An Introduction to Critical Discourse Analysis.* Review of Research in Education 21.

Melzack, R., & Wall. P. D. (1996). *The Challenge of Pain.* London: Penguin.

Nature Neuroscience, 2007년 6월호.

Patricia A. Ganea, Kristin Shutts, Elizabeth S. Spelke, & Judy S. DeLoache. (2007). Thinking of things unseen: Infants' use of language to update mental representations. *Psychological Scinece,* 18, 8.

Peterson, C. Maier, S. F., & Seligman, M. E. P. (1993). *Learned Helplessness: A Theory for the Age of Personal Control.* New York: Oxford University Press.

Plotkin, M. (2000). *Nature's Healing Secrets.* New York: Viking.

Postrel, V. (2004). *The Substance of Style: How the Rise of Aesthetic Value Is Remaking Commerce, Culture, and Consciousness.* New York: Harper Collins.

Premack, D., & Premack, A. (2002). *Original Intelligence: The Architecture of the Human*

Mind. New York: Mcgraw-Hills.

Psychological Science, 2007년 8월호.

Raing, R. D. (1967). *The Politics of Experience*. London: Routledge & Kegan Paul.

Rorty, R. (1998). *Truth and Progress*. Cambridge: Cambridge University Press.

Roseo, C., & Nicholl. M. J. (1997). *Accelerated Learning for The 21st Century*. New York: Del Trade Book.

Scharmer, C. O. (2001). Self-transforming Knowledge: Sensing and Organizing Around Emerging Opportunities. *Journal of Knowledge Management, 5*(2).

Schwartz, P. (1991). *The Art of the Long View*. New York: Doubleday.

Seligman, M. E. P. (1975). *Helplessness: On Deression, Development, and Death*. San Francisco: W. H. Freeman.

Sutherland, M. B. (1971). *Everyday Imagining and Education*. London: Routledge and Kegan Paul.

Terry J. Prewitt. (2006). *The Elusive Covenant: A Structural-Semiotic Reading of Genesis, Bloomington*: India University Press.

www.newsweek.com.

www.sookmyung.ac.kr/~yousun/6.htm

http://blog.naver.com/colorsong73?Redirect=Log&logNo=120003705030

http://Blog.naver.com/kaikk?redirect=log&logNo=60013812453

http://enecfd.ne.kr, 2007. 8. 8

http://ferarri.snu.ac.kr/~maldduk/jsd/forum/

http://wikipedia.org [Gödel's incompleteness theorems]

http://www.kailash96.com.

http://100.naver.com/100.nhn?docid=175499

KBS 감성과학 다큐멘터리. 사랑의 방정식. 2005. 3. 29. 방송

MBC 스페셜. 1분 후의 삶, 당신은 행복하십니까? 2008. 1. 5. 방송

SBS스페셜. 185명의 왕국, 그 섬은 왜 행복한가. 2008. 7. 20. 방송

찾 | 아 | 보 | 기

인 명

내 용

저자 소개

■ 한준상(韓駿相)

연세대학교 교육과학대학 교수

저서: 호모 에루디티오, 국가과외, 교육자본론 등

生의 痂: 배움

2009년   4월 10일 1판 1쇄 발행
2013년 11월 20일 1판 2쇄 발행

지은이 • 한준상
펴낸이 • 김진환
펴낸곳 • (주)**학지사**
121-837 서울시 마포구 서교동 352-29 마인드월드빌딩 5층
대표전화 • 02-330-5114   팩스 • 02-324-2345
등록 • 제313-2006-000265호
홈페이지 www.hakjisa.co.kr

ISBN 978-89-6330-000-9 93370

가격 27,000원